MATERIALIEN ZUM AUSLÄNDISCHEN UND INTERNATIONALEN PRIVATRECHT

HERAUSGEGEBEN VOM MAX-PLANCK-INSTITUT FÜR AUSLÄNDISCHES UND INTERNATIONALES PRIVATRECHT

Direktor: Professor Dr. Konrad Zweigert

13

# GUTACHTEN ZUM INTERNATIONALEN UND AUSLÄNDISCHEN PRIVATRECHT

1967 und 1968

veröffentlicht im Auftrage des
Deutschen Rates für Internationales Privatrecht

von

MURAD FERID GERHARD KEGEL
KONRAD ZWEIGERT

1970

WALTER DE GRUYTER & CO.
BERLIN

J. C. B. MOHR (PAUL SIEBECK)
TÜBINGEN

Printed in Germany
Druck: Buchdruckerei Eugen Göbel, Tübingen
Einband: Großbuchbinderei Heinr. Koch, Tübingen
Best.-Nr. 63 039

## VORWORT

Der erste Band mit Gutachten aus 1965/66 ist freundlich aufgenommen worden und in die Rechtsprechung eingedrungen. Er war umfänglich. Noch dicker ist leider sein Nachfolger geworden, der Gutachten aus 1967/68 bringt. In Zukunft soll jährlich ein Band erscheinen. Wir danken dem Bundesjustizministerium, dessen Zuschuß die Sammlung trägt.

Folgende Institute haben mitgewirkt (in Klammern die Namen der Direktoren):

Institut für Privatrecht und Rechtsvergleichung der Universität *Bonn (Beitzke, Schröder)*;
Institut für ausländisches und internationales Privatrecht der Universität *Freiburg i. Br. (Müller-Freienfels)*;
Institut für ausländisches und internationales Privat- und Wirtschaftsrecht der Universität *Heidelberg (Niederländer, Serick, Wahl)*;
Max-Planck-Institut für ausländisches und internationales Privatrecht in *Hamburg (Zweigert)*;
Institut für Internationales Recht an der Universität *Kiel (Menzel)*;
Institut für internationales und ausländisches Privatrecht der Universität *Köln (Kegel)*;
Institut für Rechtsvergleichung der Universität *München (Ferid)*;

Unter der Gesamtredaktion des Kölner Instituts lag die Redaktion des I., II. und V. Teils beim Hamburger, die des II. beim Kölner und die des IV. Teils beim Münchener Institut. Für Mitarbeit bei der Redaktion, für Korrekturen und Register danken wir den Herren Assessoren *Eckhard Brecht* (Bochum), *Hilmar Krüger* (Köln) und Dr. *Hans-Jochem Lüer*, LL.M. (Köln), Herrn Referendar *Heinz-Dieter Martiny* (München) sowie den Herren Assessoren *Jürgen Mensching* (Hamburg), *Dierk Müller* (Hamburg) und *Alfons Noll*, LL.M. (Köln).

Für die Herausgeber
Gerhard Kegel

Zitierweise: IPG 1967–68 Nr. 1 (Hamburg)

INHALT


I. Schuldrecht . . . . . . . . . . . . . . . . . . . . . . 1

1. Vertrag . . . . . . . . . . . . . . . . . . . . . . 1

Nr. 1 Zypern (England) . . . . . . . . . . [Hamburg] . . 1
Nr. 2 Liberia (USA/New York) . . . . . . . . . [Hamburg] . . 14
Nr. 3 Frankreich . . . . . . . . . . . [München] . . 29
Nr. 4 Frankreich . . . . . . . . . . . [Heidelberg] . 37
Nr. 5 Italien . . . . . . . . . . . . [Köln] . . . 53
Nr. 6 Italien . . . . . . . . . . . . [Kiel] . . . . 68
Nr. 7 Spanien . . . . . . . . . . . . [Hamburg] . . 81
Nr. 8 Spanien . . . . . . . . . . . . [Heidelberg] . 94
Nr. 9 Spanien . . . . . . . . . . . . [Hamburg] . . 103
Nr. 10 Niederlande . . . . . . . . . . . [Köln] . . . 108

2. Unerlaubte Handlungen . . . . . . . . . . . . . . 114

Nr. 11 Italien . . . . . . . . . . . . [Hamburg] . . 114
Nr. 12 Schweiz, Spanien . . . . . . . . . [Hamburg] . . 119
Nr. 13 Jugoslawien . . . . . . . . . . . [Hamburg] . . 132

3. Abtretung und gesetzlicher Forderungsübergang . . . . . . 139

Nr. 14 Niederlande . . . . . . . . . . . [Kiel] . . . . 139

II. Sachenrecht . . . . . . . . . . . . . . . . . . . . . 151

Nr. 15 Niederlande . . . . . . . . . . . [Hamburg] . . 151
Nr. 16 Spanien . . . . . . . . . . . . [Köln] . . . 155

III. Familienrecht . . . . . . . . . . . . . . . . . . . 183

1. Ehe . . . . . . . . . . . . . . . . . . . . . . . 183

a) Heirat . . . . . . . . . . . . . . . . . . . . . 183

Nr. 17 Ägypten . . . . . . . . . . . . . [Kiel] . . . . 183
Nr. 18 Algerien . . . . . . . . . . . . [Freiburg] . . 195
Nr. 19 Israel . . . . . . . . . . . . . [Hamburg] . . 209
Nr. 20 Italien/Schweiz . . . . . . . . . . [München] . . 222
Nr. 21 Tschechoslowakei . . . . . . . . . . [Köln] . . . 234

b) Persönliche Ehewirkungen . . . . . . . . . . . . . . . 252

Nr. 22 Niederlande . . . . . . . . . . . . . [Köln] . . . 252

c) Ehegüterrecht . . . . . . . . . . . . . . . . . . 268

Nr. 23 USA (New York) . . . . . . . . . . . . [Hamburg] . . 268

d) Scheidung . . . . . . . . . . . . . . . . . . . 273

Nr. 24 Iran . . . . . . . . . . . . . . . . [Köln] . . . 273

Nr. 25 Iran . . . . . . . . . . . . . . . . [Köln] . . . 295

Nr. 26 Niederlande . . . . . . . . . . . . . [Köln] . . . 317

e) Aufhebung der Ehe . . . . . . . . . . . . . . . . 323

Nr. 27 Schweiz . . . . . . . . . . . . . . [Heidelberg] . 323

2. Kindschaft . . . . . . . . . . . . . . . . . . . 332

a) Ehelichkeit . . . . . . . . . . . . . . . . . . . 332

Nr. 28 Ägypten . . . . . . . . . . . . . . [Köln] . . . 332

Nr. 29 England, Schottland . . . . . . . . . . [Hamburg] . . 346

Nr. 30 USA (Illinois) . . . . . . . . . . . . [Köln] . . . 353

b) Elterliche Gewalt . . . . . . . . . . . . . . . . 368

Nr. 31 Afghanistan . . . . . . . . . . . . . [Hamburg] . . 368

Nr. 32 Algerien . . . . . . . . . . . . . . [Hamburg] . . 375

Nr. 33 Belgien . . . . . . . . . . . . . . [Hamburg] . . 381

Nr. 34 Jordanien . . . . . . . . . . . . . [Köln] . . . 390

Nr. 35 Kanada (Britisch Kolumbien) . . . . . . . . [Hamburg] . . 406

Nr. 36 Österreich . . . . . . . . . . . . . [Köln] . . . 414

Nr. 37 Senegal . . . . . . . . . . . . . . [Hamburg] . . 422

Nr. 38 Sowjetunion . . . . . . . . . . . . . [Hamburg] . . 429

Nr. 39 Türkei . . . . . . . . . . . . . . . [Köln] . . . 435

Nr. 40 USA (New Jersey) . . . . . . . . . . . [Heidelberg] . 450

c) Uneheliche Kindschaft . . . . . . . . . . . . . . . 467

Nr. 41 Italien . . . . . . . . . . . . . . . [Bonn] . . . 467

Nr. 42 Jugoslawien . . . . . . . . . . . . . [Bonn] . . . 470

Nr. 43 Österreich . . . . . . . . . . . . . [Köln] . . . 473

Nr. 44 Schweden . . . . . . . . . . . . . . [Hamburg] . . 481

Nr. 45 Spanien . . . . . . . . . . . . . . [München] . . 487

d) Legitimation . . . . . . . . . . . . . . . . . . 492

Nr. 46 England . . . . . . . . . . . . . . [Hamburg] . . 492

Nr. 47 Irak . . . . . . . . . . . . . . . . [München] . . 501

Nr. 48 Jordanien . . . . . . . . . . . . . [Köln] . . . 510

Nr. 49 Marokko . . . . . . . . . . . . . . [Freiburg] . . 537

Nr. 50 Pakistan . . . . . . . . . . . . . . [Hamburg] . . 542

Nr. 51 Spanien . . . . . . . . . . . . . . [Köln] . . . 549

Nr. 52 Togo . . . . . . . . . . . . . . . . [Hamburg] . . 556

e) Adoption . . . . . . . . . . . . . . . . . . . 566

Nr. 53 Polen . . . . . . . . . . . . . . . [Hamburg] . . 566

Nr. 54 USA . . . . . . . . . . . . . . . . [Hamburg] . . 573

Nr. 55 USA (Tennessee) . . . . . . . . . . . [Köln] . . . 581

f) Ergänzungspflegschaft, Vormundschaft . . . . . . . . . . . 589
Nr. 56 Italien . . . . . . . . . . . . . . . . . . . [Köln] . . . 589
Nr. 57 Österreich . . . . . . . . . . . . . . . . [Köln] . . . 596
Nr. 58 El Salvador . . . . . . . . . . . . . . . [Freiburg] . . 607

IV. Erbrecht . . . . . . . . . . . . . . . . . . . . . . . . . . 623

1. Gesetzliches Erbrecht . . . . . . . . . . . . . . . . . 623
Nr. 59 Iran . . . . . . . . . . . . . . . . . . . . . [Köln] . . . 623
Nr. 60 Jugoslawien . . . . . . . . . . . . . . . [Köln] . . . 648
Nr. 61 Kanada (Ontario) . . . . . . . . . . . . [München] . . 657
Nr. 62 Liechtenstein . . . . . . . . . . . . . . [Hamburg] . . 661
Nr. 63 Polen . . . . . . . . . . . . . . . . . . . [Heidelberg] . 666
Nr. 64 Sowjetunion (Bessarabien) . . . . . . . . . . [Hamburg] . . 674
Nr. 65 USA (Kalifornien) . . . . . . . . . . . [Köln] . . . 681
Nr. 66 USA (New Jersey)/Frankreich . . . . . . . [Hamburg] . . 696

2. Testament . . . . . . . . . . . . . . . . . . . . . . . . 707
Nr. 67 England . . . . . . . . . . . . . . . . . [Hamburg] . . 707
Nr. 68 Kanada (Ontario) . . . . . . . . . . . . [Hamburg] . . 721
Nr. 69 Libanon/Syrien . . . . . . . . . . . . . [Kiel] . . . . 727
Nr. 70 Schweiz . . . . . . . . . . . . . . . . . [München] . . 746
Nr. 71 USA (Illinois) . . . . . . . . . . . . . . [Bonn] . . . 755

3. Nachlaßverwaltung und Testamentsvollstreckung . . . . . . . 771
Nr. 72 England . . . . . . . . . . . . . . . . . [Heidelberg] . 771
Nr. 73 Kanada (Quebec)/Israel . . . . . . . . . . [Köln] . . . 778
Nr. 74 USA (New Jersey) . . . . . . . . . . . . [Köln] . . . 808

4. Nacherbschaft . . . . . . . . . . . . . . . . . . . . . . 834
Nr. 75 Luxemburg . . . . . . . . . . . . . . . . [Köln] . . . 834

5. Ausschlagung . . . . . . . . . . . . . . . . . . . . . . 847
Nr. 76 Niederlande . . . . . . . . . . . . . . . [Hamburg] . . 847

6. Heimfallrecht des Staates . . . . . . . . . . . . . . . 863
Nr. 77 Tschechoslowakei . . . . . . . . . . . . [Hamburg] . . 863
Nr. 78 USA (Kalifornien) . . . . . . . . . . . [Heidelberg] . 867

V. Anerkennung ausländischer Entscheidungen . . . . . . . . . . 887

1. Entscheidungen in vermögensrechtlichen Angelegenheiten . . . 887
Nr. 79 USA (Illinois) . . . . . . . . . . . . . . [Hamburg] . . 887
Nr. 80 USA (New York) . . . . . . . . . . . . . [Hamburg] . . 896

2. Entscheidungen in Ehesachen . . . . . . . . . . . . . . 904
Nr. 81 Indien . . . . . . . . . . . . . . . . . . [Hamburg] . . 904
Nr. 82 Jugoslawien . . . . . . . . . . . . . . . [Hamburg] . . 913
Nr. 83 Schweiz . . . . . . . . . . . . . . . . . [Köln] . . . 921

3. Entscheidungen der freiwilligen Gerichtsbarkeit . . . . . . . 940
Nr. 84 Deutschland/Vereinigte Arabische Republik . . [Hamburg] . . 940

Sachregister . . . . . . . . . . . . . . . . . . . . . . . . . 953

Gesetzesregister . . . . . . . . . . . . . . . . . . . . . . . 974

# I. Schuldrecht

## 1. VERTRAG

Siehe auch Nr. 16

### Nr. 1

**Zypern (England)**

**1. Maßgebendes Recht für einen Kaufvertrag gemäß deutschem und zyprischem (englischem) IPR, insbesondere Anknüpfung an das Recht der charakteristischen Leistung oder des Erfüllungsortes.**

**2. Gewährleistungshaftung des Verkäufers von Südfrüchten.**

**Hamburg G 135/66 vom 21. 12. 1966**

Das LG Hamburg bittet in dem Rechtsstreit Firma P. & Co. ./. Firma A. & Co Ltd. um Auskunft über Internationales Privatrecht und zyprisches Handelsrecht.

Aus den Gerichtsakten ergibt sich folgender Sachverhalt:

Die Kl. ist Fruchtimporteur in Hamburg. Die Bekl. ist Exportkaufmann in Famagusta (Zypern). Am 20. 2. 1965 kaufte die Kl. von der Bekl. 2000 Kisten Orangen zum Preis von 4500£. In der von der Hamburger Vertreterin der Bekl., der Fa. K., ausgestellten Verkaufsbestätigung Nr. 3292 heißt es u. a.:

| | |
|---|---|
| Qualität: | Fair sound export quality. |
| Preis: | sh 45/– per large case, c and f Hamburg. |
| Verladetermin: | per m/s „Tavastland" direct to Hamburg, leaving Famagusta about February 28th. |
| Zahlung: | by irrevocable letter of credit in favour of the shipper through the Chartered Bank, Famagusta. |
| Bemerkungen: | Free from Mediterranean Fruit Fly. Decay tolerance 4 % on arrival. |

Die Orangen wurden nach Aufnahme der Dokumente am 28. 2. 1965 in Famagusta in der „Tavastland" verschifft. Am 16. 3. 1965 erreichte das Schiff Hamburg. Die Früchte wurden am 16./17. 3. gelöscht und am 17. 3. von der Fa. Controll-Co., einer von der Bekl. beauftragten Gesellschaft, untersucht. Aus dem Prüfbefund vom 20. 3. 1965 ergibt sich, daß die beiden Partien, aus denen die Ladung bestand, 5 bzw. 5,4 % Verderb aufwiesen.

Die Kl. ließ die Orangen sortieren und umpacken und verkaufte sie kommissionsweise für Rechnung der Bekl. in der Fruchtauktion vom 23. 3. 1965. Der Bruttoerlös betrug 46 026,25 DM, der Nettoerlös belief sich auf 30 041,20 DM. Die Bekl. hatte zu diesem Zeitpunkt den Akkreditivbetrag in voller Höhe (4500 £ = 50 085 DM abgerufen. Die Kl. rechnete auf und macht mit der Klage die Differenz zwischen Nettoerlös und Kaufpreis (20 043,80 DM) als „Anspruch auf Kaufpreisminderung bzw. Erstattung des überzahlten Betrages" geltend.

Die Bekl. hat Widerklage auf Zahlung von 18 445 DM erhoben, der folgender Sachverhalt zugrunde liegt:

Durch Vertrag vom 10. 3. 1965, abgeschlossen mit der Fa. K., hat die Kl. von der Bekl. weitere 2000 Kisten Orangen zum Preise von 4500 £ gekauft (Vertrag Nr. 3315). Zahlung sollte gegen Übergabe der Dokumente („against documents") ohne Akkreditivstellung erfolgen, im übrigen waren die Bedingungen mit denen des erstgenannten Vertrages identisch. Nach Ankunft der Orangen im Hamburger Hafen am 18. 3. 1965 wurden sie an diesem Tage gelöscht und am 20. 3. 1965 von der Fa. Controll-Co. untersucht. Laut Prüfbefund vom 22. 3. 1965 waren die beiden Partien der Ladung zu 6,5 und 4,9 % verdorben. Die Kl. verweigerte Dokumentenannahme und Zahlung. Die Bekl. ließ daraufhin am 30. 3. 1965 die Lieferung verkaufen, um, wie sie sagt, einem Warenverlust vorzubeugen. Mit der Widerklage macht die Bekl. die Differenz zwischen vereinbartem Kaufpreis (4500 £) und Verkaufserlös (31 952,95 DM) geltend; sie behauptet, die Früchte seien am Tage der Ankunft im Hamburger Hafen, am 18. 3. 1965, noch in kontraktgemäßem Zustand gewesen.

Das LG bittet um Auskunft, nach welchem Recht die in Klage und Widerklage erhobenen Ansprüche zu beurteilen sind. Für den Fall, daß zyprisches Recht anwendbar ist, wird gefragt, in welcher Höhe ein Käufer nach zyprischem Recht Schadenersatz verlangen könne, wenn die in Zypern verladene Ware bei Ankunft in Hamburg die vereinbarte Verderbnistoleranz überschritten habe.

## *I. Deutsches Internationales Privatrecht*

Die geltend gemachten Ansprüche sind nach dem Vertragsstatut zu beurteilen.

1. Die Frage, welchem Recht die Kaufverträge Nr. 3292 und Nr. 3315 unterliegen, ist gemäß deutschem IPR in erster Linie nach dem Recht zu beurteilen, das die Parteien *ausdrücklich oder stillschweigend gewählt* haben[1]. Nach dem mitgeteilten Sachverhalt ist eine ausdrückliche Verein-

[1] Siehe für alle *Soergel-Siebert(-Kegel)*, BGB, Bd. V (9. Aufl. 1961) Anm. 167, 180 vor Art. 7 EGBGB.

barung nicht getroffen worden. Auf eine stillschweigende Vereinbarung ist jeweils aus den besonderen Umständen des Einzelfalls oder aus typischen Umständen zu schließen. Als typische Umstände sind in der Rechtsprechung anerkannt: Verweisung auf Vorschriften eines bestimmten Rechts, Verweisung auf Usancen oder Benutzung von Formularen, die auf einem bestimmten Recht aufbauen, die Vereinbarung eines einheitlichen Erfüllungsortes, eines einheitlichen Gerichtsstandes oder eines Schiedsgerichts eines bestimmten Landes, im Prozeß bekundete Einigkeit der Parteien über das anzuwendende Recht[2].

Keiner dieser typischen Umstände ist im vorliegenden Fall gegeben. Nach dem mitgeteilten Sachverhalt sind auch sonst keine besonderen Umstände ersichtlich, die auf eine stillschweigende Vereinbarung hinsichtlich des anwendbaren Rechts schließen lassen. So sind die Verwendung der englischen Sprache und die Abrede, daß (im Vertrag Nr. 3292) Zahlung in englischer Währung durch Akkreditivstellung in Famagusta erfolgen solle, nach der Rechtsprechung keine „typischen Umstände", die auf eine Rechtswahl hindeuten[3]. Auch dem Ort des Vertragsschlusses – im vorliegenden Fall Hamburg – kommt im deutschen Kollisionsrecht nur eine ganz geringe Bedeutung zu[4].

2. Haben die Parteien, wie im vorliegenden Fall, das anzuwendende Recht weder ausdrücklich noch stillschweigend bestimmt, so muß im Wege der ergänzenden Vertragsauslegung der *„hypothetische Parteiwille"* ermittelt werden[5]. Dieser mutmaßliche Parteiwille wird nach der Rechtsprechung des Bundesgerichtshofs durch eine „vernünftige Interessenabwägung auf rein objektiver Grundlage" ermittelt[6]. Maßgebend ist das Recht, zu dem der Vertrag die engsten Beziehungen aufweist[7].

In der Regel kommt man bei kollisionsrechtlichen Tatbeständen des Vertragsrechts durch Abwägung der einzelnen Anknüpfungsfaktoren zu einer mehr oder weniger eindeutigen Bestimmung des Schwerpunktes des Vertrages. Im vorliegenden Fall läßt der Sachverhalt jedoch keine überwiegenden Anknüpfungsfaktoren erkennen. Der Umstand, daß im Ver-

---

[2] *Soergel-Siebert(-Kegel)* Anm. 180 vor Art. 7.

[3] RG 4. 2. 1913, RGZ 81, 273, 276; RG 14. 12. 1910, JW 1911, 225; OLG Hamburg 5. 8. 1958, NJW 1958, 1919 = IPRspr. 1958–1959 Nr. 164.

[4] Vgl. RArbG 20. 7. 1935, JW 1935, 3665, wo im Anschluß an RG 12. 10. 1905, RGZ 61, 343, 346, gesagt wird, der Abschlußort müsse für die Bestimmung des Vertragsstatuts nach deutschem Recht „als unerheblich außer Betrachtung" bleiben.

[5] *Soergel-Siebert(-Kegel)* Anm. 185 vor Art. 7.

[6] BGH 30. 9. 1952, BGHZ 7, 231 (235); 22. 11. 1955, BGHZ 19, 110 (112); 9. 6. 1960, Betrieb 1960, 1126 = IPRspr. 1960–1961 Nr. 23; 19. 10. 1960, JZ 1961, 261 = IPRspr. 1960–1961 Nr. 28. – Kritisch dazu *Gamillscheg*, AcP 157 (1958/59) 323 f.

[7] Es handelt sich dabei nicht um eine ergänzende Vertragsauslegung, sondern um ergänzende Rechtsfindung; vgl. BGH 14. 4. 1953, BGHZ 9, 221, 223; *Henrich*, Anm. zu BGH 19. 10. 1960: JZ 1961, 262; *Gamillscheg* 324; *Kreuzer*, Das IPR des Warenkaufs in der deutschen Rechtsprechung (1964) 240.

trag Nr. 3315 Zahlung gegen Dokumentenübergabe in Hamburg vorgesehen ist, stellt – jedenfalls für das deutsche IPR – schon deshalb keinen geeigneten Anknüpfungsfaktor dar, weil durch diese Abrede der aus § 269 BGB folgende – zyprische – Erfüllungsort für die Lieferungspflicht der Bekl. unberührt bleibt[8].

3. Aus der *Natur des Kaufvertrages* und den ihn typisierenden Faktoren ergibt sich, daß die Sachleistung als „charakteristische Leistung" und das Interesse des Verkäufers als des Sachleistungsschuldners insoweit der Geldleistung und dem Interesse des Käufers als des Geldschuldners vorgehen. Diese auf objektiver Grundlage erfolgende, individuell-typisierende Bestimmung des maßgeblichen Rechts ermöglicht eine einheitliche Anknüpfung für alle Verträge eines bestimmten Vertragstyps[9]. Demnach liegt im vorliegenden Fall der Schwerpunkt der Verträge nur dann in Hamburg, wenn die Firma K. als ständige Zweigniederlassung der Bekl. mit eigenem Auslieferungslager anzusehen ist[10]. Ist hingegen – wie es nach dem mitgeteilten Sachverhalt den Anschein hat – die Firma K. lediglich Agent oder Makler der Bekl., so ist an den zyprischen Geschäftssitz der Bekl. anzuknüpfen[11].

Im einen und im anderen Fall gilt das betreffende Recht einheitlich für die Beurteilung der Rechte und Pflichten *beider* Vertragsparteien.

Eine etwaige Rückverweisung des zyprischen Kollisionsrechts auf das deutsche Recht ist unbeachtlich. Zwar läßt sich der Ausschluß einer Analogie zu Art. 27 EGBGB nicht mit der Erwägung begründen, der Wille der Parteien sei allein auf die Anwendung des fremden materiellen Rechts gerichtet. Denn es handelt sich hier um eine von den subjektiven Vorstel-

---

[8] Vgl. *Staudinger(-Werner)*, BGB, Bd. II/1c (10./11. Aufl. 1967) § 269 Anm. 14 mit Nachweisen.

[9] Vgl. im einzelnen zu den Umständen, die im allgemeinen die Sachleistung „verwickelter" und „vielschichtiger" machen als die Geldleistung (weshalb der Verkäufer mehr Rechtssätze zu beachten hat als der Käufer) *Soergel-Siebert (-Kegel)* Anm. 201 vor Art. 7 sowie *Kreuzer* 97. Die hier vertretene Ansicht findet Unterstützung vor allem in der Lehre, vgl. *Neuhaus*, Die Grundbegriffe des IPR (1962) 123 f.; *Henrich*, JZ 1961, 262 f.; *v. Caemmerer*, JZ 1959, 363; *Schnitzer*, Handbuch des IPR (4. Aufl.), Bd. I (1957) 52 f., II (1958) 639 f.; *Rabel*, The Conflict of Laws III (2. Aufl. 1964) 55 f.; aber auch Schweizer Bundesgericht 16. 11. 1965, BGE 91 II 358.

[10] Vgl. *Kegel*, IPR (2. Aufl. 1964) 230, und Stellungnahme des Deutschen Rates für IPR zu dem [Haager] Entwurf von 1951 über Internationales Kaufrecht, RabelsZ 24 (1959) 151 (158); siehe auch BGH 9. 12. 1964, BGHZ 43, 25.

[11] Anders allerdings Art. 3 II des von Deutschland aufgrund der erwähnten Stellungnahme u. a. gerade wegen dieser Bestimmung nicht unterzeichneten Haager Abkommens über das auf internationale Käufe beweglicher Sachen anwendbare Recht von 1951 (RabelsZ 17 [1952] 269 ff.): danach gilt das Recht des gewöhnlichen Aufenthalts oder der Niederlassung, welche die Bestellung abgegeben hat, schon dann, wenn die Bestellung in diesem Land dem Verkäufer, *seinem Agenten* oder Reisenden zugegangen ist.

lungen der Parteien losgelöste, auf rein objektiver Grundlage ermittelte Anknüpfung. Aber im Gegensatz zu der vom Wortlaut des Art. 27 allein betroffenen Anknüpfung an die Staatsangehörigkeit ist die Anknüpfung an die „charakteristische Leistung" weder international stark umstritten und daher nicht etwa nur bedingt durchzusetzen noch auch mit Rücksicht auf die betreffende Rechtsordnung und deshalb nur vorbehaltlich deren Zustimmung gewählt[12].

4. Der Bundesgerichtshof gibt hingegen in Ermangelung einer Parteivereinbarung und irgendwelcher Anhaltspunkte für einen stillschweigenden oder mutmaßlichen Parteiwillen immer noch dem *Erfüllungsort* als Anknüpfungsmoment den Vorzug[13]. Was als Erfüllungsort anzusehen ist, bestimmt sich nach deutschem materiellen Recht, insbes. also nach §§ 269, 270 BGB[14].

Die bei einem gegenseitigen Vertrag durch das Vorhandensein von zwei verschiedenen Erfüllungsorten eintretende Aufspaltung des Vertrages, die von der Lehre häufig kritisiert worden ist[15], wird dabei vom BGH theoretisch in Kauf genommen[16]. Praktisch ist jedoch keine neuere Entscheidung bekannt, die diese Konsequenz gezogen hätte[17], zumal der BGH eine Rück- bzw. Weiterverweisung des betreffenden Rechts für beachtlich erklärt[18].

Im vorliegenden Fall ist Erfüllungsort der Kl. Hamburg und Erfüllungsort der Bekl. Famagusta. Für die Verpflichtungen der Kl. gilt danach deutsches Recht, für die Verpflichtungen der Bekl. zyprisches Recht. Zyprisches Recht – einschließlich des zyprischen IPR – ist mithin anzuwenden, soweit Ansprüche der Kl. gegen die Bekl. auf Schadenersatz wegen mangelhafter Lieferung in Frage stehen[19]. Deutsches Recht ist hingegen unmittelbar maßgeblich für Wandelungs- und Minderungsrechte der Kl. und für ihren etwaigen Rückforderungsanspruch auf den gezahlten Kaufpreis (Vertrag Nr. 3292)[20]. Ebenso gilt deutsches Recht für die Erfüllungs- bzw.

[12] Vgl. *Neuhaus* 189; *Mann*, JZ 1962, 6, 13; *Raape*, IPR (5. Aufl. 1961) 70 und NJW 1959, 1013 f.; Schweiz. Bundesgericht 21. 10. 1955, BGE 81 II 391 f.

[13] BGH 23. 3. 1955, WM 1955, 765 = IPRspr. 1954–1955 Nr. 17; 10. 1. 1958, Betrieb 1958, 162 = IPRspr. 1958–1959 Nr. 37; 14. 2. 1958, NJW 1958, 750 = IPRspr. 1958 bis 1959 Nr. 39; 9. 6. 1960 (oben N. 6); ebenso OLG Hamburg 5. 8. 1958 (oben N. 3).

[14] Herrschende Meinung – vgl. z. B. *Palandt(-Lauterbach)*, BGB (26. Aufl. 1967) Anm. 2 b vor Art. 12; BGH 23. 3. 1955 aaO.

[15] *Raape* 474; *Rabel* II (1960) 466 f.; v. *Caemmerer* (oben N. 9); *Wolff*, Das IPR Deutschlands (3. Aufl. 1954) 150 Anm. 7.

[16] Siehe z. B. BGH 23. 3. 1955 und 10. 1. 1958 (oben N. 13); weitere Nachweise bei *Kreuzer* 285 Anm. 200.

[17] *Kreuzer* 285: „seit nahezu 40 Jahren kein Fall".

[18] BGH 10. 1. 1958 und 14. 2. 1958 (oben N. 13); 9. 6. 1960 (oben N. 6).

[19] RG 26. 2. 1907, LZ 1907, 342 (Nr. 7); vgl. *Palandt-Lauterbach* Anm. 6 a vor Art. 12.

[20] Vgl. BGH 14. 2. 1958 (oben N. 13): Das anwendbare Recht dürfe nicht von dem Zufall abhängen, ob der Kaufpreis schon bezahlt ist.

Schadenersatzansprüche, die die Bekl. aus dem Vertrag Nr. 3315 gegen die Kl. geltend macht[21].

Im Ergebnis ist also nach der Auffassung des BGH für die beiden Verträge von demselben (deutschen) Recht auszugehen, wenn die Kl. sich auf Wandlung und Minderung stützt, dagegen von verschiedenen Rechten, wenn sie Schadenersatz wegen Nichterfüllung fordert. Die Entscheidung zwischen diesen beiden Möglichkeiten ist aber aufgrund des anwendbaren materiellen Rechts zu treffen. Obwohl diese Konstruktion zu befremdlichen Ergebnissen führen kann, sei im folgenden vorsorglich geprüft, ob etwa das zyprische Recht für Schadenersatzansprüche aus dem ersten Vertrag eine Rückverweisung auf das deutsche Recht enthält und ob somit auch die Auffassung des BGH für alle hier entstehenden Fragen zur Anwendung desselben (deutschen) materiellen Rechts führt.

### *II. Zyprisches Kollisionsrecht*

Das Recht der Republik Zypern besteht aus Statute Law (Gesetzesrecht), englischem Common Law, englischen Equity-Prinzipien sowie aus griechischen und mohammedanischen religiösen Rechtsgrundsätzen[22].

1. Da das IPR Zyperns eine gesetzliche Regelung nicht erfahren hat, muß insoweit auf das *englische Common Law* zurückgegriffen werden, das in Zypern – vorbehaltlich entgegenstehender Gesetzesbestimmungen – zeitlich uneingeschränkt gilt[23].

Den kollisionsrechtlichen Normen des englischen Common Law ist der Grundsatz zu entnehmen, daß Schuldverträge nach dem Recht zu beurteilen sind, das die Parteien ausdrücklich oder stillschweigend für anwendbar erklären[24]. Dieses Recht, das sog. „proper law of the contract", entscheidet über alle Fragen, welche die Gültigkeit, Auslegung und Abwicklung des Vertrages betreffen[25]. Läßt sich, wie im vorliegenden Falle, ein Parteiwille nicht feststellen, so ist nach gefestigter englischer Rechtsprechung als

---

[21] RG 16. 6. 1903, RGZ 55, 105 f.; BGH 14. 2. 1958 (oben N. 13); 19. 10. 1960 (oben N. 6); *Palandt-Lauterbach* aaO.

[22] Vgl. sect. 29 Courts of Justice Law 1960; *Roberts-Wray*, Commonwealth and Colonial Law (1966) 681: „Subject to Cyprus statute law, section 29 of the Courts of Justice Law 1960, gives the force of law to:

(1) the common law and the doctrines of equity (without reference to any date);

(2) United Kingdom Acts applicable immediately before Independence Day – i. e. those applicable to the Colonies generally or to Cyprus."

[23] *Roberts-Wray* aaO.

[24] *Cheshire*, Private International Law (7. Aufl. 1965) 186 f.; *Dicey(-Kahn-Freund)*, Conflict of Laws (7. Aufl. 1958) 718 f.; *Charlesworth*, Mercantile Law (10. Aufl. 1963) 114.

[25] *Cheshire, Dicey*, Charlesworth aaO; *Borrie*, Commercial Law (2. Aufl. 1966) 308.

„proper law" das Recht des Landes anzuwenden, mit dem der Vertrag am engsten verbunden ist[26].

Für eine enge, dem hypothetischen Parteiwillen entsprechende Verbundenheit des Vertrages mit der Rechtsordnung eines Landes streiten mehrere Vermutungen. So ist zunächst auf das Recht des Abschlußortes (lex loci contractus) abzustellen. Sofern der Vertrag an diesem Orte ganz oder jedenfalls teilweise zu erfüllen ist, wird vermutet, daß die Anwendung des dort geltenden Rechts dem hypothetischen Parteiwillen entspricht[27]. Sind hingegen alle Erfüllungshandlungen an einem anderen als dem Abschlußort zu erbringen, so ist die obige Vermutung regelmäßig als widerlegt anzusehen. In diesem Fall kommt das Recht des Erfüllungsorts zur Anwendung (lex loci solutionis)[28]. In Zweifelsfällen kann darüber hinaus die Sprache, in der der Vertrag abgefaßt ist, als Anhaltspunkt für die Ermittlung des hypothetischen Parteiwillens dienen[29].

2. Ein Vertrag gilt nach anglo-zyprischem Recht als dort *abgeschlossen,* wo die Annahmeerklärung wirksam wird[30]. Insoweit stellt das zyprische Vertragsrecht auf den Zeitpunkt ab, in dem die Annahmeerklärung abgegeben worden ist und den Einflußbereich des Annehmenden verlassen hat[31]. Dies gilt auch für handelsrechtliche Kaufverträge[32]. Willenserklärung eines Vertreters gelten als an dem Orte abgegeben, an dem sich der Vertreter befindet[33]. Daher ist im vorliegenden Fall Hamburg als Abschlußort des Kaufvertrages anzusehen, ohne daß es darauf ankommt, ob die Annahmeerklärung von der Kl. oder von der Firma K. herrührt.

3. Zu prüfen bleibt, ob nach zyprischem Recht alle Vertragspflichten an einem anderen als dem Abschlußort *zu erfüllen* sind.

Pflicht des Verkäufers ist es, die verkaufte Sache dem Käufer zu übergeben, Pflicht des Käufers, die Sache abzunehmen und zu bezahlen.

---

[26] The Assunzione, [1954] P. 150; Re United Railways of Havana and Regla Warehouses Ltd., [1960] 2 All E. R. 332; *Rossano* v. *Manufacturers Life Assurance Co.,* [1963] 2 Q. B. 352 = [1962] 2 All E. R. 214. Anwendbar ist „the law ... with which the transaction has its closest and most real connection" (Viscount *Simonds* in *Bonython* v. *Commonwealth of Australia,* [1951] A. C. 201, 219).

[27] *Peninsular and Oriental Steam Navigation Co.* v. *Shand* (1865), 3 Moo. P. C. (N. S.) 272 = 16 E. R. 103; *Jacobs* v. *Crédit Lyonnais* (1884), 12 Q. B. D. 589; *Borrie* 312, 313; *Charlesworth* 114; *Graveson,* Conflict of Laws (5. Aufl. 1965) 358, 359.

[28] *Benaim & Co.* v. *Debono,* [1924] A. C. 514 = [1924] All. E. R. 103: Ein in Malta abgeschlossener, auf die Lieferung von Sardellen f. o. b. Gibraltar gerichteter Kaufvertrag wurde nach dem Recht von Gibraltar beurteilt, da Gibraltar Erfüllungsort war. Vgl. auch *Borrie* 313; *Graveson* 358.

[29] Re Anglo-Austrian Bank, [1920] 1 Ch. 69; *Charlesworth* 114.

[30] *Entores* v. *Miles Far East Corporation,* [1955] 2 Q. B. 327.

[31] Sect. 4 (1) (2) Contract Law 1931 chapter 149, Laws of Cyprus, Revised Edition 1959.

[32] Sect. 3 Sale of Goods Law 1953 (aaO chapter 267).

[33] *Pattison* v. *Mills* (1828), 1 Dow. + Cl. 342, 362, 363 = 6 E. R. 553; *Fridman,* The Law of Agency (2. Aufl. 1966) 268.

*Sect. 31 Sale of Goods Law:*

„It is the duty of the seller to deliver the goods and of the buyer to accept and pay for them, in accordance with the terms of the contract of sale."

Gemäß sections 31, 32 und 36 (1) Sale of Goods Law bleibt es den Parteien überlassen, den Erfüllungsort für diese Vertragspflichten zu bestimmen.

Hinsichtlich der Kaufpreiszahlung ist in dem Vertrag Nr. 3292 Famagusta ausdrücklich als Zahlungsort benannt worden. Eine Regel wie § 270 IV BGB ist dem englischen Recht unbekannt. Famagusta ist aber auch als Erfüllungsort für Übergabe und Abnahme der verkauften Orangen anzusehen, denn bei Kaufverträgen mit den Klauseln „cost and freight" oder „cost, insurance, freight" gilt als maßgebliche Erfüllungshandlung die Übergabe der Dokumente[34]. Im vorliegenden Fall wurden Ladungsdokumente gegen Zahlung aus dem Akkreditiv in Famagusta übergeben. Da somit sämtliche Vertragspflichten in Zypern zu erfüllen waren, greift die an das Recht des Abschlußortes geknüpfte Rechtswahlvermutung hier nicht durch. Maßgeblich ist vielmehr das am Erfüllungsort geltende zyprische Recht. Soweit das deutsche IPR für den Vertrag Nr. 3292 auf das Recht der Republik Zypern verweist, liegt also keine Rückverweisung vor.

## *III. Zyprisches materielles Recht*

### *1. Zur Klage*

a) Der Klägerin kann ein *Rücktritts- oder Schadensersatzrecht* zustehen. Insoweit ist zunächst zu klären, ob das Überschreiten der vertraglich vereinbarten Toleranzgrenze nach zyprischem Handelsrecht als Verletzung einer sog. „condition" oder als Verletzung einer sog. „warranty" anzusehen ist.

*Sect. 12 (1) Sale of Goods Law:*

„A stipulation in a contract of sale with reference to goods which are the subject thereof may be a condition or a warranty."

Eine „condition" ist eine grundlegende Gewährleistungsklausel, deren Verletzung den geschädigten Vertragspartner zum Rücktritt vom Vertrag berechtigt.

*Sect. 12 (2) Sale of Goods Law:*

„A condition is a stipulation essential to the main purpose of the contract, the breach of which gives rise to a right to treat the contract as repudiated."

---

[34] *Sharpe & Co. Ltd.* v. *Nosawa & Co.*, [1917] 2 K. B. 814; *Lowe*, Commercial Law (1964) 464–466; *Borrie* 90.

Gewährleistungsklauseln von geringerer Bedeutung sind als „warranties“ anzusehen[35].

*Sect. 12 (3) Sale of Goods Law:*

„A warranty is a stipulation collateral to the main purpose of the contract, the breach of which gives rise to a claim for damages but not to a right to reject the goods and treat the contract as repudiated.“

Ob Gewährversprechen, die von den Parteien frei vereinbart worden sind – wie im vorliegenden Fall die Klausel „decay tolerance 4 % on arrival“ – „conditions“ oder „warranties“ sind, muß im Einzelfall durch Vertragsauslegung ermittelt werden[36]. Dabei ergeben sich häufig beträchtliche Abgrenzungsschwierigkeiten[37].

Neben frei vereinbarten Gewährleistungsklauseln enthält jedoch jeder Kaufvertrag bestimmte Gewährleistungsversprechen, die kraft Gesetzes als stillschweigend vereinbart gelten (implied conditions and warranties)[38]. Eine im vorliegenden Fall anwendbare „implied condition“ findet sich in sect. 15 Sale of Goods Law:

„Where there is a contract for the sale of goods by description, there is an implied condition that the goods shall correspond with the description...“

Unter „description“ ist nicht nur die Beschreibung der Art der verkauften Waren zu verstehen; dieser Begriff erstreckt sich auch auf ausdrücklich in den Kaufvertrag aufgenommene Qualitätszusicherungen[39]. Die Vorschrift findet immer dann Anwendung, wenn der Käufer die Waren vor Abschluß des Kaufvertrages nicht besichtigt, sondern sich allein auf die Beschreibung des Verkäufers verlassen hat[40].

---

[35] Vgl. zur Abgrenzung von „condition“ und „warranty“ auch das dictum von Lordrichter *Moulton* in *Wallis* v. *Pratt*, [1910] 2 K. B. 1012: „A condition is an obligation which goes so directly to the substance of the contract, or, in other words, is so essential to its very nature, that its nonperformance may fairly be considered by the other party as a substantial failure to perform the contract at all... A warranty is an obligation which, though it must be performed, is not so vital that a failure to perform it goes to the substance of the contract.“

*Atiyah*, The Sale of Goods (2. Aufl. 1963) 24, stellt zusammenfassend fest: „In practice one would not go far wrong if one were to say that, subject to a clear contrary intention, a warranty is a minor term of the contract, while a condition is a major term.“

[36] Sect. 12 (4) Sale of Goods Law.

[37] Vgl. *Fridman*, Sale of Goods (1966) 142, 143.

[38] Vgl. sects. 14–17 Sale of Goods Law.

[39] *Arcos Ltd.* v. *E. A. Ronaasen & Son* [1933] A. C. 470 (H. L.); *Rapalli* v. *K. L. Take Ltd.*, [1958] 2 Lloyd's List Law Reports 469, 475, 480, 483 (C. A.); *Atiyah* 55, 56.

[40] *Channel J.* in *Varley* v. *Whipp*, [1900] 1 Q. B. 516, ergangen zu der gleichlautenden sect. 13 des englischen Sale of Goods Act 1893; *Kennedy-Thompson*, C. I. F. Contracts (3. Aufl. 1959) 23: „Practically all c. i. f. contracts are sales by description“.

Maßgebend für den vorliegenden Fall ist insbesondere die oben angeführte Entscheidung Rapalli v. K. L. Take Ltd. des englischen Court of Appeal. Der in England ansässige Käufer hatte von dem in Italien wohnenden Lieferanten 15 Tonnen Zwiebeln „mittlerer Qualität" c. & f. London gekauft. Er verweigerte Abnahme der Zwiebeln, u. a. deshalb, weil 5–6 % der Lieferung verdorben waren. Das Gericht wies die Kaufpreiszahlungsklage des italienischen Verkäufers ab: die Zusicherung, Zwiebeln „mittlerer Qualität" zu liefern, sei eine „description" i. S. der sect. 13 Sale of Goods Act, dieser „description" habe die Lieferung bei Ankunft in London nicht entsprochen, da 5–6 % Zwiebeln verdorben gewesen seien, der Käuferin habe daher hinsichtlich der gesamten Lieferung ein Rücktrittsrecht wegen Verletzung der in sect. 13 Sale of Goods Act statuierten „condition" zugestanden.

Insoweit genügt bereits ein geringfügiges Abweichen von der vertraglichen Zusicherung[41]. Es ist Sache der richterlichen Würdigung, ob im vorliegenden Fall die Klausel „decay tolerance 4 % on arrival" als Präzisierung der Klausel „fair sound export quality" anzusehen ist und daher das Überschreiten der Toleranzgrenze die Verletzung einer „condition" darstellt, die gemäß sect. 15 des zyprischen Sale of Goods Law stillschweigender Bestandteil des Kaufvertrages ist.

b) Die *Rechtsfolge* der Verletzung einer „condition" ist, daß der Käufer nach seiner Wahl vom Vertrag zurücktreten oder für die Verletzung wie für eine „breach of warranty" Schadenersatz verlangen kann[42]. Dieses Wahlrecht erlischt jedoch in bestimmten Fällen mit der Folge, daß bei einer „breach of condition" unter Ausschluß des Rücktrittsrechts nur Schadenersatz gefordert werden kann.

*Sect. 13 (2) Sale of Goods Law:*

„Where a contract of sale is not severable and the buyer has accepted the goods or part thereof, or where the contract is for specific goods the property in which has passed to the buyer, the breach of any condition to be fulfilled by the seller can only be treated as a breach of warranty and not as a ground for rejecting the goods and treating the contract as repudiated, unless there is a term of the contract, express or implied, to that effect."

Die Voraussetzungen dieser sect. 13 (2) Sale of Goods Law sind hier insofern gegeben, als das Eigentum an den verkauften Orangenpartien im Zeitpunkt der Dokumentenübergabe in Famagusta auf die Kl. übergegangen ist[43].

---

[41] Lord *Atkin* in *Arcos Ltd.* v. *E. A. Ronaasen & Son* (oben N. 39) 479, 480.

[42] Sect. 13 (1) Sale of Goods Law.

[43] Vgl. sect. 25 (2) Sale of Goods Law; The Miramichi, [1915] P. 71, 78; *Groom Ltd.* v. *Barber,* [1915] 1 K. B. 316; *Borrie* 50; *Lowe* 465; *Ranking/Spicer/Poglar,* Mercantile Law (12. Aufl. 1966) 141.

Umstritten ist zwar, ob der Käufer damit bereits sein Wahlrecht verliert[44]. Die Frage kann jedoch offenbleiben, denn nach einhelliger Ansicht verliert der Käufer das Wahlrecht jedenfalls dann, wenn er die Kaufsache abnimmt. „Abgenommen" im Sinne der sect. 13 (2) Sale of Goods Law hat die Kl. die Orangen spätestens im Zeitpunkt des Verkaufs der Früchte in der Auktion vom 23. 3. 1965[45]. Der Kl. steht folglich, obwohl die Bekl. eine „breach of condition" begangen hat, nach zyprischem Recht kein Rücktrittsrecht zu, sie kann nur Schadenersatz wegen Verletzung einer „warranty" beanspruchen.

*Sect. 59 (1) Sale of Goods Law* bestimmt insoweit:

„Where there is a breach of warranty by the seller, or where the buyer elects or is compelled to treat any breach of a condition on the part of the seller as a breach of warranty, the buyer is not by reason only of such breach of warranty entitled to reject the goods;
but he may –
(a) set up against the seller the breach of warranty in diminution or extinction of the price; or
(b) sue the seller for damages for breach of warranty."

c) Der *Umfang des* der Kl. aus sect. 59 (1) Sale of Goods Law zustehenden *Schadenersatzanspruchs* ergibt sich aus sect. 73 (1) Contract Law:

„When a contract has been broken, the party who suffers by such breach is entitled to receive, from the party who has broken the contract, compensation for any loss or damage, caused to him thereby, which naturally arose in the usual course of things from such breach, or which the parties knew, when they made the contract, to be likely to result from the breach of it.
Such compensation is not to be given for any remote and indirect loss or damage sustained by reason of the breach."

Diese Vorschrift fußt auf der grundlegenden, für die Berechnung eines vertraglichen Schadenersatzanspruchs maßgeblichen Präzedenzentscheidung Hadley v. Baxendale (1854), 9. Ex. 342.

aa) Wird Schadenersatz unter Berufung auf eine warranty verlangt, so hat der Käufer gemäß ständiger, an die Entscheidung Hadley v. Baxendale anknüpfender Rechtsprechung einen ersatzfähigen Verlust in Höhe des *Differenzbetrages* zwischen dem Wert mangelfreier und dem Wert mangelhafter Ware im Zeitpunkt der Übergabe erlitten[46]. Dieser in den englischen Sale of Goods Act von 1893 ausdrücklich übernommene Berechnungsmodus (sect. 53 (3)) ist auch für das zyprische Recht maßgeblich[47].

---

[44] Bejahend *Chitty*, Contracts (22. Aufl. 1961) 1381. – Anderer Ansicht *Donning*, L. J. in *Leaf* v. *International Galleries*, [1950] 2 K. B. 86, 89, 90; siehe auch *Borrie* 73.

[45] *Kwei Tek Chao* v. *British Traders and Shippers Ltd.*, [1954] 2 Q. B. 459, 487, 488; sect. 42 Sale of Goods Act.

[46] *Dingle* v. *Hare* (1859), L. J. C. P. 143 = 7 C. B. (N. S.) 145 = 141 E. R. 770; weitere Nachweise bei *Chitty* 399 f.; *Fridman*, Sale of Goods 315 f.; *Borrie* 101.

[47] Vgl. sect. 29 Courts of Justice Law 1960 (oben N. 22).

*Sect. 65 (1) (d) (e) Sale of Goods Law:*

„Nothing in this Law or in any repeal effected thereby shall affect or be deemed to affect –

...

(d) any enactment relating to the sale of goods which is not expressly repealed by this Law; or

(e) any rule of law not inconsistent with this Law."

Entgegenstehende Gesetze oder eine abweichende Rechtsprechung zyprischer Gerichte sind dem Institut nicht bekannt.

Maßgeblicher Zeitpunkt für die Schadensberechnung ist im allgemeinen der Tag der Übergabe der Waren an den Käufer. Bei Kaufverträgen mit der Klausel „cost and freight" ist nicht auf den Zeitpunkt der Dokumentenübergabe abzustellen[48], sondern auf den Zeitpunkt, an dem der Käufer Kenntnis von dem Qualitätsmangel der Ware erlangt hat[49]. Im vorliegenden Fall ist daher das Datum maßgeblich, an dem der Kl. der Untersuchungsbefund der Controll-Co. zugegangen ist.

Zu ermitteln ist zunächst der Marktpreis, den die verkauften Orangen in fehlerfreiem Zustand, d. h. mit maximal 4 % Verderbsanfall erzielt hätten. Der Vertragspreis – hier 4 500 £ – kann als Anhaltspunkt für die Höhe des Marktpreises dienen[50]. Der Nachweis, daß am Stichtag ein vom Vertragspreis abweichender – höherer oder niedrigerer – Marktpreis bestanden hat, ist jedoch zulässig[51].

Von dem so ermittelten Marktpreis ist der Wert, den die mit 5 bzw. 5,4% Verderb behafteten Orangen am Stichtag besaßen, abzuziehen. Auch insoweit ist der Marktpreis maßgeblich. Da sich jedoch häufig kein Marktpreis für mängelbehaftete Früchte feststellen läßt, bietet der vom Käufer tatsächlich erzielte Wiederverkaufspreis – hier der in der Fruchtauktion vom 23. 3. 1965 erzielte Bruttoerlös (46 026,25 DM) – in der Regel vollen Beweis für den Wert der Ware[52]. Steht jedoch fest, daß am Stichtag ein abweichender – höherer oder niedrigerer – Marktpreis für die mängelbehaftete Ware bestanden hat, so ist dieser anzusetzen[53].

bb) Weiterhin kann die Kl. nach sect. 73 (1) Contract Law Ersatz für alle *Auslagen* verlangen, die ihr nicht erwachsen wären, wenn die Bekl. mangelfreie Ware geliefert hätte; denn die Klägerin ist finanziell so zu stellen, als hätten die gelieferten Orangen die gewährleistete Qualität besessen.

---

[48] So aber, wenn der Käufer Schadenersatz wegen Nichterfüllung verlangt: *Sharpe & Co. Ltd.* v. *Nosawa & Co.* (oben N. 34).

[49] *Kwei Tek Chao* v. *British Traders and Shippers Ltd.* (oben N. 45); *Chitty* 421 und *Fridman*, Sale of Goods 317 mit weiteren Nachweisen.

[50] *Dingle* v. *Hare* (oben N. 46); *Kwei Tek Chao* v. *British Traders and Shippers Ltd.* aaO; weitere Nachweise bei *Chitty* 401 und *Fridman*, Sale of Goods 315, 316.

[51] *Loder* v. *Kekule* (1857), 3 C. B. (N. S.) 128 = E. R. 687; *Chitty* 401.

[52] *Biggin* v. *Permanite*, [1951] 1 K. B. 422; *Chitty* 402.

[53] *Chitty* 402 *mit* weiteren Nachweisen.

Zu ersetzen sind möglicherweise z. B. die Kosten, die das Sortieren der Früchte verursacht hat, sowie die Gebühr für das Gutachten der Controll-Co.[54].

*2. Zur Widerklage*

Der mit der Widerklage geltend gemachte Anspruch kann nach zyprischem Recht als Forderung auf Zahlung des vereinbarten Kaufpreises oder als Anspruch auf Schadenersatz wegen Nichterfüllung begründet sein:

*Sect. 55 (1) Sale of Goods Law:*

„Where under a contract of sale the property in the goods has passed to the buyer and the buyer wrongfully neglects or refuses to pay for the goods according to the terms of the contract the seller may sue him for the price of the goods."

*Sect. 56 Sale of Goods Law:*

„Where the buyer wrongfully neglects or refuses to accept and pay for the goods, the seller may sue him for damages for non-acceptance."

a) Ein Anspruch auf *Kaufpreiszahlung* aus sect. 55 (1) Sale of Goods Law entfällt im vorliegenden Fall, weil das Eigentum an den Orangen mangels Übergabe der Dokumente nicht auf die Kl. übergegangen ist[55].

b) Ob die Bekl. einen *Schadenersatzanspruch* gemäß sect. 56 Sale of Goods Law geltend machen kann, hängt davon ab, ob die Kl. „wrongfully", also ohne rechtfertigenden Grund, die Abnahme der Dokumente und Orangen sowie die Kaufpreiszahlung verweigert hat. Die Vertragspflichten, Dokumente und Waren abzunehmen und den Kaufpreis zu bezahlen, sind dann erloschen, wenn die Kl. wirksam vom Vertrag zurückgetreten ist. Ein Rücktrittsrecht kann sich aus sects. 12 (2), 13 (2), 15 Scale of Goods Law ergeben. Insoweit wird auf die Ausführungen oben unter III 1 a) verwiesen; maßgeblich sind hier insbesondere die oben angeführten Präzedenzentscheidungen Rapalli v. K. L. Take Ltd. und Arcos Ltd. v. E. A. Ronaasen & Son.

Anders als im Falle des der Klage zugrunde liegenden Vertrages Nr. 3292 hatte die Kl. ein Rücktrittsrecht hier nicht verloren. Sie hat die Orangen weder „abgenommen", im Sinne von sect. 13 (2) Sale of Goods Law, noch hat sie mangels Übergabe der Dokumente Eigentum an den Früchten erworben[56].

---

[54] Vgl. *Cullinane* v. *British „Rema" Manufacturing Co. Ltd.*, [1954] 1 Q. B. 292, 301, 302 (C. A.); vgl. auch *Fridman*, Sale of Goods 316; *Chitty* 160, 409.

[55] Sect. 25 (2) Sale of Goods Law; *Borrie* 50; *Lowe* 465; *Kennedy/Thompson* 171, 172.

[56] Selbst wenn die Klägerin die angedienten Dokumente aufgenommen und somit Eigentum erworben hätte, wäre das Ergebnis kein anderes. Denn nach neuerer englischer Rechtsprechung geht durch die Dokumentenaufnahme nur auf-

Mit ihrer Weigerung, Dokumente und Waren aus dem Vertrag Nr. 3315 abzunehmen und den Kaufpreis dafür zu bezahlen, hat die Kl. ein Rücktrittsrecht, das ihr gemäß sects. 15, 12 (2) Sale of Goods Law zustand, konkludent ausgeübt. Bei Annahme eines Rücktrittsrechts hat die Kl. folglich Dokumenten- und Warenabnahme sowie Kaufpreiszahlung zu Recht verweigert; ein Schadenersatzanspruch aus sect. 56 Sale of Goods Law steht der Bekl. dann nicht zu[57].

Kann die Bekl. gemäß sect. 56 Sale of Goods Law Schadenersatz wegen Nichterfüllung verlangen, so ist maßgeblich für die Höhe des Anspruchs auch in diesem Falle die Entscheidung Hadly v. Baxondale; auf die Ausführungen oben unter III 1 b) wird insoweit verwiesen. Prima facie kann die Bekl. dann die Differenz zwischen dem Kaufpreis und dem Marktpreis der Früchte, wie er am Tage der endgültigen Abnahmeverweigerung seitens der Klägerin bestanden hat, verlangen[58].

## Nr. 2

## Liberia (USA/New York)

**1. Quellen des liberianischen Rechts.**

**2. Vereinbarung und Wirkung eines Optionsrechts (right of first refusal).**

**3. Consideration-Lehre im Vertragsrecht.**

**4. Qualifikation der Consideration im deutschen IPR.**

**5. Schadensersatzanspruch des verkaufenden Händlers bei Nichtabnahme der Ware.**

**Hamburg G 213/66 vom 22. 1. 1967**

Herr Rechtsanwalt Dr. S. in Stuttgart bittet um Auskunft über Internationales Privatrecht und über liberianisches (amerikanisches) Vertragsrecht.

Der Anfrage liegt folgender Sachverhalt zugrunde:

Im Jahre 1964 hat die L. Air Inc., eine Corporation mit Sitz in Monrovia (Liberia), der S. Fluggesellschaft m.b.H., Stuttgart, ein gebrauchtes Verkehrsflugzeug verkauft. Der auf einem Formular der Verkäuferin in eng-

lösend bedingtes Eigentum auf den Käufer über, das an den Verkäufer zurückfällt, wenn der Käufer die Ware nach Ankunft im Bestimmungshafen untersucht und als nicht vertragsgemäß zurückweist: *Devlin, J.* in *Kwei Tek Chao* v. *British Traders and Shippers Ltd.* (oben N. 45) 487; *Ranking/Spicer/Pegler* 141.

[57] Entgegenstehende Entscheidungen zyprischer Gerichte sind dem Institut nicht bekannt.

[58] *Ranking/Spicer/Pegler* 137.

lischer Sprache aufgesetzte Kaufvertrag wurde am 30. 12. 1964 von Mr. Ba., Präsident der L., und Herrn Bü., dem damals einzigen Geschäftsführer der S., im Stuttgarter Büro der S. unterzeichnet.

Nach Abschluß des Kaufvertrages legte Mr. Ba. Herrn Bü. ein vorbereitetes Schriftstück vor, das der L. bei künftigen Flugzeuganschaffungen der S. ein Vorzugsrecht gegenüber Drittanbietern sichern sollte. Herr Bü. unterzeichnete dieses Schriftstück. Es ist in der Form eines bestätigten Briefes der L. an die S. abgefaßt und hat folgenden Wortlaut:

> In consideration of our purchase of even date covering Douglas DC–7CF Serial Number 45463 you hereby grant us a Right of First Refusal to meet or improve any other bona fide offer which you may receive, in connection with the purchase, lease purchase or lease of any additional transport aircraft which you may require in the future.
> Please acknowledge your concurrence with the foregoing by signing in the appropriate space below.

Im Jahre 1965 hat die S. zwei Düsenflugzeuge bei der „Swissair" gekauft, ohne der L. Gelegenheit zur Abgabe eines eigenen Angebots einzuräumen. Die S. hat dieses Verhalten damit motiviert, daß angesichts der angeblich schlechten Erfahrungen, welche sie mit dem von der L. gekauften Flugzeug gemacht habe, die Niederländische Luftverkehrsgesellschaft KLM, welche die Flugzeuge der S. wartet, die Übernahme gebrauchter amerikanischer Maschinen in das bestehende Wartungsabkommen abgelehnt habe. Im übrigen ergebe sich aus dem von Herrn Bü. unterzeichneten Schriftstück keine Verpflichtung, die L. bei künftigen Geschäften zu berücksichtigen.

Gefragt wird, ob die L. aus diesem Verhalten im Hinblick auf die getroffene Vereinbarung irgendwelche Rechte ableiten könne. Insbesondere soll geklärt werden, ob das Abkommen lediglich ein Anbietungsrecht der L. oder eine Abnahmeverpflichtung der S. für den Fall enthält, daß die L. in der Lage ist, den von dritter Seite vorliegenden Angeboten ihrerseits ein vergleichbares gegenüberzustellen. Ferner soll geklärt werden, unter welchen Voraussetzungen die L. bei Bruch dieses Abkommens Schadenersatz geltend machen kann sowie nach welchen Grundsätzen sich dessen Höhe bemißt.

## *I. Maßgebliches Recht*

### *1. Vertragsstatut*

Welches Recht für vertragliche Ansprüche maßgebend ist, bestimmt sich in erster Linie nach dem Willen der Vertragsparteien[1]. Diese können ein Recht ausdrücklich oder konkludent wählen. Da es im vorliegenden

[1] *Soergel-Siebert(-Kegel),* BGB, Bd. V (9. Aufl. 1961) Bem. 167 ff. vor Art. 7 EGBGB (mit Nachweisen).

Fall an einer ausdrücklichen Rechtswahl fehlt, bleibt zu prüfen, ob sich eine solche Wahl aus den Umständen ergibt[2].

Bedeutsam ist hierbei, daß die Zusatzvereinbarung (ebenso wie der Kaufvertrag) von der Verkäuferin in englischer Sprache auf einem ihrer Briefbogen aufgesetzt ist und sich der dem anglo-amerikanischen Recht eigenen Terminologie bedient. Dieser Umstand spricht dafür, daß die Parteien trotz Abschlusses in Stuttgart weder den Kaufvertrag noch die Zusatzvereinbarung dem deutschen Recht unterstellen wollten, sondern beide dem Recht der Verkäuferin, also dem Recht von Liberia, welches zum Rechtskreis des Common Law gehört und weithin auf das amerikanische Präjudizienrecht zurückgreift. Eine etwaige Rück- oder Weiterverweisung des konkludent gewählten Vertragsstatuts ist nach allgemeiner Ansicht nicht zu beachten[3].

### *2. Formstatut*

Nach Art. 11 I 1 EGBGB beurteilt sich die Form des Vertrages primär nach dem Geschäftsstatut, im vorliegenden Falle also nach dem liberianischen Recht. Jedoch genügt es, wenn der Vertrag den Formvorschriften des Abschlußortes – hier also denen des deutschen Rechts – entspricht (Art. 11 I 2 EGBGB).

## *II. Materielles liberianisches (amerikanisches) Recht*

### *1. Die Rechtsquellen des liberianischen Rechts*

Das Recht von Liberia ist nur teilweise im Liberian Code of Laws of 1956 kodifiziert. Der Code ist in den Jahren 1952 bis 1955 von amerikanischen Juristen der Cornell Law School in Ithaka (New York) konpiliert und am 22. 3. 1956 vom liberianischen Parlament als Grundlage des Rechts von Liberia verabschiedet worden[4]. Soweit eine gesetzliche Regelung fehlt, gilt nach Title 16 § 40 des Liberian Code of Laws subsidiär das englische und amerikanische Common Law. Die Vorschrift bestimmt:

| | |
|---|---|
| „Except as modified by laws now in force and those which may hereafter be enacted and by the Liberian common law, the following shall be, when | Mit Ausnahme der Änderungen durch Gesetze, die jetzt in Kraft sind und die später einmal erlassen werden, oder durch liberianisches Gewohnheitsrecht |

---

[2] *Soergel-Siebert(-Kegel)*, Bem. 180 ff. vor Art. 7 EGBGB.

[3] Vgl. *Soergel-Siebert(-Kegel)*, Bem. 218 vor Art. 7 EGBGB (mit Nachweisen).

[4] An Act to Give Legal Effect and Validity to a Code of Laws of the Republic of Liberia from Anno Domini 1822 to Anno Domini 1955, sec. 1, abgedruckt in: Liberian Code of Laws of 1956 Bd. 1 (1957) XIII/XIV.

applicable, considered Liberian law: (a) the rules adopted for chancery proceedings in England, and (b) the common law and usages of the courts of England and of the United States of America, as set forth in case law and in Blackstone's and Kent's Commentaries and in other authoritative treatises and digests."

sollen folgende Vorschriften, soweit anwendbar, liberianisches Recht darstellen: (a) die in England für das Billigkeitsrechtsverfahren geltenden Regeln und (b) das Gewohnheitsrecht und die Gerichtsgebräuche Englands und der Vereinigten Staaten von Amerika, wie sie im Fallrecht und in Blackstones und Kents Commentaries und in anderen maßgebenden Lehrbüchern und Nachschlagewerken wiedergegeben sind.

Der Vorbehalt der Anwendbarkeit („when applicable") bedeutet, daß die angeführten Rechtsvorschriften nur insoweit rezipiert werden, als sie für die besondere Situation Liberias geeignet sind. Dies ergibt sich auch aus den früheren Rezeptionsvorschriften, nach denen das rezipierte Recht „applicable to the situation of the people" sein muß[5].

Die Unsicherheit, welche diese Rezeptionsvorschriften bereits in der Vergangenheit mit sich gebracht haben[6], besteht heute in noch stärkerem Maße als früher. Denn erstens ist das englische Common Law mit dem amerikanischen Common Law nicht identisch, und zweitens gibt es in den USA grundsätzlich kein bundeseinheitliches Common Law[7].

Wie bei einem Widerspruch zwischen englischem und amerikanischem Common Law zu entscheiden ist, sagt das Recht von Liberia nicht. Aus der offiziellen Entscheidungssammlung der Urteile des Supreme Court of the Republic of Liberia, den Liberian Law Reports, ergibt sich aber, daß das oberste Gericht Liberias in den letzten Jahrzehnten in den meisten, wenn nicht sogar in allen Fällen einer Gesetzeslücke Rat bei amerikanischen Entscheidungen und im amerikanischen Schrifttum suchte. Diese Tendenz ist nicht zufällig, sondern findet ihre Erklärung in den engen Beziehungen, die zwischen Liberia und den USA – nach einer Periode vorherrschenden englischen Einflusses – seit langem wieder bestehen[8].

Deshalb ist auch im vorliegenden Fall damit zu rechnen, daß die liberianischen Gerichte sich am amerikanischen Common Law orientieren wer-

[5] Vgl. die liberianischen Verfassungen von 1820 (Art. 6), von 1825 (Art. 6) und von 1839 (Art. 17), den Kommentar von *Ashmun* zu Art. XIV des Digest von 1824, alles abgedruckt in: *Huberich*, The Political and Legislative History of Liberia (1947) I 147, II 1264, I 652 und II 1282; außerdem das Gesetz von 1860, wiedergegeben in den Fällen *Roberts* v. *Roberts*, 1 Liberian Law Reports (= L. L. R.) 107, 111/112 (1878), und *Flowers et al.* v. *Republic*, 1 L. L. R. 334, 335/336 (1899).

[6] Vgl. hierzu *Huberich* I 663.

[7] *Erie R. R.* v. *Tompkins*, 304 U. S. 64 (1938).

[8] Länderlexikon, herausgegeben vom Hamburgischen Welt-Wirtschafts-Archiv, II (1955–1957) 932 ff.; Encyclopaedia Britannica XIII (1957) 1002; vgl. auch die Chronologie bei *Huberich* II 1711 ff.

den. Da die Vereinigten Staaten – von wenigen Rechtsmaterien, die bundesrechtlich und damit einheitlich geregelt sind, abgesehen – kein einheitliches Rechtsgebiet bilden, vielmehr jeder Einzelstaat sein eigenes Privatrecht hat[9], wenden die liberianischen Gerichte die Prinzipien an, die aufgrund der gemeinsamen Common-Law-Tradition in allen oder doch in den meisten Gliedstaaten der USA anerkannt sind. Neben den im Liberian Code of Laws enthaltenen Gesetzesrecht gilt in Liberia also die herrschende Rechtsprechung der amerikanischen Gerichte als subsidiäre Rechtsquelle. Dies ist gerade im vorliegenden Fall von Bedeutung. Denn der Liberian Code of Laws (Title 7 Part 1) enthält nur sehr wenige allgemeine Bestimmungen über das Vertragsrecht.

### 2. *Inhalt der Vereinbarung*

Die Formulierung „Right of First Refusal..." bedeutet, daß der L. ein Recht zustehen soll, Angebote Dritter an die S. durch gleichartige – ebenso günstige oder günstigere – Angebote zu ersetzen und in diesem Falle (bei dem Abschluß von Verträgen durch die S.) vor den Drittanbietern zum Zuge zu kommen[10].

Im Sinne der deutschen Terminologie handelt es sich um ein Optionsrecht unter einer Bedingung, nämlich der, daß die S. überhaupt ein Flugzeug kaufen oder mieten will.

### 3. *Gültigkeit der Vereinbarung*

Nach dem auch im anglo-amerikanischen Recht geltenden Grundsatz der Vertragsfreiheit ist die Vereinbarung von Vorzugsrechten, mögen diese nun bedingt oder unbedingt sein, grundsätzlich zulässig. Die im vorliegenden Fall getroffene Vereinbarung könnte jedoch ungültig sein,

---

[9] Parker, Das Privatrecht der Vereinigten Staaten von Amerika (1960) 1 f.; *Ferid-Firsching,* Internationales Erbrecht II (1961) USA Grundzüge CI Randz. 35 c.

[10] Vgl. *Gochman* v. *Draper,* 389 S. W. 2 d 571, 578 (Tex. 1965), wo es um das right of „first refusal" eines Mieters ging, das vermietete Grundstück zu erwerben. Das Gericht erklärte unter Hinweis auf weitere Entscheidungen: „The phrase ‚first refusal' has acquired a well understood meaning in the business world which is that the owner of such right must be given the opportunity to buy the subject property on the terms offered by any bona fide purchaser."

Vgl. ferner *Williston,* A Treatise on the Law of Contracts I (3. Aufl. 1957 mit Nachtrag 1965) § 44 S. 147. – Die Gerichte sprechen in solchen Fällen häufig von „option" – vgl. etwa *Hake* v. *Groff,* 205 N. W. 145 (Mich. 1925); andererseits wird bisweilen ausdrücklich zwischen dem durch die Verkaufsabsicht des Verkäufers (hier: durch die Kaufabsicht des Erwerbers) bedingten „right of first refusal" und der von einer solchen Absicht unabhängigen „option" unterschieden – vgl. etwa *Nelson* v. *Reisner,* 331 P. 2 d 17, 20 (Cal. 1958); *Wellmore Builders, Inc.* v. *Wannier,* 140 A. 2 d 422, 426 (N. J. 1958).

weil sie nicht hinreichend bestimmt ist (dazu unter a) oder weil sie eine zu weitgehende Bindung der S. bewirkt (dazu unter b) oder weil sie dem consideration-Erfordernis nicht genügt (dazu unter c).

a) Eine Vereinbarung ist nur dann ein bindender Vertrag, wenn ihr Inhalt *hinreichend bestimmt* (reasonably certain) ist, so daß es dem Richter möglich ist, das Vorliegen einer Vertragsverletzung festzustellen[11]. Dieser Grundsatz ist auch für einen Optionsvertrag von Bedeutung. Falls bei einer Option wesentliche Punkte offen bleiben, über die sich die Parteien in dem zukünftigen Vertrag noch zu einigen haben, so besteht mangels hinreichender Bestimmtheit noch keine verbindliche Verpflichtung[12].

Im vorliegenden Fall ist der Inhalt für die aufgrund der Option abzuschließenden Verträge zwar nicht im voraus festgelegt; aber da er sich mit Hilfe der Angebote, die zu „übernehmen" die L. aufgrund ihrer Option berechtigt sein soll, ohne Schwierigkeiten fixieren läßt, ist er als hinreichend bestimmt zu betrachten[13].

Auch daß in dem Optionsvertrag nichts über die Dauer gesagt ist, für die er gelten soll, macht ihn nicht wegen Unbestimmtheit ungültig. Denn mit der herrschenden amerikanischen Praxis ist der Vertrag bezüglich dieses Punktes mangels gegenteiliger Anhaltspunkte dahin auszulegen, daß er für eine angemessene Zeitspanne („reasonable time") gelten soll oder doch zumindest solange, bis er durch eine Kündigung mit angemessener Frist beendet worden ist[14]. Welche Frist als „angemessen" zu betrachten ist, hängt jeweils von den Umständen des Einzelfalles ab[15].

Im vorliegenden Fall braucht diese Frage nicht weiter erörtert zu werden. Denn obwohl die amerikanische Praxis bei einem einseitig begünsti-

[11] Restatement of the Law of Contracts (1932) § 32 sowie Restatement of the Law Second, Contracts (Tent. Draft No. 2; 1965) § 32; *Corbin*, On Contracts I (1963 mit Nachtrag 1964) §§ 95 ff.; *Williston* §§ 37 ff., 45. – Allerdings ist es nicht erforderlich, daß sämtliche Punkte des Vertrags von vornherein ausdrücklich festgelegt sind. Falls feststeht, daß die Parteien eine bindende Abrede haben treffen wollen, neigt die Rechtsprechung dazu, die Vereinbarung als hinreichend bestimmt anzusehen und nicht geregelte Punkte durch eine Auslegung des Vertrages zu fixieren (vgl. Restatement Second § 32, Comment a).

[12] Vgl. *Ablett* v. *Clauson*, 272 P. 2d 753, 757 (Cal. 1954): Hier wurde eine dem Mieter eines Grundstücks eingeräumte Option, das Grundstück nach Ablauf des Vertrages für weitere fünf Jahre zu später noch zu vereinbarenden Bedingungen zu mieten, mangels hinreichender Bestimmtheit als nicht erzwingbar angesehen („... the terms of the option are too uncertain to make it enforceable as a contract right").

[13] Vgl. *Kann* v. *Wausau Abrasives Co.*, 129 A. 374, 378 (N. H. 1925), wo auf den Grundsatz hingewiesen wird, „that is certain which may be rendered certain"; *Gosselin Bros.* v. *Thurston*, 121 A. 343 (N. H. 1923).

[14] Vgl. *Freeport Sulphur Co.* v. *Aetna L. Ins. Co.*, 107 F. Supp. 508 (D. C. E. D. La., 1952), modified 206 F. 2d 5 (5th Cir., 1953); *Williston* § 38 (mit weiteren Nachweisen).

[15] Vgl. *Holt* v. *St. Louis Union Trust Co.*, 52 F. 2d 1086 (4th Cir., 1931); *Williston* § 38 S. 117.

genden Vertrag – wie dem vorliegenden – dazu neigt, die Zeitspanne der Bindung kurz zu bemessen, liegt doch jedenfalls das dem Vertragsschluß vom 30. 12. 1964 folgende Jahr 1965 noch innerhalb der „reasonable time".

b) Die fragliche Vereinbarung ist nicht etwa deshalb ungültig, weil sie eine zu *weitgehende Bindung* der S. bewirkt. Denn wie dargelegt gilt die Vereinbarung nicht auf unbeschränkte Dauer. Im übrigen ist anerkannt, daß die Verpflichtung eines Kaufinteressenten, seinen gesamten Bedarf an bestimmten Waren bei einem bestimmten Lieferanten zu decken (sog. „requirement contract"), nicht wegen einer zu weitgehenden Bindung des Käufers ungültig ist[16]. Dies hat wegen der vergleichbaren Interessenlage auch im vorliegenden Fall zu gelten.

c) Zum Erfordernis der *„consideration"* ist folgendes zu bemerken:

Nach der consideration-Lehre, die im Zentrum des anglo-amerikanischen Vertragsrechts steht und ihm sein eigenartiges Gepräge verleiht, ist das Versprechen einer Partei grundsätzlich nur dann rechtsverbindlich, wenn auch die Gegenpartei irgendeine Beeinträchtigung auf sich nimmt, „im Hinblick auf die" (in consideration of which) das Versprechen abgegeben wird und die daher kurz als „consideration" bezeichnet wird[17].

In grundsätzlichem Einklang mit dieser Lehre trifft der Liberian Code of Law in Titel 7 § 1 folgende Bestimmung:

„A contract is an agreement entered into by the assent of two or more minds by which one party undertakes to give some valuable thing or to do or omit some act, in consideration that the other party shall give or has given some valuable thing or shall do or omit or has done or omitted some act. The consideration of a contract may be anything which is troublesome or prejudicial in any degree to the party who performs or suffers it, or beneficial in any degree to the other party. An agreement without such a consideration is not a contract but only a promise. The violation of a promise made without

Ein Vertrag ist eine Vereinbarung, die durch die Zustimmung zweier oder mehrerer Beteiligter abgeschlossen wird und nach der die eine Partei sich verpflichtet, eine Sache von Wert zu geben oder etwas zu tun oder zu unterlassen im Hinblick darauf, daß die andere Partei eine Sache von Wert geben wird oder gegeben hat oder etwas tut oder unterlassen wird oder getan oder unterlassen hat. „Consideration" eines Vertrags kann alles sein, was der Partei, die es erbringt oder hinnimmt, in irgendeiner Weise beschwerlich oder nachteilig oder der anderen Partei in irgendeiner Weise vor-

---

[16] Vgl. *Williston* § 104 A. (mit zahlreichen Nachweisen).

[17] Restatement, Contracts § 75 sowie Restatement Second, Contracts § 75; American Jurisprudence 2d Bd. 17 (1964 mit Nachtrag 1965) „Contracts" §§ 85 ff.; *Corbin* §§ 109 ff.; *Williston* §§ 99 ff.; *Rheinstein*, Die Struktur des vertraglichen Schuldverhältnisses im anglo-amerikanischen Recht (1932) 10 ff.; *Kessler*, Einige Betrachtungen zur Lehre von der Consideration: Festschrift Rabel I (1954) 251 ff.; *W. G. Becker*, Gegenopfer und Opferverwehrung (1958); *E. von Hippel*, Die Kontrolle der Vertragsfreiheit nach anglo-amerikanischem Recht, zugleich ein Beitrag zur Consideration-Lehre (1963) 62 ff.

a consideration is not an injury for which an action at law will lie."

teilhaft ist. Eine Vereinbarung ohne solche consideration ist kein Vertrag, sondern nur ein Versprechen. Die Verletzung eines Versprechens, das ohne consideration gemacht wurde, ist keine Verletzung, derentwegen ein Anspruch gegeben ist.

Diese Regelung weicht von der überkommenen consideration-Lehre des Common Law in einem Punkte ab: Während nach der traditionellen consideration-Lehre eine in der Vergangenheit liegende consideration (sog. „past consideration") zur Stützung eines Versprechens nicht ausreicht[18], erkennt die zitierte gesetzliche Vorschrift eine „past consideration" insoweit als ausreichend an. Diese Abweichung vom Common Law, deren Tragweite im einzelnen freilich noch zu ermitteln ist, könnte gerade im vorliegenden Falle von Bedeutung sein. Die Einräumung eines Vorzugsrechts gegenüber Drittanbietern ist in der fraglichen Vereinbarung nämlich „in consideration" des unter dem gleichen Datum vereinbarten Verkaufs des Flugzeugs erfolgt. Da der Kaufvertrag beim Zustandekommen der fraglichen Vereinbarung bereits abgeschlossen war, fragt es sich, ob die bereits eingegangene Verpflichtung, das Flugzeug zu den vereinbarten Bedingungen zu liefern, als past consideration für das zusätzliche Versprechen der S. (Gewährung von Vorzugsrechten) ausreicht. Auf diese Frage kommt es deshalb entscheidend an, weil nach der in den USA herrschenden Ansicht, die von den Gerichten in Liberia geteilt werden dürfte, die bloße Erfüllung oder Bestätigung einer bereits eingegangenen Verpflichtung grundsätzlich nicht als (present) consideration anerkannt wird[19].

---

[18] Vgl. American Jurisprudence 2d Bd. 17, „Contracts" §§ 125 ff.; *Williston* § 142 (jeweils mit Nachweisen).

[19] Vgl. Restatement Contracts § 76 sowie Restatement Second, Contracts § 76 A; American Jurisprudence 2d Bd. 17 „Contracts" §§ 122, 462; *Corbin* § 143, S. 616; *Williston* § 130; Comment, Performance of work previously contracted for as consideration for promise to pay greater or additional amount: 12 A. L. R. 2d 78 ff. (1950); Annotation, Necessity of independent consideration to support a modification of the price in a contract of sale: 34 A. L. R. 511 ff. (1925); *E. von Hippel* 99 ff. (jeweils mit Nachweisen).

Eine Ausnahme gilt nur dann, wenn der ursprüngliche Vertrag bereits eine Zusatzvereinbarung vorsieht (vgl. American Jurisprudence 2d Bd. 17, „Contracts" § 125 S. 472) oder wenn die Parteien den ursprünglichen Vertrag haben aufheben und ihn durch einen neuen Vertrag haben ersetzen wollen (vgl. *Williston* § 130 A S. 539 f.). Zudem ist in manchen Fällen ein Zusatzversprechen auch dann als bindend angesehen worden, wenn es abgegeben wurde, weil die bestehende Verpflichtung der anderen Partei sich infolge unerwarteter Umstände als unerwartet schwere Belastung erwies (vgl. American Jurisprudence 2d Bd. 17 „Contracts" § 462 S. 930; Restatement Second, Contracts § 89 D).

Allerdings betreffen die amerikanischen Entscheidungen durchweg Fälle, in denen das Zusatzversprechen der einen Partei nicht – wie hier – in unmittelbarem zeitlichen Zusammenhang mit dem Hauptvertrag abgegeben wurde. Es läßt sich deshalb nicht mit Sicherheit beurteilen, ob die amerikanischen Gerichte die Regel, daß die Erfüllung oder Bestätigung einer bereits bestehenden Verbindlichkeit als (present) consideration für ein Zusatzversprechen nicht ausreicht, auch im vorliegenden Fall anwenden würden. Doch besteht insoweit eine gewisse Wahrscheinlichkeit; denn nicht nur bei einer rein formalen Betrachtungsweise ist die Regel anwendbar, sondern es sprechen für ihre Anwendung im vorliegenden Fall auch materiale Erwägungen: Hinter der Regel, die Erfüllung oder Bestätigung einer bereits bestehenden Verbindlichkeit reiche als consideration für ein Zusatzversprechen der Gegenpartei nicht aus, steht die Vermutung, das Zusatzversprechen sei in solchen Fällen unentgeltlich oder irrtümlich oder unter Druck abgegeben worden[20].

Wenn man auch die Regel wegen ihrer zu weitgehenden Abstraktion in Frage stellen kann, kann andererseits gerade darin, daß sie infolge ihrer Abstraktion die Prüfung von Nichtigkeits- oder Anfechtungsgründen (fraud, mistake, duress, undue influence, illegality) im Einzelfall überflüssig macht, auch ein Vorteil gesehen werden[21].

Es besteht daher Grund zu der Annahme, daß amerikanische (liberianische) Gerichte in einem Fall wie dem vorliegenden dazu neigen werden, die genannte Regel anzuwenden. Denn es liegt nahe, daß ihnen die Art, in der sich die L. das Zusatzversprechen verschafft hat, als fragwürdig erscheint: Anstatt sich – was möglich gewesen wäre – die gewünschten Vorzugsrechte durch eine entsprechende Klausel im Kaufvertrag zu sichern oder doch durch eine Abrede *vor* Abschluß des Kaufvertrages, hat der Vertreter der L. es vorgezogen, zunächst den Kaufvertrag „unter Dach" zu bringen und erst dann das – vorbereitete – Schriftstück über die von der S. einzuräumenden Vorzugsrechte dem Vertreter der S. zur Unterschrift vorzulegen.

Auf die Frage, ob in Fällen wie dem vorliegenden eine (das spätere Zusatzversprechen der einen Partei verbindlich machende) „past consideration" vorliegt, gibt die dem Institut zugängliche liberianische Rechtsprechung keine Antwort. Soweit ersichtlich, fehlt es bisher überhaupt an Entscheidungen zu der zitierten Vorschrift des Liberian Code of Laws. Die

---

[20] Vgl. Restatement Second, Contracts § 76 A Comment a und c.

[21] Vgl. Restatement Second, Contracts § 76 A Comment a und c. Das Restatement trägt der Kritik an der zu weitgehenden Abstraktion der Regel im übrigen dadurch Rechnung, daß es eine einseitig begünstigende Vertragsänderung trotz fehlender consideration für verbindlich erklärt, falls dies im Hinblick auf unerwartete Umstände recht und billig (fair and equitable) erscheint oder soweit es zum Schutz der Partei, die ihre Position im Vertrauen auf die Abrede wesentlich verändert hat, angemessen ist – Restatement Second § 89 D.

Tragweite dieser Vorschrift muß deshalb mit Hilfe ihrer Entstehungsgeschichte ermittelt werden. Wie bereits erwähnt, ist der Liberian Code of Laws in den Jahren 1952 bis 1955 von amerikanischen Juristen der Cornell Law School in Ithaca (New York) kompiliert worden. In New York war die alte und vielfach kritisierte Common-Law-Regel, eine „past consideration" reiche zur Stützung eines Versprechens nicht aus, im Jahre 1941 durch § 33 III des Personal Property Law [22] abgeschafft worden. Die Vorschrift bestimmt [23]:

„A promise hereafter made in writing and signed by the promisor or by his agent shall not be denied effect as a valid contractual obligation on the ground that consideration for the promise is past or executed, if the consideration is expressed in the writing and is proved to have been given or performed and would be a valid consideration but for the time when it was given or performed."

Einem nach Inkrafttreten dieses Gesetzes gemachten schriftlichen und von dem Versprechenden oder seinem Vertreter unterschriebenen Versprechen ist die Anerkennung als gültige vertragliche Verpflichtung nicht deshalb zu versagen, weil die consideration für das Versprechen zurückliegt oder bereits erbracht ist, sofern die consideration in dem Schriftstück angegeben und nachweislich gegeben oder erbracht ist und abgesehen von dem Zeitpunkt, zu dem sie gegeben oder erbracht wurde, eine gültige consideration sein würde.

Da es offenbar der Sinn der entsprechenden Bestimmung des Liberian Code of Laws war, den Gedanken dieser New Yorker Vorschrift – und zwar sogar unter Verzicht auf die Schriftform – in das liberianische Recht zu übernehmen, kann bei der Auslegung des Liberian Code of Laws auf die New Yorker Rechtsprechung zurückgegriffen werden. In den von der New Yorker Praxis entschiedenen Fällen bestand die von den Gerichten anerkannte „past consideration" stets in einem einseitig begünstigenden Akt und nicht – wie hier – in einem Leistungsversprechen, für welches der Versprechende sogleich ein gleichwertiges Gegenversprechen erhalten hatte [24].

Von hier aus liegt auf den ersten Blick die Folgerung nahe, daß eine „past consideration" nach Auffassung der New Yorker Praxis nur dann

---

[22] Abgedruckt in *McKinney's* Consolidated Laws of New York Annotated, Bd. 40, Teil 1 (1962 mit Nachtrag 1965).

[23] Ebenso nun § 5 – 1105 des General Obligations Law, (*McKinney's* Consolidated Laws of New York Annotated Bd. 23 A, 1964 mit Nachtrag 1965), der mit Wirkung vom 27. 9. 1964 an die Stelle der zitierten Vorschrift getreten ist.

[24] Vgl. *Weyerhaeuser Co.* v. *Gersham,* 324 F. 2d 163 (2nd Cir. 1963): frühere Kreditverlängerung als past consideration für Garantieversprechen; *Schiff* v. *Kirby,* 194 N. Y. S. 2d 695 (Sup. Ct. 1959): vorausgegangene Vermittlungstätigkeit als past consideration für Gewinnbeteiligung; *May* v. *McGowan,* 194 F. 2d 396 (2nd Cir. 1952): frühere Schuldmitübernahme als past consideration für Einräumung einer nicht widerruflichen Option.

als hinreichend für ein späteres Versprechen anerkannt werden soll, wenn es sich seinerzeit um einen einseitig begünstigenden Akt gehandelt hat Bei näherer Prüfung erscheint eine solche Folgerung jedoch nicht zwingend. Denn allgemein werden unter die Rubrik „past consideration" auch solche Fälle gerechnet, in denen die past consideration nicht in einem einseitig begünstigenden Akt, sondern in einem vertraglichen Versprechen besteht[25].

Mangels einer klaren gegenteiligen Stellungnahme durch die New Yorker Praxis ist anzunehmen, daß auch die liberianischen Gerichte hiervon ausgehen und daß sie deshalb die von der L. als Verkäuferin eingegangenen Verpflichtungen als past consideration für das nach Abschluß des Kaufvertrages gegebene Zusatzversprechen der S. (Einräumung eines Vorzugsrechts) anerkennen würden.

Zusammenfassend ist bisher also festzustellen, daß die Gerichte in Liberia im Einklang mit der mutmaßlichen New Yorker Auffassung wahrscheinlich davon ausgehen werden, dem consideration-Erfordernis sei im vorliegenden Fall Genüge getan.

Da in dieser Hinsicht eine eindeutige Prognose aber nicht möglich ist, soll im folgenden geprüft werden, ob die consideration überhaupt als sachliche Voraussetzung des Geschäfts oder als bloße „Form" zu qualifizieren ist. Letzterenfalls wäre es nämlich im Hinblick auf Art. 11 I 2 EGBGB unschädlich, wenn dem consideration-Erfordernis im vorliegenden Fall nicht genügt sein sollte.

### *4. Qualifikation der Consideration*

Die Qualifizierung der consideration als bloße Form, die dem Grundsatz „locus regit actum" untersteht[26], wird damit begründet, daß die Consideration als „Äquivalent einer vorgeschriebenen Form" gelte[27].

Aber die hier vorausgesetzte Möglichkeit des Common Law, ein Versprechen auch bei Fehlen einer consideration durch Beobachtung einer bestimmten Form, nämlich durch Siegelung (promise under seal) verbindlich zu machen, ist in den meisten Staaten der USA, darunter auch in

---

[25] Vgl. American Jurisprudence 2d Bd. 17 „Contracts" § 125; *Williston* § 142 (jeweils mit Nachweisen). Daß ein Versprechen als consideration mehrere Gegenversprechen stützen und damit verbindlich machen kann, ist allgemein anerkannt. Vgl. *Kann* v. *Wausau Abrasives Co.,* 129 A 374, 378 (N.H. 1925); *Williston* § 137 A.

[26] Dafür *Neuhaus,* Die Grundbegriffe des IPR (1962) 92 – anders *Soergel-Siebert (-Kegel),* Art. 11 EGBGB Bem. 20 im Anschluß an *W. G. Becker,* Die Technik der Consideration: Festschrift der Jurist. Fakultät Berlin zum 41. Deutschen Juristentag (1955) 1 ff., 34 N. 105 (entsprechend *Becker,* Gegenopfer und Opferverwehrung, 1958, 48).

[27] *Neuhaus* aaO. Im Ergebnis ebenso *Raape,* IPR (5. Aufl. 1961) 224 f., indem er die bei fehlender consideration erforderliche Form dem Ortsrecht unterstellt.

New York, gesetzlich beseitigt worden[28] und besteht auch in Liberia nicht mehr[29].

Auch die sog. peppercorn theory of consideration, nach der die Gerichte die Angemessenheit (adequacy) der consideration im Einzelfall nicht nachprüfen und die Parteien deshalb eine bloß nominelle consideration („ein Pfefferkorn") vereinbaren können, so daß die Vereinbarung einer consideration zur bloßen Formalität werden kann[30], rechtfertigt es nicht, die consideration allgemein als bloße Form zu qualifizieren. Denn die amerikanischen Gerichte, die allgemein dahin tendieren, die consideration-Lehre als ein verdecktes Instrument richterlicher Kontrolle der Vertragsfreiheit einzusetzen, neigen gerade in solchen Fällen häufig dazu, die consideration als nicht ausreichend zu betrachten[31].

Da anzunehmen ist, daß die Gerichte in Liberia der amerikanischen Rechtsprechung hierin folgen, ist das consideration-Erfordernis im vorliegenden Fall als materielles Element zu qualifizieren. Falls also die Gerichte in Liberia davon ausgehen sollten, dem consideration-Erfordernis sei im vorliegenden Falle nicht Genüge getan, so wäre die Zusatzvereinbarung der Parteien nicht rechtsverbindlich.

### 5. *Rücktrittsrecht der S.*

Falls die Behauptung der S. zutrifft, angesichts der schlechten Erfahrungen mit dem im Jahre 1964 gekauften Flugzeug habe die KLM die Übernahme gebrauchter amerikanischer Maschinen in das mit ihr bestehende Wartungsabkommen abgelehnt, so kommt ein Rücktrittsrecht (right of rescission) der S. von dem Optionsvertrag in Betracht.

Das Rücktrittsrecht setzt im allgemeinen eine schwerwiegende Vertragsverletzung (material breach of contract) der anderen Partei voraus. Fehlt es an einer solchen, so kann die verletzte Partei in der Regel nicht zurücktreten, sondern nur Schadenersatz verlangen[32]. Ein material breach of contract liegt dann vor, wenn der Verstoß sich auf einen Punkt von solcher Bedeutung bezieht, daß die verletzte Partei den Vertrag nicht abgeschlossen hätte, wenn sie die Vertragsverletzung vorausgesehen hätte[33].

---

[28] Vgl. *Corbin,* Contracts I A (1963) § 254; *Kessler* 271 f.; *E. von Hippel* 81 f.

[29] Es folgt dies daraus, daß der Liberian Code of Laws in dem Abschnitt über „Contracts" (Title 7, Part I) das seal nicht erwähnt.

[30] Vgl. *Williston* § 115; *Kessler* 269 f.

[31] Vgl. *Corbin* S. 546 f., 540 N. 74; *E. von Hippel* 84 ff.

[32] Vgl. Restatement, Contracts § 397; American Jurisprudence 2d Bd. 17 „Contracts" §§ 503, 504; *Williston,* On Contracts V (rev. ed. 1937 mit Nachtrag 1965) §§ 1455, 1467, 1472.

[33] Vgl. *Canepa* v. *Durham,* 153 P. 2d 899, 903 (Nev. 1944); *G. A. Nichols, Inc.* v. *Hainey,* 122 P. 2d 809, 139 A. L. R. 967 (Okla. 1942); Annotation, 139 A. L. R. 971, 972 (1942); American Jurisprudence 2d Bd. 17 „Contracts" § 504 S. 984.

Soweit die amerikanischen Präjudizien dem Käufer bei Sachmängeln ein Rücktrittsrecht wegen eines „breach of warranty" (Verletzung der Gewährleistungspflicht) einräumen, machen sie dieses Recht allerdings nicht generell von der Bedeutung der warranty oder dem Ausmaß ihrer Verletzung abhängig[34]. Die Verletzung eines Vertrages berechtigt die geschädigte Partei nicht zum Rücktritt von einem anderen Vertrag, der mit dem ersten in keinem Zusammenhang steht[35].

Im vorliegenden Fall würden die amerikanischen (liberianischen) Gerichte zwar möglicherweise einen Zusammenhang zwischen Kauf- und Optionsvertrag annehmen, da der Verkauf des Flugzeugs zugleich die (past) consideration für die Einräumung der Option darstellt. Auch würden sie, falls die Behauptungen der S. zutreffen sollten, wahrscheinlich eine schwerwiegende Vertragsverletzung bejahen. Indessen brauchen diese Fragen nicht im einzelnen geprüft zu werden. Denn im Ergebnis ist ein Rücktrittsrecht der S. vom Optionsvertrag in jedem Falle zu verneinen: Wenn man nämlich den Kaufvertrag und den Optionsvertrag im Hinblick auf die gemeinsame consideration als eine Einheit betrachtet, muß auch das Rücktrittsrecht einheitlich ausgeübt werden[36]. Das Rücktrittsrecht ist grundsätzlich unteilbar. Ausnahmen von diesem Grundsatz werden allenfalls dann zugelassen, wenn die consideration für verschiedene Teile des Vertrages gesondert bestimmt ist oder sich doch ohne weiteres bestimmen läßt, wie dies z. B. bei Sukzessivlieferungen regelmäßig der Fall ist[37]. Da die S. das ihr verkaufte Flugzeug behalten hat, also vom Kaufvertrag nicht zurückgetreten ist, kann sie auch nicht vom Optionsvertrag zurücktreten.

### *6. Schadenersatzansprüche der L.*

Es kommt ein Schadenersatzanspruch der L. wegen Vertragsverletzung (breach of contract) in Betracht. Denn die S. war aufgrund des Optionsvertrages verpflichtet, der L. die Möglichkeit einer Lieferung zu den von Drittanbietern offerierten Bedingungen zu geben. Sie hatte der L. deshalb

---

[34] Vgl. *Williston,* The Law Governing the Sales of Goods III (rev. ed. 1948 mit Nachtrag 1965) § 608 a S. 347. Ob der Käufer, der die Sache in Unkenntnis ihres Mangels abgenommen hat, wegen des Sachmangels vom Vertrag zurücktreten kann, war früher umstritten, wird aber heute in den USA praktisch allgemein bejaht; vgl. *Williston* aaO §§ 608 ff.; American Jurisprudence Bd. 46 (1962 mit Nachtrag 1965) „Sales" §§ 758, 760.

[35] Vgl. Annotation, Breach of one contract as ground for rescission of another, 27 A. L. R. 1157 (mit Nachweisen). So berechtigt die Schlechterfüllung der ersten Bestellung einer Ware nicht ohne weiteres zum Rücktritt von einer späteren Bestellung gleichartiger Ware – vgl. *Hanson & Parker* v. *Wittenberg,* 91 N. E. 383 (Mass. 1910); *Sleepy Eye Mill Co.* v. *Hartman,* 184 Ill. App. 308 (Ill. 1913).

[36] Vgl. *Hendricks* v. *Moore,* 297 S. W. 2d 811 (Tex. 1957).

[37] Vgl. *Williston,* Sales III § 608 b.

die Angebote der „Swissair" mitzuteilen[38]. Gegen diese Vertragspflicht hat die S. verstoßen. Falls die L. nachweist, daß sie von der ihr eingeräumten Option Gebrauch gemacht hätte, kann sie verlangen, so gestellt zu werden, wie sie stehen würde, wenn die S. ihr die Möglichkeit gegeben hätte, zwei Düsenflugzeuge der von der „Swissair" gelieferten Art zu den von der „Swissair" offerierten Bedingungen zu liefern[39].

Der Schaden eines Verkäufers bei Nichtabnahme von Waren durch den Käufer bemißt sich, falls nicht außergewöhnliche Schäden nachgewiesen werden, grundsätzlich nach der Differenz zwischen dem Vertragspreis und dem Marktwert der Ware in dem Zeitpunkt und an dem Ort, in und an dem die Waren (hier die Flugzeuge bei Ausübung der Option) zu liefern gewesen wären[40]. Im überkommenen amerikanischen Fallrecht ist jedoch streitig, wie sich der Schaden eines Verkäufers bemißt, der mit Waren der verkauften Art Handel treibt. Während häufig auch in solchen Fällen der erwähnte Grundsatz angewandt, also auf die Differenz zwischen Vertrags- und Marktpreis abgestellt wird, sprechen manche Entscheidungen dem Verkäufer (Händler) hier einen Anspruch auf die Differenz zwischen dem Vertragspreis und seinen Eigenkosten zu, d. h. den Kosten, die er aufgewendet hat oder hätte aufwenden müssen, um sich die Ware zu verschaffen[41].

Die bisherigen New Yorker Entscheidungen, denen die liberianischen Gerichte wahrscheinlich besonderes Gewicht beimessen würden, vertreten ganz überwiegend die Ansicht, der Schaden des verkaufenden Händlers bemesse sich nicht anders als der eines sonstigen Verkäufers; der Händler könne also nur Ersatz der (eventuell bestehenden) Differenz zwischen dem Vertragspreis und dem Marktpreis verlangen[42]. Allerdings sind diese

---

[38] Vgl. *Gochman* v. *Draper*, 389 S. W. 2d 571, 579 (Tex. 1965).

[39] Vgl. *Nelson* v. *Reisner*, 331 P. 2d 17, 23 f. (Cal. 1958); American Jurisprudence Bd. 46 (1962 mit Nachtrag 1965) „Sales" § 615.

[40] Vgl. *Schuler* v. *Dearing Chevrolet Co.*, 46 S. E. 2d 611 (Ga. 1948); American Jurisprudence Bd. 46 „Sales" §§ 615, 616; *Williston*, Contracts V § 1378; *ders.*, Sales III § 582 (jeweils mit Nachweisen); *Rabel*, Das Recht des Warenkaufs II (1958) 58 ff. – Von diesem Grundsatz geht nun auch § 2–708 Abs. 1 des „Uniform Commercial Code" aus, der inzwischen von fast allen amerikanischen Gliedstaaten angenommen, allerdings noch nicht überall in Kraft getreten ist (vgl. Uniform Laws Annotated, Uniform Commercial Code 1962, Cumulative Annual Pocket Part 1965 S. 5; RabelsZ 1965, 409 f. und 1966, 144).

[41] Vgl. Annotation, Measure of damages for buyer's breach of contract to purchase article from dealer or manufacturer's agent: 24 A. L. R. 2d 1008 ff. (1952) §§ 3, 4 (mit zahlreichen Nachweisen); American Jurisprudence Bd. 46 „Sales" § 631. Immerhin besteht aber nach den überkommenen Präjudizien praktisch Einigkeit darüber, daß der Schaden des Verkäufers sich im Falle eines ordnungsgemäßen Deckungsverkaufs nach der (möglicherweise bestehenden) Differenz zwischen Vertragspreis und Deckungserlös bemißt – vgl. 24 A. L. R. 2d 1008 ff., §§ 5, 8, 10 (mit Nachweisen).

[42] Vgl. *A. Lenobel, Inc.* v. *Senif*, 252 App. Div. 533, 300 N. Y. S. 226 (1937): Ein

Präjudizien in New York inzwischen weithin überholt infolge der Regelung des Problems durch den Uniform Commercial Code, der in New York am 27. 9. 1964 in Kraft getreten ist[43].

Aber da in Liberia nicht das amerikanische Gesetzesrecht, sondern das amerikanische Common Law im Sinne eines von den Gerichten entwickelten Präjudizienrechts als subsidiäre Rechtsquelle gilt, ist davon auszugehen, daß die Gerichte in Liberia sich weiterhin an den zitierten New Yorker Entscheidungen orientieren werden. Deshalb darf angenommen werden, daß sie der L. nur den Betrag einer eventuellen Differenz zwischen Vertragspreis und Marktwert als Schadenersatz zusprechen würden. Die Behauptungs- und Beweislast dafür, daß der Marktwert geringer ist als der Vertragspreis, trägt die L.[44].

### *III. Ergebnis*

1. Die zwischen den Parteien abgeschlossene Zusatzvereinbarung unterliegt dem liberianischen Recht, das im wesentlichen auf das amerikanische Fallrecht zurückgreift.
2. Die fragliche Vereinbarung ist weder mangels hinreichender Bestimmtheit noch wegen einer zu weitgehenden Bindung der S. ungültig. Auch dem Erfordernis einer „consideration", die im vorliegenden Falle nicht als Form, sondern als sachliche Voraussetzung des Geschäfts zu qualifizieren ist, dürfte Genüge getan sein.
3. Nach der Vereinbarung steht der L. ein Recht zu, Angebote Dritter an die S. durch gleichartige Angebote zu ersetzen und in diesem Falle bei

Automobilhändler hatte einen Wagen, dessen Abnahme der Käufer rechtswidrig verweigert hatte, zum Vertragspreis an einen Dritten verkauft. Der Händler verlangte vom vertragsbrüchigen Käufer Ersatz des Verkaufsgewinns. Seine Klage wurde jedoch abgewiesen, da kein Schaden dargetan sei. Ebenso *Dabbit* v. *Wides Motor Sales Corp.*, 192 N. Y. S. 2d 21 (1959). Weitere im gleichen Sinne entschiedene New Yorker Fälle sind zitiert in der Annotation 24 A. L. R. 2d 1008, 1014, zwei entgegengesetzt entschiedene ältere Fälle daselbst S. 1012. Vgl. auch die Nachweise in *McKinney's* Consolidated Laws of New York, Annotated, Bd. 62½ (1964 mit Nachtrag 1965), Anm. 8 zu Uniform Commercial Code § 2–708 S. 608.

[43] Abgedruckt bei *McKinney* aaO. Dort wird die traditionelle Regel eingeschränkt durch den Zusatz, daß dann, wenn diese Schadensbemessung unzulänglich („inadequate") ist, um den Verkäufer ebensogut zu stellen, wie er bei Erfüllung stehen würde, der Schaden sich nach dem Gewinn bemißt, den der Verkäufer bei Vertragserfüllung gemacht haben würde (§ 2–708 Abs. 2). Nach dem Official Comment soll dadurch im Gegensatz zur bisherigen Rechtslage die Liquidation entgangener Gewinne ermöglicht werden „in all appropriate cases, which would include all standard priced goods. The normal measure there would be list price less cost to the dealer or list price less manufacturing cost to the manufacturer" (*McKinney's* Consolidated Laws of New York, Annotated, Bd. 62½ S. 605).

[44] Vgl. *Williston,* Contracts V § 1378 S. 3850; *ders.,* Sales III § 582 S. 243.

dem Abschluß von Verträgen durch die S. vor den Drittanbietern zum Zuge zu kommen.

4. Da die S. gegen ihre Vertragspflichten verstoßen hat, steht der L. wegen Vertragsverletzung Schadenersatz zu, der in der (eventuellen) Differenz zwischen Vertragspreis und Marktpreis der bei Ausübung der Option lieferbaren Flugzeuge besteht.

## Nr. 3

**Frankreich**

**1. Änderung der gewählten Rechtsordnung durch das Verhalten der Parteien im Prozeß.**

**2. Rechte des Verkäufers von Wolle bei Abnahmeverzug des Käufers.**

**3. Wesenseigene Zuständigkeit des deutschen Prozeßrichters für die Vertragsauflösung gemäß französischem Recht.**

**München G 1649 – 7. 11 vom 18. 1. 1968**

Im Oktober 1963 schloß die Kl., eine in Tourcoing (Frankreich) ansässige Firma mit der Bekl., die in München eine Strickwarenfabrik betreibt, einen Vertrag über die Lieferung von 3000 kg Wolle zum Preis von 13,80 DM pro Kilogramm. Die Kl. sollte die Wolle 1964 liefern. Dem Vertrag (vgl. Bestätigungsschreiben der Kl. vom 29. 10. 1963) lagen die allgemeinen Geschäftsbedingungen der „Fédération Internationale Lainière" zugrunde. Darin heißt es u. a.:

„Le contrat sera domicilié au pays du vendeur et, sauf accord contraire, le paiement s'effectuera au siège principal du vendeur..."

Von der bestellten Ware hatte die Bekl. bis zum 25. 5. 1965 638,8 kg abgerufen. Mit Schreiben vom 25. 5. 1965 forderte die Kl. die Bekl. auf, die restliche Wolle so rasch wie möglich abzurufen, andernfalls sie gezwungen sei, die Sache ihrem Anwalt zu übergeben. Nachdem die Bekl. nichts unternahm, teilte die Kl. dieser am 10. 12. 1965 mit, daß sie nun Schadensersatz verlange. Sie verlangt

a) Kursdifferenz
(gemeint ist nach den Ausführungen der Kl. der Unterschied zwischen dem Kurs, zu dem sie die Wolle erworben hat, und dem jetzigen Kurs),

b) Aufgeld und Zinsen für festliegende Ware,

c) Vertreterprovision,

d) Gewinnentgang
(hierunter versteht die Kl. die Differenz zwischen dem Kurs, zu dem die Kl. erworben hat, und dem mit der Bekl. vereinbarten Kaufpreis).

Das LG München I bittet um ein Rechtsgutachten zur Frage, ob der von der Kl. geltend gemachte Schadensersatzanspruch nach französischem Recht begründet ist.

## *I. Das anwendbare Recht*

### *1. Vertragliche Vereinbarung*

Das IPR überläßt es bei Schuldverträgen mit Auslandsberührung den Vertragsparteien, welches Recht sie auf ihre Beziehungen anwenden wollen. Die Kl. hat mit der Bekl., indem sie die allgemeinen Geschäftsbedingungen der „Fédération Internationale Lainière" zugrunde legten, vereinbart, daß der Vertrag im Lande des Verkäufers „domiziliert" sein soll. Diese Klausel besagt zwar nichts unmittelbar über die Anwendbarkeit einer bestimmten Rechtsordnung, bringt jedoch den Willen der Parteien zum Ausdruck, daß der Vertrag in Frankreich, also im Geltungsbereich der französischen Rechtsordnung „liegen" soll. Eine solche Lokalisierung des Vertrages entspricht einer in Frankreich insbesondere von *Batiffol*[1] vertretenen Auffassung, daß die Parteien nicht das anwendbare Recht wählen, sondern den Vertrag z. B. als eine „affaire française" in Frankreich „lokalisieren". Erst dadurch werde ein bestimmtes Recht anwendbar. Ob diese Meinung zutreffend ist[2], kann dahinstehen. Die Parteien wollten mit der Klausel ausdrücken, daß das Recht des Verkäufers die Vertragsbeziehungen regeln sollte; ob sie dabei direkt an die Rechtswahl oder an die Lokalisierung des Vertrages, die zur Anwendbarkeit eines Rechtes führt, dachten, ändert nichts am Ergebnis. Die gesamten Vertragsbeziehungen unterliegen dem französischen Recht.

### *2. Änderung der Rechtswahl durch die Parteien*

Ebenso wie die Parteien die Anwendbarkeit eines bestimmten Rechts vereinbaren können, steht es in ihrem Belieben, das Vertragsstatut nachträglich zu wandeln[3]. Eine solche Änderung kann insbesondere dann vorliegen, wenn sich beide Parteien im Prozeß auf die lex fori berufen. Allerdings ist dann sehr sorgfältig zu prüfen, ob die Änderung des Vertragsstatuts dem Willen der Parteien entspricht. Der Gutachter neigt nach der

---

[1] Vgl. Droit International Privé (4. Aufl. 1967) Nr. 572 ff.
[2] Vgl. *Gamillscheg*, AcP 157, 303 (315 ff.).
[3] Vgl. *Soergel-Kegel* Randz. 209 ff. vor Art. 7; *Gamillscheg* 314.

Aktenlage zu der Ansicht, daß die Berufung der Kl. auf § 326 BGB und das Bestreiten durch die Bekl. nicht als Änderung des anwendbaren Rechts aufgefaßt werden kann, da zu diesem Zeitpunkt die allgemeinen Geschäftsbedingungen nicht vorlagen. Es verbleibt daher bei der Anwendung des französischen Rechts. Dies muß schon deswegen gelten, weil sich die Prozeßbevollmächtigten bei ihren Bezugnahmen auf § 326 BGB ganz offensichtlich über die kollisionsrechtliche Lage nicht klar waren, auf die erst das Gericht aufmerksam gemacht hat.

## *II. Die französischen Sachnormen*

Das französische Schuldrecht regelt die Rechte des Gläubigers bei Nichterfüllung durch den Schuldner systematisch und inhaltlich anders als das deutsche Recht.

### *1. Pflichten des Käufers*

Der Käufer hat zwei Hauptverpflichtungen: er muß die verkaufte Sache abnehmen und den Kaufpreis bezahlen. Die Abnahmepflicht ist zwar im Code Civil (CC) nicht ausdrücklich festgelegt, ergibt sich aber als Korrelat zu der Pflicht des Verkäufers, die Kaufsache zu liefern. Art. 1603 CC bestimmt hierzu:

*Art. 1603:*

„Il (le vendeur) a deux obligations principales, celle de délivrer et celle de garantir la chose qu'il vend."

Der Verkäufer hat zwei Hauptpflichten, die Lieferung und die Gewährleistung für die verkaufte Sache.

Daß die Abnahmepflicht eine Hauptpflicht des Käufers darstellt, ist heute allgemein anerkannt[4]. Maßgebend für den Zeitpunkt der Abnahme ist der Vertragsinhalt, hilfsweise die Verkehrssitte (Art. 1134, 1135 CC).

Im vorliegenden Fall haben die Parteien vereinbart, daß die Lieferung im Jahre 1964 erfolgen solle (so die Auftragsbestätigung). Da aber das Vorbringen der Kl. in dieser Hinsicht widersprüchlich ist, sollen im folgenden die Rechte der Kl. alternativ geprüft werden:

a) es ist eine Abnahmefrist vereinbart,
b) es wurde keine Frist vereinbart.

Beide Varianten führen, wie zu zeigen sein wird, zum gleichen Ergebnis, erfordern jedoch bei einem der Klage stattgebenden Urteil eine unterschiedliche Tenorierung.

---

[4] Vgl. Jurisclasseur Art. 1650–1653 Fasc. Y Nr. 1; *Aubry-Rau(-Esmein)*, Droit Civil Français, Bd. 5 § 356; *Planiol-Ripert(-Hamel)*, Traité Pratique de Droit Civil Français, Bd. 10, Nr. 142.

## 2. *Die Sanktion gegenüber dem säumigen Käufer*

a) Rechtsgrundlage der Rechte des Verkäufers bei Abnahmeverzug des Käufers ist bei Vereinbarung einer Frist Art. 1657, der lautet:

*Art. 1657:*

„En matière de vente de denrées et effets mobiliers, la résolution de la vente aura lieu de plein droit et sans sommation, au profit du vendeur, après l'expiration du terme convenu pour le retirement."

Beim Verkauf von Verbrauchsgütern und beweglichen Gegenständen erfolgt die Auflösung des Kaufvertrages ipso iure zugunsten des Verkäufers, ohne daß nach Verstreichen des vereinbarten Abnahmetermins eine Mahnung nötig wäre.

Dieser Artikel muß im Zusammenhang mit Art. 1184 gesehen werden, der lautet:

*Art. 1184:*

„La condition résolutoire est toujours sous-entendue dans les contrats synallagmatiques, pour le cas où l'une des deux parties ne satisfera point à son engagement.
Dans ce cas, le contrat n'est point résolu de plein droit. La partie envers laquelle l'engagement n'a point été exécuté, a le choix ou de forcer l'autre à l'exécution de la convention lorsqu'elle est possible, ou d'en demander la résolution avec dommages et intérêts.
La résolution doit être demandée en justice, et il peut être accordé au défendeur un délai selon les circonstances."

Eine auflösende Bedingung gilt immer bei synallagmatischen Verträgen als für den Fall vereinbart, daß eine der zwei Vertragsparteien ihrer Verpflichtung nicht nachkommt.
In diesem Fall wird der Vertrag jedoch nicht ipso iure aufgelöst. Die Partei, der gegenüber die Verpflichtung nicht erfüllt wurde, kann die andere Partei zur Erfüllung des Vertrages zwingen, wenn sie möglich ist, oder die Auflösung des Vertrages mit Schadensersatz verlangen.
Die Auflösung muß klageweise geltend gemacht werden; dem Beklagten kann den Umständen entsprechend eine Frist zugebilligt werden.

Der Code Civil geht somit davon aus, daß bei Nichterfüllung durch den Schuldner der Vertrag grundsätzlich *nicht durch eine einseitige Gestaltungserklärung des anderen Vertragsteils aufgelöst wird.* Vielmehr muß durch ein Gericht die Auflösung des Vertrages ausgesprochen werden. Dies ist ein Ausfluß des Rechtsgrundsatzes „Nul ne peut se faire justice à soi-même" (Niemand darf sich selbst sein Recht holen). Eine Ausnahme zu diesem Grundsatz stellt Art. 1657 CC auf. Er trägt der Tatsache Rechnung, daß Verträge, die über verderbliche Güter abgeschlossen werden, schnell abgewickelt werden müssen. Abgesehen davon sollen Preisschwankungen und hohe Lagerkosten nicht zu Lasten des Verkäufers gehen[5]. Wenn deshalb für die Abnahme eine Frist vereinbart wird, erfolgt

[5] Vgl. *Planiol-Ripert*, Bd. 10 Nr. 287.

die Vertragsauflösung ipso iure, ohne daß es einer eigenen Klage bedarf. Art. 1657 ist weit auszulegen, er umfaßt jede Art von Waren, die Wertschwankungen unterliegen[6]. Sein Anwendungsbereich ist nicht auf das bürgerliche Recht beschränkt; auch Handelskäufe fallen unter Art. 1657 CC[7].

Art. 1657 CC erfordert, daß ein Abnahmetermin *vereinbart* ist; ob dies ausdrücklich oder implicite geschieht, ist ohne Bedeutung. Auch die Verkehrssitte kann zur Bestimmung eines Abnahmetermins herangezogen werden. Es genügt jedoch nicht, daß der Verkäufer nach Abschluß des einen Termin nicht enthaltenden Vertrages einseitig den Käufer auffordert, die Ware zu einem bestimmten Zeitpunkt abzunehmen[8]. Weiteres Tatbestandsmerkmal des Art. 1657 CC ist, daß die Nichtabnahme durch ein Verhalten des Käufers begründet wird, wobei es sich hierbei nicht um ein Verschulden im technischen Sinne handelt.

Art. 1657 CC ist nicht zwingendes Recht. Der Verkäufer kann daher auf die automatische Vertragsauflösung verzichten; der Wille zu verzichten muß eindeutig erklärt werden. Er kann sich auch aus den Umständen ergeben, wenn sie zweifelsfrei die Absicht des Verkäufers wiedergeben, am Vertrag festzuhalten. Diese Absicht kann *nicht* daraus hergeleitet werden, daß der Verkäufer bei einem Vertrag, der durch Teillieferungen erfüllt werden soll, nach Ablauf der Frist weiterhin Teillieferungen vornimmt[9]. Ebensowenig liegt in der an den Käufer gerichteten Mahnung, die Ware abzunehmen, ein Verzicht auf die Vertragsauflösung. Hinsichtlich des in Teillieferungen zu erfüllenden Vertrages ist zu beachten, daß der Vertrag nur hinsichtlich der noch ausstehenden Lieferungen aufgelöst wird[10].

Aus dem Gesagten ergibt sich für den zu begutachtenden Sachverhalt: Geht man davon aus, daß die Parteien in dem Vertrag, so wie er im Bestätigungsschreiben niedergelegt ist, einen Liefer- und Abnahmetermin vereinbart haben, so wurde diese Vereinbarung nicht durch eine nach Ablauf der Frist erfolgte Mahnung oder Teillieferung aufgehoben. Der Vertrag ist ipso iure aufgelöst. Sieht man eine Lieferfrist nicht als vereinbart an, so liegt in der nachfolgenden Mahnung des Verkäufers vom 25. 5. 1965 keine Terminsvereinbarung, die die Vertragsauflösung herbeiführt.

Die vorstehenden Ausführungen über die Vertragsauflösung waren notwendig, da nach französischem Recht ein Schadenersatzanspruch dem Verkäufer bei Nichtabnahme durch den Käufer nur dann zusteht, wenn

---

[6] Vgl. *Planiol-Ripert* aaO; *Mazeaud,* Leçons de Droit Civil Bd. 3 Nr. 1025.

[7] Req. 11. 7. 1882, D. 1883. 1. 304; *Planiol-Ripert* Bd. 10 Nr. 291.

[8] Vgl. Req. 14. 4. 1886, S. 1890. 1. 438; *Planiol-Ripert* Bd. 10 Nr. 288–2.

[9] Cass. civ. 20. 1. 1908, D. P. 1908. 1. 125; Jurisclasseur Art. 1654–1657 Fasc. Z–1 Nr. 227.

[10] Vgl. *Planiol-Ripert* Bd. 10 Nr. 290 m. w. N.

der Vertrag aufgelöst ist[11]. Daß der Verkäufer Schadenersatz verlangen kann, ergibt sich zwar nicht aus dem Wortlaut des Art. 1657 CC, wird aber anerkanntermaßen dem Art. 1184 Abs. 2 CC entnommen, der für die gerichtliche Vertragsauflösung gilt[12].

Voraussetzungen und Umfang des Schadenersatzanspruches bei Nichterfüllung einer Verbindlichkeit regeln Art. 1147, 1148, 1149, 1150 CC, die lauten:

*Art. .1147:*

„Le débiteur est condamné, s'il y a lieu, au payement de dommages et intérêts, soit à raison de l'inexécution de l'obligation, soit à raison du retard dans l'exécution, toutes les fois qu'il ne justifie pas que l'inexécution provient d'une cause étrangère qui ne peut lui être imputée, encore qu'il n'y ait aucune mauvaise foi de sa part."

Der Schuldner wird, sei es wegen Nichterfüllung der Verpflichtung, sei es wegen Verzugs bei der Erfüllung, immer dann verurteilt, wenn er nicht nachweist, daß die Nichterfüllung nicht auf eine Tatsache zurückzuführen ist, die nicht in seiner Person begründet ist; dies gilt auch dann, wenn der Schuldner nicht bösgläubig ist.

*Art. 1148:*

„Il n'y a lieu à aucuns dommages et intérêts lorsque, par suite d'une force majeure ou d'un cas fortuit, le débiteur a été empêché de donner ou de faire ce à quoi il était obligé, ou a fait ce qui lui était interdit."

Ein Schadensersatz findet nicht statt, wenn infolge höherer Gewalt oder eines Zufalls der Schuldner verhindert war, zu geben oder zu tun, wozu er verpflichtet war, oder etwas getan hat, was ihm untersagt war.

*Art. 1149:*

„Les dommages et intérêts dus au créancier sont, en général, de la perte qu'il a faite et du gain dont il a été privé, sauf les exceptions et modifications ci-après."

Der dem Gläubiger geschuldete Schadensersatz ist im allgemeinen der erlittene Verlust und der entgangene Gewinn, unbeschadet der folgenden Ausnahmen und Änderungen.

*Art. 1150:*

„Le débiteur n'est tenu que des dommages et intérêts qui ont été prévus ou qu'on a pu prévoir lors du contrat, lorsque ce n'est point par son dol que l'obligation n'est point exécutée."

Der Schuldner haftet nur für den Schaden, den er bei Abschluß des Vertrages vorhersah oder vorhersehen konnte, es sei denn, daß die Nichterfüllung der Verpflichtung auf ein vorsätzliches Handeln des Schuldners zurückzuführen ist.

Aus den genannten Bestimmungen ergibt sich der Grundsatz, daß der Schuldner den entgangenen Gewinn, soweit er voraussehbar war, er-

---

[11] Vgl. *Planiol-Ripert* Bd. 10 Nr. 289–2; Répertoire de Droit Civil, „Vente" Nr. 1558.

[12] Vgl. Jurisclasseur Art. 1654–1657 Fasc. Z – 1, Nr. 238; *Planiol-Ripert* aaO.

setzen muß, es sei denn, es hat höhere Gewalt vorgelegen. Daß die Kurse für Wolle sinken können, ist eine voraussehbare Folge. Schleppender Geschäftsgang ist keine höhere Gewalt.

Bei der Berechnung der Höhe des Schadenersatzes geht die französische Lehre und Rechtsprechung von folgenden Kriterien aus[13]: Dem Verkäufer muß zunächst überhaupt ein Schaden entstanden sein. Besteht dieser darin, daß der Preis einer Ware gesunken ist, so muß der Käufer die Differenz zwischen dem vereinbarten Kaufpreis und dem bei Auflösung des Vertrages erzielten Preis ersetzen. Der Fall, daß die Ware nicht oder zumindest einige Zeit nach Vertragsauflösung verkauft wurde, bereitete der französischen Rechtsprechung früher einige Schwierigkeiten. Heute hat sich die h. M. dahingehend geläutert, daß der maßgebende Zeitpunkt für die Schadensberechnung der Tag ist, an dem die Ware hätte abgenommen werden müssen, an dem also der Vertrag ipso iure aufgelöst wurde. Eine spätere Untätigkeit muß der Verkäufer verantworten, es sei denn, daß der Gläubiger Umstände nachweist, die ihn an einer anderen Handlungsweise, d. h. an einem anderweitigen Verkauf hinderten. Dann wäre der frühestmögliche Zeitpunkt für einen anderweitigen Verkauf der maßgebende Tag. Für die Schadensberechnung ist daher im vorliegenden Fall die Differenz zwischen dem Verkaufspreis und dem Wert im Zeitpunkt des Ablaufs der Abnahmefrist zugrunde zu legen.

Nicht möglich ist es, den Schaden so aufzuschlüsseln, wie die Kl. es getan hat. Wenn die Ausführungen der Kl. sinnvoll sein sollen, so addiert sie den *Nettogewinn,* die Differenz zwischen früherem und jetzigem Einkaufspreis, die Lagerungskosten und die Vermittlungsprovision. Eine solche Aufschlüsselung wird im französischen Recht bei Schadenersatzansprüchen nicht vorgenommen. Vielmehr wird der Schaden durch den oben bezeichneten Differenzbetrag ausgewiesen. Die Lagerkosten, die nach der Vertragsauflösung angefallen sind, muß der Käufer nur insoweit tragen, als sie notwendig, d. h. durch die Unmöglichkeit eines anderweitigen Verkaufs bedingt waren und als sie nicht durch diesen Verkauf wieder hereingeholt werden können[14]. Unnötige und übertriebene Ausgaben werden nicht ersetzt.

b) Für den Fall, daß die Parteien keinen festen Abnahmetermin vereinbart haben, noch sich ein solcher aus anderen Umständen ergibt, werden die Rechte des Verkäufers nach dem oben im Wortlaut wiedergegebenen Art. 1184 CC geregelt. Auch Art. 1184 CC setzt – von hier nicht einschlägigen Ausnahmen abgesehen – die Vertragsauflösung voraus, wenn dem Verkäufer ein Schadenersatzanspruch gewährt werden soll. Der Unterschied zu Art. 1657 CC besteht darin, daß die Auflösung erst nach In-

---

[13] Vgl. dazu Jurisclasseur Art. 1654–1657 Fasc. Z – 1 Nr. 238 f.; *Planiol-Ripert* aaO.

[14] Vgl. Req. 26. 2. 1872, D. P. 1872. 1. 214.

verzugsetzung durch den Verkäufer[15] und dann nur durch richterlichen Spruch erfolgen kann. Daß der Käufer sich in Verzug befinden muß, ergibt sich aus Art. 1146, der in seinem hier interessierenden Teil lautet:

*Art. 1146:*

| | |
|---|---|
| „Les dommages et intérêts ne sont dus que lorsque le débiteur est en demeure de remplir son obligation." | Schadensersatz wird nur geschuldet, wenn sich der Schuldner mit der Erfüllung seiner Verbindlichkeit im Verzug befindet. |

Der Schuldner wird dadurch in Verzug gesetzt, daß der Gläubiger zur Erfüllung auffordert und ihm mitteilt, daß er sich im Verzug befindet[16]. Die Bekl. ist durch das Schreiben der Kl. vom 25. 5. 1965 in Verzug gesetzt worden. Es muß sich bei Art. 1184 CC um eine Hauptpflicht handeln; dies ist bei der Abnahmepflicht der Fall. Somit liegen die Merkmale von Art. 1184 CC vor.

Die Eigentümlichkeit von Art. 1184 CC liegt darin, daß die Nichterfüllung als auflösende Bedingung fingiert wird. Diese Bedingung führt jedoch bei ihrem Eintritt nicht, wie dies Art. 1183 vorsieht, den Widerruf der Verpflichtung herbei. Vielmehr verlangt Art. 1184 die Auflösung des Vertrages durch richterlichen Gestaltungsakt. Dies führt im deutsch-französischen Verhältnis zu Schwierigkeiten. Das deutsche Recht kennt einen numerus clausus der Gestaltungsrechte. Das Gestaltungsrecht einer Vertragsauflösung ist dem französischen Recht fremd. Wäre die richterliche Vertragslösung eine Erscheinungsform des französischen Prozeßrechts, so stünden sich deutsches und französisches Verfahrensrecht gegenüber; das letztere müßte weichen. Das Urteilserfordernis folgt jedoch aus der Anwendung fremden Sachrechts[17]. Der numerus clausus der Gestaltungsrechte begreift die ausländischen Gestaltungsrechte ein, die aufgrund der deutschen Kollisionsnorm anwendbar sind[18].

Gegen die Vertragsauflösung durch den deutschen Richter kann auch nicht eingewandt werden, daß er „institutionell"[19] unzuständig sei. Solange das anzuwendende Institut dem deutschen Recht nicht völlig wesensfremd ist (was nicht der Fall ist, da das deutsche Recht Gestaltungsurteile kennt), kann das deutsche Gericht auch Gestaltungsurteile ausländischer Prägung erlassen[20]. Das Gericht kann daher den Vertrag auflösen. Hinsichtlich des Schadenersatzanspruches gilt das zu Art. 1657 CC Gesagte

---

[15] Vgl. Req. 26. 2. 1872, aaO.

[16] Vgl. *Mazeaud* Bd. 2 Nr. 620.

[17] Vgl. *Riezler*, Internationales Zivilprozeßrecht (1949) 243.

[18] Vgl. *Heldrich*, Internationale Zuständigkeit und anwendbares Recht, im Druck.

[19] *Riezler* 234.

[20] Vgl. zu diesen Fragen im einzelnen *Helmreich*, Das Selbsthilfeverbot des französischen Rechts und sein Einfluß auf Gestaltungs- und Gestaltungsklagerecht (Diss., 1965); *Nussbaum*, Deutsches IPR 390.

entsprechend; allerdings ist der maßgebende Zeitpunkt zur Feststellung des Preisverlusts derjenige Tag, an dem die Auflösungsklage erhoben wurde. Die Höhe des Schadenersatzes ist also Differenz zwischen vereinbartem Kaufpreis und Wert zur Zeit der Klageerhebung.

Gelangt das Gericht zur Ansicht, daß mangels eines vereinbarten Abnahmetermins der Vertrag gerichtlich aufgelöst werden muß, so wäre – aufgrund eines noch zu stellenden entsprechenden Antrages – etwa folgendermaßen zu tenonieren:

„Der zwischen den Parteien geschlossene Vertrag vom ... wird auf Grund Anwendung französischen Rechts aufgelöst. Die Beklagte wird verurteilt, an die Klägerin DM... zu bezahlen..."

## Nr. 4

**Frankreich**

**1. Indizien für eine stillschweigende Rechtswahl der Parteien.**

**2. Verjährungsunterbrechung durch Klageerhebung im Ausland.**

**3. Verjährung von Wechsel- und Darlehensforderungen.**

**4. Ansprüche des Gläubigers bei Verzug des Schuldners im Falle der Vereinbarung einer Vertragsstrafe.**

**5. Verwertung des Registerpfandrechts an Kraftfahrzeugen.**

**6. Haftung des Wechselbürgen.**

**Heidelberg vom 20. 2. 1968**

Das LG Hechingen bittet in dem Rechtsstreit D. ./. P. um Auskunft über internationales und französisches Schuldrecht.

Der Auskunft liegt folgender Sachverhalt zugrunde:

Kl. ist eine französische Teilzahlungsfinanzierungsbank, die an den damals staatenlosen, in Frankreich wohnhaften Bekl. zu 1 ein Darlehen zur Finanzierung eines Kraftwagenkaufs gab. Für die Darlehenssumme akzeptierte der Bekl. zu 1 eine Anzahl Wechsel; außerdem verpfändete er den erworbenen Wagen an die Kl. Der Bekl. zu 2, der ebenfalls damals staatenlose, in Frankreich wohnhafte Vater des Bekl. zu 1, gab eine Wechselbürgschaft für die genannten Wechsel ab. Ein Teil der Wechsel wurde nicht bezahlt, der verpfändete Wagen von der Kl. zu einem die Restschuld der Bekl. nicht deckenden Betrag versteigert. Die Kl. verlangt von den Bekl. Zahlung der restlichen Darlehensschuld samt Nebenkosten und Zinsen.

## A. INTERNATIONALPRIVATRECHTLICHE FRAGE

Im deutschen internationalen Privatrecht ist das internationale Schuldrecht nicht gesetzlich geregelt. Die Anwendbarkeit deutschen oder ausländischen Rechts auf vertragliche Beziehungen hängt nach h. L. in Rechtsprechung und Schrifttum von einer Vereinbarung der Beteiligten ab. Es herrscht insoweit Parteiautonomie[1].

Diese Parteiautonomie ist allerdings nicht schrankenlos gewährt; in den Fällen, in denen ein reiner Inlandsfall vorliegt, also irgendwelche Anknüpfungen an eine ausländische Rechtsordnung gar nicht vorhanden sind, stellt sich eine internationalprivatrechtliche Frage gar nicht; in diesem Fall können die Parteien auch keine andere als die inländische Rechtsordnung vereinbaren[2]. In diesem Sinne könnte man im vorliegenden Falle sagen, daß ein rein französischer Inlandsfall vorliegt.

Untersucht man dennoch den Fall nach internationalprivatrechtlichen Grundsätzen, so ergibt sich:

Bei Ermittlung des Parteiwillens entscheidet, wenn eine ausdrückliche Vereinbarung fehlt, die stillschweigende Einigung der Parteien, in Ermangelung einer solchen der hypothetische Parteiwille. Nur wenn auch ein solcher nicht mit Sicherheit ermittelt werden kann, greift die Rechtsprechung auf das Recht des Erfüllungsorts zurück[3]. Eine ausdrückliche Vereinbarung ist im vorliegenden Fall nicht getroffen worden.

Für eine stillschweigende Vereinbarung ergeben sich jedoch eine ganze Reihe von Anhaltspunkten: Beide Parteien hatten zur Zeit des Vertragsschlusses ihren Sitz bzw. Wohnsitz in Frankreich. Beide Parteien sollten die Verträge in Frankreich erfüllen, wo die Verträge auch abgeschlossen worden waren. Sämtliche Dokumente wurden in französischer Sprache abgefaßt. Es wurde ausdrücklich auf französisches Recht Bezug genommen (z. B. auf das Dekret vom 30. 9. 1953). Die Registrierung der Urkunden wurde nach französischen Vorschriften vorgenommen. Aus allen diesen Indizien kann man den Schluß ziehen[4], daß die Parteien übereinstimmend als selbstverständlich davon ausgingen, daß auf ihre Vertragsbeziehungen französisches Recht anzuwenden ist.

Nach deutschem internationalem Privatrecht findet daher französisches Recht auf die Beziehungen zwischen den Parteien Anwendung. Dies gilt

---

[1] Vgl. *Kegel*, IPR (2. Aufl. 1964) 227 f.; *Raape*, IPR (5. Aufl. 1961) 455 ff.; *Erman-Arndt*, Handkommentar zum BGB (4. Aufl. 1967) Vorbem. I zu Art. 12 EGBGB, 1696; *Palandt-Lauterbach*, BGB (25. Aufl. 1966) Vorbem. 2a vor Art. 12 EGBGB, S. 1717.

[2] Vgl. *Kegel* 227; *Gamillscheg*, Schwerpunkt und mutmaßlicher Parteiwille im internationalen Vertragsrecht, AcP 157 (1958/59) 303 ff., 313.

[3] Vgl. *Kegel* 227–232; *Raape* 455 ff., 473 ff., 483 ff.

[4] Vgl. hierzu *Kegel* 229.

nicht nur für die rein schuldrechtliche Seite des Falles, sondern auch für Fragen der Verjährung (hier ist das für den Anspruch geltende Recht maßgebend, und zwar sowohl für die Verjährungsfristen als auch für die Unterbrechung der Verjährung[5]), für die Entstehung und Verwertung des Pfandrechts (insoweit gilt, da es sich um ein dingliches Recht handelt, die „lex rei sitae"[6]) sowie für die wechselrechtlichen Beziehungen unter den Beteiligten, entsprechend der Bestimmung des Art. 93 WG[7].

Da in Frankreich im übrigen entsprechende Regelungen herrschen, kommt auch keine Rückverweisung (Art. 27 EGBGB) zum Zuge[8].

## B. MATERIELLRECHTLICHE FRAGE

### *I. Forderungen gegen den Bekl. zu 1*

#### *1. Restliche Darlehens- bzw. Wechselsumme*

Der Anspruch auf die Hauptklagesumme gründet sich einerseits
wechselrechtlich auf die Akzeptantenhaftung gemäß Art. 128 CComm.
und andererseits
bürgerlichrechtlich auf den Darlehensrückzahlungsanspruch gemäß Art. 1902 CCiv.

Die ausgezahlte Darlehenssumme betrug zwar nur 11 000 NF. Die Rückzahlungssumme beläuft sich jedoch vereinbarungsgemäß auf 24 × 529.60 NF = 12 710.40 NF. Aus dieser Regelung ist wohl zu ersehen, daß die Parteien, die Darlehenszinsen (vgl. Art. 1905 ff. CCiv.) nicht vereinbart hatten, davon ausgingen, daß diese (nicht jedoch evtl. Verzugszinsen) in der erhöhten Summe enthalten sein sollten. Da nur 7 Wechsel bezahlt wurden, würde dieser Anspruch noch in Höhe von 17 × 529,60 NF = 9003,20 NF weiterbestehen.

Der Anspruch könnte verjährt sein. Die maßgebliche wechselrechtliche Verjährungsvorschrift ist Art. 179 CComm., dessen Abs. 1 lautet:

„Toutes actions resulutant de la lettre de change contre l'accepteur se prescrivent par trois ans à compter de la date de l'échéance."

---

[5] Vgl. *Kegel* 223; *Raape* 498; für den Grundsatz, daß eine Teilfrage innerhalb eines Rechtsinstituts in der Regel nach derselben Rechtsordnung entschieden werden soll, die auf das Rechtsinstitut insgesamt Anwendung findet, vgl. *Serick*, Die Sonderanknüpfung von Teilfragen im IPR, RabelsZ 18 (1953) 633 ff.

[6] Vgl. *Kegel* 249 f.; *Raape* 607 ff. [7] Vgl. *Raape* 482.

[8] Vgl. *Batiffol*, Droit international privé (4. Aufl. 1967) 615 ff., 635 ff. für schuld rechtliche Verträge, 676 für die Fragen der Verjährung, 590 ff. für die wechselrechtlichen Beziehungen.

Danach gilt eine dreijährige Verjährungsfrist; sie ist für jeden der 17 Wechsel einzeln zu berechnen. Die Fristen sind heute sämtlich abgelaufen, falls sie nicht zwischenzeitlich unterbrochen wurden. Für die Unterbrechung der Verjährung gilt Art. 2244 CCiv., der lautet:

„Une citation en justice, un commandement ou une saisie, signifiés à celui qu'on veut empêcher de prescrire, forment l'interruption civile."

Eine im Jahre 1965 gegen den Bekl. zu 2 in Mulhouse erhobene Klage würde die Verjährung gegenüber dem Bekl. zu 1 nicht unterbrechen, da nach Art. 179 Abs. 5 CComm. eine Unterbrechung nur gegen den einzelnen jeweils beteiligten Wechselverpflichteten wirkt. Dagegen kann die am 8. 6. 1966 eingetretene Rechtshängigkeit beim Amtsgericht Hechingen die Verjährung auch gegenüber dem Bekl. zu 1 unterbrochen haben.

Die Frage, ob eine Klageerhebung im Ausland nach französischem Recht als eine die Verjährung unterbrechende „citation en justice" im Sinne des Art. 2244 CCiv. anzusehen ist, wird in der französischen Rechtsprechung und im Schrifttum kaum erörtert[9]. Da eine automatische Anerkennung eines ausländischen Urteils ohne Erteilung eines Exequaturs nicht möglich ist, hält es *Kallmann*[10] für nicht sehr wahrscheinlich, daß die französische Rechtsprechung die unmittelbare Wirkung der Verjährungsunterbrechung durch eine im Ausland erhobene Klage anerkennen würde. Entschieden ist dieser Fall, soweit ersichtlich, jedoch bis jetzt nicht. *Kallmann* schlägt als Lösung des Problems folgendes vor:

Die Verjährungsunterbrechung beruhe gerade darauf, daß der Gläubiger durch die Klageerhebung nachdrücklich seinen Willen äußert, seinen Anspruch gegenüber dem Schuldner geltend zu machen; die Unterbrechung sei daher weniger Folge der Anrufung der Staatsgewalt als der privaten Willensäußerung. Sieht man aber die Verjährungsunterbrechung als Wirkung einer privaten Parteihandlung an, so kann man auf sie den Grundsatz „locus regit actum" anwenden, zumindest entsprechend (vgl. zu diesem Grundsatz auch Art. 11 Abs. 1 Satz 2 EGBGB). Ist somit die Klageerhebung im Ausland nach den dortigen Vorschriften ordnungsgemäß vorgenommen, so unterbricht sie die Verjährung auch nach französischem Recht, wobei es gleichgültig ist, ob das daraus resultierende Urteil in Frankreich anerkannt wird oder nicht[11].

Folgt man diesen Ausführungen, so wurde der Lauf der Verjährung gegen den Bekl. zu 1 durch den Eintritt der Rechtshängigkeit in Hechingen unterbrochen.

Vergleicht man die deutsche Rechtsprechung zu dem entsprechenden Problem, so kommt man zu dem Ergebnis, daß eine Klageerhebung im Ausland die Verjährung nach deutschem Recht nur dann unterbricht,

---

[9] Vgl. *Kallmann,* L'effet sur la prescription libératoire des actes judiciaires intervenus en pays étranger, Rev. crit. 1948, 1 ff., 5, 11.

[10] *Kallmann* 6. [11] AaO 28 f.

wenn das daraus resultierende Urteil voraussichtlich in Deutschland wird anerkannt werden können[12]. Das RG geht hierbei davon aus, daß der ausschlaggebende Umstand bei der Klageerhebung nicht in der Nachdrücklichkeit des Gläubigerwillens, sondern in der prozessualen Rechtsschutzhandlung durch Anrufung des Gerichts liege. Als solche Rechtsschutzhandlung versage aber eine Klage, die auf ein voraussichtlich nicht anzuerkennendes Urteil hinziele.

Diese Grundsätze, die für den ganz anders liegenden Fall aufgestellt wurden, daß eine ausländische Klageerhebung die nach deutschem Recht zu beurteilende Verjährung nicht unterbrechen konnte, weil das im Ausland ergangene Urteil in Deutschland mangels Verbürgung der Gegenseitigkeit nicht anerkannt werden konnte, kennt das französische Recht offensichtlich nicht. Daher braucht nicht näher geprüft zu werden, ob das nun in Deutschland ergehende Urteil voraussichtlich in Frankreich wird anerkannt werden können[13].

Somit wurde die Verjährung der Wechselforderungen am 8. 6. 1966 unterbrochen. Bis zu diesem Zeitpunkt war jedoch nur die Forderung aus dem am 15. 3. 1963 fälligen Wechsel verjährt. Die übrigen wechselrechtlichen Ansprüche gegen den Akzeptanten sind nicht verjährt. Die Verjährung hat jedoch in diesem Falle nicht den üblichen Effekt, daß sie ohne weiteres dem Schuldner die Möglichkeit gibt, die Leistung zu verweigern (wie es bei den ordentlichen Verjährungsfristen, etwa der 30jährigen Frist, vorgesehen ist, vgl. hierzu Art. 2262 ff. CCiv.). Vielmehr kennt das französische Recht bei derartigen kurzen Verjährungsfristen (ähnlich etwa bei den Fristen des Art. 2272 CCiv.) die Möglichkeit, daß der Gläubiger dem Schuldner einen Parteieid zuschiebt; der Schuldner muß dann schwören, daß die Verbindlichkeit, die er mit der Verjährungseinrede bekämpft, nicht mehr besteht. Lehnt er den Eid ab, kann seine Berufung auf Verjährung keinen Erfolg haben.

Diese Regelung ist auch bei der Verjährung wechselrechtlicher Ansprüche vorgesehen, vgl. Art. 179 Abs. 6 CComm.:

„Néanmoins, les prétendus débiteurs seront tenus, s'ils en sont requis, d'affirmer, sous serment, qu'ils ne sont plus redevables …“ [14]

Nun kennt das deutsche Prozeßrecht einen zugeschobenen Parteieid nicht mehr. *Raape* schlägt für den vorliegenden Fall vor, die Regeln über

---

[12] Vgl. RGZ 129, 385 ff.; OLG Celle, OLGE 17, 158.

[13] Vgl. zu dieser Frage: *Arnold,* Ist die Gegenseitigkeit bei der Anerkennung und Vollstreckung von Urteilen gegenüber Frankreich verbürgt? AWD 1967, 131 ff.

*Anm. der Red.:* Vgl. weiter BGH 8. 5. 1968, BGHZ 50, 100; *Einmahl,* Die Vollstreckung ausländischer Zahlungsurteile in Frankreich und die Verbürgung der Gegenseitigkeit: RabelsZ 33 (1969) 114 ff.

[14] Vgl. hierzu auch *Hamel-Lagarde-Jauffret,* Traité de Droit Commercial (Paris 1966) II 579 Nr. 1485.

die Parteivernehmung entsprechend anzuwenden[15]. Schiebt der Gläubiger dem Schuldner den Eid zu und verweigert dieser die Eidesleistung, so soll darin unwiderlegbar ein Eingeständnis der Nichtzahlung liegen, das den Einwand der Verjährung unwirksam macht. Leistet der Schuldner den Eid, greift die Verjährung ein.

In diesem Falle kann die Klägerin jedoch die Summe des Wechsels, der am 15. 3. 1963 fällig war (1 × 529,60 NF), als Darlehensrückzahlung aus dem Grundverhältnis weiterhin verlangen. Durch die Wechselbegebung wurde das zugrunde liegende Darlehensverhältnis nicht beseitigt, es lag keine Novation vor. Vielmehr bestehen beide Anspruchsgrundlagen nebeneinander. Durch die Verjährung des Wechselanspruchs wird der Darlehensanspruch nicht berührt[16]. Die Verjährungsfrist für den Darlehensanspruch beträgt, da eine kürzere Frist (vgl. Art. 2265 ff., 2271 ff. CCiv.) nicht vorgesehen ist, 30 Jahre gemäß Art. 2262 CCiv. Zwar verjähren Kaufpreisforderungen in zwei Jahren (vgl. Art. 2272 Abs. 5 CCiv.); daß im Rahmen des Finanzierungsvertrags diese Frist auch auf die Darlehensforderung angewandt werden müßte, dafür fehlt jeglicher Anhaltspunkt.

### 2. *Zahlung der Vertragsstrafe*

Im Finanzierungsvertrag ist für den Fall, daß die Kl. gegen den Bekl. zu 1 gerichtlich vorgehen muß, um ihn zur Einhaltung seiner Verbindlichkeiten zu zwingen, vorgesehen, daß eine Vertragsstrafe in Höhe von 5 % der geschuldeten Summe gezahlt werden muß. Diese Vertragsstrafenvereinbarung lehnt sich an die Bestimmungen der Art. 1152 und 1226 ff. CCiv. an. Art. 1226 CCiv. lautet:

„La clause pénale est celle par laquelle une personne, pour assurer l'exécution d'une convention, s'engage à quelque chose en cas d'inexécution."

Eine solche Vereinbarung ist auch in der Weise möglich, daß der Gläubiger bei bloßem Verzug des Schuldners die Strafe verlangen kann, ihre Bezahlung also neben der Erfüllung der Hauptforderung fordern kann, was an und für sich nicht die Regel ist, vgl. Art. 1229 Abs. 2 CCiv.:

„Il (der Gläubiger) ne peut demander en même temps le principal et la peine, à moins qu'elle n'ait été stipulée pour le simple retard."

Da eine Vertragsstrafe nach Art. 1229 Abs. 1 CCiv. einen Ersatz für eine Schadenersatzforderung darstellt, müssen die Voraussetzungen für das Entstehen einer solchen Forderung gegeben sein[17], also insbesondere Verzug des Schuldners (vgl. Art. 1153 Abs. 3, Art. 1146 und Art. 1148 CCiv.). Dieser setzt in der Regel eine „sommation", d. h. eine durch den

---

[15] *Raape* 499. [16] Vgl. *Hamel-Lagarde-Jauffret* II 579 f. Nr. 1486.
[17] Vgl. *Encyclopédie Dalloz*, Droit Civil I, „Clause Pénale", 674 Nr. 12.

Gerichtsvollzieher zugestellte Mahnung (oder entsprechende gerichtliche Schritte, wie Klageerhebung) voraus, vgl. Art. 1139 CCiv. Da im vorliegenden Vertrag vereinbart war, daß die Vertragsstrafe nur bei Anrufung des Gerichts geschuldet wird, ist diese Voraussetzung auf jeden Fall erfüllt. Auch daß es an einem Verschulden des Bekl. fehlen sollte (vgl. dazu Art. 1148 CCiv.), ist nicht ersichtlich.

Daher kann die Klägerin die Vertragsstrafe verlangen. Die Höhe beträgt 5 % von 9003,20 NF = 450,16 NF. Diese Forderung ist nicht verjährt; sie unterliegt der normalen 30jährigen Verjährungsfrist.

### 3. *Schadenersatz und Zinsen*

Geltend gemacht werden in der Klage weiter:

a) Protestkosten der Wechsel,

b) Kosten des Anwalts M. (aus der Klage, die 1965 in Mulhouse erhoben wurde),

c) die Auslagen bei der Pfandverwertung (des Sachwalters G. und des Gerichtsvollziehers T.),

d) Verzugszinsen von 6 % für jede geschuldete Summe von Fälligkeit an.

Diese Forderungen sind sämtlich Folgen der nicht rechtzeitigen Zahlung. Als derartige Folge war auch schon eine Vertragsstrafe gemäß Art. 1226 ff. CCiv. vereinbart. Das Prinzip des französischen Rechts ist, daß eine vereinbarte Vertragsstrafe völlig an die Stelle von Schadenersatz und Zinsen tritt, vgl. Art. 1229 Abs. 1 CCiv., der lautet:

„La clause pénale est la compensation des dommages et intérêts que le créancier souffre de l'inexécution de l'obligation principale."

Um untersuchen zu können, inwieweit dennoch neben dieser Vertragsstrafe Verzugsschäden und Zinsen geltend gemacht werden können, empfiehlt es sich zu prüfen, welche gesetzlichen Ansprüche die Klägerin bei einem Verzug ihres Schuldners besitzt.

Läßt man zunächst die wechselrechtlichen Besonderheiten außer Betracht, so ergibt sich bürgerrechtlich folgendes: Für Geldschulden sieht Art. 1153 CCiv. eine pauschale Abgeltung der Nichterfüllungsfolgen vor. Der Gläubiger soll, unabhängig davon, welchen Schaden er wirklich erlitten hat, eine Verzinsung seiner Forderung in Höhe des gesetzlichen Zinsfußes erhalten, vgl. Art. 1153 Abs. 1 CCiv., der lautet:

„Dans les obligations qui se bornent au payement d'une certaine somme, les dommages et intérêts resultant du retard dans l'exécution ne consistent jamais que dans la condamnation aux intérêts fixés par décret en Conseil d'Etat, sauf les règles particulières au commerce et au cautionnement."

Die Höhe der Zinsen beläuft sich nach Art. 1 Abs. 1 des Dekrets vom 8. August 1935 auf 4 % in bürgerlichrechtlichen und auf 5 % in handelsrechtlichen Angelegenheiten, und zwar vom Zeitpunkt des Verzugs an (vgl. Art. 1153 Abs. 3, 1139 CCiv.). Tritt auch der Verzug in der Regel erst durch eine mit Hilfe des Gerichtsvollziehers bewirkte Mahnung („sommation") ein, so können die Parteien doch auch vereinbaren, daß der Verzug automatisch durch Nichtleistung bei Fälligkeit eintreten soll. Eine derartige Vereinbarung kann auch stillschweigend getroffen werden[18]. Da hier für die Verbindlichkeit Wechsel ausgegeben wurden, ist anzunehmen, daß der Schuldner bei Nichtzahlung ohne weiteres in Verzug geraten sollte. Gemäß Dekret vom 5. August 1959 erhöht sich der Zinssatz von Klageerhebung an auf 5 % in bürgerlichrechtlichen und 6 % in handelsrechtlichen Angelegenheiten.

Wechselrechtlich hat der Inhaber eines nicht bezahlten Wechsels gemäß Art. 152 Nr. 2 i. V. m. Art. 128 Abs. 7 CComm. ebenfalls einen Anspruch gegen den Akzeptanten auf Zinsen in Höhe des gesetzlichen Zinsfußes, und zwar von Fälligkeit des Wechsels an. Nach Art. 632 Abs. 7 CComm. sind wechselrechtliche Verpflichtungen stets als handelsrechtliche Angelegenheiten zu betrachten.

Somit ergäbe sich folgendes: Für die 16 zwischen dem 15. 9. 1963 und dem 15. 12. 1964 fälligen Wechsel müßte der Bekl. zu 1 von Fälligkeit bis Klageerhebung 5 %, ab Klageerhebung 6 % Zinsen zahlen (Art. 152 Ziff. 2 i. V. m. Art. 128 Abs. 2 CComm.). Für den am 15. 3. 1963 fälligen Wechsel, hinsichtlich dessen die wechselrechtlichen Ansprüche verjährt sind (vorbehaltlich der Nichtleistung eines zugeschobenen Parteieides), müßten ab Fälligkeit bis zur Klageerhebung 4 %, danach 5 % Zinsen gezahlt werden (Art. 1153 I CCiv.); denn hier würden die bürgerlichrechtlichen Zinssätze anzuwenden sein, da es sich in diesem Falle um einen auf dem zivilrechtlichen Grundverhältnis beruhenden Zinsanspruch handelt; etwa anderes würde nur gelten, wenn der Bekl. zu 1 zur Zeit des Vertragsschlusses selbst Kaufmann war, was dem Sachverhalt jedoch nicht mit Sicherheit zu entnehmen ist. Weitere Schäden würden dagegen nach Art. 1153 CCiv. nicht zu ersetzen sein, mit zwei Ausnahmen:

1. gemäß Art. 1153 Abs. 1 (a. E.) CCiv. bei besonderer handelsrechtlicher Regelung. Diese ist gegeben hinsichtlich der Wechselprotestkosten in Art. 152 Abs. 1 Nr. 3 CComm. (hinsichtlich des Akzeptanten i. V. m. Art. 128 Abs. 2 CComm.). Danach könnte die Kl. die Kosten des Protests für die 16 zwischen dem 15. 9. 1963 und dem 15. 12. 1964 fällig gewordenen Wechsel vom Bekl. zu 1 verlangen, nicht dagegen die Protestkosten des am 15. 3. 1963 fälligen Wechsels, da insoweit Verjährung eingetreten ist, es sei denn, daß der Verjährungseinwand durch Nichtleistung des zugeschobenen Parteieides unwirksam wird.

---

[18] Vgl. *Carbonnier*, Théorie des Obligations (1963) 289.

2. gemäß Art. 1153 Abs. 4 CCiv. Schäden, die unabhängig vom bloßen Verzug eingetreten sind, falls insoweit „mauvaise foi" des Schuldners vorlag, vgl. Art. 1153 Abs. 4 CCiv.:

„Le créancier auquel son débiteur en retard a causé, par sa mauvaise foi, un préjudice indépendant de ce retard, peut obtenir des dommages et intérêts distincts des intérêts moratoires de la créance."

Hierunter fallen jedoch weder die Protestkosten des am 15. 3. 1963 fälligen Wechsels noch die Kosten des Anwalts M. in Mulhouse, die durch Klageerhebung gegen den Bekl. zu 2 entstanden sind. Die Kosten des Sachwalters G. und des Gerichtsvollziehers T. werden als Kosten der Pfandverwertung im Zusammenhang mit dieser erörtert.

Hinsichtlich der eben behandelten Ansprüche auf Zinsen etc. erhebt sich nun die Frage, ob insoweit die dargelegte gesetzliche Regelung durch die Vereinbarung der Vertragsstrafe ausgeschlossen ist. Zu beachten ist hier zunächst Art. 1152 CCiv.:

„Lorsque la convention porte que celui qui manquera de l'exécuter payera une certaine somme à titre de dommages-intérêts, il ne peut être alloué à l'autre partie une somme plus forte, ni moindre."

Die Rechtsprechung führt dieses Prinzip, daß eine Vertragsstrafe ein für allemal den zu ersetzenden Schaden der Höhe nach festlegt, streng durch[19]. Die Cour de Cassation betont in ihrer Entscheidung, daß auch Treu und Glauben („la bonne justice et l'équité") den Richter nicht dazu veranlassen können, über die in der Vertragsstrafe vereinbarte Summe hinaus Schadenersatz oder Verzugszinsen zuzusprechen.

Die Vereinbarung einer Vertragsstrafe soll eine pauschalierte Abgeltung eines Schadens wegen Nichterfüllung oder verspäteter Erfüllung darstellen. Neben dieser vertraglich vereinbarten Pauschale ist für die Anwendung der gesetzlichen Pauschalregelung des Art. 1153 CCiv. kein Raum mehr.

Die Vereinbarung einer Vertragsstrafe führt häufig, sofern eine relativ geringe Summe als Schadenersatz festgesetzt wird, zu einer beschränkten Haftung des Schuldners, hat also eine ähnliche Wirkung wie eine ausdrückliche Haftungsbeschränkungsklausel (clause limitative de responsabilité)[20]. Zwar mag es sein, daß die Kl. keineswegs durch die Vereinbarung der Vertragsstrafe die Haftung des Bekl. beschränken wollte, daß sie vielmehr als sicher davon ausging, daß die Vertragsstrafe *neben* die

---

[19] Vgl. Cour de Cassation 23. Mai 1940, Recueil Dalloz 1940, 161, 162; aus dem Schrifttum: *Encyclopédie Dalloz*, Droit Civil I, „Clause Pénale", 674 Nr. 8; *Carbonnier* 301; *Planiol*, Traité Pratique de Droit Civil Français VII (2. Aufl. 1954) 200, 201.

[20] Vgl. *Encyclopédie Dalloz* 674 Nr. 7.

gesetzlichen Verzugszinsen treten würde. Dieses Resultat ist jedoch mit dem geltenden Recht nicht vereinbar.

Daher kann die Kl. Verzugszinsen aus den Wechselforderungen nicht verlangen; die Ausschließlichkeit der Vertragsstrafe gilt nicht nur gegenüber einem auf Art. 1153 CCiv. gestützten Zinsanspruch, sondern auch gegenüber der wechselrechtlichen Zinsforderung gemäß Art. 152 Nr. 2 i. V. m. Art. 128 Abs. 2 CComm., da insoweit die persönlichen Einwendungen dem Kläger auch entgegengesetzt werden können, wenn dieser aus dem Wechsel klagt.

Etwas anderes muß dagegen wohl für die Protestkosten gelten. Diese sind Auslagen besonderer Art, die mit der Rechtsverfolgung in Verbindung stehen. Ihre Geltendmachung wird durch die Vereinbarung der Vertragsstrafe nicht ausgeschlossen.

Ebenso hat die Kl. einen Anspruch auf Verzinsung der Summe, die als Vertragsstrafe gefordert werden kann. Insoweit gelten die Regeln des Art. 1153 CCiv. uneingeschränkt. Da gemäß Art. 1153 Abs. 3, 1146 CCiv. Zinsen erst ab Verzugseintritt geschuldet werden, Verzug aber mindestens eine durch den Gerichtsvollzieher bewirkte Mahnung voraussetzt (hinsichtlich der Vertragsstrafe ist eine stillschweigende Vereinbarung über den automatischen Verzugseintritt wohl kaum anzunehmen), kann die Kl. Zinsen erst seit Klageerhebung in Hechingen verlangen, also seit dem 8. 6. 1966. Die Höhe der Zinsen beläuft sich gemäß dem Dekret vom 5. 8. 1959 auf 5 %, da die Forderung auf die Vertragsstrafe keine handelsrechtliche, sondern eine rein bürgerlich-rechtliche Angelegenheit ist (etwas anderes würde nur gelten, wenn der Bekl. zu 1 seinerzeit Kaufmann war, was sich den Akten jedoch nicht entnehmen läßt) [21].

Die Verzinsung der Vertragsstrafe wird auch nicht etwa durch ein Verbot von Zinseszinsen gehindert (Art. 1154 CCiv. läßt Zinseszinsen nur bei besonderer Vereinbarung zu); denn die Vertragsstrafensumme ist, auch wenn sie nach einem Prozentsatz der Hauptsumme gefordert wird, keine Zinsforderung.

### *4. Pfandrecht und Pfandverwertung*

Auf die sonach noch zu fordernde Summe ist der Erlös aus dem Pfandverkauf des Wagens abzüglich der Kosten der Pfandverwertung (Auslagen des Sachwalters G. und des Gerichtsvollziehers T.) anzurechnen. Da der erzielte Erlös die Forderung der Kl. nicht deckt, erhebt sich die Frage, ob der Bekl. zu 1 gegen die Kl. einen Anspruch hat auf Ersatz des Schadens, der durch unberechtigte oder unökonomische Verwertung des

---

[21] Zu diesem Anspruch auf Verzinsung einer Vertragsstrafe vgl. auch Cour d'appel Paris 9. 10. 1961, Juris Classeur Civil, Art. 1226–1233 CCiv., Ergänzung zu Note 26.

Pfandobjekts entstanden ist, so daß mit diesem Anspruch eine Aufrechnung möglich wäre.

Die Bestellung des Pfandrechts beruht auf Art. 1 ff. des Dekrets vom 30. 9. 1953 über den Kreditkauf bei Kraftfahrzeugen.

Grundsätzlich kennt das französische Recht ebenso wie das deutsche Recht nur das Faustpfandrecht an beweglichen Sachen, vgl. Art. 2073 ff., 2076 CCiv. Nur ausnahmsweise wird ein besitzloses Pfandrecht zugelassen, so durch das genannte Dekret vom 30. 9. 1953.

Die Begründung dieses Pfandrechts hat zur Voraussetzung:

1. einen Kreditkauf über ein Kraftfahrzeug oder einen Darlehensvertrag, bei dem das Darlehen zur Finanzierung eines Kraftfahrzeugkaufs bestimmt ist;
2. daß hierüber ein privatschriftlicher Vertrag (acte sous seing privé, Art. 2074 CCiv.) abgeschlossen wurde, der ordnungsgemäß registriert worden ist;
3. daß in diesem Vertrag das Fahrzeug an den Gläubiger als Sicherheit verpfändet wurde und dieses Pfandrecht in ein besonderes Register eingetragen wurde, das für diese Zwecke bei der Präfektur des jeweiligen Departements eingerichtet ist.

Diese Voraussetzungen liegen, soweit sich das den Akten entnehmen läßt, alle vor, so daß das Pfandrecht der Klägerin entstanden ist.

Hinsichtlich der Verwertung des Pfandrechts ist vereinbart, daß sie bei Nichtzahlung trotz Fälligkeit nach den Vorschriften des Art. 3 des Dekrets von 1953 oder gemäß Art. 2078 CCiv. durchgeführt werden solle.

Art. 3 des genannten Dekrets verweist auf Art. 93 CComm. Dieser lautet in Abs. 1 und 2:

„A défaut de payement à l'échéance, le créancier peut, huit jours après une simple signification faite au débiteur et au tiers bailleur de gage, s'il y en a un, faire procéder à la vente publique des objets donnés en gage.
Les ventes autres que celles dont les agents de change et les courtiers en valeurs mobilières sont chargés sont faites par les courtiers.
Toutefois, sur la requête des parties, le président du tribunal de commerce peut désigner pour y procéder une autre classe d'officiers publics."

Es müssen also formell drei Voraussetzungen erfüllt sein[22]:

1. Eine an den Schuldner gerichtete Mitteilung über die bevorstehende Pfandverwertung, bewirkt durch den Gerichtsvollzieher.
2. Die Einhaltung einer Frist von acht Tagen.
3. Der Verkauf muß im Wege öffentlicher Versteigerung erfolgen.

---

[22] Vgl. hierzu auch *Hamel-Lagarde-Jauffret* 374, Nr. 1293.

Die Zustellung der Mitteilung erfolgt, wenn der Schuldner in Frankreich keinen Wohnsitz oder gewöhnlichen Aufenthalt hat, gemäß Art. 69 Nr. 8 C. Proc. Civ.:

„*Seront assignés:*

8.) Ceux qui n'ont aucun domicile connu en France, au lieu de leur résidence actuelle; si le lieu n'est pas connu, l'exploit sera affiché à la principale porte de l'auditoire du tribunal où la demande est portée; une seconde copie sera donnée au procureur du Roi (au procureur de la République), lequel visera l'original."

Da der Wohnsitz des Bekl. zu 1 der Kl. damals nicht bekannt war, konnte die Zustellung durch Anheften der Mitteilung am Gerichtssitzungssaal und durch Übergabe einer Kopie an den Staatsanwalt erfolgen, wie es nach Behauptung der Kl. im vorliegenden Fall geschehen ist. Das Gericht konnte auch (an Stelle des an sich zuständigen Handelsmaklers, „courtier") den Gerichtsvollzieher T. mit der öffentlichen Versteigerung beauftragen.

Sind somit die genannten Formvorschriften eingehalten worden, war der Pfandverkauf rechtmäßig.

Als andere Art der Verwertung hätte der Klägerin noch die Möglichkeit des Art. 2078 CCiv. offengestanden. Obwohl in Art. 3 des Dekrets vom 30. 9. 1953 von dieser Möglichkeit nicht die Rede ist, wird doch angenommen, daß auch hierauf neben dem Pfandverkauf nach Art. 93 CComm. weiter zurückgegriffen werden kann[23]. Im übrigen ist auch im Finanzierungsvertrag auf Art. 2078 CCiv. hingewiesen.

Gemäß dieser Bestimmung kann sich der Gläubiger, nachdem er das Pfandobjekt durch einen Sachverständigen hat schätzen lassen, durch das Gericht die Pfandsache in Zahlung geben lassen.

Die Kl. hatte jedoch zwischen dieser Möglichkeit und dem Pfandverkauf in öffentlicher Versteigerung die freie Auswahl. Es kann der Kl. nicht vorgeworfen werden, daß sie den ihr vom Gesetz zur Verfügung gestellten und für den Regelfall vorgesehenen (vgl. Art. 3 des Dekrets vom 30. 9. 1953 und Art. 93 CComm.) Weg des Pfandverkaufs gegangen ist, bei dem, wie sich nachher herausstellte, nur ein Erlös erzielt werden konnte, der die Forderungen der Kl. nicht voll deckte. Bei der Abrechnung über die Pfandverwertung ist von einem Betrag von 304 NF die Rede, den Gerichtsvollzieher T. an einen Garageninhaber zahlen mußte. Sollte es sich hierbei um Forderungen handeln, die dem Garageninhaber auch schon gegenüber dem Bekl. zu 1 zustanden, der den Wagen in diese Garage gegeben hat, so erhebt sich die Frage, ob diese Ansprüche des Garageninhabers zuerst aus dem Pfandverwertungserlös befriedigt werden mußten.

---

[23] Vgl. *Répertoire de Droit Civil*, Dalloz, Mise à Jour 1967, „Gage", 258 Nr. 291.

Der Garageninhaber hat für die Forderungen, die ihm für Maßnahmen zur Erhaltung des Wagens zustehen, ein Recht, sich vorweg aus dem Wagen zu befriedigen („privilège"), vgl. Art. 2102 CCiv.:

„Les créances privilégiées sur certains meubles sont:

...

3) Les frais faits pour la conservation de la chose."

Tritt ein derartiges Privileg mit einem Pfandrecht an derselben Sache in Konkurrenz, so muß, abweichend von der Regel, daß das Pfandrecht den übrigen Privilegien vorgeht, der Grundsatz gelten, daß eine Privilegierung einer Forderung, die auf Maßnahmen der Unterhaltung der Pfandsache beruht, die nach der Verpfändung durchgeführt wurden, den Vorrang vor dem Pfandrecht hat. Der Grund hierfür liegt darin, daß durch die Aufwendungen auf die Pfandsache diese auch im Interesse des Pfandgläubigers erhalten wurde[24]. Somit mußte also der Garageninhaber vorab befriedigt werden; der an ihn gezahlte Betrag kann vom Pfanderlös ebenso abgezogen werden wie die Kosten der Pfandverwertung.

### *II. Forderungen gegen den Bekl. zu 2*

Anspruchsgrundlage ist hier Art. 130 CComm., dessen Abs. 1 lautet:

„Le payement d'une lettre de change peut être garanti pour tout ou partie de son montant par un aval."

Eine Wechselbürgschaft (aval) kann nach französischem Recht (anders als nach deutschem Wechselrecht, vgl. hierzu den Vorbehalt in Art. 4 Anh. II zum Abkommen über ein einheitliches Wechselgesetz vom 7. 6. 1930) auch durch eine vom Wechsel unabhängige schriftliche Erklärung eingegangen werden, vgl. Abs. 3 des Art. 130 CComm.:

„L'aval est donné soit sur la lettre de change ou sur une allonge, soit par un acte séparé indiquant la lieu où il est intervenu."

Die Rechtsprechung hat für eine derartige, auf selbständigem Schriftstück erklärte Wechselbürgschaft drei Voraussetzungen aufgestellt[25]. Danach muß genau angegeben sein:

1. die Art des Papiers, für das die Bürgschaft gilt (la nature des effets),
2. der genaue Betrag, für den gebürgt wird (les sommes garanties),
3. die Frist, innerhalb deren Wechsel, für die gebürgt werden soll, ausgegeben werden können (le temps assigné aux négociations).

Diese Voraussetzungen sind in der Wechselbürgschaftserklärung vom 21. 12. 1962 alle erfüllt, so daß eine Verpflichtung gemäß Art. 130 CComm. entstanden ist.

---

[24] Vgl. hierzu *Encyclopédie Dalloz,* Droit Civil IV, „Privilèges mobiliers", 255 Nr. 279.

[25] Vgl. Cour de Cassation 7. März 1944, Recueil Dalloz 1945, 73.

Gemäß Abs. 7 des Art. 130 CComm. haftet der Wechselbürge im selben Umfang wie derjenige, für den er bürgt. Aus der Wechselbürgschaftserklärung ergibt sich, daß der Bekl. zu 2 die Bürgschaft für den Bekl. zu 1 übernommen hat, also für den Akzeptanten. Da er mit diesem gesamtschuldnerisch haftet, entfällt eine Einrede der Vorausklage (auf die der Bekl. zu 2 im übrigen auch vertraglich verzichtet hat)[26]. Demnach konnte die Kl. den Bekl. zu 2 auf Zahlung der Wechselsumme (17 x 529,60 NF) und der dazugehörigen Protestkosten in Anspruch nehmen.

Fraglich ist, inwieweit diese Ansprüche verjährt sind.

Eine besondere Vorschrift über die Verjährung der Wechselbürgschaft enthält der CComm. nicht. Es wird aber angenommen, daß der Wechselbürge sich auf dieselben Verjährungsfristen berufen kann wie derjenige, für den er sich verbürgt hat[27]. Demnach würde gemäß Art. 179 Abs. 1 CComm. die dreijährige Verjährungsfrist gelten.

Während jedoch gegenüber dem Bekl. zu 1 die Forderungen aus dem ersten eingeklagten Wechsel, fällig am 15. 3. 1963, verjährt sind, ist dies gegenüber dem Wechselbürgen nicht der Fall; denn ihm gegenüber wurde die Verjährung durch die Klageerhebung im Jahre 1965 vor dem Tribunal de Grande Instance in Mulhouse rechtzeitig nach Art. 2244 CCiv. unterbrochen. Der Bekl. zu 2 haftet also auf alle 17 Wechsel.

Dagegen haftet er nicht auf Zahlung der Vertragsstrafe, die ja kein wechselrechtlicher Anspruch ist. Daß er sich für sie hat zivilrechtlich verbürgen wollen, ist der Wechselbürgschaftserklärung nicht zu entnehmen.

Auch der wechselrechtliche Zinsanspruch aus Art. 152 Nr. 2 CComm. besteht gegenüber dem Bekl. zu 2 ebensowenig wie gegenüber dem Bekl. zu 1, denn der Wechselbürge haftet nur im selben Umfang wie derjenige, für den er sich verbürgt hat. Zwar ist die Wechselbürgschaft nicht in derselben Weise akzessorisch wie die zivilrechtliche Bürgschaft; so ist die Wechselbürgschaft auch gültig, wenn die Hauptverpflichtung (aus anderen Gründen als einem Formmangel) nichtig ist, vgl. Art. 130 Abs. 8 CComm. Dieser Grundsatz läßt sich aber auf andere Einwendungen nur insoweit ausdehnen, als diese für den Hauptschuldner nach Eingehung der Wechselbürgschaft entstanden sind. Für Einwendungen, die schon von Anfang an bestanden (wie hier der Ausschluß der gesetzlichen Verzugszinsen) bleibt es bei der Regel, daß der Wechselbürge nur im selben Maße wie der Hauptschuldner in Anspruch genommen werden kann[28].

Es erhebt sich schließlich noch die Frage, ob der Bekl. zu 2 für die Kosten haftet, die der Kl. durch Inanspruchnahme des Rechtsanwalts M. in Mulhouse zwecks Erhebung der Klage vor dem dortigen Tribunal de Grande

---

[26] Vgl. *Hamel-Lagarde-Jauffret* 569 Nr. 1474 b.

[27] Vgl. *Hamel-Lagarde-Jauffret* 567 f. Nr. 1474 a.

[28] Vgl. hierzu *Hamel-Lagarde-Jauffret* 568 Nr. 1474 a.

Instance entstanden sind (sie werden mit 231,29 NF angegeben, aber nicht näher spezifiziert).

Auszugehen ist von folgender Überlegung: Wäre der Prozeß in Mulhouse durchgeführt worden, so hätte die Kl. ein mindestens zum großen Teil obsiegendes Urteil gegen den Bekl. zu 2 erstritten. In diesem Fall wären dem Bekl. gemäß Art. 130 C. Pr. Civ. die Kosten des Verfahrens auferlegt worden. Falls es sich bei dem hier geltend gemachten Betrag um derartige Verfahrenskosten handelt, dürfte die Kl. nicht deshalb schlechter gestellt werden, weil der Bekl. zu 2, ohne dies mitzuteilen, seinen Wohnsitz gewechselt und sich damit der Rechtsverfolgung in Frankreich entzogen hat. Vielmehr hätte er auch in diesem Fall die Verfahrenskosten in Mulhouse zu tragen.

Hier erhebt sich aber die Frage, ob die geltend gemachten Kosten solche sind, zu denen der Bekl. gemäß Art. 130 C. Pr. Civ. hätte verurteilt werden können. Diese Bestimmung lautet:

„Toute partie qui succombera sera condamnée aux dépens, sauf au tribunal à laisser la totalité ou une fraction des dépens à la charge d'une autre partie par décision spéciale et motivée."

Der Anwalt erhält nämlich in Frankreich keine Gebühren nach festem Tarif, sondern ein Honorar von seinem Klienten, dessen Höhe weitgehend im Ermessen des Mandanten steht. Demgemäß umfaßt die Verurteilung zur Kostentragung nicht auch das Honorar des Anwalts der obsiegenden Partei[29]. Dagegen gehören zu den vom unterlegenen Beklagten zu tragenden Kosten die vom Anwalt verauslagten Gebühren, z. B. „les droits de plaidoirie" (Gebühren, die der Anwalt zahlen muß, um in dem betreffenden Fall vor Gericht auftreten zu können).

Je nachdem, wie die 231,29 NF sich im einzelnen zusammensetzen, würde also aus dem Gedanken des Art. 130 C. Pr. Civ. eine Haftung des Bekl. zu 2 herzuleiten sein oder nicht.

Eine Anspruchsgrundlage für das Anwaltshonorar könnte höchstens noch Art. 1153 Abs. 4 CCiv. bieten. Wie oben bereits ausgeführt, kann aufgrund dieser Vorschrift ein unabhängig vom bloßen Verzug eingetretener Schaden den Schuldner zum Ersatz verpflichten. Ein solcher Schaden kann auch darin bestehen, daß der Gläubiger zu einer unnötigen Rechtsverfolgung gezwungen wird[30]. Jedoch müßte sich hierzu nachweisen lassen, daß der Bekl. zu 2 in „mauvaise foi" gehandelt hat. Dies setzt an sich eine vorsätzliche Handlung voraus, mindestens in Form eines bedingten Schädigungsvorsatzes; unter Umständen kann auch grobe Fahrlässigkeit

---

[29] Vgl. *Encyclopédie Dalloz,* Procédure Civile II, „Frais et dépens", 55 Nr. 409: „La condamnation aux dépens ne comprend pas les faux frais, honoraires d'avocats (mais elle comprend les droits de plaidoirie...)."

[30] Vgl. *Carbonnier* 297.

(„faute lourde") genügen[31]. Zwar ist der Bekl. zu 2 ohne Angabe seines neuen Wohnsitzes nach Deutschland verzogen; ob aber angesichts der Auffassung der Bekl., der Erlös aus der Verwertung des zurückgelassenen Wagens werde die Restforderungen der Kl. decken, „mauvaise foi" im Sinne des Art. 1153 Abs. 4 CCiv. vorliegt, ist zumindest sehr zweifelhaft.

Hat somit die Kl. gegen den Bekl. zu 2 einen Anspruch auf Zahlung der 17 Wechsel nebst Protestkosten, so erhebt sich die Frage, ob der Bekl. zu 2 hinsichtlich dieser Summe auf Verzugszinsen gemäß Art. 1153 CCiv. in Anspruch genommen werden kann. Dieser Zinsanspruch, der auf Art. 1153 Abs. 1 CCiv. beruht, ist – im Gegensatz zum wechselrechtlichen Zinsanspruch – nicht durch die zwischen dem Bekl. zu 1 und der Kl. vereinbarte Vertragsstrafe abgegolten. Denn hier handelt es sich nicht mehr um das Problem, daß der Wechselbürge nur im selben Umfang haftet wie der Hauptschuldner; hier geht es nach Feststellung des Umfangs der Wechselbürgschaft nur darum, welche Folgen eintreten, wenn der Wechselbürge nicht zahlt. Insoweit kann der Bekl. zu 2, der selbst die Vertragsstrafe nicht schuldet, diese dem Bekl. zu 1 zustehende Einwendung nicht mehr erheben.

Diese Zinsen laufen seit Verzugseintritt (Art. 1153 Abs. 3, 1146 CCiv.). Der Verzug tritt, wie schon mehrfach erwähnt, in der Regel durch eine vom Gerichtsvollzieher zugestellte Mahnung (sommation, Art. 1139 CCiv.) ein. Der „sommation" sind entsprechende Handlungen gleichgestellt, darunter auch die Protesterhebung. Die aus den Akten nicht zu beantwortende Frage, ob der Wechselprotest jeweils auch gegenüber dem Bekl. zu 2 erhoben wurde, braucht jedoch nicht endgültig entschieden zu werden. Denn in der Wechselbürgschaftserklärung vom 21. 12. 1962 hat der Bekl. zu 2 ausdrücklich auf die Protesterhebung verzichtet. Dies muß auch so ausgelegt werden, daß er mit der Kl. dadurch zugleich vereinbart hat, daß ein Verzugseintritt auch ohne förmlichen Akt (sommation oder Protesterhebung) erfolgen soll. Eine derartige Vereinbarung ist grundsätzlich möglich[32]. In diesem Falle laufen die Zinsen schon von Fälligkeit der Wechsel an.

Von diesem Zeitpunkt an bis zur Klageerhebung 1965 in Mulhouse gegen den Bekl. zu 2 beträgt die Höhe der Zinsen 5 %; seitdem beläuft sie sich auf 6 %. Dies ergibt sich aus Art. 1153 Abs. 3 CCiv. in Verbindung mit dem Dekret vom 5. 8. 1959 und daraus, daß die Wechselbürgschaft eine handelsrechtliche Angelegenheit darstellt[33]. Bezahlt allerdings der Bekl.

---

[31] Vgl. hierzu *Encyclopédie Dalloz*, Droit Civil II, „Dommages-Intérêts", 305 Nr. 155.

[32] Vgl. oben N. 18.

[33] Vgl. Cour d'appel de Douai 5. 1. 1939, Gazette du Palais 1939, 1, 640; *Hamel-Lagarde-Jauffret*, 564 Nr. 1472.

zu 1 die Vertragsstrafe, so muß in dieser Höhe der Zinsanspruch gegen den Bekl. zu 2 erlöschen; denn dieser Zinsanspruch entspricht genau dem Anspruch gegen den Bekl. zu 1 auf Zahlung der Vertragsstrafe, und beide Beklagte sind Gesamtschuldner.

## ZUSAMMENFASSUNG

[Nicht abgedruckt.]

## Nr. 5

**Italien**

**1. Form des Kaufvertrages, Verkaufsversprechens und Verkaufsvorvertrages über Grundstücke.**

**2. Wirksamkeit einer Vertragsstrafenklausel in den allgemeinen Geschäftsbedingungen des Verkäufers.**

**3. Schadensersatzpflicht des Schuldners bei Verzug und Nichterfüllung.**

**Köln 89/66 vom 21. 12. 1966**

Das OLG Stuttgart hat in dem Rechtsstreit C. Gesellschaft für Auslandsbesitz & Co. KG, Stuttgart ./. R. um ein Gutachten über italienisches Grundstückskaufrecht und Vertragsstrafenrecht gebeten.

Der Bekl. hat am 19. 7. 1964 eine vorgedruckte „Kaufverpflichtung" unterzeichnet. Hierin verpflichtet er sich, von der Kl. den „Pueblo 5" in Luino Germingnaga (Italien) käuflich zu dem auf den 1. 8. 1964 fälligen (Netto-)Kaufpreis von 48 500 DM zu erwerben. Mit der Unterschrift erklärte er sich gleichzeitig mit den auf der Rückseite der „Kaufverpflichtung" aufgedruckten und nicht gesondert unterschriebenen „Ergänzungsbestimmungen" einverstanden.

Die „Ergänzungsbestimmungen" lauten u. a.:

„2. Die Übertragung des Eigentums an dem umseitig bezeichneten Grundstück erfolgt nach Zahlung der letzten Kaufpreisrate.

...

4. Es gilt das Recht des Ortes der belegenen Sache, ...

6. Erfüllt der Käufer den Vertrag nicht, so kann die C. als Vertragsstrafe 20 % des vereinbarten Gesamtpreises berechnen, unbeschadet ihres Rechtes, auf Vertragserfüllung zu bestehen oder einen weitergehenden Schaden geltend zu machen.

7. Sollte eine Bedingung ungültig sein, so wird der Bestand dieses Dokumentes im übrigen davon nicht berührt.
   ..."

Mit Schreiben vom 28. 7. 1964 bestätigte die Kl. unter Bezugnahme „auf den von Ihnen am 19. 7. 1964 unterzeichneten Kaufvertrag" den Erwerb des Grundstücks.

Am 1. 8. 1964 erschien der Bekl. – wie er behauptet, mit dem Barkaufpreis in der Tasche – in Luino, wollte aber (trotz seiner in Ziffer 2 der „Ergänzungsbestimmungen" statuierten Vorleistungspflicht) nur Zug um Zug gegen Eigentumsübertragung und seine Eintragung im Grundbuch bezahlen. Dazu war die Kl. indessen schon deshalb außerstande, weil das Kaufgrundstück noch nicht vermessen war. Daraufhin lehnte der Bekl. die Erfüllung des Vertrages mündlich ab.

Mit Schreiben vom 17. 8. 1964 setzte die Kl. den Bekl. „offiziell in Verzug", beschuldigte ihn der einseitigen Vertragsverletzung und verlangte von ihm wegen Nichterfüllung die in Ziffer 6 der „Ergänzungsbestimmungen" statuierte Vertragsstrafe von 20 % des vereinbarten Kaufpreises, gleich 9 700 DM. Am 18. 8. 1964 verkaufte sie das Grundstück anderweitig.

Das OLG bittet um ein Gutachten über die Beurteilung folgender *Fragen* in der italienischen Rechtslehre und Rechtsprechung:

1. Ist die durch die Art. 1351, 1350 Ziff. 1 CC geforderte Schriftform dadurch gewahrt, daß der Bekl. zunächst nur eine einseitige, von ihm allein unterzeichnete Kaufverpflichtungserklärung abgegeben und die Bekl. 9 Tage später den Vertrag mit nur von ihr unterzeichnetem Schreiben bestätigt hat? Oder erfordert die Schriftform, daß beide Parteien auf derselben Urkunde sich verpflichten und unterzeichnen?
2. Bedurfte die nach Ziff. 6 der auf die Rückseite der Kaufverpflichtung des Bekl. gesetzten Ergänzungsbestimmungen für den Fall der Nichterfüllung fällige Vertragsstrafe einer ausdrücklichen schriftlichen Bestätigung des Bekl. nach Art. 1341 Abs. II CC? Ist eine solche Bestätigung schon dadurch erfolgt, daß der Bekl. in der Kaufverpflichtung die Erklärung abgegeben hat, mit den „umseitigen Ergänzungsbestimmungen einverstanden zu sein"?
3. Nach Ziff. 6 der Ergänzungsbestimmungen kann die Kl. bei Nichterfüllung die Vertragsstrafe verlangen, unbeschadet ihres Rechtes, auf Vertragserfüllung zu bestehen. Setzt sich diese Vereinbarung in Widerspruch zu Art. 1383 CC? Löst ein solcher Widerspruch die Folge des Art. 1418 CC aus mit der Wirkung, daß die Vertragsstrafe nicht verlangt werden kann?
4. Liegt eine Nichterfüllung durch den Bekl. mit der Folge des Verfalles der Vertragsstrafe dadurch vor, daß der Bekl. nicht termingerecht vorleistete und die Erfüllung mündlich verweigerte (Art. 1219 Ziffer 3 CC)?

## A. DAS ANZUWENDENDE RECHT

Das Gericht geht zutreffend davon aus, daß *italienisches Recht* Vertragsstatut ist. Vertragsstatut ist diejenige Rechtsordnung, auf die die Parteien ausdrücklich oder stillschweigend verwiesen haben[1]. Für die Prüfung, ob der Hauptvertrag gültig zustande gekommen ist, wird von der Gültigkeit dieses „Verweisungsvertrages" ausgegangen, gleichgültig, ob man den „Verweisungsvertrag" als Bestandteil des Hauptvertrages oder als selbständigen Vertrag ansehen will[2]. In Ziffer 4 der „Ergänzungsbestimmungen" hatten die Parteien das Ortsrecht der belegenen Sache (lex rei sitae), hier also italienisches Recht, vereinbart.

Eine Rück- oder Weiterverweisung des berufenen italienischen Rechts ist nicht zu beachten, da das Vertragsstatut auf dem ausdrücklich erklärten Parteiwillen beruht. Dabei ist anzunehmen, daß die Parteien die *Geltung der Sachnormen* des berufenen Rechts vereinbart haben[3].

## B. ITALIENISCHES VERTRAGSRECHT

### *I. Form des Vertrages*

#### *1. Ausgangspunkte*

Formvorschriften enthalten Art. 1350–1352 Codice civile (C. c.). Hier kommen in Betracht:

*Art. 1350 Ziff. 1:*

| | |
|---|---|
| „Devono farsi per atto pubblico o per scrittura privata, sotto pena di nullità: | Zur Vermeidung der Nichtigkeit sind mittels öffentlicher oder privater Urkunde zu schließen: |
| 1. i contratti che trasferiscono la proprietà di beni immobili." | 1. die Verträge, die das Eigentum an unbeweglichen Sachen übertragen[4]. |

*Art. 1351:*

| | |
|---|---|
| „Il contratto preliminare è nullo se non è fatto nella stessa forma che la legge prescrive per il contratto definitivo." | Der Vorvertrag ist nichtig, wenn er nicht in der gleichen Form errichtet wird, wie sie das Gesetz für den endgültigen Vertrag vorschreibt. |

---

[1] *Kegel* in *Soergel-Siebert,* BGB-Komm., Bd. V (9. Aufl. 1961) Bem. 180 vor Art. 7 EGBGB, S. 559.

[2] Vgl. hierzu BGH, JZ 1963, 167 (168).

[3] BGH, LM Nr. 3 zu Art. 27 EGBGB = NJW 1958, 750 (751); *Kegel* in *Soergel-Siebert,* Bem. 218 vor Art. 7 EGBGB, S. 568 f.

[4] Italienisches Zivilgesetzbuch (1942), übersetzt von *Nicolo-Becher,* eingel. v. *Luther,* Materialien zum ausländischen und internationalen Privatrecht, Bd. 6. Den Zitaten dieses Gutachtens liegt diese Übersetzung zugrunde.

Die Einhaltung dieser Form ist Voraussetzung für die Wirksamkeit des Vertrages *(forma ad substantiam).*

Neben den genannten Vorschriften finden sich im Codice civile verstreut noch weitere Formvorschriften als wesentliche Voraussetzung für die Wirksamkeit von Schuldverträgen[5].

### 2. *Zustandekommen des Vertrages*

Es fragt sich, ob durch die „Kaufverpflichtung" des Bekl. und die Bestätigung durch die Kl. ein Grundstückskaufvertrag im Sinne des Art. 1350 Ziff. 1 C. c. oder ein Vorvertrag im Sinne des Art. 1351 C. c. zustande gekommen ist oder ob die Parteien einen anderen – möglicherweise nicht formgebundenen – Vertrag geschlossen haben.

Ein Vertrag kommt nach italienischem Recht durch *Angebot* (proposta) und *Annahme* (accettazione) zustande; maßgeblich ist der Zeitpunkt, in welchem dem Anbietenden die Annahmeerklärung bekannt wird (Art. 1325 Ziff. 1, 1326 Abs. I C. c.). Die „Kaufverpflichtung", die lediglich die Erklärung eines Vertragspartners enthält, ist entweder als Angebot oder als Annahme zu werten. Sie ist daher nur in Verbindung mit einer nachfolgenden Annahme oder einem vorausgehenden Angebot ein wirksamer Vertrag. Ob der „Kaufverpflichtung" ein verbindliches mündliches oder schriftliches Angebot vorausging, ist nicht bekannt. Jedenfalls erfolgte eine „Bestätigung", mit der die Kl. – spätestens – das Angebot annahm und durch die der Vertrag zustande kam. Unerheblich ist in diesem Zusammenhang, daß die Kl. in ihrer Bestätigung den Abschluß eines Kaufvertrages bereits voraussetzte.

### 3. *Vertragstypen*

Als Vertragstypen kommen hier in Betracht: Kaufvertrag (vendita), Verkaufsversprechen (promessa di vendita) oder ein auf Abschluß eines Kaufvertrages gerichteter Vorvertrag.

Der *Kaufvertrag* wird in Art. 1470 C. c. aus der Sicht des Verkäufers wie folgt beschrieben:

*Art. 1470:*

| | |
|---|---|
| „La vendita è il contratto che ha per oggetto il trasferimento della proprietà di una cosa o il trasferimento di un altro diritto verso il corrispettivo di un prezzo." | Der Kauf ist der Vertrag, der die Übertragung des Eigentums an einer Sache oder die Übertragung eines anderen Rechts gegen das Entgelt eines Kaufpreises zum Gegenstand hat. |

---

[5] Vgl. die Aufzählung bei *Mirabelli,* Dei Contratti in Genere, in Commentario del Codice civile, Buch IV, 2. Teil (1958) 142 Fußn. 2.

Der Kaufvertrag des italienischen Rechts zeichnet sich dadurch aus, daß mit seinem Abschluß das Eigentum unmittelbar übergeht, ein Recht „in rem" unmittelbar begründet wird[6]. Soll das Eigentum weder unbedingt noch bedingt mit Vertragsschluß übergehen, so stellt das italienische Recht zwei Vertragstypen zur Wahl: den *Verkaufsversprechensvertrag* (contratto di promessa di vendita) und den *Verkaufsvorvertrag* (contratto preliminare di vendita). Beide Verträge wirken *rein obligatorisch*[7].

Ob zwischen diesen beiden Vertragstypen ein Unterschied besteht, ist streitig. Ein Unterschied wird darin gesehen, daß beim Verkaufsversprechen die Leistungspflicht bereits mit Vertragsschluß entsteht; der Verkäufer ist verpflichtet, den Gegenstand durch den Käufer „erwerben zu lassen" (a fare acquistare). Beim Vorvertrag verpflichten sich die Parteien nur, einen endgültigen Kaufvertrag abzuschließen. Die verbindliche Leistungspflicht entsteht erst mit dem endgültigen Kaufvertrag.

Bei beiden Vertragstypen muß eine spätere Willenserklärung der Vertragspartner hinzutreten, um den endgültigen Kaufvertrag entstehen zu lassen[8].

Demgegenüber neigen die Literatur, mitunter auch die Rechtsprechung, dazu, Verkaufsversprechen und Vorvertrag gleichzusetzen[9].

Welchem der drei Vertragstypen der zwischen den Parteien abgeschlossene Vertrag angehört, kann offen bleiben. Denn alle drei Vertragstypen bedürfen der Schriftform: der Kaufvertrag gemäß Art. 1350 Ziff. 1 C. c., der Kaufvorvertrag gemäß Art. 1351 C. c. und der Verkaufsversprechensvertrag entweder als Vertrag, der sich auf die Eigentumsübertragung eines Grundstücks bezieht, oder – bei Gleichsetzung von Vorvertrag und Verkaufsversprechen – gemäß Art. 1351 C. c.[10].

---

[6] Cass civ. 3. 3. 1965, Nr. 360, Foro It. (Il Foro Italiano) 1965, I, 1249–1255 (1252) m. Anm. *Lener* 1249 = Giur. It. (Giurisprudenza Italiana) 1965, I, 1, 966–967 (967) = Rep. Giur. It. (Repertorio generale della Giurisprudenza Italiana) 1965, Vendita Nr. 3 (LS); Cass. civ. 23. 2. 1965, Nr. 300, Rep. Giur. It. 1965, ebendort Nr. 8 (LS); 29. 10. 1963, Nr. 2870, Giur. It. 1964, I, 1, 966–1006 (999 f.); *Mirabelli,* Dei Singoli Contratti, in Commentario del Codice Civile, Buch IV, 3. Teil (1960) 11–14; *Luzzatto,* La Compravendita, 1961, 14, 21; *Romano,* Vendita, in *Grosso-Santoro-Passarelli,* Trattato di Diritto Civile, Bd. V (1960) 169–174; *Rubino,* La Compravendita, in *Cicu-Messineo,* Trattato di Diritto Civile e Commerciale, Bd. XXIII (1962) 29–36.

[7] Cass civ. 3. 3. 1965, Nr. 360 und 23. 2. 1965, Nr. 300, vorige Note; 12. 6. 1964, Nr. 1493, Rep. Giur. It. 1964, Vendita Nr. 1 f. (LS); Trib. Napoli 18. 2. 1964, Rep. Giur. It. 1964, ebendort Nr. 5 (LS).

[8] Cass. civ. 3. 3. 1965, Nr. 360, und 23. 2. 1965, Nr. 300, aaO; Trib. Napoli 18. 2. 1964, aaO.

[9] Cass. civ. 12. 6. 1964, Nr. 1493, oben N. 7; App. Firenze 18. 1. 1963, Rep. Giur. It. 1963, Vendita Nr. 5 (LS); *Mirabelli,* Contratti in genere, 146, s. auch Fußn. 2; *D'Amelio-Finzi,* Codice Civile, Obbligazioni, Bd. I (1948) 406; a. A. *Trabucchi,* Istituzioni di Diritto Civile (15. Aufl. 1966) 668.

[10] App. L'Aquila 20. 11. 1957, Rep. Giur. It. 1958, Vendita Nr. 38 (LS); *Mirabelli,* Contratti in genere, 146; *D'Amelio-Finzi,* aaO.

*4. Zur privatschriftlichen Form*

Um die von Art. 1350 Ziff. 1, 1351 C. c. geforderte privatschriftliche Form zu wahren, ist es *nicht nötig,* daß die beiden Parteien auf einer *einzigen* Urkunde unterschreiben. Es genügt, daß Angebot und Annahme auf verschiedenen Urkunden erklärt und unterzeichnet werden[11].

Hat einer der beiden Vertragspartner eine verbindliche Erklärung unterzeichnet, so *genügt* für das formgerechte Zustandekommen des Vertrages *die ausdrückliche oder sogar stillschweigende Bestätigung* der anderen Partei, sofern sich diese Bestätigung auf die von dem ersten Partner unterzeichnete Urkunde bezieht[12]. Sind Erklärung und Bestätigung jedoch in zwei getrennten Urkunden enthalten, so muß jede Urkunde von ihrem Verfasser unterschrieben sein (vgl. Art. 2702 C. c.).

Hier wurde die „Kaufverpflichtung" vom Anbietenden, die Bestätigung vom Annehmenden unterschrieben. Damit ist die erforderliche privatschriftliche *Form eingehalten.*

Die für die Übertragung von Grundstücken vorgeschriebene Registereintragung (Art. 2643–2645 C. c.) ist nicht Bestandteil der Form, sondern lediglich Voraussetzung dafür, daß der Eigentumsübergang Dritten gegenüber wirkt[13]. Dagegen sind die Vorschriften, die Zeugenbeweis ausschließen (Art. 2721, 2722 C. c.), als Formvorschriften zu qualifizieren[14].

Gemäß Art. 2721 Abs. I C. c. ist der Zeugenbeweis von Verträgen, deren Gegenstand 5 000 Lire übersteigt, grundsätzlich ausgeschlossen. Der Vorschrift kommt jedoch neben Art. 1350 f. C. c. keine Bedeutung zu[15].

---

[11] Cass. civ. 10. 1. 1966, Nr. 177, Foro It. 1966, I, 1070–1082 (1074 f.); 4. 1. 1966, Nr. 39, Giur. It. 1966, I, 1, 206–208 (207 f.); 18. 12. 1964, Nr. 2914, Rep. Giur. It. 1964, Scrittura Nr. 7 (LS); 2. 4. 1964, Nr. 719, Foro It. 1964, I, 943–946 (944–946) m. Anm.; 2. 4. 1964, Nr. 719, Riv. dir. proc. (Rivista di Diritto Processuale) 1964, 633 m. Anm.; *Colesanti,* Sulla „formazione guidiziale" dei contratti solenni, 633–640; 30. 6. 1959, Nr. 2050, Foro It. 1960, I, 108–111 (109 f.) m. Anm. *Stolfi* 108 f.; *Bianca,* In tema di forma del negozio solenne, Riv. dir. civ. (Rivista di Diritto Civile) 1955, 473–487 (485); *Mirabelli,* Contratti in genere 405; *Barassi,* Le Teoria Generale della Obbligazioni, Bd. II, Le Fonti (2. Aufl. 1958) 128; *a. A.* Cass. civ. 24. 7. 1964, Nr. 1995, Foro It. 1964, I, 1780–1784 (1783 f.) m. abl. Anm. *Lener* 1780–1782 (1781 f.).

[12] Cass. civ. 10. 1. 1966, Nr. 177; 4. 1. 1966, Nr. 39; 18. 12. 1964, Nr. 2914, vorige Note; 4. 4. 1958, Nr. 1156 (LS), mitgeteilt von *Laporta-Tamburrino,* Codice Civile (1963) Nr. 3 zu Art. 1350 C. c.

[13] *Mirabelli,* Contratti in genere, 143.

[14] BGH, JZ 1963, 167, 168 f. m. Anm. *Lüderitz* 169–172 (170); *Kegel* in *Soergel-Siebert,* Bem. 22 zu Art. 11 EGBGB, S. 696 f.; a. A. BGH, JZ 1955, 702 f. m. ablehnender Anm. *Gamillscheg* 703–706 (703 f.).

[15] *Mirabelli,* Contratti in genere, 142 f.

## *II. Vertragsstrafenklausel*

### *1. Ausgangspunkte*

Bestimmungen über die Vertragsstrafe (la penale) enthalten Art. 1382–1384 C. c.

*Art. 1382:*

„La clausola, con cui si conviene che, in caso d'inadempimento o di ritardo nell'adempimento, uno dei contraenti è tenuto a una determinata prestazione, ha l'effetto di limitare il risarcimento alla prestazione promessa, se non è stata convenuta la risarcibilità del danno ulteriore.
La penale è dovuta indipendentemente dalla prova del danno."

Die Abrede, durch die vereinbart wird, daß bei Nichterfüllung oder Verspätung der Erfüllung ein Vertragsteil zu einer bestimmten Leistung verpflichtet ist, beschränkt den Schadensersatz auf die versprochene Leistung, wenn nicht vereinbart worden ist, daß auch der weitere Schaden zu ersetzen ist.
Die Vertragsstrafe wird unabhängig von einem Nachweis des Schadens geschuldet.

*Art. 1383:*

„Il creditore non può domandare insieme la prestazione principale e la penale, se questa non è stata stipulata per il semplice ritardo."

Der Gläubiger kann nicht gleichzeitig die Hauptleistung und die Vertragsstrafe verlangen, wenn nicht letztere nur für die bloße Verspätung vereinbart wurde.

*Art. 1384:*

„La penale può essere diminuita equamente dal guidice, se l'obbligazione principale è stata eseguita in parte ovvero se l'ammontare della penale è manifestamente eccessivo, avuto sempre riguardo all'interesse che il creditore aveva all'adempimento."

Der Richter kann die Vertragsstrafe, wenn die Hauptverpflichtung zum Teil erfüllt worden ist oder wenn die Höhe der Vertragsstrafe offensichtlich übermäßig ist, nach billigem Ermessen herabsetzen, wobei stets das Interesse, das der Gläubiger an der Erfüllung hatte, zu berücksichtigen ist.

In Ziffer 6 der „Ergänzungsbestimmungen" ist eine Vertragsstrafenabrede enthalten. Entsprechend Art. 1382 Abs. I C. c. am Ende haben die Parteien vereinbart, daß auch ein weitergehender Schaden geltend gemacht werden kann.

### *2. Widerspricht die Vertragsstrafenklausel dem Häufungsverbot nach Art. 1383 C. c.?*

Möglicherweise ist die Vertragsstrafenabrede jedoch nichtig, da sie dem Häufungsverbot nach Art. 1383 C. c. widerspricht. Nach Ziffer 6 der „Ergänzungsbestimmungen" kann die Kl. im Falle der Nichterfüllung sowohl die Vertragsstrafe als auch die Erfüllung des Vertrages verlangen, obwohl die Vertragsstrafe nicht nur für den Fall der Verspätung der Leistung vereinbart wurde. Das *Häufungsverbot* des Art. 1383 C. c. ist *dispositives Recht,* ebenso wie die sehr ähnliche Vorschrift des § 340 Abs. I BGB. Es gilt nur, wenn die Parteien nichts anderes vereinbart haben[16].

Die Parteien konnten daher *abweichend von Art. 1383 C. c.* die *Häufung* von Erfüllung des Vertrages und Zahlung der Vertragsstrafe *wirksam vereinbaren.*

### 3. *Bedurfte die Vertragsstrafenklausel einer ausdrücklichen schriftlichen Bestätigung?*

Maßgebend ist *Art. 1341 C. c.:*

„Le condizioni generali di contratto predisposte da uno dei contraenti sono efficaci nei confronti dell'altro, se al momento della conclusione del contratto questi le ha conosciute o avrebbe dovuto conoscerle usando l'ordinaria diligenza.

In ogni caso non hanno effetto, se non sono specificamente approvate per iscritto, le condizioni che stabiliscono, a favore di colui che le ha predisposte, limitazioni di responsabilità, facoltà di recedere dal contratto o di sospenderne l'esecuzione ovvero sanciscono a carico dell'altro contraente decadenze, limitazioni alla facoltà di opporre eccezioni, restrizioni alla libertà contrattuale nei rapporti coi terzi, tacita proroga o rinnovazione del contratto, clausole compromissorie o deroghe alla competenza dell'autorità giudiziaria."

Die von einem Vertragsteil schon im voraus festgesetzten allgemeinen Geschäftsbedingungen sind dem anderen gegenüber wirksam, wenn dieser sie im Zeitpunkt des Vertragsabschlusses kannte oder bei Anwendung der gewöhnlichen Sorgfalt hätte kennen müssen.

In jedem Fall sind, außer bei ausdrücklicher schriftlicher Bestätigung, diejenigen Bedingungen unwirksam, die zugunsten desjenigen, der sie im voraus festgesetzt hat, Haftungsbeschränkungen, die Befugnis zum Rücktritt vom Vertrag oder zur Aussetzung seiner Durchführung bestimmen, oder aber zu Lasten der anderen Vertragspartei Verwirkungen, Beschränkungen der Befugnis zur Erhebung von Einwendungen, Einschränkungen der Vertragsfreiheit gegenüber Dritten, stillschweigende Verlängerung oder Erneuerung des Vertrages, Schiedsgerichtsklauseln oder Änderungen der Zuständigkeit der Gerichte verfügen.

Die in Art. 1341 Abs. II C. c. genannten Vertragsbedingungen, die im Schrifttum unter dem Begriff „vexatorische Klauseln" zusammengefaßt werden, enthalten für den Verfasser der Klausel eine Begünstigung, wäh-

[16] App. Ancona 29. 3. 1962, Rep. Giur. It. 1963, Obbligazioni e contratti Nr. 289 (LS); *Trimarchi,* Clausola penale, in Novissimo Digesto Italiano (3. Aufl. 1957) III, 351–353 (352); *Protetti,* Clausola penale e caparra, in Enciclopedia Forense, II, 1958, 231–234 (234); vgl. zu § 340 Abs. I BGB RG, HRR 1934 Nr. 1394; *Reimer Schmidt* in *Soergel-Siebert* Bd. I, Bem. 6 zu § 340 BGB, S. 1134.

rend sie den anderen Vertragspartner belasten. Die Vorschrift dient daher dem Schutz desjenigen Vertragspartners, der an der Abfassung der Klauseln nicht mitgewirkt hat[17].

Die Notwendigkeit einer ausdrücklichen schriftlichen Bestätigung dieser Klauseln erklärt sich daraus, daß der Gesetzgeber die gegenseitigen Parteiinteressen ausgleichen will und deshalb der einen Partei die Pflicht auferlegt, die Klausel erkennbar zu machen, und der anderen Partei eine Sorgfaltspflicht auferlegt.

Einer ausdrücklichen schriftlichen Bestätigung nach Art. 1341 Abs. II C. c. bedürfen daher Vertragsbedingungen dann nicht, wenn sie das Ergebnis von Verhandlungen zwischen den Parteien sind und die gegenseitigen Interessen der Parteien ausgleichen[18], wenn sie von dritter Seite festgesetzt worden sind[19], oder wenn die Vertragsbedingungen beide Parteien belasten[20].

Die Vertragsstrafenklausel in Ziffer 6 der „Ergänzungsbestimmungen" fällt nicht unter einen dieser drei Fälle, in denen die besondere Form des Art. 1341 Abs. II C. c. von vornherein entbehrlich ist. Andererseits ist die Vereinbarung einer Vertragsstrafe *nicht* unter den *in Art. 1341 Abs. II C. c.* genannten besonderen Vertragsbedingungen *aufgeführt*, für die eine ausdrückliche schriftliche Bestätigung verlangt wird. Die Aufzählung der Vertragsbedingungen in Art. 1341 Abs. II C. c. ist aber nach fast einhelliger Meinung in Rechtsprechung und Rechtslehre *abschließend* (tassativo, non esemplificativo)[21].

---

[17] *Mirabelli*, Contratti in genere 106.

[18] Cass. civ. 21. 5. 1964, Nr. 1252, Rep. Giur. It. 1964, Obbligazioni e contratti Nr. 164 (LS); 7. 4. 1964, Nr. 781, Giur. It. 1965, I. 71 f. = Rep. Giur. It. 1964, ebd. Nr. 166 (LS); 18. 5. 1963, Nr. 1275, Rep. Giur. It. 1963, ebd. Nr. 174 (LS); 30. 1. 1963, Nr. 156, Rep. Giur. It. 1963, ebd. Nr. 168 (LS); 11. 1. 1962, Nr. 14, Rep. Giur. It. 1962, ebd. Nr. 122 (LS); 18. 2. 1961, Nr. 349, Foro It. 1961, I, 1153 = Rep. Giur. It. 1961, ebd. Nr. 161 (LS); Trib. Napoli 6. 6. 1962, Rep. Giur. It. 1963, ebd. Nr. 175 (LS); Trib. Pisa 22. 1. 1959, Rep. Giur. It. 1959, ebd. Nr. 200 (LS).

[19] Cass. civ. 6. 3. 1962, Nr. 444, Rep. Giur. It. 1962, Obbligazioni e contratti Nr. 136 (LS).

[20] App. Bari 12. 10. 1964, Rep. Giur. It. 1965, Obbligazioni e contratti Nr. 134 (LS). Vgl. zu diesen Ausnahmen *Gorla*, Condizioni generali di contratto e contratti conclusi mediante formulari nel diritto Italiano, Riv. dir. comm. (Rivista di Diritto Commerciale) 1963, I, 108–128 (123 f.).

[21] Cass. civ. 25. 5. 1965, Nr. 1006, Foro It. 1965, I, 2073–2081 (2076, 2078) = Rep. Giur. It. 1965, Obbligazioni e contratti Nr. 128 (LS); 16. 6. 1961, Nr. 1404, Giur. It. 1961, I, 1, 1064–1066 (1065) m. Anm. *Genovese* 1063–1066 (1064); 9. 7. 1958, Nr. 2473, Rep Giur. It. 1958, Obbligazioni e contratti Nr. 231 (LS); App. Firenze 8. 1. 1965, Rep. Giur. It. 1965, ebd. Nr. 132 (LS); Trib. Roma 30. 11. 1957, Rep. Giur. It. 1958, ebd. Nr. 221 (LS); *Gorla* 116; *Genovese,* Osservazioni „de iure condendo" circa le condizioni generali di contratto, Foro It. 1962, IV, 120–127 (122) (de lege ferenda a. M.); *ders.,* Condizioni generali di contratto, in Enciclopedia del Diritto, VIII (1961), 805; *Dossetto,* Condizioni generali di contratto, in Novissimo Digesto

Da Art. 1341 Abs. II C. c. überdies seiner Form und seinem Inhalt nach eine Ausnahmebestimmung ist, duldet er *keine analoge* Anwendung auf andere belastende Vertragsklauseln[22], schließt andererseits aber eine *ausdehnende Interpretation* (interpretazione estensiva) im Rahmen der in Art. 1341 Abs. II C. c. aufgezählten Bedingungstypen nicht aus[23].

Unter Berufung auf eine Entscheidung des Tribunale Rovereto vom 19. 11. 1949 meint *Mirabelli*, die Vertragsstrafenklausel gehöre unter die in Art. 1341 Abs. II C. c. ausdrücklich genannten „limitazioni alla facoltà di opporre eccezioni" (Beschränkungen der Befugnis zur Erhebung von Einwendungen). Er hält daher eine ausdrückliche schriftliche Bestätigung der Vertragsstrafenklausel für erforderlich[24].

Demgegenüber ist in der neueren Rechtsprechung und der jüngeren Literatur *herrschende Meinung*, daß die Vertragsstrafenvereinbarung lediglich den Nichterfüllungsschaden vorweg festsetze. Eine ausdrückliche schriftliche *Bestätigung* sei daher nicht nötig[25]. Dies gilt auch dann, wenn die Vertragsstrafe höher als der zu erwartende Nichterfüllungsschaden festgesetzt ist[26].

Da dies die jüngsten Äußerungen zu dieser Frage sind, kann die von der neueren Rechtsprechung und der jüngeren Literatur vertretene Meinung als herrschend angesehen werden, so daß es der Form des Art. 1341 Abs. II C. c. nicht bedarf.

Die vorliegende Vertragsstrafenklausel weicht indes von der in Art. 1382 Abs. I, 1383 C. c. beschriebenen Klausel in zweifacher Weise ab: Einmal bleibt das Recht der Kl., einen weiteren Schaden geltend zu machen, unberührt. Zum anderen kann die Kl. sowohl Erfüllung der Hauptleistung als auch Zahlung der Vertragsstrafe fordern. Beide Abweichungen belasten den anderen Vertragspartner. Daher könnte man erwägen, daß die vorliegende, besonders belastende Vertragsstrafenklausel ausnahmsweise ausdrücklich schriftlich bestätigt werden mußte.

---

Italiano III (1961) 1109–1115 (1112); *Mirabelli*, Contratti in genere, 107; *D'Amelio-Finzi* 379.

*A. M.* Trib. Teramo 15. 7. 1959, Rep. Giur. It. 1959, Obbligazioni e contratti Nr. 169 (LS).

[22] Trib. Napoli 3. 7. 1957, Rep. Giur. It. 1958, Obbligazioni e contratti Nr. 235 (LS); *D'Amelio-Finzi* 379; *Gorla*, 116.

[23] Cass. civ. 25. 5. 1965, Nr. 1006, oben N. 21, 2076, 2079; Trib. Napoli 3. 7. 1957, vorige Note; *Mirabelli*, Contratti in genere 107; *D'Amelio-Finzi* aaO; *Dossetto* 1112; *Genovese* in Enciclopedia del Diritto, VIII, 805; *Gorla* aaO.

[24] *Mirabelli*, Contratti in genere, 107, 263; ebenso *Trimarchi*, La clausola penale (1954) 139 f. (nach *Mirabelli*, 263, Fußn. 42).

[25] Pret. Roma 6. 6. 1961, Rep. Giur. It. 1961, Obbligazioni e contratti Nr. 255 (LS); App. Roma 9. 8. 1958, Rep. Giur. It. 1959, ebd. Nr. 210 (LS); und 24. 4. 1958, ebd. Nr. 206 (LS); Trib. Roma 30. 11. 1957, oben N. 21; App. Firenze 7. 5. 1953, mitgeteilt bei *Mirabelli*, Contratti in genere, 263; *Gorla* 118.

[26] App. Roma 9. 8. 1958, aaO.

M. E. ist dies jedoch nicht der Fall: Die Aufzählung der Vertragsbedingungen in Art. 1341 Abs. II C. c. ist abschließend. In Betracht kommen nur die „limitazioni alla facoltà di opporre eccezioni" (Beschränkungen der Befugnis zur Erhebung von Einwendungen).

Das Recht der Kl., einen weitergehenden Schaden geltend zu machen, enthält keine Beschränkung der Befugnis zur Erhebung von Einwendungen. Denn der Bekl. wäre ohnehin gemäß Art. 1218 C. c. bei Nichterfüllung zum vollen Schadenersatz verpflichtet. So belastet ihn diese Vereinbarung nicht stärker, als er kraft Gesetzes ohne die Vertragsstrafenklausel belastet ist. Die Befugnis des Bekl. zur Erhebung von Einwendungen ist daher nicht eingeschränkt.

Ebensowenig schränkt das Recht der Kl. auf Häufung von Hauptleistung und Vertragsstrafe die Befugnis des Bekl. zur Erhebung von Einwendungen ein: Die Vertragsstrafenklausel muß mit der von Art. 1383 C. c. abweichenden Regelung zusammen gesehen werden. Die Vertragsstrafenklausel mit der Häufungsmöglichkeit beschränkt allenfalls die Einwendung des Bekl., die neben der Erfüllung zu leistende Vertragsstrafe übersteige den durch die Leistungsverzögerung entstandenen Schaden. Diese Einwendung wird aber auch von der *regelmäßigen* Vertragsstrafenklausel nach Art. 1382, 1383 C. c. beschränkt, und zwar dann, wenn der tatsächlich eingetretene Schaden hinter der Vertragsstrafe zurückbleibt. Die herrschende Meinung sieht darin keine „limitazione alla facoltà di opporre eccezioni" im Sinne des Art. 1341 Abs. II C. c. (und verzichtet daher auf eine ausdrückliche schriftliche Bestätigung). Mithin braucht, folgt man der herrschenden Meinung, auch die in der vorliegenden Form erweiterte Vertragsstrafenklausel *nicht ausdrücklich schriftlich bestätigt zu werden.*

Für den Fall, daß das Gericht dieser Meinung nicht folgt, werden die *Erfordernisse* genannt, die das italienische Recht *an die ausdrückliche schriftliche Bestätigung nach Art. 1341 Abs. II C. c.* stellt. Es *genügt nicht,* wenn der andere Vertragspartner die Geschäftsbedingungen *„in blocco"* unterzeichnet[27]. Ebensowenig genügt die Unterschrift des belasteten Vertragspartners unter den gesamten Vertrag einschließlich der Geschäftsbedingungen[28]. Vielmehr fordern Rechtslehre und neuere Rechtsprechung eine *eigene, selbständige Unterzeichnung* der belastenden Vertragsklausel, die von der Unterschrift unter den Vertrag und derjenigen unter die anderen allgemeinen Geschäftsbedingungen *getrennt* sein muß („distanta,

---

[27] Cass. civ. 24. 7. 1965, Nr. 1732, Rep. Giur. It. 1965, Obbligazioni e contratti Nr. 131 (LS); 25. 6. 1960, Nr. 1676, Rep. Giur. It., 1960, ebd. Nr. 168 (LS); 22. 4. 1959, Nr. 1204, Rep. Giur. It. 1959, ebd. Nr. 173 (LS); 7. 8. 1958, Nr. 2890, Rep. Giur. It. 1958, ebd. Nr. 220 (LS); App. Napoli 22. 9. 1960, Rep. Giur. It. 1961, ebd. Nr. 175 (LS); App. Palermo 22. 5. 1957, Rep. Giur. It. 1958, ebd. Nr. 272 bis (LS); *Mirabelli,* Contratti in genere, 109; *D'Amelio-Finzi* 378; *Dossetto* 1112; *Gorla* 119 f.

[28] Trib. Milano 18. 11. 1957, Rep. Giur. It. 1958, Obbligazioni e contratti Nr. 258 (LS).

autonoma e separata sottoscrizione"). Denn auf jeden Fall muß gewährleistet sein, daß der andere Vertragsteil die ihn belastende Klausel erkannt hat[29].

Demnach genügt *nicht* die Erklärung des Bekl., mit den „umseitigen Ergänzungsbestimmungen einverstanden zu sein".

Fehlt es an der ausdrücklichen schriftlichen Bestätigung in der beschriebenen Form, so ist die betreffende Klausel *nichtig* (Art. 1341 Abs. II C. c.)[30].

Der Bekl. hat die Vertragsstrafenklausel in Ziffer 6 der „Ergänzungsbestimmungen" nicht getrennt von seiner Unterzeichnung der „Kaufverpflichtung" ausdrücklich durch seine Unterschrift bestätigt. Daher ist die vorliegende Vertragsstrafenklausel nicht in der besonderen Form des Art. 1341 Abs. II C. c. zustande gekommen.

Hält das Gericht für die Vertragsstrafenklausel in Ziffer 6 der „Ergänzungsbestimmungen" eine ausdrückliche schriftliche Bestätigung gemäß Art. 1341 Abs. II C. c. entgegen der herrschenden Meinung für erforderlich, so ist die Vertragsstrafenklausel *nichtig*.

### *4. Zur Nichterfüllung*

Gemäß Ziffer 6 der „Ergänzungsbestimmungen" steht der Kl. die Vertragsstrafe für den Fall zu, daß der Bekl. den Vertrag nicht erfüllt. Wann Nichterfüllung im Sinne der Vertragsstrafenklausel vorliegt, bestimmt sich nach den Regeln über die Nichterfüllung im Codice civile[31].

Schuldnerverzug und Nichterfüllung sind in Art. 1218–1229 C. c. geregelt. Es kommen in Betracht:

*Art. 1218:*

| | |
|---|---|
| „Il debitore che non esegue esattamente la prestazione dovuta è tenuto al risarcimento del danno, se non prova che l'inadempimento o il ritardo è | Der Schuldner, der die geschuldete Leistung nicht gehörig bewirkt, ist zum Schadensersatz verpflichtet, wenn er nicht beweist, daß die Nichterfüllung |

[29] Cass. civ. 25. 5. 1965, Nr. 1006, oben N. 21; 8. 4. 1965, Nr. 594, Rep. Giur. It. 1965, Obbligazioni e contratto Nr. 127 (LS); 30. 7. 1964, Nr. 2192, Rep. Giur. It. 1964, ebd. Nr. 169 (LS); 7. 4. 1964, Nr. 764, Giur. It. 1965, I, 1, 856–860 (859–860) = Rep. Giur. It. 1964, ebd. Nr. 167 (LS); 6. 4. 1964, Nr. 747, Foro It. 1964, I, 937–939; 20. 7. 1962, Nr. 1978, Foro It. 1963, I, 340–344 (342) = Rep. Giur. It. 1962 ebd. Nr. 131 (LS); 22. 6. 1962, Nr. 1598, Rep. Giur. It. 1962, ebd. Nr. 130 (LS); 20. 5. 1961, Nr. 1208, Rep. Giur. It. 1961, ebd. Nr. 163 (LS); App. Brescia 11. 6. 1963, Rep. Giur. It. 1963, ebd. Nr. 178 (LS); Trib. Firenze 4. 5. 1962, Rep. Giur. It. 1962, ebd. Nr. 142 (LS); *Mirabelli*, Contratti in genere, 109; *D'Amelio-Finzi* 378 f.; *Dossetto* 1112; *Gorla* 119 f.

[30] Cass. civ. 27. 7. 1957, Nr. 3167, Rep. Giur. It. 1957, Obbligazioni e contratti Nr. 246 (LS); App. Napoli 19. 7. 1963, Giur. It. 1965, I, 2, 336–340 (339); *Dossetto* aaO.

[31] *Mirabelli*, Contratti in genere, 258, unter Berufung auf Trib. Firenze 14. 12. 1951, Giur. It. 1952, I, 1, 324 m. Anm. *Massari*.

stato determinato da impossibilità della prestazione derivante da causa a lui non imputabile."

oder die Verspätung durch die aus einem von ihm nicht zu vertretenden Umstand eingetretene Unmöglichkeit der Leistung herbeigeführt worden ist.

*Art. 1219:*

„Il debitore è costituito in mora mediante intimazione o richiesta fatta per iscritto.

Non è necessaria la costituzione in mora:

1. quando il debito deriva da fatto illecito;
2. quando il debitore ha dichiarato per iscritto di non volere eseguire l'obbligazione;
3. quando è scaduto il termine, se la prestazione deve essere eseguita al domicilio del creditore. Se il termine scade dopo la morte del debitore, gli eredi non sono costituiti in mora che mediante intimazione o dalla richiesta."

Der Schuldner wird entweder durch Aufforderung oder durch schriftliche Mahnung in Verzug gesetzt.

Es ist nicht erforderlich, ihn in Verzug zu setzen:

1. wenn die Schuld aus unerlaubter Handlung entstanden ist;
2. wenn der Schuldner schriftlich erklärt hat, die Verbindlichkeit nicht erfüllen zu wollen;
3. wenn der (dazu bestimmte) Zeitpunkt eintritt, falls die Leistung am Wohnsitz des Gläubigers bewirkt werden soll. Tritt der Zeitpunkt erst nach dem Tode des Schuldners ein, so werden die Erben nur durch Aufforderung oder durch Mahnung in Verzug gesetzt.

Das Gesetz verwendet für das Mittel des Inverzugsetzens zwei Ausdrücke: intimazione, richiesta. Hierin liegt kein sachlicher Unterschied[32]. „Intimazione" ist hier nicht im Sinne der Zivilprozeßordnung gemeint, in der (Art. 250 Codice processuale civile) sie eine förmliche Ladung bzw. Zustellung bedeutet. In welcher Form die Mahnung (intimazione) erfolgen muß, ist nicht klar: Das Gesetz sagt hierüber nichts Ausdrückliches. Schriftform verlangt das Gesetz nur im Zusammenhang mit „richiesta". Dennoch besteht Einigkeit darüber, daß die bloße mündliche Form nicht genügt: Der gegenüber „richiesta" formellere und feierlichere Ausdruck „intimazione" verlangt eine Form, in der die Aufforderung des Gläubigers an den Schuldner, der Leistungspflicht nachzukommen, unmißverständlich zum Ausdruck kommt. Hierzu ist auf jeden Fall Schriftform erforderlich[33].

Seine Leistung hat der Bekl. nicht gehörig bewirkt, da er nicht zu der vertraglich vereinbarten Zeit (1. 8. 1964) gezahlt hat (Art. 1183 C. c.). Da

---

[32] *Miccio,* Delle Obbligazioni in Generale, in Commentario del Codice Civile, Buch IV, 1. Teil (1957) 175.

[33] Cass. civ. 29. 11. 1951, Nr. 2709, Foro It. Mass. 1951, 655 (LS); App. Venezia 12. 5. 1958, Rep. Giur. It. 1959, Obbligazioni e contratti Nr. 71 (LS); App. Reggio Calabria 18. 10. 1957, Rep. Giur. It. 1958, ebd. Nr. 67 (LS); *D'Amelio-Finzi* 97; *Miccio* 176; *Barassi* Bd.. III, L'Attuazione (1948) 250 f.; a. A. offenbar *Giorgianni,* L'inadempimento (1959) 116.

er nach dem Vertrag vorleistungspflichtig war, konnte er sich berechtigterweise nicht darauf berufen, nur Zug um Zug gegen Übertragung des Grundeigentums zahlen zu wollen.

Durch das nicht rechtzeitige Erbringen seiner Leistung ist der Bekl. *in Verzug geraten.* Eines besonderen Inverzugsetzens durch „intimazione o richiesta fatta per iscritto" bedurfte es gemäß Art. 1219 Abs. II Ziff. 3 C. c. nicht. Denn der von den Parteien vereinbarte Leistungszeitpunkt (1. 8. 1964) ist eingetreten (dies interpellat pro homine), und die Leistung sollte am Wohnsitz des Gläubigers erbracht werden.

Über den Erfüllungsort bestimmt *Art. 1182 C. c.*[34]:

„Se il luogo nel quale la prestazione deve essere eseguita non è determinato dalla convenzione o dagli usi e non può desumersi dalla natura della prestazione o da altre circostanze, si osservano le norme che seguono.
L'obbligazione di consegnare una cosa certa è determinata deve essere adempiuta nel luogo in cui si trovava la cosa quando l'obbligazione è sorta.
L'obbligazione avente per oggetto una somma di danaro deve essere adempiuta al domicilio che il creditore ha al tempo della scadenza. Se tale domicilio è diverso da quello che il creditore aveva quando è sorta l'obbligazione e ciò rende più gravoso l'adempimento, il debitore, previa dichiarazione al creditore, ha diritto di eseguire il pagamento al proprio domicilio.
Negli altri casi l'obbligazione deve essere adempiuta al domicilio che il debitore ha al tempo della scadenza."

Ist der Ort, an dem die Leistung zu bewirken ist, weder vertraglich noch durch das Gewohnheitsrecht bestimmt und auch nicht aus dem Wesen der Leistung oder aus anderen Umständen zu entnehmen, so sind die nachfolgenden Normen zu beachten.
Die Verpflichtung, eine bestimmte Sache zu übergeben, ist an dem Ort zu erfüllen, an dem sich die Sache zur Zeit der Entstehung der Verbindlichkeit befand.
Hat die Verbindlichkeit einen Geldbetrag zum Gegenstand, so ist sie dort zu erfüllen, wo der Gläubiger zur Zeit der Fälligkeit seinen Wohnsitz hat. Ist dieser von dem Wohnsitz verschieden, den der Gläubiger zur Zeit der Entstehung der Verbindlichkeit hatte, und erschwert dies die Erfüllung, so ist der Schuldner nach vorheriger Mitteilung an den Gläubiger berechtigt, die Zahlung am eigenen Wohnsitz vorzunehmen.
In den übrigen Fällen ist die Verbindlichkeit dort zu erfüllen, wo der Schuldner zur Zeit der Fälligkeit seinen Wohnsitz hat.

Vorliegend hatten die Parteien weder einen bestimmten Erfüllungsort vereinbart noch ergibt sich ein solcher aus Gewohnheitsrecht, dem Wesen

---

[34] Vgl. hierzu Cass. civ. 23. 2. 1966, Nr. 565, Giur. It. 1966, I, 1, 1507–1510 (1508 f.); 17. 2. 1966, Nr. 504, Giur. It. 1966, I, 1, 1506; 16. 3. 1964, Nr. 584, Giur. It. 1965, I, 1, 497–501; *Valsecchi,* Sul principio „dies interpellat pro homine", Riv. dir. comm. 195, 284–288.

der Leistung oder anderen Umständen. Da es sich um eine Geldschuld handelt, greift Art. 1182 Abs. III Satz 1 C. c. ein: Erfüllungsort ist der Wohnsitz des Gläubigers. Damit sind die Voraussetzungen des Art. 1219 Abs. II Ziffer 3 Satz 1 C. c. erfüllt.

Da der Bekl. in Verzug gesetzt wurde und überdies mündlich die Erfüllung des Vertrages abgelehnt hat, liegt *ein Fall der Nichterfüllung* vor. Das italienische Recht kennt die absolute und die relative Nichterfüllung. Von absoluter Nichterfüllung spricht man dann, wenn der Gläubiger nicht mehr auf die freiwillige Erfüllung des Schuldners hoffen kann, während relative Nichterfülung vorliegt, wenn die Nichterfüllung in einer einfachen Verspätung der Leistung besteht und die Leistung noch erbracht werden kann[35]. Danach handelt es sich vorliegend um einen Fall absoluter Nichterfüllung. Der Bekl. hat seine Nichterfüllung zu vertreten: Gemäß Art. 1218 C. c. (oben S. 24) wird das *Verschulden vermutet*[36]. Das Verschulden kann auch in einem *Irrtum* des Schuldners über seine Leistungspflicht bestehen, der bei gehöriger Sorgfalt hätte vermieden werden können[37].

Nach allem liegt eine *schuldhafte Nichterfüllung der Leistung des Bekl.* vor. Diese führt gemäß der vertraglichen Vereinbarung in Ziffer 6 der „Ergänzungsbestimmungen" zum Verfall der Vertragsstrafe.

5. *Herabsetzung der Vertragsstrafe*

Gemäß Art. 1384 hat das Gericht die Möglichkeit, die Vertragsstrafe nach billigem Ermessen herabzusetzen. Dabei ist das Interesse des Gläubigers an der Erfüllung des Vertrages zu berücksichtigen. *Ob* der Tatrichter diesem Interesse Rechnung getragen hat, kann in Italien die Revisionsinstanz nachprüfen, nicht dagegen, *wie* er dieses Interesse berücksichtigt hat und ob er die Vertragsstrafe im richtigen Umfang herabgesetzt hat[38].

## ERGEBNIS

Der Vertrag zwischen den Parteien ist durch die von dem Bekl. unterzeichnete „Kaufverpflichtung" und die von der Kl. unterschriebene Bestätigung zustande gekommen. Damit ist die nach Art. 1350 Ziff. 1, 1351

[35] *Miccio* 156.

[36] Cass. civ. 13. 11. 1963, Nr. 2978, Rep. Giur. It. 1963, Obbligazioni e contratti Nr. 23 (LS); 5. 12. 1961, Nr. 2769, Rep. Giur. It. 1961, ebd. Nr. 32 (LS); 21. 2. 1958, Nr. 572, Rep. Giur. It. 1958, ebd. Nr. 62 (LS).

[37] Cass. civ. 7. 8. 1962, Nr. 2430, Foro It. 1963, I, 319–322, m. Anm. *Taddeucci* 319–321 (321) = Rep. Giur. It. 1962, Obbligazioni e contratti Nr. 26 (LS); 5. 12. 1961, Nr. 2769, Rep. Giur. It. 1961, ebd. Nr. 33 (LS).

[38] Cass. civ. 21. 4. 1965, Nr. 699, Rep Giur. It. 1965, Obbligazioni e contratti Nr. 241 (LS); 5. 10. 1963, Nr. 2638, Rep. Giur. It. 1963, ebd. Nr. 280 (LS); 25. 6. 1963, Nr. 1720, Rep. Giur. It. 1963, ebd. Nr. 288 (LS); *Magazzù,* Clausola penale, in Enciclopedia del Diritto, VII (1960) 195.

C. c. erforderliche Form gewahrt. Es ist nicht nötig, daß beide Parteien auf einer einzigen Urkunde unterschreiben.

Die Vertragsklausel in Ziffer 6 der „Ergänzungsbestimmungen" bedarf nach der in der neueren Rechtsprechung und neueren Literatur herrschenden Meinung keiner ausdrücklichen schriftlichen Bestätigung nach Art. 1341 Abs. II C. c. Vertritt man die gegenteilige Meinung, so fehlt es an der erforderlichen ausdrücklichen schriftlichen Bestätigung; es genügt dann nicht, daß sich der Bekl. mit den „umseitigen Ergänzungsbestimmungen" einverstanden erklärt.

Die Vertragsstrafenklausel in Ziffer 6 der „Ergänzungsbestimmungen" widerspricht nicht dem Häufungsverbot in Art. 1381 C. c., da dieses dispositives Recht darstellt.

Nichterfüllung durch den Bekl. liegt schon darin, daß er nicht termingerecht vorgeleistet und die Erfüllung mündlich verweigert hat. Die Nichterfüllung bewirkt den Verfall der Vertragsstrafe.

Das Gericht kann eine übermäßige Vertragsstrafe nach billigem Ermessen herabsetzen.

## Nr. 6

**Italien**

**1. Stillschweigende Rechtswahl durch Gerichtsstandsvereinbarung.**

**2. Maßgeblichkeit des Rechts des Verkäufers bzw. Werkunternehmers als des Rechts der charakteristischen Leistung.**

**3. Abgrenzung von Kauf- und Werkvertrag.**

**4. Sachmängelhaftung des Verkäufers und des Werkunternehmers.**

**Kiel 17/68 vom 24. 7. 1968**

Das Institut ist von dem Rechtsanwalt M. um Erstattung eines Gutachtens zu der Frage gebeten worden, welche Ansprüche dem Käufer bzw. Besteller einer mängelbehafteten Sache nach italienischem Schuldrecht zustehen. Nach den Unterlagen liegt folgender Sachverhalt vor:

Die Firma F. aus B. bestellte mit Schreiben vom 1. August 1967 bei der italienischen Firma N. aus P. (Italien) nach entsprechenden Vorverhandlungen in P. am 21. Juli 1967 eine Spezialformmaschine vom Typ „Senior" zur Formung und Bördelung von Kanisterrümpfen mit einer Stundenleistung von ca. 500 Stück zu einem Preis von 3 000 000 L. Zur genauen Bearbeitung sollten der Herstellerfirma eine Zeichnung sowie Muster der Deckel und Böden der Kanister zur Verfügung gestellt werden. Die Auslieferung sollte Ende Oktober 1967 erfolgen.

Die Herstellerfirma nahm diese Bestellung durch eine Auftragsbestätigung (Conferma d'ordine) an, nach welcher für die Lieferung ihre beigefügten „Allgemeinen Verkaufsbedingungen" (Condizioni generali di vendita) gelten. Diese besagen unter anderem, daß die Abnahmen am Sitz der Herstellerfirma stattfinden müssen und daß für etwaige Streitigkeiten das Gericht von P. zuständig ist. – Nachdem die Formmaschine mit Terminüberschreitung ausgeliefert worden war, stellte sich heraus, daß sie weder die vereinbarte Stückzahl pro Stunde erreichte, noch sauber arbeitete. Trotz mehrerer Nachbesserungsversuche der Herstellerfirma konnten diese Mängel nicht behoben werden. So wurde am 7. März 1968 von der Herstellerfirma und der Bestellerfirma ein Protokoll unterzeichnet, in welchem unter anderem festgestellt wurde, daß die Maschine noch erhebliche Mängel aufweist, die von der Herstellerfirma zu beheben sind, und daß die Bestellerfirma die Maschine noch nicht endgültig übernimmt. Außerdem wurde klargestellt, daß die gelieferte Maschine eine Stundenleistung von 550–600 Stück verformter und gebördelter Kanisterrümpfe erbringen sollte. – Obwohl die Herstellerfirma weitere Nachbesserungen vornahm, erreichte die Maschine lediglich eine Stundenleistung von 200 Stück. Der Bördelvorgang an beiden Enden der Kanisterrümpfe fiel völlig aus. – Die Bestellerfirma hat daher mit Schreiben vom 24. Mai 1968 der Herstellerfirma die Maschine zur Verfügung gestellt und von ihr Rückzahlung des Kaufpreises sowie Ersatz entstandener Unkosten verlangt. Die Herstellerfirma ist laut Schreiben vom 12. Juni 1968 zwar zu einer weiteren Nachbesserung, nicht hingegen zur Rücknahme der Maschine und Rückzahlung des Kaufpreises sowie zum Schadenersatz bereit. Sie wendet im übrigen ein, daß die Abnahme nicht vertragsgemäß in P. erfolgt sei.

Das Gutachten soll die Frage beantworten, welche Rechtslage nach italienischem Recht gegeben ist, sofern dieses anzuwenden ist.

## *I. Anzuwendendes Schuldrecht*

### *1. Deutsches Kollisionsrecht*

Im Gegensatz zu einigen anderen Rechtsordnungen kennt das deutsche Kollisionsrecht keine gesetzlichen Regelungen für die Anknüpfung im Schuldrecht. Was das Vertragsstatut anbetrifft, so gilt nach einhelliger Rechtsprechung und ganz überwiegender Auffassung im Schrifttum als oberstes Anknüpfungsprinzip der Parteiwille. Die Vertragsparteien dürfen die Wahl des internationalprivatrechtlich maßgebenden Rechts treffen, d. h. damit wird die sogenannte kollisionsrechtliche Parteiverweisung anerkannt[1].

[1] Vgl. für viele *Kreuzer,* Das IPR des Warenkaufs in der deutschen Recht-

Die für den Vertrag zwischen dem Besteller und der Herstellerfirma maßgeblichen „Allgemeinen Verkaufsbedingungen", nach denen „für etwaige Streitigkeiten das Gericht von P. zuständig ist", bedeuten zwar keine ausdrückliche Vereinbarung der Anwendung italienischen Schuldrechts. Die Vereinbarung eines bestimmten Gerichtsstandes wird jedoch in der deutschen IPR-Rechtsprechung als der typische Fall einer stillschweigenden Unterwerfung auch unter das materielle Recht des vereinbarten Gerichtsstandes gewertet[2].

Da der Sachverhalt keine Anhaltspunkte dafür bietet, daß sich die Vertragsparteien nur über den italienischen Gerichtsstand einigen, dagegen die Anwendung des italienischen materiellen Rechts ausschließen wollten, ist aus der Vereinbarung des Gerichtsstandes P. zugleich die stillschweigende Willenseinigung der Parteien bei Vertragsschluß zu folgern, daß das Vertragsverhältnis italienischem Schuldrecht unterliegen soll.

Doch selbst wenn derartige Anhaltspunkte über den mitgeteilten Sachverhalt hinaus vorliegen sollten, so käme dann als nächstes Anknüpfungsprinzip der hypothetische Parteiwille in Betracht, d. h. es wird das Recht angewendet, das die Parteien vereinbart hätten, wenn sie eine Vereinbarung getroffen hätten[3].

Im vorliegenden Falle würde, wertet man das Rechtsverhältnis zwischen den Parteien als Kaufvertrag, im Zweifel das Recht des Verkäufers gelten, da die Lieferung einer Sache individueller bestimmt ist als die Zahlung des Käufers: Für die Zahlung genügen wenige Rechtssätze, das Erbringen von Naturalleistungen hingegen ist viel eingehender und differenzierter geordnet. Der Verkäufer muß also mehr Rechtssätze beachten als der Käufer, weshalb in Zweifelsfällen billigerweise Verkäuferrecht gilt[4].

Ordnet man das Vertragsverhältnis als Werkvertrag ein[5], so gilt im Zweifel das Recht der Niederlassung des Werkunternehmers, weil der Besteller erst nach Erfüllung seiner Pflichten berechtigt sein soll, über die im Lande des Unternehmers zu erbringende Sachleistung zu verfügen[6].

Mithin ist nach deutschem Kollisionsrecht auf das Rechtsverhältnis zwischen den Parteien in jedem Fall italienisches Recht anzuwenden, gleichviel, ob man nach dem mitgeteilten Sachverhalt die Vereinbarung des italienischen Gerichtsstandes zugleich als stillschweigende kollisions-

---

sprechung, (1964) 230 f.; *Kegel* in *Soergel-Siebert*, BGB, Bd. V (9. Aufl. 1961) vor Art. 7, Randz. 167–173 sowie die dort angef. zahlr. Nachweise aus Rechtsprechung und Schrifttum.

[2] Vgl. *Kegel*, vor Art. 7 Randz. 182 und die unter Anm. 38 zit. zahlr. Entscheidungen.

[3] So *Kegel*, vor Art. 7 Randz. 185 mit Nachweisen aus der Rechtsprechung unter Anm. 44.

[4] Vgl. *Kegel*, vor Art. 7 Randz. 201 u. die unter Anm. 72 zit. Nachweise.

[5] Vgl. hierzu die unter II 1 folgenden Ausführungen.

[6] So *Kegel*, vor Art. 7 Randz. 123 sowie Anm. 58.

rechtliche Parteiverweisung wertet oder ob man aufgrund weiterer, nicht mitgeteilter Umstände zwar keine stillschweigende Vereinbarung annehmen darf, dafür aber als Anknüpfung den hypothetischen Parteiwillen zu wählen hat.

*2. Italienisches Kollisionsrecht*

Im italienischen Kollisionsrecht, das als eine der wenigen Rechtsordnungen auch für das Schuldrecht gesetzliche Kollisionsregeln aufweist, findet sich für diesen Fall keine Rückverweisung. Art. 25 codice civile (abgek.: c.) bestimmt als maßgebendes Recht für Schuldverhältnisse aus Verträgen das Recht des Ortes, an dem der Vertrag geschlossen ist, stellt aber ebenso wie das deutsche Kollisionsrecht den obersten Grundsatz auf:

„E salva in ogni caso la diversa volontà delle parti."

Der abweichende Wille der Vertragsparteien bleibt in jedem Falle vorbehalten[7].

Mithin stimmen das deutsche und italienische Kollisionsrecht im vorliegenden Fall überein. Nach beiden Kollisionsrechten ist der Parteiwille das in erster Linie in Betracht kommende Anknüpfungsprinzip.

## *II. Die Rechtslage nach italienischem Recht*

### *1. Die Einordnung des Rechtsverhältnisses als Kauf- oder Werkvertrag*

Ebenso wie im deutschen Schuldrecht ergeben sich im italienischen Schuldrecht Schwierigkeiten der Abgrenzung, wenn Gegenstand des Vertrages die Lieferung einer Sache ist, die der eine Vertragspartner nach den Vorstellungen oder Anweisungen des anderen Vertragspartners erst herzustellen hat. Auch der mitgeteilte Sachverhalt wirft die Frage auf, ob der zwischen den Parteien geschlossene Vertrag als Kauf- (vendita) oder als Werkvertrag (appalto) zu bewerten ist.

Zur Unterscheidung beider Vertragsarten voneinander sind nach italienischem Recht folgende Kriterien zu beachten:

a) Nach Art. 1470 c. ist Gegenstand des Kaufvertrages die Verpflichtung zur Übertragung des Eigentums an einer Sache. Nach Art. 1655 c. ist Gegenstand des Werkvertrages die Herstellung einer Sache aus Mitteln und auf eigene Gefahr des Herstellers. Hieraus folgert der Corte di Cassazione, das oberste Gericht der ordentlichen Gerichtsbarkeit, daß ein Kaufvertrag

[7] Soweit der Gesetzestext im folgenden in deutscher Übersetzung zitiert wird, ist diese aus „Italienisches Zivilgesetzbuch", hrsg. v. *Luther* (2. Aufl. 1968) entnommen.

vorliegt, wenn „das Element des Materials" überwiegt, daß hingegen ein Werkvertrag vorliegt, wenn „das Element der Arbeit" überwiegt[8].

b) Da in manchen Fällen jedoch das objektive Kriterium des „überwiegenden Elementes" allein keine hinreichend gesicherte Entscheidung zuläßt, wird ergänzend auf den von den Parteien gewollten Vertragszweck abgestellt: Ein Werkvertrag liegt vor, wenn die Lieferung des Materials ein bloßes Hilfsmittel zur Herstellung des Werkes ist und die Herstellung selbst den Vertragszweck bildet. Dagegen ist ein Kaufvertrag gegeben, wenn die Arbeit lediglich ein Mittel zur Umwandlung des Materials darstellt und Zweck des Vertrages die Lieferung bzw. Erlangung der Sache als solcher ist[9].

c) Was den Kauf von noch herzustellenden Maschinen anbetrifft, so liegt nach der Rechtsprechung kein Werkvertrag, sondern Kauf einer künftigen Sache vor, wenn eine Maschine bestellt wird, die der betreffende Hersteller in Serie baut oder deren Herstellung zumindest zur gewöhnlichen Produktion des Herstellers gehört[10].

d) Ein Werkvertrag dagegen liegt vor, wenn die Leistung des Produzenten auf die *Herstellung* eines Gegenstandes gerichtet ist, der aufgrund seiner Substanz und der aufzuwendenden Arbeitsleistung eine *spezielle Tätigkeit* des Herstellers erfordert, die sich von der üblichen Produktion seines Betriebes unterscheidet[11]. Die herzustellende Sache muß, wie der Corte di Cassazione festgestellt hat, ein „quid novi" innerhalb der normalen Fertigung darstellen. Dementsprechend muß sich die Verpflichtung des Unternehmers in erster Linie auf die *Anfertigung* der Sache beziehen, während die Übergabe der Sache an den Besteller eine Folge- oder Abwicklungspflicht darstellt[12].

Anhand dieser Kriterien ergibt sich für das Rechtsverhältnis zwischen der Bestellerfirma und der Herstellerfirma folgendes:

Für eine Einordnung als Kaufvertrag spricht, daß es sich um eine Maschine mit bestimmter Typenbezeichnung („Senior") handelte, also offenbar um eine Maschine, die zum gewöhnlichen Produktionsprogramm der Herstellerfirma gehört. Dementsprechend läßt sich als Vertragszweck auch eher die Lieferung bzw. Erlangung der Maschine als deren Herstellung kennzeichnen. Hinzu kommt, daß dem Vertrag ausdrücklich „Allgemeine Verkaufsbedingungen" zugrunde gelegt worden sind und diese Bedingun-

---

[8] So *Stolfi* in Enciclopedia del diritto (Varese 1958), Stichwort „appalto", Abschnitt „appalto e vendita" unter Bezugnahme auf die in Anm. 22 zit. Entscheidungen des Corte di Cassazione. Vgl. auch den die h. M. wiedergebenden Kommentar zum codice civile v. *Torrente-Pescatore* (4. Aufl. Mailand 1963) Art. 1655 Anm. 1.

[9] So *Stolfi* mit Nachweisen aus dem Schrifttum unter Anm. 23.

[10] Vgl. die bei *Stolfi* aaO zit. Entscheidungen.

[11] Vgl. *Stolfi* Anm. 26.

[12] Vgl. Corte di Cassazione 17. 3. 1953, Nr. 661, Rivista del diritto commerciale 1953, II, 345.

gen auf „Kaufverträge" Bezug nehmen. Andererseits war die Maschine so zu konstruieren, daß sie bestimmte Kanisterformen verfertigen konnte, deren Muster der Besteller vorlegte. Daraus könnte man folgern, daß der Hersteller insoweit doch eine spezielle Tätigkeit vorzunehmen hatte, die überwiegend den Inhalt seiner Leistungspflicht prägte. Außerdem enthalten die „Allgemeinen Verkaufsbedingungen" eine Bestimmung über die Abnahme („collaudi"). Eine Abnahme aber ist typisch für den Werkvertrag. Zu vermerken ist in diesem Zusammenhang, daß sich die Herstellerfirma gerade darauf beruft, die vertragsgemäße Abnahme in P. sei nicht erfolgt.

Die Einordnung des Vertrages hängt mithin von der tatsächlichen Frage ab, ob die von der Bestellerfirma geforderten Konstruktionsmerkmale einen solchen technischen Aufwand seitens der Herstellerfirma verlangten, daß von einer Sonderanfertigung einer Maschine des Typs „Senior" zu sprechen ist. Inwieweit dies der Fall ist, läßt sich ohne Kenntnisse der technischen Details nicht entscheiden. Im übrigen überläßt die höchstrichterliche italienische Rechtsprechung die Entscheidung derartiger Tatfragen ohnehin der richterlichen Würdigung des Einzelfalls[13].

Im weiteren wird daher die Rechtslage sowohl unter der Annahme dargestellt, daß das Rechtsverhältnis zwischen den Parteien als Kaufvertrag zu qualifizieren ist, wie auch unter der Annahme, daß es als Werkvertrag einzuordnen ist. Da der mitgeteilte Sachverhalt die Feststellung zuläßt, daß beide Einordnungen im wesentlichen zum gleichen rechtlichen Ergebnis hinsichtlich der Ansprüche der Bestellerfirma führen, erscheint dieses Vorgehen als das zweckmäßigste.

### 2. *Die Ansprüche bei Mängeln der verkauften Sache*

a) Der codice civile enthält die Regeln über *Sachmängelhaftung* beim Kauf in den *Art. 1490 ff.* Art. 1490 c. bestimmt:

„*Garanzia per i vizi della cosa venduta.* – Il venditore è tenuto a garantire che la cosa venduta sia immune da vizi che la rendano inidonea all'uso a cui è destinata o ne diminuiscano in modo apprezzavile il valore."

*Gewährleistung für die Mängel der verkauften Sache.* – Der Verkäufer ist verpflichtet, dafür Gewähr zu leisten, daß die verkaufte Sache frei von Fehlern ist, die sie zu dem Gebrauch, zu dem sie bestimmt ist, untauglich machen oder ihren Wert in beachtlichem Maße vermindern.

Hinsichtlich des Ausschlusses der Gewährleistung besagt *Art. 1491 c.*:

„*Esclusione della garanzia.* – Non è dovuta la garanzia se al momento del

*Ausschließung der Gewährleistung.* – Zu einer Gewährleistung ist man nicht

[13] Vgl. die bei *Torrente-Pescatore,* Art. 1655 c. Anm. 1, zit. Entsch. des Corte di Cassazione.

contratto il compratore conosceva i vizi della cosa; parimenti non è dovuta, se i vizi erano facilmente riconoscibili, salvo, in questo caso, che il venditore abbia dichiarato che la cosa era esente da vizi."

verpflichtet, wenn der Käufer im Zeitpunkt der Vertragsschließung die Fehler der Sache kannte; man ist zu ihr auch dann nicht verpflichtet, wenn die Fehler leicht erkennbar waren, es sei denn, der Verkäufer habe in diesem Falle erklärt, die Sache sei fehlerfrei.

In diesem Zusammenhang ist das Argument der Herstellerfirma von Bedeutung, daß die mangelhafte Leistung der Maschine seitens der Bestellerin erkannt worden wäre, wenn die Maschine vertragsgemäß in P. abgenommen worden wäre. Zwar ist auf die Abnahme in P. nach Angaben der Bestellerfirma im beiderseitigen Einvernehmen verzichtet worden. Doch selbst wenn dies nicht der Fall wäre, so würde die unterbliebene Abnahme nicht zum Ausschluß der Gewährleistung führen, da nach Art. 1491 c. die Kenntnis oder leichte Erkennbarkeit der Mängel *im Zeitpunkt des Vertragsschlusses* vorliegen muß. Dies war schon deshalb ausgeschlossen, weil die Maschine erst aufgrund des Vertragsschlusses hergestellt wurde. Im übrigen gelten aber gerade technische Mängel einer Maschine, die sich erst bei deren Inbetriebnahme zeigen, ohnehin nicht als „leicht erkennbar" [14].

Der Bestellerfirma steht daher nach *Art. 1492 c.* das Recht auf Wandlung oder Minderung zu:

„*Effitti della garanzia.* – Neicasi indicati dall'art. 1490 il compratore può domandare a sua scelta la risoluzione del contratto ovvero la riduzione del prezzo, salvo che, per determinati vizi, gli usi escludano la risoluzione.
La scelta è irrevocabile quando è fatta con la domanda giudiziale."

*Wirkungen der Gewährleistung.* – In den im Art. 1490 angegebenen Fällen kann der Käufer nach seiner Wahl die Auflösung des Vertrags oder die Herabsetzung des Kaufpreises verlangen, es sei denn, daß das Gewohnheitsrecht wegen bestimmter Fehler die Auflösung ausschließt. Die Wahl ist unwiderruflich, wenn sie im Wege der Klage erfolgt.

Die Rechtsfolgen der von der Bestellerfirma angestrebten Wandlung bestimmen sich nach *Art. 1493 c.*:

„*Effitti della risoluzione del contratto.* – In caso di risoluzione del contratto il venditore deve restituire il prezzo e rimborsare al compratore le spese e i pagamenti legittimamente fatti per la vendita.
Il compratore deve restituire la cosa, se questa non è perita in conseguenza dei vizi."

*Wirkungen der Vertragsauflösung.* – Im Falle der Auflösung des Vertrags muß der Verkäufer den Kaufpreis zurückzahlen und dem Käufer die Kosten und die für den Verkauf rechtmäßigerweise geleisteten Zahlungen erstatten.
Der Käufer muß die Sache zurückgeben, wenn sie nicht infolge der Fehler untergegangen ist.

---

[14] Vgl. *Torrente-Pescatore*, Art. 1491 Anm. 1.

b) Darüber hinaus kennt das italienische Kaufrecht einen *Schadenersatzanspruch,* der im Anschluß an die Bestimmung über die Mängelhaftung beim Kaufvertrag in Art. 1494 c. geregelt ist:

„*Risarcimento del danno.* – In ogni caso il venditore à tenuto verso il compratore al risarcimento del danno, se non prova di avere ignorato senza colpa i vizi della cosa.
Il venditore deve altresi risarcire al compratore i danni derivati dai vizi della cosa."

*Schadensersatz.* – In jedem Fall ist der Verkäufer dem Käufer zum Schadensersatz verpflichtet, wenn er nicht beweist, unverschuldeterweise die Fehler der Sache nicht gekannt zu haben.
Der Verkäufer muß überdies dem Käufer den durch die Fehler der Sache verursachten Schaden ersetzen.

Der Anspruch auf Schadenersatz besteht „in jedem Falle", sofern seine gesetzlich normierten Voraussetzungen vorliegen. Er ist also sowohl bei der Auflösung des Vertrages (Wandlung) als auch bei der Herabsetzung des Kaufpreises (Minderung) zusätzlich zu den Gewährleistungsansprüchen gegeben[15]. Im Gegensatz zu den Gewährleistungsansprüchen ist dieser Schadenersatzanspruch nur gegeben, wenn den Verkäufer ein Verschulden (colpa) trifft[16].

Das italienische Recht unterscheidet wie das deutsche Recht zwei Verschuldensformen: den Vorsatz (dolo), der anzunehmen ist, wenn der Verkäufer etwa die Mängel der Sache kannte, und das „einfache Verschulden" (semplice colpa), wenn der Verkäufer z. B. die Mängel der Sache zwar nicht kannte, seine Unkenntnis aber insofern schuldhaft war, als er die Mängel hätte kennen müssen, wenn er ein durchschnittliches Sachverständnis aufgewendet hätte[17]. Aus Art. 1494 c. wird gefolgert, daß dem Verkäufer die Pflicht obliegt, sich über den Zustand, in dem sich der Kaufgegenstand befindet, zu vergewissern[18].

Ein Verschulden ist nur dann nicht gegeben, wenn eine dem Schuldner „nicht *zurechenbare* Ursache" vorliegt. Das ergibt sich aus dem ersten Artikel des Abschnitts über die Nichterfüllung von Verbindlichkeiten. Art. 1218 c. bestimmt, daß der Schuldner, der die geschuldete Leistung nicht genau (esattamente) erbringt, zum Schadenersatz verpflichtet ist, wenn er nicht beweist, daß die Nichterfüllung oder die Verzögerung in der Erfüllung auf der Unmöglichkeit der Leistung beruht hat, die sich aus einer ihm nicht zurechenbaren Ursache ergibt (derivante da causa a lui non imputabile). Dieses Erfordernis der Zurechenbarkeit ist auch bei Art.

---

[15] *Torrente-Pescatore,* Art. 1494 Anm. 2; *Rubino,* La compravendita (Mailand 1952) Nr. 247, S. 641 d).

[16] Vgl. *Mirabelli,* Dei singoli contratti, Commentario del codice civile, libro IV. 3. Bd. (Turin 1960) 101.

[17] Vgl. *Rubino,* Nr. 247.

[18] Vgl. hierzu *Trabucchi,* Istituzione di diritto civile (12. Aufl. Padua 1960) Nr. 322, S. 721.

1494 c. zu beachten, da sich die Lieferung einer mangelhaften Sache objektiv als Nichterfüllung darstellt und sich die nähere Ausgestaltung des Schadenersatzanspruchs in den Art. 1218 ff. c. findet. Auf der Grundlage der allgemeinen Bestimmungen des Art. 1218 c. über die Zurechenbarkeit wird „das *Verschulden vermutet*" (... l'art. 1494, 1° comma, che... presume... la colpa...)[19], und es obliegt dem Verkäufer zu beweisen, daß kein Verschulden vorliegt, d. h. daß er die Mängel der Sache ohne sein Verschulden nicht gekannt hat[20].

Die Schadenersatzpflicht des Art. 1494 Abs. 1 wird noch ergänzt durch die des Abs. 2, wonach der Verkäufer die aus den Mängeln der Sache entstandenen Schäden ersetzen muß. Auch dieser besondere Schadenersatz ist nur im Falle der „colpa" des Verkäufers gegeben[21].

c) Der *Umfang* des Schadenersatzanspruches nach Art. 1494 c. bestimmt sich nach den Art. 1223 ff. c. Die dort geregelte Verantwortlichkeit des Schuldners für die Nichterfüllung oder die verspätete Erfüllung seiner Leistungspflicht ist auch im Falle der Schlechterfüllung wie der Lieferung einer mängelbehafteten Sache gegeben, da die Schlechterfüllung der Nichterfüllung gleichsteht[22]. *Art. 1223* bestimmt:

„*Risarcimento del danno.* – Il risarcimento del danno per l'inadempimento o per il ritardo deve comprendere cosi la perdita subita dal creditore come il mancato guadagno, in quanto ne siano conseguenza immediata e diretta."

*Schadensersatz.* – Der Schadensersatz wegen Nichterfüllung oder wegen Verspätung der Erfüllung muß den vom Gläubiger erlittenen Verlust sowie den entgangenen Gewinn umfassen, soweit diese eine unmittelbare und direkte Folge davon sind.

Der Zweck des Schadenersatzanspruchs ist es, nicht nur das einfache negative Interesse, sondern das ganze positive Interesse zu ersetzen, d. h. den Käufer nicht in eine Lage zu versetzen, die jener gleich ist, in der er sich befunden haben würde, wenn er den Vertrag nicht oder wenn er ihn nur zu einem geringeren Preis abgeschlossen hätte, sondern in eine Lage, die wirtschaftlich derjenigen gleich ist, in der er sich befunden haben würde, wenn die Sache frei von Mängeln gewesen wäre[23]. Der Begriff des Schadens umfaßt also die beiden Elemente des danno emergente = perdita subita und des lucro cessante = mancato guadagno[24].

Die Schadenselemente müssen mit dem schädigenden Ereignis durch den nesso causale verbunden sein. Auch muß der Schaden – abgesehen von dem Fall, daß der Schuldner dolos handelt – vorhersehbar sein. Die Entschädigung ist auf den Schaden begrenzt, welcher zur Zeit der Ent-

---

[19] *Rubino* Nr. 247, S. 639.
[20] *Rubino* aaO; *Mirabelli* 101.
[21] Vgl. *Mirabelli* aaO.
[22] Vgl. *Torrente*, Manuale di diritto privato (4. Aufl. Mailand 1960) § 251, S. 358.
[23] Definition nach *Rubino* Nr. 247, S. 639 f.; ebenso *Mirabelli* 101.
[24] *Torrente* § 252, S. 360; *Mirabelli* aaO.

stehung der vertraglichen Verpflichtung vorausgesehen werden konnte (Art. 1225)[25]. Eine etwaige Mitschuld des Gläubigers ist zu berücksichtigen (Art. 1227); die Bezifferung des Schadens geschieht, wenn der Schaden nicht in seinem genauen Umfang bewiesen werden kann, durch den Richter im Wege der „angemessenen Abschätzung" (valutazione equitativa), Art. 1226.

d) Hinsichtlich der *Frist,* innerhalb deren der Käufer gegenüber dem Verkäufer die Mängel des Kaufgegenstandes rügen muß, bestimmt *Art. 1495 c.*:

„*Termini e condizione per l'azione.* – Il compratore decade dal diritto alla garanzia, se non denunzia i vizi al venditore entro otto giorni della scoperta salvo il diverso termine stabilito dalle parti o dalla legge.

La denuncia non è necessaria se il venditore ha riconosciuto l'esistenza del vizio o l'ha occultato. L'azione si prescrive, in ogni caso, in un anno dalla consegna; ma il compratore, che sia convenuto per l'esecuzione del contratto, quò sempre far valere la garanzia, purchè il vizio della cosa sia stato denunziato entro otto giorni dalla scoperta e prima del decorso dell'anno dalla consegna."

*Fristen und Voraussetzungen der Klage.* – Der Käufer verwirkt den Anspruch auf die Gewährleistung, wenn er dem Verkäufer die Fehler der Sache nicht innerhalb von acht Tagen ab Entdeckung anzeigt, außer wenn von den Parteien oder durch das Gesetz eine andere Frist bestimmt ist.

Die Anzeige ist nicht erforderlich, wenn der Verkäufer das Bestehen des Fehlers anerkannt oder diesen verheimlicht hat.

Der Klageanspruch verjährt auf jeden Fall in einem Jahr seit der Übergabe; jedoch kann der auf Ausführung des Vertrags verklagte Käufer jederzeit die Gewährleistung einwenden, vorausgesetzt, daß der Fehler der Sache innerhalb von acht Tagen seit Entdeckung und vor Ablauf eines Jahres seit Übergabe angezeigt wurde.

Wenn der Verkäufer binnen dieser Frist von acht Tagen nicht rügt, verliert er seine Ansprüche aufgrund des Rechtsinstituts der decadenza (Verfall), das im Gegensatz zur prescrizione (Verjährung) „auf der objektiven Notwendigkeit beruht, daß die Ausübung des Rechts binnen einer unwiderruflichen (festgelegten) Frist geschehen muß, ohne Berücksichtigung der subjektiven Umstände, die den vergeblichen Ablauf der Frist verursacht haben"[26].

Die Mängelrüge des Art. 1495 c. nimmt zwar nur Bezug auf das Recht auf Gewährleistung und nennt den Anspruch auf den Schadenersatz nicht. Letzterer schließt aber in Art. 1494 c. unmittelbar an Art. 1492 c., der von den Wirkungen der Gewährleistung handelt und durch Art. 1493 c. ergänzt wird, an. Überdies stellt Art. 1494 c. durch seine Eingangsworte „in

---

[25] *Torrente* § 252, S. 362.

[26] *Torrente* § 82.

jedem Falle" eine enge Verbindung des Anspruchs auf Schadenersatz mit denen auf Wandlung oder Minderung her. Es ist daher in der Literatur anerkannt, daß für den Schadenersatz – „obwohl dieser aus dem typischen Inhalt der Gewährleistung herausfällt"[27] – ebenfalls die Mängelrügepflicht, und zwar mit der obengenannten Frist von acht Tagen gilt[28].

Nach Art. 1511 c. läuft die Mängelrügefrist beim Versendungskauf für „augenscheinliche Mängel und Qualitätsänderungen" vom Tage des Empfangs der Ware an (... decorre del giorno del ricevimento). Diese Vorschrift regelt den Fristbeginn also anders als Art. 1495 c., wonach die Frist mit dem Tage der Entdeckung beginnt. Art. 1511 c. bezieht sich jedoch nur auf unmittelbar erkennbare Mängel. Bei solchen Mängeln dagegen, die erst nach eingehender Prüfung der Sache, z. B. nach Inbetriebnahme einer Maschine, zu erkennen sind, bei denen also dem Käufer die vorherige Kenntnisnahme objektiv gar nicht möglich war, bleibt es bei der Fristbestimmung des Art. 1495 c., d. h. Mängelrüge binnen acht Tagen nach Entdeckung. Das ist allgemeine Ansicht[29].

Die Mängelrüge ist nicht an eine besondere Form gebunden. Sie kann auch mündlich erfolgen[30]. Hierbei genügt nach der Rechtsprechung die allgemeine Mitteilung über das Vorhandensein von Mängeln. Eine genaue Angabe jedes einzelnen Mangels ist nicht erforderlich[31].

### 3. *Die Ansprüche bei Mängeln der aufgrund eines Werkvertrages hergestellten Sache*

Der codice civile regelt die *Annahme* des vertragsgemäß hergestellten Werkes in *Art. 1665*:

| | |
|---|---|
| „*Verifica e pagamento dell opera.* – Il committente, prima di ricevere la consegna, ha diritto di verificare l'opera compiuta. | *Prüfung und Bezahlung des Werkes.* – Der Besteller ist berechtigt, das fertiggestellte Werk zu prüfen, bevor er dessen Übergabe entgegennimmt. |
| La verifica deve essere fatta dal committente appena l'appaltatore lo mette in condizione di poterla eseguire. Se, nonostante l'invito fattogli dall'Appaltatore, il committente tralascia di procedere alla verifica senza giusti motivi, ovvero non ne communica il risultato entro un breve termine, l'opera si considera accettata. Se il committente | Die Prüfung muß durch den Besteller erfolgen, sobald der Unternehmer ihn in die Lage versetzt, sie durchführen zu können. Wenn der Besteller, trotz Aufforderung seitens des Unternehmers, es ohne berechtigten Grund unterläßt, die Prüfung vorzunehmen, oder wenn er das Ergebnis derselben nicht innerhalb |

[27] *Rubino* Nr. 242. [28] *Rubino* Nr. 247 e, S. 641; *Mirabelli* 102.

[29] Vgl. *Stolfi-Guarino*, Il nuovo codice civile commentato libro IV: delle obbligazioni, Bd. II (Neapel 1952) zu Art. 1511; *Mirabelli* 104.

[30] Vgl. *Stolfi-Guarino* zu Art. 1495; *Rubino* Nr. 249 c.; *Torrente* § 319 Anm. 4 („auch mündlich oder durch Telefon"); *Mirabelli* 105.

[31] Vgl. *Rubino* aaO mit Nachweisen unter Anm. 141.

riceve senza riserve la consegna dell'opera, questa si considera accettata ancorchè non si sia proceduto alla verifica."

kurzer Frist dem Unternehmer mitteilt, so gilt das Werk als angenommen. Nimmt der Besteller die Übergabe des Werkes ohne Vorbehalt entgegen, so gilt es als angenommen, auch wenn eine Prüfung nicht stattgefunden hat.

Die Annahme des Werkes hat Auswirkungen hinsichtlich der Gewährleistungspflicht des Unternehmers. So bestimmt *Art. 1667 c.*:

„*Difformità e vizi dell'opera.* – L'appaltatore è tenuto alla garanzia per le difformità e i vizi dell'opera. La garanzia non è dovuta se il committente ha accettato l'opera e le difformità o i vizi erano da lui conosciuti o erano gereconoscibili, purchè in questo caso, non siano stati in mala fede tachiuti dall'appaltatore."

*Vertragswidrige Ausführung und Fehler des Werkes.* – Der Unternehmer ist wegen Abweichungen von der vertragsmäßigen Ausführung (difformità) und wegen der Fehler des Werkes zur Gewährleistung verpflichtet. Die Gewährleistungspflicht besteht nicht, wenn der Besteller das Werk angenommen hat, obgleich ihm die Abweichungen oder die Fehler bekannt oder erkennbar waren, vorausgesetzt in diesem Falle, daß der Unternehmer sie nicht bösgläubig verschwiegen hat.

In dem zwischen den Vertragsparteien am 7. 3. 1968 unterzeichneten Protokoll wird die Annahme der Maschine ausdrücklich ausgeschlossen, weshalb die Fiktion des Art. 1665 c. („... gilt als angenommen... bei Übernahme ohne Vorbehalt") nicht eingreift. Aber selbst wenn dies der Fall wäre und die Herstellerfirma auf eine Prüfung der Maschine durch die Bestellerfirma in P. nicht verzichtet hätte, dann wäre die Gewährleistung nur für solche Mängel ausgeschlossen, die der Bestellerfirma bei Übernahme der Maschine bekannt oder jedenfalls für sie erkennbar waren. Hierunter fallen jedoch nicht solche Mängel, die erst nach Inbetriebnahme feststellbar sind[32].

Seinem Inhalt nach geht der Gewährleistungsanspruch des Bestellers gegenüber dem Unternehmer auf Nachbesserung oder auf Auflösung des Vertrages. *Art. 1668 c.* bestimmt diesbezüglich:

„*Contenuto della garanzia par difetti dell'opera.*–Il comittente può chiedere che le difformità o i vizi siano eliminati a spese dell'appaltatore, oppure che il prezzo sia proporzialmente diminuito, salvo il risarcimento del danno nel caso di colpa dell'appaltatore.
Se però le difformità o i vizi dell'opera

*Inhalt der Gewährleistung wegen Mängel des Werkes.* – Der Besteller kann Abweichungen oder die Behebung der Fehler auf Kosten des Unternehmers oder die verhältnismäßige Herabsetzung des Entgelts verlangen, vorbehaltlich des Schadensersatzes bei Verschulden des Unternehmers.

---

[32] Vgl. hierzu *Torrente-Pescatore,* Art. 1667 Anm. 3, sowie die Entscheidungen des Corte di Cassazione v. 25. 5. 1959, Nr. 1590 u. v. 13. 10. 1962, Nr. 2991.

sono tali da renderla del tutto inadatta alla sua destinazione, il committente può chiedere la risoluzione del contratto."

Sind aber die Abweichungen oder Fehler des Werkes derart, daß sie es zu dem bestimmungsmäßigen Gebrauch gänzlich untauglich machen, so kann der Besteller die Auflösung des Vertrages verlangen.

Im Falle der Auflösung des Vertrages bestehen Ansprüche auf gegenseitige Rückgewähr der Leistungen[33]. Die Frist, innerhalb deren die Mängelrüge beim Werkvertrag zu erheben ist, beträgt 60 Tage seit Entdeckung der Mängel. *Art. 1667 Abs. 2* besagt:

„Il committente deve, a pena di decadenza, denunziare all'appaltatore de difformità o i vizi entro sessanta giorni dala scoperta. La denunzia non è necessaria se l'appaltatore ha riconosciuto le difformità o i vizi o se li ha occultati."

Der Besteller muß zur Vermeidung des Ausschlusses dem Unternehmer die Abweichungen oder die Fehler innerhalb von sechzig Tagen von der Entdeckung an mitteilen. Die Mitteilung ist nicht erforderlich, wenn der Unternehmer die Abweichungen oder die Fehler anerkannt oder sie verheimlicht hat.

Sind die Mängel auf ein Verschulden des Unternehmers zurückzuführen, so besteht neben den Gewährleistungsansprüchen, wie sich aus Art. 1668 c. ergibt, ein Anspruch auf Schadenersatz nach den allgemeinen Vorschriften der Art. 1218 und 1223 c. Dieser Anspruch geht auf Ersatz des Schadens, der im Falle der Nachbesserung dem Besteller trotz Behebung der Mängel entstanden ist bzw. der im Falle der Auflösung des Vertrages durch die Rückzahlung des Werklohnes nicht abgedeckt ist[34]. Hierbei hat der Unternehmer zu beweisen, daß die Schlechterfüllung durch einen von ihm nicht zu vertretenden Umstand herbeigeführt worden ist[35].

## ZUSAMMENFASSUNG

[Nicht abgedruckt.]

---

[33] Vgl. *Torrente-Pescatore,* Art. 1668 Anm. 5, 6 und die dort zit. Rspr.
[34] Vgl. *Torrente-Pescatore,* Art. 1668 Anm. 1 u. die dort zit. Rspr.
[35] Vgl. *Torrente-Pescatore,* Art. 1218 Anm. 1.

# Nr. 7

## Spanien

**1. Form von Grundstückskaufverträgen.**

**2. Bedeutung einer Anzahlung in Grundstückskaufverträgen.**

**3. Anwendung ausländischen öffentlichen Rechts im deutschen Kollisionsrecht.**

**4. Vermögensübertragungs-, Wertzuwachs- und Urkundensteuer bei Grundstückskäufen.**

**Hamburg G 189/66 vom 19. 4. 1967**

Das LG Stuttgart hat das Institut in Sachen Fa. C. ./. E. um Auskunft über spanisches Grundstücks- und Steuerrecht gebeten.

Der Anfrage liegt folgender Sachverhalt zugrunde:

Der Bekl. hat am 11. 9. 1965 in Lloret de Mar/Spanien (Katalonien) einen privatschriftlichen Kaufvertrag über ein Grundstück im dortigen Urbanisationsgebiet Playa Arena, überbaut mit einem Bungalow, unterzeichnet, wobei die Kl. durch ihren Vertreter als Verkäuferin auftrat. Nach den Bestimmungen dieses Vertrages gilt spanisches Recht als zwischen Käufer und Verkäufer vereinbart. Für den Fall, daß der Käufer die Erfüllung seiner Verpflichtungen verweigert, ist in Ziff. 6 der Ergänzungsbestimmungen eine Vertragsstrafe von 20 % des vereinbarten Gesamtpreises festgesetzt. Die Kl. macht diesen Anspruch auf Vertragsstrafe geltend.

Der Bekl. hat u. a. eingewandt:

Aus einem privatschriftlichen Kaufvertrag über ein Grundstück ergäben sich nach spanischem Recht klagbare Ansprüche erst nach Anzahlung, vorher nur Naturalobligationen. Der Bekl. hat dazu ein Rechtsgutachten des Rechtsanwalts Dr. *W. G. Tiemann,* Barcelona, vorgelegt. Dieser kommt in seinem Gutachten dagegen zu der Feststellung, daß der Vertrag vom 11. 9. 1965 mangels einer Anzahlung unvollständig und als Fragment überhaupt nicht rechtswirksam geworden sei. Außerdem könne der Vertrag vor spanischen Gerichten nur eingeklagt werden, wenn die Kl. ihre Steuerpflicht aus Art. 143 lit. c des spanischen Gesetzes über die Steuerreform vom 11. 6. 1964 nachgekommen sei. Art. 143 lit. c entspreche in etwa der deutschen Umsatzsteuer.

Das Gericht bittet um Auskunft, ob nach dem zwischen den Parteien vereinbarten spanischen Recht der Kaufvertrag vom 11. 9. 1965 rechtsgültig zustande gekommen und die Kl. – ihr sonstiges Vorbringen als richtig unterstellt – berechtigt ist, die Vertragsstrafe gem. § 6 der Ergänzungsbestimmungen klageweise geltend zu machen, oder ob der Einwand des Bekl. zutrifft, daß nach spanischem Recht klagbare Ansprüche erst nach

Leistung einer Anzahlung gegeben sind, oder ob zumindest nach Art. 143 c des spanischen Gesetzes über die Steuerreform vom 11. 6. 1964 es an einer Prozeßvoraussetzung fehlt.

## *I. Internationales Privatrecht*

1. Zu Recht geht die Anfrage davon aus, daß auf den Vertrag spanisches Recht anzuwenden ist. Nach dem Kaufvertrag vom 11. 9. 1965 gilt spanisches Recht als zwischen Käufer und Verkäufer vereinbart. Die Gültigkeit dieser *Vereinbarung* ist von der Gültigkeit des Vertrags unabhängig[1]. Auch die *Form* des Vertrages ist gemäß Art. 11 I 1 EGBGB nach dem Vertragsstatut zu beurteilen, das in diesem Fall mit dem Ortsrecht (Art. 11 I 2 EGBGB) zusammenfällt. Der Vertrag unterliegt also seinem ganzen Umfang nach dem spanischen Recht.

2. Eine *Rückverweisung* kommt nicht in Betracht. Soweit die Anwendung des spanischen Rechts (als Vertragsstatut) auf dem Parteiwillen beruht, ist das spanische Kollisionsrecht unbeachtlich[2]. Soweit dagegen das spanische Recht für die Form des Vertrages daneben auch als Ortsrecht Anwendung findet (Art. 11 I 2 EGBGB), folgt das spanische Recht selbst der Maxime locus regit actum (Art. 11 I C. c.)[3].

3. Als spanisches Recht kommt das gemeine spanische Recht zur Anwendung. Die sog. *Foralrechte,* die in einigen Provinzen Spaniens, so auch in Katalonien, gelten, enthalten keine Vorschriften über die hier interessierenden Fragen.

4. In welchem Umfang das spanische Recht tatsächlich zur Anwendung gelangt, hängt von dem *Geltungsbereich des Vertragsstatuts* ab. Dabei geht es einmal um die Abgrenzung gegenüber prozessualen Normen, die der lex fori unterliegen. Zum anderen bedarf es näherer Untersuchung, ob auch das ausländische öffentliche Recht anzuwenden ist. Diese Fragen werden im Zusammenhang mit den jeweiligen Normen des materiellen Rechts behandelt werden.

## *II. Die formelle Gültigkeit des Vertrages*

Im spanischen Recht gibt es keine besonderen Formvorschriften für Grundstückskaufverträge. Es kommen also die allgemeinen Vorschriften Artt. 1278–1280 C. c. zur Anwendung.

---

[1] Vgl. BGH 29. 11. 1961 JZ 1963, 167, 168 = IPRspr. 1960–1961 Nr. 40.

[2] *Soergel-Siebert(-Kegel),* BGB, Bd. V (9. Aufl. 1961), Randz. 218 vor Art. 7 EGBGB mit Nachw. Zur Frage des Vertragsstatuts im spanischen IPR vgl. *W. Goldschmidt,* Sistema y Filosofía del Derecho Internacional Privado, (2. Aufl. II 1954) 82 ff., 457 ff.

[3] Zur Rückverweisung durch das Ortsrecht vgl. *Soergel-Siebert(-Kegel),* Randz. 5 zu Art. 11 EGBGB.

Nach Art. 1280 C. c. müssen Verträge, die die Übertragung von dinglichen Rechten an Grundstücken zum Gegenstand haben, in einer öffentlichen Urkunde enthalten sein. In der Regel wird in diesen Fällen der schuldrechtliche Kaufvertrag als solcher öffentlich beurkundet. Dafür gibt es mehrere Gründe:

1. Das spanische Recht kennt keine der Auflassung vergleichbare dingliche Verfügung. Die Eigentumsübertragung erfolgt nach Art. 609 II C. c. durch den schuldrechtlichen Vertrag in Verbindung mit der Übergabe.

*Art. 609 II C. c.:*

„La propiedad y los demás derechos sobre los bienes se adquieren y transmiten... por consecuencia de ciertos contratos mediante la tradición."

Das Eigentum und die übrigen Rechte an Sachen werden erworben und übertragen ... als Folge bestimmter Verträge vermittels der Übergabe.

Diese Bestimmung gilt auch für die Übereignung von Grundstücken[4].

Die Vorschrift des Art. 1280 C. c. kann sich also nur auf den Kaufvertrag selbst beziehen. Art. 1279 C. c. gibt den Parteien in diesem Fall das Recht, die Erfüllung der Form vom Vertragsgegner zu verlangen. Die Nichtbeachtung der Form führt jedoch nicht zur Nichtigkeit des Vertrages. Die Rechtsprechung hat wiederholt ausgesprochen, daß ein Verstoß gegen Art. 1280 C. c. die Wirksamkeit des Vertrages nicht berührt[5]. Die Bedeutung des Art. 1280 C. c. liegt lediglich darin, daß der Vertragspartner – z. B. aus Beweisgründen – die öffentliche Beurkundung des Kaufvertrages fordern kann.

2. Die öffentliche Beurkundung des Kaufvertrages ersetzt die nach Art. 609 II C. c. erforderliche Übergabe.

*Art. 1462 II C. c.:*

„Cuando se haga la venta mediante escritura pública, el otorgamiento de esta equivaldrá a la entrega de la cosa objeto del contrato, si de la misma escritura no resultare o se dedujere claramente lo contrario."

Wird der Kaufvertrag mittels öffentlicher Urkunde geschlossen, so steht deren Ausfertigung der Übergabe der Sache, welche Gegenstand des Vertrages ist, gleich, wenn sich nicht aus der Urkunde selbst das Gegenteil ergibt oder unzweideutig folgen läßt.

3. Die öffentliche Beurkundung des Kaufvertrages ist nach Art. 3 Ley Hipotecaria Voraussetzung für die Eintragung ins Registro de la Propiedad. Diese Eintragung aber ist nach Art. 606 C. c. erforderlich, damit der Eigentumsübergang auch Dritten gegenüber geltend gemacht werden kann.

---

[4] *José Castán Tobeñas*, Derecho civil español, común y foral, Bd. II 1 (10. Aufl. 1964) 213.

[5] *Puig Brutau*, Fundamentos de derecho civil, Bd. II 1 (1954) 186 f. mit Nachweisen.

4. Schließlich wirkt die Steuergesetzgebung mittelbar auf die öffentliche Beurkundung des Grundstücks-Kaufvertrages hin. Nach Art. 155 der Ley Tributaria von 1964 erhöht sich die Grunderwerbssteuer um 20 %, wenn die Eigentumsübertragung mittels privatschriftlicher Urkunde erfolgt.

*Zusammenfassung:* Die angeführten Vorschriften erklären, warum in der Regel der Kaufvertrag über ein Grundstück öffentlich beurkundet wird. Jedoch ist auch ohne öffentliche Beurkundung der Kaufvertrag zwischen den Parteien wirksam. Die Parteien können allerdings auch vereinbaren, daß bis zur öffentlichen Beurkundung der Vertrag nicht als verbindlich angesehen werden soll[6]. Im vorliegenden Fall ist davon auszugehen, daß der Vertrag in privatschriftlicher Form formell gültig zustande gekommen ist.

## *III. Die materielle Gültigkeit des Vertrages*

1. Die materiellen Voraussetzungen eines Vertrages sind in Art. 1261 C. c. aufgezählt: Konsens, bestimmter Vertragsgegenstand, causa. (Nach der Regel des Art. 1274 C. c. ist die „causa" bei onerosen Rechtsgeschäften das Gewähren oder Versprechen einer Leistung). Art. 1261 C. c. wird für den Kaufvertrag durch Art. 1450 C. c. konkretisiert:

*Art. 1450 C. c.:*

„La venta se perfeccionará entre comprador y vendedor, y será obligatoria para ambos, si hubieren convenido en la cosa objeto del contrato, y en el precio, aunque ni la una ni el otro se hayan entregado."

Der Kaufvertrag kommt zwischen Käufer und Verkäufer zustande und ist für beide verbindlich, wenn sie über die Sache, welche Gegenstand des Vertrages ist, und den Preis übereingekommen sind, auch wenn weder das eine noch das andere übergeben worden ist.

Die Vorschrift ergibt nichts dafür, daß die Gültigkeit des Vertrages von einer Anzahlung abhängt. Der letzte Halbsatz unterstreicht vielmehr, daß der Kaufvertrag auch im spanischen Recht als Konsensualvertrag angesehen wird.

2. Eine Vorschrift über Anzahlungen beim Kaufvertrag enthält der Código civil nur im Art. 1454:

„Si hubiesen mediado arras o señal en el contrato de compra y venta, podrá rescindirse el contrato allanándose el comprador a perderlas, o el vendedor a devolverlas duplicadas."

Wenn im Kaufvertrag Draufgeld oder Angeld gegeben worden sind, so kann der Vertrag aufgelöst werden, wenn der Käufer sich bereit erklärt, es zu verlieren, oder der Verkäufer, das Doppelte zu erstatten.

---

[6] *José Castán Tobeñas,* Bd. IV (9. Aufl. 1961) 85 f.

Die Vorschrift gibt also den Parteien ein Rücktrittsrecht: die Anzahlung gilt, anders als nach § 336 II BGB, als Reugeld (arrha poenitencialis). Art. 1454 gilt aber nur als Auslegungsregel; aus dem Grundsatz der Vertragsfreiheit folgt, daß die Parteien der Anzahlung auch einen anderen Sinn beilegen können. Die Anzahlung kann u. a. die Funktion einer Vertragsstrafe haben (arrha poenalis). Schließlich kann sie als Draufgabe (vgl. § 336 I BGB) verstanden werden zur Bestätigung des Vertragsschlusses (arrha confirmatoria). Die Anzahlung hat in diesem Fall Beweisfunktion dafür, daß der Vertrag endgültig zustande gekommen ist[7].

Für den Handelskauf bestimmt Art. 343 C.com., daß Anzahlungen mangels abweichender Vereinbarung stets als Zahlungen auf den Kaufpreis und als Bestätigung des Vertragsschlusses angesehen werden (arrha confirmatoria). Unter den Handelskauf fällt aber nach Art. 325 C. c. nur der Verkauf beweglicher Sachen.

Es ergibt sich aus dieser kurzen Übersicht: Das spanische Recht enthält keine Bestimmung, wonach die Gültigkeit des Vertrages von einer Anzahlung abhängig wäre. Das Gesetz enthält lediglich Auslegungsvorschriften für den Fall, daß eine solche Anzahlung geleistet worden ist. Eine solche Anzahlung kann verschiedene rechtliche Bedeutung haben. Auch in diesen Fällen hängt aber die Gültigkeit des Vertrages nicht von der Anzahlung ab.

Denkbar ist, daß die Parteien selbst im Vertrag vereinbaren, daß dieser nur bei Leistung einer Anzahlung verbindlich werden soll. Ein solcher Fall liegt aber hier nicht vor.

3. Der Einwand des Bekl. wird nur verständlich, wenn man die spanische Praxis beim Grundstückskauf betrachtet. Dem öffentlich beurkundeten Vertrag geht in der Regel ein privatschriftlicher Vertrag voraus, der die Bedingungen des Kaufs bereits im einzelnen festlegt. Oft werden bei Abschluß dieses Vertrages auch Anzahlungen geleistet. Die Bedeutung dieser Anzahlungen ist je nach Formulierung des Vertrages verschieden[8].

Dieser privatschriftliche Vertrag läßt sich rechtlich als Kaufvertrag (contrato de compra y venta) oder als eine Art Vorvertrag (promesa de compra y venta) auffassen. Der Código civil regelt den „contrato de compra y venta" in den Artt. 1445 ff., die „promesa de compra y venta" dagegen in Art. 1451.

*Art. 1445 C. c.:*

„Por el contrato de compra y venta uno de los contratantes se obliga a

Durch den Kauf- und Verkaufsvertrag verpflichtet sich ein Vertragsschließen-

[7] *José Castán Tobeñas,* Bd. IV (9. Aufl. 1961) 86 f.; *F. Bonet Ramón,* Código civil comentado (1962) Anm. zu Art. 1454.

[8] *W. G. Tiemann,* Grundstücksrecht in Spanien unter besonderer Berücksichtigung des Grunderwerbs durch Ausländer, in Internationale Wirtschaftsbriefe, Fach 5, Stichwort „Spanien" Gruppe 3, S. 53 (Stand: 4. 2. 1964); vgl. auch *Drucker International, S. A.,* Ausländische Investitionen in Spanien (3. Aufl. 1966) 22.

entregar una cosa determinada y el otro a pagar por ella un precio cierto, ..."

der, eine bestimmte Sache zu übergeben, und der andere, für sie einen bestimmten Preis zu zahlen, ...

*Art. 1451 I C. c.:*

„La promesa de vender o comprar, habiendo conformidad en la cosa y en el precio, dará derecho a los contratantes para reclamar recíprocamente el cumplimiento del contrato."

Das Versprechen zu verkaufen oder zu kaufen gibt, wenn Einigkeit über die Sache und über den Preis besteht, den Vertragsschließenden das Recht, voneinander die Erfüllung des Vertrages zu fordern.

Die Vorschrift des Art. 1451 C. c. hat seit jeher zu dogmatischen Schwierigkeiten geführt. Die Rechtsprechung hat diese Vorverträge in der Regel als verbindlich angesehen und nur eine zwangsweise Durchsetzung des Erfüllungsanspruchs abgelehnt. Dagegen konnten bei Nichterfüllung Schadenersatzansprüche geltend gemacht werden[9].

Für die Abgrenzung des Vorvertrages vom Kaufvertrag, die früher auch im Zusammenhang mit der Grunderwerbssteuer von Bedeutung war, kommt es in erster Linie auf den Willen der Parteien an. Ist dieser nicht deutlich, so muß der Vertrag ausgelegt werden. Dabei sind alle Momente des Vertrages zu berücksichtigen. Die Leistung einer Anzahlung spricht in der Regel für einen Kaufvertrag[10].

*Zusammenfassend* ist festzustellen, daß nach der älteren Rechtsprechung Erfüllungsansprüche sich nur aus einem Kaufvertrag ergaben, während aus einem Vorvertrag nur auf Schadenersatz geklagt werden konnte. Für die Frage, ob ein Kaufvertrag oder ein Vorvertrag vorlag, war u. a. die Frage bedeutsam, ob eine Anzahlung geleistet worden war. Nur in diesem Sinn kann das nachfolgende Zitat verstanden werden:

„Käufer und Verkäufer schließen zunächst einen formfreien, meist schriftlichen Privatvertrag, in dem alle Bedingungen und der tatsächlich zu entrichtende Preis festgelegt werden. Dieser Vertrag hat nur obligatorische Wirkung, gilt nicht gegenüber Dritten. Er gewährt den Parteien den Anspruch, vom anderen die Unterzeichnung der öffentlichen Überschreibung zu erlangen. Sollte der Verkäufer bis dahin anderweitig über das Grundstück verfügt haben, so ist er dem Käufer zu Schadenersatz verpflichtet und setzt sich einer Strafverfolgung aus.

---

[9] Vgl. im einzelnen *J. Castán Tobeñas,* Bd. IV (9. Aufl. 1961) 39 ff.; *Enneccerus-Lehmann(-González-Alguer),* Derecho de obligaciones, 2. Aufl. der spanischen Übersetzung hrsg. von *Puig Brutau* II (1950) 26 ff.; ferner die Rechtsprechungszitate bei *Bonet Ramón,* Anm. zu Art. 1451 C. c.

[10] Vgl. das instruktive Urteil des Obersten Spanischen Finanzgerichtshofs, Trib. Econ.-Adm. 12. 4. 1960, *Aranzadi* 27 (1960) 1 Nr. 1943. Diese Entscheidung ergibt deutlich, daß die Anzahlung – im konkreten Fall eine arrha poenitencialis mit der Wirkung des Art. 1454 C. c. – nur als Auslegungskriterium (unter anderen) angesehen wird.

Eigentliche Durchsetzungskraft erhält der Privatvertrag erst, wenn der Käufer bei Abschluß eine Anzahlung leistet. Hierbei ist auf die Bedeutung der Formulierung zu achten..." [11]

In der neueren Rechtsprechung dagegen ist der Vorvertrag dem eigentlichen Kaufvertrag weitgehend gleichgestellt worden[12]. Das Abgrenzungsproblem hat dadurch an Bedeutung verloren, zumal auch nach der Ley Tributaria von 1964 beide Verträge in gleicher Weise der Grunderwerbssteuer unterliegen (vgl. Art. 152 Ziff. 2 L. T.).

Im vorliegenden Fall ist der Vertrag vom 11. 9. 1965 selbst als „contrato de compraventa" bezeichnet. Aus seinem Inhalt ergibt sich ebenfalls, daß es sich um einen Kaufvertrag handelt und nicht um das Versprechen eines zukünftigen Vertragsschlusses. Nach den vorstehenden Ausführungen ist daher der Vertrag für beide Teile voll verbindlich. Es bedarf keiner näheren Untersuchung, welche Ansprüche dem Verkäufer aus einem Vorvertrag zustehen würden.

*Ergebnis:* Aus dem Fehlen einer Anzahlung läßt sich gegen die materielle Gültigkeit des Vertrages nichts herleiten.

4. Auch das spanische Recht kennt das Institut der Vertragsstrafe (clausula penal). Aus den einschlägigen Bestimmungen (Artt. 1152–1155 C. c.) ergibt sich nichts gegen die Gültigkeit der vorliegenden Vereinbarung. Die Kl. hat daher einen Anspruch – ihr sonstiges Vorbringen als richtig unterstellt – auf Zahlung der vereinbarten Vertragsstrafe gemäß § 6 der Ergänzungsbestimmungen des Vertrages.

### *IV. Die Klagbarkeit des Vertrages*

1. Die neuere Wissenschaft geht davon aus, daß die Klagbarkeit eines Anspruchs grundsätzlich als eine Frage des materiellen Rechts zu behandeln und daher nach dem Obligationsstatut zu beurteilen ist[13]. Die Abgrenzung der „Klagbarkeit" von verwandten Erscheinungen macht jedoch eine genaue Untersuchung des in Frage stehenden Rechtssatzes erforderlich, ehe die anzuwendende Rechtsordnung bestimmt werden kann. Im vorliegenden Fall wird die Klagbarkeit des Anspruchs von dem Bekl. unter zwei Gesichtspunkten bestritten.

a) Der Bekl. hat eingewandt, aus dem privatschriftlichen Vertrag ergäben sich vor Leistung einer Anzahlung nur unklagbare Ansprüche

---

[11] *W. G. Tiemann,* oben N. 8.

[12] T. S. 1. 7. 1950 und 2. 2. 1959, zitiert bei *Bonet Ramón,* oben N. 9; vgl. auch *J. Castán Tobeñas,* Bd. IV (9. Aufl. 1961) 43 f.

[13] *Neuhaus,* Die Grundbegriffe des IPR (1962) 81 und RabelsZ 20 (1955) 237 f.; *Riezler,* Internationales Zivilprozeßrecht (1949) 125 f. Anders noch RGZ 40, 193, 199 ff. Kritisch gegen diese Entscheidung bereits *Schoch,* Klagbarkeit, Prozeßanspruch und Beweis im Licht des internationalen Rechts (1934) 108 ff.

(Naturalobligationen). Die Frage, ob ein klagbarer Anspruch oder eine Naturalobligation vorliegt, ist gemäß dem oben genannten Grundsatz nach spanischem Recht zu entscheiden. Insoweit kann jedoch auf die Ausführungen unter II verwiesen werden. Die Ansicht des Bekl. beruht offenbar auf dem erwähnten Mißverständnis, daß der Vorvertrag nicht durchsetzbar sei (dies gilt, soweit überhaupt, nur für den Erfüllungsanspruch). Es wurde aber bereits ausgeführt, daß der Vertrag vom 11. 9. 1965 nicht als Vorvertrag, sondern als Kaufvertrag anzusehen ist. Dieser Kaufvertrag ist für beide Parteien verbindlich; Ansprüche aus dem Vertrag können klagweise geltend gemacht werden.

b) Näherer Untersuchung bedarf jedoch der Einwand des Bekl., die Kl. habe ihrer Steuerpflicht nicht genügt und könne daher aus dem Vertrag nicht klagen. Zunächst ist festzustellen, daß bisher nach der spanischen Rechtsprechung die Nichterfüllung der Steuergesetze die Wirksamkeit der Verträge nicht berührte[14]. Dagegen bestimmt die Ley Tributaria vom 11. 6. 1964 (L. T.) in ihrem Art. 176 Ziff. 1:

„No se admitirán ni surtirán efecto en las oficinas o tribunales de cualquier clase que sean ni podrán inscribirse en los Registros públicos los documentos en los que se haga constar acto alguno sujeto al impuesto sin que conste en el mismo la nota puesta por el Liquidador de haberlo satisfecho ..."

Es werden nicht zugelassen noch äußern irgendeine Wirkung vor Ämtern oder Gerichten gleich welcher Art noch können in die Register eingetragen werden die Urkunden, in denen ein Rechtsgeschäft beurkundet wird, das der Steuer unterliegt, wenn sich nicht darin selbst der Vermerk des Finanzbeamten befindet, daß ihr Genüge getan ist...

Art. 176 Ziff. 1 L. T. versagt also diesen Urkunden die Wirksamkeit in einem (behördlichen oder) gerichtlichen Verfahren. Es fragt sich, ob eine solche Vorschrift auch vom deutschen Richter anzuwenden ist.

2. Als herrschender Grundsatz des Internationalen Zivilprozeßrechts gilt, daß das gerichtliche Verfahren sich nach der lex fori bestimmt. Art. 176 Ziff.1 L. T. ist also daraufhin zu untersuchen, ob es sich hier um eine prozessuale oder materielle Rechtsnorm handelt. Diese Qualifikation erfolgt nach der hergebrachten Lehre grundsätzlich im Sinne der lex fori[15]. Eine vergleichbare Bestimmung enthält jedoch das deutsche Recht nicht, so daß eine Einordnung nur nach Zweck und Wirkung der Vorschrift vorgenommen werden kann. Eine solche funktionelle Qualifikation wird in der modernen Wissenschaft gerade für die Abgrenzung von prozessualen und materiellrechtlichen Fragen empfohlen[16].

---

[14] Vgl. *Enneccerus-Lehmann(-González-Alguer)* I (1954) 152 mit Nachweisen.

[15] *Riezler* 106. Vgl. aber *Neuhaus,* Grundbegriffe 80 f. und RabelsZ aaO; *Niederländer,* RabelsZ 20 (1955) 17 ff., 19.

[16] *Neuhaus* aaO.

Die Vorschrift des Art. 176 Ziff. 1 L. T. hat nicht nur prozessuale Bedeutung, da sie im Ergebnis den genannten Rechtsgeschäften selbst die Wirkung nimmt. Vergleichbar ist etwa der Fall, daß in Beweisvorschriften ein sachlichrechtliches Formerfordernis versteckt ist. Die herrschende Lehre wendet hier die kollisionsrechtlich maßgebende Rechtsordnung an mit der Begründung, daß es sich dabei um eine materiellrechtliche Frage handele[17]. Ebenso wirkt Art. 176 Ziff. 1 L. T. praktisch wie ein materiellrechtlicher Rechtssatz und ist daher kollisionsrechtlich als solcher zu behandeln. Da die vertraglichen Beziehungen der Parteien dem spanischen Recht unterliegen, wäre Art. 176 Ziff. 1 L. T. danach also anwendbar.

3. Zu prüfen bleibt jedoch, ob die Anwendung des Art. 176 L. T. deshalb ausgeschlossen ist, weil dies mittelbar zur Durchsetzung ausländischen öffentlichen Rechts – des spanischen Steuerrechts – führen würde. Nach einer in Theorie und Praxis des IPR verbreiteten Auffassung ist ausländisches öffentliches Recht vom inländischen Richter grundsätzlich nicht anzuwenden[18].

Auch die Rechtsprechung des BGH geht von diesem Grundsatz aus. Nach seiner Ansicht wohnt dem öffentlichen Kollisionsrecht der Gedanke der „Territorialität" inne. Daraus folgert der BGH, daß die Bestimmungen des öffentlichen Rechts grundsätzlich nicht über die Staatsgrenzen hinaus wirken[19]. Nach der genannten Entscheidung des BGH hat der inländische Richter das ausländische öffentliche Recht nur insoweit zu berücksichtigen, als der ausländische Staat selbst zur Durchsetzung in der Lage ist. Überträgt man diesen Grundsatz auf den vorliegenden Fall, so bindet die Vorschrift des Art. 176 L. T. nur die spanischen Gerichte und ist daher in Deutschland unanwendbar.

Der sog. Grundsatz von der Unanwendbarkeit des ausländischen öffentlichen Rechts kann jedoch nicht als feststehendes Dogma angesehen werden. Er ist gerade in der modernen Wissenschaft zunehmend auf Kritik gestoßen[20]. In der Lehre wurde ursprünglich und wird z. T. noch heute die Auffassung vertreten, das aufgrund der Kollisionsnorm berufene Recht, das Wirkungsstatut, sei auch für die Anwendung öffentlich-rechtlicher Normen maßgebend, soweit nicht die Vorbehaltsklausel eine Anwendung ausschließe[21].

---

[17] *Riezler* 470 f., ähnlich *Neuhaus* aaO, *Niederländer* 51. Anders aber BGH, JZ 1955, 702 mit krit. Anm. von *Gamillscheg.*

[18] Vgl. die Darstellung (und Kritik) dieser Theorie bei *Heiz,* Das fremde öffentliche Recht im internationalen Kollisionsrecht (1959) 68 ff., 113 ff.

[19] BGHZ 31, 367, 371 f. (sowjetzonales Devisenrecht) = RabelsZ 25 (1960) 645, 647 f. mit kritischer Anm. von *K. H. Neumayer.* Ablehnend auch *Zweigert,* IPR und öffentliches Recht, in Veröff. d. Instituts für Internationales Recht an der Universität Kiel 51 (1965) 125, 129 ff. Der Rechtsprechung des BGH folgt OLG Karlsruhe 15. 12. 1965, WM 1966, 1312 ff. (brasilianisches Währungsrecht).

[20] Vgl. u. a. *Heiz* aaO, *Zweigert* aaO.

[21] *Melchior,* Die Grundlagen des deutschen IPR (1932) §§ 179–181, S. 266 ff.;

Andererseits ist in der modernen Wissenschaft eine „Theorie der Sonderanknüpfung" entwickelt worden, wonach unabhängig vom Wirkungsstatut das ausländische öffentliche Recht dann anzuwenden ist, wenn eine enge Beziehung zu dem von ihm betroffenen Fall gegeben ist[22].

Beide Theorien bejahen also unter bestimmten Umständen die Möglichkeit der Anwendung des ausländischen öffentlichen Rechts. Voraussetzung ist in jedem Fall, daß das ausländische Gesetz selbst auf den Sachverhalt angewendet werden will[23].

Wenn das Gericht im Gegensatz zur Rechtsprechung des BGH einer der genannten Theorien folgen will, so kommt die Anwendung auch des spanischen Steuerrechts in Betracht. Es ist dann zunächst zu untersuchen, ob Art. 176 L. T. überhaupt den vorliegenden Fall – eines Gerichtsverfahrens im Ausland – betrifft. Dagegen scheint zu sprechen, daß der spanische Gesetzgeber bei der Abfassung des Wortlauts wohl zunächst nur an einheimische Behörden und Gerichte gedacht hat. Geht man aber davon aus, daß die Vorschrift als Sanktion der Steuergesetze dienen soll und daß ihr – wie oben dargelegt – praktisch materiellrechtliche Bedeutung zukommt, so muß man daraus folgern, daß sie Geltung in all den Fällen beansprucht, die von der spanischen Steuergesetzgebung erfaßt werden. Zu prüfen ist daher, ob die vorgelegte Urkunde, der Kaufvertrag vom 11. 9. 1965, nach spanischem Recht einen steuerpflichtigen Vorgang enthält.

4. Art. 176 L. T. steht im zweiten Titel ‚De los impuestos indirectos' (Von den indirekten Steuern) des Gesetzes, und zwar im 1. Kapitel ‚Impuesto General sobre Transmisiones Patrimoniales y Actos Jurídicos Documentados' (Allgemeine Steuer auf Vermögensübertragungen und urkundliche Rechtsgeschäfte) unter den gemeinsamen Vorschriften (disposiciones comunes). Er bezieht sich also auf die in diesem Kapitel behandelten Steuerarten, die in Artt. 142 und 143 aufgeführt werden.

*Art. 142 L. T.:*

„El impuesto gravará las transmisiones patrimoniales ‚inter vivos', el aumento real de valor de las fincas rústica[s] y urbanas y los actos jurídicos documentados."

Die Steuer belastet die Vermögensübertragungen ‚inter vivos', den Zuwachs des tatsächlichen Wertes von ländlichen und städtischen Grundstücken und die beurkundeten Rechtsgeschäfte.

---

*Rabel,* The Conflict of Laws II (2. Aufl. 1960) 567 f., beide mit Nachweisen aus der Rechtsprechung. Vgl. ferner *Heiz* 132 ff. mit weiteren Nachweisen. Auch nach *Vogel,* Der räumliche Anwendungsbereich der Verwaltungsrechtsnorm (1965) 294 ff., handelt es sich in diesen Fällen nicht um eine Frage des öffentlichen Kollisionsrechts, sondern um eine „verwaltungsrechtliche Vorfrage" des IPR.

[22] *Zweigert* 127 f. mit Nachweisen.

[23] *Zweigert* 127, *Heiz* 132; weitergehend *Vogel* 296, der nur „in der Regel" diese Voraussetzung gelten lassen will.

*Art. 143 L. T.:*

"El Impuesto se exigirá:

a) Por las transmisiones ,inter vivos' de toda clase de bienes radicantes en territorio nacional y de derechos, acciones y obligaciones que en él hayan nacido, puedan ejercitarse o hubieran de cumplirse y por las que se efectúen de bienes muebles situados fuera de él cuando el adquirente y transmitente sean españoles o residentes en España.

b) Por el aumento real de valor de las fincas rústicas y urbanas sitas en territorio nacional; y

c) Por los actos jurídicos documentados que se formalicen en territorio nacional y por los que, habiéndose formalizado en el extranjero, surtan cualquier efecto jurídico o económico en España."

Die Steuer wird gefordert:

a) Für Übertragungen ,inter vivos' von Vermögen jeder Art, das im Staatsgebiet belegen ist, sowie von Rechten, Ansprüchen und Forderungen, die in diesem entstanden sind, ausgeübt werden können oder zu erfüllen sind, ferner für solche [Übertragungen], die sich auf bewegliche Sachen auswirken, die außerhalb seiner [des Staatsgebiets] belegen sind, wenn der Erwerber und der Übertragende Spanier sind oder in Spanien ihren Aufenthalt haben.

b) Für den Zuwachs des tatsächlichen Wertes von ländlichen und städtischen Grundstücken, die im Staatsgebiet liegen und

c) Für beurkundete Rechtsgeschäfte, die im Staatsgebiet abgeschlossen werden und für solche, die zwar im Ausland abgeschlossen wurden, aber irgendeine rechtliche oder wirtschaftliche Wirkung in Spanien äußern.

Art. 142 L. T. enthält eine allgemeine Aufzählung der genannten Steuern: Die Vermögensübertragungssteuer, die Wertzuwachssteuer, die Urkundensteuer. In Art. 143 L. T. wird deren räumlicher Geltungsbereich im Sinne des spanischen internationalen Steuerrechts bestimmt. Die steuerpflichtigen Tatbestände im einzelnen sind dagegen in den folgenden Abschnitten geregelt.

a) Die Artt. 144–155 L. T. behandeln die Steuer auf Vermögensübertragungen unter Lebenden (Transmisiones patrimoniales inter vivos). Die einzelnen steuerpflichtigen Geschäfte sind in Art. 144 L. T. aufgezählt, worunter auch die Übertragung von Grundstücken fällt. Dabei ist zu beachten, daß der Begriff „transmision" (Übertragung) im spanischen Steuerrecht nicht im streng zivilrechtlichen Sinn verstanden wird, sondern eine umfänglichere Bedeutung hat[24]. So entsteht die Steuerschuld nicht erst mit dem Eigentumsübergang, sondern gemäß Art. 151 L. T. bereits mit dem Vertragsschluß, wobei der privatschriftliche Vertrag nach Art. 155 L. T. einer erhöhten Steuer unterliegt. Nach Art. 152 Ziff. 2 L. T. werden selbst die Vorverträge (promesas) der Steuer unterworfen. Steuerpflichtig ist nach Art. 148 lit. a L. T. – durch Parteivereinbarung nicht abdingbar – stets der Erwerber.

---

[24] *D. Narciso Amorós Rica,* Impuesto de Derechos Reales, in Nueva Enciclopedia Jurídica XI (1962) 682, 694.

Für den vorliegenden Fall ergibt sich, daß der Vertrag vom 11. 9. 1965 der Vermögensübertragungssteuer unterliegt. Die Steuer ist auch von dem Erwerber nicht gezahlt worden. Eine dem § 17 I Ziff. 2 Grunderwerbssteuergesetz entsprechende Vorschrift – wonach die Steuer entfallen kann, wenn vor Eigentumsübertragung der Vertrag wegen Nichterfüllung rückgängig gemacht wird – ist in der Ley Tributaria nicht enthalten. Wie die spanische Praxis in diesen Fällen verfährt, ist dem Institut nicht bekannt.

Gleichwohl bestehen Bedenken, den Art. 176 L. T. auf diesen Fall anzuwenden. Die Anwendung würde nämlich hier gegen den Verkäufer wirken; steuerpflichtig ist aber aufgrund gesetzlicher Vorschrift (Art. 148 lit. a L. T.) der Erwerber. Der Wortlaut des Art. 176 L. T. enthält keine Einschränkung, daß nur der Steuerpflichtige sich nicht auf die betreffende Urkunde berufen könne. Die wörtliche Anwendung der Vorschrift würde daher zu dem Ergebnis führen, daß es dem Käufer freistünde, durch Nichtzahlung der Steuer jeden Anspruch des Verkäufers abzuwehren.

Aus der dem Institut zur Verfügung stehenden spanischen Literatur läßt sich nicht entnehmen, wie der Art. 176 L. T. in einem solchen Fall ausgelegt wird. Es ist aber anzunehmen, daß auch der spanische Richter einen Anspruch des Verkäufers gegen den Käufer nicht deshalb abweisen würde, weil dieser seiner Steuerpflicht nicht nachgekommen ist. In jedem Fall würde die Anwendung des Art. 176 L. T. unter diesen Umständen gegen den deutschen ordre public verstoßen.

b) Artt. 156–163 L. T. behandeln die Wertzuwachssteuer. Art. 156 Ziff. 1 L. T. enthält die Definition des steuerpflichtigen Tatbestandes:

*Art. 156 L. T.:*

„1. Estará sujeto el aumento de valor real de las fincas rústicas y urbanas por su naturaleza que se ponga de manifiesto en las transmisiones onerosas de las mismas, siempre que medie un plazo no inferior a tres años entre la fecha de la última adquisición a título oneroso y el día de devengo del impuesto."

Es ist [der Steuer] unterworfen der Zuwachs des tatsächlichen Wertes von ländlichen und städtischen Grundstükken wegen seiner Natur, die zum Ausdruck kommt in den entgeltlichen Übertragungen derselben, sofern eine Frist nicht unter drei Jahren zwischen dem Datum des letzten entgeltlichen Erwerbs und dem Tag der Entstehung der Steuer liegt.

Steuerschuldner ist nach Art. 160 L. T. in erster Linie der Veräußerer, subsidiär der Erwerber. Fraglich ist dagegen, in welchem Zeitpunkt die Steuerschuld entsteht. Nach dem Zweck des Gesetzes, der auf die Abschöpfung von Wertsteigerungen zielt, müßte der Zeitpunkt des endgültigen Erwerbs maßgebend sein. Dafür spricht auch Art. 162 L. T., der im Gegensatz zu Art. 151 L. T. nicht auf den Vertragsschluß, sondern auf die Übertragung (transmision) abstellt[25].

[25] Vgl. aber *D. Narciso Amorós Rica* aaO zur Mehrdeutigkeit des Begriffs ‚transmision' im spanischen Steuerrecht.

Diese Frage kann jedoch im vorliegenden Fall dahinstehen, da der Vertrag vom 11. 9. 1965 in keinem Fall der Wertzuwachssteuer unterliegt. Die Vorschriften über die Wertzuwachssteuer sind nämlich nicht – wie nach Art. 141 L. T. die übrigen Bestimmungen dieses Kapitels – am 1. 7. 1964 in Kraft getreten, sondern durch Art. 156 Ziff. 2 L. T. vorläufig suspendiert. Art. 156 Ziff. 2 L. T. sieht vor, daß diese Vorschriften erst durch einen ausdrücklichen Beschluß der Regierung nach Vorschlag des Finanzministeriums in Kraft gesetzt werden. Ob dies inzwischen geschehen ist, läßt sich auf Grund der z. Z. im Institut verfügbaren Quellen nicht klären. Festgestellt werden konnte nur, daß bis zum Ablauf des Jahres 1965 ein entsprechender Erlaß nicht ergangen ist[26]. Der Vertrag vom 11. 9. 1965 kann daher nicht unter diese Steuer fallen.

c) Artt. 164–172 L. T. behandeln die Urkundensteuer. Die einzelnen Urkunden, auf die die Steuer erhoben wird, sind in Art. 164 L. T. aufgezählt. Danach werden erfaßt:

a) gerichtliche Entscheidungen
b) Schriftsätze an die Gerichte
c) behördliche Entscheidungen, die auf Antrag ergehen, sowie Einsprüche gegen solche Entscheidungen
d) Ordens-, Ämter- und Titelverleihungen
e) Zulassung ausländischer Wertpapiere zur Börsennotierung
f) Vormerkungen in öffentlichen Registern
g) notarielle Urkunden
h) Wechsel
i) andere Kreditpapiere.

Aus diesem Katalog ergibt sich, daß privatschriftliche Rechtsgeschäfte nicht unter die Urkundensteuer fallen[27]. Auch aus Art. 143 lit. c folgt nichts anderes. Diese Vorschrift begründet keine Steuerpflicht für alle urkundlichen Rechtsgeschäfte; sie überläßt vielmehr die Abgrenzung der steuerpflichtigen Tatbestände dem Art. 164 L. T. Das ergibt sich bereits aus der Systematik des Gesetzes, aber auch aus der dem Gesetz vorangestellten Begründung, wo es zur Urkundensteuer heißt (unter IV A):

> „Als letztes schließt das Gesetz in diese Steuer [auf Vermögensübertragungen und urkundliche Rechtsgeschäfte] ein die Belastung bestimmter Rechtsakte, die wegen ihrer Förmlichkeit (solemnidad) oder ihrer Bedeutung für den Geldverkehr nicht außerhalb der Besteuerung bleiben können... Bei ihrer Bestimmung folgt das Gesetz dem Prinzip der zahlenmäßigen Begrenzung (criterio de limitación en el número), wobei es darauf abstellt, nur diejenigen von besonderer Bedeutung zu erfassen."

[26] Diese Feststellung beruht auf einer genauen Durchsicht der Jahresregister von *Aranzadi*, Repertorio Cronológico de Legislacion, 1964 und 1965.
[27] Vgl. *H. J. Becher*, Wirtschaft, Recht und Steuern in Spanien (1965) 89.

Es ist daher irrig, wenn das Gutachten *W. G. Tiemann* zu der Feststellung gelangt, daß alle schriftlich niedergelegten Rechtsgeschäfte, die in Spanien abgeschlossen werden, der Urkundensteuer unterliegen. Diese Steuer entspricht auch nicht – wie dort ausgeführt wird – „in etwa der deutschen Umsatzsteuer", sondern ist eine Art Stempelsteuer. Die Umsatzsteuer ist dagegen in den Artt. 185–208 L. T. ausdrücklich geregelt[28]. Die Übertragung von Grundstücken ist nach Art. 202 L. T. von der Umsatzsteuer befreit.

d) Zusammenfassung: Im Vorstehenden ist der Vertrag vom 11. 9. 1965 in bezug auf die im 1. Kapitel des 2. Titels der Ley Tributaria behandelten Steuern untersucht worden. Die Untersuchung hat ergeben, daß die Anwendung des Art. 176 L. T. im Hinblick auf keine der genannten Steuern gerechtfertigt ist.

### *V. Ergebnis*

Die Kl. kann – ihr sonstiges Vorbringen als richtig unterstellt – von dem Bekl. die im Vertrag vom 11. 9. 1965 vereinbarte Vertragsstrafe verlangen und diesen Anspruch klagweise geltend machen.

## Nr. 8

**Spanien**

**1. Sachmängelhaftung des Verkäufers eines Ferienhauses.**

**2. Verjährung der Gewährleistungsansprüche des Käufers.**

**3. Zulässigkeit und Wirkungen abstrakter Verpflichtungen.**

**Heidelberg vom 19. 8. 1968**

Das LG Stuttgart bittet in dem Rechtsstreit der Firma C., Gesellschaft für Auslandsbesitz & Co. KG. gegen B. um Auskunft über spanisches und internationales Zivilrecht. Dem Gutachten liegt folgender Sachverhalt zugrunde:

Der Bekl. schloß am 12. 9. 1964 mit der Kl. einen schriftlichen Kaufvertrag, in dem er sich zum Erwerb des Grundstücks Nr. 39 in der Urbanización Santa María de Llorell/Costa Brava verpflichtete. Das Grundstück war nicht Eigentum der Kl. Nach Ziff. 4 der Vertragsbestimmungen gilt „das Recht des Ortes der belegenen Sache, für Bebauung der Häuser gilt

[28] Vgl. *H. J. Becher* 90; *W. G. Tiemann*, Indirekte Steuern, Zölle und Monopole in Spanien, in Internationale Wirtschaftsbriefe, Fach 5, Stichwort ‚Spanien', Gruppe 2, S. 46 (Stand: 20. 4. 1965).

das Recht des Ortes, in dem das Bauwerk errichtet ist". Der Bekl. erhielt das Eigentum durch notariell beurkundeten Kaufvertrag vom 3. 3. 1965, der von einem Vertreter des Eigentümers in dessen Namen mit einem Beauftragten der Kl., der im Namen des Bekl. handelte, abgeschlossen wurde. Der Besitz an dem Grundstück wurde dem Bekl. im September 1964 (Angabe der Kl.), spätestens jedoch im Oktober 1964 (Angabe des Bekl.) eingeräumt.

Gegenüber dem Anspruch auf Zahlung des Restkaufpreises hat der Bekl. Gewährleistungsansprüche geltend gemacht, durch Schreiben vom 28. 9. 1966 hat er in Höhe des Restkaufpreises die Aufrechnung erklärt. Die Kl. beruft sich auf Verjährung der Mängelansprüche.

Es soll geklärt werden,

1. wann Gewährleistungsansprüche nach spanischem Kaufrecht verjähren,
2. ob die Zusicherung des Verkäufers, etwaige versteckte Mängel zu beseitigen, Einfluß auf die Verjährungsfrist hat.

## A. INTERNATIONALPRIVATRECHTLICHE FRAGEN

Es ist zuerst zu prüfen, welches Recht auf die vertraglichen Beziehungen der Parteien anzuwenden ist. Das EGBGB, das die Bestimmungen des deutschen IPR enthält, trifft hinsichtlich des Obligationsrechts keine Regelung. Deshalb ist auf die allgemeinen, von Lehre und Rechtsprechung entwickelten Grundsätze zurückzugreifen.

Danach wird das Vertragsrecht vom Prinzip der Parteiautonomie beherrscht, d. h. grundsätzlich ist das von den Parteien vereinbarte Recht maßgebend [1].

Die von den Parteien getroffene Vereinbarung, daß das Recht der belegenen Sache gelten soll, ist also rechtlich relevant, so daß grundsätzlich spanisches Recht im vorliegenden Fall anzuwenden ist.

Das Schrifttum ist sich allerdings nicht darüber einig, ob die Rechtswahl der Parteien unbeschränkt zuzulassen ist. Die herrschende Meinung geht aber dahin – abgesehen von den Fällen, bei denen keinerlei anerkennenswertes Interesse einer Partei am gewählten Recht besteht –, die Parteiautonomie voll anzuerkennen [2].

Da im vorliegenden Fall das Grundstück in Spanien gelegen ist, wird man auf jeden Fall ein Interesse des Verkäufers an der Anwendung des

[1] Vgl. *Erman-Arndt*, Handkommentar zum BGB, Bd. II (4. Aufl. 1967) Vorbem. I zu Art. 12 EGBGB, 1696; *Raape*, IPR, (5. Aufl. 1961) 456 ff.; *Martin Wolff*, Das IPR Deutschlands (3. Aufl. 1954) 139; *Serick*, Die Sonderanknüpfung von Teilfragen im IPR: RabelsZ 18 (1953) 633 ff., 644; *Gamillscheg*, AcP 157 (1958/59) 303 ff.

[2] Vgl. *Soergel-Siebert(-Kegel)*, BGB, Bd. V (9. Aufl. 1961) vor Art. 7 EGBGB, Anm. 172; *Kegel*, IPR (2. Aufl. 1964) 227; *Serick* 645; *Gamillscheg* 308 ff.; vgl. außerdem die Gegenüberstellung der verschiedenen Meinungen bei *Raape* 460 ff.

spanischen Rechts bejahen müssen, selbst wenn man unterstellt, daß er damit auch die Anwendung einer ihm – gegenüber dem deutschen Recht – günstigeren Regelung erstrebte.

Fragen der Rück- und Weiterverweisung tauchen hier nicht auf. Es ist nämlich davon auszugehen, daß die Parteien, wenn sie ihre Vertragsbeziehungen ausdrücklich einem bestimmten Recht unterstellen, nur die Sachnormen und nicht die Kollisionsnormen des vereinbarten Rechts meinen, denn die Ausschaltung des Kollisionsrechts und der Ungewißheit des maßgeblichen Rechts ist im Normalfall der Zweck einer ausdrücklich getroffenen Rechtswahl[3].

Dem Obligationsstatut unterliegt der gesamte Inhalt des Schuldverhältnisses, daher richten sich auch die Fragen der Verjährung nach den Bestimmungen des vereinbarten Rechts[4]. Daraus folgt, daß die Beantwortung der gestellten Fragen nach spanischem Recht vorzunehmen ist.

## B. MATERIELLRECHTLICHE FRAGEN

### *I. Foralrecht*

Die Compilación de Derecho Civil Especial de Cataluña[5] enthält keine Sondervorschriften über die Verjährung von Ansprüchen aus Kaufvertrag; nach Art. 344 S. 1 der Compilación sind die Sondervorschriften des Código Civil, die eine von der normalen dreißigjährigen Verjährungsfrist abweichende Regelung treffen, anzuwenden[6].

### *II. Die Sachmängelhaftung nach Código Civil*

Die Sachmängelhaftung ist im Código Civil (CC) in den Artt. 1484 ff. geregelt.

1. Nach Art. 1484 1. Halbsatz CC hat der Verkäufer Gewähr zu leisten für verborgene Mängel der Kaufsache,

wenn diese Mängel die Kaufsache zum bestimmungsgemäßen Gebrauch untauglich machen, oder
wenn sie den Gebrauch soweit beeinträchtigen, daß der Käufer, wenn er den Mangel gekannt hätte, die Sache nicht gekauft oder weniger dafür bezahlt hätte.

---

[3] Vgl. *Soergel-Siebert(-Kegel),* vor Art. 7 EGBGB Anm. 218; *Erman-Arndt,* vor Art. 12 EGBGB Anm. VI.

[4] Vgl. *Erman-Arndt,* vor Art. 12 EGBGB Anm. V, S. 1703; BGH LM § 480 BGB Nr. 2; BGH NJW 1960, 1721.

[5] Abgedruckt in: *Santos Briz,* Leyes Civiles Especiales – Legislación Civil Española, Tomo II (Madrid 1965) 1155 ff.

[6] Vgl. auch: *Castán Tobeñas,* Derecho Civil Español, Común y Foral (10. Aufl. Madrid 1963) Tomo I, Introducción y Parte General, Vol. II, 858.

2. Dagegen ist nach Art. 1484 2. Halbsatz CC der Verkäufer dem Käufer, der die Kaufsache angenommen hat, nicht verantwortlich für

offenbare oder augenscheinliche Mängel, und für versteckte Mängel, wenn der Käufer sachverständig ist und aufgrund seines Berufes oder seines Amtes die Mängel leicht erkennen konnte.

3. Ergänzend wird in Art. 1485 Abs. 1 CC bestimmt, daß der Verkäufer für Fehler oder verborgene Mängel der Kaufsache auch dann haftet, wenn er sie nicht kennt. Dies gilt aber nach Art. 1485 Abs. 2 CC nicht, wenn das Gegenteil vereinbart worden ist und der Verkäufer die Fehler oder verborgenen Mängel tatsächlich nicht kennt.

4. In den Fällen der Art. 1484 und 1485 CC kann der Käufer zwischen Wandlung oder Minderung wählen (Art. 1486 Abs. 1 CC). Wenn der Verkäufer die Fehler oder verborgenen Mängel kannte und sie dem Käufer nicht offenbarte, hat der Käufer außerdem – wenn er sich für die Aufhebung des Vertrages entscheidet – einen Schadenersatzanspruch (Art. 1486 Abs. 2 CC).

### *III. Verjährung der Gewährleistungsansprüche*

Maßgebend für die Beantwortung der Frage nach der Verjährung der Gewährleistungsansprüche ist Art. 1490 CC:

„Die aus den Bestimmungen der fünf vorhergehenden Paragraphen entstehenden Ansprüche erlöschen nach einer Frist von sechs Monaten, gerechnet ab Tag der Übergabe der verkauften Sache."

1. Der Zeitpunkt der Übergabe und die Begriffsbestimmung der Übergabe im spanischen Recht:

Die Kaufsache gilt als übergeben (Art. 1462 Abs. 1 CC), „wenn sie unter die Gewalt des Käufers gestellt wird und in seinen Besitz gelangt" („Se entenderá entregada la cosa vendida cuando se ponga en poder y posesión del comprador"). Unter Übergabe („entrega") verstehen die meisten spanischen Autoren die „Übertragung des Besitzes" („transferencia de la posesión")[7]. Die Übergabe der Sache stellt „eine Verschiebung des Besitzes" dar: „es en si un desplazamiento de la posesión"[8].

Welche rechtliche Wirkung mit der Übergabe erzielt wird, hängt von dem Willen der Parteien ab. Die Übergabe, die in der Absicht, das Eigen-

---

[7] Vgl. *Pérez González-Alguer,* Anotaciones al „Tratado de Derecho civil" de L. Enneccerus – T. Kipp, Tomo III, Vol. I = Posesión, Derecho inmobiliario Propiedad = 2. ed., Barcelona 1951, 60; *Borrel* y *Soler,* El contrato de compraventa según el Código Civil Español (Barcelona 1952) 96.

[8] So: *J. Castán Tobeñas,* Tomo IV „Derecho de obligaciones, las particulares relaciones obligatorias", 9a. ed. (Madrid 1961) 98.

tum zu übertragen, erfolgt ist, bewirkt, daß das Eigentum an der übergebenen Sache auf den Erwerber übergeht[9].

Die Vertragspartner können ausdrücklich vereinbaren, daß durch die Übergabe oder „traditio" – wenigstens vorläufig – das Eigentum an der Sache nicht auf den Käufer übergehen soll; wenn die Übergabe aufgrund eines Kaufvertrages mit „pacto reservati dominii" – so der vorliegende Fall – erfolgt ist, dann wird bloß der tatsächliche Besitz („posesión material") übertragen; es liegt zwar keine Eigentumsübertragung vor, aber die Besitzübertragung ist erfolgt[10].

Die Errichtung einer öffentlichen Urkunde und die Eintragung in das Eigentumsregister (Registro de la Propiedad), die bei dem Erwerb eines Grundstückes in der Regel zu dem Abschluß des Kaufvertrages und der Übergabe der Sache hinzukommen, dienen dem Zweck, die Wirkung des Vertrages gegenüber Dritten zu gewährleisten („para la plena eficacia erga omnes")[11]. Sie sind für die Gültigkeit des Vertrages nicht erforderlich; der Kaufvertrag ist formlos gültig. Weder die Errichtung der öffentlichen Urkunde noch die Eintragung in das Eigentumsregister können den Zeitpunkt der tatsächlichen Besitzübertragung ändern („Übergabe und Eintragung sind zwei in ihrem Wesen verschiedene Elemente")[12].

So kann die Bestimmung D) der Escritura nichts an dem Zeitpunkt der tatsächlichen Übergabe (Sept. 1964 oder Okt. 1964) ändern. Die Bestimmung D) der Escritura lautet: „Das Ausstellen der Urkunde entspricht der Übergabe des verkauften Grundstücks " („El otorgamiento de la escritura equivale a la tradición de la finca vendida, según convienen los otorgantes"), sie entspricht inhaltlich Art. 1462 Abs. 2 CC. In diesem Zusammenhang ist gleichgültig, ob die Kl. dem Käufer gegenüber als Eigentümerin oder als Verkäuferin einer fremden Sache auftritt. Die Bestimmung D) der Escritura stellt eine „cláusula de estilo" dar, durch die der Zeitpunkt der Übergabe nicht geändert wird[13].

Im gleichen Sinne entschied das Tribunal Supremo in der Entscheidung vom 8. 5. 1918, in der festgestellt wird, daß in Art. 1462 CC der tatsächlichen Übergabe („entrega material") der Vorzug gegenüber der traditio ficta (durch die Errichtung einer öffentlichen Urkunde) eingeräumt wird[14].

---

[9] Vgl. *D. Espín,* Manual de Derecho civil español, Vol. II Derechos reales (Madrid 1960) 107; *Castán Tobeñas* aaO.

[10] Vgl. Sentencia Tribunal Supremo 11. 3. 1929, zitiert in *Castán Tobeñas* IV, 100 und in *Pérez González-Alguer* 59.

[11] Vgl. *D. Espín* 107, 108 und 109; *Lacruz Berdejo - Sáncho Rebullida,* Derecho inmobiliario registral (Barcelona 1968) 143.

[12] *Lacruz Berdejo - Sancho Rebullida* 143.

[13] Vgl. Tribunal Supremo 24. 1. 1964 in einem Fall, in dem der Beginn der Verjährungsfrist bestritten war, in: Anuario de Derecho civil, Tomo XVII–4, 995.

[14] *Pedreira Castro,* El Código civil a través de la jurisprudencia, Tomo III (Madrid o. J.) 74.

2. Ob die Sechsmonatsfrist des Art. 1490 CC eine Ausschlußfrist ist oder eine normale Verjährungsfrist, deren Ablauf unterbrochen werden kann, ist streitig:

a) Die herrschende Meinung in der Literatur nimmt an, daß es sich um eine Ausschlußfrist („caducidad") handelt, deren Ablauf sich nur nach dem Zeitpunkt der Übergabe richtet[15].

b) Das Tribunal Supremo hat in ständiger Rechtsprechung die Sechsmonatsfrist des Art. 1490 als normale Verjährungsfrist („prescripción") angesehen, deren Ablauf unterbrochen werden kann. In den Entscheidungen vom 7. 6. 1909 und 11. 6. 1926[16] wird erklärt, daß, wenn die Parteien kurze Zeit nach der Vertragserfüllung wegen eines vom Käufer geltend gemachten Fehlers oder verborgenen Mangels Verhandlungen aufnehmen, die Frist des Art. 1490 CC erst zu laufen beginnt, wenn diese Verhandlungen abgeschlossen sind. Auch nach der Entscheidung des Tribunal Supremo vom 7. 6. 1929[17] stehen „ständige" Reklamationen des Käufers gegenüber dem Verkäufer einer Verjährung nach Art. 1490 CC entgegen („obstan a la prescripción las constantes reclamaciones y contestaciones entre los contratantes").

c) Diese Rechtsprechung des Tribunal Supremo beruht nach *Castán Tobeñas*[18] darauf, daß das Gericht die von der Lehre entwickelte Unterscheidung zwischen „prescripción" und „caducidad" nicht akzeptierte. Obwohl das Tribunal Supremo in seiner neueren Rechtsprechung selbst dieser Unterscheidung hinsichtlich anderer Verjährungsvorschriften des Código Civil gefolgt ist und z. B. die Fristen der Art. 689, 1524 und 1596 CC als Ausschlußfristen angesehen hat[19], hält es seine Ansicht zu Art. 1490 CC auch in neueren Entscheidungen aufrecht[20].

Auch nach der Entscheidung vom 8. 11. 1958[21] beginnt die Verjährungsfrist nicht zu laufen, solange ständige Reklamationen seitens der Käufer erhoben werden, um die Beseitigung der Schäden oder der Mängel der Kaufsache zu erreichen („mientras existen constantes reclamaciones de

---

[15] Vgl. *Bonet Ramón*, Compendio de Derecho Civil, (Madrid 1959) Tomo I, Parte General 770; *Castán Tobeñas* Tomo I, Vol. II, 854; *Puig Peña*, Tratado de Derecho Civil Español, (Madrid 1958) Tomo I, Vol. II, 456; *Borrel* y *Soler*, Cumplimiento, incumplimiento y extinción de las obligaciones contractuales civiles (Barcelona 1954) 230.

[16] Zitiert in: *Manresa*, Comentarios al Código Civil Español (Madrid 1950) Tomo X, 265; vgl. dazu auch: *Santamaría*, Comentarios al Código Civil, Madrid 1958, Tomo II, Anm. zu Art. 1490, S. 525 f.

[17] Zitiert in: *Pedreira Castro* 106.

[18] Tomo I, Vol. II 854.

[19] Vgl. Tribunal Supremo 27. 4. 1940 und 30. 4. 1940, zitiert in: *Castán Tobeñas* aaO; 5. 7. 1957, zit. in: *Santamaría* Anm. zu Art. 1496, S. 528.

[20] Vgl. Tribunal Supremo 19. 4. 1957 und 27. 5. 1957, zitiert in: *Santamaría*, Anm. zu Art. 1490, S. 526.

[21] Zitiert in: *Castán Tobeñas* Tomo IV, 124 Fußn. 2.

los compradores para obtener la reparación de los daños o corrección de los vicios de la cosa vendida").

3. Geht man von dieser Rechtsprechung des Tribunal Supremo aus, so gilt im vorliegenden Fall:

a) Haben die Parteien noch im September bzw. Oktober 1964 die Verhandlungen wegen der Mängel der Kaufsache aufgenommen (so der Bekl.), so sind die Ansprüche des Bekl. noch nicht verjährt, denn die Frist beginnt erst zu laufen, wenn die Verhandlungen durch eine Übereinkunft abgeschlossen wurden oder endgültig als gescheitert anzusehen waren[22]. Ob die Verhandlungen im konkreten Fall als abgeschlossen gelten können oder ob der Bekl. „ständig" reklamiert hat, ist Tatfrage, die vom Gericht zu entscheiden wäre.

b) Wurden die Verhandlungen über die beanstandeten Mängel dagegen erst im Januar 1966 aufgenommen (so die Kl.), so sind die Ansprüche des Bekl. verjährt, denn das Tribunal Supremo spricht von einer Aufnahme der Verhandlungen „kurze Zeit" nach der Erfüllung des Vertrages[23]. Dabei ist zu berücksichtigen, daß die kurze Verjährungsfrist von 6 Monaten in der spanischen Literatur als dadurch gerechtfertigt angesehen wird, daß der Käufer von dem Zeitpunkt der Übergabe an die Mängel der Sache feststellen kann („puede darse cuenta de sus vicios")[24].

Es wäre daher zu prüfen, ob im vorliegenden Fall eine andere Beurteilung gerechtfertigt ist, weil der Bekl. seinen ständigen Wohnsitz in Deutschland hat und daher nicht dauernd, sondern nur in bestimmten Zeitabständen die Möglichkeit der Überprüfung hat.

### *IV. Einfluß einer Zusicherung des Verkäufers, versteckte Mängel zu beseitigen*

1. In einer Zusicherung, versteckte Mängel beseitigen zu lassen, könnte eine über den normalen Vertragsinhalt hinausgehende Verpflichtung der Kl. gesehen werden. Als eine Änderung der sich aus dem Vertrag ergebenden Verpflichtungen hätte eine solche Erklärung, wenn man die Bedingungen der Kl. insoweit als bindend betrachtet, wohl der Schriftform *und* der ausdrücklichen Bestätigung durch die Kl. bedurft.

In diesem Zusammenhang ist zu bemerken:

a) Das Vorliegen versteckter Mängel der Kaufsache berechtigt den Käufer, eine Wahl zwischen der Abstandnahme vom Vertrag unter Rückzah-

---

[22] Vgl. dazu Entscheidungen des Tribunal Supremo vom 11. 6. 1926, zitiert bei *Borrel y Soler* 150.

[23] Vgl. *Santamaría* 525; *Santos Briz*, Código Civil (Madrid 1965) Anm. zu Art. 1490, S. 816.

[24] *Castán Tobeñas*, Tomo IV (7. ed. 1952) 105.

lung der von ihm bezahlten Unkosten und einem entsprechenden Preisnachlaß zu treffen (Art. 1486 CC). Der Verkäufer ist aufgrund des Gesetzes nicht verpflichtet, versteckte Mängel beseitigen zu lassen. Die von der Kl. im Vertrag übernommene Verpflichtung, versteckte Mängel zu beseitigen, wäre daher keine „Selbstverständlichkeit", wie der Vertreter der Kl. meint.

b) Auf der Grundlage des Grundsatzes der Vertragsfreiheit (Art. 1255 CC) und der in Art. 1277 CC ausgesprochenen Vermutung über die Existenz und Zulässigkeit der „causa" für das Schuldverhältnis, wird in Spanien die Möglichkeit, sogenannte „contratos abstractos" (in der Form von Schuldversprechen und Schuldanerkenntnis) abzuschließen, anerkannt, obwohl eigentlich jede gesetzliche Grundlage dafür fehlt. Zwar wird die Möglichkeit abstrakter Verpflichtungen von namhaften Autoren bestritten, sie ist aber vom Tribunal Supremo ausdrücklich anerkannt worden[25]. Diese „contratos abstractos" bedürfen nach spanischem Recht keiner besonderen Form[26].

Um den Umfang einer solchen Verpflichtung auch in bezug auf die Zeit, für die sie unter Umständen eingegangen worden ist, bestimmen zu können, wäre eine eingehende Prüfung des Parteiwillens erforderlich.

2. Die Wirkungen einer abstrakten Verpflichtung sind im spanischen Recht grundsätzlich die gleichen wie im deutschen Recht[27]. Die Verjährung des schuldrechtlichen Anspruchs wird durch eine abstrakte Verpflichtung unterbrochen[28]. Die Parteien können für die abstrakte Verpflichtung eine kürzere als die normale dreißigjährige Verjährungsfrist vereinbaren. Für eine solche Vereinbarung besteht eine Vermutung, wenn in dem abstrakten Vertrag auf die schuldrechtliche Verpflichtung (hier: Kaufvertrag) Bezug genommen wird[29].

Sieht man in der vor Abschluß des Kaufvertrages gegebenen Zusicherung den Versuch, die kurze Verjährungsfrist des Art. 1490 CC zu verlängern oder eine Verpflichtung, sich auf die eingetretene Verjährung nicht zu berufen (auch hier wäre, wenn die Bedingungen der Kl. als wirksam angesehen worden, wohl Schriftform *und* Bestätigung durch die Kl. notwendig gewesen), so wird dadurch der Ablauf der Verjährungsfrist des Art. 1490 CC nicht berührt: Eine solche Abrede wäre nach spanischem Recht als Verzicht auf die in Zukunft eintretende Verjährung nach Art. 1935 Abs. 1 CC unzulässig[30].

---

[25] Entscheidungen vom 14. 1. 1935, 27. 6. 1941, 8. 3. 1956, 13. 6. 1959, vgl. *Castán Tobeñas*, Tomo IV, 787 f.

[26] Vgl. *Castán Tobeñas*, Tomo IV, 789.

[27] Vgl. *Pérez González-Alguer*, Tomo II, Vol. 2, Doctrina Especial, 534, Anm. II 1.

[28] Vgl. *Castán Tobeñas*, Tomo IV, 794 f.

[29] Dazu: *Pérez González-Alguer*, Tomo II, 534, Anm. II 1 und III.

[30] Vgl. dazu *Castán Tobeñas*, Tomo I, 850; *Pedreira Castro*, Anm. zu Art. 1935, S. 464.

Das spanische Recht kennt eine dem deutschen Recht (§ 477 Abs. 1 S. 2 BGB) entsprechende Möglichkeit der Verlängerung der Verjährungsfrist für Gewährleistungsansprüche nicht. Um die aus der kurzen Frist des Art. 1490 CC resultierenden Härten zu vermeiden, hat das Tribunal Supremo – wie oben ausgeführt – aus Billigkeitsgründen für den Fall, daß nach der Übergabe Streitigkeiten zwischen Käufer und Verkäufer auftreten, als Zeitpunkt für den Beginn der Verjährungsfrist statt der Übergabe den Zeitpunkt des Abschlusses der Verhandlungen als maßgebend anerkannt[31].

3. Es bliebe daher zu untersuchen, ob die Parteien unter den gegebenen Umständen (praktische Wirkungslosigkeit nach spanischem Recht bezüglich der Frist) diese Vereinbarung – abweichend von ihren sonstigen Rechtsbeziehungen – dem deutschen Recht unterstellen wollten. Die Frage ist nicht im Rahmen dieser Rechtsauskunft zu erörtern, ihre Beantwortung würde sich erübrigen, wenn die Vereinbarung gemäß den Bestimmungen der „Kaufverpflichtung" wegen fehlender Schriftform *und* ausdrücklicher Bestätigung ungültig ist.

## ZUSAMMENFASSUNG

1. Auf die Rechtsbeziehungen der Parteien ist spanisches Recht anzuwenden.
2. Die vom Bekl. zur Aufrechnung gestellten Minderungsansprüche sind, sofern man der Rechtsprechung des Tribunal Supremo folgt,
   a) verjährt, wenn die Verhandlungen der Parteien über die beanstandeten Mängel erst im Januar 1966 aufgenommen wurden (so die Behauptung der Klägerin),
   b) nicht verjährt, wenn der Bekl. schon seit dem Jahre 1964 „ständig" die Mängel beanstandet hat (so die Behauptung des Bekl.). Es wäre dabei zu prüfen, ob nach dem Sinn des Gesetze und den beiden Parteien bekannten Besonderheiten des konkreten Kaufvertrages (Kauf eines Ferienhauses, das vom Bekl. nicht dauernd bewohnt wird) die Voraussetzung der „ständigen" Reklamation auch dann erfüllt ist, wenn der Bekl. seine Mängelfeststellungen nur während der normalen Ferienreisezeit getroffen hat.
3. Die Zusicherung der Kl., versteckte Mängel zu beseitigen, hat keinen Einfluß auf den evtl. Ablauf der Verjährungsfrist, kann aber unter Umständen als selbständiger Garantievertrag angesehen werden, wenn der Parteiwille eine solche Auslegung zuläßt und die vereinbarte Schriftform- und Bestätigungsklausel nicht gilt. Ob die Parteien auf einen solchen Garantievertrag deutsches oder spanisches Recht angewandt wissen wollten, bedürfte der Prüfung.

---

[31] Vgl. *Santamaria* 525.

## Nr. 9

## Spanien

**1. Maßgebendes Recht für einen entgeltlichen Auftrag zwischen spanischen Gastarbeitern kraft mutmaßlichen Parteiwillens.**

**2. Maßgebendes Recht für unerlaubte Handlungen, die zugleich Vertragsverletzungen darstellen.**

**3. Haftung des Beauftragten.**

**Hamburg G 18/68 vom 22. 8. 1968**

Das LG Ulm bittet in Sachen V. ./. A. um Auskunft über Internationales Privatrecht und spanisches Schuldrecht.

Der Anfrage liegt folgender Sachverhalt zugrunde:

Beide Parteien sind spanische Gastarbeiter, die in der Bundesrepublik Deutschland beschäftigt sind. Der Bekl. hatte am 6. 6. 1967 in Frankreich mit dem Kraftfahrzeug des Kl. einen Verkehrsunfall. Er hatte für den Kl. gegen Entgelt einen Transport nach Spanien ausgeführt. Auf der Rückfahrt stieß er zwischen Belfort und Colmar auf einer Straßenkreuzung mit einem von rechts kommenden französischen Wagen, der die Vorfahrt hatte, zusammen. Hierbei ist das Kraftfahrzeug des Kl. angeblich total zerstört worden. Mit der Klage wird Ersatz des Sachschadens begehrt.

Das Gericht ist der Ansicht, daß auf die vertraglichen Ansprüche spanisches Recht Anwendung findet, und bittet um Auskunft über dessen Inhalt. Außerdem wird gebeten, im Gutachten auf die Frage der Konkurrenz mit etwaigen deliktischen Ansprüchen einzugehen.

### *I. Internationales Privatrecht*

#### *1. Vertragsstatut*

Zu Recht geht die Anfrage davon aus, daß auf die vertraglichen Beziehungen der Parteien spanisches Recht anzuwenden ist. Da die Parteien eine ausdrückliche Rechtswahl nicht getroffen haben und auch eine stillschweigende Vereinbarung des anwendbaren Rechts aus den Umständen nicht zu entnehmen ist, richtet sich das Vertragsstatut nach dem sog. „hypothetischen Parteiwillen", d. h. es ist zu prüfen, welches Recht die Parteien vermutlich gewählt hätten, wenn sie eine Rechtswahl getroffen hätten[1]. Dabei handelt es sich nicht um hypothetische subjektive Vor-

[1] *Soergel-Siebert(-Kegel)* BGB, Bd. V (9. Aufl. 1961), Bem. 185 vor Art. 7 EGBGB (mit Nachweisen).

stellungen der Parteien, sondern um die Bestimmung des anwendbaren Rechts nach der Eigenart des jeweiligen Sachverhalts und der Interessenlage unter Berücksichtigung rein objektiver Gesichtspunkte[2].

Bei gemeinsamer, beiderseits bekannter Staatsangehörigkeit der Vertragsparteien führt die Abwägung der Interessen gewöhnlich zur Anwendung des Heimatrechts. Diese Anknüpfung ist freilich nicht zwingend, so wenn Umstände vorliegen, die überwiegend auf ein anderes Recht hindeuten. Doch wird in der Regel die Tatsache allein, daß der Vertrag im Ausland geschlossen ist oder die Parteien dort wohnhaft sind, nicht als ausreichend angesehen, um von der Anknüpfung an das gemeinsame Heimatrecht abzugehen[3].

Im vorliegenden Fall ist auch zu berücksichtigen, daß beide Parteien spanische Gastarbeiter sind, sich also nur zeitweise in Deutschland aufhalten, und daß es sich um einen Transport nach Spanien handelte (obwohl es auf den Erfüllungsort des Vertrages hier nicht ankommt). Vertragsstatut ist also das spanische Recht. Eine etwaige Rückverweisung des spanischen Rechts ist unbeachtlich[4].

### 2. *Deliktsstatut*

Nach einem ungeschriebenen Grundsatz des deutschen IPR sind Ansprüche aus unerlaubter Handlung gewöhnlich nach der lex loci delicti commissi zu beurteilen. Von dieser starren Regel werden jedoch in der neueren Lehre verschiedene Ausnahmen gemacht[5]. So wird insbesondere die Auffassung vertreten, daß bei unerlaubten Handlungen, welche zugleich eine Vertragsverletzung darstellen, die für den Vertrag maßgebende Rechtsordnung auch als Deliktsstatut anzusehen ist[6].

Für diese Ansicht, der das Institut sich anschließt, spricht zunächst, daß damit Vertrags- und Deliktsansprüche einem einheitlichen Recht unterstellt und Anpassungsschwierigkeiten auf diese Weise vermieden werden. Das fällt um so mehr ins Gewicht, weil das Problem der Konkurrenz zwischen diesen Ansprüchen in den einzelnen Rechten verschieden gelöst

---

[2] BGHZ 19, 110 (112 f.) – ständige Rechtsprechung des BGH, weitere Nachweise bei *Soergel-Siebert(-Kegel)* Bem. 190 vor Art. 7 EGBGB, N. 48. Vgl. auch BGH aaO 113: „Schwerpunkt des Vertragsverhältnisses".

[3] Vgl. RGZ 67, 355; RGZ 120, 71; weitere umfängliche Nachweise bei *Soergel-Siebert(-Kegel)* Bem. 202 vor Art. 7 EGBGB, N. 74.

[4] BGH 14. 2. 1958, NJW 1958, 750 (751); *Raape*, IPR (5. Aufl. 1961) 70; *Neuhaus*, Die Grundbegriffe des IPR (1962) 189. – A. A. *Soergel-Siebert(-Kegel)* Bem. 218 vor Art. 7 EGBGB.

[5] Vgl. dazu *Binder*, Zur Auflockerung des Deliktsstatuts: RabelsZ 20 (1955) 401 ff.; *Beitzke*, Les obligations délictuelles en droit international privé: Rec. des Cours 115 (1965 – II) 67 ff.

[6] Vgl. *Beitzke 107 ff.* mit weiteren Nachweisen.

wird. Würde man daher vertragliche und deliktische Ansprüche nach jeweils eigenem Recht beurteilen, so bliebe die Frage offen, welches Recht darüber entscheidet, ob beide Ansprüche nebeneinander bestehen oder ob der eine den anderen ausschließt.

Für die Anwendung des Vertragsstatuts auf die deliktischen Ansprüche spricht aber auch folgende Erwägung: Die Regel, daß unerlaubte Handlungen nach der lex loci delicti zu beurteilen seien, beruht auf dem Gedanken, daß das Tatortrecht zumeist die stärkste Beziehung zu dem betreffenden Sachverhalt besitzt und daß seine Anwendung daher aus Gründen der „Sachnähe" geboten scheint. Wenn aber die Parteien bereits in vertraglichen Beziehungen stehen, so muß die unerlaubte Handlung eines Vertragspartners vor allem in diesem Zusammenhang gesehen werden. Die Bedeutung des Tatortes tritt demgegenüber zurück; die Anwendung der lex loci delicti entbehrt hier der inneren Berechtigung. Die begriffliche Trennung von vertraglichen und deliktischen Ansprüchen rechtfertigt nicht eine Aufspaltung des einheitlichen Lebenssachverhalts. Es wäre willkürlich, dieselbe den Vertragspartner schädigende Handlung als Delikt und als Vertragsverletzung nach zwei verschiedenen Rechten zu beurteilen. Danach ist im vorliegenden Fall das spanische Recht auch maßgebend für deliktische Ansprüche des Klägers.

Auch wenn man im allgemeinen die Rück- oder Weiterverweisung im Deliktsrecht als beachtlich ansehen will[7], sprechen die oben genannten Erwägungen dafür, eine solche Verweisung dann nicht zu beachten, wenn als Deliktsstatut nicht das Tatortrecht, sondern die für den Vertrag maßgebende Rechtsordnung zur Anwendung gelangt. Die Anknüpfung an das Vertragsstatut soll ja gerade eine einheitliche Beurteilung des gesamten Sachverhalts ermöglichen; dieser Zweck würde durch eine Zulassung einer Rück- oder Weiterverweisung verfehlt.

## *II. Spanisches materielles Recht*

### *1. Vertragliche Ansprüche*

Die zwischen den Parteien getroffene Abrede stellt einen Auftrag (mandato) dar, worunter im spanischen Recht auch die Vereinbarung einer entgeltlichen Tätigkeit verstanden wird.

*Art. 1709 C. c.:*

| | |
|---|---|
| „Por el contrato de mandato se obliga una persona a prestar algún servicio o a hacer alguna cosa, por cuenta o encargo de otra." | Durch den Auftragsvertrag verpflichtet sich eine Person, irgendeinen Dienst zu leisten oder irgend etwas zu tun, für Rechnung oder im Auftrag einer anderen (Person). |

[7] Vgl. etwa *Soergel-Siebert(-Kegel)* Bem. 58 zu Art. 12 EGBGB.

*Art. 1711 I C. c.:*

„A falta de pacto en contrario, el mandato se supone gratuito."

Mangels einer gegenteiligen Vereinbarung wird vermutet, daß der Auftrag unentgeltlich ist.

Für die Bestimmung der Schadenersatzpflicht sind daher die allgemeinen Regeln des Schuldrechts sowie die besonderen Vorschriften des Auftragsrechts zu beachten.

a) *Allgemein* ist nach Art. 1101 C. c. zum Schadenersatz verpflichtet, wer bei der Erfüllung seiner Verbindlichkeit dem Gläubiger vorsätzlich oder fahrlässig einen Schaden zufügt.

*Art. 1101 C. c.:*

„Quedan sujetos a la indemnización de los daños y perjuicios causados los que en el cumplimiento de sus obligaciones incurrieren en dolo, negligencia o morosidad, y los que de cualquier modo contravinieren al tenor de aquellas."

Zum Ersatz der verursachten Schäden und Nachteile sind diejenigen verpflichtet, die bei der Erfüllung ihrer Verbindlichkeiten vorsätzlich oder fahrlässig handeln oder in Verzug geraten, und diejenigen, die in irgendeiner Weise gegen deren Inhalt verstoßen.

Die Fahrlässigkeit ist in Art. 1104 C. c. umschrieben; danach wird, soweit sich aus der Art der Verbindlichkeit nichts anderes ergibt, die Sorgfalt eines guten Familienvaters („bonus pater familias") verlangt.

*Art. 1104 C. c.:*

„La culpa o negligencia del deudor consiste en la omisión de aquella diligencia que exija la naturaleza de la obligación y corresponda a las circunstancias de las personas, del tiempo y del lugar.
Cuando la obligación no exprese la diligencia que ha de prestarse en su cumplimiento, se exigirá la que correspondería a un buen padre de familia."

Das Verschulden oder die Fahrlässigkeit des Schuldners besteht in dem Unterlassen derjenigen Sorgfalt, die die Natur der Verbindlichkeit verlangt und die den Umständen hinsichtlich der Personen, der Zeit und des Ortes entspricht.
Wenn das Schuldverhältnis die Sorgfalt, die bei seiner Erfüllung zu beachten ist, nicht bestimmt, so wird diejenige (Sorgfalt) verlangt, die ein guter Familienvater beachten würde.

Eine besondere Vorschrift enthält Art. 1103 C. c.: Hier wird dem Gericht die Möglichkeit eingeräumt, bei fahrlässigem Handeln die Schadenersatzpflicht herabzusetzen. Das gilt grundsätzlich für alle Arten von Schuldverhältnissen.

*Art. 1103 C. c.:*

„La responsabilidad que proceda de negligencia es igualmente exigible en

Die Haftung, die aus der Fahrlässigkeit folgt, kann bei der Erfüllung von Verel cumplimiento de toda clase de obligaciones; pero podrá moderarse por los Tribunales según los casos."

bindlichkeiten jeder Art in gleicher Weise geltend gemacht werden; aber sie kann durch die Gerichte gemäß den (jeweiligen) Fällen gemildert werden.

Ob der Richter von dieser Möglichkeit Gebrauch macht, steht in seinem Ermessen[8]. Er hat dabei jedoch die gesamten Umstände des einzelnen Falles sowie die jeweiligen gesetzlichen Vorschriften zu beachten[9].

b) *Besondere* gesetzliche Vorschriften über die Haftung des Auftragnehmers enthält der Código civil nur wenige. So gilt auch im Auftragsrecht als Maßstab der Sorgfaltspflicht die Sorgfalt des „bonus pater familias".

*Art. 1719 C. c.:*

„En la ejecución del mandato, ha de arreglarse el mandatario a las instrucciones del mandante.
A falta de ellas, hará todo lo que, según la naturaleza del negocio, haría un buen padre de familia."

Bei der Ausführung des Auftrags hat sich der Auftragnehmer nach den Anweisungen des Auftraggebers zu richten.
Soweit solche fehlen, muß er alles tun, was nach der Eigenart des Geschäfts ein guter Familienvater tun würde.

Wichtig ist die Vorschrift des Art. 1726 C. c., die auf Art. 1992 des französischen Code civil zurückgeht.

*Art. 1726 C. c.:*

„El mandatario es responsable, no solamente del dolo, sino también de la culpa, que deberá estimarse con más o menos rigor por los Tribunales según que el mandato haya sido o no retribuido."

Der Auftragnehmer haftet nicht nur für Vorsatz, sondern auch für Fahrlässigkeit, die von den Gerichten mehr oder weniger streng zu beurteilen ist, je nachdem ob der Auftrag entgeltlich war oder nicht.

Die Auslegung dieser Bestimmung ist in der spanischen Rechtslehre umstritten. Zum Teil wird sie dahin verstanden, daß der Auftragnehmer, der unentgeltlich handelt, für leichtes Verschulden nicht haftet[10]. Nach anderer Meinung ist Art. 1726 C. c. nur ein Ausfluß der den Gerichten in Art. 1103 C. c. eingeräumten Gestaltungsfreiheit; die Vorschrift bezieht sich danach lediglich auf die Höhe des Schadenersatzes[11].

---

[8] T. S. 29. 5. 1897, Col. Leg. Esp. 1897, 2, 464; T. S. 14. 5. 1920, Col. Leg. Esp. 1920, 2, 366; T. S. 14. 5. 1955, Aranzadi Jur. Nr. 1702.

[9] T. S. 3. 4. 1940, Aranzadi Jur. Nr. 283.

[10] *Manresa* y *Navarro,* Comentarios al Código civil español, Bd. XI (5. Aufl. 1950) 538: Haftung für diligentia quam in suis; ähnlich *Castán Tobeñas,* Derecho civil español, común y foral, Bd. IV (9. Aufl. 1961) 486.

[11] *Bonet Ramón,* Código Civil comentado (1962) Anm. zu Art. 1726; *Q. Mucius Scaevola,* Código civil comentado, Bd. XXVI (1951) 393; *Pérez González - Alguer,* Anmerkungen zur spanischen Übersetzung von *Enneccerus-Lehmann,* Derecho de obligaciones, Bd. II (2. Aufl. 1950) 337.

Im vorliegenden Fall führen, da es sich um einen entgeltlichen Auftrag handelt, beide Ansichten zum gleichen Ergebnis: Der Auftragnehmer haftet, wenn er die Sorgfalt eines guten Familienvaters verletzt hat, für den daraus entstehenden Schaden. Eine Milderung nach Art. 1103 C. c., der auf alle Schuldverhältnisse Anwendung findet, ist auch bei entgeltlichem Auftrag möglich; Art. 1726 C. c. steht dem nicht entgegen. Das Gericht kann daher, wenn dies nach den Umständen angemesen erscheint, den Haftungsbetrag nach Art. 1103 C. c. herabsetzen. Dabei ist auch das Maß des Verschuldens zu berücksichtigen[12].

*2. Deliktische Ansprüche*

Das spanische Recht läßt grundsätzlich eine Konkurrenz von vertraglichen und deliktischen Ansprüchen zu[13]. Von einer Darstellung des komplizierten spanischen Deliktsrechts wird jedoch hier aus Gründen der Kostenersparnis abgesehen, da im vorliegenden Fall der Klaganspruch bereits aus dem Vertrag begründet ist. Soweit daneben deliktische Ansprüche bestehen, gilt auch für diese die Vorschrift des Art. 1103 C. c., wonach das Gericht die Höhe der Schadensersatzpflicht herabsetzen kann[14].

## Nr. 10

## Niederlande

**1. Maßgebendes Recht für Verjährung und Beweislast nach deutschem und niederländischem IPR.**

**2. Stillschweigende Rechtswahl der Parteien eines Werkvertrages.**

**3. Verjährung und Beweislast im Werkvertragsrecht.**

**Köln 16/68 vom 25. 3. 1968**

Das AG Meinerzhagen hat in dem Rechtsstreit Fa. Electro-M. N. V. ./. D. um ein Gutachten über niederländisches internationales und materielles Schuldrecht gebeten.

Die Kl. ist eine Aktiengesellschaft nach niederländischem Recht mit Sitz in Rotterdam. Sie verkauft und vertreibt Elektroartikel und installiert Elektroanlagen. Der Bekl. ist Deutscher und wohnt in Kierspe.

---

[12] *Manresa y Navarro*, Bd. VIII (6. Aufl. 1967) 234, 245; *Pérez González - Alguer*, Bd. I (2. Aufl. 1954) 230 f.

[13] Vgl. dazu *Pérez González - Alguer*, Bd. II (3. Aufl. 1966) 1048, 1067 mit Nachweisen aus der Rechtsprechung.

[14] T. S. 14. 12. 1894, Col. Leg. Esp. 1894, 3, 645 (650). Anders T. S. 3. 7. 1924, Col. Leg. Esp. 1924, 3, 471, wo es allein um deliktische Ansprüche ging; vgl. aber dagegen *Manresa y Navarro*, Bd. VIII (6. Aufl. 1967) 238. Vgl. jetzt auch T. S. 25. 1. 1968, Rev. Der. Priv. 52 (1968) 566, Nr. 17.

Im Jahre 1963 beauftragte der Bekl., der zu dieser Zeit in Rotterdam wohnte, die Kl. mit diversen Installationsarbeiten. Die Arbeiten wurden in der Wohnung des Bekl. in Rotterdam ausgeführt. Die Kl. übersandte am 30. 12. 1963 eine Rechnung über 174,11 hfl.

Die Kl. hat am 29. 7. 1966 im Wege eines Zahlungsbefehls von dem Bekl. die Zahlung von umgerechnet 191,52 DM verlangt. Der Bekl. hat gegen diesen Zahlungsbefehl Widerspruch erhoben. Er trägt vor, er habe die Rechnung im Januar 1964 bar in den Kontorräumen der Kl. in Rotterdam gegen Hergabe einer Quittung bezahlt. Diese Quittung habe er nach Ablauf der Verjährungsfrist nach deutschem Recht vernichtet. Außerdem beruft sich der Bekl. auf Verjährung.

Das AG bittet um ein Gutachten,

1. ob die Vergütungsforderung der Kl. aus dem Ende 1963 geschlossenen Werklieferungsvertrag der Parteien nach niederländischem Recht verjährt ist,
2. für den Fall, daß eine Verjährung nicht eingetreten ist, wer nach diesem Recht die Erfüllung der Vergütungsforderung der Kl. zu beweisen hat und ob durch den Zeitablauf bis zum 29. 7. 1966 eine Umkehrung der Beweislast eingetreten ist.

## A. DEUTSCHES INTERNATIONALES PRIVATRECHT

### *I. Verjährungsstatut*

Die Verjährung eines Anspruchs ist kein Institut des Verfahrensrechts, sondern gehört dem materiellen Recht an. Ob und wie ein Anspruch verjährt, sagt daher diejenige Rechtsordnung, die für den Anspruch gilt[1]. Da es sich hier um einen Anspruch aus einem Werklieferungsvertrag handelt, richtet sich das Verjährungsstatut nach dem allgemeinen Schuldstatut.

Qualifikationsfragen tauchen insoweit nicht auf. Das niederländische Recht sieht, ebenso wie das deutsche Recht, die Verjährung eines Anspruchs nicht als Institut des Verfahrensrechts an, sondern regelt sie im materiellen Recht, nämlich in den Art. 1983 ff. Burgerlijk Wetboek (BW).

### *II. Beweislaststatut*

Die Beweislast unterliegt, soweit sie auf dem Verhalten einer Partei im Prozeß beruht, der lex fori. Soweit es jedoch, wie hier, um bestimmte Beweislastnormen, Vermutungen und insbesondere um die Umkehrung

---

[1] *Kegel,* IPR (2. Aufl. 1964) 223; *Raape,* IPR (5. Aufl. 1961) 498; *Wolff,* Das IPR Deutschlands (3. Aufl. 1954) 132.

der Beweislast geht, gilt, weil diese dem materiellen Recht angehören, diejenige Rechtsordnung, der das betreffende Rechtsverhältnis unterworfen ist[2]. Da das betreffende Rechtsverhältnis ein Schuldvertrag ist, richtet sich hier das Beweislaststatut ebenso wie das Verjährungsstatut nach dem Schuldstatut.

Qualifikationsfragen stellen sich wiederum nicht. Die Beweislastnormen und gesetzlichen Beweislastumkehrungen gehören im niederländischen Recht dem materiellen Recht und nicht dem Verfahrensrecht an[3].

## *III. Schuldstatut*

Im deutschen IPR gilt für Schuldverträge der Grundsatz der Parteiautonomie. Welche Rechtsordnung auf das Schuldverhältnis anwendbar ist, richtet sich nach dem beiderseitigen Parteiwillen[4]. Dabei ist zunächst auf den realen (ausdrücklich oder stillschweigend erklärten) und, sofern ein solcher fehlt, auf den hypothetischen Parteiwillen abzustellen[5].

Eine ausdrückliche Vereinbarung darüber, daß auf den Werklieferungsvertrag niederländisches Recht angewendet werden sollte, haben die Parteien nicht getroffen. Eine stillschweigende Unterwerfung unter ein bestimmtes Recht kann sich aus den Umständen des Einzelfalls ergeben. So zum Beispiel, wenn derselbe Erfüllungsort vereinbart wurde oder die Parteien im Prozeß Einigkeit über das maßgebende Recht bekunden[6].

Die Kl. leistete die Instandsetzungsarbeiten in der Rotterdamer Wohnung des Bekl. Der Bekl. trägt vor, er habe die Rechnung in den Kontorräumen der Kl. in Rotterdam bezahlt. Beide Parteien sahen daher Rotterdam als Erfüllungsort an. Auch in dem Rechtsstreit herrscht bisher Einigkeit darüber, daß niederländisches Recht anwendbar ist. Der Antrag des Bekl., den Rechtsstreit nach deutschem Recht zu entscheiden, beschränkt sich ausdrücklich auf den Fall, daß die einschlägigen niederländischen Normen nicht schlüssig dargetan werden können. Die Umstände des Falles ergeben somit, daß der stillschweigend erklärte Parteiwille auf das niederländische Recht gerichtet war.

---

[2] *Kegel* 377 f.; *Wolff* 130 f.

[3] *Coops-Reinhold,* Grondtrekken van het Nederlands Burgerlijk Procesrecht (1966) 100; *Polenaar,* Schets van het Nederlandsche Burgerlijk Procesrecht (1937) 55.

[4] RGZ 120, 72; BGH, NJW 1952, 541; *Kegel* in *Soergel-Siebert,* Kommentar zum BGB, Bd. V, (9. Aufl. 1961) vor Art. 7 EGBGB Randz. 167 ff.; *Palandt-Lauterbach,* BGB, (27. Aufl. 1968) vor Art. 12 EGBGB Anm. 2 a.

[5] *Kegel* aaO, Randz. 180, 185 mit Nachweisen aus der Rechtsprechung; *Palandt-Lauterbach,* aaO.

[6] *Kegel,* aaO, Randz. 182, 183 mit Nachweisen aus der Rechtsprechung.

Das deutsche IPR beruft zur Regelung des Werklieferungsvertrages der Parteien niederländisches Recht. Damit ergeben sich auch die Verjährungs- und Beweislastnormen aus dem niederländischen Recht.

Grundsätzlich verweist das deutsche IPR nicht nur auf das ausländische materielle Recht, sondern auch auf das ausländische IPR. Da aber hier die Verweisung auf dem stillschweigenden Parteiwillen beruht, muß dieser Wille unabhängig von den niederländischen Kollisionsnormen beachtet werden, so daß lediglich das niederländische materielle Recht berufen wird[7].

Im übrigen ist auch nach niederländischem IPR im vorliegenden Fall niederländisches materielles Recht anwendbar; denn im niederländischen IPR richten sich das Verjährungs- und Beweislaststatut einer Forderung ebenfalls nach dem Schuldstatut, und für dieses gilt wiederum der Grundsatz der Parteiautonomie[8].

## B. NIEDERLÄNDISCHES MATERIELLES RECHT

### *I. Verjährung*

Art. 1983 BW unterscheidet zwischen verkrijgende und bevrijdende verjaring. Die verkrijgende verjaring beinhaltet eine sachenrechtliche Ersitzung, während die bevrijdende verjaring die Verjährung von Ansprüchen betrifft[9].

Die bevrijdende verjaring wird durch die Art. 2004 ff. BW geregelt. Art. 2004 enthält die allgemeine Verjährungsvorschrift. Eine besondere Verjährungsfrist ergibt sich aus Art. 2012 BW. Diese Bestimmung betrifft Zinsen von ewigen Renten und Lebensrenten, Unterhaltszahlungen, Miet- und Pachtzinsen, sowie alle Zahlungen, die pro Jahr oder kürzer in wiederkehrenden Abständen zu leisten sind. Der Vergütungsanspruch aus einem Werklieferungsvertrag fällt nicht unter diese Vorschrift. Es ist auch keine sondergesetzliche Regelung außerhalb des BW ersichtlich, die hierfür eine besondere Verjährung festsetzt. Es gilt daher die allgemeine Bestimmung des Art. 2004 BW. Dessen Text lautet:

*Art. 2004 BW:*

„Alle regtsvorderingen, zoo wel zakelijke als persoonlijke, verjaren door dertig jaren, zonder dat hij die zich op

Alle dinglichen und persönlichen Ansprüche verjähren nach dreißig Jahren, ohne daß derjenige, der sich auf die

[7] *Kegel* Randz. 218 mit Nachweisen aus der Rechtsprechung; *Melchior*, Die Grundlagen des deutschen IPR, (1932) 238; *Wolff* 78, 143.

[8] *Mulder*, Internationaal Privaatrecht (1947) 162–166, 223, 226 mit Nachweisen aus der Rechtsprechung..

[9] Algra, Inleiding tot hets Nederlands Privaatrecht (1964) 116, 193.

de verjaring beroept verpligt zij eenigen titel aan te toonen, of dat men hem eenige exceptie, uit zijne kwade trouw ontleend, kunne tegenwerpen."

Verjährung beruft, verpflichtet ist, einen Titel beizubringen, oder daß man ihm irgendeinen, aus bösem Glauben hergeleiteten Einwand entgegenhalten kann.

Für den Vergütungsanspruch der Kl. gilt daher eine Verjährungsfrist von dreißig Jahren. Da diese Frist noch nicht abgelaufen ist, kann sich der Bekl. nicht auf Verjährung berufen.

## *II. Beweislast*

### *1. Allgemeine Beweislastverteilung*

Die allgemeinen Grundsätze über die Verteilung der Beweislast im niederländischen Zivilrecht enthält Art. 1902 BW[10]. Der Text des Art. 1902 lautet:

„Een iegelijk die beweert eenig regt te hebben, of zich op eenig feit tot staving van zijn regt, of tot tegenspraak van eens anders regt, beroept, moet het bestaan van dat regt, of van dat feit bewijzen."

Derjenige, der ein Recht geltend macht oder der sich auf eine Tatsache beruft, sei es zur Stützung seines Rechts oder zur Verteidigung gegen das Recht eines anderen, muß das Bestehen dieses Rechts oder dieser Tatsache beweisen.

Demnach trägt der Bekl. für die von ihm behauptete Zahlung die Beweislast.

### *2. Änderung der Beweislast*

Die Art. 2004 ff. BW enthalten, von den oben angeführten Verjährungsvorschriften abgesehen, noch weitere Regeln, die zwar in der Gesetzessprache auch Verjährung genannt werden, bei denen es sich jedoch nicht um eine echte Verjährung, sondern um eine Änderung der Beweislast handelt. Es sind dies die Artt. 2005–2008 BW. Als Argument dafür, daß es sich hierbei nicht um Verjährungsregeln handelt, dient dem niederländischen Schrifttum die Bestimmung des Art. 2010 BW, wonach derjenige, der sich auf einen der Artt. 2005–2008 BW beruft, auf Verlangen des Gläubigers durch Eid die Zahlung der geschuldeten Summe bekräftigen muß, andernfalls er zur Leistung verpflichtet bleibt[11].

Im niederländischen Schrifttum werden die Artt. 2005–2008 BW als vermoeden van betaling (Zahlungsvermutung) bezeichnet. Es geht hier jedoch

---

[10] *Pitlo,* Bewijs en Verjaring naar het Nederlands Burgerlijk Wetboek (1953) 32; *Polenaar* 55.

[11] *Algra* 194; *Pitlo* 224; *Asser-Rutten,* Handleiding tot de Beoefening van Nederlands Burgerlijk Recht, Bd. III 1 (1958) 508.

wegen Art. 2010 BW nicht um eine völlige Umkehrung der Beweislast, sondern lediglich um eine Beschränkung der Beweislast des Schuldners.

Die Artt. 2005–2007 BW betreffen die Ansprüche von Gastwirten, Bediensteten, Ärzten, Anwälten usw., nicht aber die des Werkunternehmers. Für diese kommt Art. 2008 BW in Betracht. Dessen Text lautet:

*Art. 2008 BW:*

„De regtsvorderingen:
van timmerlieden, metselaars en andere werkbazen tot betaling hunner leveranciën en loonen;
van winkeliers tot betaling der geleverde goederen;
voor zoover deze regtsvorderingen betrekkelijk zijn tot werkzaamheden en leveringen, die niet voor het beroep van den schuldenaar hebben plaats gehad;
verjaren door verloop van vijf jaren."

Die Ansprüche:
der Zimmermänner, Maurer und anderer Werkmeister auf Bezahlung ihrer Lieferungen und ihrer Löhne,
der Krämer auf Bezahlung der gelieferten Güter,
sofern sich die Ansprüche nicht auf Tätigkeiten und Lieferungen beziehen, die mit dem Beruf des Schuldners im Zusammenhang stehen,
verjähren nach Verlauf von fünf Jahren.

Art. 2008 BW findet zwar auf die Kl. als Werklieferantin Anwendung; da jedoch die Frist von fünf Jahren noch nicht abgelaufen ist, kann der Bekl. aus Art. 2008 keine Vorteile herleiten. Es sind auch keine Bestimmungen außerhalb des BW ersichtlich, die die Beweislast infolge des Zeitablaufs zugunsten des Bekl. modifiziert haben.

Es ist somit keine Umkehrung der Beweislast eingetreten. Der Bekl. hat die von ihm behauptete Zahlung im vollen Umfang zu beweisen.

## C. ERGEBNIS

Die Verjährung des Zahlungsanspruchs aus Werklieferungsvertrag und die Verteilung der Beweislast richten sich nach dem Schuldstatut. Schuldstatut ist das niederländische materielle Recht.

Das niederländische Recht läßt den Zahlungsanspruch der Bekl. erst nach dreißig Jahren verjähren.

Der Bekl. trägt für die Erfüllung des Vergütungsanspruchs die Beweislast. Eine Einschränkung dieser Beweislast erfolgt erst nach Ablauf von fünf Jahren.

## 2. UNERLAUBTE HANDLUNGEN

Siehe auch Nr. 9, 14, 16

### Nr. 11

**Italien**

**Haftungsumfang und Verteilung der Beweislast bei Kraftfahrzeugzusammenstößen, insbesondere für Ansprüche von Fahrgästen bei Gefälligkeitsfahrten.**

**Hamburg G 154/68 vom 4. 11. 1968**

Das LG Stuttgart bittet in dem Rechtsstreit L. ./. D. um Auskunft über italienisches Schadenersatzrecht.

Folgender Sachverhalt liegt zugrunde:

Im Jahre 1961 ereignete sich in Italien ein Zusammenstoß zwischen den Kraftfahrzeugen der Parteien. Der Bekl. wurde verletzt, beide Fahrzeuge sowie mitgeführte Sachen des Bekl. und seiner Angehörigen wurden beschädigt. Die Ursachen des Unfalls können nicht mehr geklärt werden.

Beide Parteien nehmen – im Wege der Klage und Widerklage – den Gegner auf Ersatz des vollen Schadens in Anspruch. Das Gericht stellt folgende Fragen:

1. Legen die oberen italienischen Gerichte den Artikel 2054 Abs. 2 C. c. dahin aus, daß bei einem Verkehrsunfall mit Personen- und Sachschäden die Vermutung gleich großen Mitverschuldens der Unfallbeteiligten auch hinsichtlich der Personenschäden und der nicht an den Fahrzeugen entstandenen Sachschäden gilt?
2. Enthält Artikel 2054 Abs. 1 C. c. eine Umkehrung der in Art. 2697 C. c. geregelten Beweislast, oder muß derjenige, welcher Ersatzansprüche aus einem Verkehrsunfall wegen Personenschäden und nicht am Fahrzeug entstandener Sachschäden herleitet, beweisen, daß der andere Unfallbeteiligte diese Schäden schuldhaft verursacht hat?
3. Oder wird Art. 2054 Abs. 1 C. c. von den italienischen Gerichten dahin ausgelegt, daß er eine Gefährdungshaftung normiert und der Schädiger beweisen muß, daß der Verkehrsunfall für ihn ein unabwendbares Ereignis war?

## *I. Italienisches Internationales Privatrecht*

Nach Art. 25 II der Einleitung zum Codice civile (preleggi) unterliegen außervertragliche Schuldverhältnisse dem Recht des Ortes, an dem der Vorgang sich ereignet hat, aus dem sie entspringen. Eine Rückverweisung auf das deutsche Recht findet hier also nicht statt.

## *II. Materielle Rechtsgrundlage*

Mit Art. 2054 Cod. civ. ist die Kraftfahrzeughaftung abschließend geregelt. Diese Bestimmung schließt als Spezialvorschrift den Art. 2050 Cod. civ. aus, der die Haftung für gefährliche Tätigkeiten behandelt[1].

*Art. 2054* hat in deutscher Übersetzung folgenden Wortlaut:

„Der Führer eines nicht schienengebundenen Fahrzeugs ist verpflichtet, den durch den Betrieb des Fahrzeugs Personen oder Sachen zugefügten Schaden zu ersetzen, wenn er nicht beweist, alles zur Vermeidung des Schadens Mögliche getan zu haben.

Bei einem Zusammenstoß von Fahrzeugen wird bis zum Gegenbeweis vermutet, daß jeder Fahrzeugführer bei der Verursachung des von den einzelnen Fahrzeugen erlittenen Schadens gleichermaßen mitgewirkt hat.

Der Fahrzeugeigentümer oder, an seiner Stelle, der Nießbraucher oder derjenige, der das Fahrzeug unter Eigentumsvorbehalt erworben hat, haftet mit dem Führer als Gesamtschuldner, wenn er nicht beweist, daß die Fahrt mit dem Fahrzeug gegen seinen Willen erfolgt ist.

In jedem Falle haften die in den vorstehenden Absätzen bezeichneten Personen für den aus der fehlerhaften Herstellung oder mangelhaften Instandhaltung des Fahrzeugs herrührenden Schaden."

## *III. Geschützte Rechtsgüter* (Frage 1)

### *1. Schäden der Fahrer*

Nach höchstrichterlicher Rechtsprechung bezieht sich Art. 2054 II nicht nur auf die Schäden, die an den unfallbeteiligten Fahrzeugen entstanden sind, sondern auch auf die Personen- und Sachschäden, die *der Fahrer* des jeweils anderen Kraftwagens erlitten hat[2]. Die Beweisvermutung des Art. 2054 II erfaßt also auch Schäden an mitgeführten Sachen der Fahrer.

---

[1] Cass. 6. 3. 1962 n. 420, Giust. civ. Mass. 1962, 204. Vgl. auch *Luther*, Einführung in das italienische Recht (1968) 146.

[2] Cass. 16. 8. 1960 n. 2389, Resp. civ. prev. 1961, 59 = *Gentile-Guerreri-Lagostena Bassi*, Responsabilità (1967) Nr. 844/125; *Peretti Griva*, La Responsabilità civili nella circolazione (4. Aufl. 1961) 347.

*2. Schäden von Angehörigen*

Entscheidungen darüber, ob diese Vermutung auch für Sachschäden eingreift, die Angehörige eines der Fahrer erlitten haben, konnten nicht ermittelt werden. Bei der Beurteilung dieses letzten Punktes ist zu erwägen, ob Sachschäden der Ehefrau oder von Kindern des Fahrers nicht – schon im Hinblick auf die allgemeine Unterhaltspflicht des Ehemannes und Vaters (Artt. 145 I, 147 I Cod. civ.) – wie eigene Schäden zu behandeln sind. Im übrigen ist von folgenden Überlegungen auszugehen:

a) *Art. 2054 I* bezieht sich auf Schäden, die ein anderer Verkehrsteilnehmer durch das Fehlverhalten des Kraftfahrers erleidet. Nicht erfaßt werden dagegen Schäden, die an Personen oder Sachen eingetreten sind, die in dem betreffenden Kraftfahrzeug befördert wurden; denn insofern entspreche dem besonderen Risiko des Fahrzeugverkehrs der Vorteil der Beförderung und sei daher durch die allgemeinen (vertraglichen oder deliktischen) Haftungsregeln für die Geschädigten hinreichend gesorgt[3]. Insbesondere bei Gefälligkeitsfahrten ist der Geschädigte nach ständiger Rechtsprechung auf den allgemeinen Deliktsanspruch angewiesen, ohne daß in diesem Fall die Sonderregelung des Art. 2054 I C. c. zum Tragen kommt[4]. Das bedeutet, daß der Geschädigte in einem solchen Fall beweisen muß, daß den Schädiger ein Verschulden (Vorsatz oder Fahrlässigkeit) trifft. Die einschlägigen Bestimmungen lauten:

*Art. 2043 C. c.:*

Jede vorsätzliche oder fahrlässige Handlung, die einem anderen einen widerrechtlichen Schaden zufügt, verpflichtet denjenigen, der sie begangen hat, zum Schadenersatz.

*Art. 2697 I C. c.:*

Wer ein Recht gerichtlich geltend machen will, muß die Tatsachen beweisen, die dessen Grundlage bilden.

b) Die Rechtsprechung des Kassationshofs zu *Art. 2054 II* erwähnt immer wieder, daß diese Vorschrift sich auch auf Schäden von Fahrgästen (persone trasportate) bezieht[5]. Da der jeweilige Sachverhalt der angeführten

---

[3] Cass. 17. 12. 1962 n. 3382 in *Gentile* Nr. 844/174, 175; Cass. 15. 12. 1964 (pen.), Giust. civ. 1965, I, 765; Cass. 10. 6. 1965 n. 1161, Foro Pad. 1965, I, 787; Cass. 29. 10. 1965 n. 2296, in *Gentile* Nr. 844/220.

[4] Cass. 13. 10. 1951 n. 2365, Foro Pad. 1951, I, 1057 = Foro It. 1951, I, 1, 1487; Cass. 8. 11. 1959 n. 2717, Giust. civ. Mass. 1959, 923; Cass. 10. 6. 1965 n. 1161, aaO. Das Schrifttum hat sich dieser Ansicht weitgehend angeschlossen; vgl. *Cigolini*, La responsabilità della circolazione stradale (1963) 1008; *Veneditti*, Della responsabilità del propietario del veicolo per i danni subiti della persona trasportata: Giust. civ. 1959, I, 1219 ff. – Nicht richtig ist es daher, wenn es bei *Allwang-Seefelder*, Das Recht des Kraftfahrers in Italien (ADAC-Schriftenreihe 1962), auf S. 28 heißt, daß die „Gefälligkeitsfahrt keine Rechtsfolge auszulösen vermag".

[5] Cass. 24. 7. 1959 n. 2392 in *Gentile* Nr. 884/104 = Nr. 854/16; 23. 3. 1960, aaO

Entscheidungen nicht bekannt ist, kann nicht mit Sicherheit gesagt werden, ob es sich ausschließlich um Personen- oder auch um Sachschäden handelte. Ein Grund für eine derartige Unterscheidung ist jedenfalls nicht ersichtlich, desgleichen nicht für eine Unterscheidung zwischen mitgeführten Sachen von Fahrgästen und von anderen Personen.

In allen diesen Fällen kompensiert der Vorteil der Beförderung nur die Gefährdung durch das transportierende Fahrzeug. Dagegen besteht für eine Befreiung des kollidierenden anderen Fahrers von der Haftung nach Art. 2054 I und von der Vermutung des gleich großen Verschuldens beider Fahrer kein Anlaß.

Mangels Entlastungsbeweises hat also der fremde Fahrer die Hälfte dieser Schäden zu ersetzen; nur für die andere Hälfte ist die spezifische Kraftfahrzeughaftung des „eigenen" Fahrers ausgeschlossen.

### *IV. Umkehrung der Beweislast* (Frage 2)

Die Frage 2) des Beweisbeschlusses ist durch die vorstehenden Ausführungen beantwortet. Art. 2054 I und II enthalten eine Umkehrung der allgemeinen Beweislastregeln. Bei einem Zusammenstoß geht Art. 2054 II als Spezialregel vor.

### *V. Verschuldens- und Gefährungshaftung* (Frage 3)

#### *1. Grundsatz*

Das italienische Recht steht grundsätzlich auf dem Boden der Verschuldenshaftung. Jede vorsätzlich oder fahrlässig begangene Handlung, die einem anderen einen ungerechtfertigten Schaden zufügt, verpflichtet zum Schadenersatz (Art. 2445 Cod. civ.).

Ein Schaden, der nicht durch Verschulden, also ohne Vorsatz oder Fahrlässigkeit entstanden ist, berechtigt grundsätzlich nicht zum Ersatz. Eine sogenannte objektive Schadenshaftung (Gefährdungshaftung) lehnt das italienische Recht im Prinzip ab, soweit nicht für den Einzelfall etwas anderes bestimmt ist[6].

#### *2. Verkehrsrecht*

Auch für das Verkehrsrecht gilt nichts anderes. Das italienische Recht geht jedoch von einer Schuldvermutung des Kraftfahrzeugführers aus.

---

Nr. 844/109, 110; 25. 5. 1960, aaO Nr. 844/114; 23. 10. 1961 aaO Nr. 844/143, 144 = Nr. 854/19.

[6] Vgl. *Torrente*, Manuale di diritto privato (6. Aufl. 1965) § 388, S. 562 f.; *Capocaccia*, Responsabilità, in Enciclopedia Forense V (1962).

Diesem obliegt der Entlastungsbeweis. Allein mit der Tatsache, daß der Führer im Strafverfahren freigesprochen worden ist, kann der Entlastungsbeweis nicht geführt werden. Im Zivilverfahren muß er selbständig nachweisen, daß er jede erforderliche Sorgfalt zur Vermeidung des Schadens beachtet hat[7]. Stets muß der Kraftfahrzeugführer zu seiner Entlastung beweisen, daß er die größtmögliche Sorgfalt anläßlich des Unfallhergangs beobachtet, daß er nicht gegen Verkehrsvorschriften verstoßen hat und ihn auch sonst keine Schuld trifft (allgemeine Schuldausschließungsgründe sind Zufall, höhere Gewalt und Notstand) sowie daß er außerdem alles nur Denkbare getan hat, um den Schadenseintritt zu verhüten[8].

*3. Haftung für Fahrzeugmängel*

Schäden, die auf Herstellungsmängeln des Kraftfahrzeugs oder mangelhafter Instandhaltung beruhen, können die Haftung nicht ausschließen (Art. 2054 IV); insoweit erkennt das Gesetz eine Gefährdungshaftung an[9].

*4. Haftung bei Zusammenstoß*

Die Sonderregelung des Art. 2054 II Cod. civ. für den Fall des Zusammenstoßes zweier Kraftfahrzeuge stellt eine Erweiterung der in Abs. 1 aufgestellten Haftungsgrundsätze insofern dar, als hier konkurrierendes Verschulden vermutet wird. Der Kassationshof hat hierzu in seiner Entscheidung n. 2266 vom 23. 6. 1956[10] ausgeführt:

„Bei einem Fahrzeugzusammenstoß mit beiderseitigen Schäden, bei dem es im Einzelfall nicht möglich ist, das Verhältnis zwischen dem konkurrierenden Verschulden der beiden Fahrzeugführer und den Grad der Verursachung durch jeden einzelnen festzustellen, wird vermutet, daß der Schaden, den jeder erlitten hat, durch Verschulden gleichen Grades verursacht ist. Bei dieser Hypothese wirkt die Gleichheit der Schuld auf den Umfang des Schadens in dem Sinn, daß jeder der Führer verpflichtet ist, die Hälfte des Schadens zu ersetzen, den der andere Teil erlitten hat, und entsprechend seinerseits die Hälfte des eigenen Schadens tragen muß."

## *VI. Ergebnis*

Wenn sich eine andere Schuldverteilung nicht feststellen läßt, sind beide Fahrzeughalter nach Art. 2054 II Cod. civ. je zur Hälfte für den beiden Beteiligten entstandenen Schaden verantwortlich. Jeder von ihnen

---

[7] Vgl. Cass. 8. 7. 1954 n. 2401, Foro It. Mass. 1954, 801.

[8] Cass. 18. 5. 1965 n. 959, Giust. civ. Mass. 1965, 501; Cass. 28. 2. 1959 n. 604, Giust. civ. Mass. 1959, 209; App. Bari 12. 2. 1957, Giust. civ. Rep. 1957, s. v. Circolazione stradale n. 300; App. Firenze 20. 7. 1957, ebd. n. 345.

[9] Vgl. hierzu *Peretti Griva* 806.

[10] Giust. civ. Mass. 1956, 765.

wird nur dann von der Haftung frei, wenn er beweist, daß ihn kein Verschulden trifft und daß er alles zur Vermeidung des Schadens Mögliche getan hat.

## Nr. 12

**Schweiz, Spanien**

**1. Gerichtliche Zuständigkeit und Haftpflicht des Fahrers bei Verkehrsunfällen im Ausland nach Schweizer Recht.**

**2. Maßgebendes Recht für die Legalzession nach schweizerischem IPR.**

**3. Spanisches Autohaftpflichtrecht.**

**Hamburg G 98/68 vom 1. 7. 1968**

Herr Rechtsanwalt Dr. K. in Stuttgart bittet um Auskunft über Schweizer Internationales Privatrecht und spanisches Haftpflichtrecht.

Der Anfrage liegt folgender Sachverhalt zugrunde:

Am 21. 6. 1967 verursachte ein Schweizer mit seinem Kraftwagen, der ein Züricher Kennzeichnen trug, in Spanien bei Palamos an der Costa Brava schuldhaft einen Unfall, bei dem sein Beifahrer, ein Deutscher, schwer verletzt wurde. Ein Strafverfahren fand nicht statt.

Bei der Regulierung der Schadensfolgen stellt sich die Schweizer Haftpflichtversicherung des Fahrzeughalters auf den Standpunkt, daß

1. spanisches Recht Anwendung finde,
2. somit kein Schmerzensgeld in Frage komme,
3. bezüglich Heilkosten nur ein Höchstbetrag von 30 000 Ptas in Frage komme, bei Arbeitsunfähigkeit pro Tag nur ein Höchstsatz von 200 Ptas,
4. Regreßansprüche der Sozialversicherungsträger ausgeschlossen seien und
5. ebenso Forderungen des Arbeitgebers wegen Lohnfortzahlung während der Arbeitsunfähigkeit,
6. eine Klage nur innerhalb eines Jahres seit dem Unfall beim zuständigen spanischen Gericht erhoben werden könne.

Es wird angefragt, ob dieser Standpunkt der Versicherung richtig ist, insbesondere, ob der Schweizer Fahrer an seinem Wohnsitz in Zürich verklagt werden kann.

### *I. Zuständigkeit des Züricher Gerichts*

Nach Art. 59 der Schweizer Bundesverfassung muß der „aufrecht stehende" (zahlungsfähige) Schuldner, der in der Schweiz festen Wohnsitz hat, wegen persönlicher Ansprüche an seinem Wohnsitz verklagt werden. Diese Bestimmung steht jedoch einer abweichenden Regelung durch andere Bundesgesetze nicht entgegen[1].

Das Schweizer Straßenverkehrsgesetz (SVG) vom 19. 12. 1958 enthält besondere Vorschriften über die gerichtliche Zuständigkeit bei Verkehrsunfällen.

*Art. 84 SVG:*

„Zivilklagen aus Motorfahrzeug- und Fahrradunfällen sind beim Richter des Unfallortes anzubringen. Wenn alle Geschädigten, die noch nicht abgefunden sind, zustimmen, kann die Klage am Wohnsitz eines Haftpflichtigen oder, wenn die Klage gegen den Versicherer gerichtet ist, am Sitz der Versicherungsunternehmung angebracht werden."

*Art. 85 SVG:*

„Für Schadenersatzklagen aus Unfällen von Motorfahrzeugen oder Fahrrädern im Ausland gilt sowohl der Gerichtsstand des Unfallortes als auch des Wohnsitzes des Beklagten zur Zeit der Klageanhebung; Art. 84 dieses Gesetzes ist nicht anwendbar.

Verursacht ein mit gültigen schweizerischen Kontrollschildern oder Kennzeichen versehenes Motorfahrzeug oder Fahrrad einen Unfall im Ausland, so wendet der schweizerische Richter die Haftpflicht- und Versicherungsbestimmungen dieses Gesetzes an auf Ansprüche

a) aus dem Schaden von Personen, die mit einem solchen Motorfahrzeug gegen Entgelt befördert werden und die Fahrt in der Schweiz angetreten haben oder beenden wollten;
b) von Geschädigten, die zur Zeit des Unfalles ihren Wohnsitz in der Schweiz hatten."

Nach Art. 85 I SVG kann im vorliegenden Fall der Fahrer des Wagens an seinem Wohnsitz in Zürich verklagt werden.

## *II. Schweizer Internationales Privatrecht*

Da nach den Klagmöglichkeiten in der Schweiz gefragt wird, ist im folgenden vom Schweizer IPR auszugehen.

### *1. Haftpflicht- und Versicherungsstatut*

Nach Art. 85 II SVG ist bei Auslandsunfällen das Schweizer Haftpflicht- und Versicherungsrecht anzuwenden, wenn es sich um entgeltliche Personenbeförderung von bzw. nach der Schweiz handelt oder wenn der Geschädigte zur Zeit des Unfalls seinen Wohnsitz in der Schweiz hatte. Nach

---

[1] *Guldener*, Das internationale und interkantonale Zivilprozeßrecht der Schweiz (1951) 74. Das Schweizer Recht kennt keinen Vorrang verfassungsmäßiger Rechte vor einfachen Bundesgesetzen, vgl. Art. 113 I Nr. 3, III der Bundesverfassung.

dem mitgeteilten Sachverhalt ist es nicht wahrscheinlich, daß eine dieser Voraussetzungen gegeben ist. Das anzuwendende Recht ist daher nach den allgemeinen Regeln des Schweizer IPR zu bestimmen.

Nach Schweizer Rechtsprechung und Lehre gilt für die Haftpflicht des Autofahrers – auch für die Gefährdungshaftung – das Recht des Unfallortes als lex loci delicti commissi. Das ist hier das spanische Recht[2]. Ob eine Rückverweisung des spanischen Rechts gegebenenfalls zu beachten wäre, kann hier offenbleiben. Denn das spanische Recht nimmt diese Verweisung an[3].

Dagegen richtet sich die Haftpflichtversicherung nach dem Versicherungsvertrag. Nach welchen Kriterien das für den Versicherungsvertrag maßgebliche Recht zu bestimmen ist, kann hier dahinstehen. Denn im vorliegenden Fall dürfte unter allen denkbaren Gesichtspunkten auf den Versicherungsvertrag zwischen dem Schweizer Fahrzeughalter und der Schweizer Versicherung für ein Fahrzeug mit Schweizer Kennzeichen das schweizerische Recht Anwendung finden[4].

Schwierig ist die Frage zu beantworten, welches Recht darüber entscheidet, ob dem Verletzten ein direkter Anspruch gegen den Haftpflichtversicherer zusteht. Die herrschende Meinung in der Schweiz geht dahin, daß auch insoweit die lex loci delicti anzuwenden ist. Diese soll aber nur bestimmen, ob und inwieweit der Verletzte den Anspruch des Versicherten gegen den Versicherer unmittelbar gegen diesen geltend machen kann. Im übrigen richten sich die Verpflichtungen des Versicherers nach dem Versicherungsvertrag, der seinem eigenen Recht untersteht[5].

Im vorliegenden Fall entscheidet daher das spanische Recht über die Haftpflicht des Fahrers und über die Möglichkeit, gegen den Versicherer unmittelbar vorzugehen. Die Verjährung dieser Ansprüche und ihre Unterbrechung richtet sich ebenfalls nach spanischem Recht, da nach Schweizer IPR die Verjährung dem Obligationsstatut folgt[6]. In welchem Umfang Versicherungsschutz besteht, bestimmt dagegen der Versicherungsvertrag, der dem Schweizer Recht unterliegt.

---

[2] Vgl. BG 30. 10. 1940, BGE 66 II 165, 167; *Schnitzer*, Handbuch des IPR, II (4. Aufl. 1958) 678; *Oftinger*, Schweizerisches Haftpflichtrecht, II/2 (2. Aufl. 1962) 697.

[3] Vgl. *Goldschmidt*, Sistema y filosofía del Derecho Internacional Privado, II (2. Aufl. 1954) 453 f.

[4] Zur Anknüpfung des Versicherungsvertrages vgl. ausführlich *Keller*, Das internationale Versicherungsvertragsrecht der Schweiz, in: *Roelli-Jaeger*, Kommentar zum Schweizerischen Bundesgesetz über den Versicherungsvertrag, IV (2. Aufl. 1962) 7–66 mit Nachweisen.

[5] Vgl. BG 13. 9. 1935; BGE 61 II 202, 205; *Delachaux*, Die Anknüpfung der Obligation aus Delikt und Quasidelikt im IPR (1960) 207; *Oftinger* 697; *Schnitzer* 678; eingehend dazu *Keller* 100 ff. mit weiteren Nachweisen.

[6] BG 5. 3. 1957, BGE 83 II 41, 47 (vgl. RabelsZ 31 [1967] 683 f.); *Keller* 105 N. 3; *Schnitzer* 665 ff. mit weiteren Nachweisen.

*2. Statut der Legalzession*

Eine Frage für sich ist, ob das Schweizer Gericht den Übergang eines persönlichen Schadenersatzanspruchs des Geschädigten auf den Sozialversicherungsträger gemäß § 1542 RVO anerkennen wird.

Die Schweizer Rechtsprechung beurteilt die Legalzession nach der Rechtsordnung, die für das Verhältnis zwischen altem und neuem Gläubiger maßgebend ist (Kausalstatut)[7]. Dagegen wird in der Lehre auch die Ansicht vertreten, daß insoweit das Recht anzuwenden ist, dem der fragliche Anspruch, um dessen Übertragung es sich handelt, unterliegt (Forderungsstatut)[8]. Nach anderen ist der Übergang der Forderung grundsätzlich nach dem Kausalstatut zu beurteilen, jedoch dem Schuldner gegenüber nur nach Maßgabe des Forderungsstatuts wirksam. Ist nach dem letzteren ein Forderungsübergang in derartigen Fällen nicht gegeben, so besteht nach dieser Meinung „gerechterweise" ein Anspruch auf Abtretung[9].

Für die Klage vor dem Schweizer Gericht ist die Haltung der Rechtsprechung zugrunde zu legen, zumal das Bundesgericht in seiner letzten Entscheidung von einer nunmehr gesicherten Praxis gesprochen hat[10]. Danach kommt hier das deutsche Recht zur Anwendung, da sich das Verhältnis des Verletzten zur Sozialversicherung nach diesem richtet. Das Schweizerische Bundesgericht hat bereits im Jahre 1913 den Forderungsübergang auf eine deutsche Berufsgenossenschaft entgegen dem Forderungsstatut anerkannt. Das Gericht prüfte lediglich, ob nach dem Forderungsstatut der Anspruch überhaupt übertragbar war[11].

*3. Statut der Abtretung*

Soweit eine rechtsgeschäftliche Abtretung von Ansprüchen des Geschädigten an seinen Arbeitgeber in Betracht kommt, untersteht diese nach Schweizer IPR dem Forderungsstatut. Für die Form der Abtretung genügt die Ortsform (die Form des Ortes der Abtretungserklärung)[12].

---

[7] Für den Regreß des Privatversicherers vgl. BG 27. 11. 1962, BGE 88 II 430; BG 22. 9. 1959, BGE 85 II 267, 272 (vgl. RabelsZ 31 [1967] 685); BG 20. 1. 1948, BGE 74 II 81, 88; OG Aargau 11. 12. 1936; SVA VIII Nr. 232. Ebenso *Schnitzer* 656; *Ryser*, Der Versicherungsvertrag im IPR (Diss. Bern 1957) 110 ff.

[8] *Keller* 49 f., der aber selbst die Gegenmeinung als herrschende bezeichnet. Ebenso bereits *Guldener*, Zession, Legalzession und Subrogation im IPR (Diss. Zürich 1929) 139.

[9] *Schönenberger* in: [Zürcher] Kommentar zum Schweizerischen Zivilgesetzbuch, Bd. V/1 a (3. Aufl. 1961), Allgemeine Einleitung Rn. 383; vgl. auch *Vischer*, Internationales Vertragsrecht (1962) 243 ff. – Für andere Formen der Verbindung beider Rechtsordnungen *Karrer*, Der Regreß des Versicherers gegen Dritthafpflichtige (Zürich 1965), zust. besprochen durch *von Overbeck*, SchweizJB 22 (1965) 295 ff., sowie *Hausheer*, SJZ 1966, 353 ff.

[10] BGE 88 II 437.

[11] BG 28. 2. 1913, BGE 39 II 73, 76 f.

[12] *Schönenberger* Randz. 378; *Vischer* 238 ff.; *Schnitzer* 656 ff. mit Nachweisen.

### *III. Spanisches Haftpflichtrecht*

Das spanische Autohaftpflichtrecht ist erst seit kurzem in einem besonderen Gesetz geregelt. Vorher galt auf diesem Gebiet das allgemeine Deliktsrecht. Da der ältere Rechtszustand zum Teil fortgilt, ist zunächst dieser zu erläutern.

#### *1. Das frühere Recht*

Das spanische Zivilrecht unterscheidet zwischen strafbaren und anderen deliktischen Handlungen. Soweit eine strafbare Handlung vorliegt, bestimmt sich die zivilrechtliche Ersatzpflicht nach den Vorschriften des Strafgesetzbuchs[13]. Rechtsgrundlage dafür sind die folgenden Bestimmungen des Código civil (C. c.) und des Código penal (C. p.)[14]:

*Art. 1092 C. c.:*

„Las obligaciones civiles que nazcan de los delitos o faltas se regirán por las disposiciones del Código penal."

Die zivilrechtlichen Verpflichtungen, die aus Vergehen oder Übertretungen entstehen, richten sich nach den Bestimmungen des Strafgesetzbuches.

*Art. 1093 C. c.:*

„Las que se deriven de actos u omisiones en que intervenga culpa o negligencia no penadas por la ley, quedarán sometidas a las disposiciones, del Capítulo II, del Título XVI de este libro.

Diejenigen [zivilrechtlichen Verpflichtungen], die durch fahrlässiges Tun oder Unterlassen entstehen, das gesetzlich nicht strafbar ist, unterliegen den Bestimmungen des Kapitels II des Titels XVI dieses Buches [Artt. 1902–1910 C. c.].

*Art. 1902 C. c.:*

„El que por acción u omisión causa daño a otro, interviniendo culpa o negligencia, está obligado a reparar el daño causado."

Wer durch fahrlässiges Tun oder Unterlassen einem anderen Schaden zufügt, ist verpflichtet, den verursachten Schaden wiedergutzumachen.

*Art. 19 C. p.:*

„Toda persona responsable criminalmente de un delito o falta lo es también civilmente."

Jede Person, die für ein Vergehen oder eine Übertretung strafrechtlich verantwortlich ist, ist es auch zivilrechtlich.

---

[13] Vgl. zu dieser für das spanische Recht charakteristischen Verbindung von Schadenersatzpflicht und Strafrecht *Titze* in Rvgl. Hdw. VI (1938) „Unerlaubte Handlungen" 710 f.

[14] Übersetzung der Artikel des Strafgesetzbuches nach *Quintano-Ripollés-Heilpern de Quintano-Scharff*, Das spanische Strafgesetzbuch (1955).

*Art. 101 C. p.:*

„La responsabilidad civil establecida en el capítulo II, título II de este libro, comprende:
1. La restitución.
2. La reparación del daño causado.
3. La indemnización de perjuicios.

Die im 2. Kapitel des 2. Titels [Art. 19 C. p.] dieses Buches bestimmte zivilrechtliche Verantwortlichkeit umfaßt:
1. die Rückerstattung [Art. 102 C. p.];
2. den Ersatz des verursachten Schadens [Art. 103 C. p.];
3. die Entschädigung für Nachteile [Art. 104 C. p.].

*Art. 103 C. p.:*

„La reparación se hará valorándose la entidad del daño por regulación del tribunal, atendido el precio de la cosa siempre que fuere posible, y el de afección del agraviado."

Der Ersatz ist aufgrund gerichtlicher Abschätzung des Schadens[umfangs] zu leisten, wobei der Wert der Sache, sofern er feststellbar ist, und der Affektionswert, den sie für den Geschädigten hatte, zu berücksichtigen sind.

*Art. 104 C. p.:*

„La indemnización de perjuicios comprenderá no solo los que se hubieren causado al agraviado, sino también los que se hubieren irrogado, por razon del delito, a su familia o a un tercero.
Los tribunales regularán el importe de esta indemnización en los mismos terminos prevenidos para la reparación del daño en artículo precedente."

Die Entschädigung für Nachteile umfaßt nicht nur die dem Geschädigten selbst entstandenen, sondern auch die durch das Vergehen seiner Familie oder einem Dritten zugeführten Nachteile.
Die Gerichte setzen die Höhe dieser Entschädigung nach den gleichen Grundsätzen fest, die für den Schadenersatz im vorhergehenden Artikel festgelegt sind.

Besondere Straftatbestände für das Verkehrsrecht enthielten früher das Verkehrsgesetz von 1934 sowie das Gesetz vom 9. 5. 1950 über Maßnahmen gegen Fahrer und Benutzer von Fahrzeugen. Der Autofahrer, der einen Umfall herbeiführte, war bei grober Fahrlässigkeit oder Verstoß gegen Verkehrsvorschriften jedenfalls nach Art. 565 C. p. strafbar[15]. Er war in diesem Fall nach Art. 19 C. p., bei einfacher Fahrlässigkeit nach Art. 1902 C. c. zivilrechtlich verantwortlich[16].

## 2. *Das neue Recht*

Die Rechtslage auf dem Gebiet des Autohaftpflichtrechts hat sich geändert seit dem Inkrafttreten der Ley de Uso y Circulación de Vehículos de Motor vom 24. 12. 1962. Dieses Gesetz sieht als Neuerung vor: 1. einen

[15] Übersetzung des Art. 565 C. p. bei *Quintano-Ripollés-Heilpern de Quintano-Scharff* 98.

[16] Vgl. *Santos Briz,* Derecho de daños (1962) 330 ff., 342; *Juan de Leyva* in: Die Haftung des Kraftfahrers in den europäischen Staaten, bearb. von *Volkmann* (1957) 84 f.

einheitlichen Haftpflichttatbestand, 2. die Einführung der obligatorischen Autohaftpflichtversicherung, 3. einen Direktanspruch des Geschädigten gegen den Haftpflichtversicherer, 4. Schaffung eines nationalen Entschädigungsfonds.

Kernstück der Neuregelung sind die folgenden Vorschriften des Gesetzes:

*Art. 39:*

„El conductor de un vehículo de motor que con motivo de la circulación cause daños a las personas o a las cosas estará obligado a reparar el mal causado, excepto cuando se pruebe que el hecho fuera debido únicaments a culpa o negligencia del perjudicado o a fuerza mayor extraña a la conducción o al funcionamiento del vehículo. No se considerarán como casos de fuerza mayor los defectos de éste ni la rotura o fallo de alguna de sus piezas o mecanismos."

Der Führer eines Motorfahrzeugs, das bei der Teilnahme am Straßenverkehr Personen- oder Sachschäden verursacht, ist verpflichtet, den verursachten Schaden zu ersetzen, außer wenn bewiesen wird, daß das Ereignis ausschließlich auf dem Verschulden oder der Fahrlässigkeit des Verletzten beruht oder auf höherer Gewalt, die unabhängig ist vom Führen oder dem Betrieb des Fahrzeugs. Als Fälle der höheren Gewalt werden nicht dessen Mängel angesehen und auch nicht der Bruch oder das Versagen eines seiner Teile oder Vorrichtungen.

*Art. 40:*

„Todo propietario de un vehículo de motor vendrá obligado a suscribir una póliza de seguro que cubra, hasta la cuantía que se fije, la responsabilidad civil derivada de la obligación a que se refiere el artículo anterior..."

Jeder Eigentümer eines Motorfahrzeugs ist verpflichtet, eine Versicherung einzugehen, die bis zur Höhe, die [noch] bestimmt wird, die zivilrechtliche Verantwortung deckt, die sich aus der Verpflichtung herleitet, auf die sich der vorige Artikel bezieht...

*Art. 42:*

„Para exigir el cumplimiento de la obligación de indemnizar, el perjudicado o sus herederos tendrán acción directa contra el asegurador del vehículo que ha producido el daño hasta el límite del seguro obligatorio, sin perjuicio de las demás acciones que le correspondan..."

Um die Erfüllung der Schadenersatzverpflichtung zu verlangen, kann der Geschädigte oder können seine Erben einen direkten Anspruch gegen den Versicherer des Fahrzeugs, das den Schaden bewirkt hat, bis zur Höhe der Pflichtversicherung erheben, unbeschadet der übrigen Ansprüche, die ihnen zustehen...

Das Gesetz wurde ergänzt durch einen Erlaß (Reglamento) vom 19. 11. 1964, der die Haftpflichtversicherung im einzelnen regelt. In Art. 23 dieses Erlasses sind für Personenschäden bestimmte Beträge als Versicherungssumme festgesetzt.

*Art. 23:*

„1. El certificado de seguro cubre la reparación de los daños corporales producidos como consecuencia de cada uno de los hechos de la circulación hasta un total de siete millones y medio de pesetas y dentro de las siguientes condiciones y límites máximos por persona:

1. Das Versicherungszertifikat deckt den Ersatz von Körperschäden, die als Folge jedes einzelnen Verkehrsunfalls entstehen, bis zur Summe von siebeneinhalb Millionen Pesetas, jedoch innerhalb der folgenden Voraussetzungen und Höchstgrenzen pro Person:

a) La total asistencia personal médica y hospitalaria si ésta se produce en uno de los centros sanitarios aprobados por el Fondo de Garantía, o hasta un máximo de 30 000 pesetas si no se utilizan tales centros.

a) die gesamte ärztliche und Krankenhausbehandlung, wenn diese in einer vom Entschädigungsfonds anerkannten Klinik erfolgt, oder bis zu einer Höchstsumme von 30 000 Pesetas, wenn nicht diese Kliniken benutzt werden;

b) La pensión de asistencia personal y familiar cuando el Juez así lo acuerde, de conformidad con lo dispuesto en los artículos 21 y 52 de la Ley de Uso y Circulación de Vehículos de Motor, hasta 200 pesetas diarias."

...

b) eine Unterstützungsrente für die Person und die Familie, wenn der Richter gemäß den Bestimmungen der Artt. 21 und 52 der Ley de Uso y Circulación de Vehículos de Motor darauf erkennt, bis zu 200 Pesetas täglich,

... [betrifft Entschädigungen bei Tod, bei dauernder Arbeitsunfähigkeit oder für Schwerbeschädigte].

### *3. Einführungsbestimmungen*

Die Ley de Uso y Circulación de Vehículos de Motor sollte ursprünglich zum 1. 1. 1964 in Kraft treten. Der Termin wurde jedoch mehrfach hinausgeschoben, zuletzt durch Verordnung vom 22. 3. 1965[17]. Durch diese Verordnung wurden gleichzeitig die Bestimmungen des Gesetzes insoweit vorläufig suspendiert, als sie sich auf Sachschäden beziehen. Im übrigen trat das Gesetz am 1. 6. 1965 in Kraft. Von diesem Zeitpunkt an sind danach die Vorschriften des Gesetzes anwendbar, soweit sie die zivilrechtliche Haftung für Personenschäden und deren Versicherung innerhalb der festgesetzten Grenzen betreffen.

Die Rechtslage wurde verdeutlicht durch eine Verordnung vom 6. 5. 1965[18], deren *Art. 1* den Anwendungsbereich des Gesetzes im einzelnen umreißt:

„1. De conformidad con lo dispuesto en el Decreto-ley número 4/1965, de 22 de

1. In Übereinstimmung mit dem Inhalt des Decreto-Ley núm. 4/1965, vom

[17] Decreto-Ley 22. 3. 1965, núm. 4/65, Aranzadi Leg. 1965 n. 577.

[18] Decreto 6. 5. 1965, núm. 1199/65, Aranzadi Leg. 1965. n. 885.

marzo, la obligación de reparar el mal causado impuesta por el artículo 39 de la Ley 122/1962, de 24 de diciembre, se entenderá referida sólo al daño en las personas y dentro de los mismos límites y condiciones que para el ámbito del Seguro Obligatorio se establece en el Reglamento.

2. La responsabilidad civil derivada de la circulación de vehículos de motor por daños a las cosas o por daños corporales, en cuanto estos últimos no estén comprendidos en el ámbito de cobertura del Seguro Obligatorio, se regirá por las disposiciones de la legislación común civil y penal, imputándose a las indemnizaciones que se señalen las que fueran satisfechas en razón del Seguro Obligatorio."

22. März, ist die Verpflichtung zum Ersatz des verursachten Schadens, die durch Art. 39 der Ley 122/1962, vom 24. Dezember, auferlegt wird, so zu verstehen, daß sie sich nur auf Personenschäden bezieht, und zwar innerhalb der Grenzen und Voraussetzungen, die für den Umfang der Pflichtversicherung im Reglamento aufgestellt sind.

2. Die zivilrechtliche Verantwortlichkeit, die sich aus dem Verkehr von Motorfahrzeugen herleitet wegen Sachschäden oder Körperschäden, soweit diese letzteren nicht im Umfang der Deckung der Pflichtversicherung enthalten sind, richtet sich nach den Bestimmungen der gemeinen Zivil- und Strafgesetzgebung, wobei auf die Entschädigungen, die bezeichnet werden, diejenigen anzurechnen sind, die aufgrund der Pflichtversicherung befriedigt wurden.

Während das Gesetz von 1962 ursprünglich nur die Haftung des Versicherers beschränkte (Art. 42) und im übrigen in Art. 39 einen unbeschränkten Anspruch gegen den Fahrer gewährte[19], wird durch die Verordnung vom 6. 5. 1965 auch der Anspruch aus Art. 39 auf den Umfang der Pflichtversicherung beschränkt. Im übrigen beurteilen sich die Ansprüche des Geschädigten nach gemeinem spanischem Recht, wobei Leistungen der Haftpflichtversicherung auf diese Ansprüche angerechnet werden.

Für strafbare Verkehrsverstöße gelten daher weiterhin die Artt. 1092 C. c. und 19 C. p. in Verbindung mit den einzelnen Straftatbeständen. An die Stelle der älteren Verkehrsgesetze treten dabei die Strafbestimmungen des Gesetzes von 1962 (Kap. I, Artt. 2–10). Eine allgemeine Bestimmung über verwegenes Fahren (conducción temeraria) enthält Art. 2 des Gesetzes, der insoweit dem Anwendungsbereich des Art. 565 C. p. entspricht[20].

Soweit eine strafbare Handlung nicht vorliegt, folgt die Ersatzpflicht bei fahrlässigem Verhalten aus Art. 1902 C. c. Nach der spanischen Rechtsprechung ist der Fahrer auch bei Gefälligkeitsfahrten schadenersatzpflichtig[21].

---

[19] Vgl. *Reyes Monterreal*, Comentarios a la Ley de Uso y Circulación de Vehículos de Motor (1965) 290 f., 301 (die genannten Verordnungen sind in diesem Kommentar noch nicht berücksichtigt).

[20] Vgl. dazu *Reyes Monterreal* 39.

[21] *Santos Briz* 342.

### *IV. Ansprüche gegen den Fahrer*

Im vorliegenden Fall besteht gegen den Fahrer zunächst ein Anspruch aus Art. 39 des Gesetzes von 1962 in Höhe der spanischen Pflichtversicherung. Daneben haftet der Fahrer nach allgemeinem Deliktsrecht – fahrlässiges Verhalten vorausgesetzt – für den gesamten entstandenen Schaden (vgl. Artt. 101–104 C. p.). Die bereits von der Haftpflichtversicherung gezahlten Beträge sind darauf anzurechnen.

Fraglich ist, ob auch ein Anspruch auf Schmerzensgeld besteht. Während die ältere Rechtsprechung den Ersatz immateriellen Schadens (daño moral) ablehnte, haben sich neuere Entscheidungen für den Ersatz solcher Schäden ausgesprochen. Dabei handelte es sich vor allem um Verletzungen von Ehre, Ruf oder Kredit (honor, reputación, crédito). Doch wird daraus im Schrifttum teilweise die Folgerung gezogen, daß auch der Ersatz anderer immaterieller Schäden, so bei Verletzungen der Person die Zahlung eines Schmerzensgeldes, verlangt werden könne [22].

### *V. Ansprüche gegen die Versicherung*

#### *1. Direktanspruch*

Der Direktanspruch gegen den Versicherer ist nach Art. 42 des Gesetzes von 1962 auf den Umfang der Pflichtversicherung beschränkt. Der Umfang der Versicherung ergibt sich aus dem oben angeführten Art. 23 des Reglamento vom 19. 11. 1964.

a) Danach sind die gesamten Behandlungskosten zu ersetzen, wenn die Behandlung in einer vom nationalen Entschädigungsfonds anerkannten Klinik (centro sanitario) erfolgt. In einer besonderen Anordnung ist festgelegt, welche Kliniken unter Art. 23 fallen [23]. Da in dieser Anordnung ausschließlich spanische Institute aufgezählt werden bzw. gemeint sein dürften, soweit allgemeine Formulierungen gebraucht werden (z. B. „Hospitales clínicos de las Facultades de Medicina"), kommt ein Ersatz der gesamten Kosten zunächst nur dann in Betracht, wenn die Behandlung in Spanien in einer der betreffenden Kliniken erfolgte. Ob sinngemäße Anwendung dieser Vorschriften auf ausländische Kliniken möglich ist,

---

[22] Speziell zum Autohaftpflichtrecht siehe *Juan de Leyva* 85; anders noch *Colom-Marimon*, Compendio jurídico del accidente de automóvil (1933) I 193. Allgemein zum Deliktsrecht: *Santos Briz* 144 ff.; *Pérez González-Alguer*, Anmerkungen zur spanischen Übersetzung von *Enneccerus-Lehmann*, Derecho de Obligaciones, bearb. von *Puig Brutau*, II (2. Aufl. 1950) 711; *Castán Tobeñas*, Derecho civil español, común y foral, IV (9. Aufl. 1961) 848.

[23] Resolución vom 21. 1. 1966, Aranzadi Leg. 1966 n. 360.

vermag das Institut nicht abschließend zu beurteilen, da es insoweit bisher an spanischer Rechtsprechung fehlt.

b) Nach dem Sachverhalt ist nicht anzunehmen, daß die Behandlung in Spanien durchgeführt wurde. Bei Ablehnung einer sinngemäßen Anwendung auf medizinische Behandlung außerhalb Spaniens ist die Versicherungssumme daher nach Art. 23 des Reglamento beschränkt auf 30 000 Pesetas für Behandlungskosten sowie 200 Pesetas pro Tag für sonstige Hilfeleistungen. In dieser Höhe besteht ein direkter Anspruch gegen die Versicherung, falls dieser Betrag durch den Versicherungsvertrag, der dem Schweizer Recht unterliegt, gedeckt ist[24]. Die Deckung kann im vorliegenden Fall unterstellt werden, da das Schweizer Haftpflichtrecht wesentlich höhere Versicherungssummen – bei Personenschäden 150 000 Franken pro Person (Art. 64 SVG) – vorsieht.

### 2. *Innenverhältnis*

Die Beschränkung der Versicherungssumme nach Art. 23 des Reglamento gilt nur für den Direktanspruch gegen den Versicherer. Unberührt bleibt der Schadenersatzanspruch gegenüber dem Fahrer selbst, der in voller Höhe besteht. Die Haftpflichtversicherung ist im Innenverhältnis gegenüber ihrem Versicherungsnehmer verpflichtet, diesen Schaden nach Maßgabe des Versicherungsvertrages zu ersetzen, der dem Schweizer Recht untersteht. Ob der Versicherungsvertrag besondere Ausschlußklauseln für Auslandsunfälle enthält, ist dem mitgeteilten Sachverhalt nicht zu entnehmen. Es bedarf daher keiner Prüfung, inwieweit solche Klauseln nach Schweizer Recht zulässig wären.

## *VI. Verjährung und Strafverfahren*

### 1. *Verjährung*

Nach spanischem Recht verjähren Ansprüche aus Delikt innerhalb eines Jahres (Art. 117 C. p., Art. 1968 Nr. 2 C. c.). Die gleiche Verjährungsfrist gilt auch für den Direktanspruch gegen den Haftpflichtversicherer (Art. 42 II des Gesetzes von 1962). Auf die Unterbrechung der Verjährung findet in beiden Fällen Art. 1973 C. c. Anwendung.

*Art. 1973 C. c.:*

„La prescripción de las acciones se interrumpe por su ejercicio ante los tribunales, por reclamación extrajudicial del acreedor y por qualquier acto de reconocimiento de la deuda por el deudor."

Die Verjährung der Ansprüche wird unterbrochen durch ihre Ausübung vor Gericht, durch außergerichtliche Geltendmachung seitens des Gläubigers und durch jeden Akt der Anerkennung der Schuld durch den Schuldner.

[24] Vgl. *Delachaux* 207.

Danach wird die Verjährung bereits durch die außergerichtliche Mahnung unterbrochen. Diese Abweichung von den übrigen kontinentalen Rechten wird z. T. kritisiert, da sie zu Unsicherheiten und Schwierigkeiten führe[25]. Demgemäß scheint die Rechtsprechung eine weitherzige Auslegung dieser Vorschrift abzulehnen. So wird zwar die Vorlage einer Rechnung als ausreichend angesehen, nicht dagegen die Einleitung von Vergleichsverhandlungen. Die Mahnung wird einer Klage nur dann gleichgestellt, wenn der Anspruch darin genau bezeichnet ist. Zum Teil wird offenbar sogar die Androhung der Klage verlangt[26]. Mit der Unterbrechung der Verjährung beginnt eine neue Verjährungsfrist von einem Jahr zu laufen.

Das Schweizer Gericht wird hier, wie bereits ausgeführt, die spanischen Verjährungsvorschriften anwenden. (Nach Schweizer materiellem Recht würde die Verjährungsfrist zwei Jahre betragen: Art. 83 SVG.)

### *2. Einfluß eines Strafverfahrens*

Nach spanischem Recht können Ansprüche, die aus einer strafbaren Handlung entstehen, nicht vor den Zivilgerichten geltend gemacht werden, solange ein Strafverfahren anhängig ist[27]. Da im vorliegenden Fall ein Strafverfahren nicht eröffnet worden ist, steht der Erhebung einer Zivilklage nichts entgegen.

## *VII. Ansprüche des Sozialversicherungsträgers*

Soweit der Verletzte Leistungen der Sozialversicherung erhalten hat, ist nach spanischem Recht zu prüfen: 1. ob ein Anspruch auf Schadenersatz insoweit überhaupt besteht, 2. gegebenenfalls, ob er auf den Träger der Sozialversicherung übergehen kann.

### *1. Bestehen eines Anspruchs*

Nach Art. 25 des Reglamento vom 19. 11. 1964 besteht kein Versicherungsschutz für Behandlungskosten, soweit diese von einer Pflichtversicherung getragen werden.

---

[25] *Castán Tobeñas,* I/2 (10. Aufl. 1963) 848.

[26] Vgl. die Rechtsprechungsübersicht bei *Santamaria,* Comentarios al Código civil (1958) II 1028; *Bonet Ramón,* Código civil comentado (1962) 1583.

[27] Vgl. Ley de enjuiciamiento criminal, Artt. 111, 114; Reglamento del seguro obligatorio vom 19. 11. 1964, Art. 31. In der Regel werden Schadenersatzansprüche im Adhäsionsprozeß geltend gemacht, der für das Autohaftpflichtrecht eine wesentliche Umgestaltung durch die Ley 3/1967 vom 8. 4. 1967 erfahren hat, vgl. dazu *Barreiro Mourenza,* Rev. Der. Priv. 1967, 641.

*Art. 25:*

„La exigencia de las indemnizaciones por daños corporales cubiertos por este seguro no podrá ser invalidada por la existencia de otro, incluso de idéntica naturaleza. No obstante, la indemnización señalada en el artículo 23 a) no podrá ser reclamada si la asistencia hubiera sido prestada o cubierta por otro seguro obligatorio."

Die Forderung auf Entschädigungsleistungen wegen Körperschäden, die durch diese Versicherung gedeckt werden, kann nicht entfallen wegen des Bestehens einer anderen, einschließlich einer gleichartigen [Versicherung]. Jedoch kann die in Art. 23 a) bezeichnete Entschädigung nicht verlangt werden, wenn die Leistungen von einer Pflichtversicherung gewährt oder gedeckt worden sind.

Ansprüche gegen den Fahrer und gegen den Versicherer aus Artt. 39 und 42 des Gesetzes von 1962 sind daher in dem Umfang ausgeschlossen, als der Schaden von der Sozialversicherung getragen worden ist.

Diese Beschränkung gilt jedoch nicht für den Anspruch nach allgemeinem Deliktsrecht. Eine generelle Vorschrift, wonach Versicherungsleistungen auf den Schadenersatzanspruch anzurechnen sind, besteht nicht. In der spanischen Rechtsprechung und Literatur wird die Frage der Vorteilsausgleichung kaum erörtert. Die Kommentatoren der spanischen Übersetzung eines deutschen Lehrbuchs nehmen an, daß die Grundsätze des deutschen Rechts ebenso für das spanische Recht gelten[28]. Es kann daher davon ausgegangen werden, daß auch nach spanischem Recht Versicherungsleistungen grundsätzlich nicht dem Schädiger zugute kommen. Speziell für den Bereich der Sozialversicherung ist dieser Grundsatz in der Verordnung vom 21. 4. 1966 ausdrücklich niedergelegt[29].

## 2. *Übergang des Anspruchs*

Wie oben (II 2) ausgeführt, unterstellt die Schweizer Rechtsprechung zum gesetzlichen Forderungsübergang dem Statut der Forderung nur die Frage, ob der Anspruch überhaupt übertragbar ist. Im vorliegenden Fall bestehen nach spanischem Recht gegen die Übertragung des Schadenersatzanspruchs keine Bedenken. Der Sozialversicherungsträger kann also den Anspruch vor dem Schweizer Gericht geltend machen, soweit er nach deutschem Recht auf ihn übergegangen ist.

---

[28] *Enneccerus-Lehmann(-Pérez González-Alguer)* I (1954) 92 zu § 13 II 1 c (Versicherungsleistungen).

[29] Decreto núm. 907/66, Aranzadi Leg. n. 734. Nach Art. 97 Nr. 3 dieser Verordnung wird die zivilrechtliche Verpflichtung des Schädigers durch die Leistungen der Sozialversicherung nicht berührt Der Anspruch kann insoweit von dem Geschädigten oder von dem Versicherungsträger geltend gemacht werden.

### *VIII. Ansprüche wegen Lohnfortzahlung*

Der Schadenersatzanspruch aus unerlaubter Handlung umfaßt nach spanischem Recht grundsätzlich den gesamten Schaden, daher auch den Lohnausfall. Ist der Arbeitgeber nach § 616 BGB zur Lohnfortzahlung verpflichtet, so sind nach deutschem Recht diese Leistungen nicht auf den Schadenersatzanspruch anzurechnen[30]. Nach den Erörterungen zur Vorteilsausgleichung (oben VII 1) ist auch für das spanische Recht von diesem Grundsatz auszugehen.

Ob dem Arbeitgeber selbst ein Anspruch gegen den Schädiger zusteht, ist zweifelhaft. Grundlage dafür könnte Art. 104 C. p. sein, wonach auch die einem Dritten zugefügten Nachteile zu ersetzen sind. Ob nach dieser Vorschrift der Arbeitgeber einen Ersatzanspruch wegen Lohnfortzahlung geltend machen kann, konnte nicht festgestellt werden.

Ein gesetzlicher Forderungsübergang findet nach dem insoweit anwendbaren deutschen Recht nicht statt. Es käme daher nur eine Abtretung dieser Ansprüche in Betracht. Nach spanischem Recht bestehen gegen eine solche Abtretung keine Bedenken.

## Nr. 13

## Jugoslawien

**1. Quellen des Zivilrechts.**

**2. Autohaftpflicht (nach kroatisch-slawonischem Recht), insbesondere Umfang des zu ersetzenden Schadens.**

**Hamburg G 95/68 vom 1. 11. 1968**

Das AG Stuttgart bittet in der Schadenersatzsache Dr. T. ./. K. GmbH um Auskunft über jugoslawisches Zivilrecht.

Der Anfrage liegt folgender Sachverhalt zugrunde:

Am 29. 7. 1966 wurde der Wagen des Kl. auf der Schnellstraße Zagreb–Belgrad in der Nähe der Auffahrt von der Ortschaft Osijek (etwa 165 km westlich von Belgrad) von einem LKW der Bekl. von hinten gerammt. Der PKW stand wegen eines kleinen Schadens auf der 8 m breiten Fahrbahn.

Das Gericht geht von der Anwendung des jugoslawischen Rechts aus und fragt, welche Anspruchsgrundlagen für den Schadenersatzanspruch des Kl. nach jugoslawischem Recht bestehen, insbesondere, ob es im jugoslawischen Recht Vorschriften gibt, die den §§ 254 BGB und 17 StVG ent-

---

[30] BGH 19. 6. 1952, BGHZ 7, 30 (49 f.).

sprechen, und ob nach jugoslawischem Recht zu dem aus einem Verkehrsunfall zu erstattenden Schaden auch der Ersatz der Wertminderung und der Mietwagenkosten gehören.

## *I. Quellen des jugoslawischen Rechts*

1. *Nach dem Zweiten Weltkrieg* sind in Jugoslawien durch Gesetz vom 23. 10. 1946 alle am 6. 4. 1941 geltenden Vorschriften sowie die während der feindlichen Besetzung erlassenen Normen aufgehoben worden[1]. Seither sind auf dem Gebiete des Zivilrechts nur Teilbereiche einheitlich geregelt worden, so das Familien- und Erbrecht sowie das Recht der Verjährung[2].

Soweit Neuregelungen durch den jugoslawischen Gesetzgeber der Nachkriegszeit fehlen, können grundsätzlich die alten Vorschriften als „Rechtsregeln" für die durch neue Normen nicht geregelten Verhältnisse angewandt werden, wenn sie nicht mit der neuen Rechts- und Verfassungsordnung in Widerspruch stehen; die jugoslawischen Gerichte dürfen jedoch in ihren Entscheidungen nicht unmittelbar Bestimmungen des alten Rechts zitieren (wogegen sie in der Praxis oft verstoßen)[3]. Schließlich werden die Bestimmungen einiger alter Gesetze, die früher nur in Teilen Jugoslawiens in Kraft waren, heute in ganz Jugoslawien als Rechtsregeln angewandt. So gelten nach Ansicht der jugoslawischen Praxis heute überall die Vorschriften des (ursprünglich österreichischen) Autohaftpflichtgesetzes von 1908[4].

---

[1] Art. 1 des Gesetzes vom 23. 10. 1946: Službeni list Nr. 86/1946; verbindliche Auslegung dieses Gesetzes in Službeni list Nr. 96/1947.

[2] Vgl. Grundgesetz über die Ehe von 1946 und Grundgesetz über die Beziehungen zwischen Eltern und Kindern von 1947, deutsche Übersetzung: *Bergmann (-Lipowschek)*, Internationales Ehe- und Kindschaftsrecht (3. Aufl. Loseblattsammlung, Stand 1966) s. v. Jugoslawien 16 ff., 41 ff.; Gesetz über die Beerbung von 1955, deutsche Übersetzung: *Ferid-Firsching*, Internationales Erbrecht III (Loseblattsammlung) s. v. Jugoslawien 1 ff.; Gesetz über die Verjährung von Forderungen vom 9. 9. 1953: Službeni list Nr. 40/1953, Nr. 57/1954.

[3] Vgl. Art. 4 des angeführten Gesetzes vom 23. 10. 1946 und die Auslegung dieser Vorschrift durch das Oberste Bundesgericht, wiedergegeben bei *Eisner*, RabelsZ 19 (1954) 317; ferner *ders.*, RabelsZ 17 (1952) 246 f.

[4] Gesetz über die Haftung für Schäden aus dem Betriebe von Kraftfahrzeugen vom 9. 8. 1908, österr. RGBl. 1908 Nr. 162, serbokroatischer Text: *Vuković*, Pravila gradanskih zakonika ... (Die Regeln der Zivilgesetze...; Agram/Zagreb 1961) 1064 ff. (Anhang XXXIII). – Vgl. zur Anwendbarkeit in ganz Jugoslawien *Vuković* 1065 (Nr. 7 zu § 1). – Das jugoslawische Grundgesetz über die Sicherheit des Verkehrs auf den öffentlichen Straßen von 1965 (Službeni list Nr. 14/1965) enthält lediglich verkehrspolizeiliche Bestimmungen; vgl. hierzu: *Separović*, Das jugoslawische Straßenverkehrsrecht: Deutsches Autorecht 1966, 10–17.

Mangels Neuregelungen durch den jugoslawischen Gesetzgeber sind somit im übrigen durchweg die früher in den jugoslawischen Teilrechtsordnungen geltenden Normen zu berücksichtigen.

2. *Vor dem Zweiten Weltkrieg* galten in Jugoslawien sechs verschiedene Teilrechtsordnungen nebeneinander[5]. Der Unfallort (bei Osijek) gehörte zum Rechtsgebiet Kroatien-Slawonien; dort galt das österreichische ABGB von 1811 mit allen bis zum Jahre 1868 ergangenen Novellen[6].

### *II. Voraussetzungen der Haftung nach jugoslawischem (kroatisch-slawonischem) materiellem Recht*

1. Die einschlägigen Vorschriften des unter I 1 genannten *Autohaftpflichtgesetzes von 1908* lauten:

*§ 1:*

(I) „Wird durch den Betrieb eines durch elementare Kraft auf öffentlichen Straßen und Wegen nicht auf Schienen bewegten Straßenfahrzeuges jemand verletzt oder getötet oder aber Schaden an Sachen verursacht, so haften der Lenker und der Eigentümer oder jeder Miteigentümer für den Ersatz des verursachten Schadens, und zwar bei Sachschäden für Schadloshaltung nach § 1323 des ABGB, bei Körperverletzung nach den §§ 1325 und 1326 ABGB, bei Tötung nach § 1327 ABGB."

*§ 2:*

(I) „Wer nach § 1 für den Schaden haftet, wird von der Pflicht zur Ersatzleistung nur dann befreit, wenn er beweist, daß das schädigende Ereignis durch Verschulden eines Dritten oder des Beschädigten selbst verursacht wurde oder daß es trotz der vorschrifts- und sachgemäßen Vorsichten in Führung und Behandlung des Kraftfahrzeuges nicht abgewendet werden konnte und auch nicht auf die Beschaffenheit des Kraftfahrzeuges oder auf die Eigenart, das Versagen oder die Mängel seiner Funktion zurückzuführen ist."

(IV) „Rührt jedoch der Schaden oder sein Umfang nur zum Teile aus dem Verschulden des Verletzten oder des Dritten her, so soll unter Würdigung aller Umstände auf einen Teil der im § 1 bezeichneten Ansprüche erkannt werden."

*§ 7:*

„Durch die Bestimmungen dieses Gesetzes sind weitergehende Haftungen, die sich aus dem ABGB oder aus anderen Gesetzen ergeben, nicht ausgeschlossen."

Obwohl § 2 I dieses Gesetzes den Entlastungsbeweis zuläßt, daß der Schaden „trotz der vorschrifts- und sachgemäßen Vorsichten in Führung

---

[5] Vgl. *Kreč-Pravić*, Kommentar zakona o nasljedivanju (Kommentar zum Gesetz über die Beerbung; Agram/Zagreb 1964) Anm. 5 zu Art. 1; *Péritch*, in: Rechtsvergleichendes Handwörterbuch, I (1929) s. v. Serbisch-kroatisch-slowenisches Königreich, 233–240.

[6] Vgl. *Kreč-Pravić*, Anm. 5a zu Art. 1; *Péritch* 238. – Text des ABGB in serbokroatischer Sprache nebst Kommentar: *Vuković* 3–1145.

und Behandlung des Kraftfahrzeuges nicht abgewendet werden konnte", legt die jugoslawische Rechtsprechung diesen Text im Sinne einer reinen Gefährdungshaftung aus. Danach kann sich der Schädiger nur durch den Beweis der höheren Gewalt, des Verschuldens eines Dritten oder des Verschuldens des Geschädigten entlasten[7].

Die in § 1 I des Gesetzes von 1908 angeführten Vorschriften des *ABGB* bestimmen:

*§ 1323:*

„Um den Ersatz eines verursachten Schadens zu leisten, muß alles in den vorigen Stand zurückversetzt oder, wenn dieses nicht tunlich ist, der Schätzungswert vergütet werden. Betrifft der Ersatz nur den erlittenen Schaden, so wird er eigentlich eine Schadloshaltung; wofern er sich aber auf den entgangenen Gewinn und die Tilgung der verursachten Beleidigung erstreckt, volle Genugtuung genannt."

*§ 1324:*

„In dem Falle eines aus böser Absicht oder aus einer auffallenden Sorglosigkeit verursachten Schadens ist der Beschädigte volle Genugtuung, in den übrigen Fällen aber nur die eigentliche Schadloshaltung zu fordern berechtigt..."

*§ 1325:*

„Wer jemanden an seinem Körper verletzt, bestreitet die Heilungskosten des Verletzten, ersetzt ihm den entgangenen, oder, wenn der Beschädigte zum Erwerb unfähig wird, auch den künftig entgehenden Verdienst; und bezahlt ihm auf Verlangen überdies ein den erhobenen Umständen angemessenes Schmerzensgeld."

*§ 1326:*

„Ist die verletzte Person durch die Mißhandlung verunstaltet worden, so muß, zumal wenn sie weiblichen Geschlechtes ist, insofern auf diesen Umstand Rücksicht genommen werden, als ihr besseres Fortkommen dadurch verhindert werden kann."

2. Unabhängig von den Spezialvorschriften des Gesetzes von 1908 besteht die Verschuldenshaftung nach den *Grundsätzen des allgemeinen Zivilrechts*[8]. Hier sind die „Rechtsregeln" der §§ 1294–1297 ABGB maßgebend[9]:

*§ 1294:*

„Der Schaden entspringt entweder aus einer widerrechtlichen Handlung, oder Unterlassung eines Anderen; oder aus einem Zufalle. Die widerrechtliche Be-

[7] Vgl. *Smole*, Civilna pravna praksa (Zivilrechtspraxis; Laibach/Ljubljana 1958) Nr. 327 f., S. 92 ff. (mit Nachweisen aus der Rechtsprechung des OG Kroatien und des OG Slowenien); *Vuković* 1065 f. (Anm. 1 zu § 2); *Cigoj*, Odskodninsko pravo (Schadenersatzrecht; Laibach/Ljubljana 1960) 272 ff.

[8] Vgl. OG Kroatien 20. 1. 1960, wiedergegeben bei *Vuković* 1067; *Cigoj* 278.

[9] Vgl. zu den angeführten Vorschriften die Anmerkungen bei *Vuković* 1010 ff.

schädigung wird entweder willkürlich, oder unwillkürlich zugefügt. Die willkürliche Beschädigung aber gründet sich teils in einer bösen Absicht, wenn der Schade mit Wissen und Willen; teils in einem Versehen, wenn er aus schuldbarer Unwissenheit, oder aus Mangel der gehörigen Aufmerksamkeit, oder des gehörigen Fleißes verursacht worden ist. Beides wird ein Verschulden genannt."

*§ 1295:*

„Jedermann ist berechtigt, von dem Beschädiger den Ersatz des Schadens, welchen dieser ihm aus Verschulden zugefügt hat, zu fordern; der Schade mag durch Übertretung einer Vertragspflicht, oder ohne Beziehung auf einen Vertrag verursacht worden sein."

*§ 1296:*

„Im Zweifel gilt die Vermutung, daß ein Schade ohne Verschulden eines Anderen entstanden sei."

*§ 1297:*

„Es wird aber auch vermutet, daß jeder, welcher den Verstandesgebrauch besitzt, eines solchen Grades des Fleißes und der Aufmerksamkeit fähig sei, welcher bei gewöhnlichen Fähigkeiten angewendet werden kann..."

Ausgangspunkt für die Beurteilung der Frage eines mitwirkenden Verschuldens des Geschädigten bildet die Rechtsregel des *§ 1304 ABGB*[10]:

Wenn bei einer Beschädigung zugleich ein Verschulden von seiten des Beschädigten eintritt, so trägt er mit dem Beschädigten den Schaden verhältnismäßig; und wenn sich das Verhältnis nicht bestimmen läßt, zu gleichen Teilen.

Hat der Schädiger den Schaden vorsätzlich verursacht, so haftet er auch dann für den ganzen Schaden, wenn der Geschädigte selbst fahrlässig handelt[11]. Das Verschulden des Geschädigten kann nur dann berücksichtigt werden, wenn zwischen seiner Handlung (oder Unterlassung) und der Entstehung des Schadens ein Kausalzusammenhang besteht. Darüber entscheidet das Gericht nach freiem Ermessen unter Berücksichtigung aller Umstände des Falles[12].

3. Zum Verhältnis von *Gefährdungshaftung und Verschuldenshaftung* sagt die ständige jugoslawische Rechtsprechung, daß eine Gefährdungshaftung dann ausgeschlossen ist, wenn aus demselben Schadensereignis gegenseitige Schadenersatzansprüche entstehen könnten. Dies ist insbesondere bei einem Zusammenstoß im Betrieb befindlicher Kraftfahrzeuge der Fall[13]. Befindet sich jedoch das geschädigte Kraftfahrzeug mit

---

[10] Vgl. dazu *Vuković* 1017.

[11] OG Kroatien 6. 3. 1957, Zbirka sudskih odluka II/1 S. 178.

[12] Vgl. *Bazala*, Materijalna odgovornost... (Die zivilrechtliche Haftung...; Agram/Zagreb 1962) 150.

[13] OG Kroatien Gz 515/54, bei *Smole*, Civilna pravna praksa Nrn. 322 und 323, S. 91; vgl. auch *Bazala*, Naša Zakonitost 1956, 104 ff.; OG Slowenien Gz 475/58 und OG Kroatien Gz 216/60, beide bei *Smole* (1963) Nrn. 1435, 1436, S. 71.

abgestelltem Motor auf der richtigen Straßenseite und wird es dort von einem anderen Kraftfahrzeug gerammt, so tritt die Gefährdungshaftung des Schädigers ein[14].

### *III. Der Umfang des zu ersetzenden Schadens*

1. *Grundsätzlich* kann nach jugoslawischer Lehre im Falle der Gefährdungshaftung nur der Ersatz des tatsächlich erlittenen Schadens (im Sinne des § 1323 Satz 2 ABGB) und nicht des entgangenen Gewinns oder gar „volle Genugtuung" gefordert werden. Denn für die Gefährdungshaftung seien nicht – wie nach den allgemeinen Grundsätzen des Zivilrechts – die Art des Verschuldens und der Verschuldensgrad maßgeblich; die Gefährdungshaftung lasse keine Steigerung zu, „weil sie lediglich vom Fehlen einer besonderen Sorgfalt ausgeht, die sich selbst mit der culpa levissima nicht vergleichen läßt...". Der Geschädigte kann freilich auch bei Gefährdungshaftung dann den entgangenen Gewinn, ja sogar volle Genugtuung verlangen, wenn er ein Verschulden des Schädigers beweist[15].

2. Über den *Zeitpunkt der Wertfestsetzung der geschädigten Sache* – ob für den Schadenersatz der Wert im Zeitpunkt der Schädigung oder der im Zeitpunkt der Verwirklichung des Schadenersatzanspruchs maßgeblich ist – schwankt die jugoslawische Rechtsprechung. Es gibt Entscheidungen sowohl für die erste als auch für die zweite Meinung[16].

3. Ein *„Wertminderungsschaden"* wird grundsätzlich ersetzt, wenngleich der Begriff des „merkantilen Minderwertes" nicht bekannt ist. Hierzu seien zwei Entscheidungen über Kraftfahrzeuge sowie eine über einen Fotoapparat erwähnt:

a) „Die Höhe des Schadenersatzes für ein zerstörtes Kraftfahrzeug wird in einem Geldbetrag festgesetzt, der zum Ankauf eines gleichwertigen Kraftfahrzeuges am inländischen Markt erforderlich ist[17]. In der Begründung wird ausgeführt, daß es sich in diesem Fall um eine Wertminderung handele, die im Vermögen des Klägers infolge des Schadensereignisses, d. h. der Zerstörung des versicherten Kraftfahrzeuges entstanden sei. Die beklagte Versicherung habe sich vertraglich verpflichtet, dem Kl. im Falle eines Schadensereignisses den entstandenen Schaden zu vergüten. Weder hätten die Parteien im Vertrag den tatsächlichen Marktwert des versicherten Kraftfahrzeuges festgelegt, noch sei dieser in den Versicherungsbedingungen vorgesehen. Hier gälten daher die allgemei-

---

[14] *Rucner, J.*, Odgovornost za stetu u prvredi i saobracaju (Haftung für Schäden in Wirtschaft und Verkehr): Informatorovi priručnici (Agram/Zagreb 1968) 99.

[15] Vgl. *Rucner* 77.

[16] Nachweise bei *Rucner* 77.

[17] OG Jugoslawien 14. 9. 1963, Rev. 1746/63, Zbirka sudskih odluka, Bd. VIII Heft 3, 49–51.

nen Regeln des Vermögensrechts. Nach diesen solle durch den Schadenersatz der vor dem Eintritt des Schadensereignisses bestandene Vermögensstand des Kl. wiederhergestellt werden.

b) „Ist infolge eines Schadensereignisses ein neues (absolut nicht amortisiertes) Kraftfahrzeug derart beschädigt worden, daß es nicht möglich ist, durch eine Reparatur den ursprünglichen Zustand wiederherzustellen, so ist der Geschädigte berechtigt, die Erstattung der Reparaturkosten zuzüglich der Wertminderung (Wertdifferenz zwischen dem reparierten und einem neuen Kraftfahrzeug) oder den Preis eines solchen neuen Kraftfahrzeuges zu verlangen, wobei er gleichzeitig das reparierte Kraftfahrzeug dem Schädiger zur Verfügung zu stellen hat." [18]

c) „Bei der Beschädigung eines Fotoapparates besteht der Schaden nicht nur in den Reparaturkosten, die notwendig sind, um den Apparat wieder funktionsfähig zu machen, sondern auch in der eingetretenen Wertminderung eines solchen Präzisionsgerätes." [19]

4. Zum *Ersatz von Mietwagenkosten* konnte keine einschlägige Entscheidung ermittelt werden. Diese Frage wird auch in dem zur Verfügung stehenden Schrifttum nicht speziell behandelt. Das mag seinen Grund in dem Umstand haben, daß in Jugoslawien das Mietwagenwesen noch keinen bedeutenden Umfang hat. Die in Jugoslawien gewerblich genutzten Personenwagen sind meist – wie die Unternehmen selbst – Gesellschaftseigentum; für ihren Ausfall werden Ersatzwagen des gleichen Unternehmens bereitgehalten. Eine Miete von Fahrzeugen wird daher in der Regel nicht notwendig. Jedoch erscheint es im Hinblick auf die vorn angeführten Grundsätze des jugoslawischen Schadenersatzrechts nicht ausgeschlossen, unter entsprechenden Umständen auch die Kosten eines Mietwagens ersetzt zu verlangen.

---

[18] OG Jugoslawien, Rev. 2561/65, zit. nach *Rucner* 57.

[19] OG Kroatien, Gz 1806/63, zit. nach *Rucner* 56.

## 3. ABTRETUNG UND GESETZLICHER FORDERUNGSÜBERGANG

Siehe auch Nr. 12, 15, 16

### Nr. 14

### Niederlande

**1. Maßgebendes Recht für den gesetzlichen Forderungsübergang.**

**2. Gesetzlicher Übergang und rechtsgeschäftliche Übertragung der Ersatzansprüche eines geschädigten Beamten gegen den Schädiger auf die Anstellungskörperschaft.**

**3. Vermutungsbeweis und Anspruchsverjährung bei Verkehrsunfällen.**

**Kiel 20/67 vom 13. 10. 1967**

M., Richter an einem Gericht in Schleswig-Holstein, hat während einer Urlaubsreise in den Niederlanden am 1. August 1964 auf der Autobahn Amsterdam–Utrecht einen Verkehrsunfall erlitten, der nach seiner Darstellung dadurch verursacht worden ist, daß ein auf der anderen Fahrbahn entgegenkommender Pkw über den Mittelstreifen geriet und mit seinem Kraftfahrzeug zusammenstieß. Der niederländische Fahrer des entgegenkommenden Pkw ist bei diesem Unfall getötet worden. M. ist aufgrund erheblicher Verletzung längere Zeit dienstunfähig gewesen.

Aufgrund dieses Sachverhaltes sind folgende Fragen zu beantworten:

1. Richtet sich die Frage des Forderungsüberganges auf das Land Schleswig-Holstein nach holländischem Recht?
   Bejahendenfalls:
2. Kennt das holländische Recht eine den §§ 178 Landesbeamtengesetz (LBG), 52 BRRG, 87 a BBG entsprechende Vorschrift?
3. Würde eine Abtretung des Schadenersatzanspruches seitens des Richters M. an das Land Schleswig-Holstein nach holländischem Recht anerkannt werden? Ggf.: Welche Erfordernisse (Form, Anzeige an den Schuldner) wären hierfür erforderlich?
4. Kennt das holländische Recht den prima-facie-Beweis?

5. Wann verjähren nach holländischem Recht Ansprüche aus
   a) Gefährdungshaftung,
   b) unerlaubter Handlung?

### *I. Zu Frage 1*

Das niederländische IPR enthält hinsichtlich des Forderungsüberganges keine gesetzliche Kollisionsnorm. Nach dem von der Rechtsprechung für diesen Fall entwickelten kollisionsrechtlichen Grundsatz bestimmt ausschließlich das Forderungsstatut, d. h. das die Forderung beherrschende Recht, ob ein gesetzlicher Forderungsübergang stattfindet oder nicht. Das ist inzwischen ständige Rechtsprechung der niederländischen Gerichte[1].

Darüber hinaus stimmt Art. 21 des nicht in Kraft getretenen „Einheitlichen Gesetzes über das IPR in den Niederlanden, in Belgien und in Luxemburg" mit dieser von der niederländischen Rechtsprechung entwickelten Kollisionsregel überein. Diese Vorschrift lautet[2]:

| | |
|---|---|
| „De wet, die een verbintenis beheerst, bepaalt of deze voor overgang vatbaar is en welke vereisten voor en overgang gesteld worden." | Das Recht, welches eine Obligation regelt, bestimmt, ob diese auf einen anderen übergehen kann und welche Voraussetzungen für einen Übergang aufgestellt werden. |

Wie auch andere Vorschriften des vorgenannten „Einheitlichen Gesetzes" wird Artikel 21, obschon er nicht Gesetzeskraft erlangt hat, gleichwohl in den einschlägigen Entscheidungen niederländischer Gerichte häufig zitiert, um die inhaltliche Übereinstimmung jenes Kodifikationsversuches mit der von der Rechtsprechung geschaffenen Kollisionsregel zu betonen[3].

Da das schädigende Ereignis im vorliegenden Fall in den Niederlanden stattgefunden hat, richtet sich das *Forderungsstatut* gemäß niederländischem IPR nach der „lex loci delicti"[4]. Auch hier kennzeichnet eine Vor-

---

[1] So *Beemelmans*, Das Statut der cessio legis, RabelsZ 29 (1965) 517 Anm. 19, unter Berufung auf zahlreiche in der „Nederlandse Jurisprudentie" veröffentlichte Entscheidungen. Im gleichen Sinne haben entschieden: Rb. Amsterdam 22. 2. 1961 in Fortführung der Rechtsprechung v on Rb. Middelburg 27. 6. 1956; Hof 's Hertogenbosch 2. 4. 1957; Hof 's Gravenhage 11. 12. 1957; Rb Maastricht 10. 9. 1959 – vgl. zu diesen Entscheidungen *Kollewijn*, Tien Jaren Nederlandse Rechtspraak International Privaatrecht (1954–1963), Leiden 1966, Nr. 4743, sowie ferner 4470 (i).

[2] Vgl. Tractatenblad van het Koninkrijk der Nederlanden, 1951, No. 125, sowie zum deutschen Text *Makarov*, Quellen des IPR, Bd. II, 136.

[3] Vgl. Rb Amsterdam 22. 2. 1961, Kollewijn Nr. 4743; Rb Rotterdam 27. 6. 1958, Kollewijn Nr. 4638; ebenso Raad voor het Rechtsherstel 29. 8. 1955, Kollewijn Nr. 4470 (i).

[4] Vgl. zur lex loci delicti als Kollisionsregel insbesondere Hof 's Gravenhage 16. 6. 1955, Kollewijn Nr. 4470 (b); Hof 's Hertogenbosch 2. 4. 1957, Kollewijn Nr. 4595; Rb. Rotterdam 7. 3. 1958, Kollewijn Nr. 4595 (d); Rb. Maastricht 4. 3. 1961,

schrift des oben zitierten „Einheitlichen Gesetzes über das IPR", nämlich Art. 18, den kollisionsrechtlichen Standpunkt der niederländischen Rechtsprechung und wird daher in Gerichtsentscheidungen vielfach angeführt. Art. 18 lautet:

„De wet van het Land, alwaar en feit plaats vindt, bepaalt of die feit een onrechtmatige daad is en welke verbintenissen daaruit voortvloeien."

Das Recht des Landes, in welchem eine Tatsache eingetreten ist, bestimmt, ob diese Tatsache eine unerlaubte Handlung ist und welche Obligationen daraus hervorgehen.

Da sich mithin die Ersatzansprüche des Richters M. gegen den niederländischen Schädiger bzw. dessen Erben aus dem in den Niederlanden geschehenen Verkehrsunfall nach niederländischem Recht richten, bestimmt dieses Recht ebenfalls, ob ein gesetzlicher Forderungsübergang stattfinden konnte oder nicht. Dieses Ergebnis folgt aus der eingangs dargelegten Kollisionsregel, nach welcher für eine Legalzession *allein* das Forderungsstatut maßgeblich ist.

### *II. Zu Frage 2*

Das niederländische Recht des öffentlichen Dienstes kennt keine dem § 178 LBG entsprechende Vorschrift. Weder das niederländische Beamtengesetz („Wet van den 12. December 1929, houdende regelen betreffende dem rechtsstoestand van ambtenaren", Staatsblad 1929, No. 530) noch die Allgemeine Reichsbeamtenordnung („Besluit van den 12. Juni 1931, tot vaststelling van het Algemeen Rijksambtenarenreglement", Staatsblad 1931, No. 248), welche die rechtliche Stellung des Beamten ausführlich regelt, enthalten eine Bestimmung, aufgrund deren ähnlich wie im deutschen Beamtenrecht ein gesetzlicher Übergang des Schadensersatzanspruches des geschädigten Beamten auf seine Anstellungskörperschaft stattfindet.

Zwar kennt auch das niederländische Recht den gesetzlichen Forderungsübergang, jedoch ausschließlich in Form der bürgerlich-rechtlichen „subrogatie uit kracht der wet", d. h. der (persönlichen) Surrogation kraft Gesetzes. Dieser gesetzliche Forderungsübergang ist in Art. 1438 BW im 4. Titel „Erlöschen der Schuldverhältnisse" unter der Abteilung: „Zah-

Kollewijn Nr. 4787 (b). Aus der letzten Entscheidung ist zu schließen, daß die lex loci delicti als Kollisionsregel gilt, gleichviel, ob aus unerlaubter Handlung („onrechtmatige daad", Burgerlijk Wetboek Art. 1401 ff.) oder aus Halterhaftung („aansprakelijkheid" des „houder", Wegenverkehrswet Art. 31) gehaftet wird. Vgl. außerdem die bei *van Brakel*, Grondslagen en Beginselen van Nederlands International Privaatrecht (3. Aufl. Zwolle 1953) 224 besprochene Entscheidung des Hoge Raad.

lung" geregelt und setzt die Erfüllung einer *fremden* Schuld in *eigenem* Interesse voraus. „Surrogation kann allein eine Ursache haben: Zahlung." [5]

Art. 1438 Abs. 1, 2 und 4 BW regeln Sonderfälle der gesetzlichen Surrogation: Befriedigung eines bevorrechtigten Gläubigers bei Gläubigermehrheit, Gläubigerwechsel hinsichtlich der Grundpfandrechte bei Grundstückskauf, Begleichung von Nachlaßschulden mit eigenen Mitteln. Den wichtigsten Fall der gesetzlichen Surrogation legt Art. 1438 Abs. 3 fest, der, über Abs. 1, 2 und 4 hinausgehend, von der Erfüllung einer „Mitschuld" handelt:

| | |
|---|---|
| „Subrogatie heeft plaats uit kracht der wet:... | Surrogation findet kraft Gesetzes statt:... |
| 3. Ten behoeve van dengenen, die, met anderen, of voor anderen, gehouden zijnde tot voldoening van eene schuld, belang had om dezelve te voldoen." | 3. Zugunsten desjenigen, der, mit anderen oder vor anderen zur Erfüllung einer Schuld verpflichtet, ein Interesse hat, dieselbe zu erfüllen. |

Hierunter fällt also z. B. der Ausgleich unter Gesamtschuldnern im Sinne des deutschen Rechts [6].

Die Regelung des Art. 1438 BW läßt erkennen, daß die zivilrechtliche persönliche Surrogation kraft Gesetzes des niederländischen Rechts dem gesetzlichen Forderungsübergang des deutschen Beamtenrechts nicht entspricht. Überhaupt ist dem „niederländischen Recht eine Surrogation des Arbeitgebers, der den geschädigten Arbeitnehmer schadlos stellt, in dessen Forderung gegen den Schädiger unbekannt" [7]. Dieses Ergebnis wird bestätigt durch die auf den vorliegenden Fall zutreffende und im neuesten Schrifttum wiederholt zitierte Grundsatzentscheidung des Hof Amsterdam vom 12. 4. 1921 [8].

Zu einem Zug der Bahngesellschaft „Nederlandse Spoorwegen", der auf niederländischem Hoheitsgebiet verunglückte, gehörten mehrere deutsche Postwaggons. Die deutschen Postbeamten, die bei dem Zugunglück verletzt worden waren, erhielten Versorgungsbezüge nach deutschem Recht, welche das Reich

---

[5] So *van Brakel*, Leerboek van het Nederlandse Verbintenissenrecht, 1. Teil (2. Aufl. Zwolle 1942) 163; ebenso *Pitlo*, Het System van het Nederlandse Privaatrecht (Haarlem 1958) 388; *van der Koogh*, Wat zegt de wet? (Amsterdam 1952) 412 unter „subrogatie".

[6] Vgl. *Pitlo* 388.

[7] So *Kollewijn* Nr. 4743 (k) zu der im Ergebnis gleichlautenden Entscheidung Rb Amsterdam 22. 2. 1961.

[8] Nederlandse Jurisprudentie 1922, 801. Zu dieser Entscheidung, welche, obwohl im internat. Schrifttum nicht ohne Widerspruch geblieben (siehe *Rabel*, The Conflict of Laws [Ann Arbor 1950] Bd. III, 437 f.), die herrschende niederländische Rechtsprechung darstellt, siehe *Sauveplanne*, De subrogatie in het internationaal privaatrecht, in „De Conflictu Legum", Leiden 1962, 418 f., sowie *Kollewijn* Nr. 4743 (k).

sodann kraft Surrogation von der „Nederlandse Spoorwegen" zurückforderte. Der Hof Amsterdam wies die Klage mit der Begründung ab, dem Schuldner einer vom niederländischen Recht beherrschten Forderung könne kraft gesetzlicher Regelung eines ausländischen Rechts kein neuer Gläubiger aufgezwungen werden, wenn das niederländische Recht eine solche gesetzliche Regelung nicht kenne.

### *III. Zu Frage 3*

Die Rechtswirksamkeit einer *rechtsgeschäftlichen* Forderungsübertragung richtet sich gemäß den oben unter I. dargelegten Kollisionsregeln für den Forderungsübergang ebenfalls nach niederländischem Recht[9]. Das somit hier anzuwendende niederländische Recht kennt zwei unterschiedliche Arten der Abtretung im Sinne des deutschen Rechts:

#### *1. Die „subrogatie bij overeenkomst"*

Die rechtsgeschäftliche persönliche Surrogation richtet sich nach Art. 1436 f. BW. Art. 1436 definiert diese Surrogation als:

„... indeplaatsstelling in de regten van den schuldeischer ten behoeve van eenen derden persoon, die denzelven betaalt."

... Nachfolge in die Rechte des Gläubigers zugunsten einer dritten Person, die denselben bezahlt.

Art. 1437 bestimmt die einzelnen Fälle der subrogatie bij overeenkomst:

„Deze indeplaatsstelling geschiedt bij overeenkomst:

1. Wanneer de schuldeischer de betaaling van eenen derden persoon ontvangende, denzelven doet treden in de regten, regtsvorderingen, voorregten en hypotheken, welke hij ten laste van den schuldenaar heeft.
Deze subrogatie moet uitdrukkelijk, en gelijktijdig met de beatling geschieden."

Diese Nachfolge wird durch Vertrag begründet:

1. Wenn der Gläubiger die Zahlung von einer dritten Person empfängt, tritt dieselbe in die Rechte, Rechtsforderungen, Vorrechte und Hypotheken ein, die er (der Gläubiger) zu Lasten des Schuldners innehat.
Diese Surrogation muß ausdrücklich und gleichzeitig mit der Zahlung erfolgen.

Der Dritte muß also eine *fremde* Schuld begleichen und zugleich mit der Erfüllung die Surrogation mit dem Gläubiger *ausdrücklich* vereinbart haben. Diese Voraussetzungen sind nach dem mitgeteilten Sachverhalt jedoch nicht gegeben.

---

[9] Vgl. außerdem *Kollewijn* Nr. 4743 (k) zu Rb Amsterdam 22. 2. 1961: „Die Obligation kann nicht auf einen anderen Gläubiger übergehen, falls das Recht, das sie beherrscht, sie des Überganges nicht für fähig erklärt. Hierüber herrscht Einigkeit."

Nach Art. 1437 Abs. 2 BW kann eine Surrogation außerdem vereinbart werden, wenn der Schuldner zum Zwecke der Erfüllung seiner Schuld einen Geldbetrag aufnimmt und dieser Zweck in der über das Darlehn ausgestellten Urkunde ausdrücklich vermerkt ist. Der Darlehnsgeber tritt dann in die Rechtsstellung des Altgläubigers ein. – Diese Regelung scheidet für den vorliegenden Fall von vornherein aus.

2. *Die „cessie"*

Diese ist im Gegensatz zum deutschen Recht im Sachenrecht des Burgerlijk Wetboek geregelt, da Forderungen als Sachen, und zwar als „onligchamelijke zaken" (unkörperliche Sachen) gelten. Die cessie unterfällt daher der Grundregel des Art. 639 BW, welcher besagt:

„Eigendom van zaken kan op geene andere wijze worden verkregen, dan door toeeigening, door natrekking, door verjaring, door wettelijke of testamentaire erfopvolging, en door opdragt of levering, tengevolge van eenen regtstitel van eigendomsovergang, afkomstig van degenen die geregtigd was over den eigendom te beschikken."

Eigentum an Sachen kann auf keine andere Art erworben werden, als durch Übereignung, Nachfolge, Verjährung, gesetzliche oder testamentarische Erbfolge und durch Auftrag oder Lieferung infolge eines Rechtstitels, der von demjenigen herrührt, der berechtigt ist, über das Eigentum zu verfügen.

Hinsichtlich der „levering van schuldvorderingen" (Übertragung von Forderungen) bestimmt Art. 668 BW im einzelnen:

„De levering van schuldvorderingen ob naam en andere onligchamelijke zaken, geschiedt door middel van eene authentieke of onderhandsche akte, waarbij de regten ob die voorwerpen aan een ander worden overgedragen.
Die overdragt heeft teen aanzien van den schuldenaar geen gevolg dan van het oogenblik dat dezelve aan hem is beteekend geworden, of dat hij de overdragt schriftelijk heeft aangenommen of erkend."

Die Übertragung von Schuldforderungen auf Namen und anderer unkörperlicher Sachen erfolgt mittels einer öffentlichen oder privatschriftlichen Urkunde, wodurch die Rechte auf den Gegenstand einem anderen übertragen werden.
Die Übertragung ist in Ansehung des Schuldners erst in dem Augenblick wirksam, in welchem sie ihm angezeigt worden ist oder in welchem er die Übertragung schriftlich angenommen oder anerkannt hat.

a) Also verlangt die cessie folgende *formelle Erfordernisse*: Die „akte van cessie" im Sinne des Art. 668 BW wird in der Praxis aufgrund der größeren Beweiskraft üblicherweise als notarielle Urkunde („authentieke akte") ausgefertigt, die enthalten muß:

– die genau bezeichnete Forderung einschließlich der Bezeichnung des Rechtsverhältnisses, aus dem sie entstammt (Gläubiger, Schuldner, Rechtsgrund),

– die Übertragung vom Altgläubiger auf den Neugläubiger *einschließlich genauer Angabe der causa der Übertragung*[10].

Die cessie muß dem Schuldner vom Zedenten, vom Zessionar oder von beiden angezeigt werden, wobei gewöhnlich in die Abtretungsanzeige eine Klausel aufgenommen wird, daß der Zedent den Zessionar zur Anzeige auch in seinem Namen ermächtigt hat[11]. Die Anzeige („betekening") ist im Gerichtsvollzieherbetrieb („deurwaardersexloit") zuzustellen[12].

b) Die materiellen Erfordernisse der cessie

Aus Art. 639 in Verbindung mit Art. 668 BW folgt, daß die cessie „auf einem Rechtstitel des Verfügungsberechtigten zur Eigentumsübertragung beruhen muß"[13]. Unter „Rechtstitel" im Sinne des Art. 639 BW ist das rechtswirksame obligatorische Rechtsverhältnis zu verstehen, aufgrund dessen die Forderung nach den Maßgaben des Art. 668 BW übertragen wird, d. h. die *causa der cessie*[14].

Mithin ist die cessie anders als die Abtretung im deutschen Recht nicht als abstrakt, sondern als abhängig von dem die Forderungsübertragung begründenden Rechtsgeschäft (z. B. Kauf oder Schenkung der Forderung) anzusehen[15]. Folglich gehört in einem Rechtsstreit der „Rechtstitel", d. h.

---

[10] Vgl. hierzu *Pitlo*, Het Zakenrecht naar het Nederlands Burgerlijk Wetboek (4. Aufl. Haarlem 1958) 205, 217. *Van der Koogh* 237 unter „levering, allgemeen", 298 unter „levering van vorderingen".

[11] Vgl. *Völlmar*, Nederlandsch Burgerlijk Recht, 2. Teil, Zaken- en Erfrecht (Zwolle 1942) 163 f.

[12] Vgl. *van der Koogh* 60 zu „betekening".

[13] So *Pitlo*, Zakenrecht 216; ebenso *Cremers*, Burgerlijk Wetboek met vermelding van de belangrijkste arresten, 4. Aufl., Arnhem 1950, Art. 639 Anm. B unter Berufung auf die Rechtsprechung des Hoge Raad: „Mit B 639, 668 volgt dat de cessie den cessionaris alleen den tot schuldeiser makt, als zij plaats heeft krachtens geldige titel. Daarom kan de schuldenaar zich te zijner bevrijding beroepen op de omstandigheid, dat de cessie een rechtsgeldige titel ontbeert, zodat de cessionaris geen schuldeiser is geworden." („Aus BW 639, 668 folgt, daß die cessie den Zessionar allein dann zum Gläubiger macht, falls sie kraft gültigen Titels stattfindet. Darum kann der Schuldner sich zu seiner Entlastung auf den Umstand berufen, daß die cessie eines rechtsgültigen Titels entbehrt, so daß der Zessionar nicht Gläubiger geworden ist.")

[14] Vgl. *Pitlo* aaO.

[15] Im Schrifttum ist die Frage, ob die cessie kausal oder abstrakt ist, umstritten; vgl. hierzu die Übersicht über die Anhänger der „causale leer" und die Anhänger der „abstracte leer" bei *Völlmar* 168 sowie bei *Pitlo*, Zakenrecht 206. – Die Rechtsprechung dagegen folgt der „causale leer"; vgl. die bei *Völlmar* und *Pitlo*, aaO, zitierten Entscheidungen des Hoge Raad, insbes. H. R. 5. 5. 1950, der feststellt, daß „die Lieferung auf einem Rechtstitel zur Eigentumsübertragung beruhen muß, weil die Lieferung den Erwerber nur dann zum Eigentümer macht, wenn sie aufgrund eines rechtswirksamen Titels erfolgt". In Anbetracht des Gutachtenzwecks – Aussicht einer Klage in den Niederlanden – wird hier von der in der Rechtsprechung herrschenden kausalen Lehre ausgegangen.

die causa der cessie zu den vom Kläger vorzutragenden anspruchsbegründenden Tatsachen.

Im vorliegenden Fall müßte also zwischen dem Richter M. und dem Land Schleswig-Holstein ein wirksamer schuldrechtlicher Vertrag über die „levering" der Schadensersatzforderung, d. h. ein „overeenkomst" im Sinne der Art. 1349 ff. BW geschlossen und ggf. bewiesen werden. Jedoch selbst wenn ein solches „overeenkomst" zwischen dem Land und dem M. geschlossen würde – etwa in Form einer unentgeltlichen Überlassung der Forderung durch Schenkung oder als „Gegenleistung" für die vom Land im Zusammenhang mit den Unfallfolgen erbrachten Leistungen –, so dürfte eine solche Vereinbarung nach niederländischem Recht schwerlich anerkannt werden. Art. 1356 BW verlangt nämlich für die Rechtswirksamkeit eines „overeenkomst" neben Willenseinigung, Geschäftsfähigkeit und Bestimmtheit des Gegenstandes auch „eene geoorloofde oorzaak", d. h. eine „gestattete Ursache". Demgemäß bestimmt Art. 1371 BW:

| | |
|---|---|
| „Eene overeenkomst zonder oorzak, of uit eene valsche of ongeoorloofde oorzaak, aangegaan, is krachteloos." | Ein ohne Ursache oder aus einer falschen oder nicht gestattenen Ursache geschlossener Vertrag ist unwirksam. |

Eine „falsche Ursache" im Sinne dieser Vorschrift ist insbesondere dann anzunehmen, wenn dem overeenkomst eine an sich gestattete Ursache zugrunde gelegt ist, „um die eigentliche nicht gestattete Ursache zu verbergen"[16]. Den Begriff der „nicht gestatteten Ursache" bestimmt Art. 1373 BW folgendermaßen:

| | |
|---|---|
| „Eene oorzaak is ongeoorloofd, wanneer dezelve bij de wet verboden is, of vanneer dezelve strijdig is met de goede zeden, of met de openbare orde." | Eine Ursache ist unstatthaft, wenn sie durch das Gesetz verboten ist oder wenn sie im Widerspruch steht zu den guten Sitten oder zu der öffentlichen Ordnung. |

Artt. 1371, 1373 BW werden in erweiternder Auslegung auch dann anangewendet, wenn sich die Parteien eines gestatteten Rechtsgeschäftes bedienen, um die Wirkung eines Gesetzes zu umgehen[17].

Art. 1371 in Verbindung mit Art. 1373 BW enthalten im Zusammenhang mit der dargelegten erweiternden Auslegung folglich den Rechtsgedanken, daß ein an sich statthaftes overeenkomst dann unwirksam ist, wenn es lediglich dazu dient, auf anderem Wege eine Rechtsfolge herbeizuführen, welche die niederländische Rechtsordnung nicht vorsieht. Da das niederländische Recht im vorliegenden Fall eine Legalzession von der Art, wie sie nach deutschem Beamtenrecht eingreift, nicht kennt, steht zu er-

---

[16] So *van der Koogh* 293 unter „oorzaak van overeenkomsten; *Pitlo,* Systeem 170 f.

[17] Vgl. *Cremers,* Art. 1373 Anm. A sowie die dort zit. Rspr. des Hoge Raad.

warten, daß eine willkürlich an die Stelle dieser Legalzession gesetzte causa der cessie nach Artt. 1371, 1373 BW nicht anerkannt würde[18].

Doch selbst wenn man von dem hypothetischen Fall ausgeht, daß eine – im übrigen noch zu bestimmende – causa anerkannt würde, dann würde sich die weitere Frage ergeben, ob die seitens des Landes dem Richter M. während seiner Dienstunfähigkeit gewährten Dienstbezüge und sonstigen Leistungen im Sinne des § 178 LBG nach niederländischem Recht überhaupt zum *Umfang* des zu ersetzenden Schadens gehören.

Hinsichtlich der Berechnung des Schadensumfanges bei Haftung aus unerlaubter Handlung enthält das niederländische Recht keine gesetzliche Regelung[19]. Nach Lehre und Rechtsprechung ergibt sich der Schadensumfang – wie im deutschen Recht – aus dem Unterschied zwischen dem gegenwärtigen, d. h. durch das schädigende Ereignis geschaffenen Vermögensstand des Geschädigten und dem Vermögensstand, der bei Ausschaltung des schädigenden Ereignisses bestehen würde[20]. Soweit jedoch die Anstellungskörperschaft eines Beamten im Falle außerdienstlich erlittener Dienstunfähigkeit Leistungen erbringt – auch das niederländische Recht kennt eine ähnliche Regelung in Art. 35 der Reichsbeamtenordnung vom 12. 6. 1931 (Staatsblad 1931, Nr. 248) –, hat sich der Vermögensstand des geschädigten Beamten nicht verschlechtert. Eine Erweiterung des Schadenersatzanspruches auf jene Besoldungs- oder Versorgungsleistungen im Sinne der §§ 178 LBG, 87 a BBG und einen gesetzlichen Übergang dieses Anspruches auf die leistungspflichtige Körperschaft kennt das niederländische Recht, wie oben unter II dargelegt, nicht. Es ist somit die gleiche Situation gegeben, die im deutschen Recht ohne die zitierten beamtenrechtlichen Vorschriften bestehen würde: Die bei Dienstunfähigkeit fortgezahlten Dienstbezüge und die aus diesem Anlaß erbrachten Versorgungsleistungen stellen keinen Schaden dar, den *der Beamte* durch das schädigende Ereignis erlitten hat.

Aus diesen Gründen dürfte eine auf Abtretung gestützte Klage keinen Erfolg haben.

---

[18] Daher lassen die bei *Kollewijn* Nr. 4743 (k) zit. Entscheidungen über die Nichtanerkennung einer nach ausländischem Recht eintretenden, dem niederländischen Recht jedoch unbekannten Legalzession auch nicht die Möglichkeit einer cessie offen. *Kollewijn* stellt fest, daß bei Versagung der Legalzession auch eine cessie nicht eingreifen könne.

[19] Vgl. hierzu *Pitlo*, Systeem 354.

[20] Vgl. *Polak*, Aanspraak en aansprakelijkheid uit onrechtmatige daad (Diss. Amsterdam 1949) 17 f.; *Pitlo*, Systeem 145, 416; *van der Koogh* 285 unter „onrechtmatige daad" sowie die dort zit. Rspr.

### *IV. Zu Frage 4*

Das niederländische Recht kennt den „Vermoedensbewijs" („Vermutungsbeweis"), der allerdings eher dem Indizienbeweis als dem prima-facie-Beweis des deutschen Rechts ähnelt. Dieser Beweis ist nach dem Vorbild des französischen Code civil gesetzlich im materiellen Recht, d. h. in Artt. 1903, 1952, 1959 BW geregelt. Art. 1903 bestimmt:

| | |
|---|---|
| „Vermoedens zijn gevolgtrekkingen, welke de wet of de regter uit eene bekende tot eene onbekende daadzaak afleidt." | Vermutungen sind Schlußfolgerungen, welche das Gesetz oder der Richter aus einer bekannten auf eine unbekannte Tatsache zieht. |

Der im vorliegenden Fall in Frage kommende Beweis aufgrund tatsächlicher Vermutung („feitelijke vermoedens") ist in Art. 1959 BW geregelt[21]. Art. 1959 bestimmt:

| | |
|---|---|
| „Vermoedens, welke niet op de wet zelve gegrond zijn, worden overgelaten aan het oordeel en aan de voorzigtigheid van den regter, die echter op geene andere letten mag dan op die welke gewigtig, naauwekeurig, bepaalt en met elkander in overeenstemming zijn. Zoo danige vermoedens kunnen alleenlijk in aanmerking komen in de gevallen, waarin de wet het bewijs door getuigen toelaat." | Vermutungen, welche nicht auf das Gesetz selbst gegründet sind, sind dem Urteil und der Sorgfalt des Richters überlassen, der jedoch keine anderen annehmen darf als die, welche gewichtig, genau, bestimmt und miteinander in Übereinstimmung sind. Derartige Vermutungen dürfen nur in Fällen zur Anwendung kommen, in denen das Gesetz den Zeugenbeweis zuläßt. |

Nach der Generalklausel des Art. 1932 BW, die den Zeugenbeweis grundsätzlich bis auf wenige gesetzlich geregelte Ausnahmen zuläßt, wäre im vorliegenden Fall der Zeugenbeweis und mithin auch der Vermutungsbeweis statthaft.

Gegen den Vermutungsbeweis ist stets der Gegenbeweis zulässig, der sich sowohl gegen die feststehende Ausgangstatsache („bekende daadzaak") als auch gegen die Schlußfolgerung („gevolgtrekkingen") richten kann[22].

### *V. Zu Frage 5*

Nach niederländischem Recht tritt die Verjährung ein:

a) Bei Ansprüchen aus der in Art. 31 Wegenverkeerswet geregelten Halterhaftung nach einem Jahr. Die Sonderregelung des Art. 31 Abs. 9 Wegenverkeerswet bestimmt:

---

[21] Vgl. zum „bewijs door middel van vermoedens" ausführlich *Scheltema*, Nederlandsch Burgerlijk Bewijsrecht (Zwolle 1939) 112 ff.; sowie ferner *van der Koogh* 447 unter „vermoedens".

[22] Vgl. *Scheltema* 118.

„De rechtsvordering tot schadevergoeding vervalt door tijdsverloop van een jaar, te rekenen van den dag, waarop het ongeval heft plaats gehad."

Alle Forderungen, sowohl dingliche als verfällt durch Zeitablauf von einem Jahr, gerechnet von dem Tag, an dem sich der Unfall ereignet hat.

b) Bei Ansprüchen aus unerlaubter Handlung nach 30 Jahren. Diese allgemeine Verjährungsfrist ist in Art. 2004 BW festgelegt:

„Alle regstsvorderingen, zoo wel zakelijke als persoonlijke, verjaren door dertig jaren."

Alle Forderungen, sowohl dingliche als auch persönliche, verjähren nach dreißig Jahren.

## ZUSAMMENFASSUNG

1. Die Frage des Forderungsüberganges richtet sich ausschließlich nach dem Forderungsstatut und damit nach niederländischem Recht.
2. Das niederländische Recht kennt keine dem § 178 LBG entsprechende Vorschrift, sondern nur die hier nicht anwendbare persönliche Surrogation kraft Gesetzes.
3. Eine Abtretung des seinem Umfang nach durch § 178 LBG bestimmten Schadenersatzanspruches seitens des Richters M. an das Land Schleswig-Holstein würde nach niederländischem Recht keine Anerkennung finden, da das der kausalen „cessie" zugrunde zu legende Rechtsgeschäft die dem niederländischen Recht unbekannte Legalzession nach deutschem Beamtenrecht ersetzen und damit dem Rechtsgedanken der Vorschriften über die „gestattete Ursache" widersprechen würde, im übrigen aber die während der Dienstunfähigkeit fortgezahlten Dienstbezüge und sonstigen Leistungen i. S. § 178 LBG nach niederländischem Recht ohnehin keinen Schaden des geschädigten Richters darstellen.
4. Das niederländische Recht kennt nur den „Vermoedensbewijs", der eher dem Anzeichenbeweis als dem prima-facie-Beweis des deutschen Rechts entspricht.
5. Nach niederländischem Recht verjähren Ansprüche aus:
   a) Halterhaftung nach einem Jahr,
   b) unerlaubter Handlung nach dreißig Jahren.

# II. Sachenrecht

Siehe auch Nr. 10, 22

## Nr. 15

**Niederlande**

**1. Maßgebendes Recht für einen verlängerten Eigentumsvorbehalt nach deutschem und niederländischem IPR.**

**2. Vereinbarung und Wirkungen des Eigentumsvorbehalts.**

**3. Vorausabtretung künftiger Forderungen.**

**Hamburg G 181/68 vom 6. 11. 1968**

Die Rechtsanwälte J. in Itzehoe haben um eine Rechtsauskunft über internationales und niederländisches Sachenrecht und Abtretungsrecht gebeten.

Eine deutsche Firma hat Waren unter Vereinbarung eines verlängerten Eigentumsvorbehalts nach den Niederlanden geliefert. Es wird gefragt,

a) ob ein Eigentumsvorbehalt nach niederländischem Recht gültig ist und die Waren gegebenenfalls in den Niederlanden herausverlangt werden können, und

b) ob auch ein verlängerter Eigentumsvorbehalt geltend gemacht werden kann, d. h. ob die Forderungen aus dem Weiterverkauf der Ware in den Niederlanden auf die deutsche Verkäuferin übergegangen sind.

### *I. Anwendbare Rechtsordnung*

1. Die dinglichen Rechtsverhältnisse an der *Kaufsache selbst* beurteilen sowohl das *deutsche* als auch das *niederländische* IPR nach der lex rei sitae[1].

Bei einem internationalen Kauf können zwei Lagerechte in Betracht kommen, nämlich das des Exportlandes für die Begründung des Eigentumsvorbehalts und dasjenige des Importlandes für die Übernahme und Wirkung des Vorbehalts.

---

[1] *Soergel-Siebert(-Kegel),* BGB V (9. Aufl. 1961) Anm. 269 f. vor Art. 7 EGBGB; *Schultsz,* Eigendomsverkrijging bij koop van roerende goederen in het westeuropees internationaal privaatrecht (1955) 179; *Sauveplanne,* Elementair Internationaal Privaatrecht (2. Aufl. 1966) 39.

Ob im vorliegenden Fall deutsches Recht für die Begründung des Eigentumsvorbehalts zu berücksichtigen ist, hängt davon ab, wo die Vorbehaltsware an den niederländischen Abnehmer übergeben wurde. Erfolgte die Übergabe in Deutschland – weil etwa die „Transportperson" im Auftrage des Käufers die Ware in Empfang nahm –, so beurteilt sich die Entstehung des Eigentumsvorbehalts nach deutschem Recht. Andernfalls ist niederländisches Recht maßgebend.

Sollte der Eigentumsvorbehalt in Deutschland wirksam begründet worden sein, so ist nach niederländischem Recht zu beurteilen, ob und welche Wirkungen dieses dingliche Recht in den Niederlanden hat[2].

2. a) Über die Wirksamkeit der *Vorausabtretung der (zukünftigen) Forderung* aus dem Weiterverkauf der Ware entscheidet nach dem *deutschen* IPR die Rechtsordnung, der die abgetretene Forderung unterliegt (Forderungsstatut)[3]. Das Forderungsstatut bestimmt insbesondere darüber, ob die Abtretung eine Anzeige an den Schuldner voraussetzt und ob sie abstrakt oder kausal ist.

Für die *Form* der Abtretung gilt dagegen die besondere Kollisionsnorm des Art. 11 EGBGB[4]. Danach richtet sich die Form der Abtretung in erster Linie nach dem für die Abtretung selbst maßgebenden Recht; es genügt jedoch auch die Beachtung der Formvorschriften des Ortes, an dem die Abtretung vorgenommen worden ist.

b) In den *Niederlanden* wird die Frage nach dem Abtretungsstatut nicht einheitlich beurteilt[5]. Der Hoge Raad (H. R.) hat in einer neueren Entscheidung die Voraussetzungen der Abtretung sowie ihre Wirksamkeit im Verhältnis zwischen Zedent und Zessionar dem Recht der abgetretenen Forderung unterstellt. Dagegen soll im Verhältnis zum Schuldner und zu Dritten weiterhin[6] das Recht am Sitz des Schuldners entscheiden[7]. Diese Lösung entspricht auch Art. 21 des (noch nicht in Kraft getretenen) Benelux-Entwurfes für ein einheitliches Gesetz über IPR aus dem Jahre 1951. Die *Form* der Abtretung wird nach dem Recht des Ortes beurteilt, an dem sie vorgenommen worden ist[8].

c) Im *vorliegenden Fall* ist davon auszugehen, daß der niederländische Käufer die Vorbehaltsware an einen Abnehmer in den Niederlanden weiterverkauft. Daher unterliegen die Kaufpreisforderung gegen seinen Ab-

---

[2] *Schultsz* 179 f. [3] *Soergel-Siebert(-Kegel),* Anm. 250 vor Art. 7 EGBGB.

[4] *Soergel-Siebert(-Kegel),* Anm. 251–253 vor Art. 7 EGBGB.

[5] Zum Meinungsstand vgl. *van Creveld,* Cessie van schuldvorderingen (2. Aufl. 1953) 125 ff.; *Bosch,* Overdracht van schuldvorderingen op naam: Rechtskundige Opstellen aangeboden aan Prof. E. M. Meijers (1935) 568–580 (576 ff.).

[6] Vgl. die Nachweise der früheren Rechtsprechung bei *van Creveld* 126.

[7] H. R. 14. 4. 1964, Nederlandse Jurisprudentie (N. J.) 1965 Nr. 22; ebenso *Mulder,* Inleiding tot het Nederlandsch Internationaal Privaatrecht (2. Aufl. 1947) 173.

[8] *Van Creveld* 125; *Mulder* 173.

nehmer und damit auch Voraussetzungen wie Wirkungen ihrer Abtretung an seinen deutschen Lieferanten sowohl nach niederländischer als auch nach deutscher Ansicht dem niederländischen Recht. Es wird unterstellt, daß die Vorausabtretung – da wahrscheinlich durch Korrespondenz vereinbart – jedenfalls auch in den Niederlanden vorgenommen wurde und daher hinsichtlich ihrer Form ebenfalls niederländischem Recht unterliegt.

## *II. Niederländisches Recht*

### *1. Eigentumsvorbehalt*

*a) Begründung in den Niederlanden.* Der Eigentumsvorbehalt ist im niederländischen Recht nur für das Abzahlungsgeschäft gesetzlich geregelt, Artt. 1576h–1576x Burgerlijk Wetboek (BW). Er wird indes auch für sonstige Kaufverträge als zulässig anerkannt[9].

Soweit der Eigentumsvorbehalt im Zusammenhang mit Abzahlungsgeschäften auftritt, werden diese (irreführend) als „Mietkäufe" (huurkoop) bezeichnet. Die Vorschriften der Artt. 1576 ff. BW über Abzahlungskäufe finden auch auf Kaufleute Anwendung. Ein Abzahlungskauf liegt vor, wenn nach dem Kaufvertrag zwei oder mehr Kaufpreisraten nach Lieferung der Kaufsache fällig werden, Art. 1576 I BW, nicht dagegen, wenn sich der Verkäufer nachträglich mit Ratenzahlungen zufriedengibt[10]. Voraussetzung für die Wirksamkeit des Eigentumsvorbehalts im Rahmen eines Abzahlungsgeschäftes ist ein zweifach ausgefertigter schriftlicher und von beiden Parteien unterzeichneter Vertrag, Artt. 1576i I, 1576j I BW.

Bei sonstigen Kaufverträgen reicht es aus, wenn sich die Parteien über den Eigentumsvorbehalt formlos einigen[11]. Eine wirksame Vereinbarung über den Eigentumsvorbehalt liegt hier insbesondere auch dann vor, wenn der Verkäufer eine entsprechende Klausel in seine Allgemeinen Geschäftsbedingungen aufgenommen hat und diese (durch Bezugnahme) Bestandteil des zwischen den Parteien geschlossenen Kaufvertrages geworden sind[12].

---

[9] Vgl. die unten aufgeführte Rechtsprechung zum Eigentumsvorbehalt in Allgemeinen Geschäftsbedingungen; *Schultsz* 159; *Zevenbergen,* Het Afbetalingscontract (2. Aufl. 1938) 86 f.; *van Dijk,* Geschiedenis, aard en werking van het eigendomsvoorbehoud (1940) 46; *Canter Cremers,* Weekblad voor Privaatrecht, Notarisambt en Registratie (WPNR) Nr. 4342 (1954, S. 173), hält den Eigentumsvorbehalt dagegen nach seiner gesetzlichen Einführung im Jahre 1936 nur noch im Rahmen des Abzahlungsgeschäfts für zulässig.

[10] *Völlmar,* Nederlands Burgerlijk Recht III (2. Aufl. 1952) 600.

[11] Hof 's Gravenhage 13. 6. 1927, N. J. 1928, 984; *Schultsz* 162.

[12] H. R. 29. 9. 1961, N. J. 1962 Nr. 14; Hof Arnhem 12. 12. 1961, N. J. 1962 Nr. 389; Hof 's Gravenhage 22. 6. 1962, N. J. 1963 Nr. 205; Hof Amsterdam 15. 5. 1963, N. J. 1963 Nr. 302; Rb. Arnhem 17. 11. 1960, N. J. 1961 Nr. 136.

Diese Eigentumsvorbehaltsklausel ist in den in den Niederlanden gebräuchlichen Allgemeinen Geschäftsbedingungen außerordentlich häufig anzutreffen[13].

b) *Übernahme eines in Deutschland begründeten Eigentumsvorbehalts.* Ein in Deutschland begründeter Eigentumsvorbehalt wird in den Niederlanden (mit den ihm vom niederländischen Recht beigemessenen Wirkungen) anerkannt[14]. Das gilt auch dann, wenn der Eigentumsvorbehalt in Deutschland formlos begründet wurde[15].

c) *Wirkungen des Eigentumsvorbehalts.* Kommt der Käufer seinen Verpflichtungen nicht nach, so kann der Verkäufer die Sache aufgrund des Eigentumsvorbehalts zurückverlangen[16]. Der Eigentumsvorbehalt sichert den Verkäufer auch gegen Zwangsvollstreckungsmaßnahmen Dritter. Im Konkurs des Käufers kann der Verkäufer Herausgabe der Vorbehaltssache verlangen[17].

2. *Vorausabtretung der Kaufpreisforderung*

a) *Form.* Die Abtretung von Forderungen erfolgt nach Art. 668 I BW durch eine privatschriftliche oder öffentlich beurkundete Einigung zwischen Zedent und Zessionar. Dem Schuldner gegenüber wirkt die Abtretung indes erst, wenn sie ihm (förmlich) mitgeteilt worden ist, Art. 668 II BW.

Ob die vorliegende Abtretung der Formvorschrift des Art. 668 I BW genügen muß oder ob statt dessen die Beobachtung der deutschen Formvorschriften genügt[18], kann offenbleiben, da die Abtretung aus einem anderen Grunde unwirksam ist.

b) *Abtretbarkeit zukünftiger Forderungen.* Ob und in welchem Umfang künftige Forderungen abgetreten werden können, ist in den Niederlanden umstritten[19]. Nach höchstrichterlicher Rechtsprechung können nur solche Forderungen abgetreten werden, die im Zeitpunkt der Abtretung bereits

---

[13] *Schoordijk,* De zakelijke werking van de eigendomsvoorbehoudclausule en de ontbinding ex art. 1302 BW bij koopcontracten van roerende lichamelijke zaken: WPNR Nr. 4782 (1963, S. 401).

[14] *Schultsz* 179 f.; vgl. Rb. Maastricht 26. 6. 1930, N. J. 1931, S. 8 (auflösend bedingte deutsche Sicherungsübereignung nach Verbringung der Sachen in die Niederlande anerkannt).

[15] *Schultsz* 180.

[16] *Pitlo,* Het Verbintenissenrecht (6. Aufl. 1964) 362.

[17] *Völlmar,* Het Nederlands Handels- en Failissementsrecht (1961) 700; *Mertens,* Eigentumsvorbehalt und sonstige Sicherungsmittel des Verkäufers im ausländischen Recht (1964) 170; *van Dijk* 87, 94 f.

[18] Art. 11 I 2 EGBGB; freilich setzt die Anwendung dieser Regel voraus, daß die Abtretung in Deutschland stattgefunden hat.

[19] Zum Meinungsstand vgl. *Wiarda,* Cessie of overdracht van schuldvorderingen op naam naar Nederlandsch burgerlijk recht (1937) 407–422; *van Creveld* 64–85.

bestehen. Eine Forderung „besteht", wenn sie „ihre unmittelbare Grundlage in einem Rechtsverhältnis findet, in dem derjenige, der die Forderung überträgt, bereits zu dem Schuldner steht" [20].

Daraus ergibt sich, daß eine Vorausabtretung der Forderungen aus dem Weiterverkauf der Vorbehaltsware unwirksam ist, wenn zur Zeit der Abtretung ein Kaufvertrag zwischen dem Käufer und seinem Abnehmer noch nicht bestand [21].

## ERGEBNIS

1. Wenn die Übergabe der Kaufsache in Deutschland erfolgte, so ist die Begründung des Eigentumsvorbehalts nach deutschem Recht zu beurteilen, sonst nach niederländischem.
2. Ein in Deutschland begründeter Eigentumsvorbehalt wird in den Niederlanden anerkannt.
3. Der Eigentumsvorbehalt sichert den Verkäufer nach niederländischem Recht voll gegen Dritte.
4. Die Vorausabtretung der Kaufpreisforderung aus der Weiterveräußerung der Vorbehaltsware richtet sich in Form, Voraussetzung und Wirkung nach niederländischem Recht.
5. Nach niederländischem Recht ist die Vorausabtretung einer Kaufpreisforderung aus einem noch nicht bestehenden Vertragsverhältnis unwirksam.

## Nr. 16

## Spanien

**1. Maßgebendes Recht für unerlaubte Handlungen nach deutschem und spanischem IPR.**

**2. Bestimmung der maßgebenden spanischen Teilrechtsordnung.**

**3. Maßgebendes Recht für die Verpfändung beweglicher Sachen nach deutschem und spanischem IPR.**

**4. Abschlußort von Distanzverträgen nach deutschem und spanischem IPR.**

**5. Bestellung und Übertragung eines besitzlosen Pfandrechts an Mobilien („prenda sin desplazamiento").**

**6. Tätigwerden eines Treuhänders.**

**Köln 94/67 vom 10. 5. 1968**

---

[20] H. R. 29. 12. 1933, N. J. 1934, 343 (für künftige Kaufpreisforderungen verneint); H. R. 13. 2. 1936, N. J. 1936 Nr. 443 (für künftige Urheberrechte verneint); H. R. 15. 3. 1940, N. J. 1940 Nr. 848 (für künftige Mieteinnahmen aus einem bestehenden Mietvertrag bejaht); Hof Amsterdam 4. 3. 1936, N. J. 1936 Nr. 744; zustimmend *van Crefeld* 70.

[21] H. R. 29. 12. 1933; *van Crefeld* 81; *van Dijk* 57 ff.

Das LG Aachen hat in dem Rechtsstreit Fa. B. und M. AG, Düsseldorf ./. H. um ein Gutachten über spanisches Sachenrecht gebeten.

Die Kl. verlangt vom Bekl. Schadenersatz aus unerlaubter Handlung.

Die Kl. hatte mit anderen Firmen eine Arbeitsgemeinschaft unter dem Namen „ARGE Stollenbau Spanien" mit Sitz in Düsseldorf gegründet. Nach dem Willen der Vertragsschließenden ist die Kl. berechtigt, die Ansprüche gegen den Bekl. im eigenen Namen geltend zu machen.

Die ARGE übereignete der Sociedad Hidroeléctrica del Cantábrico, S. A. Maschinen für den Bau einer hydroelektrischen Anlage am Pigueña-Fluß.

Nach der Übereignung der Maschinen vereinbarten die Sociedad Hidroeléctrica und die ARGE eine „administración interesada" nach spanischem Recht. Danach stellte die Sociedad Hidroeléctrica die ihr übertragenen Maschinen der ARGE zur Verfügung mit der Maßgabe, daß sie in erster Linie beim weiteren Bau der hydroelektrischen Anlage verwendet werden sollten und, soweit möglich, von der ARGE auf andere Weise genutzt werden konnten. Zur Durchführung der Aufgaben wurde der Zeuge R. eingesetzt. Er sollte die Maschinen in Besitz nehmen und sie verwalten. Insbesondere sollte er die Maschinen, soweit sie nicht bei den Bauarbeiten benötigt wurden, an Dritte vermieten. Der Erlös sollte der ARGE zufließen.

Entsprechend seiner Vereinbarung mit der ARGE vermietete der Zeuge R. einige der Maschinen, welche die ARGE an die Hidroeléctrica del Cantabrico S. A. übereignet hatte, an die Fa. B., S. A., deren Hauptaktionär angeblich der deutsche Beklagte ist. Nach dem Gründungsvertrag vom 6. 10. 1960 hatte diese Gesellschaft ihren Sitz in Gure-Etxea, Deva, in der Provinz Guipúzcoa.

Nachdem die B. einen größeren Betrag fälliger Mietzinsen nicht zahlte, kam es am 11. 5. 1963 vor einem Notar in Madrid wegen des geschuldeten Mietzinses zum Abschluß eines öffentlich beurkundeten Vertrags. Dabei traten der Bekl. für die Firma B. und der Zeuge R. auf. Nach der vorgelegten Übersetzung heißt es in dem Vertrag u. a.:

„Viertens. – Zur Sicherung des geschuldeten Betrages, der vereinbarten Zinsen und von 75 000 Ptas. für jeweilige Unkosten, verpfändet die Schuldnerfirma die auf dem Ladeplatz Las Salinas [Provinz León] gelagerten 10 000 Tonnen Eisenerz, ohne Ortsveränderung, was vom Gläubiger angenommen wird."

Das in dem Vertrag unter Nr. 4 bezeichnete Eisenerz wurde im Juli 1963 ohne Zustimmung der ARGE oder der Kl. an die Firma K. veräußert und nach Deutschland verschifft. Noch im Jahre 1963 stellte die Firma B. infolge von Liquiditätsschwierigkeiten ihre Zahlungen ein. Daraufhin ist ein Vergleichsverfahren eingeleitet worden.

Die Kl. behauptet, der Bekl. habe die Veräußerung des Eisenerzes, das durch den Vertrag vom 11. 5. 1963 verpfändet worden war, selbst vorgenommen. Sie meint, der Bekl. habe dadurch rechtswidrig und schuldhaft eine unerlaubte Handlung begangen. Mit der Klage nimmt sie ihn auf Ersatz des Schadens in Anspruch, der ihr angeblich durch die Veräußerung entstanden ist.

Die Kl. ist der Auffassung, zur Geltendmachung der Ersatzansprüche aktiv legitimiert zu sein. Sie behauptet, der Zeuge R. sei beim Abschluß des Vertrages vom 11. 5. 1963 zwar im eigenen Namen, jedoch als Treuhänder der ARGE aufgetreten. Der Bekl. habe die Rechtsstellung des Zeugen R. als Treuhänder der ARGE schon bei der Vermietung der Maschinen und insbesondere bei Abschluß des Vertrags vom 11. 5. 1963 gekannt. Im übrigen hält sich die Kl. auch deshalb für zur Rechtsverfolgung aktiv legitimiert, weil ihr der Zeuge R. seine möglichen Ansprüche gegen die Firma B. sowie den Bekl. abgetreten habe. Hierzu hat die Kl. einen schriftlichen Vertrag vorgelegt. Er trägt die Unterschriften des Zeugen R. – vollzogen am 5. 3. 1965 in Oviedo – und von Vertretern der Kl. – vollzogen am 12. 3. 1965 in Düsseldorf. Der Vertrag enthält keine Rechtswahlklausel.

## A. ANWENDBARES RECHT

### *I. Deliktsstatut*

#### *1. Deutsches internationales Privatrecht*

Bei der Ermittlung des Rechts, aus dem sich für die Kl. Ansprüche aus unerlaubter Handlung ergeben könnten, ist zu unterscheiden, ob sie aus *eigenem* oder *abgeleitetem Recht* vorgehen kann.

a) Ansprüche der Klägerin aus eigenem Recht

Im EGBGB findet sich keine allgemeine Regel für das auf unerlaubte Handlungen anzuwendende Recht. Art. 12 EGBGB sieht nur vor, daß wegen einer im Ausland begangenen unerlaubten Handlung gegen einen Deutschen keine weitergehenden Ansprüche geltend gemacht werden können, als nach den deutschen Gesetzen begründet sind. Nach allgemeiner Auffassung geht diese Vorschrift davon aus, daß sich unerlaubte Handlungen grundsätzlich nach der lex loci delicti richten[1].

Diese allgemeine Kollisionsregel wird jedoch eingeschränkt durch die Verordnung des Ministerrates für die Reichsverteidigung über die Rechtsanwendung bei Schädigungen deutscher Staatsangehöriger außerhalb des Reichsgebiets vom 7. 12. 1942 (RGBl. I 706). Mit der Rechtsprechung und der herrschenden Lehre kann davon ausgegangen werden, daß diese Ver-

---

[1] *BGHZ* 29, 237, 239–240; *BGHZ* 23, 65, 67; *Kegel* in *Soergel-Siebert,* BGB, Bd. V (9. Aufl. 1961), Art. 12, Bem. 1, S. 700; *Raape* IPR (5. Aufl. 1961) 571; *Wolff,* Das IPR Deutschlands (3. Aufl. 1954) 164.

ordnung auch heute noch in Kraft ist[2]. Nach § 1 Abs. 1 der Verordnung beurteilen sich außervertragliche Schadensersatzansprüche wegen einer unerlaubten Handlung, die ein Deutscher im Ausland gegenüber einem anderen Deutschen begangen hat, nach deutschem Recht. Diese Regel ist nach § 1 Abs. 2 Nr. 2 der Verordnung auch anzuwenden auf Handelsgesellschaften, die ihren Sitz im Inland haben. Da der Bekl. Deutscher ist und die ARGE sowie ihre Träger ihren Sitz in Deutschland haben, beurteilen sich die deliktischen Ersatzansprüche, die ihnen aus eigenem Recht zustehen, nach deutschem materiellem Recht.

Da das Deliktsstatut den Kreis der geschützten Rechtsgüter bestimmt[3], ist die Frage, ob der Bekl. durch sein Verhalten ein geschütztes Rechtsgut der Kl. bzw. der ARGE verletzt hat, nach materiellem deutschem Recht zu beantworten.

b) Ansprüche aus abgeleitetem Recht

Soweit die Kl. deliktische Ersatzansprüche verfolgt, die sie aufgrund der Abtretung des Zeugen R. vom 5./12. 3. 1965 möglicherweise erworben hat, unterstehen sie nach deutschem Kollisionsrecht der *lex loci delicti*. Denn die angeführte Verordnung vom 7. 12. 1942 findet hier keine Anwendung, da der Zeuge R. Spanier ist. Da die behauptete unerlaubte Handlung des Bekl. in Spanien begangen worden und dort auch der Schaden eingetreten ist, so verweist das deutsche IPR auf spanisches Recht. Diese Verweisung ist als Kollisionsnormverweisung zu verstehen[4]. Mithin ist eine Rück- oder Weiterverweisung des spanischen IPR zu beachten.

*2. Spanisches IPR*

Im spanischen Kollisionsrecht herrscht bisher keine völlige Einigkeit über die Anknüpfung bei unerlaubten Handlungen. In Anlehnung an *Savigny* und *Mazeaud* wird zum Teil die Auffassung vertreten, unerlaubte Handlungen seien nach der lex fori zu beurteilen[5]. Die ganz überwiegende

---

[2] *BGHZ* 34, 222, 225 = JZ 1961, 422 m. krit. Anm. *Wengler*; *BGH* WM 1962, 185; *OLG Celle* NJW 1966, 302 m. Anm. *Dunz*; *OLG Köln* BB 1958, 353; *Kegel*, IPR (2. Aufl. 1964), 243; *Kegel* in *Soergel-Siebert*, Art. 12, Bem. 23, S. 704; *Erman-*Arndt, Handkommentar zum BGB (4. Aufl. 1967) Bd. II, Anhang 1 zu Art. 12 EGBGB, S. 1709; *Neuhaus*, Besprechung, RabelsZ 16 (1951) 651, 654 Fußn. 6; *Palandt-Lauterbach*, BGB (27. Aufl. 1968) Anh. zu Art. 12 EGBGB, Vorbem., S. 1766; einschränkend *Raape* 574; ablehnend *Beitzke*, Schiffskollisionen im Ausland, MDR 1959, 881, 883; *Binder*, Zur Auflockerung des Deliktsstatuts, RabelsZ 20 (1955) 401, 410–411; *Wolff* 168.

[3] Vgl. *Kegel* in *Soergel-Siebert*, Art. 12, Bem. 40, S. 708.

[4] *Kegel* in *Soergel-Siebert*, Art. 12, Bem. 28, S. 705, Bem. 58, S. 712; abweichend *OLG Saarbrücken* AWD 1959, 158.

[5] Vgl. *Verplaetse*, Derecho internacional privado (1954), 485 mit dem Hinweis auf *Lasala Llanas*.

Meinung tritt demgegenüber für die Anwendung der lex loci delicti ein[6]. Folgt man dieser herrschenden Auffassung, so findet keine Rückverweisung auf deutsches Recht statt. Denn die von der Kl. bezeichnete unerlaubte Handlung ist in Spanien begangen worden und hat auch dort den schädigenden Erfolg verursacht.

### 3. *Interregionales Privatrecht*

a) Materiellrechtliche Spaltung

Obwohl Spanien mit dem Código civil vom 24. 7. 1889 eine umfassende Kodifizierung des materiellen Privatrechts besitzt, gelten die Normen dieses Gesetzes nicht einheitlich in ganz Spanien. Aus Art. 12 C. c. ist zu entnehmen, daß das gemeine spanische Zivilrecht den Bestand der heute noch geltenden Foralrechte grundsätzlich unberührt läßt. Ausnahmen sind nur vorgesehen für die Kollisionsregeln, die im einführenden ersten Teil des Código civil enthalten sind, sowie für das Recht der Eheschließung und der persönlichen Ehewirkungen.

*Art. 12 C. c.:*

„Las disposiciones de este título, en cuanto determinan los efectos de las leyes y de los estatutos y las reglas generales para su aplicación, son obligatorias en todas las provincias del Reino. También lo serán las disposiciones del título IV, libro I. En lo demás, las provincias y territorios en que subsiste derecho foral, lo conservarán por ahora en toda su integridad, sin que sufra alteración su actual régimen jurídico, escrito o consuetudinario, por la publicación de este Código, que regirá tan sólo como derecho supletorio en defecto del que lo sea en cada una de aquéllas por sus leyes especiales."

Die Vorschriften dieses Titels, soweit sie die Wirkung der Gesetze und Statuten und die allgemeinen Regeln für ihre Anwendung bestimmen, sind für alle Provinzen des Landes verbindlich. Dasselbe gilt für die Vorschriften des IV. Titels des I. Buches. [Sie betreffen das Recht der Eheschließung und der persönlichen Ehewirkungen.] Was die übrigen Vorschriften angeht, so behalten die Provinzen und Gebiete, in denen lokales Recht besteht, ihr eigenes Recht in seiner Vollständigkeit, ohne daß das geltende Recht, geschriebenes oder kraft Gewohnheit geltendes Recht, geändert wird durch die Verkündung dieses Gesetzes, das allein als ergänzendes Recht beim Fehlen von Sondervorschriften zur Anwendung kommt.

Bei der Anwendung des spanischen Rechts ist daher stets zu klären, ob eines der Foralrechte vorgeht oder ob das gemeine spanische Recht nach dem Código civil das Rechtsverhältnis regelt.

[6] Vgl. *Arjona Colomo*, Derecho internacional privado, Parte especial (1954), 356; *Goldschmidt*, Sistema y filosofia del derecho internacional privado, II. Bd. (2. Aufl. 1954) 453; *Miaja de la Muela*, Derecho internacional privado, II. Bd. (3. Aufl. 1963) 257; *Aquilar Navarro*, Derecho civil internacional (1960) 385 mit weiteren Nachweisen. Wohl auch *Oviedo* 20. 3. 1964, Rev. gen. der. 21 (1965) 106.

b) Wahl der anwendbaren Teilrechtsordnung

Nach herrschender Auffassung ist die maßgebende Teilrechtsordnung beim Fehlen einer Rück- oder Weiterverweisung des ausländischen internationalen Kollisionsrechts nach dem einheitlich geltenden ausländischen interlokalen Privatrecht zu ermitteln[7]. Von dieser Regel ist jedoch abzuweichen, wenn das deutsche IPR an ein rein räumlich bezogenes Moment, etwa den Deliktsort oder die Lage einer Sache, anknüpft. Beruft das deutsche Recht aufgrund einer solchen Anknüpfung das ausländische Recht, ohne daß dessen IPR zurück- oder weiterverweist, so ist anzunehmen, daß unmittelbar die Teilrechtsordnung berufen wird, in der sich der betreffende Ort befindet. Auf diese Weise wird die maßgebende Teilrechtsordnung aus der Sicht des deutschen Rechts bestimmt[8].

Da anzunehmen ist, daß das verpfändete Eisenerz ursprünglich in der Provinz León lagerte und der Bekl. es von dort aus an die Firma K. veräußerte, wird auf das in der Provinz León geltende Recht verwiesen.

Bei dem hier vorgeschlagenen Weg bleibt das einheitliche spanische interregionale Privatrecht jedoch nicht völlig außer acht. Denn es schließt sich die Frage an, ob nach diesem Kollisionsrecht eine Rück- oder Weiterverweisung stattfindet[9]. Einer solchen Verweisung ist gegebenenfalls zu folgen.

c) Spanisches interregionales Privatrecht

Für einen Teil der internationalprivatrechtlichen Normen, die der Código civil enthält, sieht Art. 14 C. c. ausdrücklich vor, daß sie nicht nur als internationale, sondern auch als interregionale Konfliktsregeln anzusehen sind.

*Art. 14 C. c.:*

„Conforme a lo dispuesto en el art. 12, lo establecido en los arts. 9.º, 10 y 11, respecto a las personas, los actos y los bienes de los españoles en el extranjero, y de los extranjeros en España, es aplicable a las personas, actos y bienes de los españoles en territorios o provincias de diferente legislación civil."

Gemäß Art. 12 finden die Bestimmungen der Art. 9, 10 und 11 über Personen, Rechtshandlungen und Güter der Spanier im Ausland und der Ausländer in Spanien auch Anwendung auf Personen, Rechtshandlungen und Güter der Spanier in Gebieten oder Provinzen mit verschiedenem Zivilrecht.

---

[7] Vgl. *Raape* 148; Nachweise aus der Rechtsprechung bei *Kegel* in *Soergel-Siebert,* Vorbem. 105 vor Art. 7, Fußn. 54–58, S. 537.

[8] *Kegel,* IPR, 137–138; *Kegel* in *Soergel-Siebert,* Vorbem. 105 vor Art. 7, S. 537; *Erman-Arndt,* Vorbem. 3 vor Art. 7, S. 1666; wohl auch *Neuhaus,* Die Grundbegriffe des IPR (1962), 212.

[9] *Kegel,* IPR, 138; *Kegel* in *Soergel-Siebert,* Vorbem. 105 vor Art. 7, S. 537; *Erman-Arndt,* Vorbem. 3 vor Art. 7, S. 1666.

Für den Bereich des Schuldrechts fehlt eine entsprechende Vorschrift. Es ist jedoch geboten, in Anlehnung an Art. 14 C. c. auch die im internationalen Schuldrecht anerkannten Regeln in das interregionale Schuldrecht zu übertragen[10]. Danach ist auch im spanischen interregionalen Deliktsrecht an den *locus delicti* anzuknüpfen. Da sich dieser im vorliegenden Fall in der Provinz León befindet, scheidet eine Rück- oder Weiterverweisung aus. Mithin beurteilt sich die Frage, ob der Bekl. durch die Veräußerung des Eisenerzes an die Firma K. *gegenüber* dem Zeugen R. eine *unerlaubte Handlung* begangen hat, nach dem materiellen Recht der Provinz *León.*

### *II. Statut der Verpfändung*

Für die möglichen deliktischen Ansprüche ist als Vorfrage zu klären, ob die Kl. bzw. die ARGE und der Zeuge R. aufgrund des Vertrags vom 11. 5. 1963 ein Pfandrecht an dem Eisenerz wirksam erworben haben.

#### *1. Deutsches IPR*

a) Grundsatz

Über dingliche Rechte und Pflichten entscheidet nach allgemeiner Auffassung die lex rei sitae[11]. Dies gilt insbesondere für Pfandrechte an beweglichen Sachen, auch wenn sie nicht an den Besitz gebunden sind[12].

Da das verpfändete Eisenerz in der Provinz León lagerte, verweist das deutsche Kollisionsrecht nach der oben dargestellten Auffassung unmittelbar auf das Recht dieser Provinz.

b) Umfang der Verweisung

Die Verweisung auf die lex rei sitae umfaßt sowohl die Voraussetzungen der vertraglichen Pfandbestellung wie auch die inhaltliche Ausgestaltung des Pfandrechts[13].

Im folgenden, nicht abgedruckten Teil des Gutachtens, wird ausgeführt, daß weder das Gesetzesdekret des Staatspräsidenten Nr. 16 vom 27. 7. 1959 noch das Dekret Nr. 2320 des Regierungspräsidialamts vom 24. 12. 1959[14] Vorschriften enthalten, welche für die Bestellung von Pfandrechten an beweglichen Sachen besondere Regelungen treffen.

---

[10] *Castán Tobeñas,* Derecho civil español, común y foral, Bd. I (9. Aufl. 1955), 463.

[11] Vgl. *Kegel* in *Soergel-Siebert,* Vorbem. 269 vor Art. 7, S. 582; *Raape* 586; *Wolff* 172.

[12] Z. B. *BGH* LM Art. 7 ff. EGBGB Nr. 20 (LS) m. Anm. Mormann = NJW 1963, 1200 betr. besitzloses Registerpfandrecht an einem Kraftfahrzeug; vgl. auch *Raape* 607–610.

[13] Vgl. *Kegel* in *Soergel-Siebert,* Vorbem. 270 vor Art. 7, S. 582 mit Nachweisen.

[14] Spanischer Text bei *Gay de Montellá,* Tratado de sociedades anónimas

Die angeführten Dekrete regeln nur ausländische Investitionen in Spanien. Sie beschränken dagegen nicht die Verpfändung von Waren an Ausländer zur Sicherung von bestehenden Verbindlichkeiten. Da sie die Verpfändung nicht berühren, sind sie im vorliegenden Fall ohne Interesse.

c) Rück- oder Weiterverweisung

Die für die Verpfändung im deutschen IPR geltende Verweisung auf die ausländische lex rei sitae ist eine Kollisionsnormverweisung. Daher ist eine Rück- oder Weiterverweisung zu beachten[15].

*2. Spanisches IPR*

Das spanische IPR knüpft für das Statut beweglicher Sachen an das Personalstatut des Eigentümers an.

*Art. 10 Abs. 1 C. c.:*

| | |
|---|---|
| „Los bienes muebles están sujetos a la ley de la nación del propietario; los bienes immuebles, a las leyes del país en que están sitos." | Bewegliche Sachen sind dem Heimatrecht des Eigentümers unterworfen; unbewegliche Sachen dem Recht des Landes, in dem sie sich befinden. |

Diese Vorschrift findet insbesondere auch Anwendung, wenn es um Sicherungsrechte an beweglichen Sachen wie bei der „prenda sin desplazamiento" geht[16].

Da das Eisenerz der Firma B. gehörte, ist deren Personalstatut zu ermitteln. Dies geschieht bei Handelsgesellschaften in Anlehnung an Art. 28 Abs. 1 C. c.:

| | |
|---|---|
| „Las Corporaciones, Fundaciones y Asociaciones reconocidas por la Ley y domiciliadas en España gozarán de la nacionalidad española siempre que tengan el concepto de personas juridicas con arreglo a las disposiciones del presente Código." | Gesellschaften, Stiftungen und Assoziationen, die gesetzlich anerkannt werden und in Spanien domiziliert sind, haben die spanische Staatsangehörigkeit, sofern sie die Form einer juristischen Person nach der Ordnung der Vorschriften dieses Código besitzen. |

Die Auslegung dieser Vorschrift erfolgt nach der „teoría del control". Danach hat eine Gesellschaft in der Form der „Sociedad anonima", die der deutschen Aktiengesellschaft entspricht, ihr Domizil am *Sitz* der Gesellschaft, von dem aus sie verwaltet wird[17]. Nach dem mitgeteilten Sach-

(3. Aufl. 1962) 95 bzw. 98; deutsche Übersetzung im 32. Band der Sonderveröffentlichungen der Bundesstelle für Außenhandelsinformationen: *Moecke-Frühbeck,* Das spanische Investitionsrecht (1965), 85–86 bzw. 89–90.

[15] *Kegel* in *Soergel-Siebert,* Vorbem. 290 vor Art. 7, S. 587 mit Nachweisen.

[16] *Verplaetse* 450; *Goldschmidt,* Bd. II, 239–240.

[17] Vgl. *Goldschmidt,* Bd. II, 56, 64; *Miaja de la Muela,* Bd. II, 342–344; *Verplaetse,* 244–245; s. auch *Rabel,* The Conflict of Laws, Bd. II (2. Aufl. 1960) 35.

verhalt hat die Firma ihren Sitz in der Provinz Guipúzcoa. Mithin verweist das spanische IPR für die Frage der Verpfändung weder weiter noch zurück.

*3. Spanisches interregionales Privatrecht*

Für die Frage einer Rück- oder Weiterverweisung ist das spanische interregionale Privatrecht zu beachten. Entsprechend Art. 14 C. c. ist die angegebene Norm des spanischen IPR auf das interregionale Recht zu übertragen. Demnach ist an den Sitz der Gesellschaft anzuknüpfen. Da die Firma B. nach ihrem Gründungsvertrag ihren Sitz in Gure-Etxea, Deva, in der Provinz Guipúzcoa hat, ergibt sich eine Weiterverweisung auf das Recht dieser Provinz. Von hier aus findet keine Weiter- oder Rückverweisung mehr statt, da das spanische interregionale Privatrecht über Art. 14 C. c. einheitlich geregelt ist. Mithin beurteilt sich die *Verpfändung* nach dem materiellen Recht, das in der Provinz *Guipúzcoa* gilt.

### *III. Formstatut der Verpfändung*

*1. Deutsches Recht*

Nach Art. 11 Abs. 1 S. 1 EGBGB beurteilt sich die Form eines Rechtsgeschäfts nach dem *Geschäftsstatut*. Dies führt für die Verpfändung des Eisenerzes zu einer Verweisung auf das Recht der *Provinz Guipúzcoa*.

Eine Berufung des spanischen Rechts als Ortsstatut aufgrund von Art. 11 Abs. 1 S. 2 EGBGB kommt hier nicht in Betracht. Denn diese Vorschrift findet hier nach Art. 11 Abs. 2 EGBGB keine Anwendung, da durch die Verpfändung ein Recht an einer Sache begründet wird.

Auch die Verweisung auf das Geschäftsstatut nach Art. 11 Abs. 1 S. 1 EGBGB ist eine Kollisionsnormverweisung. Daher ist eine Rück- oder Weiterverweisung des spanischen internationalen oder interregionalen Privatrechts zu beachten [18].

*2. Spanisches IPR*

Aus Art. 11 Abs. 1 C. c. ergibt sich, daß das spanische Kollisionsrecht weder weiter- noch zurückverweist, da die Verpfändung in Spanien erfolgt ist.

*Art. 11 Abs. 1 C. c.:*

| | |
|---|---|
| „Las formas y solemnidades de los contratos, testamentos y demás instrumen- | Die Formen und Förmlichkeiten von Verträgen, Testamenten und anderen |

[18] *Kegel* in *Soergel-Siebert*, Art. 11 Bem. 28, S. 698.

tos públicos se rigen por las Leyes del país en que se oturguen."

öffentlichen Urkunden beurteilen sich nach den Gesetzen des Landes, in dem sie errichtet werden.

*3. Spanisches interregionales Privatrecht*

Gemäß Art. 14 C. c. ist Art. 11 Abs. 1 C. c. entsprechend als anwendbare interregionale Kollisionsnorm zu verstehen. Sie verweist auf das Recht des Ortes, an dem die Verpfändung vorgenommen wurde. Da dies in Madrid geschehen ist, findet eine *Weiterverweisung* auf das Recht statt, das in der Provinz *Neu-Kastilien* in Kraft ist. Im Hinblick auf das einheitlich geregelte spanische interregionale Privatrecht findet von dort aus keine interregionale Weiter- oder Rückverweisung statt. Mithin beurteilt sich die Form der Verpfändung nach dem Recht der Provinz *Neu-Kastilien,* in der Madrid liegt.

## *IV. Vollmachtsstatut*

*1. Deutsches IPR*

Die ARGE könnte aufgrund des Vertrags vom 11. 5. 1963 selbst Trägerin des Pfandrechts an dem Eisenerz geworden sein. Hierfür wäre erforderlich, daß der Zeuge R. beim Abschluß des Vertrags als Stellvertreter der ARGE in Erscheinung getreten ist. Ob dies zutrifft und welche Folgen sich gegebenenfalls daran anschließen, ist nach dem für die Vollmacht maßgebenden Statut zu beurteilen.

Nach herrschender deutscher Auffassung untersteht die Vollmacht dem Recht am *Gebrauchsort,* der sich in der Regel dort befinden wird, wo die Vollmacht *wirken soll*[19]. Dies gilt insbesondere auch für die Vollmacht, die zum Abschluß dinglicher Verträge an Fahrnis erteilt wird[20]. Dabei erstreckt sich der Umfang der Verweisung auch auf die Frage, ob Auftreten im eigenen Namen die Wirkungen der Stellvertretung auslöst[21]. Danach verweist das deutsche Kollisionsrecht auf das Recht der Provinz Neu-Kastilien, da der Zeuge R. dort beim Abschluß des Vertrags vom 11. 5. 1963 in Erscheinung getreten ist.

*2. Spanisches IPR*

Im spanischen IPR wird zur Anknüpfung der Stellvertretung keine einheitliche Meinung vertreten. Zum Teil werden die Vollmacht und ihre

[19] *BGHZ* 43, 21, 26 = NJW 1965, 487; *BGH* NJW 1963, 46; *RGZ* 78, 55, 60; *Kegel* in *Soergel-Siebert,* Vorbem. 155 vor Art. 7, S. 551; *von Caemmerer,* Die Vollmacht für schuldrechtliche Geschäfte im deutschen IPR, RabelsZ 24 (1959) 201, 205–212; *Raape* 503.

[20] *Kegel* in *Soergel-Siebert,* Vorbem. 157 vor Art. 7, S. 552.

[21] Vgl. *Kegel* in *Soergel-Siebert,* Vorbem. 158 vor Art. 7, S. 552 gegen *Rabel,* The Conflict of Laws, Bd. III (2. Aufl. 1964), 145, bezüglich der Folgen zwischen dem Dritten und dem „undisclosed principal" des englisch-amerikanischen Rechts.

Wirkungen dem Recht des vorzunehmenden Geschäfts unterstellt[22]. Zum andern wird aber auch auf das Recht an dem Ort abgestellt, an dem der Erklärende auftritt oder der Dritte die Erklärung annimmt[23]. Es kann hier dahingestellt bleiben, welches dieser Anknüpfungsmomente den Vorrang verdient. Denn keine dieser Anknüpfungen führt hier zu einer Rück- oder Weiterverweisung.

*3. Spanisches interregionales Privatrecht*

Bei entsprechender Anwendung der genannten Anknüpfungsmomente im spanischen interregionalen Privatrecht ergibt sich die Schwierigkeit, daß sie zur Anwendung der Rechte verschiedener Provinzen führen. Denn während die Beurteilung nach dem Geschäftsstatut, dem Recht der Verpfändung, zur Verweisung auf das Recht der Provinz *Guipúzcoa* führen würde, bliebe es bei der Anknüpfung an den Gebrauchsort oder den Ort der Annahme der Erklärung bei der Anwendung des Rechts von *Neu-Kastilien.*

Es kann von hier aus nicht geklärt werden, welche der verschiedenen Auffassungen aus der Sicht des spanischen Rechts vorzuziehen ist. Die Frage kann aber letztlich dahinstehen, wenn die Stellvertretung in den beiden Provinzen Guipúzcoa und Neu-Kastilien dem gemeinspanischen Recht unterliegt (hierzu unten B III 1 a).

## *V. Rechtsübergang aufgrund einer Treuhandabrede*

Sollte das Pfandrecht zugunsten des Zeugen R. wirksam bestellt worden sein, so ist zu klären, ob die von der Kl. behauptete Treuhandabrede zwischen der ARGE und dem Zeugen R. die *Rechtszuständigkeit* hinsichtlich des Pfandrechts verändert hat. Es ist insbesondere zu klären, ob die ARGE aufgrund der Absprachen über die Treuhand das Pfandrecht selbst erworben hatte oder ob der Zeuge R. nach dem Erwerb des Pfandrechts dessen alleiniger und unbeschränkter Träger geblieben war.

*1. Deutsches IPR*

Nach deutschem IPR beurteilt sich der Übergang dinglicher Rechte nach der lex rei sitae[24]. Dementsprechend unterliegt auch die Frage, ob eine Treuhandabrede wenigstens zu einer partiellen Übertragung eines dinglichen Rechts führt, der lex rei sitae[25].

---

[22] So *Goldschmidt,* Bd. II, 463 in Anlehnung an *Raape,* IPR (3. Aufl. 1950) 309–310.

[23] Vgl. *Aguilar Navarro* 418; *Verplaetse* 466.

[24] *Kegel* in *Soergel-Siebert,* Vorbem. 269 vor Art. 7, S. 582 mit Nachweisen aus der Rechtsprechung in Fußn. 9.

[25] Vgl. im einzelnen *Goldstein,* Trusts of Movables in the Conflict of Laws (unveröff. Diss. Köln 1966) 85–88.

Da dingliche Rechte grundsätzlich dort belegen sind, wo sich die Sache selbst befindet, verweist das deutsche Kollisionsrecht auf das Recht der spanischen Provinz *León*. Denn zu der Zeit, als sich der teilweise Übergang des Pfandrechts auf die ARGE möglicherweise verwirklicht hat, lagerte dort das verpfändete Eisenerz.

*2. Spanisches IPR*

Im spanischen IPR wird die Frage der dinglichen Wirkungen einer Treuhandabrede, soweit ersichtlich, nicht abweichend von den allgemeinen Kollisionsregeln des Sachenrechts behandelt[26]. Mithin ist hier Art. 10 Abs. 1 C. c. anzuwenden. Danach findet keine Rück- oder Weiterverweisung statt. Denn das spanische IPR unterstellt die Pfandrechte an Mobilien dem Personalstatut des Eigentümers.

*3. Spanisches interregionales Privatrecht*

Bei entsprechender Anwendung des international-privatrechtlichen Grundsatzes im interregionalen Privatrecht kommt es hier zu einer Weiterverweisung auf das Recht der Provinz *Guipúzcoa*.

### *VI. Form der Pfandübertragung*

*1. Deutsches IPR*

Über Art. 11 Abs. 1 S. 1 EGBGB wird das Geschäftsstatut, nämlich das Recht der Provinz *Guipúzcoa*, zur Anwendung berufen. Eine Verweisung auf das Recht am Ort der Vornahme gemäß Art. 11 Abs. 1 S. 2 EGBGB findet im Hinblick auf Art. 11 Abs. 2 EGBGB nicht statt.

*2. Spanisches IPR*

Nach Art. 11 Abs. 1 C. c. wird für die Form auf das Recht des Ortes verwiesen, an dem das Rechtsgeschäft vorgenommen wird.

Aus dem Vertrag der Kl. ist nicht zu entnehmen, an welchem Ort die entsprechenden Abreden zwischen der ARGE und dem Zeugen R. stattgefunden haben sollen. Es wird hier angenommen, daß dies in Spanien geschehen ist. Dann verweist das spanische Recht hier weder zurück noch weiter.

---

[26] Soweit *Verplaetse* 466–469 für die „trusts" des anglo-amerikanischen Common Law in Übereinstimmung mit der französischen Rechtsprechung die Anwendung der lex rei sitae empfiehlt (468), kann dies hier außer Betracht bleiben. Denn zwischen der ARGE und dem Zeugen R. sollte kein Vertrag über die Begründung eines „trust" geschlossen werden.

*3. Spanisches interregionales Privatrecht*

Für die Frage, ob das spanische interregionale Recht von dem Recht der Provinz Guipúzcoa auf die Vorschriften einer anderen spanischen Provinz weiterverweist, ist gleichfalls auf den Ort der Vornahme der Treuhandabrede abzustellen. Da dieser aus den Akten nicht hervorgeht, wird er gegebenenfalls noch aufzuklären sein.

Im weiteren Verlauf des Gutachtens wird *unterstellt*, daß die Form der Treuhandabrede dem Recht einer Provinz untersteht, in der das *gemeinspanische Recht* auf der Grundlage des Código civil gilt.

## *VII. Statut der Abtretung*

Durch den Vertrag vom 5./12. 3. 1965 hat der Zeuge R. seine gesamten Forderungen aus dem Vertrag vom 11. 5. 1963 gegen den Bekl. und die Firma B. an die Kl. abgetreten. Für den vorliegenden Rechtsstreit kommt dieser Abtretung nur insofern Bedeutung zu, als sie mögliche Schadenersatzansprüche des Zeugen R. betrifft. Von diesen wiederum sind hier nur die deliktischen Ansprüche des Zeugen R. gegen den Bekl. erheblich. Denn vertragliche Ersatzansprüche, die dem Zeugen R. möglicherweise zustehen, richten sich nur gegen die Firma B. und nicht gegen den Bekl., da er nicht Vertragspartner der Vereinbarungen vom 11. 5. 1963 wurde. Mithin ist hier nur zu untersuchen, nach welchem Recht sich die Abtretung möglicher *deliktischer Ersatzansprüche* des Zeugen R. gegen den Bekl. beurteilt.

Im folgenden wird davon ausgegangen, daß die Kammer trotz des engeren Wortlauts des Vertrags vom 5./12. 3. 1965 zu der Auffassung gelangt, der Zeuge R. wollte nicht nur seine vertraglichen, sondern insbesondere auch seine deliktischen Ansprüche gegen den Bekl. an die Kl. abtreten.

*1. Deutsches IPR*

Nach deutschem IPR unterliegt die Abtretung dem Recht der abgetretenen Forderung[27].

Da sich mögliche deliktische Ansprüche des Zeugen R. nach dem Recht der spanischen Provinz León beurteilen, verweist das deutsche IPR auf das in dieser Provinz geltende Recht.

*2. Spanisches IPR*

Soweit erkennbar, unterstellt auch das spanische Kollisionsrecht die Abtretung dem Recht der abgetretenen Forderung[28]. Eine Rück- oder Weiterverweisung findet daher nicht statt.

[27] *BGH* WM 1957, 1574, 1575; *Kegel* in *Soergel-Siebert*, Vorbem. 250 vor Art. 7, S. 576; *Raape* 506.

[28] Vgl. *Goldschmidt*, Bd. II, 463; *Verplaetse* 554.

### *3. Spanisches interregionales Privatrecht*

Nach Art. 14 C. c. ist der angegebene Grundsatz des spanischen IPR auf das interregionale Recht zu übertragen. Danach tritt keine interregionale Rück- oder Weiterverweisung ein. Mithin beurteilt sich die *Abtretung der Deliktsansprüche* des Zeugen R. an die Kl. nach dem Recht der Provinz *León.*

## *VIII. Formstatut der Abtretung*

### *1. Deutsches IPR*

Für die Form der Abtretung beruft das deutsche Kollisionsrecht sowohl das *Geschäftsstatut* (Art. 11 Abs. 1 S. 1 EGBGB) als auch das *Ortsstatut* (Art. 11 Abs. 1 S. 2 EGBGB).

Da die Abtretung dem Recht der Provinz León unterliegt, führt die Berufung des *Geschäftsstatuts* zu einer Verweisung auf das Recht der Provinz *León.*

Bei der Verweisung auf das *Ortsrecht* ist zweifelhaft, an welchen Ort bei Verträgen unter Abwesenden anzuknüpfen ist. Zum Teil wird vertreten, es entscheide der Ort, an dem die Annahmeerklärung abgegeben wird[29]. Hiervon abweichend hat *Wolff* vorgeschlagen, der Vertrag müsse den Formen der Rechte beider Abgabeorte genügen[30]. Nach wohl überwiegender Auffassung ist zu unterscheiden: *Abgabe* und *Annahme* einer Offerte richten sich jeweils getrennt nach dem Recht des Ortes, an dem sie erklärt werden[31].

Die Anwendung dieses Grundsatzes führt zu verschiedenen Rechten. Die *Offerte zur Abtretung* ist von dem Zeugen R. in Oviedo in der Provinz Asturias abgegeben worden. Insoweit verweist das deutsche IPR auf das Recht dieser Provinz. Da die Verweisung aus Art. 11 Abs. 1 S. 2 EGBGB als Kollisions- und Sachnormverweisung anzusehen ist[32], kommt das materielle Recht der Provinz Asturias zur Anwendung. Daneben ist eine etwaige Rück- oder Weiterverweisung zu beachten[33]. Die Form der in Düsseldorf erklärten *Annahme* beurteilt sich nach *deutschem materiellem Recht.*

---

[29] *RGZ* 62, 379, 381; *Palandt-Lauterbach,* Art. 11 EGBGB, Bem. 3, S. 1760, gegenüber den Vorauflagen einschränkend.

[30] *Wolff* 127.

[31] *Kegel* in *Soergel-Siebert,* Art. 11, Bem. 8, S. 693; *Erman-Arndt,* Art. 11 Bem. 4, S. 1693; *Raape* 221; *Zweigert,* Zum Abschlußort schuldrechtlicher Distanzverträge; Festschrift für Ernst Rabel, I (1954) 631–654.

[32] Vgl. *Kegel* in *Soergel-Siebert,* Art. 11, Bem. 5, S. 692, Bem. 28, S. 698.

[33] Vgl. *Kegel* in *Soergel-Siebert,* Art. 11, Bem. 28, S. 698.

### 2. *Spanisches IPR*

Das spanische Kollisionsrecht verweist nach Art. 11 Abs. 1 C. c. auf das Recht der Vornahme des Rechtsgeschäfts. Auch hier stellt sich die Frage, wie der Vertragsschluß unter Abwesenden kollisionsrechtlich zu behandeln ist[34]. Soweit erkennbar, folgt die überwiegende spanische Meinung der älteren deutschen Auffassung, es sei an den Ort anzuknüpfen, an dem der Vertrag durch die Annahme der Offerte wirksam wird[35].

Folgt man dieser Meinung, so tritt hier nach spanischem IPR eine *Rückverweisung* auf deutsches Recht ein. Denn der Vertrag ist durch die Annahme des Angebots in Düsseldorf wirksam geworden. Diese Rückverweisung ist abzubrechen[36]. Demnach findet insoweit deutsches materielles Recht Anwendung.

### 3. *Zusammenfassung*

Die Form des Abtretungsvertrags beurteilt sich nach deutschem materiellem Recht. Die Abtretung ist aber auch dann formgültig erklärt worden, wenn die Erklärung des Zeugen R. vom 5. 3. 1965 dem Recht der Provinz Asturias entsprach und die Annahme vom 12. 3. 1965 etwaige Formvorschriften des deutschen Rechts erfüllte.

## B. MATERIELLES RECHT

### *I. Gemeinspanisches Recht und Foralrechte*

Wegen des Vorrangs der Foralrechte vor dem gemeinspanischen Recht ist zunächst zu klären, in welchen Provinzen, deren Rechte hier zur Anwendung berufen sind, Foralrecht gilt.

Die Provinzen León, Neu-Kastilien und Asturias gehören nicht zu den Foralrechtsgebieten[37]. In ihnen gilt daher das gemeinspanische Recht nach dem Código civil. In der Provinz Guipúzcoa besteht zwar seit der Mitte des vergangenen Jahrhunderts keine regionale Rechtsetzungsbefugnis mehr. Gleichwohl haben sich durch Gewohnheit und Gerichtspraxis einige Sonderregeln erhalten, die dem gemeinspanischen Recht vorgehen[38].

---

[34] Vgl. *Aguilar Navarro* 311, der das Problem aufzeigt und die vertretenen Meinungen referiert, ohne selbst eindeutig Stellung zu nehmen.

[35] *Goldschmidt*, Bd. II, 207; *Arjona Colomo* 345.

[36] Vgl. *RGZ* 136, 361, 366; *BGHZ* 24, 352, 356; *Kegel* in *Soergel-Siebert*, Art. 27, Bem. 16, S. 939 mit weiteren Nachweisen in Fußn. 7.

[37] *Castán Tobeñas*, Bd. I, 204–206; *Casso* y *Romero Cervera* y *Jiménez-Alfaro*, Diccionario de derecho privado, Bd. I (1961), sub Foral 1965–1968.

[38] *Castán Tobeñas*, Bd. I, 205, 217.

## II. Wirksamkeit der Verpfändung vom 11. 5. 1963

### 1. Vorrang des gemeinspanischen Rechts

Nach dem Wortlaut des Vertrags handelt es sich bei der Verpfändung um die Bestellung einer „prenda sin desplazamiento". Diese Art des besitzlosen Pfandrechts an beweglichen Sachen war dem Código civil nicht bekannt. Sie ist erst durch ein Gesetz vom 5. 12. 1941 ins spanische Recht eingeführt worden. Später ist sie ausführlich geregelt worden durch das Gesetz vom 16. 12. 1954, das noch heute gilt[39]. Dieses Gesetz hat sowohl die abweichenden Regeln des Código civil als auch das Gesetz vom 5. 12. 1941 außer Kraft treten lassen. Dies ergibt sich aus der Schlußvorschrift des Gesetzes:

„Quedan derogados los artículos 1 863 bis a 1 873 bis del Código civil, la Ley de 5. dic. 1941, el título primero y las Disposiciones adicionales del Real Decreto de 22 sept. 1917 y las demás disposiciones legales que sa opongan a la presente Ley, salvo las especialmente aplicables al Servicio Nacional de Crédito Agrícola."

Es werden aufgehoben die Artikel 1 863 bis – 1 873 bis des Código civil, das Gesetz vom 5. 12. 1941, der erste Teil und die zusätzlichen Vorschriften des Königlichen Dekrets vom 22. 9. 1917 und die übrigen Gesetzesvorschriften, die dem vorliegenden Gesetz widerstreiten, vorbehaltlich derjenigen, die insbesondere anwendbar sind hinsichtlich des Servicio Nacional de Crédito Agrícola.

Das Gesetz vom 16. 12. 1954 gilt in ganz Spanien, insbesondere auch in den Gebieten der Foralrechte, in denen das besitzlose Pfandrecht an Mobilien nicht bekannt ist[40]. Mithin kann dahinstehen, ob in der Provinz Guipúzcoa für das besitzlose Pfandrecht an Mobilien besondere Regeln gelten. Da in Neu-Kastilien ohnehin gemeinspanisches Recht gilt, beurteilen sich sowohl Form als auch Zulässigkeit und Inhalt der Verpfändung vom 11. 5. 1963 nach dem Gesetz vom 16. 12. 1954.

### 2. Form der Verpfändung

Die Bestellung einer „prenda in desplazamiento" erfordert die *öffentliche Beurkundung* und eine *Registereintragung*[41].

a) Beurkundung

Das Erfordernis der öffentlichen Beurkundung ergibt sich aus *Art. 3 Abs. 1* des Gesetzes vom 16. 12. 1954:

---

[39] Ley sobre hipoteca mobiliaria y prenda sin desplazamiento de posesión, 16. 12. 1954, abgedruckt in *Medina-Maranon*, Leyes civiles de España, 1. Bd. (9. Aufl. 1958).

[40] Hierzu im einzelnen *Castán Tobeñas*, Bd. II (1957) 828; Bd. I, 229–230.

[41] *Castán Tobeñas*, Bd. II, 855; *Puig Pena*, Compendio de derecho civil Español, Bd. II (1966) 778–779.

„La hipoteca mobiliaria y la prenda sin desplazamiento se constituirán en escritura pública."

Die Mobiliarhypothek und das Pfandrecht ohne Ortsveränderung werden in einer öffentlichen Urkunde bestellt.

Aus *Art. 57* desselben Gesetzes ist zu entnehmen, welchen Inhalt die Vertragsurkunde haben muß:

„Además de las circunstancias generales, la escritura y la póliza de prenda contendrán:

1. Descripción de los bienes que se pignoran, con expresión de su naturaleza, cantidad, calidad, estado y demás circunstancias que contribuyan a individualizarlos o identificarlos.

2. Determinación, en su caso, del immueble en que se situaren esos bienes por su origen, aplicación, almacenamiento o depósito.

3. La obligación del dueño de los bienes de conservarlos y de tenerlos a disposición del acreedor, para que éste pueda, en cualquier momento, inspeccionarlos y comprobar la existencia y estado de los mismos en la forma pactada o, en su defecto, conforme el art. 63.

4. Los seguros concertados, con referencia a la póliza correspondiente."

Außer den allgemeinen Umständen müssen die schriftliche Urkunde und die Verpfändungspolice enthalten:

1. Eine Beschreibung der Güter, die verpfändet werden, mit einer Erklärung ihrer Natur, Menge, Qualität, Beschaffenheit und anderer Umstände, die dazu beitragen, sie zu individualisieren oder zu identifizieren.

2. Gegebenenfalls eine Bestimmung des Grundstücks, auf dem sich diese Güter befinden aufgrund ihrer Entstehung, Verwendung, Lagerung und Aufbewahrung.

3. Die Verbindlichkeit des Eigentümers der Güter, sie zu erhalten und zur Verfügung des Gläubigers zu halten, damit dieser in der Lage ist, jederzeit den Bestand und die Beschaffenheit derselben zu untersuchen und nachzuprüfen in der Form der Vereinbarung oder, soweit sie fehlt, in Übereinstimmung mit Art. 63.

4. Die vereinbarten Sicherheiten, mit Bezugnahme auf die entsprechende Police.

b) Registereintragung

Daneben ist außerdem die Registereintragung erforderlich. Dies ergibt sich aus *Art. 3 Abs. 3–4* des Gesetzes vom 16. 12. 1954:

„La escritura o la póliza, en su caso, deberán ser inscritas en el Registro que por esta Ley se establece.
La falta de inscripción de la hipoteca o de la prenda en el Registro privará al acreedor hipotecario o pignoraticio de los derechos que, respectivamente, les concede esta Ley."

Die schriftliche Urkunde oder die Police müssen in diesem Fall eingetragen werden in das Register, das aufgrund dieses Gesetzes eingerichtet wird.
Das Fehlen der Eintragung der Hypothek oder des Pfandrechts in das Register beraubt den Hypotheken- oder Pfandrechtsgläubiger der Rechte, die dieses Gesetz jeweils gewährt.

Aufgrund des Sachverhalts, wie er sich aus den Akten ergibt, kann nicht abschließend beurteilt werden, ob die Verpfändung ordnungsgemäß in das Register eingetragen worden ist. Im folgenden wird unterstellt, daß dies geschehen ist. Es kann daher davon ausgegangen werden, daß das Pfandrecht an dem Eisenerz *formgültig* bestellt worden ist.

### 3. *Materielle Wirksamkeit*

#### a) Gegenständliche Beschränkung

Eine „prenda sin desplazamiento" kann nicht an allen Mobilien bestellt werden. Dies ist vielmehr nur an jenen Gegenständen möglich, die das Gesetz vom 16. 12. 1954 abschließend nennt. Art. 52 zählt hierzu Geräte und Produkte landwirtschaftlicher Nutzung. Anschließend sieht die hier einschlägige Vorschrift von *Art. 53* vor:

„También prodrá constituirse prenda sin desplazamiento sobre los bienes que a continuación se expresan, aunque no formen parte de las explotaciones a que se refiere el artículo anterior:

...

2. Las mercaderías y materias primas almacenadas."

Ebenso kann eine „prenda sin desplazamiento" begründet werden an Gütern, die auf die Dauer erkennbar sind, auch wenn sie keinen Teil der Nutzungen bilden, auf die sich der vorhergehende Artikel bezieht:

...

2. Handelswaren und gelagerte Rohstoffe.

Da das geförderte Eisenerz unter die „materias primas almacenadas" zu zählen ist, konnte an ihm eine „prenda sin desplazamiento" begründet werden.

#### b) Personale Beschränkung

Soweit die ARGE als Pfandnehmer in Betracht kommt, stellt sich die Frage, ob das spanische Recht irgendwelche personalen Beschränkungen vorsieht, die einer Pfandbestellung zu ihren Gunsten im Wege stand. Dabei könnte, wie die Kl. behauptet, bedeutsam sein, daß die ARGE und die sie tragenden Gesellschaften ihren Sitz außerhalb Spaniens haben.

Die von der Kl. behauptete personale Beschränkung ist, soweit erkennbar, nicht gegeben. Das Gesetz vom 16. 12. 1954 kennt kein Verbot, eine „prenda sin desplazamiento" zugunsten eines ausländischen Unternehmens zu bestellen[42]. Daneben läßt sich aber auch aus den von der Kl. angegebenen Dekreten vom 27. 7. und 24. 12. 1959 nicht entnehmen, daß eine Verpfändung zugunsten ausländischer Unternehmen ausgeschlossen oder nur eingeschränkt zulässig ist. Denn diese Dekrete befassen sich nur mit Fragen ausländischer Beteiligungen an spanischen Unternehmen. Es ist daher festzustellen, daß die Pfandbestellung nicht nur an den spanischen Zeugen R., sondern auch an die in Deutschland ansässige ARGE erfolgen konnte. Das Auftreten eines Treuhänders war demnach objektiv nicht notwendig.

[42] Vgl. *Castá Tobeñas* Bd. II, 853, 844–845; *Puig Peña,* Bd. II, 778–780, 784–786.

### 3. *Zusammenfassung*

Es ist nicht erkennbar, daß die Verpfändung vom 11. 5. 1963 in formeller oder materieller Hinsicht fehlerhaft erfolgt ist. Im folgenden wird daher von der Wirksamkeit der Verpfändung ausgegangen.

## *III. Träger des Pfandrechts*

### 1. *Rechtserwerb aufgrund des Vertrags vom 11. 5. 1963*

a) Grundsatz

Geht man vom Wortlaut des Vertrags vom 11. 5. 1963 aus, so trat auf der Gläubigerseite der Zeuge R. als Vertragspartner in Erscheinung. Sollte er bei Vertragsabschluß unmittelbar für die ARGE gehandelt haben aufgrund einer mit der Treuhandabrede verbundenen Vollmacht, so ist von Art. 1717 C. c. auszugehen. Diese Vorschrift regelt innerhalb des Mandatsvertrages, der dem Auftrag des BGB entspricht, die Rechtsfolgen, die sich an das Auftreten des Beauftragten und Bevollmächtigten anschließen, der im eigenen Namen auftritt.

*Art. 1717 C. c.:*

„Cuando el mandatario obra en su propio nombre, el mandante no tiene acción contra las personas con quienes el mandatario ha contratado, ni éstas tampoco contra el mandante.
En esto caso, el mandatario es el obligado directamente en favor de la persona con quien ha contratado, como si el asunto fuera personal suyo. Exceptúase el caso en que se trate de cosas propias del mandante.
Lo dispuesto en este artículo se entiende sin perjuicio de las acciones entre mandante y mandatario."

Wenn der Beauftragte im eigenen Namen handelt, so hat der Vertretene keinen Anspruch gegen die Personen, mit denen der Beauftragte kontrahiert hat, und diese auch nicht gegen den Auftraggeber.
In diesem Fall ist der Beauftragte unmittelbar verpflichtet gegenüber der Person, mit der er kontrahiert hat, wie wenn das Geschäft sein eigenes wäre. Ausgenommen soll der Fall sein, in dem es sich um eigene Sachen des Auftraggebers handelt.
Das in diesem Artikel Angeordnete versteht sich unbeschadet der Ansprüche zwischen Auftraggeber und Beauftragtem.

Aus dieser Vorschrift ist der Grundsatz zu entnehmen, daß durch das Auftreten eines Beauftragten und Bevollmächtigten im eigenen Namen keine Rechtsbeziehungen zwischen dem Dritten und dem Auftraggeber geschaffen werden. Für den Bereich der Provinz *Guipúzcoa,* deren Recht möglicherweise maßgibt, sind keine Sonderregeln ersichtlich[43]. Daher

[43] Vgl. *Castán Tobeñas,* Bd. I, 217 und *Manresa y Navarro,* Comentarios al Código civil Español (5. Aufl.) Bd. XI, Art. 1717, S. 493–495.

kann im vorliegenden Fall nach dem anwendbaren *gemeinspanischen* Recht keine direkte Stellvertretung angenommen werden.

b) Auftreten des Zeugen R. als „testaferro"

Die Anwendung von Art. 1717 C. c. bereitet jedoch Schwierigkeiten, wenn der Bevollmächtigte im eigenen Namen auftritt, obwohl die rechtlichen Folgen unmittelbar in der Person des Auftraggebers eintreten sollen. Das Tribunal Supremo hat in einer Entscheidung vom 1. 2. 1941 zu dieser Frage Stellung genommen[44]. Das Urteil geht von der Unterscheidung zwischen dem Verpflichtungsgeschäft „mandato" und der Stellvertretung („representación") aus. Es stellt fest, daß der Mandatsvertrag grundsätzlich nicht mit einer Vollmacht des Beauftragten verbunden ist. Daher drückt Art. 1717 C. c. nichts weiter als den allgemeinen Grundsatz der Rechtsfolgen aus, die sich an das Auftreten des Beauftragten anschließen. Das Tribunal Supremo erkennt jedoch außerdem die Möglichkeit an, daß in gewissen Fällen trotz des Auftretens des Beauftragten im eigenen Namen unmittelbare Rechtsbeziehungen zwischen dem Auftraggeber und dem Dritten hergestellt werden können. Dabei unterscheidet das Tribunal Supremo zwei Situationen. Einmal geht es um den Fall, daß die Person des Auftraggebers nicht bekannt werden soll. Daneben kann aber auch eine vorherige, besondere Abmachung zwischen Auftraggeber und Beauftragtem bestehen, nach der alle Rechtswirkungen nur in der Person des Auftraggebers eintreten. Das Tribunal Supremo weist insbesondere darauf hin, daß dies geschehen könne, um Rechtsgeschäfte abzuschließen, die der Auftraggeber wegen eines gesetzlichen Verbots nicht selbst wahrnehmen könne. Hat der Dritte Kenntnis von einer solchen Absprache, so besteht nach Auffassung des Tribunal Supremo die Möglichkeit, daß alle Rechtswirkungen unmittelbar in der Person des Auftraggebers eintreten.

Gestützt auf diese Entscheidung des Tribunal Supremo wird in der spanischen Literatur versucht, allgemeine Grundsätze zu entwickeln für die Fälle, in denen das Auftreten im eigenen Namen dieselben Wirkungen hat wie die Stellvertretung, und der Erklärende danach als Strohmann anzusehen ist[45].

Zunächst wird diese Möglichkeit nur für jenen Fall erwogen, in dem der Beauftragte *keine Vertretungsmacht* besitzt („mandatario sin representación"). Dabei ist der Beauftragte aufgrund der schuldrechtlichen Abreden verpflichtet, nach außen gegenüber Dritten im eigenen Namen aufzutreten. Nur im Innenverhältnis ist er verpflichtet, für den Auftraggeber zu handeln. Zum andern muß zwischen Auftraggeber und Beauftragtem eine *vorhergehende Absprache* vorliegen, die zwischen beiden klarstellt, daß die Rechtsfolgen des Auftretens des Beauftragten nur in der Person

[44] Rev. der. priv. 25 (1941) 272.

[45] Im einzelnen *Navarro* y *Manresa* 497; *Puig Peña,* Bd. III, 2. Teil, 882.

des Auftraggebers eintreten sollen. Schließlich muß der Dritte, der mit dem Beauftragten einen Vertrag abschließt, die Absprache zwischen Auftraggeber und Beauftragtem *kennen*.

Ob diese Voraussetzungen im vorliegenden Fall erfüllt sind, ist als Tatfrage von der Kammer zu entscheiden. Stellt die Kammer diese Voraussetzungen fest, so kann sie den Zeugen R. beim Abschluß des Vertrags vom 11. 5. 1963 als „testaferro" (Strohmann) ansehen mit der Folge, daß die Rechtsfolgen unmittelbar in der Hand der ARGE eintraten. Danach hätte die ARGE das Pfandrecht an dem Eisenerz erworben.

Im folgenden wird davon ausgegangen, daß die Kammer *nicht* zu der Überzeugung kommen wird, daß der Zeuge R. als „testaferro" in Erscheinung getreten sei.

c) Art. 1717 Abs. 2 S. 2 C. c.

Eine weitere Ausnahme vom Grundsatz des Art. 1717 Abs. 2 S. 1 C. c. sieht das Gesetz in Art. 1717 Abs. 2 S. 2 C. c. ausdrücklich vor. Danach gilt etwas anderes, soweit es um „cosas propias" des Auftraggebers geht. Hierunter sind Sachen zu verstehen, die im Eigentum des Auftraggebers stehen[46].

Da es bei der Verpfändung vom 11. 5. 1963 nicht um eigene Sachen der ARGE, sondern um das Eisenerz der Firma B. ging, ist diese gesetzliche Ausnahme im vorliegenden Fall nicht gegeben.

d) Zusammenfassung

Es wird im folgenden davon ausgegangen, daß die Kammer die tatsächlichen Voraussetzungen für die Annahme, der Zeuge R. sei bei dem Vertragsschluß vom 10. 5. 1963 als „testaferro" der ARGE in Erscheinung getreten, nicht feststellt. Dann ist aber nicht die ARGE, sondern der Zeuge R. Träger des Pfandrechts geworden.

2. *Übertragung des Pfandrechts auf die ARGE*

Es kommt weiter die Möglichkeit in Betracht, daß der Zeuge R. das Pfandrecht an dem Eisenerz auf die ARGE übertragen hat.

a) Treuhandabrede

Es ist denkbar, daß die von der Kl. behauptete Treuhandabrede eine antizipierte Übertragung des später erworbenen Pfandrechts enthielt. Aus dem bisherigen Vortrag der Parteien ist nicht zu ersehen, daß dies tatsächlich geschehen ist. Aber selbst wenn die Treuhandabrede eine solche

---

[46] *Castán Tobeñas*, Bd. IV, 493; *Manresa y Navarro*, Bd. XI, 496; *Puig Peña*, Bd. II, 882.

antizipierte Übertragung des Pfandrechts leisten sollte, dürfte sie gleichwohl aufgrund folgender Erwägungen unwirksam gewesen sein.

Auszugehen ist vom Recht der Provinz Guipúzcoa, das hier an erster Stelle berufen ist. Soweit ersichtlich, gelten in dieser Provinz jedoch keine besonderen Regeln für die Übertragung wirksam bestellter Mobiliarpfandrechte[47]. Daher kann im vorliegenden Fall das gemeinspanische Recht angewandt werden.

Auch wenn man unterstellt, daß das Eisenerz, an dem die „prenda sin desplazamiento" bestand, schon im Zeitpunkt der Treuhandabrede hinreichend konkretisiert war, dürfte die Übertragung jedenfalls an der vorgeschriebenen Form scheitern.

Das Gesetz vom 16. 12. 1954 behandelt nur die *Abtretung* der *gesicherten Forderung.* Eine gesonderte Übertragung des dinglichen Rechts, wie sie das allgemeine Hypothekenrecht kennt, ist dagegen nicht vorgesehen. Diese vollzieht sich vielmehr kraft Gesetzes mit der Abtretung der gesicherten Forderung.

*Art. 1528 C. c.:*

„La venta o cesión de un crédito comprende la de todos los derechos accesorios, como la fienza, hipoteca, prenda o privilegio."

Der Verkauf oder die Abtretung einer Forderung umfaßt alle akzessorischen Rechte wie Bürgschaft, Hypothek, Pfandrecht oder Vorzugsrecht.

Demnach kann das Pfandrecht nur durch Abtretung der gesicherten Forderung an die ARGE übergegangen sein. Die für diese Abtretung erforderliche Form ergibt sich aus Art. 8 des Gesetzes vom 16. 12. 1954 in Verbindung mit Art. 149 des Hypothekengesetzes vom 8. 2. 1946 (Ley hipotecaria).

*Art. 8 Abs. 1:*

„El crédito garantizado con hipoteca mobiliaria o con prenda sin desplazamiento podrá enajenarse o cederse en todo o en parte por escritura, en todo caso, con los requisitos y efectos de los arts. 149 y 151 de la Ley Hipotecaria."

Die Forderung, die durch eine Mobiliarhypothek oder ein ohne Ortsveränderung bestelltes Pfandrecht gesichert ist, kann ganz oder teilweise veräußert oder abgetreten werden, in jedem Fall in einer schriftlichen Urkunde unter den Voraussetzungen und mit den Wirkungen gemäß Art. 149 und 151 des Hypothekengesetzes.

*Art. 149 Abs. 1 Hypothekengesetz:*

„El crédito hipotecario puede enajenarse o cederse en todo o en parte, siempre que se hace en escritura

Die Hypothekenforderung kann ganz oder teilweise veräußert oder abgetreten werden, sofern dies in öffentlicher

---

[47] Vgl. *Castán Tobeñas,* Bd. II, 827–832; *Puig Peña,* Bd. II, 790–791.

| | |
|---|---|
| pública, de la que se dé conocimiento al deudor y se inscriba en el Registro." | Schriftform erfolgt, von welcher der Schuldner benachrichtigt wird und die im Register vermerkt wird. |

Aus dem bisherigen Vortrag der Parteien fehlt es in jedem Fall an der erforderlichen Form der öffentlichen Beurkundung. Mithin hat die ARGE auch auf diese Weise das Pfandrecht an dem Eisenerz nicht erworben.

b) Abtretungsvertrag vom 5./12. 3. 1965

Ergänzend wird darauf hingewiesen, daß der Abtretungsvertrag vom 5./12. 3. 1965 zwar inhaltlich die Abtretung der gesicherten Forderung an die Kl. umfaßt. Gleichwohl konnte auch dieser Vertrag den Rechtsübergang auf die Kl. nicht bewirken. Denn einmal ist dieser Vertrag nur schriftlich und nicht in öffentlich beurkundeter Form geschlossen worden. Zum andern bestand das Pfandrecht des Zeugen R. zu diesem Zeitpunkt an dem verkauften Eisenerz nicht mehr, nachdem es bereits im Juli 1963 an die Firma K. verschifft worden war.

*3. Zusammenfassung*

Das Pfandrecht an dem in Las Salinas gelagerten Eisenerz stand bis zu dessen Veräußerung an die Firma K. dem Zeugen R. und nicht der ARGE zu.

### *IV. Abtretung deliktischer Ansprüche*

Geht die Kammer davon aus, daß die Abtretung vom 5./12. 3. 1965 nicht nur die vertraglichen Ansprüche des Zeugen R. gegen die Firma B., sondern auch seine deliktischen Ansprüche gegen den Bekl. erfassen sollte, so bleibt die Wirksamkeit dieser Abtretung zu prüfen.

Die Abtretung ist nach *deutschem* Recht *formgültig.* Im übrigen gilt dies für die Offerte der Abtretung auch nach *gemeinspanischem Recht,* das in der Provinz Asturiás gilt. Danach bedarf die Abtretung von Forderungen grundsätzlich keiner Form[48]. Denn die beiden Ausnahmen von diesem Grundsatz, die der Código civil vorsieht, liegen hier nicht vor.

*Art. 1280 Abs. 1 C. c.:*

| | |
|---|---|
| „Deberán constar en documento público: | In öffentlicher Urkunde müssen abgeschlossen werden: |
| ... | ... |
| 4. La cesión, repudiación y renuncia de los derechos hereditarios o de los de la sociedad conyugal. | 4. Die Abtretung, Ausschlagung und der Verzicht von Erbrechten oder von Rechten aus der ehelichen Gütergemeinschaft. |
| ... | ... |

[48] *Castán Tobeñas,* Bd. III, 260; *Puig Peña,* Bd. III, 1. Teil, 290.

6. La cesión de acciones o derechos procedentes de un acto consignado en escritura pública."

6. Die Abtretung der Ansprüche und Rechte, die begründet worden sind durch eine Handlung, die in öffentlicher Schriftform beurkundet worden ist.

Im übrigen ist die Abtretung auch inhaltlich gültig. Nach dem gemeinspanischen Recht, das in der Provinz León gilt, sind grundsätzlich alle Forderungen und Rechte abtretbar. Ausnahmen bestehen nur bei höchstpersönlichen Ansprüchen und Rechten[49]. Da dies weder für die Deliktsansprüche des Zeugen R. noch für die sonstigen Ansprüche gilt, die in der Abtretung vom 5./12. 3. 1965 erwähnt sind, ist dieser Vertrag als wirksam anzusehen.

Die Wirkungen der Abtretung entsprechen dem deutschen Recht. Der Zessionar tritt in die Rechte und Pflichten des Zedenten ein, der seinerseits seine Position als Gläubiger verliert[50]. Mithin ist die Kl. aufgrund des Vertrags vom 5./12. 3. 1965 Trägerin der bezeichneten Ansprüche geworden, die in der Person des Zeugen R. entstanden waren.

### *V. Deliktische Anspruchsgrundlage*

Es wird darauf hingewiesen, daß die gesetzliche Grundlage für deliktische Ersatzansprüche des Zeugen R. bzw. der Kl. als dessen Rechtsnachfolgerin gegen den Bekl. in Art. 1902 C. c. zu finden ist:

*Art. 1902 C. c.:*

„El que por acción u omisión causa daño a otro, interveniendo culpa o negligencia, está obligado a reparar el daño causado."

Derjenige, der einem anderen durch eine Handlung oder Unterlassung Schaden zufügt, ausgelöst durch Verschulden oder Fahrlässigkeit, ist verpflichtet, den verursachten Schaden auszugleichen.

## GESAMTERGEBNIS

### A. ANWENDBARES RECHT

I. Nach deutschem internationalem Privatrecht beurteilen sich *deliktische Ersatzansprüche* der ARGE gegen den Bekl., von dem angenommen wird, daß er Deutscher ist, nach deutschem materiellem Recht. Dagegen wird für deliktische Ansprüche, die in der Person des Zeugen R. gegen den Bekl. entstanden sein können, auf spanisches Recht verwiesen.

---

[49] Vgl. *Castán Tobeñas*, Bd. III, 260; *Puig Peña*, Bd. III, 1. Teil, 299.

[50] Vgl. *Castán Tobeñas*, Bd. III, 262; *Puig Peña*, Bd. III, 1. Teil, 286.

Das spanische Kollisionsrecht verweist nicht zurück.

Da das materielle spanische Recht insofern gespalten ist, als der Código civil in einigen Provinzen nur subsidiär gilt, weil dort die besonderen Regeln der Foralrechte vorgehen, ist die anwendbare Teilrechtsordnung zu wählen. Dies geschieht aus der Sicht des deutschen Rechts, da nach der hier vertretenen Auffassung die Anknüpfung an den Deliktsort unmittelbar verweist auf das regional geltende Recht, hier auf das Recht der Provinz León. Das interregionale Privatrecht verweist von dort weder weiter noch zurück.

II. Für die *Verpfändung des Eisenerzes* verweist das deutsche Kollisionsrecht auf das in der Provinz León geltende Recht als lex rei sitae. Diese Verweisung umfaßt die Voraussetzungen der vertraglichen Pfandbestellung und den Inhalt des Pfandrechts. Das Gesetzesdekret des Staatspräsidenten Nr. 16 vom 27. Juli 1959 und das Dekret Nr. 2320 des Regierungspräsidialamts vom 24. 12. 1959 regeln ausländische Investitionen in Spanien, nicht jedoch die Verpfändung spanischer Waren an Ausländer.

Das spanische Kollisionsrecht knüpft die Verpfändung an das Personalstatut des Eigentümers und verweist weder weiter noch zurück. Denn die Firma B., S. A. als Eigentümerin hatte ihren Sitz innerhalb Spaniens.

Das spanische interregionale Privatrecht verweist jedoch von León weiter auf das Recht der Provinz Guipúzcoa, wo die Firma B., S. A. ihren Sitz hatte.

III. Für die *Form der Verpfändung* verweist das deutsche Kollisionsrecht auf das Recht der Provinz Guipúzcoa als Geschäftsstatut.

Das spanische internationale Privatrecht knüpft an den Ort des Vertragsschlusses an und verweist daher weder weiter noch zurück.

Das spanische interregionale Privatrecht beruft gleichfalls das Recht am Ort des Vertragsschlusses. Dies führt hier zu einer Weiterverweisung auf das Recht der Provinz Neu-Kastilien, in der Madrid liegt.

IV. Für die Frage, ob der Zeuge R. bei der Verpfändung des Eisenerzes als *Stellvertreter* der ARGE in Erscheinung getreten ist, und welche Folgen sich insoweit an seine Rechtsstellung anschließen, verweist das deutsche Kollisionsrecht auf das Recht der Provinz Neu-Kastilien.

Das spanische Kollisionsrecht verweist insoweit weder weiter noch zurück.

Im spanischen interregionalen Privatrecht ist zweifelhaft, ob die Vollmacht und ihre Wirkungen dem Recht des abzuschließenden Geschäfts, nämlich dem Verpfändungsstatut, oder dem Recht am Gebrauchs- oder Annahmeort untersteht. Die Beurteilung nach dem Geschäftsstatut würde zu einer Weiterverweisung auf das Recht der Provinz Guipúzcoa führen, während es andernfalls bei der Anwendung des Rechts bliebe, das in der Provinz Neu-Kastilien gilt. Die Frage kann dahinstehen, wenn in beiden Provinzen das gemeinspanische Recht gilt.

V. Ob aufgrund der von der Klägerin behaupteten *Treuhandabrede* zwischen der ARGE und dem Zeugen R. ein Übergang des von dem Zeugen möglicherweise erworbenen Pfandrechts stattgefunden hat, ergibt nach deutschem IPR die lex rei sitae, hier das Recht der Provinz León.

Das spanische IPR verweist weder zurück noch weiter.

Das spanische interregionale Privatrecht verweist jedoch weiter auf das Recht der Provinz Guipúzcoa.

VI. Für die *Form der Pfandübertragung* verweist das deutsche Kollisionsrecht auf das Recht der Provinz Guipúzcoa.

Das spanische internationale und interregionale Privatrecht knüpfen für die Form eines Rechtsgeschäfts an den Ort der Vornahme an. Dieser ist aus den Akten nicht zu entnehmen; er wird gegebenenfalls aufzuklären sein. *Unterstellt man,* daß der Ort der Abrede, aufgrund deren die Pfandübertragung stattgefunden haben könnte, im Gebiet des gemeinspanischen Rechts liegt, so ergibt sich eine interregionale Weiterverweisung auf dieses Recht.

VII. Für die *Abtretung* etwaiger *deliktischer Ersatzansprüche* des Zeugen R. gegen den Bekl. verweist das deutsche Recht auf das Recht der Provinz León.

Das spanische internationale und interregionale Privatrecht verweisen weder weiter noch zurück.

VIII. Die *Form* der *Abtretung deliktischer Ersatzansprüche* wird vom deutschen IPR dem Recht der Provinz León als Geschäftsstatut und bezüglich der Abtretungsofferte des Zeugen R. dem materiellen Recht der Provinz Asturiás unterstellt. Hinsichtlich der Form der Annahme der Offerte durch die Klägerin wird materielles deutsches Recht berufen.

Soweit das deutsche Recht spanisches Recht beruft, tritt nach spanischem Recht eine Rückverweisung auf deutsches Recht ein, die abzubrechen ist.

## B. MATERIELLES RECHT

I. In den Provinzen León, Neu-Kastilien und Asturiás gilt gemeinspanisches Recht nach dem Código civil. Dagegen gelten in der Provinz Guipúzcoa vereinzelte Sonderregeln, die dem gemeinspanischen Recht vorgehen.

II. Form, Zulässigkeit und Inhalt der Bestellung einer „prenda sin desplazamiento" beurteilen sich nach der „Ley sobre hipoteca mobiliaria y prenda sin desplazamiento de posesión" vom 16. 12. 1954.

Die Form der *öffentlichen Beurkundung* ist, soweit aus der vorgelegten Übersetzung ersichtlich, eingehalten. Es wird unterstellt, daß auch die erforderliche *Registereintragung* erfolgt ist. Danach wird davon ausgegangen, daß die Verpfändung formgültig erfolgt ist.

Das Pfandrecht ist auch inhaltlich wirksam bestellt worden. Die „prenda sin desplazamiento" konnte an dem gelagerten Eisenerz begründet werden. Eine personale Beschränkung, welche die Bestellung des Pfandrechts zugunsten der ARGE ausschließen würde, bestand nicht.

III. Nachdem der Zeuge R. bei Abschluß des Vertrags vom 11. 5. 1963 im eigenen Namen aufgetreten war, konnte die ARGE das Pfandrecht grundsätzlich nicht unmittelbar erwerben. Etwas anderes könnte angenommen werden, wenn der Zeuge R. als „testaferro" (Strohmann) der ARGE in Erscheinung getreten wäre. Es wird angenommen, daß die Kammer die hierfür erforderlichen tatsächlichen Feststellungen nicht treffen wird. Schließlich ist auch kein unmittelbarer Rechtsübergang aufgrund von Art. 1717 Abs. 2 S. 2 C. c. gegeben, da die Verpfändung nicht eigene Sachen der ARGE betraf. Mithin wird angenommen, daß der Zeuge R. aufgrund des Vertrags vom 11. 5. 1963 das Pfandrecht an dem Eisenerz erworben hatte.

Eine anschließende Übertragung des Pfandrechts auf die ARGE ist weder aufgrund der angeblichen Treuhandabrede noch durch den Abtretungsvertrag vom 5./12. 3. 1965 erfolgt.

IV. Umfaßt der Abtretungsvertrag vom 5./12. 3. 1965 nach der Auslegung der Kammer auch etwaige deliktische Ersatzansprüche des Zeugen R. gegen den Bekl., so ist die Abtretung formgültig und inhaltlich wirksam erfolgt.

V. Es wird darauf hingewiesen, daß Art. 1902 C. c. die deliktische Anspruchsgrundlage für den Ersatz des Schadens wegen rechtswidriger Eingriffe des Bekl. in das Pfandrecht des Zeugen R. bildet.

# III. Familienrecht

## 1. EHE

### a) Heirat

Siehe auch Nr. 48, 51

### Nr. 17

**Ägypten**

**1. Das ägyptische materielle Recht kennt für die Form einer Eheschließung keine einheitliche Regelung. An ihrer Stelle verweist das ägyptische Recht für Inländer auf das religiöse Recht und für Ausländer auf ihr Heimatrecht.**

**2. Nach deutschem Recht konnte ein deutscher Staatsangehöriger in Ägypten nach dem seit 1938 geltenden Recht nur in einem der innerdeutschen zivilen Eheschließung entsprechenden Verfahren vor einem Konsul die Ehe eingehen.**

**3. Die Ehe, die im Jahre 1945 ein Deutscher mit einer Italienerin vor einem katholischen Priester in Kairo einging, ist als formgültig anzusehen.**

**Kiel 10/67**

Durch Beschluß vom 3. 3. 1967 hat die 2. Zivilkammer des Landgerichts Kiel das Institut um die Erstattung eines Gutachtens über die Gültigkeit einer in Ägypten kirchlich geschlossenen Ehe zwischen einem Deutschen und einer Italienerin gebeten.

SACHVERHALT

Am 7. 7. 1945 schlossen der am 21. 10. 1910 in Köln geborene Josef W. und die am 13. 7. 1919 in Beneschau geborene Anna G. vor dem katholischen Priester der Kirchengemeinde „Beata Maria Virgo de Monte Carmelo" in Kairo, Ortsteil Bulaq, die Ehe. Der Ehemann befand sich nach den Angaben der Parteien zur Zeit der Eheschließung und noch danach bis zum Jahre 1946 im Internierungslager. Die Eheschließung wurde in das Heiratsbuch der Kirchengemeinde in Band II, S. 60 unter Nr. 18 eingetragen. Laut Auszug aus dem Heiratsbuch vom 24. 2. 1954 waren bei der Eheschließung zwei Zeugen zugegen. Ferner werden in diesem Auszug der

Ehemann für den Zeitpunkt der Eheschließung als deutscher Staatsangehöriger und die Ehefrau als italienische Staatsangehörige ausgewiesen.

Die deutsche Botschaft in Kairo ist offenbar von der Gültigkeit der Eheschließung ausgegangen und hat die Ehefrau W. in den von der Botschaft ausgestellten Reisepässen demgemäß als aufgrund der Eheschließung deutsche Staatsangehörige eingetragen. Die Ehefrau lebt seit Juli 1965 in Deutschland. Nach der Trennung von der Ehefrau im Jahre 1953 ist der Ehemann 1954 – nach Angaben der Ehefrau schon 1953 – zum Islam übergetreten und hat eine Ägypterin geheiratet, ohne sich zuvor von seiner ersten Frau scheiden zu lassen. Aus der ersten Ehe ist ein Sohn, geb. am 27. 11. 1948, hervorgegangen.

Die Ehefrau klagt jetzt vor dem Landgericht in Kiel auf Ehescheidung.

Das Landgericht bittet um Auskunft über die Frage, „ob die am 7. 7. 1945 in Kairo zwischen der Klägerin – damals italienische Staatsangehörige – und dem Beklagten – deutscher Staatsangehöriger – geschlossene Ehe nach ägyptischem Ortsrecht (Art. 11 Abs. 1 Satz 2 EGBGB) rechtsgültig geschlossen worden ist und ob damit eine gültige Ehe zwischen den Parteien besteht".

## GUTACHTEN

### I.

Die im Rahmen eines Scheidungsrechtsstreites zu treffende Entscheidung, ob überhaupt eine gültige Ehe, die scheidbar ist, vorliegt, ist unter selbständiger Anknüpfung als Vorfrage aufgrund der durch die Artt. 13 und 11 des Einführungsgesetzes zum Bürgerlichen Gesetzbuch (EGBGB) für maßgebend erklärten Gesetze zu entscheiden[1]. Nach Art. 13 EGBGB ist die Frage der Erfüllung der sachlichen Voraussetzungen für die Eheschließung durch die Verlobten, nach Art. 11 EGBGB die Beachtung der maßgeblichen Formvorschriften bei der Eingehung der Ehe zu beurteilen. Im vorliegenden Fall steht nur die Frage der Formgültigkeit der Eheschließung zur Entscheidung an. Die Untersuchung kann sich deshalb darauf beschränken festzustellen, ob die Ehe zwischen den Parteien nach dem durch Art. 11 EGBGB für maßgeblich erklärten Recht formgültig geschlossen worden ist.

Nach Art. 11 Abs. I Satz 1 EGBGB ist für die Form der Eheschließung das Geschäftsrecht, d. h. bei der Eheschließung das Personalstatut jedes Verlobten (Art. 13 Abs. I EGBGB) maßgebend, alternativ genügt aber auch die Einhaltung der Ortsform (Art. 11 Abs. I Satz 2 EGBGB)[2].

---

[1] *Kegel* in *Soergel-Siebert*, Kommentar zum BGB, Bd. V (Einführungsgesetz), 9. Aufl. 1961, Randz. 2 zu Art. 17 EGBGB.

[2] Hierzu *Kegel* in *Soergel-Siebert*, aaO, Randz. 1 und 5 zu Art. 11.

Da im vorliegenden Fall nur eine kirchliche Eheschließung vollzogen wurde, also die jedenfalls im Zeitpunkt der Heirat für den deutschen Ehemann nach deutschem Recht erforderliche Ziviltrauung nicht gegeben ist, bedarf es nur einer Prüfung der Frage, ob die Eheschließung den Anforderungen des Ortsrechts im Sinne des Art. 11 Abs. I Satz 2 EGBGB entspricht.

II.

Als Ortsrecht im Sinne des Art. 11 Abs. I Satz 2 EGBGB gilt das Recht am Ort der tatsächlichen Vornahme eines Rechtsgeschäfts[3]. Diese Vorschrift verweist somit im vorliegenden Fall auf das 1945 gültige ägyptische Recht als dem maßgeblichen Ortsrecht. Das ägyptische Recht kennt jedoch auf dem Gebiet des Familienrechts kein für alle Rechtsunterworfenen – seien sie Ägypter (Mohammedaner oder Nichtmohammedaner) oder seien sie Ausländer – verbindliches Ortsrecht. Vielmehr hat das ägyptische Recht wie in den anderen mohammedanischen Ländern die Regelung aller personenrechtlichen Fragen als eine dem religiösen Bereich zugehörige Frage qualifiziert und in diesem Bereich das in jedem Falle maßgebliche religiöse Recht oder bei Ausländern deren Personalstatut für anwendbar erklärt, das wiederum ein religiöses oder nationales sein kann[4].

Diese Verweisung des ägyptischen Rechts auf das religiöse oder nationale (bei Ausländern) Personalstatut, hier also auf das deutsche Recht für den Ehemann und italienische Recht für die Ehefrau, da sie zur Zeit der Eheschließung deutscher bzw. italienischer Staatsangehörigkeit waren, ist nicht identisch mit der allgemeinen Kollisionsregel des ägyptischen Zivilgesetzbuches (Art. 12), wonach

„die grundsätzlichen Voraussetzungen für die Gültigkeit einer Ehe (sich) nach dem Heimatrecht eines jeden Eheschließenden (bestimmen)“ [5].

Vielmehr wird auf das religiöse oder nationale Personalstatut im Rahmen der Untersuchung der Frage nach dem maßgeblichen Ortsrecht hilfsweise zurückgegriffen, da es an einem allgemein verbindlichen, in allen Fällen gleichmäßig anwendbaren Ortsrecht fehlt.

Dieser Besonderheit des ägyptischen Rechts haben eine Reihe von Staaten dadurch Rechnung getragen, daß sie mit Ägypten besondere Verträge

---

[3] *Kegel* in *Soergel-Siebert,* aaO, Randz. 6 und 7 zu Art. 11.

[4] Vgl. *Bergmann,* Internationales Ehe- und Kindschaftsrecht (3. Aufl., Stand von 1958) Bd. IV, Abschnitt „Vereinigte Arabische Republik“, 11; *Anderson,* Islamic Law in the Modern World, The Islamic Law of Marriage and Divorce (London 1959) 38 ff.; *Smyrniades,* Considérations sur les Mariages en Egypte, in Revue Egyptienne de Droit International, Bd. 7 (1951) 16 ff.

[5] Zitiert aus *Bergmann* aaO 14.

– zunächst die Kapitulationen aus dem 16., 17. und 18. Jahrhundert, dann Verträge nach dem 1. Weltkrieg – abschlossen, um das Verfahren und das anzuwendende Recht für ihre Staatsangehörigen einschließlich einer besonderen Konsulargerichtsbarkeit in Ägypten festzulegen[6].

Mit dem Abkommen von Montreux vom 8. 5. 1937 wurde die Aufhebung der Kapitulationen und damit auch der Konsulargerichtsbarkeit vereinbart. An diesem Abkommen war Italien beteiligt, nicht aber Deutschland, da es sich bereits zuvor mit der Aufhebung der Konsulargerichtsbarkeit einverstanden erklärt hatte[7]. Deutschland hat dann im Jahre 1938 durch ein Gesetz über die Konsulargerichtsbarkeit in Ägypten und durch eine Verordnung hierzu die Frage der Eheschließung Deutscher in Ägypten neu geregelt[8]. Diese VO bestimmt in Artikel 5 folgendes:

„Die Verordnung über die Konsulargerichtsbarkeit in Ägypten vom 31. Juli 1925 (Reichsgesetzbl. II S. 735) wird aufgehoben. Das Gesetz über die Konsulargerichtsbarkeit vom 7. April 1900 (Reichsgesetzbl. S. 213) ist in seiner ursprünglichen Fassung anzuwenden, jedoch mit der Maßgabe, daß

a) an die Stelle des Konsulargerichts der Konsul tritt,

b) die bei dem österreichischen Konsulargericht anhängig gewordenen Rechtssachen, mit Ausnahme der Vormundschafts- und Kuratelangelegenheiten, bis zu ihrer Erledigung nach den für das österreichische Konsulargericht in Ägypten in Geltung gewesenen Vorschriften zu behandeln sind."

Art. 5 der VO über die Konsulargerichtsbarkeit in Ägypten verweist somit auf das Gesetz über die Konsulargerichtsbarkeit (KGG) vom 7. 4. 1900 (RGBl. S. 213) und hier speziell auf die Vorschrift des § 36, der die Eheschließung deutscher Staatsangehöriger im Ausland regelt:

„Die Form einer Ehe, die in einem Konsulargerichtsbezirke von einem Deutschen oder von einem Schutzgenossen, der keinem Staate angehört, geschlossen wird, bestimmt sich ausschließlich nach den Vorschriften des Gesetzes, betreffend die Eheschließung und die Beurkundung des Personenstandes von Reichsangehörigen im Auslande, vom 4. Mai 1870 (Bundes-Gesetzbl. S. 599, ReichsGesetzbl. 1896 S. 614). Ein Schutzgenosse, der einem fremden Staate angehört, kann die Ehe in dieser oder in einer anderen, nach den Gesetzen

---

[6] Zu den Kapitulationen und ihrer Geltungsdauer allgemein vgl. v. *Schwartzkopen* in *Schlegelberger*, Rechtsvergleichendes Handwörterbuch für das Zivil- und Handelsrecht des In- und Auslandes, Bd. I Länderberichte, Abschnitt „Ägypten", 499; v. *Westphalen*, Die staats- und völkerrechtliche Stellung Ägyptens, insbesondere die Fremdengerichtsbarkeit und das deutsch-ägyptische Abkommen vom 16. Juni 1925 (Würzburg o. J.); v. *Harnier-Regendorf*, Die Stellung Ägyptens seit 1922 (1931); *Klingmüller*, Ägypten (1944) 42 ff.

[7] Vgl. *Klingmüller* aaO 43.

[8] Vgl. das Gesetz über die Konsulargerichtsbarkeit in Ägypten vom 25. Februar 1938, RGBl. II, S. 83, das in Art. 1 die Reichsminister des Auswärtigen Amtes und der Justiz zum Erlaß einer Verordnung zur Neuregelung des Konsularwesens in Ägypten ermächtigt, und die VO über die Konsulargerichtsbarkeit in Ägypten vom 23. Mai 1938, RGBl. II, 216.

seines Staates zulässigen Form schließen. Durch Kaiserliche Verordnung kann bestimmt werden, inwieweit in einem Konsulargerichtsbezirke die Beachtung der Vorschriften genügt, die von der dortigen Staatsgewalt über die Form der Eheschließung erlassen sind." [9]

Das KGG verweist also seinerseits auf das Gesetz betreffend die Eheschließung und die Beurkundung des Personenstandes von Reichsangehörigen im Auslande vom 4. 5. 1870 [10]. In diesem Gesetz ist im einzelnen das Verfahren bei Eheschließungen deutscher Staatsangehöriger im Ausland geregelt. Es entspricht materiell der für den innerstaatlichen Bereich geltenden Regelung über die Zivilehe. Aus den genannten Gesetzen ergibt sich somit zusammengefaßt, daß ein deutscher Staatsangehöriger in Ägypten nach dem seit 1938 geltenden Recht nur in einem der innerdeutschen zivilen Eheschließung entsprechenden Verfahren vor einem Konsul gültig die Ehe schließen konnte [11].

Der Sachverhalt ergibt, daß diese Form der Eheschließung unter Berücksichtigung des deutschen Rechts von den Parteien nicht eingehalten worden ist und daß somit zunächst festzustellen ist, daß keine gültige Eheschließung bei Zugrundelegung des deutschen Rechts als dem nach ägyptischer Regelung für den Ehemann maßgeblichen Personalstatut vorliegt. Es ist zu fragen, ob das gleiche auch für das italienische Recht als dem für die Ehefrau maßgeblichen Personalstatut gilt.

Das italienische Zivilgesetzbuch sieht nebeneinander die Zivilehe vor dem Standesbeamten und die Eheschließung vor dem katholischen Priester (sog. Konkordatsehe) vor, wobei die kirchliche Eheschließung den staatlichen Behörden zur Registrierung angezeigt werden muß (Transkription) [12]. Jedoch gilt aufgrund des italienischen Personenstandsgesetzes vom 9. 7. 1939 insofern eine Ausnahme, als nur diplomatische Vertreter und Konsulen, nicht aber Priester zur Vornahme von Eheschließungen im Ausland ermächtigt sind [13].

Somit zeigt sich, daß auch bei Anwendung des italienischen Rechts als einem vom ägyptischen Recht in diesem Fall ebenfalls für maßgeblich erklärten Personalstatut eine gültige Eheschließung nicht vorliegt.

---

[9] RGBl. 1900, 220/21.

[10] Bundesgesetzblatt des Norddeutschen Bundes 1870, 599, in der Fassung des Art. 40 EGBGB in RGBl. 1896, 614.

[11] Vgl. auch *Kraske*, Handbuch des Auswärtigen Dienstes (Halle 1939) 333.

[12] Vgl. 6. Titel, Kapitel II und III des Codice Civile von 1942, in deutscher Übersetzung herausgegeben vom Max-Planck-Institut für ausländisches und internationales Privatrecht, Bd. 6 (Berlin und Tübingen 1965); ferner *Jayme*, Spannungen bei der Anwendung italienischen Familienrechts durch deutsche Gerichte, Schriften zum deutschen und europäischen Zivil-, Handels- und Prozeßrecht, Bd. 13 (Bielefeld 1961) 31.

[13] Vgl. Art. 9 und 50 des ital. Personenstandsgesetzes vom 9. Juli 1939; ferner dazu *Jayme* aaO 32 mit ausführlichen Nachweisen im italienischen Schrifttum.

Hier stellt sich nun die Frage, ob angesichts der besonderen Umstände des Falles dieses Ergebnis akzeptiert werden kann. Folgt man nämlich der zuvor dargestellten, den Vorschriften des deutschen bzw. italienischen Rechts folgenden Argumentation, so bedeutet das einerseits, daß die Heimatstaaten, also z. B. Deutschland, von ihren Staatsangehörigen die Einhaltung bestimmter Formen verlangen, andererseits aber den Staatsbürgern durch von ihnen nicht zu vertretende Umstände die Einhaltung dieser Formen nicht möglich ist. Deutschland hatte aufgrund des Krieges im Juli 1945 in Ägypten noch keine diplomatischen oder konsularischen Vertreter, die eine Eheschließung hätten beurkunden können. Das Ergebnis wäre also, daß ein deutscher Staatsangehöriger in Ägypten bis zur Neuerrichtung deutscher Konsulate nicht wirksam hätte heiraten können. Ein solches Ergebnis kann nicht die letzte Antwort sein. Vielmehr ist bereits für ähnlich gelagerte Fälle von einem Teil der Lehre und der Rechtsprechung die Ansicht vertreten worden, daß von den für normale äußere Umstände entwickelten Regeln über die Formgültigkeit von Eheschließungen dann abgewichen werden müsse, wenn den Eheschließenden in außergewöhnlichen Umständen die Einhaltung, sei es des Heimatrechts, sei es des Ortsrechts, unmöglich ist.

Fälle dieser Art sind vor allem im osteuropäischen Raum während des 2. Weltkrieges und unmittelbar danach aufgetreten. So gab es in der Nordbukowina eine Zeit, in der weder die sowjetischen noch die rumänischen Behörden die nach ihren jeweiligen Gesetzen als Ortsform erforderliche Ziviltrauung vornehmen konnten. Dasselbe galt für die im Jahre 1945 unter polnische Verwaltung gestellten deutschen Ostgebiete, wo ebenfalls eine Zeitlang keine Standesämter arbeiteten Während für die in Pommern, Westpreußen und Schlesien nicht formgültig – d. h. nur vor kirchlichen Instanzen – geschlossenen Ehen vom deutschen Gesetzgeber die nachträgliche Wirksamkeit durch das Gesetz über die Anerkennung von Nottrauungen vom 2. 12. 1950 (BGBl. S. 776) festgelegt worden ist, fallen z. B. Eheschließungen in der Nordbukowina oder solche wie im vorliegenden Falle nicht unter diese Regelung. Hier ist nun der Gedanke entwickelt worden, daß ausgehend von einem überpositiven Menschenrecht auf Eheschließung – heute positiviert in Art. 12 der Europäischen Menschenrechtskonvention sowie in der allerdings noch nicht verbindlichen Allgemeinen Erklärung der Menschenrechte der Vereinten Nationen von 1948 (Art. 16) – „bei faktischer allgemeiner Unmöglichkeit, die gesetzlich vorgeschriebenen Formalitäten einzuhalten, eine rechtsgültige Eheschließung eben in anderer Form oder äußerstenfalls ohne eine bestimmte Form möglich sein muß" [14].

---

[14] So *Neuhaus,* Die Grundbegriffe des Internationalen Privatrechts (Beiträge zum Ausländischen und Internationalen Privatrecht, Bd. 30 [Berlin und Tübingen 1962] 273/74); *ders.,* Das Standesamt 1956, 196; im gleichen Sinne *OLG Stuttgart*

Das OLG Stuttgart führte hierzu in der genannten Entscheidung aus:

„Jedoch ist zu beachten, daß im Zeitpunkt der Eheschließung der Parteien vor dem evangelischen Geistlichen in C. keine staatliche Behörde vorhanden war, vor der eine Ehe hätte eingegangen werden können... Somit bestand also die Situation, daß die Volksdeutschen eine Ehe damals nur vor einem Geistlichen eingehen konnten... Eine solche „Notklerikalehe" muß in einem Falle wie dem vorliegenden anerkannt werden... Denn aus naturrechtlichen Prinzipien ist der Rechtssatz herzuleiten, daß überall, wo Menschen zusammenleben, sie das Recht und die Möglichkeit haben müssen, bei Vorliegen sonstiger Erfordernisse (Erreichung eines bestimmten Mindestalters, Fehlen bestimmter und anerkannter Ehehindernisse) eine Ehe einzugehen, und zwar in der Form, die tatsächlich möglich war... Der dargelegte Grundsatz, das Recht auf Eheschließung – jedenfalls in der Form, die tatsächlich möglich ist –, ist gewissermaßen als ewiges Naturrecht zu beurteilen." [15]

Entgegen dieser Auffassung setzt sich Kegel auch in Fällen der faktischen und rechtlichen Unmöglichkeit, eine formgerechte Ehe zu schließen, für das Vorliegen einer Nichtehe ein [16].

Folgt man der von Neuhaus und den zitierten Entscheidungen vertretenen Auffassung, so ist im vorliegenden Fall zu fragen, ob trotz mangelnder Formerfüllung nach deutschem Recht die in der Form des katholischen Kirchenrechts ordnungsgemäß geschlossene Ehe auch eine im Bereich der säkularen Rechtsordnung gültige Ehe ist. Ägypten befand sich mit Deutschland zur Zeit der Eheschließung noch im Kriegszustand, so daß auch keine konsularischen Beziehungen bestanden. Die Parteien konnten also nicht vor einem deutschen Konsul heiraten, wie es das deutsche Recht vorsieht. Zu fragen wäre, ob die Funktionen des deutschen Konsuls im Kriegsfalle von den Konsularbeamten der Schutzmacht übernommen wurden und somit für die Parteien die Möglichkeit bestanden hat, anstatt vor dem deutschen Konsul die Ehe vor dem Konsul der Schutzmacht für Deutschland in Ägypten zu schließen.

Seit dem Abbruch der diplomatischen Beziehungen zwischen Deutschland und Ägypten am 4. 9. 1939 wurden die deutschen Interessen in Ägypten von Schweden als Schutzmacht wahrgenommen [17]. Grundsätzlich gehört es zu den Aufgaben der Schutzmacht, auch die konsularische Be-

---

vom 5. 11. 1962, FamRZ 1963, 39–43 sowie in einer unveröffentlichten Entscheidung vom 29. 11. 1963 des *OLG Detmold* (1 R 173/63).

[15] FamRZ 1963, 41.

[16] *Kegel,* IPR (2. Aufl., München und Berlin 1964) 267; ebenso eine Reihe älterer Entscheidungen unmittelbar nach dem 2. Weltkrieg, z. B. *OLG Gera,* Urteil vom 8. 11. 1949, in Die deutsche Rechtsprechung auf dem Gebiete des internationalen Privatrechts (IPRsp.) 1945–1949, 28; *LG Ravensburg,* Beschluß vom 8. 3. 1950, in IPRsp. 1950–51, 150.

[17] Vgl. Jahrbuch für Auswärtige Politik 1943, hrsg. von *Friedrich Berber* (1943) 191.

treuung der Staatsangehörigen des vertretenen Staates wahrzunehmen. Hierzu zählt neben der Bearbeitung von Fragen der Freiwilligen Gerichtsbarkeit auch die Vornahme von Eheschließungen[18].

Die Tätigkeit der Schutzmacht dauert grundsätzlich über die Zeit des eigentlichen Kriegszustandes hinaus und endet erst mit der Wiederherstellung normaler diplomatischer Beziehungen zwischen dem vertretenen Staat und dem Empfangsstaat oder – wenn ein Krieg zu diesem Ergebnis führt – mit dem Untergang des vertretenen Staates. In Deutschland hat sich eine etwas andere Lage entwickelt. Nach herrschender Auffassung ist das Deutsche Reich als der von Schweden als Schutzmacht vertretene Staat mit der Kapitulation vom 8. 5. 1945 nicht untergegangen[19].

Geht man von der Annahme aus, das Deutsche Reich habe über die bedingungslose Kapitulation hinaus fortbestanden, so wäre im Juli 1945 zur Zeit der Eheschließung der Parteien die Schutzmachtfunktion Schwedens noch nicht erloschen gewesen, da der Kriegszustand als solcher noch andauerte. Abweichend von diesem Normalverlauf ist aber in Deutschland die oberste Regierungsgewalt von den Besatzungsmächten übernommen worden mit der Folge, daß für eine Wahrnehmung deutscher Konsulargewalt im Ausland durch eine Schutzmacht kein Raum mehr war. In der Deklaration der Alliierten Mächte vom 5. 6. 1945 heißt es:

„Die Regierung des Vereinigten Königreichs, der Vereinigten Staaten von Amerika, der Union der Sozialistischen Sowjet-Republiken und die Provisorische Regierung der Französischen Republik übernehmen hiermit die oberste Regierungsgewalt in Deutschland, einschließlich aller Befugnisse der deutschen Regierung, des Oberkommandos der Wehrmacht und der Regierungen, Verwaltungen oder Behörden der Länder, Städte und Gemeinden. Die Übernahme zu den vorstehend genannten Zwecken der besagten Regierungsgewalt und Befugnisse bewirkt nicht die Annektierung Deutschlands." [20]

Daß mit der Übernahme der „Obersten Regierungsgewalt" auch die Übernahme der Auswärtigen Gewalt gemeint war, ergibt sich aus der Proklamation Nr. 2 des Alliierten Kontrollrats vom 20. 9. 1945, die in Abschnitt III, Ziffern 5, 7 a–c folgendes bestimmte:

„5. Die Alliierten Vertreter werden alle Fragen regeln, die Deutschlands Beziehungen mit anderen Ländern betreffen. Keine ausländischen Bindungen oder Verpflichtungen irgendwelcher Art dürfen von deutschen Behörden

---

[18] Vgl. *Doehring* in *Strupp-Schlochauer*, Wörterbuch des Völkerrechts, Bd. III (Berlin 1962) Stichwort „Schutzmacht" 221; *Escher*, Der Schutz der Staatsangehörigkeit im Ausland durch fremde Gesandtschaften und Konsulate (Züricher Beiträge zur Rechtswissenschaft, Neue Folge Heft 16, Aarau 1929) 95 f.

[19] Vgl. *v. Mangoldt-Klein*, Das Bonner Grundgesetz (Berlin und Frankfurt/M. 1953) 31; *Maunz*, Deutsches Staatsrecht (12. Aufl., München und Berlin 1963) 14 ff.; *Menzel*, Zur völkerrechtlichen Lage Deutschlands, Europa-Archiv 1947, 1009; *Schuster*, Deutschlands staatliche Existenz (München 1963), insbesondere 76 ff.

[20] Amtsblatt des Kontrollrates in Deutschland Nr. 1, S. 9/10.

oder Staatsangehörigen oder in ihrem Namen ohne Bewilligung der Alliierten Vertreter übernommen oder eingegangen werden.

7. a) Kraft der bedingungslosen Kapitulation Deutschlands und vom Tage dieser Kapitulation an gerechnet, haben die diplomatischen, Konsular-, Handels- und anderen Beziehungen des deutschen Staates mit anderen Staaten aufgehört zu bestehen.
b) Diplomatische, Konsular-, Handels- und andere Beamte und Mitglieder von Militärmissionen in Deutschland von Ländern, die sich mit irgendeiner der vier Mächte im Kriegszustand befinden, werden in der von den Alliierten Vertretern vorgeschriebenen Weise behandelt werden. Die Alliierten Vertreter können andererseits die Abberufung aus Deutschland der neutralen diplomatischen Konsular-, Handels- und anderen Beamten und Mitglieder von neutralen Militärmissionen verlangen.
c) Alle deutschen diplomatischen, Konsular-, Handels- und andere Beamte oder Mitglieder von Militärmissionen im Ausland werden hiermit zurückgerufen. Die Kontrolle und Verfügung über die Gebäude, das Eigentum und die Archive aller deutschen diplomatischen und anderen Vertretungen im Ausland werden von den Alliierten Vertretern vorgeschrieben werden." [21]

Der Alliierte Kontrollrat plante die Errichtung provisorischer deutscher Konsulate unter der Autorität des Kontrollrates, zu ihrer Errichtung ist es jedoch niemals gekommen [22]. Somit war mit der Kapitulation Deutschlands und der Übernahme der Obersten Regierungsgewalt durch die Alliierten die deutsche auswärtige Gewalt vollständig suspendiert, so daß auch alle Schutzmachtfunktionen mit diesem Zeitpunkt erloschen waren [23].

Zusammenfassend ergibt sich also, daß die Parteien im Juli 1945 weder vor einem deutschen Konsul noch vor einem Konsul der bis dahin tätigen Schutzmacht Schweden ordnungsgemäß die Ehe hätten schließen können. Die Parteien haben daraufhin den für sie naheliegendsten und wohl einzig möglichen Weg gewählt, nämlich die Eheschließung von einem Priester der katholischen Kirche, der sie beide angehörten, vornehmen zu lassen. Da es sich hierbei immer noch um eine förmliche Eheschließung handelt, durften die Parteien auch davon ausgehen, daß sie den Formerfordernissen unter den gegebenen Verhältnissen gerecht wurden. Angesichts der gesamten Umstände ist deshalb die Eheschließung nach deutschem Recht als gültig anzuerkennen.

Es stellt sich die weitere Frage, ob auch nach italienischem Recht ebenso zu entscheiden wäre, ob es sich also um eine in den Heimatländern beider Eheleute gültige Ehe handelt, oder um eine sog. hinkende Ehe, die nur

---

[21] Amtsblatt des Kontrollrates in Deutschland Nr. 1, S. 9/10.

[22] *Virally*, Die internationale Verwaltung Deutschlands vom 8. Mai 1945 bis 24. April 1947 (Baden-Baden 1948) 54 f. und 100 Anm. 106.

[23] So auch für die Schweiz als Schutzmacht: *Doehring* in *Strupp-Schlochauer* aaO 220.

im Heimatstaat des Ehemannes anerkannt wird[24]. Wie bereits bei der Prüfung, ob die Eheschließung die formellen Erfordernisse des italienischen Rechts erfüllt, da Italien neben der Zivilehe auch die kirchlich geschlossene Ehe im säkularen Bereich anerkennt, ausgeführt wurde[25], erlaubt das italienische Recht den italienischen Staatsangehörigen im Ausland nur die Zivilehe vor dem Konsul. Der Grund dafür liegt darin, daß auch bei der innerstaatlichen kirchlichen Trauung den Eheschließenden das italienische staatliche Eherecht vom Priester zur Kenntnis gebracht werden muß, was im Ausland aber nicht gewährleistet wäre[26].

Aus diesem Grunde ist von den italienischen Standesämtern die Transkription im Ausland von einem Priester geschlossener Ehen mit Zustimmung der Gerichte verweigert worden, so z. B. die kirchliche Eheschließung von Italienern in Deutschland, wo diese Eheschließungsform nicht der Ortsform entspricht[27].

Gilt diese strikte Regelung für normale Umstände, so eröffnet das italienische Recht dagegen für außergewöhnliche Fälle flexiblere Lösungsmöglichkeiten, und zwar ist den Standesbeamten bei der Transkription der kirchlich geschlossenen Ehe ein gewisser Ermessensspielraum darüber eingeräumt, ob er eine Ehe den Umständen nach für transkriptionsfähig hält oder nicht. Diese Möglichkeit ergibt sich daraus, daß mit der grundsätzlichen Anerkennung der kirchlichen Eheschließung, die sich nach kanonischem Recht richtet, auch die Sonderbestimmungen des kanonischen Rechts über Notehen Geltung haben und somit der Staat genötigt ist, sich mit der Frage der Mindestvoraussetzungen auseinanderzusetzen, die für eine Transkription von kirchlichen Notehen erfüllt sein müssen. Nach can. 1098 des Codex Iuris Canonici (C. J. C.) ist die Nottrauung sogar ohne Assistenz des Pfarrers „in mortis periculo" oder „etiam extra mortis periculum" möglich.

Ca. 1098 C. J. C. lautet:

| | |
|---|---|
| „Si haberi vel adiri nequeat sine gravi incommodo parochus vel Ordinarius vel sacerdos delegatus qui matrimonio assistant ad normam canonum 1095, 1096: | Wenn weder ein Priester noch der zuständige Ordinarius noch ein bevollmächtigter Vertreter ohne schwere Hindernisse herbeigeholt werden kann oder erreichbar ist, die bei der Eheschließung gemäß der Vorschrift der can. 1095, 1096 ihres Amtes walten können: |

---

[24] Zum Begriff der hinkenden Ehe vgl. *Kegel*, IPR, aaO, 38; *Raape*, Internationales Privatrecht (5. Aufl. Berlin und Frankfurt/M. 1961) 244 und 296 f.

[25] Vgl. oben S. 187.

[26] Vgl. *v. Bergen*, Der Einfluß der Lateranverträge auf die staatliche Gesetzgebung Italiens (Düsseldorf 1954) 84 ff.

[27] *Jayme* aaO 31/32; *v. Bergen* aaO 93.

1. In mortis periculo validum et licitum est matrimonium contractum coram solis testibus; et etiam extra mortis periculum, dummodo prudenter praevideatur eam rerum conditionem esse per mensem duraturam;

2. In utroque casu, si praesto sit alius sacerdos qui adesse possit, vocari et, una cum testibus, matrimonio assistere debet, salva coniugii validitate coram solis testibus."

1. ist die Ehe, die in Todesgefahr nur vor Zeugen geschlossen worden ist, gültig und erlaubt; und das gilt auch in Fällen außerhalb von Todesgefahr, solange als bei vernünftiger Vorausschau die Umstände einen Monat hindurch andauern werden;

2. In beiden Fällen muß, wenn ein anderer Priester bei der Hand sein sollte, der zugegen sein kann, dieser gerufen werden und zusammen mit den Zeugen bei der Eheschließung seines Amtes walten, unbeschadet der Gültigkeit der Eheschließung nur vor Zeugen.

In der Frage der staatlichen Anerkennung solcher Nottrauungen, d. h. bei der Prüfung ihrer Transkriptionsfähigkeit, haben sich nun Grundsätze herausgebildet, wonach für die staatliche Anerkennung von Nottrauungen als Minimum die Anwesenheit eines Priesters gefordert werden muß. Nottrauungen ohne Anwesenheit eines Priesters sind nicht transkriptionsfähig und entfalten somit keine zivilrechtlichen Wirkungen[28].

In dem hier anstehenden Fall liegt dagegen nach kanonischem Recht nicht einmal eine Nottrauung vor, vielmehr sind die Formvorschriften des kanonischen Rechts voll beachtet. Es darf daher davon ausgegangen werden, daß ein italienischer Standesbeamter im vorliegenden Fall keine Bedenken haben würde, die Ehe zu transkribieren. Selbst wenn dies aber nicht der Fall wäre und somit die Eheschließung der Parteien nach italienischem Recht nicht als gültig anerkannt würde, läge eine nach deutschem Recht gültige Ehe, also eine hinkende Ehe vor, die von einem deutschen Gericht – und darauf kommt es hier in erster Linie an – geschieden werden kann.

Dieses hier vertretene Ergebnis wird noch durch eine weitere Überlegung gestützt, die sich speziell aus den ägyptischen Verhältnissen ergibt. In der überwiegenden Zahl der Fälle bewirkt die Regel des islamischen Rechts, daß Ehen nach dem nationalen oder religiösen Personalstatut geschlossen werden, die Verweisung auf die religiöse Eheschließung, da etwa 90 % der ägyptischen Bevölkerung mohammedanischen, der Rest im wesentlichen christlichen oder jüdischen Glaubens sind. Das bedeutet faktisch, wenn auch nicht de jure, daß im allgemeinen in Ägypten die religiöse Eheschließung die ortsübliche Form der Eingehung der Ehe ist. Nur bei Ausländern tritt eine Abweichung ein und auch nur dann, wenn das Heimatrecht des Ausländers die Zivilehe obligatorisch macht. Zweck der ägyptischen, auf der Tradition des Islam beruhenden Regelung ist es, daß

[28] Vgl. *v. Bergen* aaO, 91/92 unter Hinweis auf praktische Fälle dieser Art.

jeder Einwohner Ägyptens die für ihn maßgebliche Eheschließungsform erfüllen kann, wobei die Verweisung auf das nationale Recht neben dem religiösen Recht eine ursprünglich nicht vorhandene Erweiterung der Regel darstellt. Es könnte daher fraglich sein, ob die Anwendung dieser auf der islamischen Tradition beruhenden und für den Normalfall, daß nämlich die Eheschließung nach Personalstatut möglich ist, entwickelten Regel nach ägyptischer Auffassung auch dann zutreffend ist, wenn sie in Sonderfällen wie dem vorliegenden bei der Verweisung auf das nationale Personalstatut zur Unmöglichkeit der Eheschließung bestimmter Personen führt. Es wäre nämlich denkbar, daß auch das ägyptische Recht bei einer vom Normalfall völlig abweichenden Situation die Verweisung auf das nationale Personalstatut nicht für richtig hält und – wie im eigenen nationalen Bereich – die Erfüllung der Formen des nach islamischem Recht überwiegend maßgeblichen religiösen Rechts für ausreichend ansehen würde. Bei einer solchen Auslegung des ägyptischen Rechts würde ein Ergebnis erreicht – nämlich die Anwendbarkeit des für die Eheschließenden maßgeblichen religiösen Rechts –, das den Grundgedanken des ägyptischen (mohammedanischen) Rechts, die Eheschließung nicht den staatlichen, sondern den religiösen Instanzen zu übertragen, noch mehr entspricht als die erst im Zuge des Zusammenlebens von nicht mohammedanischen Ausländern mit den Ägyptern üblich gewordene Verweisung auf das nationale Recht der Ausländer.

## ERGEBNIS

Das durch Art. 11 Abs. I Satz 2 EGBGB als Ortsrecht maßgebliche ägyptische Recht enthält keine allgemein gültige Regelung über die bei der Eheschließung einzuhaltenden Ortsformen. Für Eheschließungen gilt das religiöse oder – bei Ausländern – das nationale Personalstatut der Eheschließenden. Danach sind im vorliegenden Fall das deutsche und das italienische Recht auch für die Fragen der Formgültigkeit der Eheschließung maßgebend. Nach deutschem Recht muß ein deutscher Staatsangehöriger im Ausland die Ehe vor einem Konsul schließen. Die Erfüllung dieser Form war den Eheschließenden angesichts der tatsächlichen Umstände in Kairo im Jahre 1945 nicht möglich. In einem solchen Fall ist mit einem Teil der deutschen Lehre und Rechtsprechung auch eine nicht formgerecht geschlossene Ehe für Deutschland als gültig anzusehen.

## Nr. 18

### Algerien

**1. Nach algerischem Kollisionsrecht beurteilt sich eine von einem mohammedanischen Algerier 1964 in Frankreich eingegangene Ehe nach dem Recht des malekitischen Ritus unter Berücksichtigung der Änderung des lokalen Personalstatuts durch französisches und neues algerisches Gesetzesrecht.**

**2. Nach malekitischem Recht ist bei einer Doppelehe die spätere Ehe nichtig.**

**3. Die Nichtigkeit der zweiten Ehe kann ohne ein vorangegangenes rechtsgestaltendes oder deklaratorisches Urteil geltend gemacht werden.**

**4. Eine rechtswirksame Ehe kann nach algerischem Recht nur durch eine gerichtliche Entscheidung geschieden werden.**

**Freiburg**

In einem Strafverfahren gegen einen algerischen Staatsangehörigen, das in der Berufungsinstanz vor dem Landgericht schwebt, wird um ein Gutachten über algerisches Recht gebeten.

### SACHVERHALT

Der Angeklagte heiratete in dritter Ehe in Deutschland eine Deutsche. Seine erste Ehe mit einer Algerierin war 1963 von einem Amtsgericht in Algerien geschieden worden. 1964 schloß er in Frankreich eine *zweite* Ehe mit einer Algerierin. Nach kurzem Zusammenleben (5 Tage) kam er allein in die BR Deutschland. Seither hat er hier seinen ständigen Aufenthalt.

Seine zweite Ehefrau, die in Frankreich blieb, betreibt dort die Auflösung der zweiten Ehe. Auch der Angeklagte selbst hat sich offenbar um eine Auflösung oder um eine Nichtigkeitsfeststellung seiner zweiten Ehe bemüht. Die *dritte* Ehe ging er ein, als seine jetzige Frau ein Kind von ihm geboren hatte. Dem deutschen Standesbeamten legte er die Papiere über die Auflösung seiner *ersten* Ehe vor. Die zweite Ehe erwähnte er nicht.

Das deutsche Schöffengericht verurteilte den Angeklagten wegen Doppelehe. Mit seiner Berufung macht er geltend, seine Zweitehe sei auch ohne gerichtliche Feststellung eine rechtlich völlig wirkungslose Ehe (Nichtehe), da seine zweite Frau zur Zeit der Eheschließung mit einem anderen Algerier verheiratet gewesen sei. Eine solche Ehe sei nach algerischem Recht in materieller wie in formeller Hinsicht ohne jede Wirkung.

Jedenfalls sei seine Zweitehe durch Verstoßung aufgelöst worden, als seine zweite Frau nicht bereit gewesen sei, ihm in die BR Deutschland zu folgen.

Das Landgericht hat um Auskunft zu folgenden Fragen gebeten:

1. Welche Wirkungen hat nach algerischem Recht die Doppelehe einer mohammedanischen Frau?
   a) Ist die spätere Ehe wirksam oder nichtig?
   b) Für den Fall, daß die spätere Ehe nichtig ist: Besteht diese Nichtigkeit in materieller und formeller Hinsicht von vornherein, so daß sie ohne weiteres geltend gemacht werden kann (vergleichbar der Nichtehe nach deutschem Recht), oder bedarf es, um die Nichtigkeit der Ehe geltend machen zu können, notwendigerweise eines rechtsgestaltenden Urteils (vergleichbar der nichtigen Ehe nach deutschem Recht)?
2. Wird nach algerischem Recht eine Ehe durch Verstoßung der Frau durch den Mann in materieller wie formeller Hinsicht wirksam beendet, oder bedarf es notwendigerweise einer zusätzlichen richterlichen Feststellung, daß die Ehe nicht mehr besteht?

Für den Fall, daß die Erforderlichkeit einer gerichtlichen Feststellung der Nichtigkeit oder Auflösung der Ehe bejaht wird, fragt das Gericht fürsorglich, ob ein algerischer Staatsangehöriger mit einfachem Bildungsniveau die Eheschließung des Angeklagten in Frankreich, mit Rücksicht auf die Umstände bei der Eingehung dieser Ehe, auch ohne entsprechende richterliche Feststellung als völlig wirkungslos (Nichtehe) ansehen konnte, und ob er der Meinung sein konnte, er brauche als Mohammedaner das Gebot der Einehe in Deutschland nicht zu befolgen. Die beiden hilfsweise gestellten Fragen sollen nur beantwortet werden, wenn aufgrund bestehender Erfahrungen über die mohammedanischen Sitten und Gebräuche die Möglichkeit dazu besteht.

## I

1. *Die Formgültigkeit* der zweiten, in Frankreich 1964 geschlossenen Ehe des Angeklagten – im folgenden als „Vorehe" bezeichnet – richtet sich gem. Artt. 11 Abs. 1 S. 1, 13 Abs. 1 S. 2 EGBGB nach *algerischem Recht*[1]. Doch genügt dafür auch die Einhaltung der *französischen Form als der Ortsform* (Art. 11 Abs. 1 S. 2 EGBGB)[2]. Da der hier bekanntgewordene

---

[1] *Soergel-Kegel,* Art. 13 EGBGB, Randz. 47 (m. Rsprnachw. in Fußn. 1).
[2] *Soergel-Kegel* aaO (m. ausführl. Rsprnachw. Fußn. 2).

Sachverhalt keine Anhaltspunkte für eine Formnichtigkeit bietet, und auch der Angeklagte selbst sie nicht geltend macht[3], ist davon auszugehen, daß eine *formgerechte Eheschließung in Frankreich* stattgefunden hat.

Die *materiellrechtliche Gültigkeit* einer Eheschließung von Ausländern ist gem. Art. 13 Abs. 1 S. 2 EGBGB nach ihrem Heimatrecht zu beurteilen[4]. Auch das französische Recht[5] und, im Anschluß daran, das algerische Recht[6] knüpfen die Rechtswahl in der Frage der materiellrechtlichen Eheschließungserfordernisse an die Staatsangehörigkeit. Beide Nupturienten der Vorehe besitzen die algerische Staatsangehörigkeit. Die Wirksamkeit der Vorehe richtet sich also nach *algerischem Recht.*

Es fragt sich jedoch, was unter dem algerischen Eheschließungsstatut der Partner der „Vorehe" zu verstehen ist.

2. Dies bestimmt sich zunächst nach Art. 1 des Gesetzes Nr. 62/157 v. 31. 12. 1962[7]. Er lautet in deutscher Übersetzung:

„Die am 31. 12. 1962 bestehende Gesetzgebung gilt bis zu einer Neuordnung weiter bis auf diejenigen Bestimmungen, die der nationalen Souveränität widersprechen."

In Rechtsprechung[8] und Schrifttum[9] ist unbestritten, daß die unter französischer Herrschaft für Algerien geltende Unterscheidung zwischen französischem und lokalem Personalstatut mit dieser Überleitungsregelung aufrechterhalten wurde. Demnach bestehen auch nach der Unabhängigkeit Algeriens seit den Vereinbarungen von Evian v. 28. 8. 1962 auf dem Gebiet des Personenrechts mehrere Rechtsordnungen nebeneinander.

---

[3] Auch seine angebliche Trunkenheit bei der Erklärung des Ehekonsenses kann die Eheschließungs*form* nicht berühren, denn das französische Recht qualifiziert einen solchen Mangel – entsprechend § 18 EheG – als Verletzung eines materiellrechtlichen Erfordernisses (condition de fond im Gegensatz zu condition de forme) – *Mazeaud-Mazeaud,* Leçons de Droit Civil, Bd. 1 (3. Aufl. 1963) Nr. 723 ff., 730; 773 ff. Dabei wird die Trunkenheit als ein Fall von fehlender Einigung (absence de consentement gem. Art. 180 Code civ.) mit der Folge der absoluten Nichtigkeit (nullité absolue gem. Art. 184 Code civil) gewertet – dazu *Mazeaud-Mazeaud,* aaO, Nr. 730, 794, 799.

[4] *Soergel-Kegel,* Art. 13 EGBGB, Randz. 1, 16.

[5] Art. 3 Abs. 3 Code civil – *Cass. civ.* 30. 10. 1905, Sirey 1911. 1. 581.

[6] Art. 1 des Gesetzes Nr. 62/157 v. 31. 12. 1962 (J. O. R. A. 11. 1. 1963) i. V. m. Art. 9 des Gesetzes Nr. 47/1853 v. 20. 9. 1947 (J. O. 21. 9. 1947).

[7] Journal Officiel de la République Algérienne 11. 1. 1963.

[8] Z. B. *Cour Suprême* 20. 1. 1965, Revue Algérienne des sciences juridiques, politiques et économiques 1965 Heft 3/4, 45 (Scheidung); *Tribunal de Grande Instance d'Alger* 16. 10. 1963, Revue Algérienne 1964 Heft 3, 43 (Nichtexistenterklärung einer 1961 in musulmanischer Form geschlossenen Ehe eines dem französischen Statut unterstehenden Nupturienten).

[9] *Issad,* De quelques problèmes soulevés par la nouvelle fonction du droit et la diversité de ses sources en Algérie, Revue juridique et politique 20 (1966) 54–62, 58 f.; *Luchaire,* Droit d'outre-mer et de la coopération (2. Aufl. 1966) 186 ff.

Zu dem Personalstatut gehört insbesondere auch das Eherecht[10]. Dabei finden auf die dem französischen Personalstatut unterworfenen Personen die Vorschriften des Code civil und auf die dem lokalen Personalstatut unterworfenen Personen die Regeln ihres jeweiligen religiösen Ritus Anwendung.

Um die Entscheidung über das im Einzelfall eingreifende Personalstatut zu erleichtern, hat der französische Gesetzgeber in der Ordonnance vom 23. 11. 1944 über die musulmanische Gerichtsorganisation in Algerien[11] eine Vermutung aufgestellt. Art. 4 Abs. 3 S. 1 dieser Ordonnance lautet in deutscher Übersetzung:

„In den Gebieten des Nordens mit Ausnahme von Kabylien und in den Gebieten des Südens mit Ausnahme von M'zab wird bis zum Beweis des Gegenteils die Zugehörigkeit eines jeden Musulmanen zum malekitischen Ritus vermutet."

Ist die Vermutung auf den Angeklagten anwendbar, so ist die Wirksamkeit der Vorehe nach den Vorschriften des malekitischen Ritus, soweit nicht neueres französisches und algerisches Recht Korrekturen angebracht haben, zu entscheiden.

Bedenken gegen die Anwendung dieser Vermutung auf den Angeklagten könnten sich aus der Eheschließung *vor einem Standesbeamten* in *Frankreich* ergeben.

Früher konnte auch ein Musulmane durch Option sich dem französischen Personalstatut unterstellen. Die Praxis der französischen Gerichte sah die Eheschließung in standesamtlicher Form als Option für das französische Personalstatut an[12]. Schloß der Angeklagte die Vorehe in der standesamtlichen Form des Art. 75 Code civil und *blieb* die Option für das französische Personalstatut im Falle einer standesamtlichen Trauung *bestehen*, so würden auch nach heutigem algerischem Recht die Vorschriften des Code civil über die materiellrechtliche Wirksamkeit der Vorehe des Angeklagten entscheiden[13].

Da seit der Ordonnance v. 4. 2. 1959[14] auch für das lokale Personalstatut die Eheschließung in musulmanischer Form *vor dem Standesbeamten* erfolgen kann[15] und da zwischen Frankreich und Algerien gerade auch auf dem Gebiet des Personenstandes Rechtshilfevereinbarungen getroffen

[10] So für viele z. B. *Issad* aaO, 59.

[11] Journal Officiel 8. (u. 24.) 12. 1944.

[12] Hierzu eingehend *Verdier*, Anmerkung zur Cour d'appel d'Oran, Revue Algérienne 1966, 864–871.

[13] Wie *Issad* (aaO 59) betont, hat das Überleitungsgesetz v. 31. 12. 1962 das französische Recht *„als algerisches Gesetz"* in Kraft gesetzt.

[14] J. O. 11. 2. 1959.

[15] Die Ordonnance v. 4. 2. 1959 baute das bisher geltende Registriersystem zu einer Art Transkriptionsverfahren aus. Es modifizierte die herkömmliche musulmanische Eheschließungsform dahingehend, daß der Ehekonsens entweder vor dem Kadi oder vor dem Standesbeamten erklärt werden muß.

wurden[16], ist nicht auszuschließen, daß die Schließung der Vorehe vor dem Standesbeamten in Frankreich nach musulmanischer Form geschah. Doch braucht dieser Möglichkeit nicht weiter nachgegangen zu werden. Denn die Möglichkeit einer Option für das französische Personalstatut durch Eheschließung in der standesamtlichen Form des Code civil *besteht* nach heutigem algerischem Recht *nicht mehr.* Issad[17] verneinte auf entsprechende Frage diese Möglichkeit ganz generell. Die Cour d'appel d'Oran, der Verdier[18] jedenfalls für die Zeit nach der algerischen Unabhängigkeit beipflichtet, schließt eine Option *durch standesamtliche Eheschließung* aus.

Auch vom französischen Recht her stellt sich die Frage einer Option für das französische Personalstatut nicht mehr, weil die Eheschließung zwischen algerischen Staatsangehörigen unter die Regeln über die Eheschließung von Ausländern fällt. Auf das Personalstatut von Ausländern hat die Wahrung der standesamtlichen Form des Code civil bei einer Eheschließung in Frankreich jedoch keine Auswirkung[19].

Daher bleibt nach algerischem Recht das lokale Personalstatut und damit die Vermutung des Art. 4 Abs. 3 Satz 1 der Ordonnance v. 23. 11. 1944 selbst dann anwendbar, wenn der Angeklagte die Vorehe in Frankreich in der standesamtlichen Form des Code civil geschlossen hat.

Somit sind die anstehenden Rechtsfragen nach dem Recht des malekitischen Ritus unter Berücksichtigung der Änderung des lokalen Personalstatuts durch französisches und neues algerisches Gesetzesrecht zu beantworten.

## II

1. Alle Dartellungen des Eheschließungsrechts nach malekitischem Ritus führen das Impedimentum ligaminis der Frau als Ehenichtigkeitsgrund an[20]. Auch nach der Lehre der anderen islamischen Schulrichtungen führt ein bestehendes Eheband der Frau zur Nichtigkeit ihrer Zweitehe[21, 22].

---

[16] Vgl. die Art. 35–37 des Protocole judiciaire der Vereinbarungen v. 28. 8. 1962 (J. O. 30. 8. 1962).

[17] AaO 62. [18] Nachweis vgl. oben Fußn. 12.

[19] So z. B. auch die *Cour suprême du Cameroun oriental,* 14. 2. 1961 (Recueil Penand 1963) 359–361 (mit zustimmender Anmerkung von Lampué) für die in Frankreich in standesamtlicher Form geschlossene Ehe von zwei Staatsangehörigen des Kamerun.

[20] *Milliot,* Introduction à l'Etude du droit Musulman (1953) Nr. 308 (S. 314); *Magne-Rouchand,* Afrique du Nord, Algérie–Tunisie–Maroc, in Juris-Classeur de Droit Comparé Bd. I Heft 1 Nr. 37 S. 8; *Bousquet,* Précis de Droit Musulman, principalement mâlékite et algérien, Bd. I (3. Aufl.) Nr. 62, S. 121); *Linant de Bellefonds,* Traité de Droit Musulman Comparé, Bd. 2, Le Mariage, La Dissolution du Mariage (1965) Nr. 722 (S. 134).

[21] Z. B. *Fyzee,* Outlines of Muhammadan Law (2. Aufl. 1955) § 11 (2) (S. 94); *Mulla,* Principles of Mahomedan Law (15. Aufl. 1961) Nr. 256 (S. 226); *Sethi,*

Die genaue Quelle für dieses Ehehindernis geben die Autoren meist nicht an[23]. Es gehört zu den sogenannten unbestrittenen Ehenichtigkeitsgründen. Seine Grundlage ist anscheinend folgendes „hadi*th*" [24]:

„Wenn eine Frau nacheinander zwei Männer heiratet, steht sie dem ersten, den sie geheiratet hat, zu, wie eine Sache, die nacheinander von zwei Männern gekauft worden ist, dem ersten, der sie gekauft hat, gehört." [25]

Die Antwort auf die Frage 1. a) lautet demnach: *Im Falle der Doppelehe einer mohammedanischen Frau ist nach algerischem Recht die spätere Ehe nichtig* (batil).

2. Die Beantwortung der Frage, ob die Ehenichtigkeit wegen eines bei der Frau bestehenden Impedimentum ligaminis nach algerischem Recht einer Nichtehe des deutschen Rechts gleichsteht und deshalb auch ohne entsprechenden richterlichen Ausspruch geltend gemacht werden kann, bereitet erhebliche Schwierigkeiten.

a) Eine umfassende gesetzliche Normierung auf dem Gebiet des materiellen Eheschließungsrechts durch den *neuen algerischen Gesetzgeber* liegt – soweit ersichtlich – noch nicht vor[26, 27]. Lediglich die Frage der Ehe-

---

Muslim Marriage and its Dissolution (2. Aufl. 1961) 21 f.; *Anderson,* Islamic Law in the Modern World (1959) 46.

[22] Wenn die Reihenfolge beider Eheschließungen nicht festgestellt werden kann, so sind nach malekitischem Ritus beide Ehen nichtig (so *Khalil Ben Ish'âq,* Abrégé de la loi musulmane selon le rite de l'Imâm Mâlek, neu übersetzt von Bousquet, Bd. 2, Le Statut personnel [1958] 24). Eine Sonderregelung gilt für die Fälle, in denen zwar die Zweitehe, nicht aber die Erstehe vollzogen wurde; hierzu mit Auszügen aus der älteren algerischen Rechtsprechung *Bousquet,* Précis Bd. 2, 222 f.

[23] Eine Ausnahme macht *Lapanne-Joinville,* La théorie des nullités de mariage en droit musulman malékite, Revue Algérienne 1951, doct. 92–102 (98): Unter den Fällen der de-jure-Nichtigkeit führt er den Fall eines Impedimentum ligaminis der Frau wie folgt auf: „L'existence chez la femme, d'un précédent mariage régulier non dissout ou d'un mariage vicié annulable par répudiation judiciaire (bigamie de la femme) (*Bahja* I, 254; *az-Zurquâni* sur *Khalil,* III, 191)."

[24] Die hadi*th* in ihrer Gesamtheit bilden die Sunna, die als ergänzende Rechtsquelle neben den Koran tritt. Sie enthält Aufzeichnungen über das Leben des Propheten Mohammed nach der mündlichen Überlieferung der ersten Zeit.

[25] Wiedergegeben bei *Milliot,* aaO, Nr. 259 (S. 278).

[26] Vgl. insbes. *Juris-Classeur de l'Algérie* (Stand: 31. 6. 1966) sowie *Revue Algérienne de sciences juridiques, politiques et économiques* (Stand: 31. 12. 1966).

[27] Nach *Issad* (aaO, 55) ist die Kodifikation des Familienrechts wegen des Gewichts der auf diesem Gebiet lastenden Tradition die „zugespitzteste" Kodifikationsaufgabe (wörtlich: dieses Problem „présente le plus d'acuité – en Algérie comme sans doute ailleurs –"). Zur Haltung des algerischen Gesetzgebers im allgemeinen äußert er sich wie folgt (aaO 57): „Wenn wir weit offen sind für die modernen Techniken – und dies sind wir –, so sind wir doch auch sehr bedacht, unseren traditionellen Werten Rechnung zu tragen und unsere lokalen Reichtümer auszuschöpfen. – Das Problem besteht daher in der Möglichkeit einer Synthese, einer Versöhnung zwischen einem aus Antizipationen bestehenden Recht

mündigkeit wurde durch das Gesetz Nr. 63/224 v. 29. 6. 1963[28] neu geregelt[29]. Dieses Gesetz bestimmt im einzelnen die Rechtsfolgen einer Eheschließung, an welcher eine eheunmündige Person beteiligt ist. Da es sich hierbei jedoch um eine neuartige Regelung einer Spezialfrage handelt, kann hieraus nicht ohne weiteres auf die Ehenichtigkeitsnormen des malekitischen Ritus im allgemeinen geschlossen werden. Nur wenn die Ehenichtigkeit überhaupt nicht durch andere Normen geregelt wäre, könnte sich die Frage stellen, ob die Vorschriften dieses Spezialgesetzes auf einzelne andere Nichtigkeitsgründe auszudehnen wären.

Da das Gesetz Nr. 62/157 v. 31. 12. 1962 jedoch die Weitergeltung des bisherigen Rechts, das sich aus französischem Recht, aus musulmanischem Recht und aus Gewohnheiten zusammensetzt, als algerisches Gesetz erklärte, ist ein rechtliches Vakuum auf diesem Gebiet nicht entstanden.

Für die aus der Zeit vor der Unabhängigkeit übernommene Rechtslage gilt folgendes:

Der *französische Gesetzgeber* hat durch die Ordonnance Nr. 59/274 v. 4. 2. 1959 über die Eheschließung von Personen des lokalen Personalstatuts in den Departements von Algerien, der Oasen und der Sahara[30] und durch Ausführungsbestimmungen zu dieser Ordonnance[31] das lokale Personalstatut auf dem Gebiet des Eherechts modifiziert[32].

Art. 1 Abs. 2 der Ordonnance lautet in deutscher Übersetzung:

„Die Ehe und die Auflösung der Ehe der in diesem Artikel bezeichneten Personen bleibt den Regeln des lokalen Personalstatuts unterworfen, soweit nicht die folgenden Bestimmungen eingreifen."

Soweit die neuen Rechtsvorschriften nichts Besonderes bestimmen, gilt für die Vorehe des Angeklagten demnach weiterhin das Recht des malekitischen Ritus.

Abgesehen von einer Bestimmung über die Ehemündigkeit – Art. 5 setzt sie auf 18 Jahre für Männer und auf 15 Jahre für Frauen fest – enthält

---

und einer rechtlichen Ordnung, die seit Jahrhunderten gelebt wurde, und die, wie man uns wörtlich sagt, ihren Adelsbrief besitzt."

[28] J. O. R. A. 2. 7. 1963.

[29] Nach Art. 1 dieses Gesetzes erreicht der Mann mit 18, die Frau mit 16 Jahren die Ehemündigkeit. Das Gesetz regelt u. a. auch die Folgen einer Verletzung dieser Erfordernisse für das Eheband: Nichtvollzogene Ehen sind nichtig und können von jedem Interessierten angegriffen werden (attaquer), eine vollzogene Ehe hingegen nur von den Ehegatten. Ist das Ehemündigkeitsalter erreicht oder ist die nichtehemündige Frau schwanger geworden, so kann die Ehe nicht mehr angegriffen werden.

[30] J. O. 11. 2. 1959.

[31] Decret Nr. 59/1. 082 v. 17. 9. 1959 (J. O. 18. 9. 1959) und Arrêté v. 14. 11. 1959 (J. O. 21. 9. 1959).

[32] Dazu *Roussier,* L'Ordonnance du 4 févr. 1959 sur le mariage et le divorce des Français de Statut local Algérien, Recueil Sirey 1959, 7–11, und *ders.,* Le mariage et sa dissolution dans le Statut civil local algérien (1960).

die Ordonnance *keine Bestimmungen über das materielle Eheschließungsrecht*[33].

Es bleibt nun allerdings die Frage, ob die Änderung der musulmanischen Eheschließungs*form* (Eheschließung vor dem Kadi oder dem Standesbeamten)[34] Konsequenzen für den Charakter des Ehebandes und damit – indirekt – für die Frage ergeben, unter welchen Voraussetzungen die Ehenichtigkeit geltend gemacht werden kann. Ist nämlich die Eheschließung nicht nur ein privater Vertrag, sondern ein zusammengesetzter Rechtsakt mit Beteiligung des Staates, so ist die Wahrscheinlichkeit größer, daß der von diesem Rechtsakt erzeugte Rechtsschein nur unter Mitwirkung des Staates beseitigt werden kann[35].

Nach musulmanischer Rechtsvorstellung besitzt der die Ehe zustande bringende Vertrag *privaten* Charakter. *Milliot*[36] führt aus:

„Solcher Art ist die musulmanische Ehe, die Grundlage der Familie. Die juristische Technik greift nur in begrenztem Maße ein, einen begrenzten Formalismus verfolgend, außerhalb irgendeines Eingreifens der öffentlichen Behörde. Sie ist eine Institution privaten Charakters, zwingend, polygam, vertraglich und auflösbar; sie stellt den Typ eines ambivalenten rechtlichen Aktes dar, der an der Grenze zwischen den ,'ibādāt' und den ,mu'āmalāt', also dem rituellen und dem vertraglichen Recht angesiedelt ist."

Auch nach der Änderung des lokalen Eheschließungsrechts von 1959 betont *Roussier*[37]:

„Ein anderer Wesenszug der musulmanischen Ehe besteht *in dem strikt privaten Charakter der Eheschließung.* Die Mehrzahl der westlichen Systeme haben aus diesem Akt einen feierlichen Akt gemacht, der etwas erfordert, was man im Anschluß an die Terminologie des kanonischen Rechts eine Zelebration nennt. Im musulmanischen Recht bleibt sie ein rein familiärer Akt, der für seine Gültigkeit weder die Intervention einer öffentlichen, einer zivilen oder einer religiösen Behörde erfordert."

An anderer Stelle legt *Roussier* dar[38], daß eine Auslegung der Ordonnance dahin, daß die Eheschließung von Musulmanen den *Formvorschriften des Code civil* unterworfen werde, nicht zutreffe. Die Ehe werde nach dem Wortlaut des Art. 2 Abs. 1 S. 2 nicht – wie im Code civil (Art. 75) vorgeschrieben – *durch*, sondern *vor* dem Standesbeamten und dem Kadi geschlossen. Die Ordonnance beschränke sich darauf, die Anwesenheit des Standesbeamten oder des Kadi als eines gesetzlichen Zeugen, ähnlich der Mitwirkung des Notars bei der notariellen Beurkundung eines privaten

[33] Anders als das neue algerische Gesetz Nr. 63/224 v. 29. 6. 1963 sind übrigens die *Folgen* eines Verstoßes gegen das Ehemündigkeitserfordernis in der Ordonnance und in den Ausführungsvorschriften nicht geregelt.

[34] S. o. S. 198 Fußn. 15.

[35] Vgl. dazu auch unten S. 207–208.

[36] AaO, Nr. 263.

[37] Le mariage, 26.

[38] Recueil Sirey 1959, 11.

Vertrages, zu fordern. Die musulmanische Eheschließungsform werde dadurch nicht beeinträchtigt, da sie ein solches zusätzliches Formerfordernis zulasse.

Art. 75 der französischen Verfassung von 1958 gewährleistete darüber hinaus ausdrücklich die lokalen Personalstatute[39]. Der Zweck der Ordonnance war somit lediglich die Bekämpfung von Mißständen, denen mit den bestehenden Normen des Personalstatuts nicht wirksam begegnet werden konnte[40]. Art. 1 Abs. 2 der Ordonnance sieht im übrigen auch ausdrücklich die Fortgeltung des bestehen Rechts vor, soweit es nicht ausdrücklich durch die Vorschriften der Ordonnance derogiert wird[41].

Alle diese Gesichtspunkte sprechen für die von Roussier dargelegte eingeschränkte Bedeutung der Abänderung der musulmanischen Eheschließungsform durch die Ordonnance von 1959. Soweit ersichtlich, hat seine Ansicht auch keinen Widerspruch gefunden. Es ist daher davon auszugehen, daß auch die Praxis dieser Auslegung folgt.

Somit hat die Ordonnance von 1959 den – nach musulmanischer Rechtsvorstellung – privaten Charakter des Eheschließungsvertrages nicht beseitigt. Auch eine indirekte Auswirkung der Reform von 1959 auf die Regelung der Ehenichtigkeit im lokalen Personalstatut entfällt.

b) Für die rechtliche Beurteilung der Nichtigkeit der Vorehe des Angeklagten wegen eines impedimentum ligaminis der Frau nach *musulmanischem Recht* können im Interesse einer zutreffenden Wiedergabe der musulmanischen Rechtsvorstellungen die uns geläufigen Nichtigkeitskategorien nicht unbesehen übertragen werden[42].

Die Auffassung des heutigen musulmanischen Rechts zur Ehenichtigkeit in Algerien kennzeichnet Roussier wie folgt[43]:

„Die Musulmanen haben jedenfalls in der malekitischen Schule nicht dieselbe Auffassung wie unsere Zivilisten über die Nichtigkeit von Rechtsakten und besonders von dem der Ehe. *Nur ganz ausnahmsweise halten sie eine durch irgendeinen Mangel oder Verletzung irgendeines Verbotes fehlerhafte Ehe für nicht geschehen*[44].

---

[39] Dazu *Luchaire* aaO 289 ff.

[40] *Roussier*, Le mariage, 28 ff.

[41] *Roussier* (Le mariage, 35) entnimmt daraus das Gebot, diese Vorschriften restriktiv auszulegen.

[42] *Milliot* (aaO Nr. 305), der ehemals wohl bedeutendste französische Kenner des musulmanischen Rechts, warnt ausdrücklich vor der Gefahr, Vorstellungen der kanonisch-rechtlichen oder der zivilrechtlichen Nichtigkeitstheorien auf das musulmanische Recht zu projizieren: „Vor allem muß man unsere Unterscheidung von nichtexistenten, absolut nichtigen und relativ nichtigen Ehen und das Prinzip der Rückwirkung der Nichtigkeit vergessen."

[43] Le droit Musulman moderne en Algérie, in Handbuch der Orientalistik, 1. Abt. Ergänzungsband III, Orientalistisches Recht (1964) 400–425, 408.

[44] Im Original nicht hervorgehoben.

Eine fehlerhafte Ehe wird nur für die Zukunft gelöst, gleichgültig, ob der Richter eine Annullationsentscheidung (faskh) oder eine Auflösungsentscheidung (talâq) trifft.

Die algerische Rechtsprechung hat sich geweigert, sich in den subtilen Unterscheidungen der Gelehrten im Hinblick auf die Wahl zwischen den beiden Verfahrensweisen zu verlieren. Sie spricht nur von Annullation, ohne indessen die Rückwirkung der Nichtigkeit nach französischem Recht anzuwenden. Wenn die Ehe vollzogen worden ist, werden die dos und der Unterhalt geschuldet. Die Kinder sind ehelich... Diese Beobachtung muß man sich vor Augen halten, wenn man die geläufige Feststellung in sich aufnimmt, wonach das musulmanische Recht die Theorie der Putativehe nicht kennt."

Dementsprechend ist zu fragen, ob das impedimentum ligaminis der Frau zu den von Roussier apostrophierten seltenen Ausnahmen gehört, bei denen nach malekitischem Ritus die Fehlerhaftigkeit dazu führt, daß die Eheschließung als nicht geschehen gilt.

Mit diesen Ausnahmen sind Eheschließungen gemeint, die von der malekitischen Schule als bāṭil angesehen werden.

Die wörtliche Bedeutung von bāṭil wird von Roussier[45] mit „untauglich" („inutile"), „vergeblich" („fait pour rien") angegeben. *Linant de Bellefonds*[46] übersetzt bāṭil mit „nicht existent" („inexistent"). Andere französische Autoren sprechen bei bāṭil-Ehen von de-jure-Nichtigkeit[47] oder von absoluter Nichtigkeit[48]. Die englischen Autoren übersetzen bāṭil mit „leer, nichtig" („void")[49].

Nach malekitischem Ritus ist eine Eheschließung dann als bāṭil zu werten, wenn das entgegenstehende Ehehindernis aus dem Koran (oder der Sunna) resultiert und von allen islamischen Rechtsschulen als absoluter Nichtigkeitsgrund anerkannt wird (und wenn die Nupturienten bösgläubig waren)[50, 51]. Dabei bedeutet bāṭil rechtlich, daß ein Eheband überhaupt nicht zur Entstehung gelangt ist.

---

[45] L'annulation du mariage vicié en droit musulman malékite et le sort de la dot, Revue Algérienne 1956 doct. 113–127, 114.

[46] Stichwort Fāsid wa-Bāṭil, in Encyclopédie de l'Islam Bd. II (1965), 849–852.

[47] So *Lapanne-Joinville,* Revue Algérienne 1951 doct. 92, 96.

[48] *Milliot,* aaO, Nr. 308; *Magne Rouchand,* Juris-Classeur de Droit Comparé Bd. 1 (1956) Nr. 60.

[49] So für viele *Anderson,* Invalid and Void Marriages in Hanafi Law, Bulletin of the School of Oriental and African Studies, University of London XIII (1949–1951) 357–366, 357. – „Void" bedeutet im englischen Eheschließungsrecht, welches die Eheschließung wie das musulmanische Recht als Vertrag auffaßt, daß die Ehe so angesehen wird, als habe eine Eheschließung nie stattgefunden. Auch ohne irgendeine Ehenichtigkeitserklärung können sich die Partner darauf berufen (vgl. *Bromley,* Family Law [3. Aufl. 1966], 55).

[50] *Milliot* (aaO, Nr. 307) nennt das Erfordernis der Bösgläubigkeit nicht: „Festzuhalten ist, daß eine wirklich absolute, d. h. einer Überbrückung unzugängliche Nichtigkeit nur gegeben ist, wenn die Nichtigkeit aus einem Text des Korans oder einem hadi*th* folgt, und wenn über diesen Punkt die Lehre einig ist. Es muß

Hierzu führt *Linant de Bellefonds* wörtlich aus[52]:

„Nach der Lehre der drei Schulen (der schafeitischen, der malekitischen und hanbalitischen) und nach der der beiden Schüler von Abu Hanifa wird eine solche Gemeinschaft, für die keine subha (Zweifel) vorhanden ist, nach ihrem Vollzug als nichts anderes als ein Konkubinat angesehen, d. h. das Verbrechen der Unzucht bleibt bestehen, und die beiden Schuldigen unterliegen der vom Gesetz vorgesehenen Strafe (ḥadd)."

Diese Auffassung bestätigt auch eine Stelle aus dem Werk des klassischen arabischen Autors *Khalil Ben Ishâq* (15. Jh.). Sie lautet[53]:

„Diese Regeln (gemeint sind gewisse Ehewirkungen) gelten nicht, wenn die Rechtsgelehrten darüber einig sind, daß die Gemeinschaft wirklich fehlerhaft ist: dann keine Verstoßung und auch nicht Berufung zum Erben; z. B. Ehe mit einer 5. Frau – das Verbot der Ehe mit nahen Verwandten ergibt sich dann *ausschließlich* aus der Tatsache der Geschlechtsgemeinschaft und nicht aus der Tatsache einer fehlerhaften Ehe."

Diese Äußerung von *Khalil Ben Ishâq* bringt die dem malekitischen Ritus eigene Vorstellung über die radikalen Wirkungen eines allseitig anerkannten absoluten Ehehindernisses deutlich zum Ausdruck: Da ein Eheband durch die fehlerhafte Eheschließung gar nicht entstanden ist, kommt als Hindernis für eine weitere Eheschließung nur die Geschlechtsgemeinschaft als solche, nicht aber der durch die Ehe begründete Grad der Schwägerschaft in Frage. Beim impedimentum ligaminis der Frau handelt es sich ebenso wie bei dem von Khalil Ben Ishâq gebildeten Beispiel der Heirat einer fünften Ehefrau um ein allgemein anerkanntes Ehehindernis. Daher dürfte seine Wertung auch auf unseren Fall zu übertragen sein.

Weder Khalil Ben Ishâq noch Milliot erwähnten die Bösgläubigkeit des Nupturienten als Voraussetzung für das Nichtentstehen eines Ehebandes. Die Erklärung hierfür ist, daß auch eine fehlerhafte Eheschließung *gutgläubige* Nupturienten vor der schweren Strafe des ḥadd schützen soll[54],

---

sich also um eine i*dj*ma-Lösung handeln" (i*dj*ma bedeutet allgemeiner Konsensus).

[51] *Linant de Bellefonds* (Traité de Droit Musulman Comparé, Bd. 2 [1965] Nr. 748 ff.) hebt neben der einhelligen Anerkennung des Hindernisses auch auf die Kenntnis des Hindernisses seitens der Nupturienten ab. Er stellt dabei den mit der Einschränkung der Nichtigkeitsfälle verfolgten Zweck klar heraus: Nach malekitischem Ritus ist die Folge von bāṭil, daß die Beziehung der Partner als ungesetzlich angesehen wird, daß also das Verbrechen einer zinâ („fornication" = Hurerei) gegeben ist, die mit schwerer Strafe (ḥadd) belegt ist. Die Strafe des ḥadd ist in Algerien ebenso wie in anderen musulmanischen Ländern abgeschafft.

[52] Traité Nr. 751.

[53] Nach der französischen Übersetzung von *Bousquet (Khalil Ben Ishâq,* Abrégé de la loi musulmane selon le rite de l'Imâm Mâlek), Bd. 2: Le Statut personnel (1958) 26.

[54] So ausdrücklich *Lapanne-Joinville,* Revue Algérienne 1951 doct. 100 mit dem Hinweis auf den Irrtum als Schuldausschließungsgrund im musulmanischen Recht.

ohne daß damit gesagt ist, daß die Gutgläubigkeit der (oder eines?) Nupturienten ein auch in anderer Hinsicht wirksames Eheband entstehen läßt[55].

*Das impedimentum ligaminis der Frau führt nach malekitischem Ritus demnach dazu, daß das Eheband der Zweitehe* (grundsätzlich) *rechtlich nicht besteht.*

c) Läßt das impedimentum ligaminis ein Eheband gar nicht entstehen, so ist für eine gerichtliche Nichtigkeitserklärung mit gestaltender Wirkung kein Raum. Es kann dann nur noch eine deklaratorische Feststellung der Nichtexistenz oder Nichtigkeit in Betracht kommen.

Es fragt sich jedoch, ob der malekitische Ritus auch *ohne* eine solche vorangehende deklaratorische Nichtigkeitsfeststellung zuläßt, daß sich die Beteiligten oder Dritte auf die Nichtigkeit der Ehe berufen.

Für den *hanafitischen* Ritus betont *Linant de Bellefonds*[56] ausdrücklich, daß im Falle einer Eheschließung, die wegen eines entsprechenden Hindernisses als bāṭil zu bewerten ist, eine Nichtigkeitserklärung durch den Richter nicht erforderlich ist. Die Nichtigkeit ergebe sich sozusagen automatisch aus dem Gesetz[57]. Da zum Beispiel auch das an den malekitischen Ritus angelehnte tunesische Personalstatut von 1956 die Nichtigkeit bei absoluten Ehehindernissen automatisch eintreten läßt (Art. 22)[58], besteht für einen Umkehrschluß aus der Äußerung von Linant de Bellefonds auf den Inhalt des *malekitischen Ritus* kein Anlaß.

Ohne Unterscheidung der verschiedenen islamischen Riten und unter Berufung auf den Koran und die Kadi-Rechtsprechung stellen Sautayra und Cherbonneau fest[59]:

„Wenn zwei behaupten, mit derselben Frau verheiratet zu sein, so ist allein die zeitlich erste Eheschließung ordnungsgemäß gültig und die zweite ist nichtig (nul de plein droit), ohne daß eine Scheidung oder ein *Gerichtsurteil* erforderlich ist."

Lapanne-Joinville[60] bildet sogar als Beispiel für die Wirkung der de-jure-Nichtigkeit nach malekitischem Ritus den hier interessierenden

---

[55] Die Differenzierung der Wirkungen einer Fehlerhaftigkeit bei der Eheschließung nach den verschiedenen Folgen (Ehelichkeit der Kinder, Rückzahlung des dos u. dgl.) ist für die malekitische Lehre typisch. Auch deshalb ist diese Erklärung naheliegend.

[56] Traité Nr. 746.

[57] *Linant de Bellefonds,* Traité, aaO: „... il n'est point nécessaire qu'ils demandent au juge de prononcer la nullité; celle-ci est pour ainsi dire automatique, elle résulte de la loi et n'exige pas une décision judiciaire, même simplement déclarative (en droit hanafite et chaféite)".

[58] *Linant de Bellefonds,* Traité Nr. 753.

[59] Du statut personnel et successoral (1873), abgedr. bei *Bousquet,* Précis Bd. II, 222.

[60] Revue Algérienne 1951 doct. 96.

Fall. Er schreibt bei der Erörterung der Wirkungen einer bigamischen Ehe der Frau:

„So ist, wenn ein Dritter eine ordnungsgemäße Ehe mit einer Frau vor der gerichtlichen Annullation ihrer fehlerhaften Ehe geschlossen hat, die zweite gültig, denn der erste Vertrag ist quasi nicht existent."

Da in Algerien Standesregister geführt werden, wird freilich der Rechtsschein einer Ehe praktisch nur durch eine entsprechende gerichtliche Feststellung zu beseitigen sein[61]. So stellt *Roussier*[62] zum Beispiel fest:

„Die Nichtigkeit (einer bāṭil-Ehe) wird durch den Richter festgestellt."
„Wenn absolute Einhelligkeit besteht, erfolgt die Annullation durch einfaches Gerichtsurteil."

Insbesondere aus der zuletzt zitierten Äußerung ist zu entnehmen, daß in jedem Falle, also auch bei bāṭil-Nichtigkeit, eine Annullation durch gerichtliches Urteil zulässig ist. Doch besagt sie nicht, daß ohne gerichtliche Feststellung die Ehenichtigkeit von Rechts wegen überhaupt nicht geltend gemacht werden kann.

Auch sonst konnte kein Anhaltspunkt für einen dem § 23 EheG entsprechenden Rechtsgedanken im malekitischen Ritus festgestellt werden[63].

Schon *Rouast*[64] hat darauf hingewiesen, daß die Lehre von der Nichtexistenz[65] oder der Nichtigkeit einer Ehe mit den Besonderheiten der Ehe-

---

[61] Nach Art. 9 des Dekrets v. 17. 9. 1959 kann die Eheschließung von Personen, die unter die Ordonnance v. 4. 2. 1959 fallen, auch bezüglich der Ausübung von Rechten, die zu ihrem Personalstatut gehören, nur anhand des Standesregisters nachgewiesen werden. (Dazu auch *Roussier,* Le mariage, 57.) Da z. B. im Falle einer Wiederheirat die Freiheit von einem Eheband ebenfalls durch standesamtliche Urkunde nachgewiesen werden muß (für die Frau Art. 4 Arrêté des Justizministers v. 14. 11. 1959), ist auch eine Überschreibung der Ehenichtigkeit in das Standesregister erforderlich. Eine solche ist ohne vorherige gerichtliche Feststellung wohl kaum möglich.

[62] Revue Algérienne 1956 doct. 117, 118.

[63] Auch die vom Landgericht näher beleuchtete Äußerung von *Milliot* (aaO, Nr. 308) läßt keinen Zweifel darüber, daß das Eheband rechtlich nicht existiert. Auf dem Hintergrund der bisherigen Erläuterungen wird auch seine unmittelbar anschließende Feststellung etwas besser verständlich, wonach die Deklaration des Richters genüge, um die „union conjugale" zu brechen: Mit „union conjugale" spielt Milliot auf die faktisch bestehende Lebensgemeinschaft an. Der Richterspruch ist ein Befehl, dieses Verhältnis zu beseitigen; insofern zerbricht er die „union conjugale".

[64] In: *Planiol-Ripert,* Traité pratique de droit civil français Bd. 2 (2. Aufl. 1952) Nr. 256.

[65] Ob es die Kategorie Nichtexistenz neben der absoluten Nichtigkeit im französischen Recht überhaupt gibt, ist umstritten – dazu eingehend *Rouast* in *Planiol-Ripert,* aaO, Nr. 252 ff. Ablehnend z. B. *Mazeaud-Mazeaud,* aaO, Nr. 805. Für die hier zu entscheidende Frage ist diese Kontroverse nicht von Bedeutung.

schließung im Gegensatz zu einem normalen Vertragsschluß zusammenhängt. Der durch die Mitwirkung einer staatlichen Behörde erzeugte Rechtsschein kann nur durch einen behördlichen Akt wieder beseitigt werden. Wie oben dargelegt[66], bleibt indessen die Eheschließung nach dem lokalen Personalstatut des algerischen Rechts auch nach dem gegenwärtigen Rechtszustand, ungeachtet des Abschlusses vor dem Kadi oder dem Standesbeamten, ein *privater* Vertrag. Auf die Nichtigkeit eines solchen privaten Vertrages kann man sich aber auch ohne gerichtliche Feststellung jederzeit berufen.

Dies spricht ebenfalls gegen die Annahme, daß nach dem algerischen lokalen Personalstatut der Angeklagte sich erst nach Verkündung des entsprechenden Urteils auf die Nichtexistenz seiner Vorehe berufen könnte.

3. Die Antwort auf die Frage 1. b) lautet somit: *Die Nichtigkeit einer Ehe wegen einer noch bestehenden früheren Ehe der Frau kann nach dem heute geltenden lokalen Personalstatut in Algerien auch ohne vorangehendes* (rechtsgestaltendes oder feststellendes) *Urteil ohne weiteres geltend gemacht werden.*

## III

1. Die Artikel 6–8 der Ordonnance v. 4. 2. 1959 und die Artikel 11–24 des Dekrets v. 17. 9. 1959 haben für das algerische lokale Personalstatut die herkömmliche Verstoßung beseitigt und an ihre Stelle die Auflösung der Ehe durch gerichtliche Entscheidung (décision de justice) gesetzt. Damit ist auch für das lokale Personalstatut in Algerien die herkömmliche Verstoßung, die übrigens auch gewisse Formalitäten erforderte[67], durch ein dem europäischen Recht nachgebildetes Scheidungsverfahren ersetzt.

2. Die Antwort auf die Frage 2. lautet demnach: *Für die Auflösung einer Ehe* (Scheidung) *bedarf es nach algerischem Recht einer gerichtlichen Entscheidung.*

## IV

Die vom Landgericht hilfsweise gestellten Zusatzfragen brauchen nicht beantwortet zu werden, da das Gutachten die Ansicht der Verteidigung unterstützt, wonach die Zweitehe des Angeklagten wegen des impedimentum ligaminis nach algerischem Recht auch ohne richterliche Feststellung nichtig ist.

---

[66] Siehe oben S. 202 ff.

[67] Z. B. die Pflicht, eine vom Kadi redigierte Verstoßungsurkunde dem Standesbeamten vorzulegen – vgl. dazu die Entscheidung des *Tribunal de la Seine* 26. 3. 1956, Recueil Dalloz 1956, S. 654, 657 (mit Anmerkung von Luchaire).

## Nr. 19

**Israel**

1. **Das israelische Kollisionsrecht verweist hinsichtlich der Wirksamkeit einer Eheschließung zwischen einem jüdischen Israeli und einer christlichen Deutschen weder weiter noch zurück.**

2. **Nach israelischem Recht ist die Eheschließung eines Juden mit einer Christin als Mischehe auch dann ungültig, wenn sie in einem anderen Staat gesetzmäßig geschlossen worden ist.**

3. **Zur Anwendung von Art. 30 EGBGB bei Ehehindernissen des ausländischen religiösen Rechts.**

**Hamburg G 45/68 vom 19. 7. 1968**

Das Oberlandesgericht München bittet in der Ehesache S. ./. S. um Auskunft über israelisches und deutsches internationales Privatrecht. Aus der übersandten Gerichtsakte ergibt sich folgender

### SACHVERHALT

Die Parteien haben am 30. 4. 1962 vor dem Standesbeamten in St. H./ Island of Jersey die Ehe geschlossen. Der Kläger ist israelischer Staatsangehöriger und jüdischen Glaubens. Die Beklagte ist Christin und besitzt die deutsche Staatsangehörigkeit; nach ihrer Aussage gehört sie dem römisch-katholischen Glaubensbekenntnis an. Eine Eheschließung nach Maßgabe des religiösen jüdischen Rechts fand nicht statt und ist auch zu einem späteren Zeitpunkt nicht vollzogen worden. Aus der Verbindung ist am 2. 5. 1962 ein Sohn hervorgegangen. Der eheliche Wohnsitz war München. Dort hatten beide Parteien auch schon vor der Eheschließung gelebt. Wann der Kläger Israel verlassen hat, geht aus den vorliegenden Unterlagen nicht hervor. Nach Angaben der Beklagten beabsichtigt der Kläger aber nicht, dorthin zurückzukehren, da er seinerzeit unter Hinterlassung größerer Schulden aus Israel ausgewandert sei. Seit Oktober 1963 leben die Parteien getrennt, halten sich jedoch nach wie vor in München auf.

Mit der Klage wird begehrt, die Ehe der Parteien mit Rücksicht auf das Ehehindernis der Mischehe nach dem religiösen jüdischen Heimatrecht des Klägers für nichtig zu erklären.

Gefragt wird, ob die vor dem Standesbeamten in St. H./Island of Jersey am 30. 4. 1962 geschlossene Ehe der Parteien nach dem in Israel geltenden Heimatrecht des Klägers ungültig ist. Das Gutachten soll auch zu der Frage Stellung nehmen, ob die Nichtanwendung eines nach dem Heimatrecht des

Klägers etwa geltenden Verbots von Mischehen im Hinblick auf die Haltung des Heimatstaates gegenüber solchen Ehen unter dem Blickwinkel des deutschen ordre public zu rechtfertigen ist.

### *I. Form der Eheschließung*

Die Form einer Eheschließung – wie sonst eines Rechtsgeschäfts – richtet sich grundsätzlich nach demjenigen Recht, das für ihre materiellrechtlichen Voraussetzungen maßgebend ist (Art. 11 I 1 EGBGB); es genügt jedoch, wenn die Eheschließung den Formvorschriften des Ortsrechts entspricht (Art. 11 I 2 EGBGB)[1]. Ob nach dem Heimatrecht der Verlobten, das nach Art. 13 I EGBGB als sog. Ehewirkungsstatut für den materiellrechtlichen Bestand der Ehe maßgebend ist, die nach dem Ortsrecht vorgeschriebene und beobachtete Form der Eheschließung genügt, ist für die Anerkennung einer solchen Ehe in Deutschland – was ihre formelle Gültigkeit betrifft – gleichgültig, da diese aus dem Ortsrecht folgt[2].

Demgemäß ist der Kläger, da sich aus den übersandten Unterlagen keinerlei Anhaltspunkte dafür ergeben, daß bei der am 30. 4. 1962 vor dem Standesbeamten in St. H./Island of Jersey vorgenommenen Eheschließung nach den dort geltenden Vorschriften – auf die im einzelnen hier nicht eingegangen werden soll – ein Formfehler unterlaufen ist, in Deutschland auch dann als formgültig verheiratet zu behandeln, wenn die Eheschließung nach Maßgabe des in Israel – dem Heimatstaat des Klägers – geltenden Eherechts deshalb nicht als formgültig zu betrachten sein sollte, weil sie nicht dem dort etwa maßgebenden jüdischen Eheschließungszeremoniell entspricht.

In *formeller* Hinsicht bestehen deshalb gegen die Gültigkeit der zwischen den Parteien am 30. 4. 1962 vor dem Standesbeamten in St. H./Island of Jersey geschlossenen Ehe keine Bedenken.

### *II. Materielle Gültigkeit der Ehe*

#### *1. Deutsches Internationales Privatrecht*

Die materiellrechtlichen Gültigkeitsvoraussetzungen einer (beabsichtigten oder bereits im In- oder Ausland erfolgten) Eheschließung, zu denen auch das religiöse Ehehindernis der Mischehe (impedimentum mixtae religionis) gehört[3], werden – im Gegensatz zur Form der Eheschließung –

---

[1] Vgl. *Palandt-Lauterbach* BGB (27. Aufl. 1968) Art. 13 EGBGB, Anm. 6 b; *Soergel-Siebert(-Kegel)* BGB, Bd. V (9. Aufl. 1961), Art. 13 EGBGB, Randz. 52.

[2] Vgl. *Palandt(-Lauterbach)* aaO; *Soergel-Siebert(-Kegel),* Art. 13 EGBGB, Randz. 47.

[3] Vgl. *Soergel-Siebert(-Kegel),* Art. 13 EGBGB, Randz. 22.

grundsätzlich ausschließlich durch das Heimatrecht der Nupturienten bestimmt (Art. 13 I EGBGB)[4].

Ist das Recht des Staates, das von unserem Kollisionsrecht berufen ist – wie z. B. in Israel –, nicht einheitlich, so ist die maßgebliche Teilrechtsordnung nach dem internationalen bzw. -personalen Kollisionsrecht des betreffenden Staates zu ermitteln, vorausgesetzt, daß dieses einheitlich ist[5]. Gehören die Nupturienten – wie im vorliegenden Fall – verschiedenen Staaten an, so gilt der Grundsatz des ‚strengeren Rechts', d. h. über den materiellrechtlichen Bestand einer Ehe entscheidet im Ergebnis diejenige Rechtsordnung, die der Ehegültigkeit feindlicher ist[6].

Das verletzte Recht entscheidet gegebenenfalls auch, ob nur eine Sollvorschrift verletzt worden ist oder ob der Mangel heilbar ist, andernfalls welche Folgen das Fehlen der betreffenden Ehegültigkeitsvoraussetzung hat (Nichtehe; nichtige, anfechtbare oder aufhebbare Ehe). Auch die Frage, durch wen und auf welche Weise der Mangel geltend gemacht werden kann und welche rechtlichen Folgen daraus zu ziehen sind, wird durch das verletzte Recht bestimmt[7].

Demnach verweist das deutsche internationale Privatrecht für die Frage, ob und inwieweit die am 30. 4. 1962 vor dem Standesbeamten in St. H./Island of Jersey formwirksam geschlossene Ehe der Parteien aufgrund eines etwaigen impedimentum mixtae religionis fehlerhaft ist, auf das in Israel geltende Heimatrecht des Mannes. Eine Rück- oder Weiterverweisung durch das israelische Kollisionsrecht auf das EheG oder ein drittes Eherecht ist jedoch nach Art. 27 EGBGB zu beachten[8].

*2. Israelisches Kollisionsrecht*

Das israelische Recht ist vielschichtig: Neben den Gesetzen des neuen Staates Israel sind grundsätzlich die unmittelbar vor der Unabhängigkeitserklärung im britischen Mandatsgebiet Palästina geltenden Rechtsnormen in Kraft geblieben.

Demnach ist im Kollisionsrecht immer noch von den Vorschriften der Palestine Order in Council, 1922 (im folgenden: P. O.) auszugehen, die aber vielfach der Ergänzung und Präzisierung bedürfen[9].

---

[4] Vgl. für alle *Kegel*, IPR (2. Aufl. 1964) 262.

[5] Vgl. *Soergel-Siebert(-Kegel)*, vor Art. 7 EGBGB, Randz. 104–106 m. w. N.

[6] *RGZ* 136, 143; *Erman(-Marquordt)*, BGB, Bd. II (4. Aufl. 1967), Art. 13 EGBGB, Anm. 10 a; *Kegel* 219, 262, 267; *Soergel-Siebert(-Kegel)*, Art. 13 EGBGB, Randz. 83.

[7] *RGZ* 126, 35; *Palandt-Lauterbach*, Art. 13 EGBGB, Anm. 3; *Erman(-Marquordt)* aaO; *Soergel-Siebert(-Kegel)*, Art. 13 EGBGB, Randz. 63 ff.

[8] Vgl. für alle *Soergel-Siebert(-Kegel)*, Art. 13 EGBGB, Randz. 92.

[9] Wortlaut der Palestine Order in Council in: Laws of Palestine 1918–1925, Vol. II (1934) 420 ff.

a) Zusätzlich zum internationalen Privatrecht[10] wirft das israelische Rechtssystem inter*personale* Fragen auf, die darauf zurückzuführen sind, daß das materielle Personen- und Familienrecht in Israel nicht einheitlich geregelt ist. Vielmehr hat der staatliche Gesetzgeber diesen Bereich weitgehend den verschiedenen Religionsgemeinschaften des Landes (Juden, Moslems, Christen) überlassen, die über eigene Gerichte verfügen.

Die religiösen Gerichte wenden die Rechtsgrundsätze ihres eigenen Rechtssystems an. So judizieren die jüdischen Rabbinatsgerichte nach dem alten religiösen jüdischen Recht, wie es im Alten Testament und im Talmud überliefert ist[11]. Die Zivilgerichte haben gemäß sec. 47 P. O. das ‚personal law' des Betreffenden anzuwenden. Daß darunter bei Juden israelischer Nationalität grundsätzlich das religiöse jüdische Recht zu verstehen ist, steht in der Rechtsprechung seit langem fest[12].

Kollisionsrechtlich gehen jedoch beide Gerichtszweige, wie unter b) im einzelnen noch darzulegen sein wird, von verschiedenen Grundsätzen aus. Deshalb hängt die Frage, ob das israelische Kollisionsrecht eine Rück- oder Weiterverweisung enthält, mittelbar von der Zuständigkeitsabgrenzung zwischen den Zivil- und Rabbinatsgerichten ab.

Das Eherecht gehört in Israel u. a. zu der Materie, die in sec. 51 Abs. 1 Satz 2 P. O. unter dem Begriff ‚matters of personal status' zusammengefaßt

---

[10] Vgl. hierzu unten unter b).

[11] Vgl. sec. 2 Rabbinical Courts Jurisdiction (Marriage and Divorce) Law, 5713–1953 (deutsch bei *Bergmann*, Internationales Ehe- und Kindschaftsrecht, Bd. 3, sub Israel, 34. Lieferung, abgeschlossen am 1. 6. 1967, 25); vgl. auch *Ginossar*, A Glimpse into Marital Relations under Jewish Law: Israel L. Rev. 2 (1967) 435 No. 2; *Tedeschi*, Studies in Israel Private Law (1966) 218; *Hecht*, Entwicklungstendenzen im Privatrecht Israels: RabelsZ 29 (1965) 302, 314; *Baker*, The Legal System of Israel (1961) 93; *Scheftelowitz*, Interkonfessionelles und internationales Kollisionsrecht in Israel: AcP 152 (1952/53) 516 ff., 519; *ders.*, The Jewish Law of Family and Inheritance and its Application in Palestine (1947) 51; *Vitta*, The Conflict of Laws in Matters of Personal Status in Palestine (1947) 243; *Wengler*, Internationales und interreligiöses Privatrecht in Palästina: RabelsZ 12 (1938/39) 772 ff., 773, 795.

[12] Vgl. die Entscheidung *Skornik* v. *Skornik* (1954), Selected Judgments of the Supreme Court of Israel, Teil 2 (1963) 327 ff. (328 ff. per *Olshan*, D. P.); vgl. auch *Sussmann*, Das Zivilrecht Israels, JZ 1967, 205 ff. (208); *Freudenheim*, Die Staatsordnung Israels (1963) 112; *Baker* aaO; *Lipschütz*, Wills in the Civil Law of Israel and in the Jewish Law, in: International Lawyers Convention in Israel (1959) 257.

Mißverständlich ist insoweit die Äußerung von *Hecht* 315, die nach Maßgabe der heutigen Fassung der P. O. bestehende Auflockerung der alleinigen Kompetenz der Rabbinatsgerichte zugunsten der Zivilgerichte komme einer Außerkraftsetzung des jüdischen Rechts gleich (ihm folgend neuerdings AG Hamburg 15. 7. 1966, StAZ 1968, 77). Mangels eines anderen anwendbaren (Familien-)Rechts muß auf das jeweilige religiöse Recht zurückgegriffen werden. Die Bedeutung der Zivilgerichtszuständigkeit dürfte in einer verschiedenen Prozeßordnung und in der Möglichkeit einer abweichenden und elastischen Interpretation des religiösen Rechts zu sehen sein. Zum letzteren vgl. *Kister*, Law of Personal Status, in: International Lawyers Convention in Israel aaO, 244 ff. (248 f.).

ist. Diesbezügliche Streitigkeiten weist sec. 51 Abs. 1 Satz 1 P. O. grundsätzlich den Gerichten der jeweiligen Religionsgemeinschaft zu. Den Rabbinatsgerichten wird sogar in sec. 1 der Rabbinical Courts Jurisdiction (Marriage and Divorce) Law (früher sec. 53 Nr. 1 der P. O.) für Ehesachen grundsätzlich die ausschließliche Zuständigkeit eingeräumt.

Die insoweit begründete ausschließliche Zuständigkeit der Rabbinatsgerichte ist jedoch in internationalverfahrensrechtlicher Hinsicht insofern beschränkt, als sie sich kraft Gesetzes nur auf Juden erstreckt, die israelische Staatsangehörige oder in Israel wohnhaft sind (sec. 1 Rabbinical Courts Jurisdiction Law, sec. 53 Nr. 1 a. E. i. V. m. sec. 50 P. O.). Sofern an einem Rechtsstreit auch nur eine Partei mit ausländischer Staatsangehörigkeit beteiligt ist (es sei denn, beide Parteien sind in Israel wohnhafte Juden)[13], greift die in sec. 64 Abs. 1 P. O. getroffene internationale Zuständigkeitsregelung ein. Nach dieser Bestimmung sind „matters of personal status" von Ausländern grundsätzlich von dem Distriktsgericht zu entscheiden. Das gilt für Scheidungsverfahren, zu denen im weiteren Sinne auch Ehenichtigkeitsverfahren zu zählen sind, aber nur, sofern dem Distriktsgericht durch Ordonnanz eine diesbezügliche Zuständigkeit übertragen worden ist[14]. Eine dahingehende Ordonnanz besteht nicht[15].

Andererseits sieht sec. 65 P. O. für Parteien fremder Nationalität grundsätzlich die Möglichkeit einer Prorogation der Zuständigkeit der betreffenden religiösen Gerichte kraft einer dahingehenden Vereinbarung zwischen den Beteiligten vor, vorausgesetzt allerdings, daß diese „in gleichen Angelegenheiten die Gerichtsbarkeit über die palästinensischen Staatsangehörigen" haben. Somit greift möglicherweise auch in diesen Fällen gegebenenfalls zusätzlich der in sec. 55 P. O. für Mischprozesse, d. h. Prozesse, an denen Parteien verschiedener Religion beteiligt sind, vorgesehene Kompetenzvorbehalt ein. Danach steht dem Chief Justice des Supreme Court in derartigen Fällen grundsätzlich eine Kompetenzentscheidungsbefugnis zu, dergestalt, daß er den Rechtsstreit nach seinem Ermessen entweder an ein staatliches Distriktsgericht oder an das zuständige Gericht der betreffenden Religionsgemeinschaft verweisen kann. Diese Streitfrage[16] kann jedoch im vorliegenden Fall auf sich beruhen, da eine Prorogation nach sec. 65 Satz 1 P. O. jedenfalls für Klagen auf Nichtigerklärung der Ehe ausgeschlossen ist[17].

Somit ergibt sich die Situation, daß in Israel internationalverfahrensrechtlich im vorliegenden Fall weder ein weltliches noch ein religiöses Gericht zur Entscheidung berufen wäre. Ohne einen gerichtlichen Spruch

---

[13] Vgl. *Shawa*, Testing the Validity of Marriages Celebrated Outside Israel (hebr.); Hapraklit 1968, 10 ff. m. w. N.

[14] Sec. 64 Abs. 1 Satz 2 P. O.

[15] Vgl. *Shawa* aaO.

[16] Vgl. hierzu *Wengler* aaO 784, 798.

[17] Sec. 65 Satz 1 i. V. m. Satz 2 P. O.

ist aber auch ein israelischer Registerbeamter nicht befugt, die gegebenenfalls fehlerhafte Ehe als nicht bestehend zu behandeln[18].

Die fehlende internationalverfahrensrechtliche Entscheidungskompetenz der israelitischen Gerichte wirkt sich, wie sich aus dem Folgenden ergibt, mittelbar auch auf die Frage einer etwaigen Rück- oder Weiterverweisung durch das israelische Kollisionsrecht aus.

b) Von der inter*national*privatrechtlichen Frage der Behandlung ausländischen Rechts in Statussachen ist in Art. 64 (ii) P. O. die Rede. Als ‚personal law' eines Ausländers ist nach dieser Vorschrift das Recht seines Heimatstaates anzusehen, sofern dieses nicht dem Recht des Domizilortes den Vorzug gibt.

Eine entsprechende Vorschrift für israelische Staatsangehörige fehlt. Hinsichtlich der Juden bestand daher Unklarheit darüber, wie der internationale Anwendungsbereich ihres persönlichen Sonderrechts zu bestimmen ist. Das ältere Schrifttum geht ausdrücklich oder stillschweigend davon aus, daß das jüdische Recht als religiöses Recht im Prinzip keine staatlichen Grenzen anerkennt, sondern für alle Juden gilt. Man folgerte daraus, daß die persönlichen Verhältnisse der (israelischen) Juden stets und ausschließlich nach jüdischem Recht zu beurteilen seien; für internationalprivatrechtliche Erwägungen bleibe insoweit kein Raum[19].

Gegen diese Betrachtungsweise hat sich jedoch im Jahre 1954 der Oberste Gerichtshof von Israel in der vorerwähnten Entscheidung *Skornik* v. *Skornik* ausgesprochen. Alle drei Richter heben in ihrer Begründung hervor, daß das jüdische Sonderrecht in Israel als Bestandteil der staatlichen Rechtsordnung gelte und daher nur dann und insoweit angewandt werden dürfe, als nach den allgemeinen Grundsätzen des israelischen internationalen Privatrechts das inländische Recht zur Entscheidung berufen sei; diese Grundsätze seien in Ermangelung gesetzlicher Einzelregeln dem – in Art. 46 P. O. generell als subsidiäre Rechtsquelle bezeichneten – englischen Fallrecht (Common Law) zu entnehmen[20]. Zwei der Richter fügen ausdrücklich hinzu, daß für israelische Staatsangehörige bei der Bestimmung des ‚personal law' somit ohne Rücksicht auf Art. 64 (ii) P. O. vom englischen Domizilprinzip auszugehen sei[21].

---

[18] Grundlegend hierzu die Entscheidung *Funk-Schlesinger* v. *Minister of Interior* (1926), H. C. 143/62, zitiert in: Biennal Survey of Israel Law 1962–1963, 93.

[19] In diesem Sinne etwa *Levontin*, Foreign Judgments and Status in Israel, American J. Comp. L. 3 (1954) 199 (206 ff.); *Lipschütz* aaO; *Scheftelowitz*, The Jewish Law of Family and Inheritance and its Application in Palestine aaO 36 f.; vgl. auch *Englard*, Staat und Religion in Israel, Basler Juristische Mitteilungen (1965) 278; *Hecht* 314 f.

[20] *Skornik* v. *Skornik* aaO 345 ff. (*Olshan*, D. P.), 355 ff. (*Agranat*, J.), 376 ff. (*Witkon*, J.). Vgl. früher schon *Tennenbaum* v. *Tennenbaum* (1946), 13 P. L. R. 201 (204 f.); vgl. weiterhin *Funk-Schlesinger* v. *Minister of Interior* (1962), aaO.

[21] *Skornik* v. *Skornik* aaO 336, 352 f. (*Olshan*, D. P.) 357 f., 362 (*Agranat*, J.).

Diese Grundsatzentscheidung ist für die israelischen Instanzgerichte verbindlich, während sie der Oberste Gerichtshof selbst allerdings revidieren könnte[22]. Das neuere Schrifttum zum israelischen Recht ist der Entscheidung des Obersten Gerichtshofes gefolgt und hält demgemäß das Kollisionsrecht des englischen Common Law im Grundsatz für das israelische Recht für verbindlich[23].

Vor allem aber zeigt die neuere israelische Gesetzgebung, daß kollisionsrechtliche Fragen im Bereich des Familien- und Erbrechts ganz auf dem Boden des englischen Domizilprinzips gelöst werden[24]. Das gilt indessen nur für den staatlichen, d. h. weltlichen Bereich (staatliche Gerichte und behördliche Instanzen). Ob auch ein etwa mit der Sache befaßtes Rabbinatsgericht die Präferenz des internationalen Privatrechts gegenüber dem nach interpersonalem Privatrecht maßgebenden religiösen jüdischen Recht anerkennen würde, ist zumindest zweifelhaft. Justice *Witkon* stellt zwar in der vorerwähnten Entscheidung *Skornik* v. *Skornik* ausdrücklich fest:

„Every religious law, in its application in this country, flows from an act of the secular legislature... The secular legislature only referred legal force upon religious law subject to the principles of private international law. My opinion, therefore, is that a religious court, too, is obliged to act in accordance with the principles of private international law, once the legislature has conferred upon it jurisdiction in matters of personal status or in any other matter, and that there is no fear of there being different results in the two jurisdictions which exist side by side in this country" (aaO, 378 f.).

---

[22] Vgl. *Hecht* 311. Bemerkenswert ist, daß nach der Entscheidung *Skornik* v. *Skornik* auch die Rabbinatsgerichte an das englische Kollisionsrecht gebunden sein sollen; dazu vgl. *Kister* 249 und *Hecht* 316.

[23] Vgl. *Shaki,* The Criterion ‚Domicile' and its Preference over the Criterion of Nationality in Israel Private International Law, in: Studies in Israel Legislative Problems (1966) 163 ff.; *Bentwich,* The Legal System of Israel, Int. Comp. L. Q. 13 (1964) 236 ff. (245 ff.); *ders.,* Jurisdiction over the Custody of Infants: Israel L. Rev. 1 (1966) 147 ff.; *Kister* 249 f.; unklar *Levontin* aaO; *Freudenheim* 109.

[24] Als Abweichung vom Staatsangehörigkeitsprinzip kann das bereits zitierte Rabbinical Courts Jurisdiction (Marriage and Divorce) Law, 5713–1953, angeführt werden, wonach die ausschließliche Zuständigkeit der Rabbinatsgerichte für Eheschließung und Ehescheidung für ‚Juden in Israel', also unabhängig von deren Staatsangehörigkeit gilt. Art. 53 (i) P. O. hatte Ausländer im Sinne von Artt. 59, 64 P. O. ausdrücklich ausgeschlossen. – Die neueren Gesetze über Minderjährigkeit und Vormundschaft (Capacity and Guardianship Law, 5722–1962) sowie das neue Erbrechtsgesetz (Law of Succession, bei *Yadin,* Reflection on a New Law of Succession: Israel L. R. 1 [1966] 132 ff. [135]) besitzen Kollisionsregeln, die – vor allem hinsichtlich des Domizilprinzips – ganz dem englischen (teilweise auch dem amerikanischen) Kollisionsrecht nachgebildet sind. Für das Familienrecht liegt ein Entwurf vor, der ebenfalls Statussachen dem Domizilprinzip unterstellt; vgl. Draft Family Code for the State of Israel, Ministry of Justice, Israel (1956) 204 ff. (206 f.).

Mit dieser Auffassung steht Justice *Witkon* jedoch, soweit ersichtlich, allein. Dem Institut ist auch keine Entscheidung eines Rabbinatsgerichts bekannt, in der die Grundsätze des anglo-israelischen internationalen Privatrechts berücksichtigt worden wären. *Witkons* Stellungnahme dürfte deshalb eher als ein rechtspolitisches Postulat denn als eine Darstellung des geltenden Rechtszustandes zu werten sein. Die grundsätzliche Einstellung der Rabbinatsgerichte spricht vielmehr dafür, daß von ihnen in jedem Fall das religiöse jüdische Recht zugrunde gelegt würde, gleichgültig, ob nach den Grundsätzen des anglo-israelischen internationalen Privatrechts überhaupt eines der in Israel geltenden Rechtssysteme zur Anwendung berufen ist oder nicht[25].

Unter diesen Umständen kommt den anglo-israelischen Kollisionsgrundsätzen aber auch keine derart generelle Bedeutung zu, daß ihnen gegebenenfalls eine Rück- oder Weiterverweisung nach Maßgabe des Art. 27 EGBGB entnommen werden könnte. Es geht nach Auffassung des Instituts nicht an, einseitig darauf abzustellen, welche Rechtsordnung nach der in den Zivilgerichten geübten Rechtspraxis zur Anwendung berufen ist. Dieser Weg öffnete sich nur dann, wenn unter den gegebenen Voraussetzungen die ausschließliche Zuständigkeit der Zivilgerichte gegenüber den Rabbinatsgerichten begründet wäre. Das ist aber, wie sich aufgrund der obigen Untersuchung ergeben hat, hier nicht der Fall. Da nach den dargelegten Grundsätzen im vorliegenden Fall vielmehr in Israel weder ein Zivil- noch ein Rabbinatsgericht die internationale Zuständigkeit zur Entscheidung über die Ehenichtigkeitsklage besitzen würde, rechtfertigt sich die alleinige Beachtung der für die Zivilgerichte beachtlichen Rechtsgrundsätze nicht. Dementsprechend ist davon auszugehen, daß das israelische Recht in der Gesamtheit, in der es vom deutschen internationalen Privatrecht berufen ist, auch dann keine gemäß Art. 27 EGBGB zu beachtende Rück- oder Weiterverweisung enthält, wenn nach den Grund-

---

[25] In diesem Sinne spricht sich in der Entscheidung *Skornik* v. *Skornik* auch *Olshan, D. P.*, aus: „The difficulty here ... is the existence of a conflict between secular law and religious law. The former is confined to matters arising within the borders of the State, or to nationals or residents of the State. It is for this reason that secular law recognizes and applies other laws which govern the personal status of a man before he settled in the State or became a national of the State. The latter law knows no bounds or limits and applies to a person from his birth until his death in all matters affecting his personal status, without any reference to the place where, or the time in which, an occurrence may have taken place" (aaO 349). Vgl. auch *Englard* aaO 265, 278: „Die Halacha kennt als religiöses Gesetz weder territoriale noch zeitliche Grenzen. Sie wird nie eine Mischehe für gültig ansehen, mag diese auch in einem anderen Lande gesetzmäßig geschlossen worden sein." Vgl. ferner *Perles*, Entwicklung des israelischen Eherechts: StAZ 1966, 351 und *Kister* 249 (mit Bezug auf das dictum von *Witkon* in *Skornik* v. *Skornik*): „It seems to me, however, that this is the only expression of opinion to that effect."

sätzen des anglo-israelischen internationalen Privatrechts das deutsche oder ein drittes Recht zur Entscheidung über die materielle Ehegültigkeit berufen ist.

### 3. *Wirksamkeit der Ehe nach israelischem Eherecht*

Das religiöse jüdische Recht läßt von alters her Ehen zwischen Juden und Andersgläubigen nicht zu und hält auch heute unverändert an diesem Standpunkt fest. Eine gleichwohl geschlossene Ehe dieser Art ist nichtig (void), ohne daß es hierzu einer gerichtlichen Auflösungserklärung bedarf[26]. Nur bei vorausgehender Konversion des andersgläubigen Nupturienten zum Judentum sehen die Rabbinatsgerichte eine Ehe zwischen einem Juden und einem Nicht-Juden als gültig an[27].

Diese Auffassung wird von den Zivilgerichten in Israel respektiert[28], da das israelische Familienrecht nur eine Eheschließung nach Maßgabe der jeweiligen religiösen Formen kennt und auch das materielle Eherecht – sowohl was Voraussetzungen als auch Wirkungen der Ehe betrifft – dem religiösen Recht der Beteiligten überläßt[29].

Wenn der Supreme Court in der vorerwähnten Entscheidung *Funk-Schlesinger* v. *Minister of Interior* entschieden hat, daß der Zivilstandsbeamte verpflichtet sei, eine in Zypern zwischen einem belgischen Katholiken und einer israelischen Jüdin zivilrechtlich geschlossene Ehe zu registrieren, ohne zu überprüfen, ob diese Ehe auch nach israelischem Recht rechtsgültig sei, so betraf dies nur das *formelle* Nachprüfungsrecht einer Verwaltungsbehörde; die Frage, ob die Ehe *materiell*rechtlich gültig sei, wurde – wie das Gericht in seinen Entscheidungsgründen mehrfach hervorgehoben hat – hierdurch nicht berührt.

Auch das Votum von *Sussmann*, J. in dieser Entscheidung läßt keinen Schluß auf eine abweichende Haltung der Zivilgerichte zu. Seine diesbezüglichen Feststellungen werden von *Lankin* aaO 98 in folgender Weise zitiert:

---

[26] Vgl. *Funk-Schlesinger* v. *Minister of Interior* aaO 94 per *Silberg, J.*, u. 97 per *Sussmann, J.*; vgl. auch die Entscheidung des französischen Kassationshofs vom 15. 10. 1958, auszugsweise abgedruckt in Clunet 86 (1959) 467; vgl. ferner *Perles*, 351 (352); *Englard* 277; *Baker* 93; *Zagouri*, Du Mariage en Droit Hébraïque (1960) 28 f., 91; *Juris-Classeur* de Droit Comparé, sub Israel (Stand 1960) 5; *Kister* 252; *Karminski*, in: International Lawyers Convention in Israel (1959) 277; *Elman*, An Introduction to Jewish Law (1958) 33; *Horowitz*, The Spirit of Jewish Law (1953) 268; *Scheftelowitz*, Jewish Law 75 m. w. N.

[27] Vgl. *Zagouri* 28 f. Eine nachträgliche Konversion heilt dagegen eine Mischehe nicht; in diesem Fall bedarf es einer erneuten Eheschließung; vgl. *Scheftelowitz* aaO.

[28] Vgl. die obigen Nachweise.

[29] Vgl. *Englard* 271.

„There are thousands of Jewish couples in Israel who have been married by civil rite only. The State recognizes these couples as married whereas Jewish religion does not. From the point of view of the extremely orthodox, such marriages are probably just as unacceptable as mixed marriages; but the orthodox have been compelled to waive their objections for the sake of co-existence as one nation, with their non-orthodox fellow-Jews."

Es gibt Tausende von jüdischen Ehepaaren in Israel, die nur in ziviler Form geheiratet haben. Der Staat erkennt diese Paare als verheiratet an, die jüdische Religion dagegen nicht. Vom extrem orthodoxen Standpunkt sind solche Ehen vielleicht ebenso unannehmbar wie Mischehen. Aber die Orthodoxen haben zwangsweise ihre Einwände fallenlassen müssen – im Dienste des Zusammenlebens als eine Nation mit den nicht orthodoxen jüdischen Landsleuten.

*Sussmann,* J. stellt also lediglich eine tolerante Haltung der staatlichen Instanzen gegenüber *zivilen* Ehen *jüdischer* Partner fest. Insoweit nehmen selbst die Rabbinatsgerichte ein fait accompli hin, wenn die jüdischen Partner unter Umgehung der religiösen Zeremonie einen zivilen Trauungsakt vollziehen, und sehen derartige Ehen nachträglich als rechtsgültig an[30].

Für eine Umgehung des Verbots der *Mischehe* gilt dies dagegen nicht. Eine derartige Ehe ist vom Standpunkt der jüdischen Religion und damit auch vom Standpunkt des israelischen Eherechts ungültig, auch wenn sie in einem anderen Staate gesetzmäßig geschlossen worden ist[31].

### *4. Vereinbarkeit mit dem deutschen ordre public (Art. 30 EGBGB)*

Die Frage, ob und inwieweit das Ehehindernis der Religionsverschiedenheit eines nach Art. 13 I EGBGB maßgebenden Rechts mit dem deutschen ordre public vereinbar ist, ist im höchsten Maße kontrovers. Weder in der einschlägigen Lehre noch Judikatur hat sich bisher eine auch nur einigermaßen gefestigte Auffassung zu dem damit verbundenen Problemkreis durchzusetzen vermocht.

Historisch aufschlußreich in diesem Zusammenhang ist zunächst, daß im Jahre 1929 dem Preußischen Landtag ein Entschließungsantrag der Deutschen Demokratischen Partei[32] auf Änderung des EGBGB vorgelegen hat, dessen Absatz 2 folgenden Wortlaut hatte:

„Inzwischen wird das Staatsministerium ersucht, religiöse Ehehindernisse nach Art. 30 EGBGB als gegen die deutschen Gesetze verstoßend zu betrachten."

Diesem Antrag lag als unmittelbarer Anlaß zugrunde, daß einer mohammedanischen Perserin mit Wohnsitz in Deutschland keine Befreiung von der Beibringung des Ehefähigkeitszeugnisses zur Eheschließung mit einem

[30] Vgl. *Englard* 277.

[31] Vgl. *Englard* 278.

[32] Drucksache Nr. 1830.

deutschen Staatsangehörigen erteilt worden war, da nach dem Koran das zwingende Ehehindernis der Religionsverschiedenheit bestand.

Bei der Behandlung dieses Antrags im Ausschuß für Rechtswesen des Preußischen Landtages hob ein Beauftragter des Justizministeriums hervor,

> „die Frage, ob Art. 30 EGBGB auf die religiösen Ehehindernisse anzuwenden sei, habe das Justizministerium seit Jahrzehnten beschäftigt; sie sei bisher stets verneint worden... Insbesondere sei auch in den Richtlinien, die für die OLG-Präsidenten aufgestellt worden seien, ausdrücklich darauf hingewiesen, daß die religiösen Ehehindernisse zu beachten seien."

Zusammenfassend bestünden gegen die Nichtbeachtung religiöser Ehehindernisse folgende Bedenken: Bruch mit einer jahrzehntelangen Übung; Abweichung von den im internationalen Verkehr (Haager Eheschließungsabkommen) abgegebenen Erklärungen; schwerwiegende Verantwortung gegenüber den Parteien, da die Stellungnahme bei der Befreiung von dem Ehefähigkeitszeugnis auf die materielle Gültigkeit der Ehe keinen Einfluß habe[33].

Aus dieser Äußerung erhellt, daß auch der damaligen Übung des preußischen Justizministeriums und der OLG-Präsidenten in Preußen jedenfalls für die Frage, ob Befreiung von der Beibringung des Ehefähigkeitszeugnisses zu gewähren sei, bei Vorliegen eines Ehehindernisses die Vorbehaltsklausel des Art. 30 EGBGB keine Anwendung fand.

Die *Judikatur* hat nur vereinzelt Gelegenheit zu einer diesbezüglichen Stellungnahme gehabt.

Das OLG Hamburg hat in einer Entscheidung vom 6. 10. 1908[34] das im alten § 64 des österreichischen ABGB enthaltene Verbot der religiösen Mischehe für Christen für unvereinbar mit dem deutschen ordre public erklärt, weil in ihm ein Verstoß gegen das BGB sowie das Gesetz betreffend die Gleichberechtigung der Konfessionen in bürgerlicher und staatsbürgerlicher Beziehung vom 3. 7. 1869 (BGBl. S. 292) zu sehen sei[35,36].

---

[33] Vgl. RabelsZ 4 (1930) 390 ff. (398 f.).

[34] NiemeyersZ 18, 541.

[35] Hiergegen *Beer*, NiemeyersZ 19, 1.

[36] Zum gleichen Ergebnis ist übrigens der Florentiner Gerichtshof in einer Entscheidung aus dem Jahre 1953 gelangt (Appell. Firenze 17. 4. 1953, For. Pad. 1954 I 69 m. Anm. *Biscottini*): Ein Israeli hatte eine katholische Italienerin in Italien in ziviler Form geheiratet. Ein israelisches Gericht erklärte die Ehe aufgrund des jüdischen Verbots der Ehe mit Nichtjuden für nichtig. Das Gericht lehnte die Anerkennung der Entscheidung ab, da sie gegen den italienischen ordre public verstoße. Religionsverschiedenheit sei als Ehehindernis im italienischen Recht nicht vorgesehen. Gleichheit unabhängig von Rasse, sozialer Stellung und religiösem Bekenntnis sei ein Verfassungsprinzip. Die Tatsache, daß das kanonische Recht (Can. 1070 Codex Iuris Canonici) ein solches Ehehindernis kenne, sei irrelevant; von diesem Ehehindernis könne Dispens gewährt werden, und überhaupt sei das Recht der katholischen Kirche nicht das des italienischen Staates.

Diese Auffassung hat sich jedoch in der nachfolgenden Judikatur nicht durchzusetzen vermocht.

Der 9. Zivilsenat des Reichsgerichts ist in der vielzitierten Entscheidung RGZ 132, 416 obiter zu folgender Feststellung gelangt:

„... vom Standpunkt des deutschen Rechts und der deutschen Rechtsprechung kann nicht gesagt werden, daß ein ausländisches Gesetz, welches die Verschiedenheit der Religion der Verlobten zum Ehehindernis erklärt (hier ebenfalls § 64 des österreich. ABGB) gegen die guten Sitten oder den Zweck eines deutschen Gesetzes verstößt, weil das deutsche Recht dieses Ehehindernis nicht kennt. Der § 64 des österreichischen ABGB richtet sich nicht gegen die einer bestimmten Religion angehörigen Personen" (418) [37].

Dieser Ansicht schloß sich – diesmal wohl in der entscheidungstragenden Form einer ratio decidendi – im Jahre 1935 der 4. Zivilsenat des Reichsgerichts in der Entscheidung RGZ 148, 383 an, jedoch mit einer zeitbedingten Begründung, die das reichsgerichtliche Erkenntnis heute als Rechtsfindungsquelle disqualifiziert:

„[An der Entscheidung RGZ 132, 416 muß festgehalten werden,] zumal unter den heute in Deutschland zur Herrschaft gelangten Anschauungen, wie sie besonders in den §§ 1 und 2 des Gesetzes zum Schutze des deutschen Blutes und der deutschen Ehre vom 15. September 1935 Ausdruck gefunden haben... Wenn auch für § 64 Österr. ABGB... nicht ein Ehehindernis der Rasseverschiedenheit, sondern ein solches der Religionsverschiedenheit aufstellt, so ist die Vorschrift doch geeignet, den vom deutschen Gesetzgeber verfolgten Zweck der Reinerhaltung des deutschen Blutes zu fördern" (383 f.) [38].

Parallelen zum vorliegenden Fall weist der Sachverhalt auf, der in einem Urteil des OLG Karlsruhe vom 28. 3. 1917 [39] zur Entscheidung stand: Das OLG Karlsruhe hat in diesem Fall eine Ehe, die von einem russisch-polnischen Juden mit einer evangelischen Deutschen vor dem Zivilstandesbeamten in England geschlossen worden war, u. a. deshalb für nichtig erklärt, weil nach dem russisch-polnischen Heimatrecht des Ehemannes polnischen Juden jedes Konnubium mit Christen aller Bekenntnisse versagt war. Die Anwendung des Art. 30 EGBGB wurde von dem Gericht verneint,

„denn das in religiöser Hinsicht durchaus neutrale deutsche Recht kann einer nach den Grundsätzen seines internationalen Privatrechts maßgebenden ausländischen Ehegesetzgebung bloß wegen ihres konfessionellen Charakters seine Anwendung nicht versagen, ohne dadurch selbst den Boden vollständiger Toleranz zu verlassen" (Sp. 1013).

---

[37] Vgl. hierzu die Anm. von *Frankenstein*, JW 1932, 2271 und *Bergmann*, StAZ 1931, 225.

[38] Vgl. hierzu die Anm. von *Maßfeller*, JW 1936, 33, und *Bergmann*, StAZ 1936, 152.

[39] LZ 1917, Sp. 1012 f.

Ein Teil des *Schrifttums* erklärt religiös motivierte Ehehindernisse grundsätzlich als für den deutschen Richter verbindlich[40]. Die wohl überwiegende Ansicht tritt dagegen für eine Anwendung der Vorbehaltsklausel des Art. 30 EGBGB in diesen Fällen ein[41]. Das angeführte Schrifttum ist jedoch vornehmlich mit der Frage befaßt, ob bei Vorliegen eines religiösen Ehehindernisses wegen Art. 30 EGBGB eine Befreiung von der Beibringung eines Ehefähigkeitszeugnisses auszusprechen ist. Wenn dagegen – wie im vorliegenden Fall – eine Ehe trotz des Ehehindernisses bereits zustande gekommen ist, so kommt, falls Nichtigerklärung dieser Ehe begehrt wird, die Anwendung des deutschen ordre public sicherlich eher in Betracht[42].

Außerdem ist anerkannt, daß ein Eingreifen der Vorbehaltsklausel des Art. 30 EGBGB gegenüber einem religiösen Ehehindernis eines ausländischen Rechts eher zu erwägen ist, wenn – wie hier – in der Person des beteiligten Ausländers starke Bindungen an den deutschen Rechtskreis vorhanden sind[43]. Andererseits stimmen die kollisionsrechtliche Lehre und Judikatur darin überein, daß in der Vorbehaltsklausel eine Ausnahmevorschrift zu sehen, die eng auszulegen und nur mit äußerster Vorsicht anzuwenden ist[44].

Deshalb dürfte auch unter den gegebenen Umständen von der Vorbehaltsklausel des Art. 30 EGBGB nur dann Gebrauch zu machen sein, wenn dies auch tatsächlich der Aufrechterhaltung der Ehe dient. Das ist hier jedoch nicht der Fall. Wie sich aus der Gerichtsakte ergibt, ist parallel zum vorliegenden Verfahren zwischen den Parteien ein Ehescheidungsverfahren anhängig gemacht worden, so daß davon auszugehen ist, daß die Ehe ohnehin zerrüttet ist.

---

[40] Vgl. *Henrich,* Wann verbietet der deutsche ordre public die Anwendung ausländischen Rechts?: StAZ 1966, 301 ff. (302); *Neuhaus,* Ehehindernisse der Religionsverschiedenheit und ordre public: StAZ 1965, 279; *Gamillscheg,* Die Grundrechte bei der Anwendung ausländischen Rechts, in: Festschrift Nipperdey I (1965) 335 f.; vgl. auch *Palandt(-Lauterbach),* Art. 13 EGBGB, Anm. 4b, unter Berufung auf RGZ 132, 416. Aus dem älteren Schrifttum vgl. *Beer* aaO.

[41] Vgl. *Stöcker,* Art. 30 EGBGB im Spannungsfeld zwischen Religion und Vernunft: StAZ 1968, 33 ff. (39 f.); *Mergenthaler,* Das ausländische Ehehindernis der Religionsverschiedenheit: StAZ 1965, 134 (hiergegen *Neuhaus* aaO); *Erman (-Marquordt),* Art. 13 EGBGB, Anm. 12; vgl. auch Art. 30 EGBGB, Anm. 4b u. 6; *Frankenstein,* IPR I (1926) 213; *Kahl,* Anm. zu BayOblG 18. 1. 1918: JW 1918, 375; *Hedemann,* Zivilistische Rundschau 1908–1909: ArchBürgR 34, 169 (gegen *Beer* aaO); *Neumeyer,* Die Verweltlichung der Eheschließung und das IPR: StAZ 1925, 313.

[42] Für diesen Fall spricht sich auch *Staudinger(-Raape),* BGB, VI/2 (9. Aufl. 1931), Art. 13 EGBGB Anm. A III 4, 243, 244 für eine Anwendung der Vorbehaltsklausel des Art. 30 EGBGB aus.

[43] Vgl. *Nußbaum,* Deutsches IPR (1932) 314.

[44] Vgl. *Dölle,* Der ordre public im IPR, in: Beiträge zum bürgerlichen Recht, hrsg. von *E. Wolff* (1950) 397 ff. (399).

Das Institut neigt deshalb, ohne hierzu abschließend Stellung nehmen zu wollen, zu der Auffassung, daß jedenfalls unter diesen Umständen von der Anwendung der Vorbehaltsklausel des Art. 30 EGBGB abzusehen ist.

## Nr. 20

**Italien/Schweiz**

**1. Nach italienischem Recht kann eine Ehe sowohl vor dem Standesbeamten als auch vor dem katholischen Geistlichen formgültig geschlossen werden.**

**2. Nach schweizerischem Recht war 1946 das Schweizer Konsulat in Mailand nicht zuständig zur Vornahme einer Eheschließung.**

**3. Nach schweizerischem Recht ist eine Ehe nichtig, wenn sie zur Umgehung der Vorschriften über die Einbürgerung eingegangen wird (Bürgerrechtsehe).**

**München G 1507–7. 6. vom 21. 8. 1967**

Die Klägerin ist die Tochter eines Doppelstaaters (mit englischer und deutscher Staatsangehörigkeit). Sie heiratete am 21. 4. 1921 auf Sumatra vor dem holländischen Standesbeamten den Beklagten, der Deutscher ist. Diese Ehe wurde am 4. 3. 1940 vom Landgericht Leipzig aus dem alleinigen Verschulden des Beklagten geschieden. Mit der jetzigen Klage verlangt die Klägerin vom Beklagten Unterhalt. Der Beklagte wendet ein, die Klägerin habe ihren Unterhaltsanspruch wegen Wiederverehelichung verloren.

Die Klägerin hat nämlich in Mailand (ob vor dem Schweizer Generalkonsul oder vor dem italienischen Standesbeamten, ist bisher nicht geklärt) am 15. 2. 1946 einen Schweizer Staatsangehörigen geheiratet. Ein Aufgebot hat nie stattgefunden. Eine Eintragung im Standesregister von Mailand liegt nicht vor. Die Eheschließung wurde jedoch im Familienregister von Unter-Engstringen (Kanton Zürich), Heimatort des zweiten Ehemannes, eingetragen.

Die Klägerin trägt vor, sie habe den Schweizer nur deshalb geheiratet, weil sie 1945/46 als Deutsche wegen Zusammenarbeit mit dem Feind die größten Schwierigkeiten gehabt habe. Durch die Ehe sei es ihr möglich gewesen, einen Schweizer Paß am 15. 2. 1946 zu erhalten. Die Ehe sei nicht existent, da es nur eine Scheinehe gewesen sei; eine eheliche Lebensgemeinschaft hat in der Tat nie bestanden. Die Ehe wurde deshalb auf Klage der Klägerin vom Bezirksgericht Zürich aufgrund Art. 142 ZGB wegen Zerrüttung *geschieden.* Dieses Urteil liegt nach dem bisherigen Akteninhalt nur in einer formlosen, unbeglaubigten Abschrift vor. Ob es von der zuständigen Landesjustizverwaltung anerkannt ist (bis zum 1. 1.

1962 aufgrund § 24 der 6. Durchf.VO zum Ehegesetz von 1938, seit diesem Zeitpunkt nach Art. 7 § 1 des Familienrechtsänderungsges. vom 11. 8. 1961 [BGBl. I S. 1221]) ergibt sich ebenfalls nicht aus den Akten.

Das Amtsgericht M. bittet um ein Gutachten darüber,

a) welche Voraussetzungen für eine Eheschließung erforderlich waren in Italien, wenn die Klägerin
   aa) deutsche Staatsangehörige,
   bb) italienische Staatsangehörige,
   cc) englische Staatsangehörige war
   und der Partner schweizerischer Staatsangehöriger war;
b) welche Bedeutung die Eintragung einer Eheschließung im Standesregister in Mailand hat.
c) Wäre eine Eheschließung vor dem schweizerischen Konsulat möglich?

## VORBEMERKUNG

Es läßt sich aus den Akten in tatsächlicher Hinsicht, insbesondere was die Umstände der Eheschließung der Klägerin in Mailand betrifft, nur wenig entnehmen. Die folgenden gutachtlichen Äußerungen können daher meist nur abstrakt zu den aufgeworfenen Fragen Stellung nehmen.

## A. FORMELLE SEITE

### *I. Das anwendbare Recht*

#### *a) Die Staatsangehörigkeit der Klägerin*

Die Klägerin ist Doppelstaaterin. Ihr Vater hatte sowohl die deutsche als auch die britische Staatsangehörigkeit. Die Klägerin ist damit Deutsche und Engländerin. Engländerin ist die Klägerin nur kraft Abstammung (by descent only), da sie in Leipzig geboren ist (Art. 5 I des British Nationality Act 1948, abgedruckt in „Geltende Staatsangehörigkeitsgesetze" – Großbritannien, Frankfurt 1951, S. 74 ff.). Sie hat durch die Eheschließung mit dem Beklagten die englische Staatsangehörigkeit nicht verloren, da Art. 14 des genannten Gesetzes bestimmt:

*Art. 14:*

| | |
|---|---|
| „A woman who, having before the commencement of this Act married any person, ceased on that marriage or during the continuance thereof to be a British subject shall be deemed for the | Hat eine Frau vor Inkrafttreten dieses Gesetzes durch ihre Eheschließung oder während der Ehe die britische Staatsangehörigkeit verloren, wird sie im Sinne dieses Gesetzes so angesehen, |

purposes of this Act to have been a British subject immediately before the commencement of this Act."

als sei sie unmittelbar vor seinem Inkrafttreten britischer Untertan gewesen.

Ob die Klägerin die schweizerische Staatsangehörigkeit erworben hat, braucht nicht geprüft zu werden. Das Eidgenössische Justiz- und Polizeidepartement hat nämlich mit Entscheid vom 16. 7. 1949 rechtskräftig festgestellt, daß die Klägerin die schweizerische Staatsangehörigkeit nicht erworben hat. Da jeder Staat selbständig bestimmt, wer seine Staatsangehörigkeit besitzt, ist die Richtigkeit des Entscheids einer materiellen Nachprüfung entzogen [1]. Für eine italienische Staatsangehörigkeit der Klägerin bieten die Akten keinen Anhaltspunkt.

Über die kollisionsrechtliche Behandlung von Doppelstaatern besteht Streit. Nach der Rechtsprechung ist die deutsche Staatsangehörigkeit maßgebend, wenn der Doppelstaater auch Deutscher ist [2]. Nach einer neueren, im Vordringen begriffenen Meinung [3] kommt es auf die effektive Staatsangehörigkeit an. Die Kontroverse ist im vorliegenden Fall ohne Bedeutung. Die Klägerin hat nämlich ersichtlich zu England keine Beziehungen; die englische Staatsangehörigkeit ist daher ohne jeden materiellen Inhalt. Es muß daher, soweit zur Anknüpfung auf die Staatsangehörigkeit der Klägerin abgestellt werden muß, von der deutschen Staatsangehörigkeit ausgegangen werden.

### *b) Die Kollisionsnorm*

Welches Recht beachtet sein muß, damit eine Ehe formgültig geschlossen ist, bestimmt Art. 11 I EGBGB. Danach ist die Ehe formgültig geschlossen, wenn den Rechten genügt ist, die über die sachlichen Voraussetzungen der Ehe befinden, d. h. nach Art. 13 I, wenn die Form des schweizerischen und des deutschen Rechts gewahrt wird. Die Ehe ist aber gem. Art. 11 I S. 2 EGBGB auch dann formgültig zustande gekommen, wenn die Form des Ortes der Eheschließung eingehalten ist.

Art. 11 I 2 EGBGB ist auch nicht durch das Haager Eheschließungsabkommen vom 12. 6. 1902 modifiziert, das in Deutschland seit 1. 8. 1904 (RGBl. 221, 249) in Kraft ist. Vertragsstaaten sind u. a. Deutschland, Italien und die Schweiz. Die Ehepartner gehören somit den Vertragsstaaten an. Art. 5 I des Abkommens bestimmt:

*Art. 5:*

In Ansehung der Form ist die Ehe überall als gültig anzuerkennen, wenn die Eheschließung dem Gesetze des Landes, in welchem sie erfolgt ist, entspricht.

---

[1] Vgl. *Makarov,* Allgemeine Lehren des Staatsangehörigkeitsrechts (1947) 360 ff.

[2] Nachweise bei *Soergel-Siebert-Kegel* EGBGB Art. 29 Anm. 29.

[3] S. *Ferid,* RabelsZ 1958, 498 ff.

Ein sachlicher Unterschied zu Art. 11 I 2 EGBGB ergibt sich daher nicht. Da Ort der Eheschließung Mailand ist, ist zu untersuchen, welche Formerfordernisse das Ortsrecht, also das italienische Recht, aufstellt.

## *II. Die italienischen Sachnormen über die Form der Eheschließung*

In Italien kennt man zwei Formen der Eheschließung: die Eheschließung vor dem Standesbeamten und die Eheschließung vor einem katholischen Geistlichen. Beide stehen gleichberechtigt nebeneinander.

### *a) Die Eheschließung vor dem Standesbeamten*

Gesetzliche Grundlage für die Eheschließung von Ausländern in Italien ist Art. 116 Codice civile, der lautet:

*Art. 116:*

„Lo straniero che vuolo contrarre matrimonio nello Stato deve presentare all'ufficiale dello stato civile una dichiarazione dell'autorità competente del proprio paese, dalla quale risulti che giusta le leggi a cui è sottoposto nulla osta al matrimonio.
Anche lo straniero è tuttavia soggetto alle disposizioni contenute negli articoli 85, 86, 87, numeri 1, 2 e 4, 88 e 89.
Lo straniero che ha domicilio o residenza nello Stato deve inoltre far fare la pubblicazione secondo le disposizioni di questo codice."

Der Ausländer, der im Inland eine Ehe schließen will, muß dem Standesbeamten eine Bescheinung der zuständigen Behörde seines eigenen Landes vorlegen, aus der sich ergibt, daß nach dem Gesetz, dem er unterworfen ist, der Eheschließung nichts entgegensteht.
Auch für den Ausländer sind jedoch die Vorschriften der Artt. 85, 86, 87, Ziffer 1, 2, 4, 88 und 89 bindend.
Der Ausländer, der Aufenthalt oder Wohnsitz im Inland hat, muß außerdem das Aufgebot nach den Vorschriften dieses Gesetzes vornehmen lassen.

aa) Die Vorlage dieses Zeugnisses, des sog. „nulla osta", ist demnach Voraussetzung für die Eheschließung. Bringt der Ausländer das „nulla osta" nicht bei und nimmt der Standesbeamte dennoch die Trauung vor, so hat dies auf die Wirksamkeit der Ehe keinen Einfluß. Dies ergibt sich aus Artt. 117–129 Cod. civ., die abschließend die Gründe aufzählen, die zu einer Nichtigkeit oder Vernichtbarkeit der Ehe führen. Der Verstoß gegen Art. 116 Cod. civ. ist dort nicht aufgeführt. Die einzige Rechtsfolge eines Verstoßes gegen Art. 116 Cod. civ. ist die Strafbarkeit gem. Art. 138 Cod. civ. Das Fehlen des „nulla osta" beeinträchtigt daher nicht die Gültigkeit der Ehe [4].

---

[4] Ebenso *Liguori-Distaso-Santosuosso,* Kommentar zu Art. 1 – 230 Codice civile (Turin 1966) Art. 116 Anm. 1; sowie *App. Bari* vom 22. 9. 1950 in „Corte Bari" 1951, I, 75.

bb) Gemäß Art. 116 Abs. 3 muß bei dem Ausländer, der in Italien seinen Wohnsitz oder seinen Aufenthalt hat und der in Italien vor dem Standesbeamten heiraten möchte, ein Aufgebot erfolgen.

Die Vorschriften über das Aufgebot finden sich in Art. 93 und 94 Cod. civ., die lauten:

*Art. 93:*

„La celebrazione del matrimonio deve essere preceduta dalla pubblicazione fatta a cura dell'ufficiale dello stato civile.

La pubblicazione consiste nella affissione alla porta della casa comunale di un atto dove si indica il nome, il cognome, la professione, il luogo di nascita e la residenza degli sposi, se essi siano maggiori o minori di età, nonchè il luogo dove intendono celebrare il matrimonio. L'atto deve anche indicare il nome del padre e il nome e il cognome della madre degli sposi, salvi i casi in cui la legge vieta questa menzione."

Der Eheschließung muß ein Aufgebot voraufgehen, das durch den Standesbeamten bewirkt wird.

Das Aufgebot besteht in der Anheftung einer Urkunde an der Türe des Gemeindehauses, in welcher Vor- und Zuname, Beruf, Geburts- und Aufenthaltsort der Verlobten anzugeben sind, sowie ob sie voll- oder minderjährig sind und an welchem Ort sie die Ehe schließen wollen. Die Urkunde muß auch den Namen des Vaters und den Namen und Zunamen der Mutter der Verlobten enthalten, es sei denn, daß das Gesetz deren Erwähnung verbietet.

*Art. 94:*

„La pubblicazione deve essere richiesta all'ufficiale dello stato civile del comune dove uno degli sposi ha la residenza ed è fatta nei comuni di residenza degli sposi.

Se la residenza non dura da un anno, la pubblicazione deve farsi anche nel comune della precedente residenza.

L'ufficiale dello stato civile cui si domanda la pubblicazione provvede a chiederla agli ufficiali degli altri comuni nei quali la pubblicazione deve farsi. Essi devono trasmettere all'ufficiale dello stato civile richiedente il certificato dell'eseguita pubblicazione."

Das Aufgebot muß bei dem Standesbeamten der Gemeinde beantragt werden, in der einer der Verlobten sich aufhält, und muß in den Aufenthalts-Gemeinden der Verlobten erfolgen.

Dauert der Aufenthalt noch kein Jahr, so muß das Aufgebot auch in der Gemeinde des früheren Aufenthaltsortes erfolgen.

Der Standesbeamte, bei dem das Aufgebot beantragt wird, ersucht die Standesbeamten der anderen Gemeinden, in denen das Aufgebot erfolgen soll, darum. Diese müssen dem ersuchenden Standesbeamten die Bescheinigung über den Aushang des Aufgebots übersenden.

Bei einer Verletzung der Vorschriften über das Aufgebot gilt auch hier das, was bereits oben zum „nulla osta" ausgeführt wurde. Erfolgt kein Aufgebot, so hat dies nur strafrechtliche Konsequenzen, beeinträchtigt aber nicht den Bestand der Ehe.

Die Pflicht, in Italien das Aufgebot zu bestellen, hat nichts mit der Frage zu tun, ob im Heimatstaat eines Partners ein Aufgebot erfolgen muß. Diese Frage wird nur in den Fällen aktuell, die von Art. 5 III des Haager Eheschließungsabkommens erfaßt werden, der bestimmt:

Die Vorschriften des Gesetzes des Heimatstaats über das Aufgebot müssen beachtet werden; doch kann das Unterlassen dieses Aufgebots die Nichtigkeit der Ehe nur in dem Land zur Folge haben, dessen Gesetz übertreten worden ist.

Da die Gültigkeit der zweiten Ehe der Klägerin im vorliegenden Falle nur für Deutschland interessiert, ist es ohne Bedeutung, welche Wirkung ein etwaiges Unterbleiben des Aufgebots in England oder der Schweiz hat. Hier spielen nur die deutschen Aufgebotsvorschriften eine Rolle. Diese sind jedoch als Sollvorschrift nicht zwingend (§ 12 EheG).

cc) Die Form der Eheschließung vor dem Standesbeamten regelt Art. 107 Cod. civ. Er lautet:

*Art. 107:*

„Nel giorno indicato dalle parti l'ufficiale dello stato civile, alla presenza di due testimoni, anche se parenti, dà lettura agli sposi degli articoli 143, 144 e 145; riceve da ciascuna delle parti personalmente, l'una dopo l'altra, la dichiarazione che esse si vogliono prendere rispettivamente in marito e in moglie, e di seguito dichiara che esse sono unite in matrimonio.

L'atto di matrimonio deve essere compilato immediatamente dopo la celebrazione."

An dem von den Parteien bestimmten Tage liest der Standesbeamte den Verlobten in Gegenwart von zwei Zeugen, die auch mit ihnen verwandt sein können, die Artt. 143, 144 und 145 vor; er nimmt von jeder Partei persönlich nacheinander die Erklärung entgegen, daß sie einander zum Mann und zur Frau nehmen wollen und erklärt darauf, daß sie ehelich verbunden seien.

Die Heiratsurkunde muß unmittelbar nach der Eheschließung aufgesetzt werden.

Die Errichtung der Urkunde über die Eheschließung ist Teil des Standesregisters (registro dello stato civile). Die Errichtung der Urkunde ist damit gleichzeitig die Eintragung ins Standesregister. Diese in Art. 107 II Cod. civ. vorgeschriebene Eintragung hat jedoch für die Gültigkeit der Ehe *keine konstitutive Wirkung.* Sie ist vielmehr ein – allerdings wichtiges – Beweisstück, das oft als einziges für den Nachweis der Eheschließung geeignet ist. Diese Wertung der Eintragung ins Standesregister ist einhellige Meinung in Literatur und Rechtsprechung[5].

[5] Vgl. *Santosuosso,* Matrimonio e regime patrimoniale della famiglia (Turin 1965), 126; *Novissimo Digesto Italiano* Bd. X, Stichwort „Matrimonio (Diritto Civile)" Nr. 33; *Cass. civ.* 7. 8. 1935, Nr. 3444 in Repertorio della Giurisprudenza italiana, Stichwort „Matrimonio" Nr. 11.

*b) Die Eheschließung vor dem Geistlichen*

Aus dem Akteninhalt läßt sich nicht entnehmen, vor wem die Ehe der Klägerin geschlossen wurde. Deshalb wird rein vorsorglich dargelegt, welche Rechtswirkung die unterbliebene Eintragung in das Standesregister hat, wenn die Ehe vor einem katholischen Geistlichen geschlossen wurde.

Sedes materiae ist Art. 5 des Gesetzes Nr. 847 vom 27. 5. 1929, der folgenden Wortlaut hat:

*Art. 5:*

„Il matrimonio celebrato davanti un ministro del culto cattolico, secondo le norme del diritto canonico, produce, dal giorno della celebrazione, gli stessi effetti del matrimonio civile, quando sia trascritto nei registri dello stato civile secondo le disposizioni degli articoli 9 e seguenti."

Die vor einem katholischen Geistlichen gemäß den Bestimmungen des kanonischen Rechts geschlossene Ehe hat vom Tage ihrer Eingehung an die gleichen Wirkungen wie die bürgerlich geschlossene Ehe, wenn sie gemäß Art. 9 ff. in die Standesregister überschrieben ist.

Die Heirat nach kanonischem Recht kann daher erst zivilrechtliche Wirkungen entfalten, wenn sie in das Standesregister eingetragen ist. Die Eintragung ist daher *in diesem Fall* nicht eine Registrierung zu Beweiszwecken; die Eintragung hat vielmehr für die Existenz der Ehe konstitutive Wirkung. Diese Ansicht wird vom italienischen Kassationshof in ständiger Rechtsprechung vertreten[6]. Diese Rechtsprechung wird zwar teilweise in der Literatur angegriffen. So wird von *Moroni*[7] die Ansicht vertreten, die nicht registrierte kanonische Ehe sei auch zivilrechtlich als „potentielles Rechtsgeschäft" existent. Diese subtile Unterscheidung hat jedoch praktisch keine Auswirkungen.

*Ergebnis*

Die vor einem Standesbeamten geschlossene Ehe ist wirksam, selbst wenn weder „nulla osta", Aufgebot noch Eintragung ins Standesregister gegeben sind. Der Beweis, daß eine Ehe geschlossen worden ist, kann jedoch dann nach italienischem Recht nicht geführt werden.

Wurde die Ehe vor dem katholischen Geistlichen geschlossen und wurde die Eheschließung nicht im Standesregister registriert, so ist sie zivilrechtlich unwirksam.

### *III. Zulässigkeit der Eheschließung vor dem Schweizer Konsulat*

Gesetzliche Grundlage für die Eheschließung vor dem schweizerischen Konsul ist Art. 6 des Haager Eheschließungsabkommens vom 12. 1. 1902. Er lautet:

---

[6] Vgl. *Cass. civ.* vom 27. 2. 1959, Nr. 586 in Foro italiano 1959, I, 1329.

[7] Giur. compl. Cass. civ. 1955, VI, 377.

*Art. 6:*

„In Ansehung der Form ist die Ehe überall als gültig anzuerkennen, wenn sie vor einem diplomatischen oder konsularischen Vertreter gemäß seiner Gesetzgebung geschlossen wird, vorausgesetzt, daß keiner der Verlobten dem Staate, wo die Ehe geschlossen wird, angehört und dieser Staat der Eheschließung nicht widerspricht. Ein solcher Widerspruch kann nicht erhoben werden, wenn es sich um eine Ehe handelt, die mit Rücksicht auf eine vormalige Ehe oder ein Hindernis religiöser Natur gegen seine Gesetze verstoßen würde.
Der Vorbehalt des Artikel 5 Abs. 2 findet auf die diplomatischen oder konsularischen Eheschließungen Anwendung."

Es ist daher zu untersuchen, ob der Schweizer konsularische Vertreter in Mailand *nach den eidgenössischen Gesetzen* zur Eheschließung befugt war. Art. 41 III schweiz. ZGB bestimmt hierzu, daß der schweizerische Bundesrat die Vertreter der Schweiz im Ausland mit den Obliegenheiten eines Zivilstandsbeamten (der die Funktionen eines deutschen Standesbeamten hat) betrauen kann. Die Befugnis, zivilstandsamtliche Funktionen auszuüben, hatten im Jahre 1945/46 nur die Gesandtschaften in Ägypten, China, Japan und Iran sowie die Konsulate in Beirut, Kanton und Shanghai. Die Gesandtschaft in Großbritannien war zur Beurkundung von Legitimationssachen ermächtigt. Bei der Vornahme einer Eheschließung durch den Schweizer Konsul ist jedoch immer notwendig, daß der Bräutigam Schweizer Bürger ist (Schweizer Konsularreglement 63, Abs. 2) [8].

Das Schweizer Konsulat in Mailand war demnach zur Vornahme einer Eheschließung nicht ermächtigt.

Die Frage, welche Wirkungen die Unzuständigkeit des Konsuls auf die Gültigkeit der Ehe hat, wird im schweizerischen Schrifttum nur wenig behandelt. *Stampa* [9] berichtet den Fall, daß ein Schweizer Konsul in Portugal eine Trauung vorgenommen hatte. Unter Berufung auf eine Entscheidung des eidgenössischen Justizdepartements (abgedruckt im Kreisschreiben vom 20. 11. 1940 Nr. 6) kommt er zum Ergebnis, daß die Verbindung als gültig anerkannt werden müsse. Diese Ansicht wird bestätigt durch die einhellige Meinung, die sich zur Frage gebildet hat, wie eine Eheschließung zu behandeln ist, die von einem seines Amtes enthobenen Standesbeamten vorgenommen worden ist. In diesem Fall greift der Schutz des guten Glaubens der Brautleute ein; die Trauung muß anerkannt werden [10]. Unter Hinweis auf *Gautschi* [11] kommt auch *Egger* aaO beiläufig zum Er-

---

[8] Vgl. *Stampa,* Der Zivilstandsdienst nach den Vorschriften für Schweizer im Ausland und Ausländer in der Schweiz (Zürich 1946) 15.

[9] AaO 36.

[10] So *Egger* im Zürcher Kommentar (2. Aufl. 1936) Art. 131 Randz. 6; *Isler,* Schweizerische JZ 25, 108; *C. Chr. Burckhardt* in Zeitschrift für Schweizerisches Recht 20, 271 (275).

[11] Rechtswirkungen der Eintragungen in die Zivilstandsregister 1911, 178.

gebnis, daß die ohne bundesrätliche Ermächtigung von einem Schweizer Konsul vorgenommene Trauung gültig sei.

*Ergebnis*

Eine trotz Unzuständigkeit vom Schweizer Konsul in Mailand vorgenommene Eheschließung ist formgültig.

## B. MATERIELLE SEITE

### *I. Das anzuwendende Recht*

Die Klägerin macht geltend, daß die am 15. 2. 1946 in Mailand geschlossene Ehe eine Nichtehe oder doch zumindest eine nichtige Ehe sei, da sie nur zu dem Zwecke eingegangen worden sei, das Schweizer Bürgerrecht zu erlangen. Sie bringt damit vor, daß eine sachliche Voraussetzung für die Eheschließung gefehlt habe.

Wie die sachlichen Voraussetzungen der Ehe kollisionsrechtlich zu behandeln sind, regelt Art. 13 I EGBGB. Art. 13 I EGBGB ist nach allg. Meinung zu einer vollständigen Kollisionsnorm des Inhalts auszubauen, daß die sachlichen Voraussetzungen der Heirat das Heimatrecht eines jeden Verlobten bestimmt [12].

Die sachlichen Voraussetzungen für eine Eheschließung, die in der Person des Ehemanns vorliegen müssen, bestimmen sich demnach nach Schweizer Recht. Eine gem. Art. 27 EGBGB beachtliche Rückverweisung findet nicht statt, da das Schweizer Recht die Verweisung annimmt (Art. 7 c des schweizerischen Bundesgesetzes betr. die zivilrechtlichen Verhältnisse der Niedergelassenen und Aufenthalter).

Nicht anwendbar ist Art. 17 EGBGB, der nur die Scheidung betrifft, also „Mängel", die während der Ehe auftreten. Mängel, die bereits im Zeitpunkt der Eheschließung vorliegen, beurteilen sich nach Art. 13 I EGBGB.

Ist die Ehe geschlossen und fehlte bei der Eheschließung eine sachliche Voraussetzung, so bestimmt das verletzte Recht die Rechtsfolgen. Ist nur das Recht eines Verlobten verletzt, so gilt der Grundsatz des ärgeren Rechts: Ist die Ehe nach dem Recht eines Verlobten nichtig, so ist die Ehe nichtig, auch wenn nach der Rechtsordnung des anderen Verlobten kein Nichtigkeitsgrund vorliegt [13].

---

[12] Vgl. *Soergel-Siebert(-Kegel)* EGBGB Art. 13 Anm. 1.
[13] Vgl. *LG München* I FamRZ 58, 323.

### *II. Das schweizerische Recht*

Diese Fallage kommt hier in Betracht: das heutige deutsche Recht kennt nicht mehr den Nichtigkeitsgrund der Staatsangehörigkeitsehe. Das Schweizer Recht sieht in einer Eheschließung, die nur erfolgte, um das Bürgerrecht (= Staatsangehörigkeit) zu erlangen, einen Nichtigkeitsgrund.
Bis zum 29. 9. 1952 stützte die Rechtsprechung des schweizerischen Bundesgerichts die Nichtigkeit der Bürgerrechtsehe auf Art. 2 II ZGB, der bestimmt:
„Der offenbare Mißbrauch eines Rechtes findet keinen Rechtsschutz."
Durch das Bürgerrechtsgesetz vom 29. 9. 1952, Art. 56 wurde Art. 120 ZGB durch eine Ziff. 4 ergänzt, so daß diese Bestimmung nun lautet:

„Eine Ehe ist nichtig:

1. ...
2. ...
3. ...
4. wenn die Ehefrau nicht eine Lebensgemeinschaft begründen, sondern die Vorschriften über die Einbürgerung umgehen will."

Da die Klägerin die zweite Ehe im Jahre 1946 schloß, ist fraglich, ob der aus dem Jahre 1952 stammende Art. 120 Ziff. 4 ZGB als Nichtigkeitsgrund anwendbar ist. Hierzu bestimmt das Bürgerrechtsgesetz vom 29. 9. 1952 in Art. 57 I[14]:

„Dieses Gesetz hat keine rückwirkende Kraft."

Daraus ergibt sich, daß Art. 120 Ziff. 4 ZGB nicht zur Würdigung des unterbreiteten Sachverhalts herangezogen werden kann. Vielmehr ist zu untersuchen, ob die von der Klägerin geschlossene Ehe nach dem Stand des Schweizer Rechts im Jahre 1946 nichtig war.

Ausländisches Recht wird nicht nur von den ausländischen Gesetzen gebildet. Auch die Rechtsprechung muß, soweit sie nicht selbst Rechtsquelle ist, herangezogen werden, wenn dies zum Verständnis der einzelnen Bestimmung vonnöten ist. Dies gilt insbesondere für die höchstrichterliche Rechtsprechung[15]. Daß die Rechtsprechung bei der Anwendung schweizerischen Rechts besondere Bedeutung verdient, erhärtet der berühmte Art. 1 II ZGB:

„Kann dem Gesetze keine Vorschrift entnommen werden, so soll der Richter nach Gewohnheitsrecht und, wo auch ein solches fehlt, nach der Regel entscheiden, die er als Gesetzgeber aufstellen würde."

---

[14] Abgedruckt in der Sammlung der eidgenössischen Gesetze Band 1952, 1100.
[15] *RG* JW 1912, 474; *BGH* MDR 1960, 379.

Die vorstehenden Ausführungen waren nötig, weil ohne Kenntnis der Rechtsprechung des schweizerischen Bundesgerichts nicht verstanden werden kann, wieso sich aus dem oben zitierten Art. 2 II ZGB ein Nichtigkeitsgrund ergibt[16]. In der Entscheidung des schweizerischen Bundesgerichts[17] wird auf S. 136 ausgeführt, daß die in Art. 120 ZGB a. F. aufgeführten Nichtigkeitsgründe abschließend geregelt und deshalb einer analogen Anwendung nicht zugänglich seien. Die Ungültigkeitsklage könne daher nicht auf Art. 120 ZGB a. F., sondern nur darauf gestützt werden, daß die Eheleute „keinen ernstlichen Ehewillen gehabt, sondern den Akt der Trauung zu einem ehefremden, öffentliche Interessen verletzenden Zweck mißbraucht haben". Noch in BGE 48 II 182 wurde die Annahme eines Scheingeschäfts mit der Begründung abgelehnt, die Eingehung der Ehe sei gewollt, wenn auch nur zu dem Zweck, der Frau das Schweizer Bürgerrecht zu verschaffen. In BGE 65 aaO wird nun dieser Standpunkt als zu formal verworfen. Das BG behandelt zwar auf S. 137 dieses Scheingeschäft, gelangt aber nicht zu einer abschließenden Klärung, da es bereits aus einem anderen Rechtsgrunde die Ehe für nichtig hält, und zwar aufgrund von Art. 2 ZGB[18].

Es sei zwar nicht zu beanstanden, so führt das BG aus, daß eine Frau einen Mann heiratet, um dessen Staatsangehörigkeit zu erlangen, wenn sie nur eine wirkliche Lebensgemeinschaft begründen will. Mißbräuchlich sei es jedoch, die Ehe allein um des Bürgerrechts willen einzugehen. Es liege dann ein Mißbrauch des Eherechts vor, der nicht geduldet werden könne; dies gelte um so mehr, als auch öffentliche Interessen im Spiele seien. Die Anwendung des Art. 2 ZGB auf die Bürgerrechtsehe wird dann folgendermaßen begründet:

„Warum Art. 2 ZGB auf das in diesem Gesetzbuch geordnete Institut der Ehe nicht anwendbar sein sollte, ist nicht einzusehen."

Gestützt auf Art. 2 ZGB erklärt das BG die Ehe für nichtig.

Es ist offensichtlich, daß diese Rechtsprechung ein gewünschtes Ergebnis irgendwie zu begründen suchte. Sie war deshalb auch nicht unbestritten[19]. Nichtsdestoweniger wurde die Rechtsprechung des BG mehrfach bestätigt[20], so daß man bis zur Einfügung der Ziff. 4 in Art. 120 ZGB von einer gefestigten Rechtsprechung sprechen kann.

*Ergebnis*

Die Ehe der Klägerin war auch nach dem im Jahre 1946 geltenden schweizerischen Recht nichtig.

---

[16] Vgl. zur Bürgerrechtsehe *Wenger*, Die Eheschließung nach schweizerischem Recht (1965) 77 ff.

[17] *BGE* Bd. 65 II 133 ff.

[18] *BGE* 65 II 138.

[19] Vgl. insbes. die Kritik von *Stauffer* in Schweizer. JZ 1942/43 (Bd. 39, 269 ff.).

[20] Vgl. *BGE* 66 II 225, 67 II 63, 68 II 273.

### *III. Die Bedeutung der Ehescheidung des Bezirksgerichts Zürich vom 16. 11. 1948*

Gem. § 23 EheG kann sich niemand auf die Nichtigkeit einer Ehe berufen, solange die Ehe nicht durch gerichtliches Urteil für nichtig erklärt worden ist. Eine Nichtigkeitserklärung durch ein deutsches Gericht ist bisher nicht erfolgt. Das Versäumnisurteil des LG Koblenz vom 29. 4. 1965 ist kein Nichtigkeitsurteil, da es nicht im Statusverfahren ergangen ist (§§ 606 ff. ZPO).

Es ist jedoch zu prüfen, ob in dem Scheidungsurteil des Bezirksgerichts Zürich nicht ein Nichtigkeitsurteil gesehen werden kann. Diese Möglichkeit käme in Betracht, wenn das schweizerische Scheidungsurteil in Voraussetzung und Wirkung einem deutschen Nichtigkeitsurteil entspräche, wobei die Anerkennung des ausländischen Urteils vorläufig dahingestellt sei.

Die Systematik der Eheauflösungsgründe ist im deutschen und im schweizerischen Recht durchaus ähnlich gestaltet. Auch das Schweizer Recht kennt Gründe, aus denen die Ehe geschieden wird und solche, die zur Nichtigkeit führen. In dem Zürcher Ehescheidungsverfahren war zwar von der Erschleichung des Bürgerrechts die Rede, geschieden wurde die Ehe aufgrund Art. 142 ZGB, der lautet:

*Art. 142:*

„Ist eine so tiefe Zerrüttung des ehelichen Verhältnisses eingetreten, daß den Ehegatten die Fortsetzung der ehelichen Gemeinschaft nicht zugemutet werden darf, so kann jeder Ehegatte auf Scheidung klagen."

Von einer Nichtigerklärung der Ehe ist in dem Zürcher Urteil nicht die Rede.

Ebenso wie das deutsche Recht kennt auch das Schweizer Recht die Möglichkeit, eine bereits geschiedene Ehe für nichtig zu erklären. Dies ergibt sich ausdrücklich aus Art. 122 I ZGB, der bestimmt:

*Art. 122:*

„Nach Auflösung der Ehe wird die Nichtigkeit in den Fällen von Art. 120, Ziffern 1 bis 3 nicht mehr von Amtes wegen verfolgt, es kann aber jedermann, der ein Interesse hat, die Nichtigerklärung verlangen."

Art. 120 Ziff. 3, der die Bürgerrechtsehe betrifft, ist daher ausgenommen. Auch nach Scheidung kann die Nichtigkeit geltend gemacht werden. Somit ist die Ehe der Klägerin nur geschieden, nicht aber für nichtig erklärt. Die Frage der Anerkennung des Scheidungsurteils braucht nicht untersucht zu werden, da es darauf im vorliegenden Verfahren nicht ankommt.

## Nr. 21

## Tschechoslowakei

**1. Für die Form einer im März 1938 im Sudetenland/Mähren geschlossenen Ehe verweisen weder das bei Heirat interlokal geltende österreichische IPR noch die nach den tschechoslowakischen IPR-Gesetzen von 1948 und 1963 geltenden Vorschriften zurück.**

**2. Nach dem tschechoslowakischen Ehegesetz von 1919 konnte eine Ehe standesamtlich oder kirchlich formgültig geschlossen werden.**

**3. Die Verletzung von Formvorschriften bei einer Eheschließung im Jahre 1938 führte nach altem Recht zur Anfechtbarkeit der Ehe. Nach dem geltenden tschechoslowakischen Recht kann jedoch die Eheschließung nicht mehr für ungültig erklärt werden wegen formeller Mängel.**

**4. Die Unwandelbarkeit des Eheschließungsstatuts schließt eine Ehenichtigkeitsklage nach dem Personalstatut aus, das während der Ehe erworben wird.**

**5. Der Ausschluß der Möglichkeit, eine 1938 geschlossene Ehe für nichtig erklären zu lassen wegen der Verletzung von Formvorschriften, verstößt nicht gegen den deutschen ordre public.**

**Köln 53/68 vom 16. 12. 1968**

Die 9. Zivilkammer des Landgerichts Köln hat in zwei Beweisbeschlüssen in der Ehesache Leitender Oberstaatsanwalt beim LG Köln ./. Josef und Brunhilde S. um ein Gutachten über tschechoslowakisches Eheschließungsrecht gebeten.

### SACHLAGE

Es handelt sich um eine Ehenichtigkeitsklage, gestützt auf § 20 EheG (Doppelehe), der folgender Sachverhalt zugrunde liegt:

Der gelernte Bierbrauer und spätere Gelegenheitsarbeiter Josef S., geboren am 10. 10. 1914 in Stadt L., Kreis Bärn/Sudetenland/CSR, der Beklagte zu 1, schloß am 14. 3. 1938 vor dem katholischen Pfarrer in A. bei Stadt-Liebau, Kreis Bärn/Sudetenland/CSR die Ehe mit Hermine M., geboren am 3. 11. 1912 in S. bei Stadt-Liebau, Kreis Bärn/Sudetenland/CSR. Beide Brautleute sind römisch-katholisch und hatten bei Heirat ihren Wohnsitz nicht im Pfarrbezirk A., sondern in den Pfarrbezirken ihrer Heimatorte Stadt-L. und S. Dennoch heirateten sie in A., einem bekannten Wallfahrtsort, der von der Bevölkerung der Umgebung viel besucht wurde. In A. ließen sich viele dort nicht ansässige Brautleute trauen.

Die Ehe wurde nicht vor einem Standesamt geschlossen. Aus der Ehe ist ein Kind hervorgegangen.

Am 17. 5. 1940 wurde Josef S. zur deutschen Wehrmacht eingezogen. Er erlebte das Kriegsende, getrennt von seiner Ehefrau, in der Festung

Breslau/Schlesien. Nach Übergabe der Festung an die Russen begab er sich auf den Weg zu seiner Familie ins Sudetenland. Doch erfuhr er unterwegs von Flüchtlingen, daß alle Deutschen, die den Krieg überlebt hätten, von den Tschechen umgebracht worden seien. Er schenkte diesen Berichten Glauben, nahm an, daß auch seine Frau nicht mehr lebte, und kehrte nach Breslau zurück. Dort heiratete er am 25. 7. 1945 durch Nottrauung vor dem evangelischen Pfarrer der Luther-Kirchengemeinde die Hausangestellte Brunhild S. aus Breslau, die Beklagte zu 2. Er verschwieg ihr, daß er bereits verheiratet war.

Im Juni 1946 wurden beide Eheleute aus Breslau ausgewiesen. Sie leben seitdem in der Bundesrepublik.

Die Ehe wurde 1949 von dem Standesbeamten in Hamburg aufgrund des § 2 der Verordnung des Zentraljustizamtes für die britische Zone über Heilung von Formmängeln bei Eheschließungen vom 13. 8. 1948 rückwirkend auf den 25. 7. 1945 bestätigt und in das Heiratsbuch des Hauptstandesamtes Hamburg eingetragen.

Anläßlich eines Lastenausgleichsverfahrens wurde 1965 festgestellt, daß die erste Ehefrau, Hermine S., noch lebt. Der Beklagte zu 1 hat daraufhin Selbstanzeige wegen Bigamie erstattet. Das Ermittlungsverfahren ist bis zur Entscheidung über die Ehenichtigkeitsklage vorläufig eingestellt.

Der Leitende Oberstaatsanwalt beim LG K. ist der Ansicht, die erste Ehe des Beklagten zu 1 sei, obwohl sie nicht vor einem Standesbeamten geschlossen sei, aufgrund des tschechoslowakischen Ehegesetzes vom 22. 5. 1919 rechtswirksam. Die zweite Ehe sei daher für nichtig zu erklären.

Er beantragt,

die zwischen den Beklagten zu 1 und 2 am 25. 7. 1945 vor dem evangelischen Pfarrer der Luther-Kirchengemeinde in Breslau geschlossene und 1949 von dem Standesbeamten in Hamburg bestätigte Ehe für nichtig zu erklären.

Die Beklagten beantragen, die Klage abzuweisen.

Sie sind der Ansicht, es beständen berechtigte Zweifel an der Gültigkeit der am 14. 5. 1938 in A. geschlossenen Ehe.

## ANFRAGE

Das Gericht bittet um ein Gutachten zu folgenden Fragen:

1. Ist die am 14. 5. 1938 vor dem Geistlichen des Wallfahrtsortes A. im Kreis Bärn/Sudetenland zwischen dem Beklagten zu 1 und der Zeugin S. geschlossene Ehe gültig, obschon weder der Beklagte zu 1 noch die Zeugin S. zur Zeit der Heirat in dem Pfarrbezirk wohnten?

2. Insbesondere: Konnte der Pfarrer des Wallfahrtsortes A. kraft eigener Zuständigkeit die Brautleute trauen, oder bedurfte es einer – ausdrücklichen oder stillschweigenden – Delegation der Zuständigkeiten von Pfarrern untereinander?
3. Falls der Geistliche des Ortes Altwasser nicht zuständig war: welche Wirkung hatte dies auf die geschlossene Ehe? Handelt es sich nunmehr um eine Nichtehe, nichtige Ehe, aufhebbare Ehe oder sonst ungültige Ehe?
4. Wer ist gegebenenfalls klagebefugt, diese Ehe vom 14. 5. 1938 für „ungültig zu erklären"? Welches Gericht wäre zuständig?
5. Welche Wirkung hat die am 14. 5. 1938 geschlossene Ehe auf die am 25. 7. 1945 erfolgte Heirat der Beklagten zu 1 und 2? Gibt es rechtlich einen Weg, diese zweite Ehe trotz der – möglicherweise ungültigen – ersten Eheschließung aufrechtzuerhalten?

## RECHTSLAGE

### A. DAS AUF DIE GÜLTIGKEIT DER ERSTEN EHE ANZUWENDENDE RECHT

#### *I. Deutsches internationales Privatrecht*

Zwischen Deutschland und der Tschechoslowakei besteht kein Staatsvertrag über das auf die Eheschließung anzuwendende Recht. Zwar gilt in Deutschland das Haager Eheschließungsabkommen vom 12. 6. 1902 (RGBl. 1904, 221, 249), doch ist die Tschechoslowakei ihm nicht beigetreten.

Man muß daher auf die allgemeinen deutschen Kollisionsnormen zurückgreifen.

Über die Form eines Rechtsgeschäfts bestimmt Art. 11 Abs. 1 EGBGB. Danach ist eine Ehe formrichtig geschlossen, wenn dem Recht oder den Rechten genügt ist, die über die sachlichen Voraussetzungen der Ehe befinden (Art. 11 Abs. 1 S. 1 EGBGB), d. h. nach Art. 13 Abs. 1 EGBGB, wenn die Form des gemeinsamen Heimatrechts oder die Formen der verschiedenen Heimatrechte beider Verlobten gewahrt sind. Es ist aber auch ausreichend, daß die Form des Abschlußortes gewahrt ist (Art. 11 Abs. 1 S. 2 EGBGB) [1]. Beide Alternativen führen hier auf *tschechoslowakisches Recht*: Es kann davon ausgegangen werden, daß beide Verlobten bei Heirat am

---

[1] *BGHZ* 29, 137, 138 (Italien); *Lauterbach* in *Palandt*, BGB-Komm. (27. Aufl. 1968) Bem. 6 b zu Art. 13 EGBGB, S. 1771; *Kegel* in *Soergel-Siebert*, BGB-Komm. (9. Aufl. 1961), Bd. V, Bem. 47 zu Art. 13 EGBGB, S. 732 f., mit zahlreichen Nachweisen in Fußn. 1 und 2 (S. 733).

14. 5. 1938, also *vor* dem Münchener Abkommen vom 29. 9. 1938, die tschechoslowakische Staatsangehörigkeit besaßen, so daß das tschechoslowakische Recht das gemeinsame Heimatrecht beider Verlobten war (vgl. Art. 11 Abs. 1 S. 1 EGBGB i. V. m. Art. 13 EGBGB). Die Ehe wurde überdies in A. in der CSR geschlossen, so daß tschechoslowakisches Recht hier auch als Ortsrecht gilt.

## *II. Tschechoslowakisches internationales Privatrecht*

Gemäß Art. 27 EGBGB ist eine Rück- oder Weiterverweisung des tschechoslowakischen Rechts zu beachten. Soweit dieses Recht hier als Ortsrecht berufen wird, ist das zwar streitig. Doch kann der Streit auf sich beruhen, wenn das tschechoslowakische IPR keine Verweisung ausspricht.

Seit dem 1. 4. 1964 gilt in der Tschechoslowakei das Gesetz über das internationale Privat- und Prozeßrecht vom 16. 12. 1963 (Sb. Nr. 97). Maßgebend ist folgende Vorschrift:

*Art. 20:*

| | |
|---|---|
| „(1) La forme de la célébration du mariage est régie par la loi du lieu où le mariage est contracté. | Die Form der Eheschließung wird von dem Recht des Ortes bestimmt, an dem die Ehe geschlossen wird. |
| (2) ...“ [2] | |

Danach verweist das tschechoslowakische IPR auf das eigene materielle Recht, da die Ehe, um die es hier geht, in der CSR geschlossen war.

Vor Inkrafttreten dieses Gesetzes war die Rechtslage etwas anders. Sie entsprach der Regelung des deutschen IPR. Maßgebend war das Gesetz über das internationale und interlokale Privatrecht und über die Rechtsstellung der Ausländer auf dem Gebiete des Privatrechts vom 11. 3. 1948, in Kraft getreten am 1. 6. 1948 (Sl. Nr. 41). Einschlägig sind folgende Bestimmungen:

*§ 7:*

„Die Form der Rechtsgeschäfte richtet sich, soweit im folgenden nichts anderes bestimmt wird, nach der Rechtsordnung, welche für das Rechtsgeschäft selbst maßgebend ist.“

*§ 8:*

„Es genügt jedoch die Beobachtung der Formen, welche von der Rechtsordnung der Orte, an denen die Erklärungen der Parteien abgegeben worden sind, vorgeschrieben werden, soweit es sich nicht um Rechtsgeschäfte handelt, durch die ein dingliches Recht oder eine Belastung auf einer Sache begründet, abgeändert oder aufgehoben wird.“

---

[2] Bulletin de Droit Tchécoslovaque 21 (1963), 273–290 [279].

*§ 10:*

„Die Fähigkeit zur Eheschließung richtet sich für jeden der Verlobten nach der Rechtsordnung des Staates, dem er angehörte." [3]

Auch dieses IPR-Gesetz verweist auf tschechoslowakisches materielles Recht, da sowohl gemeinsames Heimatrecht als auch Ortsrecht tschechoslowakisches Recht sind.

Bis zum Inkrafttreten dieses Gesetzes galt in der Tschechoslowakei gebietsweise *verschiedenes Recht,* und zwar österreichisches Recht in den Ländern Böhmen und Mähren-Schlesien, ungarisches Recht in der Slowakei und deutsches Recht im Hultschiner Ländchen [4].

Die *interlokal* maßgebliche Teilrechtsordnung ist, da ein einheitliches interlokales Privatrecht in der Tschechoslowakei fehlte, dem deutschen interlokalen Privatrecht zu entnehmen [5].

Das interlokale Personalstatut wird im deutschen Recht an erster Stelle durch den *gewöhnlichen Aufenthalt* bestimmt [6].

Bei Heirat hatten die Verlobten – hiervon kann ausgegangen werden – ihren gewöhnlichen Aufenthalt in ihren Heimatorten, also in Stadt-L. und in S. im Sudetenland. Beide Orte liegen in Mähren, einem ehemals österreichischen Gebiet der Tschechoslowakei, wo bis zur Rechtsvereinheitlichung *österreichisches Partikularrecht* galt [7].

Österreichisches Partikularrecht gilt auch, soweit nach Art. 11 Abs. 1 Satz 2 EGBGB für die Form der Heirat das Recht des Heiratsorts gilt. Denn auch A. liegt in Mähren.

Das österreichische Partikularrecht spricht *keine interlokale Weiterverweisung* aus: Die Regeln des interlokalen Privatrechts entsprechen im österreichischen Partikularrecht grundsätzlich denen des internationalen Privatrechts [8]. Danach gilt für die Form eines Rechtsgeschäfts entweder

---

[3] *Makarov,* Quellen des internationalen Privatrechts, Bd. I, Gesetzestexte, Die Tschechoslowakei, 3–20 [6].

[4] *Mayr,* Lehrbuch des bürgerlichen Rechts (1922) Bd. I, 2–3; *ders.,* Das internationale Privatrecht der Tschechoslowakei, Ostrecht 2 (1926), 704–709 [704]; *Legal,* Les Conflits des lois en Tchécoslovaquie, Revue de Droit International Privé (Darras) 25 (1930), 52–60 [52]; *Laufke,* Droit international privé de la Tchécoslovaquie, in Lapradelle-Niboyet, Répertoire de Droit International, Bd. VII (1930) 176–227 [177]; *Korkisch,* Das neue internationale Privatrecht der Tschechoslowakei, RabelsZ 17 (1952), 410–450 [411 f., 413 f.]; *Bystrický,* La nouvelle loi tchécoslovaque sur le droit international privé et de procédure, Bulletin de Droit Tchécoslovaque 21 (1963), 229–255 [229].

[5] *Kegel* in *Soergel-Siebert* aaO, Vorbem. 108, 110, 111 vor Art. 7 EGBGB, 538 f.

[6] *Kegel* in *Soergel-Siebert* aaO, Vorbem. 111 vor Art. 7 EGBGB, 539.

[7] Zur Geographie: *Der Große Brockhaus,* Bd. 19 (15. Aufl. 1934) Karte 57, F 3, nach Seite 128.

[8] *Mayr,* Lehrbuch aaO Bd. I, 56 f.; *Weiss,* Tschechoslowakischer Staat, in Schlegelbergers Rechtsvergleichendes Handwörterbuch, Bd. I, Länderberichte (1929) 265–273 [272]; *Laufke* in *Lapradelle-Niboyet* aaO 195; *Legal,* Revue de Droit Inter-

das Ortsrecht oder das Geschäftsrecht, d. i. bei der Eheschließung das Heimatrecht beider Verlobten (näher unten S. 240). Interlokal tritt an die Stelle des Heimatrechts der *Wohnsitz*[9], nach anderer Meinung die *Heimatgemeinde*[10]. Nach beiden Ansichten bleibt interlokal das österreichische Partikularrecht berufen: Die Verlobten hatten bei Heirat ihren Wohnsitz *und* ihre Heimatgemeinde in Stadt-L. und S. in *Mähren*. Im übrigen liegt A., der Heiratsort, in *Mähren*, so daß auch bei Zugrundelegung des Ortsrechts österreichisches Partikularrecht gilt[11].

Nach dem interlokal maßgebenden österreichischen IPR entscheidet, wie schon oben bemerkt, über die Form der Eheschließung fakultativ das Recht des Heiratsortes oder das Geschäftsrecht, d. h. bei einer Eheschließung das gemeinsame Heimatrecht beider Verlobten[12]. Da sowohl das Ortsrecht – Heirat in der CSR – als auch das gemeinsame Heimatrecht der Verlobten tschechoslowakisches Recht sind, verweist das österreichische partikulare IPR auf tschechoslowakisches materielles Recht.

Nach allem ergibt sich: Das tschechoslowakische IPR verweist auf das tschechoslowakische materielle Eheschließungsrecht, gleich ob man intertemporal das bei Heirat interlokal geltende österreichische IPR, das IPR-Gesetz von 1948 oder das neue IPR-Gesetz von 1963 heranzieht. Es kann also offenbleiben, ob bei der Verweisung des deutschen IPR auf das Ortsrecht (Art. 11 Abs. 1 S. 1 EGBGB) ein Renvoi zu beachten ist oder nicht: In beiden Fällen ist das *tschechoslowakische materielle Eheschließungsrecht* berufen.

## B. TSCHECHOSLOWAKISCHES MATERIELLES EHESCHLIESSUNGSRECHT

### *I. Intertemporales Recht*

Seit dem 1. 4. 1964 gilt in der Tschechoslowakei das Gesetz über die Familie vom 4. 12. 1963 (Sbírka zákonú CSR 1963, Nr. 53 Pos. 94)[13]. Es trat an die Stelle des Gesetzes über das Familienrecht vom 7. 12. 1949

---

national Privé (Darras) aaO 59 f.; *Weiss*, Das Allgemeine Bürgerliche Gesetzbuch in der Tschechoslowakei, in *Klang*, ABGB-Komm., Bd. IV (1935) 685–955 [694].

[9] *Mayr*, Lehrbuch, ebenda; *Legal*, Revue de Droit International Privé (Darras) aaO 60; *Walker*, Internationales Privatrecht (5. Aufl. 1934) 12.

[10] *Laufke* in *Lapradelle-Niboyet* aaO 195: „La nationalité étant unique, le statut personnel est déterminé par l'origine."

[11] Zur Geographie: *Der Große Brockhaus*, aaO, Karte 57, F 3, nach S. 128.

[12] *Mayr*, Lehrbuch, aaO, Bd. I, 58, 61; *ders.*, Ostrecht, aaO, 707, 708; *Walker* aaO 660, der allerdings nur das Ortsrecht nennt.

[13] Deutsche Übersetzungen: *Lebwohl*, Das Zivilgesetzbuch von 1964 und Familiengesetz von 1963 der Tschechoslowakischen Sozialistischen Republik, Berichte des Osteuropa-Instituts an der Freien Universität Berlin, Heft 75 (1966) 159–189; *Korkisch*, WGO 6 (1964), 74–91.

(Sbírka zákonú CSR 1949, Nr. 265), das eine Vereinheitlichung auf dem Gebiete des Familienrechtes brachte[14]. Die jeweiligen Einführungsbestimmungen dieser Gesetze enthalten keine Übergangsbestimmungen für die Eheschließung. Doch geht das neue tschechoslowakische Familienrecht von dem Grundsatz aus, daß sich die Formgültigkeit der Ehen, die vor Inkrafttreten dieser Gesetze geschlossen sind, intertemporal nach den im Zeitpunkt der Eheschließung geltenden Vorschriften bestimmt[15].

### *II. Das tschechoslowakische Ehegesetz von 1919*

Bei Eheschließung (1938) bestanden in der Tschechoslowakei verschiedene Teilrechtsordnungen. Interlokal war für die Form der Eheschließung, um die es hier geht, das in Mähren geltende österreichische Partikularrecht maßgebend (näher oben S. 238). Doch hatte das tschechoslowakische Gesetz vom 22. 5. 1919, betreffend Abänderungen der Bestimmungen des bürgerlichen Rechtes über die Förmlichkeiten des Ehevertrages, die Ehetrennung und die Ehehindernisse (im folgenden: Ehegesetz) (Sbírka zákonú 1919 Nr. 320) eine Vereinheitlichung des Eherechts in der Tschechoslowakei gebracht[16]. Die maßgebenden Vorschriften über die Eheschließung lauten:

*§ 1:*

„Zur Gültigkeit der Ehe wird das Aufgebot sowie die feierliche, und zwar entweder bürgerliche oder kirchliche Erklärung der Einwilligung zur Ehe gefordert."

*§ 2:*

„Das Aufgebot, welches in der Verkündigung der bevorstehenden Ehe besteht, hat den Vor- und Zunamen beider Verlobten, ihren Geburtsort, Stand und Wohnort sowie die Erinnerung zu enthalten, daß jedermann, dem ein Hindernis der Ehe bekannt ist, dasselbe anzeigen solle."

*§ 3:*

„Das bürgerliche Aufgebot wird von der politischen Bezirksbehörde und in Städten mit eigenem Statut von der mit der politischen Verwaltung betrauten Gemeindebehörde, in der Slowakei vom Matrikelführer, vorgenommen.

Örtlich zuständig ist jene Behörde, in deren Sprengel die Verlobten ihren ordentlichen Wohnsitz haben.

---

[14] Deutsche Übersetzung: *Grandke*, Familiengesetze sozialistischer Länder (1959) 167–189.

[15] Vgl. *Andrlik-Blazke-Kafka*, Kommentar k zákonu o právu rodinném (Kommentar zum Familienrechtsgesetzbuch) 1954, 29.

[16] Deutsche Übersetzungen: *Bergmann*, Internationales Ehe- und Kindschaftsrecht, Bd. I (2. Aufl. 1938) 749–757; *Schlenz*, Das tschechoslowakische Ehegesetz (2./3. Aufl. 1930) 20–25; *Prochaska*, Die Ehereformgesetzgebung der tschechoslowakischen Republik (2. Aufl. 1931) 7–75.

Hat jeder von ihnen seinen ordentlichen Wohnsitz im Sprengel einer anderen Behörde, so nehmen beide Behörden das Aufgebot vor.

Das Aufgebot ist durch öffentlichen Anschlag an der amtlichen Kundmachungstafel und im Requisitionswege auch an der Amtstafel in der Gemeinde, in welcher die Verlobten ihren ordentlichen Wohnsitz haben, vorzunehmen.

Wenn bei einer politischen Bezirksbehörde regelmäßig Amtstage abgehalten werden, so hat das Eheaufgebot auch mündlich an einem oder mehreren solcher Amtstage zu erfolgen.

Die Erklärung der Einwilligung zur Ehe kann erst erfolgen, wenn das Aufgebot an den Amtstafeln der zuständigen politischen und Gemeindebehörden wenigstens 10 Tage ausgehängt war."

*§ 7:*

„Die Verlobten können ... um gänzliche Nachsicht des Aufgebots nachsuchen... Das Aufgebot kann nur nachgesehen werden, wenn die Angelegenheit dringend ist, oder wenn es sich um Personen handelt, von denen allgemein angenommen wird, daß sie miteinander bereits verehelicht seien...

......"

*§ 8:*

„Die Erklärung der Einwilligung zur Ehe wird vor dem Vorsteher der politischen Bezirks-(Gemeinde-)Behörde oder dessen Stellvertreter (in der Slowakei vor dem Matrikelführer) in Gegenwart zweier Zeugen und eines beeideten Schriftführers abgegeben. Zuständig ist jene Behörde, welche das Aufgebot der Ehe vorgenommen hat. Vor einer örtlich unzuständigen Behörde kann die Erklärung der Einwilligung nur über Delegation der örtlich zuständigen Behörde abgegeben werden."

*§ 10:*

„Über den Abschluß der Ehe ist ein Protokoll aufzunehmen, welches außer den Brautleuten die beiden Zeugen und die beiden Amtspersonen unterzeichnen. Von der Aufnahme des Protokolls und seiner Form ist die Gültigkeit der Ehe nicht abhängig."

*§ 12:*

„Den bereits bürgerlich getrauten Parteien bleibt es überlassen, ob sie sich auch den kirchlichen Förmlichkeiten unterziehen wollen. Falls die Verlobten bloß die kirchliche Trauung wünschen, findet das Aufgebot und die Trauung beim zuständigen Seelsorger statt. Bei gemischtem Religionsbekenntnis der Verlobten findet das Aufgebot bei beiden Seelsorgern, die Trauung nach dem Willen der Verlobten bei einem der beiden oder bei beiden statt.

Das kirchliche Aufgebot erfolgt vor den Gläubigen beim Gottesdienst, und zwar an drei Sonn- oder Feiertagen. Zur Gültigkeit der Ehe ist wenigstens ein Aufgebot erforderlich.

Auch bei kirchlichen Aufgeboten und Trauungen gelten die §§ 2, 6, 7, 9 dieses Gesetzes und, soweit im § 12 nichts anderes bestimmt ist, sinngemäß auch die Vorschriften der §§ 3 (Abs. 1 und 2), 4, 8, 10 und 11." [17]

[17] *Bergmann* aaO, Bd. I, 749, 750–752.

Das tschechoslowakische Ehegesetz läßt also sowohl eine zivile wie eine kirchliche Trauung zu. Die Verlobten können zwischen beiden Formen wählen und nur eine kirchliche Trauung ohne Ziviltrauung vornehmen.

Für die formrichtige *kirchliche Trauung* verlangt das Ehegesetz:

1. das mindestens einmalige Aufgebot beim zuständigen Seelsorger sowie
2. die feierliche kirchliche Erklärung der Einwilligung zur Ehe vor dem zuständigen Seelsorger.

### *III. Formmängel und ihre Folgen*

Die Ehe, um die es hier geht, ist vor dem katholischen Pfarrer in A./Sudetenland/CSR geschlossen. Eine Ziviltrauung der Verlobten hat nicht stattgefunden.

Zur Gültigkeit dieser kirchlichen Trauung der Verlobten müssen die oben II a. E. unter 1 und 2 aufgeführten Formerfordernisse erfüllt sein.

Nach dem Sachverhalt kann davon ausgegangen werden, daß sowohl das Aufgebot als auch die feierliche Erklärung der Verlobten, in die Ehe einzuwilligen, in gehöriger Form vorgenommen worden sind. Fraglich ist nur, ob hierfür der katholische Pfarrer in A./Sudetenland/CSR zuständig war, obwohl weder der Bräutigam noch die Braut ihren Wohnsitz in A. hatten.

Der „zuständige Seelsorger" im Sinne von § 12 Abs. 1 EheG ist der sowohl sachlich als auch örtlich zuständige Seelsorger.

*Sachlich* zuständig ist die von der Verfassung der betreffenden Religionsgemeinschaft der Verlobten mit Eheschließungen betraute Person, d. i. bei Katholiken der Pfarrer für seinen Sprengel, zugleich aber auch der Bischof für seine Diözese; bei Protestanten der Pastor der Gemeinde; bei israelitischen Brautleuten der Rabbiner[18]. Da beide Verlobten, um deren Ehe es hier geht, Katholiken sind, war sachlich der katholische Pfarrer zuständig.

Die *örtliche* Zuständigkeit ergibt sich aus §§ 12 Abs. 3, 3 Abs. 2 und 3 Ehegesetz: örtlich zuständig ist der Pfarrer, in dessen Sprengel die Verlobten ihren Wohnsitz haben, und bei getrennten Wohnsitzen sind die Pfarrer beider Sprengel zuständig, in denen die Verlobten ihre Wohnsitze haben, in denen die Verlobten also „eingepfarrt" sind[19]. Die Zuständigkeit

---

[18] *Kranz-Pfaff-Ehrenzweig,* System des österreichischen allgemeinen Privatrechts, Bd. II, 2. Heft (7. Aufl. 1937) 62; *Prochaska* aaO 13, Fußn. 3; *Mayr,* Lehrbuch, aaO, Bd. II, 4. Buch, 22, insbes. auch Fußn. 16.

[19] Infolge eines offenbaren redaktionellen Versehens sind in § 12 Abs. 3 Ehegesetz § 3 Abs. 1 und 2 Ehegesetz statt richtig § 3 Abs. 2 und 3 Ehegesetz bezogen; vgl. *Prochaska* aaO 10.

kann von einem örtlich zuständigen Pfarrer auf einen anderen Pfarrer *delegiert* werden (§§ 12 Abs. 3, 8 S. 3 Ehegesetz)[20]. Wie die Delegation erfolgt, insbesondere welche Förmlichkeiten dabei zu beachten sind, ergibt sich aus *§§ 81, 82 ABGB.* Diese Vorschriften sind durch das tschechoslowakische Ehegesetz vom 22. 5. 1919 nicht ausdrücklich aufgehoben und gelten daher zur Ergänzung der Bestimmungen des Ehegesetzes fort[21]. Die genannten Vorschriften lauten[22]:

*§ 81 ABGB:*

„Soll die Ehe an einem dritten Orte, dem keine der verlobten Personen eingepfarret ist, geschlossen werden, so muß der ordentliche Seelsorger gleich bei der Ausfertigung der Urkunde, wodurch er einen anderen zu seinem Stellvertreter benennet, diesen Umstand mit Benennung des Ortes, wo und vor welchem Seelsorger die Ehe geschlossen werden soll, in das Trauungsbuch seiner Pfarre eintragen."

*§ 82 ABGB:*

„Der Seelsorger des Ortes, wo die Ehe eingegangen wird, muß die geschehene Abschließung der Ehe in das Trauungsbuch seiner Pfarre mit dem Beisatze, von welchem Pfarrer er zum Stellvertreter ernannt worden, ebenfalls eintragen, und die Abschließung dem Pfarrer, von welchem er berechtiget worden ist, binnen acht Tagen anzeigen."

Eine Delegation der Zuständigkeit eines Pfarrers auf einen anderen war daher nur durch Ausfertigung einer Urkunde möglich, die von dem delegierenden Pfarrer ausgestellt werden und die enthalten mußte:

1. die Benennung eines Pfarrers, dem die Zuständigkeit im konkreten Fall übertragen wurde, und
2. die Bezeichnung des Ortes, in dem die Ehe geschlossen werden sollte.

Überdies mußten wechselseitige Eintragungen im Trauungsbuch der delegierenden wie der delegierten Pfarre vorgenommen werden, und dem delegierenden Pfarrer mußte die Eheschließung binnen acht Tagen mitgeteilt werden.

Daraus ergibt sich, daß die Zuständigkeit eines Pfarrers *nur im Einzelfall* auf einen anderen übertragen werden konnte. Eine *allgemeine wechselseitige Delegation* der Zuständigkeiten der Pfarrer untereinander war daher *nicht möglich.*

In casu hatten die Verlobten ihren Wohnsitz in Stadt-L. und in S. bei Stadt-L./Sudetenland/CSR, nicht aber im Sprengel ihres Heiratsortes A./

---

[20] Zum Vorstehenden: *Prochaska* aaO 10, 13; *Mayr,* Lehrbuch, aaO, Bd. II, 4. Buch, 22 und dort Fußn. 18.

[21] Vgl. § 25 Ehegesetz und *Mayr,* Das allgemeine bürgerliche Gesetzbuch (1931), Vorbem. vor §§ 69–82 ABGB, 69; *Weiss* in *Klang* aaO 730.

[22] *Mayr,* ABGB aaO 74.

Sudetenland/CSR. Dem katholischen Pfarrer von A. fehlte daher für die Eheschließung, um die es hier geht, grundsätzlich die örtliche Zuständigkeit. Ob die beiden Pfarrer der Heimatorte der Verlobten ihre Zuständigkeit in diesem Einzelfall auf den Pfarrer von A. delegiert hatten, kann vom Institut nicht festgestellt werden. Hierfür müßten die Trauungsbücher der beiden Heimatpfarreien der Verlobten oder das Trauungsbuch der Pfarrei A. eingesehen werden, in denen eine Delegation, sollte sie vorgenommen worden sein, gemäß §§ 81, 82 ABGB verzeichnet sein müßte.

Immerhin spricht viel *für* eine solche Delegation: A. war ein bekannter Wallfahrtsort, in dem sich viele dort nicht ansässige Brautleute trauen ließen. Es war also durchaus üblich, daß dort Trauungen vollzogen wurden, für die der dortige Pfarrer nur kraft Delegation zuständig sein konnte. Da, wie oben ausgeführt, eine allgemeine Delegation der Zuständigkeit ausscheidet, wird man annehmen dürfen, daß die Heimatpfarrer in jedem einzelnen Fall, in dem die Verlobten den Wunsch äußerten, im Wallfahrtsort A. zu heiraten, dem dortigen Pfarrer gesondert die Zuständigkeit in der Form der §§ 81, 82 ABGB übertrugen. Wenn es üblich war, in A. zu heiraten, wird es auch üblich gewesen sein, daß der Pfarrer von A. kraft Delegation zuständig war.

Überdies wird man daran denken können, daß der für Eheschließungen sachlich ebenfalls zuständige *Bischof* der Diözese den *Pfarrer von A. allgemein* für Trauungen von Verlobten seiner Diözese zu seinem *Stellvertreter* berufen hatte (vgl. §§ 12 Abs. 3, 8 S. 1 Ehegesetz); hierfür spräche wiederum, daß die Heirat in A. ein beliebter Brauch war. Dies wäre *keine* Zuständigkeits*delegation* im Sinne von §§ 12 Abs. 3, 8 S. 3 Ehegesetz, sondern ein Zuständigkeits*mandat* (oder eine *Auftrags*zuständigkeit) im Sinne von §§ 12 Abs. 3, 8 S. 1 Ehegesetz mit der Folge, daß hierfür das in §§ 81, 82 ABGB vorgeschriebene Verfahren *nicht* beachtet zu werden brauchte[23]. Ob ein derartiges Zuständigkeitsmandat von dem Bischof der Diözese auf den Pfarrer von A. vorlag, kann ebenfalls vom Institut nicht festgestellt werden.

Indessen kann die Frage nach der örtlichen Zuständigkeit des Pfarrers von A. unbeantwortet bleiben, wenn die mangelnde Zuständigkeit keinen Einfluß auf die Gültigkeit der Ehe hat.

Die *Rechtsfolgen* mangelnder Zuständigkeit eines Seelsorgers und damit die Rechtsfolgen *einer Verletzung der oben II a.E. unter Ziffern 1 und 2 aufgeführten Formerfordernisse* bestimmen sich nach den Vorschriften des tschechoslowakischen Ehegesetzes sowie – ergänzend – nach dem bei Heirat in Mähren, dem interlokal maßgebenden Teilrechtsgebiet, geltenden österreichischen Partikularrecht[24]. Danach hatte ein Verstoß gegen

---

[23] *Weiss* in *Klang* aaO 725, 730.

[24] *Andrlik-Blazke-Kafka* aaO 29. Vgl. zum interlokal maßgebenden Recht ausführlich oben S. 238–239.

die Vorschriften der örtlichen Zuständigkeit für das Aufgebot und die Erklärung der Einwilligung zur Ehe die *Anfechtbarkeit („Ungültigkeit")* dieser Ehe zur Folge[25]. Doch hatte die anfechtbare Ehe bis zur gerichtlichen Feststellung ihrer Ungültigkeit *die Wirkung einer gültigen Ehe.* War aber die Ungültigkeit der Ehe rechtskräftig ausgesprochen, so war sie als von Anfang an ungültig (nichtig) anzusehen[26].

In casu ist eine gerichtliche Feststellung der Ungültigkeit der Ehe aus dem Jahre 1938 bisher nicht ausgesprochen worden.

Ob eine derartige gerichtliche Feststellung noch heute getroffen werden kann, bestimmt das verletzte Recht, hier also das *tschechoslowakische Recht*[27].

Das Einführungsgesetz Nr. 266 vom 7. 12. 1949 zum tschechoslowakischen Familiengesetz von 1949 (siehe oben S. 239/240)[28] enthält keine Übergangsbestimmung darüber, aufgrund welcher Gesetze alte Ehen – bestehende Ehen, die vor 1949 geschlossen waren – für nichtig erklärt werden, ob aufgrund alten oder neuen Rechts. Einen Anhalt bietet jedoch *§ 46* dieses Gesetzes, in dem es heißt:

„Am Tage, an dem dieses Gesetz in Kraft tritt, werden alle Bestimmungen über die Sachgebiete aufgehoben, die in diesem Gesetz und im Gesetz über das Familienrecht geregelt sind einschließlich des Gewohnheitsrechts, sei es, daß dieses aus den Gerichtsentscheidungen, sei es, daß dieses aus anderen Quellen fließt.

Es werden insbesondere aufgehoben:

.....,

21. das Gesetz vom 22. 5. 1919, Sbírka zakonu Nr. 320, durch das die Bestimmungen des bürgerlichen Rechts über die Förmlichkeiten des Ehevertrages, die Ehetrennung und die Ehehindernisse geändert wurden,

....."

Daraus folgt, daß *heute* eine Ehe nicht mehr aufgrund der (aufgehobenen) Bestimmungen des Ehegesetzes von 1919 für ungültig erklärt werden kann. Anzuwenden ist in jedem Fall das neue tschechoslowakische Fami-

---

[25] *Halm,* Österreichisch-Ungarische Monarchie in *Leske-Loewenfeld,* Die Rechtsverfolgung im Internationalen Verkehr, Bd. IV, Das Eherecht der europäischen Staaten (1904) 53–88 [63 f.]; *Neumann-Ettenreich-Sattler,* Österreich, in *Leske-Loewenfeld,* Die Rechtsverfolgung im internationalen Verkehr, Bd. IV, Das Eherecht der europäischen Staaten (2. Aufl. 1932) 117–223 [160]; *Kranz-Pfaff-Ehrenzweig* aaO 65; a. M. *Mayr,* Lehrbuch, aaO, Bd. I, 4. Buch, 22, Fußn. 18. Vgl. *§ 28 Ehegesetz:* „Von Amts wegen ist die Ungültigkeit einer Ehe zu untersuchen, wenn ihr die Hindernisse der §§ 56, 62, 65, 68 a. BGB und des *§ 8 (§ 12 Abs. 3)* dieses Gesetzes im Wege stehen. *Bergmann* aaO, Bd. I, 756.

[26] *Neumann-Ettenreich-Sattler* in *Leske-Loewenfeld* aaO 174; *Kranz-Pfaff-Ehrenzweig* aaO 74.

[27] Vgl. *Kegel* in *Soergel-Siebert* aaO Bem. 74–76, 79 zu Art. 13 EGBGB, 740, 741.

[28] Sbirka zákonu CSR 1949, 753–759.

lienrecht. Demzufolge kann heute nach dem neuen tschechoslowakischen Familienrecht eine alte Ehe *nur aufgrund der Vorschriften des geltenden Rechts,* also nur dann *für ungültig erklärt werden, wenn einer der Ungültigkeitsgründe des geltenden Rechts vorliegt*[29].

Das heute geltende tschechoslowakische Familienrechtsgesetz von 1963 kennt nur sachliche (§§ 11–14), nicht förmliche Ehehindernisse. Es sieht daher *keine Ehenichtigkeitsklage wegen Verstoßes gegen die Vorschriften über die örtliche Zuständigkeit* für das Aufgebot und die Erklärung der Einwilligung zur Ehe vor[30].

Somit kann die *erste Ehe* des Beklagten zu 1 aus dem Jahre 1938 *heute nicht mehr für ungültig erklärt* werden, selbst wenn sie damals unter Verletzung der Vorschriften über die örtliche Zuständigkeit des Seelsorgers für das Aufgebot und die Erklärung des Ehekonsenses geschlossen worden ist. Es kann daher offenbleiben, ob eine derartige Verletzung überhaupt vorlag, ob also dem katholischen Pfarrer von A. die örtliche Zuständigkeit zur Trauung der Verlobten fehlte.

Die Ehe aus dem Jahre 1938, um die es hier geht, hat in jedem Fall die *Wirkung einer gültigen Ehe,* auch wenn sie unter Verletzung von Vorschriften über die örtliche Zuständigkeit zustande gekommen ist.

### *IV. Einfluß des Statutenwechsels*

Das Ergebnis ist für die Beklagten mißlich. Denn der Beklagte zu 1 wird dadurch an einer Ehe festgehalten, die möglicherweise unter Verletzung formellen Rechts zustande gekommen ist, und die heutige Geltendmachung der Formnichtigkeit wird ihm von dem Recht eines Staates verboten, dessen Angehöriger er längst nicht mehr ist und der ihn 1946 ausgewiesen hat. Das erscheint unbillig.

Man muß daher überlegen, ob der Statutenwechsel des Beklagten zu 1 – und seiner ersten Ehefrau – hier nicht zu einem anderen Ergebnis führt.

Der Beklagte zu 1 und seine erste Ehefrau haben kurz nach ihrer Heirat durch Sammeleinbürgerung in Verfolg des Münchener Abkommens vom 29. 9. 1938 die deutsche Staatsangehörigkeit erworben. Aufgrund dieses Abkommens zwischen dem Deutschen Reich, Frankreich, Großbritannien und Italien wurden die sudetendeutschen Gebiete der CSR dem Deutschen Reich angegliedert. Die Bewohner erhielten aufgrund des § 1 des zwischen dem Deutschen Reich und der Tschechoslowakischen Republik

---

[29] *Andrlik-Blazke-Kafka* aaO 29.

[30] Vgl. *Knapp-Eliás,* Das Eherecht der Tschechoslowakischen Sozialistischen Republik, in *Leske-Loewenfeld,* Rechtsverfolgung im internationalen Verkehr, Bd. I, Das Eherecht der europäischen und außereuropäischen Staaten (1963) 121–169 [135, 148].

geschlossenen Staatsangehörigkeits- und Optionsvertrages vom 20. 11. 1938 (RGBl. II 895–900) mit Wirkung vom 10. 10. 1938 die *deutsche Staatsangehörigkeit.*

*§ 1:*

„Diejenigen tschechoslowakischen Staatsangehörigen, die am 10. Oktober 1938 ihren Wohnsitz in einer mit dem Deutschen Reich vereinigten Gemeinde gehabt haben, erwerben unter Verlust der tschechoslowakischen Staatsangehörigkeit mit Wirkung vom 10. Oktober 1938 die deutsche Staatsangehörigkeit, wenn sie

a) vor dem 1. Januar 1910 in dem mit dem Deutschen Reich vereinigten Gebiet geboren sind

oder

b) die deutsche Staatsangehörigkeit mit dem 10. Januar 1920 verloren haben

oder

c) Kinder oder Enkelkinder einer Person sind, auf die die Voraussetzungen der Buchstaben a oder b zutreffen,

oder

d) Ehefrauen von Personen sind, auf die die Voraussetzungen der Buchstaben a, b und c zutreffen.

Tschechoslowakische Staatsangehörige deutscher Volkszugehörigkeit, die am 10. 10. 1938 ihren Wohnsitz außerhalb des früheren tschechoslowakischen Staatsgebietes gehabt haben, erwerben unter Verlust der tschechoslowakischen Staatsangehörigkeit mit Wirkung vom 10. 10. 1938 die deutsche Staatsangehörigkeit, wenn sie am 10. 10. 1938 das Heimatrecht in einer mit dem Deutschen Reich vereinigten Gemeinde besessen haben.

Eine Ehefrau erwirbt die deutsche Staatsangehörigkeit nicht, wenn sie ihr Ehemann nicht erwirbt." [31]

Dieser Erwerb der deutschen Staatsangehörigkeit ist von der Bundesrepublik in § 1 Abs. 1 Buchst. a StARegG 1955 ausdrücklich anerkannt worden.

Es kann hier davon ausgegangen werden, daß der Beklagte zu 1 und seine erste Ehefrau Hermine M. aufgrund von § 1 Abs. 1 Buchst. a, c des Vertrages die deutsche Staatsangehörigkeit erworben haben, und zwar mit Wirkung vom 10. 10. 1938, also kurz nach der Eheschließung vom 14. 5. 1938. Beide Eheleute haben also bald nach der Heirat ihr Personalstatut gewechselt.

Es fragt sich daher, ob man nicht die Möglichkeit einer Nichtigkeitsklage dem *neuen* Personalstatut entnehmen sollte, also deutschem und nicht tschechoslowakischem Recht.

---

[31] Vgl. zu dem Vertrag *Korkisch,* Die Neuregelung der Staatsangehörigkeit in den Gebieten der früheren Tschechoslowakei, Z. f. ausl. öff. R. u. Völkerr. 10 (1940), 168–243 [hinsichtl. des Sudetenlandes: 179–188]; *Seeler,* Die Staatsangehörigkeit der Volksdeutschen (1960) 55–58; *Schmied,* Geltende Staatsangehörigkeitsgesetze, Tschechoslowakei (1956) 22–24.

Nach deutschem Recht wäre hier eine Nichtigkeitsklage wegen Mängel der für die Eheschließung vorgeschriebenen Form grundsätzlich zulässig (§ 17 EheG 1946 und § 21 EheG 1938); denn eine Heilung der Formmängel, wie sie in §§ 17 Abs. 2 EheG 1946 und 21 Abs. 2 EheG 1938) vorgesehen ist, scheidet hier aus, da der Beklagte zu 1 bereits 1940, also schon zwei Jahre nach Eheschließung, zur deutschen Wehrmacht eingezogen wurde, die Ehegatten also nicht fünf Jahre miteinander gelebt haben.

Die Anwendung des neuen deutschen Personalstatuts könnte auf eine *Analogie zu Art. 17 Abs. 1 EGBGB* gegründet werden. Einer derartigen Analogie stände zwar der Grundsatz der Unwandelbarkeit des Eheschließungsstatuts (Art. 13 Abs. 1 EGBGB) entgegen; doch wird sie von vielen angenommen, wenn es um die Heilung von Mängeln bei der Eheschließung geht: Sind beide Ehegatten nach der Eheschließung Angehörige eines neuen Staates geworden, so sind etwa bestehende Mängel der Eheschließung geheilt, wenn nach dem IPR des neuen Staates die Ehe gültig ist[32].

Das *Reichsgericht* (RGZ 1932, 416) hatte einen Fall zu entscheiden, in dem ein Österreicher eine russische Jüdin geheiratet hatte. Später waren beide Italiener geworden. Nach österreichischem Recht war die Ehe wegen Religionsverschiedenheit nichtig, nach italienischem Recht war sie gültig. Das RG wandte Art. 17 EGBGB analog an:

„Für die Scheidung der Ehe gilt nach Art. 17 EGBGB und Art. 1 Abs. 1 des Haager Ehescheidungs-Abkommens, daß die Gesetze des Staates maßgebend sind, dem der Ehemann (so EGBGB) oder die Ehegatten (so das Haager Abkommen) zur Zeit der Erhebung der Klage angehören. Für die Nichtigkeits- und die Anfechtungsklage ist keine solche Bestimmung getroffen, ohne daß ersichtlich wäre, welche Gründe für die verschiedene Behandlung der Scheidungsklage einerseits und der Nichtigkeits- und Anfechtungsklage anderseits maßgebend waren. Daraus folgt aber nicht, daß etwa über die Nichtigkeitsklage nach dem Recht des Ehemanns oder der Ehegatten zur Zeit der Eingehung der Ehe zu entscheiden wäre. Nach Sinn und Zweck der Nichtigkeitsklage im deutschen, österreichischen und italienischen Recht, nach dem allgemeinen Grundsatz, daß in Ehesachen das Heimatrecht entscheidet und daß der deutsche Richter keine Veranlassung hat, eine Ehe für nichtig zu erklären, die im Heimatstaat der Ehegatten als gültig behandelt wird, ist vielmehr anzunehmen, daß im vorliegenden Falle das italienische Recht maßgebend ist, das die Ehe der Parteien als gültig betrachtet" (W 419).

Ob dieser analogen Anwendung von Art. 17 Abs. 1 EGBGB zu folgen ist und der Grundsatz der Unwandelbarkeit des Eheschließungsstatuts

---

[32] *RGZ* 132, 416 = IPRspr. 1931 Nr. 59 = JW 1932, 2271 = StAZ 1931, 225 = ZIR 44, 420 (Österreich; Rußl.; Italien); *BGHZ* 27, 375, 380, 382 = FamRZ 1958, 364 m. Anm. *Bosch* = JZ 1959, 121 m. Anm. *Beitzke* = MDR 1958, 755 m. Anm. *Pohle* 1959, 197 = NJW 1958, 1627 = StAZ 1959, 45 (England; Deutschland); *H. Wolff*, Das internationale Privatrecht Deutschlands (3. Aufl. 1954) 196; *Raape*, Internationales Privatrecht (5. Aufl. 1961) 243.

insoweit Einschränkungen verlangt, kann jedoch offenbleiben[33]. Allenfalls könnten solche Einschränkungen dann gelten, und könnte Art. 17 Abs. 1 EGBGB dann analog herangezogen werden, wenn es darum geht, eine ungültige Ehe durch Staatswechsel gültig zu machen, nicht umgekehrt: man darf keine Ehe für nichtig erklären, die das nach Art. 13 Abs. 1 EGBGB maßgebende Heimatrecht der Ehegatten als gültig behandelt[34].

Das würden wir aber im vorliegenden Fall gerade tun, wenn wir eine analoge Anwendung des Art. 17 Abs. 1 EGBGB zuließen: Die nach tschechoslowakischem Recht gültige, weil nicht mehr anfechtbare Ehe würde nach deutschem Recht auch heute noch angefochten werden können.

Daher muß es im vorliegenden Fall beim Grundsatz der Unwandelbarkeit des Eheschließungsstatuts bewenden: Trotz des Statutenwechsels beider Ehegatten beurteilt sich die *Möglichkeit einer Nichtigkeitsklage* allein nach *tschechoslowakischem Recht,* und dieses *läßt heute eine Nichtigkeitsklage,* die auf die Unzuständigkeit des Seelsorgers gestützt ist, *nicht mehr zu.*

Der Statutenwechsel des Beklagten zu 1 und seiner ersten Ehefrau Hermine M. ist mithin *ohne Einfluß* darauf, ob der Beklagte zu 1 heute noch Nichtigkeitsklage erheben kann.

### *V. Art. 30 EGBGB (ordre public)*

Auch Art. 30 EGBGB (ordre public) führt hier zu keinem anderen Ergebnis. Es verstößt nicht gegen die guten Sitten oder gegen den Zweck eines deutschen Gesetzes, daß nach tschechoslowakischem Recht die Verletzung von Formvorschriften bei der Eheschließung heute nicht mehr im Wege der Nichtigkeitsklage geltend gemacht werden kann. Im Gegenteil sprechen gewichtige Gründe für diese Regelung: Formmängel bei alten Ehen sind oft schwerer nachweisbar als sachliche Mängel; Formfehler wiegen leichter und sind in der Regel unerheblich für den Gedeih der ehelichen Gemeinschaft. Aus diesen Gründen hat auch das deutsche Recht in §§ 17 Abs. 2 EheG 1946, 21 Abs. 2 EheG 1938 die Berufung auf Formmängel eingeschränkt.

---

[33] Ablehnend *Kegel* in *Soergel-Siebert* aaO, Bem. 31 zu Art. 13 EGBGB, S. 729; *Kegel,* Internationales Privatrecht (2. Aufl. 1964) 267.

[34] *Raape* aaO 243.

## C. WIRKUNG FÜR DIE SPÄTERE EHE

### *I. Deutsches internationales und interlokales Privatrecht*

Welche Wirkungen die Gültigkeit der ersten Ehe des Beklagten zu 1 für die Gültigkeit der zweiten Ehe hat, beurteilt sich nach dem Eheschließungsstatut, das für die zweite Ehe maßgebend ist. Gemäß Art. 13 Abs. 1 EGBGB ist für die sachlichen Voraussetzungen der Heirat das Heimatrecht jedes Verlobten maßgebend[35].

Der Beklagte zu 1 besaß bei seiner zweiten Heirat am 25. 7. 1945 die deutsche Staatsangehörigkeit, die er aufgrund des deutsch-tschechoslowakischen Staatsangehörigkeits- und Optionsvertrages vom 20. 11. 1938 mit Wirkung vom 10. 10. 1938 durch Sammeleinbürgerung erworben hatte (näher oben S. 247). Seine zweite Ehefrau Brunhilde S. besaß bei Heirat ebenfalls die deutsche Staatsangehörigkeit, so daß hier in Ansehung beider Verlobter *deutsches Recht* gilt.

In Deutschland gilt heute Ost- und West-Recht, so daß man bestimmen muß, welches Recht *interlokal* maßgibt. An die Stelle der Staatsangehörigkeit jedes Verlobten, die Art. 13 Abs. 1 EGBGB als Anknüpfung wählt, tritt das *interlokale Personalstatut* jedes Verlobten, meist dessen gewöhnlicher Aufenthalt. Doch versagt hier die Anknüpfung an den gewöhnlichen Aufenthalt, da die Eheleute *vor der Rechtsspaltung* (*Stichtage:* allgemein 7. 10. 1949 – Erlaß und Inkrafttreten der Verfassung der DDR – und hier 24. 11. und 6. 12. 1955 – Inkrafttreten der EheVO DDR und Ost-Berlin –) geheiratet haben. Man muß daher auf das interlokale Personalstatut *im Zeitpunkt der Rechtsspaltung* abstellen[36]. Das war *West-Recht*; denn die Eheleute waren 1946 aus Polen ausgewiesen worden und leben seitdem in der Bundesrepublik. Sie hatten daher beide *am Spaltungstag,* gleich ob man hier den 7. 10. 1949 oder 24. 11. oder 6. 12. 1955 zugrunde legt, ihren *gewöhnlichen Aufenthalt in der Bundesrepublik.*

*Interlokal* ist daher *das in der Bundesrepublik geltende Recht maßgebend.*

### *II. Deutsches materielles Eherecht*

Sowohl § 20 EheG 1946 wie § 24 EheG 1938 und die vorher geltende Vorschrift des § 1326 BGB erklären *eine bigamische Ehe* für *nichtig.* Es mag daher offenbleiben, welche Vorschrift für die Ehe, um die es hier geht, intertemporal gilt.

---

[35] Unstr., z. B. *RGZ* 120, 35 = IPRspr. 1928 Nr. 23 = JW 1928, 900 (Deutschland; Schweiz); *BGHZ* 27, 375, 379 = FamRZ 1958, 364 m. Anm. *Bosch* = JZ 1959, 121 m. Anm. *Beitzke* = MDR 1958, 755 m. Anm. *Pohle* 1959, 197 = NJW 1958, 1627 (Belgien; England); *Kegel* in *Soergel-Siebert,* aaO, Bem. 1 zu Art. 13 EGBGB, 723; *Lauterbach* in *Palandt* aaO Bem. 2 zu Art. 13 EGBGB, 1769.

[36] *Kegel* in *Soergel-Siebert* aaO Vorbem. 136, 137 vor Art. 7 EGBGB, 547; Bem. 119 zu Art. 13 EGBGB; *Kegel,* IPR, aaO 276.

Die *zweite Ehe des Beklagten zu 1 muß* daher nach §§ 16, 20, 24 EheG 1946 *für nichtig erklärt werden.*

Es gibt, soweit ersichtlich, keinen Weg, diese zweite Ehe trotz der Gültigkeit der ersten Ehe aufrechtzuerhalten. Die Nichtigkeit ist *unheilbar,* greift also auch dann ein, wenn die erste Ehe durch Scheidung aufgelöst werden sollte. Das deutsche Eherecht ist vom *Grundsatz der Einehe* beherrscht, der für *Billigkeitserwägungen,* die im vorliegenden Fall vielleicht zu einem anderen Ergebnis führen könnten, *keinen Raum* läßt[37].

Die Rechtsprechung des BGH zum *Mißbrauch* der Nichtigkeitsklage wegen Doppelehe bezieht sich auf den klagenden *Ehemann,* nicht auf den klagenden *Staatsanwalt*[38].

## ERGEBNIS

Über die Gültigkeit der ersten Ehe des Beklagten zu 1 entscheidet tschechoslowakisches materielles Recht.

Intertemporal ist das tschechoslowakische Ehegesetz vom 22. 5. 1919 maßgebend. Es läßt fakultativ eine kirchliche oder zivile Trauung zu. Die kirchliche Trauung ist von dem zuständigen Seelsorger vorzunehmen.

Sachlich und örtlich zuständig wären die beiden katholischen Pfarrer der Heimatorte der Verlobten gewesen. Ob der katholische Pfarrer von A., der die Verlobten getraut hat, örtlich zuständig war, ist zweifelhaft. Es kann eine Zuständigkeits*delegation* vorgelegen haben, die allerdings *nur im Einzelfall* schriftlich von dem zuständigen Pfarrer erteilt werden kann und besonderen Vorschriften unterliegt. Eine *allgemeine* wechselseitige Delegation der Zuständigkeiten der Pfarrer untereinander war *nicht möglich.*

Es kann aber auch ein Zuständigkeitsmandat vom Diözesanbischof an den Pfarrer von A. erteilt worden sein, für das eine besondere Form und ein besonderes Verfahren nicht vorgeschrieben sind.

Die Frage nach der örtlichen Zuständigkeit des Pfarrers von A. kann jedoch im vorliegenden Fall unbeantwortet bleiben. Zwar hatte ein Verstoß gegen die örtliche Zuständigkeit des Seelsorgers nach dem intertemporal und interlokal maßgebenden österreichischen Partikularrecht in Mähren die Anfechtbarkeit der Ehe zur Folge. Aber die Ehe kann heute nicht mehr angefochten werden, weil nach dem für die Anfechtbarkeit maßgebenden neuen tschechoslowakischen Familienrecht eine Ehe nur noch wegen sachlicher Mängel für nichtig erklärt werden kann. Die erste

---

37 Vgl. *Lauterbach* in *Palandt* aaO Bem. 2 zu § 5 EheG, 1940 f. und Bem. 2 zu § 20 EheG, 1962.

38 Vgl. *BGHZ* 30, 140; BGH LM § 606 a ZPO Nr. 1 = JZ 1962, 446 = FamRZ 1961, 427; *BGH* LM § 24 EheG Nr. 5 = NJW 1962, 1152; *BGH* LM § 24 EheG Nr. 6 = FamRZ 1964, 418.

Ehe des Beklagten zu 1 hat daher die Wirkung einer gültigen Ehe, selbst wenn sie unter Verletzung formellen Rechts zustande gekommen ist.

Der Statutenwechsel der beiden Ehegatten kurz nach ihrer Heirat infolge des deutsch-tschechoslowakischen Staatsangehörigkeits- und Optionsvertrages vom 20. 11. 1938 ist ohne Einfluß auf diese Entscheidung. Die Möglichkeit einer Nichtigkeitsklage kann nicht in analoger Anwendung von Art. 17 Abs. 1 EGBGB dem deutschen Recht entnommen werden.

Es verstößt nicht gegen den deutschen ordre public (Art. 30 EGBGB), daß nach tschechoslowakischem Recht die alte Ehe wegen formeller Mängel heute nicht mehr für nichtig erklärt werden kann.

Die Wirkungen der Gültigkeit der alten Ehe für die neue Ehe bestimmen sich nach deutschem Recht, und zwar interlokal nach West-Recht. Danach ist die zweite Ehe bigamisch und daher nichtig. Die Nichtigkeit ist unheilbar, auch wenn die erste Ehe des Beklagten zu 1 geschieden würde. Es gibt, soweit ersichtlich, keinen Weg, die zweite Ehe als gültig aufrechtzuerhalten. Billigkeitserwägungen, die die Nichtigkeitsfolge umgehen könnten, finden keinen Raum.

Da die erste Ehe des Beklagten zu 1 heute nicht mehr angefochten werden kann, erledigt sich die vom Gericht unter Ziffer 4 gestellte Frage.

## b) Persönliche Ehewirkungen

Siehe auch Nr. 24, 25

### Nr. 22

### Niederlande

**1. Aufgrund des Haager Ehewirkungsabkommens vom 17. Juli 1905 beurteilen sich die güterrechtlichen Beziehungen zwischen einem Niederländer und seiner deutschen Ehefrau nach niederländischem materiellem Recht. Hinsichtlich der persönlichen Ehewirkungen ist das Abkommen nicht anzuwenden im Fall nie gemeinsamer Staatsangehörigkeit der Eheleute.**

**2. Nach deutschem IPR beurteilen sich die persönlichen Ehewirkungen von Ehegatten verschiedener Staatsangehörigkeit nach dem schwächeren Recht.**

**3. Der gutgläubige Erwerb einer Auflassungsvormerkung an einem in Deutschland belegenen Grundstück beurteilt sich grundsätzlich nach deutschem Recht. Soweit jedoch das niederländische Recht als Statut der persönlichen Ehewirkungen oder Güterrechtsstatut anwendbar ist und selbst den guten Glauben des Erwerbers schützt, ist die deutsche lex rei sitae nicht anzuwenden.**

**4. Deutsches Bereicherungsrecht als Statut der nichtberechtigten Verfügung findet keine Anwendung, soweit das ausländische Ehepersonen- oder Ehegüterrecht**

**nicht nur den Schutz des guten Glaubens, sondern auch die sich ergebenden Ausgleichsansprüche regelt.**

**5. Art. 164 a BW zählt nicht zum Ehegüterrecht, sondern ausschließlich zum Recht der persönlichen Ehewirkungen.**

**Köln 47/68 vom 6. 12. 1968**

Der 9. Zivilsenat des Oberlandesgerichts Düsseldorf hat durch Schreiben vom 30. 5. 1968 in dem Rechtsstreit H. ./. V. um ein Gutachten über niederländisches Eherecht gebeten.

## SACHLAGE

Der 69jährige niederländische Kläger heiratete am 9. 5. 1964 die 67jährige Mutter des Beklagten. Die Mutter des Beklagten war aus ihrer ersten Ehe verwitwet. Der Beklagte ist ein Sohn aus dieser Ehe. Der Kläger und die Mutter des Beklagten leben im gesetzlichen Güterstand.

Ohne Wissen des Klägers haben der Beklagte und seine Mutter am 30. 4. 1964 vor dem Notar Dr. D. in G. einen Vertrag über ein Grundstück mit Inventar und mit einem darauf betriebenen Maler- und Anstreichergeschäft geschlossen, das aus dem Nachlaß des Vaters des Beklagten stammte.

„Frau Witwe W. V. überträgt hiermit ihrem dies annehmenden Sohne ... F. V. zu Eigentum:

a) den im Grundbuche von G. verzeichneten Grundbesitz nebst aufstehenden Gebäulichkeiten und allen sonstigen Bestandteilen,
b) das Mobiliar sowie das lebende und tote Inventar und den gesamten Hausrat.

...“

Zur Auflassung erklären die Beteiligten:

„Wir sind darüber einig, daß das Eigentum an dem übertragenen Grundbesitz auf den Übernehmer übergeht; wir bewilligen die Eintragung des Eigentumswechsels in das Grundbuch.

...

Die Eintragung des Eigentumswechsels im Grundbuch soll jedoch erst nach dem Ableben der Mutter erfolgen. Das Grundbuchamt wird angewiesen, dem Antrag auf Eintragung des Eigentumswechsels nur stattzugeben, wenn eine Sterbeurkunde der Mutter beigefügt wird.

...

Zur Sicherung des Anspruchs auf Eigentumsübertragung soll zugunsten des Übernehmers auf dem übertragenen Grundbesitz eine Auflassungsvormerkung in das Grundbuch eingetragen werden. Die Beteiligten bewilligen und beantragen die Eintragung dieser Vormerkung in das Grundbuch und gleichzeitig deren Löschung im Anschluß an die Eintragung des Eigentumswechsels. Der Antrag auf Löschung soll aber nur als gestellt gelten, wenn in der Zwischenzeit keine den Übernehmer belastende Rechte eingetragen wurden.

...

Als Gegenleistung ..."

Am 20. 7. 1964 ging beim Grundbuchamt in G. der Antrag auf Eintragung der Auflassungsvormerkung ein. Am 8. 3. 1965 wurde der Kläger als Miteigentümer des Grundstückes in Gütergemeinschaft nach niederländischem Recht in das Grundbuch eingetragen.

Mit der Klage, die dem Beklagten am 22. 12. 1965 zugestellt worden ist, begehrt der Kläger die Bewilligung zur Löschung der Auflassungsvormerkung. Er meint, die Vormerkung sei zu Unrecht in das Grundbuch eingetragen worden. Nach dem anzuwendenden niederländischen Recht sei die Mutter des Beklagten am 20. 7. 1964, als der Antrag auf Eintragung der Vormerkung beim Grundbuchamt einging, nicht mehr berechtigt gewesen, allein über das Grundstück zu verfügen und die Vormerkung zu bewilligen. Der Kläger behauptet, der Beklagte habe die mangelnde Verfügungsbefugnis seiner Mutter bereits am 20. 7. 1964 gekannt. Im übrigen ist der Kläger der Ansicht, bei dem Vertrag am 30. 4. 1964 habe es sich um eine Schenkung auf den Todesfall gehandelt, die formnichtig gewesen sei. Der Beklagte habe daher keinen Anspruch, der durch eine Vormerkung gesichert werden könne. Schließlich verstoße der Übergabevertrag gegen die guten Sitten.

Vor der Kammer hat der Kläger beantragt,

den Beklagten zu verurteilen, der Berichtigung des Grundbuchs von G. dahin zuzustimmen, daß er die Löschung der für ihn eingetragenen Vormerkung bewillige.

Der Beklagte hat beantragt, die Klage abzuweisen.

Er behauptet, erst im Januar 1965 erfahren zu haben, daß seine Mutter durch die Eheschließung mit dem Kläger über das Grundstück nicht mehr allein habe verfügen können.

Die Kammer hat aufgrund des Beschlusses vom 31. 3. 1966 Beweis erhoben über die Behauptung des Klägers, der Beklagte habe bereits am 20. 7. 1964 Kenntnis von der mangelnden Verfügungsmacht seiner Mutter gehabt.

Die Kammer hat die Klage durch Urteil vom 2. 11. 1966 abgewiesen. Sie ist der Auffassung, daß die Eintragung der Vormerkung der wirklichen Rechtslage entspreche. Zwar sei die Mutter des Beklagten nach Art. 164 a Abs. b des niederländischen Burgerlijk Wetboek hinsichtlich des Grundstücks nicht allein verfügungsberechtigt gewesen, als der Antrag auf Eintragung der Vormerkung beim Grundbuchamt einging. Der Beklagte habe jedoch die Vormerkung gutgläubig erworben. Im übrigen habe der Beklagte aufgrund des notariellen Vertrags vom 30. 4. 1964 einen wirksamen

Anspruch auf Übertragung des Grundstücks erlangt. Der Vertrag enthalte eine gemischte Schenkung, bei der die Unentgeltlichkeit überwiege. Die Schenkung sei mit der wirksamen Auflassung und Aushändigung der Eintragungsbewilligung vollzogen worden und verstoße daher nicht gegen § 2301 Abs. 3 BGB. Schließlich sei der Vertrag auch nicht sittenwidrig.

Mit der Berufung wendet sich der Kläger gegen das Urteil der Kammer. Er wiederholt im wesentlichen sein Vorbringen aus erster Instanz. Nach seiner Ansicht war die Schenkung nicht vollzogen und daher unwirksam, da die Auflassung nach § 925 Abs. 2 BGB nichtig sei.

Der Kläger beantragt,

in Abänderung des angefochtenen Urteils den Beklagten zu verurteilen, der Berichtigung des Grundbuchs von G. dahin zuzustimmen, daß er die Löschung der dort eingetragenen Vormerkung bewillige.

Der Beklagte beantragt,

die Berufung zurückzuweisen, im Fall des Unterliegens dem Beklagten nachzulassen, die Zwangsvollstreckung durch Sicherheitsleistung abzuwenden.

Der Senat hat am 31. 1. 1968 einen Beweisbeschluß verkündet. Danach soll Beweis erhoben werden über folgende Fragen:

1. War die Mutter des Beklagten nach dem 9. 5. 1964 (Tag der Eheschließung) durch Art. 164 a BW oder durch eine andere Vorschrift des niederländischen Rechts gehindert, die Eintragung einer Auflassungsvormerkung zugunsten des Beklagten zu bewilligen?
2. Schloß die möglicherweise nach niederländischem Eherecht bestehende Verfügungsbeschränkung einen gutgläubigen Erwerb des Rechts aus der Vormerkung nach § 892 Abs. 1 S. 2 BGB aus?
   Ist die Verfügungsbeschränkung absoluter Natur ähnlich der in § 1404 BGB a. F. enthaltenen Beschränkung, oder handelt es sich um eine relative Verfügungsbeschränkung, die einen gutgläubigen Erwerb zuläßt?
3. Ist die Mutter des Beklagten bei der Bewilligung der Vormerkung als Nichtberechtigte im Sinne von § 816 BGB anzusehen, falls der Kläger diese Verfügung gegen sich gelten lassen muß?

## ANFRAGE

Der Senat bittet um ein Gutachten zu den im Beweisbeschluß aufgeführten Fragen des niederländischen Rechts.

## RECHTSLAGE

### A. ANZUWENDENDES RECHT

#### *I. Ehewirkungen nach dem Haager Abkommen*

Regelungen, nach denen Eheleute nur mit Zustimmung des andern Teils bestimmte Rechtsgeschäfte abschließen können, betreffen die Wirkungen der Ehe. Sie beurteilen sich entweder nach dem *Statut der persönlichen Ehewirkungen* oder nach dem *Güterrechtsstatut.*

Bei der Wahl des anwendbaren Rechts ist vom *Haager Ehewirkungsabkommen* vom 17. 7. 1905 (RGBl. 1912, 453, 475) auszugehen. Es ist im Verhältnis zu den Niederlanden zu beachten, da die Niederlande dem Abkommen bereits mit Wirkung vom 24. 8. 1912 (RGBl. 475) beigetreten sind. Nach der herrschenden *Differenzierungstheorie* haben die beiden Weltkriege die Fortgeltung der rechtsetzenden internationalen Verträge mit materiell-rechtlichem oder internationalprivatrechtlichem Inhalt gegenüber Feindstaaten nicht beeinträchtigt. Diese Verträge waren vielmehr nur während der Zeit der Kriege suspendiert[1]. Dementsprechend ist die Fortgeltung des Haager Abkommens im Verhältnis zu den Niederlanden ausdrücklich festgestellt worden (RGBl. 1955 II 1).

Der persönliche Anwendungsbereich des Haager Abkommens ist nicht ausdrücklich geregelt. Nach allgemeiner Auffassung ist das Abkommen grundsätzlich anzuwenden, wenn auch nur einer der Eheleute Angehöriger eines anderen Vertragsstaats ist, d. h. eines anderen Staates als des Forum-Staates, in dem über die Anwendung des Abkommens zu entscheiden ist[2]. Aus Art. 1 Abs. 1 und Art. 9 des Abkommens ergibt sich jedoch, daß das Abkommen auf die *persönlichen Ehewirkungen* (im Unterschied zum Ehegüterrecht) nicht anzuwenden ist im Fall *nie gemeinsamer Staatsangehörigkeit* der Eheleute[3]. Dieser Fall wird hier *unterstellt.* Zwar ergibt sich aus den Akten nicht sicher, welche Staatsangehörigkeit die Mutter des Beklagten besaß und besitzt. Es ist jedoch wahrscheinlich, daß sie

---

[1] *Kegel* in *Soergel-Siebert*, Kommentar zum BGB (9. Aufl. 1961), Bd. V, Vorbem. 12–13 vor Art. 7, S. 511–512; *Jayme*, Die Wiederanwendung der Haager Familienrechtsabkommen von 1902 und 1905, NJW 1965, 13, 14; *Kaufmann*, Die völkerrechtlichen Vorkriegsverträge, Festgabe für Alexander N. Makarov (Abhandlungen zum Völkerrecht) 1958, 225–233; *Raape*, Internationales Privatrecht (5. Aufl. 1961) 21.

[2] *Kegel* in *Soergel-Siebert* aaO Art. 16, Anh. Bem. 13, S. 784; *Dölle*, Die persönlichen Rechtsverhältnisse zwischen Ehegatten im deutschen internationalen Privatrecht, RabelsZ 16 (1951) 360, 385 f.

[3] *LG Duisburg* StAZ 1958, 177; *Kegel* in *Soergel-Siebert* aaO Art. 16, Anh. Bem. 2, S. 782; *Jayme* aaO NJW 1965, 13, 16.

Deutsche war und geblieben ist. Dann aber ist das Abkommen hinsichtlich der persönlichen Ehewirkungen nicht anzuwenden[4].

Mithin gilt für die *persönlichen Ehewirkungen deutsches IPR* (Artt. 14, 16 EGBGB).

Dagegen gilt für das *Ehegüterrecht* das *Abkommen*. Denn nach dessen Art. 2 entscheidet das Heimatrecht des Mannes bei Heirat. Der Mann aber gehört einem einzigen Staate an, nämlich den Niederlanden, und die Niederlande sind ein anderer Vertragsstaat als der Forum-Staat Deutschland.

Nach Art. 2 Abs. 1 des Haager Abkommens beurteilen sich die güterrechtlichen Ehewirkungen nach dem Personalstatut des Mannes zur Zeit der Eheschließung. Da der Kläger zu dieser Zeit Niederländer war, ist daher *niederländisches Recht* Ehegüterrechtsstatut.

Eine *Rück-* oder *Weiterverweisung* des niederländischen internationalen Privatrechts wäre im Rahmen des Haager Ehewirkungsabkommens unbeachtlich[5].

### *II. Statut der persönlichen Ehewirkungen*

#### *1. Deutsches IPR*

Aus Art. 14 Abs. 1 EGBGB ist die allgemeine Kollisionsnorm abzuleiten, daß sich die persönlichen Ehewirkungen nach dem gemeinsamen Heimatrecht der Eheleute beurteilen[6]. Die Anwendung dieser Regel ist umstritten, soweit die Eheleute verschiedenen Staaten angehören. Die herrschende Meinung unterstellt die persönlichen Ehewirkungen außer im Fall des Art. 14 Abs. 2 EGBGB dem *Heimatrecht des Ehemannes*[7]. Dem-

---

[4] Das Abkommen ist auch nicht anzuwenden, wenn die Ehefrau des Klägers zur Zeit der Heirat sowohl die deutsche als auch die niederländische Staatsangehörigkeit besessen hat. Denn insoweit gilt eine zweite Regel: Das Abkommen gilt nicht für *Mehrstaater*, d. h. für Personen, die mehreren Staaten angehören, außer wenn *alle* diese Staaten *Vertrags*staaten sind und *keiner* der *Forum*-Staat ist (d. h. der Vertragsstaat, in dem über die Anwendbarkeit des Abkommens zu entscheiden ist). *Kegel* in *Soergel-Siebert* aaO Art. 16 Anh. Bem. 13, S. 784; *Jayme*, NJW 1965, 16.

Hier ist die Ehefrau möglicherweise zugleich *Deutsche* (vgl. §§ 17 Nr. 2, 25 RuStG) und *Niederländerin*. Dann wird sie für die Anwendung des Abkommens so behandelt, wie wenn sie *allein Deutsche* wäre. Dann aber hat sie nicht dieselbe Staatsangehörigkeit wie ihr Mann und daher ist das Abkommen auf die persönlichen Ehewirkungen nicht anzuwenden.

[5] Vgl. *Kegel* in *Soergel-Siebert* aaO, Art. 27 EGBGB, Bem. 33, S. 942 f.; zum Haager Ehescheidungsabkommen vom 12. 6. 1902 ausdrücklich *RGZ* 105, 340, 342; *KG* IPRspr. 1934, 108, 109.

[6] *Kegel* in *Soergel-Siebert* aaO Art. 14, Bem. 1, S. 753 mit Nachweisen aus der Rechtsprechung.

[7] Z. B. *OLG Frankfurt* NJW 1967, 503; *OLG Frankfurt* FamRZ 1967, 481, 483;

gegenüber erscheint es jedoch geboten, die *Heimatrechte beider Eheleute* anzuwenden und dem *Grundsatz des schwächeren Rechts* zu folgen[8]. Soweit erkennbar, hat sich auch das *OLG Düsseldorf* in mehreren Entscheidungen dieser Auffassung angeschlossen[9]. Sie soll daher auch diesem Gutachten zugrunde gelegt werden. Demnach beurteilen sich die persönlichen Ehewirkungen der Eheleute H. nach dem schwächeren der beiden Personalstatute, nämlich dem *deutschen* oder *niederländischen* Recht.

*2. Niederländisches IPR*

Auch im niederländischen IPR werden die persönlichen Ehewirkungen grundsätzlich dem gemeinsamen Heimatrecht der Eheleute unterstellt[10]. Zweifelhaft ist die Anknüpfung, wenn die Eheleute verschiedenen Staaten angehören. Die niederländische Rechtsprechung hat sich hierzu, soweit ersichtlich, bisher nicht eindeutig geäußert. Im Hinblick auf die einhellige niederländische Lehrmeinung kann man jedoch davon ausgehen, daß in diesem Fall an die Staatsangehörigkeit des Ehemannes anzuknüpfen ist[11]. Da der Kläger Niederländer ist, findet mithin vom niederländischen Recht *keine Rückverweisung* auf deutsches Recht statt.

## *III. Sachenrechtsstatut*

Die Frage des *gutgläubigen Erwerbs* dinglicher Rechte beurteilt sich grundsätzlich nach der lex rei sitae[12]. Dieser Grundsatz ist auch auf den Erwerb von Vormerkungen anzuwenden. Es mag zwar zweifelhaft erscheinen, ob die Vormerkung wegen ihrer Abhängigkeit von der zu

---

*KG-West* FamRZ 1963, 43 = NJW 1963, 51 m. krit. Anm. *Wengler* 593; *Raape* aaO 323 f.; auch *Wolff* aaO 197 f., wenn die Ehegatten von Anfang an verschiedenen Staaten angehören oder beide Ehegatten eine einmal gemeinsame Staatsangehörigkeit nicht mehr besitzen. Weitere Nachweise bei *Kegel* in *Soergel-Siebert*, aaO, Art. 14, Bem. 5, Fußn. 7, S. 754.

[8] *BGHZ* 44, 121, 126 f. = FamRZ 1965, 552 = JZ 1966, 177 m. abl. Anm. *Wengler*; *OLG Celle* StAZ 1967, 187; *Kegel* in *Soergel-Siebert*, aaO, Art. 14, Bem. 4, S. 754 mit weiteren Nachweisen in Fußn. 8.

[9] *OLG Düsseldorf* FamRZ 1961, 380 = MDR 1961, 773 = NJW 1961, 1583 betr. Niederlande; *OLG Düsseldorf* FamRZ 1967, 626 = OLGZ 1967, 379, 382–386 betr. Niederlande; dahingestellt *OLG Düsseldorf* FamRZ 1965, 616.

[10] *Rb. Amsterdam* 17. 3. 1930, W. 1930, 12151; *Hof Amsterdam* 22. 1. 1931, W. 1931, 12250; *van Brakel*, Grondslagen en Beginselen van Nederlands Internationaal Privaatrecht (2. Aufl. 1950) 181–182.

[11] *van Brakel* aaO 181–182; *Kosters-Dubbink*, Algemeen Deel van het Nederlandse Internationaal Privaatrecht (1962) 617 f.; *Mulder*, Inleiding tot het Nederlandsch Internationaal Privaatrecht (2. Aufl. 1947) 113–114.

[12] *BGH* AWD 1960, 101 f. = MDR 1960, 578 m. Anm. Kuhn = NJW 1960, 774; *RGZ* 103, 30, 31; *Kegel* in *Soergel-Siebert*, aaO, Vorbem. 270 vor Art. 7, S. 582; *Wolff* aaO 177.

sichernden Forderung als echtes dingliches Recht anzusehen ist. Jedoch bedarf es hier keiner endgültigen Stellungnahme zum Wesen der Vormerkung. Nach allgemeiner Auffassung ist anerkannt, daß sich die Vormerkung wie eine dingliche Belastung des Grundstücks auswirkt und daher weitgehend wie ein *dingliches* Recht behandelt wird[13]. Dies gilt insbesondere, soweit man einen gutgläubigen Erwerb der Vormerkung über § 892 BGB zuläßt[14]. Daher ist es gerechtfertigt, die Vormerkung auch kollisionsrechtlich als dingliches Recht zu behandeln und im Verkehrsinteresse an die Belegenheit des Grundstücks anzuknüpfen. Dies kann hier zur Anwendung des deutschen Sachenrechts führen. Denn das Grundstück, an dem der Beklagte möglicherweise die Auflassungsvormerkung erworben hat, ist in Deutschland belegen.

Wenn die Vormerkung wie hier durch einen *Ehegatten* bestellt ist, kann allerdings deutsches Sachenrecht als lex rei sitae über einen gutgläubigen Erwerb der Vormerkung dann nicht befinden, wenn der gute Glaube des Erwerbers schon nach dem für die Gültigkeit der Bestellung etwa maßgebenden ausländischen *Ehepersonen-* oder *Ehegüterrecht* geschützt wird. Denn soweit eine Rechtsordnung die Gültigkeit eines Rechtsgeschäftes beherrscht, ist es an ihr, die Folgen eines Mangels und damit auch die Heilbarkeit durch guten Glauben des Erwerbers zu bestimmen[15]. Daher kann, soweit niederländisches Ehepersonen- oder Ehegüterrecht berufen ist und eine Rück- oder Weiterverweisung des niederländischen internationalen Privatrechts nicht zulässig ist (so für das Ehegüterrecht oben I S. 257) oder nicht ausgesprochen wird (so für das Ehepersonenrecht oben II 2 S. 258), das niederländische materielle Recht den guten Glauben des Erwerbers der Vormerkung schützen mit der Folge, daß deutsches Sachenrecht insoweit nicht mehr zum Zuge kommt.

Der *umgekehrte* Fall, daß vom maßgebenden niederländischen Eherecht der gute Glauben des Erwerbers *nicht* geschützt wird, dürfte einen Schutz nach deutschem Sachenrecht (oder auch nach deutschem Eherecht, vgl. Art. 16 EGBGB) nicht hindern. Doch kann diese Frage, wie sich zeigen wird (unten B III), hier offenbleiben.

---

[13] *BGH* 25, 16, 23; *RGZ* 151, 389, 392; *Baur,* Lehrbuch des Sachenrechts (3. Aufl. 1966) 172; *Erman-Westermann,* Handkommentar zum Bürgerlichen Gesetzbuch (4. Aufl. 1967) Bd. II, § 883, Bem. 2, S. 52–53.

[14] Hierzu im einzelnen *BGHZ* 25, 16, 23; *BGB-RGKR-Pritsch,* Das Bürgerliche Gesetzbuch III. Bd., 1. Teil (11. Aufl. 1959), § 883, Anm. 44, S. 164; *Staudinger-Seufert,* Kommentar zum Bürgerlichen Gesetzbuch mit Einführungsgesetz und Nebengesetzen, III. Bd., Sachenrecht, 1. Teil (11. Aufl. 1956), § 883, Bem. 55, 221; *Westermann,* Sachenrecht (5. Aufl. 1966) S. 439.

[15] Vgl. für die *Heirat*: *Kegel* in *Soergel-Siebert,* aaO, Art. 13, Bem. 73–85, S. 739–742.

### *IV. Bereicherungsstatut*

Das deutsche internationale Privatrecht unterstellt Bereicherungsansprüche, die durch Verfügungen eines *Nicht- oder Nichtverfügungsberechtigten* ausgelöst werden, dem Recht der Verfügung[16]. Dies führt hier grundsätzlich zur Anwendung des *deutschen Sachenrechts* als lex rei sitae, da die Vormerkung an dem in Deutschland belegenen Grundstück bestellt worden ist.

Allerdings gilt für die ungerechtfertigte Bereicherung eine ähnliche Einschränkung wie für den gutgläubigen Erwerb (oben III S. 259): *soweit* niederländisches *Ehepersonen- oder Ehegüterrecht* über die Gültigkeit der Vormerkungsbestellung entscheidet und den guten Glauben des Erwerbers schützt, ist es auch berufen, den Ausgleich im Wege der Bereicherung zu regeln. Schließt es ihn aus, dann kann ein Bereicherungsanspruch *insoweit* nicht mehr auf deutsches Recht (insbesondere auf § 816 Abs. 1 Satz 2 BGB) gestützt werden. Denn der Bereicherungsanspruch wird vom deutschen internationalen Privatrecht in den Fällen der Verfügung eines Nicht- oder Nichtverfügungsberechtigten gerade deswegen dem Recht unterstellt, das die Verfügung beherrscht, weil er – auf schuldrechtlichem Wege – den dinglichen Rechtsübergang einschränkt[17].

## B. MATERIELLES RECHT

### *I. Recht der persönlichen Ehewirkungen*

#### *1. Niederländisches Recht*

Unter dem Titel, der sich mit den Rechten und Pflichten der Ehegatten befaßt, sieht Art. 164 a BW folgende Verfügungsbeschränkung der Ehegatten vor:

*Art. 164 a BW:*

| | |
|---|---|
| „1. Een echtgenoot behoeft de toestemming van de andere echtgenoot voor de volgende handelingen: | 1. Ein Ehegatte bedarf der Zustimmung des anderen Ehegatten zu folgenden Rechtshandlungen: |
| a) ... | a) ... |
| b) giften, met uitzondering van de gebruikelijke, niet-bovenmatige; | b) unentgeltliche Zuwendungen, mit Ausnahme der gebräuchlichen, nicht übermäßigen; |
| c) ..." | c) ... |

[16] *BGH* NJW 1960, 774, 775; *Kegel* in *Soergel-Siebert,* aaO, Vorbem. 265 vor Art. 7, S. 580; *Raape* aaO 528; *Wolff* aaO 169; *Zweigert,* Bereicherungsansprüche im internationalen Privatrecht, SJZ 1947, 247, 252.

[17] Vgl. *Kegel* in *Soergel-Siebert,* aaO, Vorbem. 265 vor Art. 7 EGBGB, S. 580; *Wolff* aaO 169; im Ergebnis ebenso *Zweigert* aaO 252 und ihm folgend *Raape* aaO 527 f.

Geht man davon aus, daß sich die Auflassungsvormerkung als eine Art dinglicher Belastung des Grundstücks darstellt, so fällt ihre *unentgeltliche* Bestellung unter Art. 164 a Abs. 1 b BW. Denn unter dem Begriff „giften" wird jede unentgeltliche Zuwendung materieller Werte verstanden. Dabei kommt es nicht darauf an, ob es sich um Leistungen aufgrund einer einverständlichen Schenkung („schenkingen") oder um einseitige tatsächliche Zuwendungen handelt[18]. Entscheidend ist vielmehr nur der materielle Vorteil, der einem Dritten auf Kosten des Vermögens der Ehegatten verschafft wird. Mithin bedurfte die Ehefrau des Klägers von der Heirat an der Zustimmung ihres Ehemannes zur Bestellung der Auflassungsvormerkung zugunsten des Beklagten, wenn die Vormerkung unentgeltlich bestellt worden ist.

*2. Deutsches Recht*

Im Gegensatz zum niederländischen Recht kennt das deutsche Recht der persönlichen Ehewirkungen (§§ 1353–1362 BGB) keine Regel, die einem Ehegatten bestimmte Rechtsgeschäfte untersagt.

*3. Schwächeres Recht*

Vergleicht man die niederländische Regelung mit dem deutschen Recht der persönlichen Ehewirkungen, so ergibt sich, daß das deutsche Recht das schwächere ist. Das schwächere Recht wird berufen, weil kein Gatte durch die Ehe stärker eingeschränkt werden soll, als sein Heimatrecht vorsieht[19]. Mithin beurteilt sich hier die Verfügungsbefugnis der Ehefrau des Klägers nach materiellem deutschem Recht. Danach war sie nicht gehindert, auch nach der Eheschließung ohne Mitwirkung ihres Ehemannes über ihr Vermögen zu verfügen.

*II. Niederländisches Ehegüterrecht*

*1. Gegenstand der gesetzlichen Gütergemeinschaft*

Mit der Eheschließung wird das gesamte Vermögen, das die Eheleute in die Ehe einbringen, gemeinsames Vermögen beider Ehegatten.

*Art. 175 BW:*

„De gemeenschap omvat, wat haar baten betreft, alle tegenwoordige en

Was ihre Aktiven betrifft, so umfaßt die Gemeinschaft alle gegenwärtigen

[18] *Klaassen-Eggens-Luijten,* Huwelijksgoederen – en erfrecht (1964) 38–39; *De Bruijn,* Het Nederlandse Huwelijksvermogensrecht (1959) 69.

[19] Vgl. *Kegel* in *Soergel-Siebert,* aaO, Art. 14, Bem. 5, S. 754 i. V. m. Art. 13, Bem. 83, 84, S. 741.

toekomstige goederen der echtgenoten, met uitzondering van goederen ten aanzien waarvan de erflater of schenker heeft bepaald, dat zij buiten de gemeenschap vallen.

Onvervreemd-bare en hoogst persoonlijke goederen vallen in de gemeenschap voor zover het bijzondere karakter van die goederen zich daartegen niet verzet."

und zukünftigen Güter der Eheleute, mit Ausnahme der Güter, von denen der Erblasser oder Schenker angeordnet hat, daß sie außerhalb der Gemeinschaft bleiben.

Unveräußerliche und höchstpersönliche Güter fallen insoweit in die Gemeinschaft, als die besondere Rechtsnatur der Güter nicht entgegensteht.

Danach wird das frühere Alleineigentum der Verlobten kraft Gesetzes zum Miteigentum der Eheleute[20]. Mithin steht das Grundstück der Ehefrau des Klägers seit der Eheschließung im Miteigentum des Klägers und seiner Ehefrau.

## 2. *Verwaltungsbefugnis der Ehegatten*

Im niederländischen Güterrecht herrscht der Grundsatz, daß jeder Ehegatte das von ihm eingebrachte Vermögen selbst verwaltet.

*Art. 177 Abs. 1 und 2 BW:*

„De goederen der gemeenschap staan onder het bestuur van de echtgenoot, van wiens zijde zij in de gemeenschap zijn gevallen, tenzij de echtgenoten anders overeenkomen of de rechter ingevolge artikel 165 anders heeft bepaald.

Heeft een echtgenoot een rechtshandeling in strijd met het vorige lid verricht, dan kan de andere echtgenoot binnen een jaar, nadat de rechtshandeling te zijner kennis is gekomen, de nietigheid daarvan ten behoeve van de gemeenschap inroepen en het goed van een ieder terugvorderen. Rechten te goeder trouw om baat verkregen door derden, daaronder begrepen hij die met de echtgenoot heeft gehandeld, worden nochtans geëerbiedigd."

Die Güter der Gemeinschaft stehen unter der Verwaltung des Ehegatten, von dessen Seite aus sie in das gemeinschaftliche Vermögen eingebracht worden sind, sofern nicht die Ehegatten sich abweichend einigen oder der Richter nach Art. 165 etwas anderes angeordnet hat.

Hat ein Ehegatte eine Rechtshandlung unter Verstoß gegen den vorhergehenden Absatz vorgenommen, so kann der andere Ehegatte innerhalb eines Jahres, nachdem er von der Rechtshandlung Kenntnis erlangt hat, ihre Nichtigkeit zum Vorteil der Gemeinschaft geltend machen und den Vermögensgegenstand von jedermann zurückfordern. Rechte, die durch Dritte gutgläubig erworben worden sind, auch wenn sie selbst mit dem Ehegatten kontrahiert haben, werden jedoch als gültig angesehen.

Diese Vorschrift hinderte die Ehefrau des Klägers nicht, die Auflassungsvormerkung zugunsten ihres Sohnes ohne Zustimmung des Klägers

---

[20] *De Bruijn* aaO 189; *Klaassen-Eggens-Luijten* aaO 73 f.; *Keyzer,* Beginselen van het Nederlandse Zakenrecht (1956) 189.

zu bestellen. Denn die Verwaltung („bestuur") des Vermögens umfaßt grundsätzlich auch jede Belastung[21], und die Ehefrau des Klägers hatte das Grundstück in das gemeinsame Vermögen eingebracht; es unterlag also grundsätzlich ihrer alleinigen Verwaltungsbefugnis. Eine entgegenstehende Vereinbarung ist nach dem Vortrag der Parteien nicht erkennbar. Ebensowenig ist vorgetragen worden, daß eine richterliche Anordnung nach Art. 165 BW eine abweichende Regelung getroffen hatte. Es ist daher anzunehmen, daß die Bestellung der Auflassungsvormerkung durch die Ehefrau des Klägers nicht gegen Art. 177 Abs. 1 BW verstieß.

### 3. *Einschränkung der Verwaltungs- und Verfügungsbefugnis*

Art. 177 BW kann im Zusammenhang mit den niederländischen Vorschriften über die *persönlichen Ehewirkungen* gesehen werden. Denn Art. 177 Abs. 1 BW hebt die Beschränkung der Verfügungsbefugnis des Ehegatten nach Art. 164 a BW nicht auf. Vielmehr bleibt Art. 164 a BW durch Art. 177 Abs. 1 BW unberührt[22]. Insbesondere bedarf die Ehefrau bei den Rechtsgeschäften, die Art. 164 a BW bezeichnet, der Zustimmung des Ehemannes, auch wenn die betroffenen Vermögensgegenstände von ihr eingebracht worden sind und daher unter ihrer Verwaltung stehen[23]. Die niederländische güterrechtliche Regelung bedeutet daher, daß Art. 177 Abs. 1 BW die Verwaltungs- und Verfügungsbefugnis der Ehefrau nur insoweit zuerkennt, als Art. 164 a BW nicht entgegensteht.

Das ist jedoch kein Grund, über Art. 177 Abs. 1 BW im vorliegenden Fall auch Art. 164 a BW anzuwenden. Denn zu den persönlichen Ehewirkungen (den „persönlichen Rechtsbeziehungen" von „Ehegatten") im Sinne von Art. 14 Abs. 1 EGBGB gehören alle Rechtssätze, die der Regelung nicht eines Güterstandes, sondern der Ehe im ganzen, unabhängig vom Güterstand, dienen[24]. Dagegen gehören zum „ehelichen Güterrecht" im Sinne von Art. 15 EGBGB alle Rechtssätze, die allein oder überwiegend zum Ziel haben, das Vermögen von Mann und Frau während und aufgrund der Ehe einer Sonderordnung zu unterstellen oder (im Falle restloser Gütertrennung) von einer Sonderordnung abzusehen[25]. Das gleiche wird man für „die Wirkungen der Ehe sowohl auf das unbewegliche als auf das bewegliche Vermögen der Ehegatten" im Sinne von Art. 2 Abs. 1 des Haager Ehewirkungsabkommens anzunehmen haben, da Hinweise für eine andere Abgrenzung fehlen[26].

---

[21] *De Bruijn* aaO 270; *Klaassen-Eggens-Luijten* aaO 110.

[22] *De Bruijn* aaO 280.

[23] *Hoge Raad* 23. 12. 1960, NJ 1961 Nr. 85, S. 188; hierzu im einzelnen *Klaassen-Eggens-Luijten* aaO 117–118.

[24] *Kegel* in *Soergel-Siebert*, aaO, Art. 14 EGBGB, Bem. 9, S. 755.

[25] *Kegel* in *Soergel-Siebert*, aaO, Art. 15 EGBGB, Bem. 6, S. 766.

[26] Vgl. *Kegel* in *Soergel-Siebert*, aaO, Art. 16 EGBGB, Anhang Bem. 6, S. 783

Zu den persönlichen Ehewirkungen im Sinne von Art. 14 Abs. 1 EGBGB gehören daher auch vermögensrechtliche Beziehungen, entweder nur zwischen Ehegatten, z. B. Unterhaltsansprüche, oder auch im Verhältnis zu Dritten, z. B. Schlüsselgewalt, Eigentumsvermutungen und aus dem niederländischen Recht Art. 164 a BW[27].

Art. 164 a BW ist daher im vorliegenden Fall nicht anzuwenden: die Ehefrau des Klägers konnte dem Beklagten die Auflassungsvormerkung schenken[28].

### *III. Gutgläubiger Erwerb*

Hält man entgegen dem Vorstehenden (oben II 3) Art. 164 a BW für anwendbar oder *ist* er anwendbar, weil die Mutter des Beklagten entgegen der Unterstellung (oben A I) bei Heirat und später allein Niederländerin gewesen ist, dann ist gutgläubiger Erwerb des Beklagten zu prüfen.

In Betracht kommt *§ 892 BGB* (oben A III). Der Senat erwägt die Anwendung von § 892 Abs. 1 *Satz 2* BGB (Beweisbeschluß). In Betracht kommt auch *Satz 1*.

*Satz 1* würde den Fall treffen, daß die Mutter des Beklagten als Nicht*berechtigte* verfügt hat. In der Tat ist sie als Ehegattin im gesetzlichen Güterstand des niederländischen Rechts nur noch Mit-, nicht mehr Alleineigentümerin ihres vorehelichen Grundbesitzes.

Darauf kommt es indessen nicht an. Denn Art. 177 Abs. 1 BW gibt ihr trotz Miteigentums Alleinverfügungsmacht, während ihr Art. 164 a Abs. 1 BW trotz Miteigentums, ja im Güterstand der Gütertrennung sogar trotz Alleineigentums unentgeltliche Verfügungen verbietet.

Wenn sie nicht verfügen kann, dann also wegen fehlender Verfügungsmacht, nicht wegen fehlenden Eigentums. Folglich kommt nicht Satz 1, sondern *Satz 2* des § 892 Abs. 1 BGB zum Schutze des Beklagten in Betracht.

---

und Anhang Bem. 3, S. 782. Keine klare Abgrenzung bieten *Lewald* in *Strupp's* Wörterbuch des Völkerrechts und der Diplomatie, Bd. I (1924) 474–476; *Weber*, Eheverträge unter Beteiligung italienischer oder niederländischer Staatsangehöriger, DNotZ 1966, 592, 593–597 und *Jayme*, aaO, NJW 1965, 13–19.

[27] Vgl. *Kegel* in *Soergel-Siebert*, aaO, Art. 14 EGBGB, Bem. 9, S. 755.

[28] Eine andere Frage ist, ob die von Art. 14 und 15 EGBGB und vom Haager Ehewirkungsabkommen vorgenommene Trennung von persönlichen Ehewirkungen und Ehegüterrecht und ob die gewählten Anknüpfungen *rechtspolitisch* zu billigen sind. Die Eherechtskommission des Deutschen Rates für Internationales Privatrecht will die Trennung aufheben und hat Anknüpfungen vorgeschlagen, die im vorliegenden Fall persönliche Ehewirkungen und Güterrecht dem deutschen Recht unterstellen würden: Vorschläge und Gutachten zur Reform des deutschen internationalen Eherechts, hrsg. von *Lauterbach*, 1962, 2 f.; *Kegel*, Internationales Privatrecht (2. Aufl. 1964) 278, 284 f.

Art. *164 a BW* enthält auch ein *relatives Verfügungsverbot* im Sinne von § 892 Abs. 1 Satz 2 BGB[29]. Denn *Art. 164 b* BW ordnet an:

„Heeft een echtgenoot een rechtshandeling in strijd met het vorige artikel verricht, dan kan de andere echtgenoot binnen een jaar, nadat de rechtshandeling te zijner kennis is gekomen, de nietigheid daarvan inroepen en goederen waarover onrechtmatig is beschikt, van een ieder opvorderen. Rechten te goeder trouw om baat verkregen door derden, daaronder gegrepen hij die met de echtgenoot heeft gehandeld, worden nochtans geëerbiedigd."

Hat ein Ehegatte eine Rechtshandlung unter Verstoß gegen den vorhergehenden Artikel vorgenommen, so kann der andere innerhalb eines Jahres, nachdem er von der Rechtshandlung Kenntnis erlangt hat, ihre Nichtigkeit geltend machen und die Gegenstände, über die unrechtmäßig verfügt worden ist, von jedermann zurückfordern. Rechte, die durch Dritte gutgläubig erworben worden sind, auch wenn sie selbst mit dem Ehegatten kontrahiert haben, werden jedoch als gültig angesehen.

Aus dieser Vorschrift ist zu entnehmen, daß der Verstoß gegen Art. 164 a BW keine absolute Nichtigkeit des Rechtsgeschäfts zur Folge hat. In der niederländischen Literatur spricht man von einer Art „relatieve nietigheid"[30].

Allerdings greift § 892 Abs. 1 Satz 2 BGB nur ein, wenn eine relative Verfügungsbeschränkung im Grundbuch *eintragbar* war[31]. Ob relative Veräußerungsverbote des Eherechts eintragbar sind, mag zweifelhaft sein[32].

Die Frage kann hier offenbleiben. Denn ein Verstoß gegen das Schenkungsverbot des Art. 164 a BW macht nach § 164 b BW die verbotene Verfügung nur unter drei Voraussetzungen nichtig.

Zunächst tritt die Nichtigkeit nicht kraft Gesetzes ein. Erforderlich ist vielmehr, daß sich der Ehegatte, dessen Zustimmung fehlt, darauf *beruft*. Dies muß nicht in besonderer Form geschehen. Insbesondere bedarf es hierzu nicht der Klageerhebung des Ehegatten. Es genügt vielmehr das formlose Berufen auf die Nichtigkeit der Verfügung[33].

Sodann ist erforderlich, daß sich der übergangene Ehegatte *innerhalb eines Jahres*, nachdem er von dem Rechtsgeschäft Kenntnis erlangt hat,

---

[29] Vgl. *Soergel-Baur*, Bürgerliches Gesetzbuch IV (10. Aufl. 1968) § 892 BGB, Bem. 13, S. 131.

[30] Vgl. *Asser-Wiarda*, Handleiding tot de Beoefening van het Nederlands Burgerlijk Recht, 1. Teil Personenrecht (9. Aufl. 1957) 168; *De Bruijn* aaO 72; *Klaassen-Eggens-Luijten* aaO 41.

[31] *Soergel-Baur*, aaO, § 892 BGB, Bem. 2, S. 129; *Lutter*, Die Grenzen des sogenannten Gutglaubensschutzes im Grundbuch, AcP 164 (1964), 122, 127.

[32] *Dagegen:* anscheinend *Soergel-Baur*, aaO, § 892 BGB, Bem. 14, S. 131 f., vgl. auch § 873, Bem. 26, S. 85. *Dafür: Lutter*, aaO, 130, Fußn. 31.

[33] *Rb. 's-Hertogenbosch* 1. 5. 1959, NJ 1960 Nr. 79; *Klaassen-Eggens-Luijten* aaO 41.

auf die Nichtigkeit beruft. Mit dem Ende der einjährigen Frist erlischt diese Befugnis kraft Gesetzes, da es sich um einen „vervaltermijn" handelt[34].

Schließlich kann sich der Ehegatte nur dann wirksam auf die Nichtigkeit berufen, wenn der Erwerber nicht *gutgläubig* war[35]. Hieraus folgt, daß der Kläger die Nichtigkeit der Auflassungsvormerkung nicht geltend machen kann, wenn der Beklagte die Vormerkung gutgläubig erworben hat. Ein Rückgriff auf den sachenrechtlichen Gutglaubensschutz nach § 892 Abs. 1 Satz 2 BGB ist entbehrlich, weil der gute Glaube ehepersonenrechtlich geschützt wird (oben A III)[36].

Es *ergibt sich* demnach: Hält man entgegen der hier vertretenen Ansicht (oben II 3) Art. 164 a BW für anwendbar oder *ist* er anwendbar, weil die Mutter entgegen der hier vorgenommenen Unterstellung (oben A I) bei Heirat und später allein Niederländerin gewesen ist, dann kann der Beklagte nach Art. 164 b BW die Vormerkung gutgläubig erworben haben.

## *IV. Ungerechtfertigte Bereicherung*

Bei der Prüfung möglicher Ansprüche aus ungerechtfertigter Bereicherung ist auszugehen von dem Grundsatz, daß jeweils das Recht maßgibt, das die Vermögensverschiebung beherrscht (oben A IV).

Nach der hier vertretenen Auffassung beurteilen sich die persönlichen Ehewirkungen nach *deutschem* materiellem Recht. Art. 164 a BW ist danach nicht anwendbar, auch nicht als Einschränkung von Art. 177 BW über das niederländische Güterrechtsstatut. Ein Anspruch aus § 816 Abs. 1 S. 2 BGB scheidet dann aus, weil die Ehefrau des Klägers befugt war, dem Beklagten im Wege der Schenkung die Vormerkung zu bestellen.

Soweit demgegenüber die persönlichen Ehewirkungen nach *niederländischem* materiellem Recht beurteilt werden, kann der Beklagte die Vormerkung von seiner hierzu nicht verfügungsbefugten Mutter (Art. 164 a BW) nach Art. 164 b BW gutgläubig erworben haben (oben B III). Trifft dies zu, so ist nicht nur der Schutz des guten Glaubens, sondern auch die Folge der Gewährung oder des Ausschlusses eines Ausgleichs dem Statut der persönlichen Ehewirkungen zu entnehmen (oben A IV). Da jedoch Art. 164 b BW bei gutgläubigem Erwerb keinen Ausgleich zuläßt, geht

---

[34] *Asser-Wiarda* aaO 168.

[35] Hierzu *de Bruijn* aaO 73; *Klaassen-Eggens-Luijten* aaO 42–44.

[36] Würde Art. 164 b BW den gutgläubigen Erwerber *nicht* schützen, so könnte das Schenkungsverbot des § 164 a BW nach Art. 16 Abs. 1 EGBGB mit § 1412 n. F. BGB in Deutschland überhaupt nur dann wirken, wenn der niederländische gesetzliche Güterstand im deutschen Güterrechtsregister eingetragen war, es sei denn nach deutschem Recht ein Fall des § 1365 n. F. BGB gegeben. Vgl. *Kegel* in *Soergel-Siebert,* aaO, Art. 16 EGBGB, Bem. 10, S. 777; *Lutter* aaO 130 f.

diese Vorschrift dem deutschen Bereicherungsstatut der Vermögensverschiebung vor. Dem Kläger steht daher kein Anspruch aus § 816 Abs. 1 S. 2 BGB zu.

## ERGEBNIS

Nach dem Haager Ehewirkungsabkommen vom 17. 7. 1905 (RGBl. 1912, 453, 475) beurteilen sich die güterrechtlichen Beziehungen zwischen dem Kläger und seiner Ehefrau nach *niederländischem materiellem Recht.* Dagegen findet das Haager Abkommen keine Anwendung auf die persönlichen Ehewirkungen der Eheleute H., wenn die Ehefrau entweder allein die deutsche Staatsangehörigkeit hat oder daneben noch die niederländische.

Es wird *unterstellt,* daß die Ehefrau des Klägers bei Heirat Deutsche gewesen und weiterhin geblieben ist. In diesem Fall und auch, wenn sie Doppelstaaterin (Deutsche und Niederländerin) gewesen und geblieben ist, verweist das deutsche Recht für die persönlichen Ehewirkungen auf das schwächere Recht, nämlich entweder deutsches oder niederländisches Recht.

Soweit danach niederländisches Recht berufen sein sollte, tritt keine Rückverweisung ein.

Die Frage des gutgläubigen Erwerbs der Auflassungsvormerkung durch den Beklagten untersteht grundsätzlich dem deutschen Recht. Soweit jedoch hier das niederländische materielle Recht als Statut der persönlichen Ehewirkungen oder als Güterrechtsstatut anwendbar ist und selbst den guten Glauben des Erwerbers schützt, kann deutsches Sachenrecht als lex rei sitae nicht mehr angewendet werden.

Über etwaige Bereicherungsansprüche des Klägers gegen den Beklagten wegen eines gutgläubigen Erwerbs ist gleichfalls nach deutschem Recht zu entscheiden. Die Anwendung des deutschen Bereicherungsrechts ist jedoch insoweit ausgeschlossen, als dem anwendbaren ausländischen Ehepersonen- oder Ehegüterrecht nicht nur der Schutz des guten Glaubens, sondern auch die sich hieraus ergebenden bereicherungsrechtlichen Ausgleichsansprüche unterstehen.

Das deutsche Statut der persönlichen Ehewirkungen ist schwächer als das niederländische und daher hier zur Anwendung berufen.

Die gesetzliche Gütergemeinschaft des niederländischen Rechts erstreckt sich auch auf das Grundstück der Ehefrau des Klägers. Es steht vom Zeitpunkt der Eheschließung im Miteigentum beider Eheleute.

Die Ehefrau des Klägers war nach Art. 177 Abs. 1 BW nicht gehindert, die Auflassungsvormerkung zugunsten des Beklagten ohne Zustimmung des Klägers zu bestellen.

Art. 164 a BW fällt unter die persönlichen Ehewirkungen und ist daher nicht anzuwenden. Die Ehefrau des Klägers war daher nicht gehindert, die Vormerkung zugunsten des Beklagten ohne Zustimmung des Klägers zu bewilligen. Danach hat der Beklagte die Vormerkung von seiner verfügungsberechtigten Mutter erworben.

Soweit der Senat jedoch entgegen der hier vertretenen Auffassung Art. 164 a BW für anwendbar hält, oder wenn diese Vorschrift anwendbar ist, weil die Ehefrau des Klägers entgegen der vorgenommenen Unterstellung (S. 7 f.) bei Heirat und später allein Niederländerin gewesen ist, dann kann der Beklagte die Vormerkung nach § 164 b BW gutgläubig erworben haben.

Ein Anspruch aus § 816 Abs. 1 S. 2 BGB steht dem Kläger nicht zu.

Die vom Beklagten mit Schriftsatz vom 15. 8. 1968 vorgetragenen Tatsachen erfordern keine abweichende Beurteilung der dargestellten Rechtslage.

## c) Ehegüterrecht

Siehe auch Nr. 22, 59, 60, 70, 73, 74, 78

## Nr. 23

**USA (New York)**

1. **Nach dem Kollisionsrecht von New York wird als gesetzliches Ehegüterrechtsstatut für das bewegliche Vermögen die lex domicilii und hinsichtlich des unbeweglichen Vermögens die lex rei sitae berufen.**
2. **Eheverträge beurteilen sich im Recht von New York nach den allgemeinen Kollisionsregeln für privatrechtliche Verträge.**

**Hamburg G 212/66 vom 29. 11. 1966**

Herr Notar Dr. C. in Hamburg bittet in einer Ehegüterrechtssache um Auskunft über deutsches und amerikanisches Internationales Privatrecht und über *New Yorker Ehegüterrecht.*

Der Anfrage liegt folgender Sachverhalt zugrunde:

Ein Amerikaner mit Wohnsitz in New York beabsichtigt, mit einer vermögenden deutschen Staatsangehörigen die Ehe zu schließen. Das Vermögen der Braut umfaßt hauptsächlich in Hamburg belegene Grundstücke und Rechte an solchen Grundstücken. Gefragt wird, ob es erforderlich und möglich ist, Gütertrennung zu vereinbaren.

### *I. Gesetzliches Ehegüterrecht*

Damit beurteilt werden kann, ob die Vereinbarung einer Gütertrennung erforderlich ist, muß zunächst geklärt werden, welches gesetzliche Ehegüterrecht für die vermögensrechtlichen Beziehungen der zukünftigen Ehegatten maßgebend ist.

*1. Deutsches Internationales Privatrecht*

Nach dem aus Art. 15 EGBGB abgeleiteten allgemeinen Grundsatz, der mangels besonderer staatsvertraglicher Vereinbarungen eingreift, wird das eheliche Güterrecht grundsätzlich nach den Gesetzen des Staates beurteilt, dem der Ehemann zur Zeit der Eingehung der Ehe angehört[1]. Auf die Staatsangehörigkeit der Ehefrau kommt es danach nicht an. Der Verfassungssatz der Gleichberechtigung von Mann und Frau hat den Art. 15 EGBGB bzw. den aus dieser Vorschrift abgeleiteten allgemeinen Grundsatz nach herrschender Auffassung nicht berührt[2].

Das deutsche IPR verweist im vorliegenden Fall also auf das Recht der Vereinigten Staaten von Amerika. Da die Vereinigten Staaten – von wenigen Rechtsmaterien, die bundesrechtlich und damit einheitlich geregelt sind, abgesehen – kein einheitliches Rechtsgebiet bilden, vielmehr jeder Einzelstaat sein eigenes internationales und materielles Privatrecht hat[3], muß die Verweisung „konkretisiert", d. h. es muß die maßgebende Teilrechtsordnung bestimmt werden. Nach der deutschen Rechtsprechung geschieht dies durch eine Unteranknüpfung an den Wohnsitz[4].

Die herrschende Lehre kommt über eine Unteranknüpfung an die Gliedstaatsangehörigkeit[5] zum gleichen Ergebnis. Denn nach der amerikanischen Bundesverfassung (14. Amendment § 1 Satz 1) hängt die Gliedstaatsangehörigkeit von dem Domizil in einem Gliedstaat ab[6]. Da der Verlobte seinen Wohnsitz in New York hat und davon ausgegangen werden kann, daß sein Wohnsitz auch im Zeitpunkt der Heirat in New York liegen wird, beurteilen sich die güterrechtlichen Verhältnisse unter den (künftigen) Eheleuten also nach dem Recht des Staates New York. Allerdings ist eine Rück- oder Weiterverweisung dieses Rechts gemäß Art. 27 EGBGB zu beachten[7].

---

[1] *BGH* 5. 2. 1954, FamRZ 1954, 110 = IPRspr. 1954–1955 Nr. 197; *Soergel-Siebert (-Kegel),* BGB, Bd. V (9. Aufl. 1961) Anm. 1 zu Art. 15 EGBGB mit Nachweisen.

[2] *BGH,* aaO; *BayObLG* 17. 3. 1959, BayObLGZ 1959, 89 = NJW 1959, 1042; *Soergel-Siebert(-Kegel),* Anm. 3 ff. vor Art. 13 EGBGB; Vorläufige Stellungnahme des Instituts, RabelsZ 18 (1953) 119.

[3] *Parker,* Das Privatrecht der Vereinigten Staaten von Amerika (1960) 1 f.; *Ferid-Firsching,* Internationales Erbrecht II (1961) USA Grundzüge CI Randz. 35 c.

[4] *RG* 21. 11. 1929, RGZ 126, 353; *BGH* 19. 3. 1958, BGHZ 27, 47 (51) = IPRspr. 1958–1959 Nr. 1 (S. 2); weitere Nachweise bei *Soergel-Siebert(-Kegel),* Anm. 111 vor Art. 7 EGBGB N. 70.

[5] Vgl. *Neuhaus,* Die Grundbegriffe des IPR (1962) 214; *Raape,* IPR (5. Aufl. 1961) 150; *Melchior,* Die Grundlagen des deutschen IPR (1932) § 310.

[6] *Paudler* v. *Paudler,* 185 F. 2 d 901 (5th Cir. 1950), cert. denied 341 U. S. 920 (1951).

[7] *BGH* 9. 6. 1960, NJW 1960, 1720 = IPRspr. 1960–1961 Nr. 23; *Soergel-Siebert (-Kegel),* Anm. 15 ff. zu Art. 27 EGBGB (mit weiteren Nachweisen).

*2. Internationales Privatrecht des Staates New York*

Das Kollisionsrecht des Staates New York unterscheidet, wie das der meisten amerikanischen Einzelstaaten, zwischen beweglichem (movable) und unbeweglichem (immovable) Vermögen der Eheleute.

Das bei Eheschließung vorhandene bewegliche Vermögen untersteht dem Recht des Domizils, das der Ehemann zur Zeit der Heirat hat[8]. Soweit bewegliches Vermögen erst während der Ehe erworben wird, unterliegt es dem Recht des gemeinsamen Domizils der Eheleute bzw., wenn die Eheleute getrennt leben, dem Recht des Domizils, das der erwerbende Ehegatte im Zeitpunkt des Erwerbes hat[9]. Unbewegliches Vermögen untersteht hingegen – gleichgültig ob es vor oder erst nach der Heirat erworben ist – stets der lex rei sitae[10].

Ob ein bestimmter Gegenstand zum beweglichen oder zum unbeweglichen Vermögen gehört, richtet sich dabei nach dem Recht der belegenen Sache[11].

Hinsichtlich des in Hamburg belegenen, nach deutscher Auffassung unbeweglichen Vermögens verweist das New Yorker Recht in den Fragen des Güterrechts also auf das deutsche Recht zurück, dessen Darstellung sich erübrigt. Hingegen bleibt bezüglich des beweglichen Vermögens das Recht von New York für die güterrechtlichen Verhältnisse maßgebend. Falls die Eheleute nach der Heirat in einem anderen Staate als New York ihren Wohnsitz nehmen, ist hinsichtlich des später erworbenen beweglichen Vermögens allerdings das Recht des jeweiligen Wohnsitzstaates maßgebend.

*3. Materielles Ehegüterrecht des Staates New York*

Wie in den meisten amerikanischen Einzelstaaten der Union gilt in New York als gesetzlicher Güterstand die Gütertrennung[12]. Die traditionellen

---

[8] *Restatement*, Conflict of Laws (1934) mit New York Annotations (1935) § 289 sowie *Restatement*, Second (Tent. Draft No. 5, 1959) § 289; *Goodrich-Scoles*, Handbook of the Conflict of Laws (3. Aufl. 1964) Nr. 123 S. 248 f.; *Bondzio*, Zum internationalen Ehegüter- und Ehegattenerbrecht der Vereinigten Staaten von Amerika (1964) 145 ff.

[9] *Boyd* v. *Curran*, 166 F. Supp. 193 (S. D. N. Y. 1958); *Restatement* (1934) mit New York Annotations (1935) § 290 sowie Restatement Second (Tent. Draft No. 5, 1959) § 290 mit zugehörigem Comment. *Goodrich-Scoles* Nr. 124 S. 249 ff.; *Bondzio* 145 ff.

[10] Vgl. In re Majot's Estate, 92 N. E. 402 (1910); Restatement (1934) mit New York Annotations (1935) §§ 237, 238 sowie Restatement Second (Tent. Draft No. 5, 1959) §§ 237, 238; *Goodrich-Scoles* Nr. 122 S. 245 ff.; *Bondzio* 54 ff.

[11] In re Haldeman's Estate, 143 N. Y. S. 2 d 396 (Surr. Ct. 1955); Restatement (1934) mit New York Annotations (1935) § 208 sowie Restatement Second (Tent. Draft No. 5, 1959) § 208; *Goodrich-Scoles* 293; Corpus Juris Secundum Bd. 15 (1939 mit Nachtrag 1966) „Conflict of Laws" § 17.

[12] Vgl. Domestic Relations Law § 50 (McKinney's Consolidated Laws of New

Beschränkungen, die das Common Law der Ehefrau in vermögensrechtlicher Hinsicht auferlegt, sind in New York gesetzlich abgeschafft worden[13].

*4. Zwischenergebnis*

Die Vereinbarung einer Gütertrennung ist nur insoweit erforderlich, als das primär maßgebliche New Yorker Recht auf das deutsche Recht zurückverweist. Dies ist hinsichtlich des in Deutschland belegenen unbeweglichen Vermögens der Fall.

## *II. Vereinbarung einer Gütertrennung durch Ehevertrag*

*1. Deutsches Internationales Privatrecht*

a) Für *Eheverträge* gilt grundsätzlich das Heimatrecht des Mannes bei der Heirat, und zwar ohne Rücksicht darauf, ob der Ehevertrag vor oder nach der Heirat geschlossen wird[14]. Die Verweisung des deutschen IPR auf das Recht der Vereinigten Staaten wird auch hier wiederum durch eine Unteranknüpfung an den Wohnsitz konkretisiert. Der Ehevertrag untersteht also dem New Yorker Recht, sofern dieses nicht, was gegebenenfalls zu beachten ist, auf das deutsche Recht zurückverweist.

b) Nur die *Fähigkeit (Geschäftsfähigkeit)* zum Abschluß eines Ehevertrags beurteilt sich – da das Güterrechtsstatut insoweit keine Sonderregeln ausgebildet hat – gemäß Art. 7 EGBGB für jeden Verlobten nach seinem Heimatrecht bei Vertragsschluß[15]. Die Fähigkeit des Mannes zum Abschluß des Ehevertrages richtet sich also nach New Yorker, die der Frau hingegen nach deutschem Recht. Eine Rückverweisung des New Yorker Rechts ist wiederum zu beachten (Art. 27 EGBGB).

*2. Internationales Privatrecht des Staates New York*

a) Das New Yorker IPR behandelt *Eheverträge,* die in New York offenbar nur als voreheliche Verträge (antenuptial contracts) zulässig sind und der Schriftform bedürfen[16], nicht anders als sonstige Verträge[17].

York Annotated, Bd. 14, 1964 mit Nachtrag 1965) sowie General Obligation Law § 3–301 (*McKinney's* Consolidated Laws of New York Annotated, Bd. 23 a, 1964 mit Nachtrag 1965); *Dean,* Economic Relations between Husband and Wife in New York: Cornell Law Quarterly 41 (1956) 175 ff. (183 ff.); *Bergmann,* Internationales Ehe- und Kindschaftsrecht (3. Aufl. 1952 ff. USA New York) 178.

[13] Vgl. *Dean* 183 f.

[14] *Soergel-Siebert(-Kegel),* Art. 15 Anm. 16. Für die Form des Ehevertrages gilt Art. 11 EGBGB: *Soergel-Siebert(-Kegel),* Art. 15 Anm. 31.

[15] Vgl. *Soergel-Siebert(-Kegel),* Art. 15 Anm. 30.

[16] Vgl. *Dean* 180, 182.

[17] Vgl. *Strebler* v. *Wolf,* 273 N. Y. Supp. 653, 657 (Sup. Ct. 1934); *Goodrich-Scoles* 252 (mit weiteren Nachweisen); *Bondzio* 105 ff.

Wie allgemein besteht auch in New York einige Unsicherheit über die für das Vertragsstatut maßgeblichen Gesichtspunkte und ihre Rangfolge[18].

Da nach sämtlichen denkbaren Anknüpfungspunkten, die in den USA angewandt oder propagiert werden – Abschlußort, Erfüllungsort, Parteiwille, Schwerpunkt (center of gravity) des Vertrages[19] im vorliegenden Falle für den Ehevertrag das deutsche Recht maßgebend ist, braucht hier nicht auf Einzelheiten eingegangen zu werden. Im ganzen besteht die Tendenz, dem Parteiwillen zu entsprechen, der notfalls aus den Umständen erschlossen werden muß[20].

Es empfiehlt sich, in dem Vertrag ausdrücklich zu vermerken, daß er dem deutschen Recht unterliegt und daß deutsches Ehegüterrecht gelten soll[21].

b) Ob nach dem New Yorker Kollisionsrecht die *Fähigkeit* (capacity) *zum Abschluß eines Ehevertrages* nach dem Abschlußort[22] oder nach dem von den Parteien als Vertragsrecht gewählten Recht zu beurteilen ist[23], kann im vorliegenden Falle offenbleiben, weil nach beiden Anknüpfungspunkten das deutsche Recht maßgebend ist. Kraft Rückverweisung durch das New Yorker Recht beurteilt sich also auch die Fähigkeit des (zukünftigen) Ehemannes zum Abschluß des Ehevertrages nach deutschem Recht.

### *III. Ergebnis*

Damit für die künftigen Ehegatten Gütertrennung gilt, ist es erforderlich und möglich, einen Ehevertrag abzuschließen. Es empfiehlt sich, in dem Vertrag zu vermerken, daß er dem deutschen Recht unterliegt und daß deutsches Ehegüterrecht gelten soll.

---

[18] Vgl. Restatement (1934) mit New York Annotations (1935) § 332 mit Nachweisen; Note, Conflict of Laws – Application of the Significant Contacts Doctrine in Recent New York Decisions: New York Law Forum 11 (1965) 688 (689).

[19] Vgl. American Jurisprudence 2 d, Bd. 16 (1964) „Conflict of Laws" §§ 38 ff.; *Stumberg,* Principles of Conflict of Laws (3. Aufl. 1963) Chapter VIII (jeweils mit Nachweisen).

[20] Vgl. *Strebler* v. *Wolf,* 273 N. Y. Supp. 653, 657 (1934): Die Parteien hatten hier ausdrücklich vereinbart, der Ehevertrag solle dem französischen Recht unterstehen. Unter Berufung hierauf beurteilte der New Yorker Supreme Court die Vereinbarung nach französischem Recht. – Vgl. auch Restatement Second (Tent. Draft No. 5, 1959) §§ 332, 332 a.

[21] Die Frage, ob die Parteien in der Wahl des anzuwendenden Güterrechts völlig frei sind oder ob sie irgendeine Verbindung zu der Rechtsordnung haben müssen, deren Anwendung sie wünschen – vgl. hierzu *Bondzio* 213 f. (mit Nachweisen) –, bedarf keiner weiteren Prüfung, da im vorliegenden Fall eine hinreichende Beziehung zum deutschen Recht besteht.

[22] Vgl. Restatement (1934) § 238 Comment b und § 289 Comment c, jeweils i. V. m. § 332.

[23] Vgl. Restatement Second (Tent. Draft No. 5, 1959) § 238 Comment c und § 289 Comment f, jeweils i. V. m. §§ 332, 332 a.

## d) Scheidung

Siehe auch Nr. 18, 31, 81, 82, 83

## Nr. 24

**Iran**

**1. Aufgrund des Gesetzes zum Schutz der Familie vom 15. 6. 1967 gilt im Iran seit dem 4. 7. 1967 ein neues gesetzliches Scheidungsrecht, das die einseitige Verstoßung der Ehefrau durch den Ehemann („talâq") nicht mehr vorsieht.**

**2. Nach iranischem Eherecht hat die Ehefrau während der Ehe einen Anspruch auf Unterhalt, der ihrer gesellschaftlichen Stellung entspricht.**

**3. Nach islamisch-iranischem Recht hat die Ehefrau vom Tag der Scheidung an nur einen Unterhaltsanspruch für die Dauer der „'idda"-Periode (100 Tage).**

**4. Das iranische Kindschaftsrecht gewährt dem Vater während der Ehe die alleinige elterliche Gewalt. Die Mutter besitzt nur ein tatsächliches Personensorgerecht, das für Knaben mit der Vollendung des zweiten, für Mädchen mit der Vollendung des siebten Lebensjahres endet.**

**5. Das neue iranische Kindschaftsrecht überläßt es wie bisher den geschiedenen Ehegatten, sich über das Sorgerecht für die Kinder zu einigen. Widerstreitet die Vereinbarung dem Wohl der Kinder oder kommt eine Einigung nicht zustande, so ist nunmehr (im Gegensatz zum früheren Recht) eine richterliche Entscheidung vorgesehen.**

**Köln 50/68 vom 30. 8. 1968**

Die Rechtsanwälte G. und W. in D./N. W. haben in der Scheidungssache A. ./. A. um ein Gutachten über iranisches Staatsangehörigkeits- und Familienrecht gebeten.

### SACHLAGE

Der am 20. 4. 1923 geborene iranische Staatsangehörige A. A. beabsichtigt, sich von seiner am 26. 7. 1934 geborenen Ehefrau S. A. vor dem Landgericht D. scheiden zu lassen. Herr A. lebt in D. Die Parteien sind islamischer Religionszugehörigkeit.

Frau A. war kraft Geburt iranische Staatsangehörige. Sie hat im Jahre 1950 in Deutschland einen deutschen Staatsangehörigen geheiratet. Die Ehe ist am 12. 6. 1959 von dem Landgericht D. geschieden worden.

Am 18. 6. 1964 haben die Parteien vor dem Zivilstandsbeamten in T./Iran eine zeitlich unbegrenzte Ehe nach iranischem Recht geschlossen. Die vereinbarte Morgengabe beträgt 1 000 000 Rial. Ferner wurde vereinbart, daß die Ehefrau die in Art. 1119 Iran. ZGB bestimmten Rechte besitzen soll. Vor der Eheschließung in T. schlossen die Parteien die Ehe vor einem islamischen Geistlichen in Paris.

Aus der Ehe ist ein 1966 geborenes Kind hervorgegangen.

## ANFRAGE

Aufgrund dieses Sachverhalts bitten die Rechtsanwälte um die Beantwortung der folgenden Fragen:

1. Welche Staatsangehörigkeit hat Frau A. jetzt?
2. Welches sind nach neuestem iranischem Recht die Gründe, die eine Scheidung der Ehe rechtfertigen?
3. Hat die Ehefrau nach iranischem Recht Unterhaltsansprüche
   a) während der Ehe
   b) nach Scheidung der Ehe?
4. Wie beurteilt sich die elterliche Gewalt nach iranischem Recht
   a) während der Ehe
   b) nach Scheidung der Ehe?

## RECHTSLAGE

### A. DIE STAATSANGEHÖRIGKEIT DER FRAU A.

Frau A., die kraft Geburt Iranerin war, hat durch ihre Heirat mit einem deutschen Staatsangehörigen im Jahre 1950 gemäß § 6 RuStAG in der damals geltenden Fassung die deutsche Staatsangehörigkeit erworben[1]. Gemäß Art. 987 I Iran. ZGB verlor sie damit ipso iure ihre iranische Staatsangehörigkeit. Die Bestimmung lautet:

*Art. 987 I Iran. ZGB:*

„La femme iranienne qui épouse un étranger conserve sa nationalité iranienne à moins que la loi du pays dont ressort le mari ne lui impose la nationalité de ce dernier."
*Aghababian, R.,* Législation iranienne actuelle, Paris 1951, Bd. 2, S. 86.

Eine Iranerin, die einen Ausländer heiratet, behält die iranische Staatsangehörigkeit, sofern nicht das Recht des Landes, dem der Ehemann angehört, ihr dessen Staatsangehörigkeit zuweist.

Ihre Scheidung im Jahre 1959 in Deutschland hatte keinen Einfluß auf ihre Staatsangehörigkeit, denn sowohl nach deutschem als nach iranischem

[1] Vgl. *Lichter-Hoffmann,* Staatsangehörigkeitsrecht (3. Aufl. 1966) § 6 RuStAG Anm. 1.

Staatsangehörigkeitsrecht beeinflußt eine Scheidung nicht die Staatsangehörigkeit der geschiedenen Frau[2].

Da Frau A. in der Heiratsurkunde vom 18. 6. 1964 als iranische Staatsangehörige bezeichnet wird, ist davon auszugehen, daß sie nach ihrer Scheidung im Jahre 1959 gemäß Art. 987 II Iran. ZGB die iranische Staatsangehörigkeit *auf Antrag* wiedererlangt hat. Die Bestimmung lautet:

*Art. 987 II Iran. ZGB:*

„Toutefois, après le décès du mari ou la dissolution du mariage, elle sera réintégrée dans sa nationalité d'origine avec tous les droits et prérogatives qui s'y rattachent sur simple présentation d'une demande au Ministère des Affaires étrangères, accompagnée du certificat de décès de son mari ou de l'acte constatant la dissolution du mariage."[3]

Nach dem Tode des Ehemannes oder nach Auflösung der Ehe erlangt sie [die Ehefrau] jedoch ihre ursprüngliche Staatsangehörigkeit mit allen Rechten und Vorrechten wieder, wenn sie einen einfachen Antrag beim Außenministerium stellt und dabei die Sterbeurkunde ihres Ehemannes oder die Urkunde über die Auflösung der Ehe vorlegt.

Möglicherweise hat Frau A. dadurch gemäß § 25 I RuStAG kraft Gesetzes ihre deutsche Staatsangehörigkeit verloren. Der Erwerb einer ausländischen Staatsangehörigkeit aufgrund eines Einbürgerungsantrags, wie er nach Art. 987 II Iran. ZGB vorausgesetzt wird[4], führt bei ausländischem Wohnsitz und dauerndem Aufenthalt im Ausland im Zeitpunkt des Erwerbs der ausländischen Staatsangehörigkeit zum Verlust der deutschen Staatsangehörigkeit.

Herr A. hat seinen Wohnsitz jedoch in der Bundesrepublik, so daß unterstellt wird, daß auch seine Ehefrau sich von 1959 (Scheidung) bis 1964 (Heirat) – dies ist der Zeitraum, der für einen freiwilligen Erwerb der iranischen Staatsangehörigkeit in Betracht kommt – dauernd in Deutschland aufgehalten und auch ihren Wohnsitz im Sinne des deutschen Rechts in der Bundesrepublik gehabt hat. Sofern diese Unterstellung zutrifft, hat Frau A. durch den Wiedererwerb der iranischen Staatsangehörigkeit gemäß Art. 987 II Iran. ZGB ihre deutsche Staatsangehörigkeit nicht verloren; denn dann wäre die zweite notwendige Voraussetzung des Art. 25 I RuStAG neben dem Antrag – Wohnsitz und dauernder Aufenthalt im Ausland – nicht erfüllt[5]. In keinem Fall hat Frau A. ihre deutsche Staatsangehörigkeit durch ihre Eheschließung mit dem iranischen Staatsangehörigen

---

[2] Vgl. für iranisches Recht: *Imâmî*, Huqûq-i madanî [Zivilrecht] (2. Aufl. Teheran 1342 H./1963) Bd. 4, S. 171 f.

[3] *Aghababian* aaO Bd. 2, S. 86.

[4] Vgl. *Imâmî*, aaO, Bd. 4, S. 171.

[5] Vgl. *Lichter-Hoffmann*, aaO § 25 RuStAG Anm. 11; *Makarov*, Deutsches Staatsangehörigkeitsrecht (1966) § 25 RuStAG Anm. II 1 (S. 131), § 24 RuStAG Anm. II 2 (S. 127–129).

A. verloren. Denn § 17 Ziff. 6 RuStAG ist wegen Verstoßes gegen Art. 3 II GG nach einhelliger Auffassung seit dem 1. 4. 1953 kein geltendes Recht mehr[6].

### *Zwischenergebnis*

Frau A. besitzt die iranische Staatsangehörigkeit. Sie ist Doppelstaaterin – Deutsche und Iranerin –, falls sie auch noch nach ihrer Scheidung im Jahre 1959 in Deutschland ihren Wohnsitz hatte und sich hier dauernd aufhält.

## B. DAS AUF SCHEIDUNG ANZUWENDENDE RECHT

### *I. Deutsches internationales Privatrecht*

Soweit ein zwischen Deutschland und einem ausländischen Staat geschlossener Vertrag internationalprivatrechtliche Normen enthält, gehen diese den allgemeinen deutschen Kollisionsnormen vor[7].

#### *1. Haager Abkommen*

Das Haager Abkommen zur Regelung des Geltungsbereichs der Gesetze und der Gerichtsbarkeit auf dem Gebiete der Ehescheidung und der Trennung von Tisch und Bett vom 12. 6. 1902, in Deutschland in Kraft seit dem 1. 8. 1904 (RGBl. 1904, 231, 249), findet keine Anwendung. Das Abkommen ist von Deutschland mit Wirkung vom 1. 6. 1934 gekündigt worden (RGBl. 1934 II 26); im Iran hat es zu keiner Zeit Geltung besessen[8].

#### 2. *Deutsch-iranisches Niederlassungsabkommen*

Hinsichtlich des maßgeblichen Rechts für die Scheidung der Eheleute A. ist das Niederlassungsabkommen zwischen dem Deutschen Reich und dem Kaiserreich Iran vom 17. 2. 1929 (RGBl. 1930 II 1006) zu beachten, da der auf Scheidung klagende Ehemann iranischer Staatsangehöriger ist. Das Niederlassungsabkommen wird aufgrund der Bekanntmachung über die deutsch-iranischen Vorkriegsverträge vom 15. 8. 1955 mit Wirkung vom 4. 11. 1954 wieder angewandt (BGBl. 1955 II 829).

---

[6] Vgl. *Lichter-Hoffmann*, aaO, § 17 RuStAG Anm. 22; *Makarov*, aaO, § 17 RuStAG Anm. II 3 (S. 99); Art. 3 GG Anm. III 2 a (S. 216); Art. 16 GG Anm. III (S. 226).

[7] *RGZ* 105, 340 (341); *Soergel-Kegel*, BGB V (9. Aufl. 1961) vor Art. 7 EGBGB Anm. 9.

[8] Vgl. *Makarov*, Quellen des internationalen Privatrechts, Bd. 2 (2. Aufl. 1960) 602–604.

*Art. 8 III* des Abkommens lautet:

„In bezug auf das Personen-, Familien- und Erbrecht bleiben die Angehörigen jedes der vertragschließenden Staaten jedoch den Vorschriften ihrer heimischen Gesetze unterworfen. Die Anwendung dieser Gesetze kann von dem anderen vertragschließenden Staat nur ausnahmsweise und nur insoweit ausgeschlossen werden, als ein solcher Ausschluß allgemein gegenüber jedem anderen fremden Staat erfolgt." [9]

Eine zu dem Geltungsbereich dieses Artikels abgegebene Erklärung, die nach dem Schlußprotokoll „einen Teil des Abkommens selbst bildet", lautet [10]:

„Die vertragschließenden Staaten sind sich darüber einig, daß das Personen-, Familien- und Erbrecht, das heißt das Personalstatut, die folgenden Angelegenheiten umfaßt: Ehe, eheliches Güterrecht, Scheidung, Aufhebung der ehelichen Gemeinschaft, Mitgift, Vaterschaft, Abstammung, Annahme an Kindes Statt, Geschäftsfähigkeit, Volljährigkeit, Vormundschaft und Pflegschaft, Entmündigung, testamentarische und gesetzliche Erbfolge, Nachlaßabwicklungen und Erbauseinandersetzungen, ferner alle anderen Angelegenheiten des Familienrechts unter Einschluß aller den Personenstand betreffenden Fragen."

Nach diesen Bestimmungen gilt in familienrechtlichen Fragen das Heimatrecht des Betroffenen. Sollte Frau A. nur die iranische Staatsangehörigkeit besitzen, so findet das Abkommen in jeder familienrechtlichen Frage ohne weiteres Anwendung.

Für den Fall, daß Frau A. Doppelstaaterin (Deutsche und Iranerin) ist, ist nach h. M. für uns nur ihre deutsche Staatsangehörigkeit beachtlich [11]. Meiner Ansicht nach muß nach deutschem internationalem Privatrecht für Mehrstaater mit deutscher Staatsangehörigkeit dasselbe gelten wie für Mehrstaater ohne deutsche Staatsangehörigkeit: Das heißt, das Recht des Staates ist anzuwenden, zu dem die Person die engere Beziehung hat. Da Frau A. anscheinend dauernd in der Bundesrepublik lebt, ist der Streit jedoch hier ohne Bedeutung, da auch nach dieser Ansicht dann deutsches Recht anzuwenden ist [12].

Für den Fall, daß auf Frau A. deutsches Recht anzuwenden ist, wird die Anwendung des Deutsch-iranischen Niederlassungsabkommens für jede einzelne Frage (Scheidung, Unterhalt, elterliche Gewalt) gesondert untersucht.

Wenn der Kläger und die Beklagte bei einer Scheidung verschiedener Staatsangehörigkeit sind, ist aus dem Niederlassungsabkommen selbst nicht zu entnehmen, wessen Heimatrecht Anwendung finden soll. Da aber

---

[9] RGBl. 1930 II 1010. [10] RGBl. 1930 II 1012.

[11] Vgl. *Palandt-Lauterbach*, BGB (27. Aufl. 1968) vor Art. 7 EGBGB Anm. 7a; *Erman-Arndt*, BGB II (4. Aufl. 1967) Art. 29 EGBGB Anm. 7.

[12] *Soergel-Kegel*, aaO, Art. 29 EGBGB Anm. 27, 29.

sowohl das deutsche (Art. 17 I EGBGB) als auch das iranische internationale Privatrecht (Art. 963 Iran. ZGB)[13] im Falle der Scheidungsklage des Ehemanns an dessen Heimatrecht anknüpfen, muß dies auch im Rahmen des Niederlassungsabkommens gelten. Das dort bezogene Heimatrecht ist in casu somit das des iranischen Ehemanns. Danach ist auf die Klage des Herrn A. gegen seine Ehefrau *iranisches Scheidungsrecht* anzuwenden.

### *II. Iranisches internationales Privatrecht*

Die Verweisung auf iranisches Recht ist jedoch unvollständig, denn im Iran, wie in den meisten islamischen Ländern[14], ist das Familien- und Erbrecht nach Personengruppen, je nachdem welcher anerkannten Religionsgemeinschaft sie angehören, verschieden[15]. Deshalb ist für die Entscheidung der Frage, welches der im Iran geltenden Rechte auf die Scheidung anzuwenden ist, iranischem interpersonalem Kollisionsrecht zu folgen[16].

Zwar ergibt sich aus den Akten nur, daß Herr A. Muslim ist. Da es jedoch nur eine verschwindend geringe Anzahl sunnitischer Muslime im Iran gibt, wird davon ausgegangen, daß er *Schiit* ist.

Somit ist auf die Scheidungsklage von Herrn A. *das für schiitische Muslime im Iran geltende Recht* anzuwenden.

## C. IRANISCHES SCHEIDUNGSRECHT

### *I. Quelle*

Bis zum 3. 7. 1967 galt im Iran das auf islamisch-schiitischen Rechtsgrundsätzen beruhende Scheidungsrecht der Art. 1133–1149 Iran. ZGB von 1935, das grundsätzlich nur ein einseitiges Verstoßungsrecht des Ehemanns kannte[17].

---

[13] Vgl. *Imâmî*, aaO, Bd. 4, S. 104.

[14] Vgl. *Abd-ul-Messih* v. *Farra* (1888) App. Cas. 431 (P. C.); *Fattal*, Le statut légal des nonmusulmans en pays d'Islam (Beirut 1958) 127–143, 344–365.

[15] Maǧmû'a-i šumâre-i šiš (Teheran o. J.), Teil 1 enthält vornehmlich schiitisches Recht; Teil 2 enthält den größten Teil des heute im Iran geltenden nichtislamischen Rechts in Fragen des „statut personnel"; *Aghababian*, aaO, Bd. 2, S. 123–125; *Greenfield* Art. Persien, in: Rechtsvergleichendes Handwörterbuch (RHW) 1929, Bd. 1, S. 462 f.

[16] *Soergel-Kegel* aaO vor Art. 7 EGBGB Anm. 106; KG JW 1932, 2302 m. Anm. v. *Greenfield;* KG IPRspr. 1931 Nr. 142; KG JW 1927, 3249.

[17] Vgl. dazu *Imâmî*, aaO, Bd. 5, S. 7–12; *Sâhbâg*, Sarh-i qânûn-i madanî [Kommentar zum Zivilgesetzbuch] (Teheran 1339 H./1960, Bd. 8) S. 2 f.; auch *Schacht*, in Handwörterbuch des Islam (HWI), Leiden 1941, s. v. talâk (S. 719–726 [722]).

Seit dem 4. 7. 1967 bestimmt sich das Scheidungsrecht im Iran nach dem „Gesetz zum Schutz der Familie" (FamSchG) vom 15. 6. 1967[18]. Zwar enthält weder dieses Gesetz noch die dazu ergangene Ausführungsverordnung vom 6. 7. 1967 (AusfVO)[19] ausdrückliche Regelungen darüber, welche Vorschriften des bisher gültigen iranischen Rechts geändert bzw. außer Kraft gesetzt worden sind. Doch ist davon auszugehen, daß die Bestimmungen der Artt. 1133–1149 Iran. ZGB über die Scheidung durch *„talâq"* (Verstoßung) *nicht mehr anwendbar* sind[20]. Folglich bestimmt sich das *Scheidungsrecht* im Iran heute *nach dem Gesetz zum Schutz der Familie* von 1967 und nach den nicht aufgehobenen Scheidungsgründen im ZGB (Artt. 1121–1132).

## *II. Die Scheidung nach neuem iranischem Recht*

### *1. Gerichtliches Verfahren*

Gemäß Art. 8 I FamSchG ist eine Scheidung im Iran jetzt nur noch bei Vorliegen einer *gerichtlichen Entscheidung*, die die *Unmöglichkeit des ehelichen Zusammenlebens* ausspricht, möglich[21].

*Art. 8 FamSchG* lautet:

„La réalisation de la procédure du divorce interviendra après l'examen par le tribunal et la promulgation d'une ordonnance d'incompatibilité. Ceux qui demandent la promulgation d'une telle ordonnance en déposeront la requête devant le tribunal. Dans ladite requête ils mentionneront clairement les causes de leur demande.

Après réception de ladite requête, le tribunal, soit directement, soit par l'intermédiaire d'un ou de plusieurs arbitres, s'il le juge nécessaire, chercher à provoquer la réconciliation

Der Vollzug der Scheidung wird erst nach einer Untersuchung durch das Gericht und nach dem Erlaß eines Beschlusses über die Unversöhnbarkeit [der Parteien] verwirklicht. Derjenige, der den Erlaß eines solchen Beschlusses wünscht, hat einen Antrag beim Gericht zu stellen. In dem genannten Antrag hat er klar die Gründe seines Begehrens zu erwähnen.

Nach dem Eingang des genannten Antrags wird das Gericht, wenn es der Richter für notwendig erachtet, sei es direkt, sei es durch die Vermittlung

---

[18] Text des Gesetzes im Journal Officiel Nr. 6516 v. 4. 7. 1967; in deutscher Übersetzung in: „Neues aus Iran" (Informationsblatt der Kaiserlich-Iranischen Botschaft in Deutschland), Sondernummer, Januar 1968.

[19] Text der Verordnung im Journal Officiel Nr. 6518 v. 6. 7. 1967.

[20] Ebenso: *Hinchcliffe*, The Iranian Family Protection Act, in: I. C. L. Q. 17 (1968), 516–521 (517, 519); *Arndt*, Änderungen im iranischen Familienrecht durch das „Gesetz zum Schutz der Familie", in StAZ 1967, 306–310 (308); so bereits auch Tehran Journal Nr. 3697 v. 26. 10. 1966 (S. 1 f.) und *Kortum*, Neues Familienrecht im Iran in Aussicht, in StAZ 1967, 166 f. zu dem damaligen Gesetzentwurf.

[21] Vgl. *Arndt*, StAZ 1967, 307; *Hinchcliffe*, I. C. L. Q. (1968) 517, 519.

entre les deux époux et à prévenir ainsi le divorce.
Si les efforts du tribunal pour provoquer cette réconciliation n'aboutissent pas, ledit tribunal prendra une ordonnance d'incompatibilité. Le Bureau de Divorce, après avoir pris connaissance de ladite ordonnance, entamera la procédure de divorce et procédera à l'enregistrement du divorce."

eines oder mehrerer Schlichter, suchen, eine Aussöhnung zwischen den Eheleuten herbeizuführen und auf diese Weise die Scheidung zu verhindern.
Falls die Bemühungen des Gerichts, eine Aussöhnung herbeizuführen, erfolglos bleiben, erläßt das Gericht einen Unversöhnbarkeitsbeschluß. Das Scheidungsbüro [Notariat] beginnt, nachdem es Kenntnis von dem Beschluß erlangt hat, das Scheidungsverfahren und registriert die Scheidung.

Daraus folgt, daß nach iranischem Recht das zuständige Gericht gehalten ist, zunächst einen Sühneversuch zu unternehmen. Scheitert er, so hat es das Scheidungsbegehren zu prüfen und erläßt dann unter den Voraussetzungen der Artt. 9, 11 FamSchG einen Beschluß über die Unmöglichkeit des ehelichen Zusammenlebens („ordonnance d'incompatibilité"). Anschließend wird die Scheidung von dem zuständigen Notar registriert.

*2. Scheidungsgründe*

a) Scheidung gemäß Art. 11 FamSchG

Die Partei, die die Scheidung begehrt, hat gemäß Art. 8 I FamSchG die Gründe darzulegen, auf die sie ihr Scheidungsbegehren stützt. Danach werden, soweit sich die Parteien nicht einverständlich scheiden lassen (Art. 9 FamSchG), außer den im Zivilgesetzbuch (Artt. 1121–1132) enthaltenen Gründen, die weitergelten[22], folgende Tatbestände als Scheidungsgründe angesehen:

a) Rechtskräftige Verurteilung eines Ehegatten zu einer Gefängnisstrafe von fünf Jahren oder zu einer Geldstrafe, bei der im Uneinbringlichkeitsfall fünf Jahre Haft verwirkt sind.
b) Süchtigkeit eines Ehegatten, wenn sie nach Ansicht des Gerichts den Bestand der Ehe gefährdet und die Fortsetzung des ehelichen Lebens dem anderen Ehegatten unmöglich erscheinen läßt. Gemäß Art. 11 AusfVO zählen zum Beispiel Trunksucht, Glücksspiel und Rauschgiftsüchtigkeit dazu.
c) Heirat einer zweiten Frau, ohne daß die erste Frau damit einverstanden ist.
d) Dauernde Abwesenheit eines Ehepartners, der damit nicht gewillt ist, die eheliche Gemeinschaft fortzusetzen (böswilliges Verlassen).
e) Rechtskräftige Verurteilung eines Ehegatten wegen einer Straftat, die die Ehre der Familie oder des anderen Ehegatten beeinträchtigt[23].

---

[22] Vgl. *Arndt*, StAZ 1967, 307; *Hinchcliffe*, I. C. L. Q. 1968, 518.
[23] Vgl. dazu *Hinchcliffe*, I. C. L. Q. 1968, 518; *Arndt*, StAZ 1967, 307.

*Art. 11 FamSchG* lautet:

„En plus des cas prévus au code civil, dans les cas suivants, la femme ou le mari peut demander au tribunal de rendre une ordonnance d'incompatibilité:

1. Si la femme ou le mari est condamné, par un jugement définitif, à une peine de 5 ans de prison ou plus, à une amende dont le non paiement entraînerait une peine de 5 ans de prison, à une peine de prison et à une amende dont l'ensemble correspond à 5 ans de prison ou davantage, et si un jugement d'emprisonnement ou d'amende est en voie d'application.

2. Être l'objet d'inclinations quelconques dommageables qui, selon le tribunal, portent atteinte à la vie familiale et rendent impossible la continuation du mariage.

3. Si le mari prend une autre femme sans le consentement de son époux.

4. Si l'un des deux conjoints abandonne le domicile conjugal. L'abandon du domicile conjugal sera établi par le tribunal.

5. Si l'un des deux époux commet une infraction allant à l'encontre de l'honneur de la famille ou de celui de l'autre époux et si cette infraction est confirmée par un jugement définitif de condamnation d'un tribunal. La question de savoir si une infraction porte atteinte à l'honneur ou au prestige d'une famille, sera établie par le tribunal qui prendra en considération la situation et la position des parties, leurs occupations et les autres éléments y relatifs."

Außer in den im Zivilgesetzbuch genannten Fällen können die Ehefrau und der Ehemann in den folgenden Fällen von dem Gericht einen Unversöhnlichkeitsbeschluß verlangen:

1. Wenn die Ehefrau oder der Ehemann durch ein rechtskräftiges Urteil zu einer Gefängnisstrafe von fünf oder mehr Jahren, oder zu einer Geldstrafe, bei der im Uneinbringlichkeitsfall fünf Jahre Haft verwirkt sind, oder gleichzeitig zu einer Gefängnis- oder Geldstrafe, der fünf Jahre Gefängnis oder mehr entsprechen, verurteilt ist; und wenn ein auf Gefängnis lautendes Urteil sich in der Berufung befindet.

2. Im Falle einer schädlichen Neigung [eines Ehegatten], wenn sie nach Ansicht des Gerichts für das Familienleben schädlich ist und die Fortsetzung der Ehe unmöglich macht.

3. Wenn der Ehemann eine weitere Frau ohne die Zustimmung seiner Ehefrau heiratet.

4. Wenn einer der beiden Ehegatten die eheliche Wohnung verläßt. Was Verlassen der Wohnung ist, wird durch das Gericht bestimmt.

5. Wenn einer der Ehegatten gegen die Ehre der Familie oder die des Ehepartners verstößt und deswegen durch ein rechtskräftiges Urteil eines Gerichts verurteilt worden ist. Die Frage, wann ein Vergehen, das einen Verstoß gegen die Ehre oder das Ansehen der Familie enthält, vorliegt, entscheidet das Gericht, das die Stellung der Parteien, ihre Berufe und andere die Angelegenheiten betreffende Gesichtspunkte in Erwägung zieht.

*Art. 11 AusfVO zu Art. 11 Ziff. 2 FamSchG* lautet:

„Il faut entendre par ‚inclinations dommageables quelconques' un pen-

Unter „schädlichen Neigungen" werden verstanden: Neigungen zu Rauschgifchant aux drogues, à l'alcool, au jeu ou autres vices semblables entraînant des dommages matériels ou moraux à l'époux ou à son épouse."

ten, Alkohol, Glücksspiel oder zu anderen ähnlichen Lastern, die materielle oder moralische Schäden für den Ehemann oder für seine Frau zur Folge haben.

Was im einzelnen unter „abandon" (böswilliges Verlassen) i. S. v. Art. 11 Ziff. 4 FamSchG zu verstehen ist, ist nicht völlig klar, da das Gesetz keine näheren Hinweise gibt, sondern die Interpretation dieses Begriffes in das Ermessen der Gerichte stellt[24]. Iranische Rechtsprechung zu dem Gesetz zum Schutz der Familie liegt bisher wegen der Neuheit des Gesetzes noch nicht vor.

b) Einverständliche Scheidung gemäß Art. 9 FamSchG

Möglich ist nach iranischem Recht auch eine einverständliche Scheidung. Für den Fall, daß sich die Ehepartner über eine Scheidung geeinigt haben, und beide vor Gericht ihre Bereitschaft zur Scheidung erklären, hat das Gericht einen Beschluß über die Unversöhnbarkeit der Parteien auszustellen.

*Art. 9 I FamSchG* lautet:

„Dans les cas où les deux époux seraient d'accord pour leur divorce, ils adresseront un document constatant ledit accord au tribunal. Le tribunal rendra alors une ordonnance d'incompatibilité."

Für den Fall, daß sich die Ehepartner über ihre Scheidung geeinigt haben, legen sie dem Gericht eine Urkunde, die dieses Einverständnis enthält, vor. Das Gericht erläßt dann einen Unversöhnbarkeitsbeschluß.

Weitere Voraussetzungen sind in diesem Fall nicht zu erfüllen. Es ist lediglich überzeugend darzutun, daß Einverständnis über die Scheidung herrscht[25].

c) Scheidung gemäß Artt. 1121–1132 Iran. ZGB

Neben den in Artt. 9, 11 FamSchG bestimmten Gründen ist eine Ehescheidung auch weiterhin wegen der in Artt. 1121–1132 Iran. ZGB normierten Gründe möglich (oben S. 279)[26]. Danach ist eine Ehescheidung insbesondere möglich wegen der Geisteskrankheit eines Ehegatten (Art. 1121 Iran. ZGB) und bestimmter körperlicher Mängel des Ehemanns oder der Ehefrau (Artt. 1122–1124 Iran. ZGB). Da nach dem mitgeteilten Sachverhalt Anzeichen für Scheidungsgründe dieser Art nicht vorliegen, erübrigt sich ihre ausführliche Darstellung.

---

[24] Vgl. dazu *Hinchcliffe*, I. C. L. Q. 1968, 518 Fußn. 14.

[25] Vgl. *Arndt*, StAZ 1967, 307; *Hinchcliffe*, I. C. L. Q. 1968, 520.

[26] Bei *Aghababian* aaO Bd. 2, S. 93 f.; auf deutsch bei *Bergmann-Ferid*, Internationales Ehe- und Kindschaftsrecht (3. Aufl,) Bd. 3, s. v. Iran, S. 18 f.

d) Zwischenergebnis

Nach dem seit dem 4. 7. 1967 geltenden iranischen Scheidungsrecht ist eine Scheidung nur noch entweder einverständlich (Art. 9 FamSchG) oder aus den in Artt. 11 FamSchG, 1121–1132 Iran. ZGB normierten Gründen möglich.

## D. DAS AUF DEN UNTERHALTSANSPRUCH DER EHEFRAU ANZUWENDENDE RECHT

### *I. Unterhaltsanspruch während der Ehe*

Es unterliegt keinem Zweifel, daß auch der Unterhaltsanspruch der Ehefrau gegen den Ehemann, der zu den persönlichen Ehewirkungen i. S. v. Art. 14 I EGBGB zählt[27], zum „statut personnel" i. S. v. Art. 8 III des Deutsch-iranischen Niederlassungsabkommens gehört. Auch insoweit bestimmt das Abkommen nicht, welches Recht bei unterschiedlicher Staatsangehörigkeit von Mann und Frau anzuwenden ist.

Nach deutschem Kollisionsrecht gilt hinsichtlich des Unterhaltsanspruchs der Ehefrau gegen den Ehemann bei verschiedener Staatsangehörigkeit der Ehegatten der Grundsatz des schwächeren Rechts, der sich in der Rechtsprechung seit 1961 durchgesetzt hat[28]. Das bedeutet: falls Frau A. vom Standpunkt des deutschen Kollisionsrechts nur als Deutsche zu betrachten ist, ist nach dem Grundsatz des schwächeren Rechts zu verfahren. Das heißt, es darf ihr an Unterhalt nur gewährt werden, worauf sie nach beiden in Betracht kommenden Rechtsordnungen (Deutschland und Iran) einen Anspruch hat; denn kein Ehegatte soll mehr verlangen können als das, wozu ihn sein Heimatrecht berechtigt und das Heimatrecht des anderen diesen verpflichtet[29]. Danach erhält die deutsche Ehefrau nur den schwächeren Unterhaltsanspruch. Im allgemeinen dürften die Unterhaltsansprüche nach iranischem Recht (Art. 1106 f. Iran. ZGB) stärker sein als die des deutschen Rechts (§§ 1360, 1360 a BGB). Aber abschließend kann dies ohne Kenntnis der tatsächlichen Verhältnisse nicht gesagt werden.

Folglich hat Frau A. einen Unterhaltsanspruch nach deutschem oder nach iranischem Recht, je nachdem welches Recht in casu tatsächlich das schwächere ist.

---

[27] Vgl. *Soergel-Kegel* aaO Art. 14 EGBGB Anm. 18; *Palandt-Lauterbach*, aaO, Art. 14 EGBGB Anm. 3.

[28] Vgl. OLG Düsseldorf NJW 1961, 1583 (1584); KG NJW 1963, 51 (53); BGHZ 44, 121 (126 f.) = FamRZ 1965, 552 (553); LG Göttingen StAZ 1967, 50; OLG Celle StAZ 1967, 187.

[29] Vgl. OLG Düsseldorf NJW 1961, 1583 (1584); KG NJW 1963, 51 (53); *Soergel-Kegel*, aaO, Art. 14 EGBGB Anm. 4.

Besitzt Frau A. nur die iranische Staatsangehörigkeit, so gilt das Niederlassungsabkommen und damit iranisches Recht. Danach ist auf den Unterhaltsanspruch der Ehefrau während des Bestehens der Ehe das für schiitische Iraner geltende Recht anzuwenden.

Besitzt sie auch die deutsche Staatsangehörigkeit, so ist nach dem Grundsatz des schwächeren Rechts das Recht des Staates anzuwenden, das ihr den schwächeren Unterhaltsanspruch gewährt. Ob dies in casu das iranische oder das deutsche ist, kann nicht abschließend gesagt werden. Im folgenden wird für den Fall, daß iranisches Recht maßgibt, dieses dargestellt.

### *II. Unterhaltsanspruch nach Scheidung der Ehe*

Auch auf diese Frage findet das Deutsch-iranische Niederlassungsabkommen Anwendung. Bei unterschiedlicher Staatsangehörigkeit von Ehemann und Ehefrau gilt auch hier iranisches Recht. Denn nach deutschem internationalem Privatrecht richten sich die Nebenfolgen der Scheidung – wozu auch die Unterhaltsansprüche zwischen den geschiedenen Ehepartnern zählen – nach dem Scheidungsstatut (in casu iranisches Recht)[30]. Auch nach iranischem Kollisionsrecht bestimmen sich die Nebenfolgen der Scheidung nach dem Heimatrecht des Ehemannes[31], so daß im Rahmen des Niederlassungsabkommens nichts anderes gelten kann. Besitzt Frau A. nur die iranische Staatsangehörigkeit, so findet auch hier das Niederlassungsabkommen ohne weiteres Anwendung.

### *Zwischenergebnis*

Die Unterhaltsansprüche der Ehefrau bestimmen sich bei bestehender Ehe nach iranischem oder deutschem Recht, je nachdem, welches der Ehefrau weniger gibt, und nach Scheidung der Ehe nach iranischem materiellem Recht.

## E. IRANISCHES UNTERHALTSRECHT

### *I. Unterhaltsanspruch der Ehefrau während der Ehe*

Das Unterhaltsrecht der Ehefrau während des Bestehens der Ehe ist in Artt. 1106, 1107 Iran. ZGB und in Art. 9 Iran. EheG von 1931 geregelt. Insoweit hat das Gesetz zum Schutz der Familie von 1967 keine Änderungen herbeigeführt[32]. Die zitierten Bestimmungen lauten:

---

[30] Vgl. *Soergel-Kegel,* aaO, Art. 17 EGBGB Anm. 89, 90; *Erman-Marquordt,* aaO, Art. 17 EGBGB Anm. 8 a.

[31] Vgl. *Imâmî* aaO Bd. 4, S. 104.

[32] Vgl. *Hinchcliffe,* I. C. L. Q. 1968, 520 f.

*Art. 1106 Iran. ZGB:*

„Dans un mariage permanent, la pension [‚nafaqa'] de la femme est à la charge du mari."

Während einer Dauerehe hat der Ehemann den Unterhalt der Ehefrau zu tragen.

*Art. 1107 Iran. ZGB:*

„La pension comprend: la nourriture, l'habitation, les vêtements et l'ameublement qui conviennent à la situation sociale de la femme, ainsi que des serviteurs, au cas où la femme serait habituée à en avoir ou en aurait besoin pour cause de maladie ou d'invalidité." [33]

Der Unterhalt umfaßt die Ernährung, die Wohnung, die Bekleidung und die Wohnungseinrichtung, die der sozialen Stellung der Frau angemessen ist; ebenso die Stellung von Dienern, falls die Frau daran gewöhnt ist oder ihrer wegen Krankheit oder Invalidität bedarf [34].

Wie die Unterhaltsleistung des Ehemanns während der Ehe im einzelnen gestaltet wird, bestimmt sich vornehmlich nach der *gesellschaftlichen Stellung der Ehefrau.* Der Ehemann ist insbesondere auch dann verpflichtet, seine Frau standesgemäß zu unterhalten, wenn sie eigene Mittel besitzt [35].

### *II. Unterhaltsanspruch der Ehefrau nach Scheidung der Ehe*

Nach iranisch-islamischem Recht hat die Ehefrau einen Unterhaltsanspruch gegen den Ehemann nach Scheidung im gleichen Umfang wie während des Bestehens der Ehe während der „'idda"-Periode, einer gesetzlichen Wartefrist für die Ehefrau, die nach islamischem Recht ipso iure jeder Eheauflösung folgt (Art. 1150 Iran. ZGB) [36].

Die Dauer der „'idda" (Wartefrist) beträgt gemäß Art. 1151 Iran. ZGB im Falle einer vollzogenen Ehe drei Menstruationsperioden („qurû'"). In der iranischen Rechtspraxis wird heute im allgemeinen dafür eine Frist von 100 Tagen angenommen [37, 38]. Das bedeutet, daß eine Ehefrau einen Unterhaltsanspruch grundsätzlich nur für die Dauer der „'idda" gegen den

---

[33] *Aghababian,* aaO, Bd. 2, S. 92.

[34] Art. 9 EheG hat den gleichen Inhalt wie Art. 1106 f. Iran. ZGB.

[35] Vgl. *Sâhbâg,* aaO, Bd. 7, S. 131; *Gräf,* Die neue Auffassung der muslimischen Familie in der modernen iranischen Gesetzgebung betreffs Ehe, Scheidung und Erbfolge, in: Deutsche Landesreferate zum 7. Internationalen Kongreß für Rechtsvergleichung, 1967, S. 59–79 (77); *Fyzee,* Outlines of the Muhammadan Law (3. Aufl., Oxford 1964) 202 f.; *Ghulam Fatima* v. *Muhammad Bashir* P. L. D. 1958 Lah. 596.

[36] Vgl. *Imâmî,* aaO, Bd. 4, 439–441; *Sâhbâg,* aaO, Bd. 7, S. 156–158; Bd. 8, 26–28; *Fyzee,* Outlines, S. 148; *Gräf* aaO 74 f.; *Juynboll, T. W.,* in: HWI, s. v. 'idda (S. 195 f.).

[37] Vgl. unten (Gutachten Beheshti), 313; auch *Sâhbâg,* aaO, Bd. 8, S. 28.

[38] Die gesetzlichen Grundlagen sind mitgeteilt im Gutachten Köln 7/68 vom 8. 7. 1968, unten S. 295 ff.

Ehemann hat. Dieser Rechtszustand ist durch das Gesetz zum Schutz der Familie (Art. 12 III) bestätigt worden. Nach dieser Vorschrift bestimmt das Gericht von Amts wegen unter Berücksichtigung der Einkommens- und Vermögensverhältnisse der Ehegatten den Unterhalt, den der Ehemann der Ehefrau nach erfolgter Scheidung *innerhalb der gesetzlichen Wartefrist* (100 Tage) zu gewähren hat. Es sei denn, die Parteien einigen sich über die Höhe des Unterhalts [39].

Darüber hinaus steht der geschiedenen Ehefrau grundsätzlich kein Unterhaltsanspruch zu. Weitere Unterhaltsansprüche kann eine geschiedene Ehefrau nur dann geltend machen, wenn dies in dem Ehevertrag vereinbart worden ist [40]. Eine solche Unterhaltsvereinbarung ist gültig. Sie verstößt nicht gegen den islamischen „ordre public" [41].

### *Zwischenergebnis*

Der Unterhaltsanspruch einer Ehefrau bestimmt sich während der Ehe gemäß Artt. 1106, 1107 Iran. ZGB (oben S. 285). Nach Scheidung der Ehe besteht der Unterhaltsanspruch bis zum Ende der gesetzlichen Wartefrist (100 Tage vom Tage der Scheidung an). Die Höhe wird durch das Gericht bestimmt. Darüber hinaus kann die Ehefrau nur dann Unterhaltsansprüche geltend machen, wenn dies vertraglich vereinbart worden ist.

## F. DAS AUF DIE FRAGE DER ELTERLICHEN GEWALT ANZUWENDENDE RECHT

### *I. Elterliche Gewalt während der Ehe*

Gemäß Art. 8 III des Deutsch-Iranischen Niederlassungsabkommens gehört die Frage der elterlichen Gewalt über ein eheliches Kind zum „statut personnel", so daß das Heimatrecht der Betroffenen Anwendung findet.

Gemäß Art. 976 Ziff. 2 Iran. ZGB besitzt das Kind der Eheleute A. die iranische Staatsangehörigkeit. Die Bestimmung lautet:

---

[39] Vgl. *Arndt*, StAZ 1967, 308; *Hinchcliffe*, I. C. L. Q. 1968, 520 f.; ebenso *Kortum*, StAZ 1967, 167 (zu dem Gesetzentwurf).

In der mir vorliegenden französischen Übersetzung der „Loi sur la protection de la famille" fehlt in Art. 12 III FamSchG eine ausdrückliche Bezugnahme auf die „'idda"-Periode. In der deutschen Übersetzung der iranischen Botschaft wird dagegen ausdrücklich bestimmt: „In der Eddeh-Periode". Da auch *Arndt, Hinchcliffe* und *Kortum* bestätigen, daß Unterhalt nach der Scheidung nur während der „'idda"-Periode zu leisten ist, ist davon auszugehen, daß dies in dem offiziellen persischen Text des Gesetzes (der mir nicht vorliegt) bestimmt wird und die französische Übersetzung insoweit inkorrekt ist.

[40] Vgl. *Arndt*, StAZ 1967, 308; *Fyzee*, Outlines, 151; *Saksena*, Muslim Law (4. Aufl. Lucknow-Delhi 1963) 363.

[41] *Buffatan Bibi* v. *Abdul Salim* A. I. R. (1950) Cal. 304; *Saksena* aaO 363.

*Art. 976 Ziff. 2 Iran. ZGB:*

| | |
|---|---|
| „Sont sujets iraniens: | Iranische Staatsangehörige sind: |
| 1. ... | 1. ... |
| 2 tout individu né d'un père iranien, en Iran ou à l'étranger; | 2. Alle im Iran oder im Ausland geborenen Kinder eines iranischen Vaters. |
| 3.–7. ..." | 3.–7. ... |

*Aghababian*, aaO, Bd. 2, S. 84.

Danach bestimmt sich die Frage der elterlichen Gewalt über dieses ehelich geborene Kind nach iranischem Recht. Das Heimatrecht der Mutter bleibt sowohl nach deutschem (Art. 19 S. 1 EGBGB) [42] als nach iranischem internationalem Privatrecht (Art. 964 Iran. ZGB) außer Betracht. Beide Rechte knüpfen an das Heimatrecht des Vaters an, so daß im Rahmen des Niederlassungsabkommens nichts anderes gelten kann. Besitzt Frau A. nur die iranische Staatsangehörigkeit, gilt das Abkommen ohne weiteres.

### *II. Elterliche Gewalt nach Scheidung der Ehe*

Auch insoweit findet das Deutsch-iranische Niederlassungsabkommen gemäß seinem Art. 8 III Anwendung; denn nach deutschem (Art. 19 S. 1 EGBGB) und iranischem (Art. 964 Iran. ZGB) Kollisionsrecht bestimmt sich auch die Frage der elterlichen Gewalt über ein eheliches Kind nach Scheidung der Ehe nach dem Heimatrecht des Vaters [43]. Das Heimatrecht der Mutter kann danach auch im Rahmen des Abkommens nicht von Bedeutung sein. Danach gilt auch für diese Frage iranisches materielles Recht.

## G. DAS RECHT DER ELTERLICHEN GEWALT NACH IRANISCHEM RECHT

### *I. Die elterliche Gewalt während des Bestehens der Ehe*

#### *1. Die „wilâyat" des Vaters*

Das iranische Recht kennt wie alle islamischen Rechte keinen einheitlichen Begriff der elterlichen Gewalt [44].

Die Gesamtheit der Rechte und Pflichten, die die Sorge für die Person des Kindes und das Vermögen eines Kindes zum Inhalt hat, heißt „wilâyat".

[42] Vgl. *Soergel-Kegel*, aaO, Art. 19 EGBGB Anm. 1; auch *Arndt*, StAZ 1967, 309.

[43] Vgl. OLG Hamm FamRZ 1965, 92 (93); *Soergel-Kegel*, aaO, Art. 19 EGBGB Anm. 3, 10, 16; im iranischen IPR: *Imâmî*, aaO, Bd. 4, S. 105.

[44] Vgl. *Sâhbâg*, aaO, Bd. 8, S. 53–57, 72 f.; *Arndt*, StAZ 1967, 308 f.; allgemein zur elterlichen Gewalt im schiitischen Recht: *Magnîya*, Fiqh al-Imâm Ga'far as-Sâdiq [Das Recht des Imam Ga'far as-Sadiq] Beirut 1966, Bd. 5, S. 106 f.; ferner den „leading case" *Imambandi* v. *Mutsaddi* (1918) 45 I. A. 73 zit. n. *Fyzee*, Cases in the Muhammadan Law (Oxford 1965) 260–274.

Sie umfaßt einerseits die Ausbildung („ta'alîm") in einer Wissenschaft oder in einem Beruf, die Züchtigung („ta'adîb"), die persönliche Obhut („hifz") und die Verheiratung („tazwîĝ") und erstreckt sich andererseits auf die Sorge für das Vermögen („wilâyat al-mâl") des Minderjährigen und die Vertretungsmacht in persönlichen und in geschäftlichen Angelegenheiten[45].

Inhaber der „wilâyat" ist nach islamisch-schiitischem Recht primär der Vater des Minderjährigen. Falls der Vater nicht mehr lebt, ist der Großvater väterlicherseits der Inhaber der elterlichen Gewalt (Artt. 1180–1182 Iran. ZGB)[46].

*Art. 1180 S. 1 Iran. ZGB* lautet:

„L'enfant mineur est sous la tutelle légale de son père et de son grand-père paternel."[47]

Das minderjährige Kind steht unter der elterlichen Gewalt [„wilâyat"] seines Vaters und seines Großvaters väterlicherseits.

Ein eigenes Recht der Mutter zu rechtlich bedeutsamen Entscheidungen, insbesondere zur Vertretung des Kindes in persönlichen oder vermögensrechtlichen Angelegenheiten, besteht neben der „wilâyat" des Vaters nicht[48].

### *2. Die „hadâna" der Mutter*

Die Mutter besitzt neben der „wilâyat" des Vaters lediglich das Recht der „hadâna". Das heißt, sie ist nach iranischem Recht berechtigt und verpflichtet, ein Mädchen bis zum Alter von sieben und einen Knaben bis zum Alter von zwei Jahren bei sich zu behalten und für sie zu sorgen[49].

*Art. 1169 Iran. ZGB* lautet:

„La mère a la priorité pour la garde de l'enfant jusqu'à l'âge de deux ans révolus. Après ce délai, le droit de garde revient au père, sauf pour les enfants du sexe féminin qui seront gardés par la mère jusqu'à l'âge de sept ans."[50]

Die Mutter hat das Recht der Sorge für die Person des Kindes [„hadâna"] bis zum vollendeten zweiten Jahr. Nach dieser Zeit gebührt das Sorgerecht dem Vater, mit Ausnahme der weiblichen Kinder, für die die Mutter das Sorgerecht bis zum siebten Lebensjahr besitzt.

---

[45] *Sâhbâg*, aaO, Bd. 8, S. 73; *Magnîya*, aaO, Bd. 5, S. 106 f.; *Safai*, La protection des incapables (Paris 1966) 149–155; *Mahmâssanî*, Al-mabâdî as-sarî'a wa l'qânûnîya [Grundbegriffe des islamischen und des Gesetzesrechts] (Beirut 1962) S. 66, 81.

[46] Vgl. *Sâhbâg*, aaO, Bd. 8, S. 73–75; *Safai* aaO 147 f.

[47] *Aghababian*, aaO, Bd. 2, S. 96.

[48] Vgl. *Sâhbâg*, aaO, Bd. 8, S. 72 f.; *Safai* aaO 147; *Magnîya*, aaO, Bd. 5, S. 312 f.; *Imambandi* v. *Mutsaddi*, bei *Fyzee*, Cases, 264 f.

[49] Vgl. z. B. *Sâhbâg*, aaO, Bd. 8, S. 55–57; *Safai* aaO 96, 98 f., 107–112; *Fyzee*, Outlines, 189–192.

[50] *Aghababian*, aaO, Bd. 2, S. 96.

Die Mutter ist jedoch auch in persönlichen Angelegenheiten (Pflege und Erziehung des Kindes) zu der Zeit, zu der sie das Recht der „hadâna" besitzt, nicht zu der Vertretung des Kindes berechtigt, denn diese steht ausschließlich dem Vater zu[51].

Das Recht der „hadâna" hat danach etwa den gleichen Inhalt wie § 1707 I BGB. Das heißt, es ist als ein tatsächliches Personensorgerecht bis zu einem bestimmten Alter des Kindes zu qualifizieren[52]. Diese auf klassischem schiitischem Recht beruhende Regelung der elterlichen Gewalt während der Ehe durch das ZGB von 1935 ist durch das Gesetz zum Schutz der Familie von 1967 nicht geändert worden[53].

### *Zwischenergebnis*

Während des Bestehens der Ehe ist der Vater der alleinige Inhaber der elterlichen Gewalt. Der Mutter steht daneben nur ein tatsächliches Personensorgerecht zu, das für Knaben mit der Vollendung des zweiten, für Mädchen mit der Vollendung des siebten Lebensjahres endet.

## *II. Die elterliche Gewalt nach Scheidung der Ehe*

### *1. Keine § 1671 BGB entsprechende Regelung*

Das iranisch-islamische Recht kennt keine dem § 1671 BGB entsprechende Regel, die eine Konzentration der elterlichen Gewalt über ein eheliches Kind nach Scheidung der Ehe bei einem Elternteil vorsieht. Die Scheidungsfolgen treffen nach islamischem Recht grundsätzlich nur die Ehe selbst. Im Verhältnis Eltern–Kinder gelten auch nach der Scheidung grundsätzlich dieselben Regeln wie bei bestehender Ehe. Das bedeutet, die Inhaberschaft der „wilâyat" wird durch die Scheidung nicht berührt[54]. Im Gegensatz zu den nicht geänderten Bestimmungen über die Frage der

---

[51] Vgl. *Abu Zahra*, Al-ahwâl aš-šahsîya [Das Personalstatut] (2. Aufl. Kairo 1957) 112; *Safai* aaO 89 f., 107–112, 147; *Sâhbâg*, aaO, Bd. 8, S. 72 f.

[52] Zutreffend *AG Hamburg* FamRZ 1967, 500 (501) („Personensorgenebenrecht").

[53] Vgl. *Arndt*, StAZ 1967, 308 f.; auch *Hinchcliffe*, I. C. L. Q. 1968, 520.

[54] Vgl. *Sâhbâg*, aaO, Bd. 8, S. 52 f.; *Safai* aaO 147; *Sabâ'î*, Al-ahwâl aš-šahsîya [Das Personalstatut], Damaskus 1966, Bd. 1, S. 288 f.; *Belgesay*, Türk kanunu medenîsi şerhi [Kommentar zum türkischen ZGB] (3. Aufl. Istanbul 1949) Bd. 2, Art. 148 Türk. ZGB Anm. 2; vor Art. 262 Türk. ZGB Anm. 2; zutreffend: AG Hamburg FamRZ 1967, 498 (500) (Jordanien); FamRZ 1967, 500 (501) (Iran); auch Art. 380 Code du statut personnel égyptien (bezüglich der „hadâna"); bei *Wathelet-Brunton*, Codes égyptiens et lois usuelles en vigueur en Egypte (2. Aufl. Brüssel 1922), Bd. 1, S. 732 f.

elterlichen Gewalt *während* der Ehe hat das Gesetz zum Schutz der Familie jedoch hinsichtlich der Fragen des Sorgerechts und des Unterhalts für minderjährige eheliche Kinder *nach Scheidung* der Ehe erhebliche Änderungen des bisherigen Rechtszustands gebracht. Insbesondere ist bezüglich dieser Fragen jetzt eine gerichtliche Entscheidung möglich[55].

*2. Das Sorgerecht der Mutter*

Durch das Gesetz zum Schutz der Familie ist insbesondere Art. 1169 Iran. ZGB (oben S. 288) nicht mehr im Fall einer *geschiedenen* Ehe anzuwenden. Diese Vorschrift ist durch Art. 12 FamSchG, der eine gerichtliche Entscheidung hinsichtlich der Übertragung des Sorgerechts an einen Elternteil vorsieht, außer Kraft gesetzt worden[56]. Die Bestimmungen über die Regelung des Sorgerechts und des Unterhalts der Kinder sind in Artt. 9, 12, 13 FamSchG und in Artt. 12, 13 AusfVO enthalten. Die Bestimmungen lauten:

*Art. 9 II FamSchG* (Art. 9 I oben S. 282):

„Aux cas où les deux époux, dans leur communication au tribunal, ne mentionneraient pas les moyens dignes de confiance destinés à l'entretien des enfants et à la subvention de leurs frais, le tribunal agira selon les dispositions de l'article 13 de la présente loi."

In dem Fall, in dem die Eheleute in ihrem Scheidungsantrag an das Gericht nicht in zuverlässiger Weise die Regelung der Mittel für den Unterhalt der Kinder und für die Erstattung der ihnen entstehenden Kosten darlegen, entscheidet das Gericht gemäß Art. 13 dieses Gesetzes.

*Art. 12 FamSchG:*

„Dans tous les cas où des dissensions entre les époux entraînent une ordonnance d'incompatibilité, le tribunal se prononcera sur le mode d'entretien des enfants et leur pension alimentaire, en prenant en considération la situation morale et matérielle des parties ainsi que l'intérêt des enfants.
En rendant son ordonnance d'incompatibilité, le tribunal se prononcera sur la garde des enfants après le divorce. S'il décide que les enfants resteront près de leur mère ou seront à la garde d'une autre personne, il fixera les détails de l'entretien et du montant des frais consacrés aux enfants.

In allen Fällen, in denen Streitigkeiten zwischen den Ehepartnern zum Erlaß eines Unversöhnbarkeitsbeschlusses führen, entscheidet das Gericht über die Art des Unterhalts und über die Höhe des Unterhaltsgeldes unter Berücksichtigung der sittlichen und materiellen Lage der Parteien sowie der Interessen der Kinder.
Wenn das Gericht einen Unversöhnbarkeitsbeschluß erläßt, bestimmt es über die Sorge für die Kinder nach der Scheidung. Wenn das Gericht entscheidet, daß die Kinder bei ihrer Mutter oder bei einer anderen Person bleiben, bestimmt es die Einzelheiten über den

[55] Vgl. *Hinchcliffe*, I. C. L. Q. 1968, 520; *Arndt*, StAZ 1967, 308 f.
[56] *Arndt*, StAZ 1967, 308; *Hinchcliffe*, I. C. L. Q. 1968, 520.

La pension alimentaire qui sera versée à la femme sera prélevée sur le revenu et les avoirs de l'homme; la pension alimentaire des enfants le sera sur les revenus et les avoirs de l'homme ou de la femme, ou des deux, en la prélevant même s'il le faut sur la pension de retraite. Le tribunal déterminera les montants qui devront être perçus sur les revenus ou les avoirs de l'homme ou de la femme, ou des deux, pour chacun des enfants. Il se prononcera sur les moyens destinés à assurer le versement de ces montants. Le tribunal déterminera également le mode de contrat entre les enfants et les parties. Le droit de contact avec les enfants, dans le cas d'absence ou de décès du père ou de la mère, sera concédé aux parents du ler degré dans l'ordre d'absence ou de succession.

Dans le cas d'enfants et de parents qui ont été séparés avant l'approbation de la présente loi, et si les mesures nécessaires n'ont pas été prises pour couvrir les frais d'entretien et d'éducation des enfants, les dispositions de la présente loi s'appliqueront."

Unterhalt und über die Höhe des Unterhaltsgeldes, das den Kindern gewidmet ist.

Das Unterhaltsgeld, das der Ehefrau [während der „'idda"-Periode] zusteht, wird den Einnahmen und dem Vermögen des Ehemanns entnommen; das Unterhaltsgeld der Kinder wird den Einnahmen und dem Vermögen des Ehemanns oder der Ehefrau oder aus beider Einnahmen entnommen; es wird im Falle eines Mangels auch von dem Ruhegeld [Pension] [der Parteien] abgezogen. Das Gericht bestimmt die Beträge, die aus dem Einkommen und Vermögen des Ehemanns oder der Ehefrau oder aus beiden für jedes Kind geschuldet werden. Es regelt die Frage der Sicherung der Mittel der geschuldeten Unterhaltsbeträge. Das Gericht bestimmt gleichfalls die Art des Kontakts [Verkehrsrecht] zwischen den Kindern und den Parteien. Im Falle der Abwesenheit oder des Todes des Vaters oder der Mutter wird das Recht, mit den Kindern zu verkehren, den Verwandten ersten Grades in der Reihenfolge der Abwesenheit oder Erbfolge übertragen.

In dem Fall von Kindern und Eltern, die sich vor dem Inkrafttreten dieses Gesetzes getrennt haben, gelten die Bestimmungen dieses Gesetzes, falls die notwendigen Maßnahmen zur Deckung der Kosten für den Unterhalt und für die Erziehung der Kinder nicht getroffen worden sind.

*Art. 13 FamSchG:*

„Dans tous les cas où le tribunal a chargé un des parents ou un parent proche de la garde des enfants, il pourra à la demande de l'un d'eux, ou à celle du procureur du tribunal modifier sa décision concernant l'éducation des enfants et prononcer un nouveau jugement dans ce domaine. Dans ces cas, le tribunal pourra confier l'éducation des

In allen Fällen, in denen das Gericht einem Elternteil oder einem nahen Verwandten das Sorgerecht für die Kinder übertragen hat, kann es auf Antrag eines von ihnen oder des Staatsanwalts seine Entscheidung hinsichtlich der Erziehung der Kinder ändern und insoweit eine neue Entscheidung erlassen. In diesen Fällen kann das Gericht die enfants à celui qu'il estimera digne de la poursuite; mais dans tous les cas, les frais de ladite éducation seront à la charge de celui qui a été l'objet de la décision du tribunal, en l'occurrence."

Erziehung der Kinder demjenigen übertragen, den es dafür geeignet hält; aber in allen diesen Fällen sind die Kosten für die Erziehung von demjenigen zu tragen, der von dem Gericht bei der Gelegenheit dazu bestimmt wird.

*Art. 12 AusfVO:*

„Le montant de la pension alimentaire et des frais d'entretien et d'éducation des enfants sera établi en tenant compte de leurs besoins actuels et futurs, ainsi que de la situation des parents. Au cas où le versement de ce montant est difficile en le prélevant, en premier lieu et exclusivement sur le revenu du père; et en second lieu, sur le revenu exclusif de la mère."

Der Betrag des Unterhaltsgeldes und die Kosten für die Erziehung der Kinder werden festgesetzt gemäß den gegenwärtigen und zukünftigen Bedürfnissen der Kinder, sowie gemäß der Situation der Eltern. Falls die Erbringung des Betrages schwierig ist, ist der Betrag an erster Stelle ausschließlich aus dem Einkommen des Vaters zu erbringen; an zweiter Stelle aus dem Einkommen der Mutter.

*Art. 13 AusfVO:*

„Le droit de rencontre des parents avec leurs enfants ne sera pas inférieur à une fois par mois."

Das Recht der Eltern, mit ihren Kindern zu verkehren, besteht mindestens einmal im Monat.

Aus diesen Bestimmungen folgt, daß die Eltern, die sich gemäß Art. 9 I FamSchG einverständlich scheiden lassen, dem Gericht bei Scheidung eine Vereinbarung über das Sorgerecht und den Unterhalt hinsichtlich ihrer gemeinsamen minderjährigen Kinder unterbreiten können. Dient die Vereinbarung nicht dem Wohle der Kinder, so kann das Gericht auf Antrag einer der in Art. 13 bezeichneten Personen von sich aus durch Beschluß eine abweichende Regelung treffen.

Treffen die Ehepartner keine Vereinbarung hinsichtlich ihrer minderjährigen Kinder, so hat das Gericht, wenn es den Scheidungsbeschluß gemäß Art. 8 I FamSchG erläßt, von Amts wegen unter Berücksichtigung aller Umstände beider Parteien eine Unterhaltsregelung und eine Bestimmung über das Sorgerecht zu treffen. Erhält danach die Mutter oder eine dritte Person das Sorgerecht zugesprochen, so muß das Gericht den von dem Vater zu zahlenden Unterhalt oder Unterhaltsanteil festsetzen. Für die Festsetzung des Unterhalts sind die Vermögensverhältnisse beider Ehepartner zu berücksichtigen. Grundsätzlich obliegt die Unterhaltspflicht gegenüber Kindern aus geschiedenen Ehen beiden Eltern, jedoch ist der Vater vor der Mutter unterhaltsverpflichtet (Art. 12 FamSchG i. V. m. Art. 12 AusfVO). Das Gericht hat ebenfalls eine Regelung über das Recht des Elternteils, dem das Sorgerecht nicht zusteht, mit dem Kind zu verkehren, zu treffen. Gemäß Art. 13 AusfVO hat der nicht sorgeberechtigte Elternteil das Recht, das Kind mindestens einmal im Monat zu sehen[57].

### 3. *Die „wilâyat" des Vaters*

Im Gegensatz zu der Frage des Sorgerechts und der Regelung des Unterhalts für die ehelichen Kinder nach Scheidung der Ehe ist die Frage der elterlichen Gewalt („wilâyat") durch das Gesetz zum Schutz der Familie nicht berührt worden[58], so daß insoweit Art. 1180 Iran. ZGB (oben S. 288) weiterhin Anwendung findet. Folglich gelten, da die Scheidung keinen Einfluß auf die Frage der elterlichen Gewalt hat (oben S. 289), auch nach der Scheidung der Ehe hinsichtlich der „wilâyat" dieselben Grundsätze wie während des Bestehens der Ehe. Danach bleibt der Vater auch nach der Scheidung der Ehe in jedem Fall der Inhaber der elterlichen Gewalt (oben S. 289).

## *III. Das Verhältnis von „hadâna" und wilâyat" zueinander*

Auch während der Zeit – während der Ehe oder nach der Scheidung –, in der der Mutter das Recht der „hadâna" zusteht, gewährt dieses der Mutter kein alleiniges Personensorgerecht (oben S. 289). Denn trotz der „hadâna" der Mutter hat der Vater aufgrund seiner „wilâyat" ein Recht zur Kontrolle der Erziehung des Kindes durch die Mutter und zur Aufsicht über das Kind[59].

Das Recht des Vaters geht aber nicht so weit, daß er das Kind der Mutter, solange dieser das Sorgerecht zusteht, fortnehmen oder Maßnahmen ergreifen kann, die das Sorgerecht der Mutter aushöhlen. Das Recht der Mutter geht insoweit vor[60]. So darf der Vater insbesondere das Kind nicht ohne die Zustimmung der Mutter zu sich nehmen, um es bei sich zu behalten oder um mit ihm zu verreisen[61]. Diese sich bereits aus dem bisherigen iranischen Recht ergebenden Einschränkungen der „wilâyat" des Vaters gelten nach dem Inkrafttreten des Gesetzes zum Schutz der Familie erst recht, wenn der Mutter durch einen gerichtlichen Beschluß das Sorgerecht übertragen worden ist. Damit soll klar entschieden werden,

---

[57] Vgl. im übrigen *Hinchcliffe*, I. C. L. Q. 1968, 520; *Arndt*, StAZ 1967, 308.

[58] Vgl. *Arndt*, StAZ 1967, 308 f.

[59] Vgl. z. B. *Safai* aaO 92; *Sâhbâg*, aaO, Bd. 8, S. 52 f.; auch *AG Hamburg* FamRZ 1967, 500 (501); weitere Nachweise oben S. 289.

[60] Vgl. *Safai* aaO 92 f.; 107–112; im einzelnen *Klinkhardt*, Die Personensorge nach islamischem Recht, in: ZvglRWiss 68 (1966), 1–80 (47–61); auch KG FamRZ 1968, 92 (93).

[61] Vgl. *Safai* aaO 108 f.; *Klinkhardt*, ZvglRWiss. 1966, 49, 52.

wer für die Erziehung des Kindes verantwortlich sein soll, auch wenn auf diese Weise die „wilâyat" des Vaters ausgehöhlt wird[62].

### *IV. Die Frage des „ordre public": Art. 30 EGBGB*

In ständiger Rechtsprechung ist in Deutschland entschieden worden, daß die Bestimmung des Art. 1169 Iran. ZGB (und ähnliche Bestimmungen in anderen islamischen Rechten), wonach automatisch die Personensorge für Knaben nach dem vollendeten zweiten und für Mädchen nach dem vollendeten siebten Lebensjahr auf den Vater übergeht, gegen Art. 30 EGBGB verstößt, da diese Norm des streng patriarchalischen iranischen Familienrechts nicht mit den Vorschriften der Art. 3 II, 6 II 1 GG zu vereinbaren ist[63].

Nach dem Inkrafttreten des iranischen Gesetzes zum Schutz der Familie, das in seinen Artt. 9, 12 eine *gerichtliche Entscheidung* hinsichtlich der *Übertragung des Sorgerechts* auf einen Elternteil nach Scheidung vorsieht und die starre patriarchalische Regelung des Art. 1169 Iran. ZGB insoweit außer Kraft gesetzt hat, wird man die Unvereinbarkeit dieser iranischen Rechtsnormen mit Artt. 3 II, 6 II 1 GG nicht mehr ohne weiteres annehmen können, da auf diese Weise die Rechte der Mutter und der Kinder berücksichtigt werden und der Mutter nicht mehr nach dem Ablauf einer bestimmten (sehr kurzen) Frist jedes Recht zur Erziehung ihrer Kinder genommen ist[64]. Danach ist in einer Verteilung des Sorgerechts gemäß Artt. 9, 12 FamSchG kein Verstoß gegen Art. 30 EGBGB zu erblicken, so daß diese Normen des iranischen Rechts in Deutschland angewandt werden können.

## GESAMTERGEBNIS

Frau A. besitzt die iranische Staatsangehörigkeit. Sie ist Doppelstaaterin – Iranerin und Deutsche –, falls sie auch in der Zeit zwischen ihrer Scheidung im Jahre 1959 und ihrer Wiederheirat im Jahre 1964 ihren Wohnsitz und ihren dauernden Aufenthalt in Deutschland gehabt hat.

---

[62] Vgl. *Hinchcliffe*, I. C. L. Q. 1968, 520.

[63] *OLG München* FamRZ 1960, 372 (373) (Iran); *OLG Neustadt* FamRZ 1963, 51 (Iran); *AG Hamburg* FamRZ 1967, 500 (502) (Iran); *LG Hechingen* FamRZ 1967, 503 (504) (Iran); *LG Mannheim* und *AG Wolfenbüttel* FamRZ 1967, 505 (LS; Iran); *LG Braunschweig* FamRZ 1968, 94 (LS; Iran); *KG* FamRZ 1968, 92 (93) (Irak) = NJW 1968, 361; auch *AG Hamburg* FamRZ 1967, 498 (500) (Jordanien); zustimmend: *Henrich, D.*, Wann verbietet der deutsche ordre public die Anwendung ausländischen Rechts?, in: StAZ 1966, 301–308 (303); a. A. *AG Schwäbisch Hall* FamRZ 1965, 517 (Iran), ohne sich mit der Frage des ordre public auseinanderzusetzen und ohne auf die vorhergegangenen Entscheidungen einzugehen.

[64] Ebenso: *Arndt*, StAZ 1967, 309.

Auf die Frage der Scheidung der Eheleute A., des Unterhaltsanspruchs der Ehefrau nach Scheidung und auf die Frage der elterlichen Gewalt über das gemeinsame eheliche Kind während der Ehe und nach Scheidung ist das für schiitische Iraner geltende Familienrecht anzuwenden. Für den Fall, daß Frau A. auch die deutsche Staatsangehörigkeit besitzt, gilt für ihren Unterhaltsanspruch während des Bestehens der Ehe entweder iranisches oder deutsches Recht, je nachdem, welches Recht das schwächere ist. Besitzt sie nur die iranische Staatsangehörigkeit, so gilt das für schiitische Iraner geltende Recht.

Nach dem seit dem 4. 7. 1967 im Iran geltenden Scheidungsrecht ist eine Scheidung durch „talâq" (Verstoßung) nicht mehr möglich. Neben der einverständlichen Scheidung ist eine Scheidung nur noch aus den in Art. 11 FamSchG und Artt. 1121–1132 Iran. ZGB normierten Gründen möglich.

Während der Ehe hat die Ehefrau einen ihrer gesellschaftlichen Stellung angemessenen Unterhaltsanspruch.

Nach Scheidung der Ehe hat sie einen Unterhaltsanspruch nur für die Dauer der „'idda"-Periode. Die Höhe des Anspruchs wird, sofern sich die Parteien nicht einigen, vom Gericht bestimmt.

Während der Ehe ist der Vater allein der Inhaber der elterlichen Gewalt. Die Mutter besitzt daneben nur ein tatsächliches Personensorgerecht für Mädchen bis zum Alter von sieben, für Knaben bis zum Alter von zwei Jahren.

Nach Scheidung der Ehe bestimmt das Gericht, sofern sich die Parteien nicht einigen, darüber, wem das Sorgerecht für das Kind zustehen soll und wer den Unterhalt für das Kind zu leisten hat. Der Vater ist in erster Linie zur Unterhaltszahlung verpflichtet. Eine starre zeitliche Begrenzung des Sorgerechts hat das Gericht nicht zu beachten. Dem Vater steht, auch wenn der Mutter das Sorgerecht zugesprochen wird, weiterhin die „wilâyat" (elterliche Gewalt) zu.

Die neue iranische Regelung über das Sorgerecht nach Scheidung der Ehe verstößt nicht gegen den deutschen „ordre public".

## Nr. 25

### Iran

**1. Die Wirksamkeit der Scheidung einer Ehe von iranischen Schiiten durch eine 1948 ausgesprochene widerrufliche Verstoßung der Ehefrau („talâq-i rag'î") beurteilt sich nach dem im Jahre 1948 geltenden iranischen Recht.**

**2. Die Verstoßung muß in Gegenwart von zwei vertrauenswürdigen Zeugen männlichen Geschlechts ausgesprochen werden. Daneben ist es weder erforderlich, daß die Verstoßung in das Register des zuständigen Notariats eingetragen wird, noch daß der Ehefrau die Erklärung des Ehemannes zugeht.**

**3. Ein Widerruf der Verstoßung kann nur innerhalb einer Wartefrist von 100 Tagen („'iddâ") erfolgen. Nach Ablauf der Frist ist ein Widerruf grundsätzlich nicht mehr möglich.**

**4. Die verstoßene Ehefrau hat gegen den Ehemann einen Anspruch auf Unterhalt, bis sie positive Kenntnis von der Verstoßung erlangt.**

**5. Die Scheidung von iranischen Schiiten durch eine im Iran vollzogene Verstoßung der Ehefrau widerstreitet nicht dem deutschen ordre public (Art. 30 EGBGB).**

**Köln 7/68 vom 8. 7. 1968**

Das Amtsgericht Hamburg hat durch Beschluß vom 8. 3. 1967 bzw. 9. 11. 1967 und durch Schreiben vom 27. 2. 1968 in dem Zivilrechtsstreit P. ./. D. um ein Gutachten über iranisches Scheidungsrecht gebeten.

## SACHLAGE

Der am 12. 12. 1917 in Teheran/Iran geborene iranische Staatsangehörige Hassan P. schloß am 6. 2. 1940 vor dem Standesbeamten in Leipzig mit der am 21. 11. 1918 geborenen deutschen Staatsangehörigen Elfriede D. die Ehe. P. ist Muslim.

Am 5. 3. 1940 schlossen die Parteien vor dem für Eheschließungen für Iraner in Deutschland zuständigen Konsulatsbeamten in Berlin „eine zeitlich unbegrenzte Ehe" nach iranischem Recht. Die vereinbarte Morgengabe („mahr") betrug 1 500 RM; der Ehevertrag enthielt ferner die Vereinbarung, daß die Beklagte die einzige Ehefrau des Klägers sein sollte. Die Urkunde ist nicht mehr vorhanden. Der Beklagten wurde nach der Eheschließung in dem iranischen Konsulat in Berlin ein iranischer Paß ausgehändigt. Die Parteien lebten bis zum Jahre 1948 gemeinsam in Teheran.

Im August 1948 verließ die Beklagte im Einvernehmen mit dem Kläger Teheran und begab sich via Rom, wo sie sich für einige Tage aufhielt, nach Österreich, um sich dort wegen ihres angegriffenen Gesundheitszustands einer Kur zu unterziehen. Sie hielt sich im August/September 1948 in Wien, anschließend bis November 1948 im Sanatorium P. bei Wien auf und lebte dann bis August 1949 wieder in Wien. Sie stand zu jener Zeit mit dem Kläger regelmäßig in brieflicher Verbindung.

Am 10. 11. 1948 (19 Aban 1327 H.) ließ sich der Kläger durch „talâq-i raĝ'î" (widerrufliche Verstoßung) vor dem Notar für Ehescheidungen Nr. 42 in Teheran in Gegenwart von zwei Zeugen scheiden. Die Beklagte war bei der Scheidung nicht anwesend. Die Verstoßung wurde am selben

Tage in das Register des Notariats eingetragen und die Scheidungsurkunde dem Kläger ausgehändigt.

Die hier wesentlichen Teile der Scheidungsurkunde lauten in deutscher Übersetzung:

„Der Scheidende: Hassan P., wohnhaft in Teheran.

Die Geschiedene: Elfriede D., wohnhaft in Rom/Italien.

Die Betreffenden sind gemäß der schriftlichen Bestätigung des zuständigen Beamten für Eheschließungen der iranischen Staatsangehörigen in Berlin in dessen Amt getraut worden. Die Ehe wurde in seinem Amtsbuch eingetragen.

Art der Scheidung: Widerrufliche Scheidung („talâq-i raĝ'î"); erste Scheidung in Abwesenheit der Geschiedenen.

Die Scheidung wurde auf Veranlassung des Scheidenden durchgeführt.

Zeugen: Mohammad N. und Hossein D.; beide wohnhaft in Teheran.

Die Scheidung wurde vor mir in meinem Amt durchgeführt.

Unterschrift des Notars

Die Scheidung ist in das Register des Notars eingetragen worden. Die Urkunde wurde dem Ehegatten ausgehändigt.

Unterschrift des Notars"

Am 4. 8. 1949 kam auch der Kläger nach Europa und traf mit der Beklagten in Salzburg zusammen. Die Parteien lebten im August 1949 zusammen in Wien und fuhren anschließend nach Leipzig. Dort lebten sie gemeinsam bis Dezember 1949 und noch für einige Zeit im Jahre 1950 bei den Eltern der Beklagten.

Der Kläger verließ Leipzig endgültig im Jahre 1950 und ließ sich in Hamburg nieder.

Am 7. 4. 1951 schloß er vor dem Standesbeamten in Hamburg eine zweite Ehe mit der deutschen Staatsangehörigen Gisela A., nachdem ihm zuvor von dem OLG-Präsidenten in Hamburg die Befreiung von der Beibringung des Ehefähigkeitszeugnisses erteilt worden war.

Dem OLG-Präsidenten lag ein Schreiben der Iranischen Mission in Stuttgart vom 4. 4. 1951 vor, in dem bestätigt wurde, daß der Kläger von der Beklagten nach iranischem Recht geschieden sei. Auch das Iranische Generalkonsulat in Hamburg bescheinigte am 22. 11. 1955, daß die Ehe der Parteien in Teheran geschieden worden sei.

Die Beklagte verließ im Jahre 1952 Leipzig, lebte für kurze Zeit in Berlin und ließ sich 1953 in Hamburg nieder. Durch Urteil des AG H. vom 24. 2. 1956 wurde die Klage der Beklagten auf Unterhalt gegen den Kläger abgewiesen, weil die Ehe der Parteien bereits im Jahre 1948 rechtswirksam nach iranischem Recht geschieden worden sei. Diese Scheidung müsse von den deutschen Gerichten anerkannt werden. Anläßlich dieses Prozesses übergab der Kläger der Beklagten am 29. 1. 1956 eine Urkunde, über deren Art zwischen den Parteien Streit herrscht, die die im Jahre

1948 in Teheran ausgesprochene Verstoßung zum Inhalt hat. Im Jahre 1960 erwarb die Beklagte wieder die deutsche Staatsangehörigkeit.

Die Beklagte hat in den Jahren 1955, 1964 und 1965 bei der Staatsanwaltschaft in H. mehrmals Anzeige wegen Doppelehe gemäß § 171 StGB gegen den Kläger erstattet. Die gegen den Kläger eingeleiteten Ermittlungsverfahren wurden mangels Tatverdachts jedesmal eingestellt.

Mit der vorliegenden Klage fordert der Kläger von der Beklagten Schadensersatz, weil er, um sich gegen die von der Beklagten erhobenen Anschuldigungen zu verteidigen, Kosten für einen Rechtsanwalt aufgewendet hat. Er stützt seinen Anspruch auf § 823 II BGB i. V. m. §§ 164, 186, 187 StGB. Er behauptet, die Beklagte habe in jedem Fall im Jahre 1951 im Zuge des von ihm angestrengten Eheerlaubnisverfahrens bei dem OLG H. Kenntnis von der Verstoßung im Jahre 1948 erhalten. Im übrigen habe er der Beklagten ihre Scheidungsurkunde an ihre Adresse in Rom geschickt. Ferner wisse er nicht, welche Art von Scheidung im Jahre 1948 vorgenommen worden sei.

Der Kläger beantragt, die Beklagte zu verurteilen, an ihn 83,40 DM zu zahlen.

Die Beklagte beantragt, die Klage abzuweisen.

Da der Kläger weder den Inhalt der Scheidung aus dem Jahre 1948 noch ihre rechtlichen Folgen kenne, könne er der Beklagten nicht unterstellen, daß sie ihn leichtfertig oder gar wider besseres Wissen oder vorsätzlich angeschuldigt habe. Sie behauptet, sie habe von dem „talâq" erst im Jahre 1956 während des Unterhaltsprozesses vor dem AG H. Kenntnis erlangt. Selbst damals habe ihr der Kläger weder die Originalscheidungsurkunde noch eine Abschrift gezeigt, sondern ihr lediglich die Legalisationsurkunde des Iranischen Generalkonsulats vom 22. 11. 1955 überreicht. Erst mit der Aushändigung der Urkunde an die Ehefrau könne ein „talâq" wirksam werden.

Im übrigen ist sie der Auffassung, der Kläger habe 1948 keinen wirksamen „talâq" ausgesprochen. In der Scheidungsurkunde werde sie nicht mit ihrem Namen „Elfriede P." bezeichnet, sondern als „Elfriede D.", obwohl sie zu jener Zeit den Namen ihres Mannes geführt habe. Des weiteren sei der „talâq" nur unter dem Druck des Vaters des Klägers erfolgt, so daß er auch aus diesem Grunde nicht wirksam sei. Ferner könne eine in Europa standesamtlich geschlossene Ehe im Iran nicht durch „talâq" aufgelöst werden. Selbst aber wenn ein wirksamer „talâq-i raǧ'ī" ausgesprochen sein sollte, wäre dieser durch das Verhalten des Klägers (Zusammenleben der Parteien wie Eheleute in Wien und in Leipzig) widerrufen worden.

Die Beklagte ist schließlich der Ansicht, sie habe ihre deutsche Staatsangehörigkeit im Jahre 1940 durch die Eheschließung nicht verloren.

## ANFRAGE

Aufgrund dieses Sachverhalts bittet das Amtsgericht H. um die Beantwortung folgender Fragen:

1. Ob die Protokollierung der Scheidung in Persien für sich allein ausreichte, um die Entscheidung rechtskräftig zu machen oder ob es darüber hinaus erforderlich war, daß die Beklagte als Ehefrau von der erfolgten Scheidung überhaupt oder gar unter Einhaltung bestimmter Förmlichkeiten Kenntnis erlangte.

2. Sollte von Bedeutung sein, welches Schriftstück der Beklagten in dem Unterhaltsrechtsstreit 1956 im Rahmen einer mündlichen Verhandlung von dem gegnerischen Prozeßbevollmächtigten bzw. dem Kläger selbst überlassen worden ist, so soll alternativ davon ausgegangen werden, daß der Beklagten damals entweder eine beglaubigte, eine nicht beglaubigte Abschrift oder eine Übersetzung überlassen wurde.

3. Ist es von Belang, daß die Parteien – zeitlich nach der Scheidung im Jahre 1948 – anschließend noch in Deutschland mehrere Monate wie Mann und Frau (Geschlechtsverkehr) zusammengelebt haben bzw. der Kläger von der Beklagten Dritten gegenüber noch als von seiner Ehefrau sprach?

## RECHTSLAGE

### *I. Deutsches internationales Privatrecht*

Ob eine im Ausland durchgeführte Ehescheidung im Inland anerkannt wird, bestimmt sich grundsätzlich nach § 328 I ZPO und Art. 7 § 1 FamRÄndG. Art. 7 § 1 FamRÄndG erfaßt nicht nur Urteile, sondern alle Entscheidungen ausländischer Stellen in Ehesachen; also auch Beschlüsse im Rahmen der freiwilligen Gerichtsbarkeit und Verwaltungsakte[1].

Das Verfahren gemäß Art. 7 § 1 FamRÄndG findet jedoch keine Anwendung, wenn Ausländer in ihrem Heimatstaat geschieden worden sind. Falls Gerichte in einem anhängigen Verfahren mit dieser Frage befaßt werden, entscheiden sie insoweit selbst (Art. 7 § 1 I 3 FamRÄndG)[2].

---

[1] Vgl. *Soergel-Kegel,* BGB V (9. Aufl. 1961) Art. 17 EGBGB Anm. 81–84; *Kleinrahm, K.,* Die Anerkennung ausländischer Entscheidungen in Ehesachen (1966) 14 f.

[2] Vgl. *Palandt-Lauterbach,* BGB (27. Aufl. 1968) Art. 17 EGBGB Anm. 6 b bb; *Erman-Marquordt,* BGB II (4. Aufl. 1967) Art. 17 EGBGB Anm. 13 c.

*1. Die Staatsangehörigkeit der Beklagten zur Zeit der Scheidung*

Die Beklagte, die ursprünglich die deutsche Staatsangehörigkeit besaß, hat durch ihre Heirat mit dem iranischen Kläger im Jahre 1940 die iranische Staatsangehörigkeit gemäß *Art. 976 Ziff. 6 Iran. ZGB* erworben. Die Bestimmung lautet:

| | |
|---|---|
| „Sont sujets iraniens: | Iraner sind: |
| 1.–5. ... | 1.–5. ... |
| 6. toute étrangère mariée à un Iranien; | 6. jede Ausländerin, die mit einem Iraner verheiratet ist; |
| 7. ..." [3] | 7. ... |

Damit hat die Beklagte gemäß § 17 Ziff. 6 RuStAG in der im Jahre 1940 geltenden Fassung ihre deutsche Staatsangehörigkeit verloren[4].

Die Verstoßung der Beklagten durch den Kläger hatte keinen Einfluß auf die Staatsangehörigkeit der Beklagten. Denn gemäß Art. 986 Iran. ZGB kann eine Frau, die durch Heirat Iranerin geworden ist, ihre ursprüngliche Staatsangehörigkeit wieder erwerben. Daraus folgt, daß die Scheidung auf die Staatsangehörigkeit keinen Einfluß hat[5].

*Art. 986 Iran. ZGB* lautet:

| | |
|---|---|
| „L'étrangère qui, par son mariage, est devenue iranienne, peut, après le divorce ou le décès de son mari, se faire réintégrer dans sa nationalité d'origine à condition d'en aviser par écrit le Ministère des Affaires étrangères." [6] | Die Ausländerin, die durch ihre Heirat Iranerin geworden ist, kann nach der Scheidung oder dem Tode ihres Ehemanns ihre ursprüngliche Staatsangehörigkeit wiedererlangen unter der Voraussetzung, daß sie das Außenministerium davon schriftlich in Kenntnis setzt. |

Das bedeutet, daß die *Beklagte im Zeitpunkt der Verstoßung* im Jahre 1948 und zu der Zeit, als sie Kenntnis davon erlangte, *nur* die *iranische Staatsangehörigkeit* besaß. Deutsche wurde sie erst 1960 wieder. Folglich findet Art. 7 § 1 I 1 FamRÄndG keine Anwendung.

*2. „Talâq": Rechtsgeschäftliche Scheidung*

Ist die im Ausland vorgenommene Ehescheidung *nicht* in einem *Verfahren, sondern* durch *Rechtsgeschäft* erfolgt, so beurteilt sich ihre Wirkung nach dem von Art. 17 I EGBGB berufenen Recht[7]. Es ist deshalb zu

[3] *Aghababian, R.,* Législation iranienne actuelle, Paris 1951, Bd. 2, S. 84.

[4] Vgl. *Crusen-Mass-Siedler,* Das Recht der Staatsangehörigkeit der europäischen und außereuropäischen Staaten (Berlin 1940) Teil 1, S. 735 f.

[5] Vgl. *Imâmî, S. H.,* Huqûq-i madanî [Zivilrecht] (2. Aufl. Teheran 1343 H./1964), Bd. 4, S. 171 f.

[6] *Aghababian,* aaO, Bd. 2, S. 85.

[7] Vgl. *Soergel-Kegel,* aaO, Art. 17 EGBGB Anm. 65; *Kegel,* Internationales

prüfen, ob der von dem Kläger im Jahre 1948 vor einem Notar in Teheran ausgesprochene „talâq" als eine Scheidung durch Rechtsgeschäft zu qualifizieren ist.

Nach iranisch-islamischem Recht kann ein Ehemann seine Frau durch einseitiges Rechtsgeschäft verstoßen. *Art. 1133 Iran. ZGB* lautet:

„Le mari pourra répudier sa femme quand bon lui semblera." [8]

Der Ehemann kann seine Frau verstoßen, wann es ihm gut erscheint.

Danach ist der *„talâq"* nach iranischem Recht ein *einseitiger privatrechtlicher Gestaltungsakt* des Ehemannes, der die Ehe auflöst [9]. Die Mitwirkung staatlich autorisierter Behörden (Notar) beschränkt sich im Iran auf die Registrierung der Scheidung [10].

*Art. 1* der Loi sur le mariage et le divorce vom 15. 8. 1931 i. d. F. vom 8. 6. 1937 lautet:

„Dans les lieux déterminés et annoncés par le Ministère de la Justice, tout mariage et divorce ainsi que le redjoue doivent être exécutés et enregistrés dans un des bureaux établis selon les règlements du Ministère de la Justice. Chaque homme qui procéderait au mariage, divorce ou redjoue ailleurs que dans lesdits bureaux de mariage et divorce sera condamné à un emprisonnement correctionnel de un à six mois." [11]

An den von dem Justizminister bezeichneten und bekanntgegebenen Orten muß jede Eheschließung und Verstoßung ebenso wie deren Widerruf in den gemäß den Verordnungen des Justizministers errichteten Büros ausgeführt und registriert werden. Jeder Mann, der eine Eheschließung, Verstoßung oder einen Widerruf [der Verstoßung] anderswo als in den genannten Eheschließungs- und Scheidungsbüros vornimmt, wird mit Gefängnis von einem bis zu sechs Monaten bestraft.

Aus diesem Gesetz folgt, daß die *Registrierung* der Verstoßung *keine konstitutive Bedeutung* besitzt. Die Registrierung ist keine Voraussetzung für die Gültigkeit der Verstoßung. Zwar sieht das iranische Ehe- und Scheidungsgesetz strafrechtliche Sanktionen im Falle der Nichtbeachtung der Registrierung vor, die Wirksamkeit der Verstoßung wird dadurch aber nicht berührt [12]. Danach ist ein *„talâq"* als ein privatrechtlicher Akt

---

Privatrecht (2. Aufl. 1964), 301; *Beitzke*, Anm. zu LG Stuttgart FamRZ 1959, 506 (507).

[8] *Aghababian*, aaO, Bd. 2, S. 94.

[9] *Imâmî*, aaO, Bd. 5, S. 7–12; *Sâhbâg*, Sarh-i qânûn-i madanî [Kommentar zum Zivilgesetzbuch] (Teheran 1339 H./ 1960) Bd. 8 S. 2 f. Vgl. auch *Schacht*, s. v. talâk, in: Handwörterbuch des Islam (HWI), Leiden 1941 (S. 721 f.); *Bergsträsser-Schacht*, Grundzüge des islamischen Rechts (1935) 84.

[10] Vgl. *Amirian*, La formation du mariage en droits iranien et musulman (Paris 1938) 541 f.; *Dölle*, Familienrecht, Bd. 1 (1964) 484.

[11] *Aghababian*, aaO, Bd. 2, S. 114.

[12] Vgl. *Sâhbâg*, aaO, Bd. 8, S. 3.

zu qualifizieren[13], so daß seine *Wirksamkeit grundsätzlich nach* dem *von Art. 17 I EGBGB berufenen Recht* zu beurteilen ist.

*3. Staatsvertragliche Regelungen*

Soweit jedoch ein zwischen Deutschland und einem ausländischen Staat geschlossener Vertrag internationalprivatrechtliche Normen enthält, gehen diese den allgemeinen deutschen Kollisionsnormen vor[14].

a) Haager Abkommen

Das Haager Abkommen zur Regelung des Geltungsbereichs der Gesetze und der Gerichtsbarkeit auf dem Gebiete der Ehescheidung und der Trennung von Tisch und Bett vom 12. 6. 1902, in Deutschland in Kraft seit dem 1. 8. 1904 (RGBl. 1904, 231, 249), findet keine Anwendung. Das Abkommen ist von Deutschland mit Wirkung vom 1. 6. 1934 gekündigt worden (RGBl. 1934 II 26); im Iran hat es zu keiner Zeit Geltung besessen[15].

b) Deutsch-iranisches Niederlassungsabkommen

Hinsichtlich des maßgeblichen Rechts für die Scheidung ist das Niederlassungsabkommen zwischen dem Deutschen Reich und dem Kaiserreich Iran vom 17. 2. 1929 (RGBl. 1930 II 1006) zu beachten, da der Ehemann die iranische Staatsangehörigkeit besitzt.

aa) Persönlicher Geltungsbereich des Niederlassungsabkommens

Das Niederlassungsabkommen findet Anwendung, wenn in Deutschland über die Wirksamkeit einer Scheidung eines Iraners im Iran zu entscheiden ist.

*Art. 8 III* des Abkommens lautet:

„In bezug auf das Personen-, Familien- und Erbrecht bleiben die Angehörigen jedes der vertragschließenden Staaten jedoch den Vorschriften ihrer heimischen Gesetze unterworfen. Die Anwendung dieser Gesetze kann von dem anderen vertragschließenden Staat nur ausnahmsweise und nur insoweit ausgeschlossen werden, als ein solcher Ausschluß allgemein gegenüber jedem anderen fremden Staat erfolgt.“[16]

Eine zu dem Geltungsbereich dieses Artikels abgegebene Erklärung, die nach dem Schlußprotokoll „einen Teil des Abkommens selbst bildet“[17], lautet:

---

[13] Vgl. auch *LG Dresden* IPRspr. 1932 Nr. 72 (Ägypten); *LG Hamburg* IPRspr. 1958/59 Nr. 191 (Syrien); *R. v. Hammersmith Superintendent Registrar of Marriages* [1917] 1 K. B. 634, 636 (Indien); *Russ.* v. *Russ.* [1964] P. 315, 321 (C. A.) (Ägypten).

[14] *RGZ* 105, 340 (341); *Soergel-Kegel*, aaO, vor Art. 7 EGBGB Anm. 9.

[15] Vgl. *Makarov, A. N.*, Quellen des internationalen Privatrechts, 2. Aufl., Bd. 2, 1960, S. 602–604.

[16] RGBl. 1930 II 1010. [17] RGBl. 1930 II 1012.

„Die vertragschließenden Staaten sind sich darüber einig, daß das Personen-, Familien- und Erbrecht, das heißt das Personalstatut, die folgenden Angelegenheiten umfaßt: Ehe, eheliches Güterrecht, Scheidung, Aufhebung der ehelichen Gemeinschaft, Mitgift, Vaterschaft, Abstammung, Annahme an Kindes Statt, Geschäftsfähigkeit, Volljährigkeit, Vormundschaft und Pflegschaft, Entmündigung, testamentarische und gesetzliche Erbfolge, Nachlaßabwicklungen und Erbauseinandersetzungen, ferner alle anderen Angelegenheiten des Familienrechts unter Einschluß aller den Personenstand betreffenden Fragen.“ [18]

bb) Zeitlicher Geltungsbereich des Niederlassungsabkommens

Ob das Niederlassungsabkommen auf die am 10. 11. 1948 in Teheran ausgesprochene Verstoßung Anwendung findet, hängt ab vom Einfluß des Kriegszustandes zwischen Deutschland und dem Iran. Der Iran ist am 9. 9. 1943 in den zweiten Weltkrieg eingetreten [19]. Die Verstoßung der Beklagten durch den Kläger erfolgte am 10. 11. 1948. Zu dieser Zeit war noch keine förmliche Vereinbarung über die Wiederanwendung des deutsch-iranischen Niederlassungsabkommens getroffen worden. Dies geschah erst durch das Protokoll vom 4. 11. 1954 über die Wiederanwendung der deutsch-iranischen Vorkriegsverträge. Mit Wirkung von diesem Tage sind diese Verträge wieder in Kraft gesetzt worden [20].

In der Rechtsprechung wird angenommen, daß auch Verträge privatrechtlichen Inhalts mit ehemaligen Feindstaaten als durch den Krieg suspendiert anzusehen sind. Sie können erst dann angewandt werden, wenn sie durch eine ausdrückliche Vereinbarung wieder in Kraft gesetzt worden sind [21]. Dagegen wird im Schrifttum zum Teil die Ansicht vertreten, daß völkerrechtliche Verträge materiell- und internationalprivatrechtlichen Inhalts jedenfalls vom Zeitpunkt der Kapitulation Deutschlands an wieder anzuwenden sind. Ausdrücklichen Vereinbarungen über die Wiederanwendung solcher Verträge komme nur deklaratorische Bedeutung zu [22].

Jedoch kann diese Frage hier offenbleiben. Denn sowohl bei der Anwendung des Niederlassungsabkommens als auch bei der Anwendung der allgemeinen Kollisionsnormen ist auf die Scheidung iranisches Recht anzuwenden, und zwar nach deutschem (Art. 17 I EGBGB) und iranischem internationalem Privatrecht.

---

[18] RGBl. 1930 II 1012.

[19] Vgl. Keesings Archiv der Gegenwart 1943, 6096.

[20] BGBl. 1955 II 829.

[21] *BGH* NJW 1954, 837; *KG* FamRZ 1958, 324 (326); *BayObLGZ* 1960, 370 (375).

[22] Vgl. *Soergel-Kegel,* aaO, vor Art. 7 EGBGB Anm. 13 (m. w. Nachweisen Fußn. 16).

### *4. Rechtslage bei Anwendung der allgemeinen Kollisionsnormen auf die Scheidung*

a) Art. 17 I EGBGB

Aus der allseitigen Kollisionsnorm des Art. 17 I EGBGB folgt, daß das Heimatrecht des Ehemannes im Zeitpunkt der Klageerhebung oder bei Vornahme der rechtsgeschäftlichen Scheidung bestimmt, ob und aus welchen Gründen die Ehe geschieden werden kann[23]. Dieser Grundsatz ist durch Art. 3 II, 117 GG nicht aufgehoben worden[24]. Da Hassan P. zur Zeit der Erklärung des „talâq" iranischer Staatsangehöriger war, verweist das deutsche Kollisionsrecht auf das Recht des Iran.

b) Vorfrage der wirksamen Eheschließung: Artt. 13, 11 EGBGB

Voraussetzung für die Scheidung der Ehe ist, daß die Eheleute P. wirksam die Ehe geschlossen haben. Die Wirksamkeit der Eheschließung ist eine selbständig anzuknüpfende Vorfrage[25].

Die Rechtsgültigkeit der Eheschließung beurteilt sich für jeden Ehepartner nach seinem Heimatrecht (Art. 13 III, 11 I 1 EGBGB), die Form der Eheschließung außerdem alternativ nach dem Ortsrecht (Art. 11 I 2 EGBGB) und bei Heirat in Deutschland allein nach Ortsrecht (Art. 13 III EGBGB).

Unzweifelhaft ist die Ehe, die 1940 vor dem Standesbeamten in Leipzig geschlossen worden ist, gemäß Art. 13 III EGBGB i. V. m. § 11 EheG nach deutschem internationalem Privatrecht formgültig geschlossen worden. Auch nach iranischem Kollisionsrecht ist die Ehe wirksam zustande gekommen. Zum einen wird die vor dem deutschen Standesbeamten formgültig geschlossene Ehe nach dem in Art. 969 Iran. ZGB statuierten Grundsatz „locus regit actum" auch im Iran als gültig betrachtet; zum anderen haben die Parteien die Ehe auch vor dem zuständigen iranischen Konsulatsbeamten in Deutschland nach iranischem Recht geschlossen[26].

*Art. 969 Iran. ZGB* lautet:

| | |
|---|---|
| „La forme des actes est soumise aux lois du lieu de leur émission." [27] | Die Form der Rechtsgeschäfte ist dem Recht des Ortes ihrer Vornahme unterworfen. |

Damit ist die für Art. 17 I EGBGB entscheidende Vorfrage geklärt.

---

[23] *Soergel-Kegel*, aaO, Art. 17 EGBGB Anm. 12–15; *Palandt-Lauterbach*, aaO, Art. 17 EGBGB Anm. 2 a.

[24] *BGH* IPRspr. 1954/55 Nr. 90; *Soergel-Kegel*, aaO, Art. 17 EGBGB Anm. 16, 17; *Palandt-Lauterbach*, aaO, Art. 17 EGBGB Anm. 2 a.

[25] *BGH* FamRZ 1965, 311; *Soergel-Kegel*, aaO, Art. 17 EGBGB Anm. 2.

[26] Vgl. dazu *Imâmî*, aaO, Bd. 4, S. 108 f.

[27] *Aghababian*, aaO, Bd. 2, S. 84.

c) Beachtlichkeit der Rückverweisung im Rahmen des Art. 17 I EGBGB

Da im Rahmen des Art. 17 I EGBGB eine Rückverweisung gemäß Art. 27 EGBGB durch das internationale Privatrecht des Staates, dem der Ehemann angehört, beachtlich ist[28], ist zunächst die Frage der Rückverweisung zu klären.

## *II. Iranisches internationales Privatrecht*

### *1. Quelle und Anknüpfung*

Die Quelle des iranischen internationalen Privatrechts für alle eherechtlichen Fragen ist *Art. 963 Iran. ZGB.* Diese Bestimmung lautet:

| | |
|---|---|
| „Si les époux sont sujets de pays différents, les droits relatifs à leurs personnes et à leurs biens seront déterminés par la loi nationale du mari." [29] | Wenn die Eheleute verschiedenen Staaten angehören, bestimmen sich die Rechte, die ihre Person und ihre Güter betreffen, nach dem Heimatrecht des Ehemannes. |

Nach dieser Kollisionsnorm bestimmen sich nach iranischem Recht jedoch nicht nur die Fragen der Heirat, der persönlichen Ehewirkungen und des Ehegüterrechts, sondern auch die der Ehescheidung[30]. Das bedeutet, daß auch nach iranischem Kollisionsrecht das *Heimatrecht des Ehemannes* das *Scheidungsstatut* ist. Eine Verweisung auf deutsches Recht spricht das iranische IPR nicht aus.

Somit ist auf die Frage der Scheidung der Parteien iranisches Recht anzuwenden.

### *2. Iranisches interpersonales Privatrecht*

Im Iran, wie in den meisten islamischen Ländern[31], ist das Familien- und Erbrecht nach Personengruppen, je nachdem welcher anerkannten Religionsgemeinschaft sie angehören, verschieden[32]. Deshalb ist für die Entscheidung der Frage, welches der im Iran geltenden Rechte auf die Schei-

---

[28] Vgl. *Soergel-Kegel,* aaO, Art. 17 EGBGB Anm. 104; *Palandt-Lauterbach,* aaO, Art. 17 EGBGB Anm. 1.

[29] *Aghababian,* aaO, Bd. 2, S. 84.

[30] *Imâmî,* aaO, Bd. 4, S. 104.

[31] Vgl. *Abd-ul-Messih* v. *Farra* (1888) App. Cas. 431 (P. C.); *Fattal,* Le statut légal des nonmusulmans en pays d'Islam (Beirut 1958) 127–143, 344–365; *Kegel* aaO 16.

[32] Maĝmû'a-i ŝumâre-i ŝiŝ, Teheran o. J., Teil 1 enthält vornehmlich schiitisches Recht; Teil 2 enthält den größten Teil des heute im Iran geltenden nichtislamischen Rechts in Fragen des „statut personnel"; *Aghababian,* aaO, Bd. 2, S. 123–125; *Greenfield, J.,* Art. Persien, in: Rechtsvergleichendes Handwörterbuch (RHW) 1929, Bd. 1, S. 462 f.

dung anzuwenden ist, iranischem interpersonalem Kollisionsrecht zu folgen[33].

Zwar ergibt sich aus den Akten nur, daß Hassan P. Muslim ist. Da es jedoch nur verschwindend wenig sunnitische Muslime im Iran gibt und der Kläger den Namen des schiitischen Heiligen „Hassan" führt, ist davon auszugehen, daß er *Schiit* ist.

Somit ist auf die Scheidung der Parteien das für schiitische Muslime im Iran geltende Recht anzuwenden.

*3. Iranisches intertemporales Privatrecht*

Am 4. 7. 1967 ist im Iran das „Gesetz zum Schutz der Familie" vom 15. 6. 1967 nebst einer Ausführungsverordnung in Kraft getreten[34]. Dieses Gesetz enthält erhebliche Änderungen des bisherigen iranischen Scheidungsrechts (insbesondere Art. 7–11 des Gesetzes). Es enthält jedoch keine Vorschrift, daß diese Normen auch auf vor dem Inkrafttreten des Gesetzes entstandene Fälle anzuwenden sind. Es ist deshalb gemäß der allgemeinen Regel des *Art. 4 Iran. ZGB* davon auszugehen, daß dieses Gesetz keine rückwirkende Kraft hat. Die Bestimmung lautet:

| | |
|---|---|
| „La loi ne dispose que pour l'avenir. Elle n'a point d'effet rétroactif à moins qu'elle ne contienne une disposition spéciale à ce sujet." [35] | Das Gesetz gilt nur für die Zukunft. Es hat keine rückwirkende Kraft, es sei denn, es enthält eine besondere Regelung für einen solchen Fall. |

## *III. Zwischenergebnis*

Die Wirksamkeit des „talâq-i raĝ'î" (widerrufliche Verstoßung) des Klägers ist *nach dem für schiitische Iraner im Jahre 1948* geltenden *iranischen Recht* zu beurteilen.

## *IV. Iranisches materielles Recht*

*1. Quelle*

Die wichtigste Quelle für das Scheidungsrecht der schiitischen Iraner sind Artt. 1120–1157 Iran. ZGB von 1935 und das bereits erwähnte Gesetz über die Eheschließung und Ehescheidung (oben S. 301)[36].

---

[33] *Soergel-Kegel,* aaO, vor Art. 7 EGBGB Anm. 106; *KG* JW 1932, 2302 m. Anm. v. *Greenfield*; *KG* IPRspr. 1931 Nr. 142; *KG* JW 1927, 3249.

[34] Text des Gesetzes im Journal Officiel Nr. 6516 v. 4. 7. 1967; vgl. auch *Arndt,* Änderungen im iranischen Familienrecht durch das „Gesetz zum Schutz der Familie", in: StAZ 1967, 306–310.

[35] *Aghababian,* aaO, Bd. 2, S. 34.

[36] Abgedruckt in: Maĝmû'a-i ŝumâre-i ŝiŝ, Teil 1, S. 131–133; bei *Aghababian,* aaO, Bd. 2, S. 94 f., 112–114.

Die Grundlage der iranischen Familienrechtskodifikation bildet das überkommene ŝarî'a-Recht des schiitischen Ritus, dem sie, abgesehen von einigen Verbesserungen und Ergänzungen, inhaltlich fast genau entspricht. Zur Ergänzung von Gesetzeslücken sind deshalb gemäß Art. 3 Iran. ZGB von 1911 die Bestimmungen des schiitischen Rechts heranzuziehen[37].

*2. Das Institut des „talâq-i raĝ'î" im iranisch-islamischen Recht*

a) „Talâq" im allgemeinen

Das iranisch-islamische Recht kennt als Hauptform der Auflösung einer zeitlich unbegrenzten Ehe – anders bei der auf eine bestimmte Zeit eingegangenen Ehe (Art. 1075 Iran. ZGB) – die Verstoßung („talâq") der Ehefrau durch den Ehemann (Artt. 1133–1142 Iran. ZGB)[38]. „Talâq" bedeutet, daß der Ehemann seine Frau jederzeit ohne Angabe von Gründen durch eine einfache Erklärung aus der Ehe entlassen kann (Art. 1133 Iran. ZGB; oben S. 301)[39]. Im iranisch-islamischen Recht wird zwischen unwiderruflicher („bâ'in") und widerruflicher („raĝ'î") Verstoßung unterschieden.

*Art. 1143 Iran. ZGB* lautet:

| | |
|---|---|
| „Il y a deux espèces de divorces: le divorce définitif et le divorce avec droit de révocation."[40] | Es gibt zwei Verstoßungsarten: die unwiderrufliche Verstoßung und die Verstoßung mit Widerrufsrecht. |

Da der Kläger am 10. 11. 1948 in Teheran einen „talâq-i raĝ'î" ausgesprochen hat, ist im folgenden lediglich zu untersuchen, welche Voraussetzungen und Rechtsfolgen eine wirksame widerrufliche Verstoßung hat.

b) Notwendige Voraussetzungen für einen wirksamen „talâq-i raĝ'î" (Mußvorschriften)

aa) Bestehende Ehe

Die erste Voraussetzung für einen „talâq" ist das Bestehen einer Ehe[41]. Die Ehe der Parteien ist wirksam geschlossen worden.

Ob die *Ehe* im Iran nach iranischem Recht oder im *Ausland in der Ortsform* (in casu in Leipzig vor dem Standesbeamten) *geschlossen* wurde, ist für die Beendigung der Ehe eines Iraners durch *„talâq" im Iran* ohne

---

[37] Vgl. *Gräf, E.*, Die neue Auffassung der muslimischen Familie in der modernen iranischen Gesetzgebung betreffs Ehe, Scheidung und Erbfolge, in: Deutsche Landesreferate zum 7. Internationalen Kongreß für Rechtsvergleichung (1967) 59–79 (68); auch *Amirian* aaO 8–12.

[38] Abgedruckt bei *Aghababian*, aaO, Bd. 2, S. 94.

[39] Vgl. z. B. *Imâmî*, aaO, Bd. 5, S. 7 f.; *Sâhbâg*, aaO, Bd. 8, S. 2.

[40] *Aghababian*, aaO, Bd. 2, S. 94.

[41] Vgl. z. B. *Schacht*, in: HWI, s. v. talâq" (S. 721).

Bedeutung. Denn der „talâq" war – jedenfalls bis zum Inkrafttreten des Gesetzes zum Schutz der Familie 1967 – die einzige Form der Beendigung der Ehe für einen muslimischen Iraner im Iran, sofern nicht objektive Eheaufhebungsgründe (Geisteskrankheit, bestimmte körperliche Mängel eines Ehepartners) gemäß Artt. 1121–1132 Iran. ZGB vorlagen[42].

bb) Volljährigkeit und Geschäftsfähigkeit des Ehemannes

Der Kläger war zur Zeit der Erklärung des „talâq" volljährig (18 Jahre nach dem Gesetz über das Alter des Vertragschließenden von 1934). Auch an seiner Geschäftsfähigkeit besteht kein Zweifel. Hinzu kommt, daß nach iranischem Recht trotz der klaren Formulierung des Art. 1136 Iran. ZGB die Geschäftsfähigkeit („rušd") des Ehemannes keine notwendige Voraussetzung für die Wirksamkeit eines erklärten „talâq" ist[43].

*Art. 1136 Iran. ZGB* lautet:

„Celui qui divorce doit être majeur, sain d'esprit, exempt de violence et avoir la volonté de divorcer."[44]

Wer den „talâq" ausspricht, muß volljährig, geistig gesund und frei von Zwang sein und muß sich freiwillig scheiden.

cc) Ausspruch der Formel vor zwei Zeugen

Gemäß Art. 1134 Iran. ZGB muß der „talâq" in Gegenwart von zwei vertrauenswürdigen Zeugen männlichen Geschlechts ausgesprochen werden. *Art. 1134 Iran. ZGB* lautet:

„Le divorce (répudiation) doit être prononcé par l'emploi du verbe „talâq". Il doit s'effectuer en présence d'au moins deux témoins justes et du sexe masculin et qui entendront le prononcé du divorce."[45]

Die Verstoßung wird ausgesprochen durch die Benutzung des Wortes „talâq". Sie muß in der Gegenwart von mindestens zwei vertrauenswürdigen Zeugen männlichen Geschlechts ausgesprochen werden, die den Ausspruch der Scheidung verstehen.

An der Erfüllung dieser Voraussetzung besteht nach dem Akteninhalt gleichfalls kein Zweifel, da zwei Personen männlichen Geschlechts in der Scheidungsurkunde als Zeugen erwähnt werden.

dd) „Talâq" nicht unter Zwang

Während nach islamisch-hanafitischem Recht jeder „talâq", also auch derjenige, der unter Zwang ausgesprochen wird, wirksam ist[46], ist nach

[42] Vgl. *Imâmî*, aaO, Bd. 4, S. 104, Bd. 5, S. 7 f.; *Sâhbâg*, aaO, Bd. 8, S. 2; auch LG Hamburg IPRspr. 1958–59 Nr. 191 und *Russ* v. *Russ* [1964] P. 315 (C. A.) zu gleichgelagerten syrischen bzw. ägyptischen Fällen.

[43] *Imâmî*, aaO, Bd. 5, S. 8; *Gräf* aaO 73.

[44] *Aghababian*, aaO, Bd. 2, S. 94.

[45] *Aghababian*, aaO, Bd. 2, S. 94.

[46] Vgl. *Schacht*, in: HWI, s. v. talak (S. 722); *Saksena, K. P.*, Muslim Law (4. Aufl. Lucknow-Delhi 1963) 261 f.; *Sethi, R. B.*, Muslim-Marriage and its Dissolution (2. Aufl. Allahabad 1961) S. 81.

*schiitischem Recht* (im Iran gemäß Art. 1136 Iran. ZGB) ein *unter Zwang ausgesprochener „talâq" nicht gültig,* da auf diese Weise die Absicht des Verstoßenden von außen unzulässig beeinflußt wird[47].

Die Beklagte behauptet zwar, der Kläger habe den „talâq" nur deshalb ausgesprochen, um von seinem Vater Geld zu erhalten, da er in finanziellen Schwierigkeiten gewesen sei. Somit habe er den „talâq" nicht freiwillig erklärt. Selbst wenn die Behauptung der Beklagten zutreffen sollte, reichte dies nicht aus, um den „talâq" als einen „talâq" unter Zwang zu qualifizieren; denn der behauptete Sachverhalt läßt die hierfür erforderliche *ernstliche Gewaltandrohung nicht* erkennen. Dies wäre der Fall z. B. bei der Androhung von körperlicher Züchtigung, Einkerkerung oder der völligen Vernichtung des Vermögens[48].

ee) Zwischenergebnis

Im vorliegenden Fall sind sämtliche essentiellen Voraussetzungen für einen „talâq-i raĝ'î" erfüllt, so daß der Kläger die Beklagte *wirksam* widerruflich nach iranisch-islamischem Recht *verstoßen* hat.

c) Nicht notwendige Voraussetzungen für einen wirksamen „talâq-i raĝ'î" (Sollvorschriften)

aa) Eintragung in das Notariatsregister

Wie bereits kurz ausgeführt worden ist, hat die Registrierung der Verstoßung in dem Register des zuständigen Notariats keine konstitutive Bedeutung. Selbst wenn der „talâq" nicht eingetragen worden wäre, hätte er nach iranisch-islamischem Recht materiellrechtliche Wirkungen. Die Registrierung von Eheschließungen und Scheidungen ist zwar heute in vielen islamischen Ländern allgemein üblich geworden. Sie erfolgt jedoch lediglich aus Gründen der Rechtssicherheit und der Beweiserleichterung. Einfluß auf die materielle Rechtslage haben diese Registrierungen nicht. Eheschließungen und Verstoßungen sind nach islamischem Recht private Rechtsgeschäfte, die für ihre Wirksamkeit keiner staatlichen oder geistlichen Mitwirkung bedürfen, wenngleich dies aus Gründen der Solennität heute die Regel ist[49].

---

47 *Sâhbâg,* aaO, Bd. 8 S. 2; *Magnîya,* Fiqh al-Imâm Ga'far as-Sâdiq [Das Recht nach dem Imam Ga'far-as-Sâdiq] (Beirut 1966) Bd. 6, S. 2; *Gräf* aaO 73.

48 Vgl. *Magnîya,* aaO, Bd. 6, S. 2; *Verma,* Muhammedan Lew (3. Aufl., Allahabad 1959) 154 f.; für das insoweit gleichgelagerte schafiitische Recht vgl. *Sachau,* Muhammedanisches Recht (1897) 62.

49 Vgl. z. B. für Ägypten: *Musa,* Ahkâm al-ahwâl aŝ-ŝahsîya fî al-fiqh al-Islâm [Die Bestimmungen über das „statut personnel" im islamischen Recht] (2. Aufl., Kairo 1958) 92 f.; für Algerien: *Roussier,* Le mariage et sa dissolution (Algier 1960) 110–113.

Eine Verstoßung – unwiderruflich oder widerruflich – ist nach islamischem Recht eine dingliche, sofort wirksame Erklärung, nicht ein Verpflichtungs-, sondern ein *Verfügungsgeschäft*, das seine *Wirkung durch die bloße Erklärung* (schriftlich oder mündlich) entfaltet[50]. Das bedeutet, daß ein *„talâq" ohne jede Registrierung materiellrechtlich wirksam* ist.

bb) Bezeichnung der Ehefrau mit ihrem Namen

Nach iranischem Recht erwirbt die Ehefrau grundsätzlich den Familiennamen ihres Mannes[51]. Obwohl auch die Beklagte den Familiennamen ihres Ehemannes geführt hat, wird sie in der Scheidungsurkunde als Elfriede „D." [nicht „P."] bezeichnet. Diese *inkorrekte* Bezeichnung der Beklagten in der Scheidungsurkunde hat jedoch *keinen Einfluß* auf die Wirksamkeit des „talâq". Zwar soll eine Ehefrau in der Scheidungsurkunde mit ihrem Familiennamen bezeichnet werden. *Ausreichend* ist es aber, daß die Ehefrau in der Weise bezeichnet wird, daß *kein Zweifel* über ihre *Identität* bestehen kann[52].

Danach ist der „talâq" des Klägers auch nicht wegen der Bezeichnung der Beklagten als Elfriede „D." in der Urkunde unwirksam, denn Zweifel an der Identität über die Person der Beklagten können deshalb nicht entstehen.

d) Nicht erforderliche Voraussetzungen für einen „talâq-i raĝ'î"

aa) Anwesenheit der Ehefrau

Ein „talâq" muß nach iranisch-islamischem Recht in Gegenwart von zwei Zeugen erklärt und soll registriert werden. Die *Ehefrau muß bei der Erklärung* des „talâq" jedoch *nicht anwesend sein*, denn dieser wird unmittelbar durch die Erklärung in Gegenwart von zwei Zeugen wirksam. Der Empfang dieser Willenserklärung durch die Ehefrau ist danach keine Voraussetzung für die Wirksamkeit des „talâq"[53].

---

[50] Vgl. grundlegend *al-Kâsânî*, Badâ'i' as-sanâ'i fî tartîb aš-šarâ'i, Bd. 3 (Kairo 1327 H./1909) 126; ferner *Bergsträsser-Schacht* aaO 84; *Schacht*, An Introduction to Islamic Law (Oxford 1964) 164; *Linant de Bellefonds*, Traité de droit musulman comparé (Paris 1965) Bd. 2, S. 360.

[51] Vgl. RdErl. d. Hess. MdI v. 30. 1. 1968, StAZ 1968, 129–132 (130).

[52] *Imâmî*, aaO, Bd. 5, S. 7; *Manek*, Handbook of Mahomedan Law (6. Aufl., Bombay 1961) 51; *Mulla*, Principles of Mahomedan Law (14. Aufl., Kalkutta 1955) 265; *Saksena* aaO 264; *Asha Bibi* v. *Kadir*, I. L. R. (1909) 33 Mad. 22.

[53] Völlig unstreitig: vgl. *Sâhbâg*, aaO, Bd. 8, S. 4 f.; auch *Gräf* aaO 73; *Manek* aaO 51 f.; *Verma* aaO 165; *Saksena* aaO 264 f.; *Fyzee*, Outlines of Muhammadan Law (3. Aufl., Oxford 1964) 143; ferner die Entscheidungen *R. v. Hammersmith Superintendent Registrar of Marriages* [1917] 1 K. B. 634, 636; *Rashid Ahmad* v. *Anisa Khatoon* (1932) 59 L. R. Ind. App. 21; *Mohammad Shamsuddin* v. *Noor Jahan A. I. R.* (1955) Hyd. 144; *Russ* v. *Russ* [1963] P. 315, 321 (C. A.).

bb) Übermittlung der Scheidungsurkunde an die Ehefrau

Zwar soll nach islamischem Recht der Ehefrau, falls sie bei der Erklärung und Registrierung des „talâq" nicht anwesend war, die Scheidungsurkunde übermittelt werden[54].

Erforderlich für die materiellrechtliche Wirksamkeit des „talâq" ist dies – im Gegensatz zu der Überreichung des talmudisch-rechtlichen „ghet" (Scheidebrief)[55] – jedoch im islamischen Recht nicht[56]. Danach ist jeder „talâq", der schriftlich erklärt und registriert wird, selbst dann *wirksam,* wenn die verstoßene Ehefrau *keine Kenntnis* davon erhält[57].

e) Unterhalt der Ehefrau bis zur Übergabe der Scheidungsurkunde

Die einzige Frage, die in diesem Zusammenhang nach islamischem Recht entsteht, ist die Frage des Unterhalts der Ehefrau. Gemäß Artt. 1106, 1107, 1109 Iran. ZGB und Art. 9 Iran. EheG ist der Ehemann verpflichtet, seiner Frau während des Bestehens der Ehe und während der Wartezeit nach der Verstoßung („'iddâ") Unterhalt zu leisten.

Artt. 1106, 1107 Iran. ZGB lauten:

*Art. 1106:*

„Dans un mariage permanent, la pension [,nafaqa'] de la femme est à la charge du mari.

Während einer Dauerehe hat der Ehemann den Unterhalt der Ehefrau zu tragen.

*Art. 1107:*

„La pension comprend: la nourriture, l'habitation, les vêtements et l'ameublement qui conviennent à la situation sociale de la femme, ainsi que des serviteurs, au cas où la femme serait habituée à en avoir ou en aurait besoin pour cause de maladie ou d'invalidité."[58]

Der Unterhalt umfaßt die Ernährung, die Wohnung, die Bekleidung und die Wohnungseinrichtung, die der sozialen Stellung der Frau angemessen ist; ebenso die Stellung von Dienern, falls die Frau daran gewöhnt ist oder ihrer wegen Krankheit oder Invalidität bedarf.

Art. 9 EheG hat den gleichen Inhalt wie Art. 1106 f. Iran. ZGB.

---

[54] *Asha Bibi* v. *Kadir* I. L. R. (1909) 33 Mad. 22; *Ahmed Kasim Molla* v. *Khatun Bibi* I. L. R. (1933) 59 Cal. 833; *Mulla* aaO 265; *Manek* aaO 51; *Saksena* aaO 264.

[55] Vgl. *Har-Shefi* v. *Har-Shefi* [1953] P. 161, 167 und (No. 2) [1953] P. 220; *Scheftelowitz,* The Jewish Law of Family and Inheritance (Tel Aviv o. J.) 110 f.

[56] Unbestritten: *Fulchand* v. *Nazib Ali* I. L. R. (1909) 36 Cal. 184; *Muhammad Ishaq* v. *Sairan* I. L. R. (1936) 17 Lah. 611; *Lalan Bibi* v. *Muhammad Ashfaq* P. L. D. (1951) Lah. 467; ferner *Sâhbâg,* aaO, Bd. 8 S. 5; *Saksena* aaO 264; *Fyzee* aaO 143; *Manek* aaO 52; *Mulla* aaO 265; *Sethi* aaO 99.

[57] Umfangreiche Nachweise bei *Saksena* aaO 264; *Mulla* aaO 265.

[58] *Aghababian,* aaO, Bd. 2, S. 92.

*Art. 1109 Iran. ZGB* lautet:

„La pension de la femme divorcée à titre révocable est, pendant le délai de viduité, à la charge du mari, sauf si le divorce a eu lieu lorsque la femme se trouvait en état de désobéissance..." [59]

Den Unterhalt der widerruflich verstoßenen Frau hat der Ehemann während der Wartezeit zu tragen, es sei denn, daß der „talâq" stattfand, als die Frau ungehorsam war...

Diese Unterhaltsverpflichtung des Ehemannes besteht aber *über diese Frist hinaus* solange, *bis* die Ehefrau *positive Kenntnis von dem „talâq" erhalten hat.* Dies geschieht in der Regel durch die Übergabe oder Übersendung der Scheidungsurkunde; es kann aber auch durch die Übergabe einer Abschrift oder Übersetzung der Scheidungsurkunde oder mündlich erfolgen. Wesentlich ist lediglich, daß die Ehefrau aufgrund der ihr überreichten Urkunde oder einer Erklärung des Ehemannes Gewißheit darüber erhält, daß sie von ihrem Mann verstoßen worden ist[60].

Die Beklagte hat daher nach iranisch-islamischem Recht trotz der wirksam erfolgten widerruflichen Verstoßung einen *Anspruch auf Unterhalt* gegen den Kläger *bis zu dem Zeitpunkt,* zu dem sie *positive Kenntnis von dem „talâq" erhalten* hat.

### *3. Zwischenergebnis*

Der Kläger hat die Beklagte durch den am 10. 11. 1948 erklärten „talâq-i raĝ'î" nach iranisch-islamischem Recht wirksam widerruflich verstoßen. Ein „talâq" unterliegt keinen besonderen Formvorschriften. Insbesondere ist die nach iranischem Personenstandsrecht erfolgte Registrierung des „talâq" für die materielle Rechtslage ohne Bedeutung. Ferner kommt es für die Wirksamkeit eines „talâq" nicht darauf an, daß die verstoßene Ehefrau von dem „talâq" Kenntnis erhält. Die Kenntniserlangung ist nur für die Frage des Unterhalts der Ehefrau von Bedeutung.

### *4. Unwiderruflichkeit des „talâq-i raĝ'î" des Klägers*

Die *Rechtsfolge,* die sich an alle Formen der Ehescheidung durch „talâq" nach iranisch-islamischem Recht knüpft, ist die sog. *„'idda"* (gesetzliche Wartefrist). Unter „'idda" versteht man den gesetzlich normierten Zeitraum im Anschluß an die Verstoßung der Ehefrau, in dem es ihr verboten ist, eine neue Ehe einzugehen; denn während dieser Frist gilt die Verstoßene noch als Ehefrau und hat Anspruch auf Unterhalt[61]. Im Falle einer

---

[59] *Aghababian,* aaO, Bd. 2, S. 93.

[60] *Sâhbâg,* aaO, Bd. 7, S. 107 f.; *Saksena* aaO 264; *Manek* aaO 52; *Sethi* aaO 99; *Mulla* aaO 265; *Verma* aaO 165; *Ma Mi v. Kallander Ammal* (1927) 54 L. R. Ind. App. 61; *Ahmad Kasim Molla* v. *Khatun Bibi I. L. R* (1933) 59 Cal. 833.

[61] Vgl. *Imâmî,* aaO, Bd. 5, S. 66; *Sâhbâg,* aaO, Bd. 8, S. 26 f.; *Gräf* aaO 73; *Manek* aaO 66 f.; *Fyzee* aaO 102–104.

widerruflichen Verstoßung („talâq-i raĝ'î) hat der Ehemann das Recht, innerhalb der gesetzlichen Wartefrist das eheliche Leben jederzeit wiederaufzunehmen, ohne einen neuen Ehevertrag mit der verstoßenen Frau zu schließen[62].

Nach iranisch-islamischem Recht beträgt die Dauer der „'idda" im Falle einer vollzogenen Ehe drei Menstruationsperioden („quru'"). In der iranischen Rechtspraxis wird heute im allgemeinen eine Frist von 100 Tagen dafür angenommen[63]. Die maßgebenden Bestimungen lauten:

*Art. 1148 Iran. ZGB:*

| | |
|---|---|
| „Dans le divorce avec droit de révocation, le mari a le droit de revenir sur sa décision tant que le délai de viduité n'a pas expiré." [64] | Bei einer widerruflichen Verstoßung hat der Ehemann das Recht, seine Entscheidung zurückzunehmen, solange die Wartefrist nicht abgelaufen ist. |

*Art. 1150 Iran. ZGB:*

| | |
|---|---|
| „Le délai de viduité [,'idda'] consiste en une période avant l'expiration de laquelle la femme, dont le mariage a été dissous, ne peut pas prendre un autre époux." [65] | Die Wartefrist ist eine Periode, vor deren Ablauf die Frau, deren Ehe aufgelöst ist, keinen anderen Mann heiraten darf. |

*Art. 1151 Iran. ZGB:*

| | |
|---|---|
| „Le délai de viduité [,'idda'] à la suite d'un divorce ou de la résiliation du mariage est de trois périodes de menstrues consécutives, ..." [66] | Die Wartefrist, die der Scheidung oder der Aufhebung der Ehe folgt, beträgt drei aufeinander folgende Menstruationsperioden... |

Danach ist die *Widerrufsfrist* für die am 10. 11. 1948 ausgesprochene widerrufliche Verstoßung („talâq-i raĝ'î") der Beklagten *am 18. 2. 1949 (100 Tage) abgelaufen.* Nach dem Akteninhalt ist innerhalb dieser Frist kein Widerruf („ruĝû'") dieser Verstoßung erfolgt. Zwar braucht ein Widerruf nicht durch eine ausdrückliche Erklärung zu erfolgen. Er ist auch durch konkludente Handlungen (Zärtlichkeiten, Geschlechtsverkehr) möglich, sofern der Ehemann dabei die Absicht des Widerrufs hat[67].

*Art. 1149 Iran. ZGB* lautet:

| | |
|---|---|
| „La révocation s'accomplit par tout acte ou parole laissant prévoir le fait, à condition, toutefois, qu'il soit accompagné de l'intention de retour." [68] | Der Widerruf wird vollzogen durch jede Handlung oder jedes Wort, welche diese Tatsache erkennen lassen, sofern die Absicht der Rückkehr dabei vorhanden ist. |

---

62 *Magnîya*, aaO, Bd. 6, S. 48 f.; *Sâhbâg*, aaO, Bd. 8, S. 22 f.; *Gräf* aaO 73.

63 So das Gutachten des Imam Beheshti, das er zu dieser Sache dem AG Hamburg erstattet hat; auch *Sâhbâg*, aaO, Bd. 8, S. 28.

64 *Aghababian*, aaO, Bd. 2, S. 94.

65 *Aghababian*, aaO, Bd. 2, S. 95.

66 *Aghababian*, aaO, Bd. 2, S. 95.

67 *Sâhbâg*, aaO, Bd. 8, S. 22, 24 f.; *Magnîya*, aaO, Bd. 6, S. 2; *Gräf* aaO 73 f.

68 *Aghababian*, aaO, Bd. 2, S. 94.

In casu ist eine ausdrückliche Erklärung des Widerrufs innerhalb der Frist nicht erfolgt. Ein Widerruf durch konkludente Handlungen war innerhalb der „'idda" nicht möglich, da die Parteien nicht gemeinsam (sondern getrennt in Wien und Teheran) gelebt haben. Somit ist die widerrufliche Verstoßung der Beklagten am 18. 2. 1949 unwiderruflich („bâ'in") geworden.

5. *Widerruf der Verstoßung durch konkludentes Verhalten nach Ablauf der Wartefrist*

Nach islamischem Recht ist der *Widerruf* eines „talâq" *nach Ablauf der Wartefrist grundsätzlich unwirksam.* Folglich kann ein Ehemann, selbst wenn er will, nach Ablauf dieser Frist seine verstoßene Ehefrau nicht ohne den Abschluß eines neuen Ehevertrages zurücknehmen. Ein bloßes Zusammenleben ohne neuen Ehevertrag ist nach islamischem Recht strafwürdige Unzucht („zinâ") [69].

Zwar wird in der islamisch-*schiitischen* Rechtsliteratur, die weniger formalistisch als die sunnitische argumentiert, die Frage diskutiert, unter welchen Umständen ein ausdrücklicher Widerruf oder, wie in casu, ein solcher durch konkludentes Verhalten (unterstellt, der Kläger hatte die erforderliche Absicht) auch nach Ablauf der Wartefrist („'idda") wirksam sein kann [70]. Ein solcher Widerruf kann aber auch nach dieser modernen Auffassung nur dann unter ganz besonderen Umständen anerkannt werden, wenn die Absicht des Ehemannes auf einen echten Widerruf gerichtet ist, d. h., wenn er die Ehe *dauernd* fortsetzen will [71].

In casu hat der Kläger zwar mit der Beklagten noch für einige Monate zusammengelebt und von ihr als seiner Ehefrau gesprochen, bald darauf jedoch eine andere Frau geheiratet, so daß auch nach dieser Mindermeinung kein wirksamer Widerruf vorgenommen worden ist.

Es bewendet deshalb bei dem Grundsatz, daß ein Widerruf nach Ablauf der Wartefrist unbeachtlich und damit unwirksam ist.

### *V. Zwischenergebnis*

Die wirksame Verstoßung der Beklagten ist von dem Kläger weder ausdrücklich noch durch konkludentes Verhalten widerrufen worden. Auch bei Anwendung der Rechtsauffassung von *Magnîya,* der einen Widerruf auch nach Ablauf der Wartefrist unter bestimmten Umständen noch zuläßt, ist kein wirksamer Widerruf erfolgt, da der Kläger die Beklagte verlassen und eine andere Frau geheiratet hat.

---

69 Vgl. *Gräf* aaO 73; *Imâmî,* aaO, Bd. 5, S. 68 f.; *Magnîya,* aaO, Bd. 6, S. 49; auch *Schacht* aaO 164.

70 Vgl. *Magnîya,* aaO, Bd. 6, S. 2.

71 *Magnîya,* ebenda.

### *VI. Verstoß gegen den deutschen „ordre public": Art. 30 EGBGB*

Zu prüfen bleibt, ob die wirksame rechtsgeschäftliche Scheidung (Verstoßung) der Parteien nach iranisch-islamischem Recht gegen den deutschen „ordre public" verstößt. Ohne der richterlichen Entscheidung vorgreifen zu wollen, ist auf folgendes hinzuweisen:

#### *1. Inlandsberührung*

Die Parteien waren zur Zeit der Verstoßung 1948 und zu dem Zeitpunkt, als die Beklagte davon erfuhr, keine deutschen Staatsangehörigen. Die Beklagte war jedoch bis 1940 Deutsche und ist es jetzt zur Zeit der Klageerhebung (seit 1960) wieder. Ferner halten sich die Parteien in Deutschland auf. Somit ist, obwohl 1948 keine Inlandsberührung gegeben war (beide Parteien waren Ausländer, lebten im Ausland und dort wurde der „talâq" erklärt), jetzt *Inlandsberührung* gegeben, so daß Art. 30 EGBGB Anwendung finden kann[72].

#### *2. Kein Verstoß gegen Art. 30 EGBGB*

Grundsätzlich ist in Deutschland eine zwischen Ausländern in ihrem Heimatstaat erfolgte Eheauflösung auch durch Privatscheidung als wirksam zu betrachten. Denn besitzen beide Eheleute dieselbe Staatsangehörigkeit und gehören sie damit demselben Rechtskreis an, so kann sich eine „unüberbrückbare Kluft" zwischen verschiedenartigen Rechtsauffassungen bei sachgerechter Betrachtung in der Regel nicht ergeben. Dies gilt insbesondere auch dann, wenn ein Ehemann seine Ehefrau, auch wenn sie vor der Heirat Deutsche war, nach islamischem Recht durch eine einseitige Erklärung verstößt[73].

Ob bei einer Scheidung durch „talâq" die ausländische Ehefrau mit ihrer Verstoßung einverstanden war, und der Ehemann u. U. auf ihren Wunsch gehandelt hat, oder ob sie gegen ihren Willen verstoßen worden ist, ist ohne Bedeutung[74].

---

[72] Vgl. *Soergel-Kegel,* aaO, Art. 30 EGBGB Anm. 16; auch LG Dresden IPRspr. 1932 Nr. 72.

[73] Vgl. *LG Dresden* IPRspr. 1932 Nr. 72; *LG Hamburg* IPRspr. 1958–59 Nr. 191; *Soergel-Kegel,* aaO, Art. 17 EGBGB Anm. 113; *Raape,* Internationales Privatrecht (5. Aufl. 1961) 305; *Kleinrahm* aaO 53, 55 f.; *Albers,* Die Privatscheidung, in: StAZ 1951, 224 f.; ebenso im englischen IPR: *Russ* v. *Russ* [1964] P. 315.

[74] Vgl. *LG Dresden* IPRspr. 1932 Nr. 72; *Kegel* aaO 300; *Soergel-Kegel,* aaO, Art. 17 EGBGB Anm. 113; *LG Berlin* JW 1938, 2402; a. A. *Kleinrahm* aaO 58; der Art. 30 EGBGB in den Fällen anwenden will, in denen die ehemals deutsche Frau an der Ehe festhalten will.

Dieser Grundsatz schließt jedoch nicht aus, daß im *Einzelfall* die Scheidung durch Rechtsgeschäft ein *untragbares Ergebnis* zeitigt, das die Anwendung von Art. 30 EGBGB erfordert[75].

In casu hat sich die Beklagte zur Zeit der Erklärung des „talâq" zwar nicht im Iran, sondern in Österreich zur Kur aufgehalten. Dies ändert jedoch nichts an der oben entwickelten Rechtslage. Denn der Kläger hat sein Verstoßungsrecht in seinem Heimatstaat (Iran) und nicht in einem dritten Land ausgeübt. Der gemeinsame Heimatstaat war ferner der gemeinsame Wohnsitzstaat der Parteien[76], denn gemäß Art. 1005 Iran. ZGB hatte die Beklagte zur Zeit des „talâq" ihren Wohnsitz in Teheran. *Art. 1005 Iran. ZGB* lautet:

| | |
|---|---|
| „Le domicile de la femme mariée est celui de son mari." [77] | Der Wohnsitz der verheirateten Frau ist der ihres Ehemannes. |

Auch die Tatsache, daß die Beklagte von dem „talâq" des Klägers nicht in ihrem Heimatstaat (Iran), sondern in Deutschland Kenntnis erlangt hat, macht die Verstoßung nicht zu einer Inlandsscheidung, die in Deutschland unzulässig sein könnte[78].

Der Kläger hat sein Scheidungsrecht im Iran ausgeübt, und der Zugang der Erklärung des „talâq" ist nach dem gemeinsamen Heimatrecht der Parteien für dessen Wirksamkeit ohne Bedeutung. Der Ort der Scheidung bleibt somit Teheran, denn die Nachricht von der Verstoßung, die die Beklagte in Deutschland erhalten hat, ist nicht als Scheidebrief zu qualifizieren[79].

### *3. Zwischenergebnis*

Da es sich bei dem „talâq" des Klägers im Jahre 1948 um eine Scheidung von Ausländern im Ausland gehandelt hat und nur geringe Inlandsberührung gegeben ist, verstößt der nach iranischem Recht wirksame „talâq" nicht gegen Art. 30 EGBGB.

## *VII. Gesamtergebnis*

Die Wirksamkeit des „talâq"-i raĝ'î" (widerrufliche Verstoßung) des Klägers beurteilt sich nach dem für schiitische Iraner im Jahre 1948 geltenden Recht.

---

[75] Vgl. *Kleinrahm* aaO 56.

[76] Vgl. dazu *Albers*, StAZ 1951, 225; *LG Dresden* IPRspr. 1932 Nr. 72; *Raape* aaO 305.

[77] *Aghababian*, aaO, Bd. 2, S. 87.

[78] Vgl. *Palandt-Lauterbach*, aaO, Art. 17 EGBGB Anm. 2 b; *Kleinrahm* aaO 46 f. (h. L.); a. A. *Soergel-Kegel*, aaO, Art. 17 EGBGB Anm. 45.

[79] Ebenso: *Albers*, StAZ 1951; 225; auch *LG Hamburg* IPRspr. 1958–59 Nr. 191; auch *Kleinrahm* aaO 48.

Der Kläger hat die Beklagte nach iranischem Recht wirksam verstoßen. Ausreichend ist dafür die Erklärung des „talâq" vor zwei Zeugen und die Registrierung der Erklärung in dem zuständigen Notariatsbüro.

Der Zugang der Verstoßungserklärung an die Ehefrau ist nach iranischem Recht nicht erforderlich. Die Kenntniserlangung von dem ausgesprochenen „talâq" ist nur für die Frage des Unterhalts von Bedeutung. Eine verstoßene Ehefrau hat einen Unterhaltsanspruch gegen ihren Ehemann, bis sie positive Kenntnis von dem „talâq" erhält.

Die Widerrufsfrist für den „talâq" ist am 18. 2. 1949 abgelaufen. Das nach Ablauf der Wartefrist erfolgte Zusammenleben der Parteien beinhaltet keinen Widerruf der Verstoßung.

Da es sich bei dem „talâq" des Klägers im Jahre 1948 um eine Scheidung von Ausländern im Ausland gehandelt hat und nur geringe Inlandsberührung gegeben ist, verstößt der nach iranischem Recht wirksame „talâq" nicht gegen Art. 30 EGBGB.

## Nr. 26

**Niederlande**

**Zur Auslegung von Art. 264 BW.**

**Köln 125/67 vom 23. 2. 1968**

Das Landgericht A. (Westf.) hat mit Verfügung vom 17. 12. 1967 in der Ehesache O. ./. O. um ein Gutachten über niederländisches Eherecht gebeten.

### SACHVERHALT

Die Parteien haben am 14. Mai 1964 vor dem Standesamt in D. die Ehe geschlossen. Der Ehemann ist niederländischer Staatsangehöriger. Er hat seinen Wohnsitz in D. Die Ehefrau ist von Geburt Deutsche und wohnt in W. Während der Ehe ist eine Tochter geboren worden. Der Ehemann hat bereits in Rotterdam Scheidungsklage erhoben. Die Klage war erfolglos.

Sein erneutes Scheidungsbegehren wird auf folgende Behauptung gestützt: Es sei vor Eingehung der Ehe ausdrücklich zwischen den Parteien vereinbart worden, daß der Kläger in das Haus der Beklagten in Winterberg einziehen sollte. Dabei habe die Beklagte zugesichert, ihre Mutter und Schwester würden, wie vom Kläger verlangt, aus dem betreffenden Haus ausziehen. Diese Abmachung sei nicht eingehalten worden. Die Beklagte sei auch nicht bereit gewesen, zu dem Kläger nach D. zu ziehen. Bei einem Besuch in W. habe man ihn aus dem Haus gewiesen. In einem anderen Falle habe die Beklagte sogar die Polizei gerufen. Als diese sich weigerte, gegen den Kläger vorzugehen, habe die Beklagte mit der Faust auf das linke Auge des Klägers geschlagen und versucht, mit einem kleinen Metallkessel nach ihm zu werfen. Dabei sei seine Brille zerbrochen; er habe Blutergüsse und eine Schnittwunde unter dem Auge davongetragen. Außerdem unterhalte die Beklagte ehewidrige Beziehungen zu dem Zeugen F. B.

Der Kläger beantragt, die Ehe der Parteien zu scheiden. Die Beklagte beantragt, die Klage abzuweisen.

Sie trägt vor:

Der Auszug ihrer Mutter und ihrer Schwester aus der Wohnung in W. sei durch wirtschaftliche Schwierigkeiten verhindert worden. Aus dem gleichen Grund sei es ihr unmöglich gewesen, zu dem Kläger nach D. zu ziehen. Der Kläger habe sie gelegentlich eines gemeinsamen Aufenthalts in D. geschlagen. Bei einem Besuch in G. habe er sie mit einer Pistole bedroht. Aus Furcht vor weiteren Gewalttätigkeiten habe sie ihn, als er sie im Februar 1965 in W. besuchte, aufgefordert, das Haus zu verlassen. Dabei sei sie in Gegenwart eines Polizeibeamten gegen den Kläger tätlich geworden. Dies sei jedoch in einem durch ihre Schwangerschaft bedingten Zustand großer Erregung geschehen. Das Bestehen ehewidriger Beziehungen zu dem Zeugen F. B. wird bestritten.

## ANFRAGE

Das Gericht hat Bedenken, Art. 264 Nr. 4 des Niederländischen Burgerlijk Wetboek (BW) ohne Kenntnis der niederländischen Rechtsprechung ausdehnend im Sinne der Entscheidung des OLG Düsseldorf JW 34, 437 auszulegen. Es bittet um ein Gutachten über Auslegung und Anwendung des Art. 264 Nr. 4 BW.

## RECHTSLAGE

### A. DEUTSCHES INTERNATIONALES PRIVATRECHT (IPR)

Das Haager Ehescheidungsabkommen vom 12. Juni 1902 ist von Deutschland mit Wirkung vom 1. Juni 1934 gekündigt worden[1].

Gemäß Art. 17 Abs. 1 EGBGB sind für die Scheidung der Ehe die Gesetze des Staates maßgebend, dem der Ehemann zur Zeit der Klageerhebung angehört. Das deutsche IPR beruft somit niederländisches Recht. Deutsches Recht ist jedoch insoweit zu beachten, als gemäß Art. 17 Abs. 4 EGBGB die Scheidung sowohl nach niederländischem als auch nach deut-

[1] RGBl. 1934 II 26.

schem Recht zulässig sein muß. Dabei brauchen der ausländische und der inländische Scheidungsgrund nicht derselbe zu sein[2].

Die Verweisung auf niederländisches Recht geschieht vorbehaltlich einer nach Art. 27 EGBGB zu beachtenden Rückverweisung.

## B. NIEDERLÄNDISCHES IPR

Gemäß Art. 6 des Gesetzes vom 15. Mai 1829 über die allgemeinen Bestimmungen für die Gesetzgebung des Königreiches gelten die Gesetze über den Personenstand für Niederländer auch dann, wenn sie sich im Ausland befinden. Die Ehescheidung eines Niederländers richtet sich stets nach niederländischem Recht[3]. Das niederländische IPR nimmt die Verweisung durch das deutsche IPR an.

## C. NIEDERLÄNDISCHES MATERIELLES SCHEIDUNGSRECHT

### *I. Die Vorschriften des Burgerlijk Wetboek (BW)*

Das niederländische BW regelt die Ehescheidung in den Art. 262 ff. Die hier einschlägigen Vorschriften sind Art. 264, 266 Abs. 2 und 3. Ihr Text lautet:

*Art. 264 BW:*

| | |
|---|---|
| „De gronden, welke eene echtscheiding kunnen ten gevolge hebben, bestaan alleen in de navolgende: | Die einzigen Gründe für eine Ehescheidung sind folgende: |
| 1°. Overspel; | 1. Ehebruch; |
| 2°. Kwaadwillige verlating; | 2. böswilliges Verlassen; |
| 3°. Veroordeeling wegens misdrijf tot eene vrijheidsstraf van vier jaren of langer, na het huwelijk uitgesproken; | 3. Verurteilung wegen einer ungesetzlichen Handlung zu einer Freiheitsstrafe von vier Jahren oder darüber, die nach der Eheschließung ausgesprochen ist; |
| 4°. Zware verwondingen of zoodanige mishandelingen, door den eenen echtgenoot jegens den anderen gepleegd, waardoor diens leven wordt in gevaar gebragt, of waardoor hem gevaarlijke verwondingen zijn toegebragt." | 4. schwere Verwundungen oder Mißhandlungen des einen Ehegatten durch den anderen, durch die dessen Leben in Gefahr gebracht oder ihm gefährliche Verwundungen zugefügt werden. |

---

[2] *Kegel* in *Soergel-Siebert*, Kommentar zum BGB, Bd. V (9. Aufl. 1961) Art. 17 EGBGB, Randz. 20 mit Nachweisen aus der Rechtsprechung; *Palandt-Lauterbach*, Kommentar zum BGB (27. Aufl. 1968) Art. 17 EGBGB, Anm. 2 b.

[3] *Mulder*, Inleiding tot het Nederlandsch Internationaal Privaatrecht (2. Aufl. 1947) 115 ff.; *van Brakel*, Grondslagen en Beginselen van Nederlands Internationaal Privaatrecht (3. Aufl. 1953) 183 ff.

*Art. 266 Abs. 2 und 3 BW:*

„De eisch tot echtscheiding, uit hoofde van kwaadwillige verlating kan alleen worden toegestaan, wanneer degene der echtgenooten, die de gemeene woonplaats, zonder wettige oorzaak, heeft verlaten, in zijne weigering volhardt om tot zijnen echtgenoot terug te keeren.
De regtsvordering daartoe kan niet vroeger woorden aangevangen, dan na verloop van vijf jaren te rekenen van het tijdstip waarop de echtgenoot de gemeene woning verlaten heeft."

Dem Antrag auf Ehescheidung wegen böswilligen Verlassens kann nur stattgegeben werden, wenn derjenige Ehegatte, der den gemeinsamen Wohnsitz ohne gesetzlich zulässige Ursache verlassen hat, bei der Weigerung verharrt, zu dem anderen Ehegatten zurückzukehren.
Ein Anspruch darauf besteht erst nach Verlauf von fünf Jahren, gerechnet von dem Zeitpunkt, zu dem der Ehegatte die gemeinsame Wohnung verlassen hat [4].

## *II. Auslegung und Anwendung des Art. 264 BW*

### *1. Art. 264 Nr. 2 BW*

Ob, wie das Gericht annimmt, nach dem Klagevorbringen auch ein Scheidungsgrund gemäß Art. 264 Nr. 2 BW in Betracht kommen kann, braucht nicht entschieden zu werden. Da die Parteien erst am 14. Mai 1964 geheiratet haben, ist jedenfalls die gemäß Art. 266 Abs. 3 BW erforderliche Frist von fünf Jahren noch nicht abgelaufen.

### *2. Art. 264 Nr. 4 BW*

Das Scheidungsbegehren des Klägers könnte nur gemäß Art. 264 Nr. 4 BW begründet sein.

Art. 264 Nr. 4 BW enthält drei Alternativen, nämlich:

1. Zufügung schwerer Verwundungen;
2. Zufügung von Mißhandlungen, die eine Lebensgefahr zur Folge haben;
3. Zufügung von Mißhandlungen, die eine gefährliche Verwundung zur Folge haben.

a) Die erste Alternative des Art. 264 Nr. 4 BW

Einschlägige Entscheidungen zur Auslegung des Merkmals schwere Verwundungen sind nicht ersichtlich. Auch das Schrifttum zu Art. 264 Nr. 4 BW enthält keine näheren Ausführungen.

Da das Gesetz nicht von einer Verwundung schlechthin spricht, sondern eine schwere Verwundung vorausgesetzt wird, kann angenommen wer-

[4] Übersetzung bei *Bergmann*, Internationales Ehe- und Kindschaftsrecht, Bd. IV, Niederlande, 20 f.

den, daß ein Bluterguß und eine Schnittwunde unter dem Auge zu geringfügig sind, um den Anforderungen der ersten Alternative des Art. 264 Nr. 4 BW zu genügen.

b) Die zweite Alternative des Art. 264 Nr. 4 BW

Der Begriff der Mißhandlung wird in der niederländischen Rechtsprechung und im Schrifttum zu Art. 264 Nr. 4 BW überwiegend extensiv ausgelegt. Insbesondere hat man in Fällen einer versuchten Gasvergiftung des schlafenden Ehegatten, wo es also an äußerlichen Einwirkungen, wie z. B. Schlagen oder Stoßen, gefehlt hat, eine Mißhandlung angenommen[5]. Im vorliegenden Fall, wo es sich um eine unmittelbare äußerliche Einwirkung auf den Körper des Klägers handelt, bestehen daher gegen die Annahme einer Mißhandlung keine Bedenken.

An das Vorliegen einer durch die Mißhandlung herbeigeführten Lebensgefahr werden dagegen von der niederländischen Rechtsprechung strenge Anforderungen gestellt. Es genügt nicht schon, daß der Tod auf irgendeine denkbare Weise hätte verursacht werden können. Der Tod muß vielmehr nach den Erfahrungsregeln als adäquate Folge der Mißhandlung gedacht werden können[6]. Eine neuere Entscheidung engt das Merkmal der Lebensgefährlichkeit noch weiter ein: Durch die Mißhandlung sei das Leben dann in Gefahr gebracht worden, wenn aufgrund der Mißhandlung die sichere Möglichkeit der Todesfolge bestehe[7].

Der Tod kann nach Erfahrungsregeln weder als sichere noch als adäquate Folge eines Faustschlages auf das Auge angesehen werden, so daß ein Scheidungsgrund gemäß der zweiten Alternative des Art. 264 Nr. 4 BW ebenfalls zu verneinen ist.

c) Die dritte Alternative des Art. 264 Nr. 4 BW

Voraussetzung dieser Alternative ist, daß durch die Mißhandlungen dem Kläger gefährliche Verwundungen zugefügt wurden.

Niederländische Entscheidungen zur Auslegung und Anwendung dieser Alternative sind nicht ersichtlich. Das einschlägige niederländische Schrifttum enthält keine Erläuterungen. Teilweise führt das Schrifttum von den Scheidungsgründen des Art. 264 Nr. 4 BW nur die schweren Verwundungen sowie die lebensgefährlichen Mißhandlungen an, während die dritte Alternative überhaupt nicht erwähnt wird[8].

---

[5] *Hof's-Gravenshage,* 2. November 1931, Nederlandse Jurisprudentie (N. J.) 1932, bladz. 383; *Hof Amsterdam,* 24. Januar 1964, N. J. 1964 Nr. 196; *Asser-Scholten-Wiarda,* Personenrecht (9. Aufl. 1957) 391.

[6] *Rechtsbank Leeuwarden,* 18. März 1954, N. J. 1954, Nr. 666.

[7] *Hoge Raad,* 13. Januar 1967, N. J. 1967 Nr. 66.

[8] So z. B. *Asser-Scholten-Wiarda,* Personenrecht (9. Aufl. 1957) 391; *Melis,* Familienrechtelijke betrekkingen (1964) 36.

Die vom Gericht herangezogene Entscheidung des OLG Düsseldorf, JW 34, 437 hat die dritte Alternative des Art. 264 Nr. 4 BW dahin ausgelegt, daß unter gefährlichen Verwundungen nicht nur offene Verletzungen zu verstehen seien, sondern auch rohe Mißhandlungen, bei denen innere Organe des Körpers gefährdet werden. Die Entscheidung hebt damit die Unterscheidung zwischen der Mißhandlung einerseits und der durch die Mißhandlung verursachten gefährlichen Verwundung andererseits auf. Eine gefährliche Mißhandlung könne bereits für sich allein als eine gefährliche Verwundung bezeichnet werden.

Nach dieser Auslegung wäre auch der Faustschlag der Klägerin, unabhängig von den eingetretenen Verletzungen, als gefährliche Verwundung anzusehen, da Splitter des zerbrochenen Brillenglases hätten leicht in das Auge eindringen können.

Dem steht jedoch bereits der Wortlaut des Gesetzes entgegen. Die Gefährlichkeit einer Mißhandlung soll, wie die zweite Alternative des Art. 264 Nr. 4 BW bestimmt, für sich allein nur dann als Scheidungsgrund genügen, wenn das Leben gefährdet wurde. Bei sonstigen Mißhandlungen muß eine gefährliche Verwundung hinzukommen. Wäre der Gesetzgeber, wie das OLG Düsseldorf meint, davon ausgegangen, daß eine gefährliche Mißhandlung schon für sich allein eine gefährliche Verwundung darstellt, dann hätte er eine derartige Differenzierung kaum vorgenommen, sondern allgemein von gefährlichen Mißhandlungen gesprochen.

Die niederländische Rechtsprechung zieht, wie schon dargelegt, der zweiten Alternative des Art. 264 Nr. 4 BW, bei der es allein auf die Lebensgefährlichkeit der Mißhandlung ankommt, enge Grenzen[9].

Diese Begrenzung würde, wollte man bei der dritten Alternative des Art. 264 Nr. 4 BW allgemein auf eine gefährliche Mißhandlung abstellen, weitgehend hinfällig. Daher wird, soweit ersichtlich, in niederländischen Entscheidungen, die die Lebensgefährlichkeit einer Mißhandlung abgelehnt haben, nirgends die Frage gestellt, ob nicht die dritte Alternative des Art. 264 Nr. 4 BW angewandt werden müßte, weil die Mißhandlung jedenfalls überhaupt als gefährlich bezeichnet werden kann[10].

Es kann nicht angenommen werden, daß niederländische Gerichte in einem entsprechenden Fall die dritte Alternative des Art. 264 Nr. 4 BW ähnlich weit auslegen würden wie das OLG Düsseldorf, aaO. Daraus, daß zur dritten Alternative keine einschlägigen Entscheidungen ersichtlich

---

[9] *Rechtsbank Leeuwarden*, 17. März 1954, aaO; *Hoge Raad*, 13. Januar 1967, aaO.

[10] Vgl. z. B. *Hoge Raad*, 2. Juni 1922, N. J. 1922, bladz. 860. Die Entscheidung bestimmt, daß Schläge mit einem Spazierstock keine lebensgefährliche Mißhandlung darstellen. Hätte das Gericht die dritte Alternative des Art. 264 Nr. 4 BW ebenso ausgelegt wie das *OLG Düsseldorf*, aaO, dann hätte es prüfen müssen, ob nicht zumindest eine gefährliche Mißhandlung vorliegt. Dergleichen ist jedoch nicht geschehen.

sind und im Schrifttum diese Alternative teilweise nicht einmal erwähnt wird, ergibt sich vielmehr, daß der dritten Alternative im Verhältnis zur ersten und zweiten praktisch keine Bedeutung zukommt. Dieses Verhältnis würde, wenn man der Ansicht des OLG Düsseldorf, aaO folgt, in sein Gegenteil verkehrt.

Insgesamt ergibt sich daher, daß die Auslegung des OLG Düsseldorf, aaO, im Hinblick auf den Text der Vorschrift und auf die niederländische Rechtsprechung und Literatur abzulehnen ist. Das Gericht hat vom Wortlaut der dritten Alternative auszugehen, wonach der Kläger infolge der Mißhandlung eine gefährliche Verletzung erlitten haben muß. Das kann jedoch bei einem gewöhnlichen Bluterguß und einer geringfügigen Schnittwunde nicht angenommen werden. Es nützt dem Kläger daher nichts, daß die Mißhandlung gefährlich für das Auge war, weil z. B. ein Glassplitter hätte in das Auge eindringen können; entscheidend ist, daß der eingetretene Körperschaden völlig ungefährlich ist.

Ein Scheidungsgrund gemäß Art. 264 Nr. 4 BW muß nach dem Klagevorbringen abgelehnt werden.

D. ERGEBNIS

Das deutsche IPR beruft das niederländische Recht als das Heimatrecht des Ehemannes. Dieses nimmt die Verweisung an. Die einschlägige Vorschrift des niederländischen Scheidungsrechts ist Art. 264 Nr. 4 BW. Nach dem Klagevorbringen kann diese Bestimmung in keiner ihrer drei Alternativen angewendet werden.

## e) Aufhebung der Ehe

### Nr. 27

**Schweiz**

**1. Die Folgen der Aufhebung einer Ehe zwischen einem Schweizer und einer Deutschen beurteilen sich nach dem schweizerischen materiellen Recht.**

**2. Der nichtschuldige Ehegatte hat im Fall der Bedürftigkeit einen Unterhaltsanspruch auf den Notbedarf. Über den Anspruch ist im Aufhebungsurteil zu entscheiden. Der Anspruch kann später nur herabgesetzt, nicht jedoch erhöht werden.**

**3. Enthält das Aufhebungsurteil eines deutschen Gerichts keine Regelung des Unterhalts, so kann über den Unterhalt noch in einem späteren Verfahren entschieden werden.**

**Heidelberg vom 16. 5. 1968**

Das LG Mannheim bittet in der Unterhaltssache B. ./. B. aufgrund des Beweisbeschlusses vom 13. 2. 1968 das Institut um Auskunft über internationales und Schweizer Unterhaltsrecht.
Der Auskunft liegt folgender Sachverhalt zugrunde:

Die Parteien hatten am 15. 12. 1961 in M.-W. geheiratet. Vor Eheschließung war der Beklagte Schweizer, die Klägerin Deutsche. Die Ehe wurde durch Urteil des LG M. vom 29. 5. 1964 ohne Schuldspruch und ohne Entscheidung über den Unterhalt aufgehoben.

Mit der vorliegenden Klage begehrt die Frau von ihrem früheren Mann Unterhalt.

Das LG bittet, „wenn man von der Anwendbarkeit schweizerischen materiellen Zivilrechts ausgeht", um Beantwortung folgender Fragen:

a) Kann die von der Klägerin begehrte Unterhaltsregelung auch noch nach Rechtskraft des Aufhebungsurteils getroffen werden oder hätte im Aufhebungsprozeß darüber entschieden werden müssen?
b) Ist bei Prüfung der Frage, ob die Klägerin durch die Aufhebung der Ehe in große Bedürftigkeit geraten ist (Art. 152 ZGB), zu berücksichtigen, wie sie ohne die Eheschließung gestanden hätte, oder kommt es darauf nicht an?

## *I. Internationalprivatrechtliche Frage*

### *1. Unterhaltsstatut*

Gestritten wird im vorliegenden Falle über einen Unterhaltsanspruch nach einer Eheaufhebung. Es ist daher zu prüfen, unter welche Bestimmungen des IPR der vorliegende Rechtsstreit zu subsumieren ist.

Nach allgemeiner Lehre wird das Unterhaltsstatut, abgesehen von der ausdrücklichen Vorschrift des Art. 21 EGBGB, von der Kollisionsnorm bestimmt, die das Rechtsverhältnis regelt, aus dem der Unterhaltsanspruch entspringt[1], d. h. daß nach aufgehobener Ehe das Unterhaltsstatut nach Art. 13 EGBGB geregelt wird[2]. Demnach wird das Unterhaltsstatut nach aufgehobener Ehe von Art. 13 EGBGB erfaßt. Daher ist zu prüfen, nach welchem Recht die Eheaufhebung hat vorgenommen werden müssen.

---

[1] Vgl. *Erman-Marquordt,* Handkommentar zum Bürgerlichen Gesetzbuch (4. Aufl. 1967) vor Art. 13 EGBGB, Anm. 6a) aa), S. 1713; *Palandt-Lauterbach,* Bürgerliches Gesetzbuch (26. Aufl. 1967) Art. 14 EGBGB, Anm. 4e.

[2] Vgl. *Erman-Marquordt,* aaO; *ders.,* aaO, Art. 13 EGBGB Anm. 5d, S. 1728; *Soergel-Siebert(-Kegel),* Bürgerliches Gesetzbuch, Bd. V (9. Aufl. 1961) Art. 18 EGBGB, Randz. 80.

## *2. Haager Abkommen*

Zwischen Deutschland und der Schweiz gilt anstelle der sonst einschlägigen Norm des Art. 13 EGBGB das Haager Abkommen zur Regelung des Geltungsbereichs der Gesetze auf dem Gebiete der Eheschließung vom 12. 6. 1902 (RGBl. 1904 S. 221). Nach dessen Art. 1 bestimmen sich die Ehevoraussetzungen, wie übrigens auch nach Art. 13 EGBGB, für jeden Verlobten nach dem Rechte seiner Staatsangehörigkeit. Art. 1 enthält jedoch eine Ausnahmevorschrift, von der unten unter Nr. 4b zu handeln ist.

a) Zunächst ist der Geltungsumfang des Abkommens zu behandeln, d. h. hier die Frage, ob die Eheaufhebungsfolgen auch dem durch das Abkommen bestimmten Rechte zu entnehmen sind. *Van Hille* sagt zu dieser Frage, das Abkommen umfasse nur die eigentliche Eheschließung („le mariage proprement dit"), nicht jedoch die Ehewirkungen, die Folgen einer Annullation und die Frage der Putativehen[3]. *Beck* verweist auf die Ausführungen von *van Hille*[4]. Dem steht die Meinung von *Kahn* nicht entgegen[5]. Die von ihm angeführten, nach der Konvention zu behandelnden „Folgen einer verbotswidrig abgeschlossenen Ehe" berühren nur die eigentlichen Fragen des Bestandes der Ehe, wie Ehehindernisse und Willensmängel. Ähnlich liegt es mit dem Satz bei *Palandt/Lauterbach*, aaO, Anh. zu Art. 13 EGBGB, Anm. 2c, daß aus dem Recht des Art. 1 auch die Folgen einer fehlerhaften Ehe zu entnehmen seien. Das angeführte Urteil des Reichsgerichts (JW 1936, 1949) handelt über Willensmängel bzw. Nichtigkeit.

b) Deutsche Rechtsprechung zur Frage eines Unterhaltsanspruches nach aufgehobener Ehe in internationalen Fällen scheint weder allgemein noch zum Haager Abkommen im besondern veröffentlicht worden zu sein.

Es wird hier davon ausgegangen, daß die Frage der Unterhaltszahlung nicht durch das Haager Abkommen geregelt wird.

## *3. Auslegung von Art. 13 EGBGB*

Hier erhebt sich die Frage, ob dann die oben skizzierte Norm des deutschen IPR bezüglich des Unterhalts als Norm mit eigenem Inhalt oder als reine Verweisungsnorm aufzufassen ist.

---

[3] Vgl. *Van Hille*, Traités de droit international privé de la Haye, in Répertoire de droit international, hrsg. von Lapradelle und Niboyet, Bd X (1931) 588, Nr. 4.

[4] Vgl. Berner Kommentar zum Schweizerischen Zivilgesetzbuch, Schlußtitel, II. Abschnitt (Bern 1932) ESchlKonv 1, Randz. 5, S. 272.

[5] Vgl. *Kahn*, Die dritte Haager Staatenkonferenz für internationales Privatrecht, in Zeitschrift für internationales Privat- u. öffentliches Recht XII, S. 1 ff., 201 ff., 206.

Als Norm mit eigenem Inhalt würde sie lauten: Auf den Unterhaltsanspruch eines Ehegatten ist nach Aufhebung der Ehe das Recht des Staates anzuwenden, dem der Gatte angehört, der die Aufhebung geltend gemacht hat.

Als reine Verweisungsnorm würde sie lauten: Auf den Unterhaltsanspruch eines Ehegatten ist nach Aufhebung der Ehe das Recht anzuwenden, nach dem die Ehe aufgehoben worden ist.

Der Unterschied liegt dabei im vorliegenden Fall darin, daß bei einer reinen Verweisungsnorm auf das Haager Abkommen verwiesen würde, da nach dessen Regeln die Aufhebung hätte geschehen müssen, im anderen Falle aber Art. 13 EGBGB einschließlich der Möglichkeit einer Rückverweisung anzuwenden wäre.

Zu dieser Frage ist dem Institut keine Literatur bekannt. Sie kann aber dann auf sich beruhen, wenn nach beiden Ansichten dasselbe Recht anwendbar ist.

### *4. Zugrundelegung des Haager Abkommens*

Legt man die reine Verweisungsnorm zugrunde, so ist das Recht zu bestimmen, das auf die Eheaufhebung hätte angewandt werden müssen. Das Haager Abkommen wurde in der Rechtsprechung gelegentlich nicht beachtet[6]. Daher ist das auf die Eheaufhebung anzuwendende Recht zu bestimmen.

a) Wie oben schon erwähnt, entspricht im großen und ganzen Art. 1 des Abkommens unserem Art. 13 EGBGB. Demnach wäre auf eine vom Mann angestrengte Klage das Recht seiner Staatsangehörigkeit anzuwenden, also Schweizer Recht.

Da die zugrunde zu legenden Staatsangehörigkeiten die vorehelichen sind, tauchen Probleme der Doppelstaatsangehörigkeit der Frau nicht auf.

b) Nun enthält Art. 1 des Abkommens einen Rückverweisungsvorbehalt. Dieser lautet:

> „..., soweit nicht eine Vorschrift dieses Gesetzes ausdrücklich auf ein anderes Gesetz verweist."

Es muß sich dabei um eine ausdrückliche Gesetzesvorschrift handeln[7]. Diese Vorschrift ist nur mit Rücksicht auf das Schweizer Recht in die Konvention aufgenommen worden[8], da die Schweizer Bundesverfassung vom 29. Mai 1874 in Art. 54 Absatz 3 folgende Vorschrift enthält:

[6] Vgl. z. B. die Nachweise bei *Jayme*, Die Wiederanwendung der Haager Familienrechtsabkommen von 1902 und 1905, NJW 1965, S. 13 ff., 15 Fn. 50. Auch der *BGH* hat in der Entscheidung NJW 1964, S. 2013 ff. das Abkommen nicht angewandt.

[7] Vgl. *Meili-Mamelok*, Das internationale Privat- und Zivilprozeßrecht aufgrund der Haager Konventionen (Zürich 1911) 94; *RG* JW 1931, S. 1340.

[8] Vgl. *Meili-Mamelok*, aaO, S. 93, *Beck* im Berner Kommentar, aaO, ESchlKonv 1, Randz. 14, S. 274.

„Die in einem Kanton oder im Auslande nach der dort geltenden Gesetzgebung abgeschlossene Ehe soll im Gebiete der Eidgenossenschaft als Ehe anerkannt werden."

Präzisiert ist diese Vorschrift in Art. 7f des Bundesgesetzes betreffend die zivilrechtlichen Verhältnisse der Niedergelassenen und Aufenthalter (NAG) vom 25. 6. 1891, eingefügt durch Art. 59 des Schlußtitels des ZGB.

*Art. 7 f.* lautet:

„Eine Ehe, die im Auslande nach dem dort geltenden Rechte abgeschlossen worden ist, wird in der Schweiz als gültig betrachtet, wenn ihr Abschluß nicht in der offenbaren Absicht, die Nichtigkeitsgründe des schweizerischen Rechtes zu umgehen, ins Ausland verlegt worden ist.

Eine im Auslande abgeschlossene Ehe, die nach der Gesetzgebung des Ortes der Eheschließung ungültig ist, kann in der Schweiz nur dann für ungültig erklärt werden, wenn sie auch nach schweizerischem Rechte ungültig ist."

Das bedeutet soviel, daß das Schweizer Recht eine solche ausdrückliche Bestimmung enthält. Es ist daher deren Tragweite zu untersuchen.

*Beck* untersucht[9] ausdrücklich das Verhältnis von Art. 1 der Konvention i. V. mit Art. $54^{III}$ BV und 7f NAG zu den deutschen Vorschriften. Er geht zunächst davon aus, daß die Verweisung des Schweizer Rechtes eine solche auf die Kollisionsnormen des Eheschließungsstaates sei, also in unserem Falle auf das nach Art. 13 EGBGB anzuwendende Recht, wobei auch Art. 27 EGBGB zu beachten ist. Da jedoch „grundsätzlich" das deutsche Recht auf dem Boden des Heimatrechtes stehe, sei davon auszugehen, daß auch bei einer Heirat in Deutschland nur das Schweizer Recht auf den Schweizer Verlobten anzuwenden sei.

*Schnitzer*[10] sagt nur kurz, soweit das Ortsrecht auf das Heimatrecht verweise, spiele Art. 7f NAG bezüglich Art. 1 des Abkommens keine Rolle.

Von der Anwendbarkeit Schweizer Rechtes geht auch das *Reichsgericht*[10a] aus. Gleichwohl wird darauf hingewiesen, daß diese Lösung nicht unproblematisch ist.

aa) Wenn Schweizer Autoren auf die Anwendung Schweizer Rechtes kommen, so liegt dies daran, daß vom Schweizer Blickpunkt aus das deutsche Recht durch Art. 13 EGBGB auf das schweizerische zurückverweist. Diese Rückverweisung wird dann, wenn sie zum eigenen Rechte geführt hat, abgebrochen. Die Rückverweisung ist im Schweizer Recht anerkannt[11].

bb) Daher ist noch nicht entschieden, wie der Fall aussieht, wenn vom deutschen Recht auszugehen ist. Hier verweist Art. 1 des Abkommens auf

[9] *Beck*, aaO, Randz. 22.

[10] Handbuch des internationalen Privatrechts, Bd. I (4. Aufl. 1957) 348.

[10a] *RG* JW 1930, 1003; JW 1936, 1949.

[11] Vgl. *Schnitzer*, aaO, Bd. 1, S. 205 f.; *Beck*, aaO, Vorb. zu Art. 59, Randz. 102, 103.

Schweizer Recht, dieses, wie ausgeführt, auf deutsches zurück. Diese Rückverweisung wird nun aber vom deutschen Standpunkt aus, wenn auf deutsches Recht verwiesen worden ist, abgebrochen[12]; das würde heißen, daß deutsches materielles Recht anzuwenden ist.

cc) Das Ergebnis wäre zwar insoweit unbefriedigend, daß derselbe Fall, vor ein Schweizer Gericht gebracht, nach Schweizer, vor ein deutsches Gericht gebracht, nach deutschem Recht behandelt würde. Dies ist aber in allen Fällen so, in denen zwei Staaten von verschiedenen Anknüpfungspunkten ausgehen, in der Rückverweisungsfrage aber derselben Ansicht sind. Wenn nämlich hier beide Staaten die Rückverweisung nicht beachten, so würde die Schweiz wegen Art. 7f NAG zum deutschen Recht, Deutschland wegen Art. 1 des Abkommens zum Schweizer Recht kommen.

Nachdem der Rückverweisungsvorbehalt gerade im Hinblick auf die Schweiz in das Haager Abkommen aufgenommen worden ist, sollte u. E. die Konsequenz daraus gezogen werden, auch wenn eine einheitliche Handhabung trotz dem Abkommen nicht zu erreichen ist.

### *5. Zugrundelegung von Art. 13 EGBGB*

Legt man Art. 13 EGBGB zugrunde, so verweist diese Vorschrift, da die Ehe aufgrund einer Klage des Schweizer Mannes gelöst wurde, auf Schweizer Recht.

Auch hier ist die Frage der Rückverweisung zu prüfen, da Art. 27 EGBGB die Vorschrift des Art. 13 EGBGB ausdrücklich nennt. Daher sind die oben unter Nr. 4b) vorgetragenen Ausführungen auch hier anzuwenden. Daher kommt man nach beiden Möglichkeiten zur Anwendung des schweizerischen Rechts.

## *II. Materielles Recht*

1. Die materiellrechtlichen Folgen einer Ungültigerklärung einer Ehe bestimmen sich nach Schweizer Recht nach den auf die Scheidung anwendbaren Vorschriften.

*Art. 134 ZGB:*

„Wird eine Ehe für ungültig erklärt, so behält die Ehefrau, die sich bei der Trauung in gutem Glauben befunden hat, den durch den Abschluß der Ehe erworbenen Personenstand, nimmt aber den Namen an, den sie vorher getragen hat (149).

Hinsichtlich der güterrechtlichen Auseinandersetzung, sowie der Ansprüche der Ehegatten auf Entschädigung, Unterhalt oder Genugtuung gelten die gleichen Vorschriften wie bei der Scheidung (151/5)."

---

[12] Vgl. *RGZ* 78, 237; *RGZ* 136, 366; *BGHZ* 24, 352 und *BGHZ* 28, 380.

Dort werden die Unterhaltspflichten in Art. 152 ZGB geregelt.

*Art. 152 ZGB:*

„Gerät ein schuldloser Ehegatte durch die Scheidung in große Bedürftigkeit, so kann der andere Ehegatte, auch wenn er an der Scheidung nicht schuld ist, zu einem seinen Vermögensverhältnissen entsprechenden Beitrag an dessen Unterhalt verpflichtet werden."

Voraussetzung für den Anspruch ist, daß ein Ehegatte, der selbst an der Eheauflösung nicht schuld ist, in Bedürftigkeit geraten ist. Das Wort „groß" ist dabei ohne Bedeutung[13]. Daß die Klägerin schuldlos ist, dürfte hier nach dem Aufhebungsurteil feststehen.

Voraussetzung ist, daß die Klägerin durch die Scheidung in Bedürftigkeit geraten ist; wird sie nachträglich bedürftig, so kann darauf keine Unterhaltsklage gestützt werden[14]. Für die Höhe des Anspruches gilt folgendes:

Der Anspruch geht im Grundsatz auf Deckung des Notbedarfs[15]. Bei gehobeneren wirtschaftlichen Verhältnissen des Pflichtigen kann aus Billigkeit eine freiere Bemessung eingreifen[16]; jedoch darf nicht übersehen werden, daß der Anspruch nur auf notwendigen, nicht aber angemessenen Unterhalt geht[17].

Ferner ist für die Anspruchshöhe (schon im Erkenntnisverfahren, nicht erst bei der Vollstreckung) die Leistungsfähigkeit des Pflichtigen zu beachten[18]. Bei der Anspruchshöhe kann auch die zu erwartende Geldentwertung berücksichtigt werden[19].

Allerdings ist nach Schweizer Recht eine nachträgliche Erhöhung der Rente nicht möglich. Vielmehr ist die einseitige Regel des ZGB, daß die Rente nur herabgesetzt werden kann (Art. 153), nach der Rechtsprechung des Bundesgerichtes gewollt[20]. Selbst ein ins Urteil aufgenommener Vorbehalt späterer Abänderung wurde vom Bundesgericht mißbilligt[21].

Das Gericht kann aber anordnen, daß bei Eintritt eines bestimmten Ereignisses, das sich mit Gewißheit einstellen wird, wie z. B. eine spätere

---

[13] Vgl. *Hinderling*, Das schweizerische Ehescheidungsrecht (3. Aufl. 1967) 133, Fußn. 5; im französischen Text heißt es nur „dénuement".

[14] Vgl. *Gmür* im Berner Kommentar zum Schweizerischen Zivilgesetzbuch, Bd. II 1 (2. Aufl. 1923) Art. 152 ZGB, Randz. 11.

[15] Vgl. *Hinderling*, aaO, 133; *Luzernisches Obergericht*, Zeitschrift des Berner Juristenvereins 87, 359 f.

[16] Vgl. *Hinderling*, aaO.

[17] Vgl. *Gmür* im Berner Kommentar, aaO, Art. 152 ZGB Randz. 9.

[18] Vgl. *Hinderling*, aaO, 134 ff.; *Gmür*, aaO, Art. 152 ZGB Randz. 9 („in erster Linie nach der Leistungsfähigkeit des Pflichtigen"!); *Egger* im Zürcher Kommentar zum Schweizerischen Zivilgesetzbuch, Bd. II 1 (2. Aufl. 1936) Art. 152 ZGB, Randz. 5 („findet aber seine Begrenzung in der Leistungsfähigkeit des Verpflichteten").

[19] Vgl. *Hinderling*, aaO, 133.

[20] Vgl. *BGE* 51 II 14; 71 II 12; 89 II 1.

[21] Vgl. *BGE* 79 II 136; 89 II 1.

Erwerbsunfähigkeit der Frau, die Rente sich auf einen höheren, vom Gericht festgesetzten Betrag erhöht [22].

2. Bei der Frage, ob die Unterhaltsverpflichtung im Eheaufhebungsurteil geregelt werden muß oder auch noch nachträglich erfolgen kann, ist zu untersuchen, ob es sich dabei um eine Regel des Prozeßrechtes handelt.

Diese Regel wird der Bestimmung des Art. 149 II ZGB entnommen, die allerdings eine ausdrückliche Bestimmung nur für den Fall des Namens einer Witwe enthält. „Wegen Gleichheit des Grundes" gelte dies aber auch „für die Ordnung der Entschädigungs- und Unterhaltsansprüche" [23].

Für die Zuordnung dieser Regel zum materiellen bzw. prozessualen Recht ist die Lösung interessant, die das Schweizer Recht bei Fällen mit Auslandsberührung vornimmt: lassen sich Schweizer im Auslande scheiden, so können sie nicht wegen der Nebenfolgen den Schweizer Richter selbständig angehen [24], während Ausländer, die sich in der Schweiz scheiden lassen, die Nebenfolgen im Scheidungsurteil selbst regeln lassen müssen [25].

Danach herrscht in dieser Frage das strenge Prinzip der lex fori, was auf den prozeßrechtlichen Charakter dieser Vorschrift hinweist [26]. Ausländische Prozeßvorschriften sind in Deutschland nicht anzuwenden. Daher ist kein Hindernis gegeben, die Klage auf Unterhalt erst später durchzuführen.

3. Sind alle Voraussetzungen gegeben, so „kann" der Richter die Rente zusprechen. Dies bedeutet nach Art. 4 ZGB, daß der Richter seine Entscheidung nach Recht und Billigkeit zu treffen hat [27].

### *Zusammenfassung*

Auf den Unterhaltsanspruch ist Schweizer Recht anzuwenden; diese Ansicht ist jedoch nicht ganz unbedenklich.

Nach Schweizer Recht besteht ein Unterhaltsanspruch nur, wenn ein nichtschuldiger Ehegatte in Bedürftigkeit geraten ist. Der Anspruch geht grundsätzlich auf den Notbedarf; die Höhe richtet sich auch nach der Leistungsfähigkeit des Verpflichteten. Die Höhe des Anspruchs kann nachträglich herabgesetzt, nicht jedoch erhöht werden.

[22] Vgl. BGE 89 II 1.

[23] So *Egger* in Zürcher Kommentar, aaO, Art. 149, Randz. 2; vgl. auch *Hinderling*, aaO, 224 ff.

[24] Vgl. *Egger* im Zürcher Kommentar, Art. 149, Randz. 3; *Gmür* im Berner Kommentar, Art. 149 Randz. 7 a.

[25] Vgl. *Egger*, aaO.

[26] Auch *Raape*, in v. *Staudinger*, Kommentar zum Bürgerlichen Gesetzbuch, VI Bd. (9. Aufl. 1931) 2. Teil, Art. 17 EGBGB, Anm. J II 2 a $\alpha$, S. 426, scheint der Meinung zuzuneigen, Art. 149 Abs. 2 ZGB sei eine prozessuale Regel.

[27] Vgl. *Hinderling* aaO, S. 131.

Die Vorschrift, daß der Unterhalt im Eheaufhebungsurteil geregelt werden muß, hat nach Ansicht des Instituts prozeßrechtlichen Charakter; daher kann die Klage jedenfalls in Deutschland auch noch nachträglich erhoben werden.

## 2. KINDSCHAFT

### a) Ehelichkeit

Siehe auch Nr. 37, 46, 48, 50

### Nr. 28

**Ägypten**

**1. Nach dem ägyptischen Gesetz Nr. 82 (1958) erwirbt das eheliche Kind die Staatsangehörigkeit des Vaters.**

**2. Nach dem ägyptisch-islamischen Recht ist ein Kind grundsätzlich nur dann ehelich, wenn es mindestens sechs Monate nach der Eheschließung seiner Eltern geboren wird.**

**3. Wird ein Kind nach der Eheschließung und vor Ablauf der Sechsmonatsfrist geboren, so ist es nur dann ehelich, wenn es von dem Ehemann als von ihm abstammend anerkannt wird.**

**4. Die Anerkennung eines Kindes („iqrâr an-nasab") kann ausdrücklich oder stillschweigend erfolgen unter folgenden Voraussetzungen:**

**(a) das Kind muß unbekannter Abstammung sein;**

**(b) zwischen Anerkennendem und Kind muß ein gewisser Altersunterschied bestehen;**

**(c) das Kind muß, sofern es in verständigem Alter ist, der Anerkennung zustimmen;**

**(d) die Anerkennung darf auf keine illegitime Abkunft des Kindes hinweisen.**

**5. Der Mutter eines ehelichen Knaben steht nach ägyptisch-islamischem Recht bis zu dessen siebentem Lebensjahr die Personensorge („hadâna") zu. Diese Frist kann im Interesse des Kindes bis zum neunten Lebensjahr verlängert werden.**

**Köln 85/67 vom 23. 11. 1967**

Herr Rechtsanwalt B. in Krefeld hat mit Schreiben vom 6. 9., 28. 9. und 17. 10. 1967 in der Familienrechtssache E. um ein Gutachten über ägyptisches Staatsangehörigkeits- und Familienrecht gebeten.

## SACHLAGE

Eine deutsche Staatsangehörige und der Ägypter E., der Muslim ist, haben am 20. 5. 1965 vor dem Standesbeamten in K. Nordrhein-Westfalen die Ehe geschlossen. Diese Eheschließung ist bei der Vertretung der Vereinigten Arabischen Republik in der Bundesrepublik Deutschland nicht registriert worden. Eine Eheschließung vor dem zuständigen ägyptischen Konsul in Deutschland hat nach der standesamtlichen Eheschließung nicht stattgefunden.

Aus der Ehe ist der am 14. 8. 1965 in V. bei Krefeld geborene Sohn Thomas E. hervorgegangen. Der ägyptische Vater des Kindes hat die Ehelichkeit seines Sohnes zu keiner Zeit bestritten.

## ANFRAGE

Aufgrund dieses Sachverhalts bittet Rechtsanwalt B. um die Beantwortung folgender Fragen:

1. Ist Thomas E. ägyptischer oder deutscher Staatsangehöriger?
2. Hätte die Mutter des Kindes, falls dieses nach ägyptischem Recht als unehelich zu betrachten wäre, das Recht der „hadâna"?

## RECHTSLAGE

### A. DIE STAATSANGEHÖRIGKEIT DES KINDES

#### *I. Nach ägyptischem Recht*

Nach einem international anerkannten Grundsatz ist die Entscheidung, ob jemand die Staatsangehörigkeit eines Staates besitzt, nach dem Recht dieses Staates zu treffen[1].

Das ägyptische Gesetz Nr. 82 aus dem Jahre 1958, das das Staatsangehörigkeitsgesetz der Vereinigten Arabischen Republik (im folgenden Ägypten) enthält[2], bestimmt in

---

[1] *Kegel*, Internationales Privatrecht (2. Aufl. 1964) 155; *Raape*, Internationales Privatrecht (5. Aufl. 1961) 47.

[2] Abgedruckt in deutscher Übersetzung bei *Bergmann-Ferid*, Internationales Ehe- und Kindschaftsrecht (3. Aufl.) Bd. 6, s. v. Vereinigte Arabische Republik (Stand Dez. 1960) 2–8.

*Art. 2 Ziff 1:*

„Es besitzen die Staatsangehörigkeit der Vereinigten Arabischen Republik:
1. Wer von einem Vater abstammt, der diese Staatsangehörigkeit besitzt.
2.–4. ..."

Voraussetzung für den Erwerb der ägyptischen Staatsangehörigkeit ist folglich, daß das Kind Thomas E. von einem ägyptischen Vater abstammt, wobei nicht die Tatsache der Erzeugung, sondern die Rechtsbeziehung der „ehelichen Abstammung" gemeint ist[3].

## *II. Vorfrage der ehelichen Abstammung des Kindes*

### *1. Anknüpfung*

Abweichend von dem Grundsatz des deutschen Kollisionsrechts, daß Vorfragen selbständig angeknüpft werden[4], gilt eine Ausnahme bei der Bestimmung der Staatsangehörigkeit einer Person. Vorfragen, von denen der Erwerb oder der Verlust der Staatsangehörigkeit abhängt – z. B. gültige Ehe, eheliche Abstammung, Legitimation oder Adoption –, werden nach dem von dem Kollisionsrecht dieses Staates berufenen materiellen Recht beurteilt[5]. Eine etwaige Rück- oder Weiterverweisung durch das internationale Privatrecht des Staates, um dessen Angehörigkeit es geht, ist zu befolgen[6].

### *2. Ägyptisches internationales Privatrecht*

Das ägyptische ZGB Nr. 131 vom 16. 7. 1948, das in den Art. 10–28 eine umfangreiche Kodifikation des internationalen Privatrechts enthält[7], kennt keine ausdrückliche Kollisionsnorm über die Frage der ehelichen oder unehelichen Abstammung eines Kindes.

Nach ägyptischem Kollisionsrecht wird die Frage der Abstammung eines Kindes unter die „effets du mariage" gemäß Art. 13 I Ägypt. ZGB subsumiert und folglich nach dem Heimatrecht des Vaters bestimmt[8].

---

[3] Vgl. *A. Yousry*, Die Staatsangehörigkeit der Vereinigten Arabischen Republik, in: StAZ 1961, 145–147 (146).

[4] Vgl. statt aller *Soergel-Kegel*, BGB, V (9. Aufl. 1961) vor Art. 7 EGBGB Anm. 48 m. w. N.

[5] *Soergel-Kegel*, aaO, Art. 29 EGBGB Anm. 3, vor Art. 7 EGBGB Anm. 48; *Raape* aaO 47; *Kegel* aaO 155.

[6] *Soergel-Kegel*, aaO, Art. 29 EGBGB Anm. 3; *Makarov*, Allgemeine Lehren des Staatsangehörigkeitsrechts (2. Aufl. 1962) 288.

[7] Vgl. Journal officiel du Gouvernement égyptien (J. O.) Nr. 108 vom 29. 7. 1948, S. 1 f.; *Makarov*, Quellen des internationalen Privatrechts, Bd. 1 (2. Aufl. 1953) s. v. Ägypten, 2–6.

[8] *Abdallâh*, Al-qânûn ad-dawli al-hass [Gesetz über das internationale Privat-

*Art. 13 I Ägypt. ZGB* lautet:

„Les effets du mariage, y compris ceux qui concernent le patrimoine, seront soumis à la loi nationale du mari, au moment de la conclusion du mariage." [9]

Die Wirkungen der Ehe, inbegriffen die vermögensrechtlichen, sind dem Heimatrecht des Ehemannes im Zeitpunkt der Eheschließung unterworfen.

Das ägyptische Kollisionsrecht spricht somit in der Frage der Abstammung eines Kindes keine Rückverweisung auf deutsches Recht aus. Folglich ist nach deutschem und ägyptischem Kollisionsrecht, und hier sowohl nach Art. 13 I als auch nach Art. 14 Ägypt. ZGB ägyptisches Recht hinsichtlich der Abstammung des Kindes anzuwenden.

*Art. 14 Ägypt. ZGB* lautet:

„Dans les cas prévus par les deux articles précédents, si l'un des deux conjoints est égyptien au moment de la conclusion du mariage, la loi égyptienne sera seule applicable, sauf en ce qui concerne la capacité de se marier." [10]

Ist in einem Fall in den zwei vorhergehenden Artikeln einer der beiden Nupturienten im Zeitpunkt der Eheschließung Ägypter, so wird das ägyptische Recht allein angewandt, soweit es sich nicht um die Ehefähigkeit handelt.

### 3. *Ägyptisches interpersonales Kollisionsrecht*

Ägypten besitzt wie alle islamischen Länder kein einheitliches Familienrecht. In den islamischen Ländern [11] ist dieses Rechtsgebiet nach Personengruppen, je nachdem welcher anerkannten Religionsgemeinschaft sie angehören, verschieden [12]. Deshalb ist für die Entscheidung der Frage, welches der in Ägypten geltenden Rechte auf diesen Familienrechtsfall anzuwenden ist, ägyptischem interpersonalem Kollisionsrecht zu folgen [13].

Da der ägyptische Ehemann Muslim ist, ist das für Muslime in Ägypten geltende Familienrecht anzuwenden [14].

---

recht] (5. Aufl. Kairo 1965) Teil 2, S. 305–315; *Linant de Bellefonds,* La jurisprudence égyptienne et les conflits de lois en matière de statut personnel, Clunet 87 (1960), S. 822–856 (850); auch LG Tübingen, FamRZ 1967, 511 (512); ebenso bereits vor dem Inkrafttreten des ZGB gemäß Art. 29 VI des Règlement d'organisation judiciaire v. 8. 5. 1937 (vgl. KG DR 1940, 1375).

[9] J. O. Nr. 108 v. 29. 7. 1948, S. 2. [10] J. O. Nr. 108 v. 29. 7. 1948, S. 2.

[11] Vgl. *Fattal,* Le statut légal des nonmusulmans en pays d'Islam (Beirut 1958) 127–143, 344–365; *Schacht,* An Introduction to Islamic Law (Oxford 1964) 131, 133; *Linant de Bellefonds* (Clunet 1960) 826.

[12] Vgl. für Ägypten: *Sahâta,* Ahkâm al-ahwâl aŝ-ŝahsîya li-gair al-muslimîn min al-misrîyîn (Kairo 1957/63); *ders.,* Le droit moderne de l'Egypte, in: Handbuch der Orientalistik (HdO), 1. Abt., Erg. Bd. 3 (Leiden-Köln 1964) 360–386 (380 f.).

[13] Vgl. *Soergel-Kegel,* aaO, vor Art. 7 EGBGB Anm. 106; KG FamRZ 1966, 375 (376).

[14] Vgl. *Linant de Bellefonds,* Clunet 1960, S. 826.

### *4. Ägyptisches materielles Recht*

a) Rechtsquellen

Die wichtigsten Quellen für das Familienrecht muslimischer Ägypter sind der von Muhammad Qadri Paŝa 1292 H./1875 verfaßte „Code du statut personnel et des successions d'après le rite hanafite" (CStP)[15], der formell nie in Kraft gesetzt worden ist, aber gewohnheitsrechtlich für alle Muslime in Ägypten, unabhängig von ihrem Ritus, gilt[16], und die beiden Gesetze Nr. 25 vom 12. 7. 1920 betreffend den Unterhalt und einige andere Fragen des Personalstatuts und vom 10. 3. 1929 betreffend einige Fragen des Personenrechts[17]. Ferner ist bei der Interpretation des ägyptisch-islamischen Familienrechts, da das Recht des sunnitisch-hanafitischen Ritus angewendet wird[18], dessen überkommenes Recht zur Bestimmung und Ergänzung der genannten Gesetze heranzuziehen.

b) Eheliche Abstammung nach ägyptisch-islamischem Recht

aa) Ehelichkeit gemäß Art. 333 I CStP

Gemäß Art. 333 I CStP gilt ein Kind, das während einer gültigen Ehe und wenigstens sechs Monate nach ihrer Eingehung geboren wird, als von dem Ehemann abstammend.

Die Bestimmung lautet:

*Art. 333 I CStP:*

„L'enfant né pendant le mariage valable au terme de six mois ou moins, à partir de sa célébration, appartient au mari."[19]

Das Kind, das während einer gültigen Ehe und mindestens sechs Monate nach ihrer Eingehung geboren wird, stammt von dem Ehemann ab.

Das bedeutet, daß grundsätzlich nur ein Kind, das mindestens sechs Monate nach der Eheschließung geboren wird, ehelich ist[20].

---

[15] Abgedruckt bei *Wathelet-Brunton,* Codes égyptiens et lois usuelles en vigueur en Egypte, Bd. 1 (2. Aufl. Brüssel 1922) 659–779; in auszugsweiser deutscher Übersetzung bei *Bergmann-Ferid,* aaO, Bd. 6, s. v. Vereinigte Arabische Republik, 32–74.

[16] Vgl. *Walton,* Egyptian Law; Sources and Judicial Organisation, in: Fontes iuris vigentis, Fasc. 1, hrsg. v. *Balogh,* (Berlin 1929) 19, 36; *Schacht,* Introduction, 100; auch KG DR 1940, 1375 (1376).

[17] Abgedruckt in deutscher Übersetzung bei *Bergmann-Ferid,* aaO, Bd. 6, s. v. Vereinigte Arabische Republik, 75–78; vgl. auch *Linant de Bellefonds,* Immutabilité du droit musulman et réformes législatives en Egypte, in: Revue internationale de droit comparé 7 (1955) S. 5 ff. (19–22).

[18] Vgl. *Linant de Bellefonds,* Clunet 1960, 826; *Chehata,* HdO, S. 381; auch LG Tübingen, FamRZ 1967, 511 (512); KG DR 1940, 1375 (1376).

[19] *Wathelet-Brunton* aaO 722.

[20] Vgl *Abu Zahra,* Family Law, in: *Khadduri-Liebesny,* Law in the Middle East (Washington 1955) Bd. 1, S. 132–178 (152); *Abdel-Wahab,* An Introduction

Gemäß Art. 333 I CStP ist folglich ein Kind dann ehelich, wenn zwei Voraussetzungen erfüllt sind: Es muß einmal „pendant le mariage valable" (entsprechend „nach der Eheschließung" in § 1591 I BGB) und ferner wenigstens sechs Monate nach der Eheschließung geboren sein.

*Zwischenergebnis*

Da das Kind Thomas E. etwa drei Monate nach der Eheschließung seiner Eltern geboren wurde, kann die Ehelichkeit des Kindes in keinem Fall nach Art. 333 I CStP festgestellt werden.

bb) Ehelichkeit gemäß Art. 333 II CStP

Gemäß Art. 333 II CStP ist ein Kind, das vor Ablauf der Sechsmonatsfrist nach der Eheschließung seiner Eltern geboren wird, dann ehelich, wenn es von dem Ehemann formell als sein Kind anerkannt wird, ohne daß dieser erklärt, es entstamme einem unerlaubten Akt („zinâ")[21].

*Art. 333 II CStP* lautet:

„L'enfant né avant ce terme à compter de la célébration du mariage, ne peut appartenir au mari qu'en cas où il le reconnaît formellement, sans déclarer qu'il est issu d'un acte illicite."[22]

Das Kind, das vor Ablauf dieser Frist [sechs Monate] nach der Eheschließung geboren wird, ist ehelich, wenn es der Ehemann formell anerkennt, ohne zu erklären, daß es einem unerlaubten Akt entstammt.

Das bedeutet, daß ein Kind, das innerhalb der Sechsmonatsfrist nach der Eheschließung geboren wird, entgegen der Regel des Art. 333 I CStP dann den Status eines ehelichen erlangt, wenn eine gültige Ehe vorliegt und es von dem Ehemann als von ihm abstammend anerkannt wird[23].

*5. Vorfrage der gültigen Ehe der Eltern*

Nach dem oben Ausgeführten bestimmen sich die Vorfragen bei der Bestimmung der Staatsangehörigkeit einer Person nach dem von dem Kollisionsrecht des Staates, um dessen Staatsangehörigkeit es geht, berufenen Recht.

to Islamic Jurisprudence (Kairo 1963) 91; auch *LG II Berlin*, IPRspr. 1933, Nr. 50; *KG* DR 1940, 1375 (1376); KG FamRZ 1966, 375 (376).

[21] Vgl. dazu *Muhammad Allahdad* v. *Muhammad Ismail* (1888) 10 All. 289 zit. n. *Fyzee*, Cases in the Muhammadan Law (Oxford 1965) 199–238 (210 [Barĝandî], 213 [Fatâwâ 'Alamgîrîya], 215 [Fatâwâ Qâdîhân], 222 [Hidâya]); *Bilmen*, Hukuki Islâmiyye ve istilahati fikhiyye kamusu, Istanbul 1950, Bd. 2, S. 432; auch *LG II Berlin* IPRspr. 1933, Nr. 50; *KG* DR 1940, 1375 (1376).

[22] *Wathelet-Brunton* aaO 722 f.

[23] Vgl. dazu *Santillana*, Istituzioni di diritto musulmano (Rom 1926) Bd. 1, S. 236–243; *Fyzee*, Outlines of Muhammadan Law (3. Aufl. Oxford 1964) 180–187.

Es ist folglich zu prüfen, ob die zwischen einem Ägypter und einer Deutschen vor einem deutschen Standesbeamten geschlossene Ehe nach ägyptischem Recht wirksam ist.

Das ägyptische Kollisionsrecht enthält in Art. 20 Ägypt. ZGB eine Bestimmung über die Form der Rechtsgeschäfte. Diese Bestimmung lautet:

*Art. 20 Ägypt. ZGB:*

„Les actes entre vifs seront soumis, quant à leur forme, à la loi du lieu où ils ont été accomplis. Ils peuvent être également soumis à la loi qui les gouverne, quant au fond, comme ils peuvent être soumis à la loi du domicile des parties ou à leur loi nationale commune." [24]

Die Rechtsgeschäfte unter Lebenden sind, was ihre Form betrifft, dem Recht des Ortes unterworfen, an welchem sie vorgenommen werden. Sie können auch dem Recht, das ihren Inhalt bestimmt, wie auch dem Recht des Wohnsitzes der Parteien oder ihrem gemeinsamen Heimatrecht unterworfen werden.

Die Eheschließung ist nach ägyptischem Kollisionsrecht ein „acte entre vifs" i. S. v. Art. 20 Ägypt. ZGB. Danach ist die nach deutschem Ortsrecht gemäß §§ 11, 13 EheG formgültig geschlossene Ehe auch nach ägyptischem Kollisionsrecht gültig zustande gekommen[25]. Deshalb berührt die Nichtregistrierung einer im Ausland formgültig geschlossenen Ehe eines ägyptischen Staatsangehörigen bei der zuständigen ägyptischen Auslandsvertretung die Formgültigkeit dieser Ehe nicht[26]; denn diese Registrierung hat ebenso wie die Registrierung einer Ehe durch einen „ma'dûn" in Ägypten als bloße Ordnungsvorschrift lediglich deklaratorischen Charakter. Die Registrierung der Ehe bei der zuständigen ägyptischen Auslandsvertretung kann im übrigen auf Antrag eines jeden Ehepartners jederzeit nachgeholt werden[27].

---

[24] J. O. Nr. 108 v. 29. 7. 1948, S. 2.

[25] Vgl. die ausführliche Darstellung der Frage der Regel „locus regit actum" im ägyptischen internationalen Eherecht bei *'Abdallâh,* aaO, Teil 2, S. 257–278; *Linant de Bellefonds,* (Clunet 1960) 832, 834; Entscheidung der Cour Alexandrie v. 15. 7. 1956, zit. n. *Linant de Bellefonds,* in: Juris-Classeur de droit comparé, Bd. 1, s. v. Egypte (Stand Aug. 1965), Nr. 303 bis; auch KG StAZ 1962, 329 (331); zu der [gleichen] Rechtslage vor dem Inkrafttreten des ZGB, vgl. *Dahm,* Ägyptisch-deutsche Ehe, in: RabelsZ 9 (1935), 520–523 (522); *Bestawros,* Code civil égyptien mixte annoté (Paris 1929) Bd. 1, Art. 4 C. c. mixte, Anm. 363–369.

[26] *Unzutreffend: Gloggner,* Eheschließung mit Mohammedanern, in: StAZ 1951, 45; *Raape* aaO 247; *Bergmann-Ferid,* aaO, Bd. 6, s. v. Vereinigte Arabische Republik, 12 f.; *zutreffend* in der deutschen Literatur zu dieser Frage KG StAZ 1962, 329 (331).

[27] Vgl. *Musa,* Ahkâm al-ahwâl aŝ-ŝahsîya fî al-fiqh al-islâm (2. Aufl. Kairo 1958) 92 f.; *Linant de Bellefonds,* Rev. int. dr. comp. 1955, S. 30 f.; auch die Erlasse des Bremer Innensenators v. 3. 8. 1965 und des bad.-württbg. MdI v. 23. 8. 1965 zur gleichen Rechtslage im Iran, in: StAZ 1966, 72, 97.

### *Zwischenergebnis*

Die am 20. 5. 1965 vor dem Standesbeamten in K. geschlossene Ehe der Eheleute E. ist nach deutschem und ägyptischem Recht gültig.

### 6. *Anerkennung des Kindes durch den Ehemann*

Die zweite Voraussetzung für die Ehelichkeit des Kindes gemäß Art. 333 II CStP ist die Anerkennung des Kindes durch den Ehemann.

a) Qualifizierung des Anerkenntnisses („iqrâr")

Die zweite Voraussetzung des Art. 333 I CStP, daß ein Kind wenigstens sechs Monate nach Eingehung der Ehe geboren sein muß, wird bei einer Geburt vor Ablauf dieser Frist, jedoch nach der Eheschließung, in Art. 333 II CStP dadurch ersetzt, daß der Ehemann das Kind anerkennt. Grundsätzlich geht das islamische Recht von der Auffassung aus, daß der Beweis der Abstammung eines Kindes von dem Ehemann nur im Falle einer ehelichen Empfängnis gesichert ist. Diesen Beweis sieht das ägyptisch-islamische Recht aber für ein binnen kürzerer Frist als sechs Monate nach der Eheschließung geborenes Kind auch dann als erbracht an, wenn ein Vaterschaftsanerkenntnis des Ehemanns vorliegt[28]. Es erscheint aber fraglich, ob die islamisch-rechtlichen Vorschriften über die Anerkennung eines Kindes von der Verweisung des deutschen internationalen Privatrechts auf ägyptisches materielles Recht mit umfaßt werden oder ob sie als bloße Regeln über Beweismittel, die der lex fori unterliegen[29], in Deutschland nicht anzuwenden sind.

Maßgebend für die Entscheidung dieser Frage sind die Voraussetzungen und Wirkungen des Anerkenntnisses nach dem fremden Recht[30].

Zwar besteht in der islamischen Rechtstheorie keine völlige Einmütigkeit darüber, ab das Anerkenntnis („iqrâr") als Vorschrift des materiellen oder des Verfahrensrechts zu betrachten ist[31].

Die überwiegende Meinung in der islamischen Rechtslehre und die islamische Rechtspraxis, die von der Theorie der legalen Umgehungsgeschäfte („hiyal") gebilligt wird[32], qualifizieren dagegen das Anerkennt-

---

[28] Vgl. *Muhammad Allahdad* v. *Muhammad Ismail*, aaO, zit. n. *Fyzee*, Cases, 199 (213–215); auch LG II Berlin, IPRspr. 1933 Nr. 50; *Wengler*, Die Anerkennung des Kindes im Islamrecht und ihre Bedeutung für das deutsche Personenstandsrecht, in: JR 1964, S. 201–205 (201 f.).

[29] Vgl. *Kegel* aaO 317, 330 f., 341, 377.

[30] Vgl. *Raape* aaO 108 f.

[31] Vgl. z. B. einerseits *Birĝandî*, andererseits *Hidâya*, zit. n. *Muhammad* Allah*dad* v. *Muhammad Ismail*, aaO, zit. n. *Fyzee*, Cases, 199 (208 f., 222 f.).

[32] Vgl. zu „hiyal" *Schacht*, Introduction, 78–82; *ders.*, The Schools of Law and Later Developments of the Sharî'a, in: *Khadduri-Liebesny*, aaO, 57–84 (77–80);

nis als selbständigen Grund für die Legitimität eines Kindes und somit als Teil des materiellen Familien- und Erbrechts [33].

Ganz deutlich unterscheidet *Magnîya* zwischen den Voraussetzungen und Wirkungen eines Anerkenntnisses („iqrâr") und denen eines Beweises („bayina"). Er führt aus:

> „1. Das Anerkenntnis („iqrâr") ist ein Argument, das nur dem Anerkennenden offensteht. Der Beweis dagegen steht allen zur Verfügung.
>
> ...
>
> 2. Das Recht steht mit der bloßen Abgabe des Anerkenntnisses fest, ohne von der Entscheidung des Richters abhängig zu sein. Im Gegensatz dazu steht beim Beweis das Recht nicht allein damit fest, daß dieser erbracht worden ist." [34]

Diese Unterscheidung reicht aus, um das islamisch-rechtliche Vaterschaftsanerkenntnis als materiellrechtliches abstraktes Anerkenntnis zu qualifizieren, das nicht nach der lex fori zu bewerten ist [35].

b) Anerkennung gemäß Art. 350 I CStP

Die Anerkennung eines Kindes („iqrâr an-nasab" oder „istilhâq") bestimmt sich gemäß Art. 350 I CStP. Diese Vorschrift lautet:

*Art. 350 I CStP:*

„Si un homme reconnaît pour fils un enfant dont la filiation [im arabischen Text „nasab"] est inconnu, et qu'il y ait entre eux une différence d'âge convenable, la paternité sera établie par sa seule déclaration soit qu'elle ait été accueillie par un consentement formel de la part de l'enfant, s'il est en âge de raison, ou qu'elle ne l'ait pas été, et soit qu'elle ait été faite tandis que le

Wenn ein Mann ein Kind, dessen Abstammung unbekannt ist, als seinen Sohn anerkennt, und zwischen beiden ein entsprechender Altersunterschied besteht, so wird die Vaterschaft durch seine bloße Erklärung festgestellt; hierbei ist es unerheblich, ob eine formelle Zustimmung seitens des Kindes, wenn es sich im verständigen Alter befindet, vorliegt, oder ob es noch nicht in die-

---

*Vesey-Fitzgerald*, Nature and Sources of the Sharî'a, in: *Khadduri-Liebesny*, aaO, 85–112 (107 f.).

[33] Vgl. *Muhammad Allahdad* v. *Muhammad Ismail*, aaO, zit. n. *Fyzee*, Cases, 199 (205 f., 208, 216, 221–223, 226) mit ausführlichen Nachweisen; *Sadik Husain* v. *Hashim Ali*, (1921) 48 I. A. 114, zit. n. *Fyzee*, Cases, 238 (247); *Habibur Rahman* v. *Altaf Ali*, (1916) 43 I. A. 212, zit. n. *Fyzee*, Cases, 248 (252); ebenso: *Saksena*, aaO, 302, 312 f.; *Fyzee*, Outlines, 181, 186; *Mulla*, aaO, 288 f.; vgl. auch *Bergmann-Ferid*, aaO, Bd. 6, s. v. Vereinigte Arabische Republik, 66 Fußn. 2.

[34] *Magnîya*, Fiqh al-Imâm Gafar as-Sâdiq, Beirut 1966, Bd. 6, S. 85, auch Bd. 5, S. 119; ebenso: *Muhammad Allahdad* v. *Muhammad Ismail*, aaO, zit. n. *Fyzee*, Cases, 199 (222).

[35] Ebenso: *AG Berlin-Schöneberg*, FamRZ 1966, 373 (374); *Wengler*, JR 1964, 204; auch KG FamRZ 1966, 375 (376); LG Tübingen FamRZ 1967, 511 (512 f.).

déclarant était en bonne santé ou pendant sa dernière maladie."[36]

sem Alter ist; ebenso ist unerheblich, ob der Erklärende bei guter Gesundheit ist oder während seiner letzten Krankheit die Erklärung abgibt.

Voraussetzung für die wirksame Anerkennung eines Kindes, die ausdrücklich oder konkludent erfolgen kann, sind danach folgende vier Voraussetzungen:

1. Das Kind muß unbekannter Abstammung („maĝhûl an-nasab") sein.
2. Zwischen dem Anerkennenden und dem Kind muß ein gewisser Altersunterschied bestehen.
3. Das Kind muß, falls es bereits im verständigen Alter ist, der Anerkennung zustimmen.
4. Die Anerkennung des Kindes durch den Anerkennenden darf in keiner Weise darauf hindeuten, das Kind sei illegitimer Abkunft[37].

aa) Unbekannte Abstammung

Das Kind muß unbekannter Abstammung („maĝhûl an-nasab") sein. Das bedeutet nach islamisch-hanafitischem Recht aber lediglich, daß es nicht von einem anderen Mann als dem Anerkennenden abstammen darf[38].

bb) Altersunterschied

Der Anerkennende muß zur Erzeugung des Kindes altersmäßig in der Lage gewesen sein. Insbesondere wird ein bestimmter Altersunterschied gefordert, der nach hanafitischer Auffassung mindestens 12½ Jahre betragen muß[39].

cc) Zustimmung des Kindes

Ein Kind hat nach islamischem Recht seine Zustimmung zu der Anerkenntniserklärung seines Erzeugers ausdrücklich oder konkludent zu

---

[36] *Wathelet-Brunton* aaO 726.

[37] Vgl. dazu *Muhammad Allahdad* v. *Muhammad Ismail* aaO, zit. n. *Fyzee*, Cases, 199–238; *Habibur Rahman* v. *Altaf Ali*, aaO, zit. n. *Fyzee*, Cases, 248–253; *Sadik Husain* v. *Hashim Ali*, aaO, zit. n. *Fyzee*, *Cases*, 238–247; *Abu Zahra*, aaO, 152 f.; *Fyzee*, Outlines, 183–187; *Abdel-Wahab*, aaO, 91; *Saksena*, Muslim Law (4. Aufl., Lucknow-Delhi 1963) 308–314; *T. W. Juynboll*, Art. ikrâr, in: Handwörterbuch des Islam (Leiden 1941) 202; auch *Wengler*, JR 1964, 203.

[38] Vgl. *Magnîya*, aaO, Bd. 5, S. 133: „Denn die Vaterschaft verträgt keinen Übergang von einem Menschen auf den anderen." Ebenso: *Muhammad Allahdad* v. *Muhammad Ismail*, aaO, zit. n. *Fyzee*, Cases, 199 (210, 216, 223); *Saksena* aaO 308; *Fyzee*, Outlines, 183 f.; vgl. auch *KG* FamRZ 1966, 375 (376).

[39] *Muhammad Allahdad* v. *Muhammad Ismail*, aaO, zit. n. *Fyzee*, Cases, 199 (210); *Saksena* aaO 308 Fußn. 29; *Mulla*, Principles of Mahomedan Law (14. Aufl. Kalkutta 1955) 292.

erteilen, wenn es bereits urteilsfähig ist. Das im Jahre 1965 geborene Kind besitzt jedoch nach islamisch-hanafitischem Recht noch nicht das urteilsfähige Alter (das frühestens mit dem 7. Lebensjahr beginnt), um als „sabî ĝa'qil" (verständiger oder unterscheidungsfähiger Minderjähriger) seine Zustimmung zu dem Anerkenntnis geben zu müssen[40]. Eine stellvertretende Verweigerung der Zustimmung in dem Fall eines „tifl" (noch nicht urteilsfähiges Kind) durch die Mutter ist dem islamischen Recht nicht bekannt, weil die Herbeiführung eines legitimen Kindschaftsverhältnisses für das Kind ausschließlich als vorteilhaft angesehen wird[41].

Nach dem mitgeteilten Sachverhalt ist davon auszugehen, daß die Voraussetzungen der unbekannten Abstammung und des Altersunterschiedes vorliegen; die Zustimmung des Kindes ist ohne Bedeutung.

dd) Anerkennung als legitimes Kind

Die Anerkennung eines Kindes durch seinen Erzeuger, die ausdrücklich oder konkludent durch Behandlung des Kindes als eines ehelichen erfolgen kann[42], darf in keiner Weise darauf hindeuten, das Kind sei illegitimer Abkunft. Die hanafitische Rechtsschule hat deshalb folgende Lehre entwickelt: Ein „iqrâr" (Anerkenntnis) ist ein abstraktes Schuldverhältnis („dain mutlaq"), das auf dem Anerkenntnis einer Schuld ohne Rücksicht auf ihren Entstehungsgrund beruht[43]. Dieses ursprünglich nur dem Schuldrecht angehörende Institut ist auf dem Weg der „hiyal" (legale Umgehungsgeschäfte) in das Familienrecht übertragen worden und wird von den Hanafiten als abstrakter Legitimationsnachweis für ein Kind aufgefaßt[44].

In der islamisch-hanafitischen Rechtspraxis wird zur Feststellung des Legitimitätsnachweises seit mehreren Jahrhunderten für ausreichend erachtet, wenn in der Anerkennung des Erzeugers, die, wie ausgeführt, nicht expressis verbis zu erfolgen braucht, nicht zum Ausdruck kommt, daß das Kind innerhalb von sechs Monaten nach der Eheschließung geboren wor-

---

[40] Vgl. *Muhammad Allahdad* v. *Muhammad Ismail*, aaO, zit. n. *Fyzee*, Cases, 199 (211, 213, 223); *Abu Zahra* aaO 153; *Mulla* aaO 292; *Schacht*, Introduction, 124 f.

[41] Vgl. *Bilmen*, aaO, Bd. 2, S. 432; *Muhammad Allahdad* v. *Muhammad Ismail*, aaO, zit. n. *Fyzee*, Cases, 199 (211, 213, 223); *Musa* aaO 432; *Saksena* aaO 307.

[42] Vgl. *Muhammad Allahdad* v. *Muhammad Ismail*, aaO, zit. n. *Fyzee*, Cases, 199 (213, 227); *Saksena* aaO 305 mit umfangreichen Rechtsprechungsnachweisen; *Mulla* aaO 290; auch LG II Berlin IPRspr. 1933, Nr. 50; *Wengler*, JR 1964, 201.

[43] Vgl. *Schacht*, Introduction, 144; *Ansay*, Hukuk tarihinde Islâm hukuku (3. Aufl. Ankara 1958) 145–147; vgl. auch oben S. 339 f.

[44] Vgl. *Schacht*, Introduction, 151; *Muhammad Allahdad* v. *Muhammad Ismail*, aaO, zit. n. *Fyzee*, Cases, 199 (208 f., 222–224, 226, 229); *Sadik Husain* v. *Hashim Ali*, aaO, zit. n. *Fyzee*, Cases, 238 (247); *Habibur Rahman* v. *Altaf Ali*, aaO, zit. n. *Fyzee*, Cases, 248 (252).

den ist; weitere Untersuchungen werden nicht angestellt. In klassischer Kürze stellt *Bilmen* folgende Formeln einander gegenüber:

| | |
|---|---|
| „Bu, benim evlâdimdir." | Dies ist mein Kind. |
| und | |
| „Bu, benim zinadan mütevellid çocuğumdur." | Dies ist mein aus unerlaubtem Geschlechtsverkehr herrührendes Kind[45]. |

Im ersten Fall erfolgt eine Legitimierung des Kindes durch die Erklärung, im zweiten Fall nicht. Im ersten Fall wird auf die dem Anerkenntnis zugrundeliegenden Tatsachen nicht eingegangen, weil nach hanafitischer Auffassung möglichst vermieden werden soll, daß ein Kind mit dem Makel („şaibe") der Illegitimität behaftet leben muß, und der „iqrâr annasab" in dieser einfachen Form als ausreichendes Beweismittel für die Legitimität eines Kindes angesehen wird[46].

Ein weiterer Grund für dieses Rechtspraxis liegt darin, eine Frau möglichst vor der Strafe für „zinâ" (unerlaubter Geschlechtsverkehr) zu bewahren, die bei näherer Untersuchung einzelner Fälle von Anerkennungen sicherlich verwirkt wäre[47].

Die Erklärung eines Ehemanns, er erkenne ein Kind als seinen Sohn an, die auch konkludent durch sein Verhalten erfolgen kann, ist in dieser Form nach islamisch-hanafitischem Recht ein unwiderrufliches, rechtsgültiges Vaterschaftsanerkenntnis mit der Folge, daß das Kind von Geburt an als ehelich gilt[48]. Auch wenn der Ehemann im vorliegenden Fall seine eheliche Vaterschaft nicht ausdrücklich in einer Urkunde anerkannt hat, so hat er es doch konkludent getan. Denn wenn z. B. der Ehemann bei der Anzeige der Geburt des Kindes gemäß §§ 16, 17 PStG bei dem zuständigen Standesbeamten dieses als sein eheliches bezeichnet und angemeldet hat, die Vaterschaft des Kindes nie bestritten hat oder das Kind gegenüber Dritten als sein eheliches bezeichnet, ist all dieses konkludente oder ausdrückliche Verhalten ausreichend, um das Kind i. S. v. Art. 350 I CStP wirksam anzuerkennen[49].

---

[45] *Bilmen,* aaO, Bd. 2, S. 432.

[46] Vgl. *Muhammad Allahdad* v. *Muhammad Ismail,* aaO, zit. n. *Fyzee,* Cases, 199 (210, 213, 215, 222); *Bilmen,* aaO, Bd. 2, S. 432; *Saksena* aaO 314; *Fyzee,* Outlines, 184; *Abu Zahra* aaO 153.

[47] Vgl. *Fyzee,* Outlines, 182; auch *Wengler,* JR 1964, 203.

[48] Vgl. *Muhammad Allahdad* v. *Muhammad Ismail,* aaO, zit. n. *Fyzee,* Cases, 199 (210, 213–215, 222); *Saksena* aaO 306; *Abdullâh* Efendi, Behcet ül-fetâva (2. Aufl. Istanbul 1289 H./1872) Bd. 2, S. 438–441; *Bilmen,* aaO, Bd. 2, S. 432; *Feyzullâh* Efendi, Feyziyye Fetâvasi (Istanbul 1325 H./1907) Bd. 2, S. 175–178.

[49] Vgl. *Muhammad Allahdad* v. *Muhammad Ismail,* aaO, zit. n. *Fyzee,* Cases, 199 (213, 227); *Saksena* aaO 303, 305, 308, 312; *Fyzee,* Outlines, 186; *Mulla* aaO 290; auch LG II Berlin IPRspr. 1933, Nr. 50; *Wengler,* JR 1964, 201.

ee) Sonstige Voraussetzungen

Ferner sind die weiteren Voraussetzungen eines wirksamen Anerkenntnisses, nämlich Volljährigkeit, geistige Gesundheit, Erklärungsabsicht und Willensfreiheit des Anerkennenden im vorliegenden Fall, da nichts entgegensteht, als gegeben anzunehmen[50]. Ferner fordert das islamisch-hanafitische Recht, daß dem Anerkenntnis niemand widerspricht. Mit Widerspruch in diesem Sinn ist die Tatsache gemeint, daß ein anderer präsumtiver Erzeuger dem Anerkennenden die Vaterschaft streitig macht[51]. Ein solcher Widerspruch ist im vorliegenden Fall, soweit ersichtlich, nicht erhoben worden, so daß alle Voraussetzungen für ein wirksames Vaterschaftsanerkenntnis nach islamisch-hanafitischem Recht und damit auch gemäß Art. 350 I CStP erfüllt sind.

*Zwischenergebnis*

Da der Ehemann das Kind durch sein Verhalten konkludent als sein eheliches i. S. v. Art. 350 I CStP anerkannt hat, kann gemäß Art. 333 II CStP die Ehelichkeit des Kindes Thomas E. festgestellt werden.

*7. Ergebnis*

Da das Kind gemäß dem anzuwendenden ägyptisch-islamischen Recht ehelich ist, hat es gemäß Art. 2 Ziff. 1 des ägyptischen StAG v. 1958 (oben S. 334) die ägyptische Staatsangehörigkeit seines Vaters erworben.

### *III. Staatsangehörigkeit des Kindes nach deutschem Recht*

Das nach deutschem und ägyptischem Recht eheliche Kind Th. E. hat neben der ägyptischen Staatsangehörigkeit seines Vaters nicht auch die deutsche Staatsangehörigkeit seiner Mutter erworben; denn gemäß § 4 I 1 RuStAG erwirbt nur das eheliche Kind eines Deutschen die deutsche Staatsangehörigkeit. Die Vorschrift des § 4 I 2 RuStAG greift deshalb nicht ein, weil das Kind der deutschen Mutter durch die Geburt die Staatsangehörigkeit seines Vaters erworben hat, also nicht staatenlos geworden ist[52].

---

[50] Vgl. dazu *Saksena* aaO 308–310; *Mulla* aaO 291 f.

[51] Vgl. *Saksena* aaO 311 mit Rechtsprechungsnachweisen; *Fyzee*, Outlines, 185.

[52] Vgl. dazu *Makarov*, Deutsches Staatsangehörigkeitsrecht (1966) § 4 RuStAG Anm. II 1–3 (S. 43–48); *Schätzel*, Das deutsche Staatsangehörigkeitsrecht (2. Aufl. 1958) § 4 RuStAG Anm. 3 b, 4 (S. 137–139).

## B. DAS RECHT DER „HADÂNA" DER MUTTER

Die Beantwortung der Frage 2 erübrigt sich, da das Kind Th. E. ehelich ist.

Es sei nur kurz darauf hingewiesen, daß der Mutter eines ehelichen Knaben nach ägyptisch-islamischem Familienrecht gemäß Art. 391 I CStP das Recht der „hadâna", das als tatsächliches Personensorgerecht etwa den gleichen Inhalt wie in § 1707 I BGB hat[53], bis zum vollendeten siebenten Lebensjahr des Knaben zusteht.

*Art. 391 I CStP* lautet:

| | |
|---|---|
| „Le droit de ‚hadâna' cesse pour le garçon à l'âge de sept ans accomplis." [54] | Das Recht der „hadâna" endet für den Knaben mit dem vollendeten siebenten Lebensjahr. |

Gemäß Art. 20 des Gesetzes Nr. 25 vom 10. 3. 1929[55] kann der Richter ferner anordnen, daß ein Knabe über das Alter von sieben Jahren hinaus bis zum Alter von neun Jahren der „hadâna" der Mutter unterstehen soll, wenn er feststellt, daß das Wohl des Kindes diese Anordnung erfordert.

## C. GESAMTERGEBNIS

Das Kind Thomas E. ist durch die Eheschließung seiner Eltern und die Anerkennung durch seinen Vater gemäß Art. 333 II CStP nach ägyptischem Recht ehelich.

Das Kind besitzt gemäß Art. 2 Ziff. 1 des Ägypt. StAG v. 1958 die ägyptische Staatsangehörigkeit seines Vaters. Die deutsche Staatsangehörigkeit hat das Kind nicht erworben.

Der Ehefrau steht das Recht der „hadâna" grundsätzlich bis zum 7. Lebensjahr des Knaben zu; kraft richterlicher Entscheidung kann diese Frist um zwei Jahre verlängert werden.

---

[53] Vgl. dazu *Santillana*, aaO, Bd. 1, S. 289–293; *Bilmen*, aaO, Bd. 2, S. 452–471; *Fyzee*, Outlines, 189–192.

[54] *Wathelet-Brunton* aaO 735.

[55] Abgedruckt bei *Bergmann-Ferid*, aaO, Bd. 6, s. v. Vereinigte Arabische Republik, 78.

## Nr. 29

## England, Schottland

**1. Die Abstammung des Kindes eines Polen, der zur Zeit der Geburt mit seiner britischen Ehefrau in England oder Schottland lebt, beurteilt sich entweder nach englischem oder schottischem Kindschaftsrecht.**

**2. Das englische und schottische Recht vermuten die Ehelichkeit eines Kindes, das während einer gültigen Ehe seiner Mutter geboren wird. Die Vermutung ist widerleglich.**

**Hamburg G 106/67 vom 6. 10. 1967**

Das Amtsgericht W. bittet in der Legitimationssache Y. um Auskunft über Internationales Privatrecht sowie englisches und schottisches Familienrecht.

### SACHVERHALT

Die britische Staatsangehörige Elizabeth C., gesch. T. und D., geb. Y., hat am 23. 2. 1956 in E. (Schottland), ihrem damaligen Wohnsitz, den Knaben Gerhardt geboren. In der am 2. 3. 1956 in E. ausgestellten Geburtsurkunde ist das Kind unter dem Familiennamen C. eingeschrieben, als Eltern sind Gerhardt Otto Günther C. und Elizabeth C. (formerly Y. or T.) genannt. Tatsächlich war Elizabeth C. damals mit dem polnischen Emigranten Zenon T. verheiratet, der aus dem ehemals polnischen Teil Weißrußlands stammt, während des zweiten Weltkrieges nach Deutschland zwangsverschleppt wurde, nach dem Kriege nach Großbritannien ausgewandert ist und – nach Aussage von Frau C. – die polnische Staatsangehörigkeit besitzt. Diese Ehe war am 6. 7. 1953 in E. geschlossen worden und ist auf Klage des Ehemannes am 7. 8. 1957 von dem High Court of Justice in London geschieden worden. Aus den Urteilsgründen geht hervor, daß die Parteien während eines Zeitraumes von mindestens drei Jahren vor Klageerhebung getrennt gelebt haben. Frau C. hat vor dem Amtsgericht bekundet, sie habe während der gesetzlichen Empfängniszeit mit keinem anderen Manne geschlechtlich verkehrt als mit ihrem jetzigen Ehemann und damals schon beabsichtigt, sich von Zenon T. – der von der Geburt des Kindes nichts wisse – scheiden zu lassen.

Gerhardt C. hat die Vaterschaft anerkannt und ausgesagt, er habe seinerzeit den Sachverhalt dem Standesbeamten in E. vorgetragen, der daraufhin als Familiennamen des Kindes den Namen C. in das Geburtsregister eingetragen habe. Am 20. 9. 1958 haben die Eheleute C. vor dem Registrar in E. die Ehe geschlossen. Die nunmehr in Deutschland lebenden

Eheleute beantragen zum Zwecke der Einbürgerung der Ehefrau die Anlegung eines Familienbuches.

Das Amtsgericht fragt, ob das Kind Gerhardt durch die Heirat der Eheleute legitimiert worden ist, welche Staatsangehörigkeit das Kind besitzt, ob Amtsvormundschaft nach § 40 JWG eingetreten ist und ob eine Legitimationspflegschaft bestellt werden muß.

## *I. Die Abstammung des Kindes*

### *1. Das anwendbare Recht*

Für die eheliche oder uneheliche Abstammung eines Kindes ist nach deutschem Internationalem Privatrecht gemäß Art. 18 EGBGB das Heimatrecht des Ehemannes der Mutter im Zeitpunkt der Geburt maßgeblich[1]. Das gilt auch dann, wenn die uneheliche Abstammung als Voraussetzung einer Legitimation in Rede steht[2].

Im vorliegenden Fall war die Mutter zur Zeit der Geburt mit Zenon T. verheiratet, der, wie sie sagt, die polnische Staatsangehörigkeit besaß. Ob diese Angabe zutrifft, ist zweifelhaft, denn ihr damaliger Ehemann gehört möglicherweise zu dem Personenkreis, der durch Art. 4 des (polnischen) Gesetzes über die polnische Staatsangehörigkeit vom 8. 1. 1951 ausgebürgert worden ist (Personen, die am 31. 8. 1939 die polnische Staatsangehörigkeit besessen haben, weißrussischer Volkszugehörigkeit sind und [im Zeitpunkt des Inkrafttretens des Gesetzes] dauernd im Ausland lebten)[3].

a) War Zenon T. *polnischer Staatsangehöriger*, so gilt folgendes:

1. Art. 18 EGBGB beruft das polnische Kollisionsrecht. Eine Rück- oder Weiterverweisung dieses Rechts ist in entsprechender Anwendung des Art. 27 EGBGB gegebenenfalls zu beachten[4].

2. Das *polnische Gesetz* über das Internationale Privatrecht vom 12. 11. 1965[5] bestimmt in Art. 19, daß sich die Rechtsverhältnisse zwischen Eltern und Kindern nach dem Heimatrecht des Kindes richten (§ 1) und daß für die Feststellung der Vaterschaft oder Mutterschaft das Heimatrecht des Kindes im Zeitpunkt seiner Geburt maßgeblich ist (§ 2)[6].

---

[1] *Soergel-Siebert(-Kegel)*, BGB, V. (9. Aufl. 1961) Art. 18 EGBGB Anm. 11 mit Rechtsprechungsnachweisen.

[2] *Palandt(-Lauterbach)*, BGB (26. Aufl. 1967) Art. 22 EGBGB Anm. 3; *Neuhaus*, Die Grundbegriffe des IPR (1962) 39.

[3] Dziennik Ustaw 1951, Nr. 4, Poz. 25; übersetzt in RabelsZ 17 (1952) 453 ff.

[4] *Palandt(-Lauterbach)*, Art. 18 EGBGB, Anm. 1.

[5] Dziennik Ustaw 1965, Nr. 46, Poz. 290; übersetzt bei *Bergmann*, Internationales Ehe- und Kindschaftsrecht, 3. Aufl., Polen S. 12 ff.

[6] Für die Frage der ehelichen Abstammung eines Kindes stellte auch das

Polnisches materielles Recht wäre hier also nur anwendbar, wenn das Kind Gerhardt mit seiner Geburt die polnische Staatsangehörigkeit erworben hätte.

3. Gemäß Art. 6 des vorgenannten *polnischen Staatsangehörigkeitsgesetzes* erwirbt ein Kind die polnische Staatsangehörigkeit nur, wenn *beide* Eltern polnische Staatsangehörige sind oder wenn der eine Elternteil polnischer Staatsangehöriger ist und der andere Elternteil unbekannt oder seine Staatsangehörigkeit unbekannt oder unbestimmt ist. Gerhardt ist demnach schon deshalb nicht polnischer Staatsangehöriger geworden, weil seine Mutter im Zeitpunkt der Geburt nicht polnische Staatsangehörige war[7], sondern ausschließlich die britische Staatsangehörigkeit besaß.

4. Gemäß sect. 4 des *British Nationality Act* von 1948 (ch. 56) hat das Kind vielmehr die britische Staatsangehörigkeit erworben, weil es in Schottland geboren worden ist.

*Sect. 4:*

„... every person born within the United Kingdom and Colonies after the commencement of this Act shall be a citizen of the United Kingdom and Colonies by birth."

Jede Person, die nach Inkrafttreten dieses Gesetzes innerhalb des Vereinigten Königreichs samt Kolonien geboren wird, ist Staatsangehöriger des Vereinigten Königreichs samt Kolonien kraft Geburt.

5. Das polnische Kollisionsrecht verweist demnach auf das im *Vereinigten Königreich geltende Recht* als Heimatrecht des Kindes. Nun ist das „Vereinigte Königreich von Großbritannien und Nordirland samt Kolonien" kein einheitliches Rechtsgebiet, sondern umfaßt mehrere Teilrechtsgebiete (England mit Wales, Schottland, Nordirland). Nach Art. 5 des polnischen Gesetzes entscheidet in solchen Fällen das eigene (interlokale) Recht dieses Staates, welche Teilrechtsordnung anzuwenden ist. Für die Frage der ehelichen oder unehelichen Abstammung eines Kindes verweisen das englische und das schottische Kollisionsrecht übereinstimmend auf das Domizilrecht des Ehemannes der Mutter im Zeitpunkt der Geburt[8].

6. Für die *Bestimmung des Domizils* unterscheiden das englische und das schottische Recht zwischen dem durch Geburt erworbenen domicile of origin (Domizil des ehelichen Vaters bzw. der unehelichen Mutter im Zeit-

---

frühere polnische Internationale Privatrecht auf dessen Heimatrecht zur Zeit der Geburt ab (*Bergmann* 15 Anm. 23).

[7] Nach Art. 5 I des genannten Gesetzes hat die Eheschließung keine Änderung der Staatsangehörigkeit zur Folge.

[8] *England:* Re Bischoffsheim, [1948] Ch. 79; *Cheshire,* Private International Law (7. Aufl. 1965) 360 ff.; *Wolff,* Private International Law (2. Aufl. 1950) 381; *Schottland: Walton,* Husband and Wife according to the Law of Scotland (3. Aufl. 1951) 367.

punkt der Geburt) und dem domicile of choice (Wahldomizil). Letzteres kann eine volljährige Person dadurch erwerben, daß sie sich in einem anderen Land mit der Absicht niederläßt, dort für immer oder jedenfalls für unbestimmte Zeit zu bleiben (sog. animus manendi) und nicht mehr in das Land des bisherigen Domizils für dauernd zurückzukehren (sog. animus non revertendi)[9].

Im vorliegenden Fall kann nach dem mitgeteilten Sachverhalt davon ausgegangen werden, daß Zenon T. sein – vermutlich polnisches – Ursprungsdomizil aufgegeben und ein Wahldomizil in England oder Schottland begründet hat. Für ein schottisches Wahldomizil spricht, daß er im Jahre 1953 die Kindesmutter in E. Schottland geheiratet hat; ein englisches Domizil kann aus der Tatsache hergeleitet werden, daß ein englisches Gericht im Jahre 1957 seiner Scheidungsklage stattgegeben hat, er folglich zu diesem Zeitpunkt in England domiziliert gewesen sein muß[10].

7. Als *Zwischenergebnis ist festzuhalten*: Falls Zenon T. zur Zeit der Geburt des Kindes polnischer Staatsangehöriger war, so hat englisches oder schottisches materielles Recht über die Ehelichkeit des Kindes Gerhardt zu bestimmen.

b) War Zenon T. seinerzeit *staatenlos*, so ist gemäß Art. 18, 29 EGBGB das an seinem damaligen Aufenthalt – in England oder Schottland – geltende Recht berufen, das wiederum auf sein Domizilrecht verweist.

c) Wenn T. durch Einbürgerung *britischer Staatsangehöriger* geworden war, so ist nach Art. 18 „britisches" Recht maßgebend. Die notwendige Konkretisierung erfolgt nach deutscher Auffassung mangels eines einheitlichen britischen Kollisionsrechts im Wege einer Analogie zum deutschen inter*lokalen* Privatrecht[11].

Neben die Staatsangehörigkeit tritt daher ergänzend der Wohnsitz (i. S. des deutschen Rechts) oder der Aufenthalt im Heimatstaat[12]. Auch in diesem Fall ist die Verweisung des englischen bzw. des schottischen Kollisionsrechts auf das materielle Recht des (englischen oder schottischen) Domizils des Zenon T. zu beachten.

---

[9] Vgl. die für England und Schottland maßgebliche führende Entscheidung des House of Lords in *Ramsay* v. *Liverpool Royal Infirmary*, [1930] A. C. 588 = 1930 S. C. (H. L.) 83; *Smith*, A short commentary on the law of Scotland (1962) 253; *Walton* 310 f.; *Cheshire* 143 f.; *Henrich*, Der Domizilbegriff im englischen IPR: RabelsZ 25 (1960) 456 f.

[10] Vgl. statt aller *Johnson*, Family Law (2. Aufl. 1965) 324 f. mit Rechtsprechungsnachweisen.

[11] *Kegel*, IPR (2. Aufl. 1964) 138 f.; *Neuhaus* 209 f.

[12] Vgl. *Soergel-Siebert(-Kegel)* Anm. 109 ff. vor Art. 7 EGBGB.

## 2. *Abstammung des Kindes nach englischem und schottischem Recht*

a) Englisches Recht:

Wird ein Kind während einer gültigen Ehe seiner Mutter geboren, so wird seine Abstammung von deren Ehemann – und damit seine Ehelichkeit – vermutet[13]. Die Vermutung der Ehelichkeit gilt nur dann nicht, wenn die Eheleute aufgrund einer gerichtlichen Entscheidung getrennt leben[14].

Eine Trennung der Eheleute, die nicht auf einer gerichtlichen Entscheidung, vielmehr auf einer zwischen ihnen getroffenen Vereinbarung oder – wie anscheinend im vorliegenden Fall – auf dem eigenmächtigen Vorgehen eines der Ehegatten beruht, genügt nicht, um die Vermutung der Ehelichkeit auszuschalten[15]. Die Vermutung ist indessen widerleglich[16].

Die Widerlegung kann von jedermann in jedem Verfahren geltend gemacht werden, in dem diese Frage eine Rolle spielt. Eines besonderen Verfahrens für die Anfechtung der Ehelichkeit, wie es das deutsche Recht vorsieht, bedarf es nicht. Das Gericht prüft vielmehr incidenter, ob das betreffende Kind ehelich oder unehelich ist[17].

Zu diesen Indizien zählen nach gefestigter englischer Rechtsprechung insbesondere „physical" oder „moral impossibility of access": gelingt der Nachweis, daß die Eheleute während der Empfängniszeit (270–280 Tage) nicht zusammengelebt haben oder daß ein ehelicher Verkehr in diesem Zeitraum mit Rücksicht auf das allgemeine Verhalten der Eheleute zueinander nicht stattgefunden hat, so gilt die Vermutung der Ehelichkeit als widerlegt[18].

---

[13] Grundlegend Banbury Peerage Case (1811), Sim. & St. 153 (H. L.), 57 E. R. 62, ausführlich kommentiert bei *Nicolas*, A Treatise on the Law of Adulterine Bastardy with a Report of the Banbury Case and of all other Cases Bearing upon the Subject (1836); vgl. auch *Johnson* 255 f.; *Bromley*, Family Law (3. Aufl. 1966) 290; *Graveson-Crane(-Jones* bzw. *Nokes)*, A Century of Family Law, 1857–1957 (1957) 42, 158; *Whiteside*, in Halsbury's Laws of England, Bd. III (3. Aufl. 1953) s. v. Bastardy 87 (N. 1); *Hamawi*, Family Law (1953) 329 f.

[14] Vgl. Lord *Holt* in *St. George* v. *St. Margaret* (1706), 1 Salk 123, 91 E. R. 115 (Trennung von Tisch und Bett); *Hetherington* v. *Hetherington* (1887), 12 P. D. 112 (separation order); Andrews v. Andrews, [1924] P. 255.

[15] *Morris* v. *Davies* (1837), 5 Cl. & F. 163, 7 E. R. 365 (H. L.); Re Bromage, [1935] Ch. 605; *Ettenfield* v. *Ettenfield*, [1940] 1 All E. R. 293 (301) (C. A.); *Whiteside* 88; *Hamawi* 331 (N. 34).

[16] Banbury Peerage Case aaO; *Bromley* 293; *Graveson-Crane(-Nokes)* 158.

[17] *Cotton* v. *Cotton*, [1954] P. 305 (C. A.); *Johnson* 256.

[18] R. v. Luffe (1807), 8 East 193, 103 E. R. 316; Morris v. Davies (1837), 5 Cl. & F. 163 (H. L.), 7 E. R. 365; Banbury Peerage Case aaO; vgl. auch Lord *Blackburn* in Aylesford Peerage Case (1885), 11 App. Cas. 1 (H. L.): „Such a presumption ... can be rebutted by the conduct of parties, taking the whole res gestae, raising a strong and irresistible conclusion that the child born was not the child of the husband, but the child of another"; zustimmend zitiert in *Bosvile* v. *Att.-Gen.* (1887), 12 P. D. 177 (182).

b) Schottisches Recht:

Auch nach schottischem Recht gilt die Vermutung, daß der Ehemann der Mutter der Vater des Kindes ist[19]. Diese Vermutung ist indessen widerlegt, wenn feststeht, daß der Ehemann der Kindesmutter während der Empfängniszeit nicht beigewohnt hat[20]. Dabei wird von einer durchschnittlichen Schwangerschaftsdauer von 280 Tagen ausgegangen; die Vermutung der Ehelichkeit gilt jedoch nur dann ohne weiteres als ausgeräumt, wenn zwischen der letzten Beiwohnung und der Geburt ein erheblich längerer Zeitraum liegt. Im Einzelfall hat die schottische Rechtsprechung eine Schwangerschaftsdauer von 336 Tagen für möglich gehalten[21].

Ein besonderes Verfahren oder eine Frist zur Geltendmachung der Unehelichkeit kennt das schottische Recht nicht, sie kann vielmehr – wie im englischen Recht – incidenter festgestellt werden[22].

c) Ergebnis:

Wendet man diese Grundsätze auf den vorliegenden Fall an, so ist die Vermutung der Ehelichkeit des Kindes Gerhardt sowohl nach englischem wie nach schottischem Recht als widerlegt anzusehen. Das folgt zwar nicht zwingend aus der Fassung der Geburtsurkunde, denn in Schottland werden Kinder gewöhnlich unter dem Familiennamen des leiblichen Vaters eingetragen, sofern dieser die Anmeldung beim Standesamt vornimmt[23]. Nach dem Scheidungsurteil des High Court of Justice haben die Parteien aber während eines Zeitraumes von mindestens drei Jahren vor Klageerhebung – d. h. etwa seit dem ersten Halbjahr 1954 – getrennt gelebt. Das Kind ist somit als unehelich anzusehen, wobei dahingestellt bleiben kann, ob diese Frage nach englischem oder schottischem Recht zu entscheiden ist.

### *II. Legitimation*

Für die Legitimation des Kindes ist gemäß Art. 22 I EGBGB deutsches Recht maßgeblich, da der Kindesvater zur Zeit der Eheschließung deutscher Staatsangehöriger war. Formelle oder materielle Mängel der am 20. 9. 1958 vor dem Registrar in Leith geschlossenen Ehe sind nicht ersichtlich. Nach § 1719 BGB ist Gerhardt C. daher durch die Eheschließung seiner Eltern deren eheliches Kind geworden.

---

[19] *Smith* 352, 356 f.; *Gloag(-Henderson)*, Introduction to the Law of Scotland (6. Aufl. 1956) 617 mit Nachweisen.

[20] *Smith* 353; *Gloag(-Henderson)* 617.

[21] *Currie* v. *Currie*, 1950 S. C. 10, 13; vgl. *Smith* 354 f.

[22] *Smith* 353 ff.

[23] *Ashley*, The Honourable Estate, A Study of Marriage and the Law in Scotland (1950) 71.

### *III. Die Staatsangehörigkeit des Kindes*

Wie bereits oben ausgeführt wurde, ist das Kind durch Geburt in Schottland britischer Staatsangehöriger geworden (ius soli). Zusätzlich hat es mit der Eheschließung seiner Eltern am 20. 9. 1958 die deutsche Staatsangehörigkeit erworben (§ 5 Reichs- und Staatsangehörigkeitsgesetz vom 22. 7. 1913).

Der Staatsangehörigkeitserwerb ist im Augenblick der Eheschließung erfolgt, ohne daß es eines formellen Legitimationsfeststellungsbeschlusses bedarf[24]. Da nach britischem Recht ein Verlust der Staatsangehörigkeit des Vereinigten Königreichs von Großbritannien und Nordirland weder durch Legitimation seitens eines Ausländers noch durch den Erwerb einer fremden Staatsangehörigkeit eintritt[25], ist das Kind Doppelstaater. Da aber das Kind seinen Wohnsitz und gewöhnlichen Aufenthalt in Deutschland hat, zu Deutschland daher engere Beziehungen als zu Großbritannien bestehen, ist es allein als *deutscher* Staatsangehöriger zu behandeln[26].

### *IV. Amtsvormundschaft nach § 40 JWG und Legitimationspflegschaft*

Eine Amtsvormundschaft ist weder nach Abs. 1 noch nach Abs. 3 des § 40 JWG eingetreten. § 40 Abs. 1 setzt Geburt in Deutschland und deutsche Staatsangehörigkeit der Kindesmutter voraus, die beide nicht gegeben sind. Die Voraussetzungen des Abs. 3 aber sind deshalb nicht erfüllt, weil Gerhardt sich zu keiner Zeit als uneheliches deutsches Kind in Deutschland aufgehalten hat. Vor der Eheschließung seiner Eltern war er ausländischer Staatsangehöriger, nach diesem Zeitpunkt war er zwar Deutscher, aber nicht mehr unehelich. Eheliche Kinder kommen aber niemals unter gesetzliche Amtsvormundschaft[27].

Elterliche Gewalt und Notwendigkeit einer Pflegerbestellung sind gemäß Art. 19 S. 1 EGBGB nach deutschem Recht zu beurteilen, dessen Darstellung sich erübrigt.

---

[24] *Makarov*, Deutsches Staatsangehörigkeitsrecht (1966) 53; *Massfeller*, Deutsches Staatsangehörigkeitsrecht (2. Aufl. 1955) 35; *Lichter*, Die Staatsangehörigkeit (2. Aufl. 1955) 69; *Staudinger(-Böckelmann)*, BGB (10/11. Aufl. 1966) § 1719 Anm. 39.

[25] Vgl. den British Nationality Act von 1948 aaO.

[26] *Ferid*, RabelsZ 23 (1958) 498 f., 506 f.; *Beitzke*, JZ 1959, 124; *Kegel* 156; *Neuhaus* 143; *Erman (Arndt)*, BGB (3. Aufl. 1962) Art. 29 EGBGB Anm. 8. *Im Ergebnis* ebenso die herkömmliche Auffassung, die bei einem Doppelstaater mit deutscher Staatsangehörigkeit stets nur die letztere für maßgeblich hält (Nachweise bei *Erman(-Marquordt)* Art. 7 EGBGB Vorbem. 6 b).

[27] Ebenso in einem gleichgelagerten Fall *BayObLG* 11. 2. 1959, BayObLGZ 1959, 47 f., 49 f. = IPRspr. 1958–1959 Nr. 142.

## Nr. 30
## USA (Illinois)

**1. Das Kollisionsrecht des Staates Illinois verweist hinsichtlich der Ehelichkeit eines Kindes auf das Recht des Staates, in dem es sein „domicile" hat.**

**2. Nach dem materiellen Recht des Staates Illinois erwirbt ein Kind, das nach der Scheidung seiner Eltern geboren wird und bei der Mutter aufwächst, das „domicile" der Mutter.**

**3. Das Kollisionsrecht des Staates Illinois sieht keine ausdrückliche Regel vor, die das Recht bezeichnet, nach dem sich die Personensorge („custody") für eheliche Kinder beurteilt.**

**4. In Illinois gilt der allgemeine Grundsatz des Common Law, daß die eigenen Gerichte auf die Personensorge ihr eigenes materielles Recht anwenden, wenn sie „jurisdiction" haben. Aus diesem Grundsatz ist eine „versteckte" international-privatrechtliche Verweisung auf die ausländische lex fori des Staates, dessen Gerichte nach dem Recht von Illinois „jurisdiction" zur Entscheidung über die Personensorge haben, abzuleiten.**

**Köln 53/67 vom 6. 11. 1967**

Das Amtsgericht Köln hat durch Verfügung vom 13. Juli 1967 in der Vormundschaftssache betreffend Richard Anton H. um ein Gutachten über das Kollisions- und Kindschaftsrecht des Staates Illinois, USA, gebeten.

### SACHLAGE

Die Deutsche Margarete H., geb. W., heiratete am 2. November 1962 vor dem Standesbeamten in L./Pfalz den Amerikaner Fate McArthur H. Diese Ehe ist durch das rechtskräftige Urteil des Landgerichts K. vom 3. November 1966 wegen Verschuldens des beklagten Ehemannes geschieden worden. Das Urteil hat am 24. Dezember 1966 Rechtskraft erlangt. Am 25. Dezember 1966 ist das Kind Richard Anton H. geboren worden.

Die Eheleute H. lebten seit 1963 in den Vereinigten Staaten. Frau H. ist am 1. April 1964 nach Deutschland zurückgekehrt; sie wohnt heute mit dem Kind in Köln, wo sie berufstätig ist. Ihr geschiedener Ehemann ist in den Vereinigten Staaten geblieben und lebt in Chicago, Illinois.

Frau Margarete H. will einen farbigen Amerikaner heiraten. Sie hat beim Vormundschaftsgericht in K. beantragt, ihr nach § 9 EheG ein Auseinandersetzungszeugnis zu erteilen. Sie beabsichtigt außerdem, im Namen des Kindes Richard Anton H. dessen Ehelichkeit anzufechten. Das Kind soll nicht von ihrem geschiedenen Ehemann, sondern von ihrem derzeitigen Verlobten stammen.

Auf Anfrage hat das Jugendamt K. dem Vormundschaftsgericht mitgeteilt, Frau H. sorge ausreichend für das Kind. Es könne befürwortet werden, ihr die elterliche Gewalt zu übertragen.

## ANFRAGE

Das Vormundschaftsgericht fragt an, welche Maßnahmen nach Scheidung der Ehe H. für das Kind Richard Anton zu treffen sind. Danach sind im einzelnen folgende Punkte zu klären:

A. Ist Richard Anton das eheliche Kind der Eheleute Fate McArthur H. und Margarete, geb. W.?

B. Kann die Ehelichkeit des Kindes erfolgreich angefochten werden?

C. Wie verhält es sich mit der gesetzlichen Vertretung des Kindes und der Genehmigung des Vormundschaftsgerichts zur Anfechtung?

D. Welche Maßnahmen sind angesichts der materiellen Rechtslage zu treffen?

## RECHTSLAGE

### A. EHELICHKEIT DES KINDES RICHARD ANTON

### *I. Internationales Privatrecht (IPR)*

#### *1. Deutsches IPR*

Aus Art. 18 Abs. 1 EGBGB ist als allseitige Kollisionsnorm abzuleiten, daß sich die Ehelichkeit eines Kindes nach dem Heimatrecht des Ehemannes der Mutter beurteilt[1].

Dabei ist grundsätzlich auf den Zeitpunkt der Geburt des Kindes abzustellen. Ist die Ehe jedoch geschieden worden, so entscheidet das Heimatrecht zur Zeit der Eheauflösung[2].

Da der Ehemann Fate McArthur H. zur Zeit der Scheidung Amerikaner war, verweist das deutsche Kollisionsrecht auf das Recht der Vereinigten Staaten.

---

[1] *BGHZ* 43, 213, 217f.; *BayObLGZ* 1963, 265; *OLG Köln* FamRZ 1964, 210; *Kegel,* IPR (2. Aufl. 1964) 308; *Kegel* in *Soergel-Siebert,* BGB Bd. V (9. Aufl. 1961), Art. 18, Bem. 11, S. 825; vgl. auch *Neuhaus,* Die Grundbegriffe des internationalen Privatrechts (1962) 51; *Raape,* Internationales Privatrecht (5. Aufl. 1961), 34.

[2] *BayObLGZ* 1963, 214, 218; *KG* DR 1939, 246; *Kegel* in *Soergel-Siebert,* aaO, Art. 18, Bem. 12, S. 826.

Die Verweisung auf das Recht der Vereinigten Staaten ist unvollständig. Denn das internationale Privatrecht der Vereinigten Staaten ist ebenso wie das materielle Zivilrecht gespalten. In den einzelnen Staaten gilt jeweils ein selbständiges Kollisionsrecht[3].

Um festzustellen, auf welchen Einzelstaates Recht verwiesen wird, ist daher eine Unteranknüpfung zu wählen. Manche Autoren knüpfen bei amerikanischen Staatsangehörigen an deren Staatsbürgerschaft innerhalb der Vereinigten Staaten an[4]. Es empfiehlt sich jedoch, im Parteiinteresse auf den gewöhnlichen Aufenthalt abzustellen, wie er auch für das interlokale Privatrecht gilt[5].

Häufig wird der gewöhnliche Aufenthalt mit dem Wohnsitz zusammenfallen, den die Rechtsprechung mehrfach als maßgebend angesehen hat[6]. Im vorliegenden Fall führt die Unteranknüpfung zum Recht des Staates Illinois, in dem der Ehemann zur Zeit der Eheauflösung lebte. Mithin verweist das deutsche internationale Privatrecht auf das Recht des Staates Illinois. Die Verweisung gilt für den gesamten Bereich der Ehelichkeit, insbesondere für die materiellen Voraussetzungen der ehelichen Abstammung und die Geltendmachung der Unehelichkeit[7].

Obwohl Art. 27 EGBGB die Vorschrift des Art. 18 Abs. 1 EGBGB nicht ausdrücklich nennt, handelt es sich bei der Verweisung auf das ausländische Kindschaftsrecht um eine Kollisionsnormverweisung[8]. Eine Rück- oder Weiterverweisung des Kollisionsrechts von Illinois ist daher zu beachten.

*2. IPR von Illinois*

a) Verweisung auf die lex domicilii

In den Vereinigten Staaten hat sich überwiegend der allgemeine Grundsatz herausgebildet, die Ehelichkeit eines Kindes nicht einheitlich, sondern jeweils getrennt gegenüber der Mutter und deren Ehemann zu beurteilen. Dabei wird das Recht des Staates angewandt, in dem die Eheleute zur Zeit der Geburt ihren Wohnsitz („domicile") haben[9].

[3] Vgl. *Ehrenzweig,* A Treatise on the Conflict of Laws (1962) 33–34; *Kegel,* IPR, S. 138; *Nussbaum,* Grundzüge des internationalen Privatrechts (1952) 56.

[4] *Ferid-Firsching,* Internationales Erbrecht, Bd. III (Stand: 1967), US Grdz. C III Randz. 60b, S. 40/158; *Frankenstein,* Internationales Privatrecht, Bd. I (1926) 93; *Melchior,* Die Grundlagen des deutschen internationalen Privatrechts (1932) 451; *Neuhaus* aaO 214; *Nussbaum* aaO 135–136; *Raape* aaO 150.

[5] *LG Bielefeld* FamRZ 1957, 268, 269 = NJW 1957, 1074, 1075; *Kegel* in *Soergel-Siebert,* aaO, Bem. 111 vor Art. 7, S. 539 mit weiteren Nachweisen.

[6] Vgl. *BGHZ* 27, 47, 51; *OLG Karlsruhe* DNotZ 1957, 424, 425.

[7] Vgl. *Kegel* in *Soergel-Siebert,* aaO, Art. 18, Bem. 6, S. 824.

[8] *BayObLG* FamRZ 1964, 450, 451; *OLG Hamm* FamRZ 1965, 90, 91; *AG Bielefeld* FamRZ 1963, 458; *Kegel* in *Soergel-Siebert,* aaO, Art. 18, Bem. 38, S. 831; *Raape* aaO 342.

[9] In re Thorn's Estate, 46 A. 2d 258, 262 (Pa. 1946); *Restatement* of the Law

Diese Kollisionsregel wird jedoch nicht in allen amerikanischen Staaten befolgt. So gilt etwa in New York als feste Norm, daß sich die Ehelichkeit nach dem Recht des Staates richtet, in dem das Kind seinen Wohnsitz hat[10]. Die gleiche Kollisionsnorm wird auch in Illinois angewandt. Dies ergibt sich aus zwei Entscheidungen des Supreme Court von Illinois. Dort wird ausdrücklich festgestellt, die Ehelichkeit eines Kindes beurteile sich nach dem Recht des Domizilstaates[11].

Es ist daher zu klären, wo das Kind bei seiner Geburt ein „domicile" erwarb.

b) Domizilstatut

Ehe über das „domicile" des Kindes entschieden werden kann, gilt es zunächst, das Recht zu ermitteln, nach dem sich das „domicile" beurteilt.

aa) Grundsatz

Nach allgemeiner Auffassung ist das Anknüpfungsmoment, das die ausländische Kollisionsnorm verwendet, nach dem ausländischen Recht zu bestimmen[12]. Verweist jedoch das ausländische Kollisionsrecht seinerseits für die Auslegung eines Anknüpfungsmomentes zurück, so ist diese Verweisung zu beachten[13].

Es ist jedoch zweifelhaft, ob das Common Law von Illinois für die Frage des „domicile" wirklich zurückverweist. In der deutschen Rechtsprechung finden sich hierzu widersprechende Aussagen. In manchen Entscheidungen wird das angenommen[14], in anderen verneint[15]. Es ist daher geboten, diese Frage im einzelnen zu untersuchen. Dabei soll, ähnlich wie im deutschen IPR, unterschieden werden zwischen dem selbständigen und dem abgeleiteten Wohnsitz.

---

of Conflict of Laws (1934), §§ 137, 138; *Restatement Second,* Conflict of Laws, Tentative Draft No. 4 (1957), §§ 137, 138; *Ehrenzweig,* A Treatise on the Conflict of Laws (1962) 391; *Goodrich-Scoles,* Handbook of the Conflict of Laws (4. Aufl. 1964), 282; *Leflar,* The Law of Conflict of Laws (1959) 344; *Rabel,* The Conflict of Laws, Bd. I (2. Aufl. 1958) 601–602; *Taintor,* Legitimation, Legitimacy and Recognition in the Conflict of Laws, 18 Can. Bar Rev. 589, 592–597 (1940).

[10] In re Tomacelli-Filomarino's Estate, 73 N. Y. S. 2d 297, 299 (1947); *Olmsted* v. *Olmsted,* 83 N. E. 569, 570 (N. Y. 1908).

[11] *Peirce* v. *Peirce,* 39 N. E. 2 d 990, 992 (Ill. 1942); *McNamara* v. *McNamara,* 135 N. E. 410, 412 (Ill. 1922).

[12] Vgl. *Kegel* in *Soergel-Siebert,* aaO, Vorbem. 29 vor Art. 7, S. 515; *Raape* aaO 72–75.

[13] Vgl. *BGH* NJW 1959, 1317, 1318; *RGZ* 136, 361, 363; *Kegel* in *Soergel-Siebert,* aaO, Vorbem. 29 vor Art. 7, S. 515–516.

[14] Z. B. *RGZ* 136, 361, 363; *KG* 1937, 238 mit zust. Anm. von *Süss.*

[15] Vgl. *RG* JW 1930, 1309, 1310; *BayObLGZ* 8 (1958), 34, 39; *LG München* II MDR 1956, 236.

bb) Selbständiges „domicile"

In den amerikanischen Common Laws hat sich der Grundsatz entwickelt, daß die lex fori über das „domicile" entscheidet[16]. Dieser Grundsatz ist im *Restatement* als allgemeine Regel aufgeführt[17]; er wird außerdem von zahlreichen Autoren vertreten[18]. Es ist jedoch zweifelhaft, ob diese Verweisung auf die lex fori als eine allseitige Kollisionsnorm zu verstehen ist, die im vorliegenden Fall zu einer Rückverweisung auf deutsches Recht führen würde.

Will man dem wirklichen Sinn der Verweisung auf die lex fori gerecht werden, so ist zunächst zu beachten, daß sich diese Regel in den Vereinigten Staaten nur entwickelt hat für das „domicile", das in den amerikanischen Kollisionsnormen vorkommt. Die Verweisung auf die lex fori bedeutet daher nur, daß der amerikanische Richter bei Anwendung der eigenen Kollisionsnormen auch das Anknüpfungsmoment „domicile" im Sinn des eigenen Rechts versteht. Wendet er dagegen ausländisches IPR an, in dem an das „domicile" angeknüpft wird, so folgt er bei der Auslegung dem fremden Recht[19].

Zum andern ist die rechtspolitische Zielsetzung der Verweisung auf die lex fori zu beobachten. Vom Standpunkt des amerikanischen Rechts besteht kein Interesse, die Auslegung des eigenen Anknüpfungsmoments dem fremden Recht zu überlassen[20]. Denn durch eine unterschiedliche Auslegung des „domicile" im Ausland würde das Interesse am Entscheidungseinklang erheblich vernachlässigt[21].

Dementsprechend finden sich auch in der einschlägigen Rechtsprechung nur Entscheidungen, in denen die Gerichte das „domicile" bei Anwendung ihrer eigenen Kollisionsnormen stets nach eigenem Recht interpretiert haben. Das gilt nicht nur für die grundlegende englische Entscheidung Re Annesley, Davidson v. Annesley [1926] Ch. 692, die in den Vereinigten Staaten beachtet wird[22], sondern auch für zahlreiche amerikanische Entscheidungen[23].

---

[16] *Torlonia* v. *Torlonia*, 142 Atl. 843–847 (Conn. 1928); *Scott* v. *Furrow*, 104 A. 2d 224, 227 (Conn. 1954); *Glassman* v. *Glassman*, 60 N. E. 2 d 716, 719 (Ohio 1944).

[17] *Restatement* aaO § 10; ebenso nunmehr *Restatement Second*, Tentative Draft No. 2 (1954), § 10.

[18] Vgl. *Goodrich-Scoles* aaO 36; *Leflar* aaO 26; *Stumberg* aaO 49–50.

[19] So ausdrücklich *Restatement* aaO § 10; *Restatement Second*, Tentative Draft No. 2 (1954) § 10; vgl. auch *Goodrich-Scoles* aaO 36; *Stumberg* aaO 50.

[20] *Breslauer*, The Private International Law of Succession in England, America and Germany (1937) 48.

[21] Vgl. *Cook*, The Logical and Legal Bases of the Conflict of Laws (1949) 236–237, 244; *Weintraub*, Conflicting Choice-of-Law Rules, 43 Iowa L. Rev. 519, 520–521.

[22] Hierzu *Cook* aaO 235; *Ehrenzweig* aaO 336–337; *Goodrich* aaO 36; *Sturmberg* aaO 50.

[23] Z. B. *Torlonia* v. *Torlonia*, 142 Atl. 843, 846 (Conn. 1928); *Glassman* v.

Dieser Rechtslage wird der deutsche Richter nur gerecht, wenn er bei Anwendung des amerikanischen Kollisionsrechts das „domicile" nach dem Recht des Staates beurteilt, dessen Kollisionsnorm an das „domicile" anknüpft. Demnach kann aus der Regel, die für das „domicile" auf die lex fori verweist, keine Rückverweisung auf deutsches Recht abgeleitet werden. Es handelt sich vielmehr um eine streng einseitige Kollisionsnorm des amerikanischen Rechts, die nur auf Anwendung des eigenen Rechts im eigenen forum zielt.

cc) Abgeleitetes „domicile"

Eine Ausnahme von der dargestellten Rechtslage könnte für das abgeleitete „domicile" des Kindes gelten. Dem deutschen IPR ist die unterschiedliche Behandlung von selbständigem und abgeleitetem Wohnsitz geläufig. Denn während der selbständige Wohnsitz als Anknüpfungsmoment der deutschen Kollisionsnorm nach deutschem Recht beurteilt wird, richtet sich der abgeleitete Wohnsitz des Kindes nach dem Statut, das Art. 19 EGBGB beruft.

Im amerikanischen Common Law könnte sich eine entsprechende Zweiteilung herausgebildet haben. Vom materiellen Recht her könnte sie insoweit gerechtfertigt sein, als sich der gesetzliche Wohnsitz eines Kindes im Common Law nach der elterlichen Gewalt richtet. Denn das Kind teilt grundsätzlich das „domicile" des Elternteils, dem die „custody" zusteht[24]. Gleichwohl läßt das Kollisionsrecht der amerikanischen Common Laws nicht erkennen, daß das abgeleitete „domicile" einer Person anders behandelt wird als das selbständige „domicile". Vielmehr wird auch das abgeleitete „domicile" kollisionsrechtlich in der gleichen Weise behandelt, wie es für das selbständige „domicile" dargestellt worden ist[25].

Mithin liegt auch für die Frage nach dem abgeleiteten „domicile" des Kindes keine Rückverweisung auf deutsches Recht vor.

c) „Domicile" des Kindes

Nach den Grundsätzen des Common Law erwirbt ein Kind kein eigenständiges, sondern ex lege ein abgeleitetes „domicile". Dabei gelten zwei Grundregeln: Ein eheliches Kind erlangt mit der Geburt das „domicile" seines Vaters[26]. Demgegenüber teilt das uneheliche Kind den Wohnsitz

---

*Glassman*, 60 N. E. 2d 716, 719 (Ohio 1944); In re Bain's Estate, 172 N. Y. S. 604, (1918); *Taormina* v. *Taormina Corp.*, 78 A. 2d 473, 477 (Del. 1951).

[24] *Conley* v. *Conley*, 87 N. E. 2d 153, 155 (Mass. 1949); In re Volk, 235 N. W. 854, 856 (Mich. 1931); *Restatement* aaO § 32.

[25] Z. B. In re Bain' Estate, 172 N. Y. S. 604–606 (1918) betr. den Wohnsitz einer Ehefrau.

[26] Z. B. *Yarborough* v. *Yarborough*, 54 S. Ct. 181, 185 (1933); In re Guardianship of Fox, 318 P. 2d 933, 936 (Or. 1956); vgl. auch *Restatement Second*, Tentative Draft No. 2 (1954), § 30; *Goodrich-Scoles* aaO 53; *Leflar* aaO 21; *Stumberg* aaO 41.

seiner Mutter[27]. Die praktische Anwendung dieser Regeln bereitet jedoch Schwierigkeiten, wenn das „domicile" des Kindes als Anknüpfungsmoment für die Kollisionsnorm verwendet wird, nach der das auf die Ehelichkeit anzuwendende Recht zu ermitteln ist. Denn es soll ja gerade geklärt werden, ob das Kind ehelich ist.

Für die Entscheidung des vorliegenden Falles kann den Schwierigkeiten der Anknüpfung[28] möglicherweise ausgewichen werden mit der Feststellung, daß das Kind Richard Anton auch dann das „domicile" seiner Mutter erworben hat, wenn es als eheliches geboren worden ist. Diese Möglichkeit besteht, weil das Kind nach der Scheidung geboren worden ist und sich seither bei der Mutter befindet.

Nach einer verbreiteten Auffassung stehen sich von der Scheidung an im Verhältnis zum Kind die Personalstatuten von Vater und Mutter gleichwertig gegenüber. Solange über die elterliche Gewalt nicht entschieden ist, gibt dann der tatsächliche Aufenthalt des Kindes den Ausschlag. Lebt das Kind bei der Mutter, so teilt es deren „domicile"[29]. Wird das Kind erst nach der Scheidung geboren, so erwirbt es das „domicile" der Mutter[30]. Entsprechend dieser Auffassung, deren Verwirklichung für den Bereich von Illinois, soweit ersichtlich, nichts entgegensteht, hat das Kind Richard Anton bei seiner Geburt das „domicile" seiner Mutter erlangt.

Nach dem Recht von Illinois hat ein Erwachsener sein „domicile" dort, wo er lebt und sein wirkliches dauerhaftes Zuhause hat, zu dem er im Fall der Abwesenheit zurückkehren will[31]. Wenn auch die verheiratete Frau grundsätzlich kraft Gesetzes das „domicile" ihres Ehemannes teilt[32], so ist sie doch nach allgemeiner Auffassung jedenfalls vom Zeitpunkt der Scheidung an in der Lage, ihr „domicile" eigenständig zu wählen[33].

Es kann hier dahingestellt bleiben, ob im vorliegenden Fall die Mutter des Richard Anton nicht schon in dem Zeitpunkt ein eigenes „domicile"

---

[27] *Glos* v. *Sankey*, 36 N. E. 628, 633 (Ill. 1893); *Thayer* v. *Thayer*, 122, S. E. 307 (N. C. 1924); *Glansman* v. *Ledbetter*, 130 N. E. 230 (Ind. 1921); *Restatement Second*, Tentative Draft No. 2 (1954), § 34; *Goodrich-Scoles* aaO 53; *Leflar* aaO S. 21; *Stumberg* aaO 21.

[28] Hierzu vgl. *Rabel*, aaO, Bd. I, S. 604–605.

[29] *Clemens* v. *Kinsley*, 239 P. 2d 266, 270 (Id. 1951); *Lyons* v. *Egan*, 132 P. 2d 794, 798 (Colo. 1942); *Goldsmith* v. *Salkey*, 115 S. W. 2d 778, 781 (Tex. 1937); *Commonwealth* v. *Camp*, 29 A. 2d 363, 364 (Pa. 1942); *Restatement Second*, Tentative Draft No. 2 (1954), § 32; *Goodrich-Scoles* aaO 57 f.; *Leflar* aaO 22; *Stumberg* aaO 42.

[30] *Laumeier* v. *Laumeier*, 143 N. E. 219, 221 (N. Y. 1924).

[31] *Schultz* v. *Chicago City Bank & Trust Co.*, 51 N. E. 2d 140, 144 (Ill. 1943); *Peirce* v. *Peirce*, 39 N. E. 2d 990, 993 (Ill. 1942).

[32] Vgl. *Goodrich-Scoles* aaO 49 f.; *Leflar* aaO 20 f.; *Stumberg* aaO 37–41.

[33] *Armour* v. *Armour*, 59 A. 2d 410, 411 (N. J. 1948); *Coker* v. *Coker*, 113 N. W. 2d 329, 332 (Neb. 1962); *Restatement* aaO § 29; *Goodrich-Scoles* aaO 50 f.; *Leflar* aaO 20 f.

gegründet hat, als sie ihren in Illinois lebenden Mann verließ, um sich von ihm endgültig zu trennen. Denn jedenfalls hatte Frau H. im Dezember 1966 ihr „domicile" in Deutschland. Sie wohnte in dieser Zeit in Köln und war hier berufstätig. Nach der Scheidung von ihrem Mann hatte sie keine Absicht, nach Illinois zurückzukehren. Sie will vielmehr einen farbigen Amerikaner heiraten.

Da Frau H. zur Zeit der Geburt des Kindes ihr „domicile" in Deutschland hatte, so erlangte auch Richard Anton das „domicile of origin" in Deutschland. Somit verweist das Recht von Illinois auf deutsches Recht zurück. Diese Rückverweisung wird nach herrschender deutscher Auffassung abgebrochen. Dabei ist es gleichgültig, ob die ausländische Vorschrift nach ihrem Inhalt auf deutsche Kollisions- oder Sachnormen verweist[34].

Mithin ist die Ehelichkeit des Kindes Richard Anton nach deutschem Recht zu beurteilen.

### *II. Materielles Recht*

Nach § 1591 Abs. 1 Satz 1 BGB ist Richard Anton mutmaßlich ehelich. Denn er ist während der Ehe empfangen (§ 1592), und der Muttergatte hat mutmaßlich der Mutter in der Empfängniszeit beigewohnt (§ 1591 Abs. 2).

Obwohl Richard Anton in Wirklichkeit nicht von Fate McArthur H. abstammen soll, kann seine Unehelichkeit nach § 1593 BGB nur geltend gemacht werden, wenn die Ehelichkeit angefochten und die Unehelichkeit rechtskräftig festgestellt wird. Da Frau H. die Ehelichkeit im Namen ihres Kindes anfechten will, so ist dieser Weg im einzelnen zu prüfen.

## B. ANFECHTUNG DER EHELICHKEIT

### *I. Internationale Zuständigkeit*

Der zu verklagende Vater des Kindes hat als Amerikaner, der in Illinois lebt, im Inland keinen allgemeinen Gerichtsstand (vgl. §§ 13, 16 ZPO). Gleichwohl könnte die internationale Zuständigkeit deutscher Gerichte über § 642 Abs. 1 S. 1 ZPO gegeben sein. Hierfür ist erforderlich, daß das Kind als Kläger seinen *allgemeinen Gerichtsstand* im Inland hat. Das ist zunächst der Fall, wenn das Kind seinen Wohnsitz im Inland hat, § 13 ZPO. Trifft dies nicht zu, so könnte das Kind jedoch kraft seines *gegenwärtigen Aufenthalts* seinen allgemeinen Gerichtsstand in Deutschland haben, § 16 ZPO.

---

[34] Vgl. RGZ 136, 361, 366; *BGHZ* 24, 352, 356; weitere Nachweise bei *Kegel* in *Soergel-Siebert*, aaO, Art. 27 Bem. 16, Fußn. 7, S. 939.

*1. Das auf den gesetzlichen Wohnsitz anwendbare Recht*

a) Deutsches Kollisionsrecht

Wird der *Wohnsitz* als *Anknüpfungsmoment* im deutschen internationalen oder interlokalen Privatrecht gebraucht, so ergeben sich seine Voraussetzungen nach herrschender Auffassung aus dem deutschen materiellen Recht[35]. Entsprechend wird bei den Normen verfahren, welche die internationale Zuständigkeit an den Wohnsitz einer Partei anknüpfen. Auch hier wird der Wohnsitz grundsätzlich nach deutschem materiellen Recht beurteilt[36].

Hiervon abweichend beantwortet sich jedoch die Frage, ob ein eheliches Kind den Wohnsitz von seinen Eltern ableitet, nach dem von Art. 19 S. 1 berufenen Recht[37]. Da Art. 19 S. 1 EGBGB nach unbestrittener Meinung zur allseitigen Kollisionsnorm zu erweitern ist[38], muß diese Vorschrift auch bei Ausländern angewandt werden. Mithin richtet sich der gesetzliche Wohnsitz des ehelichen Kindes nach dem *Personalstatut des Vaters*. Da Fate McArthur H. Amerikaner ist, verweist Art. 19 S. 1 EGBGB auf das Recht der Vereinigten Staaten. Im Wege der Unteranknüpfung an den gewöhnlichen Aufenthalt verweist das deutsche Kollisionsrecht auf das Recht des Staates Illinois.

Auch Art. 19 EGBGB ist als Kollisionsnormverweisung zu verstehen[39]. Eine Rück- oder Weiterverweisung des Rechts von Illinois ist daher zu beachten.

b) Kollisionsrecht von Illinois

Das Kollisionsrecht von Illinois verweist nicht zurück, da es den abgeleiteten Wohnsitz des Kindes in gleicher Weise nach dem eigenen Recht beurteilt wie den eigenständigen Wohnsitz. Mithin beurteilt sich die Frage des Wohnsitzes des Kindes nach dem Recht von Illinois.

*2. Materielles Recht*

Nach dem Recht von Illinois hat das Kind Richard Anton H. ein „domicile" in Deutschland. Demnach sind deutsche Gerichte international zuständig.

---

[35] Vgl. *Kegel*, IPR 163; *Neuhaus* aaO 147; s. auch *Kegel* in *Soergel-Siebert*, aaO, Vorbem. 27 vor Art. 7 S. 515 mit Nachweisen.

[36] *Kegel* in *Soergel-Siebert*, aaO, Art. 18, Bem. 27, S. 830.

[37] *RGZ* 159, 167, 169; *KG* DR 1939, 249; *Kegel* in *Soergel-Siebert*, aaO, Art. 18, Bem. 27, S. 830.

*BGHZ* 21, 306, 311, dem ein interlokaler Kollisionssachverhalt zugrunde liegt, widerspricht dieser Auffassung nicht; denn dort ist der Wohnsitz nicht als Anknüpfungsmoment einer Kollisionsnorm geprüft worden.

[38] Vgl. *BGHZ* 21, 306, 312; *Kegel* in *Soergel-Siebert*, aaO, Art. 19, Bem. 1, S. 834.

[39] *Kegel* in *Soergel-Siebert*, aaO, Art. 19, Bem. 50, S. 846; *Raape* aaO 350.

### *II. IPR*

Nach Art. 18 Abs. 2 S. 1 EGBGB beurteilt sich die Anfechtung nach materiellem deutschen Recht, da die Mutter des Kindes Deutsche ist.

### *III. Materielles Recht*

Geht man davon aus, daß das Kind einen Grund zur Anfechtung der Ehelichkeit hat, so ist für die zu erhebende Klage folgendes zu beachten: Richard Anton ist nach § 1596 Abs. 1 Nr. 2 BGB aktiv zur Anfechtung legitimiert, da die Ehe seiner Eltern durch das Urteil des Landgerichts K. vom 3. November 1966 rechtskräftig geschieden worden ist. Die Anfechtungsfrist beträgt nach § 1596 Abs. 2 BGB zwei Jahre von dem Zeitpunkt an, in dem das Kind bzw. sein gesetzlicher Vertreter (§ 166 BGB) Kenntnis von den Umständen erhält, die für die Unehelichkeit sprechen.

Da das Kind minderjährig ist, kann es nach § 1597 Abs. 1 BGB die Ehelichkeit nur durch seinen gesetzlichen Vertreter und mit Genehmigung des Vormundschaftsgerichts anfechten. Weder die gesetzliche Vertretung noch die Voraussetzungen der Genehmigung beurteilen sich aber nach dem von Art. 18 Abs. 2 EGBGB berufenen Anfechtungsstatut. Beide Fragen betreffen vielmehr die Ausgestaltung der ehelichen Kindschaft und sind daher getrennt anzuknüpfen.

## C. GESETZLICHE VERTRETUNG UND GENEHMIGUNG DES VORMUNDSCHAFTSGERICHTS

### *I. IPR*

#### *1. Deutsches IPR*

Nach der aus Art. 19 S. 1 EGBGB abzuleitenden allseitigen Kollisionsnorm bestimmt sich das gesamte Rechtsverhältnis der ehelichen Kindschaft nach dem Personalstatut des Vaters. Dem Statut der ehelichen Kindschaft untersteht insbesondere die elterliche Gewalt; dies gilt für den Bereich der Personensorge und damit auch für die Vertretung in persönlichen Angelegenheiten[40]. Dies ändert sich nicht mit der Scheidung der Eltern. Denn auch die Ausgestaltung der elterlichen Gewalt nach der Scheidung unterliegt nicht dem von Art. 17 EGBGB berufenen Scheidungsstatut, sondern dem Statut der ehelichen Kindschaft[41].

---

[40] *Kegel* in *Soergel-Siebert,* aaO, Art. 19, Bem. 16, S. 837; *Raape* aaO 352.

[41] *KG-West* OLGZ 1966, 321, 324 a. E.; *OLG Hamm* FamRZ 1965, 92; *Kegel* in *Soergel-Siebert,* aaO, Art. 17, Bem. 95, S. 812, Art. 19 Bem. 10, S. 836, Bem. 16, S. 837; *Raape* aaO 355.

Das gleiche gilt für die nach § 1597 Abs. 1 BGB erforderliche Genehmigung. Sie stellt eine Beschränkung des Personensorgerechts des gesetzlichen Vertreters dar. Mithin verweist das deutsche Recht für die gesetzliche Vertretung des Richard Anton, die Ausgestaltung der Personensorge nach der Scheidung und die Genehmigung des Vormundschaftsgerichts auf das Recht von Illinois.

*2. IPR von Illinois*

Im Recht von Illinois entspricht die „custody" der Personensorge des deutschen Rechts. Zu dem Bereich der „custody" gehören insbesondere die Fragen der gesetzlichen Vertretung des Kindes[42], die Regelung der Personensorge nach Scheidung der Eltern[43] sowie die Beschränkung der Personensorge durch die zuständigen Gerichte[44].

Im IPR von Illinois fehlt es für den Bereich der „custody" an einer ausdrücklichen Kollisionsregel. Denn in den Common Laws der Vereinigten Staaten hat sich für die Personensorge der Grundsatz entwickelt, daß jeder Staat nur die „jurisdiction" seiner eigenen Gerichte regelt. Liegen ihre Voraussetzungen im Einzelfall vor, so wendet das Gericht das Recht seines eigenen Staates an[45]. Auf diese Weise wird das anzuwendende materielle Recht schon mit der Entscheidung über die „jurisdiction" gewählt. Daher kann das für die „custody" maßgebliche Recht nur über die Regeln der „jurisdiction" gefunden werden[46].

Fraglich ist nun, ob man aus dieser Verbindung von „jurisdiction" und anwendbarem Recht eine *versteckte Rückverweisung* auf die *lex fori* ableiten kann. In ähnlichen Fällen, z. B. bei Adoption, Verjährung und Anfechtung, wird dies vielfach angenommen.[47]. Daher bietet sich eine

---

[42] *McDonald* v. *City of Spring Valley*, 120 N. E. 476, 478 (Ill. 1918); *Paskenie* v. *East St. L. & S. Ry. Co.*, 117 N. E. 1035, 1036 (Ill. 1917).

[43] *Fountaine* v. *Fountaine*, 133 N. E. 2d 532 (Ill. 1956).

[44] Nachweise hierzu im einzelnen in 39 *American Jurisprudence* (1942) sub Parent and Child, § 15, S. 602–603 mit Nachtrag 1957.

[45] Beispiele aus Illinois: *Gottlieb* v. *Gottlieb*, 175 N. E. 2d 619, 622 (Ill. 1961); *People* v. *Leonard*, 112 N. E. 697, 700 (Ill. 1953); *Stafford* v. *Stafford*, 132 N. E. 452, 454 (Ill. 1921).

[46] Vgl. im einzelnen *Ehrenzweig* aaO 281–300; *Goodrich* aaO 271–275; *Leflar*, aaO 346–349; *Stansbury*, Custody and Maintenance Law Across State Lines, 10 Law & Contemp. Prob. 819–833 (1944); *Stumberg* aaO 319–326; *Stumberg*, The Status of Children in the Conflict of Laws, 8 U. Chi. L. Rev. 42, 52–58 (1940).

[47] Vgl. aus der Rechtsprechung *KG* FamRZ 1960, 244 = NJW 1960, 248 m. Anm. *Beitzke*; BayObLG NJW 1962, 1013–1014; aus der Literatur s. *Gündisch*, Internationale Zuständigkeit und versteckte Rückverweisung bei Adoptionen durch Amerikaner in Deutschland, FamRZ 1961, 352–358; *Hanisch*, Die „versteckte" Rückverweisung im internationalen Familienrecht, NJW 1966, IPR 2085–2092; *Kegel*, IPR 132–133; *Kegel*, Die Grenze von Qualifikation und Renvoi im internationalen Verjährungsrecht (1962) 39–41; *Melchior* aaO 228–230; *Neuhaus* aaO 190–194.

solche Lösung auch für den Bereich der „custody" an. Will man dem Sinn der ausländischen Regelung gerecht werden, so müssen allerdings zwei Voraussetzungen erfüllt sein. Einmal darf sich hinter der Zuständigkeitsnorm keine wirkliche Kollisionsnorm verbergen, die nur zufällig mit der Verweisung auf die lex fori zusammenfällt (a). Zum andern bedarf es einer besonderen Rechtfertigung, die ausländische, einseitige Verweisung zu einer allseitigen Verweisung auf fremdes Recht zu erweitern (b).

a) Verweisung auf lex fori

Gegen die Annahme einer Verweisung auf die fremde lex fori können erhebliche Bedenken bestehen, wenn der ausländische Staat die internationale Zuständigkeit seiner eigenen Gerichte nach einem einzigen Kriterium bestimmt, das gleichzeitig als Anknüpfungsmoment einer Kollisionsnorm verstanden werden kann. Dieser Fall liegt vor, wenn etwa der fremde Staat die internationale Zuständigkeit nur vom Wohnsitz, der Staatsangehörigkeit oder der Belegenheit einer Sache abhängig macht. Dann erscheint die Anwendung des eigenen Rechts möglich, sowohl aufgrund einer Norm, die auf die lex fori verweist, wie auch nach einer Kollisionsregel, die dasselbe Anknüpfungsmoment hat, nach dem sich die Zuständigkeit richtet. Demgegenüber liegt sicher eine Verweisung auf die lex fori vor, wenn das ausländische Recht die Zuständigkeit seiner Gerichte alternativ nach mehreren Merkmalen (z. B. nach Wohnsitz und Staatsangehörigkeit) begründet und in jedem Fall das eigene Recht anwendet[48]. Es ist daher zu prüfen, nach welchen Gesichtspunkten die „jurisdiction" der Gerichte in Illinois zur Entscheidung über die „custody" begründet wird.

Nach den Grundsätzen des Common Law ist zu unterscheiden zwischen der „jurisdiction in rem" und der „jurisdiction in personam". Die „jurisdiction in rem" ist erforderlich zur Entscheidung über Rechte, die gegenüber jedermann wirken. Dies gilt auch für die Voraussetzungen und Wirkungen der ehelichen Kindschaft[49]. In den letzten Jahren hat sich jedoch in den Vereinigten Staaten eine Entwicklung durchgesetzt, nach der die „jurisdiction in rem" nicht mehr die einzige Möglichkeit darstellt, die „jurisdiction" zur Entscheidung über „custody" zu begründen. Denn „jurisdiction in rem" war nur dort gegeben, wo das Kind sein *„domicile"* hatte[50]. Heute nimmt man an, daß die Gerichte mehrerer Staaten gleichzeitig zur Entscheidung über die „custody" eines Kindes berufen sein können[51].

---

[48] Vgl. *Hanisch* aaO 2089–2090; *Neuhaus* 192–193.

[49] Vgl. *Ehrenzweig* aaO 281; *Nelson,* Divorce and Annulment (2. Aufl. 1961) Bd. 2, S. 287.

[50] Z. B. *Glass* v. *Glass,* 157 N. E. 621, 622 (Mass. 1927); *Naylor* v. *Naylor,* 143 A. 2d 604, 610 (Md. 1958).

[51] Grundlegend *Sampsell* v. *Superior Court,* 197 P. 2d 739, 749–750 (Calif. 1949).

Die „jurisdiction" kann nunmehr auch auf den *gewöhnlichen Aufenthalt* oder die *augenblickliche Anwesenheit* des Kindes gestützt werden[52]. Daneben rechtfertigt auch die *persönliche Teilnahme* beider Eltern am Verfahren die „jurisdiction"[53]. Da aber die Gerichte in allen Fällen, in denen ihre Zuständigkeit begründet ist, das eigene materielle Recht anwenden, geschieht dies sicher aufgrund einer Verweisung auf die *lex fori.*

b) Verweisung auf die ausländische lex fori

Die versteckte Rückverweisung erfordert weiter, daß die einseitige Verweisung auf die eigene lex fori zur allseitigen erweitert werden kann. Das Kollisionsrecht von Illinois sieht diese Erweiterung zwar selbst nicht ausdrücklich vor. Will man jedoch dem wirklichen Sinn seiner Regelung gerecht werden, so liegt diese Erweiterung aber jedenfalls dann nahe, wenn das Recht von Illinois damit einverstanden ist, daß auch das zuständige ausländische Gericht das Recht seines eigenen Staates anwendet. Dieses Einverständnis kann in der Anerkennung entsprechender ausländischer Entscheidungen gesehen werden[54]. Denn dieses Verhalten deutet darauf hin, daß Illinois selbst eine entsprechende Verweisung auf die ausländische lex fori anordnen würde, wenn es diesen Konfliktsfall regeln würde[55]. Es ist daher zu klären, ob die Entscheidung eines auswärtigen Gerichts auch dann in Illinois anerkannt wird, wenn das Rechtsverhältnis nach der fremden lex fori beurteilt worden ist.

Die Anerkennung auswärtiger Entscheidungen über „custody" ist im einzelnen außerordentlich umstritten. Aus der vielfältigen Rechtsprechung läßt sich jedoch der allgemeine Grundsatz ableiten, daß Illinois jedenfalls die Entscheidungen der auswärtigen Gerichte anerkennt, die nach dem Recht von Illinois „jurisdiction" haben. Dies ist für Entscheidungen aus anderen amerikanischen Staaten mehrfach festgestellt worden[56].

Entsprechendes ist auch für die Entscheidungen aus anderen Ländern anzunehmen, wie dies in einem Fall aus dem Nachbarstaat Ohio für ein „custody decree" ausdrücklich erklärt worden ist[57]. Daher liegt eine versteckte Rückverweisung nur vor, wenn die deutschen Gerichte nach dem Recht von Illinois „jurisdiction" haben zur Entscheidung über die „custody".

---

[52] Z. B. *Welker* v. *Welker,* 92 N. E. 2d 373, 377 f. (Mass. 1950); *Fantony* v. *Fantony,* 122 A. 2d 593, 598 (N. J. 1956); weitere Nachweise bei *Goodrich* aaO 272; *Leflar* aaO 347; *Nelson* aaO 287.

[53] *Jackson* v. *Jackson,* 126 S. E. 2d 855 (S. C. 1962); *Rhoades* v. *Bohn,* 114 So. 2d 493, 498 (Fl. 1959); vgl. auch *Restatement Second,* Tentative Draft No. 1 (1953), § 117.

[54] Vgl. *Hanisch* aaO 2090; *Neuhaus* aaO 192–193. [55] Vgl. *Kegel,* IPR, 132.

[56] Z. B. *Poeple* v. *Rone,* 121 N. E. 2d 738, 740 (Ill. 1954); *Poeple* v. *Potter,* 120 N. E. 2d, 46, 49 (Ill. 1954).

[57] In re Vanderborght, 91 N. E. 2d 47, 50–51 (Ohio 1949) betr. eine belgische Entscheidung.

Nach den bereits angeführten Kriterien ist die „jurisdiction" der deutschen Gerichte gegeben. Denn Richard Anton hat sein „domicile" in Deutschland, und außerdem lebt er hier bei seiner Mutter. Für den Bereich der „custody" liegt daher eine versteckte Rückverweisung auf deutsches Recht vor.

Da die versteckte Rückverweisung abgebrochen wird, kommt materielles deutsches Recht zur Anwendung. Nach diesem sind die Fragen der gesetzlichen Vertretung des Kindes, die Regelung der elterlichen Gewalt nach der Scheidung sowie die Genehmigung der Anfechtung durch das Vormundschaftsgericht zu beurteilen.

## *II. Materielles Recht*

### *1. Gesetzliche Vertretung des Richard Anton*

Nach § 1626 Abs. 1 BGB steht die elterliche Gewalt beiden Eltern gemeinsam zu. Die Scheidung der Eltern ändert daran nichts, solange nicht eine Neuregelung der elterlichen Gewalt durch das Vormundschaftsgericht erfolgt ist[58]. Demnach steht die gesetzliche Vertretung des Richard Anton seinen Eltern Fate McArthur H. und dessen geschiedener Ehefrau Margarete gemeinschaftlich zu. Da aber der Vater im Anfechtungsprozeß nicht gleichzeitig Beklagter und Stellvertreter des Klägers sein kann, müßte ein Pfleger bestellt werden, der die Vertretung des Richard Anton zugunsten des Vaters wahrnimmt, §§ 1629 Abs. 2, 1795 Abs. 2 (mit Abs. 1 Nr. 3 analog), 1909 Abs. 1 BGB[59].

Einfacher und zweckmäßiger erscheint es jedoch, wenn das Vormundschaftsgericht gemäß § 1671 Abs. 1 BGB die elterliche Gewalt neu regelt. Dabei liegt es nahe, der Mutter die elterliche Gewalt zu übertragen. Die Ehe ist aus dem alleinigen Verschulden des Vaters geschieden worden und den Interessen des Kindes, das noch nicht ein Jahr alt ist, dürfte damit am besten entsprochen sein. Auch nach der Auskunft des Jugendamts steht der Übertragung der elterlichen Gewalt auf die Mutter nichts entgegen. Geschieht dies, so kann die Mutter als gesetzliche Vertreterin des Kindes die Anfechtungsklage gegen den Vater führen.

### *2. Genehmigung des Vormundschaftsgerichts*

Es kann hier unterstellt werden, daß die nach § 1597 Abs. 1 BGB erforderliche Genehmigung des Vormundschaftsgerichts erteilt wird. Denn nach dem gegenwärtigen Sachstand dient die Anfechtung der Ehelichkeit

---

[58] *Meyer* in RGR-Kommentar zum BGB (10./11. Aufl. 1964) Bd. IV, 2. Teil, § 1671, Anm. 3, S. 1012 f.; *Staudinger-Schwoerer,* Kommentar zum Bürgerlichen Gesetzbuch, IV. Bd., Teil 3 a (10./11. Aufl. 1966) § 1671, Randz. 1, S. 757.

[59] Vgl. *Germer* in *Soergel-Siebert,* aaO, Bd. IV (1963), § 1795 BGB, Bem. 7, S. 544.

dazu, die spätere Legitimation des Kindes durch die Heirat der Mutter mit dem wirklichen Erzeuger zu ermöglichen. Sie entspricht daher dem Interesse des Kindes.

### *III. Internationale Zuständigkeit*

Sowohl die Neuregelung der elterlichen Gewalt gemäß § 1671 Abs. 1 BGB als auch die Genehmigung zur Anfechtung nach § 1597 Abs. 1 BGB unterliegen dem Verfahren der freiwilligen Gerichtsbarkeit. Da die internationale Zuständigkeit deutscher Vormundschaftsgerichte nicht ausdrücklich geregelt ist, müssen entsprechende Normen analog §§ 43, 36 FGG ausgebildet werden[60].

Richard Anton hat nach dem Recht von Illinois sein „domicile" in Deutschland. Mithin sind deutsche Gerichte international zuständig, die elterliche Gewalt nach § 1671 Abs. 1 BGB neu zu bestimmen und die Genehmigung zur Anfechtung nach § 1597 Abs. 1 BGB zu erteilen.

## D. FOLGERUNGEN

Solange die Ehelichkeit des Kindes Richard Anton nicht wirksam angefochten ist, benötigt die Mutter Margarete H. für die geplante Eheschließung ein Auseinandersetzungszeugnis nach § 9 EheG.

Es wird vorgeschlagen, für das Kind Richard Anton nach Scheidung seiner Eltern folgende Maßnahmen zu treffen:

Zunächst ist die elterliche Gewalt nach § 1671 BGB neu zu regeln. Dabei erscheint es angebracht, der Mutter die elterliche Gewalt zu übertragen.

Daneben sollte das Vormundschaftsgericht die Anfechtung der Ehelichkeit, welche die Mutter als gesetzliche Vertreterin des Kindes anstrebt, nach § 1597 Abs. 1 BGB genehmigen.

## GESAMTERGEBNIS

A. Die *Ehelichkeit* des Kindes Richard Anton beurteilt sich nach materiellem deutschen Recht. Danach ist Richard Anton das eheliche Kind der inzwischen geschiedenen Eheleute Fate McArthur H. und Margarete, geb. W.

B. Für die von der Mutter im Namen des Kindes angestrebte *Anfechtung der Ehelichkeit* sind deutsche Gerichte international zuständig, da

[60] *Kegel* in *Soergel-Siebert,* aaO, Art. 19 EGBGB Bem. 35, S. 842–843 mit Nachweisen.

der Kläger seinen allgemeinen Gerichtsstand in Deutschland hat. Dieser wird durch sein „domicile" in Deutschland begründet.
Die Anfechtung der Ehelichkeit beurteilt sich nach materiellem deutschen Recht. Danach ist Richard Anton zur Anfechtung aktiv legitimiert. Die Anfechtung ist durch den gesetzlichen Vertreter geltend zu machen und bedarf der Genehmigung des Vormundschaftsgerichts.

C. Die *gesetzliche Vertretung*, die *Neuregelung der elterlichen Gewalt* sowie die *Genehmigung zur Anfechtung* unterstehen dem deutschen Recht. Soweit das deutsche Kollisionsrecht nach Art. 19 EGBGB das Recht von Illinois beruft, verweist dieses „versteckt" auf deutsches Recht zurück.
Die gesetzliche Vertretung steht bisher beiden Eltern gemeinsam zu. Es wird vorgeschlagen, der Mutter des Kindes die elterliche Gewalt zu übertragen. Die Genehmigung der Anfechtung der Ehelichkeit entspricht, soweit ersichtlich, dem Interesse des Kindes.
Deutsche Vormundschaftsgerichte sind international zuständig, die elterliche Gewalt neu zu regeln und die Anfechtung der Ehelichkeit zu genehmigen.

D. Aufgrund der dargestellten Rechtslage wird *vorgeschlagen*, für das Kind Richard Anton *folgende Maßnahmen* zu treffen:
Zunächst ist der Mutter des Kindes die alleinige elterliche Gewalt über das Kind zu übertragen. Danach sollte die von der Mutter des Kindes angestrebte Anfechtung der Ehelichkeit genehmigt werden.

## b) Elterliche Gewalt

Siehe auch Nr. 24, 28, 30, 57, 84

### Nr. 31

**Afghanistan**

1. **Die elterliche Gewalt über ein Kind, das aus einer inzwischen aufgehobenen Ehe zwischen einem muslimischen Afghanen und einer Deutschen stammt, beurteilt sich nach afghanisch-islamischem Recht.**
2. **Nach hanafitischem Recht haben Scheidung und Aufhebung der Ehe keinen Einfluß auf die elterliche Gewalt. Der Vater des Kindes behält sowohl das Recht der Vermögenssorge als auch die Vertretungsbefugnis in personenrechtlichen Angelegenheiten.**
3. **Die Abwesenheit des Vaters allein rechtfertigt nicht den Entzug des väterlichen Sorgerechts.**

**4. Ein Verstoß gegen den deutschen ordre public ist nur dann anzunehmen, wenn das Fortbestehen des väterlichen Sorgerechts das Wohl des Kindes gefährdet.**

**Hamburg G 188/66 vom 8. 12. 1967**

Das Amtsgericht Berlin-W. bittet in der Kindschaftssache S. um Auskunft über internationales Privatrecht und afghanisches Kindschaftsrecht.

## SACHVERHALT

Die deutsche Staatsangehörige Heide-Maria H., geb. H. hat am 23. 5. 1960 in Kabul/Afghanistan mit dem afghanischen Ingenieur Mohamed H. die Ehe geschlossen. Die Ehe ist vom Landgericht Berlin durch Urteil vom 20. 1. 1966 wieder aufgehoben worden, weil die Braut im Zeitpunkt der Eheschließung noch minderjährig war und ihr gesetzlicher Vertreter die erforderliche Einwilligung nicht erteilt hatte.

Aus der Ehe ist der am 1. 5. 1962 geborene Sohn S. hervorgegangen. Er lebt bei seiner Mutter in Berlin, der Vater wohnt in Afghanistan.

Das Vormundschaftsgericht bittet um Auskunft darüber, nach welchem Recht sich die Regelung der elterlichen Gewalt über den Sohn S. beurteilt. Für den Fall der Anwendbarkeit afghanischen Rechts bittet es um Auskunft über die Regeln, nach denen die elterliche Gewalt über Kinder aus aufgehobenen Ehen verteilt wird.

### *I. Anwendbares Recht*

1. Im *deutschen IPR* wird aus Art. 19 EGBGB der Grundsatz abgeleitet, daß sich das Rechtsverhältnis der Eltern zu ihren ehelichen Kindern nach dem Heimatrecht des Vaters richtet[1]. Da im vorliegenden Fall die Ehe vom Gericht aufgehoben wurde (§ 30 EheG), ist allerdings zweifelhaft, ob das Kind als ehelich zu betrachten ist. Dies ist vorweg zu klären.

In Lehre und Rechtsprechung besteht Streit darüber, nach welcher Norm des EGBGB im Falle der Aufhebung der Ehe die Ehelichkeit eines Kindes zu beurteilen ist. Während nach der einen Ansicht Art. 18 EGBGB in entsprechender Anwendung auch bei aufgehobenen Ehen eingreifen soll[2], vertritt die Gegenmeinung den Standpunkt infolge der Aufhebung der Ehe komme nicht Art. 18 EGBGB zur Anwendung, sondern Art. 13 I

---

[1] *Soergel-Siebert(-Kegel)*, BGB V (9. Aufl. 1961) Art. 19 EGBGB, Anm. 1 mit weiteren Nachweisen.

[2] *KG* IPRspr. 1931 Nr. 83; *Lewald*, Das deutsche IPR (1931) 130; *Frankenstein*, IPR IV (1935) 12–14; *Wolff*, Das IPR Deutschlands (3. Aufl. 1954) 195.

EGBGB, der das verletzte Recht berufe[3]. Die Streitfrage kann indessen hier offenbleiben, da die verschiedenen Lösungswege zum gleichen Ergebnis führen.

a) Wendet man mit der ersten Meinung Art. 18 I EGBGB an, so wird das Heimatrecht des Vaters, d. h. das islamische Recht nach der hanefitischen Schule – so wie es in Afghanistan gilt – zur Anwendung berufen[4]. Dabei wird unterstellt, daß der Kindesvater, wie die Mehrzahl afghanischer Staatsbürger, dieser Schule angehört.

Da im Rahmen des Art. 18 EGBGB eine Rückverweisung durch das internationale Privatrecht des Staates, dem der Vater angehört, beachtlich ist[5], ist zunächst die Frage der Rückverweisung zu beantworten. Eine Kodifikation des afghanischen IPR existiert nach Kenntnis des Instituts nicht; es ist deshalb auf die allgemeinen Kollisionsregeln des islamischen Rechts zurückzugreifen.

Danach unterliegen alle Muslime in familienrechtlichen Fragen, unabhängig vom Ort ihres Aufenthaltes, dem islamischen Recht. Diese Auffassung findet ihre Erklärung in der engen Verbindung des Rechts mit der Religion (vgl. Qur'an, Sura 4, 140 und 4, 54 f.) und der daraus folgenden Wertung, daß islamisches Recht anderen Rechtsordnungen überlegen sei und ihnen deshalb nicht weichen könne[6]. Das afghanisch-islamische Kollisionsrecht verweist also nicht auf das deutsche Recht zurück.

Nach afghanisch-hanefitischem Recht ist ein Kind grundsätzlich dann ehelich, wenn es wenigstens 6 Monate nach einer gültigen Eheschließung der Eltern geboren wird[7]. Die Eheschließung der Eltern ist (wie in einem Vorgutachten ausgeführt) gültig zustande gekommen. Da das Kind Sakrya etwa zwei Jahre nach der Eheschließung geboren wurde, ist auch die zweite Bedingung erfüllt.

---

[3] *BGHZ* 43, 218; *BayObLG* FamRZ 1964, 45; *Kegel*, IPR (2. Aufl. 1964) 307; *Soergel-Siebert(-Kegel)* Art. 13 Anm. 83; Art. 18 Anm. 3; Art. 19 Anm. 9; *Erman (Marquordt)*, BGB (3. Aufl. 1962) Art. 13 EGBGB Anm. 4 c; Art. 18 Anm. 5; *Raape*, IPR (5. Aufl. 1961) 343; *Palandt(-Lauterbach)* BGB (26. Aufl. 1967) Art. 18 EGBGB Anm. 3.

[4] *Fyzee*, Outlines of Muhammadan Law (3. Aufl. 1964) 34; Sultan Muhammad Khan, The Constitution and Laws of Afghanistan (1900) 125, 126 Anm. 1.

[5] Vgl. *Soergel-Siebert(-Kegel)* Art. 18 EGBGB Anm. 38.

[6] *Cardahi*, La conception et la pratique du droit international privé dans l'Islam, in: Recueil des Cours de l'Académie du Droit international, 60 (1937 II) 511 ff. (599, 603); *ders.*, Conflict of Law, in: *Khadduri-Liebesny*, Law in the Middle East (Washington 1955) I, 333 ff. (337); *Hartmann*, Die Religion des Islam (Berlin 1944), 61; *Ramadan*, Islamic Law (London 1961), 145, 150.

[7] *Manek*, Handbook of Mahomedan Law (6. Aufl. 1961), 63; *Mulla*, Principles of Mahomedan Law (15. Aufl. 1961), 283 f.; *Fyzee* 181; *Khadduri-Liebesny*, 151 f.; *Mohammed Qadri Pasha*, Code of Mohammedan Personal Law (ägyptische Kodifikation des hanefitischen Rechts; Übersetzung London 1914) 85; *Saksena*, Muslim Law (4. Aufl. 1963) 301.

Nach afghanischem Recht, das gemäß Art. 18 I EGBGB berufen wird, ist das Kind somit als ehelich anzusehen.

b) Zum gleichen Ergebnis führt der Weg über Art. 13 I EGBGB, den die zweite zitierte Ansicht einschlagen will. Dieser Meinung zufolge ist die Rechtsordnung berufen, die bei Eingehung der Ehe verletzt und deretwegen die Ehe aufgelöst worden ist [8].

Im vorliegenden Fall ist die Ehe aufgehoben worden, weil die Einwilligung des gesetzlichen Vertreters der Braut fehlte (vgl. § 30 EheG). Es kommt also deutsches Recht zur Anwendung. Nach deutschem Recht sind Kinder aus später aufgehobenen Ehen ehelich, da der Aufhebung nur ex-nunc-Wirkung zukommt (vgl. § 29 EheG) [9].

Auch nach deutschem Recht ist daher die Ehelichkeit des Kindes Sakrya gegeben. Art. 19 EGBGB ist nach Feststellung der Ehelichkeit des Kindes anwendbar. Er verweist auf afghanisches Recht.

2. Das afghanisch-hanefitische Kollisionsrecht nimmt diese Verweisung an, so daß es zur Anwendung des afghanischen materiellen Rechts kommt.

### *II. Die elterliche Gewalt im afghanisch-hanefitischen Recht*

Das hanefitische Recht – wie alle Rechtsschulen des Islam – stellt die Regelung der elterlichen Gewalt nicht zur Disposition der Gerichte, sondern bestimmt positiv, welche Lösung im Einzelfall einzugreifen hat [10].

Das islamische Recht kennt den umfassenden Begriff der „elterlichen Gewalt" nicht, sondern regelt im einzelnen die unterschiedlichen Rechte des Vaters (die „wilayat") und der Mutter (die „hadana"), die zusammengenommen etwa dem deutschen Begriff der „elterlichen Gewalt" entsprechen [11].

1. Die *„wilaya 'ala al-mal"* entspricht weitgehend der deutschen „Vermögenssorge"; sie ist das spezifische Recht des Vaters, für das Vermögen des minderjährigen Kindes zu sorgen und das Kind in vermögensrechtlichen Angelegenheiten zu vertreten [12].

2. Der Mutter steht (im hanefitischen Recht wie auch in allen übrigen Rechtsschulen) die „hadana" zu. Danach hat sie das Recht, ihre Kinder

---

[8] *Soergel-Siebert(-Kegel),* Art. 13, Anm. 72 ff.

[9] *Palandt(-Lauterbach),* Einführung v. EheG § 28, Anm. 1; § 29, Anm. 2.

[10] Vgl. *Bousquet,* Précis de Droit Musulman (3. Aufl. Paris/Algier o. J.), 165; *Sanhuri,* al-wasit fi šarh al-qanun al-madani V (1962), 556 f.

[11] Vgl. *Bousquet* 162 f.; *Khafif,* Ahkam al-muamalat aš-šariya (2. Aufl. Kairo 1944), 258.

[12] Vgl. *al-Zaraqa',* al-madhal al-fiqhi al'amm II (7. Aufl. Damaskus 1961), 815 ff.; *Musa,* ahkam al-ahwal aš-šahsiya fi al-fiqh al-islami (2. Aufl. Kairo 1958), 450; *Khafif* 260, *Colomer,* La réforme du régime des tutelles et de l'absence en droit musulman algérien: Rev. alg. 1959, 97 ff. (124, 133).

bis zu einem gewissen Alter bei sich zu behalten und für sie zu sorgen[13]. Das Recht der „hadana" entspricht weitgehend der tatsächlichen Personensorge im deutschen Recht. Weitere Rechte stehen der Mutter nicht zu; insbesondere ist sie nicht zur Vertretung des Kindes befugt.

Bei einem Sohn hat die Mutter die tatsächliche Personensorge nach hanefitischem Recht bis zur Vollendung des 7. Lebensjahres. Danach wird das Kind dem Vater übergeben.[14].

3. Ein besonderes Recht zur Vertretung in personensorgerechtlichen Angelegenheiten ist dem islamischen Recht unbekannt. Der Vater ist Inhaber der Muntgewalt („wilaya al-igbar"), d. h. er kann für sein unmündiges Kind den Eheschließungswillen erklären[15]. Außerdem hat er während der Dauer der „hadana" der Mutter das Recht, die Erziehung des Kindes zu beaufsichtigen[16].

Dem noch heute überwiegend patriarchalisch bestimmten Familienrecht des Islam entsprechend bedarf es keiner besonderen Rechtssätze, um dem Vater darüber hinaus alle weiteren Befugnisse der „elterlichen Gewalt" zuzusprechen. Noch heute wird die Rechtsmacht des Vaters als umfassende „patria potestas" betrachtet, die keine Einschränkung duldet[17].

4. Für die Rechtslage *nach der Scheidung* enthält das islamische Recht keine dem § 1671 BGB entsprechende Vorschrift. Die Folgen der Scheidung betreffen nur das Verhältnis der Ehepartner zueinander, nicht aber das der Eltern zu ihren Kindern. Dieses bleibt unverändert wie vor der Scheidung[18]. Das gleiche muß auch gelten bei der Aufhebung der Ehe, die dem afghanisch-hanefitischen Recht unbekannt ist.

5. Für eine Entziehung der väterlichen Gewalt über das Kind nach der Scheidung müßten nach einhelliger Auffassung Gründe vorliegen, welche diese Entziehung auch während des Bestehens der Ehe ermöglicht hätten[19].

---

[13] Vgl.: *Musa* 402ff.; *Abu Zahra*, al-ahwal aš-šahsiya (2. Aufl. Kairo 1957), 432ff.; *Fyzee* 189; *Bousquet* 166f.; Code *Qadri Pasha Art. 380:* „Jede eheliche Mutter hat das Recht, ihr Kind, Knabe oder Mädchen, während der Ehe und nach ihrer Auflösung bei sich zu haben und ihm die durch sein kindliches Alter erforderliche Sorge angedeihen zu lassen, vorausgesetzt, daß sie alle Bedingungen erfüllt, die für die Ausübung dieses Rechts erforderlich sind."

[14] *Musa* 414; *al-Dahabi,* al- ahwal aš-šahsiya baina ma<u>d</u>hab ahl as-sunna wa ma<u>d</u>hab al-ga'afariya (Baghdad 1958), 376.

[15] *Musa* 148, 150; *Abu Zahra* 112; *Bousquet* 102ff.

[16] *Musa* 412; *Aziz Ahmad,* Islamic Law in Theory and Practice (Lahore 1956), 210f.

[17] Vgl. auch die Entscheidung des obersten sudanesischen Gerichtshofs in Khartum (High Court) *Stergiou* v. *Stergiou,* S. L. J. R. 1963, 182 (185), der ebenfalls hanefitisches Recht zugrunde liegt; *Fyzee* S. 174f.

[18] Vgl. *Philippe,* La garde des enfants après divorce... Bulletin de Législation et de Jurisprudence Egyptiennes 1956, 229ff. (233).

[19] *Colomer,* Droit Musulman (Rabat/Paris 1963), 45f., 59, 69; *Milliot,* Introduction à l'étude du droit musulman (Paris 1953), 430f.

Längere Abwesenheit des Vaters gehört unzweifelhaft nicht zu den Gründen, die eine Entziehung der elterlichen Gewalt rechtfertigen. Sie hindert den Vater lediglich an der Ausübung der Muntgewalt („wilaya al-igbar"). Zu ihrer Wahrnehmung kann dann eine andere Person als zeitweiliger Vertreter eingesetzt werden[20].

Die Einsetzung eines Vertreters bedeutet jedoch nach der herrschenden Ansicht nicht, daß der Vater die „wilaya" verliert; lediglich die Ausübung geht auf den Vertreter über; der Vater kann sie jederzeit wieder an sich ziehen[21]. Das gleiche ist für das Vermögenssorgerecht des Vaters entschieden worden[22]. Dem Vater kann also nicht wegen seiner Abwesenheit die elterliche Gewalt entzogen werden. Gründe für die Entziehung der „wilaya" sind lediglich Verschollenheit, Entmündigung und Apostasie (Abfall vom Islam)[23].

Nach dem islamischen Recht der hanefitischen Schule kann daher im vorliegenden Fall die elterliche Gewalt nicht dem Vater entzogen und der Mutter allein übertragen werden.

### *III. Deutscher ordre public*

Die streng patriarchalischen Grundsätze des islamischen Rechts sind auf eine Kultur- und Rechtsordnung zugeschnitten, in der sich der Wirkungskreis der Frau auf den häuslichen Bereich beschränkt und sie von der Teilnahme am öffentlichen Leben in irgendeiner Form grundsätzlich ausgeschlossen ist. In der Tat ist es kaum denkbar, daß die Mutter unter diesen Umständen die Interessen ihrer Kinder sachgerecht vertreten und zu ihrem Wohl anders als durch die Pflege der Person beitragen kann. Eine Aufspaltung und Verteilung der einzelnen aus der elterlichen Gewalt fließenden Rechte und Pflichten, so wie sie das islamische Recht vornimmt, kann daher sachgerecht sein, zumal sie dadurch erleichtert wird, daß die Eltern auch nach der Scheidung in aller Regel in derselben überschaubaren Gemeinschaft weiterleben. Man kann also nicht sagen, daß die Anwendung des islamischen Rechts unter allen Umständen der vom deutschen ordre public geforderten Rücksicht auf das Wohl des Kindes widerspreche und daher durch Art. 30 EGBGB unbedingt ausgeschlossen sei. Aber bei einem in Deutschland lebenden Kind wird die Regelung des islamischen Rechts unter den ganz anders gearteten hiesigen Verhältnis-

---

[20] *Ameer Ali,* Mohammedan Law II (Lahore 1965) 214 f.; *Abu Zahra* 121 f.

[21] *Musa* 154; *Abu Zahra* 122; *al-Kasani,* Badā'i' as-sanā'i' fī tartīb aš-šarā'i', II (Kairo 1327 H.) 250 f.

[22] Maglis Hasby Supérieur (Oberstes Vormundschaftsgericht Ägyptens) 30. 5. 1915, Bulletin Officiel des tribunaux indigènes 1920–1929 (1934) Nr. 1482.

[23] *Colomer* 45 f., 59, 69.

sen nicht ohne weiteres dem Kindeswohl entsprechen. Zum einen ist es im allgemeinen untunlich, tatsächliche und rechtliche Personensorge zu trennen und verschiedenen Elternteilen zu überlassen. Zum anderen läßt sich nicht generell sagen, ob Vater oder Mutter besser für das Kind sorgen können. Schließlich ist es aber fast stets unzweckmäßig, ein Kind bis zur Erreichung einer bestimmten, niedrig bemessenen Altersgrenze dem einen Elternteil anzuvertrauen, um es dann dem anderen zu überlassen; denn eine kontinuierliche seelische und geistige Entwicklung und eine planvolle Erziehung des Kindes würden durch eine derartige Anordnung sehr erschwert werden. Doch verletzt die vom islamischen Recht vorgenommene Verteilung der elterlichen Gewalt nur dann den deutschen ordre public, wenn sie in concreto das Kindeswohl gefährdet. Das tut sie aber nur dann, wenn sie den Elternteil, dem das Sorgerecht im Interesse des Kindes zufallen sollte, tatsächlich daran hindert, dem Kind alle notwendige Sorge und Pflege angedeihen zu lassen und seine persönlichen Angelegenheiten ordnungsgemäß zu erledigen. Hierbei kommt es entscheidend darauf an, ob zu erwarten ist, daß der Vater, dem das islamische Recht die dominierende Stellung einräumt, von seinen Befugnissen einen angemessenen und zurückhaltenden Gebrauch machen und bereitwillig alle etwa erforderlichen Erklärungen und Einwilligungen abgeben wird.

Sollte das Gericht nach Würdigung aller Umstände des vorliegenden Falles zu dem Ergebnis gelangen, daß das anzuwendende islamische Recht mit dem deutschen ordre public unvereinbar ist, so bliebe nur die Anwendung des deutschen als Ersatzrechts, weil das islamische Recht selbst keine Anhaltspunkte für eine andere Lösung bietet.

### *IV. Ergebnis*

Auf die Rechtsbeziehungen zwischen den Eltern und ihrem Sohn findet gemäß Art. 19 EGBGB das islamische Recht hanefitischer Schule Anwendung, das die Verweisung annimmt.

Nach hanefitischem Recht hat der Vater auch nach der Scheidung das Recht der Vermögenssorge für seine Kinder und das Recht zu ihrer Vertretung in personenrechtlichen Angelegenheiten. Die Mutter besitzt bis zum 7. Lebensjahr des Sohnes lediglich die tatsächliche Personensorge. Das gleiche gilt auch nach der Aufhebung der Ehe.

Eine Entziehung des Sorgerechts des Vaters allein wegen der Abwesenheit des Vaters ist nach hanefitischem Recht nicht möglich.

Wenn die Anwendung dieser Regeln dem Wohl des Kindes widerstreitet, kann das Gericht gemäß Art. 30 EGBGB deutsches Recht anwenden.

## Nr. 32

## Algerien

**Das algerisch-französische internationale Privatrecht verweist für die elterliche Gewalt über ein Kind, das aus der Ehe eines Algeriers mit einer Deutschen stammt, die ihren ersten gemeinsamen Wohnsitz in Deutschland hatten, grundsätzlich auf deutsches materielles Kindschaftsrecht zurück.**

**Hamburg G 58/67 vom 3. 11. 1967**

Das Amtsgericht Osnabrück bittet in der Familienrechtssache R. um Auskunft über internationales Privatrecht und algerisches Kindschaftsrecht.

Der Anfrage liegt folgender Sachverhalt zugrunde:

Am 1. 11. 1966 ist das Kind Christel R. ehelich geboren worden. Die Eltern haben im April 1966 in Osnabrück geheiratet. Der Vater, Hanafi R., besitzt die algerische Staatsangehörigkeit; die Mutter, Helga R., geb. H., ist Deutsche. Eine Religionszugehörigkeit der Eltern ergibt sich aus den Unterlagen nicht.

Die Eltern haben kurz vor ihrer Eheschließung, am 4. 4. 1966, einen notariell beurkundeten Ehe- und Erbvertrag geschlossen, der u. a. folgende Vereinbarungen enthält:

*Ziff. 1:* Falls durch die Eheschließung der Frau die algerische Staatsangehörigkeit zufallen sollte, schlägt sie diese aus, unbeschadet des ihr verbleibenden Rechts, diese Erklärung zu widerrufen. Der Ehemann verzichtet auf alle ihm insoweit möglicherweise zustehenden Rechte, für seine Frau Erklärungen abzugeben.

*Ziff. 2:* Der gemeinsame eheliche Wohnsitz soll in der Bundesrepublik Deutschland sein. Der Ehemann kann nicht verlangen, daß Frau und Kinder ihm ins Ausland folgen, gleichviel wohin. Der Ehemann verzichtet ausdrücklich und unwiderruflich auf ihm etwa zustehende Rechte zur Wohnsitzbestimmung für Frau und Kinder. Verlegt der Ehemann seinen Wohnsitz gegen den Willen der Frau ins Ausland, gilt diese Handlung als bösliches Verlassen.

*Ziff. 6:* Im Falle der Scheidung der Ehe in Deutschland auf Verlangen der Frau gilt deutsches Recht...

...

Die Kinder verbleiben in jedem Fall der Frau, gleichgültig wo und nach welchem Recht die Ehe geschieden wird.

Die Frau erhält die elterliche Gewalt und das Sorgerecht, evtl. die Vormundschaft für die Kinder, und der Ehemann verpflichtet sich, die dazu erforderlichen Erklärungen abzugeben.

Anfang 1967 hat die Ehefrau gegen ihren Ehemann vor dem Landgericht in O. Scheidungsklage erhoben. Nach Klageerhebung, nämlich am 9. 2.

1967, hat der Ehemann Deutschland verlassen. Er hat zweimal schriftlich erklärt, und zwar zuletzt in einem Schreiben vom 13. 2. 1967 aus Marseille, daß die Trennung endgültig sei. Es wird angenommen, daß der Ehemann nach Algerien zurückgekehrt ist.

Die Mutter hat den Antrag gestellt, ihr die elterliche Gewalt über das Kind Christel zu übertragen.

Das Gericht fragt nach dem anzuwendenden Recht.

### *I. Deutsches Internationales Privatrecht*

Die elterliche Gewalt über eheliche Kinder regelt sich gemäß Art. 19 EGBGB, der als allseitige Kollisionsnorm zu lesen ist, nach dem Heimatrecht des Vaters [1]. Dies gilt auch für die Verteilung der elterlichen Gewalt nach Scheidung der Eltern [2]. Da der Vater die algerische Staatsangehörigkeit besitzt, ist demnach algerisches Recht anzuwenden, sofern dieses nicht auf ein anderes Recht verweist.

### *II. Algerisches (französisches) Internationales Privatrecht*

Ein eigenständiges Internationales Privatrecht gibt es in Algerien bisher nicht. Vielmehr ist auch auf diese weitgehend nicht kodifizierte Rechtsmaterie der allgemeine Grundsatz anzuwenden, daß das französische Recht unter Vorbehalt des algerischen ordre public weitergilt.

*Art. 1* des Gesetzes Nr. 62–157 vom 31. 12. 1962:

„La législation en vigueur au 31 décembre 1962 est reconduite jusqu'à nouvel ordre, sauf dans les dispositions contraires à la souveraineté nationale."

Das am 31. 12. 1962 geltende Gesetzesrecht bleibt bis zu einer Neuregelung weiter in Kraft; ausgenommen sind die mit der nationalen Souveränität nicht zu vereinbarenden Bestimmungen.

*Art. 2:*

„Tous les textes et les dispositions portant atteinte à la souveraineté intérieure ou extérieure de l'Etat algérien ou d'inspiration colonialiste ou discriminatoire, tous les textes ou dispositions portant atteinte à l'exercice normal des libertés démocatriques, sont considérés comme nuls et non avenus."

Alle Gesetzestexte und Bestimmungen, die die innere und äußere Souveränität des algerischen Staates gefährden oder kolonialistisches oder diskriminierendes Gedankengut enthalten, ebenso alle Gesetzestexte und Bestimmungen, die die normale Ausübung der demokratischen Freiheiten gefährden, sind als absolut nichtig anzusehen [3].

---

[1] *Soergel-Siebert(-Kegel)*, BGB V (9. Aufl. 1961) Art. 19 EGBGB Randz. 16.

[2] *Soergel-Siebert(-Kegel)* aaO.

[3] J. Cl. Algérien, „31. décembre 1962" 7.

Das französische Internationale Privatrecht enthält keine Regel, welche die Gesamtheit der *Rechtsbeziehungen der geschiedenen Eltern zu ihren Kindern* eindeutig einem bestimmten einheitlichen Statut unterwirft. Vielmehr ist unmittelbarer Gegenstand einer Kollisionsregel nur ein bestimmter Ausschnitt aus der elterlichen Gewalt, die „garde". Sie ist nach herrschender Meinung unter Anwendung des Scheidungsstatuts zu regeln[4].

Die Unvollkommenheit dieser Kollisionsregel hat ihren Grund darin, daß nach materiellem französischem Recht bei Scheidung der Eltern unmittelbar nur über die „garde" durch Richterspruch entschieden wird.

a) Im *materiellen französischen Recht* meint *„droit de garde"* im eigentlichen Sinn des Wortes die Befugnis eines Elternteils, das Kind bei sich aufzunehmen und dadurch seinen Aufenthalt zu bestimmen[5]. Neben diese Befugnis tritt das „droit de direction et d'éducation", das Recht der Eltern, die geistige Entwicklung des Kindes zu lenken und über seine Ausbildung zu entscheiden[6].

Im Falle der Scheidung steht dieses Recht in erster Linie dem Ehegatten zu, dem die „garde" übertragen worden ist[7]. Doch hat der andere Elternteil das *Recht, die Erziehung des Kindes zu überwachen* (Art. 303 C. civ.). Zu diesem Zwecke steht ihm ein *Besuchsrecht* (droit de visite) zu, dessen Modalitäten bei der Entscheidung über die „garde" geregelt werden[8]. Hat der mit der „garde" betraute Elternteil eine Maßnahme ergriffen, die der andere Elternteil für mit dem Kindeswohl unvereinbar hält, so kann dieser das Gericht um Entscheidung anrufen[9].

Die *Vermögenssorge und die Vertretung in Vermögensangelegenheiten* fällt, vorbehaltlich einer abweichenden Entscheidung des Gerichts, dem Elternteil zu, der die „garde" hat (Art. 386 a. F. C. civ.).

Die *Nutznießung am Kindesvermögen* hat, unabhängig von der „garde", nur der an der Scheidung nicht schuldige Elternteil (Art. 386 C. civ.). Auch einige andere Attribute der elterlichen Gewalt stehen nicht not-

---

[4] *Paris* 23. 11. 1954, Rev. crit. dr. int. pr. 45 (1956), 63 mit Anm. *Loussouarn; Paris* 4. 2. 1958, Rev. crit. dr. int. pr. 47 (1958), 389 mit Anm. *Batiffol* = J. C. P. 1958 II. 10612 mit Anm. *Francescakis; Trib. civ. Seine* 16. 1. 1959 Rev. crit. dr. int. pr. 48 (1959), 661 mit Anm. *Loussouarn-Clunet* 87 (1960), 114 mit Anm. *Ponsard;* vgl. auch *Holleaux* in einer Anm. zu: *Paris* 4. 4. 1952, Rev. crit. dr. int. pr. 41 (1952), 739 (743).

[5] Vgl. *Planiol-Ripert(-Savatier),* Traité pratique de droit civil français I (2. Aufl. 1952) no. 330; *Marty-Raynaud,* Droit civil I 2 (2. Aufl. 1967) no. 235; *Mazeaud,* Leçons de droit civil I (3. Aufl. 1963) no. 1145; *Carbonnier,* Droit civil I (4. Aufl. 1962) 665; *Ponsard* in: *Dalloz,* Rep. dr. civ., s. v. Puissance paternelle, no. 80.

[6] Vgl. *Planiol-Ripert(-Savatier)* 334; *Marty-Raynaud* no. 238; *Mazeaud* nos. 1145, 1148; *Carbonnier* 666; *Ponsard* nos. 93 ff.

[7] *Paris* 15. 2. 1957, D. 1957. Somm. 77; *Planiol-Ripert(-Rouast) II* (2. Aufl. 1952) no. 653; *Marty-Raynaud* no. 328; *Aubry-Rau(-Esmein),* Droit civil français VII (7. Aufl. 1962) no. 222.

[8] Vgl. *Planiol-Ripert(-Rouast)* no. 654; *Mazeaud* no. 1495; *Carbonnier* 441 f.

[9] *Req.* 14. 4. 1919, D. P. 1919. 1. 59; *Paris* 15. 2. 1957, D. 1957 Somm. 77.

wendig dem Inhaber der „garde" zu: so das Recht, in die *Eheschließung* oder die *Adoption* des Kindes (Art. 347 a. F. C. civ.) einzuwilligen oder seine Emanzipation herbeizuführen[10].

Obwohl also die „garde" im materiellen französischen Recht nur einen Ausschnitt aus der elterlichen Gewalt bildet, teilen doch die praktisch wichtigsten anderen elterlichen Befugnisse im Regelfall ihr Schicksal. Dieser Zusammenhang ist von Bedeutung für das Verständnis des Begriffes der „garde" im Kollisionsrecht.

b) Einen besonderen *kollisionsrechtlichen Begriff* der „garde" haben bisher weder Rechtsprechung noch Literatur ausgebildet. Ebensowenig haben sie aber die Frage aufgeworfen, welchem Recht diejenigen Attribute der elterlichen Gewalt unterliegen, die nicht vom Begriff der „garde" im materiellrechtlichen Sinn umfaßt werden. Allerdings gibt es ein allgemeines Statut der elterlichen Gewalt, das nach herrschender Ansicht mit dem Ehewirkungsstatut identisch ist[11]. Doch findet sich nirgends ein Hinweis auf seine Geltung auch nach der Auflösung der Ehe. Vielmehr lehnt es die herrschende Meinung jedenfalls für die „garde", die ja auch ein Bestandteil der elterlichen Gewalt ist, ausdrücklich ab, sie dem allgemeinen Statut der elterlichen Gewalt zu unterwerfen, und will statt dessen das Scheidungsstatut angewandt wissen[12]. Diese Lösung wird unter anderem damit gerechtfertigt, daß das Scheidungsstatut ein für allemal feststehe, während das Ehewirkungsstatut grundsätzlich wandelbar sei[13].

Nun wäre aber nicht recht einzusehen, weshalb für die „garde" ein unwandelbares Statut wünschenswert sein sollte, nicht aber für die anderen Attribute der elterlichen Gewalt. Vor allem wäre es sehr schwierig, die konkurrierenden Rechte aufeinander abzustimmen, wenn nach der Scheidung die einzelnen Beziehungen zwischen Eltern und Kindern nach verschiedenen Statuten zu ordnen wären. Es ist deshalb anzunehmen, daß die „garde" im Kollisionsrecht als „pars pro toto" steht und ihr Statut die Gesamtheit derjenigen elterlichen Rechte und Pflichten beherrscht, deren Ausübung nach materiellem französischem Recht bei einer Scheidung der Eltern unmittelbar oder mittelbar vom Richter geregelt wird[14].

---

[10] Die Änderung der Vorschriften des Code civil über die Emanzipation und die Adoption durch Gesetz vom 14. 12. 1964 und vom 11. 7. 1966 haben für das vorher selbständig gewordene Algerien keine Bedeutung.

[11] *Batiffol* no. 478; *Lerebours-Pigeonnière-(-Loussouarn),* Droit international privé (8. Aufl. 1962) no. 468 Fußn. 2; *Loussouarn* Anm. zu: Paris 16. 4. 1953, Rev. crit. dr. int. pr. 45 (1956) 657; Foyer Rev. crit. dr. int. pr. 54 (1965) 39 nos. 11. 12. m. w. N.; a. M. *Francescakis,* Une extension discutable de la jurisprudence Rivière, *Clunet* 83 (1956) 254 ff.

[12] Vgl. vor allem: *Trib. civ. Seine* 16. 1. 1959, Rev. crit. dr. int. pr. 48 (1959), 661 und *Loussouarn* in seiner Anmerkung; *Ponsard,* Clunet 87 (1960), 122 ff.

[13] *Loussouarn* 670; *Ponsard* 126.

[14] In diesem Sinne ist wohl zu verstehen: *Paris* 4. 2. 1958, Rev. crit. dr. int. pr. 47 (1958) 389 (391):

Hieraus aber folgt, daß das Scheidungsstatut darüber befindet, wie die Sorge für die Person und das Vermögen des Kindes und dessen Vertretung auf die geschiedenen Eltern zu verteilen ist. Allerdings gilt diese Verweisung auf das Scheidungsstatut nicht unbedingt auch für diejenigen Attribute der elterlichen Gewalt, die nach materiellem französischem Recht dem Inhaber der „garde" nicht ohne weiteres zustehen, wie die Einwilligung in die Adoption oder Eheschließung und die Emanzipation.

c) Das *Scheidungsstatut,* das über die Verteilung der elterlichen Gewalt befindet, ist dann, wenn die Ehe im Ausland geschieden wurde, nicht das vom ausländischen Gericht angewandte Recht, sondern dasjenige Recht, das von den französischen Kollisionsnormen zur Anwendung berufen war. Dies ergibt sich schon daraus, daß eine ausländische Ehescheidung in Frankreich nur dann anerkannt wird, wenn sie auf dem nach französischer Auffassung „richtigen" Recht beruht[15]. Das Scheidungsstatut aber wird in erster Linie an die gemeinsame Staatsangehörigkeit der Ehegatten geknüpft und in zweiter Linie an ihren gemeinsamen Wohnsitz[16].

Eine gemeinsame Staatsangehörigkeit hätten die Ehegatten und Kindeseltern hier nur dann, wenn die Ehefrau durch die Eheschließung die algerische Staatsangehörigkeit ihres Mannes erworben hätte. Hierzu wäre es Voraussetzung gewesen, daß sie auf ihre deutsche Staatsangehörigkeit verzichtet und einen besonderen Antrag an das algerische Justizministerium gestellt hätte.

*Art. 12* des algerischen Staatsangehörigkeitsgesetzes vom 27. 3. 1963:

„La femme étrangère qui épouse un Algérien peut acquérir la nationalité algérienne par l'effet du mariage.

Eine Ausländerin, die einen Algerier heiratet, kann die algerische Staatsangehörigkeit durch die Eheschließung erwerben.

„La loi autrichienne (la loi du domicile conjugal) était donc en principe applicable au fond et avait également compétence pour déterminer ensemble les causes du divorce et les effets personnels du divorce dans toute la mesure où il s'agissait de fixer les relations des époux entre eux et avec leurs enfants, et spécialement régler la question de la garde des enfants."

Das österreichische Recht (als Recht des ehelichen Wohnsitzes) war deshalb im Prinzip das anwendbare Sachrecht und war ebenso dazu berufen, zugleich die Scheidungsgründe und die persönlichen Scheidungswirkungen in ihrem ganzen Umfang zu bestimmen, soweit es sich darum handelte, die Beziehungen zwischen den Ehegatten zu ordnen, und vor allem die Frage der „garde" der Kinder zu regeln.

Im gleichen Sinn: *Batiffol* no. 453.

[15] *Civ.* 17. 4. 1953 (Rivière), Rev. crit. dr. int. pr. 42 (1953) 412 m. Anm. *Batiffol.*

[16] *Civ.* 17. 4. 1953 aaO; 15. 3. 1955 (Lewandowski), Rev. crit. dr. int. pr. 44 (1955) 529 mit Anm. *Batiffol.*

Elle devra déclarer expressément avant la célébration du mariage qu'elle répudie sa nationalité d'origine."

...

La demande est adressée au ministre de la justice qui peut la rejeter.

Dazu muß sie vor der Eheschließung ausdrücklich erklären, daß sie auf ihre ursprüngliche Staatsangehörigkeit verzichtet.

...

Der Antrag ist an den Justizminister zu richten, der ihn ablehnen kann.

Da die Ehefrau kurz vor ihrer Eheschließung ausdrücklich erklärt hatte, die algerische Staatsangehörigkeit nicht erwerben zu wollen, muß davon ausgegangen werden, daß sie die für den Erwerb dieser Staatsangehörigkeit erforderlichen Erklärungen nicht abgegeben hat und daher nicht algerische Bürgerin geworden ist.

Da also die beiden Ehegatten keine gemeinsame Staatsangehörigkeit besitzen, kommt nur ein gemeinsamer Wohnsitz als Anknüpfungspunkt für das Scheidungs- und damit Sorgerechtsstatut in Betracht. Hierbei ist zu beachten, daß der Wohnsitzbegriff des französischen Kollisionsrechts nicht mit demjenigen des französischen Sachrechts identisch ist. Das ist unzweideutig durch die Entscheidung der Cour de Cassation in Sachen „Tarwid" bestätigt worden[17].

Aus dieser Entscheidung ergibt sich, daß die Regel des Art. 108 C. civ., nach der die verheiratete, von ihrem Mann nicht durch richterliche Entscheidung getrennte Frau stets dessen Wohnsitz teilt, nicht gilt, soweit der Wohnsitz der Anknüpfung des anzuwendenden Rechts dient. Entscheidend ist dann vielmehr auch für die verheiratete Frau der effektive Wohnsitz.

Einen gemeinsamen Wohnsitz haben die Ehegatten schon dann, wenn sie ohne zusammenzuleben, in demselben Staat wohnen[18]. Die Ehegatten R. hatten ihren gemeinsamen Wohnsitz, so wie es ihr Ehevertrag vorsah, in Deutschland. Dieser Wohnsitz hat im Zeitpunkt der Erhebung der Scheidungsklage noch bestanden, selbst wenn die Ehegatten nicht mehr zusammengelebt haben sollten, denn der Ehemann hat erst nach Klageerhebung Deutschland verlassen.

---

[17] *Civ.* 15. 5. 1961 (Tarwid), D. 1961, J. 437 mit Anm. *Holleaux* = Clunet 88 (1961) 734 mit Anm. *Goldman* = Rev. crit. dr. int. pr. 50 (1961) 547 mit Anm. *Batiffol;* vgl. *Paris* 26. 1. 1965 (Beinoglou), Rev. crit. dr. int. pr. 54 (1965) 359 mit Anm. *Francescakis* = Clunet 92 (1965), 896 mit Anm. *Goldman.* Vgl. ferner *Malaurie,* Le divorce des mariages mixtes en cas de séparation de fait, D. 1965. Chr. 53; *Francescakis,* Les avatars du concept de domicile dans le d. i. p. actuel, in: Travaux du comité français de droit international privé 1962–1964 (1965), 291.

[18] Civ. 15. 5. 1961 *(Tarwid),* D. 1961, J. 437 (implicite); 19. 2. 1963 (Chemouni), Rev. crit. dr. int. pr. 52 (1963), 559 mit Anm. *Holleaux* (implicite); Paris 15. 3. 1956 (Bueno), Rev. crit. dr. int. pr. 45 (1956), 504 mit Anm. *Mezger* = J. C. P. 1956. II. 9531 mit Anm. *Louis-Lucas;* Grenoble 4. 5. 1964, J. C. P. 1965 II. 28; Trib. gr. inst. Seine 14. 5. 1962, D. 1962, J. 653 mit Anm. *Malaurie;* Francescakis, J. Cl. Droit international, fasc. 547-B, no. 53.

Der entscheidende Zeitpunkt aber, in dem das Anknüpfungsmerkmal zur Bestimmung des Scheidungsstatuts verwirklicht sein muß, ist die Erhebung der Scheidungsklage[19]. Allerdings ist für den Fall, in dem das Scheidungsstatut an die gemeinsame Staatsangehörigkeit der Ehegatten geknüpft wird, ein Wechsel des Scheidungsstatuts erwogen worden, wenn zumindest eine der Parteien während des Scheidungsverfahrens eine neue Staatsangehörigkeit erwirbt[20].

Hingegen wird ein entsprechender Einfluß des Wohnsitzwechsels auf das anwendbare Recht dann, wenn es an den gemeinsamen Wohnsitz geknüpft wird, ausdrücklich abgelehnt, weil dieser ein zu wenig dauerhaftes Anknüpfungsmoment sei[21]. Anknüpfungspunkt bleibt somit der gemeinsame deutsche Wohnsitz, den die Eheleute bei Erhebung der Scheidungsklage noch hatten. Dies aber bedeutet eine Rückverweisung auf deutsches Recht.

## ERGEBNIS

Die elterliche Gewalt über das Kind Christel ist kraft Rückverweisung grundsätzlich nach deutschem Recht zu regeln. Allerdings gilt diese Rückverweisung nicht ohne weiteres auch für Regelung der elterlichen Einwilligung in die Adoption, Eheschließung oder Volljährigkeit des Kindes.

## Nr. 33

**Belgien**

**1. Zur internationalen Zuständigkeit deutscher Gerichte für Entscheidungen über die elterliche Gewalt nach Scheidung der Ehe zwischen einem Belgier und einer Deutschen, die nie einen gemeinsamen gewöhnlichen Aufenthalt in Deutschland hatten.**

**2. Das Haager Vormundschaftsabkommen vom 12. 6. 1902 erfaßt sowohl nach deutscher als auch nach belgischer Auffassung nicht die Regelung des Sorgerechts für Minderjährige aus geschiedenen Ehen.**

**3. Die elterliche Gewalt über Kinder aus der Ehe eines Belgiers mit einer Deutschen, die gleichzeitig die belgische Staatsangehörigkeit besitzt, beurteilt sich nach belgischem materiellem Recht.**

---

[19] So allgemein: *Civ.* 25. 2. 1947 (Ghattas), Rev. crit. dr. int. pr. 36 (1947), 444 m. Anm. *Niboyet;* für den Wohnsitz: *Civ.* 17. 4. 1953 (Rivière) aaO; dazu *Batiffol* no. 444; *Civ.* 15. 5. 1961 (Tarwid) aaO; vgl. *Francescakis,* J. Cl. Droit international, Fasc. 547-B, no. 81.

[20] Vgl. *Batiffol* no. 44 N. 63; *Francescakis,* J. Cl. Droit international, Fasc. 547-B, no. 81.

[21] *Francescakis* no. 83.

**4. Nach Scheidung der Ehe ist die elterliche Gewalt so zu verteilen, wie es dem Wohl des Kindes am besten entspricht. Eine Vereinbarung der Eltern ist, soweit sie dem Kindeswohl dient, zu beachten.**

**Hamburg G 106/68 vom 25. 9. 1968**

Das Amtsgericht Berlin-C. bittet in der Familienrechtssache T. um Auskunft über belgisches Kindschaftsrecht.

## SACHVERHALT

Die Eheleute T., von denen der Mann die belgische Staatsangehörigkeit besitzt, und die Frau sowohl die belgische als auch die deutsche, wurden durch Urteil des Landgerichts B. vom 30. 11. 1967 aus alleinigem Verschulden des Ehemannes geschieden. Aus der Ehe ist eine Tochter hervorgegangen: Béatrice, geboren am 22. 11. 1963. Die Eltern haben sich dahin geeinigt, daß die elterliche Gewalt über Béatrice der Mutter zustehen soll. Die Mutter lebt mit dem Kind in Berlin, der Vater in Belgien. Einen gemeinsamen gewöhnlichen Aufenthalt in Deutschland haben die Eltern zu keinem Zeitpunkt gehabt.

Das Amtsgericht bittet um die Beantwortung folgender Fragen:

1. Welche Rechtsnormen gelten hinsichtlich der Vermögensverwaltung, wenn nach Art. 302 des belgischen C. c. über die Frage entschieden ist, wem das Kind anvertraut werden soll?

2. Hat das deutsche Gericht in dem Fall, daß die Vermögensverwaltung sich nach belgischem Vormundschaftsrecht bestimmen sollte und eine gerichtliche Entscheidung erforderlich macht, die hinsichtlich der Vermögensverwaltung zu treffende Entscheidung als Vormundschaftsfall mit der Folge zu behandeln, daß Art. 23 EGBGB und das Haager Vormundschaftsabkommen zu beachten sind, oder als einen Fall, der sachlich dem § 1671 BGB gleichgelagert ist?

## GUTACHTEN

### A. INTERNATIONALE ZUSTÄNDIGKEIT DES ANGERUFENEN GERICHTS

Ein deutsches Gericht ist nach neuerer Rechtsprechung und überwiegender Ansicht in der Literatur zur Regelung der elterlichen Gewalt über ein Kind immer dann zuständig, wenn das Kind seinen gewöhnlichen Aufenthalt im Inland hat[1]. Diese Zuständigkeit wird teils mit einer Analogie zu

[1] *BayObLG* 16. 1. 1959, BayObLGZ 1959, 8 ff. = NJW 1959, 1038 m. w. N.; *OLG Hamm* 21. 8. 1964, FamRZ 1965, 92; *OLG Saarbrücken* 14. 7. 1965, NJW 1966, 308; *KG*

den Vorschriften über die örtliche Zuständigkeit (§§ 43 I i. V. m. 36 I FGG) begründet, teils mit der allgemeinen Fürsorgepflicht des Staates für die in seinem Gebiet befindlichen Personen.

Die aus dem Aufenthalt des Kindes abgeleitete internationale Zuständigkeit besteht unabhängig davon, ob sich auch beide Eltern des Kindes im Inland aufhalten, ob deutsches oder fremdes materielles Recht anzuwenden ist und ob die deutsche Entscheidung in dem Staat, dessen Recht anzuwenden ist, anerkannt werden wird[2].

Nach einer in der Literatur vertretenen Ansicht soll freilich dann, wenn ausländisches materielles Recht anzuwenden ist, das deutsche Gericht der freiwilligen Gerichtsbarkeit grundsätzlich nur dann international zuständig sein, wenn der ausländische Staat keine ausschließliche Zuständigkeit für seine Gerichte in Anspruch nimmt. Werde nämlich ein Gericht rechtsgestaltend und nicht streitentscheidend tätig, so leite der Richter seinen Auftrag zur Entscheidung nicht aus verfassungs- und verfahrensrechtlichen Normen des eigenen Staates her, sondern aus dem anwendbaren materiellen Recht. Er habe daher, wenn das eigene Internationale Privatrecht ein fremdes Recht für anwendbar erklärt, auch dessen Regelung der internationalen Zuständigkeit zu beachten. Sieht der ausländische Staat eine ausschließliche Zuständigkeit seiner Gerichte vor, so seien die inländischen Gerichte international nicht zuständig. Die Einstellung des ausländischen Staates könne daran abgelesen werden, ob er eine Rechtsgestaltung durch ein deutsches Gericht anerkennt oder nicht. Unabhängig hiervon könne ein deutsches Gericht allerdings dann tätig werden, wenn ein dringendes Fürsorgebedürfnis im Inland besteht[3].

Im Verhältnis zwischen Belgien und Deutschland ist durch Staatsvertrag geregelt worden, inwieweit jeder der beiden Vertragsstaaten den Gerichten des anderen Staates internationale Gerichtsbarkeit zugestehen muß[4]. Dieser Vertrag, der auch Anwendung findet auf Entscheidungen, die im Verfahren der freiwilligen Gerichtsbarkeit ergangen sind (Art. 1 III), knüpft die internationale Zuständigkeit in allen Ehe- und Familiensachen wahlweise an die Staatsangehörigkeit, den Wohnsitz oder den gewöhnlichen Aufenthalt des Beklagten (Art. 4 I). In Ehesachen sind, wenn

---

21. 1. 1966, OLGZ 1966, 321 (324); *Soergel-Siebert(-Kegel)*, BGB V, (9. Aufl. 1961) Art. 19 EGBGB, Rz. 36; *Keidel*, FGG (9. Aufl. 1967) § 35 Rz. 13; *Erman-Marquordt*, BGB II (4. Aufl. 1967) Art. 19 EGBGB, Anm. 8; *Beitzke*, FamRZ 1967, 592 (603).

[2] So ausdrücklich: *BayObLG* 16. 1. 1959 und *Beitzke* aaO; *Soergel-Siebert(-Kegel)*, Art. 19 EGBGB Randz. 42, 43.

[3] *Neuhaus*, Die Grundbegriffe des IPR (1962), 242 ff. und öfter; *Dölle*, RabelsZ 27 (1962), 201, 214, 217, 234.

[4] Deutsch-belgische Abkommen über die gegenseitige Anerkennung und Vollstreckung von gerichtlichen Entscheidungen, Schiedssprüchen und öffentlichen Urkunden in Zivil- und Handelssachen vom 30. 6. 1959 (in Belgien: Gesetz vom 10. 8. 1960, in Deutschland: BGBl. 1959 II 766).

zumindest eine der Parteien einem der Vertragsstaaten angehört, ferner die Gerichte des Staates zuständig, in dem die Parteien ihren letzten gewöhnlichen Aufenthalt hatten und der Kläger bei Einleitung des Verfahrens noch seinen gewöhnlichen Aufenthalt hat (Art. 4 II).

Im vorliegenden Fall hatten die Eltern ihren letzten gewöhnlichen Aufenthalt nicht in Deutschland. Da ferner auch der Vater zu Beginn des von der Mutter eingeleiteten Scheidungsverfahrens in Deutschland weder seinen Wohnsitz noch seinen gewöhnlichen Aufenthalt hatte, braucht das zwischen ihnen ergangene Scheidungsurteil in Belgien nicht anerkannt zu werden. Es ist deshalb zumindest fraglich, ob eine vormundschaftsgerichtliche Entscheidung, die im Anschluß und im Zusammenhang mit diesem Scheidungsurteil ergeht, in Belgien anerkannt werden würde. Aus diesem Grunde ist die internationale Zuständigkeit des anfragenden Gerichts zweifelhaft, wenn man sich der von einigen Autoren vertretenen Ansicht anschließt und für die Begründung dieser Zuständigkeit nicht stets den gewöhnlichen Aufenthalt des Kindes im Inland ausreichen läßt. Da sich jedoch die allgemeine Praxis der Vormundschaftsgerichte hiermit begnügt, soll im folgenden die internationale Zuständigkeit des anfragenden Gerichtes vorausgesetzt werden.

## B. ANWENDBARES RECHT

### *I. Haager Abkommen*

Das Haager Vormundschaftsabkommen ist nach deutscher Auffassung unmittelbar nur auf Vormundschaftssachen im engeren Sinne anzuwenden. Darunter ist zu verstehen die Ausübung einer Schutzgewalt über das Kind, das der elterlichen Gewalt entbehrt[5]. Daher ist das Abkommen in ständiger Rechtsprechung und unter Zustimmung der Rechtslehre nicht angewendet worden, wenn es um vormundschaftliche Angelegenheiten eines unter elterlicher Gewalt stehenden Minderjährigen eines Vertragsstaates ging[6].

Insbesondere haben die Gerichte stets erkannt, daß die Regelung des Sorgerechts für die Kinder aus geschiedenen Ehen nicht unter das Vormundschaftsabkommen fällt[7]. Diese Auffassung stimmt auch mit der im

---

[5] *KG* 17. 4. 1914, KGJ 46 A 27 (33).

[6] *BayObLG* 6. 12. 1933, JW 1934, 699 = IPRspr. 1934 Nr. 63 (Einschränkung der elterlichen Gewalt); *KG* 4. 2. 1927, OLGE 46, 200 = IPRspr. 1926/27 Nr. 87 (Pflegschaft); *KG* 17. 4. 1914, KGJ 46 A 27 (Verkehrsregelung getrennt lebender Eheleute).

[7] *KG* 27. 6. 1963, FamRZ 1963, 576; *BayObLG* 16. 1. 1959, BayObLGZ 1959, 8 (11); *OLG München* 29. 8. 1938, JFG 18, 155 = HRR 1938 Nr. 1463; *KG* 10. 2. 1933.

Ausland wohl vorherrschenden Ansicht über den sachlichen Anwendungsbereich des Vormundschaftsabkommens überein[8]. Eine abweichende Auffassung eines einzelnen Staates – wie sie die Niederlande einnehmen[9], kann allenfalls als Rückverweisung beachtet werden.

### *II. Deutsches Internationales Privatrecht*

Nach Art. 19 Satz 1 EGBGB beurteilt sich das Rechtsverhältnis zwischen Eltern und ehelichem Kind nach deutschem Recht, wenn der Vater Deutscher ist. Diese einseitig gefaßte Kollisionsnorm ist unstreitig zur allseitigen zu erweitern[10]. Sie gilt auch für die Regelung der Personen- und Vermögenssorge nach der Scheidung[11]. Da im vorliegenden Fall der Vater Belgier ist, verweist das deutsche Internationale Privatrecht also auf das belgische Recht.

Diese Verweisung gilt jedoch nur vorbehaltlich einer Rückverweisung des belgischen Rechts[12].

### *III. Belgisches Internationales Privatrecht*

1. Das *Haager Vormundschaftsabkommen* greift auch nach belgischer Auffassung nicht ein, wenn die Rechtsbeziehungen zwischen Kindern und Eltern nach deren Scheidung zu regeln sind, weil die elterliche Gewalt auch nach Auflösung der Ehe durch Scheidung fortbesteht[13].

2. Das *autonome belgische* Recht kennt keine ausdrückliche Kollisionsnorm für die Rechtsbeziehungen zwischen Eltern und ihren ehelichen Kin-

---

IPRspr. 1933 Nr. 47 = JW 1933, 2065; *BayObLG* 8. 10. 1930, BayObLGZ 30 (1931) 338 = IPRspr. 1931 Nr. 84.

*Kegel*, Internationales Privatrecht (2. Aufl. 1964) 315, 317; *Soergel-Siebert(-Kegel)*, Art. 23 EGBGB Randz. 38; *Raape*, IPR (5. Aufl. 1961) 410; *Palandt(-Lauterbach)*, BGB (27. Aufl. 1968) Anm. 3 b zu Anhang zu Art. 23 EGBGB; *Brand/Hensel*, Die Vormundschafts-, Familienrechts- und Fürsorgeerziehungssachen in der gerichtlichen Praxis (2. Aufl. 1963) 370.

[8] *E. Alexander*, Die Vormundschaft für Ausländer in der Schweiz und für die Auslandsschweizer (Abhandlungen zum schweizerischen Recht 99, 1934), 117; *Walker*, IPR (5. Aufl. Wien 1934), 869; *van Hille*, Traités de droit international privé de la Haye: Répertoire de droit international X (1931) 587 ff., 630 no. 184; *Meili-Mamelok*, Das internationale Privat- und Zivilprozeßrecht aufgrund der Haager Konventionen (Zürich 1911), 274.

[9] Vgl. hierzu *Drobnig*, FamRZ 1966, 84 ff.

[10] *Soergel-Siebert(-Kegel)*, Art. 19 EGBGB Rz. 1 m. w. N.

[11] Vgl. für alle *Soergel-Siebert(-Kegel)*, Art. 19 EGBGB Rz. 10, 16, 17 m. w. N.

[12] Vgl. für alle *Soergel-Siebert(-Kegel)*, Art. 19 EGBGB Randz. 50, Art. 27 EGBGB Randz. 28.

[13] So gerade im Vergleich zum abweichenden niederländischen Recht: *de Vos*, Le Problème des Conflits de Lois I (1946) Nr. 214, S. 258, Anm. 3.

dern. Es ist daher von der allgemeinen Kollisionsregel des Art. 3 III des belgischen Code civil (C. c.) auszugehen:

| | |
|---|---|
| „Les lois concernant l'état et la capacité des personnes régissent les [Belges], même résidant en pays étranger." | Die Gesetze über den persönlichen Rechtsstatus und die Handlungsfähigkeit sind für die Belgier maßgebend, auch wenn sie sich im Ausland aufhalten. |

Die Fragen der elterlichen Gewalt berühren den persönlichen Rechtsstatus einer Person, so daß ihr Personalstatut maßgeblich ist[14].

a) Hinsichtlich des *Personensorgerechts* wird dabei an die Staatsangehörigkeit des Kindes angeknüpft[15]. Da der Vater Belgier ist, besitzt auch das Kind die belgische Staatsangehörigkeit.

*Art. 1* des belgischen Staatsangehörigkeitsgesetzes i. d. F. vom 14. 12. 1932:

| | |
|---|---|
| „Sont Belges: | Es sind Belgier: |
| 1. L'enfant légitime né, même en pays étranger, d'un père ayant la qualité de Belge au jour de la naissance..." | 1. Das eheliche Kind, auch wenn es im Ausland geboren ist, eines Vaters, der am Tage der Geburt die belgische Staatsangehörigkeit besessen hat... |

Sonach entscheidet im vorliegenden Fall belgisches Recht über die Verteilung der Personensorge.

b) Zweifelhaft ist, welchem Recht die *Vermögenssorge* (administration légale) unterliegt. Sachgerecht wäre es, auch sie dem Personalstatut des Kindes zu unterwerfen[16]. Nach anderer Ansicht soll das Personalstatut des Vaters anzuwenden sein als das Recht, welches die eheliche Abstammung beherrscht[17]. Beide Ansichten führen hier zu demselben Ergebnis: der Anwendung des belgischen Rechts. Dieses entscheidet somit über die Verteilung aller Attribute der elterlichen Gewalt über das Kind Béatrice.

## C. BELGISCHES MATERIELLES RECHT

### *I. Verteilung der elterlichen Gewalt*

Anders als das deutsche Recht (§ 1671 BGB) kennt das belgische keine Übertragung der elterlichen Gewalt im ganzen auf einen Elternteil, vielmehr können nur einzelne Rechte dem einen unter Ausschluß des anderen

---

[14] Vgl. *van der Elst* in: Rép. prat. du droit belge, Complément 1966, s. v. „Conflit de lois" no. 60.

[15] So: *Trib. civ. Brüssel* 9. 6. 1956, Journ. trib. 1956, 47 = Pas. 1957 III 99; 24. 11. 1966, Pas. 1967 III 56; 19. 5. 1967, Pas. 1967 III 104; 6. 3. 1968, Journ. trib. 1968, 313.

[16] So: Trib. civ. Brüssel 19. 5. 1967, Pas. 1967 III 104 (implizite); *Poullet*, Manuel de droit international belge (3. Aufl. 1947) no. 410.

[17] So: *van der Elst* nos. 59 i. V. m. 62.

eingeräumt werden. Im übrigen stehen nach belgischem Recht auch nach der Scheidung die bisherigen Rechte und Pflichten der elterlichen Gewalt (puissance paternelle) beiden Elternteilen zu[18].

### *II. Inhalt der elterlichen Gewalt*

Die „puissance paternelle" ist der Inbegriff der Rechte und Pflichten, die das Gesetz dem Vater und der Mutter bezüglich einer Person und des Vermögens ihres noch nicht volljährigen Kindes zuerkennt[19].

*1. Rechte*

a) Das Recht zur *Personensorge*, das den Eltern zusteht, umfaßt

(1) das Recht zur Betreuung („droit de garde"), das sich wiederum unterteilen läßt in die „garde matérielle" (Wahl des Aufenthaltsortes, physische Überwachung, Recht, das Kind am elterlichen Wohnsitz festzuhalten) und die „garde juridique" (Bestimmung der Erziehung und Ausbildung in geistiger und sittlicher Hinsicht, Kontrolle der Beziehungen und des Umganges des Kindes);

(2) das Recht der Züchtigung („droit de correction")[20].

b) Auch die *Vermögenssorge* (administration légale) ist zu Lebzeiten beider Eltern Bestandteil der elterlichen Gewalt. Freilich ist sie nicht im Titel „puissance paternelle" (Tit. IX) des Code Civil geregelt, sondern zusammen mit der „tutelle" (Tit. X, Kap. II). Es war aber nicht beabsichtigt, die „administration légale" als einen Fall der Vormundschaft zu behandeln[21]. Jedenfalls ist heute anerkannt, daß die „administration légale" ein Teil der elterlichen Gewalt ist und nicht als Vormundschaft gilt[22].

c) Daneben umfaßt die „puissance paternelle" gewisse Rechte, die unter dem Begriff *„puissance paternelle lato sensu"* zusammengefaßt werden. Hierzu gehören z. B. das Recht, das Kind für volljährig erklären zu lassen (Art. 477 C. c.), sowie das Erfordernis der elterlichen Einwilligung in die Eheschließung (Art. 148 C. c.) und in die Adoption (Art. 346 C. c.) des Kindes.

---

[18] *Dekkers*, Précis de Droit Civil Belge, Bd. I (1954) Nr. 303, S. 209 f.; *de Page*, Traité Elémentaire de Droit Civil Belge, 3. Aufl. Bd. I (1962) Nr. 985, S. 1072 und Nr. 987, S. 1075; *Pasquier*, Du Divorce et de la Séparation de Corps, in: Les Novelles, Corpus Juris Belgici, Bd. II (1939) Nr. 1528; *Pasquier et Liekendael*, in: Rép. prat. du droit belge, Complément 1966, s. v. „Divorce et Séparation de Corps", nos. 506 f.; *Civ. Antwerpen* 24. 4. 1964, zit. in: Rec. ann. de jurisprudence belge 1964, Divorce Nr. 66, S. 173.

[19] *de Page*, Nr. 754, S. 880. [20] *de Page*, Nr. 767, S. 897, und Nr. 786, S. 914.

[21] Vgl. *Baudry-Lacantinerie-Chéneaux*, Traité de droit civil V (1908) Nr. 129, 180 mit einer Darstellung der Entstehungsgeschichte des Art. 389 C. c.

[22] *Dekkers* Nr. 364; *de Page* Nr. 754, S. 880; 767 B; 794; 796. Ebenso bereits *Laurent*, Principes de droit civil français (Brüssel-Paris 1878) Nr. 302.

## *2. Pflichten*

Die Eltern haben ihre Kinder zu ernähren und zu erziehen.

*Art. 203 C. c.:*

„Les époux contractent ensemble, par le fait seul du mariage, l'obligation de nourrir, entretenir et élever leurs enfants."

Die Ehegatten übernehmen miteinander – durch die bloße Tatsache der Eheschließung – die Verbindlichkeit, ihre Kinder zu ernähren, zu unterhalten und zu erziehen.

Ferner ist das Recht der Eltern zur Betreuung gleichzeitig eine Pflicht. Insbesondere haben sie für das physische Wohlergehen, für die Erziehung und das geistige und sittliche Wohl ihrer Kinder zu sorgen[23].

### *III. Ausübung der elterlichen Gewalt nach Scheidung der Eltern*

1. Die Vorschriften über die Aufteilung der elterlichen Gewalt zwischen geschiedenen Eltern sind zum Teil durch ein Gesetz vom 8. 4. 1965 neu gefaßt worden, das am 1. 9. 1966 in Kraft getreten ist[24]. Sie lauten in ihrer neuen Fassung:

*Art. 302 C. c.:*

„Après la dissolution du mariage, l'administration de la personne et des biens des enfants reste à celui à qui elle á été confiée provisoirement soit par l'accord des parties dûment entériné conformément à l'article 239, soit par une ordonnance du président statuant en référé conformément à l'article 268.

En l'absence de pareil accord ou de pareille ordonnance, l'administration appartient à celui des époux qui a obtenu le divorce.

Le tribunal de la jeunesse peut cependant pour le plus grand avantage des enfants, en décider autrement dans tous les cas, sur la demande, soit des parties ou de l'une d'elles, soit du procureur du Roi."

Nach Auflösung der Ehe verbleibt die Sorge für die Person und das Vermögen der Kinder bei demjenigen, dem sie durch eine ordnungsgemäß nach Art. 239 bestätigte Vereinbarung der Eltern oder durch eine einstweilige Verfügung des Vorsitzenden nach Art. 268 anvertraut worden war.

Fehlt eine derartige Vereinbarung oder Verfügung, gebührt die Sorge demjenigen Gatten, der die Scheidung erwirkt hat.

Das Jugendgericht kann jedoch, wenn es für die Kinder vorteilhafter ist, in allen Fällen anders entscheiden, und zwar auf Antrag der Parteien oder einer von ihnen oder aber auf denjenigen des Staatsanwaltes.

*Art. 303 C. c.:*

„Quelle que soit la personne à laquelle les enfants seront confiés, les père et

Wem auch immer die Kinder anvertraut werden, die Eltern behalten bei-

---

[23] *de Page* Nr. 766, S. 894.

[24] Mon. vom 15. 4. 1965, S. 4014, und vom 2. 7. 1966, S. 6891.

mère conserveront respectivement le droit de surveiller l'entretien et l'éducation de leurs enfants et seront tenu d'y contribuer à proportion de leurs facultés."

derseits das Recht, den Unterhalt und die Erziehung ihrer Kinder zu überwachen, und sind verpflichtet, hierzu im Verhältnis ihrer Möglichkeiten beizutragen.

*Art. 386 C. c.:*

„Cette jouissance cesse en cas de divorce et de séparation de corps."

Diese Nutznießung [am Kindervermögen] endet bei Scheidung und Trennung von Tisch und Bett.

Aus dem Zusammenhang dieser Vorschriften läßt sich ableiten, daß bis auf die erlöschende Nutznießung am Kindesvermögen alle Attribute der elterlichen Gewalt grundsätzlich einem der beiden Elternteile gebühren, während dem anderen ein Überwachungsrecht zusteht. Die vom Scheidungsgericht getroffene vorläufige Anordnung oder die von ihm bestätigte Vereinbarung der Eltern über die Ausübung der elterlichen Gewalt während des Verfahrens werden zur endgültigen Regelung, sofern das Jugendgericht nicht im Kindesinteresse eine andere Lösung für angemessen hält. Ist die Ausübung der elterlichen Gewalt für die Dauer des Verfahrens nicht geregelt worden, so steht sie dem nichtschuldigen Elternteil zu, und zwar wiederum unter dem Vorbehalt einer abweichenden Entscheidung des Jugendgerichts. Das einzige *entscheidende* Kriterium für die Verteilung der elterlichen Gewalt ist also das Kindeswohl[25].

Jede Regelung, die mit ihm nicht in Einklang steht, ist vom Jugendgericht entsprechend zu ändern. Allerdings kann dieses nicht von Amts wegen tätig werden, sondern nur auf Antrag der Beteiligten oder des Staatsanwalts. Die Einschaltung der Staatsanwaltschaft, die eine Initiative des Gerichts ersetzt, ist eine Eigenart des belgischen Zivilverfahrens. Sie ist nicht auf das Verfahren vor dem deutschen Vormundschaftsgericht zu übertragen, für das vielmehr allein die Vorschriften des Gesetzes über die Angelegenheiten der freiwilligen Gerichtsbarkeit gelten. Das Vormundschaftsgericht ist deshalb befugt, von Amts wegen jede mit dem materiellen belgischen Recht zu vereinbarende Entscheidung zu treffen.

2. Im vorliegenden Fall haben sich die Eltern über die Verteilung der elterlichen Gewalt *geeinigt*. Das neue belgische Recht erkennt eine solche Vereinbarung in einem gewissen Rahmen an. Allerdings hat es nur die zunächst für die Dauer des Verfahrens von den Eltern getroffene und vom Scheidungsgericht bestätigte Abmachung im Auge. Ob dieser eine erst nach der Scheidung zustande gekommene Vereinbarung gleichgestellt werden kann, sofern sie von dem dann allein zuständigen Vormundschaftsgericht gebilligt wird, ist eine Frage ohne große praktische Bedeutung. Stimmt die Vereinbarung nämlich nicht mit dem Kindeswohl überein,

---

[25] *Kebers*, Ann. de droit 26 (1966) 85, 94.

dürfte sie das Vormundschaftsgericht nicht bestätigen; tut sie es aber, würde das Gericht die elterliche Gewalt ohnehin im Sinne der Vereinbarung zu regeln haben. Immerhin entspricht es durchaus dem Geist des anwendbaren belgischen Recht, wenn sich der Vormundschaftsrichter dann von einer erst nach der Scheidung getroffenen Vereinbarung leiten läßt, wenn das Kindeswohl die Zuteilung der elterlichen Gewalt sowohl an den einen wie an den anderen Elternteil gleichermaßen zuläßt[26].

3. Das Gericht kann die einmal vereinbarte oder angeordnete Verteilung der elterlichen Gewalt jederzeit wieder ändern, wenn es das Wohl des Kindes erfordert[27].

## ZUSAMMENFASSUNG

Sowohl die Sorge für die Person des Kindes Béatrice wie die Sorge für sein Vermögen sind als Bestandteile der elterlichen Gewalt einheitlich unter Anwendung des Art. 302 n. F. des belgischen Code civil zu regeln. Hiernach ist das Kindeswohl die oberste Richtschnur für die Entscheidung des Vormundschaftsgerichts. Eine Vereinbarung der Eltern ist nach Möglichkeit zu berücksichtigen.

## Nr. 34

**Jordanien**

1. **Die elterliche Gewalt über ein Kind, das der Ehe eines Jordaniers mit einer Deutschen entstammt, beurteilt sich nach jordanisch-islamischem Recht.**
2. **Die Scheidung der Ehe hat nach hanafitischem Recht auf die elterliche Gewalt des Vaters („wilâyat“) und das Personensorgerecht der Mutter („hadâna“) keinen Einfluß.**
3. **Nach jordanisch-islamischem Recht hat die Mutter eines ehelichen Kindes das Personensorgerecht bis zur Vollendung des neunten Lebensjahres des Kindes. Durch gerichtliche Entscheidung kann das Personensorgerecht der Mutter um zwei Jahre verlängert werden.**
4. **Das Gebot der Religionsgleichheit von Mutter und Kind, welches das islamisch-hanafitische Recht aufstellt, verstößt gegen den deutschen ordre public, soweit dadurch eine christliche Deutsche die Personensorge für ihr muslimisches Kind verlieren sollte.**

---

[26] Nach *Kebers* 94 liegt den neuen Vorschriften das Prinzip zugrunde, daß die geschiedenen Eltern selbstverantwortlich über ihre gemeinsamen Kinder entscheiden sollen und daß das Gericht ihre Entscheidung nach Möglichkeit respektieren will.

[27] *Kebers* 106.

**5. Die elterliche Gewalt gibt dem Vater nach hanafitischem Ritus das Recht, das Kind gesetzlich zu vertreten und seine Erziehung zu überwachen. Sie kann grundsätzlich nur in den Fällen der Verschollenheit, Entmündigung und Apostasie des Vaters entzogen werden.**

**6. Die Beschränkung der Personensorge der Mutter auf das neunte bzw. elfte Lebensjahr des Kindes kann gegen den deutschen ordre public verstoßen, sofern dadurch das Wohl des Kindes gefährdet ist.**

**Köln 95/68 vom 17. 12. 1968**

Das Amtsgericht A. hat durch Verfügung vom 25. 10. 1968 in der Familienrechtssache M. um ein Gutachten über jordanisches Familienrecht gebeten.

## SACHLAGE

Die deutsche Staatsangehörige katholischer Konfession Margret T. schloß am 26. 2. 1965 mit dem muslimischen Jordanier Naif M. vor dem Standesbeamten in H./N. W. die Ehe. Aus dieser Ehe ist die am 31. 7. 1965 in B. geborene Tochter Susanne hervorgegangen.

Die Ehe wurde am 25. 1. 1968 rechtskräftig durch das Landgericht A. aus dem Alleinverschulden des Ehemanns geschieden.

Am 1. 8. 1968 übertrug das Amtsgericht A. die elterliche Gewalt über das Kind der Großmutter mütterlicherseits, da die Mutter des Kindes zu dieser Zeit noch minderjährig war und der Vater die Alleinschuld an der Scheidung trägt.

Die Mutter des Kindes wurde am 8. 10. 1968 volljährig, so daß die Vormundschaft der Großmutter endete. Die Mutter lebt weiterhin in H.

Der Vater des Kindes, der jetzt in Aachen lebt, besucht das Kind etwa zweimal im Monat, er leistet Unterhaltszahlungen (in verschiedener Höhe) und will das Kind zu seinen Eltern in die Türkei geben.

## ANFRAGE

Aufgrund dieses Sachverhalts bittet das Amtsgericht Aachen um ein Gutachten über die Frage der elterlichen Gewalt über das Kind nach der Scheidung der Ehe nach dem jordanischen Heimatrecht des Vaters.

## RECHTSLAGE

### A. DAS AUF DIE FRAGE DER ELTERLICHEN GEWALT ANZUWENDENDE RECHT

#### *I. Hauptfrage der elterlichen Gewalt nach Scheidung der Ehe: Art. 19 EGBGB*

Ein Staatsvertrag zwischen dem Haschemitischen Königreich Jordanien und der Bundesrepublik Deutschland, der sich mit familienrechtlichen Fragen befaßt, besteht nicht. Es gelten daher die allgemeinen deutschen Kollisionsnormen.

Gemäß Art. 19 EGBGB, der unstreitig zu einer allseitigen Kollisionsnorm auszubauen ist[1], ist auf das Rechtsverhältnis zwischen Eltern und ehelichen Kindern das Heimatrecht des Vaters anzuwenden[2]. Diese Kollisionsnorm gilt für den gesamten Bereich der elterlichen Gewalt, wie sie in §§ 1626–1698 b BGB umschrieben oder in wesensgleichen Regeln ausländischer Rechte bestimmt wird[3]. Art. 19 EGBGB regelt ferner das Verhältnis ehelicher Kinder zu ihren Eltern nicht nur zur Zeit des Zusammenlebens der Eltern bei bestehender Ehe, sondern bestimmt auch die Beziehungen zwischen Eltern und Kindern während des Getrenntlebens der Eltern bei bestehender Ehe und auch dann, wenn die Ehe der Eltern durch Scheidung aufgelöst ist[4].

Zwar bestimmt Art. 17 EGBGB das Verhältnis der geschiedenen Ehepartner zueinander, jedoch regelt Art. 19 EGBGB unbestritten ihr Verhältnis zu den Kindern und wegen des engen Zusammenhangs auch ihr Verhältnis zueinander mit Bezug auf die Kinder[5]. Folglich ist die Kollisionsnorm des Art. 19 EGBGB auch auf den Bereich des § 1671 BGB nach der Scheidung einer Ehe anzuwenden[6].

---

[1] *BGHZ* 21, 306 (312); *Kegel,* IPR (2. Aufl. 1964) 313; *Raape,* IPR (5. Aufl. 1961) 349.

[2] *Soergel-Kegel,* BGB V (9. Aufl. 1961) Art. 19 EGBGB Anm. 1; *Palandt-Lauterbach,* BGB (27. Aufl. 1968) Art. 19 EGBGB Anm. 2; *Erman-Marquordt,* BGB II (4. Aufl. 1967) Art. 19 EGBGB Anm. 1.

[3] *Soergel-Kegel,* aaO, Art. 19 EGBGB Anm. 16, 17; *Kegel* aaO 315 f.; *Palandt-Lauterbach,* aaO, Art. 19 EGBGB Anm. 4; *Erman-Marquordt,* aaO, Art. 19 EGBGB, 4, 4 a.

[4] *Staudinger-Raape,* BGB VI/2 (9. Aufl. 1931) Art. 19 EGBGB Anm. C I; *Soergel-Kegel,* aaO, Art. 19 EGBGB Anm. 3, 10, 16; *Erman-Marquordt,* aaO, Art. 19 EGBGB Anm. 4 a; *Kegel* aaO 314; *Raape* aaO 355; *Wolff,* Das internationale Privatrecht Deutschlands (3. Aufl. 1954) 215.

[5] *BayObLG* NJW 1952, 788; *Staudinger-Raape,* aaO, Art. 19 EGBGB Anm. C II 1; *Soergel-Kegel,* aaO, Art. 19 EGBGB Anm. 10; *Erman-Marquordt,* aaO, Art. 19 EGBGB Anm. 4 a; *Palandt-Lauterbach,* aaO, Art. 19 EGBGB Anm. 4; *Kegel* aaO 355; *Wolff* aaO 215, Fußn. 11.

[6] *Soergel-Kegel,* aaO, Art. 19 EGBGB Anm. 8, 10, 28, 31; *Erman-Marquordt,*

## *II. Vorfrage der Ehelichkeit des Kindes*

### *1. Art. 18 EGBGB*

Voraussetzung für die Anwendung von Art. 19 EGBGB ist die Ehelichkeit des Kindes. Diese Vorfrage ist selbständig nach Art. 18 EGBGB anzuknüpfen[7]. Gemäß Art. 18 EGBGB entscheidet über die Frage der ehelichen Abstammung eines Kindes das Heimatrecht des Ehemannes der Mutter, da auch diese Vorschrift zu einer allgemeinen Kollisionsnorm auszubauen ist[8]. Voraussetzung für die Anwendung dieser Norm ist, daß die Mutter des Kindes zur Zeit seiner Geburt oder früher verheiratet gewesen ist.

### *2. Ehe der Mutter*

Auch die Vorfrage nach dem Bestehen der Ehe ist selbständig anzuknüpfen; sie beurteilt sich nicht nach Art. 18 EGBGB, sondern nach Art. 13, 11 EGBGB[9]. Aufgrund des mitgeteilten Sachverhalts sind keine Anhaltspunkte für Formfehler bei der Eheschließung, die gemäß Art. 13 III EGBGB i. V. m. § 11 EheG formgültig nach deutschem internationalem Privatrecht zustande gekommen ist, und keine Mängel der sachlichen Voraussetzungen (Ehehindernisse und Willensmängel nach dem Heimatrecht der beiden Ehepartner) gegeben. Es ist deshalb davon auszugehen, daß die Eheleute M. bis zu ihrer Scheidung in gültiger Ehe gelebt haben.

Damit ist für die Anwendung des Art. 18 EGBGB die entscheidende Vorfrage geklärt. Im vorliegenden Fall verweist Art. 18 EGBGB auf jordanisches Recht, da der Ehemann die jordanische Staatsangehörigkeit besitzt.

### *3. Materiellrechtliche Entscheidung der Frage der Ehelichkeit*

Im vorliegenden Fall kann aber dahingestellt bleiben, ob für die Vorfrage der Ehelichkeit des Kindes an jordanisches Recht oder an deutsches Recht, auf das das jordanische internationale Privatrecht möglicherweise zurückverweist, angeknüpft wird. Nach deutschem Recht ist ein Kind, das nach der Eheschließung seiner Eltern geboren wird, ohne weiteres ehelich (§ 1591 BGB).

---

aaO, Art. 19 EGBGB Anm. 4a; *Palandt-Lauterbach,* aaO, Art. 19 EGBGB Anm. 4; *Kegel* aaO 315; *Raape* aaO 355; *Wolff* aaO 216.

[7] *Soergel-Kegel,* aaO, Art. 19 EGBGB Anm. 9, 49; *Kegel* aaO 314; *Palandt-Lauterbach,* aaO, Art. 19 EGBGB Anm. 1.

[8] *Soergel-Kegel,* aaO, Art. 18 EGBGB Anm. 11; *Kegel* aaO 308; *Palandt-Lauterbach,* aaO, Art. 18 EGBGB Anm. 2; *Erman-Marquordt,* aaO, Art. 18 EGBGB Anm. 2.

[9] *BGHZ* 43, 213 (218); *BayObLG* FamRZ 1966, 145; *Soergel-Kegel,* aaO, Art. 18 EGBGB Anm. 5; *Kegel* aaO 307.

Nach jordanisch-islamischem Recht des hanafitischen Ritus ist grundsätzlich ein Kind nur dann ehelich, wenn es in der Ehe seiner Eltern gezeugt worden ist. Ein Kind, das innerhalb von sechs Monaten nach der Eheschließung geboren wird, gilt aber dann als ehelich, wenn es von seinem Vater als von ihm abstammend anerkannt wird („iqrâr an-nasab"). Dieses *Anerkenntnis* braucht nicht förmlich ausgesprochen zu werden, sondern es wird auch *in dem konkludenten Verhalten des Ehemanns* gesehen. In casu bestehen deshalb keine Zweifel, daß das Kind auch nach jordanischem Recht ehelich ist; denn auch noch nach der Scheidung betrachtet der Vater das Kind Susanne als sein Kind, leistet Unterhalt und will das Kind seinen Eltern zur Pflege übergeben[10].

### *III. Beachtlichkeit der Rückverweisung im Rahmen des Art. 19 EGBGB*

Hinsichtlich der Hauptfrage der elterlichen Gewalt verweist das deutsche internationale Privatrecht auf das Heimatrecht des Vaters und damit auf jordanisches Recht. Da im Rahmen des Art. 19 EGBGB eine Rückverweisung gemäß Art. 27 EGBGB durch das internationale Privatrecht des Staates, dem der Vater angehört, beachtlich ist[11], und somit möglicherweise kein jordanisches materielles Recht zur Anwendung gelangt, ist zunächst die Frage der Rückverweisung zu klären.

### *IV. Hauptfrage der elterlichen Gewalt nach Scheidung der Ehe: Jordanisches internationales Privatrecht*

#### *1. Rechtsquellen*

Eine Kodifikation des jordanischen internationalen Privatrechts existiert, soweit ersichtlich, noch nicht. Im übrigen ist das jordanische internationale Privatrecht verschieden je nachdem, welches Gericht in Jordanien über einen familienrechtlichen Fall zu entscheiden hat.

Die Frage der elterlichen Gewalt nach Scheidung der Ehe gehört wie alle familien- und erbrechtlichen Fragen in Jordanien – wie in allen islamischen Ländern – zu den Angelegenheiten des „statut personnel" [12].

---

[10] *Appellationsgericht* [„mahkama istisnâf"] *Kairo,* 12. 1. 1964, in Al-maĝmû'at ar-rasmîyat 1965 I 13–21; *Abu Zahra,* Family Law, in: *Khadduri-Liebesny,* Law in the Middle East (Washington 1955) Bd. 1, S. 132–178 (151–153); *Abdel-Wahab,* An Introduction to Islamic Jurisprudence (Kairo 1963) 90–92; in der deutschen Rechtsprechung z. B. LG II Berlin IPRspr. 1933 Nr. 50 (Ägypten).

[11] *Soergel-Kegel,* aaO, Art. 19 EGBGB, Anm. 50; *Erman-Marquordt,* aaO, Art. 19 EGBGB, Anm. 6; *Palandt-Lauterbach,* aaO, Art. 19 EGBGB, Anm. 1.

[12] Art. 2 der Prozeßordnung der šarî'a-Gerichte v. 1959; abgedruckt im Jord.

In Angelegenheiten des „statut personnel", an denen mindestens ein Muslim – hier der Vater – beteiligt ist, können in Jordanien sowohl die islamischen ŝarî'a-Gerichte als auch die ordentlichen (weltlichen) Gerichte zuständig sein.

*Gemäß Art. 102* der jordanischen Verfassung vom 1. 1. 1952[13] sind in zivilrechtlichen Fragen grundsätzlich die ordentlichen Gerichte zuständig. Die Bestimmung lautet:

*Art. 102:*

„The Civil Courts in the Hashemite Kingdom of Jordan shall have jurisdiction over all persons in all matters civil and criminal, including cases of claims by, and against the Government, except in such matters, which by the provisions of this Constitution, or of any law for the time being in force, shall be assigned to the Religious Courts or the Special Courts."

Die ordentlichen Gerichte in dem Haschemitischen Königreich Jordanien haben die Jurisdiktion über alle Personen in zivil- und strafrechtlichen Angelegenheiten, einschließlich der Klagen der und gegen die Regierung, außer in solchen Angelegenheiten, die durch die Bestimmungen dieser Verfassung oder durch ein in Kraft befindliches Gesetz den religiösen oder den Sondergerichten zugewiesen sind.

Die religiösen (ŝarî'a) Gerichte sind gemäß *Art. 105 (i)* der Jord. Verfassung in den Angelegenheiten des „statut personnel" der Muslime zuständig. Die Bestimmung lautet:

„The Sharia Courts shall have exclusive jurisdiction in the following matters in accordance with its special laws:

(i) Matters of personal status of Muslims."[14]

Die ŝarî'a-Gerichte haben die ausschließliche Jurisdiktion in den folgenden Angelegenheiten gemäß ihren besonderen Gesetzen:

1. Angelegenheiten des „statut personnel" der Muslime.

Sind aber in einem familienrechtlichen Fall sowohl ein Muslim als ein Nicht-Muslim betroffen (so in casu), so sind gemäß *Art. 7* des Gesetzes Nr. 2 v. 29. 1. 1938 über die nichtislamischen religiösen Gerichte[15] die

GBl. Nr. 1449/1959; auch The Middle East and North Africa 1967/68 (14. Aufl. 1967) s. v. *Jordan*, Judicial System, S. 404; vgl. ferner *Linant de Bellefonds*, La jurisprudence égyptienne et les conflits de lois en matière de statut personnel, Clunet 87 (1960), 822–856 (824) für *Ägypten; Verdier*, Chronique de jurisprudence tunisienne, Clunet 88 (1961), 540–564 (546) für *Tunesien*; Gannagé, L'influence du pluralisme des statuts personnels dans les droits internes des pays du Proche-Orient sur les règles de droit international privé, Clunet 92 (1965), 291–303 (294) für den *Libanon*.

[13] Abgedruckt bei *Peaslee*, Constitutions of Nations (2. Aufl. 1956) Bd. 2, S. 527–544 (540).

[14] *Peaslee*, aaO, Bd. 2, S. 541.

[15] Abgedruckt in: Maĝmû'at al-qawânîn wa'l-anzimat [Sammlung von Gesetzen und Verordnungen], Amman 1957, Bd. 2, S. 108; vgl. auch The Middle East and North Africa, aaO, 404.

ordentlichen Gerichte („civil courts") zuständig. Die Bestimmung lautet auf deutsch:

„Sind in Angelegenheiten des „statut personnel" sowohl ein Angehöriger einer nichtislamischen Religionsgemeinschaft als auch ein Muslim betroffen, so sind die weltlichen Gerichte zuständig; es sei denn, die Parteien vereinbaren die Zuständigkeit des šarî'a-Gerichts; in diesem Fall ist das šarî'a-Gericht zuständig."

Die weltlichen Gerichte haben gemäß *Art. 103 (i)* Jord. Verfassung in Fällen mit Auslandsberührung die Regeln des internationalen Privatrechts zu beachten. Die Bestimmung lautet:

„The civil and criminal jurisdiction of the Civil Courts shall be exercised in accordance with the law for the time being in force provided that, *in matters* regarding the *personal status of foreigners,* or in other matters of a civil and commercial nature *in which it is customary by international usage to apply the law of another country, such law shall be applied* in a manner to be prescribed by law." [16]

Die Rechtsprechung der ordentlichen Gerichte in Zivil- und Strafsachen erfolgt gemäß den [in Jordanien] in Kraft befindlichen Gesetzen, abgesehen von *Angelegenheiten des „statut personnel" von Ausländern* oder anderen zivil- und handelsrechtlichen Angelegenheiten, *in denen es nach internationalem Rechtsgebrauch üblich ist, das Recht eines anderen Landes anzuwenden; solches Recht wird* in einer Weise *angewandt,* die durch Gesetz bestimmt wird.

*2. Anknüpfung*

a) Bei Zuständigkeit der ordentlichen Gerichte

Über die Frage, welche Regeln des internationalen Privatrechts gemäß Art. 103 (i) Jord. Verfassung von den ordenlichen Gerichten angewendet werden sollen, ist, soweit ersichtlich, noch kein Gesetz ergangen. Es kann deshalb nicht mit Sicherheit gesagt werden, welchem Kollisionsrechtssystem in Jordanien im Zweifel gefolgt wird.

In Betracht kommt möglicherweise insbesondere das ägyptische System (Art. 10–28 Ägypt. ZGB v. 1948), das vielen Staaten im Vorderen Orient als Vorbild gedient hat oder von ihnen rezipiert worden ist (u. a. Syrien, Libyen) [17]. Ferner greifen die jordanischen Gerichte regelmäßig auf ägyptisches Recht nicht nur zu Vergleichszwecken, sondern auch als Rechtsquelle zurück [18].

---

[16] *Peaslee,* aaO, Bd. 2, S. 540.

[17] Vgl. dazu *Rahman,* Vers un droit international privé arabe, in: Revue égyptienne de droit international 21 (1965), 1–22 (arab. Teil); auch *G. M. Badr,* The New Egyptian Civil Code and the Unification of the Laws of the Arab Countries, in: Tul. L. Rev. 30 (1955/56), 299–304.

[18] So z. B. *Jord. Kassationshof* [„mahkama at-tamyiz"], 44/60, 4. 4. 1960, in: Niqâbat al-muhâmîn 1960, 41.

Möglicherweise würde ein weltliches jordanisches Gericht auch die Regeln des englischen internationalen Privatrechts anwenden; denn das englische „law of conflicts" wurde zur Zeit des Palästinamandats (bis 1948), das sich auch auf Westjordanien erstreckte, von den weltlichen Gerichten angewendet[19]. Da das palästinensische Recht auch sonst das jordanische Recht beeinflußt hat[20], ist die Anwendung der englischen internationalprivatrechtlichen Regeln in Jordanien nicht gänzlich auszuschließen.

Die Frage, welchem Kollisionsrechtssystem die jordanischen Gerichte folgen, kann aber letztlich dahinstehen. Denn der jordanische Kassationshof hat *in* allen *gemischt muslimisch-nichtmuslimischen Fällen* gemäß der traditionellen Regel des islamischen „Kollisionsrechts", daß bei der Beteiligung eines Muslims an einem Familienrechtsfall immer *islamisches Recht* maßgibt[21], entschieden[22].

*Zwischenergebnis*

Da im Falle der Zuständigkeit eines weltlichen jordanischen Gerichts in einem familienrechtlichen Fall mit der Beteiligung eines muslimischen Jordaniers islamisches Recht angewendet wird, spricht das jordanische Recht *keine Rückverweisung* auf das deutsche Recht aus.

b) Bei Zuständigkeit der religiösen Gerichte

Anders liegt der Fall auch nicht, wenn ein šarî'a-Gericht in casu zuständig wäre.

Gemäß *Art. 106* Jord. Verfassung entscheidet dieses Gericht nach islamischem Recht. Die Bestimmung lautet:

---

[19] Vgl. *Bentwich,* Survey of Decisions, in: I. C. L. Q. 1 (1952), 262–283 (277); *Wengler,* Internationales und interreligiöses Privatrecht in Palästina, in: RabelsZ 12 (1938/39), 772–808.

[20] Vgl. z. B. die Hinweise in den Kurzinformationen, s. v. Jordanien, in: RabelsZ 31 (1967), 716–720 (717 f.).

[21] Vgl. *Linant de Bellefonds,* Clunet 87 (1960), 826, 828; *Cardahi,* La conception et la pratique du droit international privé dans l'Islam, in: Rec. 1937 II 511–650 (599, 603); derselbe, Conflict of law, in: *Khadduri-Liebesny,* aaO, Bd. 1, S. 334–348 (337); *M. Hamidullah,* La nation musulmane du droit international privé, in: A. F. D. I. 18 (1962), 320–339 (333); *Ramadan,* Islamic Law (London 1961) 145, 150; vgl. auch die Beispiele bei *Khadduri,* The Islamic Law of Nations (Baltimore 1966) 138–141, 180–187; auch neuestens AG Lehrte DAVorm 1968, 308 (310) zu einem ähnlichen Fall im algerischen Recht; zutreffend AG Hamburg FamRZ 1967, 498 (499) (Jordanien).

[22] *Kassationshof* [„mahkama at-tamyiz"], 499/66, 18. 3. 1967, in: Niqâbat al-muhâmîn 1967, 433; 493/65, 10. 1. 1966, ebenda 1966, 380; 288/60, 2. 1. 1961, ebenda 1961, 10; ebenso die sudanesische Rechtsprechung: *N. S. Stergiou* v. *A. N. Stergiou* (1963) S. L. J. R. 182 (185).

„The jurisidiction of the Sharia Courts shall be exercised in conformity with the principles of the Sharia law." [23]

Die Rechtsprechung der šarî'a-Gerichte soll in Übereinstimmung mit den Grundsätzen des islamischen Rechts erfolgen.

Weiter bestimmt *Art. 4* des Gesetzes Nr. 41 v. 10. 2. 1951 über die Verfassung der šarî'a-Gerichte (i. d. F. v. 2. 5. 1953):

> ... die šarî'a-Gerichte sprechen Recht nach der herrschenden Meinung der *Schule des Abû Hanîfa,* sofern nicht besondere Gesetze die Materie regeln [24].

c) Zwischenergebnis

Das jordanische internationale Privatrecht spricht *keine Rückverweisung* auf das deutsche Recht aus.

## B. JORDANISCHES MATERIELLES RECHT

### *I. Rechtsquellen*

Die wichtigste Quelle für das jordanische Familienrecht ist das Familienrechtsgesetz („qânûn huqûq al-'a'-ilat") Nr. 92 vom 17. 7. 1951 (im folgenden FamRG) [25].

Soweit dieses Gesetz eine familienrechtliche Frage nicht regelt, ist kraft Gesetzes *subsidiär* das *islamische Recht des hanafitischen Ritus* anzuwenden. *Art. 129 FamRG* lautet in deutscher Übersetzung:

> „Soweit dieses Gesetz keine Regelung vorsieht, ist der herrschenden Meinung der *Schule Abû* Hanîfas zu folgen." [26]

### *II. Elterliche Gewalt nach Scheidung der Ehe im jordanisch-islamischen Recht*

Nach dem jordanischen Familienrechtsgesetz, das die Frage der elterlichen Gewalt nur in einer Vorschrift behandelt (Art. 123), und dem islamischen Recht des hanafitischen Ritus ergibt sich für den vorliegenden Fall folgende Rechtslage:

*1. Der Begriff der elterlichen Gewalt im jordanisch-islamischen Recht*

Das islamische Recht kennt *keinen einheitlichen Begriff der elterlichen Gewalt.* Es regelt nur die einzelnen Rechte des Vaters und der Mutter in bezug auf das Kind, die in ihrer Gesamtheit als „elterliche Gewalt" qualifiziert werden können [27].

---

[23] *Peaslee,* aaO, Bd. 2, S. 541.

[24] Text in: Maĝmû'at al-qawânîn wa'l-anzimat, Bd. 2, S. 3 f.

[25] Abgedruckt in: Maĝmû'at al-qawânîn wa 'l-anzimat, Bd. 2, S. 20–40.

[26] Maĝmû'at al-qawânîn wa 'l-anzimat, Bd. 2, S. 40.

[27] Vgl. dazu *Klinkhardt,* Die Personensorge nach islamischem Recht, in: ZvglR-

Die *Gesamtheit der Rechte und Pflichten,* die die Sorge für die Person und das Vermögen eines minderjährigen Kindes zum Inhalt hat, heißt *„wilâyat"*. Sie umfaßt einerseits die Ausbildung („ta'alîm") in einer Wissenschaft oder in einem Beruf, die Züchtigung („ta'adîb"), die persönliche Obhut („hifz") und die Verheiratung („tazwîĝ") und erstreckt sich andererseits auf die Sorge für das Vermögen des Minderjährigen und die Vertretungsmacht in persönlichen und geschäftlichen Angelegenheiten[28].

*Inhaber der „wilâyat"* ist nach islamischer Auffassung, solange er lebt, grundsätzlich der *Vater* des Minderjährigen[29].

Ein *eigenes Recht der Mutter* zu rechtlich bedeutsamen Entscheidungen, insbesondere zu der Vertretung des Kindes in persönlichen oder vermögensrechtlichen Angelegenheiten, *besteht* neben der „wilâyat" des Vaters *nicht.* Die *Mutter* besitzt neben dem Vater lediglich das Recht der *„hadâna"*. Das heißt, sie ist nach hanafitischer Auffassung berechtigt, ein Kind bis zu einem bestimmten Alter bei sich zu behalten, für seine leibliche Pflege zu sorgen und es zu erziehen[30].

Das Recht der *„hadâṇa"* hat danach etwa den gleichen Inhalt wie § 1707 I BGB; das heißt, es ist als ein *tatsächliches Personensorgerecht* bis zu einem bestimmten Alter des Kindes zu qualifizieren[31].

Nach jordanischem Recht hat die Mutter das Recht der „hadâna" grundsätzlich bis zur Vollendung des *neunten Lebensjahres* eines Mädchens, das durch gerichtliche Entscheidung um zwei Jahre verlängert werden kann[32].

*Art. 123 Jord. FamRG* lautet:

„Die ‚hadâna' über einen Sohn endet mit der Vollendung seines siebten Lebensjahres; die über eine Tochter mit der Vollendung ihres neunten Lebensjahres. Der Richter kann, wenn es für das Kind vorteilhaft ist, die ‚hadâna' der Mutter

---

Wiss 68 (1966), 1–80 (insbesondere 45–61); *Santillana,* Istituzioni di diritto musulmano (Rom 1926) Bd. 1, S. 289–306; *Safai,* La protection des incapables, Paris 1966, insbesondere 93–137 (zur Personensorge) 141–165 (zur Vermögenssorge); *Abu Zahra* aaO 154–158.

[28] Vgl. z. B. *Mahmassani,* Al-mabâdî aŝ-ŝarî'a wa 'l-qânûnîya (3. Aufl. Beirut 1962) 66, 81; *Magniya,* Fiqh al-Imâm Ga'far as-Sâdiq, Bd. 5 (Beirut 1966) S. 106 f.

[29] Z. B. *Imambandi* v. *Mutsaddi* (1918) 45 L. R. Ind. App. 73; zit. n. *A. Fyzee,* Cases in the Muhammadan Law, Oxford 1965, S. 260–274 (264 f.); *Imambandi* v. *Mutsaddi* ist allgemein anerkannt der „leading case" in der moderneren islamischen Rechtslehre zum Eltern-Kind-Verhältnis; *Santillana,* aaO, Bd. 1, S. 293.

[30] *Al-Hidâyat,* zit. n. The Hedaya or Guide: A Commentary on the Mussulman Laws, übers. v. *Hamilton* (2. Aufl. Nachdruck Lahore 1963) S. 138–140; *Klinkhardt,* ZvglRWiss. 68 (1966), 45–49; *Santillana,* aaO, Bd. 1, S. 289–293; *Safai* aaO 94.

[31] Ebenso: *Klinkhardt,* ZvglRWiss 68 (1966), 45; zutreffend AG Hamburg RamRZ 1967, 498 (499) (Jordanien); AG Hamburg FamRZ 1967, 500 (501) (Iran) („Personensorgerecht").

[32] Vgl. *Anderson,* M. W. Q. 42 (1952), 205.

über ihren Sohn von sieben auf neun Jahre, die über ihre Tochter von neun auf elf Jahre erhöhen." [33]

*Art. 127 Jord. FamRG* bestimmt im Gegensatz zu anderen modernen Kodifikationen im islamischen Orient, daß die Zeit nach Hiĝra (Lunar)-Jahren zu bestimmen ist. Der Artikel lautet:

„Unter Jahren im Sinne dieses Gesetzes sind Hiĝra (Lunar)-Jahre zu verstehen." [34]

Da das Kind Susanne am 31. 7. 1965 geboren worden ist, vollendet es am 25. 4. 1974 ihr 9. und am 1. 4. 1976 ihr 11. Lunar-Jahr.

*Nach* Ablauf dieser *Fristen steht* auch das Recht der *„hadâna" automatisch dem Vater zu*[35].

## *2. Elterliche Gewalt nach Scheidung der Ehe*

Die oben entwickelten Grundsätze bezüglich der „elterlichen Gewalt" nach islamischem Recht gelten nicht nur während des Bestehens der Ehe, sondern auch nach der Ehescheidung. Das jordanisch-islamische Recht kennt keine dem § 1671 BGB entsprechende Bestimmung, die eine Konzentration der elterlichen Gewalt über ein eheliches Kind bei einem Elternteil vorsieht. Die Scheidungsfolgen betreffen nach islamischem Recht nur die Ehe selbst. Das bedeutet: die Inhaberschaft der *„wilâyat"* wird – ebenso wie das Recht der *„hadâna" – durch* die *Scheidung nicht berührt*[36].

Der geschiedene Ehemann Naif M. behält somit, unabhängig davon, bei welchem Elternteil sich das Kind nach der Scheidung der Ehe aufhält und wer die Schuld an der Ehescheidung trägt, weiterhin die elterliche Gewalt („wilâyat").

Ebenso wie der Vater die „wilâyat" behält auch die Mutter des Kindes die „hadâna" in jedem Fall bis 1974 (möglicherweise bis 1976). Daß die

---

[33] Maĝmû'at al-qawânîn wa 'l anzimat, Bd. 2, S. 39.

[34] Maĝmû'at al-qawânîn wa 'l-anzimat, Bd. 2, S. 40.

[35] *N. S. Stergiou* v. *A. N. Stergiou* (1963) S. L. J. R. 182 (185); *The Hedaya* aaO 138 f.; *D. F. Mulla,* Principles of Mahomedan Law, (14. Aufl. Kalkutta 1955) 299; zutreffend: *AG Hamburg* FamRZ 1967, 498 (500) (Jordanien).

[36] *J. N. D. Anderson,* The Eclipse of the Patriarchal Family in Contemporary Islamic Law, in: *Anderson,* Family Law in Asia and Africa (New York 1968) 221–234 (222, 232); *Safai* aaO 98, 147; *Klinkhardt,* ZvglRWiss 68 (1966), 50; *Santillana,* aaO, Bd. 1, S. 299 (Scheidung kein Verlustgrund für „wilâyat"); ferner z. B. folgende Fälle: *Bharai* v. *Wazir Muhammad* P. L. D. 1967 (W. P.) Lahore 333; *Zadha Begum* v. *Muhammad Nazir* P. L. D. 1966 Azad J & K 1; *Zahra Begum* v. *Latif Ahmad Munawwar* P. L. D. 1965 (W. P.) Lahore 695; *Akhtar Ahmad* v. *Hazoor Begum* P. L. D. 1965 (W. P.) Karachi 65; *Nazeer Begum* v. *Abdul Sattar* P. L. D. 1963 (W. P.) Karachi 465; *N. S. Stergiou* v. *A. N. Stergiou* (1963) S. L. J. R. 182. Zutreffend in der *deutschen* Rechtsprechung: KG FamRZ 1968, 92 (93) (Irak); AG Hamburg FamRZ 1967, 500 (501) (Iran); AG Hamburg FamRZ 1967, 498 (500) (Jordanien).

geschiedene Ehefrau an einem anderen Ort (in H.) als der Ehemann (in A.) wohnt, beeinträchtigt ihr Recht der „hadâna" in casu nicht. Denn, obwohl das islamische Recht der geschiedenen Ehefrau sehr erhebliche Beschränkungen hinsichtlich ihrer Bewegungsfreiheit auferlegt, sofern sie zusammen mit ihrem Kind ihren Wohnort wechseln will, steht es ihr immer frei, sich mit dem Kinde an ihrem Heimatort oder dem Ort aufzuhalten, an dem die Ehe geschlossen worden ist, auch wenn der Ehemann dort nicht lebt[37].

### 3. *Voraussetzung für „hadâna" nach der Ehescheidung: Religionsgleichheit zwischen Mutter und Kind*

Bedenken, daß der Mutter das Recht der „hadâna" nach der Ehescheidung gemäß jordanisch-islamischem Recht nicht mehr zusteht, bestehen deswegen, weil die Mutter Christin ist.

Nach jordanisch-islamischem Recht muß grundsätzlich die Religion der die „hadâna" innehabenden Mutter mit der des Kindes übereinstimmen[38]. Das eheliche Kind eines muslimischen jordanischen Vaters erwirbt durch die Geburt ipso iure die islamische Religion und die Staatsangehörigkeit seines Vaters[39]. Deshalb kann nach einer weitverbreiteten Ansicht eine nicht muslimische Mutter grundsätzlich nur dann das Recht der „hadâna" ausüben, wenn sie ihr Kind so erzieht, daß keine Befürchtungen bestehen, daß es vom Islam abfällt. Solange eine nichtmuslimische Mutter mit einem Muslim verheiratet ist, nimmt die h. M. der Hanafiten an, daß sie wegen des maßgeblichen Einflusses des Ehemanns auf die Erziehung des Kindes die „hadâna" besitzen kann. Sofern der Einfluß des Vaters jedoch wegfällt (durch Scheidung oder Tod), besitzt die Mutter nach dieser Ansicht das Recht der „hadâna" in keinem Fall[40].

Ob die jordanischen Gerichte dieser Ansicht folgen, oder ob sie wie die Gerichte anderer Staaten, in denen die hanafitische Schule herrscht, auch einer Christin das Recht der „hadâna" belassen[41], kann nicht festgestellt werden. Da aber große Zweifel bestehen, daß eine katholische

---

[37] Vgl. *The Hedaya* aaO 139; *Klinkhardt*, ZvglRWiss 68 (1966), 51 f.; auch *Atia Waris* v. *Sultan Ahmad Khan* P. L. D. 1959 (W. P.) Lahore 205 (209); *Mahmooda Khatoon* v. *Zainul Hasnaim Rizvi* P. L. D. 1958 (W. P.) Karachi 150 (152).

[38] *Abu Zahra* aaO 154 f.; *Santillana*, aaO, Bd. 1, S. 291.

[39] *Atia Waris* v. *Sultan Ahmad Khan* P. L. D. 1959 (W. P.) Lahore 205 (215); *The Hedaya*, aaO, S. 64. Art. 9 Jord. StAG v. 1954, bei *Kruse*, Das Staatsangehörigkeitsrecht der arabischen Staaten (1955) 76.

[40] *Atia Waris* v. *Sultan Ahmad Khan* P. L. D. 1959 (W. P.) Lahore 205; *The Hedaya* aaO 139; *Santillana*, aaO, Bd. 1, S. 291; *Abu Zahra* aaO 155; *Safai* aaO 104 f., 107; auch *Klinkhardt*, ZvglRWiss 68 (1966), 76.

[41] So z. B. in Syrien und Irak: *Safai* aaO 107; auch im Sudan: *N. S. Stergiou* v. *A. N. Stergiou* (1963) S. L. J. R. 182.

Mutter in Deutschland ihr Kind islamisch erziehen wird (und kann), ist es zweifelhaft, ob ein jordanisches Gericht in einem solchen Fall der Mutter das Recht der „hadâna" beläßt[42].

### *4. Gebot der Religionsgleichheit: Verstoß gegen Art. 30 EGBGB*

Sofern die Mutter nach jordanisch-islamischem Recht nur deswegen nicht das Recht der „hadâna" haben sollte, weil sie und ihr Kind verschiedener Religionszugehörigkeit sind, verstößt diese Regelung gegen den deutschen „ordre public" (Art. 30 EGBGB). Denn diese Bestimmung des jordanischen Rechts verstößt unzweifelhaft grob gegen den Gleichheitsgrundsatz des Art. 3 III GG, der wie alle wesentlichen Verfassungsgrundsätze von der Vorbehaltsklausel des Art. 30 EGBGB umfaßt wird[43].

Diese Norm des jordanischen Rechts bedeutet eine Diskriminierung aller nichtmuslimischen Mütter, die auf diese Weise nur der Religionsverschiedenheit wegen nicht einmal das Recht der tatsächlichen Personensorge für ihre Kinder im sehr jungen Alter haben, obwohl sie dazu in aller Regel besser geeignet sind als der Vater oder ein Außenstehender. Die Vorschrift ist deshalb in Deutschland, da sie für ganze Kategorien von Personen die Unfähigkeit, die Personensorge auszuüben, anordnet, gemäß Art. 30 EGBGB nicht anzuwenden[44].

### *Zwischenergebnis*

Soweit das jordanisch-islamische Recht die Mutter wegen der Verschiedenheit der Religion vom Recht der „hadâna" ausschließt, ist dieser Rechtssatz gemäß Art. 30 EGBGB in Deutschland nicht anzuwenden.

---

[42] So läßt die hier bekannte Rechtspraxis im Iran der Mutter das Recht der „hadâna" nicht; vgl. für Pakistan: *Atia Waris* v. *Sultan Ahmad Khan* P. L. D. 1959 (W. P.) Lahore 205; Die ursprünglich christliche Ehefrau trat vor der Eheschließung mit einem Muslim gegen den Willen ihrer Eltern zum Islam über. Nach dem Tode ihres Ehemannes lebte sie wieder bei ihren Eltern. Die Eltern des verstorbenen Ehemanns (Muslime) verweigerten die Herausgabe des ehelichen Kindes. Das Gericht entschied, die Mutter sei zwar zum Islam übergetreten; da sie jedoch wieder bei ihren christlichen Eltern lebe, bestehe die Gefahr, daß das Kind nicht islamisch erzogen werde, so daß ihr deshalb das Recht der „hadâna" nicht mehr zustehe.

[43] *BGH* FamRZ 1968, 642 (644); *BGHZ* 42, 7 (13); vgl. auch *Beitzke*, Grundgesetz und Internationalprivatrecht (1961) 34–37; *Henrich*, Wann verbietet der deutsche ordre public die Anwendung ausländischen Rechts? in: StAZ 1966, 301–308 (302 f.).

[44] Vgl. *Ferid-Firsching*, Internationales Erbrecht, Stand: Februar 1967, Bd. 1, Einführung Anm. 21 für das internationale Erbrecht.

Falls das Kind bereits getauft sein sollte, entfällt dieses Problem; denn dann ist die Voraussetzung der Religionsgleichheit zwischen Mutter und Kind gegeben.

*5. Verhältnis von „wilâyat" und „hadâna" nach Scheidung der Ehe*

Auch in der Zeit, in der der Mutter das Recht der „hadâna" zusteht, gewährt es der Mutter kein alleiniges Personensorgerecht. Denn trotz der „hadâna" hat der *Vater* aufgrund seiner „wilâyat" – unabhängig davon, ob die Ehe geschieden ist – ein *Recht zur Kontrolle* der Erziehung des Kindes durch die Mutter *und* zur *Aufsicht* über das Kind. Das bedeutet insbesondere auch, daß dem Vater ein angemessenes Verkehrsrecht mit dem Kinde zusteht. Aus diesem Grunde darf die Mutter mit dem Kinde ohne die Zustimmung des Vaters auch ihren Wohnort nicht beliebig weit vom Wohnort des Vaters entfernt nehmen, da auf diese Weise die Kontrollrechte des Vaters beeinträchtigt werden. Der Vater hat allerdings auch zu dieser Zeit für den Unterhalt des Kindes aufzukommen[45].

Das Recht des Vaters geht jedoch nicht soweit, daß er der Mutter das Kind, solange dieser das Recht der „hadâna" zusteht, fortnehmen oder Maßnahmen veranlassen kann, die das Sorgerecht der Mutter aushöhlen. Das Recht der Mutter geht insoweit vor. So darf der Vater insbesondere das Kind nicht ohne die Zustimmung der Mutter zu sich nehmen, um es bei sich zu behalten oder um mit ihm zu verreisen[46].

Das bedeutet somit, daß der Mutter auch nach der Scheidung der Ehe nur eine zeitlich begrenzte tatsächliche Personensorge zusteht, die auch in dieser Zeit von dem geschiedenen Ehemann nach jordanisch-islamischem Recht regelmäßig überwacht werden kann.

*6. Entzug der „wilâyat" des Vaters*

Eine Entziehung der elterlichen Gewalt („wilâyat") kennt das jordanisch-islamische Recht grundsätzlich nur in den Fällen der Verschollenheit, der Entmündigung, der Apostasie des Vaters und bei besonders schweren kriminellen oder sittlichen Vergehen gegenüber dem Kind[47].

In der modernen Rechtsprechung zum islamischen Recht ist, soweit ein Entzug der „wilâyat" des Vaters im Interesse des Kindeswohls durch eine gerichtliche Entscheidung erfolgt ist, mehrfach ausdrücklich darauf hingewiesen worden, daß dies contra legem islamicam erfolgt ist. So in Algerien[48]. Auch in der ägyptischen Rechtsprechung ist dem Vater in

[45] *Muhammad Sadiq* v. *Sadiq Safoora* P. L. D. 1963 (W. P.) Lahore 534 (546); *The Hedaya,* aaO, S. 139; *Santillana* aaO 292; *Klinkhardt,* ZvglRWiss 68 (1966), 51–54. Zutreffend in der deutschen Rechtsprechung: *AG Hamburg* FamRZ 1967, 500 (501) (Iran); *AG Hamburg* FamRZ 1967, 498 (500) (Jordanien).

[46] *Safai* aaO 107–112; *Klinkhardt,* ZvglRWiss 68 (1966), 47–61; auch *KG* FamRZ 1968, 92 (93) (Irak).

[47] *Safai* aaO 158 f.; *Santillana,* aaO, Bd. 1, S. 299.

[48] Vgl. die Entscheidungen der *Chambre de Révision Musulmane de la Cour d'Appel d'Alger* 27. 5. 1957, 23. 3. 1960, 20. 10. 1960, abgedruckt bei: *Siband,*

einigen exzeptionellen Fällen die „wilâyat" entzogen worden[49]. Das gleiche gilt für Pakistan[50].

Alle diese Entscheidungen – insbesondere die pakistanischen – sind in Sonderfällen im Interesse des Kindes auf außerislamrechtliche Gesichtspunkte gestützt worden. Es erscheint deshalb höchst zweifelhaft, ob die Grundsätze in diesen vereinzelten Entscheidungen, die wegen ihrer nicht traditionellen Interpretation des islamischen Familienrechts teilweise auf erhebliche Kritik gestoßen sind[51], ohne weiteres auf Jordanien übertragen werden können. Denn die jordanische Rechtsprechung entscheidet in familienrechtlichen Fragen in aller Regel gemäß dem überkommenen hanafitischen Recht. Damit bewendet es in casu bei der allgemeinen Regel, daß dem Vater die „wilâyat" nur ganz ausnahmsweise entzogen werden kann. Ein solcher Fall liegt hier jedoch nicht vor; denn der Vater leistet Unterhalt für das Kind, besucht es regelmäßig und ist offensichtlich an der Sorge für das Kind interessiert. Damit entfällt nach jordanisch-islamischem Recht die Möglichkeit, ihm die „wilâyat" zu entziehen[52].

### 7. *Zwischenergebnis*

Durch die Scheidung der Ehe wird die Frage der elterlichen Gewalt nach jordanisch-islamischem Recht nicht berührt. Der Mutter steht ein tatsächliches Personensorgerecht („hadâna") für ihre Tochter bis zum Alter von neun Jahren zu. Diese Frist kann durch das Gericht nur um zwei Jahre verlängert werden. Im übrigen ist der Vater der Inhaber der elterlichen Gewalt („wilâyat"), die ihm in casu nicht entzogen werden kann. Er hat das Recht, die Mutter bei der Ausübung ihres Sorgerechts zu überwachen.

## C. DAS PROBLEM DES DEUTSCHEN „ORDRE PUBLIC": ART. 30 EGBGB

Zu prüfen bleibt, ob die Beschränkung der Rechte der Mutter auf ein bloßes tatsächliches Personensorgerecht und dessen Begrenzung auf maximal elf Jahre gegen den deutschen „ordre public" (Art. 30 EGBGB) ver-

---

Répertoire alphabétique de jurisprudence musulmane 1956–1960 (Algier 1962) 209 f.

[49] Nachweis bei *Sabâ'i-Sabûnî*, Al-ahwâl aŝ-ŝahsîya (Damaskus 1966) 61.

[50] Vgl. z. B. *Bharai* v. *Wazir Muhammad* P. L. D. 1967 (W. P.) Lahore 333 (335); *Rashida Begum* v. *Shahab Din* P. L. D. 1960 (W. P.) Lahore 1142; *Zohra Begum* v. *Latif Ahmad Munawwar* P. L. D. 1965 (W. P.) Lahore 695.

[51] Vgl. *Zadha Begum* v. *Muhammad Nazir Khan* P. L. D. 1966 Azad J & K 1 (4); auch *Coulson*, Islamic Law, in: *Derrett*, J. D. M., An Introduction to Legal Systems (London 1968) 54–79 (76 f.),

[52] Vgl. *Munawar Jan* v. *Muhammad Afsar Khan* P. L. D. 1962 (W. P.) Lahore 142; auch *Sultana Begum* v. *Muhammad Shafi* P. L. D. 1965 (W. P.) Karachi 416.

stößt. Ohne der richterlichen Entscheidung vorgreifen zu wollen, ist auf folgendes hinzuweisen:

Die Beschränkung des Personensorgerechts der Mutter für ein Mädchen auf maximal elf Jahre bedeutet als abstrakte Regel keinen Verstoß gegen Art. 30 EGBGB, solange dadurch das Wohl des Kindes nicht erheblich gefährdet wird. Solche Gefährdung ist nicht ohne weiteres deswegen anzunehmen, weil das Recht der Mutter zur Pflege und Erziehung ihres Kindes im jordanisch-islamischen Recht für die Mutter ungünstiger geregelt ist als in Deutschland[53].

Eine Gefährdung des Wohles des Kindes, das die jordanische Staatsangehörigkeit seines Vaters besitzt, kann aber in dessen möglicher Verbringung in die Türkei, die der Vater beabsichtigt, liegen. In diesem Umstand ist allerdings eine Verletzung des Kindeswohls zu erblicken, weil das Kind dann gänzlich die Pflege und Erziehung durch die Mutter, insbesondere in den ersten Lebensjahren, entbehren müßte. In diesem Fall läge ein erheblicher Verstoß gegen den deutschen „ordre public" vor. Auf diese Weise würde nicht nur das Kindeswohl verletzt werden, sondern die an der Ehescheidung nicht schuldige Mutter verlöre auch jede Möglichkeit, jemals wieder Kontakt zu ihrem Kind, das in einer von der deutschen völlig verschiedenen Umwelt aufwüchse, zu bekommen.

In ständiger Rechtsprechung ist in Deutschland deshalb entschieden worden (meist ohne die Gefährdung des Kindeswohls in concreto zu untersuchen), daß die Bestimmung des islamischen Rechts, nach denen automatisch die Personensorge für die Kinder nach einem bestimmten Alter auf den Vater übergeht, gegen Art. 30 EGBGB verstößt, da diese Norm des streng patriarchalischen islamischen Familienrechts nicht mit den Vorschriften der Art. 3 II, 6 II 1 GG zu vereinbaren ist[54].

Im vorliegenden Fall kann die Frage jedoch offenbleiben, bis die Tochter Susanne am 25. 4. 1974 ihr 9. bzw. am 1. 4. 1976 ihr 11. Lunarjahr vollendet.

---

[53] Ebenso: *AG Hamburg* FamRZ 1967, 498 (500) (Jordanien); im Ergebnis auch *AG Schwäbisch-Hall* FamRZ 1965, 517 (Iran).

[54] *OLG München* FamRZ 1960, 372 (373) (Iran); *OLG Neustadt* FamRZ 1963, 51 (Iran); *AG Hamburg* FamRZ 1967, 500 (502) (Iran); *LG Hechingen* FamRZ 1967, 503 (504) (Iran); *LG Mannheim* und *AG Wolfenbüttel* FamRZ 1967, 505 (LS; Iran); *LG Braunschweig* FamRZ 1968, 94 (LS; Iran); *KG* FamRZ 1968, 92 (93) (Irak). Zustimmend: *Henrich,* StAZ 1966, 303; auch *Soergel-Kegel,* aaO, Art. 19 EGBGB Anm. 53; a. A. *AG Schwäbisch-Hall* FamRZ 1965, 517 (ohne auf die Frage des „ordre public" einzugehen und ohne sich mit den genannten Entscheidungen auseinanderzusetzen).

D. GESAMTERGEBNIS

Zur Entscheidung über die Frage der elterlichen Gewalt nach Scheidung der Ehe beruft das deutsche Kollisionsrecht jordanisches Recht, das keine Rückverweisung ausspricht.

Nach jordanischem interpersonalem Kollisionsrecht ist im vorliegenden Fall das jordanisch-islamische Recht des hanafitischen Ritus maßgebend.

Dem jordanisch-islamischen Recht ist eine dem § 1671 BGB entsprechende Regel nicht bekannt. Die Scheidung hat keinen Einfluß auf die Frage der elterlichen Gewalt.

Der Mutter steht lediglich ein tatsächliches Personensorgerecht („hadâna") über ihre Tochter bis zur Vollendung des 9. Lunar-Jahres (23. 4. 1974) zu, das durch gerichtliche Entscheidung um zwei Jahre (bis zum 1. 4. 1976) verlängert werden kann. Inhaber der elterlichen Gewalt („wilâyat") ist vor und nach der Scheidung der Ehe der Vater. Er besitzt auch das Recht, die Erziehung des Kindes zu überwachen, wenn es sich nach der Ehescheidung bei der Mutter befindet. Er ist auch in dieser Zeit der gesetzliche Vertreter des Kindes. Ein Entzug der elterlichen Gewalt kommt in casu nach jordanisch-islamischem Recht nicht in Betracht.

Die Beschränkung der Rechte der Mutter auf ein bloß tatsächliches Personensorgerecht lediglich bis zur Vollendung des 9. bzw. 11. Lebensjahres des Kindes verstößt gegen den deutschen „ordre public", sofern dadurch das Wohl des Kindes beeinträchtigt wird. Die Frage kann jedoch zur Zeit offenbleiben, da die Tochter Susanne erst drei Jahre alt ist.

## Nr. 35

## Kanada (Britisch Kolumbien)

**1. Leben ein geschiedener Kanadier in der kanadischen Provinz Britisch-Kolumbien und seine frühere deutsche Ehefrau in Deutschland, so beurteilt sich die elterliche Gewalt über das beim Vater lebende eheliche Kind nach dem Recht der Provinz Britisch-Kolumbien und hinsichtlich des bei der Mutter lebenden ehelichen Kindes nach deutschem Recht.**

**2. Nach dem Recht der Provinz Britisch-Kolumbien ist die elterliche Gewalt in der Regel dem schuldlos geschiedenen Ehegatten zu übertragen.**

**3. Zur internationalen Zuständigkeit deutscher Vormundschaftsgerichte bei der Regelung der elterlichen Gewalt hinsichtlich eines Kindes, das bei seinem Vater in Britisch-Kolumbien lebt, während die Mutter ihren Wohnsitz in Deutschland hat.**

**Hamburg G 97/68 vom 28. 8. 1968**

Das Amtsgericht Hamburg bittet in der Sorgerechtssache H. um Auskunft über deutsches und kanadisches Internationales Privatrecht, kanadisches materielles Kindschaftsrecht sowie kanadisches Staatsangehörigkeitsrecht.

Folgender Sachverhalt ergibt sich aus der übersandten Gerichtsakte: Die Eheleute H., die von Geburt deutsche Staatsangehörige waren, haben am 8. 12. 1943 in Deutschland geheiratet. Am 11. 11. 1945 und am 3. 2. 1949 wurden die Söhne Dieter und Günther in Deutschland geboren. In den Jahren 1951/1952 ist die Familie nach Kanada ausgewandert, wo am 9. 4. 1953 der jüngste Sohn Peter geboren wurde. Im Jahre 1957 wurden die Eheleute H. in Kanada eingebürgert. Sie kehrten – mit ihren Kindern – im Jahre 1964 nach Deutschland zurück, wo Frau H. mit den beiden älteren Söhnen noch heute lebt. Herr H. ist Ende 1964 nach Kanada zurückgekehrt; er hat den Sohn Peter mitgenommen. Nach Angabe des Gerichts ist er heute in der Provinz Britisch-Kolumbien wohnhaft und domiziliert. Frau H. ist auf Antrag durch Einbürgerung wieder deutsche Staatsangehörige geworden. Die Ehe ist durch Urteil des Landgerichts H. vom 20. 3. 1968 rechtskräftig aus dem alleinigen Verschulden des Ehemannes geschieden worden.

Im Rahmen der Sorgerechtsregelung für die Kinder Günther und Peter fragt das Amtsgericht nach der Rechtslage.

## *I. Deutsches Internationales Privatrecht*

1. Das für die Rechtsbeziehungen zwischen Eltern und ihren ehelichen Kindern maßgebliche Recht bestimmt sich nach der Vorschrift des *Art. 19 EGBGB*. Zwar ist dort ausdrücklich nur der Fall geregelt, daß der Vater Deutscher ist. Rechtsprechung und Schrifttum haben jedoch diese einseitige Kollisionsnorm zu einer allseitigen ausgestaltet: die Frage der elterlichen Gewalt ist nach dem jeweiligen Heimatrecht des Vaters zu beurteilen[1]. Dieser Grundsatz gilt auch für Kinder aus geschiedenen Ehen[2].

Der Vater ist im vorliegenden Fall kanadischer Staatsangehöriger; die deutsche Staatsangehörigkeit hat er im Jahre 1957 durch Einbürgerung in Kanada verloren[3]. Da Kanada als Bundesstaat mehrere regionale Teilrechtsordnungen umfaßt, deren Anwendungsbereiche nicht durch ein gemeinsames interlokales Kollisionsrecht abgegrenzt sind, ist im Wege der

[1] *RG* 25. 1. 1940, RGZ 162, 329, 332; *Soergel-Siebert(-Kegel)*, BGB Bd. V (9. Aufl. 1961) Art. 19 EGBGB, Anm. 1; *Palandt(-Lauterbach)*, BGB (27. Aufl. 1968) Art. 19 EGBGB, Anm. 2.

[2] *RG* 25. 1. 1940 aaO, 335 f.; *OLG Hamm* 21. 8. 1964, FamRZ 1965, 92, 93; *Palandt (-Lauterbach)* aaO.

[3] § 27 Abs. 1 RuStG 1913, BGBl. 583.

Unteranknüpfung an den Wohnsitz oder gewöhnlichen Aufenthalt innerhalb des Heimatstaates das Recht von *Britisch-Kolumbien* zur Entscheidung berufen[4].

2. Eine Rück- oder Weiterverweisung dieses Rechts ist jedoch gegebenenfalls in analoger Anwendung des *Art. 27 EGBGB* zu beachten[5]. Dabei genügt u. U. eine „versteckte" Rückverweisung, wenn nämlich in dem fremden Recht zwar eine ausdrückliche Kollisionsnorm fehlt, aber anzunehmen ist, daß die Anwendung deutschen Rechts dem Sinne des fremden Kollisionsrechts entspricht[6].

### *II. Internationales Privatrecht von Britisch-Kolumbien*

1. Das *Internationale Privatrecht* von Britisch-Kolumbien enthält in Übereinstimmung mit dem englischen Recht für die Teilbereiche der Personen- und Vermögenssorge, die der deutschen „elterlichen Gewalt" entsprechen (custody – guardianship of the property)[7], keine ausdrückliche Kollisionsnorm. Für die anglo-kanadische Kollisionsnorm steht vielmehr nicht die Ermittlung des anwendbaren Rechts (choice of law) im Vordergrund, sondern die Frage der Gerichtszuständigkeit (jurisdiction): Einerseits wendet ein kanadisches Gericht, wenn es seine jurisdiction für eine sorgerechtliche Maßnahme als gegeben ansieht, stets sein eigenes Recht (die lex fori) an; andererseits machen die kanadischen Gerichte auch die Anerkennung einer ausländischen Sorgerechtsentscheidung in der Hauptsache von der jurisdiction des erkennenden Gerichts, nicht aber von dem der Entscheidung zugrunde gelegten Recht abhängig[8]. Eine solche Verknüpfung der Rechtsanwendungs- mit der Zuständigkeitsfrage ist der typische Fall einer „versteckten" Rückverweisung auf das deutsche Recht, falls den deutschen Gerichten nach Auffassung des fremden Rechts Jurisdiktionsgewalt zukommt.

2. Die *internationale Zuständigkeit* für Sorgerechtssachen ist nach anglo-kanadischer Auffassung in erster Linie dann gegeben, wenn die Beteiligten im Gerichtsstaat domiziliert sind[9]. Dabei ist der Begriff des

---

[4] Vgl. *Kegel*, IPR (2. Aufl. 1964), 138 f.; *Neuhaus*, Die Grundbegriffe des IPR (1962), 209 ff.; *Soergel-Siebert(-Kegel)* Anm. 109 ff. vor Art. 7 EGBGB.

[5] Vgl. statt aller *Palandt(-Lauterbach)* Art. 27 EGBGB Anm. 3.

[6] Vgl. statt aller *Hanisch*, Die „versteckte" Rückverweisung im internationalen Familienrecht: NJW 1966, 2085 ff. mit weiteren Nachweisen.

[7] Vgl. *Hanisch* 2086, Anm. 17.

[8] *Johnson*, Conflict of Laws (2. Aufl. 1962), 173 ff.; *Castel*, Private International Law (1960), 129 ff.

[9] *Johnson* 173; *Castel* 130; speziell für Britisch-Kolumbien vgl. die Entscheidung des Supreme Court of British Columbia In re Equal Guardianship of Infants Act, 1 (1951) WWR (N. S.) 229.

Domizils im Sinne des anglo-kanadischen Rechts zu verstehen. Dieses unterscheidet zwischen dem durch Geburt erworbenen domicile of origin (Domizil des ehelichen Vaters bzw. der unehelichen Mutter im Zeitpunkt der Geburt) und dem domicile of choice. Letzteres kann eine volljährige Person dadurch erwerben, daß sie sich in einem anderen Land mit der Absicht niederläßt, dort für immer oder jedenfalls doch auf unbestimmte Zeit zu verbleiben und nicht mehr in das Land des bisherigen Domizils zurückzukehren. Weder Ehefrau noch Kinder besitzen nach anglo-kanadischer Auffassung ein eigenes Domizil; sie teilen vielmehr für die Dauer der Ehe bzw. der Minderjährigkeit das Domizil des Familienvaters, das im vorliegenden Fall in Ontario gelegen ist[10].

Indessen gilt der Domizilgrundsatz in Kindschaftssachen auch nicht uneingeschränkt. Die kanadischen Gerichte nehmen vielmehr die internationale Zuständigkeit zur Sorgerechtsregelung schon dann in Anspruch, wenn sich das betreffende Kind nur vorübergehend im Gerichtsstaat aufhält, ohne dort domiziliert zu sein. Dabei wird nicht verlangt, daß sich auch der bisherige Sorgerechtsinhaber im Gerichtsstaat aufhält; überdies kann eine Regelung des Sorgerechts ohne Rücksicht darauf erfolgen, ob mit ihrer Anerkennung im Domizilstaat des Kindes und des bisherigen Sorgeberechtigten zu rechnen ist[11].

In dieser Entscheidung wurde die jurisdiction der kanadischen Gerichte zu einer Überprüfung der Sorgerechtsregelung, die ein kalifornisches Gericht getroffen hatte, trotz des Umstandes bejaht, daß das Kind gegen den Willen der sorgeberechtigten Mutter nach Kanada verbracht worden war[12].

In Britisch-Kolumbien ist die Zuständigkeit der Gerichte für Sorgerechtsregelungen außerdem noch – kraft besonderer gesetzlicher Regelung – *im Rahmen eines Ehescheidungsverfahrens gegeben*[13]. Der Supreme Court of British Columbia hat jedoch diese gesetzliche Zuständigkeitsregelung dahin interpretiert, daß das Kind in der Provinz domiziliert oder doch jedenfalls anwesend sein müsse. Keinesfalls seien die Gerichte Britisch Kolumbiens zu einer Sorgerechtsregelung befugt, falls Kind und Vater im Ausland oder in einer anderen Provinz lebten, wo der Vater domiziliert sei[14].

---

[10] Zur Domizilfrage vgl. *Johnson* 59 ff.; *Castel* 52 ff.; *Lafleur*, Conflict of Laws (1889) 49 ff.

[11] Vgl. Lord *Simonds* in *McKee* v. *McKee*, [1951] A. C. 352 (360): „The infant was resident, if not domiciled, in the province: he was within the King's allegiance and entitled to the protection of his courts."

[12] Vgl. *Johnson* 180 f.; *Castel* 130 Anm. 108: „In other words both the court of the infant's domicile and that within whose jurisdiction he is present have jurisdiction" (mit weiteren Nachweisen aus der kanadischen Rechtsprechung).

[13] Sects. 12, 13 Equal Guardianship of Infants Act, Revised Statutes of British Columbia 1960, ch. 130.

[14] In re Equal Guardianship of Infants Act, aaO.

3. Wendet man diese Grundsätze auf den *vorliegenden Fall* an, so ergibt sich folgendes:

a) Hinsichtlich des Sohnes *Günther* ist die jurisdiction der deutschen Gerichte aus dessen mehrjährigen Inlandsaufenthalt herzuleiten. Insoweit liegt eine „versteckte" Rückverweisung auf deutsches materielles Kindschaftsrecht vor.

b) Bezüglich des Sohnes *Peter* läßt sich hingegen eine deutsche Sorgerechtszuständigkeit nach kanadischer Auffassung nicht begründen, da er in Deutschland weder domiziliert ist noch hier seinen Wohnsitz oder auch nur vorübergehenden Aufenthalt hat. Insoweit verbleibt es daher bei der Anwendung des materiellen Sorgerechts der Provinz Britisch-Kolumbien.

### *III. Materielles Sorgerecht von Britisch-Kolumbien*

Gemäß sect. 12 Equal Guardianship of Infants Act (aaO) ist das Scheidungsgericht befugt, dem schuldigen Elternteil das Recht der Personen- und Vermögenssorge (custody – guardianship) zu entziehen. Allgemein – also auch außerhalb eines Scheidungsverfahrens – können gemäß sect. 13 des vorgenannten Gesetzes Sorgerechtsregelungen unter folgenden Voraussetzungen getroffen werden:

*Sect. 13 (1):*

„The Court may, upon application of either parent of an infant, make such order as it may think fit regarding the custody of the infant and the right of access thereto of either parent, having regard to the welfare of the infant, and to the conduct of the parents, and to the wishes as well of the mother as of the father, and may alter, vary, or discharge such order on the application of either parent..."

„Welfare of the child" und „conduct of the parents" sind nach gefestigter kanadischer Rechtsprechung die entscheidenden Fakten, die bei einer Sorgerechtsregelung in Betracht zu ziehen sind [15].

Im Falle der Sorgerechtsregelung im Anschluß an eine Ehescheidung tendiert dabei die kanadische Rechtsprechung dahin, die elterliche Gewalt („custody" und „guardianship") grundsätzlich auf den nichtschuldigen Elternteil zu übertragen, wobei dem schuldigen Teil in der Regel nur ein Zugangs- und Besuchsrecht (right of access) zugestanden wird [16]. Im vor-

---

[15] Vgl. die führende Entscheidung *McKee* v. *McKee* aaO und *Payne*. The Law and Practice Relating to Divorce and Other Matrimonial Causes in Canada (2. Aufl. 1964) 611 ff. mit weiteren Rechtsprechungsnachweisen.

[16] Vgl. *Payne* aaO 626 ff.; diese Rechtsprechung hat in Britisch Kolumbien in sect. 12 Equal Guardianship of Infants Act aaO ihren Niederschlag gefunden.

liegenden Fall wäre daher nach dem Recht von Britisch-Kolumbien die elterliche Gewalt über den Sohn Peter auf Antrag eines Elternteils auf die Mutter zu übertragen.

## *IV. Internationale Zuständigkeit der deutschen Vormundschaftsgerichte nach deutschem Recht*

### *1. Sohn Günther*

Aus der Anwendbarkeit des deutschen materiellen Rechts ergibt sich mittelbar auch die internationale Zuständigkeit eines deutschen Vormundschaftsgerichts [17].

### *2. Sohn Peter*

In Lehre und Rechtsprechung werden zwei Auffassungen zur Begründung der internationalen Zuständigkeit eines deutschen Vormundschaftsgerichts vertreten.

a) Nach der einen – strengeren – Ansicht gilt grundsätzlich das Prinzip des Gleichlaufs, d. h. ein deutsches Vormundschaftsgericht ist nur dann unbedingt zuständig, wenn materiell deutsches Sachrecht zur Anwendung berufen ist. Bei fremdem Sorgerechtsstatut soll hingegen ein deutsches Gericht in der Regel nur unter zwei Bedingungen tätig werden dürfen, nämlich wenn der Fall eine gewisse Binnenbeziehung aufweist – d. h. wenigstens ein Beteiligter sich im Inland aufhält – *und* die ausländische lex causae dem Tätigwerden eines deutschen Gerichts zustimmt [18].

Zur Begründung dieser Auffassung wird geltend gemacht, der Richter leite, wenn er *rechtsgestaltend* und nicht streitentscheidend tätig werde, seinen Entscheidungsauftrag nicht aus verfassungs- und verfahrensrechtlichen Normen des eigenen Staates ab, sondern aus dem anwendbaren materiellen Recht. Er habe daher, wenn das eigene Kollisionsrecht ein fremdes Sachrecht berufe, auch dessen Regelung der internationalen Zuständigkeit zu beachten. Sieht der ausländische Staat eine ausschließliche Zuständigkeit seiner eigenen Gerichte vor, so seien die inländischen Gerichte grundsätzlich international unzuständig, es sei denn, ein unabweis-

---

[17] Vgl. *Dölle*, Über einige Kernprobleme des internationalen Rechts der freiwilligen Gerichtsbarkeit: RabelsZ 27 (1962) 201 ff., 208, 217, 234; vgl. auch *Soergel-Siebert(-Kegel)* Art. 19 EGBGB Anm. 40.

[18] Vgl. *Dölle* aaO 234; *BayObLG* 21. 3. 1952, JZ 1952, 723, 724 mit zustimmender Anmerkung *Makarov* = IPRspr. 1952–53 Nr. 317 (jedoch überholt durch *BayObLG* 16. 1. 1959, FamRZ 1959, 364); *OLG München* 18. 5. 1938, *JFG* 18, 15, 17; *KG* 7. 2. 1913, OLGE 26, 255, 256; *AG Singen* 9. 4. 1958, FamRZ 1959, 363; *Neuhaus*, FamRZ 1959, 482; *ders.*, Grundbegriffe 242 ff.; *ders.*, Zur Internationalen Zuständigkeit in der Freiwilligen Gerichtsbarkeit: NJW 1967, 1167, 1168.

liches Fürsorgebedürfnis, das nur im Inland befriedigt werden kann, ist gegeben[19].

Schließt man sich im Interesse der Wahrung des internationalen Entscheidungseinklangs dieser Auffassung an[20], so ist im vorliegenden Fall die internationale Zuständigkeit eines deutschen Vormundschaftsgerichts zur Sorgerechtsregelung hinsichtlich des Sohnes Peter zweifellos zu verneinen. Die Gerichte von Britisch-Kolumbien nehmen insoweit eine ausschließliche Zuständigkeit für sich in Anspruch, und ein dringendes inländisches Fürsorgebedürfnis ist nicht ersichtlich.

b) Eine andere, vorwiegend in der vormundschaftsgerichtlichen Praxis vertretene Ansicht trennt die Zuständigkeitsfrage von der Frage des anwendbaren materiellen Rechts. Die internationale Zuständigkeit eines deutschen Vormundschaftsgerichts zur Regelung der elterlichen Gewalt nach der Ehescheidung richtet sich nach dieser Auffassung grundsätzlich nach den Vorschriften über die örtliche Zuständigkeit (§§ 43 I, 36 FGG); jedoch wirkt ein bloß formeller inländischer Wohnsitz des tatsächlich im Ausland lebenden Mündels nicht zuständigkeitsbegründend, weil in diesem Fall ein inländisches Fürsorgebedürfnis fehlt. Abzustellen ist daher auf den gewöhnlichen Aufenthaltsort des Kindes[21]. Zu prüfen bleibt aber, ob die Staatsangehörigkeitszuständigkeit der §§ 43 I, 36 II FGG hier durchgreift; in diesem Falle ist das Amtsgericht Berlin-Schöneberg (international und örtlich) zuständig.

Voraussetzung dieser Zuständigkeit ist, daß Peter im Zeitpunkt der Einleitung des vormundschaftsgerichtlichen Verfahrens die deutsche Staatsangehörigkeit besitzt und daß – falls er daneben noch kanadischer Staatsangehöriger ist – die deutsche Staatsangehörigkeit als maßgeblich anzusehen ist.

Peter hat durch Geburt die deutsche Staatsangehörigkeit erworben, da sein Vater zu diesem Zeitpunkt die deutsche Staatsangehörigkeit besaß (§ 4 RuStG). Zugleich ist Peter aber – durch seine Geburt in Kanada – kanadischer Staatsangehöriger geworden (natural-born Canadian citizen)[22].

Durch Einbürgerung in Kanada im Jahre 1957 haben zwar die Eheleute H. gemäß § 27 I RuStG die deutsche Staatsangehörigkeit verloren, nicht

---

19 Vgl. *Dölle* aaO; *Neuhaus* aaO.    20 Vgl. *Neuhaus*, NJW 1967, 1167 f.

21 *Kegel* 318; KG 27. 6. 1963, FamRZ 1963, 576, 577 mit weiteren Nachweisen; vgl. auch *Heldrich*, Fragen der internationalen Zuständigkeit der deutschen Nachlaßgerichte: NJW 1967, 417, 419 mit Rechtsprechungsnachweisen hinsichtlich der vormundschaftsgerichtlichen Praxis in N. 16, 17; *Dölle* 234 f.

22 Sect. 5 (1) (a) Canadian Citizenship Act 1946, ch. 15; abgedruckt in Revised Statutes of Canada 1952, Vol. II, ch. 33. Peter hätte die kanadische Staatsangehörigkeit nur dann nicht erworben, wenn sein Vater zur Zeit der Geburt illegaler Einwanderer gewesen wäre (sect. 5 (2) (a) des vorgenannten Gesetzes); diese Möglichkeit darf im vorliegenden Fall wohl außer Betracht bleiben.

aber Peter. Es ist daher davon auszugehen, daß Peter im gegenwärtigen Zeitpunkt Doppelstaater ist. Nach früher herrschender Auffassung ist ein Doppelstaater mit deutscher Staatsangehörigkeit im Inland allein als Deutscher zu behandeln[23]. Seit einiger Zeit wird jedoch im deutschen Internationalen Privatrecht in immer stärkerem Maße die Ansicht vertreten, daß auch ein Doppelstaater, der die inländische Staatsangehörigkeit besitzt – wie ein Doppelstaater mit zwei fremden Staatsangehörigkeiten – als Angehöriger desjenigen Staates zu behandeln ist, zu dem er die engsten Beziehungen hat (Anknüpfung an die *effektive Staatsangehörigkeit*). Dieser Ansicht folgt auch das Institut in seiner Gutachtenpraxis[24].

Fraglich ist nur, welche Momente die „enge Beziehung" des Doppelstaaters zu einem der beiden Heimatstaaten charakterisieren. Während *Frankenstein* den „psychologischen Zusammenhang", also die innere Verbundenheit zu einem der beiden Heimatstaaten, für maßgebend hielt, wird in der neueren Lehre – unter Berufung auf die Rechtssicherheit – in der Regel eine objektive Anknüpfung gewählt. So stellen *Makarov* und *Beitzke* auf den Mittelpunkt der Lebensverhältnisse des Doppelstaaters ab, der dort zu suchen sei, wo er seinen Wohnsitz oder gewöhnlichen Aufenthalt hat, wo er sein Wahlrecht ausübt, seiner Wehrpflicht nachkommt oder auf andere Weise seine Verbundenheit mit dem betreffenden Land bekundet[25].

Der Wohnsitz in einem der beiden Heimatstaaten wird den erforderlichen engen, organischen Zusammenhang mit dessen Rechtsordnung jedenfalls immer dann begründen, wenn er zugleich die Merkmale des – an strenge Voraussetzungen geknüpften – englischen „domicile" erfüllt[26].

Sollten im vorliegenden Fall beide Elternteile beabsichtigen, den Sohn Peter in Kanada aufwachsen zu lassen, so ist sicherlich die kanadische Staatsangehörigkeit die „effektive". Ist andererseits Peter im Jahre 1964

---

[23] Nachweise bei *Soergel-Siebert(-Kegel)* Art. 29 EGBGB Anm. 29; *Palandt (-Lauterbach)* Anm. 7a vor Art. 7 EGBGB.

[24] Neuestens *OLG Stuttgart* 5. 4. 1968, FamRZ 1968, 390; ferner *Ferid*, RabelsZ 23 (1958) 498 f., 506 f.; *Beitzke*, JZ 1959, 124; *Makarov*, Allgemeine Lehren des Staatsangehörigkeitsrechts (2. Aufl. 1962) 293 f.; *ders.*, Deutsches Staatsangehörigkeitsrecht (1966) 16; *Erman(-Arndt)*, Handkomm. z. BGB (7. Aufl. 1967) Art. 29 EGBGB Anm. 8 (anders noch *Erman(-Marquordt)* Art. 7 EGBGB Vorbem. 6 b); *Neuhaus* 143; *ders.*, FamRZ 1967, 315; *Kegel* 156; anscheinend auch *KG* 14. 8. 1961, FamRZ 1961, 483, 484, und – speziell mit Bezug auf die vorliegende Fallgestaltung – *Bosch*, Anm. zu KG 27. 6. 1963, FamRZ 1963, 576, 577. Nachdrücklich ablehnend in den letzten Jahren nur *Gamillscheg*, RabelsZ 27 (1962/63) 586 f.

[25] Vgl. *Frankenstein*, Internationales Privatrecht I (1926) 92; *Makarov*, Allgemeine Lehren aaO; *Beitzke* aaO; *Ferid* 508; *Soergel-Siebert(-Kegel)* Art. 29 EGBGB Anm. 28, 29; *Erman(-Arndt)* aaO; *Neuhaus* aaO; siehe auch schweiz. Bundesgericht 9. 11. 1934, Niemeyers Zeitschrift 50, 423.

[26] *Ferid* 508.

gegen den Willen der Mutter nach Kanada verbracht worden und besteht auf seiten des Kindes der Wunsch, zur Mutter nach Deutschland zurückzukehren, so ist möglicherweise auf die deutsche Staatsangehörigkeit abzustellen. In diesem Fall käme nämlich das kanadische Domizil des Kindes als Effektivitätsindiz nicht in Betracht, da es sich dann nur um ein unfreiwillig begründetes, vom Vaterdomizil abgeleitetes Domizil handelt.

Eine abschließende Stellungnahme, welche der beiden Staatsangehörigkeiten im vorliegenden Fall die „effektive" im Sinne der vorstehenden Ausführungen darstellt, vermag das Institut mangels näherer Sachverhaltskenntnis nicht abzugeben. Hierüber wird das Amtsgericht Berlin-Schöneberg bzw. das anfragende Gericht (§ 36 Abs. 2 S. 2 FGG) zu befinden haben, sofern es sich nicht ohnehin entschließt, in der Zuständigkeitsfrage der oben unter a) dargestellten Ansicht zu folgen, und – hinsichtlich des Sohnes Peter – die internationale Zuständigkeit eines deutschen Vormundschaftsgerichts verneint.

## Nr. 36

**Österreich**

**1. Die Geschäftsfähigkeit einer minderjährigen Österreicherin, die elterliche Gewalt ihrer österreichischen Eltern und die Erforderlichkeit einer vormundschaftsgerichtlichen Genehmigung zum Abschluß eines Kaufvertrages beurteilen sich nach österreichischem materiellem Recht.**

**2. Nach österreichischem Recht hat der Vater eines ehelichen Kindes die alleinige gesetzliche Vertretung in Vermögensangelegenheiten.**

**3. Ein Verpflichtungsgeschäft, das der gesetzliche Vertreter im Namen des Kindes abschließt, erfordert eine vormundschaftsgerichtliche Genehmigung, wenn das Geschäft nicht mehr zur laufenden Verwaltung des Kindesvermögens gehört.**

**Köln 26/68 vom 31. 5. 1968**

Das Amtsgericht Düsseldorf hat mit Verfügung vom 25. 3. 1968 in dem Rechtsstreit C. ./. Sch. um ein Gutachten über österreichisches internationales und materielles Familienrecht gebeten.

### SACHVERHALT

Die Klägerin, eine GmbH mit Sitz in L., vertreibt Waschmaschinen. Die am 21. 4. 1945 geborene Beklagte ist österreichische Staatsangehörige und wohnt in N./Saar. Sie ist eheliches Kind der österreichischen Staatsangehörigen Raimund und Marianne S. Die Ehe ihrer Eltern wurde am 18. 4.

1949 durch das Landgericht Klagenfurt geschieden. Eine Entscheidung über die elterliche Gewalt hatte das Gericht nicht getroffen. Am 16. 1. 1965 wurde durch Beschluß des Amtsgerichts St. W. die elterliche Gewalt auf die Mutter übertragen.

Die Mutter bestellte am 8. 2. 1963 in St. W./Saar bei der Klägerin einen Haushalt-Waschautomaten zum Preis von 1 790 DM, zahlbar in 179 Wochenraten zu je 10 DM. Der Bestellschein trägt als Unterschrift außer dem Namen der Mutter auch den Namen der Beklagten als Mitbestellerin.

Am 21. 4. 1967 ließ die Klägerin der Beklagten einen Zahlungsbefehl des Amtsgerichts D. zustellen, in dem sie von der Beklagten die Zahlung des Restkaufpreises in Höhe von 902 DM verlangte. Gegen den am 8. 5. 1967 erteilten Vollstreckungsbefehl legte die Beklagte mit Schriftsatz vom 23. 6. 1967 Einspruch ein.

In dem anschließenden Rechtsstreit trägt die Klägerin vor, die Beklagte sei wegen der Mitunterzeichnung des Bestellscheines zur Zahlung des Restkaufpreises verpflichtet. Sie sei zwar zur Zeit der Bestellung minderjährig gewesen; ihre Mutter habe den Vertrag jedoch wirksam genehmigt. Der Vater der Beklagten sei mit der alleinigen Ausübung der elterlichen Gewalt durch die Mutter einverstanden gewesen.

Die Klägerin beantragt, den Vollstreckungsbefehl vom 8. 5. 1967 aufrechtzuerhalten.

Die Beklagte beantragt, unter Aufhebung des Vollstreckungsbefehls die Klage abzuweisen.

Die Beklagte trägt vor, sie sei nicht im Besitz der Waschmaschine. Ihre Mutter habe die Unterschrift auf dem Bestellschein gefälscht. Außerdem sei ihre Mutter zur Zeit des Vertragsschlusses nicht alleinige Inhaberin der elterlichen Gewalt gewesen, da ihr die elterliche Gewalt erst am 16. 1. 1965 durch Beschluß des Vormundschaftsgerichts St. W. übertragen worden sei.

## ANFRAGE

Das Amtsgericht D. bittet um ein Gutachten, ob der zwischen den Parteien geschlossene Kaufvertrag gültig ist. Dabei soll zu folgenden Fragen Stellung genommen werden:

1. Ist die Beklagte allein durch ihren Vater gesetzlich vertreten worden?
2. Ist es möglich, daß der Vater die von ihm getrennt lebende Mutter bevollmächtigt, die Beklagte in vermögensrechtlichen Angelegenheiten auch in seinem Namen zu vertreten? Bedarf es dazu nach österreichischem Recht der Genehmigung des Gerichts?
3. Ist für einen solchen Abzahlungsvertrag die gerichtliche Genehmigung erforderlich?

## RECHTSGUTACHTEN

### A. DEUTSCHES INTERNATIONALES PRIVATRECHT (IPR)

#### *I. Geschäftsfähigkeit*

Wann eine Person geschäftsfähig, beschränkt geschäftsfähig oder geschäftsunfähig ist, und welche Folgen ein Mangel der Geschäftsfähigkeit hat, bestimmt gemäß § 7 Abs. 1 EGBGB das Heimatrecht[1].

Demnach verweist das deutsche IPR für die Geschäftsfähigkeit der Beklagten auf das österreichische Recht.

#### *II. Elterliche Gewalt*

Welches Recht für die elterliche Gewalt über ein minderjähriges eheliches Kind gilt, ergibt sich aus Art. 19 EGBGB[2]. Art. 19 EGBGB beruft das Heimatrecht des Vaters. Das gilt auch dann, wenn, wie hier, der Vater Ausländer ist. Die in Art. 19 EGBGB enthaltene einseitige Kollisionsnorm ist nach allgemeiner Ansicht zu einer allseitigen zu erweitern[3].

Somit richtet sich die elterliche Gewalt über die Beklagte nach österreichischem Recht. Dem steht der Umstand, daß die Ehe zwischen ihren Eltern geschieden ist, nicht entgegen; Art. 19 EGBGB gilt auch in diesem Fall[4].

Im einzelnen bestimmt das Heimatrecht des Vaters über das Recht und die Pflicht zur Personen- und Vermögenssorge sowie über die Befugnis, das Kind in diesen Angelegenheiten zu vertreten[5]. Außerdem ergibt sich aus dem Heimatrecht des Vaters, unter welchen materiellrechtlichen Voraussetzungen bei Ausübung der elterlichen Gewalt eine Mitwirkung des Vormundschaftsgerichts notwendig ist. Das Heimatrecht des Vaters regelt

---

[1] *Kegel* in *Soergel-Siebert*, Kommentar zum BGB, Bd. V (9. Aufl. 1961) Art. 7 EGBGB Randz. 7; *Palandt-Lauterbach*, Bürgerliches Gesetzbuch (27. Aufl. 1968) Art. 7 EGBGB Anm. 1, 3; *Wolff*, Das Internationale Privatrecht Deutschlands (3. Aufl. 1954) 101.

[2] *Kegel*, aaO, Art. 18 EGBGB Randz. 16; *Palandt-Lauterbach*, aaO, Art. 19 EGBGB Anm. 4; *Wolff* aaO 215.

[3] *Kegel*, aaO, Art. 19 EGBGB Randz. 1 mit Nachweisen aus der Rechtsprechung; *Palandt-Lauterbach*, aaO, Art. 19 EGBGB Anm. 2.

[4] *Kegel*, aaO, Art. 19 EGBGB Randz. 10 mit Nachweisen aus der Rechtsprechung; *Raape*, Internationales Privatrecht (5. Aufl. 1961) 355.

[5] *Kegel*, aaO, Art. 19 EGBGB Randz. 16, 17; *Palandt-Lauterbach*, aaO, Art. 19 EGBGB Anm. 4; *Wolff* aaO 215.

also auch die Erforderlichkeit einer vormundschaftsgerichtlichen Genehmigung von Rechtsgeschäften[6].

Insgesamt beruft das deutsche IPR österreichisches Recht sowohl für die Geschäftsfähigkeit der Beklagten als auch für die Frage, wem die elterliche Gewalt zusteht und wann für bestimmte Rechtsgeschäfte eine Genehmigung des Vormundschaftsgerichts erforderlich ist.

Die Verweisung auf das österreichische Recht geschieht vorbehaltlich einer nach Art. 27 EGBGB zu beachtenden Rückverweisung. Das gilt auch für Art. 19 EGBGB, der nur deshalb nicht in Art. 27 EGBGB genannt wird, weil er seinem Wortlaut nach eine einseitige Kollisionsnorm darstellt[7].

## B. ÖSTERREICHISCHES IPR

### *I. Geschäftsfähigkeit*

Die hier einschlägige Kollisionsnorm des österreichischen IPR ist § 4 ABGB. Ihr Text lautet:

*§ 4 Satz 1 und 2 ABGB:*

„Die bürgerlichen Gesetze verbinden alle Staatsbürger der Länder, für welche sie kundgemacht worden sind. Die Staatsbürger bleiben auch in Handlungen und Geschäften, die sie außer dem Staatsgebiet vornehmen, an diese Gesetze gebunden, soweit als ihre persönliche Fähigkeit, sie zu unternehmen, dadurch eingeschränkt wird, und diese Handlungen und Geschäfte zugleich in diesen Ländern rechtliche Folgen hervorbringen sollen." [8]

Die Geschäftsfähigkeit eines Inländers mit Aufenthalt im Ausland bestimmt sich daher nach österreichischem materiellem Recht[9].

### *II. Elterliche Gewalt*

§ 10 Satz 1 der 4. Durchführungsverordnung vom 25. 10. 1941 zum Ehegesetz lautet:

„Das Rechtsverhältnis zwischen den Eltern und einem ehelichen Kind wird nach den österreichischen Gesetzen beurteilt, wenn der Vater und, falls der Vater gestorben ist, die Mutter die österreichische Staatsangehörigkeit besitzt." [10]

---

[6] *RG* 170, 198; *Kegel*, aaO, Art. 19 EGBGB Randz. 8; *Wolff* aaO 216.

[7] *Kegel*, aaO, Art. 19 EGBGB Randz. 50.

[8] Abgedruckt in *Bergmann*, Internationales Ehe- und Kindschaftsrecht, Bd. IV (3. Aufl. 1965), Stichwort: Österreich, 20.

[9] *Köhler*, Internationales Privatrecht (3. Aufl. 1966) 37.

[10] Abgedruckt bei *Bergmann*, aaO 24.

Damit beruft auch das österreichische IPR für die elterliche Gewalt über das eheliche Kind eines österreichischen Staatsangehörigen und also für dessen gesetzliche Vertretung in vermögensrechtlichen Angelegenheiten österreichisches materielles Recht als das Heimatrecht des Vaters[11].

## C. ÖSTERREICHISCHES MATERIELLES RECHT

### *I. Geschäftsfähigkeit*

Die österreichischen Regeln über die Geschäftsfähigkeit entsprechen im wesentlichen dem deutschen Recht.

Minderjährige Personen sind gemäß §§ 21, 865 ABGB vom 7. bis zur Vollendung des 21. Lebensjahres beschränkt geschäftsfähig und können grundsätzlich keine selbständigen Verbindlichkeiten eingehen. Nur unter den in den §§ 151, 152 i. V. m. 246 ABGB genannten Voraussetzungen ist ausnahmsweise eine selbständige Verpflichtung gestattet. Das gilt auch für den Abschluß eines Ratenkaufvertrages. Das Ratengesetz vom 15. 11. 1961 enthält für Minderjährige keine besonderen Schutzbestimmungen[12].

Zu den Voraussetzungen der §§ 151, 152 i. V. m. 246 ABGB gehört jedoch, daß der Minderjährige entweder außer der Verpflegung der Eltern steht oder aber das Geschäft lediglich die dem Minderjährigen zum freien Gebrauch übergebenen Sachen betrifft. Diese Voraussetzungen liegen hier nicht vor. Die Beklagte konnte daher durch Unterzeichnung des Bestellscheines eine Verpflichtung nicht selbständig eingehen.

### *II. Gesetzliche Vertretung in vermögensrechtlichen Angelegenheiten*

Nach österreichischem Recht unterstehen minderjährige eheliche Kinder bis zur Volljährigkeit der elterlichen Gewalt und außerdem der besonderen väterlichen Gewalt. Die elterliche Gewalt besteht aus den gemeinsamen Rechten und Pflichten beider Elternteile (§§ 139 ff. ABGB) und die väterliche Gewalt aus den besonderen Rechten und Pflichten des Vaters (§§ 147 ff. ABGB)[13].

Wem die Befugnis zur gesetzlichen Vertretung des Kindes in vermögensrechtlichen Angelegenheiten zusteht, ergibt sich aus § 152 ABGB. Dessen Text lautet:

---

[11] *Bolla*, Grundriß des österreichischen Internationalen Privatrechts (1952) 63; *Köhler* aaO 92.

[12] *Mayrhofer*, Das Abzahlungsgeschäft nach dem neuen Ratengesetz (1966) 27 f.

[13] *Ehrenzweig*, System des österreichischen allgemeinen Privatrechts, Bd. II 2. Hälfte, Familien- und Erbrecht (2. Aufl. 1937) 248; *Gschnitzer*, Familienrecht (1963) 79.

*§ 152 ABGB:*

„Die unter väterlicher Gewalt stehenden Kinder können ohne ausdrückliche oder doch stillschweigende Einwilligung des Vaters keine gültige Verpflichtung eingehen. Ein außer der Verpflegung der Eltern stehendes Kind kann sich jedoch selbständig durch Vertrag zu Dienstleistungen verpflichten. Auf solche Verpflichtungen, sowie auf die Verpflichtungen Minderjähriger überhaupt ist dasjenige anzuwenden, was in dem nächsten Hauptstück (§§ 246–248) über die verbindlichen Handlungen der unter Vormundschaft Stehenden bestimmt wird. Dem Vater kommt auch die Pflicht zu, seine minderjährigen Kinder zu vertreten." [14]

Die gesetzliche Vertretung des Kindes in Vermögensangelegenheiten steht daher allein dem Vater zu[15]. Der Umstand, daß die Ehe zwischen den Eltern geschieden ist, ändert für sich allein an dem Umfang der väterlichen Gewalt nichts. Zwar kann gemäß § 142 ABGB bei Scheidung der Ehe eine Vereinbarung über die Zuteilung der Kinder getroffen oder vom Gericht eine entsprechende Anordnung erlassen werden; dadurch wird jedoch nur die Pflege und Erziehung des Kindes, nicht aber die gesetzliche Vertretungsmacht berührt[16]. Bei Abschluß des Kaufvertrages besaß daher der Vater der Beklagten allein die gesetzliche Vertretungsmacht.

Ob, wie die Klägerin behauptet, die Mutter der Beklagten seitens ihres geschiedenen Ehemannes generell bevollmächtigt war, die Beklagte in vermögensrechtlichen Angelegenheiten in seinem Namen zu vertreten, ist zweifelhaft. Eine derartige Möglichkeit wird in dem einschlägigen Schrifttum zum ABGB nicht erwähnt. Wer jedoch eine dem Kind im voraus vom Vater erteilte Einwilligung zu allen im Belieben des Kindes stehenden Geschäften für unzulässig hält[17], der müßte die von der Klägerin behauptete Bevollmächtigung der Mutter ebenfalls als unwirksam betrachten.

Diese Frage braucht indes nicht weiter untersucht und entschieden zu werden, wenn der hier vorliegende Kaufvertrag jedenfalls deshalb unwirksam ist, weil eine vormundschaftsgerichtliche Genehmigung fehlt.

### *III. Erforderlichkeit einer vormundschaftsgerichtlichen Genehmigung*

Das ABGB enthält keine ausdrückliche Bestimmung über das Erfordernis einer vormundschaftsgerichtlichen Genehmigung zur Gültigkeit eines für das Kind in Ausübung väterlicher Gewalt getätigten Geschäfts. Aus der

[14] Abgedruckt bei *Heinl-Loebenstein-Verosta*, Das Österreichische Recht, ergänzte Loseblattsammlung seit 1949, Bd. V Nr. 1, S. 31.

[15] *Ehrenzweig* aaO 255 f.; *Gschnitzer* aaO 85; *Wentzel-Plessl* in *Klang-Schnitzer*, Kommentar zum ABGB, Bd. I 2. Hbd. (2. Aufl. 1962) § 152 ABGB Anm. III.

[16] *Gschnitzer* aaO 83; *Wentzel-Plessl* in *Klang-Gschnitzer*, aaO, § 142 ABGB Anm. IV 2.

[17] So *Ehrenzweig* aaO 257; *Wentzel-Plessl* in *Klang-Gschnitzer*, aaO, § 152 ABGB Anm. I 3.

Verweisung des § 152 Satz 3 ABGB auf die für den Vormund geltenden Bestimmungen der §§ 246–248 ABGB wird jedoch allgemein gefolgert, daß der Vater als Vertreter des Kindes und Verwalter des Kindesvermögens dem Vormund gleichzustellen und insbesondere an das für den Vormund in § 233 ABGB aufgestellte Erfordernis einer gerichtlichen Genehmigung zu binden ist[18].

Der Text des § 233 ABGB lautet:

„Überhaupt kann ein Vormund in allen Geschäften, welche nicht zu dem ordentlichen Wirtschaftsbetrieb gehören, und welche von größerer Wichtigkeit sind, nichts ohne gerichtliche Einwilligung vornehmen. Er kann also eigenmächtig keine Erbschaft ausschlagen oder unbedingt annehmen; keine Veräußerung der seiner Verwahrung anvertrauten Güter vornehmen; keinen Pachtvertrag abschließen; kein mit gesetzlicher Sicherheit anliegendes Kapital aufkündigen; keine Forderung abtreten; keinen Rechtsstreit vergleichen; keine Fabrik, Handlung oder Gewerbe ohne gerichtliche Genehmigung anfangen, fortsetzen oder aufheben." [19]

§ 233 Satz 1 ABGB ist dahin zu verstehen, daß keine vormundschaftsgerichtliche Zustimmung erforderlich ist, wenn das Geschäft *entweder* zu dem ordentlichen Wirtschaftsbetrieb gehört *oder* von geringerer Wichtigkeit ist[20]. Hier kommt der Fall größerer Wichtigkeit eines nicht zum ordentlichen Wirtschaftsbetrieb gehörenden Geschäftes in Betracht. Darüber muß nach den Umständen des Einzelfalles entschieden werden[21].

Die österreichische Rechtsprechung beurteilt die Bedeutung eines Rechtsgeschäftes zunächst von dessen Gegenstand her. So wird z. B. der Ankauf eines Kraftwagens oder eines wertvollen Klaviers für genehmigungswürdig gehalten[22].

Außerdem kommt es darauf an, in welchem Verhältnis die eingegangene Verpflichtung zur wirtschaftlichen Lage des Minderjährigen steht. Eine vormundschaftsgerichtliche Genehmigung muß stets dann eingeholt werden, wenn das Geschäft nicht mehr zur laufenden Verwaltung des Kindesvermögens gehört[23].

Das einschlägige Schrifttum zu § 233 ABGB stellt insbesondere darauf ab, ob das Geschäft eine lang andauernde Bindung des Minderjährigen zur

---

[18] *OGH* v. 7. 4. 1952, SZ XXV Nr. 87 = ÖJZ 1952, S. 327, Nr. 210; weitere Nachweise aus der Rechtsprechung bei *Hluze-Litzlfellner*, Ehe- und familienrechtliche Entscheidungen Bd. I Nr. 1286, Bd. II Nr. 4507; *Ehrenzweig* aaO 252 f.; *Gschnitzer* aaO 87; *Wentzel-Plessl* in *Klang-Gschnitzer*, aaO, § 152 ABGB Anm. I 4.

[19] Abgedruckt bei *Heinl-Loebenstein-Verosta* aaO 59 f.

[20] *OGH* v. 1. 10. 1958 JBl. 1959, 156 (157); *Wentzel-Piegler* in *Klang-Gschnitzer*, aaO, § 233 ABGB Anm. I.

[21] *Wenzel-Piegler* in *Klang-Gschnitzer*, aaO, § 233 ABGB Anm. I.

[22] *OGH* v. 7. 4. 1952, aaO; *LGZ Wien* v. 9. 11. 1952, Rpfl. 1953, Nr. 728, zitiert nach *Hluze-Litzlfellner*, aaO, Bd. I, Nr. 1289.

[23] *OGH* v. 23. 10. 1962, JBl. 1963, S. 219 (220); *LGZ Wien* v. 14. 11. 1953, ÖJZ 1953, S. 655, Nr. 532, zitiert nach *Hluze-Litzlfellner*, aaO, Bd. I, Nr. 1295.

Folge hat und in welchem Verhältnis der wirtschaftliche Erfolg des Geschäfts zu dem Vermögen des Minderjährigen steht[24].

Dem zwischen den Parteien in Frage stehenden Kaufvertrag kommt schon im Hinblick auf den Wert der verkauften Sache und die Höhe des Kaufpreises eine besondere Bedeutung zu. Außerdem sollte eine lang andauernde Verbindlichkeit eingegangen werden: Bei 179 Wochenraten hätte sich die Zahlungsverpflichtung der Beklagten auf einen Zeitraum von nahezu 3½ Jahren erstreckt. Schließlich erscheint der Abschluß eines derartigen Geschäfts auch im Hinblick auf die wirtschaftliche Lage der Beklagten außergewöhnlich.

Der Kaufvertrag kann nicht mehr zur laufenden Verwaltung des Kindesvermögens gezählt werden. Er bedurfte gemäß § 233 ABGB der Genehmigung des Vormundschaftsgerichts.

### *IV. Folgen des Fehlens der Genehmigung*

Ein Vertrag, dem die nach § 233 ABGB erforderliche Genehmigung fehlt, ist ungültig und begründet keine Verbindlichkeit. Der Mangel wird jedoch durch eine nachträglich erfolgte Genehmigung geheilt[25]. Wird das Kind volljährig, dann erlischt die Genehmigungsbefugnis des Vormundschaftsgerichts. Zwar fehlt im ABGB eine dem § 1829 Abs. 3 BGB vergleichbare Bestimmung. Dennoch ist auch für das österreichische Recht anzunehmen, daß die Genehmigungsbefugnis auf das volljährige Kind übergeht[26]. Da in dem bisherigen Verhalten der Beklagten eine schlüssige Verweigerung der Genehmigung zu sehen ist, ist der zwischen den Parteien geschlossene Vertrag endgültig unwirksam geworden.

## D. ERGEBNIS

Die Geschäftsfähigkeit der Beklagten, die Innehabung der elterlichen Gewalt über die Beklagte und die Frage nach der Erforderlichkeit einer vormundschaftsgerichtlichen Genehmigung des Kaufvertrages bestimmen sich nach österreichischem materiellem Recht.

Die Beklagte war bei Abschluß des Kaufvertrages beschränkt geschäftsfähig und konnte eine derartige Verpflichtung nicht selbständig eingehen.

---

[24] *Wentzel-Piegler* in *Klang-Gschnitzer*, aaO, § 233 ABGB Anm. I (S. 413).

[25] *OGH* v. 21. 10. 1959, RZ 1960, S. 12; *OLG Wien* vom 14. 12. 1965, zitiert nach *Hluze-Litzlfellner*, aaO, Bd. II, Nr. 4510; *Wentzel-Piegler* in *Klang-Gschnitzer*, aaO, § 233 ABGB Anm. III.

[26] *Ehrenzweig*, System des österreichischen allgemeinen Privatrechts, Bd. I 2 Hbd., Allgemeiner Teil (2. Aufl. 1951) 218 mit weiteren Nachweisen.

Die Vertretung der Beklagten in vermögensrechtlichen Angelegenheiten oblag zu dem Zeitpunkt ihrem Vater.

Zum Abschluß dieses Geschäftes war eine vormundschaftsgerichtliche Genehmigung erforderlich.

Es kann daher dahinstehen, ob der Vater die von ihm getrennt lebende Mutter bevollmächtigen konnte, die Beklagte in vermögensrechtlichen Angelegenheiten in seinem Namen zu vertreten.

## Nr. 37

## Senegal

**1. Die Ehelichkeit eines Kindes, dessen Vater Senegalese ist und dessen deutsche Mutter nie nach einem der senegalesischen Stammesrechte gelebt hat, und die elterliche Gewalt über das Kind beurteilen sich nach senegalesisch-französischem Recht.**

**2. Nach Scheidung der Ehe ist unter senegalesisch-französischem Recht das Sorgerecht in erster Linie dem schuldlos geschiedenen Ehegatten zu übertragen. Hiervon kann zum Wohl des Kindes abgewichen werden.**

**Hamburg G 26/67 vom 25. 8. 1967**

Das Amtsgericht Hamburg bittet in der Sorgerechtssache T. um Auskunft über Internationales Privatrecht sowie über senegalesisches Familienrecht.

Der Anfrage liegt folgender Sachverhalt zugrunde:

Die Eltern der am 1. 9. 1963 in H. geborenen Sandra T. haben am 29. 3. 1963 in H. geheiratet und sind am 15. 6. 1966 aus Verschulden des Vaters wieder geschieden worden. Der Vater, Diavèye Mamadou T., wurde am 1. 4. 1933 in Dakar geboren. Er ist Mohammedaner und besitzt die senegalesische Staatsangehörigkeit. Sein derzeitiger Aufenthalt ist unbekannt. Die Mutter, Monika T., geb. R., ist Deutsche und evangelisch-lutherischen Bekenntnisses. Sie lebt mit dem Kind in H. Die Mutter beantragt, ihr die elterliche Gewalt zu übertragen. Das Amtsgericht bejaht seine internationale Zuständigkeit und bittet um ein Gutachten über das anwendbare Recht.

Das Recht, nach dessen Vorschriften die elterliche Gewalt auf Vater und Mutter zu verteilen ist, kann nur bestimmt werden, wenn zunächst geklärt worden ist, ob das Kind im Verhältnis zu beiden Elternteilen den Status eines ehelichen Kindes hat.

## I. Ehelicher Status des Kindes

1. Nach *deutschem Internationalem Privatrecht* ist Ehelichkeitsstatut das Heimatrecht des Ehemannes der Mutter zur Zeit der Geburt des Kindes; denn die Vorschrift des Art. 18 I EGBGB ist nach allgemeiner Auffassung als allseitige Kollisionsnorm zu lesen[1]. Da der Vater die senegalesische Staatsangehörigkeit besitzt, entscheidet das Recht Senegals über die Ehelichkeit des Kindes, falls es nicht auf ein anderes Recht verweist[2].

2. Ein eigenständiges *senegalesisches Internationales Privatrecht* gibt es freilich bis heute nicht.

Solange Senegal unter französischer Herrschaft stand, galt französisches Recht, insbesondere seit 1830 der Code civil[3]. Auch nachdem die Republik am 15. 11. 1958 unabhängig geworden ist[4], ist das französische Recht nicht außer Kraft getreten, sondern gilt grundsätzlich weiter.

Art. 93 der Verfassung vom 7. 3. 1963, J. Cl. France d'Outremer, 2. Serie, VI s. v. „7 mars 1963":

| | |
|---|---|
| „Les lois et règlements actuellement en vigueur, lorsqu'ils ne sont pas contraires à la présente constitution resteront en vigueur tant qu'ils n'auront pas été modifiés ou abrogés." | Die gegenwärtig geltenden Gesetze und Verordnungen bleiben, sofern sie der Verfassung nicht widersprechen, solange in Kraft, wie sie nicht geändert oder aufgehoben worden sind. |

Da bereits die erste Verfassung Senegals vom 24. 1. 1958 (Art. 48) sowie die zweite Verfassung vom 26. 8. 1960 (Art. 70) entsprechende Bestimmungen enthielten, ist die Kontinuität der Anwendbarkeit des französischen Rechts, soweit es nicht durch senegalesische Gesetzgebungsakte ersetzt worden ist, gesichert. Dies gilt auch für die Rechtsgrundsätze, welche die französische Rechtsprechung und Literatur in Anwendung und Ergänzung des geschriebenen Rechts entwickelt haben.

Demnach gilt auch das französische Internationale Privatrecht grundsätzlich noch heute im Senegal als senegalesisches Recht weiter.

3. Das *französische Internationale Privatrecht* knüpft für alle Statusangelegenheiten, zu denen auch die Frage der Ehelichkeit eines Kindes gehört, in erster Linie an die Staatsangehörigkeit an.

---

[1] Vgl. statt vieler: *Soergel-Siebert(-Kegel)* BGB V (9. Aufl. 1961) Art. 18 Randz. 11.

[2] Vgl. zur Beachtlichkeit einer Rück- oder Weiterverweisung statt vieler: *Soergel-Siebert(-Kegel)* Art. 18 Randz. 38.

[3] S. Arrêté du Gouverneur en Conseil relatif à l'application du Code civil français à la colonie du Sénégal etc. vom 5. 11. 1830, J. Cl. France d'Outre-mer II s. v. „5 novembre 1830".

[4] *Lavroff-Peiser*, Les constitutions africaines (1963) 187.

*Art. 3 III C. civ.:*

„Les lois concernant l'état et la capacité des personnes régissent les Français, même résidant en pays étranger."

Die Gesetze über den persönlichen Rechtsstatus und die Handlungsfähigkeit einer Person sind für die Franzosen auch dann maßgebend, wenn sie sich im Ausland aufhalten.

Diese Vorschrift wird als allseitige Kollisionsnorm verstanden, die insbesondere auch die familienrechtlichen Verhältnisse einer Person ihrem Heimatrecht unterwirft[5].

Sind die familienrechtlichen Beziehungen mehrerer Personen zueinander zu regeln, die nicht alle die gleiche Staatsangehörigkeit besitzen, versagt die Vorschrift allerdings, so daß es einer anderen Anknüpfung bedarf. Sie wird in der Weise vorgenommen, daß Ehelichkeitsstatut dasjenige Recht ist, welches die Ehewirkungen beherrscht[6]. Ehewirkungsstatut aber ist in erster Linie das gemeinsame Heimatrecht der Ehegatten (Art. 3 III C. civ.)[7].

Die Eltern des Kindes Sandra hatten im maßgeblichen Zeitpunkt schon dann ein gemeinsames Heimatrecht, wenn die Mutter durch die Heirat die senegalesische Staatsangehörigkeit des Vaters erworben hatte. Hierzu bestimmt das senegalesische Staatsangehörigkeitsgesetz vom 7. 3. 1961:

*Art. 7:*

„La femme étrangère qui épouse un Sénégalais acquiert la nationalité sénégalaise au moment de la célébration du mariage sous réserve pour le gouvernement, pendant le délai d'un an, de s'y opposer par décret...

Toutefois, si la loi personnelle lui permet de conserver sa nationalité, la femme étrangère a la faculté, antérieurement à la célébration du mariage, de décliner la nationalité sénégalaise...

Cette faculté doit, si le mariage est célébré à l'étranger, être exercée devant les autorités consulaires sénégalaises dans ce pays."

Eine ausländische Frau, die einen Senegalesen heiratet, erwirbt die senegalesische Staatsangehörigkeit im Augenblick der Eheschließung, wenn die Regierung nicht innerhalb eines Jahres durch ein Dekret widerspricht.

Jedoch kann die ausländische Frau vor der Eheschließung die senegalesische Staatsangehörigkeit ablehnen, wenn es ihr Heimatrecht zuläßt, daß sie ihre Staatsangehörigkeit behält...

Wenn die Eheschließung im Ausland erfolgt, muß dieses Recht vor den senegalesischen Konsulatsbehörden in dem betreffenden Land ausgeübt werden.

---

[5] *Batiffol*, Droit international privé (4. Aufl. Paris 1967) nos. 379, 392.

[6] *Civ.* 4. 11. 1958 (Moens), Rev. crit. dr. int. pr. 1959, 303 mit Anm. *Francescakis* = *Clunet* 1959, 788 mit Anm. *Ponsard*; *Paris* 21. 6. 1955 (Sobreviela), Rev. crit. dr. int. pr. 1955, 529 mit Anm. *Batiffol*; *Trib. gr. inst. Sarreguemines* 31. 5. 1960, Rev. crit. dr. int. pr. 1962, 516 mit Anm. *Batiffol* = D. 1961, 47 mit Anm. *Malaurie*; *Trib. gr. inst. Nice* 3. 7. 1963 Rev. crit. dr. int. pr. 1966, 424 mit Anm. *Foyer*; *Batiffol*, Droit international privé, no. 462; *Boyer* in: Das internationale Familienrecht Deutschlands und Frankreichs (1955), 238; a. A. *Francescakis*, Urteilsanmerkung Rev. crit. dr. int. pr. 1962, 112, 117; *Foyer*, Urteilsanmerkung, aaO, 434 f.

[7] *Batiffol*, Droit international privé, no. 430.

Da sich aus dem mitgeteilten Sachverhalt weder ein Widerspruch der senegalesischen Regierung gegen den Erwerb der senegalesischen Staatsangehörigkeit durch die Frau ergibt noch eine formgerechte Ablehnungserklärung der Frau, hat sie die senegalesische Staatsangehörigkeit erworben.

Gemeinsames Heimatrecht der Eltern war daher das senegalesische Recht, da die deutsche Staatsangehörigkeit der Frau neben ihrer senegalesischen insoweit ohne Bedeutung ist. Somit beurteilt sich die Ehelichkeit des Kindes Sandra nach dem Recht Senegals, und zwar unabhängig davon, ob es auch selbst diesem Staate angehört.

*4. Senegalesisches Internationales Privatrecht*

Ein einheitliches materielles Recht gibt es in Senegal nicht. Gerade auf dem Gebiet des Familienrechts konkurrieren vielmehr das weitergeltende französische Recht („loi", „statut moderne") und die verschiedenen Stammesrechte als Gewohnheitsrecht („coutume", „statut local"). Diese Parallelität der Rechtsordnungen bestand bereits zur Zeit der französischen Herrschaft[8].

Da das vor der Unabhängigkeit der Republik Senegal geltende Recht prinzipiell in Kraft geblieben ist, hat sich an diesem Rechtszustand nichts geändert[9]. Danach untersteht jeder Senegalese ganz oder in bestimmten Beziehungen dem einen oder anderen Statut, je nach der Zugehörigkeit zu einer bestimmten Volksgruppe.

Sind mehrere Personen an einem Rechtsverhältnis beteiligt, dann kommt es für das anwendbare Recht darauf an, ob sie demselben Statut unterstehen oder nicht. Für diesen letzten Fall bedarf es einer Regelung des Konflikts der mehreren Statuten. Im vorliegenden Fall wäre daher zunächst zu untersuchen, welches Personalstatut die beiden Ehegatten haben. Diese Prüfung könnte sich aber dann auf einen Elternteil beschränken, wenn das senegalesische interpersonale Kollisionsrecht einen Konflikt verschiedener Statuten in der Weise lösen sollte, daß es dem Personalstatut eines der Ehegatten stets den Vorrang einräumt. Das ist in der Tat der Fall.

Die interpersonalen Konfliktsregeln sind in der Ordonnance Nr. 60–56 vom 14. 11. 1960 kodifiziert.

---

[8] Vgl. das für Französisch-Westafrika ergangene Dekret vom 10. 11. 1903, J. Cl. France d'Outre-mer III, s. v. „10 novembre 1903"; s. auch Coutumiers Juridiques de l'Afrique Occidentale Française I: Sénégal (Publications du Comité d'Etudes Historiques et Scientifiques de l'Afrique Occidentale Française, Paris 1939) 3.

[9] Vgl. implizit auch die Ordonnance no. 60–56 fixant l'organisation judiciaire dans la République du Sénégal ainsi que les principes fondamentaux applicables aux litiges de droit privé, J. Cl. France d'Outre-mer, 2. Serie, III s. v. „14 Novembre 1960".

*Art. 10:*

„En ce qui concerne ... l'état des personnes, la famille, le mariage, le divorce, la filiation ... les citoyens ayant conservé leur statut traditionnel sont régis par leur coutume."

Der Personenstand, die familiären Beziehungen, die Heirat, die Scheidung und die Abstammung regeln sich für die Personen, die ihr ursprüngliches Personalstatut beibehalten haben, nach ihrem Stammesrecht.

*Art. 16:*

„... Pour les matières prévues aux articles 10 et 12 en cas de conflit de coutume il est statué:

1° dans les questions intéressant le mariage et le divorce ou l'attribution de l'enfant et le sort de l'épouse en cas de rupture de mariage par divorce, répudiation ou décès de l'un des conjoints, selon la coutume de la femme; ..."

Die in Art. 10 und 12 aufgeführten Rechtsverhältnisse werden für den Fall eines Konflikts mehrerer Stammesrechte in folgender Weise geregelt:
1. hinsichtlich der Fragen, die die Heirat, die Scheidung oder die Zuteilung eines Kindes und das Schicksal der Ehefrau nach Auflösung der Ehe durch Scheidung, Verstoßung oder Tod eines der Ehegatten betreffen, nach dem Stammesrecht der Frau; ...

*Art. 18:*

„En ce qui concerne les citoyens n'ayant jamais eu un statut particulier, les matières prévues par les articles 10 et 12 sont régis par la loi."

Für Staatsbürger, die nie ein besonderes Statut besessen haben, regeln sich die in den Artt. 10 und 12 bezeichneten Rechtsverhältnisse nach dem Gesetz.

*Art. 19:*

„Lorsque dans un litige l'un des justiciables est régi par la loi et láutre par la coutume, le conflit est réglé comme il est dit à l'article 16, la loi étant dans ce cas considéré comme la coutume de l'une des parties."

Sofern in einem Rechtsstreit eine der Parteien dem Gesetz und die andere einem Stammesrecht unterworfen ist, wird der Konflikt gemäß Art. 16 geregelt, wobei das Gesetz in dieser Hinsicht als das Stammesrecht der einen Partei angesehen wird[10].

Aus diesen Vorschriften ergibt sich folgendes: Für die Rechtsbeziehungen zwischen Ehegatten und ihren Kindern kommt die entscheidende Bedeutung dem Statut der Ehefrau zu. Weicht das Statut des Ehemannes von ihm ab, so ist das ohne Belang. Das gilt auch dann, wenn modernes Recht und Stammesrecht miteinander kollidieren.

Da die Mutter des Kindes als Europäerin niemals nach einem senegalesischen Stammesrecht gelebt hat, war das als modernes Recht weiter-

---

[10] Zur Terminologie ist zu bemerken, daß in diesem Zusammenhang unter „Gesetz" (loi) das moderne Recht zu verstehen ist und unter einem „besonderen Statut" (statut particulier) ein Stammesrecht. Vgl. *Bouckaert*, Les règles de conflit de lois en Afrique noire, Penant 1967, 1, 9.

geltende französische Privatrecht ihr Personalstatut. Nach ihm bestimmt sich deshalb, ob das Kind ehelich geboren ist.

5. *Nach dem anwendbaren materiellen Recht*

ist das Kind Sandra im Verhältnis zu beiden Eltern ehelich, weil es nach der Eheschließung geboren wurde [11].

### *II. Regelung der elterlichen Gewalt*

1. Im *deutschen Internationalen Privatrecht* regelt sich die elterliche Gewalt über eheliche Kinder gemäß Art. 19 EGBGB, der als allseitige Kollisionsnorm zu lesen ist, nach dem Heimatrecht des Vaters [12]. Dies gilt auch für die Verteilung der elterlichen Gewalt nach Scheidung der Eltern [13]. Da hier der Vater Senegalese ist, bestimmt sich also nach senegalesischem Recht, wem die elterliche Gewalt über das Kind Sandra zusteht, es sei denn, dieses Recht verwiese zurück oder weiter auf eine andere Rechtsordnung.

2. Die Regeln des *senegalesischen Internationalen Privatrechts* sind, wie bereits dargelegt wurde, identisch mit denjenigen des französischen Kollisionsrechts. Dieses aber knüpft für die Verteilung der elterlichen Gewalt nach Scheidung der Eltern in erster Linie an die gemeinsame Staatsangehörigkeit aller Beteiligten an; denn die elterliche Gewalt gehört zu den Materien, die nach Art. 3 III C. civ. dem Heimatrecht unterworfen sind [14].

Diese Vorschrift verweist hier auf das Recht Senegals, da das Kind Sandra als eheliches Kind die Staatsangehörigkeit des Vaters teilt (Art. 5 Ziff. 1 des Staatsangehörigkeitsgesetzes) und somit alle Beteiligten die senegalesische Staatsangehörigkeit besitzen.

Interpersonalrechtlich ist wiederum das moderne Recht als das Personalstatut der Mutter anzuwenden und somit in erster Linie der Code Civil.

3. Der *Code civil* bestimmt zur Regelung der elterlichen Gewalt nach Scheidung der Eltern:

*Art. 302*

(in der Fassung vom 12. 4. 1945): „Les enfants seront confiés à l'époux qui a obtenu le divorce, à moins que

Die Kinder werden dem Ehegatten anvertraut, der die Scheidung erwirkt hat, falls nicht das Gericht auf Antrag der

---

[11] *Civ.* 2. 7. 1936, D. P. 1936. 1. 119; *Ch. réun.* 8. 3. 1939, D. C. 1941. J. 37; *Paris* 13. 5. 1966, J. C. P. 1966 II. 14904.

[12] *Soergel-Siebert(-Kegel)* Art. 19 EGBGB Rdnr. 1.

[13] *Soergel-Siebert(-Kegel)* aaO.

[14] Vgl. statt aller: *Loussouarn,* Rev. crit. dr. int. pr. 1956, 657; *Foyer,* Rev. crit. dr. int. pr. 1956, 39, 45.

le tribunal, sur la demande de la famille, ou du ministère public, et au vu des renseignements recueillis en application de l'article 238 alinéa 3, n'ordonne, pour le plus grand avantage des enfants, que tous ou quelques-uns d'eux seront confiés aux soins soit de l'autre époux, soit d'une tierce personne."

Familie oder der Staatsanwaltschaft und aufgrund der nach Art. 238 Abs. 3 [in der Fassung des Art. 238 vom 18. 11. 1953: Abs. 6] eingeholten Auskünfte im Interesse der Kinder anordnet, daß alle oder einige von ihnen der Sorge des anderen Ehegatten oder einer dritten Person anvertraut werden.

*Art. 303:*

„Quelle que soit la personne à laquelle les enfants seront confiés, les père et mère conserveront respectivement le droit de surveiller l'entretien et l'éducation de leurs enfants, et seront tenus d'y contribuer à proportion de leurs facultés."

Wem auch immer die Kinder anvertraut werden, behalten der Vater und die Mutter jeder das Recht, die Pflege und die Erziehung ihrer Kinder zu überwachen, und sind verpflichtet, im Rahmen ihrer Möglichkeiten dazu beizutragen.

Das Sorgerecht steht also in erster Linie dem Elternteil zu, der die Scheidung erwirkt hat, also dem schuldlos geschiedenen Teil[15]. Das Gericht kann aber im Interesse des Kindes von diesem Grundsatz abweichen und dem schuldigen Teil das Sorgerecht übertragen, und zwar nach Rechtsprechung und Lehre auch unabhängig von Anträgen der Familie oder des Staatsanwalts und ohne an die in Art. 238 C. civ. vorgesehenen und vom Gericht eingeholten Auskünfte über die Familienverhältnisse gebunden zu sein[16].

Der Elternteil, dem das Sorgerecht nicht zusteht, hat im Rahmen des ihm von Art. 303 verliehenen Überwachungsrechts ein Verkehrsrecht, dessen Modalitäten bei der Entscheidung über die Verteilung der elterlichen Gewalt geregelt werden[17]. Die Verwaltung des Kindesvermögens obliegt, wenn das Gericht nichts anderes bestimmt, derjenigen Person, die die Personensorge innehat (Art. 389 § 1 Abs. 3, a. F. C. civ.).

Die Nutznießung am Kindesvermögen verbleibt bei dem an der Scheidung nicht schuldigen Elternteil (Art. 386 C. civ.). Besondere Regeln gelten ferner für die Einwilligung in eine Adoption des Kindes und in seine Eheschließung und ferner für seine Emanzipation.

---

[15] *Planiol-Ripert(-Rouast),* Traité pratique de droit civil français II (2. Aufl. Paris 1952) no. 652.

[16] *Req.* 7. 5. 1934, Gaz. Pal. 1934. II. 481; *Civ.* 25. 1. 1949 J. C. P. 1950. II. 5473; *Planiol-Ripert(-Rouast)* aaO; *Aubry-Rau(-Esmein),* Droit civil français VII (7. Aufl. 1962), no. 218; *Marty-Raynaud,* Droit civil I (1. Aufl. 1956), no. 637; *Carbonnier,* Droit civil I (4. Aufl. 1962) 441.

[17] Vgl. statt aller: *Planiol-Ripert(-Rouast)* no. 654.

ZUSAMMENFASSUNG

Die elterliche Gewalt über das Kind Sandra ist nach den Regeln des französischen Code civil als dem „modernen Recht" der Republik Senegal zu verteilen. Hiernach steht das Sorgerecht über das Kind in erster Linie dem an der Scheidung nichtschuldigen Elternteil zu. Doch rechtfertigt das Kindeswohl jede andere Entscheidung.

## Nr. 38

**Sowjetunion**

**1. Die elterliche Gewalt über ein eheliches russisches Kind, das bei seiner deutschen Mutter in Deutschland lebt und dessen russischer Vater in Rußland geblieben ist, beurteilt sich nach Scheidung der Eltern nach russischem Recht.**

**2. Das heutige russische Recht gewährt die Ausübung der Elternrechte grundsätzlich beiden Ehegatten.**

**Hamburg G 186/66 vom 24. April 1967**

Das Amtsgericht Hamburg bittet in der Kindschaftssache St. um Auskunft über Internationales Privatrecht und sowjetisches Kindschaftsrecht.

Frau Erdme K. beantragt, ihr die elterliche Gewalt über ihren jetzt 14jährigen Sohn zu übertragen.

Die Kindesmutter ist im Jahre 1929 im Memelgebiet geboren. 1949 wurde sie nach Sibirien verschleppt. Dort „heiratete sie 1951 nach ‚russischem Recht'" den 1913 in Riga geborenen Arzt Leonid St., einen sowjetischen Staatsangehörigen. Am 29. 5. 1952 wurde ein gemeinsamer Sohn Alexander in Dolgij Most (etwa 250 km östlich von Krasnojarsk in der RSFSR) geboren. Über ein Jahr nach der Geburt des Kindes heirateten die Eltern des Kindes „gesetzlich", und zwar am 21. 10. 1953 in Pokateja (etwa 50 km nordöstlich von Dolgij Most) oder in Riga. Die Kindesmutter behielt ihren Mädchennamen. Mit der (zweiten) Eheschließung wurde dem Sohn, der von Geburt an den Namen K. führte, eine „neue Namensurkunde auf St. ausgestellt".

Im Jahre 1957 wurde die Ehe der Kindeseltern in Riga rechtskräftig geschieden. Das Scheidungsgericht übertrug der Kindesmutter im Einverständnis mit dem Kindesvater „das Sorgerecht" für den Sohn. Im Jahre 1962 konnte die Mutter mit ihrem Sohn in die Bundesrepublik übersiedeln. Hier beabsichtigt sie, einen Antrag auf „Erlangung bzw. Feststellung" der deutschen Staatsangehörigkeit zu stellen.

Gefragt wird, welches Recht auf die Übertragung der elterlichen Gewalt über den Sohn anzuwenden ist und welchen Inhalt es hat.

### *I. Deutsches Internationales Privatrecht*

#### *1. Staatsvertragliches Recht*

Staatsverträge mit kollisionsrechtlichen Vorschriften, welche die Normen des deutschen Internationalen Privatrechts verdrängen, kommen nicht zum Zuge:

a) Dem Haager Vormundschaftsabkommen von 1902 (RGBl. 1904, 240) ist die UdSSR nicht beigetreten.

b) Der Konsularvertrag zwischen der Bundesrepublik Deutschland und der UdSSR von 1958 (BGBl. 1959 II 232) sieht lediglich das Recht des Konsuls vor, eine Person als Vormund oder Pfleger „vorzuschlagen" (Art. 29).

c) Der deutsch-sowjetische Konsularvertrag von 1925 (RGBl. 1926 II 72), der dem Konsul das Recht verlieh, Vormünder für seine Staatsangehörigen zu „bestellen" (Art. 21), ist mit Ausbruch des Krieges zwischen Deutschland und der Sowjetunion (1941) in seiner Wirkung suspendiert und seitdem nicht wieder in Kraft gesetzt worden[1].

Für die Frage der elterlichen Gewalt ist somit vom autonomen (nicht staatsvertraglichen) deutschen Recht auszugehen.

#### *2. Autonomes Recht*

a) Das Rechtsverhältnis zwischen den Eltern und einem *ehelichen* Kind (und damit auch die Frage der elterlichen Gewalt) wird in analoger Anwendung von Art. 19 EGBGB nach dem (jeweiligen) Heimatrecht des Vaters beurteilt. Hieran hat sich durch den Gleichheitsgrundsatz nichts geändert[2]. Art. 19 EGBGB gilt auch, wenn die Ehe der Kindeseltern geschieden ist und wenn die Kindesmutter die deutsche Staatsangehörigkeit (wieder) erworben hat[3]. Streitig ist die Anwendung dieser Vorschrift, wenn der Vater die elterliche Gewalt verloren hat[4].

---

[1] Selbst *Kegel*, der sonst entgegen der herrschenden Meinung das automatische Wiederaufleben der durch den Krieg suspendierten Verträge annimmt – vgl. *Soergel-Siebert(-Kegel)*, BGB Bd. V (9. Aufl. 1961) Anm. 11–18 vor Art. 7 sowie Anm. 93 vor Art. 24 EGBGB mit Nachweisen –, erwähnt diesen Vertrag bei Art. 23 EGBGB nicht mehr. Siehe aaO Fußn. 45 zu Art. 23 EGBGB.

[2] *BayObLG* 6. 2. 1962, BayObLGZ 1962, 39 = NJW 1962, 1013 (mit weiteren Nachweisen).

[3] *RGZ* 162, 329 (332, 334); *BayObLG* 21. 3. 1952, BayObLGZ 1952, 74 = NJW 1952, 788 = IPRspr. 1952–53 Nr. 317.

[4] Vgl. *Palandt(-Lauterbach)*, BGB (26. Aufl. 1967) Art. 19 EGBGB Anm. 2 mit Nachweisen.

Die Frage kann dahingestellt bleiben, da der Vater hier die elterliche Gewalt nicht verloren hat; er ist nur in deren Ausübung durch seinen Auslandsaufenthalt (tatsächlich) beschränkt[5].

b) Das Rechtsverhältnis zwischen einem *unehelichen* Kind und dessen Mutter richtet sich in entsprechender Anwendung von Art. 20 EGBGB nach dem (jeweiligen) Heimatrecht der Mutter.

c) Die Frage, ob das Kind als *ehelich* oder *unehelich* anzusehen ist, ist in analoger Anwendung von Art. 18 EGBGB bzw. – im Falle einer Legitimation durch nachfolgende Eheschließung – von Art. 22 EGBGB nach dem Heimatrecht des Ehemannes der Mutter zur Zeit der Geburt des Kindes bzw. nach dem Heimatrecht des Vaters zur Zeit der Legitimation zu entscheiden.

Der Ehemann der Mutter besaß zur Zeit der Geburt des Kindes (1952) und zur Zeit der „gesetzlichen" Eheschließung (1953) die Staatsangehörigkeit der UdSSR. Das Sowjetrecht bestimmt, daß ein außerehelich geborenes Kind „in allen Beziehungen den ehelichen Kindern gleichgestellt wird", wenn und sobald die Kindesmutter den Kindesvater heiratet und der Ehemann die Vaterschaft anerkennt[6].

Das Kind ist also auch im Falle der Ungültigkeit der „Heirat nach russischem Recht" von 1951 und einer demzufolge unehelichen Geburt heute wie ein eheliches Kind zu behandeln. Das deutsche Internationale Privatrecht verweist hier somit für die Frage der elterlichen Gewalt (gemäß Art. 19 EGBGB) auf das Sowjetrecht als das Heimatrecht des Kindesvaters. Auf die Staatsangehörigkeit der Mutter kommt es in diesem Zusammenhang nicht an.

Eine etwaige Rückverweisung des sowjetischen Rechts auf das deutsche ist in analoger Anwendung von Art. 27 EGBGB zu beachten[7].

## *II. Sowjetisches Internationales Privatrecht*

Im Sowjetrecht gibt es keine gesetzlichen Kollisionsnormen für die Rechtsbeziehungen zwischen Eltern und Kindern. Einschlägige Gerichtsentscheidungen sind nicht bekannt. Die Lehre geht von dem Grundsatz aus, daß sich die Rechtsbeziehungen zwischen Eltern und Kindern „auf dem Territorium der UdSSR" nach Sowjetrecht richten. Das soll auch bei

[5] Vgl. Familiengesetzbuch (FGB) der RSFSR von 1926 Artt. 33, 40 und die Ausführungen unten auf S. 9. Deutsche Übersetzungen des FGB bei *Freund*, Das Familienrecht der Sowjetrepubliken... (1927) 22–71; *Bergmann*, Internationales Ehe- und Kindschaftsrecht (3. Aufl., 1955 ff.) UdSSR S. 27 ff.

[6] FGB RSFSR Art. 28. Diese Vorschrift gilt sowohl am Geburtsort des Kindes in der RSFSR als auch in der Lettischen SSR, deren Angehöriger der Kindesvater ist.

[7] *Soergel-Siebert(-Kegel)* Art. 19 EGBGB Anm. 50.

nur vorübergehendem Aufenthalt in der Sowjetunion gelten. Sowjetrecht findet ferner Anwendung, wenn die Eltern und Kinder „im Ausland" wohnen und Sowjetbürger sind [8].

Welches Recht maßgebend sein soll, wenn – wie hier – die Eltern Angehörige verschiedener Staaten sind und ein Elternteil in der Sowjetunion und der andere im Ausland wohnt, wird in der sowjetischen Literatur nicht erörtert [9]. Es ist anzunehmen, daß die sowjetische Praxis in Fällen dieser Art bei sowjetischer Staatsangehörigkeit des Kindes Sowjetrecht anwenden wird. Diese Vermutung stützt sich

1. auf die allgemeine Tendenz des sowjetischen Internationalen Privatrechts, soviel wie möglich Sowjetrecht anzuwenden;
2. auf die Regelung der von der UdSSR mit anderen kommunistischen Staaten abgeschlossenen Rechtshilfeverträge, nach denen es bei getrenntem Wohnsitz von Eltern und Kind auf die Staatsangehörigkeit des Kindes ankommt [10];
3. auf die entsprechende Regelung der von den anderen kommunistischen Staaten untereinander geschlossenen Rechtshilfeverträge [11];
4. auf die Praxis sowjetischer Konsulate, die Geburt von Kindern aus Ehen, in denen nur ein Elternteil die sowjetische Staatsangehörigkeit besitzt, im Ausland (nur) dann zu registrieren, wenn die Eltern für das Kind die sowjetische Staatsangehörigkeit bestimmt haben [12];

---

[8] Vgl. *Lunc*, Meždunarodnoe častnoe pravo (Das Internationale Privatrecht; Moskau 1949) 306 f.; *Peterski/Krylov*, Meždunarodnoe častnoe pravo (2. Aufl. Moskau 1959) 168; deutsche Übersetzung: Lehrbuch des internationalen Privatrechts (Berlin 1962) 176; *Lunc*, Meždunarodnoe častnoe pravo, Osobennaja čast (Internationales Privatrecht, Besonderer Teil; Moskau 1963; deutsche Übersetzung Berlin 1964) 330, 332 f.

[9] Vgl. die soeben zitierten Autoren sowie: *Orlova*, Brak i semja v meždunarodnom častnom prave (Ehe und Familie im Internationalen Privatrecht; Moskau 1966) 175. Aus dem außer-sowjetischen Schrifttum vgl. *Uschakow*, Das sowjetische Internationale Privatrecht 1917 bis 1962 (1964) 78.

[10] Vertrag UdSSR-Nordkorea von 1957, Art. 26 II; Vertrag UdSSR-Polen von 1957, Art. 31 II; Vertrag UdSSR-Rumänien von 1958, Art. 26 II; Nachdruck der Texte: Dogovory ob okazanii pravovoj pomošči po graždanskim, semejnym i ugolovnym delam, zaključennye Sovetskim Sojuzom v 1957–1958 gg. (Verträge über die Leistung von Rechtshilfe in Zivil-, Familien- und Strafsachen, die von der Sowjetunion 1957–1958 geschlossen worden sind; Moskau 1959) 84–161; deutsche Übersetzung bei *Makarov*, Quellen des Internationalen Privatrechts, Bd. II (2. Aufl. 1960 f.) Nrn. 21, 22, 24.

[11] Siehe die übersichtliche Darstellung bei *Drobnig*, Osteuropa-Recht 6 (1960) 154–184 (173 f.) mit Nachweisen; vgl. auch *Grzybowski*, Soviet Private International Law (Leyden 1965) 130.

[12] *Boguslavskij/Rubanov*, Pravovoe položenie sovetskich graždan za granicej (Die Rechtslage von Sowjetbürgern im Ausland; Moskau 1961) 93; auf diesen Gesichtspunkt stützt *Bahro*, Das Kindschaftsrecht in der UdSSR (1966) 192, die Meinung, daß das sowjetische Internationale Privatrecht bei Kindern aus Familien

5. auf Art. 85 des FGB der RSFSR und Art. 45 der Konsularsatzung der UdSSR von 1926[13]; hiernach übernimmt der sowjetische Konsul im Ausland die Vormundschaft über die in seinem Bezirk lebenden minderjährigen Sowjetbürger, wenn der sowjetische Elternteil gestorben ist[14].

Im vorliegenden Fall besitzt das Kind die Staatsangehörigkeit der UdSSR durch Geburt. Das ergibt sich aus dem Staatsangehörigkeitsgesetz der UdSSR von 1938 (Art. 1 II: „Jeder Bürger einer Unionsrepublik besitzt die Staatsangehörigkeit der UdSSR")[15] in Verbindung mit den Staatsangehörigkeitsvorschriften der jeweils in Betracht kommenden Unionsrepublik. Hier weisen die Beteiligten Beziehungen zur RSFSR und zur Lettischen SSR auf. In der RSFSR ist von Art. 35 Satz 1 des FGB von 1926 auszugehen:

„War bei verschiedener Staatsangehörigkeit der Eltern auch nur ein Elternteil im Zeitpunkt der Geburt des Kindes Staatsbürger der RSFSR, so erwirbt das Kind die Staatsbürgerschaft der RSFSR, wenn im Zeitpunkt seiner Geburt auch nur ein Elternteil im Gebiet der RSFSR lebte."[16]

Diese Vorschrift gilt auch in der Lettischen SSR[17]. Die Frage, ob hier das RSFSR oder der Lettischen SSR anzuwenden ist, kann daher offenbleiben.

Das Kind hat die sowjetische Staatsangehörigkeit nicht etwa durch seine Übersiedlung in die Bundesrepublik verloren. Auch eine etwaige Einbürgerung in Deutschland hat auf den Bestand der sowjetischen Staatsangehörigkeit keinen Einfluß. Zum Ausscheiden aus dem sowjetischen Staatsangehörigkeitsverband bedarf es vielmehr einer „Entlassung" durch das Präsidium des Obersten Sowjet der UdSSR[18]. Vom sowjetischen Standpunkt bleibt Kindschaftsstatut somit das Sowjetrecht.

---

mit einem nicht-sowjetischen Elternteil vom Heimatrecht des Kindes als Kindschaftsstatut ausgeht.

[13] GS UdSSR 1926 No. 10, auszugsweiser Abdruck in: Sbornik normativnych materialov po voprosam vnešnej torgovli SSR Vyp. 1 (Sammlung von Normativmaterialien zu Fragen des Außenhandels der UdSSR, Lief. 1; Moskau 1961), 206–217; englische Übersetzung: *Feller/Hudson,* A Collection of the Diplomatic and Consular Laws... (Washington 1933), Vol. 2 pp. 1197–1214 (Auszüge).

[14] *Gorodeckaja,* in: Sovetskij ežegodnik meždunarodnogo prava 1960 (Sowjetisches Jahrbuch für Internationales Recht 1960; Moskau 1961), 333; *Lunc,* Meždunarodnoe častnoe pravo, Osobennaja čast (Internationales Privatrecht, Besonderer Teil; Moskau 1963) 341.

[15] Übersetzung bei *Geilke,* Das Staatsangehörigkeitsrecht der Sowjetunion (1964) 319 f.; vgl. *Bergmann,* UdSSR, 10.

[16] Übersetzung nach *Geilke* 302; vgl. *Bergmann,* UdSSR, 31.

[17] Dekret der UdSSR „Über die provisorische Anwendung der Gesetzgebung der RSFSR auf dem Gebiet der Lettischen SSR..." vom 6. 11. 1940. Deutsche Übersetzung: Zeitschrift für osteuropäisches Recht 7 (1940/41), 523.

[18] Staatsangehörigkeitsgesetz der UdSSR von 1938, Art. 4.

### *III. Sowjetisches Kindschaftsrecht*

Eine „elterliche Gewalt" ist dem Sowjetrecht fremd und wird in der sowjetischen Literatur als Institution des bourgeoisen Rechts ausdrücklich abgelehnt. Das FGB der RSFSR regelt das Verhältnis der Eltern zu ihren Kindern vor allem in den Artt. 33, 38–41, 43–46[19]. Aus ihnen ergibt sich, daß das Sowjetrecht die Elternrechte grundsätzlich beiden Eltern zur einverständlichen Ausübung zuschreibt. Nur für Notfälle sieht es folgende Maßnahmen vor:

1. Entziehung der Elternrechte (FGB der RSFSR von 1926 Art. 33);
2. Entscheidung bei Meinungsverschiedenheiten der Eltern über Maßnahmen hinsichtlich der Kinder (Art. 39);
3. Entscheidung darüber, bei welchem Elternteil das Kind leben soll, falls die Eltern nicht zusammenleben (Art. 40); schließlich
4. Fortnahme der Kinder (Art. 46).

Die zu 3. genannte Entscheidungsbefugnis regelt tatsächliche Verhältnisse. Das Gericht muß bei einer solchen Entscheidung „von den Interessen der Kinder ausgehen und hierbei den Wunsch der Ehegatten, die Lebensbedingungen eines jeden von ihnen sowie das Alter der Kinder und deren persönliche Anhänglichkeit an den einen oder anderen der Elternteile berücksichtigen"[20].

Die Entscheidung regelt zwar nicht unmittelbar das Sorgerecht, berührt aber seine Ausübung: Der Elternteil, der nicht mit den Kindern zusammenlebt, kann sich leicht dem Vorwurf aussetzen, eine Ausübung seiner Elternrechte sei „nicht rechtgemäß", etwa wenn sie die Maßnahmen des anderen Elternteils stört. Dann besteht Anlaß zum Entzug des Elternrechts (Art. 33).

Im vorliegenden Fall stehen mangels besonderer gerichtlicher Maßnahmen die Elternrechte beiden Eltern zu. Solange das Kind bei der Mutter lebt und der Vater außerhalb der Bundesrepublik wohnt, werden die Elternrechte (tatsächlich) allein von der Mutter ausgeübt. Nach Sowjetrecht besteht somit kein Anlaß für eine gerichtliche Entscheidung.

---

[19] Auf eine Wiedergabe wird hier verzichtet, da die Übersetzung bei *Bergmann* leicht zugänglich ist.

[20] Verordnung des Plenums des Obersten Gerichts der UdSSR vom 16. 9. 1949, Nr. 8. Text: Kodeks zakonov o brake, semje i opeke RSFSR (Familiengesetzbuch der RSFSR; Moskau 1956) 81–85.

## Nr. 39

### Türkei

**1. Eine Deutsche, die im November 1963 mit einem Türken die Ehe eingegangen ist, hat nach türkischem Recht mit der Heirat die türkische Staatsangehörigkeit erworben. Die spätere Scheidung der Ehe macht den Erwerb der türkischen Staatsangehörigkeit nicht rückgängig.**

**2. Das eheliche Kind aus einer Ehe zwischen einem Türken und einer Türkin erwirbt nur die türkische Staatsangehörigkeit.**

**3. Deutsche Vormundschaftsgerichte sind international zuständig zur Entscheidung über die elterliche Gewalt über Kinder, die ihren gewöhnlichen oder schlichten Aufenthalt im Inland haben. Die örtliche Zuständigkeit ist nach §§ 43 I, 36 I FGG zu beurteilen.**

**4. Die elterliche Gewalt über ein türkisches Kind aus der Ehe eines Türken mit einer Deutschen untersteht dem türkischen materiellen Recht.**

**5. Nach türkischem Recht ist bei Scheidung der Ehe die elterliche Gewalt, welche die Vermögenssorge umfaßt, einem der Ehegatten zu übertragen. Die Entscheidung über die elterliche Gewalt hat ausschließlich die Interessen des Kindes zu berücksichtigen.**

**Köln 50/67 vom 4. 7. 1967**

Das Amtsgericht Remscheid-L. hat durch Verfügung vom 8. 6. 1967 in der Familienrechtssache A. um ein Gutachten über türkisches Staatsangehörigkeits- und Familienrecht gebeten.

SACHLAGE

Die deutsche Staatsangehörige Helga Q. und der türkische Staatsangehörige Mahmut Erdoğan A. haben am 8. 11. 1963 vor dem Standesbeamten in R./N. W. die Ehe geschlossen. Aus dieser Ehe ist der am 7. 11. 1964 geborene Sohn Haakan hervorgegangen.

Die Ehe wurde am 20. 4. 1967 durch Urteil des Landgerichts W. aus beiderseitigem Verschulden der Parteien geschieden. In einem am 11. 4. 1967 vor dem Landgericht W. geschlossenen Vergleich haben die Parteien vereinbart, daß die elterliche Gewalt über das Kind Haakan der Ehefrau Helga A. zustehen soll. Das Scheidungsurteil ist seit dem 20. 4. 1967 rechtskräftig, der Vergleich seit diesem Tage wirksam.

ANFRAGE

Aufgrund dieses Sachverhalts bittet das Amtsgericht R. um Auskunft über folgende Fragen:

1. Welche Staatsangehörigkeit besitzt die Kindesmutter, nachdem sie den betreffenden türkischen Staatsangehörigen geheiratet hat (die betreffende Ehe ist allerdings geschieden)?

2. Welche Staatsangehörigkeit besitzt das Kind Haakan?
3. Kann ein deutsches Vormundschaftsgericht die elterliche Gewalt gemäß § 1671 BGB regeln, wobei die elterliche Vereinbarung bezüglich der elterlichen Gewalt über das Kind Haakan berücksichtigt werden müßte?
4. Wenn ja, welches Amtsgericht ist hierfür örtlich zuständig?

## RECHTSLAGE

### A. DIE STAATSANGEHÖRIGKEIT VON HELGA UND HAAKAN A.

#### *I. Die Staatsangehörigkeit der geschiedenen Ehefrau Helga A.*

Zur Zeit der Eheschließung der deutschen Staatsangehörigen Helga Q. mit dem türkischen Staatsangehörigen Mahmut Erdoĝan A. am 8. 11. 1963 galt in der Türkei das alte Staatsangehörigkeitsgesetz (StAG) Nr. 1312 vom 23. 5. 1928[1]. Dieses Gesetz trat am 22. 5. 1964 außer Kraft und wurde durch das neue türkische StAG Nr. 403 vom 11. 2. 1964 ersetzt[2].

Gemäß Art. 13 I 1 des türkischen StAG Nr. 1312, der bis zu dem Außerkrafttreten des Gesetzes nicht geändert worden ist[3], hat die deutsche Staatsangehörige Helga Q. durch die Tatsache ihrer Heirat mit einem Türken ipso iure die türkische Staatsangehörigkeit ihres Ehemannes erworben[4].

*Art. 13 I 1 türk. StAG Nr. 1312* lautet in deutscher Übersetzung:

„Die Ausländerin, die mit einem Türken die Ehe schließt, wird Türkin."

Durch den mit der Eheschließung automatisch verbundenen Erwerb der türkischen Staatsangehörigkeit hat Helga A. jedoch nicht ihre deutsche Staatsangehörigkeit verloren. Seit dem Inkrafttreten des Gleichberechti-

[1] Offizieller türkischer Text des Gesetzes in: Resmî Gazete (Amtsblatt) Nr. 904 vom 4. 6. 1928; deutsche Übersetzung des Gesetzestextes in: *Bergmann,* Internationales Ehe- und Kindschaftsrecht (2. Aufl. 1938) Bd. 1, S. 764–768.

[2] Text des Gesetzes in *Uluocak,* Türk vatandaşlik hukuku (Türkisches Staatsangehörigkeitsrecht), Istanbul 1966, S. 177–190; deutsche Übersetzung in: *Bergmann-Ferid,* Internationales Ehe- und Kindschaftsrecht (3. Aufl.) Bd. 5, s. v. Türkei (Stand Dez. 1964), 2–10; vgl. auch *Narlioĝlu,* Das neue türkische Staatsangehörigkeitsgesetz, StAZ 1964, 226–230.

[3] Vgl. *Hecker,* Übersicht zum Staatsangehörigkeitsrecht der Türkei, StAZ 1966, 240–244 (241).

[4] *Saymen* und *Elbir,* Türk medenî hukuku (Türkisches Zivilrecht), Bd. 3, Aile hukuku (Familienrecht) (2. Aufl., Istanbul 1960) 128; *Thébault,* Nationalité en Turquie, in: Répertoire de droit international, Bd. 9 (Paris 1931), 783–792 (788 f.); *Salem, M. E.,* La loi nouvelle sur la nationalité turque, in: Revue de droit international privé 24 (1929), 25–59 (47 f.).

[5] *Bergmann,* aaO, Bd. 1, S. 767.

gungsprinzips (Art. 3 II GG i. V. m. Art. 117 GG) am 1. 4. 1953 verliert eine deutsche Staatsangehörige durch Eheschließung mit einem Ausländer nicht mehr die deutsche Staatsangehörigkeit gemäß § 17 Ziff. 6 RuStAG kraft Gesetzes, weil ein Verlust der deutschen Staatsangehörigkeit auf diese Weise mit dem Grundsatz der Gleichberechtigung nicht vereinbar ist[6].

Helga A. besaß somit seit ihrer Eheschließung am 8. 11. 1963 mit einem Türken die deutsche und die türkische Staatsangehörigkeit.

Durch die Ehescheidung am 20. 4. 1967 hat sie die türkische Staatsangehörigkeit nicht wieder verloren; denn unter den enumerativ aufgeführten Gründen für den Verlust der türkischen Staatsangehörigkeit in Artt. 19–26 türk. StAG Nr. 403 vom 11. 2. 1964 ist die Scheidung einer ursprünglich nichttürkischen Frau von einem Türken nicht als Verlustgrund genannt[7].

### *Zwischenergebnis*

Helga A. ist Doppelstaater. Sie besitzt die deutsche und die türkische Staatsangehörigkeit.

### *II. Die Staatsangehörigkeit des Kindes Haakan A.*

Das am 7. 11. 1964 in Deutschland sowohl nach deutschem als nach türkischem Recht ehelich geborene Kind Haakan (s. unten S. 442) des türkischen Staatsangehörigen A. hat durch die Geburt die türkische Staatsangehörigkeit seines Vaters erworben.

Art. 1 des am 22. 5. 1964 in Kraft getretenen[8] neuen türkischen Staatsangehörigkeitsgesetzes Nr. 403 lautet:

*Art. 1:*

„Mit der Geburt in oder außerhalb der Türkei erwirbt die türkische Staatsangehörigkeit:

a) das Kind eines türkischen Vaters.“[9]

Die deutsche Staatsangehörigkeit seiner Mutter hat das Kind Haakan dagegen nicht erworben (vgl. §§ 3, 4 RuStAG)[10].

---

[6] *Makarov,* Deutsches Staatsangehörigkeitsrecht (1966), 99, 216, 226; *Kanein,* Deutsches Staatsangehörigkeitsrecht (1961) 44; *Schätzel,* Das deutsche Staatsangehörigkeitsrecht (2. Aufl. 1958) 191 f.

[7] Vgl. dazu *Uluocak,* aaO, S. 63.

[8] Vgl. *Uluocak* aaO 20, 190; *Hecker,* StAZ 1966, 241; irrig *Bergmann-Ferid,* aaO, Bd. 5, s. v. Türkei, S. 2.

[9] *Bergmann-Ferid,* aaO, Bd. 5, s. v. Türkei, S. 2.

[10] Vgl. *Makarov* aaO 43–45; *Schätzel* aaO 137–139.

*Zwischenergebnis*

Das Kind Haakan A. besitzt die türkische Staatsangehörigkeit.

## B. VERFAHRENSRECHT (INTERNATIONALE, SACHLICHE UND ÖRTLICHE ZUSTÄNDIGKEIT)

### *I. Internationale Zuständigkeit*

Die internationale Zuständigkeit deutscher Vormundschaftsgerichte für die Bestimmung der elterlichen Gewalt nach Scheidung der Ehe ist gegeben, wenn das Kind in Deutschland seinen gewöhnlichen oder schlichten Aufenthalt hat (Aufenthaltszuständigkeit aus analoger Anwendung der §§ 43 I, 36 I FGG) oder wenn das Wohl des Kindes ein Eingreifen des Vormundschaftsgerichts erfordert (Zuständigkeit des Fürsorgebedürfnisses)[11].

Die Zuständigkeit aufgrund gewöhnlichen oder schlichten Aufenthalts des Kindes bedeutet insbesondere, daß deutsche Vormundschaftsgerichte international zuständig sind, wenn ausländische Kinder sich in Deutschland aufhalten[12], ohne daß es darauf ankommt, daß sich alle Beteiligten (Vater, Mutter, Kind) in Deutschland aufhalten[13].

Da sich das Kind Haakan A. in Remscheid gewöhnlich aufhält, ist die internationale Zuständigkeit deutscher Gerichte schon im Hinblick auf diesen Zuständigkeitsgrund gegeben.

### *II. Sachliche Zuständigkeit*

Über die Frage, welchem Elternteil die elterliche Gewalt über ein Kind nach Scheidung der Ehe zustehen soll, entscheidet in Deutschland gemäß § 1671 I BGB das Vormundschaftsgericht im Verfahren der freiwilligen Gerichtsbarkeit ohne Rücksicht auf das Verfahren, das die gemäß Art. 19 EGBGB materiellrechtlich maßgebende Rechtsordnung vorsieht[14].

---

[11] *OLG Saarbrücken* FamRZ 1966, 42; *BayObLG* FamRZ 1959, 364 m. Anm. v. *Schwimann*; *Soergel-Kegel*, BGB V (9. Aufl. 1961) Art. 19 EGBGB Anm. 31, 35, 36, 39, 44; *Kegel*, IPR (2. Aufl. 1964) 318; *Erman-Marquordt*, BGB II (3. Aufl. 1962) Art. 19 EGBGB Anm. 8, *Keidel-Keidel*, FGG (9. Aufl. 1967), § 35 FGG Anm. 6; *Jastrow-Günther-Jansen*, FGG, 1959, vor § 35 FGG Anm. 5.

[12] *OLG Saarbrücken* FamRZ 1966, 42; *BayObLG* FamRZ 1962, 480 (481); *KG* NJW 1961, 1584; *Soergel-Kegel*, aaO, Art. 19 EGBGB Anm. 36; *Keidel-Keidel*, aaO, § 35 FGG Anm. 13.

[13] *KG* FamRZ 1963, 576; *BayObLG* FamRZ 1959, 364 (367); *Soergel-Kegel*, aaO, Art. 19 EGBGB Anm. 42.

[14] *Soergel-Kegel*, aaO, Art. 19 EGBGB Anm. 31; *Kegel* aaO 316 f.; *Palandt-Lauterbach*, BGB (26. Aufl. 1967) Art. 19 EGBGB Anm. 5; *Erman-Marquordt*, aaO, Art. 19 EGBGB Anm. 8.

Selbst wenn in der Türkei die Bestimmung über die Gestaltung der Elternrechte wie in der Schweiz der Scheidungsrichter im Scheidungsurteil zu treffen hat[15], entscheidet in Deutschland über diese Frage das Vormundschaftsgericht; denn für die Fragen der Organisation, der Zuständigkeit und des Verfahrens der deutschen Gerichte bleibt das deutsche Recht maßgebend, auch wenn ausländisches materielles Recht anzuwenden ist[16].

### *III. Örtliche Zuständigkeit*

Die örtliche Zuständigkeit eines deutschen Vormundschaftsgerichts für die Bestimmung der elterlichen Gewalt über ein Kind – unabhängig von seiner Staatsangehörigkeit – nach Scheidung der Ehe ergibt sich aus §§ 43 I, 36 I FGG[17].

Der Begriff des Wohnsitzes i. S. v. § 36 I FGG ist, weil es sich hierbei um eine Verfahrensvorschrift handelt, grundsätzlich dem am Sitz des Gerichts geltenden Recht, also dem deutschen Recht zu entnehmen. Die Zuständigkeitsvorschriften des FGG, die zu dieser Frage keine eigenen Bestimmungen enthalten, verweisen insoweit auf Sachrecht (§§ 7–11 BGB). Gleichwohl ist der Wohnsitzbegriff des § 36 I FGG ein Begriff, der dem Verfahrensrecht zuzurechnen ist, da er lediglich aus Zweckmäßigkeitsgründen mit dem Wohnsitzbegriff des Sachrechts zusammenfällt[18].

Im vorliegenden Fall kann dahingestellt bleiben, ob das Kind nur den Wohnsitz der geschiedenen Ehefrau (in Remscheid) teilt[19], weil entweder in dem gerichtlichen Vergleich vom 11. 4. 1967, nach dem die Ehefrau die elterliche Gewalt über das Kind übertragen erhalten soll, auch eine gemeinsame Bestimmung der Eltern über den Wohnsitz des Kindes – nämlich der Ort, an dem es sich tatsächlich aufhält (Remscheid) – zu erblicken ist[20], oder weil der bisherige gemeinsame eheliche Wohnsitz der Eltern auch

---

[15] Vgl. *Erdem,* Aile hukuku (Familienrecht) (Istanbul 1966) 276 f., 282–292 (umfangreiche Rechtsprechungsnachweise); *Velidedeoğlu* aaO 265–268; *Saymen-Elbir* aaO 271 f.

[16] *BayObLGZ* 1918/19, Nr. 65 (A) für einen gleichgelagerten schweizerischen Fall; *Soergel-Kegel,* aaO, Art. 19 EGBGB Anm. 30, 31; *Kegel* aaO 317.

[17] *OLG Saarbrücken* FamRZ 1966, 42; *BayObLG* FamRZ 1962, 480 (481); *KG* NJW 1961, 1584; *Keidel-Keidel,* aaO, § 35 FGG Anm. 13.

[18] *BayObLG* 1966, Nr. 25; *KG* FamRZ 1963, 576 m. Anm. v. *Bosch*; *KG* FamRZ 1961, 383 m. Anm. v. *Neuhaus,* S. 540 f. (= NJW 1961, 1584); *Keidel-Keidel,* aaO, § 36 FGG Anm. 8 (Fußn. 2); auch § 73 FGG Anm. 2.

[19] Vgl. zu dem Streitstand *Staudinger-Schwoerer,* BGB IV/3a (10./11. Aufl. 1966) § 1671 BGB Anm. 158; *Palandt-Danckelmann,* aaO, § 11 BGB Anm. 1a; *Keidel-Keidel,* aaO, § 36 FGG Anm. 9a.

[20] Vgl. dazu *Staudinger-Schwoerer,* aaO, § 1671 BGB Anm. 158; *Schwoerer,* Der gesetzliche Wohnsitz ehelicher Kinder, NJW 1962, 2038 (2040); *Palandt-Danckelmann,* aaO, § 11 BGB Anm. 1a; *OLG Karlsruhe* FamRZ 1966, 243; *OLG Nürnberg* FamRZ 1961, 450 (451); *OLG Karlsruhe* NJW 1963, 1252.

nach dem Wegzug eines Elternteils der Wohnsitz des minderjährigen Kindes bleibt[21], oder ob das Kind einen Doppelwohnsitz hat, weil ein Elternteil den bisherigen gemeinsamen Wohnsitz (Remscheid) aufgegeben und einen neuen (Schwelm) begründet hat[22].

In diesem letzten Fall wären zwar beide Wohnsitzgerichte (Remscheid-Lennep und Schwelm) örtlich zuständig, doch gebührt dem in der Sache zuerst tätig gewordenen Gericht gemäß § 4 FGG der Vorzug[23].

### *Zwischenergebnis*

Das Amtsgericht R. ist das örtlich zuständige Gericht gemäß §§ 43, 36 FGG; denn zu der Zeit, zu welcher eine Anordnung des Gerichts hinsichtlich der elterlichen Gewalt über das Kind Haakan A. erforderlich ist, hat es seinen Wohnsitz im Bezirk dieses Gerichts, das in dieser Sache zuerst tätig geworden ist.

## C. DAS ANZUWENDENDE RECHT

### *I. Hauptfrage der elterlichen Gewalt nach Scheidung der Ehe: Art. 19 EGBGB*

Der deutsch-türkische Konsularvertrag vom 28. 5. 1929 (RGBl. 1930 II 748), der mit Wirkung vom 1. 3. 1952 wieder angewandt wird (BGBl. 1952 II 608), enthält in Artt. 18–20 einige familienrechtliche Regelungen, die jedoch die Materien des vorliegenden Falles nicht betreffen. Es gelten daher die allgemeinen deutschen Kollisionsnormen.

Gemäß Art. 19 EGBGB, der unstreitig zu einer allseitigen Kollisionsnorm auszubauen ist[24], ist auf das Rechtsverhältnis zwischen Eltern und ehelichen Kindern das Heimatrecht des Vaters anzuwenden[25]. Diese Kollisionsnorm gilt für den gesamten Bereich der elterlichen Gewalt, wie sie in §§ 1626–1698 b BGB umschrieben oder in wesensgleichen Regeln ausländischer Rechte bestimmt wird[26].

---

[21] Vgl. *OLG Hamm* FamRZ 1966, 315; *BayObLG* FamRZ 1964, 514 (515); *BayObLG* NJW 1962, 1156 (1158); *OLG Nürnberg* FamRZ 1961, 450.

[22] Vgl. *Staudinger-Schwoerer,* aaO, § 1671 BGB Anm. 158; *Schwoerer,* NJW 1962, 2040; OLG Karlsruhe FamRZ 1966, 243; KG NJW 1964, 1577 (1578); OLG Karlsruhe NJW 1963, 1252.

[23] *OLG Karlsruhe* FamRZ 1966, 243 (244); *Staudinger-Schwoerer,* aaO, § 1671 BGB Anm. 158; *Keidel-Keidel,* aaO, § 36 FGG Anm. 10.

[24] *BGHZ* 21, 306 (312); *Kegel* aaO 313; *Raape,* Internationales Privatrecht (5. Aufl. 1961) 349.

[25] *Soergel-Kegel,* aaO, Art. 19 EGBGB Anm. 1; *Palandt-Lauterbach,* aaO, Art. 19 EGBGB Anm. 2; *Erman-Marquordt,* aaO, Art. 19 EGBGB Anm. 1.

[26] *Soergel-Kegel,* aaO, Art. 19 EGBGB Anm. 16, 17; *Kegel* aaO 315 f.; *Palandt-*

Art. 19 EGBGB regelt ferner das Verhältnis ehelicher Kinder zu ihren Eltern nicht nur zur Zeit des Zusammenlebens der Eltern bei bestehender Ehe, sondern bestimmt auch die Beziehungen zwischen Eltern und Kindern während des Getrenntlebens der Eltern bei bestehender Ehe und auch dann, wenn die Ehe der Eltern durch Scheidung aufgelöst ist[27]. Zwar bestimmt Art. 17 EGBGB das Verhältnis der geschiedenen Ehepartner zueinander, jedoch regelt Art. 19 EGBGB unbestritten ihr Verhältnis zu den Kindern und wegen des engen Zusammenhangs auch ihr Verhältnis zueinander mit Bezug auf die Kinder[28].

Folglich ist die Kollisionsnorm des Art. 19 EGBGB auch auf den Bereich des § 1671 BGB nach der Scheidung einer Ehe anzuwenden[29].

### *II. Vorfrage der Ehelichkeit des Kindes*

#### *1. Art. 18 EGBGB*

Voraussetzung für die Anwendung von Art. 19 EGBGB ist die Ehelichkeit des Kindes. Diese Vorfrage ist selbständig nach Art. 18 EGBGB anzuknüpfen[30]. Gemäß Art. 18 EGBGB entscheidet über die Frage der ehelichen Abstammung eines Kindes das Heimatrecht des Ehemannes der Mutter, da auch diese Vorschrift zu einer allgemeinen Kollisionsnorm auszubauen ist[31]. Voraussetzung für die Anwendung dieser Norm ist, daß die Mutter des Kindes zur Zeit seiner Geburt oder früher verheiratet gewesen ist.

---

*Lauterbach*, aaO, Art. 19 EGBGB Anm. 4; *Erman-Marquordt*, aaO, Art. 19 EGBGB, 4, 4a.

[27] *Staudinger-Raape*, BGB VI/2 (9. Aufl. 1931), Art. 19 EGBGB Anm. C I; *Soergel-Kegel*, aaO, Art. 19 EGBGB Anm. 3, 10, 16; *Erman-Marquordt*, aaO, Art. 19 EGBGB Anm. 4a; *Kegel* aaO 314; *Raape* aaO 355; *Wolff, M.*, Das internationale Privatrecht Deutschlands (3. Aufl. 1954) 215.

[28] *BayObLG* NJW 1952, 788; *Staudinger-Raape*, aaO, Art. 19 EGBGB Anm. C II 1; *Soergel-Kegel*, aaO, Art. 19 EGBGB Anm. 10; *Erman-Marquordt*, aaO, Art. 19 EGBGB Anm. 4a; *Palandt-Lauterbach*, aaO, Art. 19 EGBGB Anm. 4; *Kegel* aaO 314; *Raape* aaO 355; *Wolff* aaO 215 Fußn. 11.

[29] *Soergel-Kegel*, aaO, Art. 19 EGBGB Anm. 8, 10, 28, 31; *Erman-Marquordt*, aaO, Art. 19 EGBGB Anm. 4a; *Palandt-Lauterbach*, aaO, Art. 19 EGBGB Anm. 4; *Kegel* aaO 315; *Raape* aaO 355; *Wolff* aaO 216.

[30] *Soergel-Kegel*, aaO, Art. 19 EGBGB Anm. 9, 49; *Kegel* aaO 314; *Palandt-Lauterbach*, aaO, Art. 19 EGBGB Anm. 1.

[31] *Soergel-Kegel*, aaO, Art. 18 EGBGB Anm. 11; *Kegel*, aaO, S. 308; *Palandt-Lauterbach*, aaO, Art. 18 EGBGB Anm. 2; *Erman-Marquordt*, aaO, Art. 18 EGBGB Anm. 2.

### *2. Ehe der Mutter*

Auch die Vorfrage nach dem Bestehen der Ehe ist selbständig anzuknüpfen; sie beurteilt sich nicht nach Art. 18 EGBGB, sondern nach Art. 13, 11 EGBGB[32]. Aufgrund des mitgeteilten Sachverhalts sind keine Anhaltspunkte für Formfehler bei der Eheschließung, die gemäß Art. 13 III EGBGB i. V. m. § 11 EheG formgültig nach deutschem internationalem Privatrecht zustande gekommen ist, und keine Mängel der sachlichen Voraussetzungen (Ehehindernisse und Willensmängel nach den Heimatrechten der beiden Ehepartner) gegeben. Es ist deshalb davon auszugehen, daß die Eheleute A. bis zu ihrer Scheidung in gültiger Ehe gelebt haben.

Damit ist für die Anwendung des Art. 18 EGBGB die entscheidende Vorfrage geklärt. Im vorliegenden Fall verweist Art. 18 EGBGB auf türkisches Recht, da der Ehemann die türkische Staatsangehörigkeit besitzt.

### *3. Materiellrechtliche Entscheidung der Ehelichkeit*

Im vorliegenden Fall kann aber dahingestellt bleiben, ob für die Vorfrage der Ehelichkeit des Kindes an türkisches Recht oder an deutsches Recht, auf das das türkische internationale Privatrecht möglicherweise zurückverweist, angeknüpft wird. Sowohl nach deutschem als nach türkischem Familienrecht ist ein Kind, das ein Jahr nach der Eheschließung seiner Eltern geboren wird, ehelich[33].

*Art. 241 TürkZGB* lautet:

„Ein Kind, das während der Ehe geboren wird oder innerhalb von 300 Tagen, die auf die Auflösung der Ehe folgen, hat den Ehemann zum Vater.
Das nach dieser Frist geborene Kind wird nicht als ehelich vermutet.“ [34]

## *III. Beachtlichkeit der Rückverweisung im Rahmen des Art. 19 EGBGB*

Hinsichtlich der Hauptfrage der elterlichen Gewalt verweist das deutsche internationale Privatrecht auf das Heimatrecht des Vaters und damit auf türkisches Recht. Da im Rahmen des Art. 19 EGBGB eine Rückverweisung durch das internationale Privatrecht des Staates, dem der Vater angehört,

---

[32] *BGHZ* 43, 213 (218); *BayObLG* FamRZ 1966, 145; *Soergel-Kegel*, aaO, Art. 18 EGBGB Anm. 5; *Kegel* aaO 307.

[33] Vgl. für türkisches Recht: *Saymen* aaO 290, 292; *Oğuzoğlu, H. Cahit*, Medenî Hukuk [Zivilrecht] (4. Aufl. Ankara 1958) Bd. 2, S. 217 f.; *Velidedeoğlu, H. V.*, Türk medenî hukuku (Türkisches Zivilrecht), Bd. 2, Aile hukuku (Familienrecht) (5. Aufl., Istanbul 1965) 317–319.

[34] *Bergmann-Ferid*, aaO, Bd. 5, s. v. Türkei, S. 25.

beachtlich ist[35], und somit möglicherweise kein türkisches materielles Recht zur Anwendung gelangt, ist zunächst die Frage der Rückverweisung zu klären.

## *IV. Hauptfrage der elterlichen Gewalt: Türkisches internationales Privatrecht*

### *1. Rechtsquelle*

Die Quelle des türkischen internationalen Privatrechts für familienrechtliche Fragen ist Art. 4 S. 2 des „Vorläufigen Gesetzes über die Rechte und Pflichten der sich im Osmanischen Reich aufhaltenden Ausländer" vom 23. 2. 1915. Dieses Gesetz ist von der osmanischen Regierung nach der Abschaffung der Kapitulationen erlassen worden, ohne daß das Abgeordnetenhaus zugestimmt hat. Andererseits ist das Gesetz formell nie aufgehoben worden, so daß die türkische Rechtsprechung und Lehre davon ausgehen, daß dieses Gesetz nach dem Zusammenbruch des Osmanischen Reiches auch für die Türkische Republik gilt[36].

Art. 4 des genannten Gesetzes lautet in deutscher Übersetzung:

„Alle Prozesse über unbewegliches Vermögen sowie alle anderen Prozesse in Zivil-, Handels- und Strafsachen, die Ausländer betreffen, werden, auch wenn sie osmanische Untertanen nicht berühren, von den staatlichen Gerichten nach Maßgabe der osmanischen Gesetze, Vorschriften und Verfahrensnormen verhandelt.

Jedoch können Prozesse, die nichtmohammedanische ausländische Untertanen betreffen und sich, wie z. B. Schließung und Auflösung der Ehe, Trennung von Tisch und Bett, Vaterschaft, Abstammung, Annahme an Kindes Statt auf das Familienrecht oder, wie z. B. Mündigkeit, Mündigerklärung, Entmündigung oder auf letztwillige Verfügungen und den Nachlaß von beweglichen Vermögen beziehen, vor osmanischen Gerichten nur verhandelt werden, wenn die Parteien es gemeinschaftlich beantragen oder osmanische Untertanen dabei beteiligt sind oder der Prozeß von einem vor osmanischen Gerichten anhängigen Verfahren abhängig ist; in diesen Fällen wird, soweit es nicht gegen die öffentliche Ordnung verstößt, nach den Gesetzen des Landes, dessen Untertanen die Betroffenen sind, und bei Gesetzeskollisionen nach den Regeln des internationalen Privatrechts verfahren." [37]

---

[35] *Soergel-Kegel*, aaO, Art. 19 EGBGB, Anm. 50; *Erman-Marquordt*, aaO, Art. 19 EGBGB, Anm. 6; *Palandt-Lauterbach*, aaO, Art. 19 EGBGB, Anm. 1.

[36] *Berki*, Osman Fazil, Devletler hususî hukuku [Internationales Privatrecht], Bd. 2, Kanun ihtilâflari [Gesetzeskollisionen] (6. Aufl. Ankara 1966) 12 f., 373 f. (im folgenden zitiert, Berki, D. H. H.); *Berki*, Osman Fazil, Türk hukukunda kanun ihtilâflari [Gesetzeskollisionen im türkischen Recht] (Ankara 1962), 8–11 (im folgenden zitiert, *Berki*, T. H. K. I.); *Seviĝ*, Muammer Raşit und *Seviĝ*, Vedat Raşit, Devletler hususî hukuku [Internationales Privatrecht] (3. Aufl. Istanbul 1962) 423; vgl. auch *Ansay*, Tuğrul, Türkische Rechtsprechung zum internationalen Privatrecht, 1945–1962, in: RabelsZ 28 (1964) 731 ff. (732).

[37] *Hirsch*, Quellen des internationalen Privatrechts in der Türkei, in: Festschrift Hans Lewald (Basel 1953) 245 ff. (248 f.).

*2. Anknüpfung*

Aus diesem Gesetz folgt, daß nach türkischem internationalem Privatrecht Fragen familienrechtlicher Beziehungen grundsätzlich nach dem Recht des Staates beurteilt werden, dem die betroffenen Personen angehören[38].

Das türkische internationale Privatrecht enthält keine ausdrückliche Kollisionsnorm über die Frage der elterlichen Gewalt nach Scheidung der Ehe. Sie wird wie alle familienrechtlichen Fragen grundsätzlich nach dem Heimatrecht der Beteiligten beurteilt[39]. Das bedeutet, daß auf Ausländer, die in der Türkei leben, ausländisches Recht ohne Rücksicht auf ihren türkischen Wohnsitz in familienrechtlichen Fragen angewandt wird (solange ihr Heimatrecht nicht auf türkisches Recht verweist oder das anzuwendende ausländische Recht dem türkischen „ordre public" widerspricht)[40]. Daraus folgt, daß auf Türken im Ausland in den genannten Fragen türkisches Recht ohne Rücksicht auf den Aufenthaltsort anzuwenden ist, da das türkische internationale Privatrecht nicht auf das Recht des Aufenthaltsortes zurückverweist[41].

Daß die Türkei ihre Staatsangehörigen im Ausland in Angelegenheiten des „statut personnel" nach türkischem Recht behandelt wissen will, ergeben für Einzelfragen auch mehrere Staatsverträge ausdrücklich[42].

---

[38] *Berki, D. H. H.,* 126 f.; *Berki,* Kanun ihtilâflari, aaO, 10; *Sevig-Sevig* aaO 425, 463 f.; *Uluocak,* Nihal, Bağlama kaideleri [Anknüpfungsmomente] (Istanbul 1966), 8–15; *Hirsch* aaO 253; vgl. auch die Nachweise für einzelne familienrechtliche Institute bei *Ansay* aaO 735, 737; *Birsen,* Kemaleddin, Droit international privé, in: La vie juridique des peuples, T. VII, Turquie (Paris 1939) 386 ff. (398); *Salem,* Droit international privé de la Turquie, in: Répertoire de droit international, Paris 1930, Bd. 7, s. v. Droit international privé: Turquie, Nr. 205.

[39] Kassationshofsentscheidung Tem 2 HD 6879/1189 v. 15. 2. 1951; abgedruckt bei *Berki-Ergüney,* Yabancilar hukuku ve kanun ihtilâflari ile ilgili Yargitay kararlarinin tahlil ve izahlari [Fremdenrecht und Gesetzeskollisionen] (Ankara 1963) 101; ebenfalls bei *Erdem* aaO 291 (LS); vgl. auch *Krüger,* Zur Frage der Legitimation durch nachfolgende Ehe im türkischen IPR, StAZ 1967, 140; *Berki,* D. H. H., 232; *ders.,* T. H. K. I., 117 f.

[40] Kassationshofentscheidung *Tem 2 HD* E. 3411 K. 6486 vom 12. 10. 1951, zit. nach *Berki-Ergüney* aaO 75 f.; *Sevig,* Muammer Raşit, Türkiyede hangi hallerde yabanci kanun tatbik edelir [In welchen Fällen wird ausländisches Recht in der Türkei angewandt?], in: Tahir Taner'e armağan [Festschrift für Tahir Taner] (Istanbul 1956) 415 ff. (417–419); *Birsen* aaO 398; *Hirsch* aaO 253; *Sevig,* aaO, in: A. F. D. I. 5 (1955) 178, 182 f.; vgl. auch *Ansay* aaO 735 f., 737.

[41] Vgl. *Sevig,* aaO, in: A. F. D. I. 5 (1955), 183; *ders.,* aaO, in: A. F. D. I. 4 (1954), 216; *Berki* T. H. K. I. 117 (für elterliche Gewalt); *Birsen* aaO 399; *Sevig-Sevig* aaO 425.

[42] *Birsen* aaO 399; vgl. dazu: Konsularvertrag Türkei–Deutschland vom 28. 5. 1929 (§ 14 des Nachlaßabkommens gemäß Art. 20 des Vertrages); siehe: RGBl. 1930 II 758; *Makarov, A. N.,* Quellen des internationalen Privatrechts (2. Aufl.) Bd. 2, 1960, S. 684; Konsularabkommen Türkei–Italien vom 9. 9. 1929, Art. 20, 21; siehe: *Makarov,* aaO, Bd. 2, S. 642, 686; Übereinkommen Türkei–Schweden vom 24. 4.

Im vorliegenden Fall besitzen sowohl der Ehemann wie das Kind die türkische Staatsangehörigkeit; die Ehefrau besitzt die deutsche und die türkische Staatsangehörigkeit. Nach türkischem internationalem Privatrecht unterliegt jedoch ein Doppelstaater, der auch die türkische Staatsangehörigkeit besitzt, türkischem Recht[43].

*3. Zwischenergebnis*

Das türkische internationale Privatrecht spricht folglich in diesem Fall keine Rückverweisung auf das deutsche Recht aus, sondern verweist für die Frage der elterlichen Gewalt über ein türkisches Kind türkischer Eltern (vom Standpunkt des türkischen internationalen Privatrechts) auf türkisches materielles Recht.

## D. TÜRKISCHES MATERIELLES RECHT

### *I. Allgemeines*

Die Quelle für das türkische Familienrecht ist das am 4. 10. 1926 in Kraft getretene Zivilgesetzbuch, das eine im wesentlichen unveränderte türkische Übersetzung des schweizerischen ZGB von 1907 darstellt[44]. Bei der Interpretation türkischen Zivilrechts darf deshalb nach der ständigen Rechtsprechung des türkischen Kassationshofs die schweizerische Rechtsprechung und Rechtslehre ergänzend herangezogen und berücksichtigt werden[45].

### *II. Elterliche Gewalt und elterliches Vermögenssorgerecht im türkischen Zivilrecht*

*1. Elterliche Gewalt bei bestehender Ehe*

Die elterliche Gewalt steht jedem Elternteil als eigenes selbständiges Recht zu, das jedoch während der Ehe gemäß Art. 263 I TürkZGB gemein-

---

1932; siehe: *Makarov,* aaO, Bd. 2, S. 578; Niederlassungsabkommen Türkei–Ägypten vom 7. 4. 1937, Art. 9; siehe: *Makarov,* aaO, Bd. 2, S. 320.

[43] *Berki,* D. H. H., 56; *ders.,* T. H. K. I., 18; *Seviĝ-Seviĝ* aaO 495; *Krüger,* StAZ 1967, 141; *Hirsch* aaO 254; vgl. auch Erlaß d. IM v. Baden-Württemberg v. 8. 8. 1966, StAZ 1966, 308.

[44] Vgl. *Pritsch,* Das schweizerische Zivilgesetzbuch in der Türkei, in: ZvglRWiss 59 (1957) 123–180 (insbesondere 152–166); *Davran,* Bülent, Bericht über Änderungen im türkischen ZGB gegenüber dem schweizerischen, in: Annales de la Faculté de Droit d'Istanbul 6 (1956) 131–143.

[45] Vgl. dazu *Saymen,* Türk medenî hukuku [Türkisches Zivilrecht], Bd. 1, Umumî prensipler [Allgemeine Grundsätze] (3. Aufl., Istanbul 1960) 111 f. (mit Hinweisen auf mehrere Kassationshofentscheidungen); *Pritsch,* Das schweizerische Zivilgesetzbuch in der türkischen Praxis, in: RabelsZ 24 (1959) 686 ff. (688).

sam von Vater und Mutter ausgeübt wird[46]. Der Vater hat dabei gemäß Art. 263 II TürkZGB das Entscheidungsrecht als Haupt der Familie[47].

Artt. 262, 263 TürkZGB lauten in deutscher Übersetzung:

*Art. 262:*

„Das Kind untersteht während der Zeit seiner Minderjährigkeit der elterlichen Gewalt seiner Eltern; es kann seinen Eltern nicht ohne rechtmäßige Gründe entzogen werden.

Die entmündigten Kinder unterstehen gleicherweise der elterlichen Gewalt, sofern nicht der Richter es für notwendig erachtet, ihnen einen Vormund zu bestellen."

*At. 263:*

„Die Eltern üben die elterliche Gewalt während ihrer Ehe gemeinsam aus. Bei Meinungsverschiedenheit entscheidet der Vater." [48]

Nach türkischem Recht ist das elterliche Vermögensrecht im Gegensatz zu § 1626 BGB formell von der elterlichen Gewalt getrennt. Materiell wird es jedoch als Teil derselben behandelt[49].

Gemäß Art. 278 I TürkZGB haben die Eltern, solange ihnen die elterliche Gewalt zusteht, das Recht und die Pflicht, das Vermögen des Kindes gemeinsam zu verwalten. Die Verwaltung des Kindesvermögens ist unmittelbar mit der elterlichen Gewalt verknüpft und teilt deren Schicksal[50].

Auch in vermögensrechtlichen Fragen hat der Vater das Entscheidungsrecht. Art. 278 TürkZGB lautet in deutscher Übersetzung:

*Art. 278:*

„Die Eltern haben, solange ihnen die elterliche Gewalt zusteht, das Kindesvermögen zu verwalten.

Sie sind weder zur Rechnungslegung noch zur Sicherheitsleistung verpflichtet. Üben die Eltern ihre Obliegenheiten nicht pflichtgemäß aus, so schreitet der Richter ein." [51]

---

[46] *Saymen-Elbir,* aaO, Bd. 3, S. 368; *Oğuzoğlu,* aaO, Bd. 2, S. 244; *Belgesay,* Mustafa Reşit, Türk kanunu medenîsi şerhi [Kommentar zum türkischen Zivilgesetzbuch], Bd. 2 (Istanbul 1949) Art. 263 TürkZGB Anm. 1.

[47] *Saymen-Elbir* aaO 369; *Oğuzoğlu* 244.

[48] Vgl. *Bergmann-Ferid,* aaO, Bd. 5, s. v. Türkei, S. 27 f.

[49] *Saymen-Elbir* aaO 377 (mit Hinweis auf die Kassationshofentscheidung *Tem 2 HD* K. 92 vom 6. 1. 1950).

[50] *Saymen-Elbir* aaO 377 f.; *Oğuzoğlu* aaO 254 f.; *Belgesay,* aaO, Art. 278 TürkZGB, Anm. 1.

[51] *Ataay-Sungurbey,* Açiklamali medenî kanun ile borçlar kanunu (2. Aufl. Istanbul 1963) 85. *Saymen-Elbir* aaO 378; *Belgesay,* aaO, Art. 278 TürkZGB, Anm. 2.

## 2. *Elterliche Gewalt nach Scheidung der Ehe*

### a) Gesetzlicher Regelfall

Gemäß Art. 148 I TürkZGB ist der Richter, der die Scheidung ausspricht[52], verpflichtet, die notwendigen Maßnahmen hinsichtlich der Ausübung der elterlichen Gewalt nach der Scheidung der Ehe zu treffen[53].

*Art. 148 TürkZGB* lautet in deutscher Übersetzung:

„Im Falle der Scheidung oder der Trennung von Tisch und Bett trifft der Richter die notwendigen Maßnahmen hinsichtlich Ausübung der elterlichen Gewalt und der persönlichen Beziehungen zwischen Eltern und Kindern, nachdem er die Eltern gehört hat.

Derjenige Elternteil, dem die Kinder nicht zugesprochen sind, muß nach seinen Fähigkeiten zu den Kosten ihres Unterhalts und ihrer Erziehung beitragen.

Er hat das Recht, die persönlichen Beziehungen, die nach den Umständen gegeben sind, aufrechtzuerhalten."[54]

Wenn der Richter die Scheidung ausspricht, hat er einem Elternteil die elterliche Gewalt über das Kind zuzusprechen. Der andere Teil verliert seine elterliche Gewalt dadurch kraft Gesetzes[55]. Demjenigen Elternteil, dem die elterliche Gewalt durch das Gericht zugesprochen wird, steht nach der Scheidung auch allein das elterliche Vermögenssorgerecht zu[56].

Für die Frage, welchem Elternteil das Kind gemäß Art. 148 I TürkZGB zuzusprechen ist, ist ausschließlich das Kindesinteresse maßgebend. Dabei kommt es nicht nur auf die gegenwärtigen Verhältnisse, sondern auch darauf an, wie sie sich aller Voraussicht nach in naher Zukunft gestalten werden. Vor allem entscheidet die Fähigkeit zur Erziehung. Auch die Umwelt, in welche die Eltern durch die Scheidung geraten, ist zu berücksichtigen. Kleinkinder und Töchter sind, wenn möglich, der Mutter zuzusprechen[57].

---

[52] Vgl. *Erdem* aaO 276 f., mit Hinweis auf die Kassationshofentscheidung Tem 2 HD 3001/4186 v. 23. 11. 1942 (S. 282); *Velidedeoğlu* aaO 265 f.; *Saymen-Elbir* aaO 271; *Belgesay*, aaO, Art. 148 TürkZGB Anm. 2.

[53] Vgl. dazu *Erdem* aaO 282 285 (umfangreiche Rechtsprechungsnachweise); *Velidedeoğlu* aaO 266–268; *Saymen-Elbir* aaO 271 f.

[54] *Bergmann-Ferid*, aaO, Bd. 5, s. v. Türkei, S. 23.

[55] *Velidedeoğlu* aaO 367 f.; *Saymen-Elbir* aaO 271, 369; *Oğuzoğlu* aaO 134, 245; *Belgesay*, aaO, Art. 148 TürkZGB Anm. 2; ebenso in der Schweiz; vgl. *Hinderling*, Das schweizerische Ehescheidungsrecht (2. Aufl. Zürich 1960) 116 f.

[56] *Saymen-Elbir* aaO 381; *Velidedeoğlu* aaO 375 f.; *Oğuzoğlu* aaO 255; *Belgesay*, aaO, Art. 279 TürkZGB Anm. 2.

[57] Vgl. zu den einzelnen Fragen die reiche Kasuistik bei *Erdem* aaO 282–285, 289–292; insbesondere zu der Frage, daß Kleinkinder der Mutter zugesprochen werden sollen, die Kassationshofentscheidungen Tem 2 HD 2510/1654 v. 30. 3. 1951; HGK 2/63–59 v. 2. 12. 1957; Tem 2 HD 4781/4423 v. 20. 9. 1965 (alle bei *Erdem* aaO 283–285); ferner *Velidedeoğlu* aaO 266–268; *Saymen-Elbir* aaO 272; *Oğuzoğlu* aaO 135 f.; *Belgesay*, aaO, Art. 148 TürkZGB Anm. 6; auch *Hinderling* aaO 118.

Das Verschulden an der Scheidung kann für die Kinderzuteilung insofern eine Rolle spielen, als es den schuldigen Teil zur Erziehung als wenig geeignet erweisen kann. Wird eine Ehe aus beiderseitigem Verschulden geschieden, spielt die Schuldfrage für die Zusprechung der Kinder in aller Regel keine Rolle. Das Verschulden kann im übrigen nur dann einen Grund für die Zuteilung der Kinder an den schuldlosen Elternteil bedeuten, wenn die Interessen des Kindes nicht eindeutig den Ausschlag zu geben vermögen[58]. Beiden Eltern darf vom Gericht die Gewalt über ein Kind nur entzogen werden, wenn die Voraussetzungen des Art. 274 TürkZGB vorliegen[59].

*Art. 274 TürkZGB* lautet in deutscher Übersetzung:

„Eltern, welche zur Ausübung der elterlichen Gewalt nicht fähig oder welche entmündigt sind, oder sich schweren Mißbrauchs ihrer Gewalt oder Vernachlässigungen schuldig machen, ist vom Richter ihr Recht zu entziehen.

Wenn dem Vater und der Mutter ihre elterliche Gewalt entzogen ist, ist für das Kind ein Vormund zu bestellen.

Die Wirkungen dieser Entziehung erstrecken sich auch auf die Kinder, welche nach der Entscheidung geboren wurden." [60]

Ausreichend für eine solche Entscheidung des Gerichts ist danach nicht, daß kein Elternteil die genügende Gewähr für eine sorgfältige Erziehung des Kindes bietet; sondern dies ist nur in den strikten Grenzen des Art. 274 TürkZGB möglich. Der formelle Entzug der elterlichen Gewalt ist nur die äußerste Maßnahme, die das Gericht möglichst nicht treffen soll[61].

## b) Vereinbarungen über Nebenfolgen der Scheidung

Aus Art. 150 Ziff. 5 TürkZGB folgt, daß Eheleute Vereinbarungen über Nebenfolgen der Scheidung treffen können[62].

*Art. 150 Ziff. 5 TürkZGB* lautet auf Deutsch:

„Der Richter ist verpflichtet, folgende Bestimmungen bei einer Scheidungsklage oder einer Klage auf Trennung von Tisch und Bett zu berücksichtigen:

1.–4. ...

5. Zwischen den Parteien geschlossene Vereinbarungen bezüglich der Nebenfolgen der Scheidung oder der Trennung von Tisch und Bett sind nicht gültig, bis der Richter sie bestätigt hat." [63]

---

[58] *Erdem* aaO 276 f., 282; *Velededeoğlu* aaO 266 f.; vgl. auch den schweizerischen Entscheid BGE 62 II 10; *Hinderling* aaO 119.

[59] *Velidedeoğlu* aaO 268, 390–392; *Saymen-Elbir* aaO 398.

[60] *Bergmann-Ferid,* aaO, Bd. 5, s. v. Türkei, S. 28 f.

[61] *Velidedeoğlu* aaO 389 f.; *Saymen-Elbir* aaO 396, 398; auch *Hinderling* aaO 117.

[62] Vgl. *Velidedeoğlu* aaO 273; *Belgesay,* aaO, Art. 150 TürkZGB Anm. 7; vgl. auch *Tuor,* Das schweizerische Zivilgesetzbuch (7. Aufl. Zürich 1965) 151.

[63] *Ataay-Sungurbey* aaO 54 f.

Danach bedürfen Parteivereinbarungen über Nebenfolgen der Scheidung, um rechtsgültig zu sein, der Genehmigung durch den Richter. Gegenstand genehmigungsbedürftiger Verträge kann auch die Kinderzuteilung gemäß Art. 148 I Türk ZGB sein[64].

Die Genehmigung des Richters nach Art. 150 Ziff. 5 TürkZGB ist ein Gültigkeitserfordernis. Die Vereinbarung der Eltern ist durch das Gericht auf Zulässigkeit und Angemessenheit zu überprüfen. Bei denjenigen Nebenfolgen, die das allgemeine Interesse betreffen (z. B. Kinderzuteilung, Unterhalt für die Kinder, Besuchsrecht), hat die Parteivereinbarung lediglich den Charakter übereinstimmender Parteianträge. Die Genehmigung ist in diesen Fällen nur dann zu erteilen, wenn die von den Parteien getroffene Lösung unter Würdigung aller Umstände, zu denen aber auch die erzielte Verständigung der Ehepartner gehört, als richtig anzusehen ist[65].

Mit der Genehmigung bildet nicht die Parteiabrede, sondern die die Vereinbarung genehmigende Entscheidung des Gerichts den Rechtstitel für die gegenseitigen Ansprüche der Parteien[66].

## E. ERGEBNIS

Helga A. ist Doppelstaater; sie besitzt die deutsche und die türkische Staatsangehörigkeit.

Das Kind Haakan A. ist türkischer Staatsangehöriger.

Das Amtsgericht R. ist sachlich und örtlich zuständig, die elterliche Gewalt über das Kind Haakan nach Scheidung der Ehe seiner Eltern zu regeln.

Die Regelung der elterlichen Gewalt hat nach türkischem Familienrecht zu erfolgen. Die Vereinbarung der Eltern vom 11. 4. 1967 ist danach von dem Vormundschaftsgericht bei seiner Entscheidung zu berücksichtigen, soweit diese Lösung mit dem Interesse des Kindes übereinstimmt. Nach ständiger Rechtsprechung des türkischen Kassationshofs soll die elterliche Gewalt nach Scheidung einer Ehe bei Kleinkindern möglichst der Mutter zugesprochen werden.

---

[64] Vgl. *Saymen-Elbir* aaO 271; auch *Hinderling* aaO 141.

[65] Vgl. *Belgesay*, aaO, Art. 150 TürkZGB Anm. 8, 9; *Velidedeoğlu* aaO 273; *Oğuzoğlu* aaO 134; auch *Hinderling* aaO 142.

[66] *Velidedeoğlu* aaO 273; *Hinderling* aaO 143.

## Nr. 40

**USA (New Jersey)**

**1. Die Vollstreckung eines Scheidungsurteils, das in New Jersey ergangen ist und in dem der Ehemann zur Unterhaltsleistung für einen aus der Ehe stammenden Sohn verurteilt wird, scheitert nicht an § 328 Abs. 1 Nr. 5 ZPO, da die Gegenseitigkeit mit New Jersey verbürgt ist.**

**2. Die Aktivlegitimation zur Klage auf Abänderung der in einem Scheidungsurteil aus New Jersey ausgesprochenen Verpflichtung des Ehemannes zur Unterhaltsleistung gegenüber einem ehelichen Kind beurteilt sich nach dem Unterhaltsstatut.**

**3. Bei deutschem Unterhaltsstatut (Art. 19 EGBGB) ist das eheliche Kind nicht aktiv legitimiert, auf Abänderung der im Scheidungsurteil ausgesprochenen Unterhaltspflicht seines Vaters zu klagen.**

**Heidelberg vom 31. 1. 1967**

Das Amtsgericht Mannheim bittet in der Unterhaltssache Rolf M. ./. Edwin M. um Auskunft über amerikanisches internationales und materielles Unterhalts- und Zivilprozeßrecht.

### SACHVERHALT

Die Eltern des Klägers haben im Mai 1954 miteinander die Ehe geschlossen. Der Kläger und der Beklagte sind amerikanische Staatsangehörige. Die Ehe des Beklagten mit der Mutter des Klägers wurde vom Superior Court of New Jersey – Chancery Division – am 28. 2. 1964 geschieden. In diesem Urteil wurde die „custody" über den Kläger der Mutter übertragen; ferner wurde der Beklagte verurteilt, an den Kläger monatlich 20 Dollar zu bezahlen.

Später kam der Kläger mit seiner Mutter nach G. in der Bundesrepublik. Der Beklagte, der der amerikanischen Armee angehört, wurde nach M./Baden versetzt.

Das Amtsgericht M. bittet um die Beantwortung folgender Fragen:

a) Kann man aus dem vorgelegten Scheidungsurteil 20 DM (soll heißen: Dollar) an Unterhalt für das Kind (nicht für die Frau), beginnend ab 1. März 1964 vollstrecken? Wenn ja, welche Vorgänge sind notwendig, um dieses Urteil insoweit auch in Deutschland vollstrecken zu können?
b) Welche Bestimmungen sind grundsätzlich maßgebend, um das etwa zu Ziffer 1 bestehende Unterhaltsurteil auf einen höheren monatlichen Unterhaltsbetrag abzuändern?

c) Falls das Scheidungsurteil kein vollstreckbarer Titel für den Unterhalt des Kindes ist, welche grundsätzlichen Bestimmungen gelten für die Unterhaltszahlung eines ehelichen Vaters an sein eheliches Kind?

## GUTACHTEN

### A. DIE VOLLSTRECKBARKEIT DES AMERIKANISCHEN URTEILS IN DEUTSCHLAND

I. 1. Soweit durch Staatsverträge nicht ein anderes bestimmt ist, findet nach § 722 ZPO eine Zwangsvollstreckung aus einem ausländischen Urteil nur statt, wenn die Zulässigkeit der Zwangsvollstreckung durch ein Vollstreckungsurteil ausgesprochen ist.

Ein der Vorschrift des § 722 ZPO entgegenstehender Staatsvertrag besteht nicht; insbesondere enthält der deutsch-amerikanische Freundschafts-, Handels- und Schiffahrtsvertrag vom 7. 5. 1956 (BGBl. 1956 II S. 487 ff.) keine Bestimmungen über die Vollstreckbarkeit von Urteilen einzelstaatlicher Gerichte der USA.

Von einem bereits erwirkten Vollstreckungsurteil ist den Akten nichts zu entnehmen, auch ist bisher kein dahingehender Antrag gestellt, so daß schon aus diesem Grunde eine Zwangsvollstreckung aus dem Urteil, jedenfalls zur Zeit, nicht möglich ist.

2. Es ist jedoch zu prüfen, ob das Urteil des Superior Court of New Jersey in Deutschland anerkennungsfähig ist, da nach § 328 ZPO Voraussetzung für den Erlaß eines Vollstreckungsurteils nach § 722 ZPO die Anerkennung des ausländischen Urteils ist; vgl. § 723 Absatz 2 Satz 2 ZPO. Dabei kann ein ausländisches Urteil in Deutschland keine weitergehenden Rechtsfolgen aufweisen, als sie ihm nach der lex fori des Urteilsstaates zuerkannt werden[1]. Es ist daher zuerst zu prüfen, ob das genannte Urteil im Staate New Jersey, dem Staate des Forums, vollstreckbar ist.

Dabei ist insbesondere zu beachten, daß der Kläger des vorliegenden Streitfalles, nämlich das Kind Rolf M., in dem Verfahren in New Jersey nicht Partei gewesen ist. Vielmehr wurde das damalige Verfahren als Ehestreitigkeit zwischen dem Beklagten und der Mutter des Klägers ausgetragen. Jedoch hat nach amerikanischem Recht der Richter des Ehestreites die Befugnis, über den Unterhalt und die „custody" des Kindes mitzubefinden. Dies ergibt sich für New Jersey aus dem Fall *Zelek* v. *Brosseau*, den der Superior Court of New Jersey am 25. 1. 1957 entschie-

---

[1] Vgl. *Riezler*, Internationales Zivilprozeßrecht (1949) 520 f.; *Nussbaum*, Grundzüge des internationalen Privatrechts (1952) 231; *Müller*, Zum Begriff der „Anerkennung" von Urteilen in § 328 ZPO, ZZP 1966, 199 ff., 204, 205 mit weiteren Hinweisen.

den hat[2]. In diesem Fall hatte der Beklagte den Einwand erhoben, die Mutter könne die Unterhaltsklage für das eheliche Kind nicht im eigenen Namen geltend machen, da der Unterhalt dem Kinde geschuldet werde. Diesen Einwand wies Richter Goldmann zurück:

„The point that the present action could not properly be brought in plaintiff's name is one that was not raised below and is clearly frivolous. The support order directed that the weekly payments of $ 6.– be paid to plaintiff. She is the real party in interest under R. R. 4:30–1, for it is she, and not the child, who is entitled to collect the arrearages."

Die Übersetzung dieser Stelle müßte etwa lauten:

Die Einwendung, daß die gegenwärtige Klage nicht ordnungsgemäß im Namen der Klägerin hat erhoben werden können, ist eine solche, die in der Unterinstanz nicht erhoben wurde, und sie ist eindeutig mißbräuchlich. Durch das Unterhaltsurteil wurde bestimmt, daß die wöchentliche Zahlung von $ 6.– an die Klägerin zu leisten ist. Sie ist nach R. R. 4:30–1 die wirklich beteiligte Partei, denn sie, und nicht das Kind, ist berechtigt, die rückständigen Beträge einzuziehen.

Hieraus folgt, daß das Verfahren zwischen den Eltern des Klägers nach amerikanischem Recht auch insoweit zulässig gewesen ist, als es über den Unterhalt des Klägers entschied.

Allerdings ist zu beachten, daß Partei eben doch allein die Mutter gewesen ist. Deshalb kann auch nur die Mutter diesen Titel zur Zwangsvollstreckung benutzen und nicht das Kind selbst. Daher wäre einer Klage auf Vollstreckbarkeitserklärung nach § 722 ZPO, die das Kind erhebt, kein Erfolg beschieden.

II. Es ist als nächster Schritt zu prüfen, ob bei einer Klage der Mutter eine Verurteilung des Beklagten möglich wäre, das heißt, ob das Urteil des Staates New Jersey, das zugunsten des Kindes ergangen ist, in Deutschland anerkannt werden kann.

Die Voraussetzungen der Anerkennung des Urteils des Superior Court of New Jersey sind in § 328 ZPO geregelt.

1. Erste Voraussetzung ist, daß die Gerichte des Urteilsstaates nach deutschem internationalem Zivilprozeßrecht zur Entscheidung zuständig waren. Dabei genügt es, daß irgendein Gericht des Urteilsstaates zuständig gewesen ist[3]. Im vorliegenden Falle braucht nicht untersucht zu werden, ob es nach deutschem internationalem Zivilprozeßrecht genügt, daß ein Gericht der USA entschieden hat oder ob auf ein Gericht des Staates New Jersey abzustellen ist. Denn in beiden Fällen ist die internationale

---

[2] *Zelek* v. *Brosseau*, 136 A. 2 d 416 (1957).

[3] Vgl. zum Beispiel *Wieczorek*, ZPO, II 1 (1957) § 328 Anm. E I a 1 (S. 753); *Riezler* aaO 532; *Raape*, Internationales Privatrecht (5. Aufl. 1961) 136.

Zuständigkeit gegeben: Es ist unbestritten, daß für die internationale Zuständigkeit analog die Vorschriften über die örtliche Zuständigkeit anzuwenden sind[4].

Nach deutschem Zivilprozeßrecht ist ferner der Anspruch, der der Mutter für das Kind zuerkannt worden ist, ein vermögensrechtlicher Anspruch; dies kann sich nicht dadurch ändern, daß der Anspruch in einem Ehescheidungsverfahren geltend gemacht wird. Es ist also darauf abzustellen, wo sich hier der Wohnsitz des Beklagten befunden hat. Funktionell ist in dem Ehescheidungsverfahren insoweit, als die Ansprüche des Kindes behandelt werden, der Ehemann (Scheidungskläger) Beklagter gewesen, da insoweit gegen ihn ein vollstreckbarer Titel erlassen worden ist.

Nachdem der Ehemann im Scheidungsurteil des Superior Court als „bona fide resident" des Staates New Jersey bezeichnet worden ist, darf man davon ausgehen, daß sich sein Wohnsitz in New Jersey befunden hat. Demnach war dort sein allgemeiner Gerichtsstand im Sinne des § 12 ZPO, so daß die internationale Zuständigkeit des Gerichts von New Jersey gegeben war.

2. Die Vorschriften der Nr. 2 und 3 des § 328 Absatz 1 ZPO betreffen nur den Schutz einer deutschen Partei; hier sind jedoch keine Anhaltspunkte dafür vorgetragen, daß einer der Beteiligten (noch) deutscher Staatsangehöriger ist.

3. Ein Verstoß gegen den deutschen ordre public liegt nicht vor.

4. Es bleibt damit nur noch die Frage der Verbürgung der Gegenseitigkeit zu prüfen. Die Sondervorschrift des § 328 Absatz 2 ZPO kommt nicht in Betracht, da es sich, wie dargelegt, hier um einen vermögensrechtlichen Anspruch handelt. Der deutsch-amerikanische Freundschafts-, Handels- und Schiffahrtsvertrag (aaO) kommt auch in diesem Fall nicht zur Anwendung, da er über die Gerichtsbarkeit der U. S.-Einzelstaaten nichts enthält[5]. Ein Vertrag der Bundesrepublik mit dem Einzelstaat New Jersey besteht nicht und kann nach U. S.-amerikanischem Bundesverfassungsrecht auch nicht bestehen. Es ist also auf das interne Recht von New Jersey abzustellen.

*Bülow/Arnold* sind der Ansicht, daß sich die Feststellung der Verbürgung der Gegenseitigkeit mit amerikanischen Einzelstaaten im allgemeinen nicht treffen lasse[6]. Sie weisen darauf hin, daß nur die Urteile der U. S.-Einzelstaaten Erkenntnisquellen böten, aus denen die Verbürgung der Gegenseitigkeit zu entnehmen wäre.

---

[4] Vgl. *Rosenberg*, Lehrbuch des deutschen Zivilprozeßrechts (9. Aufl. 1961) 137; *Soergel-Siebert(-Kegel)*, BGB (9. Aufl. 1961) vor Art. 7 EGBGB, Randz. 302 ff. mit Nachweisen.

[5] Vgl. Protokoll zu dem genannten Vertrag, BGBl. 1956 II S. 502, Nr. 7.

[6] Vgl. *Bülow-Arnold*, Der internationale Rechtsverkehr in Zivil- und Handelssachen, Loseblattsammlung Stand 1960, E. 991. 97; *Wieczorek*, aaO, Bd. II Teil 1, § 328, Anm. E V am Ende, verweist auf Bülow-Arnold.

In dieser Allgemeinheit kann dieser Satz jedoch nicht richtig sein. Auch in dem weithin von Gewohnheitsrecht gebildeten Rechtssystem des Common Law bestehen gesetzliche Vorschriften, von denen prima facie anzunehmen ist, daß die heimischen Gerichte sie anwenden. Daher ist auch gesetztes Recht mit heranzuziehen[7].

Die von *Wieczorek* aaO mit Recht abgelehnte Einschränkung, es komme neben dem Gesetzestext auch noch auf die tatsächliche Übung an, wodurch die Verbürgung der Gegenseitigkeit schon am reinen Fehlen nachweisbarer Fälle scheitern müßte, ist vom RG im zuletzt genannten Urteil nicht gemacht worden; der Senat hat sich lediglich auf den Gesetzestext gestützt. Ebenso hat der BGH in einem Urteil vom 11. 10. 1956 ohne Eingehen auf die ausländische Rechtsprechung entschieden[8].

New Jersey hat bezüglich der Anerkennung von auswärtigen *Ehe*entscheidungen eine ausdrückliche Gesetzesbestimmung erlassen[9]. Der Text der Bestimmung lautet:

„Full faith and credit shall be given in all courts of this state to a judgment of nullity of marriage or divorce by a court of competent jurisdiction in another state of the United States when the jurisdiction of such court was obtained in the manner and in substantial conformity with the conditions prescribed in sections 2 A: 34–9 to 2 A: 34–12 of this title. Nothing herein contained shall be construed to limit the power of any court to give such effect to a judgment of nullity or divorce by a court of a foreign country as may be justified by the rules of international comity; ..."

Ins Deutsche kann diese Bestimmung wie folgt übersetzt werden:

Alle Gerichte dieses Staates (d. i. New Jersey) sollen volle Anerkennung gewähren einem Ehenichtigkeits- oder Scheidungsurteil, das durch ein zuständiges Gericht eines anderen Staates der Vereinigten Staaten erlassen wurde, wenn diese Gerichtsbarkeit in wesentlicher Übereinstimmung mit den Voraussetzungen der §§ 2 A: 34–9 bis 2 A: 34–12 dieses Titels erlangt wurde. Nichts, was hierin enthalten ist, soll so ausgelegt werden, daß die Macht eines Gerichtes (von New Jersey) beschränkt wird, eine solche Anerkennung eines Urteils eines ausländischen Gerichtes zu gewähren, als es durch die Regeln internationaler Solidarität gerechtfertigt ist; ...

Aus diesem Text folgt, daß ausländische Urteile in Ehesachen nach den Regeln der „international comity" anerkannt werden. Diese wird grundsätzlich in dem Umfange gewährt, in dem die Urteile der U. S.-„Schwester-

---

[7] Vgl. dazu *Wieczorek*, aaO, § 328, Anm. E V a; ferner RGZ 166, S. 367 ff., 374, wo die Verbürgung der Gegenseitigkeit auf einen Gesetzestext gestützt wird. Vgl. auch *RGZ* 121, 24 ff.

[8] Vgl. dazu *BGHZ* 22, 24 ff.; darin auch Hinweise zur Beweislast.

[9] Vgl. New Jersey Statutes Annotated, 1952, mit Nachtragsheften bis 1967, Bd. 2 A, 2 A: 34–22, S. 507 f.

staaten" anerkannt werden[10]. Insbesondere wird, wie aus dem Gesetzestext zu ersehen ist, darauf geachtet, daß das ausländische Gericht Jurisdiktion über den Fall im amerikanischen Sinne gehabt hat[11].

Es ist allerdings zweifelhaft, ob es sich hier noch um eine Ehesache handelt. Zwar ist der Grund, warum das den Unterhalt des Klägers regelnde Decree erlassen wurde, eine Ehesache, und ein Gericht von New Jersey würde wohl ein deutsches Ehescheidungsurteil auch insoweit anerkennen, als darin über den Unterhalt des Kindes bestimmt ist, wenn es eine ähnliche Regelung im deutschen Recht gäbe[12].

Jedoch machen *Bülow-Arnold,* aaO, darauf aufmerksam, daß auch dann die Verbürgung der Gegenseitigkeit nicht gewährleistet sei, wenn Urteile bestimmter Prozeßarten, zum Beispiel Versäumnisurteile, nicht anerkannt würden. Eine Teilung der Verbürgung der Gegenseitigkeit sei nur nach der Natur der Ansprüche möglich, nicht aber auch nach der prozessualen Art des Urteils. Ob *Riezlers* Ansicht, die Gegenseitigkeit könne „gattungsmäßig" zum Beispiel nur auf Urteile in Ehesachen beschränkt sein, auch eine Teilung in Prozeßarten zuläßt, kann dem Text nicht entnommen werden[13].

Ob deutsche Versäumnisurteile in New Jersey anerkannt werden, läßt sich mangels einschlägiger Fälle nicht feststellen. Sollte sich das Gericht also der von *Bülow-Arnold* geäußerten Auslegung der Gegenseitigkeit anschließen, so wäre eine Verbürgung der Gegenseitigkeit nicht gewährleistet, da nicht gesagt werden kann, wie ein Gericht von New Jersey entscheiden wird.

Jedoch begegnet diese Ansicht von *Bülow-Arnold* unseres Erachtens Bedenken.

a) Unter Gegenseitigkeit der Anerkennung wird verstanden, daß die Anerkennung des inländischen Urteils im Auslande nicht wesentlich schwerer ist, als die eines ausländischen Urteils im Inlande[14].

b) Daher sind zur Bestimmung der Verbürgung der Gegenseitigkeit die Bestimmungen des § 328 Abs. 1 Nr. 1–4 ZPO mit heranzuziehen, in denen

---

[10] Vgl. dazu *Knittel,* Die zwischenstaatliche Anerkennung von Ehescheidungen innerhalb der Vereinigten Staaten von Amerika, RabelsZ 29 (1965) 751 (752).

[11] Vgl. hierzu *Grasmann,* Die Anerkennung ausländischer Scheidungsurteile in den USA als Voraussetzung der deutschen Zuständigkeit, FamRZ 1964, 345 (349 f.). *Grasmann* beruft sich in Fußn. 40 auf den Fall *Fantony* v. *Fantony,* 115 A. 2d 610. Dort führte das Gericht aus, einem kubanischen „decree" werde die Anerkennung nach den Regeln der „comity" gewährt, wenn das kubanische Gericht „jurisdiction" hatte und die Minimalvoraussetzungen bezüglich des Verfahrens beachtet hat. Die Ehescheidung wurde anerkannt.

[12] Meist wird die Frage bei den häufig vorkommenden mexikanischen Urteilen erörtert, die vielfach nicht anerkannt werden; vgl. *Greenspan* v. *Greenspan,* 18 A. 2d 283; *State* v. *De Meo,* 118 A. 2d 1, 56 ALR 2d 905.

[13] Vgl. *Riezler* aaO 554.

[14] Vgl. *Wieczorek,* aaO, § 328, Anm. E V a mit Nachweisen; *Riezler* aaO 554.

die im deutschen Recht vorgesehenen Einschränkungen der Anerkennung enthalten sind. Ausländische Einschränkungen, die denen des deutschen Rechts ähnlich sind, wie zum Beispiel die Berücksichtigung des ordre public, hindern die Verbürgung der Gegenseitigkeit nicht.

Hier kommt die Einschränkung des § 328 Nr. 2 ZPO in Betracht, die dazu bestimmt ist, Versäumnisurteile im Ausland zu unterbinden. Da aber ein erheblicher Teil ausländischer Versäumnisurteile ohne persönliche Zustellung bzw. ohne Zustellung mittels deutscher Rechtshilfe ergeht, so ist insoweit von deutscher Seite aus eine erhebliche Einschränkung der Anerkennung gegeben, die daher auch hinzunehmen ist, wenn ausländische Rechtsordnungen die gleichen Einschränkungen für die Anerkennung deutscher Urteile vorsehen.

c) Zudem ist im Verhältnis zu amerikanischen Gerichten zu beachten, daß nach amerikanischer Auffassung der Unterhaltspflichtige, damit gegen ihn ein Urteil ergehen kann, der Jurisdiktion des Gerichtsstaates unterliegen muß [15]. Der Jurisdiktion unterworfen ist aber nur, wer entweder in Person in dem Staate geladen wird; oder wer Eigentum in dem Staate besitzt; oder wer ihm angehört (das heißt in ihm domiziliert ist); oder wer sich durch Zustimmung unterwirft; oder wer in dem Staate Geschäfte betreibt [16].

Die Voraussetzungen der Jurisdiktion zeigen erhebliche Ähnlichkeiten mit der Regel des § 328 Abs. 1 Nr. 2 ZPO. Da diese nur die deutschen Staatsangehörigen schützen will, kann die amerikanische Möglichkeit der Begründung der Jurisdiktion durch Domizil außer Betracht bleiben, da das Domizil auch die Staatsangehörigkeit zu einem Bundesstaat vermittelt, interlokalrechtlich also dieselbe Bedeutung wie die Staatsangehörigkeit besitzt. Daher kann ein nach amerikanischem Recht wirksames Versäumnisurteil eines amerikanischen Gerichtes nur in den Fällen ergehen, in denen entweder der Beklagte selbst im Staate geladen wird, oder sich freiwillig auf den Prozeß einläßt (Zustimmung); beides läßt aber auch die deutsche Bestimmung des § 328 Abs. 1 Nr. 2 ZPO zu. Es bleiben also als darüber hinausgehende Fälle nur die, daß die Jurisdiktion des amerikanischen Gerichts schon gegeben ist, wenn der Beklagte im Staate Eigentum besitzt oder Geschäfte betreibt. Diese wenigen Fälle, in denen überhaupt eine Frage der Nichtanerkennung auftauchen kann, von denen zudem einer in der internationalen Zuständigkeit des deutschen Rechts (§ 23 ZPO) seine Entsprechung hat, können nicht bedeuten, daß ihretwegen die gesamte Gegenseitigkeit der Anerkennung verneint werden muß.

---

[15] Vgl. *Restatement* of the Law of Conflict of Laws (St. Paul 1934) § 457 a–c; vgl. dazu unten C.

[16] Vgl. *Goodrich,* Handbook of the Conflict of Laws (4. Aufl. St. Paul 1964) 114 ff.

III. Entscheidet sich das Gericht wie hier vorgeschlagen, so ist zu prüfen, ob dieser Prozeß hier noch eine Ehesache ist und somit unter die angegebene Gesetzesstelle fällt, nach der im U. S.-Staat New Jersey ausländische Urteile in Ehesachen anerkannt werden.

Vom deutschen Recht her gesehen ist nur ein Streit mit anderer Parteiengruppierung, nämlich ein Prozeß zwischen Vater und Kind, denkbar. Daher wäre wohl hier auch für New Jersey der Rahmen des Ehestreites verlassen und demnach die oben angegebene Gesetzesstelle, die sich nur auf ausländische Urteile in Ehesachen bezieht, nicht mehr einschlägig. Es ist also zu untersuchen, ob normale streitige deutsche Zivilurteile in New Jersey anerkannt werden.

1. Bezüglich solcher Streitigkeiten besteht in New Jersey keine besondere gesetzliche Bestimmung, weshalb auf die Rechtsprechung zurückgegriffen werden muß. Der Uniform Reciprocal Enforcement of Support Act, in dem die Unterhaltsansprüche zwischen Verwandten geregelt sind, gilt nur zwischen amerikanischen Bundesstaaten, da dieses Gesetz in erster Linie eine Regelung des öffentlichen Rechts und des Strafrechts ist[17].

In den USA bestehen in den verschiedenen Staaten im wesentlichen über die Frage der Anerkennung normaler ausländischer Zivilurteile zwei Auffassungen[18]. Die eine Meinung läuft nach *Goodrich* im Ergebnis darauf hinaus, ausländische Urteile seien nochmals in der Sache zu überprüfen. Die Gegenmeinung („modern tendency") besagt, daß das Urteil eines ausländischen Gerichtes, wenn dieses Jurisdiktion (nach amerikanischer Auffassung) besitzt, mit wenigen Ausnahmen, wie etwa Verstoß gegen den ordre public, für die Rechte und Pflichten der Parteien bestimmend sei.

Die von *Goodrich* angeführten Urteile stammen alle nicht aus New Jersey. Jedoch haben sich die Gerichte des Staates New Jersey nach unseren Feststellungen in den letzten Jahrzehnten der „modernen" Meinung angeschlossen und ausländische Urteile anerkannt, wenn das ausländische Gericht Jurisdiktion gehabt hatte.

a) Im Falle *Zanzonico* v. *Neeld,* 111 A. 2 d 772 (1955), wird eine italienische Adoption vom Supreme Court von New Jersey ohne nähere Überprüfung anerkannt. Nachdem Richter Wachenfeld festgestellt hat, daß Entscheide von „Schwesterstaaten", das heißt anderer amerikanischer Bundesstaaten, anerkannt werden müssen, wenn 1. Jurisdiktion gegeben

---

[17] Vgl. die Bestimmungen dieses Acts, New Jersey Statutes Annotated, aaO, 2A: 4–30. 1 ff. S. 191 ff. Uniform Laws Annotated, Bd. 9 C, S. 1 ff.; insbesondere die Definition des Wortes „state" in § 2: „‚state' includes any state, territory or possession of the United States and the District of Columbia in which this or a substantially similar reciprocal law has been enacted." Vgl. *Dölle*, Familienrecht, Bd. II, 1965, S. 5.

[18] Vgl. dazu *Goodrich* aaO 391.

war und 2. kein Verstoß gegen den ordre public New Jerseys vorliegt, fährt er fort (deutsche Übersetzung):

Urteile und Entscheidungen fremder Nationen werden hier nach entsprechenden Prinzipien anerkannt und vollstreckbar.

b) Damit stimmen auch zwei andere Urteile, beide vom Court of Errors and Appeals of New Jersey, überein. Im Falle *Caruso* v. *Caruso,* 148 A. 882 (1930) hatten sich die Erben des berühmten Tenors in einem von einem italienischen Gericht bestätigten Vergleich über die Auseinandersetzung der Erbschaft geeinigt. Trotzdem wurde in den USA von dort ansässigen Erben ein neuer Rechtsstreit über die Aufteilung der von einer amerikanischen Schallplattenfirma zu zahlenden Tantiemen geführt. In diesem Fall wird ausgeführt (S. 886), daß

„the finality, the good faith, and credit (is) to be given judgments of foreign, as well as sister states".

Im Falle *Romanschick* v. *Howard Savings Institution,* 194 A. 185, wird hauptsächlich die Frage geprüft, ob das ausländische (kanadische) Gericht Jurisdiktion gehabt hat. Dabei geht die Entscheidung davon aus, daß im Falle des Vorliegens der Jurisdiktion das kanadische Urteil anzuerkennen sei.

Somit dürfte auch die Anerkennung normaler ausländischer Urteile gegeben und damit die Gegenseitigkeit verbürgt sein.

2. Daher wäre das Urteil des Superior Court of New Jersey, das der Mutter des Klägers für diesen monatlich 20 $ zuerkennt, im Verfahren nach den §§ 722, 723 ZPO für vollstreckbar zu erklären, falls die Mutter ein solches Verfahren einleitet.

Ergänzend sei auf einen Parallelfall hingewiesen, der am 23. 12. 1965 vom Obergericht des Kantons Zürich[19] entschieden worden ist. Dort wurde ein kalifornisches Ehescheidungsurteil, in dem der Mutter für das Kind ein Unterhaltsbeitrag zugebilligt worden ist, für vollstreckbar erklärt. Hier hatte die Mutter, also die Prozeßpartei, die Vollstreckung beantragt. Auch nach schweizerischem Recht war die Frage der Verbürgung der Gegenseitigkeit zu prüfen, wobei sich das Urteil noch mit der bei *Bülow-Arnold*[20] vorgetragenen Rechtsansicht auseinandergesetzt hat, nach amerikanischer Auffassung sei die Verpflichtung, Unterhalt zu leisten, dem Bürger auferlegt, um den Staat zu entlasten, weshalb ein ausländisches Urteil aus Gründen des ordre public nicht vollstreckt werden könne. Das Züricher Urteil kommt jedoch aufgrund eines Gutachtens der juristischen Fakultät der Universität von Kalifornien in Berkeley zu dem Ergebnis, daß in Fällen, in denen Kalifornien kein direktes Interesse an dem Fall habe, die Vollstreckung nicht abgelehnt werde.

---

[19] Vgl. Schweizerische Juristen-Z. 1966, 301 ff.

[20] Vgl. aaO, E 991–95.

Aus New Jersey ist auf den oben schon angeführten Fall *Zelek* v. *Brosseau,* 136 A. 2 d 416, hinzuweisen, in welchem einem Urteil aus Vermont über den Unterhalt „full faith and credit" zuerkannt wurde, weshalb aus ihm vollstreckt werden konnte. Allerdings ist hier zu beachten, daß unter Umständen die Frage des ordre public wegen der Gültigkeit des Uniform Reciprocal Enforcement of Support Act in New Jersey nicht hat geprüft werden können. Wegen des engen Zusammenhangs zwischen inneramerikanischem und internationalem Konfliktsrecht ist jedoch kaum anzunehmen, daß in einem internationalen Falle ein Gericht aus New Jersey anders entscheiden würde.

Ferner ist auf den Fall *Kossower* v. *Kossower*[21] hinzuweisen. Hier ging es um die Frage, ob für ein New Yorker Unterhaltsurteil auch die besonderen Rechtsmittel des Equity-Verfahrens zu Gebote stehen. Dies wurde damit verneint, daß das fremde support-decree nach dem Verfahren des Common Law vollstreckbar erklärt werden könne. Auch daraus läßt sich eine Anerkennung entnehmen.

Leider sind Fälle, in denen ein ausländisches Unterhaltsurteil in New Jersey für vollstreckbar erklärt werden sollte, hier nicht bekannt.

3. Der vom amerikanischen Supreme Court (des Bundes) entschiedene Fall *Yarborough* v. *Yarborough*[22] steht der hier vertretenen Auffassung nicht entgegen. Dort wurde unter Hinweis auf die amerikanische Verfassung entschieden, daß ein Angehöriger des Staates Georgia nicht von einem Gericht des Staates South Carolina zu einer Erhöhung des in einem Urteil aus dem Staat Georgia festgelegten Unterhaltes verurteilt werden dürfte. Zu diesem Entscheid weist *Ehrenzweig*[23] darauf hin, daß die Besonderheit darin liege, daß das Unterhaltsurteil entsprechend den Feststellungen des Supreme Court unabänderbar („unalterable") nach dem Recht von Georgia sei. In einem solchen Falle ist allerdings aufgrund amerikanischen Verfassungsrechts („full faith and credit clause", Art. 4 Sec. 1 der Verfassung) das Gericht des anderen Staates an die Entscheidung gebunden. Hier liegt jedoch der Fall anders, da, wie noch ausgeführt wird, Unterhaltsurteile nach dem Recht des Staates New Jersey abgeändert werden können.

4. Zuletzt ist noch auf das Urteil RGZ 115, 103 hinzuweisen. Dort stellt das Reichsgericht fest, daß dann die Verbürgung der Gegenseitigkeit nicht in Betracht komme, wenn das ausländische Recht keine prozessuale Zuständigkeitsvorschrift gebe, sondern die Gerichtsbarkeit der einzelnen Gliedstaaten (hier: schweizerische Kantone) gegeneinander und entsprechend auch gegen das Ausland abgrenze. In dem vom Reichsgericht entschiedenen Falle handelte es sich darum, daß Art. 59 der Schweizer Bun-

[21] Vgl. Court of Errors and Appeals of New Jersey 142 A. 30 (1928).
[22] Vgl. 290 U. S. 202 (1933).
[23] Vgl. *Ehrenzweig,* Conflict of Laws (2. Aufl. St. Paul 1962) 279.

desverfassung vorschreibt, daß der Schuldner vor dem Richter seines Heimatkantons verklagt werden muß.

Unseres Erachtens ist hierbei weniger auf den Unterschied zwischen örtlicher Zuständigkeit und Gerichtsbarkeit abzustellen, die im deutschen Recht faktisch zusammenfallen. Was das Urteil des RG an tatsächlichen Gründen trägt, ist, daß die Zahl der Gerichtsstände in der Schweiz gegenüber ausländischer Gerichtsbarkeit sehr stark eingeschränkt ist, so daß hier schon der allgemeine Gesichtspunkt der wesentlichen Erschwernis der Anerkennung zum Zuge kommt[24].

Die amerikanischen Jurisdiktionserfordernisse sind, wie oben ausgeführt, jedenfalls den deutschen Vorschriften über örtliche Zuständigkeit entschieden ähnlicher, so daß der Gesichtspunkt der wesentlichen Erschwernis der Anerkennung nicht durchschlägt. Daher ist daran festzuhalten, daß die Gegenseitigkeit als gewährleistet anzusehen ist.

## B. ABÄNDERUNG DES UNTERHALTSURTEILS DES SUPERIOR COURT OF NEW JERSEY

I. Es ist hier die prozessuale Lage zu untersuchen. Wir gehen hier davon aus, daß das Urteil von New Jersey in Deutschland rechtsverbindlich ist, da sonst in Deutschland keine Abänderungsklage erhoben zu werden brauchte, sondern eine normale Leistungsklage in Frage käme.

Ob eine Abänderungsklage schon dann zulässig ist, wenn sie nach deutschem Zivilprozeßrecht zulässig ist, wird in der Literatur nicht eindeutig beantwortet. *Wieczorek*[25] ist der Ansicht, daß es für die Zulässigkeit einer Abänderungsklage darauf ankomme, ob die lex fori des ersten Urteils eine Abänderungsklage kennt. Derselben Ansicht sind auch *Baumbach-Lauterbach*[26]. Anderer Ansicht scheint *Rosenberg* zu sein, der an zwei Stellen zur Wirkung eines anerkannten ausländischen Urteils schreibt, das ausländische Urteil sei in denselben Grenzen wie ein deutsches zu beachten; ferner: die Wirkung auf einen zweiten Prozeß bestimme die (deutsche) lex fori des Zweitprozesses[27].

*Müller* arbeitet heraus, daß die Rechtskraftwirkung eines anerkannten ausländischen Urteils nicht weiter gehe als die eines entsprechenden inländischen, da durch die Regeln über die Rechtskraft die Grenzen des rechtlichen Gehörs bestimmt würden und diese Regeln Fundamentalsätze des Rechtes seien[28]. Letztere Meinung dürfte wohl den Vorzug verdienen.

---

[24] Vgl. *Wieczorek*, aaO, § 328, Anm. E V a.

[25] Vgl. aaO Bd. II 1, § 323 F Ia, S. 717.

[26] *Baumbach-Lauterbach*, ZPO, 29. Aufl. 1966, § 323 Anm. 1 am Ende, S. 682.

[27] Vgl. *Rosenberg*, Lehrbuch des deutschen Zivilprozeßrechts (9. Aufl. 1961) § 149 II 2, S. 747, und § 148 II 5, S. 743.

[28] Vgl. *Müller*, aaO ZZP 1966, 206, 207.

Nach deutschem internationalem Prozeßrecht wäre eine Abänderungsklage, durch die die Rechtskraft eingeschränkt wird, immer dann zulässig, wenn sie nach deutschem innerstaatlichem Zivilprozeßrecht zulässig ist.

Dieselbe Lösung wird übrigens auch für das Schweizer Zivilprozeßrecht vertreten[29]. Im übrigen braucht die Streitfrage im vorliegenden Fall nicht entschieden zu werden, da auch nach dem Recht des Staates New Jersey eine Abänderungsklage möglich ist.

Vgl. dazu New Jersey Statutes Annotated, Title 2 A, Ch. 34 Art. 6, 2 A: 34–23, S. 6:

„Pending any matrimonial action brought in this state or elsewhere, or after judgment of divorce or maintenance, whether obtained in this state or elsewhere, the court may make such order as to the alimony or maintenance of the wife, and also as to the care, custody, education and maintenance of the children, or any of them, as the circumstances of the parties and the nature of the case shall render fit, reasonable and just, and require reasonable security for the due observance of such orders."

Diese Bestimmung kann wie folgt übersetzt werden:
Während der Rechtshängigkeit einer Eheklage in diesem Staate oder sonstwo, oder nach einem Scheidungs- oder Unterhaltsurteil, das in diesem Staat oder sonstwo erlangt wurde, kann das Gericht Anordnungen über Unterhalt (alimony or maintenance) der Frau und auch über Personensorge (care, custody), Erziehung und Unterhalt der Kinder oder eines von ihnen erlassen, wie die Umstände der Parteien und die Natur der Sache es erheischen, vernünftig und gerecht, und vernünftige Sicherheit für die getreue Beobachtung solcher Anordnungen verlangen.

II. Jedoch ist an dieser Stelle zu vermerken, daß eine Abänderungsklage nur zwischen den früheren Parteien möglich ist. Also nur dann, wenn für das Rechtsverhältnis auch jetzt noch dieselbe Parteienstellung möglich ist wie im Vorprozeß, ist die Abänderung des ursprünglichen Urteiles möglich[30]. Wenn sich jedoch herausstellt, daß jetzt die Klagebefugnis der Mutter nicht mehr besteht, kann sie auch nicht mehr auf Abänderung des erlassenen Urteils klagen.

Ob dies der Fall ist, bestimmt sich nach dem auf den Unterhalt des Kindes jetzt anwendbaren Recht. Ist noch amerikanisches Recht anwendbar, so bleibt die Klagebefugnis der Mutter erhalten, ist also die Abänderungsklage möglich. Ist jedoch die Klagebefugnis der Mutter deshalb entfallen, weil deutsches Recht anwendbar und deshalb das Kind selbst klageberechtigt ist, wäre eine Abänderungsklage nicht möglich. Die Rechtslage wäre ähnlich wie bei einem Unterhaltsvergleich bei einer deutschen Ehescheidung zugunsten eines gemeinsamen Kindes: auch hier kann das

---

[29] Vgl. *Guldener*, Schweizerisches Zivilprozeßrecht (2. Aufl. 1958) 322.

[30] Vgl. *Rosenberg* aaO 769; *Wieczorek*, aaO, Bd. II 1, § 323 E I, S. 714.

Kind keine Abänderungsklage erheben, um den Betrag des Vergleiches zu erhöhen[31]. Daher muß schon zur Bestimmung der Aktivlegitimation bei der Abänderungsklage das auf das Rechtsverhältnis zwischen Vater und Kind anwendbare Recht ermittelt werden.

## C. MATERIELLES RECHT

### *I. Internationales Privatrecht*

1. Die internationalprivatrechtliche Frage ist für beide Fälle, nämlich die Erhöhung des bestehenden Unterhaltsurteils und die eventuelle Erstklage des Kindes, gleich zu behandeln.

Die Ansicht *Wieczoreks*[32], daß bei zulässiger Abänderungsklage gegen ein ausländisches Urteil das Gericht „nach ausländischem – außerprozessualem – Recht" zu urteilen habe, ist unhaltbar. Jedes Gericht hat nach den am Sitz des Gerichts gültigen IPR-Vorschriften zu bestimmen, welches Recht anwendbar ist. Dieser Satz gilt überall und ausnahmslos[33].

2. Art. 19 EGBGB bestimmt in der Form einer einseitigen Kollisionsnorm, daß deutsches Recht auf das Verhältnis zwischen Eltern und Kindern anzuwenden ist, wenn der Vater Deutscher ist. Diese Norm ist von der Rechtsprechung und Lehre zu einer allseitigen Kollisionsnorm ausgebaut worden[34]. Hinsichtlich der Vereinbarkeit dieser Vorschrift mit Art. 3 Abs. 2 GG sind wenigstens dann keine Bedenken ersichtlich, wenn klargestellt werden kann, daß auch die Mutter Amerikanerin aus New Jersey ist. Im übrigen geht die herrschende Meinung von der Vereinbarkeit dieser Kollisionsnorm mit dem Grundsatz der Gleichberechtigung aus[35].

Nun ist aber das Familienrecht der USA Sache der einzelstaatlichen Gesetzgebung. Deshalb ist zunächst die einzelstaatliche Rechtsordnung zu ermitteln. In den USA gibt es keine Staatsangehörigkeit im technischen Sinne zu einem Einzelstaat, wie es etwa in Deutschland bis 1934 der Fall

---

[31] Zu Fragen eines solchen Vergleiches zugunsten Dritter vgl. *OLG Celle* NJW 1966, 1367 (Vollstreckbarkeit). Diese Fragen betreffen jedoch vor allem innerdeutsches Recht.

[32] Vgl. aaO, Bd. II 1, § 323 F I a, S. 717.

[33] Vgl. *Kegel*, IPR (2. Aufl. 1964) 21: „Man geht aus ... vom IPR des eigenen Staats, ..."

[34] Vgl. *Erman-Marquordt*, Handkommentar zum BGB (3. Aufl. 1962) Art. 19 EGBGB, Anm. 1, S. 1642 mit Nachweisen; *Soergel-Siebert(-Kegel)*, aaO, Art. 19 EGBGB, Randz. 1.

[35] Vgl. die Nachweise bei *Sturm*, Zur Gleichberechtigung im deutschen internationalen Privatrecht, in: „Rechtsvergleichung und Rechtsvereinheitlichung", Festschrift zum fünfzigjährigen Bestehen des Instituts für ausländisches und internationales Privat- und Wirtschaftsrecht der Universität Heidelberg, 1967, S. 155 ff. *Sturm* hält allerdings Art. 19 für verfassungswidrig.

war, sondern nur eine mit dem Domizil zusammenfallende „citizenship“. Es ist also eine „Unteranknüpfung“ zu wählen[36].

In der Literatur wird betont, daß es sich nicht empfehle, auf die vom auswärtigen interlokalen Recht angewandten Regeln einzugehen, man solle vielmehr die Anknüpfung nach deutschem Recht selbständig vornehmen[37]. Dabei stellen *Wolff, Kegel* und *Soergel-Siebert(-Kegel)* auf den gewöhnlichen Aufenthalt ab. Dieser befindet sich hier allerdings jetzt in Deutschland; jedoch ist in solchen Fällen auf den letzten gewöhnlichen Aufenthalt abzustellen[38]. Dieser dürfte sich wohl in New Jersey befunden haben. Demnach ist Heimatrecht des Mannes das von New Jersey.

Aber auch wenn man die Anknüpfung so wählte, wie sie vom interlokalen Privatrecht des ausländischen Staates gewählt wird, würde man hier auf das Domizil im amerikanischen Sinne kommen, welches sich wohl ebenfalls im Staate New Jersey befindet, so daß wieder das Recht dieses U. S.-Einzelstaates angewandt werden muß[39]. Dies kann insbesondere daraus entnommen werden, daß in dem Scheidungsurteil der damalige Kläger und heutige Beklagte als ein „bona fide resident“ von New Jersey bezeichnet wird. Allerdings kann zur Frage des gewöhnlichen Aufenthalts bzw. Domizils mangels eingehenderer Angaben in den Akten nicht näher Stellung genommen werden.

Es wird daher davon ausgegangen, daß der damalige Kläger und heutige Beklagte dem Staate New Jersey zuzurechnen ist. Art. 19 EGBGB verweist somit auf das Recht von New Jersey.

3. Es ist zu prüfen, ob das Recht von New Jersey diese Verweisung annimmt oder ob es bestimmt, daß ein anderes Recht gelten solle. Eine solche Weiter- oder Rückverweisung ist zu beachten, obwohl Art. 27 EGBGB die Vorschrift des Art. 19 EGBGB nicht ausdrücklich aufführt[40]. Über diese Frage, welches Staates Recht auf die Unterhaltsverpflichtung eines geschiedenen Elternteiles gegenüber dem ehelichen Kinde anzuwenden ist, läßt sich aus der amerikanischen Literatur und Rechtsprechung nicht viel entnehmen, weil diese Fragen meist im Scheidungsurteil mit abgehandelt werden, wobei dort, wie in allen Ehescheidungssachen, lex fori des amerikanischen Gerichtsstaates angewandt wird. Hierauf verweist Ehrenzweig[41], wenn er ausführt, daß „support claims“, also Unter-

[36] Vgl. *Soergel-Siebert(-Kegel)*, aaO, vor Art. 7 EGBGB, Anm. 111, mit Nachweisen; *Kegel*, IPR, 2. Aufl. 1964, § 2 V, S. 48; *Wolff*, Das Internationale Privatrecht Deutschlands, 3. Aufl. 1954, § 18 a 1, S. 92.

[37] So insbesondere *Soergel-Siebert(-Kegel)* aaO; anders: *Raape*, IPR (5. Aufl.) 150.

[38] So *Soergel-Siebert(-Kegel)*, aaO, vor Art. 7, Randz. 111.

[39] Vgl. zu dieser Frage auch *Kegel*, Die Anwendung des Rechts ausländischer Staaten mit räumlicher Rechtsspaltung, in: Karl-Arnold-Festschrift (1955) 76.

[40] Vgl. *Soergel-Siebert(-Kegel)*, aaO, Art. 19 EGBGB, Randz. 50; *BayObLGZ* 1953, 102 (106); *BayObLGZ* NJW 1962 S. 1013.

[41] Vgl. *Ehrenzweig* aaO 279.

haltsklagen, normalerweise durch die Regeln bestimmt werden, die für streitige Verhandlungen unter Ehegatten bestehen.

*Rabel* verweist auf die Ausführungen *Beales* und des von diesem maßgeblich mitbeeinflußten Restatement of the Law of Conflict of Laws[42] und betont, daß faktisch immer lex fori herrsche.

*Beale*[43] behandelt in seinem Buch, das ganz auf das Restatement zugeschnitten ist, in erster Linie die Frage der Jurisdiktion. Im Restatement selbst wird unter § 457 zunächst ebenfalls die Jurisdiktion bestimmt, wobei es genügt, daß das Kind in dem Gerichtsstaate sein Domizil hat[44]. Dies bedeutet soviel, daß für das Eingreifen deutscher „Jurisdiction" das Kind in Deutschland sein Domizil im amerikanischen Sinne haben und der Beklagte gültig verklagt sein muß, was durch persönliche Zustellung in Deutschland, wie hier geschehen, vorgenommen werden kann.

Ist dies der Fall, so wendet das Gericht eigenes Recht an. Dies wird im Restatement negativ so ausgedrückt:

*§ 458:*

„No state will directly enforce a duty to support created by the law of another state."

Kein Staat wird direkt eine Unterhaltspflicht in Geltung setzen, die durch das Recht eines anderen Staates geschaffen ist[45].

Es ist allerdings zu beachten, daß die Autorität des Restatement in gewissem Umfang angezweifelt wird[46].

Aus diesem Zusammenspiel von Jurisdiktion und lex fori ergibt sich eine Rückverweisung auf deutsches Recht, da dann, wenn die Jurisdiktion (nach amerikanischer Auffassung) gegeben ist, das Gericht eigenes Recht anzuwenden hat, also auf die lex fori verwiesen wird.

In dem hier zu begutachtenden Fall ist das Kind in Deutschland domiziliert. An sich folgt das Kind bezüglich seines Domizils dem Vater. Ist aber die Ehe geschieden und die „custody", wie hier, der Mutter über-

---

[42] Vgl. *Rabel,* The Conflict of Laws (2. Aufl. Ann Arbor 1958), besorgt von Ulrich *Drobnig,* Bd. 1, S. 647.

[43] The Conflict of Laws, Bd. 2 (New York 1935) S. 1432 (§ 457.1).

[44] Vgl. *Restatement* of the Law of the Conflict of Laws, St. Paul, 1934, § 457a: „A state has legislative jurisdiction to impose upon one person a duty to support another person if

a) the person to be supported is domiciled within the state and the person to support is subject to the jurisdiction of the state, or..."

Dies kann wie folgt übersetzt werden:

„Ein Staat hat die gesetzgeberische Jurisdiktion dafür, einer Person eine Verpflichtung zum Unterhalt einer anderen Person aufzuerlegen, wenn

a) die zu unterhaltende Person in dem Staate ihr Domizil hat und die unterhaltsverpflichtete Person der Jurisdiktion dieses Staates unterworfen ist, oder..."

[45] Über die Autorität des Restatements vgl. *BayObLG* NJW 1962 S. 1013.

[46] Vgl. *Ehrenzweig* aaO VII.

tragen, so folgt das Kind dem Domizil der Mutter[47]. Es ist also zu prüfen, ob die Mutter ihr Domizil in Deutschland besitzt.

Ein Domizil besteht nur an einem Ort, an dem sich der Betreffende mit dem Willen aufhält, dort für unbestimmte Zeit zu leben; Aufenthalt und Wille zum Bleiben müssen zusammentreffen[48]. Ein bestimmter Zeitablauf wird dagegen für den Erwerb eines Domizils nicht gefordert[49]. Diese Voraussetzungen dürften wohl vorliegen, obwohl konkrete Angaben zu dieser Frage bisher von der Mutter des Klägers nicht gemacht worden sind und daher noch zu ermitteln wären.

4. Folgt man der neuerdings von *Dierk Müller,* NJW 1967, S. 141 vertretenen Ansicht, daß das Haager Unterhaltsübereinkommen sich auf alle Kinder beziehe, deren gewöhnlicher Aufenthalt sich in einem der Vertragsstaaten befindet, und nicht nur auf Angehörige der Vertragsstaaten, so käme man zu dem Ergebnis, daß aus diesem Grunde deutsches Recht anzuwenden ist[50]. Ob allerdings dieses Abkommen wirklich eine das einzelstaatliche internationale Privatrecht auch gegenüber Drittstaaten ändernde „loi uniforme", wie zum Beispiel das Wechsel- und das Scheckgesetz, darstellen soll, erscheint jedoch sehr fraglich.

Da diese Auffassung aber zu dem gleichen Ergebnis, nämlich der Anwendung deutschen Rechts, führt, braucht ihre Richtigkeit hier nicht weiter behandelt zu werden.

5. Lex fori und lex causae sind somit deutsches Recht. Damit richtet sich die Prozeßführungsbefugnis (Aktiv- bzw. Passivlegitimation) nach deutschem Recht[51]. Aktiv legitimiert ist also der Kläger, vertreten durch die Mutter als alleiniger Inhaberin der „custody", die unserer elterlichen Gewalt entspricht.

### *II. Materiellrechtliche Frage*

Da deutsches Recht anzuwenden ist, bestimmt sich auch die Höhe des Unterhalts nach deutschem Recht.

Ferner kann daher, wie unter C. ausgeführt, die Mutter die Klage auf Erhöhung des Unterhalts nicht im eigenen Namen erheben; die vorliegende Parteiengruppierung Kind, vertreten durch die Mutter, gegen den Vater ist also korrekt.

---

[47] Vgl. *Goodrich* aaO 57 f.

[48] Vgl. *State-Planters Bank & Trust Co. of Richmond* v. *Commonwealth,* 6 S. E. 2d 629.

[49] Vgl. *Guilfoil* v. *Hayes,* 194 S. E. 804.

[50] Art. 1 Abs. 1 des Abkommens (BGBl. 1961 II 1013) lautet: „Ob, in welchem Ausmaß und von wem ein Kind Unterhalt verlangen kann, bestimmt sich nach dem Recht des Staates, in dem das Kind seinen gewöhnlichen Aufenthalt hat."

[51] Vgl. *Rosenberg* aaO 193.

Zur prozessualen Gestaltung sei noch auf folgende Fragen hingewiesen, die allerdings solche des deutschen Rechts sind und daher nicht von unserem Institut zu beantworten sind:

a) Es kann fraglich sein, ob dem Kinde z. Z. ein Rechtsschutzbedürfnis zusteht hinsichtlich des Betrages, der vom Beklagten aufgrund des amerikanischen Urteils entrichtet wird, wenn der Beklagte tatsächlich bezahlt.
b) Nimmt man ein Rechtsschutzbedürfnis an, so besteht für den Vater jedenfalls solange keine Gefahr der doppelten Zwangsvollstreckung, als das amerikanische Urteil nicht von einem deutschen Gericht für vollstreckbar erklärt ist.
c) Einer Klage auf Vollstreckbarkeit des Urteils des Superior Court of New Jersey durch die Mutter könnte der Beklagte unter Umständen dadurch entgegentreten, daß er einredeweise den Einwand aus § 767 ZPO geltend macht, durch eine nachträglich eingetretene Tatsache sei das Recht der Mutter, den Unterhalt im eigenen Namen zu verlangen, untergegangen. Die Rechtsänderung läge in dem Wechsel der auf den Unterhalt anzuwendenden Rechtsordnung durch die endgültige Niederlassung von Mutter und Kind in Deutschland.

## ZUSAMMENFASSUNG

Aus dem Scheidungsurteil des Superior Court of New Jersey kann zur Zeit noch nicht vollstreckt werden, da bisher kein deutsches Vollstrekkungsurteil vorliegt.

Die Abänderung des Urteils des Superior Court of New Jersey ist in Deutschland nicht möglich, da auf das Rechtsverhältnis zwischen Vater und ehelichem Kinde kraft Rückverweisung deutsches Recht anzuwenden ist, das die Parteistellung Mutter–Vater in Unterhaltssachen nicht kennt. Das Kind selbst kann aber, da es im Verfahren in New Jersey nicht Partei war, die Abänderung nicht begehren.

Es bedarf also einer Klage des Kindes, auf die deutsches Recht anzuwenden ist.

## c) Uneheliche Kindschaft

Siehe auch Nr. 58, 59

### Nr. 41

**Italien**

**Der außereheliche Erzeuger eines Kindes, das im Geburtenbuch unter dem Namen seiner verheirateten Mutter und deren Ehemann eingetragen ist, erhält keine Geburtsurkunde, das ihn als den Vater des Kindes ausweist.**

**Bonn vom 19. 10. 1967**

BERICHT IN DER STANDESAMTSBERICHTIGUNGSSACHE A.

Der Antrag des italienischen Staatsangehörigen Elio C., für das Kind der mit ihm zusammenlebenden (anderweitig verheirateten) Frau Ruccia A. eine Geburtsurkunde ausstellen zu lassen, auf welcher er als Vater verzeichnet ist, muß als unbegründet zurückgewiesen werden. Die Notwendigkeit einer derartigen Entscheidung ergibt sich daraus, daß nach einer von unserem Institut eingeholten fernmündlichen Auskunft vom 9. 10. 1967 beim Standesamt in K. die Geburt der Tochter der Ruccia A. am 6. 10. 1967 im Geburtenbuch in der Form eingetragen worden ist, daß als Eltern des Kindes die Eheleute A. angegeben worden sind. Angesichts einer derartigen Eintragung kann der Standesbeamte eine Geburtsurkunde lediglich mit dem Inhalt des Geburtenbuches ausstellen (§ 62 PStG, § 146 b I DA). Auch die beglaubigte Abschrift aus dem Geburtenbuch könnte nach § 145 I 1 DA nicht anders aussehen; selbst der gekürzte Geburtsschein müßte als Familienname des Kindes den Namen A. ausweisen (§ 61 c PStG, § 146 1 I DA).

Der Antragsteller C. bekennt sich offenbar als außerehelicher Erzeuger dieses Kindes. Eine Erwähnung des unehelichen Vaters in deutschen Personenstandsurkunden ist nur auf dem Wege möglich, daß im Geburtenbuch ein entsprechender Randvermerk über ein Vaterschaftsanerkenntnis beigeschrieben wird und dann eine beglaubigte Abschrift von der entsprechenden Beurkundung erteilt wird. Da das Personenstandsbuch derzeit keinen Randvermerk über ein entsprechendes Vaterschaftsanerkenntnis ausweist, das Kind auch als ehelich beurkundet ist, wäre auch der Antrag auf Erteilung einer derartigen beglaubigten Abschrift aus dem Geburtenbuch unbegründet.

Es müßte aber geprüft werden, ob ein entsprechender Randvermerk auf Antrag nach einer Vaterschaftsanerkennung eingetragen werden könnte.

(§ 29 PStG, §§ 233, 234 DA). Ein solches Vaterschaftsanerkenntnis (das entsprechend dem italienischen Recht ausdrücklich *mit Standesfolge* abzugeben wäre) könnte dann immer in die beglaubigte Abschrift aus dem Personenstandsbuch, aber auch in den Geburtsschein (PStG § 61 c II 1, DA § 146 a II 1) übernommen werden. Die von Maßfeller[1] angeregte Übernahme in die Geburtsurkunde ist immerhin zweifelhaft. Es braucht jedoch zu dieser Frage nicht endgültig Stellung genommen zu werden, da ein einschlägiges Vaterschaftsanerkenntnis des Erzeugers auch nach italienischem Recht unzulässig wäre.

Daß für die Frage eines wirksamen Vaterschaftsanerkenntnisses das italienische Recht maßgeblich wäre, ergibt sich schon daraus, daß nach Art. 18–22 EGBGB in Deutschland das Staatsangehörigkeitsprinzip gilt und sämtliche hier in Frage kommenden Personen italienische Staatsangehörige sind. Nach Art. 250 Abs. I des italienischen Codice Civile kann der uneheliche Vater unabhängig von der Mutter die Erzeugerschaft zu dem Kinde anerkennen. Nach Art. 252 Abs. I steht der Umstand, daß das Kind im Ehebruch der Frau erzeugt worden ist, einer Anerkennung durch den während der Empfängniszeit ledigen Erzeuger nicht entgegen (anders bei der verheirateten Mutter). Entscheidend ist aber Art. 253 Codice Civile, welcher die Anerkennung für unzulässig (und damit nichtig) erklärt, wenn das Kind sich im Zustand eines ehelichen Kindes befindet, d. h. wenn es einen sogenannten „Titel" eines ehelichen Kindes besitzt. Solange das Kind einen derartigen Titel nicht hat, wäre die förmliche Vaterschaftsanerkennung zulässig gewesen. Ein solcher „Titel" für die Ehelichkeit des Kindes liegt aber bereits vor, wenn das Kind als von einer verheirateten Frau geboren im Geburtsregister eingetragen ist. Denn mit dieser Eintragung greift dann auch die Vaterschaftsvermutung des Art. 231 Codice Civile ein. Die Vaterschaftsvermutung gilt nach italienischem Recht nicht schon aufgrund der Geburt eines während formell noch bestehender Ehe empfangenen Kindes, sondern erst im Zusammenhang mit der förmlichen Beurkundung der Geburt[2].

Die titel-begründende Wirkung der Geburtsbeurkundung tritt auch dann ein, wenn die Eheleute während der Empfängniszeit durch Richterspruch getrennt waren. Die Folge ist also für den vorliegenden Fall, daß eine Anerkennung der Vaterschaft durch den natürlichen Erzeuger nicht rechtswirksam möglich ist, solange der Ehemann der Mutter des Kindes die Vaterschaft nicht wirksam angefochten hat. Der Antragsteller wird

---

[1] StAZ 62, 326.

[2] Vgl. dazu die Abhandlung von *Ahrens*, Die Voraussetzungen ehelicher Abstammung (Bonn 1965) 135; *Cicu*, La Filiazione, Trattato di diritto civile italiano, Band III, 2 Halbband 1–2 (2. Aufl. Turin 1958) 6, 23–25; *Cattaneo*, Filiazione legittima (Milano 1961) 25–31, 44 ff.; *Messineo*, Manuale di diritto civile e commerciale Band 2 (9. Aufl. Milano 1965) § 63, III (150).

zweckmäßigerweise dahin beschieden werden müssen, daß er den Ehemann der Kindesmutter zur Anfechtung der Ehelichkeit veranlassen muß, möglicherweise dadurch, daß das Kind gegen den Ehemann der Mutter Unterhaltsansprüche erhebt.

Der Antragsteller stützt seinen von dem hier dargestellten Ergebnis abweichenden Antrag offenbar darauf, daß nach italienischem Personenstandsrecht (königliches Dekret vom 9. Juli 1939 Nr. 1238, Art. 73 II) Angaben über die Eltern bei einem aus außerehelicher Erzeugung stammenden Kind im Personenstandsbuch nur insoweit gemacht werden dürfen, als die als ehelich geltenden Eltern die Geburtsanmeldung selbst gemacht haben und sich mit der Nennung ihres Namens einverstanden erklärt haben. Nach italienischem Personenstandsrecht wäre es möglich gewesen, das Kind als Niemandskind anzumelden und dann ein Vaterschaftsanerkenntnis seitens des außerehelichen Erzeugers C. aufzunehmen und beizuschreiben. Aber auch in Italien erlischt diese Möglichkeit in dem Moment, wo das Kind einmal als eheliches Kind im Geburtsregister, sei es auch zu Unrecht, in dieser Form eingetragen worden ist.

Es kann bei dieser Rechtslage dahingestellt bleiben, ob der Antrag vom 20. 9. 1967 nicht dahin aufgefaßt werden mußte, das Amtsgericht möge den Standesbeamten anweisen, die Geburt des Kindes in dieser im italienischen Recht vorgesehenen Form zu beurkunden. Mutmaßlich war das gemeint. Die Möglichkeit ist mit der anderweitig erfolgten Eintragung des Kindes abgeschnitten. Es kann daher auch dahingestellt bleiben, ob der deutsche Standesbeamte überhaupt berechtigt gewesen wäre, eine derartige Eintragung im Sinne des italienischen Rechts vorzunehmen, obwohl sie im deutschen Personenstandsrecht nicht vorgesehen ist, vielmehr § 21 PStG die Eintragung der Eltern zwingend vorschreibt. Der Unterzeichnete vertritt seit langem in allen internationalrechtlichen Fragen den Standpunkt, daß das Verfahrensrecht nur Diener des materiellen Rechts ist und daß dort, wo die Vorschriften des EGBGB die Anwendung ausländischen materiellen Rechts vorschreiben, das inländische Verfahren sich dem anzupassen hat. Von diesem Standpunkt aus müßten auch die deutschen Personenstandsbücher bei der Geburtenbeurkundung von Ausländerkindern dem abweichenden ausländischen Recht angepaßt werden. Andererseits erscheint die Durchführung dieses Grundsatzes in einem so stark formalisierten Recht wie dem Recht der Führung der Personenstandsbücher ohne nähere Vorschriften im Personenstandsgesetz selbst, in der Ausführungsverordnung oder wenigstens in der Dienstanweisung für die Standesbeamten schwerlich zumutbar. Es kann daher gegen den Standesbeamten kaum ein Vorwurf erhoben werden, wenn er die Geburt des italienischen Kindes vorliegendenfalls in der Form vorgenommen hatte, wie das deutsche Verfahrensrecht es für ihn vorschreibt. Das Ergebnis erscheint um so eher tragbar, als ein Ausgleich im Rahmen des italienischen Rechts durch die Möglichkeit der Ehelichkeitsanfechtung durch den Ehemann der Mutter noch gefunden werden kann, sofern diese Ehelichkeitsanfechtung fristgemäß erfolgt.

## Nr. 42

**Jugoslawien**

**Nach jugoslawischem Kindschaftsrecht besteht für ein außerehelich geborenes Kind kein Fürsorgebedürfnis i. S. von Art. 23 EGBGB, da die elterliche Gewalt in vollem Umfang den leiblichen Eltern bzw. der Mutter des Kindes zusteht.**

**Bonn vom 1. 6. 1967**

Mit Schreiben vom 24. 5. 1967 hat mich das Amtsgericht Adenau gebeten zu prüfen, ob für das am 8. 3. 1967 von der jugoslawischen Staatsangehörigen Miroslava V. geborene Kind Johanna Elisabeth Angela V. ein Fürsorgebedürfnis im Sinne des Art. 23 EGBGB besteht.

I. Da eine gesetzliche Amtsvormundschaft des Jugendamtes nach § 40 JWG nicht besteht, weil die Kindesmutter weder Deutsche noch staatenlos ist, stellt sich zu Recht die Frage, ob gemäß Art. 23 EGBGB eine Vormundschaft in Deutschland über das Kind eingeleitet werden kann oder muß.

Die Fürsorgebedürftigkeit im Sinne der vorgenannten Bestimmung ist nach dem Heimatrecht des betroffenen Kindes zu beurteilen.

1. Es erscheint nach den bisherigen Feststellungen nicht ganz sicher, daß das Kind die jugoslawische Staatsangehörigkeit besitzt und daß deshalb das jugoslawische Recht anzuwenden ist. Das jugoslawische Staatsangehörigkeitsrecht enthält nämlich keine dem § 4 RuStG entsprechende Regelung, wonach das außerehelich geborene Kind einer Jugoslawin in jedem Falle die jugoslawische Staatsangehörigkeit erlangt.

a) Es gilt vielmehr folgende Regelung:

Nach Art. 4 des Gesetzes über die jugoslawische Staatsangehörigkeit vom 15. 9. 1964 erwirbt ein im Ausland geborenes Kind die jugoslawische Staatsangehörigkeit nur,

- wenn beide Eltern im Zeitpunkt der Geburt die jugoslawische Staatsangehörigkeit besitzen oder
- wenn ein Elternteil die jugoslawische Staatsangehörigkeit besitzt und der andere Elternteil staatenlos ist.

Nach Art. 5 erlangt das Kind die jugoslawische Staatsangehörigkeit auch,

- wenn ein Elternteil die jugoslawische Staatsangehörigkeit besitzt und das Kind nicht die Staatsangehörigkeit des anderen Elternteils erwirbt und deshalb staatenlos sein würde.

Beide Vorschriften gelten in gleicher Weise für eheliche und für außereheliche Kinder.

b) Aus dieser gesetzlichen Regelung ergibt sich für den vorliegenden Fall folgendes:

Das betroffene Kind hat die jugoslawische Staatsangehörigkeit erlangt, wenn sein Vater Jugoslawe ist oder einem Staat angehört, nach dessen Recht das außereheliche Kind nicht die Staatsangehörigkeit des Vaters erwirbt (z. B. Deutschland).

Wenn dagegen der Vater Angehöriger eines Staates ist, in dem das sog. Anerkennungssystem gilt, und er das Kind anerkannt hat, dann hat das betroffene Kind die Staatsangehörigkeit des Vaters erworben (z. B. Frankreich).

2. Da die Staatsangehörigkeit des Vaters des betroffenen Kindes nicht bekannt ist, erscheint eine abschließende Beurteilung seiner Staatsangehörigkeit nicht möglich. Im Hinblick darauf, daß die Akten keinen Vermerk über eine evtl. Anerkennung enthalten, dürfte es aber gerechtfertigt sein, von der jugoslawischen Staatsangehörigkeit des betroffenen Kindes auszugehen.

II. Die Anordnung einer Vormundschaft hängt deshalb gem. Art. 23 EGBGB davon ab, daß das Kind nach jugoslawischem Recht fürsorgebedürftig ist und daß Jugoslawien die Fürsorge für das Kind nicht übernimmt. Ein Fürsorgebedürfnis fehlt, worauf in dem Anschreiben des Amtsgerichts zu Recht hingewiesen wird, u. a. dann, wenn das Kind nach jugoslawischem Recht unter elterlicher Gewalt steht[1]. Ob dies der Fall ist, richtet sich zufolge Art. 20 EGBGB nach jugoslawischem Recht, das – soweit ersichtlich – für diese Frage nicht auf eine andere Rechtsordnung zurück- oder weiterverweist.

1. Die jugoslawische Bundesverfassung von 1963 stellt in Art. 53 die ehelichen und die außerehelichen Kinder gleich. Dementsprechend schreibt Art. 3 des Grundgesetzes über die Beziehungen zwischen Eltern und Kindern vom 1. 2. 1947 i. d. F. des Gesetzes vom 1. 3. 1965 folgendes vor:

„Die Eltern haben gegenüber den in der Ehe und den außerehelich geborenen Kindern dieselben Rechte und Pflichten. Die in der Ehe und die außerehelich geborenen Kinder haben gegenüber den Eltern dieselben Rechte und Pflichten." [2]

Nach jugoslawischem Recht steht also das Elternrecht auch in bezug auf außereheliche Kinder grundsätzlich dem Vater und der Mutter zu. Diese

---

[1] Vgl. *Kegel* b. *Soergel*, BGB[9], Anm. 5 zu Art. 23 EGBGB; *KG* JW 1937, 2526.

[2] Das Gesetz ist in deutscher Übersetzung abgedruckt bei *Bergmann*, Internationales Ehe- und Kindschaftsrecht[3], „Jugoslawien", 41 ff.

konsequente Gleichstellung der ehelichen und der außerehelichen Kinder wird in der jugoslawischen Literatur besonders hervorgehoben[3].

Das Elternrecht umfaßt nach Art. 1 des vorgenannten Gesetzes das Recht und die Pflicht, für die Person, die Rechte und die Interessen des minderjährigen Kindes zu sorgen. Die Eltern auch eines außerehelichen Kindes besitzen daher eine umfassende elterliche Gewalt, die die volle Personen- und Vermögenssorge einschließt.

2. Im vorliegenden Falle stellt sich allerdings die Frage, ob das Elternrecht jedenfalls im gegenwärtigen Zeitpunkt nicht der Kindesmutter allein zusteht.

Nach Art. 14 des obengenannten Gesetzes steht, wenn ein Elternteil unbekannt ist, das Elternrecht dem anderen Teil allein zu. Der Vater eines außerehelich geborenen Kindes wird im Sinne dieser Bestimmung solange als unbekannt anzusehen sein, als er nicht seine Vaterschaft anerkannt hat oder diese durch ein rechtskräftiges Urteil festgestellt worden ist. Da bisher – soweit ersichtlich – der Vater des betroffenen Kindes im Sinne des Art. 14 nicht bekannt ist, dürfte das Elternrecht der Kindesmutter allein zustehen.

Als Ergebnis läßt sich also feststellen, daß das betroffene Kind unter der elterlichen Gewalt seiner Mutter steht und daher nicht fürsorgebedürftig ist. Infolgedessen kann eine Vormundschaft gemäß Art. 23 EGBGB nicht eingeleitet werden. Es besteht deshalb auch kein Anlaß, bei den jugoslawischen Behörden anzufragen, ob sie die Fürsorge für das betroffene Kind übernehmen.

3. Ob künftig nach einer evtl. Feststellung der Vaterschaft der Kindesmutter weiterhin allein das Elternrecht zusteht, läßt sich gegenwärtig noch nicht abschließend beurteilen. Immerhin sei auf folgendes hingewiesen:

a) Sollte der Vater einem Staat angehören, dessen Gesetze ihm nach der Feststellung der Vaterschaft (durch Anerkennung oder gerichtliches Urteil) die volle elterliche Gewalt verleihen, dann würde die elterliche Gewalt ihm und der Kindesmutter gemeinsam zustehen. Dies wäre insbesondere der Fall, wenn der Vater auch jugoslawischer Staatsangehöriger ist. Es erscheint selbstverständlich, daß auch in diesem Falle ein Fürsorgebedürfnis im Sinne des Art. 23 EGBGB nicht besteht.

b) Wenn dagegen das Heimatrecht des Vaters eine Verleihung der elterlichen Gewalt nicht vorsieht, so dürfte die elterliche Gewalt weiterhin allein der Kindesmutter zustehen.

---

[3] Vgl. Recueil des lois de la RFP de Yougoslavie, Le droit familial (Belgrad 1962) 8 ff.

## Nr. 43

**Österreich**

1. **Nach dem Haager Unterhaltsabkommen vom 24. 10. 1956, dem auch Österreich beigetreten ist, beurteilt sich die Verpflichtung zum Unterhalt gegenüber Kindern nach dem Recht des Staates, in dem sie ihren gewöhnlichen Aufenthalt haben.**
2. **Nach österreichischem Recht kann die gesetzliche Vermutung, wegen der Beiwohnung während der Empfängniszeit der Erzeuger eines Kindes zu sein, nur durch den Nachweis der Unmöglichkeit der Zeugung widerlegt werden. Die Einrede des Mehrverkehrs genügt hierfür nicht.**
3. **Nach österreichischem Recht hat der Vater eines unehelichen Kindes vom Zeitpunkt der Klageerhebung bis zur „Selbsterhaltungsfähigkeit" des Kindes eine seinem Vermögen (Einkommen) angemessene Unterhaltsrente zu zahlen.**
4. **Das österreichische Recht kennt eine Klage auf Feststellung der Vaterschaft, die der Klage nach § 1717 BGB entspricht.**

**Köln 18/68 vom 8. 4. 1968**

Das Amtsgericht Lindlar hat in der Unterhaltssache St. ./. D. um ein Gutachten über internationales und österreichisches Unterhaltsrecht gebeten.

### SACHLAGE

Die minderjährige Klägerin, Margarete St., wurde am 22. 9. 1959 in K. unehelich geboren. Ihre Mutter, Therese O., geb. St., besaß zur Zeit der Geburt des Kindes die österreichische Staatsangehörigkeit. Dem Inhalt der Akten zufolge scheint sie vor und nach der Geburt des Kindes in K. – jedenfalls teilweise zur Untermiete – gewohnt zu haben und als Tisch- und Bardame gearbeitet zu haben. Später hat sie den Jugoslawen O. geheiratet und lebt jetzt – ebenso wie das Kind – in Österreich.

Der Beklagte, Deutscher und in Deutschland wohnhaft, hatte – unstreitig – mit der Kindesmutter während der gesetzlichen Empfängniszeit Verkehr. Die Klägerin nimmt ihn auf Unterhaltszahlung in Anspruch und beantragt,

1. festzustellen, daß der Beklagte als ihr Vater gilt,
2. den Beklagten zu verurteilen, ihr eine Unterhaltsrente von monatlich 80 DM für die Zeit vom 22. 9. 1959 bis 21. 12. 1962 und monatlich 90 DM für die Zeit vom 22. 12. 1962 bis zur Vollendung des 18. Lebensjahres zu zahlen, zahlbar monatlich im voraus, die rückständigen Beträge sofort.

Der Beklagte beantragt, die Klage abzuweisen.

Er bestreitet, der Vater der Klägerin zu sein, und erhebt die Einrede des Mehrverkehrs. Hierzu macht er geltend, die Kindesmutter habe während der Empfängniszeit mit einer unbekannt großen Anzahl von Männern Geschlechtsverkehr gegen Entgelt ausgeübt. Neben ihrer Tätigkeit als Prostituierte habe sie geschlechtliche Beziehungen unterhalten zu einem Rolf G., einem Mann namens K. und einem Taxifahrer.

Gegenüber den zurückliegenden Unterhaltsansprüchen beruft sich der Beklagte ferner auf Verjährung.

## ANFRAGE

Das Amtsgericht L. bittet um ein Gutachten über das zur Anwendung gelangende Recht, u. a. über die Frage der Verjährung und die Zulässigkeit des Feststellungsantrags.

## RECHTSLAGE

### A. DAS ANWENDBARE RECHT

#### *I. Haager Unterhaltsabkommen*

In *Staatsverträgen* enthaltene internationalprivatrechtliche Normen haben *Vorrang* vor den Bestimmungen des EGBGB[1].

In Deutschland ist am 1. 1. 1962 das *Haager „Abkommen über das auf Unterhaltsverpflichtungen gegenüber Kindern anzuwendende Recht"* vom 24. 10. 1956 in Kraft getreten[2]. Vertragsstaat dieses Abkommens ist auch *Österreich,* wo das Abkommen am 1. 4. 1962 in Kraft getreten ist[3].

Art. 1 des Abkommens lautet[4]:

„Ob, in welchem Ausmaß und von wem ein Kind Unterhalt verlangen kann, bestimmt sich nach dem Recht des Staates, in dem das Kind seinen gewöhnlichen Aufenthalt hat.

Wechselt das Kind seinen gewöhnlichen Aufenthalt, so wird vom Zeitpunkt des Aufenthaltswechsels an das Recht des Staats angewendet, in dem das Kind seinen neuen gewöhnlichen Aufenthalt hat.

---

[1] *RGZ* 105, 340 (341); *Kegel* in *Soergel-Siebert,* BGB V (9. Aufl. 1961) vor Art. 7 EGBGB, Randz. 9 (S. 510).

[2] BGBl. 1961 II 1013–1015, 1962, II 16.

[3] Nachweise bei *Jacobs,* Der räumlich-persönliche Geltungsbereich des Haager Unterhaltsabkommens, NJW 67, 1065–1068.

[4] Text bei *Palandt,* BGB, 27. Aufl. 1968, Anhang zu Art. 21 EGBGB, Anm. 5.

Das in den Absätzen 1 und 2 bezeichnete Recht gilt auch für die Frage, wer die Unterhaltsklage erheben kann und welche Fristen für die Klageerhebung gelten.

‚Kind' im Sinne dieses Übereinkommens ist jedes eheliche, uneheliche oder an Kindes Statt angenommene Kind, das unverheiratet ist und das 21. Lebensjahr noch nicht vollendet hat."

Vgl. ferner Art. 5 Abs. 2:

„Das Übereinkommen regelt das Kollisionsrecht nur auf dem Gebiet der Unterhaltspflicht. Der Frage der sonstigen familienrechtlichen Beziehungen zwischen Schuldner und Gläubiger und der Frage der Abstammung kann durch Entscheidungen, die aufgrund dieses Übereinkommens ergehen, nicht vorgegriffen werden."

In Art. 6 legt das Abkommen den Geltungsbereich fest:

„Dieses Übereinkommen findet nur auf die Fälle Anwendung, in denen das in Art. 1 bezeichnete Recht das Recht eines Vertragsstaates ist."

Danach ist eindeutig, daß *Voraussetzung* für die Anwendbarkeit der *gewöhnliche Aufenthalt* des Kindes *in* einem *Vertragsstaat* ist. Die weitere Auslegung des Art. 6 ist stark umstritten. Entgegen einer überwiegenden Meinung, die es bei dieser Voraussetzung bewenden lassen will, wird man vielleicht noch fordern müssen, daß entweder das unterhaltsberechtigte *Kind oder* der Unterhalts*pflichtige einem Vertragsstaat angehören*[5].

Der Streit kann hier auf sich beruhen. Der in Anspruch genommene Kläger ist Deutscher; das Kind ist Österreicher (hierzu unten II). Beide gehören also einem Vertragsstaat an. *Das Unterhaltsabkommen ist somit anwendbar.*

Danach kommt es – jedenfalls nach Inkrafttreten des Abkommens – für das anwendbare Recht darauf an, *wo* das *Kind zu welcher Zeit* seinen *gewöhnlichen Aufenthalt hatte,* denn nach Art. 1 Abs. 2 ist das *Unterhaltsstatut wandelbar.*

Der jeweilige gewöhnliche Aufenthalt des Kindes, bzw. der Zeitpunkt des Wechsels, läßt sich nach dem gegenwärtigen Stand der Akten nicht bestimmen. Für die noch zu treffende Feststellung kann aber auf folgendes hingewiesen werden:

Das *Kind teilt* solange den *gewöhnlichen Aufenthalt seiner Mutter,* wie es sich bei ihr befindet[6]. Diese hat sich zunächst eine gewisse Zeit in Deutschland aufgehalten und hier auch das Kind geboren und angemeldet. Ob sie auch ihren *gewöhnlichen* Aufenthalt in Deutschland hatte, hängt davon ab, ob sie hier ihren *Daseinsmittelpunkt,* den Mittel- und Schwer-

---

[5] Zum Streitstand eingehend *Jacobs* aaO; ferner neuerdings *LG Bremen* NJW 1968, 361.

[6] Vgl. *Kegel* in *Soergel-Siebert,* aaO, Art. 29 EGBGB, Randz. 12 (S. 959).

punkt ihrer Lebensverhältnisse hatte[7]. Handelte es sich dagegen bei dem Kölner Aufenthalt um eine nur *vorübergehend gewollte Abwesenheit* von Österreich – selbst um eine solche von längerer Dauer –, so war ein *gewöhnlicher Aufenthalt in Deutschland nicht* begründet[8].

*Hat* eine *Verlegung des gewöhnlichen Aufenthalts* der Kindesmutter – und damit des Kindes – von Deutschland nach Österreich stattgefunden, so unterliegen die *vor diesem Zeitpunkt entstandenen Unterhaltsansprüche deutschem Recht,* die *danach entstandenen österreichischem Recht.*

Eine *Rück- oder Weiterverweisung* kommt *nicht in Betracht,* da durch das Abkommen das anwendbare materielle Recht festgelegt werden sollte[9].

## *II. Die Vorschriften des EGBGB*

Die Klägerin verlangt Unterhaltszahlungen seit dem 22. 9. 1959. Das Haager Abkommen ist jedoch hier am 1. 1., in Österreich erst am 1. 4. 1962 in Kraft getreten.

Darüber, welchem Recht Unterhaltsansprüche unterliegen, die *vor* dem Inkrafttreten des Abkommens entstanden sind, sagt dieses nichts aus. Es kann daher angenommen werden, daß bis zu diesem Zeitpunkt der alte Rechtszustand maßgebend war, das anzuwendende Recht sich also nach Art. 21 EGBGB (vorbehaltlich einer Rückverweisung) bestimmte[10].

Letztlich kann die Frage – und auch die der Zwischenzeit vom 1. 1. bis 1. 4. 1962 – offenbleiben. Der Beklagte ist Deutscher, die Klägerin und ihre Mutter sind Österreicher; Wohnsitz oder gewöhnlichen Aufenthalt haben und hatten alle Beteiligten in Österreich oder Deutschland. Es kommt daher nur deutsches oder österreichisches Recht in Betracht. Nach beiden können aber – nachdem sich der Beklagte auf Verjährung berufen hat – jedenfalls die *vor dem 1. 4. 1962 fällig gewordenen Ansprüche nicht mehr geltend gemacht werden* (s. im einzelnen unten S. 479 f.). Daher kann diese Zeit außer Betracht bleiben[11].

---

[7] *Kegel* in *Soergel-Siebert,* aaO, Randz. 11 (S. 958).

[8] *Kegel* in *Soergel-Siebert,* aaO, Randz. 14 (S. 960).

[9] Vgl. *Kegel* in *Soergel-Siebert,* aaO, Art. 27 EGBGB, Anm. 33.

[10] Vgl. z. B. die Regelung des Art. 208 EGBGB.

[11] Freilich steht die gegenwärtige Staatsangehörigkeit der Kindesmutter und des Kindes nicht ganz zweifelsfrei fest, da diese inzwischen einen *Jugoslawen* geheiratet hat. Doch stellt sowohl das deutsche (Art. 21 EGBGB), wie das österreichische Recht (§ 12 der 4. DVO zum Ehegesetz vom 25. 10. 41, RGBl. I 634) auf die Staatsangehörigkeit der Mutter *zur Zeit der Geburt* ab.

Im übrigen kann *von der Beibehaltung der österreichischen Staatsangehörigkeit ausgegangen werden.* Nach jugoslawischem Recht erwirbt eine Frau nämlich durch Verheiratung mit einem Jugoslawen nicht ohne weiteres dessen Staatsangehörigkeit; sie kann sich lediglich einbürgern lassen, vgl. *Seeler,* Das Staatsangehörigkeitsrecht von Jugoslawien, SGS Bd. 17 (1956), 44. Auch in diesem Falle

## B. MATERIELLES RECHT

### *I. Der Zahlungsanspruch*

#### *1. Deutsches Recht*

Soweit nach den oben dargelegten Grundsätzen deutsches Recht anwendbar ist, braucht hierzu nicht gutachtlich Stellung genommen zu werden. Die Ansprüche richten sich nach den §§ 1705–1718 BGB und *verjähren* gemäß § 197 BGB *in vier Jahren.*

#### *2. Österreichisches Recht*

a) Vermutung und Widerlegung

Der Vermutung des § 1717 BGB entspricht die des § 163 des österreichischen Allgemeinen Bürgerlichen Gesetzbuches (ABGB):

> „Wer auf eine in der Gerichtsordnung vorgeschriebene Art überwiesen wird, daß er der Mutter eines Kindes innerhalb des Zeitraumes beigewohnt habe, von welchem bis zu ihrer Entbindung nicht weniger als 180 und nicht mehr als 302 Tage verstrichen sind; oder, wer dieses auch nur außer Gericht gesteht, von dem wird vermutet, daß er das Kind erzeugt habe."

Danach ist die Frist einen Tag länger als die des § 1717 BGB. Da der Beklagte eingeräumt hat, innerhalb dieser Zeit mit der Kindesmutter geschlechtlich verkehrt zu haben, hat er es *auch in der Frist des § 163 ABGB.* Dessen *Vermutung tritt* also *ein.*

An die *Widerlegung* der Vermutung stellt das österreichische Recht weit *strengere Anforderungen.* Es muß nämlich – ähnlich wie bei § 1591 BGB oder § 138 ABGB – die *Unmöglichkeit der Zeugung nachgewiesen* werden[12]. Freilich genügt nach herrschender Auffassung, daß die Vaterschaft zumindest mit einem *der Gewißheit nahen Wahrscheinlichkeitsgrad auszuschließen* ist[13]. Doch ist selbst eine Zeugungswahrscheinlichkeit von *4 von Tausend* noch *nicht* als eine an die Unmöglichkeit grenzende Unwahrscheinlichkeit der Zeugung anzusehen.

Hieraus, und aus der Tatsache, daß § 163 ABGB die Vermutung an die Beiwohnung, aber nicht an die *Ausschließlichkeit* der Beiwohnung anknüpft, schließt man, daß ein *Mehrverkehrseinwand nicht geeignet ist, die Vermutung zu erschüttern*[14].

---

erstreckte sich die Einbürgerung aber nicht ohne weiteres auf das Kind, da der Vater Deutscher ist.

[12] *Kapfer,* ABGB (27. Aufl. 1963) § 163, Anm. 18 (S. 101); *Klang-Gschnitzer,* ABGB (2. Aufl. 1962) § 163, Anm. III 3 b (S. 152 f.), jeweils mit Nachweisen.

[13] *Kapfer,* aaO, mit Nachweisen.

[14] *Klang-Gschnitzer* aaO 161; *Kapfer,* aaO, Anm. 29 f., mit Nachweisen; *Stei-*

Der Gegenbeweis kann geführt werden u. a. durch Blutgruppen und erbbiologische Gutachten. Der *Mehrverkehr ist auch in diesem Zusammenhang nicht zu berücksichtigen*[15], selbst dann *nicht, wenn* ein *anderer* die *Vaterschaft gestanden hat*[16]. *Ebensowenig* der sonstige *Lebenswandel der Kindesmutter*[17], *auch nicht, wenn* es sich bei dieser um eine *Prostituierte* handelt[18].

b) Unterhaltsanspruch

Gelingt es dem in Anspruch genommenen Erzeuger nicht, entsprechend diesen Grundsätzen die Vermutung des § 163 ABGB zu entkräften, richten sich die Ansprüche des Kindes nach den folgenden Bestimmungen:

*§ 166 ABGB:*

„Auch ein uneheliches Kind hat das Recht, von seinen Eltern eine ihrem Vermögen angemessene Verpflegung, Erziehung und Versorgung zu fordern, und die Rechte der Eltern über dasselbe erstrecken sich soweit, als es der Zweck der Erziehung erfordert. Übrigens steht das uneheliche Kind nicht unter der väterlichen Gewalt seines Erzeugers, sondern wird von einem Vormunde vertreten.

Zur Verpflegung ist vorzüglich der Vater verbunden; wenn aber dieser dazu nicht imstande ist, so fällt die Verbindlichkeit auf die Mutter und nach dieser auf die mütterlichen Großeltern."

*§ 167 ABGB:*

„Der Vater ist verpflichtet, der Mutter die Kosten der Entbindung sowie die Kosten ihres Unterhaltes für die ersten sechs Wochen nach der Entbindung und, falls infolge der Entbindung weitere Auslagen notwendig werden, auch diese zu ersetzen.

Die Forderung ist mit Ablauf von drei Jahren nach der Entbindung verjährt."

*§ 168 ABGB:*

„Schon vor der Geburt des Kindes kann das Gericht auf Antrag der Mutter, wenn sie dessen bedürftig ist und nicht einen unzüchtigen Lebenswandel führt,

---

*ninger*, Rechtsfragen der außerehelichen Vaterschaft (1961) 18. Vgl. auch *Ehrenzweig*, Privatrecht, 2. Bd. (2. Aufl. 1937): „Die kritische Zeit bietet ihr [der Kindesmutter] genügenden Spielraum, um neben dem vielleicht vermögenslosen Geliebten einen oder einige zahlungsfähige Freunde zu gewinnen. Sie kann dann einen dem Vormunde ausliefern und von den andern für die Freigabe hübsche Lösegelder einziehen. Dieses System gilt in ... Österreich. Die österreichische Praxis ist hierin durchaus einig; es gibt wenige Rechtssätze, die so sehr jedem Zweifel entrückt sind, wie der Ausschluß der Einrede des Umganges mit mehreren..." Die Nachteile dieses Ausschlusses werden also bewußt in Kauf genommen.

[15] *Kapfer*, aaO, Anm. 29 (S. 103), mit Nachweisen.

[16] *Kapfer*, aaO, Anm. 30, mit Nachweisen.

[17] *Kapfer*, aaO, Anm. 28, mit Nachweisen.

[18] *Klang-Gschnitzer*, aaO, 161, mit Nachweisen.

denjenigen, dessen Vaterschaft gemäß § 163 glaubhaft gemacht wird, dazu verhalten, daß er den Betrag des dem Kinde zu gewährenden Unterhalts für die ersten drei Monate sowie den gewöhnlichen Betrag der der Mutter nach § 167 zu ersetzenden Kosten bei Gericht erlege."

*§ 169 ABGB:*

„Solange die Mutter ihr uneheliches Kind, der künftigen Bestimmung gemäß, selbst erziehen will und kann, darf ihr dasselbe von dem Vater nicht entzogen werden; dessenungeachtet muß er die Verpflegskosten bestreiten. Läuft aber das Wohl des Kindes durch die mütterliche Erziehung Gefahr, so ist der Vater verbunden, das Kind von der Mutter zu trennen und solches zu sich zu nehmen oder anderswo sicher und anständig unterzubringen."

*§ 170 ABGB:*

„Es steht den Eltern frei, sich über den Unterhalt, die Erziehung und Versorgung des unehelichen Kindes miteinander zu vergleichen; ein solcher Vergleich kann aber dem Rechte des Kindes keinen Abbruch tun."

*§ 171 ABGB:*

„Die Verbindlichkeit, uneheliche Kinder zu verpflegen und zu versorgen, geht gleich einer anderen Schuld auf die Erben des Vaters über.

Wenn die Vaterschaft vom Vater anerkannt oder gerichtlich festgestellt worden ist, können uneheliche Kinder, die zur Zeit des Ablebens des Vaters in dessen Hause verpflegt und erzogen werden, die Verpflegung und Erziehung bis zur Selbsterhaltungsfähigkeit auch weiterhin in demselben Maße wie bisher fordern, jedoch nicht in größerem Umfange, als sie nach dem hinterlassenen Vermögen den ehelichen Kindern zuteil werden kann."

Danach trifft die Unterhaltspflicht in erster Linie den unehelichen Vater (§ 166 Abs. 2). Er hat – anders als nach deutschem Recht – eine *seinem Vermögen angemessene* Unterhaltsrente zu zahlen. In der Regel beläuft sich diese auf 10–15 % seines Einkommens [19].

Die Unterhaltspflicht dauert an *bis zur „Selbsterhaltungsfähigkeit"*, d. h., bis sich das Kind selbst ernähren kann, also zur Ausübung eines Berufes *fähig* ist und auch die *Möglichkeit* dazu hat [20].

Eine andere Frage ist, ob das Kind auch für die *Vergangenheit* Unterhalt verlangen kann. Eine dem § 1711 BGB entsprechende Bestimmung fehlt im ABGB. Statt dessen gilt der Satz: *nemo pro praeterito alitur* [21].

Das österreichische Recht geht davon aus, daß das seinen Anspruch geltend machende Kind seinen Unterhalt bisher von einem Dritten erhalten

---

[19] So *Gschnitzer*, Familienrecht (1963), 105. Bei Feststellung des „Vermögens" ist auch das Einkommen zu berücksichtigen, *Kapfer*, aaO, § 166, Anm. 2 a (S. 108). Der zu zahlende Unterhalt kann auch mit einer Quote der Dienstbezüge des Vaters festgesetzt werden, aaO, Anm. 41 (S. 112).

[20] *Kapfer*, aaO, Anm. 31 (S. 111).

[21] *Klang-Gschnitzer* aaO 192.

haben muß – denn sonst wäre es nicht mehr am Leben – und daher nicht noch einmal für diese Zeit den Unterhalt verlangen kann[22].

Das *Kind kann* daher *Unterhaltszahlungen für die Vergangenheit nicht verlangen,* sondern nach österreichischer Praxis *lediglich vom Tage des Eingangs der Unterhaltsklage bei Gericht an*[23].

Freilich spricht die österreichische Rechtsprechung der *Kindesmutter oder* dem *Dritten,* der für den Unterhalt aufgekommen ist, in der Regel einen *Anspruch auf Ersatz ihrer Aufwendungen zu.*

*§ 1042 ABGB:*

„Wer für einen andern einen Aufwand macht, den dieser nach dem Gesetze selbst hätte machen müssen, hat das Recht, den Ersatz zu fordern." [24]

Ein solcher Anspruch, der nicht einer des Kindes ist, ist hier jedoch nicht im Streit.

### *II. Der Feststellungsanspruch*

Im vorliegenden Fall wird auf Feststellung der *Zahlvaterschaft* geklagt. Eine Klage auf Feststellung des Nichtbestehens eines Eltern-Kindes-Verhältnisses zwischen den Parteien nach § 640 Abs. 1 ZPO hätte vor das Landgericht gehört (§§ 71, 23 GVG; § 642 ZPO), und es ist anzunehmen, daß der Prozeßvertreter der Klägerin das gewußt hat.

Die *Zulässigkeit* einer Klage auf Feststellung der Zahlvaterschaft unterliegt dem Recht, das den Unterhaltsanspruch beherrscht, hier also je nachdem *deutschem* und/oder *österreichischem Recht.* Nur die *allgemeinen* prozeßrechtlichen Voraussetzungen einer Feststellungsklage (rechtliches Interesse an alsbaldiger Feststellung u. a.) unterliegen in jedem Fall der *lex fori,* hier also dem deutschen Recht[25].

Das österreichische Recht kennt eine Klage auf Feststellung der Vaterschaft nach § 163 ABGB. Wenn auch in Abrede gestellt wird, daß es sich hier nur um die Feststellung der Zahlvaterschaft handele[26], beruht doch die Feststellung auf der Vermutung des § 163[27]. Der Amtsermittlungsgrundsatz gilt nicht und die Parteien können über den Prozeßgegenstand

---

[22] So *Klang-Gschnitzer* aaO; *Kapfer,* aaO, § 1418, Anm. 2 (S. 1204 f.). Eine Ausnahme gilt nur, wenn für den Unterhaltsanspruch ein Vertragstitel besteht, Anm. 3.

[23] *Klang-Gschnitzer,* aaO. Im übrigen verjähren Unterhaltsforderungen in 3 Jahren (§ 1480 ABGB).

[24] Vgl. hierzu *Kapfer,* § 166, Anm. 22 (S. 110), § 1042, Anm. 28 (S. 783); *Gschnitzer* aaO 105. Voraussetzung ist, daß der Leistende die Zahlung nicht ohne Absicht auf Rückersatz als seine eigene Pflicht auf sich genommen hatte, so *Kapfer,* aaO, § 1042, Anm. 28 mit Nachweisen.

[25] *Kegel* in *Soergel-Siebert,* aaO, Art. 21, Randz. 31 (S. 867), mit Nachweisen.

[26] *Steininger* aaO 18 f.: es sei vielmehr eine Status-Feststellung.

[27] *Klang-Gschnitzer* aaO 149.

uneingeschränkt verfügen[28]. Die Feststellungsklage gleicht daher derjenigen nach § 1717 BGB. Sie kann daher wie eine solche in Deutschland vor dem Amtsgericht erhoben werden[29].

### C. ERGEBNIS

Das auf die Unterhaltsforderungen *anwendbare Recht* richtet sich – in der hier relevanten Zeit – *nach* dem *gewöhnlichen Aufenthalt des Kindes,* d. h. nach deutschem und/oder österreichischem Recht.

Nach österreichischem Recht gilt:

a) Gemäß § 163 ABGB spricht die *Vermutung für die Vaterschaft des Klägers.* Die Vermutung kann nur *durch* den Nachweis der *Unmöglichkeit, nicht* durch *Mehrverkehrseinrede entkräftet* werden.
b) Der uneheliche Vater hat *bis* zur *„Selbsterhaltungsfähigkeit"* des Kindes eine *seinem Vermögen* (Einkommen) *angemessene Unterhaltsrente* zu zahlen.
c) *Für* die *Zeit vor Einreichung der Klage* kann *kein Unterhalt* verlangt werden. In Frage kommt allenfalls ein Ersatzanspruch desjenigen, der geleistet hat.

Eine Klage auf *Feststellung der (Zahl-)Vaterschaft ist zulässig.*

## Nr. 44

## Schweden

**1. Die Feststellung der unehelichen Vaterschaft, die ein schwedisches Gericht nach schwedischem materiellem Recht ausspricht, betrifft eine nicht vermögensrechtliche Angelegenheit.**

**2. Bei der Klage einer minderjährigen, unehelich geborenen Schwedin auf Zahlung von Unterhalt gegen ihren deutschen Erzeuger ist die Rechtskraft eines nach § 328 Abs. 2 ZPO anzuerkennenden schwedischen Urteils, das die uneheliche Vaterschaft feststellt, zu beachten.**

**Hamburg G 120/66 vom 8. 3. 1967**

---

[28] *Kapfer,* aaO, § 163, Anm. 3–5 (S. 98 f.).

[29] Ebenso bei Geltung österreichischen Rechts: LG Berlin, Der Amtsvormund (1954/55), 69; AG Walkenried, IPRspr. 1950–51, No. 100 (S. 222 f.).

Eine über § 163 ABGB hinausgehende Klage auf Feststellung der *blutmäßigen Abstammung* gibt es in Österreich nicht. Sie ist auch einem Deutschen, soweit für sein Verhältnis zum Kind deutsches Recht gilt, in Österreich verschlossen. Nachweise: *Kapfer,* aaO, Anm. 6.

Das Landgericht Hamburg bittet das Institut in dem Unterhaltsstreit A. ./. L. um Auskunft über schwedisches Unehelichenrecht.

Der Anfrage liegt folgender Sachverhalt zugrunde:

Die am 15. 9. 1948 in N./Schweden unehelich geborene schwedische Staatsangehörige Lena Christina A., wohnhaft in Schweden, klagt gegen den deutschen Staatsangehörigen Hans L., wohnhaft in H., als ihren außerehelichen Vater auf Zahlung von Unterhalt für die Zeit vom 15. 12. 1958 bis zum 14. 9. 1964. Mit Urteil vom 12. 9. 1949 hat das schwedische Gericht 1. Instanz in N. in einem laut Rubrum zwischen der Mutter der Klägerin und dem Beklagten geführten Verfahren die außereheliche Vaterschaft des Beklagten festgestellt und ihn zur Zahlung von Unterhalt und Schwangerschaftskosten verurteilt. Zu dieser Zeit hatte der Beklagte seinen Wohnsitz in N.

Das Gericht fragt:

1. Handelt es sich bei dem Ausspruch der Vaterschaft im Urteil des Amtsgerichts N./Schweden vom 12. 9. 1949 um einen nicht-vermögensrechtlichen Anspruch?
2. Besteht zwischen den Parteien des vorliegenden Rechtsstreites die Rechtskraft des Urteiles des Amtsgerichts N. vom 12. 9. 1949?

### *Zur 1. Frage*

Das Gericht geht in seiner Anfrage offenbar von § 328 II ZPO aus, der die Anerkennung der Entscheidung eines ausländischen Gerichts auch für den Fall, daß die Gegenseitigkeit nicht verbürgt ist, unter der Voraussetzung zuläßt, daß das Urteil einen nicht vermögensrechtlichen Anspruch betrifft und nach den deutschen Gesetzen ein Gerichtsstand im Inland nicht begründet war. Da einerseits die Gegenseitigkeit im Verhältnis zu Schweden für Unterhaltsurteile aus der Zeit vor dem 1. 3. 1966[1] noch nicht als verbürgt anzusehen ist[2], andererseits der Beklagte im Zeitpunkt der schwedischen Entscheidung seinen Wohnsitz in Schweden hatte, hängt die Anerkennung des Ausspruchs über die Vaterschaft in dem schwedischen Urteil in der Tat davon ab, daß es sich nicht wie bei der deutschen sog. „Zahlvaterschaft"[3] um einen vermögensrechtlichen, sondern um einen nicht vermögensrechtlichen Gegenstand handelt.

Das zur Zeit der Geburt der Klägerin und der Urteilsfällung durch das Amtsgericht N./Schweden geltende schwedische Gesetz über die unehe-

---

[1] Vgl. Art. 12 des Haager Unterhalts-VollstreckungsAbk. vom 15. 4. 1958 (BGBl. 1961 II 1005) und die Bekanntmachung über das Inkrafttreten gegenüber Schweden (BGBl. 1966 II 156).

[2] Vgl. *Baumbach-Lauterbach*, ZPO (29. Aufl. 1966), Anhang nach § 328 unter Schweden.

[3] Vgl. *RG* 28. 11. 1940, DJ 1941, 195.

lichen Kinder (lag om barn utom äktenskap) vom 14. 6. 1917 ist inzwischen zwar mit Wirkung vom 1. 1. 1950 durch das Elterngesetz (föräldrabalk) vom 10. 6. 1949 gemäß § 2 des Einführungsgesetzes zum Elterngesetz (lag om införande av föräldrabalken) vom 10. 6. 1949 ersetzt worden. Zweck des Elterngesetzes war es aber im wesentlichen nur, die auf zahlreiche Einzelgesetze verstreuten Vorschriften über die Rechtsstellung ehelicher wie unehelicher Kinder in einem Gesetz zusammenzufassen. Das Gesetz hat daher auch das vor seinem Inkrafttreten geltende Recht des unehelichen Kindes (mit Ausnahme der Vorschriften der Vaterschaftsbestimmung) fast wörtlich übernommen. Gelegentlich auftretende Abweichungen sind in der Regel redaktioneller Art[4].

Da eindeutige Übergangsvorschriften fehlen und die höchstrichterliche Rechtsprechung mehrfach die Anwendbarkeit des Elterngesetzes auf uneheliche Kinder, die vor seinem Inkrafttreten geboren wurden, bejaht hat[5], wird im folgenden der Rechtszustand vor und nach Inkrafttreten des Elterngesetzes berücksichtigt.

Das Gesetz über die unehelichen Kinder von 1917 und das Elterngesetz verbinden mit der gerichtlichen Feststellung der außerehelichen Vaterschaft ein dem ehelichen Vaterschaftsverhältnis weitgehend nachgebildetes Familienrechtsverhältnis[6].

Aus dem Bestehen zahlreicher personen-, familien- und erbrechtlicher Rechtsfolgen ist der Schluß zu ziehen, daß das vermögensrechtliche Interesse an der Feststellung eines Unterhalt zahlenden Erzeugers nicht überwiegt. Das frühere Prinzip einer deliktsähnlichen Zahlvaterschaft ist bereits mit dem Gesetz über die unehelichen Kinder vom Jahre 1917 verlassen worden. Es war das Ziel der neueren schwedischen Gesetzgebung, durch weitgehende rechtliche Gleichstellung ehelicher und unehelicher Kinder diesen eine günstigere soziale Position zu verschaffen[7]. Die Unterhaltsverpflichtung der Eltern gegenüber ihren unehelichen Kindern beruht auf denselben Prinzipien wie ihre Unterhaltspflicht gegenüber den ehelichen Kindern; sie ist also ebenfalls familienrechtlicher Natur[8]. Eine Verurteilung zu Unterhaltsleistung ohne Feststellung der Vaterschaft ist nicht möglich[9]. Bei der Ausgestaltung der Rechtsverhältnisse des unehe-

---

[4] *Fischler*, Die schwedische Gesetzgebung auf dem Gebiete des Privatrechts 1942 bis 1950: RabelsZ 17 (1952) 73 ff. (77).

[5] So die Entsch. vom 14. 11. 1950 und vom 28. 2. 1951: Nytt Juridisk Arkiv 1950 I Nr. 118, S. 520 f., und 1951 I Nr. 15, S. 104 f.

[6] Vgl. *Walin*, Föräldrabalken (1952) 113 f.; Beckman, Svensk Familjerättspraxis (2. Aufl. 1960) 128.

[7] *Löfving-Carlson*, Lagstiftningen om barn utom äktenskap (1938) 28; *Malmström*, Die Stellung des unehelichen Kindes in Schweden: Zeitschrift für Rechtsvergleichung 1963, 142 ff. (144).

[8] *Walin* 38 und 131; *Beckman* 135.

[9] *Malmström*, Föräldrarätt (1957) 62; *Walin* 38.

lichen Kindes zu seinen Eltern trägt das Gesetz allerdings den tatsächlichen Verhältnissen Rechnung und räumt der Mutter eine weitaus stärkere Stellung ein als dem Vater.

Der Gesetzgeber verleiht seiner Absicht, den Vater eines unehelichen Kindes notfalls gegen den Willen der Mutter feststellen zu lassen, dadurch besonderen Nachdruck, daß er dem Kinderpfleger (barnavårdsman), der nicht Vormund des Kindes, sondern Beistand der Mutter ist, ein selbständiges Klagerecht gibt[10].

Die Vaterschaftsfeststellung soll nicht lediglich aus wirtschaftlichen Gründen erfolgen: „Es ist nicht nur das Bedürfnis des Kindes, vom Vater eine Unterhaltsleistung zu erhalten, sondern gerade sein ideelles Interesse, seinen Vater zu kennen, das eine solche Feststellung erforderlich macht."[11] Für den Vater hat die Feststellung der außerehelichen Vaterschaft folgende personenrechtliche Wirkungen:

a) Der Vater kann die *elterliche Gewalt* erhalten. Sie steht zwar in erster Linie der Mutter zu, kann jedoch durch eine Vereinbarung mit gerichtlicher Zustimmung auf den Vater übertragen werden (§ 2 II des Gesetzes über die unehelichen Kinder; Kap. 6 § 12 Satz 3 Elterngesetz); ferner kann ihm das Gericht, wenn die Mutter nicht geeignet oder gestorben ist, die elterliche Gewalt übertragen (§ 2 III des Gesetzes über die unehelichen Kinder; Kap. 6 § 12 Satz 4 Elterngesetz), ohne daß das Gericht allerdings verpflichtet ist, den Vater einer sonstigen zum Vormund geeigneten Person vorzuziehen.

Das schwedische Gesetz gebraucht freilich den Ausdruck „elterliche Gewalt" („föräldramakt") nicht[12]. Es regelt vielmehr nebeneinander das Sorgerecht (vårdnad) und die Vormundschaft (förmynderskap). Das Sorgerecht umfaßt die Personensorge, eine Erziehungs- und Ausbildungspflicht, ein Aufsichts- und Züchtigungsrecht sowie das Recht, von dem Kinde geschlossene Arbeitsverträge aufzuheben[13]. Die Vormundschaft umfaßt die Verwaltung des Kindesvermögens und die Vertretung des Kindes in vermögensrechtlichen Angelegenheiten[14].

Während bei ehelichen Kindern Sorgerecht und Vormundschaft verschiedenen Personen zustehen können, darf bei unehelichen Kindern nur ein und dieselbe Person Inhaber der elterlichen Gewalt sein[15].

---

[10] § 13 des Gesetzes von 1917; Kap. 8 § 6 in Verbindung mit Kap. 20 § 4 Elterngesetz.

[11] *Löfving-Carlson* 73; ebenso *Walin*, Barnens ställning enligt föräldrabalken (1953) 22.

[12] Siehe hierzu *Malmström* 116.

[13] Kap. 6 §§ 2–4 i. V. m. § 12 Elterngesetz; für das frühere Recht siehe hierzu §§ 3–5 des Gesetzes vom 11. 6. 1920 über die ehelichen Kinder (lag om barn i äktenskap).

[14] Kap. 6 § 1 Vormundschaftsgesetz (lag om förmynderskap) vom 27. 6. 1924; Kap. 13 § 1 Elterngesetz. *Malmström* 116; *ders.*: ZfRV 1963, 152.

[15] Kap. 2 § 2 Vormundschaftsgesetz; Kap. 11 § 2 Elterngesetz.

b) Der Vater hat ein Recht auf *Umgang mit dem Kind,* auch wenn ihm die elterliche Gewalt nicht zusteht; dieses Recht kann ihm nur bei Vorliegen besonderer Gründe gerichtlich entzogen werden[16].

c) Der Vater kann seinen *Familiennamen* dem Kind bis zu dessen 20. Lebensjahr mit Zustimmung des Inhabers der elterlichen Gewalt erteilen; die Zustimmung des Kindes ist erforderlich, wenn es über 18 Jahre alt ist[17].

d) Das Kind wird durch die Heirat des Vaters mit der Mutter *legitimiert*[18].

e) Auch die Ausgestaltung der gegenseitigen *Unterhaltsansprüche* zwischen Vater und Kind zeigt, daß diese Ansprüche auf der Annahme eines Verwandtschaftsverhältnisses beruhen. Lebensstellung und spätere Lebensentwicklung beider Elternteile üben gleichermaßen Einfluß auf den Unterhalt und das Erziehungs- und Ausbildungsniveau des Kindes aus. Stark kommt der familienrechtliche Pflichtgedanke auch in der bei Bedürftigkeit der Eltern bestehenden Unterhaltspflicht des Kindes zum Ausdruck. So sind für die Höhe des Unterhalts und die Art der Ausbildung die Verhältnisse beider Elternteile sowie die Anlagen des Kindes bestimmend[19], und jeder Elternteil hat „nach Vermögen", d. h. nach seiner unbedingten Leistungsfähigkeit für den Unterhalt des Kindes aufzukommen[20].

Auch für den Fall des Todes seines Vaters ist der Unterhalt des unehelichen Kindes gesichert; es besitzt zwar – sofern es nicht Verlöbniskind ist – kein gesetzliches Erbrecht nach dem Vater, hat jedoch einen Nachlaßanspruch in Höhe der zukünftigen, kapitalisierten Unterhaltsleistungen, der allerdings den Betrag nicht überschreiten darf, den das Kind als eheliches Kind geerbt haben würde; dieser Anspruch geht den Ansprüchen der gesetzlichen und testamentarischen Erben vor[21]. Im *Ergebnis* ist die Feststellung der unehelichen Vaterschaft nach schwedischem Recht als nicht vermögensrechtliche Angelegenheit zu bezeichnen.

### *Zur 2. Frage*

Ob zwischen den Parteien des in Hamburg anhängigen Rechtsstreites die Rechtskraft des Urteils des Amtsgerichts N. zum Zuge kommt, hängt – bei Erfüllung der gesetzlichen Anerkennungsvoraussetzungen des § 328

---

[16] § 2 V des Gesetzes über die unehelichen Kinder; Kap. 6 § 10 Elterngesetz.

[17] § 1 II des Gesetzes über die unehelichen Kinder; Kap. 5 § 2 II Elterngesetz.

[18] § 8 Abs. I des Gesetzes über die eheliche Geburt (lag om äktenskaplig börd) vom 14. 6. 1917; Kap. 1 § 3 Elterngesetz.

[19] § 3 I Gesetz über die unehelichen Kinder; Kap. 7 § 1 Elterngesetz.

[20] § 4 I Gesetz über die unehelichen Kinder; Kap. 7 § 2 I Elterngesetz.

[21] § 11 I Gesetz über die unehelichen Kinder; Kap. 8 § 10 Erbgesetz vom 12. 12. 1958.

ZPO – davon ab, daß die Parteien hinsichtlich der Vaterschaftsfeststellung in beiden Verfahren identisch sind.

Der Anspruch auf Feststellung der Vaterschaft steht nach schwedischem Recht dem Kinde zu; dieses ist daher Partei[22]. Die Mutter hat zwar den Vaterschaftsprozeß zu führen, wenn sie die elterliche Gewalt besitzt; ihre Stellung im Verfahren ist aber nur diejenige eines Vertreters des Kindes[23]. Hingegen kann sie den Unterhalt für das Kind nach Belieben im eigenen Namen oder als Vertreter des Kindes einklagen[24]. Hinsichtlich der Schwangerschafts- und Entbindungskosten schließlich ist nur die Mutter anspruchs- und klageberechtigt.

Eine Verbindung aller drei Klagen zu einem einheitlichen Verfahren ist möglich und üblich[25].

Im Urteilsrubrum ist ein Vertretungsverhältnis grundsätzlich durch Aufnahme eines entsprechenden Vermerks zu kennzeichnen. In der schwedischen Gerichtspraxis wird jedoch eine derartige Kennzeichnung nicht selten versäumt und der Vertreter kurzerhand als „Partei" bezeichnet. Das entspricht der bekannten pragmatischen Einstellung, welche die Entscheidungspraxis schwedischer Gerichte kennzeichnet. Im Schrifttum finden sich daher mehrfach mißbilligende Hinweise auf jene fehlerhafte Rechtsübung[26]. „Wenn die Gerichte in gewissen Fällen derartig den Vertreter der Partei vorziehen..., geschieht das wohl gewöhnlich, ohne daß über den Grund nachgedacht wird; man tut es, weil man sich daran gewöhnt hat." [27]

Es ist somit anzunehmen, daß es dem Amtsgericht angesichts der Klagenverbindung zu formalistisch erschienen ist, für den Feststellungsausspruch das Vertretungsverhältnis der Mutter der Klägerin deutlich zu kennzeichnen. An der sachlichen Parteistellung ändert sich dadurch aber nichts. In *Ergebnis* kann daher die Rechtskraft des schwedischen Urteils zwischen den Parteien des vorliegenden Prozesses anerkannt werden.

---

[22] *Undén*, Föräldrar och Barn (1927) 32, 35; *Hassler*, Svensk Civilprocessrätt (1963) 421; *Malmström* 63.

[23] § 2 IV Gesetz über die unehelichen Kinder; Kap. 20 § 4 Elterngesetz; *Undén* 36; *Malmström* 64; *Beckman* 98, 100.

[24] *Hassler* 421.

[25] *Undén* 39, 117; *Hassler* 421.

[26] *Hassler* 105; *Ekelöf*, Kompendium över Civilprocessen, Del I (1956), 138.

[27] *von Steyern*, Part eller Ställforeträdare?: SvJI 27 (1942) 347.

## Nr. 45

**Spanien**

1. **Aufgrund des Haager Unterhaltsabkommens vom 24. 10. 1956 beurteilt sich die Unterhaltsverpflichtung eines spanischen Erzeugers gegenüber seinem in Deutschland lebenden unehelichen Kind einer Deutschen nach deutschem materiellem Recht. Die übrigen Rechtsbeziehungen zwischen dem Erzeuger und dem Kind unterstehen dem spanischen Recht.**
2. **Nach spanischem Recht ist die Anerkennung der Abstammung unwirksam, wenn sie nicht vom wirklichen Erzeuger des unehelichen Kindes erklärt wird.**
3. **Die internationale Zuständigkeit deutscher Gerichte in Kindschaftsprozessen hängt nicht davon ab, ob die zu treffende Entscheidung im Heimatstaat der Beteiligten anerkannt werden wird.**

**München G 1750 – 8. 1. vom 3. 5. 1968**

### SACHVERHALT

Eine geschiedene deutsche Staatsangehörige römisch-katholischen Bekenntnisses hat am 7. 3. 1967 außer der Ehe ein Kind – die Beklagte des vorliegenden Rechtsstreits – geboren. Am 17. 4. 1967 hat der Kläger, ein spanischer Staatsangehöriger, zur Urkunde eines deutschen Notars die Vaterschaft zu diesem Kind anerkannt und sich verpflichtet, ihm bis zur Vollendung des 18. Lebensjahres monatlich 95 DM Unterhalt zu bezahlen.

Mit seiner Klage beantragt der Kläger festzustellen, daß er nicht der Vater der Beklagten ist. Nach dem Ergebnis der Beweisaufnahme ist davon auszugehen, daß die Vaterschaft des Klägers ausgeschlossen ist. Auf die Frage des anzuwendenden Rechtes geht die Klage nicht ein, wie sie auch der spanischen Staatsangehörigkeit des Anfechtenden keine Bedeutung beimißt.

Das Landgericht M. bittet um ein Gutachten darüber, welche materiellen Bestimmungen des hier anzuwendenden Vaterrechts in Betracht kommen.

### GUTACHTEN

#### *I. Das anzuwendende Recht*

*1. Hinsichtlich der Unterhaltspflicht (Unterhaltsstatut)*

Gemäß Art. 1 Abs. 1 des Haager Abkommens vom 24. 10. 1956 über das auf Unterhaltsverpflichtungen gegenüber Kindern anwendbare Recht (BGBl. 1961 II, 1013) beurteilt sich das Recht eines Kindes, Unterhalt zu verlangen, nach dem Recht des Staates, in dem das Kind seinen gewöhnlichen Aufenthalt hat. Dies gilt nur, wenn dieser Staat Vertragsstaat ist

(Art. 6 des Abkommens). Dies trifft bei der Bundesrepublik Deutschland zu; das Abkommen ist hier am 1. 1. 1962 in Kraft getreten (BGBl. 1962 II, 16).

Damit beurteilt sich die Unterhaltspflicht des Klägers gegenüber dem von ihm anerkannten Kinde nach deutschem Recht, da das Kind seinen gewöhnlichen Aufenthalt in Deutschland hat.

*2. Hinsichtlich der übrigen Beziehungen zwischen dem unehelichen Kind und seinem Erzeuger (Abstammungsstatut bzw. „Vaterrecht")*

a) Es ist von dem bei weitem überwiegenden Teil der Lehre anerkannt, daß sich die über die reine Unterhaltspflicht hinausgehenden Beziehungen zwischen dem unehelichen Kind und seinem Erzeuger nicht gemäß Art. 21 nach dem Heimatrecht der Mutter, sondern nach dem Heimatrecht des behaupteten Erzeugers richten[1]. Dies wird aus Art. 20 EGBGB, mancherorts auch aus Artt. 18, 19 EGBGB hergeleitet. Die Rechtsprechung hat sich diese Auffassung soweit ersichtlich ausnahmslos zu eigen gemacht[2]. Die Gegenmeinung, wonach es auf das Heimatrecht des Kindes anzukommen hat[3], hat sich nicht durchgesetzt. Sie ist mit dem aus Artt. 18, 19, 20 zu entnehmenden Grundsatz, wonach es auf das Heimatrecht des Elternteils ankommt, nicht vereinbar und daher trotz der gewichtigen rechtspolitischen Argumente, die für sie sprechen, abzulehnen.

Damit beurteilen sich die über die bloße Unterhaltspflicht hinausgehenden familienrechtlichen Beziehungen zwischen dem Kläger und der Beklagten nach spanischem Recht als dem Heimatrecht des Klägers.

b) Eine Rückverweisung (Art. 27 EGBGB) des spanischen Rechts auf deutsches Recht greift nicht ein, da gemäß Art. 9 des Código civil vom 24. 7. 1889 die familienrechtlichen Beziehungen und damit auch die zwischen dem unehelichen Kind und seinem Erzeuger nach spanischem Recht beurteilt werden, soweit die Beteiligten spanische Staatsangehörige sind.

3. Es ergibt sich somit eine kollisionsrechtlich bedingte Aufspaltung des Rechtsverhältnissis zwischen dem unehelichen Kind und seinem Erzeuger in der Weise, daß sich die Verpflichtung des Erzeugers zum Unterhalt nach deutschem, die übrigen familienrechtlichen Beziehungen jedoch im vorliegenden Fall nach spanischem Recht richten.

### *II. Der Inhalt des maßgebenden spanischen Rechts*

1. Wie die meisten übrigen romanischen Rechtsordnungen beruht auch das spanische Unehelichenrecht nicht auf dem Abstammungssystem, sondern auf dem Anerkennungssystem. Hierbei hat die bloße Abstammung

---

[1] *Soergel-Kegel,* Anm. 17 zu Art. 21 EGBGB mit ausführlichen Nachweisen.

[2] Z. B. *BayObLG* NJW 1954, 350; *OLG Stuttgart* FamRZ 1965, 552; *OLG Karlsruhe* NJW 1965, 1537.

[3] *Müller-Freienfels* FamRZ 1957, 147.

noch kein irgendwie geartetes rechtliches Band zwischen dem Kinde und seinen Erzeugern (auch der Mutter!) zur Folge; es bedarf vielmehr immer der Anerkennung durch die Eltern. Liegt eine wirksame Anerkennung vor, so entsteht eine Verwandtschaft minderen Grades mit der Folge der elterlichen Gewalt, der Unterhaltspflicht, der Namensführung und auch eines Erbrechts gegenüber dem Erzeuger.

Die Anerkennung – jedenfalls die Anerkennung durch den Vater – muß grundsätzlich freiwillig erfolgen. Sie kann nur in Ausnahmefällen gerichtlich erzwungen werden.

2. Die gesetzliche Regelung der Anerkennung unehelicher Kinder ist in den Artt. 129 ff. des Código civil enthalten. Sie lauten, soweit hier einschlägig[4]:

*Art. 129:*

| | |
|---|---|
| „El hijo natural puede ser reconocido por el padre y la madre conjuntamente, o por uno solo de ellos." | Das natürliche Kind kann von dem Vater und der Mutter gemeinschaftlich oder von jedem allein anerkannt werden. |

*Anmerkung:* „Natürliche Kinder" im Sinne des Art. 129 sind nach der in Art. 119 Abs. 2 Código civil enthaltenen Legaldefinition außerehelich geborene Kinder, deren Eltern zur Zeit der Empfängnis mit oder ohne Dispens die Ehe miteinander hätten eingehen können.

*Art. 130:*

| | |
|---|---|
| „En el caso de hacerse el reconocimiento por uno solo de los padres, se presumirá que es hijo natural, si el que lo reconoce tenía capacidad legal para contraer matrimonio al tiempo de la concepción." | Erfolgt die Anerkennung nur durch einen Elternteil, so gilt das Kind als natürlich, sofern der Anerkennende zur Zeit der Empfängnis fähig war, die Ehe zu schließen. |

*Art. 131:*

| | |
|---|---|
| „El reconocimiento de un hijo natural deberá hacerse en el acta de nacimiento, en testamento o en otro documento público." | Die Anerkennung eines natürlichen Kindes muß in der Geburtsurkunde, durch Testament oder in einer sonstigen öffentlichen Urkunde erfolgen. |

*Art. 133:*

| | |
|---|---|
| „El hijo mayor de edad no podrá ser reconocido sin su consentimiento.<br>Cuando el reconocimiento del menor de edad no tenga lugar en el acta de nacimiento o en testamento, será nece- | Das volljährige Kind kann nicht ohne seine Zustimmung anerkannt werden. Sofern die Anerkennung nicht in der Geburtsurkunde oder durch Testament erfolgt, bedarf sie der gerichtlichen Be- |

[4] Vgl. auch *Bergmann-Ferid,* Internationales Ehe- und Kindschaftsrecht, Spanien, 21.

saria la approbación judicial con audiencia del Ministerio fiscal.

El menor podrá en todo caso impugnar el reconocimiento dentro de los cuatro años siguientes a su mayor edad."

stätigung nach Anhörung der Staatsanwaltschaft.

Der Minderjährige kann in jedem Fall die Anerkennung binnen vier Jahren nach Erreichung der Volljährigkeit anfechten.

*Art. 134:*

„El hijo natural reconocido tiene derecho:

1. A llevar el apellido del que le reconoce;
2. A recibir alimentos del mismo, conforme al artículo 143;
3. A percibir, en su caso, la porción hereditaria que se determina en este Código."

Das anerkannte natürliche Kind hat das Recht

1. Den Familiennamen des Anerkennenden zu tragen;
2. Unterhalt von ihm gemäß Art. 143 zu verlangen;
3. Gegebenenfalls den in diesem Gesetzbuch bestimmten Erbteil zu erhalten.

*Art. 138:*

„El reconocimiento hecho a favor de un hijo que no reúna las condiciones del párrafo segundo del artículo 119, o en el cual se haya faltado a las prescripciones de esta sección, podrá ser impugnado por aquellos a quienes perjudique."

Die Anerkennung eines Kindes, das nicht die Voraussetzungen des Art. 119 Abs. 2 erfüllt, oder bei dem gegen die Vorschriften dieses Abschnitts verstoßen wurde, kann von denen, welchen es zum Nachteil gereicht, angefochten werden.

3. Im vorliegenden Fall verstößt die Anerkennung zumindest gegen Art. 119 Abs. 2 und gegen Art. 133 Abs. 2.

a) Der Verstoß gegen Art. 133 Abs. 2 ist ohne weiteres ersichtlich, da die Anerkennung zwar gemäß Art. 131 formgültig in notarieller Urkunde, aber nicht in der Geburtsurkunde oder in einem Testament erfolgte. Sie bedurfte daher der gerichtlichen Bestätigung.

Dieser Mangel führt für sich allein bereits zur Nichtigerklärung auf die Klage einer gemäß Art. 138 hierzu berechtigten Person.

b) Weit schwerwiegender ist der Verstoß gegen Art. 119 Abs. 2: „Natürliche Kindschaft" im Sinne dieser Vorschrift setzt voraus, daß das Kind von demjenigen, der es anerkennt, abstammt. Ist der Anerkennende nicht der Erzeuger des Kindes, so ist das Anerkenntnis unwirksam[5].

Ob es in diesen Fällen der Unrichtigkeit der Anerkennung einer Anfechtungsklage gemäß Art. 138 C. c. bedarf, ist strittig[6]. Auf diese Streit-

---

[5] *Albadalejo-García*, El reconocimiento de la filiación natural (Barcelona 1954) 187 f.

[6] Für die Unwirksamkeit ipso iure: *Albadalejo-García* aaO; für die Notwendigkeit einer Anfechtungsklage: *Puig-Peña*, Tratado de Derecho civil español, Bd. II, 2 S. 83 f.

frage braucht aber nicht näher eingegangen zu werden, da auch nach der ersten Auffassung die Anfechtungsklage zur Beseitigung des durch die Anerkennung erzeugten Rechtsscheins zulässig ist.

c) Da somit feststeht, daß die Anerkennung gemäß Art. 138 C. c. für nichtig erklärt werden kann, wird im Interesse der Kostenersparnis nicht darauf eingegangen, ob die Anfechtung auch deshalb begründet ist, weil der Kläger als Spanier mit der – geschiedenen – Kindsmutter die Ehe nicht eingehen konnte. Diese (auch nach der Rechtsprechung des BGH zu bejahende) Frage ist deshalb sehr bestritten, weil Art. 130 es für die Anerkennung durch nur einen Elternteil genügen läßt, wenn der Anerkennende selbst zur Zeit der Empfängnis ehefähig war.

d) Klagebefugt im Sinne des Art. 138 C. c. ist jeder, dem die Anerkennung nachteilig ist, also und in erster Linie auch der Anerkennende selbst[7].

4. Da Art. 138 Código civil eine gerichtliche Nichtigerklärung erfordert, und die Auffassung, wonach dies bei Unrichtigkeit der Anerkennung nicht erforderlich sein soll, nicht als herrschend bezeichnet werden kann, dürfte es sich empfehlen, im Wege des § 139 ZPO darauf hinzuwirken, daß der Kläger zusätzlich zu seinem Feststellungsantrag gemäß § 644 ZPO auch die Feststellung der Unwirksamkeit des notariellen Vaterschaftsanerkenntnisses (wie in der Klageschrift) beantragt. Auf diese Weise würden – jedenfalls mit Sicherheit für den deutschen, mit hoher Wahrscheinlichkeit aber auch für den spanischen Rechtsbereich – auch die spanischem Recht unterliegenden, über die bloße Unterhaltsverpflichtung hinausgehenden Rechtswirkungen der unrichtigen Anerkennung beseitigt.

### *III. Zur Frage der internationalen Zuständigkeit*

Zweifel könnten hier hinsichtlich der Frage der internationalen Zuständigkeit aufkommen. Wenn nämlich die Anerkennung trotz ihrer Anfechtbarkeit zunächst ein familienrechtliches Band zwischen dem Kind und seinem Erzeuger geschaffen hat, so ist fraglich, ob dieses Band durch rechtsgestaltendes Urteil eines deutschen Gerichts zerstört werden kann.

Für die internationale Zuständigkeit ist dies jedoch nicht von Bedeutung. Aus § 642 ZPO läßt sich nämlich entnehmen, daß auch für Kindschaftsprozesse die allgemeine Regel gilt, wonach sich die internationale Zuständigkeit aus der örtlichen Zuständigkeit ergibt: § 642 ZPO bestimmt nämlich nur, daß dann, wenn der Beklagte im Inland keinen allgemeinen Gerichtsstand hat, das Gericht des allgemeinen Gerichtsstandes des Klägers zuständig sein soll; schließlich besteht hilfsweise eine Zuständigkeit

[7] *Santamaria*, Commentarios al Código civil, Bd. 1, Art. 1–1087 (Madrid 1958) S. 199.

des Landgerichts Berlin, falls nur eine der Parteien die deutsche Staatsangehörigkeit besitzt.

Im Gegensatz zur Vorschrift des § 606 b Ziff. 2 ZPO hängt in Kindschaftsprozessen die internationale Zuständigkeit deutscher Gerichte nicht davon ab, ob der Heimatstaat der ausländischen Beteiligten die deutsche Entscheidung anerkennen wird. *Raape*[8] meint für den Fall der Ehelichkeitsanfechtung, daß ein deutsches Urteil dann zu unterbleiben habe, wenn alle Beteiligten Ausländer sind und der Heimatstaat die deutsche Entscheidung nicht anerkennt. Abgesehen davon, daß diese Auffassung dem klaren Wortlaut des § 642 ZPO widerspricht und *Raape* offenläßt, ob die Klage durch Prozeßurteil oder durch Sachurteil (damit wäre die internationale Zuständigkeit deutscher Gerichte bejaht) abgewiesen werden soll, steht seine Auffassung im vorliegenden Fall der Annahme der internationalen Zuständigkeit eines deutschen Gerichts schon deshalb nicht entgegen, weil die Beklagte als uneheliches Kind einer deutschen Mutter die deutsche Staatsangehörigkeit besitzt.

Es ist daher daran festzuhalten, daß die internationale Zuständigkeit deutscher Gerichte im vorliegenden Fall gegeben ist.

## d) Legitimation

Siehe auch Nr. 63, 65

### Nr. 46

**England**

**1. Das Kind eines englischen Vaters und einer deutschen Mutter, die in Deutschland vor einem britischen Militärgeistlichen geheiratet hatten, ist ehelich.**

**2. Im englischen internationalen Privatrecht wird die Legitimation nach dem Recht des Ortes beurteilt, an dem der Vater zur Zeit der Eheschließung sein „domicile" hat.**

**Hamburg G 145/66 vom 16. 1. 1967**

Das Amtsgericht Wolfsburg bittet in der Vormundschaftssache H. um Auskunft über deutsches Internationales Privatrecht und *englisches Familienrecht*.

Aus der Gerichtsakte ergibt sich folgender Sachverhalt:

Am 24. 4. 1948 wurden der im britischen Militärdienst stehende britische Staatsangehörige Charles Benjamin H. und die Deutsche Ursula Bertha D.

---

[8] IPR (5. Aufl.) 345.

von dem britischen Militärgeistlichen in der Garnisonskirche zu Bad O. getraut. Eine Eheschließung vor dem deutschen Standesbeamten ist damals nicht erfolgt. Am 6. 2. 1960 wurde das gemeinsame Kind Claudia Elvira im britischen Militärkrankenhaus R. geboren und unter dem Familiennamen H. in das Geburtsregister des britischen Generalkonsulats Hannover eingetragen. Am 10. 8. 1966 haben die Eltern vor dem Standesamt W. die zivile Eheschließung nachgeholt.

Das Amtsgericht Wolfsburg bittet um Auskunft, ob – und gegebenenfalls zu welchem Zeitpunkt – das Kind Claudia Elvira durch die Eheschließung der Eltern legitimiert worden ist.

### *I. Internationalprivatrechtliche Fragestellung*

Gemäß Art. 22 I EGBGB ist die Frage, ob ein uneheliches Kind durch die nachfolgende Ehe seiner Eltern legitimiert wird, nach dem Recht des Staates zu beurteilen, dem der Ehemann z. Z. der Eheschließung angehört. Die Vorschrift ist über ihren Wortlaut hinaus auch dann anzuwenden, wenn der Ehemann ausländischer Staatsangehöriger ist[1]. Dabei ist die Vorfrage, ob es sich um ein uneheliches Kind handelt, selbständig nach Art. 18 EGBGB anzuknüpfen[2].

Auch Art. 18 EGBGB ist unbestrittenermaßen als allseitige Kollisionsnorm anzusehen: Über die eheliche Abstammung eines Kindes ist nach den Gesetzen des Staates zu entscheiden, dem der Ehemann der Mutter z. Z. der Geburt angehört[3]. Der Anwendungsbereich dieses Grundsatzes ist jedoch höchst streitig.

1. Ihrem *Wortlaut* nach verweist die Bestimmung auf das Heimatrecht des „Ehemannes" der Mutter. Hieraus schließt eine besonders in der Rechtsprechung, aber auch von einem Teil der Lehre vertretene Ansicht, daß Art. 18 I EGBGB eine von der deutschen Rechtsordnung als gültig anerkannte Eheschließung der Eltern voraussetzt. Die Vertreter dieser Ansicht wenden daher zunächst Art. 13 EGBGB bzw. § 15 a I EheG an, um die Formgültigkeit der Eheschließung festzustellen[4].

---

[1] *Soergel-Siebert(-Kegel),* BGB, Bd. V (9. Aufl. 1961) Art. 22 EGBGB Anm. 1; *BGH* 4. 3. 1960, FamRZ 1960, 229 (mit Anm. *Bosch*) = StAZ 1960, 206 (mit Anm. *Gündisch* 319).

[2] *Soergel-Siebert(-Kegel)* Art. 22 Anm. 21.

[3] *Soergel-Siebert(-Kegel)* Art. 18 Anm. 11.

[4] *BGH* 22. 1. 1965, BGHZ 43, 213; *RG* 16. 2. 1914, LZ 1914, 869 f.; *BayObLG* 8. 10. 1963, FamRZ 1964, 45, und 2. 1. 1966, FamRZ 1966, 144 f.; *OLG München* 10. 3. 1921, OLGE 42, 98; *KG* 14. 8. 1961, FamRZ 1961, 483; *OLG Celle* 5. 6. 1963, FamRZ 1964, 209; *LG Hamburg* 27. 2. 1954, StAZ 1956, 115 (in einem Fall, der dem vorliegenden Sachverhalt in allen wesentlichen Einzelheiten gleicht); *Palandt(-Lauterbach),* BGB (25. Aufl. 1966) Art. 18 EGBGB Anm. 3; *Kegel,* Internationales Privatrecht (2. Aufl.

Nach deutschem Recht ist die Formgültigkeit einer im Inland geschlossenen Ehe in der Regel davon abhängig, daß die Eheschließung vor einem deutschen Standesbeamten stattgefunden hat (Art. 13 III EGBGB in Verbindung mit § 11 I EheG). Dieser Grundsatz wurde allerdings nach 1945 durch gewisse Ausnahmebestimmungen durchbrochen, die aber im vorliegenden Fall nicht eingreifen; insbesondere setzt der durch das Kontrollratsgesetz Nr. 52 vom 21. 4. 1947 eingeführte Paragraph 15 a EheG voraus, daß keiner der Verlobten die deutsche Staatsangehörigkeit besitzt. Auch das Bundesgesetz über die Anerkennung von Nottrauungen vom 2. 12. 1950 (BGBl. 778) und das AHKG über die Rechtsverhältnisse verschleppter Personen und Flüchtlinge vom 17. 3. 1950 (AHK-Abl. 140), die beide nur vor dem 1. 8. 1948 geschlossene Ehen betreffen, kommen hier nicht in Betracht. Im Gegenteil wird man den erwähnten Bestimmungen des Besatzungsrechts entnehmen müssen, daß Art. 13 III EGBGB im Grundsatz bestehenbleiben sollte.

Die Eheschließung einer Deutschen mit einem Engländer vor einem britischen Militärgeistlichen in Deutschland ist daher unwirksam[5]. Daran hat sich auch durch Art. 2 I des Vertrages zur Regelung der aus Krieg und Besatzung entstandenen Fragen vom 23. 10. 1954 (Überleitungsvertrag) nichts geändert. Denn diese Bestimmung soll nur die Aufhebung von Rechten und Verpflichtungen verhindern, die vor dem Inkrafttreten des Vertrags durch Maßnahmen der Besatzungsbehörden begründet wurden, nicht aber eine Änderung bestehender Rechtslagen herbeiführen.

Folglich hat nach deutschem Recht z. Z. der Geburt des Kindes keine gültige Ehe zwischen den Kindeseltern bestanden. Der Vater war also nicht „Ehemann der Mutter", so daß für die Vertreter der hier besprochenen Ansicht Art. 18 I EGBGB keine Anwendung findet, vielmehr das Kind unehelich geboren wurde und damit die erste Voraussetzung des Art. 22 I EGBGB erfüllt ist.

2. Nach anderer Auffassung setzt die Anwendbarkeit des Art. 18 EGBGB nicht voraus, daß die Eltern in einer vom deutschen Recht anerkannten Ehe gelebt haben. Vielmehr wird die Ehelichkeit des Kindes in *erweiternder oder entsprechender Anwendung* des Art. 18 EGBGB notfalls nach dem Heimatrecht eines auch nur hypothetischen (möglichen) Ehemannes der Mutter beurteilt. Der danach zur Anwendung berufenen Rechts-

---

1964) 117, 307; *Erman(-Marquordt),* Handkommentar zum BGB (3. Aufl. 1962) Art. 18 EGBGB Anm. 5; *Soergel-Siebert(-Kegel)* Anm. 48 vor Art. 7 EGBGB, Art. 18 EGBGB Anm. 5; *Raape,* Internationales Privatrecht (5. Aufl. 1961) 119, 120, 343; *Achilles-Greiff(-Beitzke),* BGB (21. Aufl. 1958) Art. 18 EGBGB Anm. 4; *Staudinger (-Raape),* BGB, 9. Aufl. Bd. VI/2 (1931) Art. 18 EGBGB Anm. B IV.

[5] *BSozG* 28. 4. 1959, FamRZ 1959, 278 (279); *Raape,* Die Staatsangehörigkeit des Kindes aus einer von einem Engländer und einer Deutschen hier nicht gemäß den deutschen Formvorschriften geschlossenen Ehe: MDR 1948, 98 f.; *Palandt(-Lauterbach)* Art. 13 EGBGB Anm. 6 a, § 15 a EheG Anm. 2 a.

ordnung wird es überlassen, ob sie die Ehelichkeit eines Kindes von der Gültigkeit der elterlichen Ehe abhängig macht (oder z. B. auch Kinder aus einer nichtigen Ehe oder von Brautleuten oder von postmortal Getrauten als ehelich geboren anerkennt) und nach welchem Recht gegebenenfalls über die Gültigkeit der Eheschließung entschieden werden soll[6].

Danach verweist im vorliegenden Fall das deutsche IPR für die Frage der Ehelichkeit von Claudia Elvira auf das Heimatrecht des Kindesvaters. Dieser besitzt die britische Staatsangehörigkeit. Das genügt jedoch zur Bestimmung seines Heimatrechts nicht, da das Vereinigte Königreich von Großbritannien und Nordirland kein einheitliches Rechtsgebiet darstellt, sondern mehrere Teilrechtsgebiete umfaßt. Insofern stellt sich die Frage nach der maßgebenden Teilrechtsordnung. Nun gibt es auch kein einheitliches britisches interlokales Recht, aufgrund dessen die maßgebliche Teilrechtsordnung bestimmt werden könnte[7]. Desgleichen besteht innerhalb des Vereinigten Königreichs keine politische Gebietszugehörigkeit. Daher muß die nähere Bestimmung des maßgebenden Rechts selbständig vom Standpunkt des deutschen Rechts im Wege einer Analogie zum inter*lokalen* Privatrecht erfolgen[8].

Neben die Staatsangehörigkeit tritt deshalb ergänzend der letzte Wohnsitz (im Sinne des deutschen Rechts) oder der letzte gewöhnliche Aufenthalt im Heimatstaat[9]. Der Gerichtsakte ist zu entnehmen, daß der Kindesvater in Birmingham (England) geboren ist. In der Abschrift des britischen Eheschließungsregisterauszuges findet sich der Vermerk, die „nationality" des Kindesvaters sei „english". Diese Angaben gestatten den Schluß, daß er seinen letzten Wohnsitz bzw. gewöhnlichen Aufenthalt in England gehabt hat. Damit verweist das deutsche IPR im vorliegenden Fall zunächst auf das englische Recht. Eine Rückverweisung durch das englische Kollisionsrecht ist jedoch gegebenenfalls in entsprechender Anwendung des Art. 27 EGBGB zu beachten[10].

Nach englischem IPR ist ein Kind ehelich, wenn die Eltern z. Z. der Geburt in gültiger Ehe gelebt haben[11]. Die *materiellrechtlichen* Ehevor-

---

[6] *Nouhaus,* FamRZ 1966, 146 f. und FamRZ 1965, 541 f. sowie Die Grundbegriffe des IPR (1962) 239; *Wengler,* JZ 1965, 536 f.; *Serick,* RabelsZ 21 (1956) 233 f.; *Melchior,* Die Grundlagen des deutschen IPR (1932) 260; *Nussbaum,* Deutsches IPR (1932) 141; *LG Köln* 20. 2. 1953, MDR 1953, 488, 489; *AG Mannheim* 15. 9. 1953, StAZ 1955, 159.

[7] Vgl. *Falconbridge,* Essays on the Conflict of Laws (2. Aufl. 1954) 202 f., insbes. 205 f., 206, 209, 215 f.

[8] Vgl. *Kegel* 138 f.; *Soergel-Siebert(-Kegel)* Anm. 111 vor Art. 7; *Neuhaus* 209 f.; *Raape* 149.

[9] Vgl. *Soergel-Siebert(-Kegel)* vor Art. 7 EGBGB Anm. 109 f.; *Staudinger (-Raape)* Einl. H III 2, S. 35 f.

[10] *BGH* 2. 5. 1966, BGHZ 45, 351; *Palandt(-Lauterbach)* Art. 27 Anm.3.

[11] *Shaw* v. *Gould* (1868), L. R. 3 H. L. 55; *Graveson,* The Conflict of Laws (5. Aufl. 1965) 313, 314; *Johnson,* Family Law (2. Aufl. 1965) 335, 336.

aussetzungen entnimmt das englische IPR dem Domizilrecht der Verlobten[12]. Dieser Frage braucht indes nicht weiter nachgegangen zu werden, da nach dem mitgeteilten Sachverhalt davon ausgegangen werden kann, daß weder nach englischem noch nach deutschem Eherecht Ehehindernisse bestanden haben.

Für die *Form* der Eheschließung verweist das englische Kollisionsrecht in der Regel auf das Recht des Ortes, an dem die Ehe geschlossen wird (lex loci celebrationis)[13]. Danach wäre deutsches Recht maßgeblich, das im vorliegenden Fall – wie gesagt – der allein in religiöser Form geschlossenen Inlandsehe die Anerkennung versagt.

Eine Ausnahme von der Anknüpfung an den Ort der Eheschließung enthält jedoch sect. 22 I des Foreign Marriage Act von 1892 in der Fassung des Foreign Marriage Act 1947 (10 & 11 Geo. 6, ch. 33). Diese Vorschrift bestimmt, daß eine von einem britischen Militärgeistlichen im Ausland ordnungsgemäß vollzogene Eheschließung dieselbe Wirkung hat wie eine in gehöriger Form im Vereinigten Königreich vollzogene Eheschließung, wenn wenigstens einer der Ehegatten z. Z. der Heirat als Angehöriger der britischen Streitkräfte in dem betreffenden Land stationiert war.

Diese Voraussetzungen sind hier erfüllt. Der Kindesvater war britischer Soldat. Die Eheschließung ist von einem britischen Militärgeistlichen gemäß den Riten der „Church of England" vollzogen worden, die Formvorschriften des englischen Eherechts sind daher gewahrt[14]. Die im Jahre 1948 geschlossene Ehe der Kindeseltern ist folglich nach englischem Recht gültig. Beurteilt man daher die Frage der Wirksamkeit der Ehe nach Art. 18 I EGBGB, so ist Claudia Elvira am 6. 2. 1960 ehelich geboren. Eine Legitimation durch die spätere standesamtliche Heirat erübrigt sich, im Geburtsregister des Standesamts Rinteln ist nachträglich die eheliche Geburt des Kindes zu beurkunden.

3. Neben diesen beiden Auffassungen gibt es noch einige *vermittelnde Lösungsvorschläge.*

So wird gesagt[15], der Art. 13 III EGBGB (Inlandsehe – Inlandsform) sei dann nicht anzuwenden, wenn sich die Ehegatten nur vorübergehend in Deutschland aufgehalten haben und das Kind im Heimatstaat geboren ist. Für diese Ausnahme läßt der vorliegende Sachverhalt keinen Raum.

Andere wollen zwar die formelle Gültigkeit der Eheschließung nach deutschem Recht, aber die Wirkungen einer Nichtehe für das Kind gemäß Art. 18 I EGBGB nach dem Heimatrecht des Mannes beurteilen. Wenn dieses Recht – wie hier das englische – keine Rückverweisung ausspricht,

---

[12] *Johnson* 330 mit weiteren Nachweisen.

[13] *Starkowski* v. *Att. Gen.*, [1954] A. C. 155 (H. L.).

[14] Vgl. *Johnson* aaO 35 f.

[15] *Henrich*, FamRZ 1958, 122 ff. (123) und neuestens StAZ 1966, 223 f.

soll entscheidend sein, ob es Kindern aus einer Nichtehe[16] oder aus einer nichtigen Ehe[17] den Status von ehelichen Kindern einräumt.

### *II. Stellungnahme*

Die letztgenannte Meinung, welche die Nichtehe einer nichtigen Ehe gleichstellt, ist rechtlich nicht zu begründen[18]. Ob man die Wirkungen einer Nichtehe für das Kind dem Heimatrecht des Mannes oder dem deutschen Recht entnimmt, wird in der Regel auf dasselbe hinauskommen, nämlich auf die Unehelichkeit des Kindes. Anschließend auf das englische Legitimationsrecht zu verweisen, führt – falls das englische Kollisionsrecht keine Rückverweisung ausspricht – zu einer irrealen Anwendung des englischen Rechts. Denn nach englischem Recht ist das Kind im vorliegenden Fall ja in einer gültigen Ehe geboren und daher schon von Geburt an ehelich. Das Institut hält es daher für richtig, in seiner Gutachtenpraxis der unter I 2 dargestellten Auffassung – Anknüpfung an Art. 18 I EGBGB – zu folgen. Nur wenn man das Bestehen einer Ehe als Vorfrage der Anwendung ausländischen materiellen Rechts unter Einschaltung nicht der deutschen, sondern der ausländischen Kollisionsnorm beurteilt, entscheidet man wirklich im Einklang mit dem ausländischen Recht und vermeidet ein „hinkendes" Rechtsverhältnis; dieser Ansicht ist auch der BGH in seinem Beschluß vom 12. 2. 1964 gefolgt[19].

Es bedeutet keinen untragbaren Widerspruch, Kinder aus einer nach deutschem Recht nichtigen Ehe als ehelich anzusehen, sofern die Ehe nach dem Heimatrecht des Kindesvaters gültig ist. Vor allem wenn die Ehe, wie auch im vorliegenden Fall, nur wegen Verletzung von Formvorschriften nach deutschem Recht als nicht bestehend anzusehen ist, erscheint es unbillig, den aus dieser Verbindung hervorgegangenen Kindern die rechtliche Gleichstellung mit ehelichen Kindern zu versagen. Nach Ansicht des Instituts ist diese Gleichstellung insbesondere im vorliegenden Fall deshalb geboten, weil die Eheschließung vor dem britischen Militärgeistlichen in den ersten Nachkriegsjahren stattgefunden hat. Über die sich aus einer solchen Eheschließung nach deutschem IPR ergebenden Rechtsfolgen be-

---

[16] So *Raape*, Die Staatsangehörigkeit kraft Eheschließung und kraft Abstammung (1948) 70 f.

[17] So *KG* 9. 7. 1937, JW 1937, 2526 ff.; *Frankenstein*, IPR Bd. I (1926) 235 f.; wohl auch *Lewald*, Das deutsche IPR (1931) 129 f., und *Wolff*, Das IPR Deutschlands (3. Aufl. 1954) 81, 213.

[18] Treffend *OLG Celle* 5. 6. 1963, FamRZ 1964, 209 f. (unter II 2): von einer Nichtehe, nicht von einer nichtigen Ehe müsse hier ausgegangen werden.

[19] *BGHZ* 41, 136 (146 f.). Vgl. *BGH* 30. 6. 1964, LM Nr. 14 zu § 328 ZPO = MDR 1964, 840, wo die Beachtlichkeit eines ausländischen Verfahrens als Vorfrage der Verjährung ebenfalls nach dem Verjährungsstatut und nicht unmittelbar nach § 328 ZPO beurteilt wurde.

stand nämlich in der damaligen deutschen und britischen Verwaltungspraxis keine Klarheit. Erst in den Jahren 1950 und 1951 wurde durch mehrere in der britischen Zone ergangene ministerielle Erlasse auf die Notwendigkeit der Eheschließung vor einem deutschen Standesbeamten hingewiesen, nachdem das „Office of the Legal Adviser" der britischen Streitkräfte in Wahnerheide am 21. 4. 1950 angeordnet hatte, daß die Eheschließung vor dem deutschen Standesamt der Heirat nach englischem Recht voranzugehen habe[20]. Claudia Elvira ist danach von Geburt an ehelich und bedarf keiner Legitimation.

### *III. Hilfsausführungen*

Nur für den Fall, daß das Gericht doch der unter I 1 wiedergegebenen Meinung folgen will, sei geprüft, ob Claudia Elvira – wenn man sie als unehelich geboren betrachtet – durch die am 10. 8. 1966 vor dem deutschen Standesbeamten erfolgte Eheschließung legitimiert worden ist.

1. Das *deutsche Internationale Privatrecht* verweist insoweit auf das Heimatrecht des Vaters im Zeitpunkt der Eheschließung, d. h. – wie oben zu I 2 ausgeführt – auf das englische Recht. Eine Rückverweisung des englischen Rechts ist gegebenenfalls in analoger Anwendung von Art. 27 EGBGB zu beachten.

2. Das *englische Internationale Privatrecht* enthält in sect. 8 I des Legitimacy Act 1926 (16 & 17 Geo. 5 ch. 60) die Kollisionsregel, daß über eine Legitimation durch nachfolgende Ehe die Rechtsordnung zu befinden hat, in deren Geltungsbereich der Vater z. Z. der Eheschließung domiziliert war.

Domizil im Sinne des englischen Rechts bedeutet die Zugehörigkeit zu einem Rechtsgebiet. Jede Person hat ein derartiges Domizil, kann aber auch nur ein Domizil haben. Es wird unterschieden zwischen dem durch Geburt erworbenen domicile of origin (Domizil des ehelichen Vaters bzw. der unehelichen Mutter im Zeitpunkt der Geburt) und dem domicile of choice. Letzteres kann eine volljährige Person dadurch erwerben, daß sie sich in einem anderen Land mit der Absicht niederläßt, dort für immer oder jedenfalls doch auf unbestimmte Zeit zu verbleiben (sog. animus manendi) und nicht mehr in das Land des bisherigen Domizils für dauernd zurückzukehren (sog. animus non revertendi). Ob eine Person in einem anderen Land ein domicile of choice erworben hat, ist Tatfrage, bei deren Entscheidung nach der Praxis der englischen Gerichte der Dauer des Aufenthalts in dem betreffenden Lande und den eigenen Äußerungen des Betroffenen besondere Bedeutung zukommt, darüber hinaus aber alle

[20] *Hamburg.* Senat 19. 8. 1950, StAZ 1950, 224; *Niedersächs. MdJ* 25. 9. 1950, StAZ 1950, 247, und 16. 16. 1951, StAZ 1951, 197.

Umstände zu berücksichtigen sind, die für oder gegen die Absicht sprechen, dauernd in diesem Lande zu verbleiben und nicht mehr in das Land des bisherigen Domizils zurückzukehren. Für den Fortbestand eines Domizils, insbesondere des Ursprungsdomizils, besteht eine Vermutung[21].

Als Indizien für den erforderlichen „animus manendi vel non revertendi" wurden in der englischen Rechtsprechung u. a. folgende Umstände gewertet: Aufgabe der Wohnung am Ort des bisherigen Domizils und Verkauf der Möbel[22]; eigene Erklärung des Betroffenen, er wolle am neuen Aufenthaltsort auf unbestimmte Zeit bleiben[23]; bei Niederlassung im Ausland: die Eheschließung mit einer Staatsangehörigen dieses Landes und Begründung einer ehelichen Wohnung dort[24]; Erwerb der Staatsangehörigkeit dieses Landes sowie ein Wechsel des Glaubensbekenntnisses oder des Namens, um diese der neuen Umgebung anzupassen[25]. Dagegen kann das Fehlen der letztgenannten Anhaltspunkte auf einen „animus revertendi" und damit auf die Beibehaltung des bisherigen Domizils schließen lassen[26].

Ferner ist das Fehlen eines „animus manendi" hergeleitet worden: aus der Tatsache, daß der Betroffene ausschließlich oder vornehmlich zu Personen am Ort des bisherigen Domizils verwandtschaftliche oder freundschaftliche Beziehungen unterhielt[27]; aus dem Fehlen eines Freundes- und Bekanntenkreises am neuen Aufenthaltsort[28]; aus einer nicht auf dauernden Verbleib hindeutenden Unterkunft, wie z. B. dem Wohnen im möblierten Zimmer, in Pensionen oder Hotels statt der Begründung eines eigenen Hausstandes und einer eigenen Wohnung[29].

Auch ein Arbeitsverhältnis am neuen Aufenthaltsort kann unter bestimmten Voraussetzungen gegen die Begründung eines Wahldomizils sprechen. Ist nämlich der Aufenthalt dort nur berufsbedingt, wie z. B. bei

---

[21] Ausführlich hierzu *Henrich*, Der Domizilbegriff im englischen IPR: RabelsZ 25 (1960) 456 ff.; vgl. auch *Cheshire*, Private International Law (7. Aufl. 1965) 143 f.; *Graveson*, 145 ff.; *Dicey(-Treitel)*, Conflict of Laws (7. Aufl. 1958) 85 ff.; *M. Wolff*, Private International Law (2. Aufl. 1950) 106 ff.; *Schmitthoff*, The English Conflict of Laws (3. Aufl. 1954) 79 ff.

[22] *Hopkins* v. *Hopkins*, [1951] P. 116.

[23] *White* v. *White*, [1952] 1 D. L. R. 133; *D'Etchegogen* v. *D'Etchegogen* (1888), 13 P. D. 132; *Wilson* v. *Wilson* (1872), L. R. 17 Eq. 73.

[24] *Abraham* v. *Att.-Gen.*, [1934] P. 17; *Att.-Gen.* v. *Yule* (1931), 145 L. T. 9 (C. A.).

[25] *Stanley* v. *Bernes* (1830), 3 Hagg. Ecc. 373, 162 E. R. 564, 1190.

[26] Vgl. *Rayden*, Practice and Law of Divorce (9. Aufl. 1964) 39 f.; *Dicey(-Treitel)* 97 f. und dortige Nachweise.

[27] *Att.-Gen.* v. *Yule* aaO; *Ramsay* v. *Liverpool Royal Infirmary*, [1930] A. C. 588 (Verneinung eines Domizilwechsels trotz 36jährigen Aufenthalts an dem betreffenden Ort); *Forbes* v. *Forbes* (1854), Kay 341, 69 E. R. 145.

[28] *Winans* v. *Att.-Gen.*, [1904] A. C. 287 (Verneinung eines Domizilwechsels trotz 47jährigen Aufenthalts).

[29] *Winans* v. *Att.-Gen.* aaO; *Douglas* v. *Douglas* (1871), L. R. 12 Eq. 617; *Cochrane* v. *Cochrane* (1847), 9 L. T. 167.

Soldaten, öffentlich Bediensteten, aber häufig auch in Fällen privater Arbeitsverhältnisse, so ist zu vermuten, daß der Betreffende nach Fortfall dieser berufsbedingten Gründe an den Ort seines bisherigen Domizils zurückkehren wird[30]. Für fast alle der genannten Umstände gibt es aber auch Entscheidungen, in denen sie nicht für entscheidend erklärt worden sind[31].

Im vorliegenden Fall dürfte der Kindesvater von Geburt in England domiziliert gewesen sein. Dieses Domizil wird er auch während seiner Stationierung als britischer Soldat in Deutschland zunächst beibehalten haben. Ob er später sein englisches Ursprungsdomizil aufgegeben und im Zeitpunkt der standesamtlichen Eheschließung am 10. 8. 1966 ein deutsches Wahldomizil erworben hatte, ist eine Beweisfrage, die anhand des mitgeteilten Sachverhalts nicht mit Sicherheit entschieden werden kann. Einerseits ist zu bedenken, daß nach englischem Recht eine starke Vermutung gegen einen Wechsel vom domicile of origin zu einem domicile of choice besteht. Sollte sich der Kindesvater andererseits nach Beendigung des Krieges in Deutschland niedergelassen haben und bis heute – von Geschäfts- und Urlaubsreisen abgesehen – nicht nach England zurückgekehrt sein, so könnte dies, ebenso wie seine hier erfolgte Eheschließung mit einer Deutschen, für die Begründung eines deutschen Wahldomizils sprechen. Dieses Wahldomizil könnte er sogar bereits während seiner Zugehörigkeit zur britischen Armee erworben haben[32].

Das Amtsgericht würde anhand der oben mitgeteilten Indizien prüfen müssen, ob der Kindesvater sich mit der festen Absicht in Deutschland niedergelassen hat, hier für immer oder jedenfalls für unbestimmte Zeit zu bleiben und nicht mehr nach England zurückzukehren. Sollte das Gericht zu dem Ergebnis kommen, daß der Kindesvater sein englisches Ursprungsdomizil beibehalten hat, so wäre über die Frage der Legitimation nach englischem materiellem Recht zu entscheiden.

3. Das *englische materielle Recht* kennt das Rechtsinstitut der Legitimation durch nachfolgende Ehe der Eltern seit 1926[33]. Gemäß sect. 1 I des Gesetzes erwirbt ein uneheliches Kind durch die Eheschließung seiner Eltern mit Wirkung vom Tage der Eheschließung gegenüber beiden Elternteilen die rechtliche Stellung eines ehelichen Kindes.

Hat der Kindesvater nach Ansicht des Gerichts ein deutsches Domizil erworben, so ist Claudia Elvira zwar gemäß § 1719 BGB mit Eheschließung der Eltern ebenfalls ex nunc ehelich geworden[34]. Die Frage, nach welcher

---

[30] *Cruickshanks* v. *Cruickshanks*, [1937] 1 W. L. R. 364; Re Macreight (1885), 30 Ch. D. 165; *Rayden* 39 f.; *Dicey(-Treitel)* 100 f., 108 ff.

[31] Vgl. *Dicey(-Treitel)* 99 ff. mit zahlreichen Nachweisen; *Henrich* 466.

[32] *Donaldson* v. *Donaldson*, [1949] P. 633.

[33] Legitimacy Act, 1926 (16 & 17 Geo. 5, ch. 60).

[34] Vgl. *Palandt(-Lauterbach)* § 1719 Anm. 3.

der beiden Rechtsordnungen die Ehelichkeit eingetreten ist, kann jedoch nicht offenbleiben, da einem nach englischem Recht legitimierten Kind gewisse Namens- und Vermögensrechte vorenthalten bleiben, die einem durch Geburt ehelichen Kind zustehen. Nicht nur kann das legitimierte Kind vererbliche Ehrentitel und Adelsprädikate des Vaters und die damit verbundenen Vermögensrechte nicht erben, sondern es kann auch in bestimmten Fällen aus Vermögensdispositionen, die zugunsten der ehelichen Kinder vor der Legitimation getroffen worden sind – z. B. einer letztwilligen Verfügung –, keine Rechte herleiten[35].

4. *Ergebnis:*

Will das Gericht in der Anknüpfungsfrage der vom Institut abgelehnten Ansicht (oben I 1) folgen, so muß es das Domizil des Vaters im Zeitpunkt der standesamtlichen Eheschließung ermitteln, um danach zu entscheiden, ob das Kind nach englischem Recht oder nach deutschem Recht legitimiert ist.

## Nr. 47

## Irak

**1. Die Legitimation eines deutschen Kindes, dessen Erzeuger mohammedanischer Iraker ist, beurteilt sich nach irakisch-mohammedanischem Recht.**

**2. Das irakisch-mohammedanische Recht kennt keine Legitimation im engeren Sinne. Das vorehelich geborene Kind gilt jedoch nicht als unehelich, wenn es vom Erzeuger wirksam anerkannt wird.**

**München G 2101 – 8. 12. vom 21. 1. 1969**

Das Amtsgericht München hat mir folgenden

SACHVERHALT

vorgelegt:

Eine ledige deutsche Staatsangehörige hat am 6. 11. 1965 einen Knaben geboren. Sie benannte als Erzeuger des Kindes einen irakischen Staatsangehörigen mohammedanischer Religion. Das Jugendamt München erklärte mit Schreiben vom 27. 12. 1965, daß wegen der möglichen Standesfolge auf die Vaterschaftsanerkennung kein Wert gelegt werde. Mit Rücksicht darauf erklärte sich der von der Kindesmutter benannte irakische Staatsangehörige am 12. 1. 1966 ohne Vaterschaftsanerkennung zur Unterhaltsleistung in gerichtlicher Niederschrift bereit.

---

[35] Sect. 10 (1), 3 (3), 1 (3) Legitimacy Act; *Johnson* 257, 258.

Am 22. 6. 1967 haben die Kindeseltern im Irak in der dortigen Ortsform die Ehe geschlossen und dabei erklärt, die Ehe sei bereits am 8. 1. 1965 geschlossen worden. Es sei aus dieser Ehe ein Knabe geboren worden.

Aus Anlaß des hier anhängigen Legitimationsverfahrens erbittet das Amtsgericht eine gutachtliche Stellungnahme zur Legitimation.

## *I. Die Zuständigkeit des im Legitimationsbeschluß angegangenen Gerichtes*

### *1. Internationale Zuständigkeit*

Im Schrifttum ist schon immer die Zuständigkeit der deutschen Vormundschaftsgerichte für die Feststellung der Legitimation und für die Anordnung der Eintragung im Geburtsregister auch in bezug auf ausländische Kinder uneingeschränkt angenommen worden[1].

Die Rechtsprechung hat demgegenüber gelegentlich die Auffassung vertreten, daß die Zuständigkeit auf jene Fälle zu beschränken sein soll, in welchen das maßgebende ausländische Recht keine weiteren Erfordernisse aufstellt als das deutsche Recht[2].

Heute hat sich die Rechtsprechung demgegenüber einhellig auf den Standpunkt gestellt, daß deutsche Vormundschaftsgerichte die Legitimation eines unehelichen Kindes auch dann festzustellen haben, wenn das ausländische, nach Art. 22 EGBGB für die Legitimation maßgebliche Recht weitere Erfordernisse aufstellt als das deutsche. In diesem Sinne mag es bedeutungsvoll erscheinen, daß das Kammergericht die gegenteilige, oben erörterte Auffassung, die auch im JFG 7, 107 vertreten worden war, ausdrücklich mit Beschluß vom 9. 12. 1957 aufgegeben hat[3]. Die Entscheidung führt aus:

> „Es ist davon auszugehen, daß die Beischreibung einer Legitimation, deren Wirksamkeit sich nach ausländischem Recht beurteilt und vom deutschen Recht anerkannt wird, in jedem Falle herbeigeführt werden muß. Die einzige Möglichkeit dafür bietet § 31 Abs. 1 PStG. Folglich kann das Vormundschaftsgericht die Legitimation durch nachfolgende Eheschließung auch dann feststellen, wenn sie sich nach einem ausländischen Recht beurteilt, das für die Wirksamkeit weitere Erfordernisse als das deutsche Recht aufstellt." [4]

---

[1] Vgl. schon *Staudinger-Raape*, Anm. B VI S. 568 zu Art. 22 EGBGB, RGR Komm. zu § 1719 Anm. 3 u. a.

[2] Vgl. etwa *KG* mit Beschl. vom 29. 11. 1929 – IPRechtspr. 1930 Nr. 857 und vom 5. 2. 1932, IPRechtspr. 1932 Nr. 96, jeweils in Auslegung des § 26 Abs. II des alten PStG.

[3] Vgl. StAZ 1958, S. 96 = NJW 1958, 635.

[4] In dieser Richtung ist auch heranzuziehen *Beitzke*, Internationale Zuständigkeit in Legitimationssachen, in der Festschrift für Herbert Kraus (1954) 29.

*2. Die örtliche Zuständigkeit*

Nach § 31 Abs. I Satz 1 PStG ergibt sich die örtliche Zuständigkeit für die Anordnung der Beischreibung dadurch, daß der mit der Beischreibung zu versehende Haupteintrag von einem Standesamt im Gerichtsbezirk vorgenommen worden ist.

## *II. Das anzuwendende Recht*

1. Art. 22 EGBGB grenzt an sich lediglich die Anwendung deutschen Rechtes ab (sog. unvollkommene Kollisionsnorm), weil nur eine Regelung für den Fall gegeben ist, daß der Legitimierende die deutsche Staatsangehörigkeit besitzt.

Es besteht jedoch in Rechtsübung und Rechtslehre Einigkeit darüber, daß Art. 22/I zu einer allseitigen Kollisionsnorm des Inhalts auszulegen ist, daß sich die Legitimation eines unehelichen Kindes nach den Gesetzen des Staates richtet, dem der Vater zur Zeit der Legitimation angehört.

2. Vor Anwendung des gemäß Art. 22 EGBGB, jedenfalls zunächst maßgeblichen irakischen Legitimationsrechts ist zunächst noch die Frage der Rückverweisung zu prüfen (Art. 27 EGBGB).

Kollisionsnormen über die Legitimation enthält das irakische internationale Privatrecht nicht. Das irakische internationale Privatrecht ist enthalten in Art. 15 des Irakischen Bürgerlichen Gesetzbuches von 1951, welches auf dem Vorbild des Ägyptischen Bürgerlichen Gesetzbuches beruht. Die irakischen Kollisionsnormen lassen ersehen, daß das irakische internationale Privatrecht auf dem Grundsatz der Staatsangehörigkeit beruht und immer dem Gesetz des Vaters den Vorzug gibt. Damit ist auch vom irakischen Standpunkt aus im vorliegenden Falle für die Frage, ob eine Legitimation eingetreten ist, irakisches Recht maßgebend. Es kommt mithin nicht etwa zu einer Rückverweisung auf deutsches Recht.

## *III. Vorbemerkung zur Normsituation im irakischen Recht*

*1. Vorbemerkung zu den Rechtsquellen*

Das oben erwähnte irakische bürgerliche Gesetzbuch von 1951 enthält keine Sachnormen über das Ehe- und Kindschaftsrecht.

Derartige Normen sind teilweise aber enthalten in dem Gesetz über das Personalstatut Nr. 176 vom 9. 12. 1959. Dieses Gesetz stellt einen Kompromiß dar zwischen islamischen Auffassungen und modernen Gedanken. Die islamischen Auffassungen bilden allerdings noch den Mittelpunkt und die Grundlage. Unter diesem Gesichtspunkt ist auch die Regelung des

Kindschaftsrechtes zu verstehen. Neben dem sog. Gesetz über das Personalstatut von 1959 ist auch in gewissem Umfang weiterhin maßgeblich religiöses Recht, da die hier in Frage kommenden Materien im Irak noch ausschließlich vom religiösen Denken beherrscht werden[5].

## *2. Vorbemerkung zur interpersonellen Rechtskollision*

Es ergibt sich nunmehr noch ein interpersonelles Kollisionsproblem: Die Masse der irakischen Bevölkerung bekennt sich zum Islam, der sich in zwei Glaubensbewegungen, die Sunniten und die Schiiten, spaltet, von denen die ersteren die überwiegende Anhängerschaft im Irak haben.

Aus Kreisen der Sunniten stammen mehrere Rechtsschulen: die hanefitische, die malikitische, die schaffi'itische und die hanbalitische; die Schiiten haben zahlreiche Schulen entwickelt, von denen die wichtigsten die daha'ferische, die Ismaili und Zaydi sind. Da die Türken, welche Jahrhunderte lang im heutigen Gebiet des Irak herrschten, sich der hanefitischen Lehre angeschlossen hatten, hat diese Richtung überwiegenden Einfluß erhalten und ist auch bei den Schiiten in erheblichem Umfang übernommen worden.

Vor einem mohammedanischen Richter spielt die Zugehörigkeit der Parteien zu einer dieser vier Schulen keine Rolle, da der Richter stets nach den Vorschriften der Schule, zu der er sich bekennt, entscheiden muß[6]. Ist der Richter kein Mohammedaner, so hat er nach dem Recht zu entscheiden, dem die mohammedanische Partei, hier also der Vater, angehört[7].

## *3. Vorbemerkung zum Verständnis der Rechtslage bezüglich der Legitimation in den arabischen Ländern überhaupt*

Die in der Anfrage erwähnte Kammergerichtsentscheidung vom 3. 2. 1966[8] ist für den vorliegenden Fall nicht von unmittelbarer Bedeutung, da sie einen ägyptischen Fall im Auge hat, während im Irak eine besondere Regelung erfolgt ist. Die Kammergerichtsentscheidung ist jedoch schlicht unrichtig, weil sie völlig an der Oberfläche bleibt und die Normen des islamischen Scheriatsrechts mit westlichen Interpretationsmaßstäben messen will. Im Irak sind in dem erwähnten Gesetz über das Personalstatut vom 9. 12. 1959 Regeln über die Anerkennung der Vaterschaft enthalten. Dieses irakische Personalstatut wird zu den modernsten Kodifika-

---

[5] Vgl. dazu *Wilke*, Neues Personenrecht im Irak, FamRZ 1961, 95 ff. *Wilke* behandelt allerdings die Frage der Legitimation nicht, stellt aber den Gesamtrechtszustand informierend sehr gut dar.

[6] Vgl. *Aziz Ahmad*, Islamic Law in Theory and Practice (1956) 129.

[7] *Aziz Ahmad* aaO 127.

[8] StAZ 1966, 204 = FamRZ 1966, 375.

tionen des Islamischen Rechtskreises gezählt[9]. Es kann aber die Rechtslage auch im Irak, soweit es sich um Mohammedaner handelt, nur verstanden werden, wenn man sich die allgemeinen Grundsätze vor Augen führt, welche dort für die uneheliche Kindschaft im allgemeinen und eine etwaige Legitimation im besonderen herrschen.

a) Da das islamische religiöse Recht auf dem Koran beruht, lehnt es jede Vaterschaft an einem unehelichen Kind ab. Das uneheliche Kind ist ein „Kind der Unzucht"[10]. Nun ist allerdings nicht aller Geschlechtsverkehr zwischen Unverheirateten „zina"[11]. Eine nähere Untersuchung der Quellen ergibt aber, daß hier immer nur Fälle gemeint sind, wo einer der Beteiligten an das Bestehen einer Ehe (oder aber eines Sklavenverhältnisses) geglaubt hat. Hieran knüpft, wie unten zu zeigen, die Rechtspraxis an.

b) Der Islam erkennt auch nicht die legitimatio per subsequens matrimonium an: so sagt *Aziz Ahmad* (in deutscher Übersetzung): „Ist ein Kind ein ‚walad al zina' (= Unzuchtskind – ein illegitimes Kind), so kann man ihm nicht durch Heirat mit der Mutter oder durch Anerkennung den Status eines ehelichen Kindes verleihen."[12] Das Rechtsinstitut der Legitimation wird als mit den Grundlagen des islamischen Rechts unvereinbar bezeichnet.

c) Damit hängt zusammen, daß der Islam auch nicht die Anerkennung eines unehelichen Kindes kennt; wo von Anerkennung die Rede ist, bezieht sich dies auf die Anerkennung eines ehelichen Kindes, dessen Vaterschaft möglicherweise zweifelhaft war. Der extreme Standpunkt des islamischen Rechts alten Stils wird geschildert etwa bei Hassan *Samyi*[13], wo es (auf S. 235) wörtlich heißt:

| | |
|---|---|
| „Pour l'Islam, il (= l'enfant naturel) est le résultat d'un péché et par conséquent condamné à mort." | Für den Islam ist das uneheliche Kind das Ergebnis einer Sünde; folglich ist es zum Tode verurteilt. |

Dies führt dazu, daß die rein theoretischen Betrachter den unehelichen Kindern jedwede rechtlichen Beziehungen zu ihren Eltern versagen[14].

---

[9] So *AG Hamburg* in einem rechtskräftigen Beschluß vom 30. 5. 1962, StAZ 1967, 274.

[10] „Walad al zina", vgl. *Aziz Ahmad,* Islamic Law in Theory and Practice (Lahore 1956) 132 ff.

[11] Vgl. *Aziz Ahmad* aaO, ferner *Khadduri-Liebesny,* Law in the Middle East, Bd. I S. 153.

[12] AaO S. 253.

[13] Etude critique et comparative de la dévolution ad intestat (Paris 1933).

[14] So etwa *Schacht* im Handwörterbuch des Islam, hrsg. von *Wensinke-Kramers* (Leiden) 513, ferner auch *Juynboll,* Handbuch des islamischen Gesetzes (Leipzig 1880) 193, der wörtlich ausführt: „Dagegen hat die Anerkennung von Kindern, die in Unzucht (zina) erzeugt sind, keine gesetzliche Gültigkeit. Zwischen solchen Kindern und ihrem Vater besteht nach dem Gesetz überhaupt kein familienrecht-

d) Es liegt auf der Hand, daß der geschilderte Rechtszustand in der Rechtspraxis zu Umgehungen führen muß.

Dabei ist vorauszuschicken, daß das islamische Recht nur eine Art der rechtlich erheblichen Kindschaft kennt, nämlich die eheliche. Die uneheliche Kindschaft ist eben gar keine Kindschaft.

Es kann daher nur darauf ankommen, eine wirksame Anerkennung zu ermöglichen. Dabei mußte beachtet werden, daß das islamische Recht keine Anerkennung im Sinne des modernen Rechts kennt. Wird der außereheliche Verkehr bei einer Anerkennung in Bezug genommen, so ist die Anerkennung ungültig. Nun hat sich aber das etwas plump anmutende Umgehungsmanöver entwickelt, daß der Vater, ohne das außereheliche Verhältnis zu erwähnen, ein „Geständnis" (ikrar) ablegt, welches keiner Form bedarf und welches dahin geht, daß das betreffende Kind sein Kind sei. Hierdurch entsteht zwischen dem Erklärer und dem Kind ein Kindschaftsverhältnis, zufolge dessen das Kind wie andere (eheliche) Kinder dieses Mannes behandelt wird. Dieser von den Rechtsgelehrten ungeschminkt als solcher bezeichnete „Rechtskniff" (hilei scher'iye) ist nun in den verschiedenen Rechtsschulen und den verschiedenen islamischen Rechtsgebieten in verschiedenem Maße zu einem – zwar nicht offiziellen, aber doch faktisch bestehenden – Rechtsinstitut entwickelt worden[15].

e) Diese Umgehungsmaßnahme wird von Autoren aus dem Nahen Osten allgemein gebilligt. So stellt Samyi[16] (nachdem er die grundsätzliche Unzulässigkeit der Anerkennung derartiger Kinder hervorgehoben hat) fest (wörtliche Übersetzung):

> „Aber man muß gleich hinzufügen, daß in der Praxis alles ganz anders vor sich geht. Einerseits ist die Ehe, wie jeder andere Vertrag auch, nach islamischem Recht ein bloßer Konsensualvertrag, andererseits ist auch die Polygamie grundsätzlich zugelassen. Es kann daher jederzeit der Mann das Gesetz umgehen und vorgeben, daß im religiösen Sinne ein Eheband zwischen ihm und der Kindsmutter zur Zeit des Geschlechtsverkehrs bestand."

In dieser Richtung äußert sich auch ein anderer Autor, nämlich A. M. Aririan in seiner Arbeit: La formation du mariage en droits iranien et musulman, comparée avec le droit français, Paris 1938. Dort heißt es (S. 57 in wörtlicher Übersetzung):

> „Glücklicherweise findet diese so strenge Regel heutzutage kaum noch Anwendung, denn in der Tat läßt die tatsächliche Auffassung des Korans dem unehelichen Kinde nicht den geringsten Raum. Wenn sich aber Mann und Frau einig sind, so ist ihr Kind ehelich. Dies geschieht auf folgendem rechtlichem

---

liches Band, weder Erbrecht noch Unterhaltspflicht, so daß es dem Manne nicht einmal verboten ist, seine eigene Tochter zu heiraten."

[15] Vgl. dazu *Muammer Aksoy*, Das Erbrecht außerehelicher Kinder in rechtsvergleichender und kritischer Darstellung, Bd. II (Zürich 1954) 791 ff.

[16] AaO 235.

Weg: einerseits ist im islamischen Recht das Prinzip der Konsensualehe verankert, welche für die Eheschließung überhaupt keine Formerfordernisse aufstellt. Andererseits läßt das Recht auch Verbindungen auf Zeit zu. Diese beiden Umstände führen uns dazu, daß die unehelichen Kinder sehr verringert werden und daß fast alle Kinder ehelich sind. Dies trifft sogar zu, wenn ein Ehehindernis übertreten worden sein sollte..."

f) Rechtlich gesprochen läuft der geschilderte, von der Rechtsübung geduldete „Rechtskniff" darauf hinaus, daß dem Kind die Eigenschaft eines „walad al zina", eines Unzuchtskindes, deswegen genommen wird, weil sich die Eltern, insbesondere der Vater, beim Geschlechtsverkehr für verheiratet erachteten, wobei sogar der Glaube an eine Verbindung auf Zeit genügen würde.

Es läßt sich also, falls die Ehe nach irakischem Recht überhaupt wirksam wird, eheliche Kindschaft konstruieren.

g) Damit ist aber noch nicht gesagt, daß diese eheliche Kindschaft auf die Eheschließung zurückzuführen ist. Es bedarf vielmehr hier noch der Qualifikation des geschilderten eigenartigen islamischen Rechtsinstituts. Es handelt sich hier einerseits um ein Qualifikationsproblem: kann die dortige religiöse Regelung trotz ihres Unterschieds gegenüber der Gestaltung des deutschen Rechts überhaupt noch als eine Legitimation angesehen werden? Die Beantwortung dieser Frage muß von der Funktion des Rechtsinstituts ausgehen, das eben einen Ersatz für die – theoretisch fehlende – Legitimation bilden soll.

Auch auf dem Wege über einen Angleichungsprozeß läßt sich dieses Ergebnis rechtfertigen[17]. Die deutsche Kollisionsnorm des Art. 22 EGBGB ist nur auf eine Regelung zugeschnitten, die dem § 1719 BGB entspricht. Diese kollisionsrechtliche Regelung muß auch für den Fall gelten, daß die Kindeseltern geheiratet haben und aufgrund des zwischen ihnen bestehenden Rechtsverhältnisses nach dem Heimatrecht des Vaters (so wie es sich in der Rechtswirklichkeit darstellt) das Kind ehelich geworden ist, mag dies auch nicht die alleinige Wirkung der Eheschließung, sondern diejenige eines mit ihr zusammenhängenden Tatbestandes sein. Vorausgesetzt ist eine gültige Eheschließung nach islamischem Recht. Diese Frage ist im vorliegenden Falle eindeutig zu bejahen, da die irakische Ortsform gewahrt ist.

### 4. *Vorbemerkung zum Verständnis der Fassung der Eheschließungsurkunde*

Der vorliegende Fall ist deswegen besonders interessant, weil er die obigen Darlegungen über den „Rechtskniff" (hilei scher'iye) bestätigt. Dadurch, daß die Eltern bei ihrer Eheschließung am 22. 6. 1967 angaben,

[17] Vgl. dazu das Beispiel bei *Raape, Lehrbuch* des IPR (5. Aufl.) 106, 107.

sie seien seit 8. 1. 1965 verheiratet, haben sie den oben bezeichneten „Rechtskniff" angewendet und nach irakischem religiösem Recht die Ehelichkeit des Kindes begründet. Das Kind war nie unehelich. Die Anerkennungserklärung enthält keinen Hinweis auf eine illegitime Abstammung. Wenn die Eltern erklären, sie seien seit 8. 1. 1965 verheiratet gewesen, so bedeutet dies, sie hätten die Auffassung gehabt, seit diesem Zeitpunkt verheiratet gewesen zu sein, der, wie von der Deutschen Botschaft in Bagdad in den Beiakten zutreffend hervorgehoben, länger als die Mindestempfängniszeit ist.

### *IV. Die positivrechtliche Situation im Irak*

1. Zur Vaterschaft und Kindschaft enthält das irakische Gesetz über das Personalstatut von 1959 in seinem VI. Teil 1. Kapitel einige Bestimmungen, welche aber nicht die Gesamtheit der Materie regeln.

Die einschlägigen Bestimmungen lauten:

*Art. 51:*

Ein von einer Ehefrau geborenes Kind ist unter folgenden Voraussetzungen das ihres Ehemannes:

1. daß die kürzeste Schwangerschaftsfrist nach Eingehung der Ehe abgelaufen ist,
2. daß ein Beisammensein zwischen Ehefrau und Ehemann möglich war.

*Art. 52:*

Eine Anerkennung der Elternschaft stellt die Abstammung des Kindes fest, wenn die anerkennende Person fähig ist, die Geburt eines solchen Kindes herbeizuführen.

Erfolgt die Anerkennung durch eine verheiratete Frau oder eine Frau, die sich in der Wartezeit befindet, so kann die Abstammung des Kindes von ihrem Ehemann nur durch dessen Bestätigung oder durch Beweis festgestellt werden.

*Art. 53:*

Die Anerkennung der Vaterschaft oder der Mutterschaft durch eine Person von unbekannter Abstammung stellt die Abstammung dieser Person fest, wenn der anerkennende Vater oder die anerkennende Mutter die Anerkennung bestätigen und in der Lage waren, die Geburt des Kindes herbeizuführen.

2. Diese, nur einen Bruchteil der Abstammungsfragen regelnden Bestimmungen müssen im Zusammenhang mit der oben geschilderten Gesamtrechtslage im Irak verstanden werden. Diese Gesamtrechtslage beruht auch hier auf dem religiösen Recht. Es kennt das islamische Recht überhaupt keine Anerkennung einer unehelichen Kindschaft und gibt dem unehelichen Kind in keiner Weise Rechte gegen seinen Erzeuger. Eine

Legitimation kann nur auf ganz eigenartige rechtliche Umwege als eingetreten angesehen werden.

Mit diesem Rechtszustand bricht nun insbesondere Art. 52 des irakischen Gesetzes über das Personalstatut. Dort ist – in völliger Abkehr von den islamisch-religiösen Grundsätzen – die Anerkennung einer Elternschaft, insbesondere auch die Anerkennung der Vaterschaft, ermöglicht. Wenn hier nicht ausdrücklich von einer Legitimation die Rede ist, so deswegen, weil nach irakischer Auffassung an der Tatsache kein Zweifel ist, daß das Kind ehelich ist, wenn der Anerkennende der Ehemann der Mutter ist. Dies gilt auch dann, wenn er die Mutter erst nach der Geburt geheiratet hat.

### *V. Die Auswirkung des aufgezeigten irakischen religiösen Rechtszustandes im deutschen Rechtsbereich*

Es ergibt sich, daß nach dem insoweit maßgebenden irakischen Recht das Kind heute die Stellung eines ehelichen Kindes besitzt. Es wird jetzt vielleicht verständlich, wenn eingangs schon hervorgehoben wurde, daß das Kammergericht mit seiner obengenannten Entscheidung völlig an der Oberfläche bleibt und den Eigenarten des islamischen Rechtes, die ja zugegebenerweise einem an den Perspektiven des deutschen Rechtes geschulten Juristen merkwürdig erscheinen müssen, in keiner Weise Rechnung trägt.

Das Problem des vorliegenden Falles ist nicht darin zu sehen, ob nun das Kind als ehelich geworden anzusehen ist, sondern wie sich dieses Ehelichwerden im deutschen Rechtsbereich auswirkt.

Das Amtsgericht Hamburg hat in seiner sehr interessant begründeten, rechtskräftig gewordenen Entscheidung vom 30. 5. 1957, StAZ 1957 S. 274, sich auf den Standpunkt gestellt, es handle sich nicht um eine Personenstandsänderung gemäß § 31 PStG, sondern um eine solche gemäß § 30 PStG und hat dementsprechend die Eintragung mit der Formulierung, das Kind „ist ehelich", angeordnet. Demgegenüber hat das Amtsgericht Berlin-Schöneberg mit Beschluß vom 24. 1. 1966 (StAZ 1966 S. 190) hier eine Legitimation deutschen Rechtes angenommen und die Beischreibung gemäß § 31 PStG angeordnet. Jede dieser beiden Möglichkeiten hat Argumente für und gegen sich.

Dem Gutachter erscheinen jene Gründe für eine Gleichstellung des Vorganges mit einer deutschen Legitimation zu sprechen, die oben unter Ziff. III 3 g im Zusammenhang mit der Qualifikationsfrage herausgestellt worden sind.

Damit würde sich das Problem des vorliegenden Falles dahin lösen, daß gemäß § 31 PStG beizuschreiben ist.

*VI. Zum Legitimationsbeschluß vom 19. 4. 1968*

Es erscheint sehr zweifelhaft, ob bei diesem Legitimationsbeschluß die Rechtslage geprüft worden ist. Es müßte mindestens aus dem Legitimationsbeschluß hervorgehen, welches der verschiedenen religiösen Rechte im Irak hier die Grundlage für die Legitimation darstellt.

## Nr. 48

**Jordanien**

**1. Die Legitimation des unehelichen Kindes einer Deutschen durch die Heirat mit dem muslimisch-jordanischen Erzeuger beurteilt sich nach dem in Jordanien für Muslime geltenden Recht.**

**2. Das islamisch-hanafitische Recht kennt keine Legitimation. Die Legitimität eines außerehelich geborenen Kindes kann jedoch durch ein Vaterschaftsanerkenntnis („iqrâr an-nasab") hergestellt werden.**

**3. Ein gültiges Vaterschaftsanerkenntnis erfordert die Einwilligungen von Mutter und Kind, soweit es um die Feststellung der Legitimität für die Zeit zwischen Geburt und Eheschließung geht. Für die Zeit nach der Eheschließung sind die Einwilligungen entbehrlich.**

**Köln 46/68 vom 17. 12. 1968**

### RECHTSGUTACHTEN

Das Amtsgericht Köln hat durch Verfügung vom 22. 7. 1968 in der Legitimationssache W. um ein Gutachten über jordanisches Familienrecht gebeten.

### SACHLAGE

Am 20. 2. 1966 wurde Ralf W. in Köln als unehelicher Sohn der deutschen Staatsangehörigen Karola W. geboren.

Am 25. 4. 1966 erkannte der jordanische Staatsangehörige islamischer Religionszugehörigkeit Abdallah A. vor dem Amtsgericht Dinslaken an, der Vater des „unehelich geborenen Kindes Ralf W. und als solcher kraft Gesetzes verpflichtet zu sein, für das Kind den gesetzlichen Unterhalt zu leisten".

Die Kindesmutter und der Erzeuger schlossen am 29. 11. 1967 vor dem Standesbeamten in Oberhausen die Ehe.

## ANFRAGE

Aufgrund dieses Sachverhalts bittet das Amtsgericht Köln um Auskunft darüber, ob das Kind durch die nachfolgende Eheschließung der Eltern legitimiert worden ist.

## RECHTSLAGE

### A. KOLLISIONSRECHT

#### *I. Deutsches internationales Privatrecht*

*1. Internationaler Vertrag*

Soweit ein zwischen Deutschland und einem ausländischen Staat geschlossener Vertrag internationalprivatrechtliche Normen enthält, gehen diese den allgemeinen deutschen Kollisionsregeln vor[1]. Ein Staatsvertrag zwischen dem Haschemitischen Königreich Jordanien und der Bundesrepublik Deutschland, der sich mit familienrechtlichen Fragen befaßt, besteht jedoch nicht. Es gelten daher die allgemeinen deutschen Kollisionsnormen.

*2. Hauptfrage der Legitimation des Kindes: Art. 22 I EGBGB*

Aus Art. 22 I EGBGB folgt, da diese Vorschrift zu einer allgemeinen Kollisionsnorm auszubauen ist, daß sich die Legitimation eines Kindes nach den Gesetzen des Staates, dem der Vater zur Zeit der Legitimation angehört, bestimmt[2]. Dieser Grundsatz ist durch Art. 3 II, 117 GG nicht aufgehoben worden[3]. Insbesondere bestimmt das Heimatrecht des Vaters, ob die Eheschließung der Eltern überhaupt die Legitimation eines vorehelich geborenen Kindes zur Folge hat[4]. Dabei ist auf den Zeitpunkt abzustellen, in dem die Legitimation wirksam wird[5].

---

[1] *RGZ* 105, 340 (341); *Soergel-Kegel,* BGB V (9. Aufl. 1961) vor Art. 7 EGBGB Anm. 9.

[2] *BGH* FamRZ 1968, 642 (643); *BGH* FamRZ 1960, 229 (230); *Soergel-Kegel,* aaO, Art. 22 EGBGB Anm. 1; *Erman-Marquordt,* BGB II (4. Aufl. 1967) Art. 22 EGBGB Anm. 1 a; *Palandt-Lauterbach,* BGB (27. Aufl. 1968) Art. 22 EGBGB Anm. 2.

[3] *OLG Hamm* FamRZ 1959, 28 (28 f.); *Soergel-Kegel,* aaO, Art. 22 EGBGB Anm. 2; vgl. auch vor Art. 13 EGBGB Anm. 9.

[4] *OLG Frankfurt* NJW 1956, 672 (673); *Soergel-Kegel,* aaO, Art. 22 EGBGB Anm. 24.

[5] *OLG Celle* JZ 1954, 702 m. Anm. v. *Neuhaus*; *Soergel-Kegel,* aaO, Art. 22 EGBGB Anm. 8; *Palandt-Lauterbach,* aaO, Art. 22 EGBGB Anm. 4a.

Da Abdallah A. zur Zeit der Eheschließung jordanischer Staatsangehöriger war, verweist das deutsche Kollisionsrecht auf jordanisches Recht. Die Verweisung umfaßt alle Arten der Legitimation, wie sie in §§ 1719–1740 BGB geregelt oder in wesensgleichen Regeln ausländischer Rechte umschrieben sind[6].

### *3. Vorfrage der Ehelichkeit des Kindes: Art. 18 I EGBGB*

Voraussetzung für die Anwendung der Regel des Art. 22 I EGBGB ist die Unehelichkeit des Kindes. Für die Prüfung der Frage der ehelichen Abstammung des Kindes ist nach herrschender Auffassung selbständig nach Art. 18 I EGBGB anzuknüpfen[7].

Gemäß Art. 18 I EGBGB, der unstreitig zu einer allgemeinen Kollisionsnorm auszubauen ist, beurteilt sich die eheliche Abstammung eines Kindes nach dem Heimatrecht des Ehemanns der Mutter[8]. Art. 18 EGBGB greift jedoch nur dann ein, wenn es darum geht, ob ein Kind deswegen ehelich ist, weil seine Mutter bei Geburt oder früher verheiratet gewesen ist[9]. War die Mutter unverheiratet wie im vorliegenden Fall, so greift Art. 18 I EGBGB überhaupt nicht ein. Das Kind ist unehelich[10].

### *4. Vorfrage der wirksamen Eheschließung: Art. 13, 11 EGBGB*

Die Legitimation eines Kindes durch nachfolgende Ehe setzt weiter voraus, daß die Eltern des Kindes wirksam die Ehe geschlossen haben. Die Wirksamkeit der Eheschließung ist ebenfalls eine selbständig anzuknüpfende Vorfrage. Sie beurteilt sich nicht nach Art. 18 I EGBGB, sondern nach Art. 13, 11 EGBGB[11].

Aufgrund des Akteninhalts sind keine Anhaltspunkte für Formfehler bei der Eheschließung, die gemäß Art. 13 III EGBGB i. V. m. § 11 EheG

---

[6] *Soergel-Kegel,* aaO, Art. 22 EGBGB Anm. 9; *Erman-Marquordt,* aaO, Art. 22 EGBGB Anm. 2b aa; *Palandt-Lauterbach,* aaO, Art. 22 EGBGB Anm. 3.

[7] *OLG Karlsruhe* FamRZ 1965, 624; *Soergel-Kegel,* aaO, Art. 22 EGBGB Anm. 21; *Palandt-Lauterbach,* aaO, Art. 22 EGBGB Anm. 3; *Erman-Marquordt,* aaO, Art. 22 EGBGB Anm. 2b bb.

[8] *Soergel-Kegel,* aaO, Art. 18 EGBGB Anm. 11; *Palandt-Lauterbach,* aaO, Art. 18 EGBGB Anm. 2.

[9] *BGHZ* 43, 213 (218); *BayObLG* FamRZ 1966, 144 (145) m. Anm. v. *Neuhaus*; *Soergel-Kegel,* aaO, Art. 18 EGBGB Anm. 3.

[10] *OLG Celle* FamRZ 1964, 209 (209 f.); *BayObLG* FamRZ 1966, 144 (145); *Soergel-Kegel,* aaO, Art. 18 EGBGB Anm. 3; a. M. *Neuhaus,* Anm. zu BayObLG FamRZ 1966, 144 (146 f.).

[11] H. M. vgl. *BGHZ* 43, 213 (218); *OLG Frankfurt* NJW 1968, 359; *BayObLG* FamRZ 1966, 144 (145); *Soergel-Kegel,* aaO, Art. 22 EGBGB Anm. 17, 21, 47; *Palandt-Lauterbach,* aaO, Art. 22 EGBGB Anm. 3; *Erman-Marquordt,* aaO, Art. 22 EGBGB Anm. 2b bb.

formgültig nach deutschem Recht zustande gekommen ist, und keine Mängel der sachlichen Voraussetzungen (Ehehindernisse und Willensmängel nach dem Heimatrecht der beiden Ehepartner) gegeben. Es ist deshalb davon auszugehen, daß die Eheleute A. in gültiger Ehe leben.

Damit sind die für die Anwendung des Art. 22 I EGBGB entscheidenden Vorfragen geklärt.

### *5. Beachtlichkeit der Rückverweisung in Art. 22 I EGBGB*

Da im Rahmen des Art. 22 I EGBGB eine Rückverweisung gemäß Art. 27 EGBGB durch das internationale Privatrecht des Staates, dem der Vater angehört, beachtlich ist, und somit möglicherweise kein jordanisches materielles Recht anzuwenden ist, ist zunächst die Frage der Rückverweisung zu klären[12].

## *II. Jordanisches internationales Privatrecht*

### *1. Quelle*

Eine Kodifikation des jordanischen internationalen Privatrechts existiert, soweit ersichtlich, noch nicht. Einige kollisionsrechtliche Normen enthält jedoch die jordanische Verfassung vom 1. 1. 1952[13].

*Art. 103 (i)* der jordanischen Verfassung lautet:

„The civil and criminal jurisdiction of the Civil Courts shall be exercised in accordance with the law for the time being in force provided that, in matters regarding the personal status of foreigners, or in other matters of a civil and commercial nature in which it is customary by international usage to apply the law of another country, such law shall be applied in a manner to be prescribed by law." [14]

Die Rechtsprechung der ordentlichen Gerichte in Zivil- und Strafsachen erfolgt gemäß den [in Jordanien] in Kraft befindlichen Gesetzen, abgesehen von Angelegenheiten des „statut personnel" von Ausländern oder anderen zivil- und handelsrechtlichen Angelegenheiten, in denen es nach internationalem Rechtsgebrauch üblich ist, das Recht eines anderen Landes anzuwenden; solches Recht wird in einer Weise angewandt, die durch Gesetz bestimmt wird.

---

[12] *OLG Hamm* FamRZ 1959, 28 (29); *KG* NJW 1960, 248 (250 f.); *Soergel-Kegel,* aaO, Art. 22 EGBGB Anm. 48; *Erman-Marquordt,* aaO, Art. 22 EGBGB Anm. 6; *Palandt-Lauterbach,* aaO, Art. 22 EGBGB Anm. 1.

[13] Abgedruckt bei *Peaslee, A. J.,* Constitutions of Nations (2. Aufl. 1956) Bd. 2, S. 527–544.

[14] *Peaslee, A. J.,* Constitutions of Nations (2. Aufl. 1956) Bd. 2, S. 540.

Angelegenheiten, die das „statut personnel" einer Person betreffen, sind nach jordanischem Recht solche, die in die Zuständigkeit der religiösen Gerichte fallen. *Art. 103 (ii)* der jordanischen Verfassung lautet:

| | |
|---|---|
| „Matters of personal status are those matters which by law are within the exclusive jurisdiction of Sharia Courts where the parties are Moslems." [15] | Angelegenheiten des „statut personnel" sind solche, die kraft Gesetzes zur ausschließlichen Zuständigkeit der Sharia-Gerichte gehören, sofern die Parteien Muslime sind. |

Zur ausschließlichen Zuständigkeit der Sharia-Gerichte gehören nach jordanisch-islamischem Recht – ebenso wie nach dem Recht der anderen islamischen Staaten – alle Angelegenheiten, die familien- oder erbrechtlicher Natur sind[16].

*2. Anknüpfung*

Aus der erwähnten Bestimmung der jordanischen Verfassung folgt, daß nach jordanischem internationalem Privatrecht Fragen familienrechtlicher Beziehungen grundsätzlich nach dem Recht des Staates beurteilt werden, dem die Betroffenen *angehören.* Das jordanische Kollisionsrecht knüpft also in familienrechtlichen Fragen an die Staatsangehörigkeit und nicht wie häufig die Rechtsordnung ehemaliger britischer Besitzungen an den Wohnsitz („domicile") der Parteien an. Für den vorliegenden Fall ist es somit ohne Bedeutung, daß eventuell alle Beteiligten ihr „domicile" in Deutschland haben.

Das jordanische internationale Privatrecht enthält keine ausdrückliche Kollisionsnorm über die Frage der *Legitimation* eines Kindes durch nachfolgende Ehe. Sie ist daher, wie alle anderen familienrechtlichen Fragen, nach dem *Heimatrecht der Beteiligten* zu beurteilen.

*3. Anknüpfung bei verschiedener Staatsangehörigkeit von Eltern und Kind*

a) Staatsangehörigkeit der Beteiligten

aa) Staatsangehörigkeit der Mutter

Die deutsche Staatsangehörige Karola W., die am 29. 11. 1967 mit dem Jordanier Abdallah A. die Ehe vor dem Standesbeamten in Oberhausen geschlossen hat, hat dadurch nicht ipso iure die jordanische Staatsangehörigkeit erworben; denn Art. 8 I des Gesetzes Nr. 6 v. 4. 2. 1954 über die jordanische Staatsangehörigkeit ist am 16. 2. 1961 außer Kraft getreten[17].

---

[15] *Peaslee,* aaO, Bd. 2, S. 540.

[16] Vgl. *Linant de Bellefonds,* La jurisprudence égyptienne et les conflits de lois en matière de statut personnel, in: Clunet 87 (1960) 822–856 (824); *Verdier,* Chronique de jurisprudence tunisienne, in: Clunet 88 (1961) 540–564 (546).

[17] Vgl. *Kruse,* Das Staatsangehörigkeitsrecht der arabischen Staaten (1955) 76;

Gemäß Art. 8 Abs. 1 b des Gesetzes Nr. 31 über die Änderung des jordanischen Staatsangehörigkeitsgesetzes v. 30. 1. 1961 unter Berücksichtigung der Änderung des Staatsangehörigkeitsgesetzes durch das Gesetz Nr. 7/1963 [18] erwirbt die Ehefrau eines Jordaniers die jordanische Staatsangehörigkeit ihres Ehemanns ipso iure dann, wenn sie nicht innerhalb von *zwei Jahren* seit der Eheschließung schriftlich gegenüber dem Innenministerium in Amman erklärt, ihre bisherige Staatsangehörigkeit beibehalten zu wollen [19]. Da die Eheschließung der Parteien am 29. 11. 1967 stattgefunden hat, ist diese Frist noch nicht abgelaufen. Die Ehefrau hat also die jordanische Staatsangehörigkeit noch nicht erworben.

Andererseits hat sie ihre deutsche Staatsangehörigkeit nicht nach § 17 Ziff. 6 RuStAG verloren. Denn diese Vorschrift ist wegen Verstoßes gegen den Gleichheitsgrundsatz des Art. 3 II GG gemäß Art. 117 I GG nach einhelliger Meinung außer Kraft getreten [20].

Die *Ehefrau* ist daher zur Zeit *allein deutsche* Staatsangehörige.

bb) Staatsangehörigkeit des Kindes

Das *Kind* Ralf W. hat gemäß § 4 I RuStAG die *deutsche Staatsangehörigkeit* seiner Mutter kraft Geburt erworben. Dagegen hat es *durch* die *Geburt nicht* die *jordanische Staatsangehörigkeit* erworben.

Zwar lautet *Art. 9* des Jord. StAG v. 1954:

„Die Kinder eines Jordaniers sind Jordanier, ohne Rücksicht auf ihren Geburtsort." [21]

Das bedeutet jedoch *nicht*, daß *jedes Kind eines Jordaniers* die jordanische Staatsangehörigkeit erwirbt, sondern nur ein solches, das von einem Jordanier „abstammt". Dabei ist nicht die Tatsache der Erzeugung, sondern die Rechtsbeziehung der *„filiation"* gemeint [22].

Ein Kind, das vor der Eheschließung seiner Eltern geboren wird, stammt nach jordanisch-islamischem Recht jedoch nicht ohne weiteres von seinem

---

*Oppermann-Yousry*, Das Staatsangehörigkeitsrecht der arabischen Staaten (Erg.-Bd. 1964) 60.

[18] Abgedruckt im Jord. GBl. Nr. 1675/1963.

[19] Text des Gesetzes bei *Oppermann-Yousry* aaO 60.

[20] *Makarov, A.*, Deutsches Staatsangehörigkeitsrecht, 1966, § 17 RuStAG Anm. II 3 (S. 99); Art. 3 GG Anm. III 2a (S. 216); Art. 16 GG Anm. III (S. 226); *Lichter-Hoffmann*, Staatsangehörigkeitsrecht, 3. Aufl. 1966, § 17 RuStAG Anm. 22.

[21] *Kruse* aaO 76.

[22] Vgl. für die Parallelgesetzgebung in *Marokko*: *Lapanne-Joinville*, Le code marocain du statut personnel, in: R. M. D. 11 (1959), 145–173 (164); Tribunal de 1ère instance de Rabat, 9. 5. 1962, in: R. M. D. 16 (1964), 183; in *Algerien*: *Altuĝ*, Le nouveau code de la nationalité algérienne, in: A. F. D. I. 20 (1964), 123–138 (124, 128); im *Libanon*: *Tyan*, Précis de droit international privé (Beirut 1966) 513 f.; im *Iran*: *Imâmî*, Huqûq-i madanî (2. Aufl. Teheran 1342 H./1963) Bd. 4, S. 165.

Vater ab; denn Abstammung („nasab") nach islamisch-hanafitischem Recht bedeutet immer nur legitime Abstammung, die nur dann vorliegt, wenn die Eltern sechs Monate vor der Geburt des Kindes verheiratet gewesen sind oder wenn das Kind von seinem Vater anerkannt worden ist[23]. Daraus folgt, daß das Kind Ralf W. *kraft Geburt* nicht auch die jordanische Staatsangehörigkeit erworben hat.

b) Anknüpfung an das Heimatrecht des muslimischen Vaters

Das jordanische Kollisionsrecht, das wie ausgeführt worden ist (oben S. 514), in familienrechtlichen Fragen an die Staatsangehörigkeit der Beteiligten anknüpft, enthält keine ausdrückliche Norm über die Frage, wie zu entscheiden ist, wenn die Beteiligten Angehörige mehrerer Staaten (und verschiedener Religionszugehörigkeit) sind. Folglich ist die Frage des anzuwendenden Rechts nach den in den islamischen Staaten allgemein üblichen kollisionsrechtlichen Grundsätzen zu beurteilen; denn Jordanien ist ein Staat, dessen Rechtssystem auch heute noch weitestgehend vom islamischen Recht beeinflußt wird. Nach den Grundsätzen des „islamischen internationalen Privatrechts" ist in *familienrechtlichen Fällen*, an denen ein *Muslim beteiligt* ist, immer *dessen Heimatrecht anzuwenden*. Das bedeutet in casu das jordanische Heimatrecht des muslimischen Erzeugers, da das Kind wohl ebenso wie die Mutter katholisch ist (kein arabischer Vorname)[24]. Dieser Regel entsprechend ist auch von dem jordanischen *Kassationshof* in gemischt muslimisch-nichtmuslimischen Fällen *regelmäßig islamisches Recht* angewandt worden[25].

---

[23] Vgl. dazu *Muhammad Allahdad* v. *Muhammad Ismail* I. L. R. (1888) 10 All. 289 zit. n. *Fyzee*, Cases in the Muhammadan Law (Oxford 1965) 199–238 (225, 231); *Schacht, J.*, Anm. zu LG II Berlin StAZ 1933, 327 (329); *Wengler*, Die Anerkennung des Kindes im Islamrecht, in: JR 1964, 201–205 (202).

[24] Vgl. *Linant de Bellefonds*, Clunet 87 (1960), 826, 828; *Cardahi*, La conception et la pratique du droit international privé dans l'Islam, in: Rec. 1937 II, 511–650 (599, 603); *ders.*, Conflict of Law, in: *Khadduri-Liebesny*, Law in the Middle East (Washington 1955) Bd. 1, S. 334–348 (337); *Hamidullah*, La notion musulmane du droit international privé, in: A. F. D. I. 18 (1962), 320–339 (333); *Ramadan, S.*, Islamic Law, London 1961, S. 145, 150; auch die Beispiele bei *Khadduri, M.*, The Islamic Law of Nations (Baltimore 1966) 138–141, 180–187; auch neuestens AG Lehrte DAVorm. 1968, 308 (310) zu einem gleichgelagerten algerischen Fall.

[25] *Kassationshof* [„mahkama at-tamyiz"], 499/66, 18. 3. 1967, in: Niqâbat al-muhâmîn 1967, 433; 493/65, 10. 1. 1966, ebenda 1966, 380; 288/60, 2. 1. 1961, ebenda 1961, 10.

### *III. Jordanisches internationales Privatrecht*

In Jordanien, wie in den meisten islamischen Ländern[26], ist das Familien- und Erbrecht nach Personengruppen, je nachdem welcher anerkannten *Religionsgemeinschaft* sie angehören, verschieden[27]. Deshalb ist für die Entscheidung der Frage, welches der in Jordanien geltenden Rechte auf die Legitimation des Kindes anzuwenden ist, jordanischem interpersonalem Privatrecht zu folgen[28].

Da der Erzeuger Muslim ist, ist folglich auf die Frage der Legitimation des Kindes *das für Muslime in Jordanien geltende Recht* anzuwenden.

### *IV. Zwischenergebnis*

Auf die Frage der *Legitimation des Kindes ist jordanisch-islamisches materielles Recht* anzuwenden.

## B. JORDANISCH-ISLAMISCHES MATERIELLES RECHT

### *I. Quelle*

Die wichtigste Quelle für das Familienrecht muslimischer Jordanier ist das Familienrechtsgesetz („qânûn huqûq al-'a'ilat") Nr. 92 v. 17. 7. 1951 (in Kraft seit dem 15. 8. 1951; im folgenden FamRG)[29]. Soweit dieses Gesetz eine familienrechtliche Frage nicht regelt, ist kraft Gesetzes (Art. 129 FamRG) das islamische Recht des *hanafitischen Ritus* subsidiär anzuwenden[30].

---

[26] Vgl. *Fattal,* Le statut légal des nonmusulmans en pays d'Islam (Beirut 1958) 127–143, 344–365; *Abd ul-Messih* v. *Farra* (1888) App. Cas. 431 (P. C.) (Türkei vor 1926); *Ägypten: Shahâta,* Ahkâm al-ahwâl aš-šahsîya li-gair al-muslimîn min al-misrîyîn, 7 Bde. (Kairo 1957/63); für den *Iran: Aghababian,* Législation iranienne actuelle (Paris 1951) Bd. 2, S. 123–133; *Re Alison's Trust* (1874) L. T. 638; für den *Libanon: Catala-Gervais,* Le droit libanais (Paris 1963) Bd. 1, S. 53–188; für den *Sudan: Goldenburg* v. *Goldenburg* (1960) S. L. J. R. 36 (42).

[27] Gesetz Nr. 2 (Non-Muslim Religious Community Councils Law) v. 1938, in: Maĝmû'at al-qawânîn wa'l-anzimat, Bd. 2, S. 108; vgl. auch The Middle East and North Africa, 1967–68 (14. Aufl., London 1967) 404 (s. v. Jordan, Judicial System).

[28] *KG* IPRspr. 1931 Nr. 142 (Iran); *KG* JW 1932, 2302 m. Anm. v. *Greenfield* (Iran); KG JW 1937, 3249 (Iran); *Soergel-Kegel,* aaO, vor Art. 7 EGBGB Anm. 106.

[29] Text des Gesetzes in: Maĝmû'at al-qawânîn wa'l-anzimat [Sammlung von Gesetzen und Verordnungen], Amman 1957, Bd. 2, S. 20–40; zu dem Gesetz: *Anderson,* M. W. Q. 42 (1952), 190–206.

[30] Vgl. *Anderson,* M. W. Q. 42 (1952), 190, 206.

*Art. 129 FamRG:*

„Soweit dieses Gesetz keine Regelung vorsieht, ist der herrschenden Ansicht der Schule Abû Hanîfas zu folgen." [31]

Das in Jordanien geltende Zivilgesetzbuch, die osmanische Mecelle von 1870/77 [32], enthält keinerlei familienrechtliche Bestimmungen [33]. Auch das jordanische Personenstandsgesetz Nr. 32/1966 v. 11. 6. 1966, das am 11. 9. 1966 in Kraft getreten ist [34], enthält keine den vorliegenden Fall berührenden Legitimationsregeln.

### *II. Keine Legitimation durch nachfolgende Ehe im jordanisch-islamischen Familienrecht*

Das jordanische Familienrechtsgesetz von 1951 enthält nur eine Vorschrift (Art. 124), die sich mit dem Eltern–Kind-Verhältnis befaßt [35]. Bestimmungen über die Legitimation durch nachfolgende Ehe enthält das Gesetz nicht. Folglich ist gemäß Art. 129 FamRG *für* die Frage der *Legitimation auf das islamische Recht des hanafitischen Ritus zurückzugreifen.*

Dem islamisch-hanafitischen Recht (ebenso den anderen drei sunnitischen Riten und den Schiiten) ist jedoch das Institut der *Legitimation durch nachfolgende Ehe unbekannt.* Die Ablehnung dieses Rechtsinstituts beruht auf dem Gedanken, daß ein Kind, das aus einem außerehelichen Geschlechtsverkehr („walad az-zinâ"), der nach islamischem Recht strafwürdige Unzucht („zinâ") ist, stammt, illegitim ist und durch kein nachträgliches Ereignis legitimiert werden kann [36]. Auf nicht erlaubtem Ge-

[31] Maĝmû'at al-qawânîn wa'l-anzimat, Bd. 2, S. 40.

[32] Vgl. *Schacht,* An Introduction to Islamic Law (Oxford 1964) 93.

[33] Text der Mecelle in englischer Übersetzung bei *Hooper,* The Civil Law of Palestine and Trans-Jordan, Bd. 1 (London 1938).

[34] Vgl. Kurzinformationen, s. v. Jordanien, in: RabelsZ 31 (1967), 716–720 (718).

[35] Maĝmû'at al-qawânîn wa'l-anzimat, Bd. 2, S. 39; *Anderson,* M. W. Q. 42 (1952), 205 f.

[36] *Muhammad Allahdad* v. *Muhammad Ismail,* zit. n. *Fyzee,* Cases, 236; *Habibur Rahman* v. *Altaf Ali* (1921) 48 L. R. Ind. App. 114 (P. C.), zit. n. *Fyzee,* Cases, S. 248 – 253 (251); *Saksena,* Muslim Law (4. Aufl. Lucknow-Delhi 1963) 306 f., 314; *Fyzee,* Outlines of Muhammadan Law (3. Aufl. Oxford 1964) 180 f.; *Suka,* Conflict of Islamic Law and Customary Law of Family Relations in Northern Nigeria, in: Journal of the Centre of Islamic Legal Studies 1 (o. J. [1966]), 12–21 (16); *Verma,* Muhammadan Law (3. Aufl., Allahabad 1959) 209; *Manek,* Handbook of Mahomedan Law (6. Aufl. Bombay 1961) 70; *Farran, C. d'O.,* Matrimonial Laws of the Sudan (London 1963) 298; zutreffend in der *deutschen Rechtsprechung: LG II Berlin* IPRspr. 1933 Nr. 50 (Ägypten); *KG* DR 1940, 1375 (1377) (Ägypten); *AG Berlin-Schöneberg* FamRZ 1966, 373 (374) (Irak); *KG* FamRZ 1966, 375 (376) (Ägypten); *LG Tübingen* FamRZ 1967, 511 (513) (Ägypten); *AG Hamburg* StAZ 1967, 274 (Irak); *OLG Frankfurt* NJW 1968, 359 (Iran); *AG Hamburg-Wandsbeck* DAVorm. 1968, 279 (Sudan); *AG Lehrte* DAVorm. 1968, 308 (311) (Algerien); auch

schlechtsverkehr („zinâ"), der als Verletzung von göttlichem Recht („haqq Allâh") gilt, steht nach islamischem Recht die Todesstrafe durch Steinigung. Ein Kind, das aus einer solchen strafwürdigen Verbindung hervorgegangen ist, steht deshalb unter gar keinen Umständen in irgendeiner Form zu seinem Erzeuger in rechtlichen Beziehungen. Dies ist auch dann nicht möglich, wenn dieser die Kindesmutter heiratet[37].

Eine *Legitimation* des Kindes Ralf W. *durch nachfolgende Ehe* wie nach §1719 BGB ist *nach jordanisch-islamischem Recht* daher *nicht möglich*.

### *III. Umdeutung des Vaterschaftsanerkenntnisses gemäß § 1718 BGB in einen „iqrâr an-nasab"?*

Das islamische Recht, dem außer dem Institut der Legitimation auch das der Adoption unbekannt ist (beruhend auf Q. XXXIII, 4 f.)[38], kennt, falls die Ehelichkeit eines Kindes nicht durch die Geburt mindestens sechs Monate nach der Eheschließung feststeht, nur eine Form, in der die legitime Abstammung („nasab") eines Kindes von seinem Erzeuger festgestellt werden kann: Das *Vaterschaftsanerkenntnis* (*„iqrâr an-nasab"* oder *„istilhâq"*)[39].

Da in casu das Kind etwa 21 Monate vor der Eheschließung der Eltern vor dem Standesbeamten in Oberhausen geboren worden ist, ist zu untersuchen, ob das Kind möglicherweise durch einen „iqrâr an-nasab" (Vaterschaftsanerkenntnis) den Status eines ehelichen Kindes erlangt hat. Der „iqrâr an-nasab" kann in der Erklärung Abdallah A., er sei der Vater des Kindes Ralf, vor dem Amtsgericht Dinslaken liegen.

---

*Wengler*, Die Anerkennung des Kindes im Islamrecht, in: JR 1964, 201–205 (201, 204).

[37] Vgl. *Hartmann*, Die Religion des Islam (1944) 80 f., 98; *Bergsträsser-Schacht*, Grundzüge des islamischen Rechts (1935) 87, 96; *Schacht*, Introduction 166 f., 175 f.; *Saksena* aaO 314; *Verma* aaO 207–209.

[38] Vgl. *Bergsträsser-Schacht* aaO 87, *Schacht*, Introduction, S. 166; *Abdel-Wahab*, An Introduction to Islamic Jurisprudence (Kairo 1963) 92.

[39] Vgl. für die *Hanafiten*: *Muhammad Allahdad* v. *Muhammad Ismail*, zit. n. *Fyzee*, Cases, 199–238; *Bibi Amu* v. *Asiat* P. L. D. 1958 (W. P.) Karachi 420; *al-Halabi, I.*, Multaqâ 'l-abhur (Istanbul 1309 H./1891) 75, 132 f.; *Abdullâh* Efendi, Behcet ül-fetâva (2. Aufl. Istanbul 1289 H./1872) Bd. 1, S. 109–114, Bd. 2, S. 382–384, 438–441; für die *Malikiten* und *Schafiiten*: *Santillana, D.*, Istituzioni di diritto musulmano malichita con riguardo anche al sistema sciafiita, Bd. 1 (Rom 1926) 236–243; *Lapanne-Joinville, J.*, La reconnaissance de paternité légitime (istilhâq) en droit musulman mâlékite, in: R. M. D. 9 (1957), 1–12; für die *Hanbaliten*: *Laoust*, Le précis de droit d'Ibn Qudâma (Beirut 1950) 135, 299–303; für die *Schiiten*: *Sâhbâg*, Sarh-i qânûn-i madanî (Teheran 1339 H./1960) 40–52; für die *Ibaditen*: *Fatma Binti Hafidh* v. *The Administrator General, Zanzibar Protectorate* (1949) 16 E. A. C. A. 22 (P. C.).

### *1. Voraussetzungen für ein wirksames Vaterschaftsanerkenntnis*

Die zwei wesentlichen Voraussetzungen für ein wirksames Vaterschaftsanerkenntnis nach jordanisch-islamischem Recht sind: Die *tatsächliche Abstammung* des Kindes *von dem Anerkennenden* und zweitens muß das Kind *aus erlaubtem Geschlechtsverkehr* („firâŝ") der Eltern stammen[40].

An der tatsächlichen Abstammung des Kindes Ralf W. von Abdallah A. besteht nach dem Akteninhalt kein Zweifel.

Zu prüfen bleibt, ob das Kind aus einer nach jordanisch-islamischem Recht legitimen geschlechtlichen Verbindung („firâŝ") seiner Eltern stammt.

### *2. Legitimitätsgründe nach islamischem Recht*

Nach islamischem Recht kann grundsätzlich nur das *in einer Ehe gezeugte Kind* zu seinem Vater in einem Rechtsverhältnis, nämlich dem eines ehelichen, legitimen Kindes stehen. Jedes *außerhalb einer Ehe* gezeugte Kind steht *in keiner Rechtsbeziehung zu seinem Vater* und kann, wenn einmal seine Illegitimität feststeht, durch kein nachträgliches Ereignis zu seinem Vater in eine Rechtsbeziehung gebracht werden (auch oben S. 518 f.)[41]. Die entscheidende Frage lautet daher: Wie kann eine legitime Zeugung „bewiesen" werden[42]?

---

[40] Vgl. z. B. *Muhammad Allahdad* v. *Muhammad Ismail*, zit. n. *Fyzee*, Cases, 235:

„Acknowledgment of parentage proceeds upon the theory of *actual descent* of the acknowledged child (whether male or female) *from the father* who acknowledges it, and such descent being the *result of a legitimate intercourse* between the parents."

Das Vaterschaftsanerkenntnis beruht auf der Theorie, daß das anerkannte Kind (ob männlich oder weiblich) *von dem Vater*, der es anerkennt, *wirklich abstammt*, und darauf, daß die Abstammung das *Resultat legitimer* [geschlechtlicher] *Beziehungen* zwischen den Eltern ist.

Ebenso: *Appellationsgericht* [„mahkama istisnâf"] Kairo, 12. 1. 1964, in: Al-maǧmû'at ar-rasmîyat 1965 I 13–21; *Saksena* aaO 309, 316; *Verma* aaO 208; *Abdel-Wahab, S.*, An Introduction to Islamic Jurisprudence, Kairo 1963, S. 91 f.

Regelmäßig unzutreffend qualifiziert in der *deutschen Rechtsprechung* (tatsächliche Abstammung sei nicht erforderlich): z. B. *KG* DR 1940, 1375 (1377); *KG* FamRZ 1966, 375 (376); *LG Tübingen* FamRZ 1967, 511 (512 f.).

[41] Vgl. *Muhammad Allahdad* v. *Muhammad Ismail*, zit. n. *Fyzee*, Cases, 230, 233–236; *Sadik Husain* v. *Hashim Ali* (1916) L. R. Ind. App. 212, zit. n. Fyzee, Cases, 238–247 (247); *Habibur Rahman* v. *Altaf Ali*, zit. n. *Fyzee*, Cases, 251; *Fatma Binti Hafidh* v. *The Administrator General, Zanzibar Protectorate* (1949) 16 E. A. C. A. 22 (P. C.); *Mohammad Sadiq* v. *Mohammad Hassan* A. I. R. 30 (1943) Lahore 225 (227); im übrigen *Fyzee*, Outlines, S. 180 f.; *Lapanne-Joinville, J.*, Les conflits de paternité en droit musulman, in: R. M. D. 8 (1956), 352–363.

[42] *Lapanne-Joinville*, R. M. D. 9 (1957) 1–12; *Saksena* aaO 299–314; auch *Wengler*, JR 1964, 201.

„Bewiesen" ist die Ehelichkeit eines Kindes, wenn es aus einer legitimen Geschlechtsverbindung („firâŝ") hervorgegangen ist. Als „firâŝ" gelten nach islamischem Recht folgende Tatbestände:

1. Die gültige Ehe („an-nikâh as-sahîh")[43].
2. Die irrtümliche Annahme des Bestehens einer rechtlichen Erlaubnis zum Geschlechtsverkehr seitens der Partner, insbesondere seitens des Mannes („ŝubha").
3. Die rechtlich mangelhafte Ehe („an-nikâh al-fâsid")[44].
4. Das Konkubinat eines Muslims mit einer ihm gehörenden Sklavin[45].

Diese zitierte Judikatur zu der Frage der legitimitätsbegründenden Tatbestände beruht auf der islamisch-rechtlichen Theorie, nach welcher

„descent [‚nasab'] is established not only in virtue of a valid marriage, but also of an invalid [‚fasid'] marriage, or of an erroneous carnal connexion, or of possession by right of property."

Legitime Abstammung wird nicht nur durch eine gültige Ehe begründet, sondern auch durch eine ungültige Ehe, oder durch eine irrtümliche geschlechtliche Verbindung oder durch das Eigentum [an einer Sklavin][46].

Somit ist zu prüfen, ob im vorliegenden Fall einer der aufgezählten „firâŝ"-Gründe vorliegt.

a) Gültige Ehe

Beurteilt man die Vorfrage nach dem Zustandekommen einer gültigen Ehe nach deutschem internationalem Privatrecht („selbständige" Anknüpfung der Vorfrage; so die h. M.), dann fehlt eine Ehe. Denn nach Art. 13 III EGBGB i. V. m. § 11 EheG kann in Deutschland eine gültige Ehe nur vor dem Standesbeamten geschlossen werden. Aber auch wenn man

---

[43] Vgl. z. B. *Asadullah Khan* v. *Abdul Hamid* P. L. D. 1967 Baghdad-ul-Jadid 1; *Bibi Amu* v. *Asiat* P. L. D. 1958 (W. P.) Karachi 420 (426); *Sadik Husain* v. *Hashim Ali*, zit. n. *Fyzee*, Cases, 241, 244.

[44] Vgl. zu 2 und 3: *Muhammad Yusuf* v. *Ali Nawaz Gardezi* P. L. D. 1963 (W. P.) Lahore 141 (142, 176); Tribunal de 1ère instance de Rabat, 8. 2. 1961, in: R. M. D. 14 (1962), 647 (649); Tribunal du Chraâ à B., 16. 3. 1948, in: R. M. D. 1–2 (1948–1949), J. 142 m. Anm. v. B. H. [archaoui]; Cour d'Appel d'Alger (Chambre de Révision Musulmane), 21. 5. 1946, No. 128, in: *Siband*, Répertoire alphabétique de jurisprudence musulmane (Algier 1957) Bd. 1, S. 100; *Muhammad Allahdad* v. *Muhammad Ismail*, zit. n. *Fyzee*, Cases, 214 f.

[45] Vgl. dazu Tribunal d'Appel du Chraâ, 5. 4. 1950, in: R. M. D. 4 (1952), 183 m. Anm. v. *Lapanne-Joinville*; *Fatma Binti Hafidh* v. *The Administrator General*, Zanzibar Protectorate (1949) 16 E. A. C. A. 22 (P. C.).

(Dieser legitimitätsbegründende Tatbestand bleibt bei den nachfolgenden Erörterungen außer Betracht.)

[46] So statt aller das klassische hanafitische Rechtswerk *al-Hidâya*, zit. n. *The* Hedaya or Guide: A Commentary on the Mussulman Laws, übers. v. *Hamilton* (2. Aufl. Lahore 1963; Nachdruck v. 1870), 137 f.

mit einer Mindermeinung die Vorfrage „unselbständig" anknüpft[47], nämlich dem für die Hauptfrage der Legitimation maßgebenden jordanischen internationalen Privatrecht überläßt, das keine Rück- oder Weiterverweisung ausspricht, ist es nicht anders. Denn das Zustandekommen einer gültigen Ehe („an-nikâh as-sahîh") setzt nach jordanisch-islamischem Recht den beiderseits erklärten Eheschließungswillen der Partner voraus[48]. Die Erklärungen der Nupturienten, die Ehe miteinander eingehen zu wollen, müssen nach islamisch-hanafitischer Auffassung mindestens sechs Monate vor der Geburt des Kindes erfolgt sein; anderenfalls gilt das Kind als außerhalb der Ehe gezeugt und ist deshalb illegitim und steht zu seinem Vater in keinen Rechtsbeziehungen[49].

Ob im vorliegenden Fall die Eltern des Kindes zu diesem Zeitpunkt, das heißt vor der standesamtlichen Eheschließung und sechs Monate vor der Geburt des Kindes (also im August 1965) solche nach islamischem Recht geforderten Eheerklärungen ausgetauscht haben, läßt sich aus den übersandten Akten nicht entnehmen. Diese Frage kann hier aber dahinstehen; denn in jedem Fall fehlt es an einem weiteren Erfordernis für die Wirksamkeit einer Ehe bereits zu jener Zeit. Nach jordanisch-islamischem Recht ist nämlich für eine wirksame Eheschließung, die vor einem Personenstandsbeamten („ma*d*ûn") stattfinden soll, das Zeugnis zweier unbescholtener Zeugen erforderlich (Art. 17 FamRG)[50]. Dabei verlangt das jordanisch-hanafitische Recht (im Gegensatz zu anderen Riten), daß die Zeugen beim Abschluß des Ehevertrages möglichst vor dem Personenstandsbeamten (und nicht erst z. B. bei Vollzug der Ehe) zugegen sind[51].

Selbst wenn also in casu der Abschluß eines mündlichen Ehevertrages zwischen den Eltern mindestens sechs Monate vor der Geburt des Kindes behauptet werden sollte, werden aller Wahrscheinlichkeit nach die vom islamischen Recht geforderten Zeugen nicht zugegen gewesen sein.

---

[47] So z. B. *Neuhaus*, Das Vorfragenproblem bei Feststellung des Status von Kindern nur kirchlich getrauter Ausländer, FamRZ 1965, 541–544 (543); *ders.*, Anm. zu BayObLG, FamRZ 1966, 146 f.; *Wengler*, Anm. zu BGH, JZ 1965, 534–537 (536).

[48] Vgl. *Anderson*, M. W. Q. 42 (1952), 193; auch *Abu Zahra*, Family Law, in: *Khadduri-Liebesny*, aaO, Bd. 1, S. 132–178 (133); *Abdel-Wahab* aaO 83.

[49] Vgl. z. B. *Fyzee*, Outlines 181; *Abu Zahra* aaO 152; *Abdel-Wahab* aaO 91.

[50] Maĝmû'at al-qawânîn wa'l-anzimat, Bd. 2, S. 23.

[51] *Anderson*, M. W. Q. 42 (1952), 193; *Abu Zahra* aaO 133; *Fyzee*, Outlines, 89 f.; *Schacht*, Introduction, 161.

*Zwischenergebnis*

Die legitimitätsbegründende Tatsache der nach jordanisch-islamischem Recht gültigen Ehe („an-nikâh as-sahîh") entfällt somit.

b) Irrtümer der Partner

Die Lehre vom Irrtum („šubha") als legitimitätsbegründendem Umstand im islamischen Recht geht von der These aus, daß an sich jeder Geschlechtsverkehr, der nicht innerhalb einer Ehe oder innerhalb eines Konkubinats mit einer Sklavin stattfindet, rechtswidrig und strafbar ist („zinâ"). Eine Frau ist nach dieser Auffassung einem Mann grundsätzlich verboten („haram"). Dieser Grundsatz wird nur durch die zwei Erlaubnistatbestände der Ehe und der Sklaverei eingeschränkt[52]. Jedoch kann ein Irrtum („šubha") der Partner, insbesondere des Mannes, über die Identität des Partners („šubha fî-l-mulk"), über die Rechtmäßigkeit der Beiwohnung trotz der Kenntnis aller Umstände („šubha fî-l-fi'l") oder über die Gültigkeit eines in Wirklichkeit rechtlich mangelhaften Ehevertrages („šubha fî-l-'aqd an-nikâh") in vielen Beziehungen zu der Gleichstellung einer solchen Verbindung mit einer gültigen Ehe und damit auch zur Ehelichkeit eines in einer solchen Verbindung gezeugten Kindes führen[53].

„L'enfant issu d'une cohabitation par erreur sur la légitimité de la femme ou dans l'acte de mariage, est déclaré légitime s'il est reconnu.
Il en est de même de l'enfant né d'une cohabitation par erreur dans la personne de la femme."

Ein Kind aus einer Beiwohnung, die auf einem Irrtum über die Legitimität der Frau [als Ehefrau] oder über die Eheschließung beruht, gilt als legitim [ehelich], wenn es anerkannt wird.
Das gleiche gilt hinsichtlich des Kindes aus einer Beiwohnung, die auf einem Irrtum über die Person der Frau beruht[53a].

Im vorliegenden Fall sind jedoch keine Anzeichen dafür vorhanden, daß sich die Partner bei der Erzeugung des Kindes vor der standesamtlichen Trauung über ihre Identität, über die Rechtmäßigkeit der Beiwohnung nach jordanisch-islamischem Recht oder über das Bestehen eines Ehevertrages geirrt haben, so daß ein Irrtum („šubha") als legitimitätsbegründender Tatbestand entfällt.

---

52 Vgl. statt aller *Ghasiti* v. *Umrao Jan* (1893) 20 L. R. Ind. App. 193, zit. n. *Fyzee*, Cases, S. 90–94 (94); *Saksena* aaO 305 f.

53 Vgl. grundlegend *The Hedaya* aaO 138, 178, 182 f.; auch *Verma* aaO 201.

53a *Art. 342* des ägyptischen (verfaßt von *Muhammad Qadri Pasha*) „Code du statut personnel et des successions d'après le rite hanafite" von 1292 H./1875, abgedruckt in: *Wathelet, J. A.*, und *Brunton, R. G.*, Codes égyptiens et lois usuelles en vigueur en Egypte, Bd. 1 (2. Aufl. Brüssel 1922) 724.

c) Rechtlich fehlerhafte Ehe

Ein Kind, das aus einer rechtlich fehlerhaften Ehe („an-nikâh al-fâsid") hervorgeht, ist nach jordanisch-islamischem (hanafitischem) Recht ehelich, wenn es nicht früher als sechs Monate nach der ersten *Beiwohnung* innerhalb dieser Ehe geboren wird. Bei einer rechtlich fehlerhaften Ehe kommt es im Gegensatz zu der gültigen Ehe nicht auf den Tag der Eheschließung, sondern auf den Tag des Vollzugs der Ehe an[54].

Der typische Fall einer „fâsid"-Ehe ist nach hanafitischer Auffassung eine Ehe, die lediglich durch übereinstimmende Willenserklärungen der Nupturienten und nicht vor den gemäß Art. 17 FamRG erforderlichen zwei Zeugen geschlossen worden ist (solus consensus facit nuptias)[55]. Eine auf diese Weise geschlossene Ehe, der kein weiterer Mangel anhaftet, ist nach hanafitischer Ansicht zwar nicht gültig („sahîh"), aber „firâŝ", das heißt ein legitimitätsbegründender Tatbestand für die in einer solchen Ehe gezeugten Kinder[56].

| | |
|---|---|
| *Art. 134:* | |
| „Est frappé de nullité absolue: | Absolut nichtig ist: |
| 1e ... | 1. ... |
| 2e ... | 2. ... |
| 3e ... | 3. ... |
| 4e Le mariage contracté sans témoins." | 4. Die Ehe, die ohne Zeugen geschlossen ist. |
| *Art. 135:* „Les enfants issus de ces unions sont considérés comme légitimes, s'ils naissent dans les termes fixés à la deuxième section du chapitre ‚Paternité et filiation'." | Die Kinder aus solchen Ehen werden als ehelich betrachtet, wenn sie innerhalb der Fristen, die in der zweiten Abteilung des Kapitels ‚Vaterschaft und Abstammung' bestimmt sind, geboren werden. |

Ob im vorliegenden Fall von den Beteiligten der Nachweis des Bestehens einer nach islamisch-hanafitischem Recht fehlerhaften Ehe („an-nikâh al-fâsid") geführt werden kann, erscheint zweifelhaft. Jedenfalls wird der Abschluß eines – wenn auch nur formlosen – Ehevertrages sechs Monate vor der Geburt des Kindes von keiner Seite vorgetragen.

Die Frage kann aber dahingestellt bleiben, weil das jordanisch-islamische Recht für die Fälle, in denen der *Nachweis* einer die *Legitimität des Kindes begründenden Tatsache nicht oder nur sehr schwer geführt* werden

---

[54] Vgl. *Muhammad Allahdad* v. *Muhammad Ismail*, zit. n. *Fyzee*, Cases, 214 f.; *The Hedaya* aaO 53; *Verma* aaO 88; ferner Nachweise oben S. 522.

[55] *Fyzee*, Outlines 107; *Saksena* aaO 189 f.; *Verma* aaO 79.

[56] *Saksena* aaO 194, mit umfangreichen Rechtsprechungsnachweisen; *Fyzee*, Outlines, 108; Nachweise oben S. 521; ferner Artt. 134, 135 des ägyptischen „Code du statut personnel et des successions d'après le rite hanafite", aaO 689.

kann, ein *besonderes Beweismittel* zur Verfügung stellt, den *„iqrâr an-nasab"* (Vaterschaftsanerkenntnis).

Aus demselben Grunde kann dahinstehen, ob die Legitimität des Kindes aufgrund einer rechtlich fehlerhaften Ehe jedenfalls für die deutsche Rechtsordnung nicht deswegen entfallen müßte, weil die Vorfrage des Bestehens einer solchen Ehe „selbständig" anzuknüpfen ist. Denn dann läge gemäß Art. 13 III EGBGB i. V. m. § 11 EheG keine fehlerhafte, sondern eine Nichtehe vor.

### 3. *Beweismittel für die Legitimität eines Kindes: „iqrâr an-nasab"*

Nach islamischem Recht gilt das ausdrückliche oder stillschweigende *Anerkenntnis* eines Mannes, er sei der Vater eines bestimmten Kindes („iqrâr an-nasab") als *Beweis* dafür, daß dieses Kind *von ihm abstammt* („nasab")[57].

Abstammung *(„nasab")* bedeutet nach islamischem Recht immer *nur* die *legitime Abstammung*; denn eine uneheliche Abstammung ist nach islamischem Recht ein Widerspruch in sich[58].

Der *Ehelichkeit* nach deutschem Recht entspricht im jordanisch-islamischen Recht somit der Begriff der *„legitimen Abstammung" („nasab")*[59].

Dieser Begriff betrifft *nur* das *Rechtsverhältnis des Kindes zum Vater*. Denn die Hanafiten (ebenso die anderen Riten) gehen davon aus, daß im Verhältnis zur Mutter die Legitimität oder Illegitimität eines Kindes ohne Belang ist: Im Verhältnis Mutter–Kind bestehen in beiden Fällen die gleichen Rechtsbeziehungen[60].

#### a) Anwendungsbereich des „iqrâr an-nasab"

Nach islamischem Recht bedeutet ein „iqrâr an-nasab" (Vaterschaftsanerkenntnis) folgendes: Falls die legitime Abstammung eines Kindes von

---

[57] Vgl. statt aller *The Hedaya* aaO 137 f., 439; im übrigen die Nachweise oben S. 519.

[58] Vgl. z. B. *Muhammad Allahdad* v. *Muhammad Ismail*, zit. n. *Fyzee*, Cases, 225:

| | |
|---|---|
| „... we are concerned ... with *„nasab"*, that is, relationship by consanguinity of descent, which in Muhammaden law means *legitimate descent only*, ..." | Wir sind befaßt mit *„nasab"*, das heißt, Abstammung aufgrund Blutsverwandtschaft, was im islamischen Recht *nur legitime Abstammung* bedeutet. |

Ebenso *Schacht, J.*, Anm. zu LG II Berlin, StAZ 1933, 327 (329):

„Das islamische Gesetz kennt nur die eheliche Vaterschaft."

Ferner *Hartmann* aaO 81; *Wengler*, JR 1964, 201 f.; LG II Berlin IPRspr. 1933, Nr. 50 (Ägypten).

[59] Vgl. *Schacht*, Anm. zu LG Berlin StAZ 1933, 329.

[60] Vgl. z. B. *Muhammad Allahdad* v. *Muhammad Ismail*, zit. n. *Fyzee*, Cases, 226; *Saksena* aaO 299; *Verma* aaO 199; *Bousquet*, Précis de droit musulman (3. Aufl. Algier [1959]), 152, 158.

seinem Vater nicht durch das Bestehen einer Ehe seiner Eltern zur Zeit der Zeugung (oder mindestens sechs Monate vor der Geburt) bewiesen werden kann, so kann der Vater unter bestimmten Voraussetzungen durch eine einseitige Erklärung das Kind als seines anerkennen. Damit steht fest, daß das Kind legitim ist[61]. Daraus folgt, daß ein „iqrâr an-nasab" grundsätzlich nur dann Platz greifen kann, wenn wegen der großen Formfreiheit bei der Eheschließung nach islamischem Recht (oben S. 522, 524) nicht anders bewiesen werden kann, ob eine Ehe der Eltern zur maßgeblichen Zeit bestanden hat und das Kind folglich legitim ist[62].

b) „Iqrâr an-nasab" durch Personenstandsurkunden nicht ausgeschlossen

Fraglich erscheint es jedoch, ob überhaupt noch Raum für einen „iqrâr an-nasab" ist, wenn durch Personenstandsurkunden sowohl der Zeitpunkt der Geburt des Kindes als auch der der Eheschließung nachgewiesen werden kann[63]. Es ist jedoch von folgenden Überlegungen auszugehen: Im islamischen Recht steht der Zeugenbeweis ganz im Vordergrund. Urkunden spielen nur eine ganz untergeordnete Rolle. Sie sind in der Regel bloße Gedächtnisstützen und erhalten ihre Beweiskraft erst durch die Bezeugung der Richtigkeit ihres Inhalts[64]. Heute werden freilich im islamischen Rechtskreis Urkunden – und insbesondere Personenstandsurkunden – auch als Beweismittel für die Frage der Legitimität eines Kindes von den Gerichten benutzt und Entscheidungen auf die beurkundeten Tatsachen gestützt[65]. Gleichwohl scheint es trotz der der Legitimität eines Kindes

[61] *Muhammad Allahdad* v. *Muhammad Ismail*, zit. n. *Fyzee*, Cases, 229–231; *Habibur Rahman* v. *Altaf Ali*, zit. n. *Fyzee*, Cases, 253; *Abdel-Wahab* aaO 92; *Saksena* aaO 306–308.

[62] *Mohammad Sadiq* v. *Mohammad Hassan* A. I. R. (30) 1943 Lahore 225 (227); *Muhammad Allahdad* v. *Muhammad Ismail*, zit. n. *Fyzee*, Cases, 230; *Sadik Husain* v. *Hashim Ali*, zit. n. *Fyzee*, Cases, 247; *Bibi Amu* v. *Asiat* P. L. D. 1958 (W. P.) 420 (421, 428); *Fyzee*, Outlines, 180, 183:

„The peculiarity of Muhammadan law is that in certain cases where it is *doubtful* whether a person is the child of another, the *acknowledgment* of the father *confers* on the child the *status of legitimacy*."

Die Besonderheit des islamischen Rechts ist es, daß in gewissen Fällen, in denen es *zweifelhaft* ist, ob eine Person das Kind eines anderen ist, das *Anerkenntnis* des Vaters dem Kind den *Status der Legitimität verleiht*.

[63] Zweifelnd *Wengler*, JR 1964, 203 f.

[64] Vgl. statt aller *Schacht*, Introduction 192 f.; nach jordanischem Recht (Art. 1737 f. Mecelle) gelten lediglich Land- und Gerichtsregister als überzeugende Urkundsbeweise.

[65] Vgl. z. B. *Abdul Ghani* v. *Taleh Bibi* P. L. D. 1962 (W. P.) Lahore 531 (534); Cour d'Appel d'Alger (Chambre de Revision Musulmane), 3. 6. 1952, No. 355, in: *Siband*, aaO, Bd. 2, S. 129; auch *Mohammad Sadiq* v. *Mohammad Hassan*, A. I. R. (30) 1943 Lahore 225 (226); ferner *Bousquet*, aaO, Bd. 1, S. 158.

Inwieweit Entscheidungen jordanischer Gerichte durch das Personenstandsgesetz v. 1966 (oben S. 517) beeinflußt werden, kann wegen der Neuheit des Gesetzes noch nicht festgestellt werden.

entgegenstehenden Personenstandsurkunden möglich zu sein, das Kind mittels eines „iqrâr an-nasab" als legitimes anzuerkennen.

Diese These wird insbesondere gestützt durch eine jüngere ägyptische Entscheidung[66], deren Grundsätze ohne weiteres auch im jordanisch-islamischen Recht angewendet werden können. Denn zum einen wird in beiden Ländern nach islamisch-hanafitischem Familienrecht judiziert und zum anderen dient die ägyptische Gesetzgebung und Judikatur den meisten arabischen Staaten, einschließlich Jordaniens, als Vorbild, dem regelmäßig gefolgt wird[67]. Der zitierten Entscheidung des Appellationsgerichts Kairo lag folgender Sachverhalt zugrunde:

Am 5. 12. 1957 schlossen die Parteien den Ehevertrag, der registriert wurde. Das gemeinsame Kind der Parteien wurde am 17. 4. 1958 geboren. Am 4. 1. 1959 wurde die Ehe geschieden („talâq"). Der Ehemann leugnete die Vaterschaft und focht die Ehelichkeit („nasab") des Kindes an.

Das Gericht entschied, daß das Kind von dem Ehemann abstammt und ehelich ist. Es stellte bei seiner Entscheidung jedoch nicht auf den Zeitpunkt der offiziellen Eheschließung (5. 12. 1957) ab, sondern auf den Zeitpunkt der angeblichen Schließung der Ehe am 1. 4. 1956 (die Parteien hatten seit dieser Zeit Geschlechtsverkehr) und konstruierte ein Institut der „Gewohnheitsehe" („az-zawâĝ al-'urfî"). Diese Ehe, die sich rechtlich kaum von der „an-nikâh al-fâsid" (oben S. 524) unterscheidet, wird anscheinend durch die copula carnalis begründet (darin liege ein „'aqd az-zawâĝ al'urfî = Gewohnheitsehevertrag). Da das Kind mehr als sechs Monate nach der Schließung der Gewohnheitsehe geboren worden ist, ist es nach dieser Entscheidung ehelich.

Das Gericht hat es in seiner Entscheidung somit *nicht* für *erheblich* erachtet, daß der *offizielle Ehevertrag* (der durch Urkunde nachgewiesen wurde) erst am 5. 12. 1957 geschlossen und das Kind somit nicht mindestens sechs Monate seit dem Abschluß des Ehevertrages geboren worden ist. In diesem Fall wäre es nur dann ehelich, wenn es von dem Vater ausdrücklich anerkannt („iqrâr") wird (vgl. Art. 333 Code du statut personnel).

Aus dieser Entscheidung folgt, daß die *Legitimität eines Kindes* nach islamischem Recht *auch dann* noch anzunehmen sein kann, wenn es *evident* ist, daß es *nicht in* (oder mindestens sechs Monate vor der Eheschließung und Anerkenntnis des Vaters) der *Ehe*, die durch Personenstands-

---

[66] *Appellationsgericht* [„mahkama istisnâf"] *Kairo*, 12. 1. 1964, in: Al-maĝmû'at ar-rasmîyat 1965 I 13–21.

[67] So wurde z. B. in der Entscheidung des jordanischen Kassationshofs [„mahkama at-tamyiz"], 44/60, 4. 4. 1960, in: Niqâbat al-muhâmîn 1960, 41 auf *ägyptisches Recht* als *Rechtsquelle* zurückgegriffen; auch Cour d'Appel mixte (Beirut), No. 3, 6. 1. 1933, in: Rép. Jur. Lib. (1947), 838 (danach müssen die von den ägyptischen Gerichten erarbeiteten Rechtsgrundsätze im Libanon „par identité des motifs" berücksichtigt werden); ferner *Schacht*, Introduction, 101, 103, 106 (Verhältnis Ägypten–Jordanien); *Anderson*, M. W. Q. 42 (1952), 190, 192, 194, 201, 203–205; *Badr*, The New Egyptian Civil Code and the Unification of the Laws of the Arab Countries, in: Tul. L. Rev. 30 (1955/56), 299–304.

urkunden nachgewiesen worden ist, *gezeugt* wurde, *sondern vor* der durch Urkunden nachgewiesenen *Eheschließung, selbst wenn* der *Vater* die *Ehelichkeit* des Kindes *bestreitet.*

Daraus folgt per argumentum a fortiori, daß die *Legitimität* eines Kindes *erst recht dann* festgestellt werden kann, *wenn* der *Vater* in einem solchen Fall das *Kind* – wie in casu – ausdrücklich als von ihm abstammend anerkennt.

Neben den aus dieser ägyptischen Entscheidung zu entnehmenden Rechtsgrundsätzen gibt ferner Art. 1688 Mecelle einen Hinweis für die Annahme, daß ein „iqrâr an-nasab" auch dann wirksam ausgesprochen werden kann, wenn sich aus Urkunden an sich die voreheliche Geburt des Kindes ergibt. Diese Norm des jordanischen Prozeßrechts gestattet in den Fällen der *Feststellung* der *Vaterschaft ausnahmsweise* das *Zeugnis vom Hörensagen*[68].

*Art. 1688 Mecelle* lautet:

„Witnesses must personally have seen the thing with regard to which they give evidence and must testify accordingly. The giving of hearsay evidence ... is inadmissible... In matters of ... paternity a person may give hearsay evidence..."

Zeugen müssen die Sache, die sie bezeugen, gesehen haben und müssen es entsprechend bekunden. Das Zeugnis vom Hörensagen ... ist unstatthaft... In Vaterschaftssachen ... kann man das Zeugnis vom Hörensagen geben[69].

Diese Vorschrift des jordanischen Prozeßrechts, die in Fällen der Feststellung der Vaterschaft praktisch jeden Beweis zuläßt[70], ist trotz der Einführung der Eheschließung vor einem Zivilstandsbeamten („maḏûn") gemäß Art. 17 FamRG im Jahre 1951 nicht außer Kraft gesetzt worden[71], so daß anscheinend auch heute noch in Jordanien die Legitimität eines Kindes, das vor der Eheschließung vor dem Zivilstandsbeamten geboren worden ist, durch andere Beweismittel (also auch durch den „iqrâr an-nasab") festgestellt werden kann.

## *Zwischenergebnis*

Der Nachweis der Geburt des Kindes und der späteren Eheschließung der Eltern vor dem Standesbeamten in Oberhausen durch Urkunden steht der Wirksamkeit eines „iqrâr an-nasab" nicht entgegen.

---

68 Ebenso in *Ägypten:* Appellationsgericht Kairo, 12. 1. 1964, in: Al-maĝmû'at ar-rasmîyat 1965 I 13–21 (14); in *Pakistan*: *Bibi Amu* v. *Asiat* P. L. D. 1958 (W. P.) Karachi 420 (426).

69 *Hooper* aaO 458 f.

70 *Ali Haidar,* Durar al-ahkâm ŝarh al-maĝallat al-ahkâm (Istanbul 1313–16 H./1893–98) Bd. 4, Teil 15, S. 96–134 (insbesondere S. 121–133).

71 *Shah,* Mujallah and its Fore-Runners, in: P. L. D. 1966 Journal 103–108 (108); auch *Schacht,* Introduction, 93.

c) Qualifizierung des „iqrâr an-nasab"

In der modernen islamischen Judikatur ist häufiger die Frage diskutiert worden, ob der „iqrâr an-nasab" ein bloßes Beweismittel für die materiell bereits bestehende Legitimität eines Kindes oder ob das Vaterschaftsanerkenntnis Teil des materiellen Rechts ist[72]. Sind die Vorschriften über das Anerkenntnis eines Kindes bloße Regeln über Beweismittel, so erschiene es fraglich, ob diese jordanisch-islamischen Bestimmungen von der Verweisung des deutschen internationalen Privatrechts (Art. 22 I EGBGB) mit umfaßt werden. Denn bloße Regeln über Beweismittel unterstehen der lex fori[73]. Es ist heute jedoch unstreitig, daß das *Anerkenntnis* ein *Teil des materiellen islamischen Rechts* ist; denn es schafft einen *selbständigen Grund für* die *Legitimität* eines Kindes, die, falls nicht anders zu begründen, auf einen „iqrâr an-nasab" gestützt werden kann. Somit ist das Vaterschaftsanerkenntnis keine bloße Beweisregel, sondern ein *rechtsgestaltender Akt*[74].

Die indische und pakistanische Rechtsprechung zum islamischen Recht sieht infolgedessen die Regeln über das Anerkenntnis nicht als „rules of evidence" i. S. v. sec. 17, Indian Evidence Act, 1872 mit der Folge, daß sec. 112, Evidence Act Anwendung finden müßte, an, sondern als Teil des materiellen islamischen Rechts[75]. Folglich sind diese Regeln des islamischen Rechts auch in Deutschland als Teil des jordanischen materiellen Rechts zu behandeln[76]. Ähnlich wird die Regel des Art. 1341 Cc, daß bei Verträgen über 50 F. der Zeugenbeweis ausgeschlossen ist, trotz ihrer prozessualen Einkleidung in Deutschland gemäß ihrer tatsächlichen Funktion als zivilrechtliche Formvorschrift behandelt[77].

---

[72] Vgl. insbesondere die ausführliche Darstellung bei *Muhammad Allahdad* v. *Muhammad Ismail,* zit. n. *Fyzee,* Cases, 216, 221–226; *Abdul Ghani* v. *Taleh Bibi* P. L. D. 1962 (W. P.) Lahore 531 (541 f., 545).

[73] *BGH* Betr. 1966, 692; *Kegel,* IPR (2. Aufl. 1964) 317, 330 f., 341, 377.

[74] *Abdul Ghani* v. *Taleh Bibi* P. L. D. 1962 (W. P.) Lahore 531 (541 f., 545); *Bibi Amu* v. *Asiat* P. L. D. 1958 (W. P.) Karachi 420 (421, 428); *Habibur Rahman* v. *Altaf Ali,* zit. n. *Fyzee,* Cases, 252; *Muhammad Allahdad* v. *Muhammad Ismail,* zit. n. *Fyzee,* Cases, 216, 221–226, 229 f.; *Sheriff Abdulla b. Mohamed* v. *Zuena bti. Abedi* (1912) 4 E. A. L. R. 86 (88) (Schafiitisch); *Anderson,* The Movement towards Codification in Turkey, Cyprus and the Arab World, in: Jnd. Y. B. I. A. 7 (1958), 125–142 (137).

[75] Vgl. z. B. *Abdul Ghani* v. *Taleh Bibi* P. L. D. 1962 (W. P.) Lahore 531 (541 f., 545) mit umfangreichen Nachweisen; anders allerdings heute in *Kenya,* wo die Regeln des Indian Evidence Act, 1872 angewendet werden: *Masood b. Said* v. *Said b. Salim b. Mohamed Ghulum* (1954) 21 E. A. C. A. 1 (2).

[76] Unbestritten: vgl. *Wengler,* JR 1964, 204; z. B. *AG Hamburg* StAZ 1967, 274 (275) (Irak); *AG Berlin-Schöneberg* FamRZ 1966, 373 (374) (Irak).

[77] *BGH* JZ 1963, 167 m. Anm. v. *Lüderitz* (= LM Art. 11 EGBGB Nr. 4) gegen BGH JZ 1955, 702 m. Anm. v. *Gamillscheg*; *Soergel-Kegel,* aaO, Art. 11 EGBGB Anm. 22 m. w. Nachweisen.

## C. BEURTEILUNG DES „IQRÂR AN-NASAB" GEMÄSS ART. 22 EGBGB

Da, wie ausgeführt worden ist (oben S. 529), die Legitimität des Kindes nicht mehr auf einer – sei es auch rechtlich mangelhaften – Ehe fußt, sondern auf dem Anerkenntnis des Vaters, kommt es für die Legitimation des Kindes nicht darauf an, wie die Vorfrage nach der Eheschließung der Eltern zu beurteilen ist (bei „selbständiger" Anknüpfung der Vorfrage nach der Ehe gemäß Art. 13 III EGBGB i. V. m. § 11 EheG käme eine Legitimation nicht zustande). Denn die Frage nach der Legitimität des Kindes ist, da es allein auf das Anerkenntnis des Vaters ankommt, von Art. 13 EGBGB unabhängig.

Fraglich ist lediglich, ob für die Frage der Anerkennung eines Kindes die Regeln über die „eheliche Abstammung" gemäß Art. 18 EGBGB oder die Vorschriften über „Legitimation und Adoption" gemäß Art. 22 EGBGB maßgeben. Von dieser Qualifizierung hängt es ab, ob die Zustimmung anderer Personen gemäß Art. 22 II EGBGB erforderlich ist[78].

Daß nach jordanisch-islamischem Recht die Legitimation durch nachfolgende Ehe und die Adoption nicht möglich sind, schließt nicht aus, daß der „iqrâr an-nasab" (Vaterschaftsanerkenntnis) als ein Institut zu qualifizieren ist, das der Regelung des Art. 22 EGBGB – zumindest entsprechend – unterliegt; denn auch auf diese Weise wird die eheliche Kindschaft begründet[79].

Die deutsche Rechtsprechung hat dementsprechend das Vaterschaftsanerkenntnis nach islamischem Recht mit unterschiedlichen Begründungen ausnahmslos nach Art. 22 EGBGB beurteilt.

Als *Legitimation durch nachfolgende Ehe*: *LG Krefeld* FamRZ 1967, 510 (511) („Im Wege ergänzender Auslegung" islamisch-rechtlicher Bestimmungen [Iran]); *AG Ebingen* MDR 1964, 1006 (Iran) und *AG Hamburg* StAZ 1961, 290 (Iran) (Eheschließung in Deutschland sei „lediglich Formgebung der früher schon tatsächlich vollzogenen Ehe"); als Legitimation durch *Ehelichkeitserklärung*: *AG Hamburg-Wandsbeck* DAVorm. 1965, 157 (158) (Sudan); so auch IPG 1965–66 Nr. 40 (Köln) (Syrien); dahingestellt, ob Legitimation durch Ehelichkeitserklärung oder Adoption: *AG Hamburg-Wandsbeck* DAVorm. 1968, 279 (280) (Sudan); *AG Hamburg* StAZ 1967, 274 (275) (Irak); *KG* FamRZ 1966, 375 (376) (Ägypten); als *adoptionsähnliches Verhältnis*: LG Tübingen FamRZ 1967, 511 (512 f.) (Ägypten); *KG* DR 1940, 1375 (1377) (Ägypten); nicht näher qualifiziert: *AG Lehrte* DAVorm. 1968, 308 (311) (Algerien); *OLG Frankfurt* NJW 1968, 359 (Iran); *LG II Berlin* IPRspr. 1933 Nr. 50 (Ägypten).

---

[78] Vgl. *Wengler*, JR 1964, 204.

[79] *Soergel-Kegel*, aaO, Art. 22 EGBGB Anm. 12; *Kegel* aaO 92 f., 104, 113, 339; *Wengler*, JR 1964, 204.

### *Zwischenergebnis*

Da der „iqrâr an-nasab" gemäß Art. 22 EGBGB zu beurteilen ist, kann die Legitimität des Kindes wegen der Alleinmaßgeblichkeit des jordanischen Rechts (sofern dessen Voraussetzungen erfüllt sind) festgestellt werden.

## D. EINZELNE VORAUSSETZUNGEN FÜR EIN VATERSCHAFTS-ANERKENNTNIS NACH JORDANISCH-ISLAMISCHEM RECHT

Nach dem in Jordanien maßgebenden hanafitischen Ritus ist die Wirksamkeit eines „iqrâr an-nasab" an folgende Voraussetzungen geknüpft:

### *I. Altersunterschied zwischen Erzeuger und Kind*

Der Anerkennende muß zur Erzeugung des Kindes altersmäßig in der Lage gewesen sein, weil es anderenfalls evident wäre, daß das Kind nicht von dem Anerkennenden abstammt. Der geforderte Altersunterschied muß nach hanafitischer Auffassung mindestens 12 – nach anderen 12½ – Jahre betragen[80]. Diese Voraussetzung ist in casu zweifelsfrei erfüllt.

### *II. Unbekannte Abstammung („maĝhûl an-nasab") des Kindes*

Das Kind muß unbekannter Abstammung („maĝhûl an-nasab") sein[81]. Diese Voraussetzung bedeutet folgendes: Es darf nicht feststehen, daß das Kind von einem anderen Mann als dem Anerkennenden abstammt, also der „nasab" zu einer anderen Person bereits begründet ist. Denn wenn es feststeht, daß das Kind von einem anderen als dem Anerkennenden, der der Erzeuger des Kindes sein muß, abstammt, so folgt daraus zwangsläufig, daß der „iqrâr an-nasab" falsch und damit nichtig ist[82].

Im vorliegenden Fall ergibt sich aus dem Akteninhalt kein Anhaltspunkt dafür, daß Abdullah A. nicht der Erzeuger des Kindes ist. Indizien

[80] *Muhammad Allahdad* v. *Muhammad Ismail*, zit. n. *Fyzee*, Cases, 210, 222 f.; *The Hedaya* aaO 439; *Abdel-Wahab* aaO 92; *Verma* aaO 210; *Saksena* aaO 308 Fußn. 29.

[81] Vgl. z. B. *The Hedaya* aaO 439; *Muhammad Allahdad* v. *Muhammad Ismail*, zit. n. *Fyzee*, Cases, 210, 212, 216, 223.

[82] *The Hedaya* aaO 439; *Abdel-Wahab* aaO 92; *Abu Zahra* aaO 152; *Muhammad Allahdad* v. *Muhammad Ismail*, zit. n. *Fyzee*, Cases, 210, 212, 216, 223 (S. 223: „The paternity of a child is unknown in the sense that no specific person is shown to have been his father." [Die Vaterschaft eines Kindes ist in dem Sinne unbekannt, daß keine bestimmte Person als sein Vater bekannt ist]).

für die Abstammung des Kindes Ralf W. von einem anderen Mann liegen nicht vor, so daß auch diese Voraussetzung für einen wirksamen „iqrâr an-nasab" erfüllt ist.

### *III. Zustimmung des Kindes*

Der Anerkannte hat nach islamischem Recht grundsätzlich seine Zustimmung zu der Anerkennungserklärung seines Erzeugers ausdrücklich oder konkludent zu erteilen[83]. Eine Ausnahme greift jedoch dann Platz, wenn ein Kind das nach islamisch-hanafitischem Recht erforderliche urteilsfähige Alter noch nicht erreicht hat, um als „sabî ĝa'qil" (verständiger oder unterscheidungsfähiger Minderjähriger) seine Zustimmung zu dem Anerkenntnis geben zu können[84].

Dieses Alter erreicht ein Kind nach überkommenem islamischem und heute in Ägypten noch angewandtem Recht, das insoweit in gleicher Weise für Jordanien gilt, mit der Vollendung des siebten Lebensjahres[85]. Da das Kind noch nicht das dritte Lebensjahr vollendet hat, entfällt seine Zustimmung zu dem Anerkenntnis seines Vaters.

Eine stellvertretende Zustimmung (oder Verweigerung der Zustimmung) in den Fällen eines „tifl" (noch nicht urteilsfähiges Kind) durch die Mutter ist dem islamischen Recht nicht bekannt, weil die Herbeiführung eines legitimen Kindschaftsverhältnisses („nasab") als ausschließlich vorteilhaft für das Kind und die Mutter betrachtet wird[86]. Die Voraussetzung der Zustimmung des anerkannten Kindes ist in casu folglich ohne Bedeutung.

### *IV. Anerkennung als legitimes Kind*

Die Anerkennung des Kindes darf in keiner Weise darauf hindeuten, das Kind sei illegitimer Abkunft. Die Hanafiten haben deshalb folgende Lehre entwickelt:

Der „iqrâr" ist ein abstraktes Schuldverhältnis („dain mutlaq"), das auf dem Anerkenntnis einer Schuld ohne Rücksicht auf ihren Entstehungsgrund beruht[87].

Dieses ursprünglich möglicherweise nur dem Schuldrecht angehörende Institut ist seit langem auf dem Wege der „hiyal" (legale Umgehungs-

---

[83] *Muhammad Allahdad* v. *Muhammad Ismail*, zit. n. *Fyzee*, Cases, 210; *The* Hedaya aaO 439; *Abu Zahra* aaO 152 f.; *Abdel-Wahab* aaO 92.

[84] *The Hedaya* aaO 439; *Abu Zahra* aaO 153; *Muhammad Allahdad* v. *Muhammad Ismail*, zit. n. *Fyzee*, Cases, 211, 213.

[85] *Abdel-Wahab* aaO 92.

[86] Vgl. *The Hedaya* aaO 439; *Bilmen, Ö. N.*, Hukuki Islâmiyye ve istilahati fikhiyye kamusu (Istanbul 1950) Bd. 2, S. 432 (Nr. 53).

[87] Z. B. *Schacht*, Introduction, 144.

geschäfte)[88] auch in das Familienrecht übertragen worden und wird hier von den Hanafiten als *abstrakter Legitimitätsnachweis* aufgefaßt[89].

In der islamisch-hanafitischen Rechtspraxis wird, gestützt auf diese Theorie, somit für ein *wirksames* Vaterschaftsanerkenntnis für *ausreichend* erachtet, wenn *in* der *Anerkennungserklärung* des Vaters *nicht zum Ausdruck* gelangt, daß das *Kind außerehelich gezeugt* worden ist; weitere Untersuchungen – insbesondere aufgrund von Urkundsbeweisen (oben S. 526–528) – werden in aller Regel nicht angestellt, solange nicht ein Dritter dem Anerkennenden die Vaterschaft streitig macht[90].

In klassischer Kürze stellt Ömer Nasuhî *Bilmen* folgende Formeln einander gegenüber:

| | |
|---|---|
| „Bu, benim evlâdimir." | Dies ist mein Kind. |
| und | |
| „Bu, benim zinadan mütevellid çocuğumdur." | Dies ist mein aus unerlaubtem Geschlechtsverkehr herrührendes Kind[91]. |

Im ersten Fall wird die Legitimität des Kindes durch die Erklärung festgestellt, im zweiten Fall nicht. Im ersten Fall wird auf die dem Anerkenntnis zugrunde liegenden Tatsachen nicht eingegangen, weil nach hanafitischer Auffassung möglichst vermieden werden soll, daß ein Kind mit dem Makel („şâibe") der Illegitimität behaftet leben muß und der „iqrâr annasab" in dieser einfachen Form als ausreichendes Beweismittel für die Legitimität des Kindes angesehen wird[92].

Ein zweiter Grund für diese Rechtspraxis liegt darin, eine Frau möglichst vor der Strafe wegen „zinâ" (unerlaubter Geschlechtsverkehr; oben S. 518 f.) zu bewahren, die bei näherer Untersuchung einzelner Fälle wahrscheinlich vorläge[93].

Die *Erklärung* eines Mannes, er *erkenne ein Kind als seinen Sohn* (oder als seine Tochter) *an,* ist in dieser Form nach islamisch-hanafitischem Recht ein *unwiderrufliches, rechtsgültiges Vaterschaftsanerkenntnis* mit der *Folge,* daß die *Legitimität* eines Kindes *von der Geburt an feststeht*[94]. Ein solches Vaterschaftsanerkenntnis kann mit voller Rechtswirkung für

---

[88] Dazu *Schacht,* Introduction, 78–85.

[89] *Schacht,* Introduction, 151; *Hartmann* aaO 80; *Abdel-Wahab* aaO 92.

[90] Vgl. *Abu Zahra* aaO 153; *Saksena* aaO 304 f., 306, 311; Art. 333 II, 343 II Code du statut personnel égyptien; bei *Wathelet-Brunton* aaO 722 f., 725; *Mohammad Sadiq* v. *Mohammad Hassan* A. I. R. (30) 1943 Lahore 225 (227).

[91] *Bilmen* aaO 432 (Nr. 53).

[92] Vgl. dazu *Bilmen,* aaO, Bd. 2, S. 432; *Abu Zahra* aaO 153; *Fyzee,* Outlines, 182; *Saksena* aaO 306; *Verma* aaO 200 f., 207.

[93] Vgl. *Fyzee,* Outlines, 182.

[94] *Lapanne-Joinville,* R. M. D. 9 (1957), 9; *Muhammad Allahdad* v. *Muhammad Ismail,* zit. n. *Fyzee,* Cases, 208, 214, 216, 224; *The Hedaya* aaO 439; *Saksena* aaO 306, 312; *Verma* aaO 212; *Schacht,* Anm. zu LG II Berlin, StAZ 1933, 329; *Suka* aaO 16; auch IPG 1965–66 Nr. 40 (Köln) zu einem gleichgelagerten syrischen Fall.

die jordanische Rechtsordnung vor einem deutschen Gericht oder einer deutschen Behörde abgegeben werden[95].

Voraussetzung für ein wirksames Vaterschaftsanerkenntnis ist jedoch, wie ausgeführt worden ist, die Vermeidung eines jeden Hinweises auf die außereheliche Erzeugung des Kindes.

Der Gebrauch des Wortes „uneheliches Kind" in der Vaterschaftsanerkennungserklärung vor dem Amtsgericht Dinslaken erweckt den Anschein außerehelichen Geschlechtsverkehrs („zinâ"). Da diese Erklärung jedoch auf dem Formular eines deutschen Amtsgerichts erscheint, ist davon auszugehen, daß damit offensichtlich Unehelichkeit im Sinne deutschen materiellen Rechts gemeint ist[96], so daß dieses Anerkenntnis nach islamisch-hanafitischem Recht als ausreichend erachtet werden kann. Vorsorglich ist jedoch dem Vater des Kindes anzuraten, das Kind in einer neuen Erklärung als „sein legitimes Kind" oder als „sein Kind" anzuerkennen. Die Anerkennung eines Kindes als legitim ist auch dann wirksam, wenn ein Kind in einer früheren Erklärung als im außerehelichen Geschlechtsverkehr („zinâ") gezeugt bezeichnet worden ist[97].

## *V. Sonstige Voraussetzungen*

Die weiteren Voraussetzungen für ein wirksames Vaterschaftsanerkenntnis, nämlich Volljährigkeit, geistige Gesundheit, Erklärungsabsicht und Willensfreiheit sind in casu, da nach dem Akteninhalt dieser Annahme nichts entgegensteht, als gegeben anzunehmen[98].

## *VI. Zwischenergebnis*

Da in casu alle Voraussetzungen für ein wirksames Vaterschaftsanerkenntnis („iqrâr an-nasab") nach jordanisch-islamischem Recht erfüllt sind, hat das Kind Ralf W. in jeder Hinsicht die Stellung eines von Geburt an legitimen Kindes.

---

[95] Vgl. für Syrien, wo die Rechtslage insoweit nicht unterschiedlich ist, *Heilmann*, Namensrecht der Frau infolge Eheschließung, eheliche Abstammung der Kinder und Staatsangehörigkeit nach syrischem Recht, StAZ 1965, 170 f.

[96] Der Begriff der Illegitimität im islamischen Recht ist bedeutend enger; er umfaßt zum Beispiel nicht Kinder aus rechtlich mangelhaften Ehen oder Kinder, die aufgrund eines Irrtums gezeugt worden sind; vgl. oben S. 523–525.

[97] *Sachau*, Muhammedanisches Recht (1897) 447; *as-Sarahsî*, Kitâb al-mabsût fi'l furû', Bd. 17 (Kairo 1337 H./1912) 157 f.

[98] Vgl. dazu z. B. *Saksena* aaO 308–310; *Verma* aaO 207.

### *VII. Widerspruch eines Dritten*

Durch das wirksame Vaterschaftsanerkenntnis ist nach jordanisch-islamischem Recht eine *widerlegbare Vermutung* für die Legitimität des Kindes von Geburt an geschaffen worden[99].

Die Vermutung der Legitimität des Kindes kann jedoch durch den Widerspruch eines Dritten („disclaimer of paternity" in der indo-pakistanischen Judikatur), der behauptet – und beweist – der Vater des Kindes zu sein, widerlegt werden[100]. Da ein solcher Widerspruch im vorliegenden Fall, soweit ersichtlich, nicht erhoben worden ist, besteht auch unter diesem Gesichtspunkt kein Zweifel an der Legitimität des Kindes.

## E. DEUTSCHES INTERNATIONALES PRIVATRECHT: ART. 22 II EGBGB

Nach Art. 22 II EGBGB ist bei ausländischer Staatsangehörigkeit des Vaters und deutscher Staatsangehörigkeit des Kindes die Legitimation unwirksam, wenn die nach deutschem Recht nötige Einwilligung des Kindes oder eines dem Kinde familienrechtlich Verbundenen fehlt.

Das Kind Ralf W. ist deutsch. Denn es ist von einer deutschen Mutter unehelich geboren (§ 4 I 1 RuStAG).

Es ist zugleich Jordanier. Denn gemäß Art. 9 des Jord. StAG v. 1954 ist ein Kind eines Jordaniers ohne Rücksicht auf seinen Geburtsort Jordanier. Diese Vorschrift ist zwar nicht anzuwenden auf uneheliche Kinder, die von ihren Vätern nicht anerkannt sind. Sie gilt aber für ein Kind, das sein Vater anerkannt hat, und damit auch für das Kind Ralf W.

Gleichwohl zählt für das deutsche internationale Privatrecht und damit auch für Art. 22 II EGBGB allein die deutsche Staatsangehörigkeit, nämlich entweder weil die deutsche Staatsangehörigkeit stets den Ausschlag gibt (h. M.) oder weil sich das Kind in Deutschland gewöhnlich aufhält (Mindermeinung)[101].

Für die Legitimation durch *nachfolgende Ehe* verlangt das BGB *keine* Einwilligung des Kindes oder eines Dritten. Dagegen müssen in die *Ehelichkeitserklärung* eines Minderjährigen Kind und Mutter einwilligen (§§ 1726–1730 BGB). Im vorliegenden Fall geht es zwar nicht um eine Ehelichkeitserklärung (legitimatio per rescriptum principis). Aber *§§ 1726–*

[99] *Habibur Rahman* v. *Altaf Ali*, zit. n. *Fyzee*, Cases, 252; *Mohammad Sadiq* v. *Mohammad Hassan* A. I. R. (30) 1943 Lahore 225 (227); *Fyzee*, Outlines 185 f.; *Saksena* aaO 311; *Verma* aaO 210 f.

[100] *Mohammad Sadiq* v. *Mohammad Hassan* A. I. R. (30) 1943 Lahore 225 (227); *Saksena* aaO 311; auch Tribunal Civil de Tunis, 4. 3. 1959 (Salomone c/Augugliaro) Clunet 88 (1961), 560.

[101] Streitstand bei *Soergel-Kegel*, aaO, Art. 29 EGBGB Anm. 29 mit Nachweisen.

*1730 BGB* sind *auf* die *Legitimation durch Anerkennung entsprechend anzuwenden,* da diese Vorschriften des deutschen Familienrechts der Feststellung der Legitimität durch ein Vaterschaftsanerkenntnis („iqrâr annasab“) nach jordanisch-islamischem Recht von den in Art. 22 EGBGB umfaßten Instituten in der rechtlichen Gestaltung am nächsten kommen[102].

Allerdings sind diese Einwilligungen entbehrlich, soweit es um eine Legitimation *erst von der Heirat an* geht; denn die Heirat würde nach § 1719 BGB auch ohne Einwilligungen legitimieren. Daher ist mit Wirkung von der Heirat an das Kind Ralf W. schon jetzt legitimiert[103].

Anders liegt es, soweit die Legitimation *schon* für die Zeit *zwischen* der *Geburt* des Kindes *und* der *Heirat* der Eltern wirken soll, wie dies nach jordanisch-islamischem Recht geschieht. Hierfür müssen das Kind Ralf W. und seine Mutter entsprechend §§ 1726–1730 BGB einwilligen.

Zwar hat Ralf W., da die Legitimation von der Heirat seiner Eltern (29. 11. 1967) an wirkt, von da an seine deutsche Staatsangehörigkeit gemäß § 17 Nr. 5 RuStAG verloren und ist nur noch Jordanier. Aber daraus folgt nicht, daß nun auch ohne seine und seiner Mutter Einwilligung die Legitimation zurückwirkt auf den Zeitpunkt seiner Geburt (20. 2. 1966). Denn den Verlust der deutschen Staatsangehörigkeit begründet nach den Worten des Art. 17 Nr. 5 RuStAG nur eine „nach den deutschen Gesetzen wirksame“ Legitimation. Für die Zeit zwischen Geburt des Kindes und Heirat der Eltern ist aber ohne Einwilligung von Kind und Mutter die Legitimation nicht wirksam. Denn es liefe den Grundsätzen des Statutenwechsels zuwider[104], wenn man die erst vom Staatswechsel des Kindes an ohne Einwilligung wirkende Legitimation zurückwirken ließe auf die Zeit zwischen Geburt und Staatswechsel (= Heirat der Eltern), in der ohne Einwilligungen keine Legitimation eintreten kann[105].

## F. GESAMTERGEBNIS

Für die Frage der Legitimation durch nachfolgende Ehe verweist das deutsche internationale Privatrecht auf jordanisches Recht, das diese Verweisung annimmt. Eine Rückverweisung auf deutsches Recht wird nicht ausgesprochen.

Nach jordanischem interpersonalem Privatrecht ist in casu islamisch-hanafitisches Recht anzuwenden.

---

[102] *AG Hamburg-Wandsbeck* DAVorm. 1968, 279 (280) (Sudan); *AG Hamburg* StAZ 1967, 274 (275) (Irak); *KG* FamRZ 1966, 375 (376) (Ägypten); IPG 1965–66 Nr. 40 (Köln) (Syrien); *Soergel-Kegel,* aaO, Art. 22 EGBGB Anm. 12.

[103] Vgl. auch OLG Frankfurt NJW 1968, 359 (360).

[104] Vgl. *Soergel-Kegel,* aaO, vor Art. 7 EGBGB Anm. 278 für das internationale Sachenrecht.

[105] Ebenso: IPG 1965–66 Nr. 40 (Köln) zu einem gleichgelagerten syrischen Fall.

Dem jordanisch-islamischen Recht ist das Institut der Legitimation unbekannt.

Die Legitimität eines Kindes, die nicht aufgrund einer Ehe feststeht, kann durch ein Vaterschaftsanerkenntnis festgestellt werden.

Das Vaterschaftsanerkenntnis nach islamischem Recht unterliegt – mindestens entsprechend – der Regelung des Art. 22 EGBGB.

Die Voraussetzungen für ein Vaterschaftsanerkenntnis nach jordanisch-islamischem Recht sind in casu erfüllt, so daß das Kind Ralf W. nach jordanischem Recht von Geburt an legitim ist.

Für ein gültiges Vaterschaftsanerkenntnis sind wie bei der Legitimation durch Ehelichkeitserklärung die Einwilligungen von Mutter und Kind erforderlich, soweit es um die Legitimation schon für die Zeit zwischen der Geburt des Kindes und der Eheschließung geht.

Für die Legitimation des Kindes von der Heirat an sind die Einwilligungen entbehrlich; denn die Heirat würde gemäß § 1719 BGB das Kind nach deutschem Recht legitimieren.

Dem Vater des Kindes ist, um alle Zweifel auszuschließen, anzuraten, das Kind Ralf in einer neuen Erklärung als sein legitimes Kind nach jordanisch-islamischem Recht anzuerkennen.

## Nr. 49

**Marokko**

**Das marokkanische internationale Privatrecht verweist für die Legitimation eines deutschen Kindes, dessen Vater Marokkaner ist, auf deutsches Recht (Personalstatut des Kindes) zurück.**

**Freiburg**

Das Vormundschaftsgericht bittet, gutachtlich zu der Frage Stellung zu nehmen, welches Recht über die Legitimation durch nachfolgende Eheschließung im Falle eines unehelich geborenen Kindes eines marokkanischen Vaters und einer deutschen Mutter entscheidet.

### SACHVERHALT

Das Kind wurde als uneheliches in Deutschland geboren. Die Mutter ist Deutsche, der Erzeuger ist Marokkaner islamischen Glaubens. Ein Jahr nach der Geburt des Kindes heirateten Mutter und Erzeuger vor dem marokkanischen Standesbeamten in religiöser und standesamtlicher Form. Darauf erklärte der Erzeuger vor dem deutschen Konsulat, daß er die Vaterschaft über das uneheliche Kind anerkenne.

## GUTACHTEN

I. Gemäß Art. 22 EGBGB bestimmt sich die Legitimation eines unehelichen Kindes nach deutschem Recht, wenn der Vater zur Zeit der Legitimation die deutsche Staatsangehörigkeit besitzt. Welches Recht anwendbar ist, wenn der Vater nicht die deutsche Staatsangehörigkeit besitzt, regelt die einseitige Kollisionsnorm des Art. 22 EGBGB zwar nicht ausdrücklich; nach allgemeiner Meinung ist aber Art. 22 EGBGB i. S. einer vollständigen Kollisionsnorm zu verstehen. Danach richtet sich die Legitimation eines unehelichen Kindes nach dem Heimatrecht des Vaters [1], also nach marokkanischem Recht.

II. Zu prüfen bleibt jedoch, ob das marokkanische Kollisionsrecht nicht eine nach Art. 27 EGBGB zu beachtende *Rückverweisung* auf das deutsche Recht enthält. Art. 27 EGBGB erwähnt zwar Art. 22 EGBGB nicht ausdrücklich; nach allgemeiner Meinung ist aber auch bei Art. 22 EGBGB eine Rückverweisung entsprechend Art. 27 EGBGB zu beachten [2].

Enthält das marokkanische IPR eine solche Rückverweisung? In dem am 14. 8. 1956 gegründeten Königreich Marokko ist das internationale Privatrecht noch nicht einheitlich kodifiziert. Vielmehr gelten innerhalb der früheren französischen [3], der früheren spanischen [4] und der früheren Zone von Tanger [5] verschiedene Dahire (= Gesetze).

Aber weder der hier maßgebende Dahir für die Zone von Tanger noch die inhaltlich sehr ähnlichen Gesetze für die frühere französische oder spanische Zone enthalten eine ausdrückliche Bestimmung über das anzuwendende Recht bezüglich der Legitimation unehelicher Kinder.

Um Anhaltspunkte für die Erörterung dieser Frage zu gewinnen, ist deshalb zu prüfen, wie das marokkanische IPR in Fragen, die das Personalstatut im weitesten Sinne betreffen, grundsätzlich anknüpft. Der für die Zone von Tanger maßgebende Dahir bestimmt: „Nach Artt. 2 und 3 ist für den Personenstand und die Handlungsfähigkeit das Heimatrecht maßgebend... Nach Art. 8 ist für die Eheschließung das Heimatrecht eines jeden der Verlobten maßgebend. Ausländer können gem. Art. 9 unter den Voraussetzungen ihres Heimatrechts geschieden und getrennt werden."

---

[1] *Soergel-Kegel,* BGB V (9. Aufl. 1961) Anm. 1 zu Art. 22 EGBGB; *Palandt,* BGB (26. Aufl. 1967) Anm. 2 zu Art. 22 EGBGB.

[2] *Soergel-Kegel,* aaO, Anm. 28 zu Art. 27 EGGB; *Palandt,* aaO, Anm. 3 zu Art. 27 und Anm. 1 zu Art. 22 EGBGB.

[3] *Dahir* v. 12. 8. 1913 über die zivilrechtlichen Verhältnisse der Franzosen und Ausländer, abgedr. bei Bergmann, Internationales Ehe- und Kindschaftsrecht Bd. IV: Marokko, S. 10.

[4] *Dahir* v. 1. 6. 1914 betreffend die Rechtsverhältnisse der Spanier und Ausländer, abgedr. bei *Bergmann,* aaO, Bd. IV: Marokko, 11.

[5] *Dahir* v. 15. 1. 1925 über die zivilrechtliche Stellung der Ausländer in der Zone von Tanger, abgedr. bei *Bergmann,* aaO, Bd. IV: Marokko, 11 f.

Fast gleichlautend sind die Bestimmungen der Dahire für die frühere französische[6] und spanische[7] Zone. Daraus folgt, daß das marokkanische IPR in Fragen, die das Personalstatut im weitesten Sinne betreffen, grundsätzlich an das Heimatrecht i. S. der Staatsangehörigkeit anknüpft.

Unter Berufung auf diese Prinzipien vertritt die Cour d'appel de Rabat in ständiger Rechtsprechung[8] den Standpunkt, daß in allen mit der Abstammung zusammenhängenden Fragen – und zu ihnen gehört auch die Frage nach der Legitimation unehelicher Kinder – im *gesamten Marokko* an die Staatsangehörigkeit angeknüpft werden müsse. Der gleichen Auffassung sind *Decroux*[9] und *Deprez*[10]. Abweichende Meinungen aus Rechtsprechung und Lehre sind nicht bekannt.

Fraglich könnte nur sein, ob die Staatsangehörigkeit des Vaters oder die des Kindes für die Rechtswahl bestimmend ist. Die h. M. in Marokko steht unter Berufung auf die Rechtsprechung der Cour d'appel de Rabat[11] auf dem Standpunkt, daß die Staatsangehörigkeit des Kindes maßgebend ist[12]. Eine abweichende Auffassung vertreten nur das Tribunal de Fès[13] und *Decroux*[14], die aber selbst einräumen, daß ihre Auffassung nicht der h. M. entspricht.

Die Frage, ob das marokkanische Kollisionsrecht auf das deutsche Recht zurückverweist, hängt also von der Staatsangehörigkeit des Kindes ab.

III. Nach einem international anerkannten Grundsatz obliegt die Entscheidung darüber, ob jemand die Staatsangehörigkeit eines bestimmten Staates besitzt, dem Recht dieses Staates[15].

Der marokkanische Dahir v. 6. 9. 1958, enthaltend das Gesetz über die Staatsangehörigkeit[16], bestimmt unter Kap. II (Staatsangehörigkeit durch Abstammung) in Art. 6:

„Marokkaner ist – 1. das Kind, das von einem marokkanischen Vater gezeugt ist ..."

Weiter bestimmt Art. 8:

„Die Abstammung eines Kindes hat auf dessen Staatsangehörigkeit nur dann einen Einfluß, wenn sie während seiner Minderjährigkeit festgestellt wird. Die

---

[6] Vgl. Art. 3, 5, 8 und 9. [7] Vgl. Art. 2, 10, 14.

[8] *Cour d'appel de Rabat* v. 9. 1. 1952, Gaz. des Tribunaux du Maroc 1952, 150; *Cour d'appel de Rabat* v. 10. 3. 1961, Revue marocaine de droit 1961, 310.

[9] *Decroux*, Droit privé, Bd. II Droit international privé (Paris 1963), 311 f.

[10] *Deprez*, „Droit international privé et conflits entre les statuts personnels", in Juris-Classeur, Droit comparé, Maroc, Titre IV, Nr. 25.

[11] Vgl. oben Fußn. 8.

[12] So auch *Deprez*, aaO, Nr. 25; vgl. außerdem *Decroux* aaO 311 f. mit Hinweisen.

[13] Auszugsweise abgedr. bei *Decroux* aaO 311 Anm. 1.

[14] AaO 311.

[15] *Makarov*, Allgemeine Regeln des Staatsangehörigkeitsrechts (2. Aufl. 1962), 161; *Raape*, IPR (5. Aufl. 1961) 47.

[16] *Bergmann*, aaO, Bd. IV: Marokko, 2 ff.

Abstammung muß gemäß den Vorschriften festgestellt werden, die für das Personalstatut des Aszendenten als Rechtsquelle für die Staatsangehörigkeit maßgebend sind."

Art. 8 schränkt also die Bestimmung des Art. 6 für den Fall ein, daß die Vaterschaft nicht festgestellt wird oder nicht festgestellt werden kann. Die Feststellung der Vaterschaft richtet sich dabei nach dem Personalstatut des Vaters, also nach marokkanischem Recht.

Bezüglich der Feststellung der Vaterschaft bestimmt der Dahir v. 18. 12. 1957 betreffend die Abstammung und ihre Wirkungen[17] in Art. 92:

„La reconnaissance de paternité faite – même au cours de la dernière maladie – au profit d'une personne dont la filiation est inconnue, l'établit à l'égard de l'auteur de la reconnaissance aux conditions suivantes:

1°) Que l'auteur de la reconnaissance soit du sexe masculin;

2°) Qu'il soit sain d'esprit;

3°) Que la filiation de l'enfant soit inconnue;

4°) Que l'aveu ne soit pas démenti par la raison ou les faits."

„Wenn jemand, auch in seiner letzten Krankheit, die Vaterschaft zugunsten eines Kindes anerkennt, dessen Abstammung unbekannt ist, so steht seine Vaterschaft zu diesem Kind unter folgenden Bedingungen fest:

1. Daß der Erklärende männlichen Geschlechts ist;
2. Daß er urteilsfähig ist;
3. Daß das anerkannte Kind von unbekannter Abstammung ist;
4. Daß die Erklärungen des Anerkennenden nicht durch Gründe oder Vermutungen widerlegt sind."

Der Erzeuger des Kindes hat erklärt, das er die Vaterschaft anerkenne. Es ist die Frage, ob dieses Vaterschaftsanerkenntnis den Erfordernissen von Art. 92 entspricht.

Art. 92 kann nur auf dem Hintergrund der klassischen Quellen des Islamrechts, wie es durch die malekitische Rechtsschule in Marokko geprägt wurde, verstanden werden. Danach ist nur das in der Ehe gezeugte Kind ein legitimes Kind. Das illegitime Kind, das aus einem unerlaubten Umgang mit einer Frau („zina") herrührt, ist ein „Kind der Sünde", hat keinerlei Beziehungen zu seinem leiblichen Vater und darf solche auch durch keinen legitimierenden Rechtsakt erwerben; es bleibt illegitim[18]. Gerade weil das islamische Recht jede Rechtsbeziehung zwischen dem leiblichen Vater und dem unehelichen Kind leugnet, spielt für den Gesetzgeber die Frage, wie die *legitime* Zeugung – sei es im Verhältnis zwischen Kind und Vater, sei es im Verhältnis zwischen dem Kind und Dritten –

---

[17] Franz. Text bei *Colomer*, „Droit musulman", Bd. I (Paris 1963) 160; deutscher Text bei *Bergmann*, aaO. Bd. IV: Marokko. 22 ff.

[18] *Milliot*, Droit musulman (Paris 1953) 391–393; Colomer aaO 170; *Wengler*, Die Anerkennung des Kindes im Islamrecht und ihre Bedeutung für das deutsche Personenstandsrecht, in: StAZ 1964, 149 ff.; *Colomer*, „Le statut musulman", in Juris-Classeur, Droit comparé, Maroc Titre I, Nr. 162.

*bewiesen* werden kann, eine besondere Rolle: eines dieser Beweismittel ist das Anerkenntnis der Vaterschaft. Demgemäß dient das Anerkenntnis der Vaterschaft in Art. 92 nicht der Feststellung der natürlichen, sondern der Feststellung der ehelichen Abstammung.

Legt man diese Erwägungen zugrunde, so ergibt sich, daß ein Anerkenntnis gem. Art. 92 Ziff. 4 dann durch „Gründe oder Vermutungen" widerlegt ist, wenn Umstände gegen eine Ehelichkeit des Kindes sprechen[19].

Das Kind stammt offensichtlich aus einem außerehelichen – nach marokkanischem Recht unerlaubten – Verkehr. Die Anerkennung der Vaterschaft durch den Erzeuger konnte somit keine Wirkungen entfalten. Wenn aber die Vaterschaft nicht festgestellt werden darf, erwirbt das Kind gem. Art. 8 des Dahir v. 6. 9. 1958 nicht die marokkanische Staatsangehörigkeit[20].

Das Kind hat indessen gem. § 4 Abs. 1 S. 2 RuStAngG mit der Geburt die Staatsangehörigkeit seiner Mutter – die deutsche Staatsangehörigkeit – erworben.

Zu erwägen ist noch, ob sich daran etwas durch die Eheschließung der Mutter mit dem marokkanischen Erzeuger des Kindes geändert hat. Gem. § 17 RuStAngG, Art. 16 Abs. 1 S. 2 GG hat die Mutter trotz ihrer Eheschließung die deutsche Staatsangehörigkeit nicht verloren. Sie hat auch (gem. Art. 10 des Dahir v. 6. 9. 1958) nicht zusätzlich die marokkanische Staatsangehörigkeit erworben. Dann hat sich auch nichts an der ausschließlich deutschen Staatsangehörigkeit des Kindes geändert.

IV. Da das marokkanische IPR in Fragen der Legitimation unehelicher Kinder an die Staatsangehörigkeit des Kindes anknüpft, das Kind aber die deutsche Staatsangehörigkeit besitzt, enthält das marokkanische Kollisionsrecht eine über Art. 27 EGBGB für das deutsche IPR zu beachtende Rückverweisung. Die Legitimation des Kindes bestimmt sich also nach *deutschem Recht* (§ 1719 BGB).

---

[19] *Colomer*, „Le statut musulman" aaO Nr. 171; *Decroux* aaO 25 f.; *AG Hamburg*, Beschluß v. 13. 3. 1964, StAZ 1964, 164; *AG Bielefeld*, Beschluß v. 14. 10. 1964, StAZ 1965, 219 ff., 220.

[20] So außer der oben zit. Rechtsprechung und Literatur auch *Bourely*, Le droit international privé du Maroc indépendant, Revue critique de droit international privé 1962, 455; *Ali Benjillon*, Le Code de la Nationalité Marocaine, Revue de Droit Marocain (1959) 242.

## Nr. 50

**Pakistan**

**1. Die Legitimation eines Kindes, dessen Vater mohammedanischer Pakistaner ist, beurteilt sich nach pakistanischem religiösem Recht.**

**2. Nach mohammedanisch-hanefitischem Recht gibt es weder eine Legitimation noch eine Adoption. Die Anerkennung des Kindes durch den Vater verschafft dem Kind die Ehelichkeit, sofern jeder Hinweis auf eine illegitime Abstammung unterbleibt.**

**3. Zur Feststellung der Legitimität nach § 31 PStG.**

**Hamburg G 149/66 vom 2. 11. 1966**

Das Amtsgericht Diepholz bittet in der Vormundschaftssache Tarek G. um Auskunft über deutsches Internationales Privatrecht und pakistanisches Kindschaftsrecht.

Der Anfrage liegt folgender Sachverhalt zugrunde:

Am 13. 10. 1965 wurde Tarek G. als uneheliches Kind in D. geboren. Mutter des Kindes ist die am 23. 1. 1943 geborene deutsche Staatsangehörige Brigitte G. Vater des Kindes ist der am 18. 9. 1939 geborene Safder Hussain M., der pakistanischer Staatsangehöriger ist. Er bekennt sich zum mohammedanischen Glauben. Am 1. 7. 1966 haben die Kindeseltern vor dem Standesamt in O. die Ehe geschlossen. In einer vor dem Standesamt O. am 19. 7. 1966 auf einem Vordruck aufgenommenen Urkunde hat der Vater die Vaterschaft „zu dem unehelichen Kind" anerkannt, und zwar „ohne Standesfolge"; der Familienstand der Mutter wurde als „ledig z. Z. der Geburt" angegeben. Anläßlich der Legitimationsverhandlung vor dem Amtsgericht O. am 2. 8. 1966 haben die Eltern folgendes erklärt:

„Unser gemeinsames Kind Tarek, geboren am 13. 10. 1965, soll nunmehr den Namen Tarek M. tragen. Das Kind soll durch unsere nachfolgend geschlossene Ehe als ehelich legitimiert sein. Wir wollen beide das Kind als unser eheliches Kind behandelt wissen."

Das Amtsgericht D. bittet um Auskunft, ob Tarek G. durch die Eheschließung des Vaters und der Kindesmutter legitimiert worden ist.

### *I. Die maßgebende Rechtsordnung*

1. Im *deutschen Internationalen Privatrecht* richtet sich die Legitimation eines unehelichen Kindes gemäß einem von Lehre und Rechtsprechung aus der einseitigen Kollisionsnorm des Art. 22 I EGBGB abgeleiteten Grundsatz nach dem Recht des Staates, dem der Vater zur Zeit der Legi-

timation angehört[1]. Dieser Grundsatz ist durch Artt. 3 II/117 GG nicht aufgehoben worden[2]. Voraussetzung für die Anwendung des Art. 22 EGBGB ist jedoch die uneheliche Abstammung des Kindes.

Bei der Prüfung der ehelichen oder unehelichen Abstammung des Kindes ist nach herrschender Meinung selbständig nach Art. 18 EGBGB anzuknüpfen[3].

Gemäß Art. 18 I EGBGB beurteilt sich die eheliche Abstammung nach dem Heimatrecht des Ehemannes der Mutter. Zwar bestimmt Art. 18 dies nur für den Fall, daß der Ehemann Deutscher ist; von Lehre und Rechtsprechung ist diese Vorschrift aber zu einer allseitigen Kollisionsnorm ausgebaut worden[4]. Der Ehemann der Mutter ist pakistanischer Staatsangehöriger.

Demnach verweist das deutsche Internationale Privatrecht ebenso hinsichtlich der Frage der ehelichen oder unehelichen Abstammung des Kindes wie – bei unehelicher Abstammung – hinsichtlich seiner etwaigen Legitimation auf das pakistanische Recht. Eine etwaige Rückverweisung des pakistanischen Kollisionsrechts auf das deutsche Recht ist aber zu beachten[5].

2. Das *pakistanische Kollisionsrecht* hat zu der Frage der Legitimation unehelicher Kinder durch eine nachfolgende Ehe keine besonderen Kollisionsnormen entwickelt. Man muß daher auf die allgemeinen Kollisionsnormen zurückgreifen. Danach ist zu unterscheiden zwischen Mohammedanern und Nicht-Mohammedanern. Sind die Parteien Mohammedaner, so ist unabhängig davon, welche Staatsangehörigkeit sie besitzen und wo sie domiziliert sind, in allen Statussachen von pakistanischen Gerichten grundsätzlich das mohammedanische Recht anzuwenden[6]. Da nach mohammedanischem Recht ein Kind als Muslim gilt, wenn auch nur ein Elternteil Muslim ist[7], muß davon ausgegangen werden, daß das pakistanische Recht im vorliegenden Fall das religiöse Recht des Islam für maßgebend hält.

Zu beachten ist jedoch, daß innerhalb des Islams zwei Richtungen bestehen – die sunnitische und die schiitische –, die ihrerseits wiederum in

---

[1] *Palandt(-Lauterbach)*, BGB (25. Aufl. 1966) Art. 22 EGBGB Anm. 2; *Soergel-Siebert(-Kegel)*, BGB, Bd. V (9. Aufl. 1961) Art. 22 EGBGB Anm. 1.

[2] *OLG Hamm* 10. 11. 1958, FamRZ 1959, 28; *Soergel-Siebert-(Kegel)*, Anm. 9 vor Art. 13 EGBGB.

[3] *Palandt(-Lauterbach)*, Art. 22 EGBGB Anm. 3; *Neuhaus*, Die Grundbegriffe des IPR (1962) 239; *Soergel-Siebert(-Kegel)*, Art. 22 EGBGB Anm. 21.

[4] *Soergel-Siebert(-Kegel)*, Art. 18 EGBGB Anm. 11 mit Rechtsprechungsnachweisen.

[5] *Soergel-Siebert(-Kegel)*, Art. 27 EGBGB Anm. 28.

[6] *Sakzena*, Muslim Law as Administered in India and Pakistan (4. Aufl. 1963) 80 f.; *Ahmad*, Islamic Law in Theory and Practice (1956) 128.

[7] *Verma*, Mohammedan Law in India and Pakistan (3. Aufl. 1959) 48.

verschiedene Rechtsschulen, welche unterschiedliche materielle Rechtsregeln entwickelt haben, aufgespalten werden. Da der Kindesvater aus Pakistan stammt, wird bis zum Beweis des Gegenteils vermutet, daß er – wie die meisten pakistanischen und indischen Moslems – Angehöriger der sunnitischen Richtung ist und innerhalb dieser der hanefitischen Rechtsschule untersteht [8].

## *II. Inhalt des maßgebenden Rechts*

### *1. Bedeutung der Anerkennung*

Nach hanefitischem Recht sind Kinder, die außerhalb einer Ehe geboren werden, illegitim und stehen in keinerlei rechtlicher Beziehung zu ihrem Erzeuger. Die Legitimation unehelicher Kinder durch eine nachfolgende Ehe der Eltern ist dem mohammedanischen Recht aller Schulen fremd [9]. Auch das Rechtsinstitut der Adoption, durch welches das gleiche Ziel erreicht werden könnte, ist dem mohammedanischen Recht unbekannt. Durch die Suren XXXVIII 4–5, 37–40 des Korans ist die Adoption verboten [10]. Diese Härte des mohammedanischen Rechts wird jedoch im Ergebnis durch das Rechtsinstitut der Anerkennung eines Kindes als ehelich abgemildert.

Die Eheschließung kommt nach mohammedanischem Recht zustande durch die Erklärung eines Mannes, der Ehemann einer bestimmten Frau sein zu wollen, und die Annahme dieser Erklärung durch die Frau. Das hanefitische Recht schreibt zwar die Anwesenheit von Zeugen vor, erklärt jedoch auch eine ohne Zeugen geschlossene Ehe für gültig. Andere Schulen verzichten sogar auf Zeugenanwesenheit [11]. Wegen dieser Formlosigkeit ist die Ehe häufig nur schwer nachweisbar. Damit dieser Umstand sich nicht zum Nachteil der aus der Ehe geborenen Kinder auswirke, hat das mohammedanische Recht das Rechtsinstitut der Anerkennung als eheliches Kind geschaffen.

Durch die Anerkennung eines Kindes als ehelich wird dessen Status als eheliches Kind festgestellt, ohne daß es eines Nachweises der Eheschließung bedarf [12].

---

[8] Vgl. *Mulla*, Principles of Mahomedan Law (15. Aufl. 1961) 25; *Sakzena* 14.

[9] *Sakzena* 300; *Verma* 209; *Ahmad* 253; *Mahmood J.* in *Muhammad Allahdad Khan* v. *Muhammad Ismail Khan* (1888), 10. All. 289, 333 f.; *Habitur Rahman Chowdehury* v. *Atlaf ali Chowdehury* (1922) P. C., 48 Cal. 856, 864; *Fyzee*, Outlines of Muhammedan Law (3. Aufl. 1964) 184; *Milliot*, Introduction à l'étude du droit musulman (1953) 392; *Wengler*, Die Anerkennung des Kindes im Islamrecht und ihre Bedeutung für das deutsche Personenstandsrecht: JR 1964, 201 ff. = StAZ 1964, 149 ff.

[10] Vgl. *Sakzena* 314; *Mulla* 289.

[11] *Verma* 62, 79; *Mulla* 229.

[12] *Ahmad* 252: „The paternity of a child that is his legitimate descent from a

*2. Rechtliche Einordnung des Anerkenntnisses*

Das mohammedanische Vaterschaftsanerkenntnis hat ursprünglich keinen konstruktiven Charakter, sondern ist lediglich Beweismittel für eine objektiv bereits bestehende Legitimität des Kindes. Es handelt sich m. a. W. nicht um eine Verleihung des ehelichen Status an ein bis dahin uneheliches Kind, sondern um eine bloße Anerkennung seiner Ehelichkeit[13]. Es könnte daher fraglich sein, ob die islamischen Vorschriften über das Anerkenntnis von einer Verweisung des deutschen Internationalen Privatrechts auf materielles pakistanisches Recht durch Artt. 18, 22 EGBGB umfaßt werden oder ob sie als bloße Beweismittelregeln[14] in Deutschland nicht anzuwenden sind.

Die Anerkennungserklärung ist aber nur in der Theorie ein reines Beweismittel. Nach der Praxis ist das Anerkenntnis nicht auf eine Stufe mit den üblichen Beweismitteln zu stellen, es wirkt vielmehr als selbständiger Grund für die Legitimität eines Kindes; diese steht mit Abgabe der Erklärung rückwirkend vom Zeitpunkt der Geburt an fest[15].

„Von jeher stand man in der Handhabung des islamischen Rechts dem Problem gegenüber, die für allemal festgelegte, so gut wie unabänderliche Theorie mit den wechselnden Bedürfnissen der Praxis in Einklang zu bringen. Ohne ihrem absoluten Geltungsanspruch das mindeste zu vergeben, hat die Theorie selbst Mittel entwickelt, um diesen Zwiespalt zu überbrücken; ein sehr beliebtes Mittel ist das Anerkenntnis, das zur Schaffung von Fiktionen gilt. Das islamische Gesetz kennt nur die eheliche Vaterschaft; ein Kind, dessen uneheliche Geburt vor dem islamischen Gesetz feststeht, kann unter keinen Umständen ehelich werden. Wenn aber jemand, sei ... er der Ehegatte der Kindesmutter oder nicht, einfach die Vaterschaft (und das ist im islamischen Recht nichts anderes als die eheliche Vaterschaft) zu dem Kinde anerkennt, so ist das Anerkenntnis (vorausgesetzt, daß es den allgemeinen Bedingungen entspricht) unwiderruflich wirksam... Das Anerkenntnis ist ursprünglich zweifellos ein Beweismittel und hat deklaratorische Bedeutung. So ist es in der Theorie geblieben, in der Praxis aber hat es eine derartige Entwicklung genommen, daß man es vom europäischen Standpunkt aus seiner Funktion nach zu den Rechts-

---

person, may be established by lawful acknowledgement of the father. The fact that there is no proof of any valid marriage etc. between the man and the mother of the child makes no difference. The acknowledgement if lawful is alone sufficient to establish the paternity." – Ebenso *Verma* 206; *Sakzena* 300 f.; *Mulla* 288 f. mit zahlreichen Nachweisen.

[13] *Fyzee*, Outlines 184; *Wengler*, JR 1964, 204 = StAZ 1964, 153.

[14] Solche sind dem am Gerichtsort geltenden Recht zu entnehmen: BGH 17. 1. 1966, Betrieb 1966, 692; *Kegel*, IPR (2. Aufl. 1964) 377.

[15] Vgl. AG Berlin-Schöneberg 24. 1. 1966, FamRZ 1966, 374; KG 3. 2. 1966, FamRZ 1966, 375; *Wengler* aaO. So schon *Schacht*, Anm. zu LG II Berlin 24. 4. 1933, StAZ 1933, 327. In der Sache ebenso *Mahmood, J.*, in *Muhammad Allahdad Khan* v. *Muhammad Ismail Khan* (1888), 10 All. 289; Imambandi v. Mutsaddi (1918), 45 Cal. 878.

dispositionsakten stellen muß... Wenn man das Anerkenntnis aufgrund der vorbezeichneten Erwägungen zurückweisen wollte, so würde man tatsächlich vom islamischen Recht, das doch für diesen Fall maßgeblich ist, materiell abweichen, nicht bloß in der Beurteilung der Legitimität des Kindes, sondern auch zahlloser anderer Rechtsakte..."

Teilweise bezeichnet die islamische Rechtslehre das Anerkenntnis sogar ausdrücklich neben der Ehe als selbständigen Grund für die Legitimität eines Kindes[16]. Die pakistanische Rechtsprechung zum mohammedanischen Recht sieht demgemäß die Regeln über das Anerkenntnis nicht als Beweisregeln („rules of evidence"), sondern als Teil des materiellen Rechts an[17].

Auch in Deutschland ist daher diese Regelung als Teil des materiellen Rechts zu behandeln[18]. Dabei kann dahingestellt bleiben, ob die Ehelichkeit schon nach Art. 18 I EGBGB zu berücksichtigen ist oder ob die Vaterschaftsanerkennung des pakistanischen Rechts einer Legitimation durch Ehelichkeitserklärung gleichzustellen und damit Art. 22 unmittelbar oder entsprechend anzuwenden ist[19]. Jedenfalls ist die nach Art. 22 II EGBGB, § 1726 BGB bei einer Legitimation durch Ehelichkeitserklärung erforderliche Einwilligung der Mutter im vorliegenden Fall deshalb entbehrlich, weil die Eltern des Kindes inzwischen die Ehe geschlossen haben[20].

### 3. *Voraussetzungen der Anerkennung*

Eine bestimmte Form für die Anerkennung ist nicht vorgeschrieben, sie kann ausdrücklich oder stillschweigend erfolgen[21]. Sie ist allerdings nur wirksam, wenn folgende Voraussetzungen zusammentreffen:

a) Das Kind darf nicht nur als Kind schlechthin, sondern es muß als eheliches Kind anerkannt werden.
b) Die Nichtexistenz der Ehe darf nicht feststehen.
c) Das Kind muß mindestens 12½ Jahre jünger sein als der Anerkennende.

---

[16] So *Abd el-Fattah al-Sayed Bey*, La Filiation en Droit Egyptien (1932) 15; *Ahmad Musallim*, al-qanun al-dawli al-hass, II (Kairo 1956) 196.

[17] High Court Lahore 14. 2. 1962 in Abdul Ghani v. Taleh Bibi, All Pak. Leg. Dec. 1962–II–531 f. (541); *Ahmad* 253; *Sakzena* 300.

[18] *Wengler* aaO. Allgemein zur funktionellen Qualifikation *Neuhaus*, Grundbegriffe 79 f.

[19] LG II Berlin 24. 4. 1933, StAZ 1933, 327 = IPRspr. 1933 Nr. 50, hat ein (ägyptisches) islamisch-hanefitisches Vaterschaftsanerkenntnis ohne weiteres als Legitimation i. S. des Art. 22 EGBGB qualifiziert. Für entsprechende Anwendung des Art. 22: *Soergel-Siebert(-Kegel)* Art. 22 EGBGB Anm. 10, 12; AG Hamburg 15. 2. 1961, StAZ 1961, 290; AG Ebingen 10. 12. 1963, MDR 1964, 1006 (iranisches Islamrecht). Als „mit der Adoption verwandt" bezeichnet das Anerkenntnis KG 21. 10. 1939, DR 1940, 1375, 1377 = StAZ 1941, 14, 16.

[20] AG Hamburg 19. 4. 1963, StAZ, 1964, 74; *Wengler* aaO.

[21] *Ahmad* 253; *Mulla* 286.

d) Die Vaterschaft eines anderen Mannes darf nicht feststehen.
e) Die Anerkennung darf nicht zurückgewiesen worden sein, wozu das Kind in der Lage ist, wenn es ein Alter erreicht hat, das es ihm ermöglicht, die Bedeutung der Anerkennung zu verstehen[22].

Im vorliegenden Fall sind die zu c) bis e) genannten Anerkennungsvoraussetzungen zweifellos gegeben. Auch hat der Kindesvater in der Erklärung vom 2. 8. 1966 gemäß a) seine Tochter ausdrücklich als eheliches Kind anerkannt. Die durch die Anerkennung der ehelichen Abstammung begründete Vermutung der Ehelichkeit ist jedoch widerlegbar. Ein Vaterschaftsanerkenntnis ist nur in den Fällen wirksam, in denen eine Erzeugung des Kindes in „zina" (Sünde, Unzucht) – d. h. außerhalb einer legitimen Verbindung – nicht feststeht. Denn das Vaterschaftsanerkenntnis basiert auf der Annahme, daß das anerkannte Kind kein „walad-us-zina" (Kind der Sünde) ist, sondern einem legitimen Geschlechtsverkehr zwischen den Eltern entstammt. Wenn das Fehlen dieser Voraussetzung erwiesen ist, und zwar durch den Beweis, daß eine legitime Verbindung zwischen Anerkennendem und Kindesmutter zum Empfängniszeitpunkt unmöglich war – insbesondere wegen eines Ehehindernisses – oder sonstwie nicht bestand, dann ist das Anerkenntnis selbst wirkungslos (vgl. oben b)[23].

Da die Ehe – wie erwähnt – nach mohammedanischem Recht auch formlos geschlossen werden kann, läßt sich bei Freiheit der Eltern von Ehehindernissen das Nichtvorliegen einer legitimen Verbindung kaum jemals beweisen. Der Versuch, den Gegenbeweis zu führen, ist jedenfalls in der indischen Praxis – die ebenfalls der hanefitischen Rechtsschule folgt – nur in Fällen unternommen worden, in denen die Kindesmutter bekanntermaßen eine Prostituierte war[24]. Auch im vorliegenden Fall kann die Möglichkeit einer nach mohammedanischen Begriffen legitimen Verbindung zwischen den Eltern z. Z. der Empfängnis des Kindes nicht ausgeschlossen werden. Die Tatsache, daß es an der nach deutschem Recht notwendigen standesamtlichen Eheschließung fehlte, besagt dafür nichts.

Allerdings darf der Anerkennende nach der Lehre aller Rechtsschulen in seinem Anerkenntnis nicht selbst auf die illegitime Erzeugung des Kindes hinweisen[25]. Ein solcher Hinweis schließt jedoch eine spätere, wirksame Anerkennungserklärung nicht aus[26]. Der Gebrauch des Wortes „un-

---

[22] *Ahmad* 253; *Mulla* 286, 287; *Verma* 208 f.; *Sakzena* 299 f.

[23] So *Mahmood J.* aaO mit ausführlicher Begründung dafür, daß ein Anerkenntnis nur Unsicherheiten beseitigen, nicht aber bewiesene Tatsachen ausräumen kann. Ebenso *Syed Ameer Ali*, Mohammedan Law, II (1965) 199; *Fyzee*, Cases in the Mohammedan Law of India and Pakistan (1965) 238 f., 247; *Sakzena* 306.

[24] *Mulla* 25; *Sakzena* 309 mit Rechtsprechungsnachweisen.

[25] *Mulla* 288; *Syed Ameer Ali* 200; *Sakzena* 309 Anm. 38 mit Rechtsprechungsnachweisen.

[26] *al-Sarakhsi*, al mabsut, Bd. 17 (1331 H./1912 n. Chr.) 157 f.

eheliches Kind" (sowie die Erwähnung des ledigen Status der Mutter zur Zeit der Geburt) in dem Vaterschaftsanerkenntnis vom 19. 7. 1966 muß nicht als ein solcher Hinweis auf „zina" aufgefaßt werden. Denn die Erklärung ist auf einem Formular des Standesamtes abgegeben, das offenbar nur die Unehelichkeit im Sinne des deutschen Rechts meint.

Desgleichen können die Worte „durch nachfolgend geschlossene Ehe ... legitimiert" in der Erklärung vom 2. 8. 1966 als fälschliche Bezugnahme auf hier nicht maßgebende deutsche Rechtsvorstellungen und daher als unerheblich aufgefaßt werden. Zur Vermeidung aller denkbaren Zweifel – besonders für den Fall einer späteren Rückkehr des Vaters nach Pakistan – dürfte sich jedoch die Aufnahme einer weiteren Erklärung des Vaters empfehlen, in der es nur heißt: „Ich erkenne das Kind Tarek als mein eheliches Kind an."

### *III. Zum Feststellungsverfahren nach § 31 PStG*

Es bleibt zu klären, ob die durch Anerkennung erlangte Rechtsstellung eines ehelichen Kindes in einem Verfahren nach § 31 PStG festzustellen ist. Diese Frage ist streitig[27]. Als Begründung für die Anwendbarkeit des § 31 PStG wird angeführt, daß der Standesbeamte im Rahmen seiner Zuständigkeit nach § 30 PStG mit einer Entscheidung über die Eintragung überfordert sei. Derartige, rechtlich oft schwierige Feststellungen müßten dem Gerichtsverfahren vorbehalten bleiben.

Die Gegenmeinung macht geltend, daß ein Beschluß nach § 31 PStG nur dann erlassen werden könne, wenn die Eheschließung der Eltern ein wesentliches Tatbestandsmerkmal für den Eintritt der Legitimation sei. Träten die Legitimationswirkungen unabhängig von einer etwaigen Eheschließung allein durch das Anerkenntnis des Vaters ein, so müsse die Veränderung des Personenstandes des Kindes einfach durch Eintragung eines Randvermerks in das Geburtenbuch nach § 30 PStG verlautbart werden. In schwierigen Zweifelsfällen könne der Standesbeamte die Entscheidung des Amtsgerichts nach § 45 II PStG herbeiführen.

Die Entscheidung der Streitfrage muß dem erkennenden Gericht überlassen werden. Das Institut weist jedoch darauf hin, daß eine bloße Wort-

---

[27] *Für* die Zulässigkeit der Feststellung: *Wengler* aaO; *Gymnich,* StAZ 1960, 132 f.; *Massfeller,* AG Hof 9. 11. 1962, FamRZ 1963, 460; AG Hamburg 19. 4. 1963, StAZ 1964, 74; AG Berlin-Schöneberg 24. 1. 1966, FamRZ 1966, 374, 375 (Legitimation nach irakischem hanefitischem Recht). *Gegen* die Zulässigkeit: *Beitzke,* StAZ 1962, 239; *Soergel-Siebert(-Kegel)* Art. 22 EGBGB Anm. 14; *Schmitt-Peters,* Die Eintragungen in deutsche Personenstandsbücher in Fällen mit Auslandsberührung (1960) 154 f.; LG Köln 22. 5. 1962, DAVorm. XXXV (1962) 205; KG 3. 2. 1966, FamRZ 1966, 375 (Legitimation nach ägyptischem hanefitischem Recht).

interpretation des § 31 PStG verfehlt sein dürfte gegenüber einem Rechtsinstitut, das dem materiellen deutschen Recht unbekannt ist und daher vom Gesetzgeber des PStG gar nicht ins Auge gefaßt worden ist.

## Nr. 51

**Spanien**

**1. Die Legitimation des unehelichen Kindes eines Spaniers beurteilt sich nach spanischem materiellem Recht.**

**2. Nach spanischem Kindschaftsrecht wird ein von seinen Eltern anerkanntes Kind durch die nachfolgende Eheschließung nur dann legitimiert, wenn die Eltern bereits zur Zeit der Empfängnis hätten heiraten können.**

**3. Entgegen der Auffassung des Bundesgerichtshofs (BGHZ 41, 136; 46, 87) erscheint es geboten, dem deutschen Verfahrensrecht vor dem Personalstatut der Nupturienten (Art. 13 EGBGB) den Vorzug einzuräumen und die Eheschließung einer in Deutschland rechtskräftig geschiedenen Deutschen mit einem Spanier nicht am Hindernis des bestehen Ehebandes scheitern zu lassen.**

**4. Dementsprechend wird das uneheliche Kind eines Spaniers mit einer rechtskräftig geschiedenen Deutschen, die in Tondern (Dänemark) formgültig heiraten, legitimiert, sofern die Eltern das Kind anerkennen.**

**Köln 43/67 vom 30. 6. 1967**

Das Amtsgericht Köln hat mit Schreiben vom 20. 5. 1967 in der Legitimationssache Michael Ricardo S. um ein Gutachten über internationales Privatrecht und spanisches Kindschaftsrecht gebeten.

### SACHLAGE

Der am 27. 11. 1964 in Köln geborene Michael Ricardo S. ist der uneheliche Sohn einer katholischen deutschen Staatsangehörigen, deren erste Ehe seit dem 3. 5. 1963 durch – wie unterstellt wird – rechtskräftiges deutsches Urteil geschieden ist. Vater des Kindes ist der katholische spanische Staatsangehörige Buchhalter Ricardo V. Er hat die Vaterschaft bisher nicht anerkannt. Ein Mutterschaftsanerkenntnis ergeben die Akten ebenfalls nicht. Die Eltern – der Vater in erster Ehe – haben am 21. 1. 1966 vor dem Gemeindedirektor in Tondern (Dänemark) geheiratet.

### ANFRAGE

Das Amtsgericht bittet um ein Gutachten zu der Frage, ob die Legitimation des unehelich geborenen Kindes Michael Ricardo S. durch die vor dem Standesbeamten in Tondern (Dänemark) geschlossene Ehe der Kindeseltern eingetreten ist.

## RECHTSLAGE

### A. DAS AUF DIE LEGITIMATION DES KINDES ANZUWENDENDE RECHT

#### *I. Deutsche internationales Privatrecht*

Ob Michael Ricardo S. durch die Eheschließung seiner Eltern legitimiert worden ist, entscheidet nach deutschem IPR das Heimatrecht seines Vaters, also spanisches Recht. Das folgt aus Art. 22 EGBGB, der nach ständiger Rechtsprechung zur allseitigen Kollisionsnorm auszubauen ist[1].

Eine Rück- oder Weiterverweisung des spanischen Rechts wäre nach dem auch im Rahmen des Art. 22 EGBGB anzuwendenden Art. 27 EGBGB zu beachten[2].

#### *II. Spanisches internationales Privatrecht*

Der spanische Código civil vom 24. 7. 1889 (Cc), der auch das internationale Privatrecht regelt, enthält keine ausdrückliche Vorschrift, die dem Art. 22 EGBGB entspricht. Die spanische Rechtslehre vertritt die Meinung, daß für die Legitimation eines unehelichen Kindes durch nachfolgende Ehe der Eltern das Heimatrecht des Ehemannes der Mutter zur Zeit der Eheschließung maßgebend ist[3].

Das spanische internationale Privatrecht trifft somit keine Rück- oder Weiterverweisung für die Legitimation des Michael Ricardo S. Es gilt daher spanisches materielles Recht.

### B. SPANISCHES KINDSCHAFTSRECHT

In Spanien gilt nicht durchweg der Código civil. In den nördlichen Provinzen gelten noch sog. Foralrechte, die gemäß Art. 12 Cc für bestimmte Rechtsmaterien in Kraft geblieben sind. Ob und welches Foralrecht auf den Kindesvater V. anzuwenden ist, kann dahinstehen, da die Foralrechte keine Bestimmungen über die Legitimation unehelicher Kinder enthalten.

---

[1] Vgl. *Kegel* in *Soergel-Siebert,* Kommentar zum BGB, Bd. V (9. Aufl. 1961) Bem. 1 zu Art. 22 EGBGB, mit Nachweisen aus der Rechtsprechung in Fußn. 1.

[2] *Kegel* in *Soergel-Siebert,* aaO, Bem. 48 zu Art. 22 EGBGB, mit Nachweisen in Fußn. 35.

[3] *Verplaetse,* Derecho internacional privado (1954) 425; *Goldschmidt,* Sistema y filosofía del derecho internacional privado, Bd. II (2. Aufl. 1954) 327; *Peña,* Compendio de derecho civil español, Bd. IV 1. Teil (1966) 551.

Über die Legitimation unehelicher Kinder durch nachfolgende Ehe der Eltern bestimmen Artt. 119–122 Cc:

*Art. 119*

„Sólo podrán ser legitimados los hijos naturales.
Son hijos naturales los nacidos fuera del matrimonio, de padres que al tiempo de la concepción de aquellos pudieron casarse sin dispensa o con ella."

Nur natürliche Kinder können legitimiert werden.
Natürliche Kinder sind solche, die außerehelich von den Eltern geboren worden sind, welche im Zeitpunkt der Empfängnis ohne oder mit Dispens hätten heiraten können.

*Art. 120*

„La legitimación tendrá lugar:
1. Por el subsiguiente matrimonio de los padres.
2. ..."

Die Legitimation erfolgt:
1. durch nachfolgende Eheschließung der Eltern;
2. ...

*Art. 121*

„Sólo se considerarán legitimados por subsiguiente matrimonio los hijos que hayan sido reconocidos por los padres antes o después de celebrado."

Als durch nachfolgende Eheschließung legitimiert werden nur die Kinder angesehen, die von ihren Eltern vor oder nach der Eheschließung anerkannt worden sind.

*Art. 122*

„Los legitimados por subsiguiente matrimonio disfrutarán de los mismos derechos que los hijos legítimos."

Die durch nachfolgende Ehe legitimierten Kinder genießen dieselben Rechte wie die ehelichen Kinder.

Wie sich aus Art. 121 Cc ergibt, folgt das spanische Recht im Gegensatz zum deutschen Recht, das die Legitimation mit der Eheschließung der Eltern kraft Gesetzes eintreten läßt, dem Anerkennungssystem: die nachfolgende Ehe hat Legitimationswirkung nur, wenn beide Elternteile das Kind förmlich als das ihrige *anerkennen.*

Diese Anerkenntnisse fehlen bisher. Ob auch die Mutter anerkennen muß, ist fraglich. Denn für ihr Verhältnis zum Kind gilt (wie nach Art. 20 EGBGB) auch nach spanischem IPR ihr Heimatrecht[4]. Nach deutschem materiellem Recht aber entscheidet die Abstammung und nicht das Anerkenntnis. Vorsorglich sollte sie indessen anerkennen.

Nach Art. 119 Cc können jedoch nur solche Kinder legitimiert werden, deren *Eltern* zur Zeit der Empfängnis *hätten heiraten können.* Diese Voraussetzung erscheint hier wegen der ersten Ehe der Kindesmutter zweifelhaft.

---

[4] *Verplaetse* aaO 423; *Goldschmidt* aaO 322.

## C. HÄTTEN DIE KINDESELTERN ZUR EMPFÄNGNISZEIT HEIRATEN KÖNNEN?

### *I. Internationales Privatrecht*

Diese Frage ist nach h. M. als Vorfrage selbständig anzuknüpfen: über sie entscheidet also nicht das Legitimationsstatut, sondern das nach Art. 13 EGBGB selbständig zu ermittelnde Recht[5]. Art. 13 EGBGB ist nach allgemeiner Meinung zur vollständigen Kollisionsnorm auszubauen[6].

Die Frage, ob die Kindeseltern zur Zeit der Empfängnis hätten heiraten können, unterliegt gemäß Art. 13 EGBGB sowohl dem deutschen Recht (hinsichtlich der Mutter) als auch dem spanischen Recht (bezüglich des Vaters): die Eltern konnten zur Zeit der Empfängnis nicht heiraten, wenn nach deutschem Recht für die Mutter oder nach spanischem Recht für den Vater ein Ehehindernis bestand. Eine gemäß Art. 27 EGBGB (hinsichtlich des Vaters) zu beachtende Rück- oder Weiterverweisung des spanischen Kollisionsrechts besteht nicht, da auch das spanische Kollisionsrecht an das Heimatrecht der Eheschließenden anknüpft. Denn *Art. 9 Cc* bestimmt:

„Las Leyes relativas a los derechos y deberes de familia, o al estado, condición y capacidad legal de las personas, obligan a los españoles, aunque residan en país extranjero."

Die Gesetze über die Familienrechte und Familienpflichten, über den Personenstand und die Handlungsfähigkeit von Personen gelten für Spanier, auch wenn sie sich im Ausland aufhalten.

Daraus folgert die spanische Rechtslehre, daß die sachlichen Voraussetzungen der Heirat sich für jeden Verlobten nach seinem Heimatrecht bestimmen[7].

Soweit die sachlichen Voraussetzungen der Eheschließung (hinsichtlich des Vaters) spanischem Recht unterliegen, ist das gemäß Art. 12 Abs. 1 Cc in allen spanischen Provinzen einheitlich geltende gemeinspanische Eherecht maßgebend.

### *II. Spanisches Eheschließungsrecht*

Als Katholik konnte der Kindesvater gemäß Art. 42 Cc nur eine kanonische Ehe schließen.

*Art. 42:*

„La Ley reconoce dos clases de matrimonio: el canónico y el civil.
El matrimonio habrá de contraerse canónicamente *cuando* uno al menos

Das Gesetz kennt zwei Arten von Ehen: die kanonische und die bürgerliche.
Die Ehe muß kanonisch geschlossen

[5] Zum Problem der Vorfrage: *Kegel*, IPR (2. Aufl. 1964) 114–118.
[6] *BGHZ* 27, 375 (379); *Kegel* in *Soergel-Siebert*, aaO, Bem. 1 zu Art. 13 EGBGB.
[7] *Verplaetse* aaO 389; *Goldschmidt* aaO 283.

de los contrayentes profese la religión católica.
Se autoriza el matrimonio civil cuando se pruebe que ninguno de los contrayentes profesa la religión católica."

werden, wenn wenigstens einer der Eheschließenden sich zur katholischen Religion bekennt.
Die bürgerliche Ehe ist zugelassen, wenn keiner der Eheschließenden sich zur katholischen Religion bekennt.

Die kanonische Ehe ist gemäß Art. 75 Cc nach dem Recht der katholischen Kirche zu beurteilen.

*Art. 75:*

„El matrimonio canónico, en cuanto se refiere a su constitución y validez y, en general, a su reglamentación jurídica, se regirá por las disposiciones de la Iglesia Católica."

Die kanonische Ehe richtet sich in bezug auf ihre Eingehung, ihre Gültigkeit und ganz allgemein in bezug auf ihre rechtliche Regelung nach den Vorschriften der katholischen Kirche.

Nach kanonischem Recht (canon 1069 § 1 Codex juris canonici), aber auch nach gemeinspanischem Recht (Art. 51 Cc) stand im vorliegenden Fall einer Eheschließung der Eltern das zweiseitige Ehehindernis des bestehenden Ehebandes entgegen.

*Art. 51:*

„No producirá efectos civiles el matrimonio canónico o civil cuando cualquiera de los cónyuges estuviese ya casado legítimamente."

Die kirchliche oder zivile Ehe hat keine bürgerlichen Wirkungen, wenn einer der Ehegatten bereits gültig verheiratet ist.

Im vorliegenden Fall war der Vater noch nicht verheiratet gewesen, wohl aber die Mutter. Diese ist zwar in Deutschland rechtskräftig geschieden worden. Die Scheidung ist aber vom Standpunkt des kanonischen Rechts unbeachtlich, das jedes weltliche Scheidungsurteil verwirft[8].

## D. IST DAS NACH SPANISCHEM RECHT BESTEHENDE EHEHINDERNIS DES BESTEHENDEN EHEBANDES TROTZ DES RECHTSKRÄFTIGEN DEUTSCHEN SCHEIDUNGSURTEILS ZU BEACHTEN?

Die Frage, ob ein in Deutschland ergangenes (oder anerkanntes) Scheidungsurteil das Ehehindernis des bestehenden Ehebandes beseitigt, ist heftig umstritten. Sie läuft darauf hinaus, ob wir uns den Vorschriften des durch Art. 13 EGBGB berufenen fremden Rechts beugen oder unserem eigenen Verfahrensrecht den Vorrang geben.

---

[8] *Goldschmidt* aaO 284, 313; *Verplaetse* aaO 416; *Muela,* Derecho internacional privado, Bd. II (3. Aufl. 1963) 296; *Lacruz-Sancho,* Derecho de familia (1966) 345; *Tribunal Supremo* 12. 5. 1944, *Aranzadi,* Jurisprudencia 1944 Nr. 669 (zitiert nach: *Weyers,* Die Eheschließung nach spanischem Recht, 1960, 37).

## *I. BGH*

Der *Bundesgerichtshof* will Art. 13 EGBGB den Vorrang einräumen: die Wirkung des deutschen Scheidungsurteils auf das Ehehindernis des bestehenden Ehebandes soll dem Recht unterliegen, auf das Art. 13 EGBGB verweist[9].

Nach Ansicht des BGH will Art. 13 EGBGB sichern, daß die geschlossene Ehe überall und vor allem im Heimatstaat des ausländischen Gatten anerkannt wird. Damit werde der deutsche Ehegatte geschützt. Der Ausländer könnte sonst in seine Heimat zurückkehren und die Ehe abschütteln. Bei gemeinsamer Übersiedlung in die Heimat des Ausländers hätten beide Ehegatten dort Schwierigkeiten zu erwarten. Das Erbrecht des deutschen Gatten werde gefährdet, ebenso Erbrecht und Unterhaltsansprüche von Kindern[10].

Folgt man dieser Meinung, so stand der Eheschließung der Kindeseltern im Zeitpunkt der Empfängnis trotz rechtskräftiger Scheidung der ersten Ehe der Mutter das Hindernis des bestehenden Ehebandes entgegen.

---

[9] *BGHZ* 41, 136, 145–151 = FamRZ 1964, 188 = JZ 1964, 617 m. krit. Anm. *Wengler* = NJW 1964, 976 m. abl. Anm. Fischer 1323 und m. zust. Anm. *Henrich* 2015 = StAZ 1964, 129 m. Anm. *Buchheim* (dazu *Böhmer* StAZ 1964, 201–206), Span.; *BGHZ* 46, 87, 93 f. = FamRZ 1966, 495 = NJW 1966, 1811 m. Anm. *Dräger* und *Jessen* 1967, 352 = StAZ 1966, 287, Span.

*Wie der BGH: AG Hannover* IPRspr. 1929 Nr. 71 = StAZ 1928, 146 Bras.; *KG* HRR 1931 Nr. 544 = IPRspr. 1931 Nr. 62 = JFG 8, 114 = StAZ 1931, 102 TschSl.; *LG Mannheim* JR 1955, 61 m. Anm. Ferid, Griech., obiter betr. Feststellung des Nichtbestehens einer Ehe; *Präsident OLG Hamburg,* Rev. crit. dr. i. p. 1957, 50 m. Anm. Wengler 57–60 = StAZ 1956, 60 Schottland; *LG Köln* FamRZ 1962, 158 m. zust. Anm. v. Stosch = StAZ 1962, 280 It.; *OLG Celle* FamRZ 1963, 66 Span.; *OLG Karlsruhe* Justiz 1962, 291 It. (Haager Eheschließungsabkommen); *OLG München* NJW 1963, 2233 m. krit. Anm. *Jayme* (Hinweis auf Haager Eheschließungsabkommen) 1964, 207 It.; *OLG Celle* FamRZ 1963, 570 = MDR 1963, 957 = NJW 1963, 2232 = StAZ 1964, 14 Ung.; *OLG Hamm* FamRZ 1963, 566 = StAZ 1964, 50 Span., Vorlegungsbeschluß; *OLG Karlsruhe* FamRZ 1964, 366 (LS) = Just. Abl. 1964, 118 = StAZ 1964, 327; *OLG Frankfurt* FamRZ 1964, 295 = StAZ 1964, 162 NL.; *Lewald,* Das deutsche IPR auf der Grundlage der Rechtsprechung, 1931, S. 119, 129; *Müller,* RabelsZ 9 (1935), 889 f.; *Süss,* Festschr. Rosenberg 1949, 249–258; *Ellgaard* StAZ 1955, 34 f.; *Neumayer* RabelsZ 20 (1955), 66–85; *Serick,* RabelsZ 21 (1956), 236 Fußn. 60; *Beyer* StAZ 1957, 35 a. E. f.; *Marquardt* StAZ 1963, 46–51; *Wengler* JZ 1964, 621–623 (mit verfassungsrechtlichem Vorbehalt); *Henrich* NJW 1964, 2015 f. und StAZ 1966, 221; *Dölle,* Familienrecht I (1964) 124; *Gamillscheg,* Festschr. Nipperdey (1965) I, 333–335.

[10] *BGHZ* 41, 136, 145 f.

### *II. Gegenmeinung*

M. E. beseitigt das deutsche Scheidungsurteil das Hindernis des bestehenden Ehebandes unabhängig davon, ob das durch Art. 13 EGBGB berufene Recht die Scheidung anerkennt. Die Vorfrage der Scheidung der ersten Ehe ist ein Problem des Verhältnisses von Verfahrensrecht und materiellem Recht[11].

Das Scheidungsurteil hat den Vorrang vor der Verweisung des Art. 13 EGBGB. Die Antwort auf die Vorfrage nach dem Fortbestand der rechtskräftig geschiedenen Ehe lautet daher in allen Zusammenhängen: nein[12].

Gegen die Ansicht des BGH spricht außer dem zur Vorfrage Gesagten: die Anknüpfung an die Staatsangehörigkeit ist nicht vereinzelt, sondern gilt fast für das gesamte internationale Personen-, Familien- und Erbrecht, zum Teil darüber hinaus. Sie dient dem Parteiinteresse der Beteiligten oder eines Beteiligten, nach dem Recht beurteilt zu werden, dem man am engsten verbunden ist[13].

Entscheidungseinklang mit anderen Staaten (äußerer Entscheidungseinklang) ist nicht das Ziel[14]. Er würde auch nicht gelingen mit Staaten, die statt der Staatsangehörigkeit etwa den Wohnsitz als Anknüpfung wählen. Man kann es nicht allen recht machen. Aber man muß konsequent bleiben: man darf nicht eine Ehe je nach dem Zusammenhang leugnen und bejahen.

Es ist auch nicht Sache der Gerichte, erwachsene Frauen und Männer vor – vielleicht! – unglücklichen Ehen zu schützen[15].

Wenn wirksam geschieden ist, dann darf eine neue Ehe nicht wegen Bigamie verboten werden. Es muß genügen, daß für uns die neue Ehe

---

[11] Näher *Kegel-Lüderitz*, FamRZ 1964, 59 f.; *Klaus Müller*, ZZP 1966, 228–231, 235–241.

[12] *Wie hier: KG* OLG 24, 12 = ZIR 23, 331 und (derselbe Fall) *RG* Gruchot 56, 1017 = JW 1912, 642 It. (Berufung auf Art. 30 EGBGB); *LG Hannover* JZ 1963, 21 m. abl. Anm. Gamillscheg = StAZ 1961, 268 m. abl. Anm. Beyer 1962, 12 Türkei (Berufung auf Art. 30 EGBGB); *OLG Stuttgart* StAZ 1963, 157 Span. (betr. Heirat eines Spaniers mit einer geschiedenen Deutschen; Berufung auf Gestaltungswirkung des deutschen Scheidungsurteils und auf Art. 30 EGBGB); *OLG Braunschweig* FamRZ 1963, 569 Span.; *Reichel* AcP 124, 200–207; *Nussbaum*, Deutsches IPR (1932) 163 Fußn. 2; *Guggumos* StAZ 1954, 4; *Rabel*, The Conflict of Laws, Bd. I (1958) 557 f.; *Erman-Marquordt*, BGB, Bd. II (3. Aufl. 1962) Bem. 5 c zu Art. 13 EGBGB; *Fischer* NJW 1964, 1323 f.; *Ficker* Festschr. Nipperdey (1965) I, 312; *Stöcker* JR 1965, 459; *Dieckmann* JuS 1966, 99–108, 168; *Klaus Müller* ZZP 1966, 235–241; *Rietdorf* StAZ 1967, 6 zu Fußn. 32, 33.

[13] *Kegel*, IPR, 35 f.

[14] *Kegel*, IPR, 38.

[15] Deutscher Mann „geschützt" z. B. *OLG Karlsruhe* FamRZ 1964, 366 = Just. ABl. 1964, 118 = StAZ 1964, 327 gegen spanische Frau; ebenso *BGHZ* 46, 87 = FamRZ 1966, 495 = NJW 1966, 1811 m. Anm. *Dräger* und *Jessen* 1967, 352 = StAZ 1966, 287; *OLG Frankfurt* FamRZ 1964, 295 = StAZ 1964, 162 gegen niederländische Frau, die zwei (uneheliche) Kinder von dem Mann hatte.

gültig ist. Ob andere die neue Ehe nicht wollen, weil sie die Scheidung nicht wollen, sollte uns gleich sein.

M. E. kann daher bei uns ein Ausländer gültig wiederheiraten, dessen Verlobte bei uns geschieden ist, auch wenn der Heimatstaat des Ausländers die Scheidung nicht anerkennt.

Welche schwerwiegenden und für die Beteiligten kaum verständlichen Folgen sich aus der Rechtsprechung des BGH ergeben, daß ein Ausländer nicht heiraten darf, wenn nach seinem Heimatrecht das Hindernis des Ehebandes trotz einer in Deutschland ausgesprochenen Scheidung fortbesteht, zeigt besonders deutlich der vorliegende Fall: die Verlobten heiraten in Tondern. Ihre Ehe ist nach Ortsrecht (Art. 11 Abs. 1 S. 2 EGBGB) formgültig [16], gleichwohl bleibt das Kind unehelich.

Der Ansicht des BGH tritt auch der Entwurf eines Gesetzes zur Änderung und Ergänzung des EGBGB (Deutscher Bundestag V. Wahlperiode, Drucksache V/359) entgegen. Nach ihm soll Art. 13 Abs. 1 EGBGB lauten:

> „Die Voraussetzungen der Ehe werden hinsichtlich jedes Verlobten nach dem Gesetz des Staates beurteilt, dem er angehört. Hat ein deutsches Gericht durch rechtskräftiges Urteil eine Ehe für nichtig erklärt, aufgehoben oder geschieden oder festgestellt, daß die Ehe nicht besteht, so steht diese Ehe einer erneuten Eheschließung auch dann nicht entgegen, wenn das Urteil in einem ausländischen Staat nicht anerkannt wird."

### E. ERGEBNIS

Folgt man dem BGH, dann ist Michael Ricardo S. durch die Heirat seiner Eltern nicht legitimiert worden, weil er nicht als ihr natürliches Kind nach Art. 119 Cc anzusehen ist. Außerdem haben ihn seine Eltern bisher nicht anerkannt, wie Art. 121 Cc verlangt.

Folgt man nicht dem BGH, sondern der Gegenmeinung, dann wird Michael Ricardo S. legitimiert, falls seine Eltern ihn anerkennen.

## Nr. 52

## Togo

**1. Die Legitimation des unehelichen Kindes einer Deutschen, die den togolesischen Erzeuger des Kindes heiratet, beurteilt sich nach togolesischem materiellem Recht, wenn die Mutter mit der Heirat die togolesische Staatsangehörigkeit erwirbt; sie untersteht dem deutschen Recht, wenn die Mutter die togolesische Staatsangehörigkeit nicht erwirbt und die Eheleute ihren gemeinsamen Wohnsitz in Deutschland haben.**

**2. Nach togolesisch-französischem Recht wird ein uneheliches Kind durch die Heirat seiner Eltern legitimiert.**

**Hamburg G 53/66 vom 1. 2. 1967**

---

[16] Vgl. *OLG Schleswig*, FamRZ 1967, 98 m. krit. Anm. F. W. B.

Das Amtsgericht Hamburg bittet in der Legitimationssache René G. um Auskunft über togolesisches Recht.

Aus den Akten ergibt sich folgender Sachverhalt: René G. wurde am 21. 12. 1965 von der deutschen Staatsangehörigen Elke Anna-Marie G. unehelich geboren. Seine Geburt wurde beim Standesamt H. eingetragen. Die Mutter heiratete am 11. 2. 1966 den Vater des Kindes, Kokou Guy A., der die togolesische Staatsangehörigkeit besitzt. Beide Eltern haben ihren Wohnsitz in H. Der Vater hat am 17. 1. 1966 ein Vaterschaftsanerkenntnis abgegeben. Am Tage ihrer Eheschließung haben sich beide Eltern vor dem Standesbeamten mit der Feststellung der Legitimation ihres gemeinsamen Kindes durch das zuständige Vormundschaftsgericht einverstanden erklärt.

## A. INTERNATIONALE ZUSTÄNDIGKEIT

Ist die Geburt eines Kindes in einem deutschen Geburtenbuch eingetragen, so ist das deutsche Vormundschaftsgericht zur Anordnung der Beischreibung der Legitimation am Rande des Geburteneintrags auch dann international zuständig, wenn die Legitimation selbst nach ausländischem Recht erfolgt ist. Daß das Legitimationsstatut weitere Erfordernisse für die Legitimation aufstellt, als sie im deutschen Recht vorgesehen sind, hindert die internationale Zuständigkeit nicht[1].

## B. DEUTSCHES INTERNATIONALES PRIVATRECHT

Die Legitimation eines unehelichen Kindes richtet sich im deutschen IPR nach dem Recht des Staates, dem der Vater zur Zeit der Legitimation angehört. Dies folgt aus Art. 22 I EGBGB, der nach allgemeiner Ansicht als allseitige Kollisionsnorm zu lesen ist[2]. Das Legitimationsstatut regelt sämtliche Voraussetzungen einer Legitimation, so auch die Fragen, ob die Eheleute ein Anerkenntnis abgeben müssen, welcher Form dieses gegebenenfalls bedarf und ob die Legitimation durch ein Gericht festgestellt werden muß[3]. Die Anwendung der Kollisionsregel des Art. 22 I EGBGB setzt voraus, daß das Kind tatsächlich unehelich ist. Daran besteht hier jedoch kein Zweifel.

Da der Vater des Kindes im fraglichen Zeitpunkt togolesischer Staatsangehöriger war, verweist das deutsche Recht also für die Legitimation auf togolesisches Recht. Diese Verweisung gilt aber nur vorbehaltlich einer Rück- oder Weiterverweisung des togolesischen Rechts[4].

---

[1] *KG* 9. 12. 1957, NJW 1958, 635 = IPRspr. 1956–1957 Nr. 120.

[2] *Soergel-Siebert(-Kegel),* BGB, Bd. V (9. Aufl. 1961) Art. 22 Randz. 1.

[3] *Soergel-Siebert(-Kegel),* Art. 11 Randz. 14, Art. 22 Randz. 22.

[4] *Soergel-Siebert(-Kegel),* Art. 22 Randz. 48.

## C. RECHTSQUELLEN IN TOGO

Ein einheitliches Recht gibt es in Togo nicht. Einerseits sind auch während der Zeit der französischen Herrschaft die traditionellen einheimischen, stammesgebundenen Gewohnheitsrechte in Kraft geblieben (a), andererseits ist daneben weitgehend das französische Recht eingeführt worden (b). An der Anwendbarkeit beider Rechte hat sich im Prinzip nichts dadurch geändert, daß Togo unabhängig geworden ist (c).

a) In den meisten französischen Kolonien ergab sich die Weitergeltung des *Eingeborenenrechts* als sogenanntem „statut civil local" entweder ausdrücklich aus dem Gesetz, oder sie wurde von den Gerichtsverfassungsgesetzen vorausgesetzt, soweit sie die Gerichte in bestimmten Fällen zur Anwendung des einheimischen Gewohnheitsrechts („coutumes") verpflichteten[5].

Für Togo ergab sich dies schon aus einem Dekret vom 22. 11. 1922 über die Gerichtsverfassung, durch das den französischen Gerichten eine eigenständige Eingeborenen-Gerichtsbarkeit („juridiction indigène") an die Seite gestellt wurde.

*Art. 31:*

| | |
|---|---|
| „Les juridictions indiquées appliquent en matière civile les coutumes locales." | Die bezeichneten Gerichte wenden auf zivilrechtlichem Gebiet die lokalen Gewohnheitsrechte an[6]. |

Das Dekret vom 21. 4. 1933, das die Gerichtsverfassung neu regelte, brachte hierin keine wesentliche Änderung.

*Art. 6:*

| | |
|---|---|
| „En matière civile et commerciale, les juridictions indigènes appliquent exclusivement la coutume des parties." | Auf zivil- und handelsrechtlichem Gebiet wenden die Eingeborenengerichte ausschließlich das Gewohnheitsrecht der Parteien an[7]. |

b) *Französisches Zivilrecht* wurde in Togo durch ein Dekret vom 22. 5. 1924 eingeführt.

| | |
|---|---|
| „1. Sont rendues exécutoires dans les territoires du Togo placés sous le mandat de la France les lois et décrets promulgués en Afrique Occidentale française antérieurement au 1er janvier 1924." | In den Gebieten Togos, die französischem Mandat unterstellt sind, gelten die Gesetze und Dekrete, die vor dem 1. Januar 1924 in Französisch-Westafrika erlassen worden sind[8]. |

---

[5] Vgl. statt aller *Rolland-Lampué*, Précis de droit des pays d'outre-mer (2. Aufl. 1952) Nr. 274.

[6] Penant 1923, L. 86 ff. (91).

[7] B. O. C. 1933, 449 = J. Cl. France d'Outre-Mer (1. Serie) VI „21 avril 1933".

[8] B. O. C. 1924, 1008 = J. Cl. France d'Outre-Mer (1. Serie) V „22 mai 1942".

Auf diese Weise ist auf Togo auch die Geltung des Code civil ausgedehnt worden, der in Französisch-Westafrika bereits durch ein Dekret vom 6. 8. 1901 für anwendbar erklärt worden war[9].

c) Die *Unabhängigkeit Togos* seit dem 27. 4. 1960[10] hat grundsätzlich das Zivilrecht nicht berührt und somit die Dualität von allgemeinem Zivilstatut und lokalem Zivilstatut bestehen lassen. Sowohl die togolesische Verfassung von 1961 als auch diejenige von 1963 ordnen die Weitergeltung des bisherigen Rechts ausdrücklich an.

*Art. 60* der Verfassung vom 14. 4. 1961:

„La législation applicable au Togo à la date de la prise d'effet de la Constitution reste en vigueur dans ses dispositions qui ne sont pas contraires à celles de la présente loi."

Das im Zeitpunkt des Inkrafttretens der Verfassung in Togo geltende Recht bleibt in Kraft, soweit es nicht gegen die Bestimmungen dieses Gesetzes verstößt[11].

*Art. 88 III* der Verfassung vom 11. 5. 1963:

„La législation applicable au Togo à la date d'entrée en vigueur de la présente constitution reste en vigueur dans la mesure où elle n'est pas contraire aux dispositions de la présente constitution."

Das in Togo im Zeitpunkt des Inkrafttretens dieser Verfassung anwendbare Recht bleibt in Kraft, soweit es nicht gegen die Bestimmung dieser Verfassung verstößt[12].

Mithin ist das französische Recht, soweit es nicht verfassungswidrig ist, neben dem einheimischen Gewohnheitsrecht in Kraft geblieben. Aber auch die Rechtsgrundsätze, die von der französischen Rechtsprechung und Literatur für gesetzlich nicht geregelte Fälle entwickelt worden sind, werden in Togo weiterhin angewendet[13].

Für die Weitergeltung sowohl des einheimischen Gewohnheitsrechts („statut civil local" = heute: „statut civil traditionnel") als auch des französischen Rechts („statut civil français" oder „statut civil de droit commun" = heute: „statut civil moderne") spricht ferner, daß es auch künftig eine zweigleisige Gerichtsorganisation geben wird.

Die Rechtslage in Togo entspricht übrigens derjenigen in den meisten anderen unabhängig gewordenen Staaten Afrikas, die sich ehemals unter französischer Herrschaft befanden[14].

---

[9] Vgl. *Dalloz*, Rép. dr. civ. I (1951), s. v. Codes-Codifications, Nr. 36, 39.

[10] Vgl. *Lavroff-Peiser*, Les Constitutions Africaines (1963) 204.

[11] J. O. R. Togo 17 avril 1961 = J. Cl. France d'Outre-Mer (2. Serie) III „14 avril 1961".

[12] J. O. R. T. 12 mai 1963 = J. Cl. France d'Outre-Mer (2. Serie) VI „11 mai 1963".

[13] *Trib. supérieur d'Appel Togo* 23. 2. 1961, Penant 1963, 76 (77).

[14] Vgl. *Lampué*, La diversité des statuts de droit privé dans les États africains,

D. TOGOLESISCHES (FRANZÖSISCHES) INTERNATIONALES PRIVATRECHT

1. Weder hat das unabhängig gewordene *Togo* Vorschriften über das Internationale Privatrecht erlassen, noch enthalten die *Lokalrechte* etwas hierüber. Es ist deshalb gemäß dem heute noch fortbestehenden Grundsatz, daß alle Rechtsfragen, die vom Lokalrecht nicht geregelt werden, nach dem französischen als dem stets subsidiär geltenden Recht zu beurteilen sind [15], französisches Internationales Privatrecht anzuwenden.

2. Der französische *Code civil* enthält keine spezielle Kollisionsnorm für die Legitimation. Allgemein knüpft er für alle Statusfragen an die Staatsangehörigkeit an. In Art. 3 III heißt es:

| | |
|---|---|
| „Les lois concernant l'état et la capacité des personnes régissent les Français, même résidant en pays étranger." | Die Gesetze über den persönlichen Rechtsstatus und die Handlungsfähigkeit sind für die Franzosen maßgebend, auch wenn sie sich im Ausland aufhalten. |

Diese Vorschrift versagt jedoch, wenn die familienrechtlichen Beziehungen mehrerer Personen zueinander zu regeln sind, die nicht dieselbe Staatsangehörigkeit besitzen. Es ist in Frankreich umstritten, welches Recht in diesem Fall auf die Legitimation anzuwenden ist.

Vereinzelt wird die Ansicht vertreten, es sei auf das Heimatrecht des Kindes abzustellen [16], oder aber auf das der Legitimation günstige Recht [17]. Die wohl überwiegende Meinung wendet aber das Recht an, das die persönlichen Ehewirkungen regelt, d. h. das gemeinsame Heimatrecht der Eltern zur Zeit der Eheschließung und bei verschiedener Nationalität das Recht des gemeinsamen Wohnsitzes [18].

Ein gemeinsames Heimatrecht, das als Ehewirkungsstatut dienen kann, haben zwei Ehegatten schon dann, wenn die Frau durch die Eheschließung

---

Penant 1961, 1 ff. (7); *Amega*, Prière pour un Code civil, Penant 1966, 275 ff. (279); ferner die in der zentralafrikanischen Republik ergangene Entscheidung: Cour d'appel Bangui 5. 6. 1963, Penant 1964, 213 ff. mit Anm. *Lampué*.

[15] *Rolland-Lampué* Nr. 284; vgl. auch *Amega* aaO.

[16] *Trib. gr. inst. Nice* 3. 7. 1963, D. 1964. J. 347 mit abl. Anm. *Delvolvé* = Clunet 91 (1964) 562 mit abl. Anm. *Ponsard* = Rev. crit. dr. int. pr. 55 (1966) 424 mit zust. Anm. *Foyer*; *Niboyet*, Anm. zu Civ. 31. 3. 1930, S. 1931. I. 9.

[17] *Simon-Depitre*, Anm. zu Trib. gr. inst. Nice 3. 7. 1963, J. C. P. 1964. II 13830.

[18] *Civ.* 18. 11. 1947, J. C. P. 1948. II. 4028; *Paris* 8. 3. 1966, D. 1966. J. 525 (mit einer Einschränkung für die der Legitimation vorangehende Anerkennung des Kindes); *Batiffol*, Traité élémentaire de droit international privé (3. Aufl. 1959) no. 477, S. 531; *Lerebours-Pigeonnière(-Lousouarn)*, Droit international privé (8. Aufl. 1962) no. 466 B., S. 571; *Ponsard*, Anm. zu Trib. gr. inst. Nice 3. 7. 1963, Clunet 91 (1964) 570 ff. (571); *Delvolvé*, Anm. zur gleichen Entscheidung, D. 1964. J. 350 (352); *Malaurie*, Anm. zu Paris 8. 3. 1966, D. 1966. J. 526 (527 f.); vgl. ferner: de la *Moutte* in: Das internationale Familienrecht Deutschlands und Frankreichs (1955) 340 ff. (344, 349).

die Staatsangehörigkeit des Mannes erworben hat. Die Tatsache, daß sie daneben noch ihre bisherige Staatsangehörigkeit besitzt, ist jedenfalls dann bedeutungslos, wenn die gemeinsame Staatsangehörigkeit der Eheleute die inländische ist.

Aus dem mitgeteilten Sachverhalt ergibt sich nicht, ob die Kindesmutter durch ihre Eheschließung mit dem Vater dessen Staatsangehörigkeit erworben hat. Dies ist aber wahrscheinlich; denn eine Ausländerin erwirbt durch Eheschließung mit einem Togolesen die togolesische Staatsangehörigkeit, falls sie diese nicht vorher ausdrücklich ausschlägt oder die togolesische Regierung dem Erwerb widerspricht[19].

Wird die Ehe außerhalb Togos geschlossen, so ist die Ausschlagung der togolesischen Staatsangehörigkeit vor dem zuständigen Konsulatsbeamten zu erklären[20]. Sollte die Kindesmutter die togolesische Staatsangehörigkeit wirksam ausgeschlagen haben, dann ist Ehewirkungs- und somit Legitimationsstatut das Recht des gemeinsamen deutschen Wohnsitzes der Parteien.

Hat die Mutter die togolesische Staatsangehörigkeit erworben, wovon ausgegangen werden soll, ist togolesisches Recht als gemeinsames Heimatrecht der Gatten Ehewirkungs- und damit Legitimationsstatut.

## E. INTERPERSONALES PRIVATRECHT

Für die Abgrenzung des Geltungsbereichs der verschiedenen, heute noch in Togo bestehenden Personalstatuten ist auszugehen von den Regeln des französischen interpersonalen Privatrechts (a); sodann ist ihre Fortgeltung im unabhängig gewordenen Togo zu untersuchen (b); endlich sind sie auf den konkreten Fall anzuwenden (c).

a) Nach *französischem Kolonialrecht* beurteilen sich die persönlichen Rechtsverhältnisse bei Franzosen und emanzipierten Eingeborenen nach französischem Recht, bei den übrigen Angehörigen der autochthonen Bevölkerung aber nach ihrem jeweiligen lokalrechtlichen Personalstatut, solange sie nicht auf dieses verzichtet hatten.

*Art. 82* der französischen Verfassung von 1946:

| | |
|---|---|
| „Les citoyens qui n'ont pas le statut civil français conservent leur statut personnel tant qu'ils n'y ont pas renoncé." | Die Bürger, die nicht unter französischem Zivilstatut leben, behalten ihr eigenes Personalstatut, sofern sie es nicht abgelegt haben[21]. |

---

[19] Artt. 8–10 des Staatsangehörigkeitsgesetzes vom 25. 7. 1961; abgedruckt in J. Cl. Outre-Mer (2. Serie) IV „25 juillet 1961".

[20] Art. 31 II aaO.

[21] S. D. 1946. L. 324.

Französisches Recht war ferner dann anwendbar, wenn ihm die Parteien ein bestimmtes Rechtsverhältnis ausdrücklich oder stillschweigend unterworfen hatten. Die Zulässigkeit einer solchen *Rechtswahl im Rechtsstreit* ergab sich aus Art. 7 und Art. 8 des Dekrets vom 21. 4. 1933 über die Neuordnung der einheimischen Gerichtsbarkeit.

*Art. 7:*

„Les indigènes peuvent d'un commun accord en matière civile et commerciale réclamer le bénéfice de la juridiction française. En ce cas, il leur est fait application des usages et coutumes les régissant, à moins que les parties n'aient déclaré dans un acte qu'elles entendaient placer leur convention sous l'empire de la loi française, auquel cas cette loi seule est applicable."

Durch eine gemeinsame Vereinbarung können sich die Eingeborenen auf den Gebieten des Zivil- und Handelsrechts der französischen Gerichtsbarkeit unterstellen. In diesem Fall werden die für sie geltenden Gebräuche und Gewohnheitsrechte angewendet, es sei denn, die Parteien hätten in einer Urkunde erklärt, ihr Rechtsverhältnis unter die Herrschaft des französischen Rechts stellen zu wollen; in diesem Fall wird allein dieses Recht angewendet.

*Art. 8:*

„En même matière, les différends entre justiciables des tribunaux français et justiciables des tribunaux indigènes peuvent, d'un commun accord, être portés devant les tribunaux indigènes qui, dans ce cas, appliquent la coutume indigène."

Auf denselben Rechtsgebieten können Streitigkeiten zwischen Personen, die der Gerichtsbarkeit der französischen Gerichte unterstehen, und Personen, die der Gerichtsbarkeit der einheimischen Gerichte unterstehen, durch eine gemeinsame Übereinkunft vor die einheimischen Gerichte gebracht werden, die in diesem Fall das einheimische Gewohnheitsrecht anwenden[22].

Die Unterwerfung der *Ehe* von Eingeborenen und ihrer Wirkungen unter das französische Recht ist verschiedentlich in der Tatsache gesehen worden, daß sie vor einem französischen Standesbeamten geschlossen wurde[23].

Endlich war ein Rechtsverhältnis dann nach französischem Recht zu beurteilen, wenn mehrere Personen an ihm beteiligt waren und zumindest eine von ihnen nach französischem Recht lebte *(gemischte Rechtsverhältnisse)*[24]. Die stärkere Wirkung des französischen Rechts wurde unter-

---

[22] B. O. C. 1933, 449 = J. Cl. France d'Outre-Mer (1. Serie) VI „21 avril 1933"; vgl. auch Art. 14 des Dekrets vom 22. 7. 1939 über die französische Gerichtsbarkeit, B. O. C. 1939, 952 = J. Cl. France d'Outre-Mer (1. Serie) VIII „22 juillet 1939".

[23] Civ. 24. 7. 1888, D. 1889. 1. 417; 29. 1. 1936, D. 1937. 1. 15; vgl. auch *Lampué*, Penant 1964, 216.

[24] Vgl. *Rolland-Lampué* Nr. 288; *Amega* 278 ff.; *Luchaire*, Manuel de Droit d'Outre-Mer (1949) 283.

schiedlich gerechtfertigt, so etwa mit dem natürlichen Vorrang des zivilisierten Rechts oder mit der Verdrängung des Partikularrechts durch das gemeine Recht (droit commun)[25].

b) Im *unabhängigen Togo* gelten die Grundsätze des französischen interpersonalen Privatrechts über die Kollision zwischen den verschiedenen Personalstatuten im allgemeinen fort[26]. Vor allem hat die heute einheitliche togolesische Staatsbürgerschaft keinen Einfluß auf die Anknüpfung des Personalstatuts[27].

Zweifelhaft ist allerdings die Fortgeltung des Grundsatzes vom Vorrang des französischen Rechts bei den gemischten Rechtsverhältnissen. Sie ließe sich allenfalls dann rechtfertigen, wenn das französische Recht heute noch das gemeine Recht Togos wäre. Hingegen wäre sie mit einer Gleichberechtigung der verschiedenen, nebeneinander geltenden Personalstatuten kaum zu vereinbaren[28].

Besonders geregelt wurde inzwischen die *Rechtswahl im gerichtlichen Verfahren.*

Art. 1 des Gesetzes Nr. 61–17 über die Gerichtsverfassung vom 12. 6. 1961:

*Art. 1:*

„Au Togo, la justice est rendue par:

...

3° Un tribunal de droit moderne de première instance siégant à Lomé, et des sections détachées de ce tribunal;

...

5° Des tribunaux contumiers de première instance et d'appel."

In Togo wird die Rechtsprechung ausgeübt durch:

...

3° Ein Gericht modernen Rechts erster Instanz mit Sitz in Lomé sowie selbständige Spruchkörper dieses Gerichts;

...

5° Gerichte des Gewohnheitsrechts in der ersten sowie der Berufungsinstanz.

*Art. 34:*

„En matière civile et commerciale, le tribunal de droit moderne de première instance de Lomé et les sections détachées sont juges de droit commun. Toutefois, si le litige n'intéresse que des parties de statut coutumier, le demandeur peut au choix attraire son adversaire devant le tribunal de droit

Auf dem Gebiet des Zivil- und Handelsrechts sind das Gericht des modernen Rechts erster Instanz in Lomé sowie seine selbständigen Spruchkörper nach gemeinsamem Recht zuständig. Betrifft der Rechtsstreit allerdings nur Parteien mit einem gewohnheitsrechtlichen Personalstatut, so kann der Klä-

[25] Vgl. für eine Übersicht über die verschiedenen Ansichten: *Kollewijn*, Rev. jur. pol. Union fr. 1954, 320 ff.

[26] *Amega* 280.

[27] So ausdrücklich für die zentralafrikanische Republik: *Cour d'appel Bangui* aaO und Anm. *Lampué* 217.

[28] Im Sinne einer solchen Gleichberechtigung: *Cour d'appel Bangui* aaO 215.

moderne ou devant le tribunal coutumier.
Dans cette dernière hypothèse, le défendeur peut, avant toute défense au fond, demander le renvoi devant le tribunal de droit moderne; ce renvoi ne peut lui être refusé.
Le tribunal de droit moderne applique en principe la loi moderne, sauf réclamation expresse de l'une des parties en cause. Dans ce cas, la coutume est appliquée à toute les parties en cause.
Dans tout litige dont la solution nécessite l'application d'une coutume togolaise, les dispositions de l'article 38 paragraphe 2 recevront application."

ger seinen Gegner wahlweise vor das Gericht modernen Rechts oder das Gericht des Gewohnheitsrechts laden.
In diesem letzten Fall kann der Beklagte, bevor er sich zur Sache einläßt, die Verweisung an das Gericht modernen Rechts beantragen; diese Verweisung kann ihm nicht verweigert werden.
Das Gericht modernen Rechts wendet grundsätzlich das moderne Recht an, es sei denn, eine der Parteien des Rechtsstreits widerspräche dem ausdrücklich. In diesem Fall wird das Gewohnheitsrecht auf alle Parteien des Rechtsstreits angewendet.
Auf jeden Rechtsstreit, dessen Lösung die Anwendung eines togolesischen Gewohnheitsrechts erfordert, findet die Vorschrift des Art. 38 Abs. 2 Anwendung.

*Art. 38–2:*

„Lorsque ces juridictions devront statuer en matière coutumière à défaut de l'option tacite de législation prévue à l'article 34 de la présente loi elles s'adjoindront un assesseur de la coutume des parties litigeantes ou deux assesseurs si les parties en cause ne sont pas de même coutume."

Wenn diese Gerichte, weil es an der in Art. 34 dieses Gesetzes vorgesehenen stillschweigenden Rechtswahl fehlt, nach Gewohnheitsrecht entscheiden müssen, haben sie einen des Gewohnheitsrechts der streitenden Parteien kundigen Beisitzer hinzuzuziehen oder zwei Beisitzer, wenn die Parteien eines Rechtsstreits nicht demselben Gewohnheitsrecht unterstehen[29].

Allerdings ist fraglich, ob diese Vorschriften schon geltendes Recht sind; denn gemäß Art. 80 sind sie durch besondere Dekrete in Kraft zu setzen. Dies ist aber, soweit ersichtlich, bisher nur für die Vorschriften über die Gerichte des Gewohnheitsrechtes geschehen[30]. Für das Verfahren vor den Gerichten modernen Rechts gilt also Art. 14 des Dekrets vom 22. 7. 1939 über die französische Gerichtsbarkeit, der dem Art. 7 des Dekrets vom 21. 4. 1933 über die einheimische Gerichtsbarkeit inhaltlich entspricht, formell weiter[31].

---

[29] J. O. R. T. 15 juin 1961 = J. Cl. France d'Outre-Mer (2. Serie) IV „12 juin 1961".

[30] Dekret Nr. 62–35 vom 16. 3. 1962, J. O. R. T. vom 16. 3. 1962 = J. Cl. France d'Outre-Mer (2. Serie) V „16 mars 1962".

[31] Diese letzte Vorschrift wurde bereits derogiert (Art. 80 II des Gesetzes Nr. 61–17 vom 12. 6. 1961).

Obwohl also das togolesische Gerichtsverfassungsgesetz noch nicht im ganzen gilt, wird man den von ihm niedergelegten Grundsatz über das Verhältnis von modernem Recht und Gewohnheitsrecht schon jetzt bei der Auslegung der noch vom französischen Gesetzgeber erlassenen Vorschriften berücksichtigen müssen. Hiernach ist in einer Sache, die nicht im Einverständnis aller Beteiligten von einem Gericht des Gewohnheitsrechts zu entscheiden ist, modernes (französisches) Recht anzuwenden, falls nicht einer der Beteiligten ausdrücklich die Anwendung des Gewohnheitsrechts verlangt. Das französische Recht ist also das im Zweifel und damit das subsidiär anzuwendende Recht.

c) Im *vorliegenden Fall* ist nicht ohne weiteres ersichtlich, welches das Personalstatut der einzelnen Beteiligten ist. Doch kann diese Frage offenbleiben, wenn ohnehin französisches Recht anzuwenden ist.

Die Eltern des Kindes haben sich ausdrücklich damit einverstanden erklärt, daß das zuständige (deutsche) Vormundschaftsgericht die Legitimation des Kindes feststelle. Nun kann sicherlich ein deutsches Gericht nach Besetzung und Verfahren dem Gericht modernen Rechts in Togo gleichgestellt werden. Hieraus folgt aber die Anwendbarkeit des modernen und somit des französischen Rechts; denn keine der Beteiligten hat ausdrücklich um die Anwendung togolesischen Gewohnheitsrechts gebeten. Selbst wenn dies geschehen wäre, müßte wohl französisches Recht angewandt werden. Auch das togolesische Gericht modernen Rechts soll nach Gewohnheitsrecht nur entscheiden, nachdem es zuvor durch rechtskundige Beisitzer verstärkt worden ist. Da nun in Deutschland Kenner des in aller Regel nur mündlich überlieferten und im übrigen stark zersplitterten afrikanischen Gewohnheitsrechtes schwerlich zu finden sind und es deshalb gar nicht angewandt werden kann, muß das in Togo subsidiär geltende französische Recht angewendet werden.

Es soll dahingestellt bleiben, ob die Eltern nicht überhaupt durch die Eheschließung vor einem (deutschen) Standesbeamten ihre Ehe und all deren Wirkungen modernem, also französischem Recht unterworfen haben.

## F. MATERIELLES RECHT

Der Code civil kennt die Legitimation eines unehelichen Kindes durch nachfolgende Ehe der Eltern. Ihre Voraussetzungen sind in *Art. 331 I C.c.* genannt:

„Les enfants nés hors mariage, autres que ceux nés d'un commerce adultérin, sont légitimés par le mariage subséquent de leurs père et mère, lorsque

Die außerehelich geborenen Kinder – mit Ausnahme der im Ehebruch erzeugten – werden durch die nachfolgende Ehe ihrer Eltern legitimiert, wenn diese ceux-ci les ont légalement reconnus avant leur mariage ou qu'ils les reconnaissent au moment de sa célébration. Dans ce dernier cas, l'officier de l'état civil qui procède au mariage constate la reconnaissance et la légitimation dans un acte séparé."

sie vor ihrer Ehe gesetzmäßig anerkannt haben oder sie im Zeitpunkt der Eheschließung anerkennen. In diesem letzteren Falle stellt der die Eheschließung vornehmende Standesbeamte die Anerkennung und die Legitimation in einer besonderen Urkunde fest.

Die Bedingungen, an die Art. 331 I den Eintritt der Legitimation knüpft, sind erfüllt, da beide Eltern das Kind im Zeitpunkt der Eheschließung in einer öffentlichen Urkunde als das ihre bezeichnet und damit anerkannt haben, als sie sich vor dem Standesbeamten mit der Feststellung seiner Legitimation einverstanden erklärten.

ZUSAMMENFASSUNG

Das Kind ist nach togolesischem (französischem) Recht durch die Eheschließung seiner Eltern legitimiert worden.

## e) Adoption

Siehe auch Nr. 50

## Nr. 53

**Polen**

1. **Nach polnischem internationalem, intertemporalem und interlokalem Kollisionsrecht beurteilt sich die während des Krieges vorgenommene Adoption eines Kindes durch ein polnisches Ehepaar, das in Südpolen (Galizien) lebte, hinsichtlich Form und Inhalt nach dem Recht, das dort vor Ende des Krieges galt.**

2. **Nach dem vor 1945 geltenden südpolnischen Recht erforderte die formgültige Adoption grundsätzlich die schriftliche oder notarielle Form sowie die gerichtliche Bestätigung.**

**Hamburg G 178/66 vom 9. 3. 1967**

Das Landgericht Hildesheim bittet in der Nachlaßsache B. um Auskunft über Internationales Privatrecht und polnisches Adoptionsrecht.

Der Anfrage liegt folgender Sachverhalt zugrunde:

Erblasser sind die Eheleute Isaak B., geboren am 24. 12. 1887 in Jablonica/Bukowina, und Netty Nicha B., geborene G., geboren am 27. 10. 1888 in Bochnia/Galizien. Nachdem sie jahrzehntelang in Leipzig gewohnt hatten, wurden die Eheleute im Oktober 1938 gemeinsam mit anderen polnischen Juden aus Deutschland nach Polen ausgewiesen. Nach der Ausweisung aus Deutschland lebten sie in Tarnow/Galizien, zuletzt im dortigen Ghetto. Seit September 1942 sind sie verschollen. Als Todestag ist gemäß § 180 BEG der 8. 5. 1945 zu vermuten. Sie besaßen zuletzt die polnische Staatsangehörigkeit, die sie bei der Wiedererrichtung des polnischen Staates nach dem Ersten Weltkrieg erworben hatten.

Eine letztwillige Verfügung ist nicht vorhanden. Die Mehrzahl der zur Erbfolge berufenen Personen – Geschwister und Kinder vorverstorbener Geschwister – hat zugunsten von Frau Jetti B. geborene F. (der Beschwerdeführerin, einer Nichte der Erblasserin) auf die Erbschaft verzichtet. Nach Einholung eines Gutachtens des Instituts für Rechtsvergleichung der Universität München hat das Amtsgericht Hildesheim am 3. 7. 1964 Erbscheine zur Geltendmachung von Ansprüchen nach dem Bundesentschädigungsgesetz erteilt. Danach wird gemäß polnischem Recht die Erblasserin von der Beschwerdeführerin als Alleinerbin und der Erblasser von einer Schwester- einem Neffen sowie der Beschwerdeführerin gemeinsam beerbt. In dem Erbschein nach dem Erblasser ist vermerkt, daß die Beschwerdeführerin mit dem Erblasser nicht blutsverwandt ist.

Die Beschwerdeführerin ist der Ansicht, die Erbscheine seien unrichtig, da sie von den Erblassern adoptiert worden sei. Sie ist am 19. 12. 1914 in Leipzig geboren und lebte seit ihrem 11. Lebensjahr gemeinsam mit ihrem Bruder Gerhart F. bei den kinderlosen Erblassern. Im Mai 1936 wanderte sie nach Palästina aus, wo sie im Jahre 1937 Schlomo B. heiratete. Nach den Angaben ihres Rechtsvertreters besaß sie zunächst die polnische und seit Errichtung des Staates Israel im Jahre 1948 die israelische Staatsangehörigkeit.

Der Rechtsvertreter der Beschwerdeführerin trägt vor: Die Annahme an Kindes Statt sei ohne Beachtung von Formvorschriften erfolgt, da die Beteiligten nichts mit den damals antisemitischen Behörden Polens hätten zu tun haben wollen und sie auch nicht für eine bloße Formalität hohe Gebühren hätten zahlen wollen. Während des Aufenthaltes der Erblasser im Tarnower Ghetto sei es ihnen unmöglich gewesen, die nach dem damals in Galizien geltenden Recht erforderliche gerichtliche Bestätigung des (formlos geschlossenen) Adoptionsvertrages zu erlangen. Im übrigen genüge es im vorliegenden Falle, daß die Annahme an Kindes Statt gemäß dem jüdischen Recht der Thora, das keine Formvorschriften für die Adoption kenne, gültig sei.

Gefragt wird, ob die vom Amtsgericht Hildesheim erteilten Erbscheine deshalb unrichtig sind, weil die Beschwerdeführerin als Adoptivkind der Erblasser anzusehen ist.

## *I. Das anzuwendende Recht*

1. Wie bereits im Vorgutachten des Münchener Instituts für Rechtsvergleichung ausgeführt, richtet sich die *Erbfolge* in den vorliegenden Fällen nach polnischem, näherhin dem früher in Galizien geltenden Recht des österreichischen ABGB von 1811. Danach ist ein Adoptivkind ebenso erbberechtigt wie ein eheliches Kind (§ 183 ABGB), während einem bloßen Pflegekind kein Kindesteil zusteht[1].

2. Die *familienrechtliche Vorfrage*, ob ein Erbprätendent gültig adoptiert ist, muß nach herrschender Lehre, mit der die Gutachtenpraxis des Instituts übereinstimmt, vom Standpunkt des Erbstatuts beurteilt werden[2]. Im vorliegenden Fall ist also vom polnischen Kollisionsrecht auszugehen.

a) Nach dem polnischen Internationalen Privatrecht, wie es zu Lebzeiten der Erblasser galt, war „für die Annahme an Kindes Statt das Recht desjenigen Staates maßgebend, dem der Annehmende angehört", und zwar grundsätzlich auch für die Form der Annahme[3]. Es genügte jedoch die Beachtung der Formvorschriften des am Ort der Annahme geltenden Rechts[4].

Die materiellen und formellen Voraussetzungen einer Annahme an Kindes Statt sind hier also wegen der polnischen Staatsangehörigkeit der Erblasser grundsätzlich nach polnischem Recht zu beurteilen. Daß hinsichtlich der Adoptionsform für die Zeit vor der Ausweisung der Erblasser aus Deutschland die Beachtung des deutschen Rechts genügen

---

[1] Vgl. *Ehrenreich-Kastner-Kraus*, Österreichische Gesetzeskunde, I, Das allgemeine bürgerliche Gesetzbuch (Wien 1911) 104 (Anm. zu § 186 ABGB).

[2] Vgl. *Neuhaus*, Die Grundbegriffe des IPR (1962) 238; *Raape*, IPR (5. Aufl. 1961) 434 ff.; *Ferid-Firsching*, Internationales Erbrecht (1955 ff.), Einführung Randz. 28; *M. Wolff*, Das IPR Deutschlands (3. Aufl. 1954) 80; *Wengler*, Die Vorfrage im Kollisionsrecht: RabelsZ 8 (1934) 148 ff. (211); *H. Lewald*, Rvgl. HWB IV (1933) 454; *Melchior*, Die Grundlagen des deutschen IPR (1932) 256. – Zu der Gegenmeinung unter I 2 a.

[3] Artt. 23, 5 Halbs. 1 des polnischen Gesetzes über das auf internationale Privatrechtsverhältnisse anwendbare Recht vom 2. 8. 1926, deutsche Übersetzung u. a.: *Makarov*, Quellen des IPR, Bd. I (2. Aufl. 1953 ff.) s. v. Polen 4 ff. – Ebenso Art. 22 des neuen polnischen IPR-Gesetzes vom 12. 11. 1965, in Kraft seit dem 1. 7. 1966, deutsche (nicht immer genaue Übersetzung): *Geilke*, WGO 7 (1965) 378 ff.

[4] Art. 5 Halbs. 2 des Gesetzes von 1926. – Da somit das polnische Kollisionsrecht mit dem deutschen (Artt. 11, 22 I EGBGB in analoger Anwendung) übereinstimmt, würde im vorliegenden Falle auch die Anwendung deutschen Kollisionsrechts auf die Vorfrage der rechtswirksamen Annahme an Kindes Statt – wie sie *Kegel* in *Soergel-Siebert*, BGB, Bd. V (9. Aufl. 1961) Randz. 48 vor Art. 7 EGBGB, und die von ihm genannten Entscheidungen vertreten – zu keinem anderen Ergebnis führen als die hier vertretene Meinung.

würde, spielt keine Rolle, da die deutschen Vorschriften offenbar nicht erfüllt sind. Unerheblich ist jedenfalls, ob die Beschwerdeführerin etwa nach israelischem Recht als Adoptivkind der Erblasser anzusehen wäre.

b) Das polnische *intertemporale Recht* des Einführungsgesetzes vom 25. 2. 1964 zum Gesetzbuch über Familie und Vormundschaft vom gleichen Tage[5] bestimmt in *Art. XII*:

„Die Rechtsgültigkeit der Adoption und der Aufhebung des Adoptionsverhältnisses ... werden nach den im Zeitpunkt ihrer Vornahme geltenden Vorschriften beurteilt."

Maßgebend ist hier somit das vor Kriegsende in Polen geltende Recht. Damals galten in Polen auf dem Gebiete des Familienrechts mehrere Rechtsordnungen nebeneinander[6].

c) Das polnische *interterritoriale Recht* war damals in dem Gesetz über das für die inneren Privatrechtsverhältnisse geltenden Recht von 1926 geregelt[7]. Die hier einschlägigen Bestimmungen lauten:

*Art. 23:*

Für die Annahme an Kindes Statt ist dasjenige Recht maßgebend, dem der Annehmende hinsichtlich seiner Person untersteht.

*Art. 1:*

Die persönliche Fähigkeit eines polnischen Staatsangehörigen wird nach dem an seinen Wohnsitz geltenden Recht bestimmt.

*Art. 3:*

Wohnsitz im Sinne dieses Gesetzes ist der Ort im Gebiet der Republik Polen, an dem ein polnischer Staatsangehöriger mit der Absicht wohnt, sich dort dauernd aufzuhalten... Ein polnischer Staatsangehöriger, welcher im Ausland wohnt, unterliegt dem an seinem letzten Wohnsitz in Polen geltenden Recht...

*Art. 7:*

Für die Form eines Rechtsgeschäfts ist dasjenige Recht maßgebend, welches für das Rechtsgeschäft selbst gilt; es genügt jedoch die Anwendung des am Orte der Errichtung des Rechtsgeschäfts geltenden Rechts, wenn der Ort unzweifelhaft ist.

---

[5] Dziennik Ustaw 1964 Nr. 9 Pos. 60, deutsche Übersetzung: *Bergmann(-Geilke)*, Internationales Ehe- und Kindschaftsrecht (3. Aufl. Loseblattsammlung, Stand 1966) s. v. Polen 52 ff.

[6] Vgl. *Bergmann(-Geilke)*, s. v. Polen 1 f.; speziell zum Adoptionsrecht: *Walaszek*, Przysposobienie w polskim prawie rodzinnym oraz w polskim prawie międzynarodowym prywatnym i procesowym (Die Adoption im polnischen Familienrecht, polnischen Internationalen Privat- und Zivilprozeßrecht; Warschau 1966) 29 ff.; *Konic-Zoll-Wasilkowski(-Swida)*, Encyklopedja podręczna prawa prywatnego, IV, Heft 32 (1940) s. v. Przysposobienie (S. 1955 ff.).

[7] Gesetz vom 2. 8. 1926, deutsche Übersetzung: *Makarov*, s. v. Polen 26 ff.

Die Erblasser hatten offenbar vor ihrer Auswanderung nach Deutschland wie auch nach ihrer Ausweisung aus Deutschland ihren Wohnsitz in Südpolen (Galizien). Dort galt das österreichische ABGB von 1811 nebst allen bis zum Ende des Ersten Weltkrieges ergangenen Novellen[8]. Die Frage, ob die Beschwerdeführerin rechtswirksam an Kindes Statt angenommen wurde, ist hier somit nach dem früher in Südpolen geltenden Recht zu beurteilen.

### *II. Südpolnisches Adoptionsrecht*

Vor Inkrafttreten des Dekrets über das Familienrecht von 1946 war das Adoptionsrecht in Südpolen geregelt in den §§ 179 ff. ABGB, ergänzt durch die §§ 257 ff. des kaiserlichen Patents vom 9. 8. 1854 (RGBl. Nr. 208) und § 113 der Jurisdiktionsnorm vom 1. 8. 1895 (RGBl. Nr. 111)[9]. Die hier einschlägigen Vorschriften lauten: *ABGB* (in der Fassung durch die Teilnovelle von 1914):

*§ 179:*

Personen, welche den ehelosen Stand nicht feierlich angelobt, und keine eigenen Kinder haben, können an Kindes Statt annehmen; die annehmende Person heißt Wahlvater oder Wahlmutter; die angenommene heißt Wahlkind.

*§ 180:*

Wahlväter oder Wahlmütter müssen das vierzigste Jahr zurückgelegt haben, und ein Wahlkind muß wenigstens achtzehn Jahre jünger sein als seine Wahleltern. Eine verheiratete Person kann nur mit Zustimmung ihres Ehegatten ein Kind annehmen oder an Kindes Statt angenommen werden. Dieser Zustimmung bedarf es nicht, wenn der Ehegatte für geisteskrank erklärt, sein Aufenthalt unbekannt oder die Ehe geschieden ist.

*§ 181:*

Die Annahme an Kindes Statt kann, wenn das Kind minderjährig ist, nur mit Einwilligung des ehelichen Vaters, oder in dessen Ermangelung, nur mit Einwilligung der Mutter, des Vormundes und des Gerichts zustande kommen. Auch wenn das Kind großjährig, aber sein ehelicher Vater noch am Leben ist, wird desselben Einwilligung erfordert. Gegen die ohne hinreichenden Grund versagte Einwilligung kann bei dem ordentlichen Richter Beschwerde geführt werden. Die mit der erforderlichen Einwilligung versehene Annahme an Kindes Statt ist der Landesstelle zur Bestätigung und dem Gerichtsstand der Wahleltern und des Wahlkindes zur Eintragung in die Gerichtsakten vorzulegen.

Der Text des § 181 ABGB war insofern überholt, als der Adoptionsvertrag zu der in Frage stehenden Zeit nicht mehr durch die oben ge-

---

[8] *Leske-Loewenfeld(-Grzybowski),* Rechtsverfolgung im internationalen Verkehr (3. Aufl.) I/1 (Das Eherecht ..., 1963) 10.

[9] Vgl. *Konic ... (-Swida)* S. 1956, 1960 f.

nannte Landesstelle, sondern durch das Bezirksgericht bestätigt werden mußte[10].

*Kaiserliches Patent vom 9. 8. 1854:*

*§ 257:*

Die Annahme an Kindes Statt kann nur durch eine schriftliche oder gerichtliche Übereinkunft zwischen dem Wahlvater und der Wahlmutter und dem Wahlkinde oder dessen rechtmäßigen Vertreter erfolgen.

Die in den §§ 179, 180 S. 1 ABGB genannten materiellen Voraussetzungen liegen hier offensichtlich vor. Ob die gemäß §§ 180 S. 2, 181 ABGB erforderlichen Einwilligungen vorlagen, geht aus der Akte nicht hervor. Die Frage kann hier jedoch offenbleiben, da die Beschwerdeführerin schon mangels Abschlusses des Adoptionsvertrages in schriftlicher oder notarieller Form sowie anschließender gerichtlicher Bestätigung nicht rechtswirksam adoptiert wurde[11].

Freilich hat die polnische Rechtsprechung den besonderen Verhältnissen während der deutschen Besetzung Polens insofern Rechnung getragen, als sie bei bestimmten vermögensrechtlichen Rechtsgeschäften (Schenkung, Verkauf von Grundstücken, Testamentserrichtung) hinsichtlich der zu beachtenden Form bisweilen geringere Anforderungen stellte. So hat das Oberste Gericht Polens im Jahre 1949 entschieden, daß ein in schriftlicher Form geschlossener Grundstücksveräußerungsvertrag allein wegen Formmangels dann nicht für nichtig zu erklären ist, wenn den Parteien die Wahrung der an sich vorgeschriebenen notariellen Form infolge der deutschen Besetzung nicht möglich war[12].

Unter ausdrücklicher Berufung auf dieses Urteil hat das Oberste Gericht Polens im Jahre 1959 ein in Anwesenheit dreier Zeugen von einer gebrechlichen Erblasserin diktiertes und eigenhändig unterschriebenes Testament in einem Falle für gültig erklärt, in dem die Wahrung der an sich vorgeschriebenen notariellen Form infolge der deutschen Besetzung nicht möglich war[13]. Die angeführten Urteile zeigen jedoch, daß die pol-

---

[10] Vgl. § 113 Jurisdiktionsnorm; speziell zum Erfordernis der Bestätigung durch das Bezirksgericht (sąd grodzki) in Südpolen: *Konic...(-Swida)* S. 1961; *Krainz-Pfaff-Ehrenzweig*, System des österreichischen allgemeinen Privatrechts, II/2 (5. Aufl. Wien 1917) 181 mit Nachweisen in N. 16.

[11] Vgl. zum Wirksamwerden der Adoption mit Erlaß des gerichtlichen Bestätigungsbeschlusses: *Konic...(-Swida)* 1960 f.; *Krainz-Pfaff-Ehrenzweig* 182 f. – Nach dem Tode des Annehmenden ist eine Bestätigung des Adoptionsvertrages nicht mehr möglich: *Konic...(-Swida)* S. 1961; *Krainz-Pfaff-Ehrenzweig* 183.

[12] *OG Polen* 19. 3. 1949, Leitsatz bei *Trybulski*, Bibliografia prawa i postępowania cywilnego, 1945–1960, Literaturabrzecznictwo (Warschau 1962) 598 Pos. 6849 mit weiteren Nachweisen.

[13] *OG Polen* 3. 4. 1958, Orzecznictwo sądów polskich i komisji arbitrazowych, 2 (1958) 634 f. (Pos. 267).

nische Praxis bei Rechtsgeschäften aus der Zeit der deutschen Okkupation allenfalls die Wahrung einer anderen, den Parteien zugänglichen Form hat genügen lassen, aber keineswegs den Grundsatz der Formfreiheit proklamiert hat.

Im Bereich des Familienrechts haben Rechtsprechung und Schrifttum Polens – soweit zu übersehen – bisher nur bei Eheschließungen zwischen Juden im Ghetto anerkannt, daß bei faktischer allgemeiner Unmöglichkeit, die staatlichen Formvorschriften für die Eheschließung zu befolgen, eine Ehe auch ohne Beachtung dieser Vorschriften geschlossen werden kann[14]. So erklärt das Oberste Gericht Polens eine Ehe für gültig, die Juden während des Krieges im Ghetto vor einem zur Vornahme von Trauungen staatlich nicht autorisierten und zudem örtlich unzuständigen Rabbiner geschlossen hatten[15].

In dem angeführten Urteil entwickelt das Oberste Gericht Polens den Grundsatz, daß die „Befolgung von Rechtsbestimmungen ... nur bis zu dem Punkt verbindlich ist, bis zu welchem ihre weitere Beachtung zu keiner Verletzung oder Beschränkung der Grund-Menschenrechte führt, zu denen das Recht auf Eheschließung gehört".

Im vorliegenden Fall kann von einer Verletzung eines „Grund-Menschenrechts" jedoch keine Rede sein, selbst wenn man die Begründung eines Adoptionsverhältnisses an sich zu diesen Rechten zählen will. Denn die Antragstellerin war bei Kriegsbeginn seit Jahren volljährig, aus dem Haushalt der Pflegeeltern ausgeschieden und im Ausland verheiratet, und eine Adoption in gesetzlicher Form war vorher viele Jahre hindurch offenbar überhaupt nicht ernstlich versucht worden[16].

Im *Ergebnis* ist somit die Beschwerdeführerin gemäß polnischem Recht nicht als Adoptivkind der Erblasser anzusehen; die erteilten Erbscheine sind nicht deshalb unrichtig, weil sie die Beschwerdeführerin nicht als Adoptivkind aufführen.

---

[14] *OG Polen* 17. 3. 1950, Nowe Prawo 1951 Nr. 4 S. 57 mit zustimmender Anmerkung von *Litwin*, zitiert bei *Geilke*, Jahrbuch für Ostrecht 3 (1962) II 163 f. – Vgl. aus der deutschen Praxis (Eheschließung von Bukowina-Deutschen) *OLG Stuttgart* 5. 11. 1962 (vom BGH durch Verweigerung des Armenrechts für die Revision bestätigt) FamRZ 1963, 39 (352), zustimmend *Gamillscheg* in Festschrift Nipperdey I (1965) 344 f.

[15] *OG Polen* 17. 3. 1950, aaO. – Eine Entscheidung, die allein die Beachtung der Vorschriften des jüdischen Rechts für genügend erachtet (nach welchem die Mitwirkung eines Geistlichen überhaupt nicht erforderlich war), ist aus Polen nicht bekannt.

[16] Nach dem neuen polnischen Recht ist die Adoption Volljähriger überhaupt verboten: Art. 114 des Gesetzbuches über Familie und Vormundschaft von 1964, deutsche Übersetzung: *Bergmann(-Geilke)* s. v. Polen 41.

## Nr. 54

## USA

**1. Für die Adoption eines amerikanischen Kindes durch amerikanische Eheleute findet keine Rückverweisung auf deutsches Recht statt, wenn alle Beteiligten ihr „domicile" in den Vereinigten Staaten haben.**

**2. Die Adoption eines deutschen Kindes durch Ausländer bedarf, sofern sie nach dem anwendbaren ausländischen materiellen Recht durch einen staatlichen Hoheitsakt erfolgt, der Einwilligung der Eltern und der Genehmigung des Vormundschaftsgerichts.**

**3. Zur Anwendung von § 48 JWG bei Adoptionen mit Auslandsberührung.**

**Hamburg G 77/65 vom 9. 2. 1967**

Das Landesjugendamt Hessen bittet um Auskunft über Internationales Adoptionsrecht und über den Anwendungsbereich des § 48 JWG.

Gefragt wird, ob für die Adoption *amerikanischer* Kinder durch Amerikaner die deutschen Gerichte international zuständig sind, welches Recht gegebenenfalls anzuwenden ist und ob in diesen Fällen das örtliche Jugendamt und das Landesjugendamt gemäß § 48 JWG gehört werden müssen.

Ferner soll geklärt werden, ob § 48 JWG anwendbar ist, wenn *deutsche* Kinder nach ausländischem Recht durch staatlichen Hoheitsakt adoptiert werden.

### A. KOLLISIONSRECHTLICHE FRAGEN

#### *I. Adoption amerikanischer Kinder durch Amerikaner*

##### *1. Adoptionsstatut*

a) Deutsches IPR

Die Haager Konferenz für IPR hat auf ihrer 10. Tagung im Oktober 1964 eine Konvention über die Zuständigkeit der Behörden, das anwendbare Recht und die Anerkennung von Entscheidungen auf dem Gebiet der Adoption angenommen[1]. Da diese Konvention noch nicht geltendes Recht ist und andere Adoptionsabkommen zwischen Deutschland und fremden Staaten nicht bestehen[2], ist das Adoptionsstatut nach dem autonomen IPR des EGBGB zu ermitteln.

---

[1] Französischer Text in RabelsZ 30 (1966) 730 ff., deutsche Übersetzung der Artikel 1–18 in StAZ 1965, 33 ff.

[2] Vgl. *Makarov*, Quellen des IPR, Bd. II (2. Aufl. 1960 f.) 920 f.

Nach Art. 22 I EGBGB bestimmt sich die Annahme an Kindes Statt nach den deutschen Gesetzen, wenn der Annehmende zur Zeit der Annahme die deutsche Staatsangehörigkeit besitzt. Diese einseitige Kollisionsnorm ist von Rechtsprechung und Schrifttum dahin erweitert worden, daß die Adoption sich stets nach dem Heimatrecht des Annehmenden zur Zeit der Adoption richtet[3]. Wenn das Heimatrecht des Annehmenden auf das deutsche Recht zurückverweist, ist dies in entsprechender Anwendung von Art. 27 EGBGB zu beachten[4]. Dabei genügt eine „versteckte" Rückverweisung, wenn nämlich in dem fremden Recht zwar eine ausdrückliche Kollisionsnorm fehlt, aber anzunehmen ist, daß die Anwendung deutschen Rechts dem Sinne des fremden Kollisionsrechts entspricht[5]. Dies ist insbesondere für Fälle bedeutsam, in denen die Annehmenden amerikanische Staatsbürger sind.

b) Amerikanisches IPR

Die Rechte der nordamerikanischen Unionsstaaten enthalten keine ausdrückliche Kollisionsnorm über das in Adoptionssachen anzuwendende Recht. Hier wie auch in anderen Status-Sachen steht für den amerikanischen Richter nicht die Ermittlung des maßgebenden Rechts (choice of law), sondern die Frage der Gerichtszuständigkeit (jurisdiction) im Vordergrund: Einerseits wendet ein Gericht, wenn es seine jurisdiction für gegeben hält, stets auch sein eigenes Recht an[6].

Andererseits machen die amerikanischen Gerichte auch die Anerkennung ausländischer Entscheidungen in Adoptionssachen von der jurisdiction des entscheidenden Gerichts, nicht aber von dem der Entscheidung zugrunde gelegten Recht abhängig[7].

---

[3] *RGZ* 125, 265; *BGH* 4. 3. 1960, FamRZ 1960, 229, 230; *Soergel-Siebert(-Kegel)*, BGB, Bd. V (9. Aufl. 1961) Art. 22 EGBGB Randz. 1.

[4] *KG* 21. 11. 1930, IPRspr. 1931 Nr. 88; *KG* 5. 2. 1932, IPRspr. 1932 Nr. 96; *KG* 15. 1. 1932, IPRspr. 1932 Nr. 98; *KG* 13. 7. 1959, NJW 1960, 248 = IPRspr. 1958–1959 Nr. 140.

[5] Vgl. *Hanisch*, Die „versteckte" Rückverweisung im internationalen Familienrecht: NJW 1966, 2085 ff.; *Neuhaus*, Die Grundbegriffe des IPR (1962) 190 ff.; *ders.*, Anm. zu OLG Celle 14. 4. 1954: JZ 1954, 703 f.; *Kegel*, Die Grenze von Qualifikation und Renvoi im internationalen Verjährungsrecht (1962) 38 ff.; *Dopffel*, Anm. zu der englischen Entscheidung Robinson-Scott v. Robinson-Scott, [1958] P. 171: RabelsZ 23 (1958) 258 ff., 318 mit weiteren Nachweisen; *Gündisch*, Internationale Zuständigkeit und versteckte Rückverweisung bei Adoption durch Amerikaner in Deutschland: FamRZ 1961, 352. – A. A. *Wengler*, Adoption deutscher Kinder durch amerikanische Staatsangehörige: NJW 1959, 127 ff., 129 f.; vgl. auch *Reithmann*, Adoption durch Engländer und Amerikaner in Deutschland: DNotZ 1955, 133 ff., 134 ff.

[6] Vgl. *Goodrich-Scoles*, Handbook of the Conflict of Laws (4. Aufl. 1964) Chapter 11 Nr. 146, S. 288; *Ehrenzweig*, A Treatise of the Conflict of Laws (1962) S. 186; Restatement of the Law Second, Conflict of Laws (Tent. Draft No. 4, 1957) § 142 Comment b, Seite 140.

[7] Vgl. Brown v. Hall, 52 N. E. 2d 781 (Illinois 1944); American Jurisprudence

Die Frage, unter welchen Umständen einem ausländischen Gericht bezüglich einer Adoption Jurisdiktionsgewalt zusteht, wird in den nordamerikanischen Rechten nicht einheitlich beantwortet. Im ganzen besteht jedoch die Tendenz, die jurisdiction eines ausländischen Gerichts dann zu bejahen, wenn entweder das Kind oder der Annehmende in dem Gerichtsstaat domiziliert ist[8]. Hierbei ist zu beachten, daß der anglo-amerikanische Begriff „domicil" sich nicht mit dem „Wohnsitz" im Sinne des deutschen Rechts deckt. Das erklärt sich daraus, daß der Begriff im internationalen und interlokalen Privatrecht des Common Law Funktionen hat, die in anderen Rechten der „Staatsangehörigkeit" zugewiesen sind. So ist das Domizil nicht nur von Bedeutung für die internationale Zuständigkeit, sondern auch entscheidend für die Ermittlung des Rechts, das über Fragen der Legitimation, Adoption, Eheschließung, Übertragung von Mobiliarvermögen unter Lebenden und von Todes wegen entscheidet. Im Hinblick auf die Verschiedenheit dieser Funktionen ist es fraglich, ob man überhaupt einen einheitlichen Domizilbegriff bilden darf[9], wie dies in der anglo-amerikanischen Theorie und Praxis geschehen ist. Von dieser sind folgende Grundsätze entwickelt worden:

Jeder Mensch erwirbt mit seiner Geburt ein Ursprungsdomizil (domicil of origin), das sich nach dem Domizil des Vaters oder – bei unehelichen Kindern – nach dem Domizil der Mutter richtet und das solange fortbesteht, bis ein Domizil in einem anderen Staate begründet worden ist[10]. Da das Domizil im anglo-amerikanischen Recht – entsprechend der Staatsangehörigkeit im deutschen Recht – als Anknüpfungsmoment für das Personalstatut dient, kann eine Person immer nur *ein* Domizil haben; andererseits *muß* sie aber auch stets ein Domizil haben. Ein altes Domizil besteht deshalb solange fort, bis es durch ein neues Domizil ersetzt worden ist[11].

Da ein Domizilwechsel mit einem Wechsel des Personalstatuts verbunden ist, stellt das amerikanische Recht an die Begründung eines Wahldomizils (domicil of choice) strengere Anforderungen als das deutsche Recht an die Wohnsitzbegründung. Der Erwerb eines Wahldomizils steht nach den in der Rechtsprechung immer wieder betonten Grundsätzen unter zwei Voraussetzungen: der Niederlassung an einem Ort sowie der

---

2d Bd. 2 (1962 mit Nachtrag 1965), „Adoption" § 68; *Goodrich-Scoles* 288; Restatement Second § 143 mit Comment a.

[8] *Goodrich-Scoles*, Chapter 11 Nr. 146, S. 288; Restatement Second § 142; *Gündisch* 352.

[9] Vgl. *Ehrenzweig* § 72.

[10] Restatement, Conflict of Laws (1934 mit Nachtrag 1948), §§ 14, 15; Corpus Juris Secundum, Bd. 28 (1941 mit Nachtrag 1966) „Domicile" §§ 5, 6; American Jurisprudence, Bd. 17 A (1957 mit Nachtrag 1965) „Domicil" §§ 13, 14.

[11] Restatement, Conflict of Laws §§ 11, 23, 24; *Goodrich-Scoles* 33 ff., 39 ff.; *Stumberg*, Principles of Conflict of Laws (3. Aufl. 1963) 30 ff., 33 ff.; *Leflar*, The Law of Conflict of Laws (1959) § 9.

Absicht, dort für immer oder doch für unbestimmte Zeit zu bleiben (sog. animus manendi) und nicht mehr in das Land des bisherigen Domizils auf Dauer zurückzukehren (sog. animus non revertendi)[12].

Nicht einheitlich wird in den verschiedenen Gliedstaaten die Frage beantwortet, ob ein Soldat am Orte seiner Stationierung ein Domizil begründen kann[13]. Soweit die Frage bejaht wird, werden besonders scharfe Anforderungen an die subjektive Seite gestellt[14]. In der Regel spricht daher eine Vermutung dafür, daß ein Soldat am Orte seiner Stationierung kein Domizil begründet hat.

Verheiratete Frauen teilen gewöhnlich das Domizil des Ehemannes[15], eheliche Minderjährige das des Vaters, uneheliche das der Mutter[16]. Soweit nach diesen Grundsätzen das Kind oder der Annehmende in Deutschland domiziliert ist, sind also nach herrschender Auffassung die deutschen Gerichte international zuständig, so daß insoweit eine (versteckte) Rückverweisung auf das deutsche Recht vorliegt. Wegen der strengen Anforderungen, die an die Begründung eines Wahldomizils gestellt werden, dürfte eine solche Rückverweisung bei der Adoption amerikanischer Kinder durch Amerikaner jedoch im Regelfall nicht vorliegen.

### 2. *Internationale Zuständigkeit*

Die Frage, wann nach *deutschem* Recht die inländischen Gerichte für die Adoption durch ausländische Wahleltern international zuständig sind, wird nicht einheitlich beantwortet. Unbestritten ist nur, daß die deutsche internationale Zuständigkeit dann besteht, wenn deutsches Recht anwendbar ist[17].

Streitig ist hingegen, ob bei Anwendbarkeit ausländischen Rechts die örtliche Zuständigkeit gemäß § 66 I FGG (also Wohnsitz bzw. Aufenthalt des Annehmenden in Deutschland) ausreicht oder ob hinzukommen muß, daß der betreffende ausländische Staat das Tätigwerden deutscher Gerichte billigt. Da im Bereich der freiwilligen Gerichtsbarkeit materielles und Prozeßrecht sehr viel stärker ineinandergreifen als z. B. im Zivilprozeß und da Gestaltungsakte, die im Ausland nicht anerkannt werden,

---

[12] Vgl. Restatement, Conflict of Laws §§ 15 ff.; Corpus Juris Secundum, Bd. 28 (1941 mit Nachtrag 1966) „Domicile" § 6; American Jurisprudence, Bd. 17 A (1957 mit Nachtrag 1965) „Domicil" § 25 ff.; *Goodrich-Scoles* 43 ff.; *Stumberg* 18 ff.

[13] Vgl. die Nachweise in 21 A. L. R. 2d 1167 ff. (1952); *Bleckmann*, NJW 1962, 2283 ff.

[14] Vgl. American Jurisprudence 2d Bd. 25 (1966) „Domicil" § 39.

[15] American Jurisprudence 2d Bd. 25 „Domicil" §§ 48 ff.

[16] American Jurisprudence 2d Bd. 25 „Domicil" §§ 63 ff.

[17] Vgl. *Soergel-Siebert(-Kegel)* Art. 22 EGBGB Randz. 38; *Keidel*, Freiwillige Gerichtsbarkeit (8. Aufl. 1963) § 66 Randz. 10; *Jansen*, Freiwillige Gerichtsbarkeit (1959) § 66 Anm. 5 b.

zu mißlichen Divergenzen führen (sog. „hinkenden" Rechtsverhältnissen), erscheint es nach Auffassung des Instituts geboten, mit der Verweisung auf das ausländische Recht auch dessen Zuständigkeitsregeln zu beachten[18].

Offenbar neigt auch die Rechtsprechung in diese Richtung. Einige Gerichte haben zwar die örtliche Zuständigkeit als alleinigen Ausgangspunkt für die internationale Zuständigkeit genommen, jedoch die Bestätigung der Adoption versagt, wenn der Heimatstaat des Annehmenden die ausschließliche Gerichtsgewalt für sich in Anspruch nahm[19]. Insbesondere das Kammergericht und das Bayerische Oberste Landesgericht haben die Inanspruchnahme der ausschließlichen Zuständigkeit durch die Gerichte in dem Heimatstaat des Annehmenden als einen Grund für die Verneinung der internationalen Zuständigkeit deutscher Gerichte bezeichnet[20].

Wie oben unter 1 b) dargelegt wurde, nehmen die amerikanischen Gerichte die ausschließliche Zuständigkeit in Adoptionssachen dann für sich in Anspruch und versagen gleichzeitig deutschen Gerichtsentscheidungen die Anerkennung, wenn sowohl der Annehmende als auch der Anzunehmende nicht in Deutschland, sondern in den Vereinigten Staaten sein „domicile" hat. Das dürfte, wie schon hervorgehoben wurde, bei der Adoption amerikanischer Kinder durch Amerikaner der Regelfall sein. Kann ausnahmsweise das Domizil des einen oder anderen Teils in Deutschland festgestellt werden, so findet, wie ebenfalls unter 1 b) ausgeführt wurde, deutsches Recht Anwendung.

### *II. Adoption deutscher Kinder durch Ausländer*

Nach Art. 22 II EGBGB ist die Adoption eines deutschen Kindes durch einen Ausländer nur dann wirksam, wenn die nach den deutschen Gesetzen erforderliche Einwilligung des Kindes oder eines Dritten, zu dem das Kind in einem familienrechtlichen Verhältnis steht, erfolgt ist.

---

[18] Vgl. *Dölle*, Über einige Kernprobleme des Internationalen Rechts der Freiwilligen Gerichtsbarkeit: RabelsZ 27 (1962/63) 201 ff. (213 ff., 234), der zwar für die Fälle eines besonderen inländischen Fürsorgebedürfnisses die internationale Zuständigkeit bejaht, was aber bei der Adoption ausländischer Kinder durch Ausländer regelmäßig keine Rolle spielen dürfte; *Neuhaus*, Grundbegriffe 249 ff.; *Erman(-Marquordt)*, Handkommentar zum BGB (3. Aufl. 1962) Art. 22 Anm. 4 f.; *Raape*, IPR (5. Aufl. 1961) 397. – Allgemein gegen die Beachtung der ausländischen Zuständigkeitsregeln *Pikart-Henn*, Lehrbuch der Freiwilligen Gerichtsbarkeit (1963) 42.

[19] Vgl. *LG Lüneburg* 15. 12. 1952, IPRspr. 1952/1953 Nr. 228; vgl. für die vormundschaftl. Genehmigung *OLG Celle* 14. 4. 1954, JZ 54, 702 = IPRspr. 1954/1955 Nr. 125. Vgl. auch *LG Saarbrücken* 4. 2. 1955, IPRspr. 1954/1955 Nr. 205, wo offenbar auf das mangelnde Rechtsschutzbedürfnis abgestellt wird.

[20] Vgl. *BayObLG* 22. 3. 1957, BayObLGZ 1957, 118, 123 = IPRspr. 1956–1957 Nr. 137; *KG* 13. 7. 1959, NJW 1960, 248, 250 = IPRspr. 1958–1959 Nr. 140.

Die Vorschrift ist ungenau gefaßt, weil das deutsche Recht bei der Adoption eine „Einwilligung" des Kindes im eigentlichen Sinne gar nicht vorsieht. Vielmehr geht das BGB von einem zwischen dem Kind und dem Annehmenden zu schließenden Adoptionsvertrag aus (§§ 1741, 1751 BGB). Dennoch ist der Sinn der Vorschrift deutlich erkennbar. Ein deutsches Kind soll nicht ohne sein Einverständnis von einem Ausländer adoptiert werden. Erfolgt nun die Adoption nach ausländischem Recht nicht durch Vertrag, sondern durch staatlichen Hoheitsakt, so müssen durch „Angleichung" (oder „Anpassung") des deutschen Rechts Regeln für die Einwilligung des Kindes entwickelt werden[21]. Diese Regeln müssen den Vorschriften über den Adoptionsvertrag entsprechen, so daß die Einwilligung des Kindes nur dann gültig ist, wenn sie durch den gesetzlichen Vertreter bzw. mit dessen Zustimmung abgegeben und vom Vormundschaftsgericht genehmigt wurde[22].

## B. § 48 JWG UND ADOPTIONEN MIT AUSLANDSBERÜHRUNG

### *I. Die Mitwirkung der Jugendämter bei Adoptionssachen im allgemeinen*

Nach § 48 JWG haben die Jugendämter die Vormundschaftsgerichte zu unterstützen. Diese Vorschrift unterscheidet zwischen Fällen der obligatorischen und Fällen der fakultativen Anhörung der zuständigen Jugendämter durch die Vormundschaftsgerichte. Die Jugendämter ihrerseits sind nach dem Gesetz in beiden Fällen zur Unterstützung verpflichtet, wenn das Vormundschaftsgericht sie darum ersucht.

#### *1. Obligatorische Anhörung in Adoptionssachen*

Für Adoptionssachen sieht § 48 I 2 JWG eine obligatorische Anhörung des zuständigen Jugendamts in drei Fällen vor (§§ 1751, 1770 a und 1770 b BGB). Einen vierten Fall fügt § 68 a I 3 FGG hinzu (Befreiung von dem Erfordernis der Kinderlosigkeit nach §§ 1741 Satz 1, 1745, 1745 a BGB); diese Sollvorschrift begründet ebenfalls eine Anhörungspflicht[23]. In allen diesen Fällen ist Richtschnur für die richterliche Entscheidung das Wohl des Kindes[24].

---

[21] Vgl. *Soergel-Siebert(-Kegel),* Art. 22 EGBGB Randz. 15; BGH 4. 3. 1960, FamRZ 1960 229, 231 = IPRspr. 1960–1961 Nr. 128.

[22] Zur entsprechenden Anwendung von § 1751 BGB vgl. BGH aaO. Auf die sehr streitige Frage, ob die Genehmigung des Vormundschaftsgerichts trotz § 1831 auch nachträglich erfolgen kann, braucht hier nicht eingegangen zu werden.

[23] *Keidel,* § 68 a FGG Anm. 4.

[24] Für die §§ 1770 a und b ist dies vom Gesetz ausdrücklich bestimmt; für § 1751 wird es von der Rechtsprechung und Literatur angenommen, vgl. *Palandt(-Lauter-*

Der Gesetzgeber ging offenbar davon aus, daß das Jugendamt dem Richter wesentliche Hilfe bei der Feststellung des Wohles des Kindes leisten kann. Die Mitwirkung des Jugendamtes soll also die richtige Anwendung des materiellen Adoptionsrechts gewährleisten. Dieser Auffassung entspricht es, wenn nicht nur eine Pflicht des Gerichts zur Anhörung des Jugendamtes, sondern auch eine solche des Jugendamtes zur Stellungnahme angenommen wird[25].

*2. Fakultative Anhörung in Adoptionssachen*

Soweit es um Aufgaben der Vormundschaftsgerichte im Rahmen von Adoptionssachen geht, bestimmt § 48 I 1 JWG, daß das Jugendamt das Vormundschaftsgericht in allen Maßnahmen zu unterstützen hat, welche die Sorge für die Person Minderjähriger betreffen. § 48 III JWG verpflichtet das Jugendamt, auf Verlangen des Vormundschaftsgerichts, das bei der Sicherung des Unterhalts eines Minderjährigen mitwirkt, sich über die Höhe des Unterhalts gutachtlich zu äußern.

Dies gilt auch für Adoptionssachen, soweit keine Anhörungspflicht besteht, z. B. für die vormundschaftsgerichtliche Ersetzung der Zustimmung eines Elternteils nach § 1747 III BGB. Im übrigen haben die Jugendämter den Gerichten nach Art. 35 GG Amtshilfe zu leisten, sobald diese sich in Erfüllung ihrer Aufklärungspflicht nach § 12 FGG an jene Behörden wenden.

*II. Die Mitwirkung der Jugendämter bei Adoption mit Auslandsberührung*

*1. Die Mitwirkung des Landesjugendamtes*

Die Besonderheit einer Adoption mit Auslandsberührung findet ihren Niederschlag in § 48 I 3 JWG. Danach ist in den Fällen des § 1751 neben den örtlichen Jugendämtern auch noch das Landesjugendamt zu hören, wenn das Kind von einem fremden Staatsangehörigen an Kindes Statt angenommen werden soll oder wenn der Annehmende seinen Wohnsitz oder gewöhnlichen Aufenthalt im Ausland hat.

*2. Mitwirkung der Jugendämter bei der Adoption deutscher Kinder durch ausländischen Staatsakt*

Es fragt sich, ob die Jugendämter auch dann zu hören sind, wenn es sich um die Genehmigung der einseitigen Einwilligungserklärung eines deutschen Kindes zu der Adoption durch einen ausländischen Hoheitsakt

---

*bach)*, BGB (26. Aufl. 1967) § 1751 Anm. 4; § 1745 a sichert die Wahrung der Interessen des Kindes.

[25] Vgl. *Riedel*, Jugendwohlfahrtsgesetz (3. Aufl. 1963) § 48 Anm. 20.

handelt. Obwohl § 48 JWG nur auf § 1751 BGB Bezug nimmt und dort von der Genehmigung der Vertragserklärung, nicht aber von einer einseitigen Einwilligungserklärung des Kindes die Rede ist, muß die Frage bejaht werden; denn nur auf diese Weise kann der vom Gesetz gewollte Schutz deutscher Kinder gewährleistet werden (vgl. hierzu oben A II).

*3. Mitwirkung der Jugendämter bei der Adoption ausländischer Kinder*

Schwieriger ist die Frage zu beantworten, ob eine Anhörung der Jugendämter auch dann notwendig ist, wenn es sich nicht um ein deutsches Kind handelt. Das Jugendwohlfahrtsgesetz dient der Verwirklichung des Rechtes deutscher Kinder auf Erziehung zur leiblichen, seelischen und gesellschaftlichen Tüchtigkeit (vgl. § 1 JWG). Daraus könnte der Schluß gezogen werden, daß die Vormundschaftsgerichtshilfe nach § 48 JWG stets nur deutschen Kindern zugute kommen soll. Wie zuvor dargelegt, soll jedoch die Mitwirkung der Jugendämter die richtige Anwendung des materiellen deutschen Adoptionsrechts gewährleisten. Daher muß nach Ansicht des Instituts § 48 JWG auch für Adoptionen ausländischer Kinder gelten, wenn deutsches Adoptionsrecht zur Anwendung kommt. Nur wenn ausländisches Recht anwendbar ist, bleibt für die Anwendung des § 48 JWG kein Raum.

Entgegen dieser Auffassung will *Riedel* die Mitwirkung des Landesjugendamtes stets auf die Adoption deutscher Kinder beschränken. Er stützt sich dabei auf die Hervorhebung der „fremden" Staatsangehörigkeit des Annehmenden in § 48 I 3 JWG[26]. Eine solche auf die Formulierung abhebende Interpretation kann jedoch im Hinblick auf den dargelegten Zweck der Vorschrift nicht überzeugen. Auch führt die Auffassung Riedels zu dem wenig sinnvollen Ergebnis, daß bei der Adoption ausländischer Kinder durch Ausländer zwar nicht das Landesjugendamt, wohl aber die *örtlichen* Jugendämter gehört werden müssen, obwohl diese zu einer Auskunft über die Verhältnisse des Annehmenden im Ausland schwerlich in der Lage sein dürften.

## ERGEBNIS

Die deutschen Gerichte sind für die Adoption amerikanischer Kinder durch Amerikaner nur dann international zuständig, wenn entweder das Kind oder der Annehmende nach amerikanischer Auffassung in Deutschland domiziliert ist. Für die Domizilbegründung ist mehr erforderlich als der bloße Aufenthalt.

Sind die deutschen Gerichte international zuständig, so haben sie wegen einer im amerikanischen Recht enthaltenen versteckten Rückverweisung deutsches Adoptionsrecht anzuwenden.

---

[26] *Riedel* 487.

Findet deutsches Recht Anwendung, so ist sowohl das örtliche Jugendamt als auch das Landesjugendamt durch das Vormundschaftsgericht gemäß § 48 JWG zu hören.

Die Jugendämter müssen auch dann gehört werden, wenn ein deutsches Kind im Ausland adoptiert wird und das Vormundschaftsgericht um die Genehmigung der Einwilligung gebeten wird.

## Nr. 55

## USA (Tennessee)

**Für die Adoption eines Kindes, dessen „domicile" in Deutschland ist, durch ein amerikanisches Ehepaar, das sich vorübergehend in Deutschland aufhält und in Tennessee lebt, enthält das Recht dieses Staates eine „versteckte" Rückverweisung auf deutsches Recht.**

**Köln 83/67 vom 29. 11. 1967**

Herr Notar Dr. N. aus B./Eifel hat mich mit Schreiben vom 24. 8. 1967 in der Kindschaftssache betreffend Dieter W. um ein Gutachten über das internationale und materielle Adoptionsrecht des Staates Tennessee, USA, gebeten.

### SACHLAGE

Die amerikanischen Eheleute Charles Hubert M. und Frau Katharina, geb. H., mit ständigem Wohnsitz in Morriestown/Tennessee haben vor, das am 2. 2. 1967 außerehelich geborene Kind W. der Schweizerin Margrith W., gesch. K., geb. W., an Kindes Statt anzunehmen. Die Eheleute M. halten sich zur Zeit in Deutschland auf, wo der Ehemann bei den amerikanischen Streitkräften stationiert ist. Frau W. wohnt in Ulm/Donau. Sie hat in notariell beurkundeter Form die Zustimmung zu der Adoption gegeben. Gleichzeitig hat sie als gesetzliche Vertreterin des Kindes dem Amtsvormund des Jugendamts Sch./Eifel und dessen Vertreter Vollmacht erteilt zum Abschluß des Adoptionsvertrags.

Der Entwurf des Vertrages sieht folgenden Wortlaut vor:

*„Kindesannahmevertrag:*

§ 1

Die Eheleute Charles Hubert M. nehmen hiermit den am 2. 2. 1967 in Ulm/Donau geborenen Dieter W. als gemeinschaftliches Kind an.

Frau Margrith W., geschiedene K., geborene W., aus Ulm, hat als Mutter des Kindes ihre Einwilligung zu der Kindesannahme erteilt gemäß Urkunde vom 12. 5. 1967 . . .

§ 2

Das Kind soll in Zukunft ausschließlich den Familiennamen M. führen.

§ 3

Die Eheleute M. sind kinderlos.
Die Eheleute M. gehören der Konfession an.
Das Kind
getauft.
Das Kind befindet sich seit dem 24. 4. 1967 im Haushalt der Eheleute M.

§ 4

Das Erb- und Pflichtteilsrecht des Kindes wird nach dem Erststerbenden der Eheleute M. für den Fall ausgeschlossen, daß sie sich gegenseitig zu Alleinerben berufen.

§ 5

Da die Eheleute M. das zur Annahme an Kindes Statt erforderliche Alter noch nicht vollendet haben, wird Befreiung vom Alterserfordernis beantragt.

§ 6

Ferner beantragen die Beteiligten die vormundschaftsgerichtliche Genehmigung und die gerichtliche Bestätigung dieses Vertrages.
Der Notar wird ermächtigt, alle erforderlichen Anträge zu stellen und die Genehmigung sowie die Bestätigung des Gerichtes oder anderer Behörden mit Wirkung für alle Beteiligten entgegenzunehmen und bekanntzugeben.
Mit Eingang des jeweiligen Beschlusses nebst Zustellungsvermerken soll der Vertrag allen Beteiligten gegenüber wirksam werden.
..."

## ANFRAGE

Herr Notar Dr. N. bittet um ein Gutachten über die Fragen des ausländischen Rechts, welche die Adoption aufwirft. Außerdem soll geprüft werden, ob die in Deutschland vollzogene Adoption in den Vereinigten Staaten anerkannt wird. Danach sind folgende Punkte zu klären:

A. Beurteilt sich die Adoption nach ausländischem Recht und wird sie nach dem anzuwendenden materiellen Recht wirksam sein?

B. Wird die vorgesehene Adoption in den Vereinigten Staaten anerkannt werden?

## RECHTSLAGE

### A. ADOPTION DES KINDES

#### *I. Internationales Privatrecht (IPR)*

*1. Deutsches IPR*

Aus Art. 22 Abs. 1 EGBGB ist die allseitige Kollisionsnorm abzuleiten, daß sich die Adoption nach dem Heimatrecht des Annehmenden beurteilt[1]. Nehmen Ehegatten gemeinsam ein Kind an, so gilt die Verweisung getrennt für beide von ihnen[2]. Da die Eheleute M. beide Amerikaner sind, verweist das deutsche internationale Privatrecht auf das Recht der Vereinigten Staaten.

Die Verweisung auf das Recht der Vereinigten Staaten ist unvollständig. Denn das internationale Privatrecht der Vereinigten Staaten ist ebenso wie das materielle Zivilrecht gespalten. In den einzelnen Staaten gilt jeweils selbständiges Kollisionsrecht[3]. Um festzustellen, auf welchen Einzelstaates Recht verwiesen wird, ist daher eine Unteranknüpfung zu wählen. Manche Autoren knüpfen bei amerikanischen Staatsangehörigen an deren Staatsbürgerschaft innerhalb der Vereinigten Staaten an[4]. Es empfiehlt sich jedoch, im Parteiinteresse auf den gewöhnlichen oder letzten gewöhnlichen Aufenthalt abzustellen, wie er auch für das interlokale Privatrecht gilt[5].

Häufig wird der gewöhnliche oder letzte gewöhnliche Aufenthalt mit dem gegenwärtigen oder letzten Wohnsitz zusammenfallen, den die Rechtsprechung mehrfach als maßgebend angesehen hat[6]. Im vorliegenden Fall führt die Unteranknüpfung zum Recht des Staates Tennessee, wo die Eheleute M. ihren ständigen Wohnsitz haben.

---

[1] *Kegel* in *Soergel-Siebert,* Bürgerliches Gesetzbuch, Bd. V (9. Aufl. 1961), Art. 22 Bem. 9, S. 880; *Raape,* Internationales Privatrecht (5. Aufl. 1961) 393; *Wolff,* Das internationale Privatrecht Deutschlands (3. Aufl. 1954) 220.

[2] *KG* IPRspr. 1933 Nr. 53 a; *LG Berlin-West* DAVorm. 32, 214 (1959); *Kegel* in *Soergel-Siebert,* aaO, Art. 22, Bem. 34, S. 886.

[3] Vgl. *Ehrenzweig,* A Treatise on the Conflict of Laws (1962) 33–34; *Kegel,* IPR (2. Aufl. 1964) 138; *Nussbaum,* Grundzüge des internationalen Privatrechts (1952) 56.

[4] *Ferid-Firsching,* Internationales Erbrecht, Bd. III (Stand: 1967), US Grdz. C III, Randz. 60 b, S. 40/158; *Frankenstein,* Internationales Privatrecht, Bd. I (1926) 93; *Melchior,* Die Grundlagen des deutschen internationalen Privatrechts (1932) 451; *Neuhaus* aaO 214; *Nussbaum* aaO 135–136; *Raape* aaO 150.

[5] *LG Bielefeld* FamRZ 1957, 268, 269 = NJW 1957, 1074, 1075; *Kegel* in *Soergel-Siebert,* aaO, Bem. 111 vor Art. 7, S. 539 mit weiteren Nachweisen.

[6] Vgl. *BGHZ* 27, 47, 51; *OLG Karlsruhe* DNotZ 1957, 424, 425.

Die Verweisung auf das Recht von Tennessee ist als Kollisionsnormverweisung anzusehen, obwohl Art. 22 EGBGB in Art. 27 EGBGB nicht ausdrücklich aufgeführt ist[7]. Eine Rück- oder Weiterverweisung des Rechts von Tennessee ist daher zu beachten.

*2. IPR von Tennessee*

Im IPR von Tennessee fehlt es für die Adoption an einer ausdrücklichen Kollisionsregel. Denn in den Common Laws der Vereinigten Staaten hat sich für die Adoption der Grundsatz entwickelt, daß jeder Staat nur die „jurisdiction" seiner eigenen Gerichte regelt. Liegen ihre Voraussetzungen im Einzelfall vor, so wendet das Gericht das Recht seines eigenen Staates an[8]. Auf diese Weise wird das anzuwendende materielle Recht schon mit der Entscheidung über die „jurisdiction" gewählt. Daher kann das für die Adoption maßgebliche Recht nur über die Regeln der „jurisdiction" gefunden werden[9].

Fraglich ist nun, ob man aus dieser Verbindung von „jurisdiction" und anwendbarem Recht eine *versteckte Rückverweisung* auf die *lex fori* ableiten kann, wie dies sowohl für die Adoption wie auch in ähnlichen Fällen vielfach angenommen wird[10]. Will man allerdings dem Sinn der ausländischen Regelung gerecht werden, so müssen für die Annahme einer Rückverweisung zwei Voraussetzungen erfüllt sein. Einmal darf sich hinter der Zuständigkeitsnorm keine wirkliche Kollisionsnorm verbergen, die nur zufällig mit der Verweisung auf die lex fori zusammenfällt (a). Zum andern bedarf es einer besonderen Rechtfertigung, die ausländische, einseitige Verweisung zu einer allseitigen Verweisung auf fremdes Recht zu erweitern (b).

a) Verweisung auf lex fori

Gegen die Annahme einer Verweisung auf die fremde lex fori können erhebliche Bedenken bestehen, wenn der ausländische Staat die internationale Zuständigkeit seiner eigenen Gerichte nach einem einzigen

---

[7] *OLG Hamm* FamRZ 1959, 28; *KG West* NJW 1960, 248, 250 f. m. abl. Anm. *Beitzke*; *Kegel* in *Soergel-Siebert*, aaO, Art. 22, Bem. 48, S. 890; *Raape* aaO 380.

[8] Z. B. *Finley* v. *Brown*, 123 S. W. 359 (Tenn. 1909).

[9] Vgl. im einzelnen *Ehrenzweig*, A Treatise on the Conflict of Laws (1962) 401; *Goodrich-Scoles*, Handbook of the Conflict of Laws (4. Aufl. 1964) 287–289; *Leflar*, The Law of Conflict of Laws (1959) 340; *Stumberg*, Principles of Conflict of Laws (3. Aufl. 1963) 338–341.

[10] Vgl. aus der Rechtsprechung *KG* FamRZ 1960, 244 = NJW 1960, 248 m. Anm. *Beitzke*; BayObLG NJW 1962, 1013–1014; aus der Literatur s. *Gündisch*, Internationale Zuständigkeit und versteckte Rückverweisung bei Adoptionen durch Amerikaner in Deutschland, FamRZ 1961, 352–358; *Hanisch*, Die „versteckte" Rückverweisung im internationalen Familienrecht, NJW 1966, 2085–2092; *Kegel*, IPR 132–133; *Kegel*, Die Grenze von Qualifikation und Renvoi im internationalen Verjährungsrecht (1962) 39–41; *Melchior* aaO 228–230; *Neuhaus* aaO 190–194.

Kriterium bestimmt, das gleichzeitig als Anknüpfungsmoment einer Kollisionsnorm verstanden werden kann. Dieser Fall liegt vor, wenn etwa der fremde Staat die internationale Zuständigkeit nur vom Wohnsitz, der Staatsangehörigkeit oder der Belegenheit einer Sache abhängig macht. Dann erscheint die Anwendung des eigenen Rechts möglich sowohl aufgrund einer Norm, die auf die lex fori verweist, wie auch nach einer Kollisionsregel, die dasselbe Anknüpfungsmoment hat, nach dem sich die Zuständigkeit richtet. Demgegenüber liegt sicher eine Verweisung auf die lex fori vor, wenn das ausländische Recht die Zuständigkeit seiner Gerichte alternativ nach mehreren Merkmalen (z. B. nach Wohnsitz und Staatsangehörigkeit) begründet und in jedem Fall das eigene Recht anwendet[11]. Es ist daher zu prüfen, nach welchen Gesichtspunkten die „jurisdiction" der Gerichte in Illinois zur Entscheidung über die Adoption begründet wird.

Nach einem festen Grundsatz des Common Law wird die Zuständigkeit in Adoptionssachen im Interesse der Parteien nach deren „domicile" bestimmt. Daher haben die Gerichte des Staates „jurisdiction", in dem alle Beteiligten ihr „domicile" haben[12]. Aus diesem Grundsatz sind zwei weitere Regeln abgeleitet worden. Haben nicht alle Beteiligten ihr „domicile" in demselben Staat, so soll die „jurisdiction" einmal in dem Staat begründet sein, in dem die Adoptierenden ihr „domicile" haben. Diese Regel beachtet das besondere Parteiinteresse der Adoptierenden, die sich mit der Adoption rechtlich und wirtschaftlich belasten[13].

Andererseits verbieten es die Interessen der Adoptierenden nicht, in dem Staat zu adoptieren, in denen das zu adoptierende Kind sein „domicile" hat. Die Interessen des Kindes werden nach seinem Heimatrecht geschützt und die Adoptierenden unterwerfen sich durch ihren Entschluß dem Personalstatut des Kindes. Daher haben die Gerichte auch in dem Staat, in dem allein das Kind domiziliert ist, „jurisdiction" für das Adoptionsverfahren angenommen[14]. Da aber die Gerichte in allen Fällen, in denen ihre Zuständigkeit nach den unterschiedlichen Anknüpfungsmomenten begründet ist, das eigene materielle Recht anwenden, geschieht dies sicher aufgrund einer Verweisung auf die *lex fori.*

b) Verweisung auf die ausländische lex fori

Die versteckte Rückverweisung erfordert weiter, daß die einseitige Verweisung auf die eigene lex fori zur *allseitigen* erweitert werden kann.

---

[11] Vgl. *Hanisch* aaO 2089–2090; *Neuhaus* aaO 192–193.

[12] *Finley* v. *Brown,* 123 S. W. 359, 362 (Tenn. 1909); *Cole* v. *Taylor,* 177 S. W. 61, 65 (Tenn. 1915); neuerdings *Evans* v. *Young,* 299 S. W. 2d 218, 219 (Tenn. 1957).

[13] *Brewer* v. *Browning,* 76 So. 267, 271 (Miss. 1917); *Goodrich-Scoles* aaO 288; *Leflar* aaO 341.

[14] *James* v. *Williams,* 82 S. W. 2d 541 (Tenn. 1935); *Goodrich-Scoles* aaO 289; *Leflar* aaO 341; *Stumberg* aaO 339.

Das Kollisionsrecht von Tennessee sieht diese Erweiterung zwar selbst nicht ausdrücklich vor. Will man jedoch dem wirklichen Sinn seiner Regelung gerecht werden, so liegt diese Erweiterung aber jedenfalls dann nahe, wenn das Recht von Tennessee damit einverstanden ist, daß auch das zuständige ausländische Gericht das Recht seines eigenen Staates anwendet. Dieses Einverständnis kann in der Anerkennung entsprechender ausländischer Adoptionen gesehen werden[15]. Denn dieses Verhalten deutet darauf hin, daß Tennessee selbst eine entsprechende Verweisung auf das ausländische Recht anordnen würde, wenn es diesen Konfliktsfall regeln würde[16]. Es ist daher zu klären, ob ausländische Adoptionen auch dann in Tennessee anerkannt werden, wenn sie unter dem ausländischen Recht vollzogen werden.

aa) Anerkennung

Die Anerkennung ausländischer Adoptionen ist in der dogmatischen Begründung sehr umstritten. Im inneramerikanischen Rechtsverkehr verpflichtet möglicherweise ein Verfassungsgrundsatz („full faith and credit clause", Art. IV § 1 der amerikanischen Bundesverfassung i. d. F. von 1790) zur gegenseitigen Anerkennung[17]. Für das Verhältnis zum Ausland kann diese Vorschrift jedoch nicht herangezogen werden. Insoweit ist vielmehr auf die Grundsätze zurückzugehen, die in der Rechtsprechung zur Anerkennung entwickelt worden sind.

Grundlegende Voraussetzung jeder Anerkennung einer ausländischen Adoption ist es, daß sie in dem Land vollzogen worden ist, dessen Gerichte zur Mitwirkung bei der Adoption „jurisdiction" haben[18]. Dabei wird die Frage der „jurisdiction" stets nach dem Recht des anerkennenden Staates beurteilt[19]. Daneben ist erforderlich, daß die Adoption nach dem fremden Recht wirksam erfolgt ist[20], nicht auf Betrug beruht[21], und der „public policy" des anerkennenden Staates nicht widerstreitet.

bb) „Jurisdiction" qua „domicile"

Da die „jurisdiction" durch das „domicile" des Kindes im Inland begründet wird, ist festzustellen, ob dies hier zutrifft.

---

[15] *Gündisch* aaO 356–357; vgl. auch *Hanisch* aaO 2090; *Neuhaus* aaO 192–193.

[16] Vgl. *Kegel*, IPR 132.

[17] Nachweise für diese Auffassung bei *Ehrenzweig* aaO 186, Fußn. 36 und *Leflar* aaO 342.

[18] Z. B. *Stearns* v. *Allen*, 67 N. E. 349, 350 (Mass. 1903); *Taylor* v. *Collins*, 289 S. W. 466, 467 (Ark. 1927); *Restatement*, Conflict of Laws (1934) § 143; *Ehrenzweig* aaO 403, 186; *Stumberg* aaO 338.

[19] Vgl. *Smith* v. *Mitchell*, 202 S. W. 2d 979, 982 (Tenn. 1947).

[20] *Westbrook* v. *Elder*, 249 N. W. 617, 618 (Mich. 1933); In re Libert's Estate, 69 N. W. 2d 467, 470 (Wis. 1955).

[21] In re Topcuoglu, 174 N. Y. S. 2d 260, 263 (1958).

Nach den Grundsätzen des Common Law erwirbt ein Kind kein eigenständiges, sondern ex lege ein abgeleitetes „domicile". Dabei gelten zwei Grundregeln: Ein eheliches Kind erlangt mit der Geburt das „domicile" seines Vaters[22]. Demgegenüber teilt das uneheliche Kind das „domicile" seiner Mutter[23]. Sie hat ihr „domicile" dort, wo sie lebt und ein wirkliches, dauerhaftes Zuhause hat, zu dem sie im Fall der Abwesenheit zurückkehren will[24].

Nach dem mitgeteilten Sachverhalt hat die Mutter des Kindes ihr „domicile" in Deutschland, wo sie heute lebt. Mithin hat auch das Kind sein „domicile" in Deutschland.

cc) Die übrigen Voraussetzungen

Hinsichtlich der weiteren Voraussetzungen für die Anerkennung der Adoption kann unterstellt werden, daß sie im Einklang mit dem deutschen Recht erfolgen wird und nicht auf Betrug beruht. Im übrigen widerspricht die geplante Adoption auch nicht der „public policy" des Staates Tennessee. Denn dies träfe nur zu, wenn die materiellen Regeln der Adoption im ausländischen Recht sich grundlegend von denen des Staates Tennessee unterscheiden würden[25].

Im Staate Tennessee ist die Adoption aber ähnlich wie in Deutschland geregelt. Danach ist insbesondere die Adoption eines unehelichen Kindes vorgesehen; sie bedarf nur der Zustimmung der Kindesmutter, nicht aber der des leiblichen Vaters[26]. Mithin steht der Anerkennung der Adoption in Tennessee, soweit ersichtlich, nichts entgegen.

c) Folgerung

Da die Anwendung des eigenen Rechts in Tennessee auf einer Verweisung auf die lex fori beruht, und diese Verweisung als eine allseitige verstanden werden kann, weil Tennessee eine in Deutschland nach deutschem Recht erfolgte Adoption anerkennen wird, verweist das fremde Kollisionsrecht „versteckt auf deutsches Recht zurück. Diese Verweisung ist nach herrschender deutscher Auffassung abzubrechen[27]. Mithin beurteilt sich die Adoption nach deutschem materiellem Recht.

---

[22] Z. B. *Yarborough* v. *Yarborough,* 54 S. Ct. 181, 185 (1933); In re Guardianship of Fox, 318 P. 2d 933, 936 (Or. 1956); vgl. auch *Restatement Second,* Tentative Draft No. 2 (1954) § 30; *Goodrich-Scoles* aaO 53; *Leflar* aaO 21; *Stumberg* aaO 41.

[23] *Glos* v. *Sankey,* 36 N. E. 628, 633 (Ill. 1893); *Thayer* v. *Thayer,* 122 S. E. 307 (N. C. 1924); *Glansman v. Ledbetter,* 130 N. E. 230 (Ind. 1921); *Restatement Second,* Tentative Draft No. 2 (1954), § 34; *Goodrich-Scoles* aaO 53; *Leflar* aaO 21; *Stumberg* aaO 21.

[24] Vgl. *Laue* v. *Grand Fraternity,* 177 S. W. 941, 943–944 (Tenn. 1915); *Keelin* v. *Graves,* 165 S. W. 232, 235 (Tenn. 1914).

[25] *Smith* v. *Mitchell,* 202 S. W. 2d 979, 983 (Tenn. 1947).

[26] Tennessee Code Annotated (1955), § 36–111.

[27] Vgl. *RGZ* 136, 366; BGHZ 24, 352, 356; weitere Nachweise bei *Kegel* in *Soergel-Siebert,* aaO, Art. 27, Bem. 16, Fußn. 7, S. 939.

### *II. Materielles Recht*

Der vorgesehene Annahmevertrag entspricht sowohl den formellen als auch den materiellen Anforderungen des deutschen Rechts. Er soll in der Form geschlossen werden, die § 1750 BGB vorsieht. Außerdem soll er geschlossen werden als Vertrag zwischen den annehmenden Eheleuten M. und dem Kind, für das nach § 1751 Abs. 1 BGB, 40 JWG der Vertreter des zuständigen Jugendamts als gesetzlicher Vertreter auftritt. Hierfür ist nach § 1751 Abs. 1 BGB die Genehmigung des Vormundschaftsgerichts erforderlich. Außerdem bedarf der Vertrag nach § 1741 S. 2 BGB der Bestätigung durch das zuständige Gericht. Die nach § 1747 Abs. 1 S. 1 BGB vorgesehene Einwilligung der Kindesmutter liegt in der vorgeschriebenen Form (§ 1748 Abs. 3 BGB) vor.

## B. ANERKENNUNG DER ADOPTION IN DEN VEREINIGTEN STAATEN

### *I. Anerkennung*

Es ist bereits festgestellt worden, daß die vorgesehene Adoption im Staate Tennessee anerkannt werden wird, soweit dies nach dem vorliegenden Sachverhalt beurteilt werden kann. Entsprechendes gilt grundsätzlich auch für die übrigen amerikanischen Staaten[28]. Es kann daher angenommen werden, daß die vorgesehene Adoption in den Vereinigten Staaten anerkannt werden wird.

### *II. Verfahren*

Die Anerkennung einer ausländischen Adoption bedarf, soweit ersichtlich, keines besonderen Verfahrens. Denn es geht dabei nicht um die Anerkennung einer gerichtlichen Entscheidung, sondern um Anerkennung der Rechtsstellungen, welche die Beteiligten aufgrund der wirksamen Adoption erlangt haben. So schreibt insbesondere Tennessee, der Heimatstaat der Adoptierenden, kein besonderes Anerkennungsverfahren vor[29]. Vielmehr wird die ausländische Adoption nur im Rahmen solcher Verfahren behandelt, in denen es um den Nachweis einer bestimmten Rechtsstellung geht[30].

[28] S. im einzelnen *Ehrenzweig* aaO 402–404; *Goodrich-Scoles* aaO 287–289; *Leflar* aaO 342 f.; *Stumberg* aaO 338–341; vgl. auch *Gündisch* aaO 356.

[29] Die einschlägige gesetzliche Regelung der Adoption, wiedergegeben in Tennessee Code Anntotated (1955) §§ 36–101 – 36–137, enthält nur Vorschriften über die Adoption im eigenen Staat.

[30] Z. B. Finley v. Brown, 123 S. W. 359 (Tenn. 1909) betr. den Nachweis der Rechtsstellung eines Erben aufgrund einer Adoption, die in Georgia vorgenommen worden war.

Zusammenfassend ist daher festzustellen, daß die Anerkennung der Adoption keines besonderen Verfahrens bedarf.

GESAMTERGEBNIS

Für die Adoption des Kindes verweist das deutsche internationale Privatrecht auf das Recht des Staates Tennessee.

Im Kollisionsrecht von Tennessee fehlt eine ausdrückliche Kollisionsnorm für die Adoption. Das Recht dieses Staates regelt nur die Zuständigkeit seiner eigenen Gerichte in Adoptionssachen. Ist die „jurisdiction" im Einzelfall gegeben, so wenden die Gerichte das eigene Recht an.

Aus dieser Regelung des Rechts von Tennessee ist eine „versteckte" Rückverweisung auf deutsches Recht abzuleiten. Denn sie enthält eine Verweisung auf die eigene lex fori, die zu einer allseitigen Kollisionsnorm erweitert werden kann.

Die Rückverweisung wird abgebrochen mit der Folge, daß sich die Adoption nach deutschem materiellem Recht beurteilt.

Die vorgesehene Adoption wird in den Vereinigten Staaten, soweit erkennbar, ohne ein besonderes Verfahren anerkannt werden.

## f) Ergänzungspflegschaft, Vormundschaft

### Nr. 56

**Italien**

1. **Die Ergänzungspflegschaft für die Unterhaltsabänderungsklage eines italienischen Kindes getrennt lebender italienischer Eltern gegen den Vater untersteht dem italienischen materiellen Recht.**
2. **Die sachlichen Voraussetzungen einer Ergänzungspflegschaft für die Erhebung der Abänderungsklage sind gegeben, wenn das Kind prozeßunfähig ist und eine wirksame Vertretung durch die Eltern nicht möglich ist.**

**Köln 47/67 vom 17. 7. 1967**

Das Amtsgericht Wiedenbrück hat mit Verfügung vom 31. 5. 1967 in der Pflegschaftssache Silvia C. um ein Gutachten über internationales Privatrecht und italienisches Pflegschaftsrecht gebeten.

SACHLAGE

Die am 17. 10. 1952 geborene Silvia C. ist das eheliche Kind der seit Jahren in Deutschland getrennt lebenden Eheleute Irmgard C. und Vincenzo C. Kind und Eltern – die ursprünglich deutsche Mutter seit ihrer

Heirat – besitzen die italienische Staatsangehörigkeit. Die Trennung der Eheleute C. ist bisher weder durch Urteil ausgesprochen noch gerichtlich bestätigt worden. Silvia C. lebt bei ihrer Mutter.

Durch Urteil des Amtsgerichts Oelde vom 24. 6. 1958 ist der Vater C. verurteilt worden, an seine Tochter ab 1. 11. 1957 eine monatliche Unterhaltsrente von 50 DM zu zahlen. Das Kind verlangt jetzt weitere 150 DM. Es hat, vertreten durch seine Mutter, beim Amtsgericht Herford die Bewilligung des Armenrechts für eine entsprechende Abänderungsklage gemäß § 323 ZPO beantragt. Das Amtsgericht hat das Armenrecht durch Beschluß vom 27. 12. 1966 mit der Begründung versagt, daß die Antragstellerin nicht ordnungsgemäß vertreten sei. Daraufhin hat die Mutter Irmgard C. beim Amtsgericht Wiedenbrück gemäß § 1909 BGB die Bestellung eines Pflegers für ihr Kind beantragt.

## ANFRAGE

Das Amtsgericht Wiedenbrück bittet um ein Gutachten zu den Fragen:

1. Kann die beantragte Pflegschaft eingeleitet werden?
2. Ist das Amtsgericht Wiedenbrück (Wohnort der Mutter) für die Einleitung der Pflegschaft zuständig oder das Wohnsitzgericht des Ehemannes C. (Herford)?

## RECHTSLAGE

### A. DAS AUF DIE ENTSTEHUNG DER PFLEGSCHAFT ANZUWENDENDE RECHT

Die Zulässigkeit einer Ergänzungspflegschaft im Sinne des § 1909 BGB unterliegt auch im Rahmen der elterlichen Gewalt dem Vormundschaftsstatut[1]. Maßgeblich können daher sein das Haager Vormundschaftsabkommen und Art. 23 EGBGB.

Das *Haager Vormundschaftsabkommen*[2] gilt grundsätzlich nur für die Vormundschaft im eigentlichen Sinne. Die Anordnung einer Pflegschaft kann zwar nach Art. 7 des Abkommens als vorläufige Maßregel bis zur Anordnung einer Vormundschaft oder in anderen dringenden Fällen zulässig sein. Voraussetzung auch der vorläufigen Maßregeln ist jedoch, daß das Haager Vormundschaftsabkommen überhaupt anwendbar ist, daß es sich also um vorläufige Maßregeln im Rahmen einer unter das Abkom-

[1] *Kegel* in *Soergel-Siebert*, Kommentar zum BGB, Bd. V (9. Aufl. 1961) Bem. 3 zu Art. 23 EGBGB mit Nachweisen in Fußn. 2 (S. 895).

[2] Abgedr. bei *Kegel* in *Soergel-Siebert* aaO 902 f.

men fallenden Vormundschaft handelt. Das ist nicht der Fall, wenn der Minderjährige – wie hier – unter elterlicher Gewalt steht und lediglich für eine einzelne Maßnahme ein Pfleger bestellt werden soll[3].

Nach *Art. 23 EGBGB* kann eine Pflegschaft über einen Ausländer angeordnet werden, wenn dieser nach dem Recht seines Heimatstaates der Fürsorge bedarf. Art. 23 EGBGB regelt zwar unmittelbar nur die internationale Zuständigkeit für die Anordnung einer Pflegschaft, ergibt aber implicite als Grundsatz: die Entstehung einer Pflegschaft unterliegt dem Personalstatut des Betroffenen[4].

Das *deutsche IPR* verweist mithin für die sachlichen Voraussetzungen der Pflegschaft auf das italienische Recht. Entsprechend Art. 27 EGBGB ist eine Rück- oder Weiterverweisung des italienischen IPR zu beachten[5].

Eine Bestimmung, daß für die Voraussetzungen der Bestellung eines Pflegers für einen italienischen Staatsangehörigen die lex fori maßgebend sei, besteht im italienischen Recht nicht. Vielmehr knüpft auch das italienische IPR an das Heimatrecht des Betroffenen an. Das folgt aus *Art. 21 disposizioni preliminari* (disp. prel.) zum Codice civile (Cc):

*Art. 21 disp. prel.:*

„La tutela e gli altri istituti di protezione degli incapaci sono regolati dalla legge nazionale dell'incapace."

Die Vormundschaft und die sonstigen Einrichtungen zum Schutze der Geschäftsunfähigen bestimmen sich nach dem Heimatrecht des Geschäftsunfähigen.

Die sachlichen Voraussetzungen der Pflegschaft bestimmen sich somit nach italienischem Recht.

## B. SACHLICHE VORAUSSETZUNGEN FÜR DIE ANORDNUNG DER PFLEGSCHAFT

Die Bestellung eines Ergänzungspflegers setzt voraus, daß Silvia C. prozeßunfähig ist – d. h. die Unterhaltsänderungsklage nicht selbst oder durch einen Prozeßbevollmächtigten geltend machen kann –, die Klageerhebung nicht in den Rahmen der elterlichen Gewalt fällt, und daß das italienische Recht als Heimatrecht der Silvia C. unter diesen Voraussetzungen ein Fürsorgebedürfnis für sie annimmt, indem es eine der Pflegebestellung des § 1909 BGB entsprechende Maßnahme vorsieht[6].

---

[3] *KG* IPRspr. 1926/27 Nr. 87; *Palandt-Lauterbach* (26. Aufl. 1967) Anhang zu Art. 23 EGBGB, Anm. 3 c; *Raape* bei *Staudinger* (9. Aufl. 1931) Anm. A IV zu Art. 23 EGBGB.

[4] *Kegel* in *Soergel-Siebert,* aaO, Bem. 1, 5 zu Art. 23 EGBGB (S. 895, 896) mit Nachweisen.

[5] *Kegel* in *Soergel-Siebert,* aaO, Bem. 32 zu Art. 23 EGBGB (S. 901).

[6] Vgl. *Kegel* in *Soergel-Siebert,* aaO, Bem. 5 zu Art. 23 EGBGB (S. 896).

### *I. Vorfrage der Prozeßfähigkeit*

Die Frage nach der Geschäfts- bzw. Prozeßfähigkeit der Silvia C. ist als Vorfrage selbständig anzuknüpfen[7]. Die Prozeßfähigkeit einer natürlichen Person ist ebenso wie ihre Geschäftsfähigkeit nach ihrem Heimatrecht zu beurteilen[8], unterliegt also für Silvia C. nach *deutschem IPR* dem italienischen Recht. Eine gemäß Art. 27 EGBGB zu beachtende Rück- oder Weiterverweisung des *italienischen IPR* besteht nicht: Das italienische Recht knüpft die Prozeßfähigkeit ebenfalls an das Heimatrecht an, Art. 17 disp. prel.[9].

Nach italienischem Recht, das die Volljährigkeit wie das deutsche Recht mit Vollendung des 21. Lebensjahres eintreten läßt,

*Art. 2 Cc:*

| | |
|---|---|
| „La maggiore età è fissata al compimento del ventunesimo anno.<br>Con la maggiore età si acquista la capacità di compiere tutti gli atti per i quali non sia stabilita un'età diversa." | Die Volljährigkeit tritt mit der Vollendung des einundzwanzigsten Lebensjahres ein.<br>Mit der Volljährigkeit erwirbt man die Fähigkeit, alle Rechtshandlungen vorzunehmen, für die nicht ein anderes Alter vorgeschrieben ist. |

ist Silvia C. geschäfts- und damit für die Unterhaltsabänderungsklage auch prozeßunfähig[10].

### *II. Vorfrage der elterlichen Gewalt*

Die Frage nach der elterlichen Gewalt ist ebenfalls als Vorfrage selbständig anzuknüpfen[11]. Gemäß Art. 19 S. 1 EGBGB, der unstreitig zur allseitigen Kollisionsnorm auszubauen ist, entscheidet über das Rechtsverhältnis zwischen Eltern und ehelichem Kind das Heimatrecht des Vaters[12].

Das *deutsche IPR* beruft also im vorliegenden Fall das italienische Recht. Eine Rück- oder Weiterverweisung des italienischen Rechts, die nach Art. 27 EGBGB zu beachten wäre, liegt nicht vor. Denn *Art. 20 Abs. 1 disp. prel.* bestimmt:

---

[7] Vgl. *Kegel* in *Soergel-Siebert*, aaO, Bem. 5 zu Art. 23 EGBGB (S. 896).

[8] *Kegel* in *Soergel-Siebert*, aaO, Bem. 9 zu Art. 7 EGBGB mit Nachweisen in Fußn. 16 (S. 659).

[9] *Morelli*, Elementi di diritto internazionale privato italiano (8. Aufl. 1965) 89.

[10] Vgl. *Costa*, Diritto processuale civile (3. Aufl. 1966) 176, 177.

[11] *Kegel* in *Soergel-Siebert*, aaO, Bem. 5 zu Art. 23 EGBGB (S. 896).

[12] *Kegel* in *Soergel-Siebert*, aaO, Bem. 1 zu Art. 19 EGBGB mit Nachweisen in Fußn. 1 (S. 834).

„I rapporti tra genitori e figli sono regolati dalla legge nazionale del padre, ovvero da quella della madre se soltanto la maternità è accertata o se soltanto la madre ha legittimato il figlio."

Die Rechtsverhältnisse zwischen Eltern und Kindern bestimmen sich nach dem Heimatrecht des Vaters oder, wenn nur die Mutter festgestellt ist oder nur die Mutter das Kind legitimiert hat, nach dem Recht der Mutter.

Die elterliche Gewalt über Silvia C. unterliegt demnach dem italienischen Recht. Die gesetzliche Vertretung Minderjähriger regeln die Artikel 315 ff. Cc.

*Art. 316:*

„Il figlio è soggetto alla potestà dei genitori sino all'età maggiore o all'emancipazione. Questa potestà è esercitata dal padre. Dopo la morte del padre e negli altri casi stabiliti dalla legge essa è esercitata dalla madre."

Das Kind ist bis zur Erreichung der Volljährigkeit oder bis zur Entlassung aus der väterlichen Gewalt der Gewalt seiner Eltern unterworfen. Diese wird vom Vater ausgeübt. Nach dem Tode des Vaters und in den übrigen vom Gesetz bestimmten Fällen übt sie die Mutter aus.

*Art. 317:*

„Nel caso di lontananza od altro impedimento che renda impossibile al padre l'esercizio della patria potestà, questa è esercitata dalla madre."

Bei Abwesenheit oder anderer Verhinderung, die dem Vater die Ausübung der väterlichen Gewalt unmöglich macht, übt die Mutter diese aus.

*Art. 320:*

„Il padre rappresenta i figli nati e nascituri in tutti gli atti civili e ne amministra i beni.
Egli tuttava non può alienare, ipotecare, dare in pegno i beni del figlio, rinunziare a eredità, accettare donazioni o legati soggetti a pesi e condizioni, chiedere divisioni, contrarre in nome di lui mutui, locazioni oltre il novennio o compiere altri atti eccedenti i limiti dell'ordinaria amministrazione, nè transigere o promuovere giudizi relativi a tali atti, se non per necessità o utilità evidente del figlio stesso e dopo autorizzazione del giudice tutelare.
I capitali non possono essere riscossi senza autorizzazione del giudice tutelare, il quale ne determina l'impiego.
L'esercizio di un'impresa commerciale non può essere continuato se non con

Der Vater vertritt die Kinder, auch soweit sie erzeugt, aber noch nicht geboren sind, bei allen bürgerlich-rechtlichen Handlungen und verwaltet deren Vermögen.
Er kann jedoch das Vermögen des Kindes weder veräußern noch mit Hypotheken und Pfandrechten belasten, er kann nicht Erbschaften ausschlagen, mit Auflagen oder Bedingungen beschwerte Schenkungen oder Vermächtnisse annehmen, Teilungen verlangen, im Namen des Kindes Darlehen aufnehmen, Pacht- und Mietverträge über eine Dauer von mehr als neun Jahren abschließen sowie keine sonstigen, den Umfang der gewöhnlichen Verwaltung überschreitenden Geschäfte vornehmen, hierüber Vergleiche abschließen oder Prozesse führen, sofern dies nicht aus Notwendigkeit oder offenkundiger

l'autorizzazione del tribunale su parere del giudice tutelare. Questi può consentire l'esercizio provvisorio dell' impresa, fino a quando il tribunale abbia deliberato sulla istanza.-
Se sorge conflitto d'interessi tra figli soggetti alla stessa patria potestà o tra essi e il padre, il giudice tutelare nomina ai figli un curatore speciale."

Nützlichkeit für das Kind und nach Ermächtigung durch den Vormundschaftsrichter erfolgt.
Kapitalien sind ohne Ermächtigung des Vormundschaftsrichters, der auch über ihre Verwendung bestimmt, nicht einziehbar.
Der Betrieb eines Handelsunternehmens darf nur mit Ermächtigung des Landgerichts nach Anhörung des Vormundschaftsrichters fortgeführt werden. Dieser kann den vorläufigen Betrieb des Unternehmens bis zur Entscheidung des Landgerichts über den Antrag gestatten.
Im Falle eines Interessenwiderstreites zwischen Kindern, die derselben väterlichen Gewalt unterstehen, oder zwischen ihnen und dem Vater, bestellt der Vormundschaftsrichter für die Kinder einen besonderen Pfleger.

Die gesetzliche Vertretung des Kindes steht also grundsätzlich dem Vater zu. Aus Art. 320 Abs. 5 Cc folgt, daß der Vater C. seine Tochter wegen der Interessenkollision im Unterhaltsrechtsstreit nicht vertreten kann. Art. 317 Cc, nach dem die gesetzliche Vertretung bei Verhinderung des Vaters auf die Mutter übergeht, greift nicht ein. Denn Art. 320 Abs. 5 Cc (Bestellung eines Pflegers) ist eine Spezialvorschrift gegenüber Art. 317 Cc[13].

Demnach ist weder die Mutter der Silvia C. – mangels elterlicher Gewalt – noch ihr Vater – wegen des Interessenwiderstreits – berechtigt, das Kind im Unterhaltsrechtsstreit gesetzlich zu vertreten.

### *III. Anerkennung der Fürsorgebedürftigkeit durch das italienische Recht*

Die Anerkennung einer Fürsorgebedürftigkeit des Minderjährigen in Fällen der vorliegenden Art ergibt sich aus Art. 320 Abs. 5 Cc: die Vorschrift sieht ähnlich wie § 1909 BGB vor, daß für den Minderjährigen durch das Vormundschaftsgericht ein besonderer Pfleger bestellt wird.

Die sachlichen Voraussetzungen für die Bestellung eines Ergänzungspflegers sind daher erfüllt.

---

[13] *Pelosi,* La Patria potestà (1965) 136/137; *Richter-Sgroi,* Commentario del Codice civile, 1. Buch, 2. Band, Delle persone e della famiglia, 1958, zu Art. 320 Bem. 8, S. 358.

## C. ZUSTÄNDIGKEIT DES AMTSGERICHTS WIEDENBRÜCK FÜR DIE BESTELLUNG EINES ERGÄNZUNGSPFLEGERS

### *I. Örtliche Zuständigkeit*

Das für die Pflegerbestellung *örtlich zuständige* Amtsgericht ist nach § 37 Abs. 1 S. 2 FGG in Verbindung mit § 36 FGG zu bestimmen. Örtlich zuständig ist danach das Gericht, in dessen Bezirk Silvia C. ihren Wohnsitz hat. Der „Wohnsitz" i. S. des § 36 FGG ist als Begriff des Verfahrensrechts grundsätzlich nach dem am Sitz des Gerichts geltenden Recht, hier also nach deutschem Recht zu beurteilen. Der Annahme, daß es sich bei dem „Wohnsitz" i. S. des § 36 FGG um einen verfahrensrechtlichen Begriff handelt, steht nicht entgegen, daß die Zuständigkeitsvorschriften des FGG keine eigenen Vorschriften über den Wohnsitz enthalten, sondern auf die Bestimmungen des sachlichen Rechts (§§ 7–11 BGB) verweisen; denn diese Verweisung beruht lediglich auf Zweckmäßigkeitsgründen[14].

Nach § 11 Abs. 1 S. 1 BGB teilt Silvia C. grundsätzlich den Wohnsitz ihres Vaters, da ihre Eltern nicht denselben Wohnsitz haben und der Vater seine Tochter in den persönlichen Angelegenheiten vertritt. Aus § 8 Abs. 1 BGB ergibt sich aber, daß Minderjährige mit Zustimmung ihres gesetzlichen Vertreters einen eigenen Wohnsitz begründen können. Da aber Vater C. – wie unterstellt wird – die dauernde Unterbringung seiner Tochter bei der Mutter zumindest stillschweigend duldet, ist somit Wiedenbrück als Wohnsitz des Kindes anzusehen[15].

Für die Anordnung der Pflegschaft ist daher das Amtsgericht Wiedenbrück örtlich zuständig.

### *II. Internationale Zuständigkeit*

Nach dem Grundsatz des Art. 23 EGBGB liegt die *internationale Zuständigkeit* für die Anordnung einer Pflegschaft beim Heimatstaat. Dieser Grundsatz wird von Art. 23 EGBGB zugunsten der deutschen Gerichte durchbrochen durch Ausnahmen für die Fälle, in denen ein Ausländer nach seinem Heimatrecht der Fürsorge bedarf, der Heimatstaat die Fürsorge aber nicht übernimmt[16].

Daß Silvia C. nach ihrem Heimatrecht der Fürsorge bedarf, wurde oben festgestellt. Ob ihr Heimatstaat die Fürsorge übernimmt, ist bisher nicht

---

[14] *BayObLGZ* 1966 Nr. 25; *KG* FamRZ 1963, 576 m. Anm. *Bosch*; *KG* FamRZ 1961, 383 m. Anm. *Neuhaus* 540 f.

[15] Vgl. *BGHZ* 7, 104, 109/110; *Palandt-Danckelmann*, aaO, zu § 11 Anm. 1) a).

[16] *BayObLGZ* 1966, 203, 210 f.; *Kegel* in *Soergel-Siebert*, aaO, Bem. 14 zu Art. 23 EGBGB (S. 897/898).

festgestellt. Diese Frage muß vom Amtsgericht von Amts wegen (§ 12 FGG) auf diplomatischem Wege geklärt werden[17].

D. ERGEBNIS

Über die Entstehung der Pflegschaft entscheidet das italienische Recht. Nach italienischem Recht besteht ein Fürsorgebedürfnis für die Bestellung eines Pflegers zur Geltendmachung der Unterhaltsabänderungsklage der Silvia C. gegen ihren Vater.

Das Amtsgericht Wiedenbrück ist für die Bestellung eines Ergänzungspflegers *örtlich* zuständig. Die *internationale* Zuständigkeit des Amtsgerichts setzt voraus, daß der Heimatstaat der Silvia C. die Fürsorge für sie nicht übernimmt. Diese Frage muß vom Amtsgericht von Amts wegen auf diplomatischem Weg geklärt werden.

## Nr. 57

### Österreich

**1. Die Vormundschaft für ein österreichisches Kind beurteilt sich nach österreichischem materiellem Recht (Personalstatut des Kindes).**

**2. Für einen Minderjährigen kann ein Vormund bestellt werden, wenn keine väterliche Gewalt besteht. Das Bestehen der väterlichen Gewalt ist als Vorfrage kollisionsrechtlich selbständig anzuknüpfen.**

**3. Die Scheidung österreichischer Eltern bleibt grundsätzlich ohne Einfluß auf den Fortbestand der väterlichen Gewalt. Diese kann jedoch durch einen gerichtlichen Eingriff entzogen werden.**

**4. Der Beschluß eines deutschen Vormundschaftsgerichts, der geschiedenen Mutter im Widerstreit zum österreichischen materiellen Recht die Personensorge für das Kind zu übertragen, ist im Inland grundsätzlich wirksam („Gültigkeitstheorie").**

**5. Deutsche Gerichte sind zur Bestellung eines Vormundes für ein österreichisches Kind, das seinen gewöhnlichen Aufenthalt in Deutschland hat, international zuständig.**

**Köln 80/68 vom 9. 12. 1968**

---

[17] Vgl. *BayObLGZ* 1966, 203, 210/211; *Brand-Hensel,* Die Vormundschafts-, Familienrechts- und Fürsorgeerziehungssachen in der gerichtlichen Praxis, 2. Aufl. 1963, S. 364; *Kegel* in *Soergel-Siebert,* aaO, Bem. 15, 21 zu Art. 23 EGBGB (S. 898, 899).

*De lege ferenda* sollte auf das Erfordernis fehlender Fürsorge durch den Heimatstaat verzichtet werden: so die Familienrechtskommission des Deutschen Rates für internationales Privatrecht in: Vorschläge und Gutachten zur Reform des deutschen internationalen Kindschafts-, Vormundschafts- und Pflegschaftsrechts (hrsg. von *Lauterbach*), 1966, 5 a. E. und *Kegel* ebenda, 240, 249.

Das Amtsgericht Remscheid-L. hat in der Vormundschaftssache H. mit Verfügung vom 16. 9. 1968 um ein Gutachten über internationales und materielles Vormundschafts- und Kindschaftsrecht von Österreich gebeten.

## SACHLAGE

Hans Dietmar H., geb. am 16. 7. 1948, ist das eheliche Kind des Hans H. und seiner geschiedenen Ehefrau Martha, heute E. Die Eheleute haben am 25. 3. 1944 in H. in Österreich geheiratet. Jedenfalls der Ehemann war vor dem 13. 3. 1938 österreichischer Staatsbürger. Aus der Ehe sind noch zwei weitere Kinder hervorgegangen: Jutta, geb. am 15. 6. 1945, und Monika, geb. am 22. 6. 1947. Jutta ist in I., Österreich, geboren, die beiden anderen Kinder in H. in Deutschland.

Die Ehe wurde am 31. 1. 1951 vom Landgericht Wuppertal aus alleinigem Verschulden des Ehemannes rechtskräftig geschieden. Die Verhandlung hat in Abwesenheit des Ehemannes stattgefunden, der in H. in Österreich lebte, während die Ehefrau mit den Kindern in Deutschland wohnte. In dem Urteil werden die Parteien als Deutsche bezeichnet. Es gründet sich darauf, daß der Ehemann Hans H. – seinen eigenen Bekundungen zufolge – seine Familie „grundlos verlassen und sich um ihr Wohlergeben nicht mehr bekümmert" habe und insbesondere für den Unterhalt seiner Kinder nicht aufgekommen sei. Nach dem – anscheinend unwidersprochenen – Vortrag seiner Ehefrau ist er mehrmals straffällig geworden. Ob sich der Vater nach der Ehescheidung um die Kinder gekümmert hat, ist aus den Akten nicht ersichtlich.

Mit Beschluß vom 21. 4. 1951 hat das Amtsgericht Remscheid-L. nach § 74 EheG der Mutter das Sorgerecht über ihre minderjährigen Kinder übertragen.

Nunmehr betreibt der Sohn Hans Dietmar H. seine Einbürgerung. Die Zustimmungserklärung der Mutter als gesetzlicher Vertreterin hat der Oberkreisdirektor zurückgewiesen, weil alle Familienmitglieder österreichische Staatsangehörige seien und die Mutter nach österreichischem Recht keine gesetzliche Vertretungsmacht habe. Diese hat daraufhin beim Amtsgericht Remscheid-L. beantragt, zum Vormund ihres Sohnes bestellt zu werden.

## ANFRAGE

Das Amtsgericht Remscheid-L. bittet um ein Gutachten über die gesetzliche Vertretung des Hans Dietmar H.

## RECHTSLAGE

### A. INTERNATIONALES PRIVATRECHT

#### *I. Vormundschaftsabkommen*

In Staatsverträgen enthaltene internationalprivatrechtliche Normen haben Vorrang vor den Bestimmungen des EGBGB[1].

Zwischen Deutschland und Österreich ist am 5. 2. 1927 ein *„Abkommen zur Regelung der Vormundschaft über Minderjährige"* vereinbart worden[2]. Das Abkommen ist durch den Anschluß 1938 erloschen, wird jedoch seit dem 1. 10. 1959 wieder angewandt[3].

Artt. 1 und 2 dieses Vormundschaftsabkommens regeln die internationale Zuständigkeit (darüber unten C). Über das anwendbare Recht verhält sich Art. 4:

> (1) In den Fällen der Artikel 1 und 2 ist das Recht des Heimatstaates dafür maßgebend, wann und aus welchem Grunde eine Vormundschaft beginnt oder endet.
> (2) In allen übrigen Beziehungen gilt das Recht des Staates, dessen Behörde die Vormundschaft führt;
> ...

Danach richtet sich die hier interessierende *Anordnung der Vormundschaft* nach dem *Heimatrecht des Kindes*[4].

#### *II. Staatsangehörigkeit*

Vor dem Anschluß Österreichs war der Vater Hans H. *österreichischer Staatsangehöriger.* Durch die deutsche Verordnung vom 3. 7. 1938 wurde ihm – wie allen Österreichern – rückwirkend zum 13. 3. 1938 die deutsche Staatsangehörigkeit verliehen[5]. Die österreichische Bundesbürgerschaft erlosch am 15. 3. 1938[6]. *Bei* der *Eheschließung* 1944 war der Vater also *Deutscher.*

---

[1] *RGZ* 105, 340 (341); *Kegel* in *Soergel-Siebert,* BGB, Bd. V (9. Aufl. 1961) vor Art. 7, Randz. 9 (S. 510).

[2] Text des Abkommens: RGBl. II 1927, 511 f.; ferner bei *Köhler,* Ehe- und Kindschaftsrecht im internationalen Rechtsverkehr (Wien 1964) 79.

[3] BGBl. II 1250; für Österreich: JABl. 1959, 143.

[4] Insoweit übereinstimmend die Regeln des allgemeinen deutschen (*Kegel* in Soergel-Siebert, aaO, Art. 23, Randz. 5, S. 896) und des österreichischen Kollisionsrechts (*Köhler,* Internationales Privatrecht [3. Aufl. Wien 1966] 97).

[5] Text der VO bei *Seeler,* Das Staatsangehörigkeitsrecht Österreichs, SGS Bd. 20 (1957), S. 156 f.

[6] So *Seeler* aaO 45–48 mit eingehender Begründung.

Nach dem Wiedererstehen des österreichischen Staates bestimmte dieser im *„Staatsbürgerschafts-Überleitungsgesetz"* vom 10. 7. 1945 den Kreis seiner Angehörigen[7]:

*§ 1:*

„Österreichische Staatsbürger sind ab 27. 4. 1945

a) die Personen, die am 13. 3. 1938 die österreichische Bundesbürgerschaft besessen haben;

b) die Personen, die in der Zeit vom 13. 3. 1938 bis 27. 4. 1945 bei Weitergeltung des Bundesgesetzes vom 30. 7. 1925, BGBl. Nr. 285, über den Erwerb und den Verlust der Landes- und Bundesbürgerschaft in der am 13. 3. 1938 geltenden Fassung die Bundesbürgerschaft durch Rechtsnachfolge nach einem österreichischen Bundesbürger (Abstammung, Legitimation, Ehe) erworben hätten;

. . ."

Danach war der Ehemann Hans H. *ab 27. 4. 1945 wieder Österreicher.* Die deutsche Staatsbürgerschaft ging dadurch nicht automatisch verloren[8]. Der deutsche Gesetzgeber hat aber im 2. StAReg.G vom 17. 5. 1956 diese Fragen geregelt[9]. § 1 dieses Gesetzes hebt die Verordnungen über die deutsche Staatsangehörigkeit im Lande Österreich vom 3. 7. 1938 und 30. 6. 1939 auf und erklärt die aufgrund dieser Vorschriften verliehene deutsche Staatsangehörigkeit für am *26. 4. 1945 erloschen.* Wer allerdings seit dem 26. 4. 1945 seinen dauernden Aufenthalt in Deutschland hatte, konnte sie nach § 3 bis zum 30. 6. 1957 (§ 8) durch Erklärung rückwirkend wiedererwerben.

*Bei Geburt* des Hans Dietmar H. war der *Vater* demnach *nur Österreicher*[10].

Für seine *Ehefrau* gilt ähnliches: Sie ist nach § 1 Buchst. 1 öst. StÜG am 27. 4. 1945 *Österreicherin geworden,* da sie nach dem Gesetz vom 30. 7. 1925 durch Heirat eines Österreichers Österreicherin geworden wäre (§§ 6, 13). Ihre *deutsche Staatsangehörigkeit* hat sie nach § 4 – vorbehaltlich des Erklärungsrechts nach § 3 – des 2. StAReg.G. *verloren,* weil sie zwischen dem 13. 3. 1938 und dem 26. 4. 1945 einen durch den Anschluß eingebürgerten Österreicher geheiratet hat und weil angenommen werden kann, daß sie am 26. 4. 1945 ihren dauernden Wohnsitz außerhalb von Deutschland hatte[11].

---

[7] Text bei *Seeler* aaO 160–163. [8] *Seeler* aaO 54 f.

[9] Abgedruckt bei *Seeler* aaO 174–177.

[10] Daß er die deutsche Staatsangehörigkeit durch Erklärung wiedererworben hat, ist nicht anzunehmen. Er wird im übrigen auch am 26. 4. 1945 seinen dauernden Aufenthalt in Österreich gehabt haben, denn dort hatte er 1944 geheiratet und dort wurde am 15. 6. 1945 das erste Kind geboren. Da für den Ausnahmetatbestand des § 5 des 2. StAReg.G (Erschwernis der Rückkehr) kein Anhalt besteht, *konnte* er sie dann auch gar nicht wiedererwerben.

[11] Dabei wurde unterstellt, daß sie auch vor dem 13. 3. 1938 Deutsche war; war sie Österreicherin, so gilt – wie bei ihrem Mann – schon § 1 des 2. StAReg.G. Hatte

Als am 16. 7. 1948 *Hans Dietmar* geboren wurde, hatte jedenfalls sein Vater lediglich *österreichische Staatsangehörigkeit.* Nach dem damals geltenden Staatsbürgerschaftsgesetz vom 10. 7. 1945 erwarb das Kind sie ebenfalls:

*§ 3:*

„Nicht eigenberechtigte eheliche Kinder erwerben die Staatsbürgerschaft nach dem Vater..."

Ob die Mutter noch Deutsche war, ist dabei ohne Belang. Denn auch nach § 4 RuStAG erwirbt ein eheliches Kind die Staatsangehörigkeit der Mutter nur, wenn es sonst staatenlos würde.

### *III. Ergebnis*

Da das Kind die österreichische Staatsangehörigkeit besitzt, richtet sich die Anordnung einer Vormundschaft nach *österreichischem Recht.*

## B. ÖSTERREICHISCHES VORMUNDSCHAFTSRECHT

### *I. Voraussetzungen*

Wann für Minderjährige ein Vormund zu bestellen ist, bestimmt *§ 187* ABGB:

„Personen, denen die Sorge eines Vaters nicht zustatten kommt, und die noch minderjährig oder aus einem andern Grunde ihre Angelegenheiten selbst zu besorgen unfähig sind, gewähren die Gesetze durch einen Vormund oder durch einen Kurator besonderen Schutz."

*Voraussetzung* ist demnach, daß der Minderjährige *nicht unter „väterlicher Gewalt"* steht. Diese umfaßt Personen- und Vermögenssorge, einschließlich der gesetzlichen Vertretungsmacht (§§ 148–154 ABGB) und entspricht insofern etwa der deutschen „elterlichen Gewalt".

*Ob* der Minderjährige unter väterlicher Gewalt steht, ist somit *Vorfrage* für die Zulässigkeit der Bestellung eines Vormunds. Sie folgt internationalprivatrechtlich eigenen Regeln, ist also *„selbständig" anzuknüpfen*[12].

---

sie am 26. 4. 1945 ihren dauernden Aufenthalt in Deutschland oder hat sie später von ihrem Erklärungsrecht Gebrauch gemacht, so ist sie allerdings Deutsche. Ein Erklärungsrecht hat sie über § 3 hinaus nach § 4, wenn sie seit dem 1. 1. 1955 ihren dauernden Aufenthalt in Deutschland hatte. Das ist offensichtlich der Fall; anscheinend hat sie aber die Erklärung nicht abgegeben. Vgl. auch *Seeler* aaO 63 f. Für dieses Gutachten braucht die Frage nicht abschließend geklärt zu werden.

[12] *Kegel* in *Soergel-Siebert*, aaO, vor Art. 7 EGBGB, Randz. 48 (S. 521); *ders.*, IPR (2. Aufl. 1964) 117, mit Nachweisen.

### II. Vorfrage: Väterliche Gewalt

#### 1. Internationales Privatrecht

a) Deutsches internationales Privatrecht

Ein Staatsvertrag zwischen Österreich und Deutschland, der sich mit der Rechtsstellung ehelicher Kinder befaßt, besteht nicht[13]. Es gelten somit die allgemeinen deutschen Kollisionsnormen.

Einem aus Art. 19 EGBGB abgeleiteten Grundsatz zufolge beurteilen sich grundsätzlich die rechtlichen Beziehungen zwischen einem ehelichen Kind und seinen Eltern nach dem *Heimatrecht des Vaters,* hier österreichischem Recht[14].

Eine Ausnahme zugunsten des Mutterrechts besteht, wenn der Vater gestorben ist, evtl. auch, wenn er sonst die elterliche Gewalt verloren hat[15]. Die *Scheidung* ist dem Tode des Vaters nicht gleichzusetzen. Sie *ändert an* der *Maßgeblichkeit des Vaterrechts nichts*[16].

Die in Art. 19 noch vorgesehene Ausnahme zugunsten des (deutschen) Kinderrechts kommt hier nicht in Betracht.

Das deutsche IPR beruft somit für die Vorfrage *österreichisches Recht,* jedoch nicht unmittelbar dessen materielle Bestimmungen, sondern zunächst seine Kollisionsnorm (IPR-Verweisung). Eine *Rückverweisung* ist entsprechend Art. 27 EGBGB zu beachten[17].

b) Österreichisches internationales Privatrecht

Die Regelung des österreichischen internationalen Privatrechts stimmt mit der deutschen vollkommen überein[18]. Danach bleibt das *österreichische Recht* maßgebend.

#### 2. Materielles Recht

a) Wirkung der Ehescheidung

Auf die väterliche Gewalt hat die Ehescheidung – gleich aus wessen Verschulden – unmittelbar keinen Einfluß. Jedoch kann das Gericht *Regelungen bezüglich der Personensorge* treffen.

---

[13] Das Haager Unterhaltsabkommen v. 24. 10. 1956 betrifft, wie der Name sagt, lediglich den Unterhalt.

[14] *Kegel* in *Soergel-Siebert,* aaO, Art. 19, Randz. 1 (S. 834).

[15] *Kegel,* aaO, Randz. 3 mit Nachweisen.

[16] *Kegel,* aaO, Randz. 3; Nachweise: Fußn. 5.

[17] *Kegel* in *Soergel-Siebert,* aaO, Art. 19, Randz. 50 (S. 846), mit Nachweisen. *BayObLGZ* 1962, 39 = NJW 1962, 1013; *OLG Celle* MDR 1967, 126.

[18] § 10 der 4. DVO z. EheG; vgl. *Köhler,* Internationales Privatrecht (3. Aufl. Wien 1966) 92; *ders.,* Ehe- und Kindschaftsrecht, aaO, 57; *Bolla,* Grundriß des österreichischen Internationalen Privatrechts (Wien 1952) 63.

*§ 142 ABGB:*

„Wenn bei Scheidung oder Trennung der Ehe die Ehegatten nicht mit Zustimmung des Gerichts eine Vereinbarung über die Pflege und Erziehung der Kinder getroffen haben, so hat das Gericht unter Berücksichtigung der besonderen Verhältnisse des Falles mit Bedacht auf die Interessen der Kinder, auf Beruf, Persönlichkeit und Eigenschaften der Ehegatten und auf die Ursachen der Scheidung oder Trennung zu entscheiden, ob alle oder welche Kinder dem Vater oder der Mutter zu überlassen sind. Der andere Ehegatte behält dessen ungeachtet die Befugnis, mit dem Kinde persönlich zu verkehren. Das Gericht kann den Verkehr näher regeln. Die Kosten der Erziehung sind vom Vater zu tragen.
Bei geänderten Verhältnissen kann das Gericht ohne Rücksicht auf seine früheren Anordnungen oder die Vereinbarungen der Ehegatten die im Interesse der Kinder notwendigen neuen Anordnungen treffen."

Wenn das Gericht von dieser Befugnis Gebrauch macht, ist das aber *ohne jede Auswirkung auf* die *väterliche Gewalt im übrigen.* Dem Vater obliegt weiterhin die Vermögenssorge; er *bleibt gesetzlicher Vertreter*[19].

b) Entziehung der väterlichen Gewalt

Unabhängig von Scheidung oder Fortbestehen der Ehe sieht das ABGB jedoch in einigen Fällen die Beschränkung oder Entziehung der väterlichen Gewalt vor.

*§ 176:*

„Wenn ein Vater den Gebrauch der Vernunft verliert; wenn er als Verschwender erklärt; oder, wegen eines Verbrechens auf längere Zeit als ein Jahr zur Gefängnisstrafe verurteilt wird; wenn er eigenmächtig auswandert; oder, wenn er über ein Jahr abwesend ist, ohne von seinem Aufenthalte Nachricht zu geben; kommt die väterliche Gewalt außer Wirksamkeit, und es wird ein Vormund bestellt; hören aber diese Hindernisse auf, so tritt der Vater wieder in seine Rechte ein."

Diese Bestimmung behandelt das bloße *Ruhen* der väterlichen Gewalt *aufgrund tatsächlicher Umstände,* an denen es in diesem Fall vermutlich fehlen wird.

In die väterliche Gewalt kann aber unter bestimmten Voraussetzungen *durch die Gerichte eingegriffen* werden:

*§ 177:*

„Väter, welche die Verpflegung und Erziehung ihrer Kinder gänzlich vernachlässigen, verlieren die väterliche Gewalt auf immer."

---

[19] *Wentzel, Plessl* in *Klang-Gschnitzer,* ABGB, 1. Bd., 2. Hbbd. (2. Aufl. Wien 1962) § 142 Anm. IV 2 (S. 56); *Ehrenzweig,* System des österreichischen allgemeinen Privatrechts, 2. Bd., 2. Hlbbd. (2. Aufl. Wien 1937) 263; *Schwind,* Kommentar zum österreichischen Eherecht (Wien 1951) § 142 ABGB, Anm. I (S. 39); *Gschnitzer,* Familienrecht (Wien 1963) 83.

*§ 178:*

„Wenn der Vater seine Gewalt mißbraucht oder die damit verbundenen Pflichten nicht erfüllt oder sich eines ehrlosen oder unsittlichen Verhaltens schuldig macht, kann nicht nur das Kind selbst, sondern jedermann, der davon Kenntnis hat, besonders die nächsten Verwandten, den Beistand des Gerichts anrufen. Das Gericht hat den Gegenstand der Beschwerde zu untersuchen und die den Umständen angemessenen Verfügungen zu treffen; es kann insbesondere anordnen, daß der Vater hinsichtlich der Vermögensverwaltung oder hinsichtlich der Fürsorge für die Person des Kindes unter die Aufsicht des Gerichts gestellt und einem Vormunde gleichgehalten werde."

Trotz des Ausdrucks „verliert" in § 177 tritt nach dieser Bestimmung der Verlust der väterlichen Gewalt nicht von allein ein, sondern kann nur durch einen rechtsgestaltenden Beschluß des Gerichts herbeigeführt werden[20]. Unter „gänzlicher Vernachlässigung" ist nur eine „absichtliche, böswillige Unterlassung der Verpflegung und Erziehung" zu verstehen[21].

Bei minder schweren Pflichtverletzungen hat das Gericht nach § 178 ABGB die erforderlichen Maßnahmen zu treffen. *Auch im Rahmen dieser Bestimmung* kann es, wenn es angemessen erscheint, die *väterliche Gewalt* vollständig – nur nicht für immer – *entziehen,* mit der Folge, daß ein Vormund bestellt werden muß[22].

Hier ergeben die Akten bereits einige Anhaltspunkte für die Erfüllung eines dieser Tatbestände. Nach dem Scheidungsurteil war der Vater anscheinend mehrmals straffällig geworden; er hatte seine Familie „grundlos verlassen und sich um ihr Wohlergehen nicht mehr bekümmert". Daran hat sich möglicherweise auch später nichts geändert. Vorbehaltlich eines anderen Ermittlungsergebnisses wird somit nach § 177, mindestens nach § 178 ABGB die *Möglichkeit zur Entziehung der väterlichen Gewalt bestehen*[23].

c) Wirkung des Sorgerechtsbeschlusses

Fraglich ist aber, welche Wirkung der Beschluß des Amtsgerichts Remscheid-L. vom 21. 4. 1951 hat, durch den der Mutter das Personensorgerecht nach § 74 Ehegesetz übertragen worden ist.

---

[20] Unstreitig; für alle: *Wentzel, Plessl* in *Klang-Gschnitzer,* aaO, § 177, Anm. 2 (S. 240), mit Nachweisen.

[21] *Ehrenzweig* aaO 262 f.; *Wentzel, Plessl* aaO § 177, Anm. 1 (S. 239 f.), mit Nachweisen.

[22] Unstreitig; vgl. *Ehrenzweig* aaO 259 f.; *Wentzel, Plessl* in *Klang-Gschnitzer,* aaO, § 178, Anm. III B 4 (S. 249); *Kapfer,* ABGB (27. Aufl. Wien 1963) § 178, Anm. 8 (S. 121).

[23] Vgl. das Beispiel bei *Ehrenzweig* aaO 260. Danach kann das Gericht die väterliche Gewalt nach § 178 entziehen, wenn der Vater im Ausland lebt, und zwar von Zeit zu Zeit von seinem Aufenthalt Nachricht gibt, sich aber um die zurückgelassenen Kinder nicht kümmern kann oder will.

Anders als der heutige § 1671 BGB, der die Übertragung der gesamten elterlichen Gewalt vorsieht, erstreckte der aufgehobene *§ 74 Ehegesetz* sich *nur auf die Personensorge*, jedoch *einschließlich der gesetzlichen Vertretung* des Kindes *in seinen persönlichen Angelegenheiten.* Darin unterschied er sich wiederum von dem vorher geltenden § 1635 a. F. BGB, der nur die tatsächliche Personensorge betraf, insofern also mit der Regelung des § 142 ABGB übereinstimmte[24].

Der Sorgerechtsbeschluß steht somit im Widerspruch zum hier anwendbaren österreichischen Recht, das eine Übertragung der gesetzlichen Vertretungsbefugnis in persönlichen Angelegenheiten nicht vorsieht[25]. Hieraus ergeben sich *zwei mögliche Folgerungen*: Entweder der *Beschluß* ist – jedenfalls insoweit – unwirksam, d. h. *nichtig*; dann hat er *keine Wirkungen.* Oder aber er ist trotz seiner fehlerhaften Rechtsanwendung *nicht nichtig*; dann hat er, während seines Bestehens als Folge seiner Gestaltungskraft *Bindungswirkung*[26].

Die Nichtigkeit von Akten der freiwilligen Gerichtsbarkeit ist ähnlich wie die von Urteilen[27] im Interesse der Rechtssicherheit auf wenige Fälle beschränkt. *Nichtigkeit* von Entscheidungen der freiwilligen Gerichtsbarkeit kann nach der herrschenden *„Gültigkeitstheorie"*[28] bei Verstößen gegen materielle Rechtsnormen *nur* angenommen werden, wenn das *Gesetz an* ihre *Verletzung unzweifelhaft* die *Nichtigkeit knüpft*[29], *oder* wenn die *Verfügung „ihrem Typ nach"* dem Gesetz *unbekannt* ist[30].

Hier verstößt die Entscheidung gegen zwingende Normen des österreichischen Rechts und wäre in Österreich vielleicht unwirksam. Sie ist dem österreichischen Recht dem Typ nach unbekannt. Genügt das aber, um in Deutschland (aus unserer Sicht) den Beschluß für nichtig zu erachten?

Die herrschende „Gültigkeitstheorie" dient den Interessen der Verkehrssicherheit[31]. Darum sind nur solche Akte nichtig, die in besonders grober und erkennbarer Weise rechtswidrig sind[32].

---

[24] Vgl. *Staudinger-Schwoerer*, BGB, Bd. IV (10./11. Aufl. 1966) § 1671, Randz. 43 (S. 770). Zur Notwendigkeit, bei Inkrafttreten des § 1671 alte Beschlüsse von Amts wegen zu ergänzen: Randz. 8 (S. 760).

[25] Eine Umdeutung in die Entziehung der väterlichen Gewalt nach §§ 177 f. ABGB unter gleichzeitiger Vormundsbestellung ist nicht möglich, da es sich um völlig verschiedene Vorgänge handelt.

[26] Vgl. für das Scheidungsurteil *Kegel* und *Lüderitz*, FamRZ 1964, 57 (58).

[27] Hierzu *Rosenberg*, Zivilprozeßrecht (9. Aufl. 1961), 339 f.

[28] Hierzu *Baur*, Freiwillige Gerichtsbarkeit, 1. Buch (1955) 302; *Schlegelberger*, FGG, Bd. 1 (6. Aufl. 1952) § 7, Randz. 6 f. (S. 138–140); *Bärmann*, Freiwillige Gerichtsbarkeit und Notarrecht (1968) 165–171.

[29] *Schlegelberger* aaO Randz. 7 (S. 139); *Bärmann* aaO 170.

[30] *Baur* aaO 303.

[31] *Baur* aaO 302; *Bärmann* aaO 165.

[32] Über die Parallele zu den rechtswidrigen Verwaltungsakten vgl. *Baur* aaO 302; über die zum fehlerhaften Urteil vgl. *Bärmann* aaO 167.

Verletzt nun ein Gericht bei seiner Entscheidung eine Kollisionsnorm und kommt dadurch zu einem Ergebnis, das dem deutschen Recht entspricht, mit dem in Wirklichkeit anwendbaren Recht aber nicht verträglich ist, so ist dieser Fehler nicht ohne weiteres erkennbar. Die Interessen der Verkehrssicherheit erfordern *auch hier* eine *Gültigkeit des Beschlusses*[33].

Aufgrund des Beschlusses hatte und hat daher die *Mutter das Personensorgerecht einschließlich* der *Vertretungsbefugnis in persönlichen Angelegenheiten.*

Eine *andere Frage* ist, *ob* dieser Beschluß *bestehen bleiben darf.* Sorgerechtsbeschlüsse sind keiner materiellen Rechtskraft fähig[34]. Nach § 18 FGG ist das *Gericht* daher *verpflichtet* (nicht nur berechtigt) nach Kenntnis der Fehlerhaftigkeit den Beschluß der wahren Rechtslage anzupassen, also *insofern aufzuheben,* als der Mutter die *Vertretungsbefugnis* in persönlichen Angelegenheiten übertragen worden ist[35].

### *III. Ergebnis*

Aufgrund des Sorgerechtsbeschlusses hat die Mutter das Personensorgerecht einschließlich der Vertretungsbefugnis in persönlichen Angelegenheiten. Der Beschluß muß aber aufgehoben werden. Allerdings wird sich empfehlen, möglichst gleichzeitig eine Vormundschaft einzurichten.

Ein Vormund kann freilich nicht bestellt werden, solange trotz der Scheidung dem Vater die väterliche Gewalt zusteht. Sie ist nur aus den Gründen der §§ 177 f. ABGB entziehbar.

## C. INTERNATIONALE ZUSTÄNDIGKEIT

### *I. Entziehung der väterlichen Gewalt*

Kann die väterliche Gewalt durch ein deutsches Gericht entzogen werden? Deutsche Gerichte haben unter anderem dann internationale Zuständigkeit in Kindschaftssachen, wenn das Kind seinen *gewöhnlichen Auf-*

[33] Das Problem liegt ähnlich in den Fällen, wo eine Ehe geschieden wird, während das maßgebliche Recht eine Scheidung gar nicht kennt. Obwohl auch Urteile unwirksam sind, die eine dem Recht unbekannte Rechtsfolge aussprechen [vgl. *Zöller*, ZPO (10. Aufl. 1968), vor § 300, Anm. 6 b (2)], werden solche Scheidungsurteile als wirksam angesehen; so ausdrücklich Staudinger-*Raape*, EGBGB (9. Aufl. 1931), Art. 17, Anm. F III 6 (S. 406); ebenso *Kegel* in *Soergel-Siebert*, aaO, Art. 17, Randz. 54 (S. 802) mit Nachweisen.

[34] *Keidel*, FGG (8. Aufl. 1963) § 18, Randz. 21 (S. 535); *Staudinger-Schwoerer*, aaO, § 1671, Randz. 137 (S. 809).

[35] *Baur* aaO 247 f.; vgl. ferner *Schlegelberger*, aaO, § 18, Randz. 3 und *Keidel*, aaO, § 18, Randz. 5, die auf das pflichtgemäße Ermessen abstellen. Dafür ist in diesem Falle jedoch kein Raum mehr. Weitere Nachweise daselbst.

*enthalt* in Deutschland hat[36]. Das gilt auch für die Sorgerechtsregelung und für sonstige Eingriffe in die elterliche (= väterliche) Gewalt, unabhängig von der Staatsangehörigkeit des Kindes oder dem anwendbaren Recht[37].

Auch die Tatsache, daß Österreich für österreichische Kinder die ausschließliche internationale Zuständigkeit beansprucht[38], ist für uns bedeutungslos[39]. *Deutsche Gerichte* sind also, da hier das Kind seinen gewöhnlichen Aufenthalt in Deutschland hat, *für die Entziehung der väterlichen Gewalt* des österreichischen Vaters nach den §§ 177 f. ABGB *international zuständig*[40].

### *II. Bestellung eines Vormunds*

Die internationale Zuständigkeit für die Bestellung eines Vormunds ergibt sich aus dem deutsch-österreichischen Vormundschaftsabkommen. Art. 23 EGBGB tritt dahinter zurück[41].

*Art. 1* lautet:

„(1) Ein Minderjähriger, der dem einen Staate angehört (Heimatstaat), sich aber gewöhnlich in dem anderen Staate aufhält (Aufenthaltsstaat), wird von den Behörden des Aufenthaltsstaates bevormundet.

(2) Die Behörden des Heimatstaates können jederzeit die Aufhebung der Vormundschaft verlangen."

Da das Kind seinen gewöhnlichen Aufenthalt bei seiner Mutter in Deutschland hat[42], sind *deutsche Gerichte international zuständig.*

---

[36] *Kegel* in *Soergel-Siebert,* aaO, Art. 19, Randz. 36 mit Begründung und Nachweisen.

[37] *Kegel,* aaO, Randz. 43 mit Nachweisen.

[38] *Köhler,* Ehe- und Kindschaftsrecht, aaO, 50; *ders.,* IPR, aaO, 78 f. mit Nachweisen; *Loewe* in ÖJZ 1955, 132–138 (132).

[39] *Kegel* in *Soergel-Siebert,* aaO, Art. 19, Randz. 43 (S. 845) mit Hinweisen auch auf die Gegenmeinung, insbesondere von *Staudinger-Raape,* aaO, Art. 19, Anm. C II 2 b (S. 483).

[40] Nach § 111 Abs. 3 JN (Jurisdiktionsnorm) besteht allerdings in *Österreich* die Möglichkeit, im Interesse des Mündels oder Pflegebefohlenen die Zuständigkeit mit Zustimmung des Obersten Gerichtshofes vom zuständigen österreichischen Gericht auf ein ausländisches Gericht zu übertragen. Ob das auch für die Regelung der väterlichen Gewalt gilt, ist nicht ganz zweifelsfrei. Die Bestimmung scheint aber weit ausgelegt zu werden, so daß die Übertragung aller pflegschafts- und vormundschaftsgerichtlichen Geschäfte möglich ist. [So anscheinend *Köhler,* IPR, aaO, 44, der als Beispiel auch die Volljährigkeits- und Ehemündigkeitserklärung aufführt.]

Ein solches Verfahren wäre zu erwägen, um „hinkende" Rechtsverhältnisse zu vermeiden; unsere Entscheidung wird in Österreich nämlich sonst nicht anerkannt (vgl. *Köhler,* Ehe- und Kindschaftsrecht, aaO, S. 50).

[41] Vgl. oben A 1.

[42] Vgl. hierzu *Kegel* in *Soergel-Siebert,* aaO, Art. 29, Randz. 12 (S. 959).

*Ergebnis*

Durch den Sorgerechtsbeschluß vom 21. 4. 1951 hat die Mutter wirksam das Personensorgerecht über das Kind – einschließlich der gesetzlichen Vertretungsmacht in persönlichen Angelegenheiten – erhalten. Der Beschluß ist jedoch fehlerhaft und daher aufzuheben.

Die Voraussetzungen der Bestellung eines Vormundes richten sich nach österreichischem Recht.

Die Vormundschaft ist zulässig, wenn keine väterliche Gewalt besteht. Ob sie besteht, richtet sich ebenfalls nach österreichischem Recht.

Die väterliche Gewalt besteht ungeachtet der Scheidung weiter. Sie ist jedoch unter bestimmten – hier vermutlich vorhandenen – Voraussetzungen entziehbar.

Für die Entziehung der väterlichen Gewalt und die Bestellung eines Vormundes sind deutsche Gerichte international zuständig.

## Nr. 58

**El Salvador**

**1. Der uneheliche Sohn einer Spanierin wird Angehöriger des Staates El Salvador, wenn der Erzeuger die el salvadorische Staatsangehörigkeit besitzt.**

**2. Die gesetzliche Vertretung eines unehelichen, minderjährigen Staatsangehörigen von El Salvador steht ausschließlich der Mutter zu, wenn sie entweder Spanierin oder Mexikanerin ist.**

**3. Sowohl nach dem Recht des Staates El Salvador als auch nach mexikanischem Recht ruht die elterliche Gewalt der Mutter eines unehelichen Kindes bei langer Abwesenheit der Mutter. In diesem Fall kann im Inland ein Vormund für das Kind bestellt werden, wenn der Heimatstaat des Kindes die Vormundschaft nicht übernimmt.**

**4. Art. 22 Abs. 2 EGBGB erstrebt nur den Schutz deutscher Kinder. Die Vorschrift ist nicht anzuwenden bei der Adoption ausländischer Kinder durch Deutsche.**

**Freiburg**

Das Ehepaar W. hat um Rechtsauskunft über folgende Fragen gebeten:

1. Welche Staatsangehörigkeit besitzt das Pflegekind J.-M. C.-R.?
2. Inwieweit ist eine Mitwirkung der leiblichen Eltern des Kindes beim Abschluß eines Adoptionsvertrages erforderlich?

## SACHVERHALT

Das Kind J.-M. C. -R. wurde am 13. 12. 1957 als Sohn der ledigen Spanierin E. R.-M. und des ledigen el salvadorenischen Staatsangehörigen J.-M. C. in Spanien geboren. Beide Elternteile haben das Kind gemeinsam als das ihre anerkannt. Im Einverständnis mit der Mutter ließ der Vater im April 1958 das Kind nach Deutschland zu Herrn W. und seiner Mitarbeiterin I. B., dem späteren Ehepaar W., bringen. Dort wuchs das Kind auf. Es ist inzwischen 10 Jahre alt und besucht das Gymnasium. Die leiblichen Eltern sind dem Kind unbekannt.

Die Kindesmutter schrieb einmal i. J. 1958 über einen Deutschen einen Brief an die Pflegeeltern und schickte 1958 und 1960 je ein Päckchen für das Kind. Seit dieser Zeit hat das Ehepaar W. nichts mehr von ihr gehört. Briefe an die Kindesmutter kamen mit dem Vermerk zurück, diese sei mit unbekanntem Ziel verzogen. Nachforschungen ergaben, daß die Kindesmutter inzwischen, mit einem mexikanischen Staatsangehörigen verheiratet, in Tehuantepec/Mexiko wohnhaft sein soll.

Der Vater des Kindes, der in Spanien und später in Deutschland studierte, zahlte als Unterhaltsbeitrag etwa 3–4 Jahre lang regelmäßig 150 DM monatlich. Im Jahre 1962 kehrte er in seine Heimat zurück. Seit dieser Zeit besteht zwischen ihm und den Pflegeeltern kein persönlicher Kontakt mehr; für den Unterhalt des Kindes kommen die Pflegeeltern allein auf.

Das Ehepaar W. beabsichtigt, das Pflegekind J.-M. C.-R. zu adoptieren. Der Vater des Kindes ist, wie Nachforschungen ergaben, mit einer Adoption des Kindes – ohne Angabe von Gründen – nicht einverstanden. Wie sich die Kindesmutter zu der Adoption stellen würde, ist unbekannt.

### *I. Die Staatsangehörigkeit des Kindes J.-M. C.-R.*

Da der Vater J.-M. C. Staatsangehöriger von El Salvador ist und die Mutter E. R.-M. jedenfalls am 13. 12. 1957 bei der Geburt des Kindes in Spanien die spanische Staatsangehörigkeit besaß, kann das Kind J.-M. C.-R. durch Geburt nur die Staatsangehörigkeit von Spanien oder (und) El Salvador erworben haben.

Art. 17 II des span. Bürgerlichen Gesetzbuchs von 1889 in der Fassung vom 15. 7. 1954 lautet[1]:

> „Spanier sind die Kinder einer spanischen Mutter, auch wenn der Vater Ausländer ist, sofern sie nicht der Staatsangehörigkeit des Vaters folgen."

---

[1] Deutsche Übersetzung bei *Bergmann,* Internationales Ehe- und Kindschaftsrecht, unter: „Spanien", 2.

Das Kind J.-M. C.-R. kann also mit der Geburt die spanische Staatsangehörigkeit nur dann erworben haben, wenn es nicht El Salvadorener geworden ist.

Die Verfassung von El Salvador vom 8. 11. 1950 bestimmt in Art. 11 Ziff. 2[2]:

„Salvadorener durch Geburt sind die im Ausland geborenen Kinder eines salvadorenischen Vaters oder einer salvadorenischen Mutter, die keine andere Staatsangehörigkeit erhalten haben."

Vergleicht man den bloßen Wortlaut der beiden Bestimmungen, so gerät man in einen Zirkel: Spanier ist das Kind, wenn es nicht El Salvadorener geworden ist; El Salvadorener ist das Kind, wenn es nicht die spanische Staatsangehörigkeit erhalten hat. – Das spanische Recht differenziert[3] jedoch beim Erwerb der Staatsangehörigkeit durch uneheliche Kinder zwischen anerkannten und nicht anerkannten unehelichen Kindern[4]. Danach erhalten die von einem ausländischen Vater anerkannten unehelichen Kinder grundsätzlich nicht die spanische Staatsangehörigkeit, während nicht oder nur von der spanischen Mutter anerkannten unehelichen Kindern die Staatsangehörigkeit der Mutter zukommt. Das von seinem Vater und von seiner Mutter anerkannte Kind J.-M. C.-R. kann nach diesen Grundsätzen des spanischen Rechts nicht die spanische Staatsangehörigkeit erworben haben. – Das Staatsangehörigkeitsrecht von El Salvador selbst geht grundsätzlich davon aus, daß alle im Ausland geborenen – und damit auch die anerkannten unehelichen – Kinder eines el salvadorenischen Vaters die Staatsangehörigkeit von El Salvador erwerben.

Das Kind J.-M. C.-R. hat also mit der Geburt die Staatsangehörigkeit von El Salvador erworben.

---

[2] Zit. nach *Borgmann*, aaO, unter: El Salvador, 1.

[3] Diese Unterscheidung läßt sich zwar nicht aus Art. 17 II des span. Bürgerl. Gesetzbuchs oder einer sonstigen Bestimmung des span. Staatsangehörigkeitsrechts unmittelbar entnehmen; doch liegt sie unbestritten der allgemeinen Lehre und Rechtsprechung zugrunde. *Jose Castan Tobeñas*, Derecho Civil Español, Comun y Foral, Bd. 1, 2. Hbbd. (Madrid 1963) 267: „Tratándose de hijos ilegítimos, la opinión general es que los naturales reconocidos siguen la condición del padre o madre que los reconozca, o la del padre, si fueran reconocidos por ambos progenitores, y los demás ilegítimos, la condición de la madre."

[4] Vgl. *Jose Castan Tobeñas*, aaO, Bd. 1, 2. Hbbd. (Madrid 1963) 267; *Alejandro Herrero* y *Rubio*, Derecho Internacional Privado, I (Valladolid 1964) S. 121; *Hampe*, Das Staatsangehörigkeitsrecht von Spanien, Portugal und Irland, Bd. II a (Ergänzung) (1960) 9, und *Hoffmann*, Änderungen im spanischen Staatsangehörigkeitsrecht, in: Das Standesamt 1955, 242 f., erwähnen – gestützt auf den bloßen Wortlaut des Art. 17 II – diese Unterscheidung nicht.

## *II. Inwieweit ist die Mitwirkung der leiblichen Eltern bei einer Adoption des Kindes erforderlich?*

Gemäß Art. 22 EGBGB bestimmt sich die Annahme an Kindes Statt, wenn „der Annehmende zur Zeit der Annahme die Reichsangehörigkeit besitzt, nach den deutschen Gesetzen". Da beide Ehegatten, Herr W. und Frau W., die deutsche Staatsangehörigkeit besitzen, ist also deutsches Recht maßgebend.

Die Adoption nach deutschem Recht erfolgt durch Vertrag (§ 1741 BGB). Der Vertrag muß, solange das Kind nicht das 14. Lebensjahr vollendet hat (§ 1751 II BGB), zwischen dem (den) Annehmenden und dem *gesetzlichen Vertreter des Anzunehmenden* bei gleichzeitiger Anwesenheit beider Teile vor Gericht oder vor einem Notar (§ 1750 BGB) abgeschlossen werden.

### A. DIE GESETZLICHE VERTRETUNG DES KINDES J.-M. C.-R.

Gesetzliche Vertreter des Kindes J.-M. C.-R. könnten sein Vater und (oder) seine Mutter sein.

#### *1. Hat der Vater des Kindes gesetzliche Vertretungsmacht?*

a) Das anwendbare Recht

Die Frage, ob der leibliche Vater des Kindes J.-M. C.-R. dessen gesetzlicher Vertreter ist, bildet eine Vorfrage der Adoption, die sich nicht nach Art. 22 EGBGB, also nach deutschem Recht, beurteilt, sondern selbständig zu bestimmen ist[5].

Das Einführungsgesetz zum BGB regelt nicht ausdrücklich, nach welchem Recht die Frage zu entscheiden ist, ob der Vater eines unehelichen Kindes auch dessen gesetzlicher Vertreter ist. Die einzige Bestimmung des EGBGB über das Rechtsverhältnis zwischen Vater und unehelichem Kind (Art. 21) erklärt bezügl. der *Unterhaltspflicht* des Vaters das Heimatrecht der Mutter zur Zeit der Geburt für maßgebend. Es wäre verfehlt, aus dieser speziellen Regelung folgern zu wollen, daß auch das sonstige Rechtsverhältnis zwischen Vater und unehelichem Kind, insbes. die Frage der gesetzlichen Vertretung, sich nach dem Heimatrecht der Mutter bestimme[6]. Die herrschende Lehre und Rechtsprechung vertreten vielmehr die Auffassung, daß für das Rechtsverhältnis zwischen Vater und unehelichem Kind – in entsprechender Anwendung von Art. 20 EGBGB, der die Rechtsbezie-

---

[5] *Soergel-Kegel*, BGB-Kommentar V (9. Aufl. 1961), Anm. 17 zu Art. 22 EGBGB; *Staudinger-Raape*, BGB-Kommentar VI (9. Aufl. 1931) 554; *Palandt-Lauterbach*, BGB-Kommentar (26. Aufl. 1967), Anm. 2 zu Art. 22 EGBGB.

[6] *Staudinger-Raape*, BGB-Kommentar VI (9. Aufl. 1931) 529 f.; *Soergel-Kegel*, BGB-Kommentar V (9. Aufl. 1961) Anm. 36 zu Art. 21 EGBGB

hungen der Mutter zum unehelichen Kind nach dem Heimatrecht der Mutter beurteilt – das Heimatrecht des Vaters, hier also das Recht von El Salvador, als maßgebend anzusehen ist[7].

b) Rück- und Weiterverweisung

Nach herrschender Lehre und Rechtsprechung ist jedoch – wie im Falle des Art. 20 EGBGB – eine Rück- oder Weiterverweisung des Rechts von El Salvador entsprechend Art. 27 EGBGB zu beachten[8]. Das Bürgerliche Gesetzbuch El Salvadors vom 20. 11. 1912 bestimmt in Art. 15[9]:

„Die Salvadorener bleiben den Heimatgesetzen unterworfen, welche die bürgerlichen Rechte und Pflichten regeln, auch wenn sie ihren Wohnsitz oder Aufenthalt im Ausland haben:

1. ...
2. in bezug auf die Rechte und Pflichten, die sich aus den Familienbeziehungen ergeben; aber nur im Hinblick auf ihre salvadorenischen Ehegatten und Verwandten."

Daraus folgt, daß das internationale Privatrecht von El Salvador bezüglich des Rechtsverhältnisses zwischen Vater und unehelichem Kind, die beide die Staatsangehörigkeit von El Salvador besitzen, weder eine Rückverweisung auf das deutsche Recht noch eine Weiterverweisung enthält.

c) Ist der Vater nach dem Recht von El Salvador gesetzlicher Vertreter des Kindes?

Das Recht von El Salvador unterscheidet bei der gesetzlichen Vertretung eines unehelichen Kindes nicht zwischen anerkannten und nicht anerkannten unehelichen Kindern[10], sondern weist in Art. 287 des Bürgerlichen Gesetzbuchs jeder Mutter eines unehelichen – und damit auch eines anerkannten unehelichen – Kindes allein die elterliche Gewalt zu[11]. Die Bestimmungen von Art. 288–291, die dem Vater eines anerkannten natürlichen Kindes mehr Rechte einräumen als dem Vater eines nicht anerkann-

[7] *Soergel-Kegel*, BGB Kommentar V (9. Aufl. 1961) Anm. 36 zu Art. 21 EGBGB; *Staudinger-Raape*, BGB-Kommentar VI (9. Aufl. 1931) 529 f.; *Erman-Marquordt*, BGB-Kommentar II (4. Aufl. 1967) Anm. 5 zu Art. 21 EGBGB.

[8] *Staudinger-Raape* aaO 540; *Soergel-Kegel*, aaO, Anm. 52 zu Art. 21 EGBGB; *Erman-Marquordt*, aaO, Anm. 6 zu Art. 21 EGBGB.

[9] Deutsche Übersetzung bei *Bergmann*, aaO, unter: El Salvador, 3.

[10] *Alirio Augusto Castro*, Estudios de Derecho Civil Patrio (San Salvador 1921) 121 ff., 125.

[11] Art. 287: „La madre ilegítima tiene la patria potestad sobre sus hijos con los mismos derechos y obligaciones que tienen los padres e hijos legítimos entre sí." Übersetzt: Der Mutter steht die elterliche Gewalt über ihr uneheliches Kind mit den gleichen Rechten und Pflichten wie dem Vater über die ehelichen Kinder zu. (Originaltext bei *Mauricio Guzman*, Codigo Civil de El Salvador [Madrid 1959] 82.)

ten unehelichen Kindes, schränken diese gesetzliche Vertretungsmacht der Mutter – auch im Falle einer Adoption[12] – nicht ein[13]. Das Recht von El Salvador weicht in diesem Punkt vom spanischen Recht und dem Recht der meisten lateinamerikanischen Staaten ab, die in aller Regel den Vater eines anerkannten natürlichen Kindes als dessen gesetzlichen Vertreter ansehen[14].

Dem Vater des Kindes J.-M. C.-R. steht somit ein gesetzliches Vertretungsrecht *nicht* zu.

*2. Hat die Mutter des Kindes gesetzliche Vertretungsmacht?*

a) Das anwendbare Recht

Ob die Mutter des Kindes J.-M. C.-R. dessen gesetzliche Vertreterin ist, bildet eine Vorfrage der Adoption, die selbständig und damit nicht nach Art. 22 EGBGB zu bestimmen ist.

Gemäß Art. 20 EGBGB, der als allseitige Kollisionsnorm zu verstehen ist[15], bestimmt sich das Rechtsverhältnis zwischen Mutter und unehelichem Kind, und damit auch die Frage der gesetzlichen Vertretungsmacht[16], nach dem Heimatrecht der Mutter, und zwar nach dem *jeweiligen* Heimatrecht der Mutter; d. h.: Wechselt die Mutter die Staatsangehörigkeit, so wandelt sich auch das Statut des Rechtsverhältnisses zwischen unehelichem Kind und Mutter gemäß Art. 20 EGBGB[17].

b) Die Staatsangehörigkeit der Mutter

Die Mutter des Kindes J.-M. C.-R. war zur Zeit seiner Geburt Spanierin. Sie könnte aber aufgrund ihrer Eheschließung mit einem mexikanischen Staatsangehörigen die mexikanische Staatsangehörigkeit erworben und die spanische verloren haben.

Das mexikanische Gesetz über Staatsangehörigkeit und Einbürgerung vom 5. 1. 1934 bestimmt in Art. 2[18]:

„Mexikaner durch Einbürgerung sind:

1. ...
2. Die Ausländerin, welche die Ehe mit einem Mexikaner eingeht und ihren Wohnsitz innerhalb des mexikanischen Hoheitsgebietes hat oder begründet. Die Einbürgerung erfolgt auf ihren Antrag ..."

---

[12] Vgl. Art. 3 und 7 des Gesetzes über die Adoption vom 3. 11. 1955 (*Bergmann*, aaO, unter: El Salvador, 19 f.).

[13] *Alirio Augusto Castro* aaO 125 und 150.

[14] Vgl. *L. Fernandez Clerigo*, El Derecho de Familia en la Legislacion Comparada (Mexico 1947) 286 ff.

[15] Unstreitig; vgl. *Soergel-Kegel*, aaO, Anm. 1 zu Art. 20 EGBGB.

[16] *Soergel-Kegel*, aaO, Anm. 10 zu Art. 20 EGBGB; *Erman-Marquordt*, aaO, Anm. 5 b zu Art. 20 EGBGB.

[17] *Soergel-Kegel*, aaO, Anm. 4 zu Art. 20 EGBGB; *Erman-Marquordt*, Anm. 2 b zu Art. 20 EGBGB.

[18] Deutsche Übersetzung bei *Bergmann*, aaO, unter: Mexiko, 2.

Das spanische Bürgerliche Gesetzbuch von 1889 i. d. F. vom 15. 7. 1954 bestimmt in Art. 23[19]:

„Die Spanische Staatsangehörigkeit verlieren ferner:
1. ...
2. ...
3. Eine Spanierin, die die Ehe mit einem Ausländer eingeht, wenn sie die Staatsangehörigkeit ihres Ehemannes erwirbt."

Da also durchaus die Möglichkeit besteht, daß die Mutter des Kindes die mexikanische Staatsangehörigkeit erworben und die spanische verloren hat, wird im folgenden die Frage nach der elterlichen Gewalt der Mutter zunächst für den Fall untersucht, daß sie Spanierin geblieben ist, und dann für den Fall, daß sie die mexikanische Staatsangehörigkeit erworben und die spanische verloren hat.

*1. Alternative: Die Mutter hat die spanische Staatsangehörigkeit behalten:*

c) Rück- oder Weiterverweisung

*α*) des gem. Art. 20 EGBGB berufenen spanischen Rechts

Hat die Mutter die spanische Staatsangehörigkeit behalten, so bestimmt sich die Frage nach der gesetzlichen Vertretungsmacht der Mutter nur dann gem. Art. 20 EGBGB nach spanischem Recht, wenn dieses keine Rückverweisung auf das deutsche Recht oder eine Weiterverweisung enthält[20].

Das spanische Bürgerliche Gesetzbuch bestimmt in Art. 9[21]:

„Die Gesetze über die Rechte und Pflichten der Familien, über den Personenstand, den Rang und die gesetzliche Handlungsfähigkeit sind für die Spanier maßgebend, auch wenn sie sich im Ausland aufhalten."

Diese Norm läßt nur erkennen, daß das spanische Recht bei der Beurteilung des Rechtsverhältnisses zwischen Mutter und natürlichem Kind an die Staatsangehörigkeit schlechthin anknüpft, besagt aber nichts bezüglich der Frage, ob das Heimatrecht des Vaters, das der Mutter oder das des Kindes maßgebend ist.

In der Literatur vertreten *Colomo*[22], *Verplaetse*[23] und *Goldschmidt*[24]

---

[19] Deutsche Übersetzung bei *Bergmann*, aaO, unter: Spanien, 3.

[20] *Soergel-Kegel*, aaO, Anm. 20 zu Art. 20 EGBGB; *Staudinger-Raape* aaO 503.

[21] Deutsche Übersetzung bei *Bergmann*, aaO, unter: Spanien, 5.

[22] *Miguel Arjona Colomo*, Derecho Internacional Privado, Parte Especial (Barcelona 1954) 275 f.

[23] *Julian G. Verplaetse*, Derecho Internacional Privado (Madrid 1954) 423.

[24] *Werner Goldschmidt*, Sistema y filosofia del derecho internacional privado, II (2. Aufl. 1954) 322 ff., 325.

die Auffassung, daß sich das Rechtsverhältnis zwischen Mutter und nicht anerkanntem unehelichem Kind nach dem Heimatrecht der Mutter, das Rechtsverhältnis zwischen Mutter und ehelichem Kind nach dem Heimatrecht des Vaters bestimme. Die möglichst weitreichende Gleichbehandlung der „legalen" und natürlichen Familie gebietet nach Ansicht dieser Autoren, daß auch die Rechtsbeziehungen der Mutter zum anerkannten Kind nach dem Vaterrecht beurteilt werden.

Im Ergebnis der gleichen Auffassung ist *Navarro*[25], der allerdings die Wirkungen jeder außerehelichen Abstammung in Spanien nach dem Vaterrecht beurteilt wissen will. Abweichende Meinungen von dieser im spanischen Schrifttum übrigens nicht näher diskutierten Lösung sind nicht ersichtlich.

Es ist somit davon auszugehen, daß das spanische internationale Privatrecht eine Weiterverweisung auf das Vaterrecht, das Recht von El Salvador, enthält.

*β*) des vom spanischen Recht berufenen Rechts von El Salvador (sogen. doppelte Rück- bzw. Weiterverweisung)

Ob diese Weiterverweisung des spanischen internationalen Privatrechts eine Gesamtverweisung (= Kollisionsverweisung) oder eine bloße Sachnormverweisung ist, ist in der spanischen Literatur und Rspr. bestritten[26]. Beide Auffassungen werden etwa gleichstark vertreten.

Verweist das spanische IPR nur auf das Sachrecht El Salvadors, so bestehen keine Bedenken, die Frage der gesetzlichen Vertretungsmacht der Mutter im vorliegenden Fall nach dem materiellen Recht El Salvadors zu beurteilen. Stellt die Weiterverweisung des spanischen IPR aber eine Gesamtverweisung (= Kollisionsnormverweisung) dar, so ist zu überlegen, ob nicht eine eventuelle Weiter- oder Rückverweisung des Kollisionsrechts von El Salvador aus deutscher Sicht zu beachten wäre.

Obwohl die deutsche Rechtsprechung einräumt, daß die Anerkennung von Weiter- und Rückverweisung vom Standpunkt der Logik aus an sich dazu zwingt, auch Kollisionsnorm-Weiter- oder -Rückverweisungen des berufenen ausländischen Rechts (und damit doppelte bzw. x-fache Weiter- und Rückverweisungen) anzuerkennen, *behandelt* sie doch die Kollisionsnorm-Rückverweisung wie eine bloße Sachnorm-Rückverweisung, bricht

---

[25] *Mariano Aguilar Navarro*, Derecho Civil Internacional (Madrid 1960) 269 f., 273.

[26] Für *Kollisionsnormverweisung*: *Werner Goldschmidt*, Sistema y filosofia del Derecho internacional privado, I (1948) 46–49; *Mariano Aguilar Navarro* aaO 59 f.; für *Sachnormverweisung*: *Adolfo Miaja de la Muela*, Derecho Internacional Privado, I (3. Aufl. 1962) 289; *José de Yanguas Messía*, Derecho Internacional Privado, Parte General (2. Aufl. 1958), Nr. 101 ff., 111; *bezügl. der Rspr.* vgl. die Hinweise von *Alejandro Herrero y Rubio* aaO 512.

also die Rückverweisung ab[27]. Entsprechend *behandelt* auch die überwiegende Rechtsprechung die Kollisionsnorm-Weiterverweisung wie eine Sachnorm-Weiterverweisung[28]. Damit schiebt die Rechtsprechung den weitgehend zufälligen, in Lehre und Rspr. der betreffenden ausländischen Rechtsordnungen obendrein oft unklaren und bestrittenen Hin- und Herverweisungen rechtzeitig einen Riegel vor.

Unter Zugrundelegung dieser Rechtsprechung zur Weiterverweisung[29] erweist sich die Frage, ob das el salvadorenische IPR die gesetzliche Vertretungsmacht der Mutter nach dem eigenen materiellen Recht beurteilt oder nicht, als unerheblich. Maßgebend ist vielmehr aus deutscher Sicht allein das Sachrecht El Salvadors.

d) Ist die Mutter nach dem Recht von El Salvador gesetzliche Vertreterin des Kindes?

Wie bereits auf S. 7 ausgeführt, ist die Mutter eines vom Vater anerkannten natürlichen Kindes nach dem Recht von El Salvador *alleinige gesetzliche Vertreterin* des Kindes. Die gesetzliche Vertretungsmacht der Mutter endet mit der Vollendung des 21. Lebensjahres durch den Sohn (Art. 275 Ziff. 3 des Bürgerlichen Gesetzbuchs von El Salvador).

*2. Alternative: Die Mutter hat die mexikanische Staatsangehörigkeit erworben:*

c) Rück- und Weiterverweisung

Hat die Mutter die mexikanische Staatsangehörigkeit erworben, so entscheidet sich die Frage nach der gesetzlichen Vertretungsmacht der Mutter nach mexikanischem Recht (Art. 20 EGBGB), falls dieses nicht zurück- oder weiterverweist.

Das mexikanische internationale Privatrecht ist ebenso wie das mexikanische bürgerliche Recht nicht bundeseinheitlich geregelt. Die 29 Bundesstaaten, der sogen. Bundesdistrikt und die beiden Bundesterritorien, aus denen sich der Bundesfreistaat Mexiko zusammensetzt, haben eigene Gesetzbücher, die allerdings inhaltlich wenig voneinander abweichen. Da die Kindesmutter in Tehuantepec lebt, wäre an sich das Recht des Staates

---

[27] Grundlegend *RGZ* 136, 361; *LG München* MDR 1956, 236; BayObLGZ 1958, 34; *BGH* NJW 1958, 750; weitere Hinweise bei *Soergel-Kegel,* Art. 27 EGBGB, Randz. 15 und 16 mit Anmerkungen.

[28] *RGZ* 64, 389, 394; weitere Hinweise bei *Soergel-Kegel,* Art. 27 EGBGB, Randz. 17 i. V. m. Randz. 10.

[29] In der Lehre werden von der Ablehnung jeder Rück- und Weiterverweisung (von der Ausnahme des Art. 27 EGBGB abgesehen) bis zur unbeschränkten Anerkennung x-facher Kollisionsnorm-Rück- und -Weiterverweisungen fast alle nur denkbaren Ansichten vertreten. Vgl. dazu die Übersicht bei *Soergel-Kegel,* Art. 27 EGBGB, Randz. 18 ff.

Oaxaca anzuwenden. Da der entsprechende Gesetzestext nicht verfügbar, das IPR Oaxacas jedoch dem im Bundesdistrikt und den Territorien geltenden Recht angeglichen ist, bestehen keine Bedenken, die gesetzlichen Bestimmungen dieser Gebiete zugrunde zu legen[30]. Das Zivilgesetzbuch für den Bundesdistrikt und die Territorien von Mexiko vom 30. 8. 1928 bestimmt in Art. 12[31]:

„Die mexikanischen Gesetze, einschließlich derjenigen über den Stand und die Fähigkeit der Personen, finden auf alle Bewohner Mexikos Anwendung, mögen sie In- oder Ausländer sein, und mögen sie hier ihren Wohnsitz haben oder sich nur vorübergehend hier aufhalten."

Diese Bestimmung läßt erkennen, daß das mexikanische internationale Privatrecht vom Grundsatz der Territorialität ausgeht, also mexikanisches Sachrecht selbst dann für anwendbar erklärt, wenn die Beteiligten Ausländer sind und sich nur vorübergehend in Mexiko aufhalten. Berücksichtigt man, daß die Mutter die mexikanische Staatsangehörigkeit besitzt und in Mexiko wohnhaft ist, so wird deutlich, daß das mexikanische IPR bezügl. des Mutter–Kind-Verhältnisses weder eine Weiterverweisung auf das Recht von El Salvador noch eine Rückverweisung auf das deutsche Recht enthält[32].

d) Ist die Mutter nach dem Recht Mexikos gesetzliche Vertreterin des Kindes?

Das Zivilgesetzbuch für den Bundesdistrikt und die Territorien von Mexiko vom 30. 8. 1928 bestimmt in Art. 380[33]:

„Erkennen ein Vater und eine Mutter, die nicht zusammen leben, gemeinschaftlich ein Kind an, so müssen sie vereinbaren, wem von ihnen die elterliche Gewalt zustehen soll; ist dies nicht geschehen, so hat der Richter erster Instanz des Ortes nach Anhörung der Eltern und des Staatsanwalts die den Interessen des Kindes angemessenste Regelung zu treffen."

Da im vorliegenden Fall weder die Eltern des Kindes noch ein Richter eine Vereinbarung bzw. Anordnung bezügl. der elterlichen Gewalt getroffen haben, ist davon auszugehen, daß diese von den Eltern des Kindes gemeinsam – wie bei bestehender Ehe (Art. 414 I) oder bei tatsächlichem Zusammenleben der Eltern (Art. 415) – ausgeübt wird[34]. Gem. Art. 425 umfaßt die elterliche Gewalt auch die Vertretung des bis zur Vollendung des 21. Lebensjahres minderjährigen Kindes.

---

[30] So *Bergmann*, aaO, unter: Mexiko, 8, und *Makarov*, Quellen des internationalen Privatrechts (2. Aufl. 1953) Bd. I, unter: Mexiko, 2.

[31] Deutsche Übersetzung bei *Bergmann*, aaO, unter: Mexiko, 12.

[32] Vgl. *Alberto G. Arce*, Derecho Internacional Privado (2. Aufl. Mexico 1955) 220 ff.

[33] Deutsche Übersetzung bei *Bergmann*, aaO, unter: Mexiko, 33.

[34] *L. Fernandez Clerigo* aaO 290 f.

Die Mutter des Kindes ist also nach dem maßgeblichen mexikanischen Sachrecht vertretungsberechtigt. Da sich die Frage nach dem Vertretungsrecht des Vaters, wie auf S. 610 f. ausgeführt wurde, nach dem materiellen el salvadorenischen Recht bestimmt, ist der Umstand, daß das materielle mexikanische Recht den Vater als mitvertretungsbefugt ansieht, unwesentlich. Aus deutscher Sicht ist vielmehr der Vater nach dem Recht El Salvadors als nicht vertretungsberechtigt, die Mutter nach dem Recht Mexikos als *alleinvertretungsberechtigt* anzusehen.

*Ergebnis:* Ob die Mutter des Kindes die spanische oder mexikanische Staatsangehörigkeit hat, ist unerheblich. In beiden Fällen ist die Mutter die *alleinige* gesetzliche Vertreterin des Kindes, während dem Vater ein Vertretungsrecht nicht zusteht.

## B. DIE MÖGLICHKEIT DER BESTELLUNG EINES VORMUNDS

Da die Mutter die alleinige gesetzliche Vertreterin des Kindes J.-M. C.-R. ist, muß gemäß Art. 22 EGBGB, § 1751 BGB der Adoptionsvertrag zwischen ihr und dem Ehepaar W. geschlossen werden. Allerdings könnte die Mutter gem. § 1751 a BGB einen Dritten zum Abschluß des Annahmevertrags bevollmächtigen. Diese Vollmacht müßte unter genauer Bezeichnung der Vertragspartner gerichtlich oder notariell beurkundet sein. Zum Abschluß des Adoptionsvertrags bedarf die Mutter bzw. der Bevollmächtigte der Genehmigung des gem. §§ 43, 36 FGG zuständigen[35] deutschen Vormundschaftsgerichts (§ 1751 I BGB)[36].

---

[35] Vgl. *BayObLG* Amtl. Sammlung 1962, 151 ff. (153 f.).

[36] *Soergel-Kegel,* Art. 22 EGBGB, Anm. 17, ist der Meinung, daß die Genehmigung des Vormundschaftsgerichts gem. § 1750 I 2 BGB immer erforderlich sei, weil Art. 22 I EGBGB deutsches materielles Recht für anwendbar erkläre. Staudinger-Raape, S. 554, sieht in der Genehmigungsbedürftigkeit eine Frage des Eltern-Kind-Verhältnisses, d. h. des Umfangs der gesetzlichen Vertretungsmacht, die sich nach Artt. 19–21 EGBGB beurteile. Danach wäre eine vormundschaftsgerichtliche Genehmigung nur erforderlich, wenn sie vom Heimatrecht der Eltern (hier der Mutter) bzw. von dem Recht, auf das das Heimatrecht der Eltern (Mutter) weiterverweist, geboten werde. Das *Kammergericht* (Zentralbl. JR 21, 1929/30, S. 407) schließlich sieht in der Genehmigungsbedürftigkeit eine Frage der Geschäftsfähigkeit des Adoptivkindes, die sich gem. Art. 7 EGBGB, also nach dem Heimatrecht des Kindes, bestimme.

Folgt man im vorliegenden Fall nicht der Auffassung von *Soergel-Kegel,* so wäre eine vormundschaftsgerichtliche Genehmigung entbehrlich, da weder das Recht von El Salvador (vgl. Artt. 1–13 des Gesetzes über die Adoption v. 3. 11. 1955 – wiedergegeben bei *Bergmann,* aaO, unter: El Salvador, 19 f.) noch das Recht von Mexiko (vgl. Art. 390 ff. des Zivilgesetzbuchs für den Bundesdistrikt und die Territorien von Mexiko – wiedergegeben bei *Bergmann,* aaO, unter: Mexiko, 34 ff.) für den Abschluß eines Adoptionsvertrages durch den gesetzlichen Vertreter des Kindes eine vormundschaftsgerichtliche Genehmigung verlangen.

Da die Kindesmutter möglicherweise nicht auffindbar oder nicht bereit sein wird, das Kind beim Abschluß des Adoptionsvertrags zu vertreten, bleibt zu prüfen, wie dann in diesem Fall zu verfahren ist. In Betracht kommt die Bestellung eines Vormunds, der das Kind beim Abschluß des Adoptionsvertrags vertreten würde[37].

Gemäß Art. 23 EGBGB kann eine Vormundschaft über einen Ausländer im Inland nur dann angeordnet werden, wenn der Ausländer nach den Gesetzen des Staates, dem er angehört, der Fürsorge bedarf, und wenn dieser Staat die Fürsorge nicht übernimmt.

Bei Art. 23 EGBGB handelt es sich primär zwar um eine Vorschrift über die internationale Zuständigkeit[38]. Ihr ist jedoch, was das internationale Privatrecht anbelangt, auch zu entnehmen, 1. daß sich die materiellen Voraussetzungen einer Vormundschaft über eine Person nach deren Heimatrecht richten und 2. daß die Anordnung einer Vormundschaft grundsätzlich Sache des Heimatstaates ist[39].

### *1. Die materiellen Voraussetzungen der Anordnung einer Vormundschaft*

Die materiellen Voraussetzungen der Anordnung einer Vormundschaft beurteilen sich grundsätzlich nach dem Heimatrecht des Kindes, also dem Recht von El Salvador. Eine Weiter- oder Rückverweisung des Kollisionsrechts von El Salvador wäre allerdings zu beachten[40]. Wie sich aus Art. 15 des Bürgerlichen Gesetzbuchs[41] ergibt, knüpft das IPR El Salvadors in Fragen, die den Personenstand im weitesten Sinn betreffen, an das Heimatrecht an, würde also im vorliegenden Fall *eigenes* Sachrecht anwenden.

Entsprechend Art. 369 des Bürgerlichen Gesetzbuchs von El Salvador[42] muß für ein minderjähriges Kind, das unter elterlicher (hier: mütterlicher) Gewalt steht, ein Vormund bestellt werden, wenn die elterliche (mütterliche) Gewalt ruht und das Ruhen gerichtlich festgestellt ist (Art. 287 i. V. m. Art. 271/272)[43, 44].

---

37 Vgl. dazu den ähnlich gelagerten Fall *AG Rottweil* v. 31. 1. 1957 FamRZ 1957, 227 f.; vgl. auch *KG* v. 21. 2. 1966 FamRZ 1966, 266 ff.

38 *Soergel-Kegel,* aaO, Art. 23 EGBGB Anm. 1; *Staudinger-Raape* aaO 603; *Erman-Marquordt,* aaO, Art. 23 EGBGB Anm. 1.

39 *Erman-Marquordt,* aaO, Art. 23 EGBGB Anm. 1; *Staudinger-Raape* aaO 603; *Soergel-Kegel,* aaO, Art. 23 EGBGB Anm. 1.

40 *Soergel-Kegel,* Art. 23 EGBGB, Randz. 32.

41 *Bergmann,* aaO, unter: El Salvador, 3.

42 Art. 369: „No se puede dar tutor al que está bajo la patria potestad, salvo que ésta se suspenda por decreto de Juez, en alguno de los casos enumerados en el artículo 271 ..." (Text bei *M. Guzman,* Codigo civil de El Salvador, Madrid 1959).

43 Art. 287 s. oben Fußn. 11.

Art. 271: „La patria potestad se suspende ... por larga ausencia del padre de la

Ob diese Voraussetzungen im konkreten Fall vorliegen, bestimmt sich nicht nach dem Vormundschaftsstatut, also dem Recht El Salvadors, sondern als jeweils selbständige Vorfrage gem. Art. 7 EGBGB (Minderjährigkeit)[45] bzw. Art. 20 EGBGB (mütterliche Gewalt, Ruhen der mütterlichen Gewalt, Erforderlichkeit der gerichtlichen Feststellung des Ruhens der mütterlichen Gewalt)[46].

a) Gemäß Art. 7 EGBGB ist die Frage der Voll- oder Minderjährigkeit nach dem Heimatrecht des Kindes zu beurteilen, also nach dem Recht El Salvadors. Eine an sich zu beachtende Weiter- oder Rückverweisung (Art. 27 EGBGB) enthält das Kollisionsrecht von El Salvador nicht[47]. Art. 26 des Bürgerlichen Gesetzbuchs von El Salvador[48] bestimmt, daß ein El Salvadorener bis zur Erreichung des 21. Lebensjahres minderjährig bleibt.

b) Gemäß Art. 20 EGBGB beurteilt sich die Frage, ob der Mutter die elterliche Gewalt zusteht, ob diese ruht bzw. ob das Ruhen gerichtlich festzustellen ist, nach dem Heimatrecht der Mutter bzw. nach dem Recht, auf das das Heimatrecht der Mutter weiterverweist[49].

Ist die Kindesmutter *Spanierin*, so ist aufgrund der Weiterverweisung des spanischen IPR das Recht von El Salvador maßgebend. Nach Art. 287 des Bürgerlichen Gesetzbuchs von El Salvador i. V. m. Art. 271 ruht die elterliche Gewalt der Mutter bei langer Abwesenheit („larga ausencia"), während derer sich die Mutter nicht um ihr Kind kümmert und dadurch dessen Interessen schwer schädigt. Da die Mutter seit der Geburt des Kindes in keiner Weise für ihren Sohn gesorgt, ja, sich nicht einmal nach seinem Wohlergehen erkundigt hat, bestehen bezügl. des Vorliegens der Voraussetzung von Art. 287 i. V. m. Art. 271 keine Zweifel. Gemäß Art. 287 i. V. m. Art. 272 muß allerdings das Ruhen der elterlichen Gewalt der Mutter gerichtlich festgestellt sein.

Ist die Kindesmutter *Mexikanerin*, so bestimmt sich das Ruhen ihrer mütterlichen Gewalt nach Art. 447 II des Zivilgesetzbuchs für den Bundes-

---

cual se siga perjuicio grave en los intereses del hijo a que el padre ausente no provoe ..."

Art. 272: „La suspensión de la patria postestad deberá ser decretada por el Juez con conocimiento de causa y después de oídos sobre ello los parientes del hijo y un curador especial." (Text bei *M. Guzman* aaO.)

[44] *Alirio Augusto Castro*, Estudios de Derecho Civil Patrio (San Salvador 1921) 125, 167 f.

[45] *Soergel-Kegel*, aaO, Art. 23 EGBGB Anm. 5; *Erman-Marquordt*, aaO, Art. 23 EGBGB Anm. 3 a.

[46] *Soergel-Kegel*, Art. 23 EGBGB Anm. 5 i. V. m. Art. 20 EGBGB Anm. 11 i. V. m. Art. 19 EGBGB Anm. 19; *Staudinger-Raape* aaO 607 f.; *Erman-Marquordt*, aaO, Art. 23 EGBGB Anm. 3 a.

[47] Art. 15 des Bürgerl. Gesetzbuchs (*Bergmann*, aaO, unter: El Salvador, 3).

[48] Art. 26: „Llámase ... mayor de edad, o simplemente mayor, el que ha cumplido *veintiún años*; ..." (Text bei *M. Guzman* aaO.)

[49] Vgl. S. 613 f. und Anm. 46.

distrikt und die Territorien von Mexiko[50]. Entsprechend dieser Bestimmung ruht die elterliche Gewalt der Mutter im Falle der Abwesenheit („ausencia"), die ebenfalls gerichtlich festgestellt sein muß (Art. 447 II).

Die materiellen Voraussetzungen der Anordnung einer Vormundschaft (= das Fürsorgebedürfnis) liegen also vor; das Ruhen der elterlichen Gewalt der Kindesmutter müßte von dem gemäß §§ 32, 36 FGG zuständigen deutschen Vormundschaftsgericht festgestellt werden.

2. *Weitere Voraussetzung* der Anordnung einer Vormundschaft über einen Ausländer im Inland ist jedoch, daß der Heimatstaat des Kindes, also El Salvador, die Fürsorge nicht selbst übernimmt. Ob der Heimatstaat diese übernehmen, d. h. selbst eine Vormundschaft anordnen will, ist von Amts wegen durch Anfrage auf diplomatischem Weg beim Heimatstaat festzustellen[51]. Eine ausdrückliche Ablehnung ist allerdings nicht erforderlich. Schweigen (= Nicht-Antwort in angemessener Frist) ist als Ablehnung der Übernahme anzusehen[52].

*Ergebnis:* Die materiellen Voraussetzungen der Anordnung einer Vormundschaft liegen vor. Sollte der Heimatstaat des Kindes, El Salvador, die Vormundschaft nicht übernehmen, so könnte gemäß Art. 23 EGBGB im Inland ein Vormund bestellt werden.

## C. IST DIE EINWILLIGUNG DES VATERS ODER DER MUTTER DES KINDES IN DIE ADOPTION ERFORDERLICH?

Unabhängig von der Frage, wer das Kind beim Abschluß des Adoptionsvertrags vertritt, ist die Erforderlichkeit der Einwilligung des Vaters oder der Mutter in die Adoption zu untersuchen[53].

### *1. Das anwendbare Recht*

Gemäß Art. 22 I EGBGB bestimmt sich die Annahme an Kindes Statt, wenn die Annehmenden zur Zeit der Annahme die deutsche Staatsangehörigkeit besitzen, nach deutschem Recht. – Danach würde deutsches

---

[50] Art. 447. „La patria potestad se suspende:
I. Por incapacidad declarada judicialmente
II. Por la ausencia declarada en forma
III. Por sentencia condenatoria que imponga como pena esta suspensión."
(Text in: Diario oficial vom 26. 5. 1928, Mexico 1928.)

[51] *Soergel-Siebert*, aaO, Art. 23 EGBGB Anm. 21; vgl. außerdem den in der Problematik ähnlichen Fall der Adoption bzw. der Vormundbestellung zugunsten eines ungarischen Kindes: *AG Rottweil* v. 31. 1. 1957 FamRZ 1957, 227 m. Anm. *Gündisch*.

[52] *Erman-Marquordt*, aaO, Art. 23 EGBGB Anm. 4 a bb; *Staudinger-Raape* aaO 608.

[53] *Roth-Stielow*, Die Bedeutung der Einwilligung zur Adoption im Verhältnis zum Vertragsschluß, in: Zentralbl.JR 52 (1965) 97 ff.

Adoptionsrecht über die Erforderlichkeit einer Einwilligung des Vaters oder der Mutter entscheiden.

Art. 22 II EGBGB bestimmt jedoch:

„Gehört ... der Annehmende einem fremden Staate an, während das Kind die Reichsangehörigkeit besitzt, so ist ... die Annahme unwirksam, wenn die nach den deutschen Gesetzen erforderliche Einwilligung ... eines Dritten, zu dem das Kind in einem familienrechtlichen Verhältnisse steht, nicht erfolgt ist."

Zum Teil wird in der Literatur[54] und in älterer Rechtsprechung[55] die Auffassung vertreten, daß Art. 22 I EGBGB zu einer vollständigen Kollisionsnorm auszubauen sei; das würde bedeuten, daß das Vorliegen der nach dem Heimatrecht des Kindes erforderlichen Einwilligung eines Dritten, zu dem das Kind in einem familienrechtlichen Verhältnis steht, Voraussetzung eines wirksamen Adoptionsvertrags wäre. Offen bliebe dann nur noch, ob die in Art. 22 II genannten Einwilligungen sich nur[56] nach dem Heimatrecht des Kindes oder kumulativ[57] sowohl nach dem Heimatrecht des Kindes als auch nach der gemäß Art. 22 I EGBGB maßgebenden Rechtsordnung bestimmen.

Begründet wird diese Ansicht in erster Linie damit, daß das Parteiinteresse des Kindes eine Anwendung seines Heimatrechts gebiete. Gerade diese Begründung ist aber im vorliegenden Fall, wo das Kind außer der – mehr formalen – Staatsangehörigkeit keine Beziehungen zu seinem Heimatstaat El Salvador hat, nicht überzeugend. Außerdem ist folgendes zu bedenken: Art. 22 I EGBGB erklärt deutsches Recht für anwendbar, wenn die Annehmenden deutsche Staatsangehörige sind. Hätte der Gesetzgeber diese Bestimmung in Art. 22 II EGBGB bezügl. der dort genannten Einwilligungen einschränken wollen, dann hätte er das unter Bezugnahme auf den in Art. 22 I EGBGB geregelten Ausgangsfall (deutsche Adoptiveltern – deutsches oder ausländisches Adoptivkind) getan. Bei der vom Gesetzgeber gewählten Fassung kann die Bestimmung des Art. 22 II EGBGB nur als eine besondere Schutzvorschrift zugunsten des deutschen Kindes verstanden werden[58]. In diesem Sinne wird Art. 22 II EGBGB auch von der herrschenden Lehre und Rechtsprechung[59] ausgelegt[60]. – Über die

---

[54] *Soergel-Kegel,* aaO, Art. 22 EGBGB Anm. 7; *Lewald,* Das deutsche IPR auf der Grundlage der Rechtsprechung (1931) 151 ff.; *Niemeyer,* Kodifikation des IPR (1895) 228.

[55] Vgl. *LG Colmar,* Els.-Lothr. NotZ 1901, 316.

[56] *Niemeyer* aaO 228.

[57] *Soergel-Kegel,* aaO, Art. 22 EGBGB Anm. 7; *Lewald* aaO 151–154.

[58] So mit ausführlicher Begründung *Staudinger-Raape* aaO 549.

[59] *Staudinger-Raape* aaO 549; *Erman-Marquordt,* Art. 22 EGBGB Anm. 1 a; *Palandt-Lauterbach,* aaO, Art. 22 EGBGB Anm. 2; *RGZ* 125, 265; *OLG Hamm* Zentralbl. JR 1959, 235; *BayObLG* Amtl. Sammlung 1962, 154 f.

[60] Würde man der Ansicht folgen, daß Art. 22 II EGBGB zur vollständigen Kollisionsnorm auszubauen wäre, so hätte das insofern Bedeutung, als Art. 3 b

Erforderlichkeit einer Einwilligung des Vaters oder der Mutter in die Adoption entscheidet also deutsches Sachrecht.

*2. Die Erforderlichkeit der Einwilligung der Mutter nach deutschem Recht*

(Von der Veröffentlichung der folgenden Ausführungen wird abgesehen, da diese sich nur auf das deutsche materielle Recht beziehen.)

---

des Gesetzes von El Salvador über die Adoption vom 3. 11. 1955 (vgl. *Bergmann*, aaO, unter: El Salvador, 19 ff.) wie § 1747 BGB die Zustimmung der Mutter als gesetzlicher Vertreterin verlangt, eine Ersetzung dieser Zustimmung entspr. § 1747 III BGB aber nicht kennt.

# IV. Erbrecht

## 1. GESETZLICHES ERBRECHT

Siehe auch Nr. 69

### Nr. 59

**Iran**

**1. Persönlicher und zeitlicher Geltungsbereich des deutsch-iranischen Niederlassungsabkommens.**

**2. Internationales und interpersonales iranisches Privatrecht.**

**3. Gesetzliche Erbfolge und Umfang des Nachlasses nach iranisch-schiitischem Recht.**

**4. Iranisch-schiitisches Ehegüterrecht.**

**5. Zum Verstoß des iranischen Erbausschließungsgrundes der Religionsverschiedenheit gegen Art. 30 EGBGB.**

**6. Zu der Frage, ob das uneheliche Kind einer römisch-katholischen Iranierin seine Mutter beerben kann.**

**Köln 59/67 vom 18. 8. 1967**

Das Amtsgericht Köln hat durch Verfügung vom 21. 6. 1967 in den Nachlaßsachen Mohammed H. und Suzanne M. um ein Gutachten über iranisches Erbrecht gebeten.

SACHLAGE

Am 4. 3. 1930 verstarb in Brüssel/Belgien der im Jahre 1879 in Täbris/Iran geborene Kaufmann Mohammed H. – auch Mohamet H. geschrieben. Er besaß die iranische Staatsangehörigkeit und war mit sehr großer Wahrscheinlichkeit Muslim, denn er war der Sohn eines Hadji. Er hinterließ keine Verfügung von Todes wegen.

Der Erblasser hatte am 13. 4. 1907 vor dem Zivilstandsbeamten in Saint-Josse-ten-Noode/Belgien in erster Ehe die am 6. 2. 1883 geborene belgische Staatsangehörige Félicie Anne M. geheiratet. Aus dieser Ehe ist das am 26. 8. 1914 in Lyon/Frankreich geborene Kind Suzanne M. hervorgegangen.

Wann Félicie Anne M. verstorben ist, kann nicht nachgewiesen werden. Da der Erblasser Mohammed H. jedoch am 23. 7. 1921 vor dem Zivilstandsbeamten in Paddington/London eine zweite Ehe mit der im Jahre 1880 geborenen belgischen Staatsangehörigen Caroline W. eingegangen und in der Heiratsurkunde als „widower" bezeichnet worden ist, kann davon ausgegangen werden, daß die erste Ehefrau Mohammed H.s vorverstorben ist. Aus der Ehe mit Caroline W. sind keine Kinder hervorgegangen.

Caroline W. verstarb am 21. 4. 1951 in Brüssel/Belgien. Ihre Verwandten haben am 8. 12. 1951 zu Protokoll der Geschäftsstelle des Tribunal de première instance in Brüssel erklärt, auf ihre Erbschaft nach Caroline W. zu verzichten („renoncer purement et simplement à la succession de Mme. W.").

Die Tochter Suzanne des Erblassers Mohammed H. verstarb am 3. 11. 1943 in Brüssel/Belgien gleichfalls ohne Hinterlassung einer Verfügung von Todes wegen. Die Erblasserin Suzanne M. war iranische Staatsangehörige römisch-katholischer Religionszugehörigkeit.

Die Antragstellerin Irène M., Ehefrau von L. M. J. Sch., wohnhaft in Korbek-Lo/Belgien, ist die am 19. 5. 1937 in Brüssel/Belgien geborene uneheliche Tochter der Erblasserin, die das Kind anerkannt hat.

Der Nachlaß des Erblassers Mohammed H. in Deutschland besteht aus zwei in Köln und Bonn gelegenen Grundstücken im Werte von etwa 15 200 DM.

Die Antragstellerin ist der Auffassung, ihre Mutter Suzanne M. sei nach iranischem Zivilrecht mit Rücksicht auf die zweite Ehefrau des Erblassers in jedem Fall zu $^7/_8$ Erbin ihres Großvaters Mohammed H. geworden; bei Gültigkeit der Erbausschlagung der Verwandten der zweiten Ehefrau sei Suzanne M. die alleinige gesetzliche Erbin Mohammed H.s geworden. Ihre Mutter habe die Erbschaft angenommen gehabt. Sie selbst – Irène M. – sei nach dem im Iran unter Christen geltenden Gewohnheitsrecht die alleinige Erbin ihrer Mutter. Ein Rechtsstreit über das Erbrecht sei nicht anhängig.

Die Antragstellerin Irène M. beantragt deshalb:

1. Die Erteilung eines Teilerbscheins, wonach der Erblasser Mohammed H. zu $^7/_8$ von seiner Tochter Suzanne M. beerbt worden ist.
2. Die Erteilung eines Alleinerbscheins nach der Erblasserin Suzanne M.

## ANFRAGE

Aufgrund dieses Sachverhalts bittet das Amtsgericht Köln um Auskunft darüber, wie die zwei Erblasser Mohammed H. und Suzanne M. beerbt worden sind.

## RECHTSLAGE

### A. VERFAHRENSRECHT (INTERNATIONALE UND ÖRTLICHE ZUSTÄNDIGKEIT)

#### *I. Internationale Zuständigkeit*

Die internationale Zuständigkeit deutscher Gerichte in Nachlaßsachen ist in jedem Fall gegeben (abgeleitet aus §§ 73, 74 FGG), wenn sich Nachlaßgegenstände in Deutschland befinden (Belegenheitszuständigkeit), ohne daß es auf die Staatsangehörigkeit, den Wohnsitz oder den Aufenthalt des Erblassers zur Zeit des Erbfalls ankommt [1].

Allerdings beschränkt sich die Zuständigkeit auf die in Deutschland befindlichen Gegenstände (vgl. § 73 III 1 FGG) [2].

Da sich zwei Grundstücke des Erblassers in Köln und in Bonn befinden, ist die internationale Zuständigkeit deutscher Gerichte im Hinblick auf diesen Zuständigkeitsgrund gegeben.

#### *II. Örtliche Zuständigkeit des Amtsgerichts Köln*

Örtlich zuständig für die Erteilung eines Erbscheins für den Nachlaß eines ausländischen Erblassers ohne Wohnsitz oder Aufenthalt in Deutschland zur Zeit des Erbfalls ist jedes Amtsgericht, in dessen Bezirk sich Nachlaßgegenstände befinden. Bei mehrfacher Zuständigkeit (Amtsgerichte Köln und Bonn) gebührt dem in der Sache zuerst tätig gewordenen Gericht gemäß § 4 FGG der Vorzug [3].

#### *III. Zwischenergebnis*

Das Amtsgericht Köln ist für die Erteilung eines gegenständlich bebeschränkten Erbscheins das örtlich zuständige Gericht gemäß § 73 III FGG.

### B. DAS ANZUWENDENDE RECHT

#### *I. Deutsch-iranisches Niederlassungsabkommen*

Hinsichtlich des maßgeblichen Rechts für die Erbfälle Mohammed H. und Suzanne M. ist das Niederlassungsabkommen zwischen dem Deutschen

---

[1] Vgl. *Soergel-Kegel,* BGB V (9. Aufl. 1961) vor Art. 24 EGBGB Anm. 56; *Kegel,* IPR (2. Aufl. 1964) 365; *Keidel-Keidel,* FGG (9. Aufl. 1967) § 73 FGG Anm. 6, 27.

[2] *Soergel-Kegel,* aaO, vor Art. 24 EGBGB Anm. 56; *Kegel* aaO 365; *Keidel-Keidel,* aaO, § 73 FGG Anm. 6; BayObLGZ 1965, 377 (384); 1965, 423 (429).

[3] *Soergel-Kegel,* aaO, vor Art. 24 EGBGB Anm. 64, 66; *Keidel-Keidel,* aaO, § 73 FGG Anm. 27, 28.

Reich und dem Kaiserreich Iran vom 17. 2. 1929[4] zu beachten, denn sowohl der Erblasser wie die Erblasserin besaßen zur Zeit der Erbfälle am 4. 3. 1930 bzw. am 3. 11. 1943 die iranische Staatsangehörigkeit.

### *1. Persönlicher Geltungsbereich des Niederlassungsabkommens*

Das Niederlassungsabkommen findet Anwendung, wenn in Deutschland über die Beerbung eines Iraners zu entscheiden ist.

*Art. 8 III* des Abkommens lautet[5]:

„In bezug auf das Personen-, Familien- und Erbrecht bleiben die Angehörigen jedes der vertragschließenden Staaten jedoch den Vorschriften ihrer heimischen Gesetze unterworfen. Die Anwendung dieser Gesetze kann von dem anderen vertragschließenden Staat nur ausnahmsweise und nur insoweit ausgeschlossen werden, als ein solcher Ausschluß allgemein gegenüber jedem anderen fremden Staat erfolgt."

Eine zu dem Geltungsbereich dieses Artikels abgegebene Erklärung, die nach dem Schlußprotokoll „einen Teil des Abkommens selbst bildet"[6], lautet[7]:

„Die vertragschließenden Staaten sind sich darüber einig, daß das Personen-, Familien- und Erbrecht, das heißt das Personalstatut, die folgenden Angelegenheiten umfaßt: Ehe, eheliches Güterrecht, Scheidung, Aufhebung der ehelichen Gemeinschaft, Mitgift, Vaterschaft, Abstammung, Annahme an Kindes Statt, Geschäftsfähigkeit, Volljährigkeit, Vormundschaft und Pflegschaft, Entmündigung, testamentarische und gesetzliche Erbfolge, Nachlaßabwicklungen und Erbauseinandersetzungen, ferner alle anderen Angelegenheiten des Familienrechts unter Einschluß aller den Personenstand betreffenden Fragen."

### *2. Zeitlicher Geltungsbereich des Niederlassungsabkommens*

Das Abkommen gilt sicher für den ersten Erbfall (Tod des Vaters am 4. 3. 1930). Ob es auch für den zweiten Erbfall gilt (Tod der Tochter am 3. 11. 1943), hängt ab vom Einfluß des Kriegszustands zwischen Deutschland und dem Iran. Der Iran ist am 9. 9. 1943[8] in den zweiten Weltkrieg eingetreten.

Aufgrund der Bekanntmachung über deutsch-iranische Vorkriegsverträge vom 15. 8. 1955[9] ist zwar das deutsch-iranische Niederlassungsabkommen vom 17. 2. 1929 nebst Schlußprotokoll mit Wirkung vom 4. 11.

---

[4] RGBl. 1930 II 1006; auszugsweise abgedruckt bei *Makarov*, Quellen des internationalen Privatrechts (2. Aufl. 1960) Bd. 2, S. 312–314.

[5] RGBl. 1930 II 1010. [6] RGBl. 1930 II 1012.

[7] RGBl. 1930 II 1012.

[8] Vgl. Keesings Archiv der Gegenwart 1943, 6096.

[9] BGBl. 1955 II 829.

1954 wieder in Kraft getreten. Aber welche Bedeutung diesen Inkraftsetzungen zukommt, ist streitig[10].

Streitig ist außerdem, welchen Einfluß überhaupt der Kriegszustand auf rechtssetzende Staatsverträge materiell- und internationalprivatrechtlichen Inhalts ausübt. Man wird indessen höchstens ihre Suspension während des Krieges anzunehmen haben[11]. Jedoch können diese Fragen hier offen bleiben. Denn auch ohne das Abkommen ist auf den zweiten Erbfall (Tod der Tochter am 3. 11. 1943) iranisches Recht anzuwenden, und zwar sowohl nach deutschem (Art. 25 Satz 1 EGBGB a minori ad maius) wie nach iranischem internationalem Privatrecht (vgl. unten S. 628 f.).

### *II. Belgisch-iranisches Niederlassungsabkommen*

Die Convention d'établissement zwischen Belgien und dem Kaiserreich Iran vom 9. 5. 1929[12] wäre für die Bestimmung des auf den Erbfall Suzanne M. anzuwendenden Rechts nur dann von Bedeutung, wenn das iranische Kollisionsrecht auf belgisches Recht verwiese, weil die Erblasserin in Belgien ihren letzten Wohnsitz hatte[13].

Da das iranische Kollisionsrecht jedoch in erbrechtlichen Fragen ausschließlich an das Heimatrecht des Erblassers anknüpft (unten S. 628 f.), ist das Abkommen im vorliegenden Fall ohne Bedeutung.

### *III. Rechtslage bei Anwendung allgemeinen Kollisionsrechts auf die Beerbung der Erblasserin*

#### *1. Deutsches internationales Privatrecht: Artt. 24, 25 EGBGB*

a) Grundsatz

Aus Art. 24 I, 25 EGBGB folgt, daß jedermann nach den Gesetzen des Staates beerbt wird, dem er zur Zeit seines Todes angehört[14].

Da die Erblasserin zur Zeit ihres Todes iranische Staatsangehörige war, verweist das deutsche internationale Privatrecht im vorliegenden Fall auf das im Iran geltende Recht.

---

[10] Vgl. *Soergel-Kegel*, aaO, vor Art. 7 EGBGB Anm. 13 zu Fußn. 16; *Jayme*, Die Wiederanwendung der Haager Familienrechtsabkommen, in: NJW 1965, 13–19 (14 f.).

[11] Näher *Soergel-Kegel*, aaO, vor Art. 7 EGBGB Anm. 12, 13; *Jayme*, NJW 1965, 14 f.

[12] Auszugsweise abgedruckt bei *Makarov*, aaO, Bd. 2, S. 313 f.

[13] Vgl. RGZ 91, 139 (142); *Soergel-Kegel*, aaO, vor Art. 24 EGBGB Anm. 77.

[14] BGHZ 45, 351; *Soergel-Kegel*, aaO, vor Art. 24 EGBGB Anm. 3, 4; *Erman-Marquordt*, BGB II (4. Aufl. 1967) Art. 24, 25 EGBGB Anm. 1, 2.

b) Rückverweisung: Art. 27 EGBGB

Da im Rahmen der Artt. 24 I, 25 EGBGB eine Rückverweisung gemäß Art. 27 EGBGB durch das internationale Privatrecht des Staates, dem die Erblasserin angehört hat, beachtlich ist, und somit möglicherweise kein iranisches materielles Recht zur Anwendung gelangt, ist zunächst die Frage der Rückverweisung zu klären[15].

*2. Iranisches internationales Privatrecht*

a) Quelle

Die Quelle des iranischen internationalen Privatrechts für erbrechtliche Fragen ist Art. 967 IranZGB.

*Art. 967 IranZGB* lautet[16]:

„Les successions, mobilières ou immobilières se trouvant en Iran sont soumises à la législation nationale du défunt, quant aux lois de fond seulement, telles que celles relatives à la désignation des héritiers, à la fixation de leurs parts successorales et la détermination de la partie dont le décédé aurait pu disposer librement par testament."

Der bewegliche oder unbewegliche Nachlaß, der sich im Iran befindet, unterliegt dem Heimatrecht des Erblassers, das heißt nur dessen materiellem Recht, wie z. B. der Bestimmung der Erben, der Festsetzung ihrer Erbteile und der Bestimmung des Anteils, über den der Erblasser durch Testament frei verfügen kann.

b) Anknüpfung

Art. 967 IranZGB statuiert zwar das Prinzip der Anwendung des Heimatrechts des Erblassers ausdrücklich nur für solche Fälle, in denen sich der Nachlaß im Iran befindet. Da jedoch gemäß Art. 6 IranZGB die Gesetze, welche die Erbfolge regeln, auch auf iranische Staatsangehörige, die sich im Ausland aufhalten, anzuwenden sind, kann insoweit keine andere erbrechtliche Kollisionsnorm gelten, so daß auch auf einen im Ausland verstorbenen Iraner, gleichgültig, ob er dort beweglichen oder unbeweglichen Nachlaß hinterläßt, iranisches Recht anzuwenden ist.

*Art. 6 IranZGB* lautet[17]:

„Les lois relatives à l'état des personnes, telles que celles qui règlent le mariage ou le divorce, les lois relatives à la capacité des personnes et les lois qui règlent les successions seront

Die Gesetze, die sich auf den Personenstand beziehen, wie diejenigen, welche die Ehe oder die Scheidung regeln, die Gesetze, die sich auf die Rechtsfähigkeit der Personen beziehen, und die

[15] *Soergel-Kegel*, aaO, vor Art. 24 EGBGB Anm. 74; *Erman-Marquordt*, aaO, Artt. 24, 25 EGBGB Anm. 7.

[16] *Aghababian*, aaO, Bd. 2, S. 84.

[17] *Aghababian*, aaO, Bd. 2, S. 34; auch bei *Makarov*, aaO, Bd. 1, s. v. Iran, 3.

applicables à tous les Iraniens, même à ceux qui résident en pays étranger."

Gesetze, die die Erbfolge regeln, finden auf alle Iraner Anwendung, auch wenn sie sich im Ausland aufhalten.

Aufgrund der Artt. 967, 6 IranZGB knüpft das iranische internationale Privatrecht in gleicher Weise wie das deutsche an das Heimatrecht des Erblassers beim Tode an. Eine Verweisung auf deutsches Recht (Belegenheit des Nachlasses) oder auf belgisches Recht (letzter Aufenthalt der Erblasserin) spricht das iranische Kollisionsrecht nicht aus.

Somit ist auch auf den Erbfall Suzanne M. *iranisches Recht* anzuwenden.

### *IV. Iranisches interpersonales Privatrecht*

#### *1. Erblasser Mohammed H.*

Im Iran, wie in den meisten islamischen Ländern[18], ist das Familien- und Erbrecht nach Personengruppen, je nachdem, welcher anerkannten Religionsgemeinschaft sie angehören, verschieden[19]. Deshalb ist für die Entscheidung der Frage, welches der im Iran geltenden Rechte auf den Erbfall anzuwenden ist, iranischem interpersonalem Kollisionsrecht zu folgen[20].

Aus den vorgelegten Akten ergibt sich nicht eindeutig, welcher Religionsgemeinschaft der Erblasser Mohammed H. angehört hat. Daraus jedoch, daß er zwei arabische Vornamen, und zwar neben dem Namen des Propheten „Mohammed", den Namen des schiitischen Heiligen „Hossein" geführt hat, und aus der Tatsache, daß sein Vater ein „Hadji" (Mekkapilger) war, ist mit Sicherheit zu schließen, daß der Erblasser, wie die ganz überwiegende Mehrheit der Iraner schiitischer Muslim gewesen ist.

Somit ist auf den Erbfall Mohammed H. im Jahre 1930 *das für schiitische Iraner geltende Erbrecht* anzuwenden.

#### *2. Erblasserin Suzanne M.*

Es ist festgestellt worden, daß im Iran Fragen des „statut personnel" nach dem Recht der Religionsgemeinschaft des Betroffenen beurteilt werden. Da die iranische Erblasserin römisch-katholischer Religionszugehörig-

---

[18] Vgl. *Fattal,* Le statut légal des nonmusulmans en pays d'Islam (Beirut 1958) 127–143, 344–365; *Kegel* aaO 16; *Schacht,* An Introduction to Islamic Law (Oxford 1964) 131, 133; *Ramadan,* Islamic Law (London 1961) 142–144.

[19] Maǧmû'a-i ŝumuâre-i ŝiŝ, Teheran o. J., Teil 1 enthält vornehmlich schiitisches Recht, Teil 2 enthält den größten Teil des heute im Iran geltenden nichtislamischen Rechts in Fragen des „statut personnel"; *Aghababian, R.,* Législation iranienne actuelle, Paris 1951, Bd. 2, S. 123–125; *Greenfield, J.,* Art. Persien, in: Rechtsvergleichendes Handwörterbuch (RHW) 1929, Bd. 1, S. 462 f.

[20] *Soergel-Kegel,* aaO, vor Art. 7 EGBGB Anm. 106; KG JW 1932, 2302 m. Anm. v. *Greenfield;* KG IPRspr. 1931 Nr. 142; KG JW 1937, 3249.

keit gewesen ist, findet das Gesetz über die Anwendung des Personalstatuts bei den nicht-schiitischen Iranern vom 22. 7. 1933[21] Anwendung. Dieses Gesetz bestimmt in seinem einzigen Artikel folgendes:

„Sauf dans les cas où les prescriptions légales sont relatives à l'ordre public, les tribunaux doivent observer, en ce qui concerne le statut personnel, les droits successoraux et le testament des Iraniens non-chiites, dont la religion est officiellement reconnue, les règles et coutumes incontestables en vigueur dans leur religion, selon les règles suivantes:

1. ...
2. Dans les questions relatives à la succession et au testament, les règles et coutumes incontestables en vigueur dans la religion du de cujus.
3. ..."

Vorbehaltlich der rechtlichen Bestimmungen über den „ordre public" müssen die Gerichte hinsichtlich des Personalstatuts, der Erbrechte und Testamente der nicht-schiitischen Iraner, deren Religion offiziell anerkannt ist, die in der betreffenden Religion geltenden feststehenden Gewohnheiten und Regeln gemäß den folgenden Vorschriften anwenden:

1. ...
2. In Fragen, die die Erbfolge und das Testament betreffen, die feststehenden Regeln und Gewohnheiten, die in der Religion des Erblassers gelten.
3. ...

Die römisch-katholischen Christen sind im Iran eine anerkannte Religionsgemeinschaft[22], so daß auf den vorliegenden Erbfall *das für römisch-katholische Christen im Iran geltende Recht* anzuwenden ist.

### *V. Zwischenergebnis*

Das Erbstatut des Erblassers Mohammed H. ist iranisch-schiitisches Recht; das der Erblasserin Suzanne M. iranisch-kanonisches Recht.

## C. ERBFALL MOHAMMED H. 1930: IRANISCH-SCHIITISCHES RECHT

### *I. Iranisches materielles Recht*

#### *1. Quelle*

Die Quelle des für schiitische Iraner geltenden Erbrechts sind vornehmlich die Artt. 825–949 des iranischen Zivilgesetzbuchs vom 7. 5. 1928[23]. Die Grundlage der iranischen Erbrechtskodifikation bildet das überkommene

[21] Abgedruckt in: Maĝmû'a-i ŝumâre-i ŝiŝ, aaO, Teil 1, S. VII; in französischer Übersetzung bei *Amirian*, La formation du mariage en droits iranien et musulman (Paris 1938) 548; und *Aghababian*, aaO, Bd. 2, S. 124; auch bei *Makarov*, aaO, Bd. 1, s. v. Iran, 3.

[22] Vgl. Maĝmû'a-i ŝumâre-i ŝiŝ, aaO, Teil 2, S. 114; *Aghababian*, aaO, Bd. 2, S. 124; auch *Bergmann-Ferid*, aaO, Bd. 3, s. v. Iran, 5.

[23] Abgedruckt in: Maĝmû'a-i ŝumâre-i ŝiŝ, aaO, Teil 1, S. 95–109; in französischer Übersetzung bei *Aghababian*, aaO, Bd. 2, S. 75–83.

šarî'a-Recht des schiitischen Ritus, dem sie, abgesehen von einigen Verbesserungen und Ergänzungen, inhaltlich fast genau entspricht[24]. Zur Ergänzung von Gesetzeslücken sind deshalb gemäß Art. 3 der iranischen ZPO von 1911 die Bestimmungen des schiitischen Rechts heranzuziehen[25].

### 2. *Schiitisches Intestaterbrecht*

#### a) Gesetzliche Erbfolge

Die islamisch-schiitische Rechtslehre lehnt das von der überwiegenden Mehrheit der Muslime, den Sunniten, vertretene agnatische Erbfolgesystem ab[26] und vertritt das kognatische Prinzip[27]. Die Schiiten unterscheiden zwischen Erben kraft Blutsverwandtschaft („nasab") und Erben aus besonderem Grund („sabab")[28].

*Art. 861 IranZGB* lautet[29]:

| | |
|---|---|
| „Il y a deux causes d'hérédité: la parenté et l'alliance (?)." | Es gibt zwei Gründe für die Erbfolge: Verwandtschaft und Verbindung (?). |

Die Erben kraft Verwandtschaft zerfallen in drei Ordnungen[30]:

1. Die Eltern und Abkömmlinge des Erblassers nebeneinander.
2. Die entfernteren Aszendenten neben Geschwistern und deren Abkömmlingen.
3. Sonstige Seitenverwandte von Mutter- und Vaterseite.

---

[24] Vgl. *Greenfield*, RHW, S. 436; *ders.*, Die geistlichen Schariegerichte in Persien und die moderne Gesetzgebung, in: ZvglRWiss. 48 (1934) 157–167 (159).

[25] *Gräf*, Die neue Auffassung der muslimischen Familie in der modernen iranischen Gesetzgebung betreffs Ehe, Scheidung und Erbfolge, in: Deutsche Landesreferate zum 7. Internationalen Kongreß für Rechtsvergleichung (1967) 59–79 (68); *Greenfield*, RHW, 432; vgl. auch *Amirian* aaO 8–12.

[26] Vgl. dazu *Schacht*, in: Handwörterbuch des Islam (HWI), 1941, s. v. mirâth (511–514); *ders.*, Introduction aaO 170–173; *Fyzee*, Outlines of Muhammadan Law (3. Aufl. Oxford 1964) 397–420; *Spies-Pritsch*, Klassisches islamisches Recht, in: Handbuch der Orientalistik, 1. Abt., Erg.Bd. 3 (Leiden–Köln 1964) 220–343 (233).

[27] *Pritsch*, Grundzüge des islamischen Intestaterbrechts, in: Deutsche Landesreferate zum 3. Internationalen Kongreß für Rechtsvergleichung (1950) 149–165 (163–165); *Spies-Pritsch* aaO 233; *Anderson*, Islamic Law in the Modern World (New York 1959) 66; *Verma*, Mohammedan Law (3. Aufl. Allahabad 1959) 368–373; *Fyzee* aaO 456 f.

[28] *von Thot*, Das persische Rechtssystem, in: ZvglRWiss. 22 (1909) 348–429 (411); *Schacht*, HWI, s. v. mirâth (515 f.); *Fyzee* aaO 433; *Spies-Fritsch* aaO 233; *Saksena*, Muslim Law (4. Aufl. Lucknow-Delhi 1963) 938; *Manek*, Handbook of Mahomedan Law (6. Aufl. Bombay 1961) 193; *Pritsch* aaO 164 f.

[29] *Aghababian*, aaO, Bd. 2, S. 77. Die Übersetzung Aghababians ist inkorrekt; denn im persischen Originaltext vgl. Maĝmû'a-i šumâre-i šiš, aaO, Teil 1, S. 98) heißt es ganz klar „nasab wa sabab" (also cause spéciale).

[30] Vgl. *Fyzee* aaO 434; *Schacht*, HWI, s. v. mirâth (515); *Greenfield*, RHW, 447; *Manek* aaO 193; *Anderson* aaO 67; *Thot* aaO 411.

*Art. 862 IranZGB* lautet[31]:

„Les personnes qui héritent pour cause de parenté sont de trois ordres:

1. Le père, la mère, et les descendants;
2. Tous les autres ascendants, les frères et soeurs et leurs descendants;
3. Les oncles et tantes tant paternels que maternels et leurs descendants."

Die Personen, die aufgrund Verwandtschaft erben, zerfallen in drei Ordnungen:

1. Der Vater, die Mutter und die Abkömmlinge;
2. Alle anderen Aszendenten, die Brüder und Schwestern und deren Abkömmlinge;
3. Die Onkel und Tanten väterlicherseits und mütterlicherseits und deren Abkömmlinge.

Jede dieser Ordnungen schließt die folgende von der Erbfolge aus[32].

*Art. 863 IranZGB* lautet[33]:

„Les héritiers de l'ordre suivant ne sont appelés à la succession que s'il n'existe aucun héritier de l'ordre qui précède."

Die Erben der nachfolgenden Ordnung sind zur Erbschaft nur berufen, wenn kein Erbe der vorhergehenden Ordnung vorhanden ist.

Erben „kraft besonderen Grundes" sind insbesondere der Ehegatte (kraft „zawĝiyat") und der Imâm (das Staatsoberhaupt), der nach islamisch-schiitischem Recht an die Stelle der Staatskasse („bait al-mâl") tritt[34].

*Art. 864 IranZGB* lautet[35]:

„Parmi les héritiers par alliance („sabab") hérite le conjoint survivant."

Unter den Erben kraft besonderen Grundes erbt der überlebende Ehegatte.

b) Quotenerben und allgemeine Erben

Das islamische Erbrecht enthält weiter folgende auf Qur'ân IV, 12–16, 175[36] beruhende Besonderheit, die bei der Verteilung des Nachlasses von entscheidender Bedeutung ist. Die kraft der beiden angeführten Gründe („nasab" und „sabab") zur Erbschaft Berufenen werden, unabhängig von dem System der drei Verwandtschaftsordnungen, in zwei Klassen unterschieden[37]:

---

31 *Aghababian*, aaO, Bd. 2, S. 77.

32 Vgl. *Schacht*, HWI, s. v. mirâth (515); *Fyzee* aaO 434; *Manek* aaO 193; *Anderson* aaO 68.

33 *Aghababian*, aaO, Bd. 2, S. 77.

34 *von Thornauw*, Das Erbrecht nach den Verordnungen des Islams, in: ZvglRWiss. Bd. 5 (1884) 116–208 (181–189); *Schacht*, HWI, s. v. mirâth (516); *Spies-Pritsch* aaO 233; *Fyzee* aaO 431; *Manek* aaO 193; *Sachau*, Muhammedanisches Recht (1897) 193, 245; *Thot* aaO 413.

35 *Aghababian*, aaO, Bd. 2, S. 77.

36 Vgl. Der Koran, übers. v. *Henning, M.* (1962) 89 f., 111; dazu *Juynboll*, in: HWI, s. v. farâ'id (124 f.); *Spies-Pritsch* aaO 230 f.; *Schacht*, Introduction, 170–173.

37 Vgl. dazu *Schacht*, HWI, s. v. mirâth (515 f.); *Spies-Pritsch* aaO 231 f.; *Fyzee* aaO 436; *Sachau* aaO 198; *Greenfield*, RHW, 448 f.

1. Die koranischen Quotenerben („ḏawu 'l-farâ'id" bei Aghababian „héritiers légitimaires");
2. Die allgemeinen oder „Resterben" („'asabât"; bei Aghababian „héritiers universels").

Als unmittelbar auf dem Koran beruhend gehen die Quotenerbrechte allen anderen Erbrechten vor[38].

*Art. 905 I IranZGB* lautet[39]:

| | |
|---|---|
| „Chaque héritier légitimaire, appelé à la succession, prélève sa part légitimaire et le reste est dévolu aux héritiers universels." | Jeder Quotenerbe, der zur Erbschaft berufen ist, erhält seine Erbquote vorweg, und der Rest fällt den allgemeinen Erben zu. |

Quotenerben sind nach islamisch-schiitischem Recht u. a. Töchter, wenn kein Sohn des Erblassers vorhanden ist, und die überlebende Ehegattin[40].

*Artt. 896, 897 IranZGB* lauten[41]:

*Art. 896:*

| | |
|---|---|
| „Ceux qui héritent par droit légitimaire sont: la mère et le conjoint survivant." | Aufgrund des Quotenerbrechts erben die Mutter und der überlebende Ehegatte. |

*Art. 897:*

| | |
|---|---|
| „Ceux qui héritent tantôt par droit légitimaire et tantôt par droit universel sont: le père, une ou plusieurs filles ... du défunt." | Aufgrund des Quotenerbrechts oder aufgrund des allgemeinen Erbrechts erben der Vater, eine oder mehrere Töchter ... des Erblassers. |

Die Quoten der Quotenerben sind fixiert und können nur aus besonderen Gründen (Fehlen oder Hinzutreten eines anderen Quotenerben) erhöht oder ermäßigt werden. Bestimmte Quotenerben können beim Vorliegen besonderer Umstände (z. B. Töchter, wenn männliche Nachkommen vorhanden sind) auch von dem Rang eines Quotenerben auf den eines allgemeinen Erben herabsinken[42].

*Artt. 894, 895 IranZGB* lauten[43]:

*Art. 894:*

| | |
|---|---|
| „Les héritiers légitimaires sont ceux dont la part successorale est déter- | Quotenerben sind diejenigen, deren Anteil am Nachlaß (gesetzlich) be- |

[38] *Spies-Pritsch* aaO 232; *Schacht*, HWI, s. v. mirâth (515 f.); *Sachau* aaO 198; *Greenfield*, RHW, 449; *Fyzee* aaO 457.

[39] *Aghababian*, aaO, Bd. 2, S. 79.

[40] *Spies-Pritsch* aaO 231 f.; *Manek* aaO 194; *Saksena* aaO 940 f.; *Greenfield*, RHW, 449; *Verma* aaO 373; *Schacht*, HWI, s. v. mirâth (515).

[41] *Aghababian*, aaO, Bd. 2, S. 79.

[42] Vgl. dazu *Saksena* aaO 940 f.; *Verma* aaO 373; *Fyzee* aaO 436 f.

[43] *Aghababian*, aaO, Bd. 2, S. 79.

minée. Les héritiers universels sont ceux dont la part successorale n'est point déterminée."

stimmt ist. Allgemeine Erben sind diejenigen, deren Anteil am Nachlaß nicht (gesetzlich) bestimmt ist.

*Art. 895:*

„Les parts déterminées appelées légitimaires sont: la moitié, le quart, le huitième, les deux tiers, le tiers et le sixième de la succession."

Die gesetzlichen Anteile, die Erbquoten sind, sind: ½, ¼, 1/8, 2/3, 1/3 und 1/6 des Nachlasses.

Die Quote der einzigen Tochter eines Erblassers, der keine Söhne hinterlassen hat, beträgt 1/2 des den Erben zufallenden Nachlasses, d. h. des aktiven Vermögens des Erblassers, das nach dem Abzug der von ihm herrührenden Schulden, der Begräbniskosten und der Vermächtnisse verbleibt; denn das islamische Recht kennt keine Universalsukzession[44].

*Art. 899 Ziff. 2 IranZGB* lautet[45]:

„Trois espèces d'héritiers ont pour part légitimaire la moitié de la succession, à savoir:

1. ...
2. La fille, si elle est seule enfant du défunt;
3. ..."

Drei Gruppen der Erben erhalten als Erbquote die Hälfte des Nachlasses:

1. ...
2. Die Tochter, wenn sie das einzige Kind des Erblassers ist;
3. ...

Die Quote einer überlebenden Ehegattin beträgt beim Nichtvorhandensein von Kindern 1/4 des Nachlasses; falls ein oder mehrere Kinder des Erblassers beim Erbfall leben, ermäßigt sich die Quote auf 1/8 des Nachlassses[46].

Artt. 900 Ziff. 2, 901 IranZGB lauten[47]:

*Art. 900 Ziff. 2:*

„Deux héritiers ont pour part légitimaire le quart de la succession, à savoir:

1. ...
2. L'épouse ou les épouses survivantes, si le mari est décédé sans enfants."

Zwei Erben erhalten als Erbquote ein Viertel des Nachlasses:

1. ...
2. Die überlebende Ehefrau oder die überlebenden Ehefrauen, wenn der Ehemann kinderlos verstorben ist.

*Art. 901:*

„Le huitième est attribué à l'épouse ou aux épouses survivantes si le mari a laissé des enfants."

Der überlebenden Ehefrau oder den überlebenden Ehefrauen steht ein Achtel (des Nachlasses) zu, falls der Ehemann Kinder hinterläßt.

---

44 Vgl. *Spies-Pritsch* aaO 230 f.; *Manek* aaO 194; *Schacht*, HWI, s. v. mirâth (515 f.); *Saksena* aaO 941; *Schacht*, Introduction, 169, 171.

45 *Aghababian*, aaO, Bd. 2, S. 79.

46 Vgl. *Manek* aaO 194; *Fyzee* aaO 436; *Saksena* aaO 940; *Verma* aaO 373.

47 *Aghababian*, aaO, Bd. 2, S. 79.

Somit stehen im vorliegenden Fall $^5/_8$ des Nachlasses der Tochter und der Ehegattin des Erblassers zu. Weitere Quoten- oder allgemeine Erben sind, soweit ersichtlich, anscheinend nicht vorhanden.

Erschöpfen aber die Anteile der Quotenerben ($^1/_2$ und $^1/_8$) den Nachlaß nicht, so fällt grundsätzlich der Rest den Quotenerben im Verhältnis ihrer Anteile zu (Zuwachs, „radd") [48]. Eine Ausnahme gilt jedoch nach schiitischem Recht für die überlebende Ehegattin, die als einziger Quotenerbe an dem Rest des Nachlasses nicht partizipieren kann [49]. Aus diesem Grunde stehen auch die restlichen $^3/_8$ des Nachlasses der Tochter des Erblassers allein kraft Gesetzes zu [50].

c) Zwischenergebnis

Im Regelfall wird ein Erblasser, der eine eheliche Tochter und eine Ehefrau hinterläßt, nach iranisch-islamischem Recht von ihnen zu $^7/_8$ bzw. $^1/_8$ beerbt.

### 3. *Sonderregeln für das Erbrecht der Ehefrau bei Immobilien*

Nach klassischem schiitischem Recht kann eine Ehefrau, die von dem Erblasser kein Kind besitzt, keinen Erbanteil an dem hinterlassenen Grund und Boden erhalten [51], sondern sie hat lediglich einen Anspruch gegen die übrigen Erben auf Zahlung von $^1/_4$ bzw. $^1/_8$ des Wertes, der sich auf den Grundstücken befindlichen Gebäude und Bäume [52].

Diese Bestimmung ist im iranischen Zivilgesetzbuch noch weiter zuungunsten der Witwe ausgedehnt worden; denn gemäß Art. 947 IranZGB gilt dies nicht nur für eine kinderlose, sondern für jede Ehefrau [53]. Die einschlägigen Bestimmungen lauten [54]:

*Art. 946 IranZGB:*

„La part légitimaire du mari est calculée relativement à tous les biens de la succession de sa femme prédécédée, tandis que celle de la femme sur la

Die Erbquote des Ehemanns wird von dem gesamten Nachlaß seiner vorverstorbenen Ehefrau berechnet, während der Anteil der Frau am Nachlaß ihres

---

[48] *Schacht,* HWI, s. v. mirâth (516); *Spies-Pritsch* aaO 233; *Manek* aaO 195; *Fyzee* aaO 409, 452; *Saksena* aaO 922 f.

[49] *Manek* aaO 195; *Fyzee* aaO 409, 452; *Saksena* aaO 922; *Schacht,* HWI, s. v. mirâth (516); *Greenfield,* RHW, 450; *Verma* aaO 386.

[50] Vgl. *Greenfield,* RHW, 450; *Saksena* aaO 941; *Verma* aaO 386.

[51] Vgl. *Fyzee* aaO 438; *Greenfield,* RHW, 448; *Mulla,* Principles of Mahomedan Law (14. Aufl. Kalkutta 1955) 120; *Saksena* aaO 947 f.

[52] *Mulla* aaO 120 (mit umfangreichen Rechtsprechungsnachweisen); *Fyzee* aaO 438; *Saksena* aaO 947.

[53] Vgl. Maǧmû'a-i šumâre-i šiš, aaO, Teil 1, S. 108; *Greenfield,* RHW, 448.

[54] *Aghababian,* aaO, Bd. 2, S. 82 f.

succession de son mari n'est calculée que relativement aux biens suivants:

1. biens mobiliers quels qu'ils soient;

2. constructions et arbres."

Ehemanns nur von folgenden Gegenständen berechnet wird:

1. bewegliche Güter, welche es auch sein mögen;

2. Gebäude und Bäume.

*Art. 947 IranZGB:*

„La femme hérite de la valeur des constructions et des arbres et non des constructions et des arbres mêmes."

Die Ehefrau erbt den Wert der Gebäude und Bäume, aber nicht die Gebäude und Bäume selbst.

Aus diesen Bestimmungen folgt, daß die Witwe Immobilien ihres Ehemanns nicht erben kann, und daß ihr „Erbrecht", soweit es an Gebäuden und Bäumen besteht, nicht diese Gegenstände selbst erfaßt, sondern nach ihrem Wert errechnet wird, den die anderen Erben an die Ehefrau zu zahlen haben[55].

Eigentümer der zwei Grundstücke ist die Tochter des Erblassers somit allein geworden. Gegen sie hat die überlebende Ehefrau einen Anspruch auf Zahlung in Höhe des Werts von $^1/_8$ der auf den Grundstücken stehenden Gebäude und Bäume. Solange dieser Zahlungsanspruch nicht befriedigt ist, hat die Witwe nach iranischem Recht ex lege ein Sicherungsrecht an dem Grundstück in der Höhe ihres Erbanspruchs[56] (näher unten S. 646 f.). Dieses Recht würde einer gesetzlichen Hypothek des deutschen Rechts entsprechen.

Dieses Recht der Ehegattin gehört grundsätzlich in den deutschen Erbschein; denn es schränkt die Verfügungsmacht der Erbin ein[57]. Deshalb wird im Schrifttum allgemein vorgeschlagen, ein solches Recht (insbesondere aus Art. 767 Cc) selbst bei Ablehnung einer Qualifikation als Erbrecht im Erbschein zu vermerken. Entweder analog gemäß §§ 2363, 2364[58], oder unmittelbar durch Darstellung der materiellen Rechtslage[59]. Indessen ist es inzwischen erloschen (unten S. 646 f.) und braucht deswegen im Erbschein nicht mehr genannt zu werden.

---

[55] Vgl. auch *Saksena* aaO 947; *Mulla* aaO 120; *Fyzee* aaO 438; *Verma* aaO 289; *Manek* aaO 161; *Greenfield*, RHW 448. Die Grundstücke waren zur Zeit des Erbfalls bebaut; Auskunft des Notars Dr. J.

[56] *Saksena* aaO 947; *Sâhbâg*, aaO, Bd. 6, S. 222 f.

[57] Vgl. OLG Köln RzW 1959, 397 (Belgien); *Staudinger-Ferid*, BGB V/2 (10./11. Aufl. 1960) § 2369 BGB Anm. 24; *Ferid-Firsching*, Internationales Erbrecht (1967) Bd. 2, s. v. Frankreich, Grdz., Randz. 80; *Kegel* aaO 368; a. A. BayObLGZ 1961, 4 (18–21) (Italien).

[58] *Mezger*, Die Beerbung von Franzosen in Deutschland, in: JZ 1956, 303–309 (307).

[59] OLG Köln, RzW 1959, 397; *Raape* aaO 451, 454.

*Zwischenergebnis*

Da der in Deutschland befindliche Nachlaß nur aus Immobilien besteht, hat die Tochter des Erblassers diesen allein beerbt. Sie hat jedoch den Anspruch der Ehefrau in Höhe von 1/8 des Wertes der auf den Grundstücken stehenden Gebäude und Bäume zu befriedigen.

*4. Einfluß ehegüterrechtlicher Bestimmungen auf das Erbrecht der Ehefrau*

Die Ehefrau kann zwar nicht Erbin der in Deutschland gelegenen Grundstücke werden (vgl. oben S. 636). Jedoch besteht die Möglichkeit, daß ihr Anspruch gegen die Tochter des Erblassers auf Zahlung von 1/8 des Wertes der Nachlaßgebäude und -bäume durch ehegüterrechtliche Bestimmungen geändert wird.

a) Das anzuwendende Recht

Gemäß Art. 8 III des deutsch-iranischen Niederlassungsabkommens vom 17. 2. 1929, das für den Erbfall Mohammed H. vom 4. 3. 1930 gilt (vgl. oben S. 626), bleiben iranische Staatsangehörige auch in Fragen des ehelichen Güterrechts in Deutschland dem iranischen Recht unterworfen (vgl. oben S. 626).

Da die ursprünglich belgische Ehefrau des Erblassers durch ihre Eheschließung mit dem Erblasser gemäß Art. 6 des iranischen Staatsangehörigkeitsgesetzes vom 7. 8. 1894[60] iranische Staatsangehörige geworden

*Art. 6* lautet:

„Wenn ein Perser eine Ausländerin zur Frau hat, so tritt diese in den persischen Untertanenverband ein."

ist, ist auf die Frage der güterrechtlichen Beziehungen der Ehegatten iranisches materielles Recht anzuwenden. Da der Ehemann zur Zeit der Eheschließung wahrscheinlich schiitischer Muslim gewesen ist (vgl. oben S. 629), gilt nach iranischem interpersonalem Privatrecht das für schiitische Iraner geltende Familienrecht.

Die familienrechtlichen Bestimmungen des iranischen ZGB sind im Jahre Jahre 1935 in Kraft getreten[61]. Dieses Gesetz hat gemäß Art. 4 grundsätzlich keine rückwirkende Kraft. Die Vorschrift lautet[62]:

„La loi ne dispose que pour l'avenir. Elle n'a point d'effet rétroactif à moins qu'elle ne contienne une disposition spéciale à ce sujet."

Das Gesetz gilt nur für die Zukunft. Es hat keine rückwirkende Kraft, es sei denn, es enthält eine besondere Regelung für einen solchen Fall.

---

[60] Abgedruckt bei *Cahn*, Reichs- und Staatsangehörigkeitsgesetz (4. Aufl. 1914) 518–520.

[61] Vgl. *Aghababian*, aaO, Bd. 2, S. 27; *Bergmann-Ferid*, aaO, Bd. 3, s. v. Iran, 4.

[62] *Aghababian*, aaO, Bd. 2, S. 34.

Aus diesem Grunde sind auf die ehegüterrechtlichen Beziehungen zwischen dem Erblasser und seiner Ehefrau die zur Zeit der Eheschließung geltenden Vorschriften des überkommenen schiitischen Familienrechts anzuwenden.

b) Iranisch-schiitisches Ehegüterrecht

Im islamisch-schiitischen Ehegüterrecht herrscht das System der Gütertrennung; der Ehemann ist aber zur Verwaltung des von der Ehefrau eingebrachten Gutes berechtigt[63]. Eine Erhöhung der Erbquote der überlebenden Ehefrau – ähnlich § 1371 I BGB – kennt das iranische Ehegüterrecht nicht. Die Ehefrau hat lediglich, falls eine Brautgabe („mahr") bei der Eheschließung vereinbart worden und diese ihr noch nicht gänzlich ausgezahlt worden ist, beim Tode ihres Ehemanns einen schuldrechtlichen Anspruch auf Auszahlung des „mahr"-Restes aus dem Nachlaß, bevor dieser unter den Erben aufgeteilt wird[64].

Eine Erhöhung ihrer Erbquote tritt somit nicht ein. Es bewendet bei den aufgeführten Quoten (oben S. 635, 637).

*5. Erbausschließungsgründe im iranischen Recht*

a) Erbausschließungsgründe im iranischen ZGB

Daß für einen Beteiligten (Ehefrau oder Tochter) im iranischen ZGB ausdrücklich normierte Gründe für den Ausschluß von der Erbfolge vorliegen (Ermordung des Erblassers, Verfluchung („li'ân"), illegitime Geburt)[65], ist dem Akteninhalt nicht zu entnehmen.

Da sowohl die Ehefrau (vgl. oben S. 637 f.) wie auch die Tochter des Erblassers iranische Staatsangehörige sind, kann auch Art. 961 Nr. 2 IranZGB nicht zur Anwendung gelangen, der Ausländer bei fehlender Gegenseitigkeit von Rechten, die sich auf das „statut personnel" (also auch auf das Erbrecht) beziehen, ausschließt.

*Art. 961 IranZGB* lautet[66]:

| | |
|---|---|
| „Les sujets étrangers jouiront également des droits civils, à l'exception: | Die ausländischen Staatsangehörigen sind gleichfalls im Besitz der bürgerlichen Rechte, mit Ausnahme: |
| 1. ... | 1. ... |
| 2. des droits relatifs au statut personnel et non reconnus par la loi nationale du sujet étranger; | 2. der Rechte betreffend das „statut personnel", welche durch das Heimatrecht des Ausländers nicht anerkannt werden; |
| 3. ..." | 3. ... |

---

[63] Vgl. *Schacht*, HWI, s. v. nikâh (588); *ders.*, Introduction, 167 f.; *Spies-Pritsch* aaO 226; *Tornauw* aaO 141.

[64] Vgl. *Fyzee* aaO 135 f.; *Saksena* aaO 239 f., 243 f.; *Mulla* aaO 254, 257 f.; *Manek* aaO 47.

[65] Vgl. Artt. 880–884 IranZGB; bei *Aghababian*, aaO, Bd. 2, S. 78.

[66] *Aghababian*, aaO, Bd. 2, S. 83.

b) Erbausschließungsgrund der Religionsverschiedenheit

Fraglich ist jedoch, ob nichtmuslimische Personen einen muslimischen iranischen Erblasser beerben können, obgleich der Erbausschließungsgrund der Religionsverschiedenheit im iranischen ZGB nicht ausdrücklich erwähnt ist. Bei der Ehefrau, einer ursprünglich belgischen Staatsangehörigen, ist zu unterstellen, daß sie Christin gewesen ist, da sich aus dem Akteninhalt nicht ergibt, daß sie Muslimin geworden ist. Die eheliche Tochter des muslimischen Erblassers ist durch ihre Geburt ipso iure muslimische Religionszugehörige geworden[67].

Da sie jedoch als römisch-katholische Religionszugehörige gestorben ist, muß sie vom Islam abgefallen sein; sie ist nach iranisch-islamischem Recht eine Apostatin („murtadd") [68]. Apostasie ist nach islamischem Strafrecht ein Verbrechen, das bei Männern regelmäßig mit dem Tode, bei Frauen mit Gefängnis von unbestimmter Dauer bestraft wird, bis sie wieder den Islam annehmen. Der Abfall vom Islam zieht aber auch eine Reihe von privatrechtlichen Folgen nach sich[69].

Obgleich die islamisch-rechtlichen Bestimmungen über den Erbausschließungsgrund der Religionsverschiedenheit[70] im iranischen ZGB nicht mehr ausdrücklich statuiert werden, ist der Schluß, daß sie deshalb und auch wegen Art. 8 der Ergänzenden Verfassung des Iran vom 8. 10. 1907 heute keine Gültigkeit mehr haben könnten[71], nicht zutreffend.

*Art. 8* der Ergänzenden Verfassung des Iran lautet[72]:

| | |
|---|---|
| „The inhabitants of the Empire of Iran shall enjoy equal rights before the law." | Die Einwohner des Kaiserreichs Iran genießen die gleichen Rechte vor dem Gesetz. |

Gemäß Artt. 1, 2 der Ergänzenden Verfassung ist der Islam schiitischen Ritus die offizielle Religion des Iran und kein von der Nationalversammlung erlassenes Gesetz darf deshalb im Widerspruch zu den Vorschriften des islamischen Rechts stehen[73].

---

[67] Vgl. grundlegend *al-Kâsânî,* Abû Bakr b. Mas'ûd, Badâ'i as-sanâ'i fî tartîb aš-šarâ'i (Kairo 1328 H./1910) Bd. 7, S. 104; auch *Fyzee* aaO 59; *Mulla* aaO 19; *Manek* aaO 17; *Verma* aaO 48.

[68] Vgl. dazu *Abû Yûsuf,* Kitâb al-harâĝ (Kairo 1302 H./1884) 109–113; *Gräf,* Die Übertragbarkeit abendländischer Staatsordnungen auf islamische Länder, in: Welt des Islam (WI) N. S. Bd. 10 (1966) 131–163 (155); *Heffening,* HWI, s. v. murtadd (544–546).

[69] Vgl. *Heffening,* HWI, s. v. murtadd (545); *Schacht,* Introduction 133, 165, 187; *Fyzee* aaO 169–177, 387, 456.

[70] Vgl. dazu *Schacht,* HWI, s. v. mirâth (513, 516); *Tornauw* aaO 181; *Fyzee* aaO 387, 456; *Thot* aaO 412 f.

[71] So: *Greenfield,* RHW, 436, 448, 462; *ders.,* in: ZvglRWiss. 48 (1934), 159.

[72] *Peaslee,* Constitutions of Nations (3. Aufl. den Haag 1966) Bd. 2, S. 461.

[73] Vgl. *Gräf,* Landesreferate, 60 f.; *Djalali,* Die verfassungs- und staatsrechtliche Entwicklung Persiens im 20. Jahrhundert (Diss., Marburg 1934) 95; *Greenfield,* RHW, 428.

*Art. 1* lautet[74]:

„The State religion of Iran is Islam, according to the true Ja'fariya doctrine, recognizing twelve Imams."

Die Staatsreligion des Iran ist der Islam gemäß dem wahren ĝa'faritischen Ritus, der zwölf Imame anerkennt.

*Art. 2* lautet[75]:

„At no time may the enactments of the sacred National Consultative Assembly ... under the supervision of the learned doctors of theology ... be at variance with the sacred precepts of Islam and the laws laid down by His Holiness the Best of Mankind (the Prophet) ... It is plain that the learned doctors of theology ... are charged with the duty of determining any contradiction between the laws made by the assembly and the principles of Islam."

Zu keiner Zeit dürfen die Gesetze der heiligen beratenden Nationalversammlung ... unter der Aufsicht der gelehrten Theologen ... mit den heiligen Vorschriften des Islam und den von dem Propheten niedergelegten Gesetzen in Widerspruch stehen ... Es ist klar, daß die gelehrten Theologen mit der Aufgabe befaßt sind, jeden Widerspruch zwischen den von der Nationalversammlung erlassenen Gesetzen und den Grundsätzen des Islam festzustellen.

Aus diesen Grundnormen der iranischen Verfassung folgt, daß der in Art. 8 der Ergänzenden Verfassung niedergelegte Gleichberechtigungsgrundsatz sich nur auf solche Rechte von Nichtmuslimen bezieht (insbesondere also öffentliche Rechte), die keine islamischen Prinzipien tangieren[76].

Da das islamische Erbrecht neben dem Familienrecht das wichtigste Gebiet ist, auf dem im Iran fast ausschließlich das traditionelle Recht Anwendung findet, geht die iranische Rechtslehre (iranische Rechtsprechung ist hier nicht verfügbar) davon aus, daß der Erbausschließungsgrund der Religionsverschiedenheit auch heute weitergilt[77].

Nach islamisch-schiitischem Recht kann weder ein Christ (obgleich das Christentum eine vom Islam anerkannte Religion ist) noch ein Apostat, der nach islamischem Recht als „outlaw" gilt, einen Muslim beerben. Dagegen kann nach schiitischem, im Gegensatz zum sunnitischen Recht, ein Muslim einen Christen beerben[78].

---

74 *Peaslee*, aaO, Bd. 2, S. 460.

75 *Peaslee*, aaO, Bd. 2, S. 460.

76 Vgl. *Gräf*, WI, 153 f.

77 *Sâhbâg*, Alî Hâ'irî, Sarh-i qânûn-i madanî (Teheran 1339 H./1961) Bd. 6, S. 178; *Imâmî*, Saiyid Hasan, Huqûq-i madanî (2. Aufl. Teheran 1342 H./1964) Bd. 3, S. 184 f.; auch *Gräf*, Landesreferate, 68; zur Beibehaltung traditioneller Rechtsinstitute vgl. auch Tehran Journal Nr. 3697 v. 26. 10. 1966 (S. 1 f.).

78 *Sâhbaĝ*, aaO, Bd. 6, S. 178; *Schacht*, HWI, s. v. mirâth (516); *Fyzee* aaO 387, 456; *Gräf*, Landesreferate, 68; *Tornauw* aaO 181; *Manek* aaO 165; *Abdel-Wahab*, Salah el-Din, An Introduction to Islamic Jurisprudence (Kairo 1963) 98.

c) Zwischenergebnis

Nach anzuwendendem iranisch-schiitischem Recht steht der Erbberechtigung der Tochter und der Ehefrau des Erblassers das Hindernis der Religionsverschiedenheit entgegen.

### *II. Verstoß gegen den deutschen „ordre public": Art. 30 EGBGB*

Zu prüfen bleibt, ob der Erbausschließungsgrund der Religionsverschiedenheit im iranisch-islamischen Recht gegen den deutschen „ordre public" verstößt. Ohne der richterlichen Entscheidung vorgreifen zu wollen, ist auf folgendes hinzuweisen: Der Erblasser Mohammed H. und die Erben Suzanne M. und Caroline W. sind keine deutschen Staatsangehörigen. Da aber die Grundstücke, die den Nachlaß bilden, sich in Deutschland befinden, ist Inlandsberührung gegeben, so daß Art. 30 EGBGB Anwendung finden kann[79]. Aufgrund des Art. 30 EGBGB ist auch die Anwendung eines ausländischen Gesetzes ausgeschlossen, wenn dadurch wesentliche deutsche Verfassungsgrundsätze verletzt werden[80].

Der Erbausschließungsgrund der Religionsverschiedenheit im iranischen Recht verstößt unzweifelhaft gegen den Gleichberechtigungsgrundsatz wie er in Art. 3 III GG statuiert wird. Das islamisch-schiitische Verbot der Beerbung eines Muslims durch einen Nichtmuslim – hier durch Christen – bedeutet eine Diskriminierung aller Nichtmuslime, die allein wegen ihrer Religion benachteiligt werden. Denn schiitische Muslime können Angehörige anderer Religionsgemeinschaften beerben[81], während die Sunniten ein allgemeines Verbot der Beerbung von Personen verschiedener Religionsgemeinschaften untereinander kennen. Das bedeutet insbesondere, daß auch sunnitische Muslime – im Gegensatz zu den Schiiten – einen Christen oder Juden nicht beerben können[82].

Aus dieser unterschiedlichen Auffassung der beiden großen islamischen Riten in dieser Frage wird deutlich, daß die Schiiten in jedem Fall nur Nichtmuslime ihrer anderen Religion wegen in erbrechtlicher Hinsicht ausdrücklich diskriminieren wollen[83] und statt dessen, falls kein einziger muslimischer Erbe – wie im vorliegenden Fall – vorhanden ist, das Staatsoberhaupt (heute der Schah) als Erben einsetzen[84] (vgl. oben S. 632).

---

[79] Vgl. *Soergel-Kegel*, aaO, Art. 30 EGBGB, Anm. 16; *Erman-Arndt*, aaO Art. 30 EGBGB, Anm. 2; *Kegel* aaO 188; *Raape* aaO 92 f.

[80] BGHZ 42, 7 (13); *Erman-Arndt*, aaO, Art. 30 EGBGB Anm. 3 c.

[81] Vgl. *Schacht*, HWI, s. v. mirâth (516); *Gräf*, Landesreferate, 68; *Fyzee* aaO 456; *Tornauw* aaO 181; *Anderson* aaO 80; *Thot* aaO 413.

[82] *Schacht*, HWI, s. v. mirâth (513); *Manek* aaO 165; *Tornauw* aaO 181; *Anderson* aaO 80; *Abdel-Wahab* aaO 98.

[83] Vgl. insbesondere *Anderson* aaO 80.

[84] Vgl. *Schacht*, HWI, s. v. mirâth (516); *Tornauw* aaO 189; *Thot* aaO 413.

In dieser Disqualifizierung der Bekenntnisfremden, die, sofern sie im Iran geschieht, aus religiösen Gründen erklärbar ist, ist in Deutschland ein Verstoß gegen Art. 30 EGBGB zu erblicken, da auf diese Weise für ganze Kategorien von Personen die Erbrechtsunfähigkeit angeordnet wird[85]. Iranisches Erbrecht ist deshalb, soweit es die Ausschließung nichtmuslimischer Erben von der Erbschaft eines Muslims bestimmt, im vorliegenden Fall gemäß Art. 30 EGBGB nicht anzuwenden.

### *III. Zwischenergebnis*

Somit bewendet es trotz der Religionsverschiedenheit von Erblasser und Erben bei dem bisherigen Ergebnis: Die Tochter des Erblassers hat diesen allein beerbt; die Ehefrau hat einen Anspruch in Höhe von $^1/_8$ des Wertes der Nachlaßgrundstücke und -bäume gegen die Erbin (vgl. oben S. 637).

## D. ERBFALL SUZANNE M. 1943: IRANISCH-KANONISCHES RECHT

### *I. Rechtsquelle*

#### *1. Kanonisches Gewohnheitsrecht im Iran*

Gemäß dem Gesetz über die Anwendung des Personalstatuts bei den nichtschiitischen Iranern vom 22. 7. 1933 (vgl. oben S. 630) ist auf die Erbfolge nach einer iranischen Staatsangehörigen römisch-katholischer Religionszugehörigkeit das in der Religionsgemeinschaft der Erblasserin geltende Erbrecht anzuwenden.

Die Hauptquelle des Rechts römisch-katholischer Christen ist der Codex Iuris Canonici von 1917, der jedoch kein Erbrecht enthält. Im Gegensatz zu den Gregorianern, die im Jahre 1938 einen umfassenden „Code de droit coutumier de la communauté religieuse arméno-grégorienne en Iran, relatif au droit de la famille et des successions" zusammengestellt haben[86], existiert, soweit ersichtlich, keine umfassende Kodifikation des Erbrechts der römisch-katholischen Religionsgemeinschaft im Iran, die den Codex Iuris Canonici ergänzen könnte[87].

---

[85] Vgl. *Ferid-Firsching,* Internationales Erbrecht (1967) Bd. 1, Einführung, Anm. 21.

[86] Vgl. Maĝmû'a-i ŝumâre-i ŝiŝ, Teil 2, S. 91–102; *Aghababian,* aaO, Bd. 2, S. 125–133; auch *Bergmann-Ferid,* aaO, Bd. 3, s. v. Iran, 29–34. Dieser Kodex ist von den armeno-gregorianischen religiösen Behörden gebilligt und dem Justizminister vorgelegt worden; obgleich er nicht im Amtsblatt der iranischen Regierung veröffentlicht worden ist, werden die Bestimmungen des Gesetzes allgemein angewandt.

[87] Vgl. auch *Aghababian,* aaO, Bd. 2, S. 124.

In einer hier vorliegenden kurzen Darstellung des Erbrechts der römischen Katholiken im Iran in der halbamtlichen Sammlung „Maĝmû'a-i šumâre-i šiš" werden zwar Bestimmungen über das Erbrecht ehelicher und Adoptivkinder getroffen[88]; das Erbrecht unehelicher Kinder wird jedoch nicht behandelt, ohne daß es wie im iranischen ZGB, ausdrücklich ausgeschlossen wird (vgl. unten S. 644).

## 2. *Bestimmung einer anderen Rechtsordnung*

a) Weltliches Recht

Soweit das kanonische Recht (hier das Gewohnheitsrecht der Katholiken im Iran) eine familienrechtliche Frage nicht ausdrücklich regelt, ist gemäß can. 1016 CIC für die rein bürgerlichen Wirkungen der Ehe *staatliches Recht* maßgebend.

*Can. 1016 CiC* lautet[89]:

„Baptizatorum matrimonium regitur iure non solum divino, sed etiam canonico, *salva competentia civilis potestatis* circa mere civiles eiusdem matrimonii effectus."

Zu den rein bürgerlichen Wirkungen der Ehe gehört nach kanonischem Recht auch das Erbrecht der Ehegatten und der Kinder[90]. Das kanonische Kollisionsrecht verweist hinsichtlich des Erbrechts römischer Katholiken folglich auf staatliches Recht. Welche staatliche Rechtsordnung im Einzelfall von dem kanonischen Recht berufen wird, ist im Codex Iuris Canonici nicht ausdrücklich geregelt[91]. Es ist bezüglich der bürgerlichen Wirkungen der Ehe davon auszugehen, daß das kanonische Kollisionsrecht gemäß can. 1016 CIC die Rechtsordnung des Staates beruft, dem die Beteiligten angehören; zu dem sie folglich die engsten Beziehungen haben[92].

Somit verweist das kanonische Recht auf iranisches weltliches Erbrecht. Eine Verweisung auf weltliches Recht wird von dem kanonischen Recht jedoch nur dann ausgesprochen, wenn das berufene Recht nicht der lex naturalis widerspricht[93].

Es kann deshalb im vorliegenden Fall dahingestellt bleiben, ob das iranische ZGB, soweit es familien- und erbrechtliche Fragen behandelt, überhaupt weltliches Recht im Sinne von can. 1016 CIC ist[94], und ob das

---

[88] Maĝmû'a-i šumâre-i šiš, Teil 2, S. 114.

[89] Codex Iuris Canonici (Vatikanstadt 1956) 282.

[90] *Eichmann-Mörsdorf*, Lehrbuch des Kirchenrechts auf Grund des Codex Iuris *Canonici*, Bd. 2 (9. Aufl. 1958) 150; *Jone*, Gesetzbuch der lateinischen Kirche, Bd. 2 (1952) 236; *Schwane*, Die theologische Lehre über die Verträge (1871) 193.

[91] Vgl. *Neuhaus*, Zum Kollisionsrecht des Codex Iuris Canonici, in: RabelsZ 30 (1966), 40–53 (44).

[92] Vgl. auch *Neuhaus*, RabelsZ 30 (1966) 41, 52.

[93] *Jone*, aaO, Bd. 2, S. 236; *Schwane* aaO 193.

[94] Vgl. *Neuhaus*, RabelsZ 30 (1966) 46.

iranische weltliche Recht bei Sachnormenmangel des Rechts einer Religionsgemeinschaft als subsidiäres Recht Anwendung findet, oder ob es möglicherweise auf das Recht der Religionsgemeinschaft zurückverweist [95]; denn in jedem Fall verstößt Art. 884 I IranZGB, wonach ein uneheliches Kind auch seine Mutter nicht beerben kann, gegen die lex naturalis im Sinne von can. 1016 CIC [96].

*Art. 884 I IranZGB* lautet [97]:

„L'enfant illégitime (im persischen Text: „walad nâ maŝrû'") (naturel, adultérin ou incestueux) ne peut hériter, ni de son père, ni de sa mère, ni des parents de ses père et mère."

Das uneheliche (natürliche, Ehebruchs-, in Blutschande gezeugte) Kind kann weder seinen Vater noch seine Mutter noch die Eltern seines Vaters bzw. seiner Mutter beerben.

b) Erbrecht des unehelichen Kindes in verwandten Rechtsordnungen

Da das iranisch-kanonische Erbrecht keine einschlägigen Sachnormen enthält, und das iranische ZGB wegen des Verstoßes gegen die lex naturalis im Sinne des kanonischen Rechts keine Anwendung finden kann, ist die Lösung der Frage, ob ein uneheliches Kind einer römisch-katholischen Iranerin seine Mutter beerben kann, nur mit Hilfe einer dritten Rechtsordnung möglich [98].

Gemäß can. 20 CIC kann bei Fehlen einer ausdrücklichen Vorschrift im kanonischen Recht „a generalibus iuris principiis cum aequitate canonica servatis" entschieden werden [99]. Nach dieser Bestimmung kann auf allgemeine Rechtsgrundsätze überhaupt, auf die Vorschriften des römischen Rechts und des heutigen weltlichen Rechts, soweit dies dem kanonischen Gedankengut entspricht, zurückgegriffen werden [100].

Danach gilt folgendes. In gewohnheitsrechtlichen Bestimmungen zweier anderer christlicher Religionsgemeinschaften im islamischen Orient wird das Erbrecht eines unehelichen Kindes nach seiner Mutter ausdrücklich anerkannt. Dies gilt für die *Nestorianer* [101] und für die *Gregorianer* im Iran. Art. 63 des armeno-gregorianischen Code de droit coutumier von 1938 lautet [102]:

---

[95] Vgl. *Wengler,* The General Principles of Private International Law, in: Recueil des Cours (1961) III, 273–469 (299); auch *Linant de Bellefonds,* La jurisprudence égyptienne et les conflits de lois en matière de statut personnel, in: Clunet 87 (1960), 822–856 (826, 828).

[96] Vgl. *Schwane* aaO 193.

[97] *Aghababian,* aaO, Bd. 2, S. 78.

[98] Vgl. *Neuhaus,* RabelsZ 30 (1966) 41.

[99] Vgl. *Eichmann-Mörsdorf,* aaO, Bd. 1 (11. Aufl. 1964) 111–115; *Jone,* aaO, Bd. 1 (1950) 47 f.

[100] *Eichmann-Mörsdorf,* aaO, Bd. 1, S. 112; *Jone,* aaO, Bd. 1, S. 48.

[101] Vgl. *Ibn at-Taiyib,* Fiqh an-nasrânîya, hrsg. v. *Hoenerbach-Spies* (Löwen 1956/57) Teil 2, S. 37, auch Teil 1, S. 166.

[102] *Aghababian,* aaO, Bd. 2, S. 132.

*Art. 63:*

| | |
|---|---|
| „Peuvent hériter: | Erben können: |
| a) ... | a) ... |
| b) ... | b) ... |
| c) L'enfant naturel, à l'égard de la mère et des parents de celle-ci." | c) Das uneheliche Kind nach seiner Mutter und deren Eltern. |

Ferner sind nach römischem Recht uneheliche Kinder mit ihrer Mutter und deren Familie verwandt und können sie deshalb beerben[103]. Das gleiche gilt auch in den stark vom kanonischen Recht beeinflußten Rechtsordnungen Italiens und Spaniens. Nach italienischem Erbrecht (Artt. 573–580 Codice Civile) wird ein anerkanntes uneheliches Kind selbst beim Vorhandensein ehelicher Kinder nicht von der Erbschaft ausgeschlossen (Art. 574 Cc), und in Ermangelung ehelicher Abkömmlinge und des Ehegatten sind uneheliche Kinder zur Erbfolge in die ganze Erbschaft berufen (Art. 576 Cc)[104].

Auch nach spanischem Recht (Artt. 807, 840–847 Código Civil) sind uneheliche Kinder zur Erbfolge nach ihrer Mutter berufen[105]. Die gemäß can. 20 CIC nach allgemeinen Rechtsgrundsätzen zu entscheidende Frage, ob ein uneheliches Kind seine Mutter beerben kann, ist aus den angeführten Bestimmungen der dem kanonischen Recht verwandten Rechtsordnungen zu bejahen, so daß mit dem Tode der Mutter, da diese Rechte die Universalsukzession kennen[106], deren Vermögen als Ganzes auf die Tochter übergegangen ist.

### *II. Zwischenergebnis*

Irène M., die von ihrer Mutter anerkannte uneheliche Tochter, ist die Alleinerbin ihrer Mutter Suzanne M. geworden.

## E. UMFANG DER ERBSCHAFT DER ANTRAGSTELLERIN

Der Nachlaß der Erblasserin Suzanne M. in Deutschland, den die Antragstellerin allein geerbt hat, bestand beim Erbfall im Jahre 1943 aus zwei Grundstücken, belastet mit der Forderung der zweiten Ehefrau des Erblassers Mohammed H. auf Zahlung von $^1/_8$ des Wertes der Nachlaßgebäude und -bäume (vgl. oben S. 637).

---

[103] *Kaser, M.,* Das römische Privatrecht (1955) Bd. 1, S. 299; *Baron,* Pandekten (7. Aufl. 1890) 670.

[104] Vgl. *Ferid-Firsching,* aaO, Bd. 2, s. v. Italien, Grdz. Anm. 64, Texte, 46–48.

[105] *Ferid-Firsching,* aaO, Bd. 2, s. v. Spanien, Texte, 47–49.

[106] Vgl. *Baron* aaO 632; *Ferid-Firsching,* aaO, s. v. Italien, Grdz. Anm. 38.

### *I. Untergang des Anspruchs der Ehefrau*

Nach dem Tode der Tochter des Erblassers richtete sich dieser Anspruch der zweiten Ehefrau gegen ihren Rechtsnachfolger; das heißt, gegen die Antragstellerin[107].

Zu prüfen bleibt, ob dieser Anspruch der Ehefrau nach ihrem Tod im Jahre 1951 untergegangen, oder ob er auf ihren Rechtsnachfolger übergegangen ist.

Nach islamisch-schiitischem Recht, nach dem sich dieser Anspruch beurteilt, vererben sich nicht alle Rechte und Verpflichtungen des Erblassers. Viele Verträge und Ansprüche werden mit dem Tode des Erblassers hinfällig[108]. Grundsätzlich bilden nur *dingliche* Ansprüche des Erblassers einen Teil des Nachlasses[109], während *persönliche* Ansprüche mit dem Tode des Erblassers untergehen[110]. Danach gehen u. a. mit dem Tode des Erblassers unter: Ansprüche aus Vorkaufsrecht, Miete, Darlehen, Verwahrung, vertraglich vereinbarte Rücktrittsrechte (insbesondere beim Kaufvertrag) und Mängelrügen[111].

Es ist festgestellt worden (vgl. oben S. 636), daß die Ehefrau des Erblassers ein Sicherungsrecht an den Grundstücken der Alleinerbin erlangt hat. Die überlebende Ehefrau soll, da sie nicht fähig ist, Immobilien ihres Ehemanns zu erben (Art. 946 IranZGB, oben S. 635 f.), durch den Anteil am Wert der sich auf den Grundstücken befindenden Gebäude und Bäume wirtschaftlich gesichert werden. Ihr wird auf diese Weise bis zur Befriedigung ihres Anspruchs, längstens jedoch auf Lebenszeit, an diesen Gegenständen ein dinglich gesichertes Recht eingeräumt, das mit einer gesetzlichen Hypothek verglichen werden kann[112]. Über dieses Recht kann die Ehefrau nicht verfügen[113].

Da der Anspruch der Ehefrau in jedem Fall mit ihrem Tode erlischt und deshalb nicht auf ihre Erben übergehen kann[114], kann dahinstehen, ob dieser Anspruch als ein dinglicher oder obligatorischer zu qualifizieren ist.

---

[107] Vgl. *Imâmî,* aaO, Bd. 3, S. 271; *Sâhbâg,* aaO, Bd. 6, S. 224 f.

[108] Vgl. *Mahmud,* Muslim Law of Succession and Administration (Karachi 1958) 48, 56 f.; *Ansay,* Hukuk tarihinde Islâm hukuku (3. Aufl. Ankara 1958) 219 f.; *Schacht,* Introduction, 169.

[109] Vgl. *Mahmud,* aaO, S. 48, 57.

[110] Vgl. *Mahmud* aaO 48; *Schacht,* Introduction, 169.

[111] Vgl. *Saihzâde,* Maĝma' al-anhur (Instanbul 1327 H./1909) Bd. 2, S. 29, 33; *Ahmed Cevdet* Paşa, Mecelle-i ahkâm-i adliye (Istanbul 1300 H./1883) 94, 98, 110; *Schacht,* Introduction, 169; *Mahmud* aaO 48.

[112] *Imâmî,* aaO, Bd. 3, S. 271; *Sâhbâg,* aaO, Bd. 6, S. 222 f.; *Saksena* aaO 947.

[113] Vgl. *Saksena* aaO 947; *ders.,* Muslim Law as Administered in India and Pakistan (Stud. Ed.) (4. Aufl. Lucknow-Delhi 1960) 324.

[114] Vgl. *Imâmî,* aaO, Bd. 3, S. 271; *Sâhbâg,* aaO, Bd. 6, S. 223.

Da mit dem Tode der Ehefrau des Erblassers der Anspruch gegen die Antragstellerin auf Zahlung von $^1/_8$ des Wertes der Nachlaßgebäude und -bäume untergegangen ist, steht der Antragstellerin heute der gesamte Nachlaß in Deutschland frei von Verbindlichkeiten zu.

### *II. Erbausschlagung der Verwandten der Ehefrau*

Die Erbausschlagung der Verwandten der Ehefrau ist gemäß Art. 784 Code civil belge in Brüssel formgültig durch eine Erklärung gegenüber der Geschäftsstelle des Gerichts erster Instanz des Bezirks, in dem der Anfall der Erbschaft erfolgt ist (also am Gericht des letzten Wohnsitzes der Erblasserin), vorgenommen worden[115]. Sie wird im iranischen Kollisionsrecht, das in Art. 969 IranZGB den Grundsatz „locus regit actum" statuiert[116], als wirksam anerkannt. Indessen geht sie hinsichtlich des Anspruchs auf Zahlung von $^1/_8$ des Wertes der Nachlaßgebäude und -bäume seitens der zweiten Ehefrau des Erblassers gegen die Tochter bzw. gegen die Antragstellerin ins Leere, weil dieser Anspruch mit dem Tode der zweiten Ehefrau untergegangen und somit nicht vererbt worden ist.

### *III. Zwischenergebnis*

Der Antragstellerin Irène M. steht der gesamte in Deutschland befindliche Nachlaß Mohammed H.s bzw. Suzanne M.s zu. Ansprüche Dritter gegen sie bestehen nicht mehr.

## F. GESAMTERGEBNIS

I. Für die Erteilung gegenständlich beschränkter Erbscheine nach Mohammed H. bzw. Suzanne M. gemäß § 2369 BGB ist das Amtsgericht Köln international und örtlich zuständig.

II. Auf den Erbfall Mohammed H. ist iranisch-schiitisches Erbrecht anzuwenden. Seine eheliche Tochter Suzanne M. ist Alleinerbin geworden. Die zweite Ehefrau des Erblassers, Caroline W., hat durch den Erbfall einen Anspruch in Höhe von $^1/_8$ des Wertes der Nachlaßgebäude und -bäume gegen die Erbin erworben.

III. Auf den Erbfall Suzanne M. ist iranisch-schiitisches Recht anzuwenden. Die uneheliche Tochter der Erblasserin, die Antragstellerin Irène M., ist Alleinerbin ihrer Mutter geworden.

[115] Vgl. *Dekkers*, Précis de droit civil belge (Brüssel 1955) Bd. 3, S. 355 f.; *de Page, H.*, Traité élémentaire de droit civil belge (Brüssel 1946) Bd. 9, S. 534.

[116] Vgl. *Aghababian*, aaO, Bd. 2, S. 84; *Bergmann-Ferid*, aaO, Bd. 3, s. v. Iran, S. 8.

IV. Der Anspruch der zweiten Ehefrau gegen die Tochter des Erblassers und nach deren Tode gegen die Antragstellerin auf Zahlung von 1/8 des Wertes der Gebäude und Bäume auf den Grundstücken im Nachlaß des Erblassers Mohammed H., ist mit dem Tode der zweiten Ehefrau untergegangen.

## Nr. 60

**Jugoslawien**

**1. Zur endgültigen Regelung von Nachlaßangelegenheiten im Sinne des jugoslawischen intertemporalen Erbrechts bei Lastenausgleichsansprüchen.**

**2. Gesetzliche Erbfolge nach jugoslawischem Erbrecht.**

**3. Zum gesetzlichen Güterstand nach deutschem und jugoslawischem IPR.**

**4. Jugoslawisches materielles Ehegüterrecht.**

**Köln 15/68 vom 25. 4. 1968**

### RECHTSGUTACHTEN

Das Amtsgericht in Andernach hat in der Nachlaßsache Josef K. um ein Gutachten über jugoslawisches internationales und materielles Erbrecht gebeten.

### SACHLAGE

Der Landwirt und Zimmermann Josef K., geboren am 18. 1. 1873 in Kolomea/Galizien (damals Österreich-Ungarn), wurde durch Beschluß des Amtsgerichts Andernach vom 11. 7. 1967 auf den 8. 3. 1948 für tot erklärt. Der Erblasser hatte seinen letzten Wohnsitz in Raan (Brezice)/Untersteiermark (Jugoslawien); vor seinem Tode hielt er sich zuletzt im Lager Novisad (Jugoslawien) auf.

Der Erblasser wurde überlebt von seiner Ehefrau Maria, geb. H. verw. R., die er am 21. 2. 1948 im Lager Novisad (Jugoslawien) kirchlich geheiratet hatte.

Die Heiratsurkunde lautet:

„Testimonium Copulationis in articulo mortis.

*Sponsus R. Joannes,* natus mense Februarii 1869 in Kolomea, filius Caroli agricolae et ejus uxoris, nata Catharia B. et *Maria H.,* nata 20. Nov. 1874 in Kolomea, filia Joannis agricolae et uxoris ejus, nata Rosalia L. ex Kolomea die 29. Maji 1893 fuerunt matrimonio conjuncti in Kolomea, Parochiae Maria Hilf, Dioecesis Leopoliensis, sed vix conjuncti, post 7 [?] mensium spatium R. Joannes suam uxorem reliquit et in Americam migravit, ex hoc matrimonio unus filius progenitus est, adhuc vivens.

Maria R., nata H. vivebat postea cum alio viro, nomine K. Josepho, natus die 19. I. 1873 in Kolomea, filius Ignatii agricolae et uxoris ejus, nata Katharina G. in Kolomea fere 55 annorum et in eodem combinatu 11 liberorum genuerunt.

Accepto de prioris mariti obitu nuntio, impedimentum vinculi amplius non exstitit et obstante mortis periculo copulavi supradictos homines ad consulendum conscientiae, et ad legitimationem liberorum die 21. Februarii 1948 in castris Novi Sadiensibus cum recursus ad Ordinarium nobis in castris inclusis impos[s]ibilis erat, qui vir [...] [...] post multos dies obiit in Domino die [24.] Martii 1948.

Veritatem hujus rei testificatur Pater Maurus S., O. C. R. sacerdos ex Monasterio „Maria Stella" apud Banja Lukam
in Bosna.

Castra, Novi Sadiensia, die 24. Martii 1948.
Pater Maurus S. O. C. R."

Aus dieser Verbindung waren insgesamt elf Kinder hervorgegangen, von denen offenbar sieben den Erblasser überlebt haben, und zwar

1. Anna L., geb. K., geboren am 21. 9. 1901, heute wohnhaft in Freiburg/Breisgau,
2. Peter K., geboren am 7. 9. 1903, heute wohnhaft in Jugoslawien,
3. Josef K., geboren am 25. 9. 1905, heute wohnhaft in Rübenach bei Koblenz,
4. Maria H., geb. K., geboren am 5. 11. 1909, heute wohnhaft in Namedy,
5. Thomas K., geboren am 22. 11. 1911, heute wohnhaft in Namedy,
6. Franz K., geboren am 22. 7. 1916, heute wohnhaft in Namedy, der Antragsteller, und
7. Ferdinand K., heute wohnhaft in Graz (Österreich).

Der Erblasser hat keine letztwillige Verfügung hinterlassen.

Der in Deutschland befindliche Nachlaß besteht aus Lastenausgleichsansprüchen. Der Lastenausgleich wird für Vertreibungsschäden gewährt. Die Ansprüche werden wegen Verlustes des väterlichen Vermögens geltend gemacht.

Nach Mitteilung des Sohnes Franz K., ist der Nachlaß bisher weder aufgeteilt noch ist eine Übereinkunft getroffen oder eine Entscheidung eines jugoslawischen Gerichts über die Aufteilung gefällt worden. Der Sohn Franz K. beantragt die Erteilung eines gemeinschaftlichen Teilerbscheins dahin, daß der Erblasser von seiner Ehefrau zu $^1/_4$-Anteil und seinen Kindern 1–6 zu je $^3/_{28}$-Anteilen beerbt worden ist.

Über die *Staatsangehörigkeit* des Erblassers ergibt sich aus den Akten folgendes: Nach Mitteilung von Frau Karolina K., Ehefrau des Antragstellers Franz K., ist der Erblasser 1942 eingebürgert worden und besaß seitdem die deutsche Staatsangehörigkeit. Die Einbürgerungsurkunde sei

1945 im Internierungslager verlorengegangen. [Der Antragsteller Franz K. hat ähnliche Einbürgerungsurkunden für sich und für Thomas K. aus dem Jahre 1942 dem Gericht vorgelegt.] Eine diesbezügliche Anfrage des Gerichts beim Bundesverwaltungsamt in Köln blieb jedoch ergebnislos.

Das Gericht sieht daher den Nachweis der deutschen Staatsangehörigkeit des Erblassers für nicht erbracht an und geht davon aus, daß der Erblasser beim Tode Jugoslawe oder staatenlos war. Für die Erstattung des Gutachtens wird daher ebenfalls von dieser Sachlage *ausgegangen.*

## ANFRAGE

Das Gericht bittet um ein Gutachten darüber, welche Erbfolge für den Erblasser in Frage kommt.

## RECHTSLAGE

### A. ERBFOLGE

### *I. Deutsches internationales Privatrecht*

Aus Artt. 24 Abs. 1, 25 S. 1 EGBGB ist der Grundsatz herzuleiten, daß jeder nach den Gesetzen des Staates beerbt wird, dem er im Zeitpunkt des Todes angehört hat (Heimatrecht)[1]. Ein Staatenloser wird gemäß Art. 29 EGBGB nach den Gesetzen des Staates beerbt, in dem er beim Tode seinen gewöhnlichen Aufenthalt gehabt hat.

Das deutsche Kollisionsrecht verweist, gleich ob der Erblasser beim Tode Jugoslawe oder staatenlos war, auf *jugoslawisches Recht*: war er Jugoslawe, so ist nach Artt. 24 Abs. 1, 25 S. 1 EGBGB, war er staatenlos, so ist nach Art. 29 EGBGB jugoslawisches Recht berufen; denn er hatte in Raan [Brezice] (Jugoslawien) oder Novisad (Jugoslawien) seinen letzten gewöhnlichen Aufenthalt.

Gemäß Art. 27 EGBGB ist eine Rück- oder Weiterverweisung des vom deutschen IPR berufenen jugoslawischen Rechts zu beachten.

---

[1] BGHZ 45, 351 (Belgien); BayObLG NJW 1967, 447 (Italien); *Kegel* in *Soergel-Siebert*, BGB-Komm., Bd. V (9. Aufl. 1961) Vorbem. 3, 4 vor Art. 24 EGBGB, S. 910; *Lauterbach,* in *Palandt,* BGB-Komm. (27. Aufl. 1968) Bem. 2 zu Art. 24 EGBGB, S. 1796.

## *II. Jugoslawisches internationales Privatrecht*

### *1. Intertemporales Recht*

Am 25. 4.1955 ist in Jugoslawien ein neues Erbgesetz erlassen worden, das auch internationalprivatrechtliche Bestimmungen enthält. Es ist am 1. 5. 1955 verkündet worden und am 28. 5. 1955 in Kraft getreten[2].

Ob die Erbfolge nach dem *vor* dem Inkrafttreten dieses Gesetzes verstorbenen Erblassers schon diesem Erbgesetz oder noch altem Recht unterliegt, entscheidet sich nach den intertemporal-rechtlichen Vorschriften des neuen Erbgesetzes. Maßgebend ist

*Art. 242*[3]*:*

„Dieses Gesetz wird auf alle Erbschaften angewendet, wenn bis zum Tage der Verkündung dieses Gesetzes noch keine rechtskräftige Entscheidung über die Beerbung ergangen oder die Erbschaft noch nicht durch Übereinkunft, Teilung oder auf andere Weise endgültig geregelt worden ist."

Im vorliegenden Fall kann die Nachlaßangelegenheit nicht schon deshalb als noch nicht endgültig geregelt angesehen werden, weil den Erben noch *Lastenausgleichsansprüche* zustehen. Vielmehr ist eine *Nachlaßangelegenheit* nur, aber auch *immer dann noch nicht endgültig geregelt* im Sinne von Art. 242 des Gesetzes, wenn den Erben LAG-Ansprüche wegen *Schäden* zustehen, *die ein* (vor dem 1. 4. 1952 verstorbener) *Erblasser erlitten* hat. Zwar gehören auch derartige LAG-Ansprüche rechtlich nicht zum Nachlaß, weil sie nach §§ 229, 232 LAG erst in der Person des Erben entstehen; wirtschaftlich gesehen ist eine solche LAG-Forderung jedoch ein Nachlaßsurrogat, das nach erbrechtlichen Grundsätzen auf die Erben aufzuteilen ist. Soweit nach Verkündung des neuen jugoslawischen Erbgesetzes vom 11. 5. 1955 noch eine Aufteilung stattfindet, sollen gemäß Art. 242 die Grundsätze des neuen Rechts maßgebend sein.

Anders sind dagegen die Fälle zu beurteilen, in denen die *Erben* LAG-Ansprüche allein wegen solcher *Schäden* geltend machen, die sie *an ihrem eigenen Vermögen* erlitten haben, mag dieses Vermögen auch im Wege der Erbfolge vom Erblasser erworben worden sein. Die Erben benötigen in derartigen Fällen einen Erbschein nur zum Nachweis des Umfangs des ererbten Vermögens, das zur Zeit der Entziehung nicht mehr dem Erblasser, sondern bereits ihnen selbst zustand. Hier ist die LAG-Forderung auch wirtschaftlich *nicht* ein Surrogat des Nachlasses, sondern der den Erben selbst entzogenen Vermögensgegenstände. Das Bestehen solcher

---

[2] *Ferid-Firsching,* Internationales Erbrecht (Loseblattausgabe 1967) Bd. IV, Jugoslawien, 1 und Fußnote.

[3] *Ferid-Firsching,* aaO, Bd. IV, Jugoslawien, 54.

LAG-Ansprüche hat keinen Einfluß auf die Entscheidung der Frage, ob die Nachlaßangelegenheit bereits endgültig geregelt ist oder nicht.

Vorliegend werden die LAG-Ansprüche wegen Schäden gewährt, die der *Erblasser selbst* an seinen Vermögenswerten erlitten hat. Die Erben machen also LAG-Ansprüche nicht wegen eigener, sondern wegen Schäden, die der Erblasser erlitten hat, geltend.

Dem steht vielleicht entgegen, daß nach Mitteilung des Sohnes K. der Lastenausgleich für Vertreibungsschäden gewährt wird: Da der Erblasser laut Todeserklärungsbeschluß des Amtsgerichts Andernach vom 11. 7. 1967 am 8. 3. 1948 im Lager Novisad (Jugoslawien) verstorben ist, ist er selbst vielleicht nicht Vertriebener im Sinne von § 11 LAG; Vertreibungsschäden kann daher nicht er, sondern können nur seine Erben selbst erlitten haben.

Wie ausgeführt, sind diese LAG-Ansprüche weder rechtlich noch wirtschaftlich Surrogate des Nachlasses. Doch kommt es hierauf für die Entscheidung der Frage, ob die Nachlaßangelegenheit bereits endgültig geregelt ist, nicht an. Denn nach Mitteilung des Sohnes Franz K. ist der Nachlaß weder vor noch nach dem 11. 5. 1955 endgültig geregelt worden, so daß eine Aufteilung des Nachlasses noch stattfinden muß. Gemäß Art. 242 ist hierfür *das neue Recht maßgebend,* und zwar für den gesamten Nachlaß.

2. *Neues IPR*

Über das anzuwendende Recht bestimmt *Art. 155* des jugoslawischen Erbgesetzes vom 25. 4. 1955[4]:

„Die Bestimmungen dieses Gesetzes gelten für die Beerbung aller Staatsangehörigen der Föderativen Volksrepublik Jugoslawien ohne Rücksicht darauf, wo der Tod eingetreten ist und wo sich das Vermögen befindet."

und – bei Staatenlosen – *Art. 157*[5]:

„Für die Beerbung einer Person ohne Staatsangehörigkeit gelten die Bestimmungen des Gesetzes des Landes ihrer letzten Staatsangehörigkeit; wenn aber diese Person niemals eine Staatsangehörigkeit besessen hat oder diese unbekannt ist, dann gelten die Bestimmungen des Gesetzes des Landes ihres letzten Wohnsitzes und in Ermangelung eines solchen ihres letzten Aufenthaltsortes."

War der Erblasser beim Tode Jugoslawe, so ist gemäß Art. 155 des Gesetzes jugoslawisches materielles Recht berufen. War der Erblasser beim Tode staatenlos, so ist nach Art. 157 des Gesetzes ebenfalls jugoslawisches materielles Recht berufen; denn in diesem Fall besaß er zu-

[4] *Ferid-Firsching,* aaO, Bd. IV, Jugoslawien, 47.

[5] *Ferid-Firsching,* ebenda.

mindest vor seiner Staatenlosigkeit die jugoslawische Staatsangehörigkeit: Im Frieden von St.-Germain vom 10. 9. 1919 wurden Teile der Untersteiermark an Jugoslawien abgetreten. Die Bewohner erwarben nach Art. 70 des Vertrages ipso iure die jugoslawische Staatsangehörigkeit[6].

Mithin gilt für die Erbfolge, gleich ob der Erblasser beim Tode Jugoslawe oder staatenlos war, *jugoslawisches materielles Recht.*

### *III. Jugoslawisches materielles Erbrecht*

#### *1. Intertemporales Recht*

Die in Art. 242 des jugoslawischen Erbgesetzes vom 25. 4. 1955 (Wortlaut oben II 1) enthaltene intertemporale Regelung gilt auch für das materielle Recht. Danach ist auf den Erbfall des Josef K. *neues Recht* anzuwenden (näher oben S. 651 f.).

#### *2. Neues Erbrecht*

Maßgebend ist *Art. 10* des jugoslawischen Erbgesetzes vom 25. 4. 1955[7]:

„Den Nachlaß des Erblassers erben vor allen übrigen seine Kinder und sein Ehegatte. Sie erben zu gleichen Teilen."

Der Erblasser Josef K. ist demnach von seiner *Ehefrau Maria geb. H. verw. R.* und von seinen ihn überlebenden Kindern *Anna, Peter, Josef, Maria, Thomas, Franz* und *Ferdinand* zu je $^1/_8$-Anteil beerbt worden.

Der Umstand, daß sämtliche Kinder des Erblassers *vor* der Eheschließung mit Maria H. verw. R., also außerehelich geboren sind, ist ohne Einfluß auf deren Erbrecht. Denn sie sind nach Art. 23 Abs. 1 und Art. 24 des jugoslawischen Erbgesetzes vom 25. 4. 1955 hinsichtlich des Erbrechts nach ihrem Vater ehelichen Kindern gleichgestellt, und zwar unabhängig davon, ob sie unehelich geblieben oder aber durch die nachfolgende Ehe ihrer Eltern legitimiert worden sind. Die Vorschriften lauten[8]:

*Art. 23 Abs. 1:*
„Unehelich geborene Kinder und ihre Nachkommen haben bezüglich des Nachlasses ihres Vaters, ihrer Mutter und der Verwandten der letzteren dieselben Erbrechte wie eheliche Kinder."

---

[6] Vgl. *Kunz* in *Crusen-Maas-Siedler,* Rechtsverfolgung im internationalen Verkehr, Bd. VII, Das Recht der Staatsangehörigkeit der europäischen und der außereuropäischen Staaten, 1. Teil: Die europäischen Staaten (1940) 1007–1009, 1011, 1014.

[7] *Ferid-Firsching,* aaO, Bd. IV, Jugoslawien, 2.

[8] *Ferid-Firsching,* aaO, Bd. IV, Jugoslawien, 6.

*Art. 24:*

„Kinder, die außerhalb der Ehe geboren sind, die aber nach dem Gesetz wie in der Ehe geborene Kinder betrachtet werden, sind hinsichtlich des Erbrechtes den in der Ehe geborenen Kindern gleichgestellt."

Es kann daher unentschieden bleiben, ob die Kinder des Erblassers als unehelich oder aber als durch nachfolgende Ehe der Eltern legitimiert zu gelten haben.

Für Legitimation sprächen immerhin die Familiennamen „K.", die die Kinder führen, und die Fotokopie einer Legitimationsurkunde für den Sohn Josef K., die sich in den Akten befindet.

## B. ABWICKLUNG DES GÜTERSTANDES

Da der Erblasser von seiner Ehefrau überlebt wurde, bleibt zu prüfen, in welchem gesetzlichen Güterstand die Eheleute lebten und ob ein güterrechtlicher Ausgleich stattfindet, der – ähnlich § 1371 Abs. 1 BGB – zu einer Änderung der Erbquoten führt.

### *I. Deutsches internationales Privatrecht*

Nach Art. 15 Abs. 1, 2 Halbs. 1 EGBGB unterliegt das eheliche Güterrecht dem Heimatrecht des Ehemannes bei Heirat (Güterrechtsstatut)[9]. Das Güterrechtsstatut ist insofern *unwandelbar,* als es von einem späteren Staatswechsel des Ehemannes unbeeinflußt bleibt[10]. Allerdings können sich *ändern* die im Heimatstaat des Mannes bei Heirat geltenden Regeln des internationalen Privatrechts (vgl. Art. 27 EGBGB), des interlokalen Privatrechts und des materiellen Privatrechts, und solche Änderungen können nach dem Übergangsrecht des Heimatstaates des Mannes für uns maßgebend sein[11]. Berufen ist also das *Heimatrecht* des Mannes bei Heirat einschließlich seiner späteren Änderungen, soweit diese nach dem intertemporalen Privatrecht des Heimatstaates des Mannes anzuwenden sind.

Bei einem Staatenlosen ist gemäß Art. 29 EGBGB das Recht des Staates berufen, in dem er bei Heirat seinen gewöhnlichen Aufenthalt hatte, einschließlich der späteren Änderungen, soweit diese nach dem intertemporalen Privatrecht dieses Aufenthaltsstaates maßgebend sind.

---

[9] RGZ 91, 403 [407] (Rußland); BGH FamRZ 1954, 110 (Schweiz); BayObLGZ 1959, 89 [95] = FamRZ 1959, 357 [359] (CSR); *Kegel* in *Soergel-Siebert,* aaO, Bem. 1 zu Art. 15 EGBGB, S. 765.

[10] H. M.: vgl. die in der vorigen Anmerkung aufgeführten Entscheidungen wie auch *Kegel* in *Soergel-Siebert,* aaO, Bem. 4 zu Art. 15 EGBGB, S. 766, mit weiteren Nachweisen.

[11] *Kegel* in *Soergel-Siebert,* aaO, Vorbem. 107 vor Art. 7 EGBGB, S. 538.

Der Erblasser hatte am 21. 2. 1948 im Lager Novisad (Jugoslawien) geheiratet. Damals war er – wie oben S. 650 unterstellt – entweder Jugoslawe oder staatenlos. In beiden Fällen verweist das deutsche Kollisionsrecht *auf jugoslawisches Recht*: war er Jugoslawe, so nach Art. 15 Abs. 1, 2 Halbs. 1 EGBGB; war er staatenlos, dann nach Art. 29 EGBGB; denn er hatte bei Heirat seinen gewöhnlichen Aufenthalt in Raan [Brezice] (Jugoslawien) oder in Novisad (Jugoslawien), in jedem Fall also in Jugoslawien.

Gemäß Art. 27 ist auch hier eine Rück- oder Weiterverweisung des vom deutschen IPR berufenen jugoslawischen Rechts zu beachten.

## *II. Jugoslawisches internationales Privatrecht*

Seit dem 9. 5. 1946 gilt in Jugoslawien das Ehegrundgesetz vom 3. 4. 1946, bereinigter Wortlaut vom 28. 4. 1965[12]. Es enthält keine kollisionsrechtlichen Vorschriften. Doch haben die jugoslawische Rechtsprechung und Rechtslehre nach der Bolschewisierung des Landes im Jahre 1945 für die vermögensrechtlichen Beziehungen der Ehegatten in Anlehnung an das sowjetische IPR *neues Kollisionsrecht* entwickelt: Leben die Ehegatten in Jugoslawien, so gilt für ihre vermögensrechtlichen Beziehungen *jugoslawisches Recht* ohne Rücksicht darauf, wann und wo die Ehe geschlossen worden ist und ob die Eheleute jugoslawische Staatsangehörige sind oder nicht[13]. Ein jugoslawischer Richter würde demnach das Ehegüterrecht eines in Jugoslawien lebenden Ehepaares nach jugoslawischem materiellem Recht entscheiden. Im Interesse des äußeren Entscheidungseinklangs lassen wir daher in diesen Fällen ebenfalls jugoslawisches Recht entscheiden.

Die Eheleute K. lebten zuletzt gemeinsam im Lager Novisad in Jugoslawien. Zwar mögen sie dort wegen mangelnder Bewegungsfreiheit keinen gemeinsamen gewöhnlichen Aufenthalt (z. B. im Sinne des Art. 29 EGBGB) begründet haben, doch ist dies hier unerheblich. Entscheidend ist einzig, daß sie zuletzt gemeinsam in Jugoslawien *gelebt* haben.

Unerheblich ist hier auch, ob der Erblasser bei Heirat Jugoslawe oder staatenlos war: Nach jugoslawischem IPR kommt es auf die Staatsangehörigkeit nicht an.

Das jugoslawische IPR verweist mithin auf das eigene materielle Recht, also auf *jugoslawisches materielles Recht.*

---

[12] Sl. l. (Sluzbeni List) vom 28. 6. 1965 Nr. 28, S. 1157; der bereinigte Wortlaut fußt auf dem Gesetz über Änderungen und Ergänzungen des Grundgesetzes über die Ehe vom 15. 3. 1965, Sl. l. vom 24. 3. 1965 Nr. 12, S. 441, das am 1. 4. 1965 in Kraft getreten ist; abgedruckt in deutscher Übersetzung bei *Lipowschek* in *Bergmann-Ferid*, Internationales Ehe- und Kindschaftsrecht (3. Aufl. 1952 ff.) Bd. III, Jugoslawien, 16–33.

[13] *Blagojević*, Medunarodno Privatno Pravo (1950) 296.

### *III. Jugoslawisches materielles Ehegüterrecht*

Der Güterstand der Eheleute K. beurteilt sich nach dem jugoslawischen Ehegrundgesetz vom 3. 4. 1946, heute in der Fassung vom 28. 4. 1965 (näher oben S. 655). Die einschlägigen Vorschriften lauten[14]:

*Art. 7:*

„Das Vermögen, welches zur Zeit der Eheschließung einem Ehegatten gehört, bleibt sein alleiniges Eigentum und er behält darüber ein selbständiges Verwaltungs- und Verfügungsrecht."

*Art. 8:*

„Das Vermögen, das die Eheleute durch Arbeit während der Ehe erworben haben, ist ihr gemeinsames Vermögen.
... ..."

Danach lebten die Ehegatten im gesetzlichen Güterstand der *Errungenschaftsgemeinschaft*, die von der Auflösung der Ehe an dinglich wirkte: Die während der Ehe erworbenen Güter wurden gemeinschaftliches Eigentum. Für das voreheliche, in die Ehe eingebrachte Vermögen jedes Ehegatten bewendete es dagegen bei *Gütertrennung*[15].

*Auf die Erbquoten* hat der *Güterstand keinen Einfluß*. Es bewendet daher bei den Quoten, die oben S. 653 genannt sind.

Ob die Lastenausgleichsansprüche als Surrogat des Grundvermögens zum vorehelichen Vermögen oder zum Errungenschaftsvermögen gehören, ist aus den Akten nicht eindeutig erkennbar. Immerhin spricht jedoch der Umstand, daß der Erblasser erst kurz vor seinem Tode seine Ehefrau im Lager Novisad geheiratet hat, dafür, daß das Grundvermögen zum *vorehelichen Vermögen des Erblassers* gehörte.

## ERGEBNIS

Die Erbfolge nach Josef K. unterliegt, gleich ob er beim Tode Jugoslawe oder staatenlos war, jugoslawischem materiellem Recht (oben A I–II, S. 650–653).

Nach dem maßgebenden neuen jugoslawischen materiellen Erbrecht ist der Erblasser

---

[14] *Lipowschek* in *Bergmann-Ferid,* aaO, Bd. III, Jugoslawien, 17.

[15] Vgl. *Blagojević*, Das Eherecht der Föderativen Volksrepublik Jugoslawien, in Leske-Loewenfeld, Rechtsverfolgung im internationalen Verkehr, Bd. I, Das Eherecht der europäischen und außereuropäischen Staaten, 1. Teil, Die europäischen Staaten, 1. Lieferung: Polen–Jugoslawien–Tschechoslowakei (1963) 88–90; *Boschan*, Europäisches Familienrecht (3. Aufl. 1963) 235; *Korkisch*, Das Privatrecht Ost-, Mitteleuropas in rechtsvergleichender Sicht, RabelsZ 23 (1958) 201–230 [213 f., insbes. S. 213, Fußn. 50]; *Schmied*, Das Familienrecht der Volksdemokratien 1945–1951, RabelsZ 17 (1952), 227–243 [237 f.].

1. von seiner Ehefrau Maria geb. H. verw. R.,
2. von seiner Tochter Anna L., geb. K.,
3. von seinem Sohn Peter K.,
4. von seinem Sohn Josef K.,
5. von seiner Tochter Maria H. geb. K.,
6. von seinem Sohn Thomas K.,
7. von seinem Sohn Franz K., dem Antragsteller, und
8. von seinem Sohn Ferdinand K.

zu je $^1/_8$-Anteil beerbt worden (oben A III, S. 653 f.).

Nach dem maßgebenden neuen jugoslawischen materiellen Erbrecht kann unentschieden bleiben, ob die sämtlich *vor* der Eheschließung des Erblassers geborenen Kinder unehelich oder aber durch die nachfolgende Ehe ihrer Eltern legitimiert sind: In jedem Fall beerben sie ihren Vater wie eheliche Kinder (oben A III, S. 653 f.).

Der gesetzliche Güterstand ist ohne Einfluß auf die Erbquoten (oben B, S. 654–656).

Der beantragte gemeinschaftliche Teilerbschein ist auf das im Inland befindliche Nachlaßvermögen gegenständlich zu beschränken (vgl. § 2369 BGB).

Dieses Gutachten ergeht, wie üblich, ohne Gewähr.

## Nr. 61

## Kanada (Ontario)

**1. Gesetzliche Erbfolge nach dem Recht Ontarios.**

**2. Behandlung der Berechtigung zum Empfang einer feststehenden Geldsumme nach dem Recht Ontarios im deutschen Nachlaßverfahren.**

**München G 1822 – 8. 4. vom 7. 5. 1968**

Am 4. 7. 1966 ist in der kanadischen Provinz Ontario, wo er auch zuletzt beheimatet war, ein kanadischer Staatsangehöriger verstorben. Eine Verfügung von Todes wegen hat er nicht hinterlassen. Deutsche Grundstücke gehören nicht zu seinem Nachlaß. Der deutsche Nachlaß besteht offensichtlich ausschließlich aus Lastenausgleichsansprüchen.

Der Erblasser, der kinderlos verstorben ist, ist von einer Ehefrau überlebt worden. Er war ein uneheliches Kind. Seine Mutter hatte zwei weitere uneheliche Kinder. Der eine uneheliche Bruder ist kanadischer Staatsangehöriger und wohnt in der Provinz Ontario, der andere uneheliche Bruder ist unter Hinterlassung von drei teils in Deutschland, teils in Ungarn wohnenden Kindern vorverstorben.

Das Amtsgericht Vilshofen, bei dem das Nachlaßverfahren anhängig ist, wünscht eine gutachtliche Äußerung über das anzuwendende Erbrecht.

## *I. Das anzuwendende Recht*

Mit Rücksicht auf die kanadische Staatsangehörigkeit des Erblassers zur Zeit seines Ablebens gilt:

1. Da der Erblasser in Kanada seinen letzten Wohnsitz hatte, kommt eine Rück- oder Weiterverweisung durch das kanadische Recht nicht in Betracht, denn das kanadische Recht knüpft seinerseits ebenfalls an das sog. „domicil" an, um das für die Beerbung maßgebende Recht zu ermitteln. Das „domicil" des anglo-amerikanischen (vor allem des englischen) Rechtes stimmt zwar nicht mit dem Begriff des Wohnsitzes im deutschen Recht und im Recht der übrigen kontinental-europäischen Staaten überein; im vorliegenden Fall besteht aber kein Zweifel daran, daß der Erblasser sich endgültig in Kanada niederlassen wollte. Damit aber ist dort auch ein „domicil" begründet. Es kommt daher nicht etwa zu einer Rück- oder Weiterverweisung durch das kanadische Recht im Sinne des Art. 27 EGBGB.

2. Es ist darauf hinzuweisen, daß infolge der in Kanada zwischen den einzelnen Provinzen herrschenden Rechtsverschiedenheit neben die international-privatrechtliche Frage nach der maßgebenden Gesamtrechtsordnung noch das interlokal-privatrechtliche Problem der Auswahl der anzuwendenden partikulären Rechtsordnung tritt.

Dieses interlokale Problem wird in Kanada nicht nach geschriebenen Grundsätzen, sondern nach Common-Law-rechtlichen Regeln entschieden, welche auf das letzte domicil des Erblassers abstellen. Der kanadische Begriff des domicil deckt sich aber nicht mit dem deutschen Wohnsitzbegriff.

Nach dem Akteinhalt hatte der Erblasser sein letztes kanadisches „domicil" in der Provinz Ontario. Damit ist das Erbrecht der Provinz Ontario maßgebend.

## *II. Die einschlägigen Sachnormen und ihre Bedeutung für das deutsche Nachlaßverfahren*

### *1. Die einschlägigen Normen der Provinz Ontario*

a) Die gesetzliche Erbfolge in der Provinz Ontario richtet sich nach dem Devolution of Estate Act[1].

---

[1] Revised Statuts of Ontario, ch. 106, vgl. dazu *Martindale-Hubbel*, Law Digest, Artikel Ontario (Ausgabe 1968) Stichwort „Descent and Distribution".

Nach dem Recht des Staates Ontario, ähnlich übrigens wie nach dem Recht des amerikanischen Staates New York und nach dem Vorbild des englischen Rechts erhält der überlebende Ehegatte eine bestimmte Geldsumme der Art, daß diese Summe eine erstrangige Belastung des Nachlasses darstellt („a first charge"). Diese der Witwe zustehende Summe ist vom Beginn des Erbfalls mit 4 % zu verzinsen bis zu dem Augenblick, an welchem der Betrag an die Witwe ausgezahlt wird. Von dem noch übrigen Nachlaß erhält die Witwe zwei Drittel. Das letzte Drittel wird unter den Seitenverwandten zu gleichen Teilen verteilt. Es herrscht Erbfolge nach Stämmen.

Nach den Angaben bei *Martindale-Hubbel* beträgt die der Witwe zustehende Summe 20 000 kanadische Dollars [2].

b) Rein theoretisch sind folgende Lösungen denkbar:

aa) Die feste Geldsumme wird als ein *gesetzliches Vermächtnis* betrachtet, ohne Einflußnahme auf die Erbfolge.

bb) Die feste Geldsumme für den Ehegatten wird in ein bruchteilsmäßiges Verhältnis zum Gesamtnachlaß gebracht. Hieraus ergibt sich dann der *Bruchteil der Beerbung.*

cc) Der deutsche *Erbschein* gibt schlechthin die *Rechtslage nach kanadischem Recht* wieder, indem er bekundet, daß die Witwe 20 000 kanadische Dollars aus dem Nachlaß erhält, während der Rest sich nach den oben mitgeteilten Bruchteilen verteilt.

c) Die letztvorgeschlagene Auffassung entspricht der gerichtlichen Praxis mehrerer Gerichte in Norddeutschland. Sie wird auch im Max-Planck-Institut für ausländisches und internationales Privatrecht vertreten. Für das englische Recht, in welchem sich das Problem ebenfalls ergibt, schlägt etwa auch *Firsching* [3] vor zu formulieren:

> „Der Erblasser wird kraft Gesetzes in Anwendung englischen Rechtes bis zu einem Nachlaßwert von ... von seinem Ehegatten allein, hinsichtlich des Überschusses jedoch von ... beerbt.
>
> Die Wirksamkeit des Erbscheins erstreckt sich nur auf das inländische bewegliche Vermögen."

Die geschilderte, weitverbreitete Praxis hat bisher zu größeren Anständen deswegen nicht geführt, weil in aller Regel die Beteiligten einig waren und weil andere Gegenstände als der Entschädigungs- oder Lastenausgleichsanspruch nicht in Betracht kamen. Gegen die geschilderte Praxis müssen aber doch sehr erhebliche Bedenken erhoben werden.

Die gegen die eben erörterte Praxis zu erhebenden Bedenken sind im einzelnen die folgenden: Eine Beschränkung auf einen bestimmten Nach-

---

[2] Ebenso Jurisclasseur Droit Comparé, Abschnitt Kanada, Lieferung 2 Nr. 109.

[3] *Staudinger-Firsching* (11. Aufl.) Bem. 22 zu § 2369 BGB.

laßgegenstand hat im Gesetz keine Grundlage. Es zeigt sich, etwa in der Münchener Praxis, daß nach Ausstellung eines auf Entschädigungs- oder Lastenausgleichsanspruchs beschränkten Erbscheins anschließend immer wieder Ausfertigungen beantragt werden, bei denen der Beschränkungsvermerk entfallen soll. Der gegenständlich beschränkte Erbschein nach § 2369 BGB bezieht sich auf das inländische Vermögen, je nach dem Einzelfall (etwa bei einer partikulären Rückverweisung nur auf den deutschen unbeweglichen Nachlaß) auf das inländische bewegliche oder unbewegliche Vermögen.

Ein deutsches Gericht hat, auch wenn es ausländisches materielles Recht anzuwenden hat, stets sein eigenes Verfahrensrecht anzuwenden. Zum Grundsatz des deutschen Erbscheinsverfahrens gehört aber, daß ein Erbschein lediglich Gesamtrechtsnachfolger ausweisen kann. Der Erhalt einer festen Geldsumme ist aber niemals eine Gesamtrechtsnachfolge. Es muß bei der sich hier ergebenden Spannung dann eben das ausländische materielle Recht hinter dem deutschen Verfahrensrecht zurückstehen. Im übrigen könnte auch im Inland von einem derartigen Erbschein, in dem einem der Berechtigten eine bestimmte Summe zugesprochen wird, kein Gebrauch gemacht werden. Es würde sich nie feststellen lassen, ob ein konkreter Vermögenswert noch innerhalb der 20 000-Dollar-Grenze liegt.

d) Man könnte versucht sein, die Berechtigung zum Empfang einer feststehenden Geldsumme in jedem Falle als ein gesetzliches Vermächtnis ähnlich wie der deutsche Voraus oder der Dreißigste zu werten. Diese Auffassung, welche den Perspektiven des deutschen Rechts entspräche und sich streng logisch auch wohl halten läßt, wäre richtig, wenn das englische Recht seinerseits ebenfalls auf dem Gedanken der Universalsukzession beruhen würde. Sie würde aber dann zu geradezu sinnwidrigen Ergebnissen führen, wenn der Erblasser etwa insgesamt eine Summe von unter 20 000 Dollars hinterlassen würde, so daß der einzige Begünstigte aus dem Erbfall in solchen Fällen der Ehegatte wäre, während die Geschwister leer ausgehen würden. Es würde nun sehr gekünstelt wirken und zu unnötigen Schwierigkeiten führen, wollte man in solchen Fällen dem Ehegatten nicht die Stellung eines Erben im deutschen Sinne zumessen. Daher kann der in dieser Richtung gehenden Auffassung des früheren Breslauer Professors und nunmehrigen Londoner Barristers Ernst *Cohn* nicht gefolgt werden, über die *Bab*[4] berichtet. Daran ändert nichts, daß die Konstruktion des gesetzlichen Vermächtnisses etwa bei Millionennachlässen, bei denen der feste Betrag von 20 000 Dollars eine verschwindend geringe Rolle spielt, der Sachlage durchaus angemessen sein kann.

e) Die mit dem deutschen Nachlaßverfahren unvereinbaren englischen bzw. kanadischen Erbrechtsnormen lassen sich dem deutschen Nachlaßverfahren nur derart anpassen, daß man die Lösung der Frage, ob die

---

[4] In der Jur. Rundschau 1952, 230.

Witwe infolge ihrer Berechtigung zum Erhalt der festen Summe von 20 000 Dollars als Erbin anzusehen ist, von der *Höhe des Nachlasses* abhängig machen muß. Dies mag eigenartig wirken und führt zweifelsfrei auch zu gewissen Unsicherheitsfällen bei bestimmter Höhe des Nachlasses (vgl. dazu unten), erscheint aber doch als die einzige Methode, welche wenigstens einen Teil der Fälle von vornherein sachgemäß entscheidet, während die Entscheidung in den anderen Fällen mindestens erleichtert wird.

aa) Damit ist die Witwe, welche die feste Summe von 20 000 Dollars erhält, dann *Alleinerbin,* wenn der Nachlaß diesen Betrag *nicht übersteigt.* Die nichts erhaltenden Verwandten werden auf diese Weise nicht künstlich in eine völlig sinnlose und formalistische Erbenstellung hineingedrängt.

bb) *Übersteigt* der Nachlaß den Betrag von 20 000 Dollars, so ist zu versuchen, die der Witwe anfallenden 20 000 Dollars in ein quotales Verhältnis einer Quote des Gesamtnachlasses zu bringen. *In* der *Höhe dieser,* sich aus der Nebeneinanderstellung des Gesamtnachlasses und des Betrages von 20 000 Dollars ergebenden *Quote* ist der Ehegatte *Erbe.* Ebenso ist die dem Ehegatten zufallende Hälfte an dem 20 000 Dollar übersteigenden Betrag in ein quotales Verhältnis zum Gesamtnachlaß zu bringen. Beide errechneten Quoten ergeben zusammengezählt dann das Erbrecht des Ehegatten im ganzen.

Es ist zuzugeben, daß diese Lösung an sich keine klare Grenze bringt. Dies muß aber wohl in Kauf genommen werden, um der zahlreichen anderen Fälle willen, in denen man zu einer den wirklichen Verhältnissen entsprechenden Lösung kommen kann. Im übrigen sind erfahrungsgemäß die Nachlässe in der Höhe von vielen Zehntausenden von Dollars sehr selten. Ihnen gegenüber scheint die Vielzahl der Fälle mit geringerem Nachlaß viel stärker ins Gewicht zu fallen.

f) In dem hier zu entscheidenden Fall besteht der Gesamtnachlaß ganz offenbar nicht aus mehr als 20 000 Dollar (etwa 74 000 DM – ein kanadischer Dollar = 3.70 DM). Damit sind die oben aufgezeigten Schwierigkeiten hier ohne praktische Bedeutung. Es läßt sich daher der überlebende Ehegatte als alleiniger Erbe bezeichnen.

## Nr. 62

### Liechtenstein

**1. Liechtensteinisches internationales und materielles Erbrecht; Nachlaßspaltung nach liechtensteinischem Kollisionsrecht.**

**2. Zur Qualifizierung von Gesellschaftsanteilen als beweglicher oder unbeweglicher Nachlaß, wenn es sich um eine reine Grundstücksgesellschaft handelt.**

**Hamburg G 156/67 vom 10. 11. 1967**

Herr Notar Dr. P. bittet das Institut um eine Rechtsauskunft in der Nachlaßsache M. A. R.-E. geb. von C.

Die am 19. 8. 1877 geborene Erblasserin starb am 10. 8. 1946 im Kanton Tessin, Schweiz. Zur Zeit ihres Todes hatte sie die Staatsangehörigkeit des Fürstentums Liechtenstein. Sie war nur einmal verheiratet, und zwar mit dem am 17. 10. 1870 geborenen Kaufmann Georg R.-E. Die Ehe war 1899 in Hamburg, dem damaligen Wohnsitz der Eheleute, geschlossen worden; beide Ehegatten besaßen damals die deutsche Reichsangehörigkeit. Aus der Ehe sind 4 Kinder hervorgegangen. Der Ehemann und alle Kinder haben die Erblasserin überlebt.

Zum Vermögen der Erblasserin gehörte ein Anteil an dem mit Wirkung vom 15. 12. 1924 errichteten Familienfonds, der eine Gesellschaft bürgerlichen Rechts mit Sitz und Verwaltung in Deutschland darstellt. Das Gesellschaftsvermögen besteht aus ideellen Anteilen an mehreren im Grundbuch von Hamburg-Neustadt-Nord eingetragenen Grundstücken.

Die Erblasserin verstarb, ohne eine Verfügung von Todes wegen zu hinterlassen; sie hatte auch keinen Ehe- oder Erbvertrag geschlossen, sondern im gesetzlichen Güterstand der Gütergemeinschaft hamburgischen Rechts gelebt.

Eine ihrer Töchter hat die Erteilung eines gemäß § 2369 I BGB gegenständlich beschränkten Erbscheins beantragt, der sie selbst sowie ihren Vater und ihre drei Geschwister als Erben von M. A. R.-E. ausweist.

## *I. Deutsches Internationales Erbrecht*

Nach dem aus den Artt. 24 und 25 EGBGB abgeleiteten allgemeinen Grundsatz des deutschen Internationalen Erbrechts ist Erbstatut das Recht des Staates, dem der Erblasser zur Zeit seines Todes angehört hat, vorausgesetzt, daß keine nach Art. 27 EGBGB zu beachtende Rück- oder Weiterverweisung vorliegt[1]. Danach ist hier vom liechtensteinischen Recht auszugehen.

## *II. Liechtensteinisches Recht*

### *1. Allgemeines*

Das Recht des Fürstentums Liechtenstein beruht weitgehend auf dem österreichischen Recht. Bereits durch Fürstliche Verordnung vom 18. 2. 1812 wurde das österreichische ABGB von 1811 mit Ausnahme der erbrechtlichen Bestimmungen in Liechtenstein in Kraft gesetzt; die das Erbrecht regelnden Bestimmungen des ABGB (§§ 531–824) wurden durch Fürstliche Verordnung vom 6. 4. 1846 eingeführt. Eine Fürstliche Ver-

[1] BGH 2. 5. 1966, BGHZ 45, 381.

ordnung vom 16. 10. 1819 hatte überdies bestimmt, daß alle Gesetzgebungsakte, die künftig in Österreich zur Ergänzung oder Änderung des ABGB erlassen würden, auch im Fürstentum Liechtenstein gelten sollten. Diese automatische Übernahme wurde später jedoch beseitigt und das Inkrafttreten der österreichischen Gesetze von der Sanktion durch die gesetzgebenden Organe Liechtensteins abhängig gemacht. – Im Jahre 1922 wurde mit der Neukodifizierung des bürgerlichen Rechts begonnen. Bisher sind erst zwei Teile des geplanten Zivilgesetzbuches in Kraft getreten: das Sachenrecht vom 31. 12. 1922 (Liechtensteinisches Landesgesetzblatt 1922 Nr. 4) und das Personen- und Gesellschaftsrecht vom 20. 1. 1926 (LGBl. 1926 Nr. 4). Durch die Einführungs- und Übergangsbestimmungen zum Personen- und Gesellschaftsrecht vom 20. 1. 1926 wurde jedoch gleichzeitig die Neufassung zahlreicher Bestimmungen des ABGB durch die drei österreichischen Teilnovellen der Jahre 1914/1916 in Liechtenstein eingeführt[2].

### 2. Liechtensteinisches Internationales Erbrecht

Im Bereich des Internationalen Privatrechts gelten in Liechtenstein die aus den einschlägigen Bestimmungen des ABGB entwickelten kollisionsrechtlichen Grundsätze des österreichischen Rechts, soweit nicht besondere liechtensteinische Vorschriften erlassen wurden. Solche kollisionsrechtliche Vorschriften enthält sowohl das Sachenrecht vom 31. 12. 1922 wie auch das Personen- und Gesellschaftsrecht vom 20. 1. 1926. Das Internationale Erbrecht ist im Gesetz betreffend die Abhandlung der Verlassenschaften von Ausländern vom 4. 12. 1911 (LGBl. 1911 Nr. 6) geregelt. Die einschlägigen Bestimmungen dieses Gesetzes geben die für das österreichische Internationale Erbrecht maßgebenden Grundsätze in Form einseitiger Kollisionsnormen wieder; sie haben folgenden Wortlaut[3]:

*Art. 1:*

„Über die innerhalb des Fürstentums Liechtenstein liegenden Güter eines verstorbenen Ausländers kommt dem fürstlichen Landgericht die Abhandlung im vollen Umfange zu.

Dasselbe hat daher die Beurteilung der Rechte aller Beteiligten und die Obsorge über die Berichtigung sämtlicher Abhandlungsgebühren nach den hierländischen Gesetzen zu pflegen.

Insbesondere aber ist das Landgericht betreffs des in Liechtenstein liegenden unbeweglichen Nachlasses eines Ausländers für den Erbrechtsstreit allein

---

[2] Hierzu eingehend *Gschnitzer*, Lebensrecht und Rechtsleben des Kleinstaates in der „Gedächtnisschrift Ludwig Marxer" (Zürich 1963) 19–52; vgl. auch *von In der Maur*, Die Rezeption des österreichischen allgemeinen bürgerlichen Gesetzbuches in Liechtenstein: Festschrift zur Jahrhundertfeier des ABGB Bd. I (1911) 753–762.

[3] Siehe *Makarov*, Quellen des IPR, Bd. I (2. Aufl. 1953 ff.) Liechtenstein S. 32 f.

zuständig, die Abhandlung ist nach liechtensteinischem Recht ohne Rücksicht auf einen ausländischen Erbrechtsstreit zu führen und das liechtensteinische Recht ist auch auf den im Ausland errichteten letzten Willen anzuwenden."

*Art. 2:*

„In Ansehung des beweglichen Vermögens der in dem Fürstentum oder im Auslande verstorbenen Ausländer hat das Landgericht, wenn der Verstorbene einem Staate angehört, welcher sich nach gleichen Grundsätzen benimmt, der zuständigen ausländischen Behörde des Erblassers sowohl die Erbschaftsabhandlung als die Entscheidung aller streitigen Erbansprüche zu überlassen und sich in der Regel darauf zu beschränken, für die Sicherung des Nachlasses und der Ansprüche derjenigen Erben und Legatare, welche liechtensteinische Untertanen oder in dem Fürstentum sich aufhaltende Fremde sind, dann für die Befriedigung der hierlandigen Gläubiger und der Verlassenschaftsgebühren nach den in den Artt. 5 bis 8 enthaltenen Vorschriften zu sorgen."

Es bestehen keine Bedenken, diese einseitigen Kollisionsnormen entsprechend den im österreichischen Internationalen Erbrecht geltenden Grundsätzen zu allseitigen Regeln auszuweiten. Danach gilt auch in Liechtenstein der Grundsatz der Nachlaßspaltung: Die gesetzliche Erbfolge in den unbeweglichen Nachlaß ist nach dem Recht des Staates zu beurteilen, in dem das Vermögen belegen ist. Die Erbfolge in den gesamten beweglichen Nachlaß eines liechtensteinischen Staatsangehörigen aber richtet sich nach dem in Liechtenstein geltenden Erbrecht, ohne Rücksicht darauf, wo der Erblasser seinen Wohnsitz oder seine Niederlassung hatte und wo sich die einzelnen zum beweglichen Nachlaß gehörenden Gegenstände befinden[4].

### 3. *Qualifikation des Anteils am „Familienfonds"*

Im vorliegenden Falle hängt somit die Anwendung deutschen oder liechtensteinischen Erbrechts davon ab, ob der Anteil der Erblasserin an der Gesellschaft bürgerlichen Rechts, deren Vermögen aus ideellen Anteilen an Hamburger Grundstücken besteht, als unbewegliches oder als bewegliches Vermögen anzusehen ist. Das liechtensteinische Sachenrecht vom 31. 12. 1922 bestimmt insoweit[5]:

*Art. 10:*

„Das am Ort der gelegenen Sache geltende Recht entscheidet, ob eine Sache als beweglich oder unbeweglich zu gelten hat."

---

[4] Für das österreichische Recht siehe *Klang*, Kommentar zum ABGB, Bd. I/1 (2. Aufl. 1949) 261; *Köhler*, IPR (3. Aufl. 1966) 143 ff.; *Ferid-Firsching*, Internationales Erbrecht (1955 ff.) Österreich, Grundzüge C III Anm. 12–17; *Walker*, Internationales Privatrecht (5. Aufl. 1934) 974 ff. (988).

[5] *Makarov*, Liechtenstein, 28.

Nach deutschem Recht ist ein Anteil an einer Gesellschaft des bürgerlichen Rechts gemäß der herrschenden Lehre die mitgliedschaftliche Zugehörigkeit zur Gesellschaft und die dadurch vermittelte Mitberechtigung am Gesamthandvermögen[6]. Dieser Anteil ist kein unbewegliches Vermögen – auch wenn zu dem Gesellschaftsvermögen Grundstücke gehören –, falls es sich um eine werbende Gesellschaft handelt[7]. Ob dagegen für eine Grundstücksgesellschaft etwas anderes gilt, ist zweifelhaft.

Der BGH läßt diese Frage dahingestellt[8]. Im Schrifttum wird jedoch hervorgehoben, daß die einhellige Praxis dahin gehe, den Anteil an einer Erbengemeinschaft, die als eine bloße Besitzgemeinschaft ohnehin zur Auflösung tendiert (§ 2042 BGB), je nach dem Inhalt des Nachlasses als bewegliches oder unbewegliches Vermögen zu behandeln oder auch zu spalten[9]. Dementsprechend wird angeregt, auch die Anteile an einer reinen Grundstücksgesellschaft, deren Vermögen so gut wie ausschließlich aus inländischen Immobilien besteht, als unbewegliches Vermögen zu behandeln[10].

Folgt man im vorliegenden Falle dieser Auffassung und nimmt eine Rückverweisung des liechtensteinischen Rechts auf das deutsche an, so entsteht dadurch für die Erben keine Unbilligkeit, da die Nachlaßverteilung auch nach liechtensteinischem Recht zu dem gleichen Ergebnis führt (unten 4.). Für das Nachlaßgericht aber ergibt sich angesichts der Besonderheiten des liechtensteinischen Rechts der Nachlaßabwicklung – über deren Einzelheiten dem Institut kein Materiel zur Hand ist – eine Vereinfachung des Verfahrens.

*4. Liechtensteinisches Erbrecht*

Nach den im Fürstentum Liechtenstein geltenden Vorschriften des ABGB sind gesetzliche Erben „zuvörderst diejenigen, welche mit dem Erblasser vermittelst ehelicher Abstammung durch die nächste Linie verwandt sind" (§ 730 Satz 1). „Zur ersten Linie gehören diejenigen, welche sich unter dem Erblasser, als ihrem Stamm vereinigen, nämlich: seine Kinder und ihre Nachkömmlinge" (§ 731 I). Der überlebende Ehegatte des Erblassers erbt gemäß dem auch in Liechtenstein in der Fassung der I. Teilnovelle

---

[6] Siehe *Soergel-Siebert(-Schultze - v. Lasaulx)* Vorbem. 21 zu § 705.

[7] BGH 5. 6. 1957, BGHZ 24, 352 (367).

[8] AaO 368.

[9] So *Neuhaus*, Anm. zu OLG Frankfurt a. M. 2. 7. 1953: RabelsZ 19 (1954) 556 ff., 566; er verweist auf zwei Entscheidungen des Reichsgerichts – RGZ 75, 295 und JW 1911, 655 Nr. 29 –, in denen eine solche Spaltung ausdrücklich gerechtfertigt wird. Die entgegengesetzte Auffassung von *Kegel*, IPR (2. Aufl. 1964) 131, beruht auf einer völlig anderen Gesamtkonzeption: er will überhaupt keine Rückverweisung auf die deutsche lex rei sitae akzeptieren.

[10] *Neuhaus* aaO.

von 1914 geltenden Wortlaut des § 757 ABGB „neben Kindern des Erblassers und deren Nachkommen zu einem Viertel des Nachlasses...".

Siehe § 53 der Einführungs- und Übergangsbestimmungen zum liechtensteinischen Personen- und Gesellschaftsrecht vom 20. 1. 1926.

## Nr. 63

**Polen**

**1. Bestimmung des Erbstatuts nach polnischem IPR.**

**2. Gesetzliche Erbfolge nach in Polen geltendem ABGB.**

**3. Eheschließungsform und Legitimation durch nachfolgende Eheschließung nach in Polen geltendem ABGB.**

**Heidelberg 25/68 vom 25. 7. 1968**

Das Landgericht Darmstadt – 5. Zivilkammer – bittet in der Nachlaßsache Siegmund und Mirjam K. das Institut für ausländisches und internationales Privat- und Wirtschaftsrecht der Universität Heidelberg um Auskunft über internationales Erbrecht.

Der Auskunft liegt folgender Sachverhalt zugrunde:

Am 25. 9. 1882 wurde in Izdebki, Bhm. Brzozów, damals Galizien (Österreich), Szamszon (Siegmund) K. geboren. Am 29. 6. 1878 wurde in Jaśliska, Bhm. Sanok, ebenfalls in Galizien, Mirjam M. geboren. Im Jahre 1902 oder 1903 sollen Szamszon K. und Mirjam M. nach jüdischem Ritus in Galizien geheiratet haben. Die Ehefrau hat vier Kinder geboren, nämlich Mirel M., jetzt in Los Angeles (USA), geb. 25. 4. 1904 in Polen; die Antragstellerin Rifka T., geb. 17. 4. 1906 in Jaśliska, jetzt wohnhaft in Neve Shanan (Israel); Moritz Mechel K., geb. 18. 12. 1907 in Polen; Abraham (Adolf) K., geb. 4. 10. 1915 in Fulda. In der Geburtsurkunde der Antragstellerin steht der Vermerk „unehelich"; ferner: „Szamszon K. in Jaśliska anerkennt die Vaterschaft". Im Jahre 1910 wanderte die Familie K. nach Deutschland ein, wo sie vom 17. 9. 1910 bis 1. 2. 1927 in Fulda polizeilich gemeldet war; die Frau wurde als Maria K. geb. M., der Mann als Samson K. aufgeführt. 1927 wanderten die Eltern und die Söhne nach Antwerpen aus; nach der Besetzung Belgiens im 2. Weltkrieg wurden sie in die Sammellager Mecheln bzw. Drancy deportiert und im Konzentrationslager umgebracht. Die Brüder hinterließen keine Kinder. Die Antragstellerin beantragte einen gegenständlich beschränkten Erbschein, nach dem sie und Mirel M. geb. K. je zur Hälfte Erben geworden sein sollen. Angaben zur Staatsangehörigkeit der Eltern liegen nur insoweit vor, als sie in Fulda als polnische Staatsangehörige gemeldet waren.

## A. INTERNATIONALPRIVATRECHTLICHE FRAGE

1. Art. 25 EGBGB bestimmt, daß ein Ausländer, der zur Zeit seines Todes im Inlande seinen Wohnsitz gehabt hat, nach dem *Recht seiner Staatsangehörigkeit* beerbt wird. Daraus und aus Art. 24 EGBGB wird der Grundsatz entnommen, daß jedermann nach dem Rechte des Staates beerbt wird, dem er zum Zeitpunkt seines Todes angehört hat[1]. Daher ist es notwendig zu wissen, welche Staatsangehörigkeit die Erblasser zur Zeit ihres Todes besessen haben. Gemäß den Akten des LG Darmstadt ist der Todeszeitpunkt auf 8. 5. 1945 festgesetzt. Zu diesem Zeitpunkt bestand der polnische Staat auch de facto wieder, ferner wurde die polnische Staatsangehörigkeit während des Krieges als fortbestehend anerkannt[2]. Daher können die Erblasser Polen gewesen sein, falls sie nicht in der Zwischenzeit belgische Staatsangehörige geworden waren. Der Erwerb der belgischen Staatsangehörigkeit hätte nämlich den Verlust der polnischen mit sich gebracht[3].

Es ist, da über einen Staatsangehörigkeitserwerb in Belgien nichts bekannt ist, davon auszugehen, daß die Erblasser als Polen gestorben sind.

Die Erblasser waren zwar vor ihrer Auswanderung nach Deutschland Österreicher; da sie aber in einer polnisch gewordenen Gemeinde heimatzuständig waren, sind sie nach der Auflösung Österreich-Ungarns Polen geworden, gleichgültig, wo ihr Wohnsitz war[4].

Somit verweist das deutsche internationale Privatrecht auf die Anwendung polnischen Rechtes.

Nun war Polen bezüglich des Erbrechtes bis zum 1. 1. 1947 ein Staat mit fünf verschiedenen Rechtsgebieten. Es erhebt sich daher die Frage, ob sich die *Verweisung* des deutschen Rechtes *allgemein* auf das „polnische" Recht bezieht oder ob mit Hilfe des deutschen IPR *sofort* die Anwendung der Teilrechtsordnung bestimmt werden soll[5]. Zumindest im vorliegenden Falle ist die Meinung *Raapes* vorzuziehen, da Polen sich im Jahre 1926

[1] Vgl. *Erman-Marquordt*, Handkommentar zum Bürgerlichen Gesetzbuch (4. Aufl. 1967) Artt. 24, 25 EGBGB, Anm. 1.

[2] Vgl. *Geilke*, Das Staatsangehörigkeitsrecht von Polen, Bd. 9 der Sammlung geltender Staatsangehörigkeitsgesetze (1952) 18 ff. Vgl. insbesondere Art. 2 Nr. 1 des Gesetzes vom 8. 1. 1951, betr. die polnische Staatsangehörigkeit, GBl. Position 25, abgedruckt aaO, 116.

[3] Vgl. Art. 11 des Gesetzes vom 20. 1. 1920 betr. die polnische Staatsangehörigkeit, GBl. 1920 Pos. 44, geändert durch Verordnung vom 3. 12. 1932, GBl. Pos. 896; abgedruckt bei *Geilke* aaO 53 f.

[4] Vgl. dazu Art. 2 des Gesetzes vom 20. 1. 1920, bei *Geilke* aaO 52.

[5] Für Bestimmung der Teilrechtsordnung: *Soergel-Siebert-Kegel*, BGB V. Band (9. Aufl. 1961) vor Art. 7 EGBGB Randz. 111; anders insbesondere *Raape*, IPR (5. Aufl. 1961) 146 ff., vor allem für Polen.

eine einheitliche Regelung des interlokalen Privatrechts gegeben hat[6]. Damit ist für das ganze Staatsgebiet einheitlich festgelegt, welches Recht anzuwenden ist; nach außen hin erscheint somit Polen als Einrechtsstaat[7].

2. Es ist zu prüfen, ob das polnische Recht diese Verweisung des deutschen Rechtes annimmt oder ob es bestimmt, daß ein anderes Recht gelten solle. Eine solche *Rückverweisung* ist nach Art. 27 EGBGB, der ausdrücklich die Bestimmung des Art. 25 EGBGB nennt, zu beachten[8]. Das polnische internationale Privatrecht ist ebenfalls am 2. 8. 1926 einheitlich geregelt worden[9].

Dieses Gesetz ist zwar seit 1. 7. 1966 außer Kraft[10], indessen ist nach allgemeinen Grundsätzen auf das Erbrecht jeweils das zum *Zeitpunkt des Todes* des Erblassers *gültige Recht* anzuwenden[11].

Das polnische IPR-Gesetz bestimmt in Art. 28 Abs. 1, daß das Heimatrecht des Erblassers zum Todeszeitpunkt anzuwenden ist. Die Erblasser sind Polen; demnach bestimmt auch das polnische IPR, daß polnisches Recht anzuwenden ist; die Verweisung wird angenommen.

Damit stimmt auch Art. 34 des (neuen) IPR-Gesetzes überein. – Die Ausnahme des Art. 28 Abs. 2 des (alten) Gesetzes, daß für die Erben nach ihrem Heimatrecht die Fähigkeit zum Erwerb des Nachlasses vorliegen muß, liegt hier ersichtlich nicht vor.

Art. 28 lautet: Abs. 1: In Nachlaßsachen findet das Heimatrecht des Erblassers Anwendung, dem er im Zeitpunkt seines Todes unterworfen war.

Abs. 2: Die Erben müssen nicht nur nach dem in Nachlaßsachen maßgeblichen Recht, sondern auch nach ihrem Heimatrecht erbrechtsfähig sein.

---

[6] Vgl. das Gesetz vom 2. 8. 1926 über das auf inländische Privatbeziehungen anzuwendende Recht, GBl. Pos. 580; abgedruckt bei *Ferid-Firsching,* IER Bd. IV (Stand 1967) Polen, Texte, 56; und bei *Makarov,* Quellen des Internationalen Privatrechts Bd. I (1953) Polen, 26 ff.

[7] Im Ergebnis stimmt hiermit auch *Kegel* überein, da er die Weiterverweisung von dem Rechte, das direkt durch die deutsche Kollisionsnorm bestimmt wird, zulassen will; vgl. dazu *Kegel,* Die Anwendung des Rechts ausländischer Staaten mit räumlicher Rechtsspaltung, in: Karl-Arnold-Festschrift (1955) 67 f.

[8] Kritisch und mit Nachweisen zur Rechtsprechung *Klaus Müller*, Zum Problem der Gesamtverweisung, in: Rechtsvergleichung und Rechtsvereinheitlichung, Festschrift zum fünfzigjährigen Bestehen des Instituts für ausländisches und internationales Privat- und Wirtschaftsrecht der Universität Heidelberg (Heidelberg 1967) 191 ff., 193 f.

[9] Vgl. Gesetz vom 2. 8. 1926 über das auf internationale Privatbeziehungen anzuwendende Recht, GBl. Pos. 581; abgedruckt bei *Ferid-Firsching,* aaO, Polen, Texte, 57 f.; und bei *Makarov* aaO, Polen, 4 ff.

[10] Vgl. Gesetz vom 12. 11. 1965 über das Internationale Privatrecht, GBl. Pos. 290, Art. 36 i. V. m. Art. 38; abgedruckt bei *Ferid-Firsching,* aaO, Polen, Texte, 185 ff., 187.

[11] Vgl. *Soergel-Siebert-Kegel,* aaO, vor Art. 24 EGBGB Randz. 4; dieser Grundsatz ist auch im polnischen Recht anerkannt, vgl. für das (materielle) Erbrecht Art. XVIII des Dekrets vom 8. 10. 1946, GBl. Pos. 329; abgedruckt bei *Ferid-Firsching,* aaO, Polen, Texte, 46 ff., 54.

## B. INTERLOKALPRIVATRECHTLICHE FRAGE

Sodann ist zu prüfen, welche der polnischen *Teilrechtsordnungen* anzuwenden ist. Hier bestimmt Art. 27 des oben erwähnten Gesetzes über das auf inländische Privatbeziehungen anzuwendende Recht:

Abs. 1. In Nachlaßsachen ist das Recht anzuwenden, dem der Erblasser im Zeitpunkt seines Todes persönlich unterworfen war.

Abs. 2. Die Erben müssen nicht nur nach dem in Nachlaßsachen maßgeblichen Recht erbrechtsfähig sein, sondern auch nach dem Gesetz, dem sie persönlich unterworfen sind.

Was das persönliche Recht ist, bestimmen die Artt. 1–3 dieses Gesetzes: abgestellt wird dabei auf den *Wohnsitz.* Als letzter Wohnsitz ist Antwerpen anzusehen, da eine Deportation keine Wohnsitzveränderung bewirken kann. Dieser Wohnsitz lag vom polnischen Standpunkt aus im Auslande, nämlich in Belgien. Hier gilt Art. 3 Abs. 1 Satz 3 des Gesetzes:

„Der im Auslande wohnende polnische Bürger ist dem Recht unterworfen, das an seinem letzten Wohnort in Polen gilt."

Letzter Wohnsitz der Erblasser in Polen war Jaśliska; dieses liegt südlich von Rzeszów, westlich des San; es hatte bis 1918 zu Österreich gehört und später zur Wojewodschaft Lemberg. An diesem Orte galt bis 1947 ununterbrochen das Recht des ABGB; dies auch während des 2. Weltkrieges, da Jaśliska bei der Teilung Polens nicht von der UdSSR besetzt wurde. Nun sind die Erblasser zwar *vor* der Wiederbegründung des Staates Polen ausgewandert, nämlich 1910. Man wird aber die Regel des Art. 3 Abs. 1 Satz 3 des genannten Gesetzes zurückzuprojizieren haben, da das sonst eintretende Recht der Hauptstadt der Republik, faktisch also kongreßpolnisches (französisches) Recht, gleich zu Beginn auf eine recht große Zahl von Personen anzuwenden gewesen wäre, die mit diesem Gebiete nie etwas zu tun gehabt hatten; zu denken ist an alle in einer später polnischen Gemeinde heimatzuständigen Österreicher, die in einem anderen Gebiete (des alten) Österreichs gewohnt haben. Somit wird auf das Recht des *österreichischen ABGB* verwiesen.

Fragen der Rückverweisung können hier nicht auftauchen, da es sich um im ganzen Staatsgebiete einheitlich geltendes interlokales Recht handelt.

## C. MATERIELLRECHTLICHE FRAGE

1. Das Erbrecht des ABGB hat während seiner Geltungsdauer im neuerstandenen Polen keine Änderung erfahren[12]. Da kein Testament vorliegt, regelt sich die Erbfolge als gesetzliche nach dem 13. Hauptstück des ABGB, §§ 727–761. Hier sind einschlägig die §§ 730, 731 Abs. 1, 732.

[12] Vgl. die Übersicht über den Rechtszustand in Polen vor 1947 bei *Ferid-Firsching,* aaO, Polen, Grdz., 18 f. Dort sind S. 19 beim deutschen und russischen Rechtsgebiet die Änderungen der Zeit nach 1918 aufgeführt.

Diese lauten:

*§ 730:*

„Gesetzliche Erben sind zuvörderst diejenigen, welche mit dem Erblasser vermittels ehelicher Abstammung durch die nächste Linie verwandt sind. Die Verwandtschaftslinien werden auf folgende Art bestimmt.

*§ 731 Abs. 1:*

Zur ersten Linie gehören diejenigen, welche sich unter dem Erblasser als ihrem Stamme vereinigen, nämlich: seine Kinder und ihre Nachkömmlinge.

*§ 732:*

Wenn der Erblasser eheliche Kinder des ersten Grades hat, so fällt ihnen die ganze Erbschaft zu, sie mögen männlichen oder weiblichen Geschlechtes, sie mögen bei Lebzeiten des Erblassers oder nach seinem Tode geboren sein. Mehrere Kinder teilen die Erbschaft nach ihrer Zahl in gleiche Teile. Enkel von noch lebenden Kindern und Urenkel von noch lebenden Enkeln haben kein Recht zur Erbfolge."

Bezüglich legitimierter und unehelicher Kinder bestimmen die §§ 752 und 754 (§ 753 behandelt durch Staatsakt legitimierte Kinder):

*§ 752:*

„Außer der Ehe geborene und durch nachher erfolgte Vermählung ihrer Eltern legitimierte Kinder; wie auch diejenigen, welchen ungeachtet eines bei der Verehelichung ihrer Eltern bestandenen Hindernisses die besondere Begünstigung des § 160 zukommt, genießen unter den in eben diesem § 160 und dem § 161 enthaltenen Beschränkungen auch in Rücksicht der gesetzlichen Erbfolge die Rechte ehelicher Kinder."

*§ 754:*

„In Rücksicht auf die Mutter und die Verwandten der Mutter haben uneheliche Kinder bei der gesetzlichen Erbfolge in das frei vererbliche Vermögen gleiche Rechte mit den ehelichen. Zu dem Nachlasse des Vaters und der väterlichen Verwandten gebührt den unehelichen Kindern keine gesetzliche Erbfolge."

(§ 160 betrifft Kinder aus Putativehen.)

Demnach kommt es auf die Frage an, ob die Antragstellerin eheliches Kind der Erblasser ist oder nicht. Dabei handelt es sich um eine sog. Vorfrage; das auf diese Vorfrage anwendbare Recht ist nach den Grundsätzen des deutschen IPR gesondert anzuknüpfen[13].

2. *Vorfrage*

a) Internationalprivatrechtliche Frage

aa) Art. 18 Abs. 1 EGBGB, der seit Inkrafttreten unverändert gilt, bestimmt, daß sich die eheliche Abstammung eines Kindes dann nach deut-

[13] Vgl. *Soergel-Siebert-Kegel,* aaO, vor Art. 24 EGBGB Randz. 11.

schem Rechte beurteilt, wenn der Ehemann der Mutter zur Zeit der Geburt Deutscher war. Daraus haben Rechtsprechung und Lehre den allgemeinen Satz gefolgert, daß auf die eheliche Abstammung das *Heimatrecht des Ehemannes der Mutter* anzuwenden ist[14]. Im vorliegenden Falle tauchen Probleme der Gleichberechtigung deshalb nicht auf, weil der Gleichberechtigungsgrundsatz erst ab 1. 4. 1953 gilt.

Dazu wäre als *weitere Vorfrage* zu klären, ob Szamszon K. zur Zeit der Geburt mit Mirjam geb. M. verheiratet war, wie dies von der Antragstellerin behauptet wird. Da dies eine Frage der Beweislage ist, zu der das Institut keine Stellung zu nehmen hat, ist auch diese Möglichkeit zu untersuchen. Auch diese Vorfrage ist getrennt anzuknüpfen. Da die Eheschließung 1902 oder 1903 stattgefunden haben soll, käme Art. 13 EGBGB zum Zuge. Dieser verweist auf österreichisches Recht, da damals beide Erblasser Österreicher waren. Das damalige österreichische IPR nahm die Verweisung an; denn auch das österreichische Recht bestimmte, daß das Recht zur Eheschließung sich nach dem heimatlichen Gesetze jedes der künftigen Ehegatten regelt[15].

Ein Ehehindernis ist, insbesondere da beide Eheleute jüdischer Religion waren, nicht zu sehen. Die *Form der Eheschließung* bestimmt sich bei Auslandsehen nach Art. 11 EGBGB[16]. Damit verweist das deutsche Recht auf österreichisches Recht. Das österreichische IPR nimmt auch diese Verweisung an[17].

Die Form der Eheschließung zwischen Juden wurde durch § 127 ABGB geregelt. Dieser lautet:

> „Die Trauung muß von dem Rabbiner oder Religionslehrer (Religionsweiser) der Hauptgemeinde des einen oder anderen verlobten Teiles, nachdem sie sich mit den erforderlichen Zeugnissen ausgewiesen haben, in Gegenwart zweier Zeugen vollzogen werden. Der Rabbiner oder Religionslehrer kann auch den Rabbiner oder Religionslehrer einer anderen Gemeinde zur Trauung bestellen."

Danach mußte, entgegen den Vorschriften des eigentlichen jüdisch-religiösen Rechtes[18], die Ehe vor dem Rabbi bzw. dem Religionsweisen geschlossen werden. Darauf scheinen die Angaben in der Akte („nach dem mosaischen Gesetz verheiratet") hinzuweisen; eine standesamtliche Eheschließung war in Österreich damals nicht vorgesehen.

---

[14] Vgl. *Erman-Marquordt*, aaO, Art. 18 EGBGB, Anm. 2; *Soergel-Siebert-Kegel*, aaO, Art. 18 EGBGB, Randz. 11.

[15] Vgl. *Walker* in *Klang*, Kommentar zum Allgemeinen bürgerlichen Gesetzbuch, 1. Bd., 1. Halbbd. (1. Aufl. 1933) § 37 ABGB, Anm. V A 1, S. 320; mit weiteren Nachweisen (Fußn. 146).

[16] Vgl. *Raape* aaO 249.

[17] Vgl. *Walker*, Internationales Privatrecht (3. Aufl. 1924) 568. – Das Haager Eheschließungsabkommen war damals noch nicht in Kraft.

[18] Vgl. *Lenhoff* in *Klang*, aaO, § 127 ABGB, Anm. I b, S. 804 f.

Auch die Verweisung des Art. 18 EGBGB wurde vom österreichischen Recht angenommen[19].

Die eheliche Abstammung wird nach dem Rechte des Staates beurteilt, dem der Ehemann der Mutter zur Zeit der Geburt des Kindes angehört. Nimmt man die Eheschließung im Jahre 1902 oder 1903 als geschlossen an, so wäre das Kind ehelich, da ein Grund einer Unehelichkeit nicht ersichtlich wäre.

bb) Da die Eheschließung zu diesem Zeitpunkt u. U. nicht genügend beweisbar ist, ist zu prüfen, ob die Antragstellerin auf anderem Wege zur Stellung eines ehelichen Kindes gekommen sein kann. Dies könnte nur im Wege der *Legitimation durch nachfolgende Ehe* geschehen sein. Für die Legitimation gilt Art. 22 EGBGB. Auch dieser ist zu einer zweiseitigen Kollisionsnorm ausgebaut worden, so daß der Grundsatz gilt: Eine Legitimation durch nachfolgende Ehe bestimmt sich nach den Gesetzen des Staates, dem der Vater zur Zeit der Eheschließung angehört[20].

Bedenken aus dem Grunde der Gleichberechtigung ergeben sich hier – außer aus dem oben aa) genannten Grunde – schon deshalb nicht, weil es sich hier vornehmlich um die Frage des rechtlichen Bandes gerade zum Vater handelt, also die Berücksichtigung seines Heimatrechts sachlich angemessen ist[21]. Da der Ehemann zu der Zeit, zu der allenfalls die nachfolgende Eheschließung stattgefunden haben kann (ab 1916 wäre die Antragstellerin über 10 Jahre alt gewesen und müßte daher eine Erinnerung an eine Hochzeit haben), Österreicher war, verweist das deutsche IPR auf das österreichische Recht. Auch hier nimmt das österreichische Recht die Verweisung an[22]. Somit ist die Frage der Legitimation nach österreichischem Recht zu prüfen.

b) Materiellrechtliche Frage

Das alte österreichische Recht hat zwar im eigentlichen Eherechte Bestimmungen enthalten, die nur auf Angehörige bestimmter Religionen bzw. Konfessionen anzuwenden waren; insbesondere sind die vom ABGB so genannten Judenehen (§§ 123–136 ABGB) zum Teil in Anlehnung an jüdisch-religiöses Recht stark abweichend vom allgemeinen Recht geregelt worden.

Hingegen sind im 3. Hauptstück (Von den Rechten zwischen Eltern und Kindern, §§ 137–186) keine Regeln enthalten, die auf konfessionelle oder

---

[19] Vgl. *Walker*, aaO, § 37 ABGB, Anm. V Bd. 1, S. 326.

[20] Vgl. *Erman-Marquordt*, aaO, Art. 22 EGBGB, Anm. 1; *Soergel-Siebert-Kegel*, aaO, Art. 22 EGBGB, Randz. 1.

[21] Vgl. *Makarov*, Die Gleichberechtigung der Frau und das internationale Privatrecht, RabelsZ 17 (1952) 382 ff., 391; *Siegrist*, Gleichberechtigung von Mann und Frau und internationales Privatrecht, RabelsZ 24 (1959) 54 ff., 108.

[22] Vgl. *Walker*, aaO, § 37 ABGB, Anm. V B 3, S. 330.

religiöse Verschiedenheiten abstellen. Hier einschlägig ist § 161. Dieser lautet:

„Kinder, welche außer der Ehe geboren und durch nachher erfolgte Verehelichung ihrer Eltern in die Familie eingetreten sind, werden, so wie ihre Nachkommenschaft, unter die ehelich erzeugten gerechnet; nur können sie den in einer inzwischen bestandenen Ehe erzeugten ehelichen Kindern die Eigenschaft der Erstgeburt und andere bereits erworbene Rechte nicht streitig machen."

Voraussetzung dazu ist die nach der Geburt erfolgte Eheschließung. Daß die Eltern zur Zeit der Geburt nach der hier untersuchten Alternative noch nicht miteinander verheiratet waren, wird durch den Eintrag in den Geburtsschein der Antragstellerin nahegelegt. Dafür, daß die Erblasser zur Zeit der Übersiedlung nach Fulda verheiratet waren, liegen jedoch genügend Anhaltspunkte vor. (Wird ausgeführt.)

Ergibt sich danach die Eheschließung der Erblasser, so hat die Tochter die Stellung eines ehelichen Kindes erlangt.

### 3. *Erbteile*

Demnach besteht eine begründete Wahrscheinlichkeit dafür, daß die Antragstellerin eheliches Kind der beiden Erblasser ist. Gleiches gilt für deren ältere Schwester.

Geht man davon aus, so erhalten sie gemäß § 732, u. U. in Verbindung mit § 752 ABGB jeweils die Hälfte des Nachlasses. Dieses ist, wie aus § 532 ABGB hervorgeht, eine Gesamtnachfolge wie nach deutschem Recht.

Geht man davon aus, daß weder eheliche Geburt noch Legitimation vorliegen, so hätten die Antragstellerin und deren Schwester nur ein Erbrecht nach der Mutter.

## ZUSAMMENFASSUNG

1. Auf den Erbfall K. ist das Recht des österreichischen ABGB, wie es am 8. 5. 1945 in Polen galt, anzuwenden.
2. Es spricht eine große Wahrscheinlichkeit dafür, daß die Erblasser – vor oder nach der Geburt der Erben – geheiratet haben. Dann erbt jede der beiden Schwestern nach beiden Erblassern zur Hälfte.
3. Hat die Eheschließung in Galizien stattgefunden, so hat sie vor einem Rabbiner oder Religionsweisen stattfinden müssen.
4. Geht man trotzdem von der Unehelichkeit der Geburt aus, so erben die beiden Schwestern nur nach der Mutter, und zwar auch je zur Hälfte.

## Nr. 64

## Sowjetunion (Bessarabien)

**1. Ist der Heimatstaat des Erblassers nach seinem Tode unter eine andere Souveränität getreten, so kommt es für die Abwicklung schwebender Erbfälle auf das Recht des Nachfolgestaates an.**

**2. Sowjetisches internationales Erbrecht.**

**3. Maßgebendes Recht für Bessarabien im Jahre 1940.**

**4. Gesetzliches Erbrecht des überlebenden Ehegatten und der ehelichen Kinder nach (nord-)bessarabischem Recht.**

**Hamburg G 143/68 vom 7. 10. 1968**

Das Amtsgericht Buxtehude bittet in der Nachlaßsache G. um eine Rechtsauskunft über Internationales Privatrecht und früher in Bessarabien geltendes Erbrecht.

Der Anfrage liegt folgender Sachverhalt zugrunde: Der Erblasser, Landwirt Samuel G., ist am 10. 4. 1940 in N./Kreis Bender (Bessarabien), seinem letzten Wohnsitz, gestorben. Das Institut hat am 23. 8. 1967 eine Rechtsauskunft über die Staatsangehörigkeit des Erblassers erteilt. Danach besaß er im Zeitpunkt seines Todes die rumänische Staatsangehörigkeit. Eine Verfügung von Todes wegen ist nicht vorhanden. Als Erben kommen die Witwe und sieben Kinder in Betracht. Sämtliche als Erben in Betracht kommenden Personen haben an der Anfang September 1940 zwischen Deutschland und der Sowjetunion vereinbarten Umsiedlung der Bessarabiendeutschen teilgenommen. Es wird ein Erbschein für Zwecke des Lastenausgleichs benötigt. Gefragt wird nach der Erbfolge.

### *I. Deutsches Internationales Privatrecht*

Die Erbfolge nach einem Ausländer, der mit letztem Wohnsitz im Ausland gestorben ist, richtet sich in analoger Anwendung von Artt. 24, 25 und 27 EGBGB nach dem Recht des Staates, dem der Erblasser im Zeitpunkt seines Todes angehörte, vorbehaltlich einer Rück- oder Weiterverweisung dieses Rechts auf das deutsche oder ein drittes Recht[1].

Der Erblasser besaß im Zeitpunkt seines Todes die rumänische Staatsangehörigkeit. Die Verweisungen des deutschen Internationalen Privat-

[1] *Soergel-Siebert(-Kegel)*, BGB, Bd. V (9. Aufl. 1961), Randz. 3, 4, 77 vor Art. 24 EGBGB mit Nachweisen aus Literatur und Rechtsprechung; BGH 2. 5. 1966, BGHZ 45, 351.

rechts beziehen sich grundsätzlich auf das *jetzige Recht* eines Landes unter Berücksichtigung seiner intertemporalen Vorschriften. Etwaige Änderungen, die nach dem Erbfall mit Wirkung für frühere Erbfälle eingetreten sind – sei es durch Rechtsprechung oder rückwirkende Gesetze –, sind also zu berücksichtigen[2]. Das entspricht nicht nur dem Wortlaut des EGBGB, sondern ist auch unter dem doppelten Gesichtspunkt des Entscheidungseinklanges mit dem Heimatrecht und der Zulassung einer rückwirkenden Selbstkorrektur dieses Rechts sinnvoll. Vernünftigerweise kommt jedoch eine rückwirkende Änderung des Erbrechts nur solange in Betracht, wie der Erbfall noch nicht abgewickelt ist; die Anordnung einer Neuverteilung bereits ausgeschütteter Nachlässe ist selbst unter revolutionären Rechtsverhältnissen nicht bekannt geworden.

Nun gehört das Lastenausgleichsverfahren in der Regel nicht zur Nachlaßauseinandersetzung, wenn nicht der Erbfall nach dem 1. 4. 1952 eingetreten ist; denn der Ausgleichsanspruch ist erst am 1. 4. 1952 entstanden und gehört daher nicht zum Nachlaß des vor diesem Datum Verstorbenen, sondern kommt *unmittelbar* seinen Erben zu. Immerhin ist denkbar, daß die Erbteilung hinsichtlich des verlorenen Vermögens, für das der Ausgleich erteilt werden soll, noch nicht durchgeführt war (vielleicht gerade wegen des Verlustes, wenn dieser vor Beginn oder während der Auseinandersetzung eintrat). Je nach Lage des Falles können daher nachträgliche Änderungen des Heimatrechtes des Erblassers berücksichtigt werden, die bis zum Abschluß der Erbauseinandersetzung oder mangels einer solchen bis zur Gegenwart erfolgt sind.

Zweifelhaft ist jedoch die Maßgeblichkeit des jetzigen Rechts des Heimatstaates, wenn die engere Heimat des Erblassers, durch die er mit seinem letzten Heimatstaat verbunden war, nach seinem Tode durch Abtretung, Verselbständigung oder dergleichen unter eine andere Souveränität getreten ist und daher die Bevölkerungsgruppe, zu welcher der Erblasser bei seinem Tode gehörte, die alte Staatsangehörigkeit verloren hat oder sie nur noch formell besitzt. Das EGBGB hat diesen Fall offenbar nicht im Auge gehabt. Sinngemäß kann dann nicht mehr der alte Heimatstaat befugt sein, in die Abwicklung schwebender Erbfälle einzugreifen, sondern nur der *Nachfolgestaat*; besonders deutlich wird dies, wenn man sich beispielsweise vorstellt, der abtretende Staat wolle etwa noch als gesetzlicher Erbe auftreten und somit vielleicht beachtliches Vermögen aus dem abgetretenen Gebiet an sich ziehen.

Tatsächlich hat gerade Rumänien im Jahre 1951 das gesetzliche Erbrecht des Staates praktisch erweitert, indem es die Frist für die Annahme von Erbschaften durch private Erben von 30 Jahren auf 6 Monate herabgesetzt hat. Die Anwendung dieser Vorschrift hat alte bessarabische Erbfälle

---

[2] Vgl. *Soergel-Siebert(-Kegel)*, Randz. 4 vor Art. 24 EGBGB mit Nachweisen.

– nachdem Bessarabien im Jahre 1940 an die Sowjetunion abgetreten worden ist – kommt daher nicht in Betracht. Für den vorliegenden Fall ist vielmehr statt vom rumänischen von dem seit 1940 bis heute in Bessarabien geltenden sowjetischen Recht auszugehen.

Ob der mit der Sowjetunion geschlossene Konsularvertrag der Bundesrepublik von 1958[3] überhaupt auf Erbfälle aus der Zeit vor seinem Inkrafttreten anzuwenden ist, kann hier dahinstehen. Denn jedenfalls dürfte dieser Vertrag nicht auf Erbfälle gemünzt sein, die rund zwanzig Jahre zuvor in dem damals zu Rumänien gehörenden Bessarabien eingetreten sind.

### *II. Sowjetisches Internationales Privatrecht*

1. Das *autonome* (nicht staatsvertragliche) Recht der UdSSR knüpft in Erbfällen an den letzten Wohnsitz des Erblassers an; in der Sowjetunion belegene Gebäude werden stets nach dem sowjetischen Recht beerbt. Das bestimmen Art. 127 des am 1. 5. 1962 in Kraft getretenen Gesetzes der UdSSR „Über die Grundlagen für die Zivilgesetzgebung der UdSSR und der Unionsrepubliken" und Art. 601 des neuen Zivilgesetzbuches der Moldauischen SSR[4]. Diese Vorschriften geben im wesentlichen den zuvor bestehenden Rechtszustand wieder und dürften mangels früherer positiver Normen auch auf ältere Fälle anzuwenden sein.

2. Gemäß Art. 129 der Grundlagen für die Zivilgesetzgebung der UdSSR und der Unionsrepubliken ist das autonome Recht der UdSSR nicht anwendbar, soweit ein *Staatsvertrag* der UdSSR oder einer Unionsrepublik eine andere Regelung enthält. Die UdSSR hat am 3. 4. 1958 mit Rumänien einen Vertrag über die Gewährung von Rechtshilfe in Zivil-, Familien- und Strafsachen geschlossen, nach dessen Art. 37 sich das Erbrecht hinsichtlich des beweglichen Vermögens nach der Staatsangehörigkeit des Erblassers im Zeitpunkt des Todes und hinsichtlich des unbeweglichen Vermögens nach dessen Belegenheit richtet[5]. Bei dieser Bestimmung

---

[3] Vertrag vom 25. 4. 1958, in Kraft getreten am 24. 5. 1959 (BGBl. 1959 II 233, 469).

[4] VVS SSSR 1961 Nr. 50 Pos. 525; deutsche Übersetzungen: *Arnold-Rathfelder*, Grundlagen des Zivilrechts und des Zivilprozeßrechts der UdSSR (1962) 76; *Waehler*, WGO 4 (1962) 11; Institut, RabelsZ 27 (1962/63) 722; – Zivilgesetzbuch der Moldauischen SSR vom 26. 12. 1964, in Kraft seit dem 1. 7. 1965; Text: Graždanskij Kodeks Moldauskoj SSR (Das Zivilgesetzbuch der Moldauischen SSR; Kišinev 1965); s. a. *Lunc*, Meždunarodnoe častnoe pravo (Internationales Privatrecht; Moskau 1949) 316–323.

[5] Vgl. Dogovory ob akozonii pravovoj pomošči po graždanskim, semejnym i ugolovnym delam, zaključennye Sovetskim Sojuzom v 1957–1958 gg. (Die von der Sowjetunion in den Jahren 1957–1958 geschlossenen Verträge über die Gewährung von Rechtshilfe in Zivil-, Familien- und Strafsachen; Moskau 1959) 149 (Art. 37); deutsche Übersetzung: *Makarov*, Quellen des IPR, II (2. Aufl. 1960, Loseblattsammlung) B II 24.

dürfte jedoch nicht an Erbfälle gedacht sein, die etwa zwanzig Jahre vorher in Bessarabien vor der Eingliederung dieses Gebietes in die UdSSR eingetreten sind. Eine nach Art. 27 EGBGB zu beachtende Rück- oder Weiterverweisung des sowjetischen Internationalen Privatrechts auf das Recht eines anderen Staates liegt somit nicht vor.

Der Einfachheit halber sei zuerst das alte bessarabische Recht dargestellt.

### *III. Bessarabisches Recht*

1. *Geltendes Recht* war in Bessarabien im Zeitpunkt des Todes des Erblassers (1940) der rumänische Codul civil[6]. Es war in den beiden Kreisen Kagul und Ismail, die erst aufgrund des Berliner Vertrages von 1878 an Rußland abgetreten wurden, bereits im Jahre 1865 eingeführt worden. Das rumänische Gesetz über die Gerichtsorganisation in der Fassung durch die Novelle vom 19. 12. 1925 bestätigte ausdrücklich die uneingeschränkte Fortgeltung des Codul civil in diesen beiden Kreisen[7]. In den übrigen Kreisen Bessarabiens erfolgte die Einführung des rumänischen Codul civil erst durch das „Gesetz über die Ausdehnung der Gesetzgebung des Alt-Königreichs auf Bessarabien" vom 4. 4. 1928[8].

Das Gesetz von 1928 führte den Codul civil in diesen Kreisen zudem nicht vollen Umfangs ein; in Kraft blieben nach dessen Art. 4 u. a. die gesetzlichen Bestimmungen über das Erbrecht des überlebenden Ehegatten sowie die Rechte der unehelichen Kinder und ihrer Eltern. Sieht man von den beiden Kreisen Kagul und Ismail ab, wo der rumänische Codul civil uneingeschränkt galt, so zerfiel das übrige Bessarabien auch nach 1928 hinsichtlich des Erbrechts des überlebenden Ehegatten in zwei Teilrechtsgebiete.

a) In dem einen Teilrechtsgebiet galt der „Svod zakonov" des russischen Reiches „in seinem ganzen Umfang" (Einleitung zum „Svod zakonov", Art. 4 I). Geographisch handelt es sich um den *Kreis Akkermann*, also etwa den südöstlichen Teil Bessarabiens.
b) In dem anderen Teilrechtsgebiet galten die „örtlichen Landesgesetze" und subsidiär die allgemeinen russischen Reichsgesetze, einschließlich des „Svod zakonov" (Einleitung zum „Svod zakonov", Art. 4 Abs. 2 sowie Abs. 3 und Anmerkung). Die örtlichen Landesgesetze beruhten auf römisch-byzantinischer Gesetzgebung. Geographisch läßt sich die-

---

[6] Deutsche Übersetzung: Bürgerliches Gesetzbuch für Rumänien, übersetzt von *Baum* und *Bucov*, Bukarest 1917.

[7] Vgl. Art. 322 I, III des Gesetzes über die Gerichtsorganisation von 1924, *Hamangiu*, Codul General al României, XI–XII (1922–1926) 56 ff.

[8] *Hamangiu*, XIII–XIV (1922–1928) 1251 ff.

ses Gebiet ungefähr mit der *nördlichen Hälfte Bessarabiens* umschreiben[9].

Im *Art. 4* der Einleitung zum „Svod zakonov" und der zugehörigen (amtlichen) Anmerkung heißt es:

"(I) Im Gebiet des Gouvernements Bessarabien erstreckt sich die Geltung des Zivilgesetzbuches in seinem ganzen Umfang auf den Kreis Akkermann...

(II) In den übrigen Orten dieses Gouvernements sind den Entscheidungen in Zivilsachen die örtlichen Landesgesetze und – im Falle ihrer Unzulänglichkeit – auch die allgemeinen Gesetze des Reiches zugrunde zu legen.

...

*Anmerkung* [zum Gesetzestext gehörend]: Durch den Allerhöchst bestätigten Beschluß des Staatsrates vom 15. 12. 1847 ist dem Regierenden Senat die Befugnis erteilt, den zuständigen Stellen zu bestätigen, daß in den Fällen der Unzulänglichkeit der in den sechs Büchern von Harmenopulo, in dem Buche des Donitsch und in der Konziliumsurkunde vom 28. 12. 1785 enthaltenen örtlichen bessarabischen Gesetze, die in Geltung bleiben, die Gesetze Rußlands gemäß dem in diesen Artikel (IV) aufgenommenen § 63 der Institution vom 29. 2. 1828 für die Verwaltung des bessarabischen Gebiets als Grundlage dienen."

Der Erblasser war mit dem oben unter b) genannten Rechtsgebiet durch seinen letzten Wohnsitz verbunden. Die Erbfolge bestimmt sich somit für die Witwe nach den Gesetzesbüchern des Harmenopulo und des Donitsch, für die Kinder nach dem Codul civil.

2. Eine zuverlässige Darstellung des *Erbrechts der Ehefrau* gemäß den in (Nord-)Bessarabien fortgeltenden Gesetzesbüchern des Harmenopulo und des Donitsch findet sich bei *Kasso* (aaO). Danach erbt die Witwe neben Kindern einen Kindesteil zu Eigentum[10].

3. Die für das *Erbrecht der Kinder* hier einschlägigen Vorschriften des *Codul civil* lauten:

*Art. 659:*

„Die Erbschaft fällt den Kindern und Abkömmlingen des Erblassers, seinen Verwandten aufsteigender Linie und denen der Seitenlinien in der Reihenfolge und nach den Vorschriften zu, die nachstehend bestimmt sind."

---

[9] Deutsche Übersetzung von Art. 4 der Einleitung zum „Svod zakonov": *Klibanski*, Handbuch des gesamten russischen Zivilrechts, II (1918) 478 f.; – s. a. Entscheidungen des Zivilkassationsdepartements des Dirigierenden Senats (künftig zitiert: Senatsentscheidung) 1880 Nr. 119; Plenarentscheidung des Senats 1893 Nr. 38; Senatsentscheidung 1900 Nr. 72; Senatsentscheidung 1912 Nr. 63; Senatsentscheidung 1914 Nr. 37; Senatsentscheidung 1915 Nr. 83; *Kasso*, Vizantijskoe pravo v Bessarabii (Moskau 1907) 11–12; *Makarov*, Das internationale Privatrecht des vorrevolutionären Rußlands: Zeitschrift für vergleichende Rechtswissenschaft 54 (1941) 249–291, hier 252 Anm. 2; *Flaischlen*, Das Eherecht Rumäniens, in: Rechtsverfolgung im internationalen Verkehr, 2. Aufl., IV/1 (1937) 825 mit N. 14 (aber mißverständlich); *Gerota*, in: Rechtsvergleichendes Handwörterbuch, I (1929) 189 (aber ungenau).

[10] *Kasso* 58 unter Hinweis auf *Harmenopulo*, Bd. 5, Abschnitt 8, § 81; *Donitsch*, Abschnitt 37, §§ 2, 6.

*Art. 669:*

„Die Kinder und deren Abkömmlinge beerben den Vater, die Mutter, die Großväter, die Großmütter und alle anderen Verwandten aufsteigender Linie ohne Unterschied des Geschlechts, auch wenn sie aus verschiedenen Ehen stammen. Sie erben zu gleichen Teilen, wenn sie alle dem ersten Grad angehören und kraft eigenen Rechts zur Erbschaft berufen sind. Sie erben nach Stämmen, wenn sie alle oder einer von ihnen aufgrund der Erbvertretung berufen sind."

4. Im *Ergebnis* sind danach die Witwe und die sieben Kinder je zu einem Achtel des Nachlasses zur Erbfolge berufen.

5. Zu beachten sind noch die Vorschriften des damaligen rumänischen Rechts über die *Annahme und Ausschlagung* der Erbschaft.

Gemäß Art. 651 Codul civil wird die Erbschaft mit dem Tode des Erblassers eröffnet. Die zur Erbfolge berufenen Personen haben sodann das Recht, die Erbschaft anzunehmen oder auszuschlagen.

Die einschlägigen Vorschriften des Codul civil lauten:

*Art. 689:*

„Die Annahme kann ausdrücklich oder stillschweigend erfolgen. Ausdrücklich ist sie, wenn man sich in einer öffentlichen oder Privaturkunde den Namen oder die Eigenschaft eines Erben beilegt. Stillschweigend ist sie, wenn der Erbe eine Handlung vornimmt, die er nur in seiner Eigenschaft als Erbe vornehmen kann und die seine Absicht, die Erbschaft anzunehmen, notwendigerweise voraussetzt."

*Art. 690:*

„Handlungen rein erhaltender Art, die nur eine vorläufige Fürsorge und Verwaltung bezwecken, begründen die Annahme der Erbschaft nicht, wenn derjenige, der sie vorgenommen hat, nicht unter dem Namen oder in der Eigenschaft eines Erben gehandelt hat."

*Art. 700:*

„Die Befugnis, eine Erbschaft anzunehmen oder auszuschlagen, verjährt in derjenigen Frist, die zur längsten Verjährung der unbeweglichen Rechte erforderlich ist."

*Art. 1890:*

„Alle dinglichen oder persönlichen Rechte und Ansprüche, die das Gesetz nicht für unverjähr- oder unversitzbar erklärt und für die es keine andere Verjährungs- oder Ersitzungsfrist festsetzt, verjähren in dreißig Jahren..."

Wahrscheinlich haben die Erben im vorliegenden Falle die Erbschaft gemäß Art. 689 Codul civil noch während ihres Aufenthaltes in Bessarabien angenommen, da sie zur Zeit des Erbfalles dort ihren Wohnsitz hatten und die Aussiedlung der Bessarabiendeutschen erst Herbst 1940 begann.

### *IV. Übergangsrecht*

Nach dem unter I Gesagten sind nun auch die im Zusammenhang mit der Eingliederung Bessarabiens in die Sowjetunion erlassenen *Übergangsbestimmungen* sowie die *intertemporalen Vorschriften des sowjetischen Rechts* zu beachten.

Die hier maßgebliche Bestimmung ist enthalten in der Verordnung des Präsidiums des Obersten Sowjets „Über die vorläufige Anwendung der Gesetzbücher der Ukrainischen SSR auf dem Gebiete der Moldauischen SSSR" vom 14. 12. 1940 und lautet:

*Nr. 2 c:*

„In Vermögensstreitigkeiten in Zivilsachen ... erkennen, unabhängig vom Zeitpunkt ihrer Entstehung, die Gerichte der Moldauischen SSR gemäß den ... Gesetzbüchern der Ukrainischen SSR." [11]

Das Ende 1940 in Bessarabien eingeführte sowjetische Recht beansprucht somit nur für streitige Rechtsverhältnisse Rückwirkung. Im vorliegenden Erbfalle war und ist jedoch offenbar kein Rechtsstreit anhängig.

Aufgrund der anläßlich der Änderung des sowjetischen Erbrechts in den Jahren 1945 und 1962 ergangenen intertemporalen Vorschriften ergibt sich ebenfalls nicht die Anwendbarkeit sowjetischen Erbrechts. Nach diesen Übergangsvorschriften ist nämlich neues sowjetisches Erbrecht nur auf diejenigen alten Erbschaften anzuwenden, welche von keinem der Erben angenommen sind und bei denen auch nicht mangels Erben das Nachlaßvermögen auf den Staat übergegangen ist [12].

Wenn auch im vorliegenden Falle zwischen dem Erbfall und der Einführung des Sowjetrechts in Bessarabien eine relativ kleine Zeitspanne liegt, so dürfte die Erbschaft gleichwohl innerhalb dieses Zeitraumes wenigstens von einigen der zur Erbfolge berufenen Personen angenommen worden sein. Somit bleibt es bei der oben unter III 5 dargestellten Erbfolge.

---

[11] VVS SSSR 1940 Nr. 51; Abdruck in: Sbornik zakonov SSSR i ukazov Prezidiuma Verchovnogo Soveta SSSR 1938–1961 (Moskau 1961) 39 f.

[12] Nr. 3 der VO des Präsidiums des Obersten Sowjets der UdSSR vom 14. 3. 1945, deutsche Übersetzung: *Ferid-Firsching*, Internationales Erbrecht, II (1961, Loseblattsammlung), UdSSR Texte B Nr. 3 a; Nr. 17 der VO vom 10. 4. 1962, VVS SSSR 1962 Nr. 15 Pos. 156.

Die anläßlich des Inkrafttretens des neuen Zivilgesetzbuches der Moldauischen SSR erlassenen intertemporalen Vorschriften liegen dem Institut bisher nicht vor. Es ist aber anzunehmen, daß sie mit den anläßlich des Inkrafttretens des neuen Zivilgesetzbuches der RSFSR erlassenen intertemporalen Vorschriften – nach denen hier keine rückwirkende Anwendung neuen Erbrechts in Betracht kommt – übereinstimmen; vgl. Nr. 16 des Dekrets der RSFSR vom 12. 6. 1964, deutsche Übersetzungen: *Waehler*, WGO 6 (1964) 219, und *Bank*, Zivilgesetzbuch der RSFSR (1965) 265.

## Nr. 65

## USA (Kalifornien)

**1. Qualifikation und Belegenheit des unbeweglichen Vermögens nach kalifornischem Kollisionsrecht.**

**2. Gesetzliches Erbrecht des nach kalifornischem Recht durch konkludente Ehelichkeitserklärung legitimierten unehelichen Kindes.**

**3. Behandlung der Nachlaßverwaltung kalifornischen Rechts im deutschen Erbschein.**

**Köln 88/68 vom 21. 11. 1968**

### RECHTSGUTACHTEN

Das Amtsgericht Essen hat um ein Gutachten in der Nachlaßsache Kl. über das gesetzliche Erbrecht des Staates Kalifornien/USA gebeten.

### SACHLAGE

Der Erblasser William (Wilhelm) Kl. ist, ohne eine Verfügung von Todes wegen errichtet zu haben, am 22. 1. 1960 in Los Angeles, Kalifornien/USA gestorben. Er besaß die US-amerikanische Staatsangehörigkeit. Sein letzter Wohnsitz war Los Angeles/Kalifornien, wo er sich 32 Jahre lang vor seinem Tode aufgehalten und einen Beruf ausgeübt hat.

Der Erblasser war unverehelicht; seine Eltern Karl und Bertha Kl., geb. S., sind 1929 und 1903 vorverstorben. Der Erblasser hat jahrelang mit einer Frau namens Rosemarie Kl., deren Eltern Deutsche waren, in Kalifornien zusammengelebt. Frau Kl. hat am 23. 10. 1955 in Los Angeles ein Kind namens William Kl. geboren, dessen Erzeuger der Erblasser ist. Dieses Kind ist von dem Erblasser stets als sein Sohn angesehen und bezeichnet worden. Er hat die Geburt angemeldet. Er hat es in sein Haus und die Gemeinschaft mit Frau Kl. aufgenommen und aufgezogen. Den Verwandten, Freunden und Kunden des Geschäfts gegenüber hat der Erblasser sich immer stolz als Vater seines Kindes bezeichnet. Eine gesetzliche Adoption des Kindes durch den Erblasser unter gerichtlicher Mitwirkung ist nicht erfolgt. Es ist nicht bekannt, ob der Erblasser die Vaterschaft zu dem Kind schriftlich, und in Anwesenheit eines geeigneten Zeugen unterzeichnet, anerkannt hat; ein Schriftstück, etwa Geburtsurkunde oder Hospitalanmeldung, die der Erblasser vorgenommen hat, ist nicht vorgelegt worden.

Im übrigen ist der Erblasser überlebt worden von:

1. Frau Maria K. geb. Kl. in Dortmund-Eving, S.str.,
2. Carl Kl. in Dortmund-Eving, O.str.,
3. …

…

25. Kurt Kr. in Eilenburg, F.str.,
26. Hans-Joachim Kr., Bammental-Heidelberg, R.str.

Es wird die Erteilung eines Erbscheins beantragt, der als Erben ausweist:

1.– 4. je zu $1/70$ Anteil,
5.– 8. je zu $1/280$ Anteil,
9.–11. je zu $1/42$ Anteil,
12.–20. je zu $1/28$ Anteil,
21. u. 22. je zu $1/84$ Anteil,
23.–26. je zu $1/336$ Anteil.

Eine Hälfte des Nachlasses wird von den Mitgliedern der Familie S., den Verwandten der Mutter des Erblassers, beansprucht. Sie beantragen die Erteilung eines Erbscheins, der sie als Erben zu hier aus den Akten nicht ersichtlichen Anteilen ausweist.

Zu dem in Deutschland befindlichen Nachlaß des Erblassers gehört ein Grundstück oder ein Recht an einem Grundstück, dessen Wert mit 85 000 DM angegeben wird.

## ANFRAGE

Das Amtsgericht bittet um Erstattung eines Gutachtens über die Erbfolge und fragt an, ob das Kind William Kl. erbberechtigt ist.

## RECHTSLAGE

### A. DAS AUF DEN ERBFALL ANZUWENDENDE RECHT

#### *I. Deutsches internationales Privatrecht*

*1. Artt. 24 und 25 EGBGB*

a) Grundsatz

Da ein Staatsvertrag zwischen den USA und Deutschland über das auf Erbfälle anzuwendende Recht nicht besteht, gelten die allgemeinen Kollisionsnormen. Aus Artt. 24 und 25 EGBGB folgt der Grundsatz, daß jeder nach dem Recht seines Heimatstaates bei seinem Tode beerbt wird[1].

---

[1] *BGHZ* 50, 63 [64]; 45, 351; *Kegel* in *Soergel-Siebert,* Kommentar zum BGB,

Da der Erblasser zur Zeit seines Todes die amerikanische Staatsangehörigkeit besaß, verweist das deutsche Kollisionsrecht auf das Recht der Vereinigten Staaten.

b) Unteranknüpfung

Die Verweisung ist unvollständig; denn in den Vereinigten Staaten gibt es weder ein einheitliches internationales noch ein einheitliches materielles Erbrecht. Auch das interlokale Kollisionsrecht ist in den Einzelstaaten unterschiedlich[2].

Um festzustellen, auf welchen Einzelstaates Recht verwiesen wird, muß eine Unteranknüpfung gewählt werden.

Zum Teil wird bei amerikanischen Staatsangehörigen an die Staatsbürgerschaft des Einzelstaates aufgrund des 14. Amendment § 1 S. 1 der Verfassung der USA angeknüpft[3].

Davon abweichend hat die Rechtsprechung meist auf den letzten Wohnsitz in einem Teilrechtsgebiet abgestellt, ohne zu unterscheiden, ob Wohnsitz i. S. des deutschen oder ausländischen Rechts gemeint ist[4].

Die Rechtssätze über Erwerb und Verlust des Wohnsitzes in einzelnen Teilrechtsordnungen brauchen jedoch nicht übereinzustimmen; tun sie es nicht, besteht die Möglichkeit des Doppelwohnsitzes oder der Wohnsitzlosigkeit. Deswegen läßt man besser anstelle des Wohnsitzes in Analogie zum deutschen interlokalen Privatrecht den *gewöhnlichen Aufenthalt*, hier den letzten gewöhnlichen Aufenthalt, entscheiden[5].

c) Wohnsitz nach dem Recht von Kalifornien

Der Erblasser hatte seinen Wohnsitz *(domicil)* nach dem Recht von Kalifornien in Kalifornien, wenn er in der Absicht, dort dauernd zu wohnen, sich aufgehalten hat[6].

---

Bd. V (9. Aufl. 1961) vor Art. 24 Randz. 3 und 4, S. 910; *Kegel*, IPR (2. Aufl. 1964) 354.

[2] *Ehrenzweig*, Private International Law (1967) 27, 43–44; *Ehrenzweig*, Conflict of Laws (1962) 33–34; *Kegel*, IPR, 138–139; *Nussbaum*, Grundzüge des internationalen Privatrechts (1952) 54–56.

[3] *Neuhaus*, Die Grundbegriffe des IPR (1962) 214; *Ferid-Firsching*, Internationales Erbrecht, Bd. III (1967) US Grdz. C III, Randz. 60 b; *Firsching*, Deutsch-amerikanische Erbfälle (1965) 79 f.; *Raape*, IPR (5. Aufl. 1961) 150; *Melchior*, Die Grundlagen des deutschen internationalen Privatrechts (1932) 215; *Frankenstein*, Internationales Privatrecht, Bd. 1 (1926) 93.

[4] *BGHZ* 27, 47 [51] = NJW 1958, 830 [831]; *RGZ* 126, 353; *BayObLGZ* 1962, 39; *OLG Karlsruhe* DNotZ 1957, 424 [425].

[5] *LG Bielefeld* NJW 1957, 1074 [1075]; *Kegel* in *Soergel-Siebert*, aaO, vor Art. 7 EGBGB Randz. 111, S. 539; *Kegel*, IPR, 138–139; *Kegel*, Die Anwendung des Rechts ausländischer Staaten mit räumlicher Rechtsspaltung, Festschrift für Karl Arnold (1955) 61 [76–77].

[6] *Witkin*, Summary of California Law (7. Aufl. 1960) Bd. 3, 2415; *Ehrenzweig*, aaO, Conflict, 241–242, 372–373; *Goodrich-Scoles*, Conflict of Laws (4. Aufl. 1964)

Da der Erblasser in Los Angeles 32 Jahre vor seinem Tode gelebt, gewohnt und gearbeitet hat, hat er dort sein *domicil* gehabt.

d) Zwischenergebnis

Im vorliegenden Fall führen alle Lösungen zu einer Verweisung auf das Recht von Kalifornien. Der Erblasser besaß die Einzelstaatsangehörigkeit von Kalifornien, er hatte dort seinen Wohnsitz nach deutschem und kalifornischem Recht und dort auch seinen letzten gewöhnlichen Aufenthaltsort.

*2. Art. 27 EGBGB*

Die Verweisung des deutschen IPR auf das Recht von Kalifornien ist eine Gesamtnormverweisung. Der deutsche Richter hat eine Rück- oder Weiterverweisung des Kollisionsrechtes von Kalifornien gemäß Art. 27 EGBGB zu beachten. Die Rückverweisung ist bindend, gleichgültig, ob das fremde Recht auf die deutschen Sach- oder Kollisionsnormen verweist. Im letzteren Fall wird nach h. M. die Verweisung hier abgebrochen[7].

*3. Geltungsbereich des Erbstatuts*

Das Erbstatut zieht den Kreis gesetzlicher Erben. Das internationale Familienrecht entscheidet über das Vorliegen eines familienrechtlichen Bandes als Voraussetzung der Erbeneigenschaft[8].

## *II. Kalifornisches internationales Privatrecht*

*1. Grundsatz*

Das kalifornische Kollisionsrecht folgt dem *common-law*-Grundsatz der Nachlaßspaltung. Über die Vererbung beweglichen Vermögens entscheidet das Recht des letzten Wohnsitzes *(domicil)* des Erblassers, über die Vererbung unbeweglichen Vermögens das Recht des Lageortes[9].

32–33, 43–44; *Restatement* of the Law of the Conflict of Laws, 1934, §§ 9, 11, 14, 15, 16, 18; *California Annotations* to the Restatement of the Law of Conflict of Laws, 1939, Nachweise zu §§ 9–18.

[7] *BGHZ* 45, 351 [352–353]; *BGH* NJW 1958, 750; *RGZ* 136, 361 [365–366]; *BayObLGZ* 1958, 34 [38]; *Kegel* in *Soergel-Siebert,* aaO, vor Art. 24 Randz. 74, S. 926; Art. 27 Randz. 16, S. 939.

[8] *Kegel* in *Soergel-Siebert,* aaO, vor Art. 24 Randz. 11, S. 912 mit Nachweisen in Fußn. 24 und 25.

[9] *In re Grace's Estate,* 200 P. 2 d 189 (Calif. Dist. Ct. App. 1948); *In re Clavo's Estate,* 93 Pac. 295 (Calif. Dist. Ct. App. 1907); *California Practice,* Probate Court Practice, Bd. 2, § 962 (1955).

*2. Qualifikation und Belegenheit des unbeweglichen Vermögens*

a) Bei der Anwendung ausländischer Kollisionsnormen sind die Systembegriffe, an die das ausländische Recht anknüpft, im Sinne des ausländischen Rechts zu verstehen. Das deutsche internationale Privatrecht verweist hinsichtlich der *Auslegung* von Systembegriffen auf das Recht, das sie verwendet[10]. Da nicht das deutsche Kollisionsrecht, sondern das Recht des Staates Kalifornien die Unterscheidung von beweglichen und unbeweglichen Gegenständen einführt, ist die Qualifikation von deutscher Sicht aus nach dem Recht von Kalifornien zu entscheiden.

b) Das internationale Privatrecht von Kalifornien verweist seinerseits für diese *Frage der Qualifikation des Vermögensgegenstandes* als beweglich oder unbeweglich auf das Belegenheitsrecht und folgt damit einer allgemeinen anglo-amerikanischen Qualifikationsregel[11].

Dagegen wird die *Belegenheit von Rechten* und damit auch im vorliegenden Fall gegebenenfalls die Belegenheit eines Anteils an dem deutschen Grundstück vom IPR von Kalifornien selbst bestimmt: nach anglo-amerikanischem Konfliktsrecht ist ein Recht, das sich auf ein Grundstück bezieht, am Lageort des Grundstücks (situs) belegen. Das ergibt sich aus der eben erwähnten Konfliktsregel für die Qualifikation von Sachen und Rechten[12]. Daraus folgt, auch das *interest* (etwa Rechtsbeziehung oder Recht) ist am Lageort der Sache belegen[13].

*3. Bedingte Rückverweisung*

Die h. M. nimmt die Rückverweisung auf das deutsche Recht im Falle der Vererbung eines in Deutschland belegenen Grundstücks oder Grundstücksanteils an und bricht sie hier ab[14].

Ich bin jedoch der Ansicht, daß die Frage der Rückverweisung letztlich nicht beantwortet zu werden braucht. Die Staaten, die die Nachlaßspaltung in bewegliches und unbewegliches Vermögen kennen, überließen die Regelung der Rechtsverhältnisse des unbeweglichen Vermögens dem Be-

---

[10] *BGHZ* 24, 352 [355]; *OLG Frankfurt*, RabelsZ 19 (1954), 554 [555]; *Kegel* in *Soergel-Siebert*, aaO, Randz. 275 vor Art. 7 EGBGB, S. 583; *Kegel* IPR 130.

[11] *In re Tutules' Estate*, 22 Cal. Rptr. 427 (Calif. Dist. Ct. App. 1962); *Western Union Telegraph Co.* v. *Modesto Irrigation Co.*, 87 Pax. 190 (Calif. Sup. Ct. 1906); *Restatement* aaO § 208; *California Annotations* aaO § 208; *Goodrich-Scoles*, Conflict of Laws (4. Aufl. 1964) 293; *Stumberg*, Principles of Conflict of Laws (3. Aufl. 1963) 371–372 Fußn. 2.

[12] *Restatement* aaO § 208: „The characterization of an *interest* in a tangible thing is determined by the law of the state *where the thing is*". 16 *Am. Jur. 2d*, Conflict of Laws, § 14.

[13] Vgl. *Cook*, The Logical and Legal Bases of the Conflict of Laws (1949) 259, 262; *Neuhaus*, RabelsZ 19 (1954) 557–558.

[14] Vgl. oben S. 684.

legenheitsstaat hauptsächlich aus *öffentlichen* Interessen (das Grundvermögen war politisch bedeutsam); heute geschieht es vornehmlich aus *Verkehrs- und Ordnungsinteressen* (Durchsichtigkeit der Rechtslage für den Verkehr, Vermeidung schwer anwendbaren Rechts für Gerichte und Behörden)[15].

In *Deutschland* überwiegt dagegen das Interesse an *Nachlaßeinheit*. (Vgl. Art. 25 Satz 1 EGBGB.) Das verbietet es, die Rückverweisung für deutsche „immovables" anzunehmen, wenn nicht auch für „movables" (wegen letzten Domizils des Erblassers im Inland) auf deutsches Recht zurückverwiesen wird. Im vorliegenden Fall hat der Erblasser sein letztes Domizil nach dem Recht von Kalifornien in diesem Staate gehabt (oben S. 683 f.). Mit Rücksicht auf die Nachlaßeinheit ist daher die bedingte Rückverweisung auf deutsches Recht als lex rei sitae für „immovables" nicht anzunehmen. Der Erblasser wird daher allein nach dem Recht von Kalifornien beerbt.

*4. Zwischenergebnis*

Folgt das Gericht der h. M., dann richtet sich die Erbfolge nach deutschem Recht, weil der unbewegliche Nachlaß in Deutschland belegen ist; will das Gericht sich meiner Ansicht anschließen, dann herrscht das Recht von Kalifornien.

## B. DEUTSCHES UND KALIFORNISCHES MATERIELLES ERBRECHT

### *I. Deutsches Recht*

*1. Erbfolge*

Nach deutschem Erbrecht sind Erben der ersten Ordnung die Abkömmlinge des Erblassers (§ 1924 BGB). Hierunter vereinigen sich eheliche, durch nachfolgende Eheschließung oder Ehelichkeitserklärung legitimierte und adoptierte Kinder; nicht gehören hierzu uneheliche Kinder[16]. Gesetzliche Erben zweiter Ordnung sind die Eltern des Erblassers und deren Abkömmlinge (§ 1925 BGB).

Wer hier Erbe ist, hängt also davon ab, ob das Kind William Kl. zu den Erbberechtigten nach § 1924 BGB gehört.

---

[15] *Ehrenzweig*, A Treatise on the Conflict of Laws (1962) 654, 658 f.; *Stumberg* aaO 371–372 Fußn. 2.

[16] Vgl. dazu *Palandt(-Keidel)*, Kommentar zum BGB (27. Aufl. 1968) § 1924 Anm. 3, S. 1426–1427.

*2. Erbschein*

Wenn für die Erbfolge deutsches Recht maßgibt, ist ein (Eigenrechts-) Erbschein nach § 2353 BGB zu erteilen, der gegenständlich beschränkt sein kann[17].

## *II. Kalifornisches Recht*

*1. Erbfolge*

Bei Anwendung kalifornischen Erbrechts richtet sich die Erbfolge nach:

*§ 222 Probate Code:*

„If the decedent leaves no surviving spouse, but leaves issue, the whole estate goes to such issue; and if all of the descendants are in the same degree of kindred to the decedent they share equally otherwise they take by right of representation."

Hinterläßt der Erblasser keinen überlebenden Ehegatten, aber Abkömmlinge, dann fällt der gesamte Nachlaß an diese; sind alle Abkömmlinge im selben Grad mit dem Erblasser verwandt, so erben sie zu gleichen Teilen; andernfalls erben sie den Anteil nach dem Repräsentationsrecht.

Unter *issue* = Abkömmlinge sind eheliche, legitimierte und adoptierte Kinder zu verstehen[18].

*§ 225 Probate Code:*

„If the decedent leaves neither issue nor spouse, the estate goes to his parents in equal shares, or if either is dead to the survivor, or if both are dead in equal shares to his brothers and sisters and to the descendants of deceased brothers and sisters by right of representation."

Hinterläßt der Erblasser weder Abkömmlinge noch einen Ehegatten, dann erben seine Eltern zu gleichen Teilen oder, wenn einer von ihnen vorverstorben ist, der überlebende; leben zur Zeit des Erbfalls beide Eltern nicht mehr, dann erben zu gleichen Teilen seine Geschwister und die Nachkommen seiner verstorbenen Geschwister nach dem Repräsentationsrecht.

*§ 255 Probate Code:*

„Every illegitimate child, whether born or conceived but unborn, in the event of his subsequent birth, is an heir of his mother, and also of the person who, in writing, signed in the presence of a competent witness, acknowledges him-

Jedes uneheliche Kind, das geboren oder empfangen, aber [zum Zeitpunkt des Erbfalls] noch nicht geboren ist, ist im Falle nachfolgender Geburt Erbe seiner Mutter und auch der Person, die schriftlich, und unterzeichnet in der

---

[17] *Kegel* in *Soergel-Siebert*, aaO, vor Art. 24 Randz. 67, S. 924; *Kegel*, IPR, 367; *Palandt(-Keidel)*, aaO, § 2369 Anm. 2 b, S. 1730.

[18] *White Estate*, 160 P. 2 d 204 (Calif. Dist. Ct. App. 1945); *Herbert Estate*, 109 P. 2d 729 (Calif. Dist. Ct. App. 1941); *Darling Estate*, 159 Pac. 606 (Calif. Sup. Ct. 1916).

self to be the father, and inherits his or her estate, in whole or in part, as the case may be, in the same manner as if he had been born in lawful wedlock; but he does not represent his father by inheriting any part of the estate of the father's kindred, either lineal or collateral, unless, before his death, his parents shall have intermarried, and his father, after such marriage, acknowledges him as his child, or adopts him into his family; in which case such child is deemed legitimate for all purposes of succession. An illegitimate child may represent his mother and may inherit any part of the estate of the mother's kindred, either lineal or collateral."

Gegenwart eines geeigneten Zeugen, anerkennt, der Vater zu sein; es erbt seinen oder ihren Nachlaß ganz oder gegebenenfalls zum Teil in derselben Weise, als ob es ehelich geboren wäre; es tritt aber nicht an die Stelle seines Vaters bei der Beerbung der Verwandten des Vaters in gerader oder Seitenlinie, es sei denn, daß vor dem Erbfall seine Eltern geheiratet haben und sein Vater nach der Heirat es als sein Kind anerkennt oder in seine Familie adoptiert; in diesem Fall wird das Kind für alle erbrechtlichen Zwecke als ehelich betrachtet. Ein uneheliches Kind kann an die Stelle seiner Mutter treten und nach ihren Verwandten in der geraden oder Seitenlinie erben.

Das Kind William Kl. kann also gemäß § 222 Probate Code Erbe nach seinem Vater vor den Seitenverwandten des Erblassers geworden sein, wenn es legitimiert oder adoptiert worden ist und deswegen die Stellung eines ehelichen Kindes hat. Als uneheliches Kind kann es vor den Seitenverwandten des Erblassers Erbe gemäß § 255 Probate Code geworden sein, wenn er die Vaterschaft schriftlich, und in Gegenwart eines geeigneten Zeugen unterzeichnet, anerkannt hat.

Da eine schriftliche Anerkennung, unterzeichnet in Gegenwart eines geeigneten Zeugen, durch den Erblasser weder in der Form der Geburtsurkunde noch durch Registereintrag im Hospital nachgewiesen werden konnte, bleibt zu prüfen, ob das Kind William Kl. vom Erblasser legitimiert oder adoptiert worden ist.

### 2. *Erbschein*

Herrscht über die Erbfolge kalifornisches Recht, dann ist ein (Fremdrechts-) Erbschein nach § 2369 BGB zu erteilen, da es an der von der h. M. allein anerkannten Statutszuständigkeit eines deutschen Nachlaßgerichts fehlt[19].

## C. DAS AUF DIE LEGITIMATION ANZUWENDENDE RECHT

Ob das Kind William Kl. Erbe gemäß § 1924 BGB oder § 222 Probate Code nach seinem Vater geworden ist, hängt von seinem Erwerb der Stellung eines ehelichen Kindes des Erblassers ab. Diese kann es durch Legi-

---

[19] Vgl. *Kegel* in *Soergel-Siebert*, aaO, vor Art. 24 Randz. 68, S. 925; *Kegel*, IPR, S. 367–368; *Palandt(-Keidel)*, aaO, § 2369 Anm. 2, S. 1730–1731.

timation oder Adoption erworben haben, wenn seine Aufnahme in das Haus und die Familie des Vaters eine Legitimation oder Adoption darstellt.

### *I. Deutsches internationales Privatrecht*

#### *1. Art. 22 Abs. 1 EGBGB*

a) Grundsatz

Aus Art. 22 Abs. 1 EGBGB ist die allseitige Kollisionsnorm abzuleiten, daß die Legitimation und die Adoption sich nach dem Recht des Vaters zur Zeit der Legitimation bzw. nach dem Recht des Annehmenden zur Zeit der Annahme richten[20]. Das deutsche Kollisionsrecht verweist also auf das Recht der Vereinigten Staaten von Amerika.

b) Unteranknüpfung[21]

c) Wohnsitz nach dem Recht von Kalifornien[22]

d) Zwischenergebnis

Das deutsche Kollisionsrecht verweist also auf das Recht des Staates Kalifornien.

#### *2. Art. 22 Abs. 2 EGBGB*

a) Grundsatz

Gemäß Art. 22 Abs. 2 EGBGB müssen zur Wirksamkeit der Legitimation oder Adoption die nach deutschem Recht erforderlichen Einwilligungen des Kindes und eines Dritten, zu dem das Kind in einem familienrechtlichen Verhältnis steht, vorliegen, wenn das Kind die deutsche Staatsangehörigkeit besitzt und der Vater oder der Annehmende Ausländer ist.

Im Falle der Ehelichkeitserklärung nach §§ 1723 ff. BGB müssen gemäß § 1726 Abs. 1 S. 1 die Einwilligungen des Kindes und gegebenenfalls der Mutter des Kindes, im Falle der Adoption nach §§ 1741 ff. BGB müssen gemäß § 1747 Abs. 1 die Einwilligungen der Eltern bzw. der Mutter des Anzunehmenden vorliegen.

b) Staatsangehörigkeit des Kindes William Kl.

Da das Kind William Kl. in Los Angeles/Kalifornien/USA geboren worden ist, besitzt es die US-amerikanische Staatsangehörigkeit gemäß 8

---

[20] *BGH* FamRZ 1960, 229; *BayObLG* StAZ 1965, 275; *KG* OLGZ 1966, 244; *Kegel* in *Soergel-Siebert*, aaO, Art. 22 Randz. 1, S. 878; Randz. 20, S. 883; Randz. 31, S. 886; Randz. 34, S. 886; *Kegel*, IPR, 335–336; *Palandt(-Lauterbach)*, aaO, Art. 22 EGBGB, Anm. 1 und 2, S. 1790.

[21] Vgl. oben S. 683. [22] Vgl. oben S. 683 f.

U. S. C. A. § 1401 (a) (1) Immigration and Nationality Act. Die Staatsangehörigkeit der Mutter des Kindes ist nicht bekannt. War sie bei Geburt des Kindes US-Amerikanerin, dann hat das Kind keine andere Staatsangehörigkeit erworben. War sie jedoch Deutsche, wofür spricht, daß ihre deutschen Eltern in Deutschland lebten, und hat sie die deutsche Staatsangehörigkeit vor Geburt des Kindes nicht verloren, dann hat das Kind William Kl. aufgrund der unehelichen Geburt auch die deutsche Staatsangehörigkeit der Mutter gemäß § 4 Abs. 1 S. 1 2. HS RStAngG erworben.

Ist das Kind William Kl. Mehrstaater mit deutscher Staatsangehörigkeit, dann unterliegt es nach vielleicht noch herrschender Meinung deutschem Recht[23].

Die Gegenmeinung will bei Doppel- bzw. Mehrstaatern diese Regel im IPR nicht anwenden, sondern die Angehörigkeit zu dem Staat maßgeben lassen, dem der Mehrstaater am engsten verbunden ist, wobei an erster Stelle der gewöhnliche Aufenthalt in einem der Staaten entscheidet[24]. Nach der einen Ansicht (immer deutsches Recht) müssen also hier die nach deutschem Recht erforderlichen Einwilligungen vorliegen, nach der anderen Ansicht (gewöhnlicher Aufenthalt, hier Kalifornien) dagegen nicht.

### *3. Art. 27 EGBGB*

Der deutsche Richter hat eine Rück- oder Weiterverweisung des durch Art. 22 Abs. 1 EGBGB berufenen fremden Rechts zu beachten, obwohl Art. 27 EGBGB den Art. 22 EGBGB nicht nennt[25].

### *4. Geltungsbereich*

Art. 22 EGBGB betrifft die Legitimation durch nachfolgende Ehe und durch Ehelichkeitserklärung sowie die Adoption und die wesensgleichen Regeln fremder materieller Rechte[26].

## *II. Kalifornisches internationales Privatrecht*

### *1. Qualifikation*

Das kalifornische Recht kennt eine „Adoption" eines unehelichen Kindes durch seinen Vater dadurch, daß er es öffentlich als sein Kind anerkennt, es gegebenenfalls mit Zustimmung seiner Ehefrau in seine Familie auf-

---

[23] *BayObLGZ* 1964, 385 [388]; *OLG Celle* FamRZ 1963, 365; *Kegel* in *Soergel-Siebert*, aaO, Art. 22 Randz. 51, S. 890; *Kegel* aaO 155–156.

[24] *Kegel* aaO; *Ferid*, Zur kollisionsrechtlichen Behandlung von Inländern mit zugleich ausländischer Staatsangehörigkeit, RabelsZ 23 (1958), 498–514.

[25] *Kegel* in *Soergel-Siebert*, aaO, Art. 22 Randz. 48 S. 890; *Palandt(-Lauterbach)*, aaO, Art. 22 EGBGB Anm. 1, S. 1790.

[26] *Kegel* in *Soergel-Siebert*, aaO, Art. 22 Randz. 9, S. 880.

nimmt und sonst behandelt, als wäre es sein eheliches Kind. Dadurch erwirbt das Kind die Stellung eines ehelichen Kindes.

*§ 230 Civil Code:*

„The father of an illegitimate child, by publicly acknowledging it as his own, receiving it as such, with the consent of his wife, if he is married, into his family, and otherwise treating it as if it were a legitimate child, thereby adopts it as such; and such child is thereupon deemed for all purposes legitimate from the time of its birth. The foregoing provisions of this chapter do not apply to such an adoption."

Der Vater eines unehelichen Kindes nimmt, dadurch, daß er es öffentlich als sein Kind anerkennt, es mit Zustimmung seiner Ehefrau, wenn er verheiratet ist, in seine Familie aufnimmt und im übrigen so behandelt, als wäre es sein eheliches Kind, es als solches an; dieses Kind gilt dadurch als ehelich seit der Geburt für alle Zwecke. Die vorhergehenden Vorschriften dieses Abschnitts finden auf eine solche Adoption keine Anwendung.

Zweck dieser Vorschrift ist, dem Vater zu ermöglichen, sein [uneheliches] Kind durch Aufnahme als eheliches Kind in seine Familie *diskret* („without publicity") für ehelich zu erklären und ihm so *unauffällig* Schadensersatz und Genugtuung zu leisten, was in einem gerichtlichen Adoptionsverfahren nicht gewährleistet ist[27].

Da es sich im Fall des § 230 Civil Code um eine Legitimation durch konkludente Ehelichkeitserklärung im Gegensatz zu der Legitimation durch nachfolgende Eheschließung gemäß § 215 Civil Code und zur Adoption durch gerichtlichen *adoption decree* gemäß §§ 220–229 Civil Code handelt, haben Gerichte entschieden, daß in § 230 Civil Code das Wort *adopts* im Sinne von *legitimates* zu verstehen ist, und daß § 230 Civil Code ein *„statute of legitimation rather than adoption"* ist[28].

### 2. *Kollisionsnorm für die Legitimation*

Nach kalifornischem Kollisionsrecht herrscht über die Legitimation das Recht des Wohnsitzes des Legitimierenden zur Zeit der Legitimation.

*Blythe* v. *Ayres*, 31 Pac. 915 (Calif. Sup. Ct. 1892):
„The status of a bastard, with reference to its legitimation by the acts of the father [§ 230 Code Civil], are determinable by the laws of his domicile, and not by the laws of the domicile of the child and mother." [29]

---

[27] *Darwin* v. *Ganger*, 344 P. 2d 353 (Calif. Dist. Ct. App. 1959).

[28] *Blythe* v. *Ayres*, 31 Pac. 915 (Calif. Sup. Ct. 1892); *Darwin* v. *Ganger*, 344 P. 2d 353 (Calif. Dist. Ct. App. 1959).

[29] *Restatement*, aaO, § 140; *California Annotations*, aaO, § 140; *Restatement of the Law Second*, Conflict of Laws, Tentative Draft No. 4 (1957) § 140; *Goodrich-Scoles* aaO 281–284; *Stimson*, Conflict of Laws 1963, 140 Fußn. 6.

Wohnsitz des Vaters war Los Angeles[30]. Das Kollisionsrecht von Kalifornien verweist also für die Frage, ob das Kind William Kl. legitimiert worden ist, auf das kalifornische materielle Recht.

## D. KALIFORNISCHES MATERIELLES RECHT

### *I. Legitimation*

Nach kalifornischem Recht kann die Ehelichkeitserklärung eines unehelichen Kindes gemäß § 230 Civil Code dadurch erfolgen, daß der Vater sein uneheliches Kind öffentlich als sein Kind anerkennt, in seine Familie aufnimmt und es so behandelt, als wäre es sein eheliches Kind[31]. Daran, daß der Erblasser unehelicher Vater des Kindes William Kl. ist, bestehen keine Zweifel.

Die von § 230 Civil Code geforderte öffentliche Anerkennung verlangt keinen formellen öffentlichen Akt, sondern bedeutet, daß der Vater des unehelichen Kindes seine Vaterschaft nicht verheimlicht und sich in der Öffentlichkeit im Verhältnis zu dem Kinde so gibt, als wäre es ein eheliches Kind von ihm[32].

Ebenso erkennt ein nicht verheirateter Vater seine Vaterschaft i. S. von § 230 Civil Code an, der das Kind seinen Verwandten, Freunden und Bekannten sowie der Allgemeinheit gegenüber als sein Kind ausgibt, bei sich aufnimmt, unterhält, erzieht und ganz so behandelt, wie ein verheirateter Mann sein eheliches Kind behandeln würde[33]. Der nichtverheiratete Vater erkennt öffentlich seine Vaterschaft auch dadurch an, daß er das Kind in die Gemeinschaft mit der Frau, mit der er unverheiratet zusammenlebt, aufnimmt[34].

Daß eine Familie im rechtlichen Sinne bestehen muß, ist nicht Voraussetzung; es genügt eine tatsächliche Familie, die aus Mann und Frau besteht, die auch unverheiratet sein können. Der Mann, der unverheiratet mit einer Frau, die er nach außen als seine Ehefrau ausgibt, zusammenlebt, hat eine Familie i. S. von § 230 Civil Code[35].

Diese sämtlichen Voraussetzungen der Ehelichkeitserklärung sind erfüllt. Der Erblasser ist der uneheliche Vater des Kindes William Kl. Er hat

---

[30] Vgl. oben S. 683 f. [31] § 230 Civil Code, vgl. oben S. 691.

[32] *Blythe* v. *Ayres*, 31 Pac. 912 (Calif. Sup. Ct. 1892); *In re Gird's Estate*, 108 Pac. 499 (Calif. Sup. Ct. 1910); *In re Wilson's Estate*, 330 P. 2d 452 (Calif. Dist. Ct. App. 1958).

[33] *In re Jessup's Estate*, 21 Pac. 976 (Calif. Sup. Ct. 1889); 22 Pac. 742, 1028 (Calif. Sup. Ct. 1889); *Darwin* v. *Ganger*, 344 P. 2d 353 (Calif. Dist. Ct. App. 1959).

[34] *Darwin* v. *Ganger*, 344 P. 2d 353 (Calif. Dist. Ct. App. 1959).

[35] *Garner* v. *Judd*, 68 Pac. 1026 (Calif. Sup. Ct. 1902); *In re Baird's Estate*, 223 Pac. 974 (Calif. Sup. Ct. 1924).

es mit Zustimmung der Mutter des Kindes (vgl. § 1726 Abs. 1 S. 1 BGB) in seine häusliche Gemeinschaft mit ihr, die mit ihm nicht verheiratet war, aber als seine Ehefrau galt, aufgenommen und für es bis zu seinem Tode gesorgt. Seinen Verwandten, Freunden und der Kundschaft des Geschäfts gegenüber hat er sich stets als „stolzer" Vater des Kindes gegeben und es wie ein eheliches Kind behandelt. Deswegen ergibt sich, daß das Kind William Kl. gemäß § 230 Civil Code seit seiner Geburt als eheliches Kind des Erblassers gilt.

Ein sonst für die Adoption erforderliches gerichtliches Verfahren ist im Gesetz ausdrücklich für diese Legitimation durch Ehelichkeitserklärung ausgeschlossen[36].

### *II. Verhältnis § 230 Civil Code zu § 255 Probate Code*

Mit der „Adoption" gemäß § 230 Civil Code verliert das Kind den Status eines unehelichen Kindes rückwirkend und wird ehelich seit seiner Geburt[37]. Deswegen fällt es nach der „Adoption" unter alle die Vorschriften, die sich auf eheliche Kinder beziehen[38].

Das gemäß § 230 Civil Code legitimierte Kind erbt also nach den Vorschriften über die Erbfolge ehelicher Kinder; für eine Erörterung der Frage, ob das Kind auch gemäß § 255 Probate Code (oben S. 687 f.) erbt, ist, da diese Vorschrift auf das uneheliche Kind abstellt, kein Raum mehr[39].

## E. ZWISCHENERGEBNIS

Das Kind William Kl. gilt also kraft Legitimation durch Ehelichkeitserklärung gemäß § 230 Civil Code von Kalifornien als eheliches Kind des Erblassers von Geburt an.

Bei Anwendung deutschen materiellen Erbrechts kraft Rückverweisung ist das Kind William Kl. gemäß §§ 1922, 1924 Abs. 1 BGB Erbe nach dem Erblasser geworden.

Bei Anwendung kalifornischen Erbrechts wegen Nichtannahme der bedingten Rückverweisung ist das Kind William Kl. gemäß § 222 Probate Code Erbe des Erblassers geworden.

---

[36] *§ 230 S. 2 Civil Code;* vgl. oben S. 691; California Practice, Bd. 4, Domestic Relations-Practice, Teil 1, 1965, § 279.

[37] *Jenkins* v. *Los Angeles,* 140 P. 2d 45 (Calif. Dist. Ct. App. 1943).

[38] *Wolf* v. *Gall,* 163 Pac. 346, 350 (Calif. Dist. Ct. App. 1916).

[39] *In re Flood's Estate,* 21 P. 2d 579 (Calif. Sup. Ct. 1933); *In re Lund's Estate,* 159 P. 2d 643 (Calif. Sup. Ct. 1945); *In re Peterson's Estate,* 29. Cal. Rptr. 384 (Calif. Dist. Ct. App. 1963).

## F. NACHLASSVERWALTUNG DURCH „PERSONAL REPRESENTATIVE"

Will das Amtsgericht nicht der h. M., die die Rückverweisung des kalifornischen Rechts annimmt, sondern meiner Ansicht, daß die Bedingung der Rückverweisung nicht eingetreten ist, folgen, dann muß es folgendes beachten: Nach dem Recht Kaliforniens geht das Eigentum an den Nachlaßgegenständen mit dem Tod des Erblassers auf die Erben über. Die Erben sind jedoch nicht befugt, über die Nachlaßgegenstände zu verfügen. Bei Intestaterbfolge ernennt das Gericht einen *Administrator,* dem die Verwaltung des Nachlasses obliegt und der über die Nachlaßgegenstände verfügen kann.

*§ 300 Probate Code:*

„When a person dies, the title to his property, real and personal, passes to the person to whom it is devised or bequeathed by his last will, or, in the absence of such disposition, to the persons who succeed to his estate as provided in Division II of this code; but all of his property shall be subject to the possession of the executor or administrator and to the control of the superior court for the purposes of administration, sale or other disposition under the provisions of Division III of this code, and shall be chargeable with the expenses of administering his estate, and the payment of his debts and the allowance to the family, except as otherwise provided in this code."

Beim Tode einer Person geht das Eigentum an unbeweglichem und beweglichem Vermögen auf die Person über, der es durch Verfügung von Todes wegen zugewendet ist, oder, wenn eine solche Verfügung nicht vorhanden ist, auf diejenigen Personen, die als Erben gemäß Abschnitt II dieses Gesetzbuches berufen sind; aber ihr (des Erblassers) gesamtes Vermögen hat der Testamentsvollstrecker oder Nachlaßverwalter in Besitz zu nehmen, und zum Zweck der Nachlaßabwicklung, des Verkaufs oder anderer Verfügungen nach Abschnitt III dieses Gesetzbuches unterliegt es der Kontrolle des Nachlaßgerichts, und es haftet für die Kosten der Nachlaßverwaltung und ihre (des Erblassers) Schulden und für die Unterhaltszahlungen an die Familie, soweit nicht in diesem Gesetzbuch etwas anderes bestimmt ist.

Der *administrator* hat den Nachlaß abzuwickeln. Seine Aufgabe ist, das Aktivvermögen zu sammeln und die Nachlaßverbindlichkeiten zu begleichen[40]. Ausnahmen von der gewöhnlichen Nachlaßverwaltung sieht das kalifornische Recht nach §§ 630–646 Probate Code nur unter bestimmten Bedingungen vor. Diese sind hier nicht erfüllt. Der Reinnachlaß darf für einen Verzicht auf *administration* im Höchstfall den Wert von 5 000 $

---

[40] *In re Strong's Estate,* 51 Pac. 1078 (Calif. Sup. Ct. 1898); *Rheinstein,* The Law of Decendent's Estates (2. Aufl. 1955) 563.

nicht überschreiten. Der mitgeteilte Verkaufwert des Grundstücks beträgt jedoch 85 000 DM = ca. 21 250 $.

Erlangt demnach nicht der Erbe sondern der „personal representative" die Verfügungsmacht über den Nachlaß, so fragt es sich, ob und inwieweit zur Klarstellung der Rechtslage im Erbschein auf das Bestehen einer Erbschaftsverwaltung hinzuweisen ist. Im Schrifttum spricht man sich teils gegen jede Berücksichtigung aus[41], teils will man *nur* den testamentarisch ernannten *„executor"*, nicht auch den gerichtlich bestellten „administrator" in den Erbschein aufnehmen[42], teils will man *beide* erwähnen[43]. Voraussetzung für eine Berücksichtigung der Erbschaftsverwaltung im Erbschein ist, daß nach anglo-amerikanischer Rechtsauffassung die materiellrechtliche Berechtigung des „personal representative" sich auch auf die im Ausland (Deutschland) belegenen Nachlaßgegenstände – sofern sie der Erbfolge nach anglo-amerikanischem Recht unterliegen – erstreckt. Denn wenn sich die Wirkung der Nachlaßverwaltung nicht über den Ursprungsstaat (Kalifornien) hinaus erstreckte, wäre die Berechtigung des „personal representative" für uns unbeachtlich, weil er über das in Deutschland belegene Vermögen nicht verfügen könnte.

Nach *englischer* Rechtsauffassung ist diese Voraussetzung erfüllt[44]. Aber auch nach der *in den USA* herrschenden Meinung besitzt der am Wohnsitz des Erblassers ernannte „personal representative" die Berechtigung für *alle* (beweglichen) Nachlaßgegenstände, gleich ob sie sich im Ernennungsstaat oder außerhalb befinden[45].

Wenn somit auch der in Deutschland belegene Nachlaß der Verwaltung des „administrator" unterliegt, muß das auch im Erbschein zum Ausdruck kommen. Denn der Zweck des Erbscheins besteht darin, die Verfügung über den Nachlaß zu erleichtern: Die Verfügungsmacht des darin Aus-

---

[41] *Firsching*, Testamentsvollstrecker – executor – trustee, DNotZ 1959, 354–373 [368]; einschränkend *Firsching*, Deutsch-Amerikanische Erbfälle (1965) 135; *Wengler*, Fragen des deutschen Erbscheinsrechts für Nachlässe, auf die englisches Intestaterbrecht anwendbar ist, JR 1955, 41–43 [41].

[42] *Schwenn*, Die Anwendung der §§ 2369 und 2368 auf Erbfälle mit englischem oder amerikanischem Erbstatut, NJW 1952, 1113–1116 [1116]; *Raape* aaO 452; vgl. auch IPG 1965–66, Nr. 66 (Kiel), Materialien zum Ausländischen und Internationalen Privatrecht, hrsg. v. Max-Planck-Institut für ausländisches und internationales Privatrecht, Bd. 11 (1968) 767.

[43] *Gottheiner*, Die Anwendung englischen Erbrechts auf Nachlässe in Deutschland, ZAIP 21 (1956), 36–72 [67 ff.].

[44] *Gottheiner* aaO 39–43.

[45] *Brinberg*, Actions by Domiciliary Executors in Foreign Jurisdictions, 13 (1957/58) Intramural Law Review of New York University, 252–263 [252]; *Firsching* aaO DNotZ 1959, 362–364. Dem steht auch die in vielen amerikanischen Staaten, auch in Kalifornien, geltende Regel, den in einem anderen Staat eingesetzten „personal representative" im eigenen Staate nicht handeln zu lassen, nicht entgegen; denn diese Regel schränkt nicht *vom ernennenden Staat aus* den Tätigkeitsbereich des „executor" ein.

gewiesenen wird vermutet, zugunsten eines Gutgläubigen fingiert. Der Erbschein muß deshalb die Verfügungsmacht genau angeben. So muß er nach §§ 2363, 2364 BGB Angaben über die Anordnung der Nacherbfolge und die Ernennung eines Testamentsvollstreckers enthalten, weil hierdurch die Verfügungsmacht des Erben beschränkt wird. Folgerichtig ist daher auch bei Erbfolge nach anglo-amerikanischem Recht anzugeben, daß der Nachlaß durch einen Treuhänder verwaltet wird; denn dadurch wird die Verfügungsbefugnis des als Erben ausgewiesenen nicht nur beschränkt, sondern sie entfällt überhaupt, solange die Erbschaftsverwaltung besteht.

### G. GESAMTERGEBNIS UND ERBSCHEINSFASSUNG

Die Frage des Amtsgerichts ist wie folgt zu beantworten:

1. Das Kind William Kl. ist aufgrund Legitimation durch Ehelichkeitserklärung eheliches Kind des Erblassers seit seiner Geburt (oben S. 688–693).
2. Es ist sowohl nach deutschem Recht als auch nach kalifornischem Recht Alleinerbe geworden (oben S. 682–688, 693).
3. Bei Anwendung kalifornischen Rechts ist die von diesem Recht vorgeschriebene Nachlaßverwaltung zu beachten, nach deren Abwicklung der Erbe in den Genuß des Nachlasses kommt (oben S. 694–696).
   Im Erbschein ist darauf hinzuweisen, daß Nachlaßverwaltung nach dem Recht von Kalifornien besteht.

## Nr. 66

## USA (New Jersey) / Frankreich

**1. Zur kollisionsrechtlichen Behandlung von Mehrstaatern nach deutschem IPR.**

**2. Internationales Erbrecht und Ehegattenerbrecht von New Jersey.**

**3. Vorliegen eines Domizils nach französischem IPR.**

**Hamburg G 91/68 vom 30. 9. 1968**

Das Amtsgericht Worms bittet in der Nachlaßsache S. um Auskunft über deutsches und nordamerikanisches Internationales Privatrecht sowie über materielles Erbrecht des Staates New Jersey; auch französisches Internationales Privatrecht kommt in Betracht.

Der Anfrage liegt folgender Sachverhalt zugrunde: Die Erblasserin wurde im Jahre 1935 in New York als Kind französischer Eltern geboren. Im Jahre 1949 verzog sie mit diesen von New York nach Frankreich. Dort heiratete sie 1959 den amerikanischen Staatsbürger Francis W. S., der aus dem Staate New Jersey kam. Im Jahre 1962 trat sie in den Civil Service des amerikanischen Verteidigungsministeriums ein, der sie zunächst in Frankreich, ab Februar 1967 in Deutschland beschäftigte. Sie starb am 23. 3. 1968 in W. Unmittelbar vor ihrem Tode hat sie die Absicht geäußert, mit Hilfe des Civil Service in den Süden der Vereinigten Staaten zu kommen.

Der Ehemann der Erblasserin hatte am 28. 11. 1967 vor dem Landgericht D. die Scheidungsklage erhoben. In diesem Verfahren haben die Parteien angegeben, sie seien „residents" des Staates New Jersey. In der mündlichen Verhandlung vor dem Landgericht am 19. 3. 1968 hat die Erblasserin erklärt, sie wolle die Ehe fortsetzen. Infolge des Todes der Erblasserin ist der Scheidungsstreit nicht zum Abschluß gekommen. Die Erblasserin hat keine Abkömmlinge hinterlassen. Der in Deutschland befindliche Nachlaß besteht aus beweglichem Vermögen.

Das Amtsgericht fragt, ob das amerikanische Recht eine doppelte Staatsbürgerschaft und eine dem § 1933 BGB entsprechende Vorschrift kennt.

### *I. Anwendbares Recht*

Aus Artt. 24, 25 EGBGB ergibt sich als Grundsatz, daß jeder nach den Gesetzen des Staates beerbt wird, dem er zur Zeit seines Todes angehörte[1]. Die Staatsangehörigkeit einer Person ist nach der Rechtsordnung desjenigen Staates zu beurteilen, um dessen Angehörigkeit es sich handelt[2]. Im vorliegenden Fall besaß die Erblasserin sowohl die französische als auch die amerikanische Staatsangehörigkeit, da sie als Kind französischer Eltern in den Vereinigten Staaten geboren war. Für das französische Recht folgt dies aus Art. 17 Code de la nationalité française[3].

Nach dem Recht der Vereinigten Staaten erwirbt jedes in den Staaten geborene Kind die amerikanische Staatsangehörigkeit, auch wenn es von ausländischen Staatsangehörigen abstammt[4]. Die etwa gleichzeitig erworbene Staatsangehörigkeit zu einem anderen Staat bleibt unberührt[5].

---

[1] Vgl. BGH 2. 5. 1966, BGHZ 45, 351; *Soergel-Siebert(-Kegel)*, BGB, Bd. V (9. Aufl. 1961) Bem. 3 vor Art. 24 EGBGB.

[2] Vgl. *Makarov*, Allgemeine Lehren des Staatsangehörigkeitsrechts (II, 2. Aufl. 1962) 161.

[3] Die Vorschrift ist abgedruckt bei *Bergmann*, Internationales Ehe- und Kindschaftsrecht (3. Aufl.) Frankreich, 3; vgl. auch *Lichter*, Die Staatsangehörigkeit (2. Aufl. 1955) 642 f.

[4] Vgl. Title 8 § 1401 United States Code, abgedruckt in United States Code Annotated, Titles 8 (Part 2) and 9 (1953 mit Nachtrag 1967) S. 122; Mazza v. Acheson, 104 F. Suppl. 157 (D. C. Cal., 1952).

[5] *Mazza* v. *Acheson* aaO.

Bei doppelter Staatsangehörigkeit bestimmt sich die Erbfolge nach dem Recht des Staates, zu dem der Erblasser die engeren Beziehungen hatte [6]. Fraglich ist allerdings, nach welchen Kriterien zu entscheiden ist, zu welchem Staat engere Beziehungen bestanden.

Die Rechtsprechung und ein Teil der Lehre stellt auf den Wohnsitz bzw. den letzten Wohnsitz ab [7]. Danach wäre im vorliegenden Fall *französisches* Recht anzuwenden. Denn die Erblasserin hatte vor ihrer Übersiedlung nach Deutschland ihren Wohnsitz im Sinne des deutschen Rechts in Frankreich [8].

Andere Autoren wollen die „effektive" Staatsangehörigkeit durch Abwägung *aller* Umstände ermitteln; der Wohnsitz bzw. der letzte Wohnsitz in einem der Heimatstaaten soll zwar eine wichtige, nicht aber die allein entscheidende Rolle spielen [9].

Im vorliegenden Fall fällt die Eheschließung mit einem Amerikaner wohl nicht entscheidend ins Gewicht. Auch die Tätigkeit für die amerikanische Armee und die Absicht, sich nach den Vereinigten Staaten versetzen zu lassen, brauchen nicht Ausdruck einer inneren Verbundenheit mit diesem Lande zu sein, sondern können einfach die Wahrnehmung einer günstigen Chance darstellen. Wenn also das Gericht nicht aufgrund besonderer Umstände die amerikanische Staatsangehörigkeit der Erblasserin als dominierend ansieht, dürfte die Faustregel, an den letzten Wohnsitz in einem der Heimatstaaten anzuknüpfen, den Vorrang verdienen.

Vorsorglich sei im folgenden die Rechtslage für beide Fälle dargestellt.

## *II. Die Rechtslage bei Verweisung auf amerikanisches Recht*

### *1. Konkretisierung der Verweisungsnorm*

Die Vereinigten Staaten sind – von wenigen Rechtsmaterien abgesehen, die bundesrechtlich und damit einheitlich geregelt sind – kein einheitliches Rechtsgebiet; vielmehr hat jeder Einzelstaat sein eigenes internatio-

---

[6] Vgl. für alle *Soergel-Siebert(-Kegel)* Art. 29 EGBGB Bem. 28.

[7] RG 24. 1. 1908, NiemZ 18, 535; *Palandt(-Lauterbach)*, BGB (27. Aufl. 1968) Bem. 7 a vor Art. 7 EGBGB; vgl. auch *Erman(-Arndt)*, Handkommentar zum BGB (4. Aufl. 1967) Art. 29 EGBGB Bem. 28, und *Soergel-Siebert(-Kegel)*, Art. 28 EGBGB Bem. 28.

[8] Nach *Erman(-Arndt)* aaO gilt eine Ausnahme für den Fall, daß die zweite Staatsangehörigkeit durch Heirat erworben wurde. Dieser Fall ist aber vorliegend nicht gegeben. *Raape* würde französisches Recht schon deswegen anwenden, weil beide Staatsangehörigkeiten gleichzeitig erworben wurden, die französische aber auf der blutmäßigen Abstammung beruht; vgl. *Staudinger(-Raape)*, BGB, Bd. VI/2 (9. Aufl. 1931) 789.

[9] Vgl. *Makarov*, Allgemeine Lehren des Staatsangehörigkeitsrechts (2. Aufl. 1962) 315.

nales und materielles Privatrecht[10]. Daher muß die Verweisung konkretisiert, d. h. es muß die maßgebende Teilrechtsordnung bestimmt werden.

Nach der deutschen Rechtsprechung geschieht dies durch eine Unteranknüpfung an den Wohnsitz[11]. Die herrschende Lehre kommt über eine Unteranknüpfung an die Gliedstaatsangehörigkeit[12] zum gleichen Ergebnis. Denn nach der amerikanischen Bundesverfassung (14. Amendment § 1 Satz 1) hängt die Gliedstaatsangehörigkeit von dem „domicil" in einem Gliedstaat ab[13].

Die Erblasserin und ihr Ehemann haben übereinstimmend im Scheidungsrechtsstreit vor dem Landgericht D. erklärt, daß sie „residents" des Staates New Jersey seien. Es kann deshalb davon ausgegangen werden, daß die Erblasserin dort bis zu ihrem Tode domiziliert war. Folglich ist das Recht dieses Staates maßgebend. Jedoch ist eine Rück- oder Weiterverweisung gegebenenfalls zu beachten (Art. 27 EGBGB).

### 2. *Internationales Privatrecht des Staates New Jersey*

Das IPR des Staates New Jersey unterscheidet – wie das Recht fast aller amerikanischen Teilstaaten – zwischen beweglichem und unbeweglichem Vermögen; es unterstellt die Erbfolge in bewegliches Vermögen dem Recht des letzten Domizils des Erblassers, die Nachfolge in Immobilien dagegen dem Recht des Lageortes[14]. Da der Nachlaß nur aus beweglichem Vermögen besteht und die Erblasserin in New Jersey domiziliert war, findet eine Rück- oder Weiterverweisung nicht statt.

### 3. *Materielles Erbrecht des Staates New Jersey*

Nach § 3 A : 4–3 New Jersey Statutes[15] erbt der überlebende Ehegatte allein, sofern keine Abkömmlinge vorhanden sind[16]. Die Frage, ob eine schwere Eheverfehlung (Ehebruch, böswilliges Verlassen oder vorsätzliche Tötung) das Erbrecht des überlebenden Ehegatten ausschließt, wird

---

[10] *Parker*, Das Privatrecht der Vereinigten Staaten von Amerika (1960) 1 f.; *Ferid-Firsching*, Internationales Erbrecht III (1967) USA, Grundzüge C I, Randz. 35 c.

[11] RG 21. 11. 1929, RGZ 126, 353 = IPRspr. 1930 Nr. 136; BGH 19. 3. 1958, BGHZ 27, 47 (51) = IPRspr. 1958–1959 Nr. 1 (S. 2); weitere Nachweise bei *Soergel-Siebert (-Kegel)*, Bem. 111 vor Art. 7 EGBGB N. 70.

[12] Vgl. *Neuhaus*, Die Grundbegriffe des IPR (1962) 214; *Raape*, IPR (5. Aufl. 1961), 150; *Melchior*, Die Grundlagen des deutschen IPR (1932) § 310.

[13] *Paudler* v. *Paudler*, 185 F. 2 d 901 (5th Cir. 1950), cert. denied 341 U. S. 920 (1951).

[14] Vgl. *Caruso* v. *Caruso*, 148 A. 883 (Court of Errors and Appeals 1930); *Mitchell* v. *New Brunswick Trust Co.*, 32 A. 2 d 501 (Court of Chancery 1943).

[15] Abgedruckt in New Jersey Statutes Annotated, Title 3 A Band I (1953 mit Nachtrag 1967) 359.

[16] Das gilt für das bewegliche ebenso wie für das unbewegliche Vermögen – vgl. New Jersey Statutes Annotated, aaO, 364 mit Nachweisen.

in den verschiedenen Einzelstaaten unterschiedlich beantwortet[17]. Neue Rechtsprechung aus dem Staate New Jersey konnte nur für den Fall der vorsätzlichen Tötung ermittelt werden[18]. Auf diese Frage braucht jedoch nicht näher eingegangen zu werden, da sich Anhaltspunkte für eine schwere Eheverfehlung aus den Akten nicht ergeben. Die Tatsache, daß der Ehemann kurz vor dem Tode der Erblasserin Klage auf Ehescheidung erhoben hat, beeinträchtigt sein Erbrecht nicht[19].

### *III. Die Rechtslage bei Verweisung auf französisches Recht*

#### *1. Französisches Internationales Privatrecht*

Das französische Internationale Privatrecht knüpft, ebenso wie das Kollisionsrecht des Staates New Jersey, für die Erbfolge in das unbewegliche Vermögen des Erblassers an den Lageort an und für die Nachfolge in sein bewegliches Vermögen an seinen letzten Wohnsitz (domicile)[20]. Da die Erblasserin nur bewegliches Vermögen hinterlassen hat, entscheidet das Recht ihres letzten Wohnsitzes einheitlich über die Erbfolge in ihrem Nachlaß.

a) Die *Voraussetzungen,* unter denen eine Person in einem bestimmten Staat ein Domizil begründet, beurteilen sich *nach französischem Recht*; denn der Begriff „Domizil" ist hier Tatbestandsmerkmal einer französischen Kollisionsnorm und daher nach französischem Recht auszulegen[21].

b) Das *„Domizil" einer Person* wird sowohl im französischen internen Recht wie im französischen Kollisionsrecht häufig als Anknüpfungspunkt von Rechtsnormen verwandt. Der Begriff des „Domizils" ist allerdings kein einheitlicher, sondern seine Definition wechselt mit der zu regelnden Materie. Zweifelhaft ist insbesondere, inwieweit die Vorschriften des internen Rechts über das Domizil einer Person für die Bestimmung des kollisionsrechtlichen Begriffs des Domizils gelten. Hier stellt sich vor allem die Frage, ob Art. 108 I C. civ., nach dem die Ehefrau notwendig das Domizil ihres Mannes teilt, auf die kollisionsrechtliche Ebene übertragen werden kann. Der Kassationshof hat in seiner neueren Rechtsprechung diese Frage verneint für die Bestimmung des Domizils als des Anknüpfungspunkts des Scheidungsstatuts[22].

---

[17] Vgl. A. L. R. Bd. 71 (1931) 278 ff.; A. L. R. Bd. 139 (1942) 486 ff.

[18] Vgl. Estate of Kalfus v. Kalfus, 195 A. 2 d 903 (Superior Court 1963).

[19] Vgl. American Jurisprudence 2 d Bd. 23 (1965 mit Nachtrag 1967) „Descent and Distribution" § 129.

[20] Civ. 19. 6. 1939, Labedan, D. P. 1939. 1. 97.

[21] Paris 15. 3. 1956, Bueno, Rev.crit. dr. int. pr. 1956. 504; vgl. ferner *Dayant, J. C.,* Droit international, fasc. 543 A, mit weiteren Nachweisen aus der Rechtsprechung.

[22] Civ. 15. 5. 1961, Tarwid, D. 1961. J. 437 (3. Fall) mit einer Anm. von *Holleaux,*

Diese Rechtsprechung ist mit dem Hinweis darauf begründet worden, daß sie der allgemeinen Tendenz folge, den abstrakten und formalen, streng juristischen Begriff des Domizils und vor allem die Fiktion des gesetzlichen Wohnsitzes der Eheleute durch den tatsächlichen Begriff des gewöhnlichen Aufenthaltes zu ersetzen[23].

Erwägungen dieser Art aber können Gültigkeit beanspruchen unabhängig davon, ob das Domizil der Anknüpfung des Scheidungs- oder aber des Erbstatuts dient. Aus diesem Grunde ist es gerechtfertigt, bei der Bestimmung des Rechts, nach dem sich das bewegliche Vermögen einer verheirateten Frau vererbt, das „Domizil" ihres Ehemannes außer acht zu lassen und unter Anwendung der üblichen Kriterien zu entscheiden, in welchem Land die Erblasserin ihr letztes Domizil hatte.

c) Das Domizil hat auch nach französischer Anschauung eine *tatsächliche und* eine *psychische Komponente.* So läßt Art. 103 C. civ. einen Wohnsitzwechsel immer dann eintreten, wenn eine Person ihre tatsächliche Wohnung an einem anderen Ort in der Absicht nimmt, dort ihre Hauptniederlassung zu begründen.

*Art. 103 C. civ.:*

„Le changement de domicile s'opérera par le fait d'une habitation réelle dans un autre lieu, joint à l'intention d'y fixer son principal établissement."

Diese Vorschrift gibt die beiden Grundvoraussetzungen an, die erfüllt sein müssen, damit ein Wohnsitzwechsel angenommen werden kann. Sie gelten – unabhängig davon, ob man Art. 103 C. civ. unmittelbar anwendet auf das kollisionsrechtliche Domizil oder nicht – auch für dessen Bestimmung[24]. Es ist zweifelhaft, welche Anforderungen an die Absicht des Wohnsitzwechsels gestellt werden müssen, um ihn tatsächlich eintreten zu lassen. Die eine Ansicht fordert, daß jegliche Absicht auf Rückkehr an den Ort des bisherigen „domicile" aufgegeben werde, die andere Ansicht läßt es genügen, daß die Verbindung mit dem alten Wohnsitz entscheidend gelockert wird in der Absicht, künftig an einem anderen Ort zu leben[25].

Die Rechtsprechung ist wenig schlüssig, denn es lassen sich in ihr Belege sowohl für die eine wie für die andere Auffassung finden. Überhaupt legt sie je nach den Umständen des Falles den Akzent bald auf den tat-

---

des Berichterstatters; vgl. ferner Paris 26. 1. 1965, Rev. crit. dr. int. pr. 1965. 359, 362.

[23] *Holleaux* 439 (sub. V), 441 (sub. VIII).

[24] Req. 6. 3. 1888, D. P. 1888. 1. 486; *Francescakis,* Les avatars du concept de domicile dans le droit international privé actuel, in: Travaux du Comité français de dr. int. pr. 23–25 (1962–1964), 291, 300; *Malaurie,* in: Encycl. Dalloz, Rép. de droit international, s. v. Domicile, no. 50.

[25] Vgl. die Übersicht über den Stand der Meinungen bei *Malaurie,* D. 1966. J. 4 f.

sächlichen Aspekt des Wohnsitzwechsels, bald auf das Willensmoment. Der Kassationshof sanktioniert diese unentschiedene Haltung der Rechtsprechung, indem er den Wohnsitzwechsel als Tat- und nicht als Rechtsfrage behandelt und es damit der Beurteilung der Instanzgerichte überläßt, ob die Voraussetzungen eines Wohnsitzwechsels erfüllt sind oder nicht[26].

Jede Entscheidung eines französischen Gerichts zum Wohnsitzwechsel ist also nur Lösung eines Einzelfalles aufgrund seiner besonderen Umstände, nicht aber Anwendung allgemeiner Grundsätze auf einen bestimmten Sachverhalt. Derartige Grundsätze lassen sich deshalb aus der französischen Rechtsprechung auch nicht ableiten. Allenfalls lassen sich bestimmte Tendenzen nachweisen. Zu diesem Zweck soll zunächst eine Übersicht über die bekannt gewordenen Entscheidungen gegeben werden, welche sich in erbrechtlichen Angelegenheiten mit dem Wohnsitz als dem Anknüpfungspunkt für die internationale Zuständigkeit oder das anwendbare Recht befaßt haben.

Req. 6. 3. 1888, D. 1888. 1. 486: Die Erblasserin hatte achtzehn Jahre in Ägypten gewohnt, bevor sie nach Syrien reiste, wo sie nach einem Hotelaufenthalt von acht Monaten verstarb. Kurz vor und während der Reise hatte sie vor dem französischen Konsulat erklärt, ihr Domizil in Ägypten zu haben. Um die Zuständigkeit eines ägyptischen Gerichts in einem gegen sie gerichteten Entmündigungsverfahren zu bestreiten, hatte sie später allerdings erklärt, ihren Wohnsitz in Syrien zu haben –: Domizil in Ägypten.

Civ. 29. 5. 1961, J. C. P. 1961. IV. 106: Der Erblasser hatte die letzten Jahre vor seinem Tode in Frankreich gelebt und ist dort auch verstorben, nachdem er seine geschiedene Frau wiedergeheiratet hatte. Er hatte in Frankreich ebenso wie in Marokko wichtige Interessen und hatte ferner die Absicht geäußert, seinen Lebensabend mit seiner Frau in Frankreich zu verbringen –: Domizil in Frankreich.

Civ. 19. 6. 1963, Rev. crit. dr. int. pr. 1965. 366: Der in Frankreich geborene Erblasser hatte 1926 die amerikanische Staatsangehörigkeit angenommen und bis 1952 in USA gelebt. Die beiden letzten Lebensjahre verbrachte er in der Schweiz. Er zahlte aber weiterhin Steuern in den USA und unterwarf sich den amerikanischen Einwanderungs- und Paßbestimmungen. Ferner ließ sich seiner Korrespondenz mit seinen Banken die Absicht entnehmen, sein amerikanisches Domizil beizubehalten, an das er nur wegen seiner Krankheit nicht wieder zurückkehren konnte. Endlich besaß er noch ein Postfach in den Vereinigten Staaten und war dort aktives Mitglied verschiedener Clubs –: Domizil in den USA.

Civ. 17. 7. 1963, Bull. civ. 1963. I. no. 403: Der amerikanische Erblasser hatte Japan, nachdem er die von ihm dort gegründeten Gesellschaften aufgelöst hatte, endgültig verlassen und sich nach Paris begeben, wo er ein noch im Bau befindliches Appartement gekauft hatte. Er wollte „son home permanent" er-

[26] So etwa: Req. 6. 3. 1888, D. P. 1888. 1. 486; 7. 7. 1925, S. 1925. 1. 179; Civ. 29. 5. 1961, J. C. P. 1961. IV. 106; Civ. 17. 7. 1963, Bull. civ. 1963, I. no. 403.

richten und geschäftlich tätig sein. Die letzten acht Monate vor seinem Tode hat er teils in einem französischen Hotel, teils auf Reisen verlebt –: Domizil in Frankreich.

Pau 22. 6.1885, D. 1886. 2. 181: Der Erblasser war mit 22 Jahren nach San Franzisko ausgewandert und hatte dort ein großes Vermögen erworben. Er hat über 22 Jahre in San Franzisko gelebt und ist auch dort gestorben. Allerdings hatte er mehrfach die Absicht geäußert, seinen Lebensabend an seinem Geburtsort zu verbringen, wo er auch begraben sein wollte. Ferner hatte er sich in die Wählerliste seiner Heimatgemeinde eintragen lassen. Nichts aber deutete auf eine baldige Rückkehr nach Frankreich hin. Testamentarisch hatte er verschiedenen Wohltätigkeitseinrichtungen in San Franzisko größere Beträge vermacht –: Domizil in Kalifornien, selbst wenn der Erblasser einen „esprit de retour" gehabt haben sollte.

Paris 28. 10. 1935, Rev. crit. dr. int. 1937. 81: Der Erblasser hat die größte Zeit seines Lebens in Frankreich verbracht. In mehreren Urkunden hatte er Paris als seinen Wohnsitz angegeben, wo er sich auch ein Haus gekauft hatte. Sein Vermögen befand sich hingegen hauptsächlich in Argentinien. Seine Reisen dorthin waren nur geschäftlicher Natur –: Domizil in Argentinien, weil die Länge des Aufenthaltes in Frankreich, der nur persönliche Gründe gehabt habe, für die Bestimmung des Domizils ohne Bedeutung sei und vielmehr der Mittelpunkt der geschäftlichen Interessen entscheide.

Paris 3. 7. 1946, Rev. crit. dr. int. pr. 1947. 136: Der Erblasser, ein Armenier ägyptischer Staatsangehörigkeit, hatte die letzten Jahre seines Lebens in Frankreich verbracht. Er besaß jedoch ein großes Vermögen in Ägypten und hatte dort dem armenischen Wohltätigkeitsverein größere Summen zur Errichtung eines Waisenhauses zur Verfügung gestellt. Seinem Wunsche entsprechend ist er auch in Ägypten begraben worden –: Domizil in Ägypten, weil der Erblasser, obwohl er durch seinen Lebensstil den Eindruck eines „Parisien d'adoption" erweckt habe, doch in Wahrheit durch seine wirtschaftlichen Interessen und die Anhänglichkeit an die Einrichtungen seiner Religion seine stärksten Bande zu seinem Heimatland gehabt habe.

Paris 27. 3. 1962, J. Cl. Droit international, fasc. 543 A, Nachtrag zu no. 103: Der Erblasser, ein chinesischer Staatsangehöriger, hatte ein Testament in Kalifornien errichtet, wo er beträchtliches Grundvermögen besaß. Durch dieses Testament hatte er nach Ansicht des Gerichts zu erkennen gegeben, daß er das Zentrum seiner Interessen und sein gesetzliches Domizil nicht nach Frankreich verlegen wollte. Demgegenüber sei es unerheblich, daß der Erblasser lange Zeit in Frankreich gelebt hat und einer in Paris lebenden Person unter der Bedingung ein Vermächtnis zugewandt hat, daß sie ihn heiratete.

Trib. civ. Bordeaux 29. 11. 1882, Clunet 1883, 296: Der französische Erblasser hat mehrere Jahre in Mexiko gelebt und dort auch ein Geschäft aufgebaut sowie Grundbesitz erworben. Doch hatte er mehrfach die Absicht geäußert, seinen Besitz in Mexiko zu veräußern und nach Frankreich zurückzukehren. Nachdem er zunächst seine Lebensgefährtin und seine Tochter nach Frankreich gesandt hatte, ist er später selbst zurückgekehrt, ohne die Veräußerung seines mexikanischen Besitzes abzuwarten. Unmittelbar nach seiner Rückkehr ist er in Frankreich gestorben –: Domizil in Frankreich.

Trib. civ. Versailles 9. 1. 1952, Gaz. Pal. 1952. I. 354: Die Witwe eines gestürzten Schahs von Persien hatte die letzten 27 Jahre in Frankreich verbracht, obwohl sie nach Persien hätte zurückkehren können. Sie hatte in Frankreich auch Grundbesitz gekauft. Beerdigt worden ist sie nicht in Persien, sondern im Irak an einem heiligen Ort, der Begräbnisstätte der letzten Kaiser Persiens –: Domizil in Frankreich, trotz eines möglichen „esprit de retour".

Trib. civ. Seine 6. 2. 1952, Rev. crit. dr.int. pr. 1952. 494: Der türkische Erblasser hatte die letzten 28 Jahre seines Lebens ständig in Paris verlebt. Er hatte dort das Zentrum seiner geschäftlichen Interessen und auch mehrere Grundstücke. Ferner hatte er die Absicht geäußert, hier ständig zu bleiben –: Domizil in Frankreich, selbst wenn der Erblasser die Absicht gehabt haben sollte, seinen Lebensabend in seiner Heimat zu verleben.

Trib. gr. inst. Seine 16. 1. 1961, J. Cl. Droit international, fasc. 543, Nachtrag zu no. 118: In einem Beweisbeschluß führt das Gericht aus, daß bei der Bestimmung des Domizils des Erblassers zu berücksichten seien: seine Lebensumstände in den letzten Jahren vor seinem Tode, die Zeit, die er in Frankreich und im Ausland verbracht habe, die Bedeutung seiner verschiedenen Wohnsitze und seine Lebensführung an jedem von ihnen, die Natur seiner beruflichen Tätigkeit, die Bedeutung seiner Interessen in Frankreich und im Ausland, die Wahrnehmung seiner politischen Rechte und seine Steuerzahlungen.

Diese Entscheidungen lassen zunächst eine gewisse Tendenz dazu erkennen, das Domizil des Erblassers an das Zentrum seiner wirtschaftlichen und geschäftlichen Interessen zu verlegen oder aber in das Land, in dem er hauptsächlich Vermögen und vor allem Grundbesitz hat. Der Anknüpfung an den Schwerpunkt seiner Vermögensinteressen ist zuweilen selbst dann der Vorzug gegeben worden, wenn der Erblasser ständig in einem anderen Land gelebt hat, das aber nicht sein Heimatland war[27]. Diese Ausrichtung des Domizils des Erblassers an seinen Vermögensinteressen ist verständlich, da es gerade um die Nachfolge in sein Vermögen geht[28].

Auch in der Literatur ist vorgeschlagen worden, bei Zweifeln über das Domizil einer Person dem Zentrum seiner *Vermögensinteressen* dann den Vorzug zu geben vor dem Ort, zu dem er die stärksten persönlichen Beziehungen hatte, wenn eine vermögensrechtliche Frage zu regeln ist[29]. Ferner läßt sich den zitierten Entscheidungen entnehmen, daß die bloße Absicht, sich an einem bestimmten Ort niederzulassen oder an ihn zurückzukehren, nicht zur Begründung eines Domizils an ihm ausreicht. Vielmehr muß die Anwesenheit des Erblassers, mag sie auch nur von kurzer Dauer sein, hinzukommen oder aber andere Beziehungen tatsächlicher Art zu diesem Ort[30].

---

[27] Paris 28. 10. 1935 und 3. 7. 1946.

[28] Vgl. *Batiffol*, Anmerkung zu Paris 3. 7. 1946.

[29] Vgl. *Malaurie*, Rép. dr. int., s. v. Domicile, no. 58; ferner *Boulanger*, Etude comparative du droit international privé des successions en France et en Allemagne (1964) no. 84: Als erbrechtliches Domizil eines Ausländers solle der Ort gelten, an dem sich der wesentlichste Teil seines beweglichen Vermögens befinde.

[30] Vgl. auch *Malaurie*, Rép. dr. int., s. v. Domicile, no. 51.

d) Im Lichte dieser Tendenzen der französischen Rechtsprechung gelangt man *für den vorliegenden Fall* zu folgenden Schlüssen: Die Möglichkeit eines amerikanischen Domizils der Erblasserin scheidet aus. Sie hat nämlich die USA bereits im Kindesalter verlassen und seither stets in Europa gelebt. Ihre im Scheidungsprozeß abgegebene Erklärung, den ehelichen Wohnsitz im Staate New Jersey zu haben, war wahrscheinlich nur als Wiedergabe der Rechtslage nach amerikanischem Recht gemeint. Allenfalls mag man ihr einen Hinweis auf ihre Absicht entnehmen, sich zu irgendeinem Zeitpunkt mit ihrem Manne in New Jersey niederzulassen. Sie würde jedoch zur Begründung eines amerikanischen Domizils ebensowenig genügt haben wie ihre kurz vor dem Tode erklärte Absicht, eine Anstellung im Südwesten der USA zu suchen. Weder ihre Ehe mit einem amerikanischen Staatsangehörigen, mit dem sie niemals zusammen in den USA gelebt hat, noch ihre Anstellung bei der amerikanischen Militärverwaltung in Europa, haben eine aktuelle tatsächliche Verbindung zu den Vereinigten Staaten hergestellt. Beide Tatsachen haben vielmehr lediglich eine gewisse Aussicht auf eine Übersiedlung in die Vereinigten Staaten zu einem späteren Zeitpunkt zu begründen vermocht.

Es bleibt somit nur die Wahl zwischen Frankreich und Deutschland als Domizilstaat. Für ein französisches Domizil spricht die Tatsache, daß die Erblasserin lange Zeit selbst in Frankreich gelebt hatte und ihre Eltern dort noch lebten. Diesem Umstand kommt trotz ihrer Heirat mit einem amerikanischen Staatsbürger eine gewisse Bedeutung zu, weil sehr zweifelhaft geworden war, ob die Ehe weiterhin Bestand haben würde. Im übrigen hat die Erblasserin aber, wie es scheint, weder die feste Absicht gehabt, nach einer etwaigen Scheidung nach Frankreich zurückzukehren, noch hat sie dort Vermögen besessen. Ihre Verbindung zu Frankreich war deshalb zu schwach, um ihr den Vorrang geben zu können vor ihrem tatsächlichen Aufenthalt in Deutschland. Hier hat sie im letzten Jahre vor ihrem Tode gelebt und gearbeitet, und hier befindet sich auch ihr gesamter Nachlaß. Allerdings ist sie nach Deutschland nicht aus eigenem Antrieb gekommen, sondern hierhin versetzt worden, und sie hat sicherlich nicht die Absicht gehabt, sich hier für eine längere Zeit niederzulassen. Doch steht beides der Annahme eines deutschen Domizils nicht entgegen; denn auch für Beamte, die abberufen oder versetzt werden können, ist nach den Umständen des konkreten Falles zu entscheiden, ob sie ihr Domizil an ihren (ausländischen) Dienstort verlegt oder aber ihr altes Domizil beibehalten haben[31].

Hat ein Beamter oder Behördenangestellter im internationalen Dienst, so wie hier die Erblasserin, nach seiner Versetzung in ein anderes Land keine besonders engen Beziehungen mehr zu seinem bisherigen Domizil

[31] Trib. gr. inst. Seine 30. 4. 1966, J. Cl. Droit international, fasc. 543 A, Nachtrag zu no. 119.

und liegen Indizien dafür vor, daß er bei einer abermaligen Versetzung, anstatt an sein altes Domizil zurückzukehren, sich in einem dritten Land niederlassen wird, so sprechen die Umstände für ein Domizil am neuen Dienstort. Bei einer derart gleichmäßigen Verteilung der Gewichte gibt nämlich der tatsächliche Aufenthalt den Ausschlag.

Die Erblasserin hat somit im Zeitpunkt ihres Todes ihr Domizil in Deutschland gehabt, so daß das französische Internationale Privatrecht für die Nachfolge in ihren beweglichen Nachlaß auf materielles deutsches Erbrecht zurückverweist.

### *IV. Ergebnis*

1. Die Erblasserin besaß sowohl die amerikanische als auch die französische Staatsangehörigkeit.
2. Das deutsche IPR verweist für die Erbfolge auf das Recht des Staates, zu dem die Erblasserin die engeren Beziehungen hatte (effektive Staatsangehörigkeit).
3. Geht man davon aus, daß die amerikanische Staatsangehörigkeit der Erblasserin ihre effektive Staatsangehörigkeit gewesen ist, so bestimmt sich die Erbfolge nach dem Recht des Staates New Jersey. In diesem Fall ist der überlebende Ehegatte Alleinerbe.
4. Nimmt man hingegen – was im vorliegenden Fall dem Sachverhalt wohl eher gerecht wird – an, daß die französische Staatsangehörigkeit der Erblasserin dominierte, so gelangt man über das französische Kollisionsrecht zu einer Rückverweisung auf das deutsche materielle Erbrecht.

## 2. TESTAMENT

Siehe auch Nr. 72, 73, 74, 75, 76

### Nr. 67

### England

**1. Testamentsform nach englischem Recht.**

**2. Effektive Staatsangehörigkeit als Anknüpfungspunkt bei Doppelstaatern, wenn eine Staatsangehörigkeit die deutsche ist.**

**3. Testamentswirkung nach englischem Kollisionsrecht.**

**4. Zur Frage, wann nach englischem Recht testamentarisch Bedachte als Erben in deutschem Sinne aufzufassen sind.**

**5. Executor und trustee im englischen Recht und ihre Bedeutung im deutschen Erbscheinsverfahren.**

**Hamburg G 201/66 vom 2. 2. 1967**

Das Amtsgericht Hamburg bittet um Auskunft über deutsches Internationales Privatrecht und englisches Testamentsrecht.

Erblasser ist der am 27. 12. 1963 in Burgh Heath (Surrey), England, seinem letzten Wohnsitz, gestorbene Dr. M. Er besaß die britische und die deutsche Staatsangehörigkeit. Er war im Jahre 1939 aus Deutschland nach England ausgewandert. Im Jahre 1941 verlor er aufgrund der 11. VO zum Reichsbürgergesetz (RGBl. I 722) die deutsche Staatsangehörigkeit. Am 16. 7. 1947 ist er naturalisierter britischer Staatsangehöriger geworden. Im Jahre 1948 ist er nach Illinois (USA) gezogen. Er kehrte im Jahre 1959 nach England zurück, das er bis zu seinem Tode, abgesehen von kurzen Reisen, nicht mehr verlassen hat. Am 16. 2. 1962 hat der Erblasser die deutsche Staatsangehörigkeit wiederangenommen. Laut Aussage des Rechtsanwalts (solicitor) W. (London) hat der Erblasser diesen Schritt, der allein aus steuerlichen Gründen erfolgte, als „peinliche Formalität" angesehen und sich nur schweren Herzens dazu entschlossen; noch am 14. 12. 1960 hatte er in einem an Rechtsanwalt W. gerichteten Schreiben zum Ausdruck gebracht, daß er „unter keinen Umständen wieder um die deutsche Staatsangehörigkeit nachsuchen würde".

Zum Nachlaß gehören Bankguthaben und Wertpapierbestände in England, Deutschland und den USA sowie ein bei der Oberfinanzdirektion Hamburg verfolgter Wiedergutmachungsanspruch.

Der Erblasser hat eine am 30. 11. 1962 errichtete letztwillige Verfügung hinterlassen. Der englische „High Court of Justice" in London erteilte dieser das „probate" und bestellte die Rechtsanwälte (solicitors) F. W. und A. W. entsprechend der testamentarischen Anordnung zu „executors and trustees". Der ursprünglich im „probate"-Beschluß enthaltene Vermerk, der Erblasser sei z. Z. seines Todes in der Bundesrepublik Deutschland domiziliert gewesen, ist am 28. 1. 1965 vom „High Court of Justice" (Principal Probate Registrar) dahin berichtigt worden, daß sich das letzte Domizil des Erblassers in England befunden habe. Dem Gericht lagen zahlreiche, unter Eid abgegebene schriftliche Aussagen (affidavits) aus dem Freundeskreis des Erblassers vor, aus denen sich ergibt, daß der Erblasser seit seiner Rückkehr aus den Vereinigten Staaten England als sein ständiges Wohnsitzland (permanent country of residence) angesehen und wiederholt die Absicht geäußert hat, weder nach Illinois noch nach Deutschland zurückzukehren. Herr Rechtsanwalt W. hat bekundet, ein deutsches Domizil des Erblassers sei auf dessen Wunsch aus steuerlichen Gründen angegeben worden; nach einer gründlichen Untersuchung habe sich jedoch ergeben, daß der Erblasser in England domiziliert gewesen sei.

Das vom Erblasser und zwei Zeugen unterzeichnete maschinengeschriebene Testament lautet in den hier erheblichen Bestimmungen:

1. I declare that I am temporarily resident but not domiciled in England and that I wish to be cremated wheresoever I may be at my death and the ashes buried in the same burial plot where the ashes of my late wife have been buried in the cemetery at Chicago Illinois U.S.A. and an appropriate inscription placed on the tombstone and that the expense involved be a first charge on my estate.
2. I revoke all wills and testamentary dispositions heretofore made by me.
3. (a) I appoint F. W., LL. B. and A. W., Solicitors to be the executors and trustees of this my will.

   (b) I declare that the expression „my Trustees" shall include F. W. and A. W. and the survivor of them or other the trustees or trustee for the time being of this my will.

   (c) I direct that my Trustees shall have power from time to time to appoint a new trustee or new trustees of this my will.
4. I bequeath my personal chattels to my sister-in-law Mrs. A. G. widow absolutely and failing her to my Trustees at their discretion either for sale for the benefit of my estate or for disposal without value amongst my relations friends charity or otherwise.
5. (1) I give devise and bequeath all the residue of my real personal and other property whatsoever and wheresoever of or to which I shall be possessed or entitled at my death or over which I shall then have a general power of appointment or disposition by will except property otherwise disposed of by this my

will or any codicil hereto unto my Trustees upon the trusts and with and subject to the powers and provisions hereinafter declared of and concerning the same that is to say upon trust that my Trustees shall sell call in collect and convert into money the real personal and other property at such time or times and in such a manner as they shall think fit with power to postpone the sale calling in or conversion of the whole or any part or parts of the property during such period as they shall think proper and to retain the same or any part thereof in its actual form of investment without being responsible for loss and I direct that the income of such part of the property as for the time being shall remain unsold shall as well during the first year after my death as afterwards be applied as if the same were income arising from investments hereinafter directed to be made of the proceeds of sale thereof and that no reversionary or other property not actually producing income shall be treated as producing income for the purposes of this my will.

(2) My Trustees shall out of the moneys to arise from the sale calling in and conversion of or forming part of my real personal and other property and my ready money pay my funeral and testamentary expenses and debts and the expenditure incurred under clause I hereof and any legacies given by this my will or any codicil hereto and make provision for the payment of any annuities hereby or by any codicil hereto bequeathed by me and so that in relation to such payments the rule of equity known as the rule Allhusen v. Whittell shall be disregarded.

(3) My Trustees shall at their discretion invest the residue of the moneys in or upon any of the investments hereby authorised with power to vary or transpose such investments for or into others of a nature hereby authorised.

6. (1) My Trustees shall stand possessed of the residue of the moneys and the investments and property for the time being representing the same (hereinafter called „the trust fund") upon trust for such of the Beneficiaries hereinafter defined at such respective ages or times and in such shares and upon such trusts for the benefit of the Beneficiaries or any of them and upon such conditions and with such restrictions and in such manner as my Trustees may by deed or deeds revocable or irrevocable at any time or times before the determining day hereinafter defined (but without offending against the perpetuity rule) appoint.

(2) In default of and subject to any appointment as aforesaid my Trustees shall until the determining day pay or apply the annual income of the trust fund as it arises to or for the maintenance or support or otherwise for the benefit of all or any one or more exclusively of the other or others of the Beneficiaries for the time being in existence and ascertainable as my Trustees in their absolute discretion without being liable to account for the exercise of the same think fit provided that until the expiration of the period of twenty one years after my death my trustees may in their discretion instead of paying or applying the annual income as aforesaid accumulate the same or any part thereof in the way of compound interest by investing the same and the resulting income thereof in the investments authorised by this my will and shall hold such accumulation as part of the capital of the trust fund but so that however my Trustees may apply those accumulations or any part thereof as if they were income arising in the current year.

(3) In default of and subject to the powers and trusts aforesaid my Trustees shall until the determining day pay or apply the annual income of the trust fund to or for the benefit of such of the following persons as shall from time to time be living namely the Beneficiaries of the first class in such shares as my Trustees shall in their absolute discretion think fit and subject thereto as tenants in common in equal shares absolutely and failing any such Beneficiaries then for the Beneficiaries of the second class and failing such Beneficiaries then for the Beneficiaries of the third class and shall on and after the determining day stand possessed of the trust fund both as to capital and income upon trust for the Beneficiaries of the second class in such shares as my Trustees shall in their absolute discretion think fit and subject thereto as tenants in common in equal shares per stirpes absolutely and failing any such Beneficiaries then upon trust for the Beneficiaries of the third class in such shares as my Trustees shall in their absolute discretion think fit.

(4) In this clause of my will unless the context otherwise requires: –

(a) „the determining day" means the day on which shall expire the period of twenty one years from the death of the last survivor of the descendants living at the date of execution hereof of his late Majesty King George V.

(b) „the Beneficiaries" means the Beneficiaries of the first second and third classes but shall nevertheless not include any person being a trustee of this my will or in respect of the trust fund.

(c) „the Beneficiaries of the first class" means my sister-in-law Mrs. A. G. my daughter Mrs. M. E. M. and failing her my son-in-law Dr. L. M. U.S.A. and Mrs. S. Ma., Federal Republic of Germany.

(d) „the Beneficiaries of the second class" means the child or the children or remoter issue born before the determining day of any child or children dying before the determining day of more than one as tenants in common in equal shares per stirpes of Dr. George M. U.S.A.

(e) „the Beneficiaries of the third class" means such medical charity or charities as my Trustees shall nominate. –

Herr Rechtsanwalt und Frau Rechtsanwältin W. beantragen Erteilung eines gegenständlich beschränkten Fremdrechtserbscheins sowie eines gegenständlich beschränkten Testamentsvollstreckerzeugnisses, das sie als Testamentsvollstrecker (executors and trustees) nach englischem Recht ausweist.

Frau M. E. M. beantragt Erteilung eines Eigenrechtserbscheins, der sie als Erbin zu 1/3, befreit von der Anordnung der Testamentsvollstreckung, ausweist.

Das Gericht bittet um Auskunft über die Rechtslage sowie um einen Vorschlag, wie Erbschein bzw. Testamentsvollstreckerzeugnis zu lauten haben.

## *I. Formgültigkeit des Testaments*

### *1. Anzuwendendes Recht*

Das in der Bundesrepublik am 1. 1. 1966 in Kraft getretene *Haager Übereinkommen* über das auf die Form letztwilliger Verfügungen anzuwendende Recht vom 5. 10. 1961[1] ist nach Art. 8 des Übereinkommens auf Erbfälle beschränkt, in denen der Erblasser nach dem Inkrafttreten des Übereinkommens, also nach dem 1. 1. 1966 gestorben ist. Im vorliegenden Fall ist daher die Formgültigkeit des Testaments nach den *allgemeinen Grundsätzen des Art. 11 EGBGB* zu bestimmen.

Danach richtet sich die Form eines Rechtsgeschäfts grundsätzlich nach dem für seinen Inhalt maßgebenden Recht (Art. 11 I 1 EGBGB), im Falle einer letztwilligen Verfügung also nach dem Erbstatut; es genügt jedoch die Einhaltung der Formvorschriften des am Errichtungsort maßgebenden Rechts (Ortsrecht, Art. 11 I 2 EGBGB), d. h. hier des englischen Rechts[2].

### *2. Testamentsform nach englischem Recht*

Die vom Erblasser ernannten „executors" haben vom englischen Nachlaßgericht das sog. „probate" erwirkt. Im „probate"-Verfahren wird die Formgültigkeit letztwilliger Verfügungen gerichtlich geprüft. Die Gewährung des „probate" hat nach englischem Recht die Wirkung, daß eine Berufung auf etwaige Formmängel der letztwilligen Verfügung in England nicht mehr möglich ist[3].

Ob diese Rechtsfolge auch hinsichtlich des in Deutschland belegenen Nachlasses anzuerkennen ist, kann dahinstehen, denn das vorliegende Testament ist nach englischem Recht als formgültig anzusehen:

*S. 9 Wills Act 1837 (7 Will. 4 & 1 Vict., c. 26):*

„No will shall be valid unless it shall be in writing and executed in manner hereinafter mentioned, that is to say, it shall be signed at the foot or end thereof by the testator, or by some other person in his presence and by his direction, and such signature shall be made or acknowledged by the testator in the presence of two or more witnesses present at the same time, and such witnesses shall attest and shall subscribe the will in the presence of the testator, but no form of attestation shall be necessary."

---

[1] BGBl. 1965 II 1145, 1966 II 11; Abdruck bei *Palandt(-Lauterbach),* BGB (26. Aufl. 1967) Anh. zu Artt. 24–26 EGBGB.

[2] Auch das englische Internationale Privatrecht unterstellt die Formgültigkeit des vorliegenden Testaments dem englischen materiellen Recht (s. 7 (2) (4) Wills Act 1963, s. 2 Wills Act 1861).

[3] *Williams(-Keeton),* On Executors and Administrators (14. Aufl. 1960) Bd. I, 232.

Zur Wahrung der Schriftform genügt maschinenschriftliche Abfassung. (S. 20 Interpretation Act 1889 [52 & 53 Vict., c. 63].)

### *II. Materielle Gültigkeit des Testaments*

#### *1. Deutsches Internationales Privatrecht*

Die inhaltliche Gültigkeit und die Wirkungen eines Testaments beurteilen sich nach dem Erbstatut. Dieses entscheidet auch darüber, wie die Erbschaft erworben wird, ob und unter welchen Voraussetzungen sie ausgeschlagen werden kann und ob ein Testamentsvollstrecker ernannt werden kann und welche Befugnisse er gegebenenfalls hat[4].

Erbstatut ist nach deutschem Kollisionsrecht (Artt. 24, 25, 27 EGBGB) grundsätzlich das Recht des Staates, dem der Erblasser im Zeitpunkt seines Todes angehört, jedoch vorbehaltlich einer Rückverweisung dieses Rechtes auf das deutsche. Das gilt auch dann, wenn der Ausländer seinen letzten Wohnsitz im Ausland hatte[5]. Da der Erblasser im vorliegenden Fall *Doppelstaater* mit deutscher Staatsangehörigkeit war, ist nach bisher herrschender Auffassung die Erbfolge ohne weiteres nach deutschem materiellem Recht zu beurteilen[6].

Neuerdings beginnt sich jedoch im deutschen Internationalen Privatrecht die Ansicht durchzusetzen, daß auch ein Doppelstaater, der die inländische Staatsangehörigkeit besitzt – wie ein Doppelstaater mit zwei fremden Staatsangehörigkeiten – als Angehöriger desjenigen Staates anzusehen ist, zu dem er die engsten Beziehungen hat (Anknüpfung an die *effektive Staatsangehörigkeit*)[7].

---

[4] *Soergel-Siebert(-Kegel),* BGB, Bd. V (9. Aufl. 1961) Anm. 16 vor Art. 24 EGBGB; *Raape,* IPR (5. Aufl. 1961) 443; *Palandt(-Lauterbach)* Art. 24 EGBGB Anm. 3, 5; *Erman-Marquordt,* Handkommentar zum BGB (3. Aufl. 1962) Artt. 24/25 EGBGB Anm. 3 a; *Wolff,* Das IPR Deutschlands (3. Aufl. 1954) 227 f.

[5] Vgl. statt aller *Soergel-Siebert(-Kegel)* Anm. 3 vor Art. 24 EGBGB, neuestens BGH 2. 5. 1965, BGHZ 45, 351.

[6] Nachweise bei *Soergel-Siebert(-Kegel)* Art. 29 EGBGB Anm. 29; *Palandt (-Lauterbach)* Anm. 7 a vor Art. 7 EGBGB.

[7] *Ferid,* RabelsZ 23 (1958) 498 ff. (504 ff. mit älterer Literatur); *Beitzke,* JZ 1959, 124; *Makarov,* Allgemeine Lehren des Staatsangehörigkeitsrechts (2. Aufl. 1962) 293 f.; *Erman(-Arndt)* Art. 29 EGBGB Anm. 8 (anders aber *Erman(-Marquordt)* Art. 7 EGBGB Vorb. 6 b); *Neuhaus,* Die Grundbegriffe des IPR (1962) 143; *Kegel,* Internationales Privatrecht (2. Aufl. 1964) 156. Vgl. in der Schweiz *Niederer,* Einführung in die allgemeinen Lehren des IPR (3. Aufl. 1961) 157. Vgl. BayObLG 8. 6. 1965, JZ 1966, 183: Die persönlichen Ehewirkungen bei einer deutsch-französischen Doppelstaaterin, die durch Heirat die französische Staatsangehörigkeit erworben hat, sind nicht nach deutschem, sondern nach französischem Recht zu beurteilen, das als gemeinsames Heimatrecht der Ehegatten die sachlich beste Anknüpfung darstellt. Ablehnend *Gamillscheg,* RabelsZ 27 (1962/63) 586 f.

Der neueren Ansicht schließt sich das Institut aus folgenden Gründen an: Im Verfassungsrecht sowie im öffentlichen Recht mögen politisches Interesse und Ordnungsinteressen den Vorrang der inländischen vor der ausländischen Staatsangehörigkeit gebieten. Es ist jedoch verfehlt, diesen Grundsatz auch im Internationalen Privatrecht anzuwenden, wie es die bisher herrschende Meinung ohne jede Begründung tut[8].

Für politische Interessen zugunsten der Anwendung deutschen Rechts ist im Internationalen Privatrecht kein Raum[9]. Anerkennenswerte Ordnungsinteressen, die es rechtfertigen, dem deutschen Recht grundsätzlich den Vorrang einzuräumen, sind nicht ersichtlich. So wird die Rechtssicherheit durch das Anknüpfungsmoment der „effektiven Staatsangehörigkeit" kaum beeinträchtigt, da die ausländische Staatsangehörigkeit nur maßgeblich ist, wenn sich eine so enge Verbindung des Doppelstaaters zum fremden Heimatstaat feststellen läßt, daß die deutsche Staatsangehörigkeit des Betroffenen „ohne materiellen Gehalt" erscheint[10].

Ein etwaiges Interesse des deutschen Richters an der Anwendung des heimischen Rechts verdient hier keine Berücksichtigung, weil das Interesse des Doppelstaaters, der Rechtsordnung desjenigen Heimatstaates unterstellt zu werden, in dem er lebt und die ihm vertraut ist, höher zu bewerten ist. Da durch diese Anknüpfung überdies die internationale Entscheidungsharmonie gefördert wird, stellt sie die sachlich beste Lösung dar, hinter der die bloße Bequemlichkeit, deutsches Recht anwenden zu können, zurücktreten muß[11].

Fraglich ist nur, *welche* Momente die „enge Beziehung" des Doppelstaaters zu einem der beiden Heimatstaaten charakterisieren. Während *Frankenstein* den „psychologischen Zusammenhang", also die innere Verbundenheit zu einem der beiden Heimatstaaten, für maßgebend hält, wird in der neueren Lehre – unter Berufung auf die Rechtssicherheit – in der Regel eine objektive Anknüpfung gewählt. So stellen *Makarov* und *Beitzke* auf den „Mittelpunkt der Lebensverhältnisse" des Doppelstaaters ab, der dort zu suchen sei, wo er seinen Wohnsitz oder gewöhnlichen Aufenthalt hat, wo er sein Wahlrecht ausübt, seiner Wehrpflicht nachkommt oder auf andere Weise seine Verbundenheit mit dem betreffenden Land kundtut[12].

*Ferid* weist außerdem darauf hin, daß ein eindeutiges und objektiv nicht widerlegbares negatives Verhalten des Doppelstaaters gegenüber einem

---

[8] Vgl. *Ferid* 508. [9] *Kegel* 156.

[10] Vgl. *Ferid* 508 f.; *Makarov* 304.

[11] *Soergel-Siebert(-Kegel)* Art. 29 EGBGB Anm. 29; *Ferid* 509; *Niederer* aaO; *Neuhaus* aaO.

[12] Vgl. *Ferid* 508; *Soergel-Siebert(-Kegel)* Art. 29 EGBGB Anm. 28, 29; *Erman (-Arndt)* aaO; *Neuhaus* aaO; s. auch schweiz. Bundesgericht 9. 11. 1934, Niemeyers Zeitschrift 50, 423 f.

der beiden Heimatstaaten – wie es bei den aus Deutschland vertriebenen Emigranten nicht selten anzutreffen sei – ein ausschlaggebendes Indiz für die enge Verbundenheit des Doppelstaaters mit seinem neuen Heimatstaat darstellen könne [13]. Der Wohnsitz in einem der beiden Heimatstaaten wird den erforderlichen engen, organischen Zusammenhang mit dessen Rechtsordnung jedenfalls immer dann begründen, wenn er die Merkmale des – an strenge Voraussetzungen geknüpften – englischen „domicile" erfüllt [14].

Zu prüfen bleibt, ob im vorliegenden Fall die britische Staatsangehörigkeit des Erblassers als „effektive" Staatsangehörigkeit im obengenannten Sinne anzusehen ist. Der Erblasser ist im Zeitpunkt seines Todes in England nicht nur wohnhaft, sondern auch im englischen Sinne domiziliert gewesen. Diese Feststellung hat der „Principal Probate Registrar" des „High Court of Justice" nach einer gründlichen Untersuchung, die sich auf zahlreiche Zeugenbekundungen stützt, im Berichtigungsverfahren getroffen; sie wird auch durch den dem Institut mitgeteilten Sachverhalt bestätigt [15].

Das Institut ist daher der Ansicht, daß im vorliegenden Fall zur Bestimmung des Erbstatuts an die britische Staatsangehörigkeit des Erblassers anzuknüpfen ist. Das genügt jedoch nicht, da das Vereinigte Königreich von Großbritannien und Nordirland kein einheitliches Rechtsgebiet darstellt, sondern mehrere Teilrechtsgebiete – England mit Wales, Schottland u. a. m. – umfaßt. Insofern stellt sich die Frage nach der maßgebenden Teilrechtsordnung. Nun gibt es auch kein einheitliches britisches interlokales Recht, aufgrund dessen die maßgebliche Teilrechtsordnung bestimmt werden könnte [16].

Desgleichen besteht innerhalb des Vereinigten Königreichs keine politische Gebietszugehörigkeit. Daher muß die nähere Bestimmung des maßgebenden Rechts selbständig vom Standpunkt des deutschen Rechts im Wege einer Analogie zum inter*lokalen* Privatrecht erfolgen [17]. Neben die Staatsangehörigkeit tritt deshalb ergänzend der letzte Wohnsitz (im Sinne des deutschen Rechts) oder der letzte gewöhnliche Aufenthalt im Heimatstaat [18].

---

[13] Zustimmend *Raape* 56 Anm. 54, der sonst der deutschen Staatsangehörigkeit – weil das eigene Recht dem deutschen Richter vertrauter sei – den Vorzug gibt.

[14] *Ferid* 508.

[15] Vgl. zum englischen Domizilbegriff: Re Fuld, [1966] 2 W. L. R. 717; *Cheshire,* Private International Law (7. Aufl. 1965) 143 f.; *Dicey(-Treitel),* Conflict of Laws (7. Aufl. 1958) 85 f.; *Henrich,* Der Domizilbegriff im englischen IPR: RabelsZ 25 (1960) 456 f.

[16] Vgl. *Falconbridge,* Essays on the Conflict of Laws (2. Aufl. 1954) 202 f., insbes. 205 f., 206, 209, 215 f.

[17] Vgl. *Kegel* 138 f.; *Neuhaus* 209 f.; *Raape* 419.

[18] Vgl. *Soergel-Siebert(-Kegel)* Anm. 109 f. vor Art. 7 EGBGB; *Staudinger (-Raape),* BGB, Bd. VI/2 (9. Aufl. 1931) Einl. H III 2, S. 35 f.

Danach verweist das deutsche Internationale Privatrecht im vorliegenden Fall auf das englische Recht. Eine Rückverweisung des englischen Kollisionsrechts auf das deutsche Recht ist – wie gesagt – gegebenenfalls zu beachten.

*2. Englisches Internationales Privatrecht*

Das englische Internationale Privatrecht unterscheidet bei der Erbfolge zwischen beweglichem und unbeweglichem Vermögen und erklärt für das erstere das Recht des Staates, in dem der Erblasser zur Zeit seines Todes sein „domicile" hatte, für das letzte dagegen das Recht des Lageortes für maßgeblich[19]. Die Entscheidung darüber, was als bewegliches und was als unbewegliches Vermögen anzusehen ist, überläßt das englische Kollisionsrecht dem Recht des Lageortes[20]. Wiedergutmachungsansprüche, Bankguthaben und Wertpapiere zählen nach deutscher Auffassung zum beweglichen Vermögen. Maßgebend ist hier daher das Recht des „domicile" des Erblassers, das, wie oben ausgeführt, in England belegen ist.

Es ist somit englisches materielles Erbrecht anzuwenden.

*3. Inhalt des englischen Erbrechts*

a) Stellung des „executor and trustee"

Anders als im deutschen Recht fällt der Nachlaß im englischen Recht nicht im Wege der Gesamtrechtsnachfolge an die „Erben". Er geht vielmehr von Gesetzes wegen auf die „executors" über, die ihn zu sammeln, zu verwalten und nach Begleichung der Nachlaßverbindlichkeiten an die Bedachten herauszugeben haben[21].

Der Erblasser kann einen oder mehrere „executors" ernennen[22]. Will der Erblasser, daß die „executors" die Verwaltung des Nachlasses über die Schuldenregelung hinaus weiterführen, so muß er sie gleichzeitig zu „trustees" ernennen, wie dies im vorliegenden Fall geschehen ist[23].

Ebenso wie der „executor" ist auch der „trustee" nach englischem Recht formeller Inhaber des Nachlasses und Eigentümer der Nachlaßsachen. Diese Rechtsstellung wird dem „executor and trustee" jedoch nicht im eigenen Interesse verliehen, sondern nur, um ihm zur Erfüllung seiner Verwaltungsaufgaben ein (gesetzlich beschränktes) Verfügungsrecht über den Nachlaß zu verschaffen, dessen Ausübung der Aufsicht des englischen

[19] Vgl. *Dicey(-Morris)* 518, 598.

[20] Vgl. *Dicey(-Morris)* 495.

[21] *Parry*, The Law of Succession (4. Aufl. 1961) 225; *Ker*, Wills, Probate and Administration (1959) 33.

[22] *Williams(-Keeton)* 432: „Co-executors ... are regarded in law as an individual person."

[23] Vgl. *Ker* 34–36.

Nachlaßgerichts unterliegt[24]. Es ist daher allgemein anerkannt, daß die Berufung zum „executor and trustee" im Sinne des englischen Rechts in Deutschland grundsätzlich nicht als Erbeinsetzung aufzufassen, sondern dahin auszulegen ist, daß der Erblasser dem Ernannten etwa die Rechtsstellung eines deutschen Dauertestamentsvollstreckers einräumen wollte[25].

Nach herrschender, vom Institut ständig vertretener Auffassung erstrecken sich die Rechte und Pflichten des „executor and trustee" auch auf den in Deutschland belegenen Nachlaß[26]. Gegen diese Auffassung sind Bedenken u. a. mit der Begründung erhoben worden, die Rechtsstellung eines „executor" des angelsächsischen Rechts entspreche nicht jener eines deutschen Testamentsvollstreckers. Diese Verschiedenheit der Rechtsstellung stehe der Anerkennung eines „executor" als Testamentsvollstrecker und der Erteilung eines auf den inländischen Nachlaß beschränkten Testamentsvollstreckerzeugnisses entgegen[27].

Der „executor" des angelsächsischen Rechts unterscheidet sich vom deutschen Testamentsvollstrecker vor allem darin, daß seine Einschaltung als Zwischenperson (oder die Einschaltung eines vom Gericht bestimmten „administrator") zwingend vorgeschrieben ist und der Nachlaß zunächst auf ihn überzugehen hat. *Firsching* vertritt die Auffassung, die kraft zwingender Vorschriften eingeschaltete Zwischenperson könne nur dann eine Anerkennung als Testamentsvollstrecker im Sinne des deutschen Rechts finden, wenn sich aus dem Testament des Erblassers ergebe, daß dieser dem Inhalt nach eine Testamentsvollstreckung im Sinne des deutschen Rechts gewollt habe. Im vorliegenden Fall kann dahinstehen, ob dieser Einwand berechtigt ist und ob ein „executor" nur unter der genannten Voraussetzung als Testamentsvollstrecker betrachtet werden sollte. Denn aus dem Testament des Erblassers ergibt sich eindeutig, daß die vom Erblasser eingesetzten „executors and trustees" den Nachlaß nicht lediglich als Zwischenperson übernehmen sollen, der Erblasser vielmehr eine „Dauertestamentsvollstreckung" wollte.

Auch dem englischen Recht ist eine territoriale Begrenzung der Rechtsstellung des „executor" unbekannt. Es beschränkt dessen Verwaltungs- und Verfügungsbefugnis, namentlich hinsichtlich des im Ausland befindlichen beweglichen Vermögens, grundsätzlich nicht und überläßt nur die

---

[24] Vgl. *Williams(-Keeton)* 242 f.

[25] Vgl. *Breslauer*, The Private International Law of Succession in England, America, and Germany (1937) 143–145, 147 f.; *Schwenn*, Die Anwendung der §§ 2369, 2368 BGB auf Erbfälle mit englischem oder amerikanischem Erbstatut: NJW 1952, 1313 f.; *Frankenstein*, IPR IV (1935) 491–493.

[26] Vgl. *Raape* 453; *Schwenn* 1113 f.; *Gottheiner*, Zur Anwendung englischen Erbrechts auf Nachlässe in Deutschland: RabelsZ 21 (1956) 36, 38 f.; *Kegel* 368.

[27] Vgl. *Wengler*, JR 1955, 41 f.; *Firsching*, DNotZ 1959, 354 f.; dagegen *Breslauer* 143 f. sowie die in der vorigen Anmerkung Genannten.

Frage, ob der „executor" im Ausland die ihm nach englischem Recht zustehenden Befugnisse ausüben kann, dem ausländischen Recht[28].

b) „Rule against perpetuities"

Die zeitliche Ausdehnung der Nachlaßverwaltung durch die „executors and trustees" und die Errichtung eines „trust" ist nur dann zulässig, wenn sie nicht die „rule against perpetuities" verletzt[29]. Der Perpetuities and Accumulations Act 1964 (1964 c. 55) findet im vorliegenden Fall keine Anwendung, da er nur für Testamente gilt, die nach Inkrafttreten des Gesetzes (16. 7. 1964) wirksam werden[30].

Die im vorliegenden Fall demnach anwendbare „rule against perpetuities" des englischen common law lautet in der üblichen Formulierung[31]:

„1. A future contingent gift is void if, at the time when the instrument creating it comes into effect, there exists a possibility that the gift will not vest before or at the end of the perpetuity period.

2. The perpetuity period is the duration of a life or lives in being at the time when the instrument creating the gift comes into effect, and expressly or impliedly indicated by the instrument, and a period of twenty-one years from the dropping of such life or lives."

1. Eine zukünftige, bedingte unentgeltliche Zuwendung ist nichtig, wenn im Zeitpunkt, in dem die Schenkungsurkunde wirksam wird, die Möglichkeit besteht, daß die Zuwendung nicht vor oder (wenigstens) am Ende der perpetuity-Zeit erworben wird.

2. Die perpetuity-Zeit ist die Dauer des Lebens eines oder mehrerer Menschen, die in dem Zeitpunkt, in dem die Schenkungsurkunde wirksam wird, leben, und ausdrücklich oder stillschweigend in der Urkunde genannt werden, und [dazu] ein Zeitraum von 21 Jahren vom Tode dieses oder dieser Menschen an gerechnet.

Die Anordnungen des Erblassers verletzen diese Regel nicht, denn gemäß Nrn. 6 (3) und 6 (4) (a) des Testaments fällt der Nachlaß mit dem Ablauf von 21 Jahren nach dem Tode einer bestimmten, z. Z. der Testamentserrichtung lebenden Person (determining day – Stichtag) zu freier Verfügung an die „beneficiaries of the second" bzw. „third class".

c) Rechtsstellung der Bedachten

Die Zwischenschaltung des „executor" im englischen Recht der Nachlaßabwicklung hat zur Folge, daß das englische Recht nicht zwischen dinglich berechtigten Erben und obligatorisch berechtigten Vermächtnisnehmern

[28] Re Scott, [1916] 2 Ch. 268, 277; In the Goods of F. S. Hill (1870), L. R. 2 P. & D. 89; *Dicey(-Morris)* 568–574; *Williams(-Keeton)* 110.

[29] *Ker* 140–144; *Williams*, The Law Relating to Wills (2. Aufl. 1961) 585, 591.

[30] S. 15 (5): „The foregoing sections of this Act shall apply ... only in relation to instruments taking effect after the commencement of this Act."

[31] Re Thomson, [1906] 2 Ch. 199, 202–203; *Ker* 140 f.; *Williams(-Keeton)* 698.

unterscheidet. Alle Bedachten sind in der Hauptsache auf obligatorische Ansprüche gegen den „executor" beschränkt und besitzen nur einzelne dingliche Schutzrechte[32].

Ob man die testamentarisch Begünstigten als „Erben" im Sinne des deutschen Rechts bezeichnen kann, hängt davon ab, inwieweit ihre Stellung – wirtschaftlich gesehen – mit der eines deutschen Erben vergleichbar ist.

Das englische Recht unterscheidet bei den testamentarisch Bedachten zwischen „general" und „specific legatees" einerseits und „residuary legatees" andererseits.

Eine „general legacy" liegt vor, wenn der Erblasser die Leistung einer gattungsmäßig bestimmten Art von Gegenständen an den Bedachten angeordnet hat. Die gebräuchlichste Art der „general legacy" ist die Zuwendung einer Geldsumme. Eine „specific legacy" ist gegeben, wenn einzelne, genau bestimmte Gegenstände zugewendet werden[33]. Eine „residuary legacy" ist die Zuwendung des Restnachlasses an eine Person oder an mehrere Personen zu bestimmten Bruchteilen[34].

Im vorliegenden Fall ist Frau G. eine „specific legacy" ausgesetzt: sie soll die persönliche bewegliche Habe des Erblassers (personal chattels) erhalten. Wegen dieses Anspruchs ist sie nicht als Erbin anzusehen, sondern als Vermächtnisnehmerin, die nicht im Erbschein erwähnt wird[35]. Den Restnachlaß sollen gemäß Nrn. 5 (1) und 6 (3) des Testaments die in Nr. 6 (4) (c)–(e) bezeichneten „beneficiaries" erhalten. Sie sind als „residuary legatees" anzusehen. Da der „residuary legatee" – wirtschaftlich betrachtet – Erbe im Sinne des deutschen Rechts ist, schließt sich das Institut der herrschenden Meinung an, die sich grundsätzlich für eine Gleichstellung des „residuary legatee" mit dem deutschen Erben ausspricht[36].

Im vorliegenden Fall lassen sich Bedenken gegen diese Gleichstellung möglicherweise daraus herleiten, daß den „executors and trustees" nach Nr. 6 (1), (2) und (3) des Testaments unbeschränkte Ermessensfreiheit bei der Verteilung von Nachlaßkapital und -erträgnissen innerhalb des Kreises der „beneficiaries" zusteht[37]. Stünde den „beneficiaries" infolge dieser

---

[32] *Parry* 225; *Williams* 130; *Schwenn* aaO; *Gottheiner* aaO; *Firsching* aaO; *ders.*, Deutsch-Amerikanische Erbfälle (1965) 123 f., 136 f.

[33] *Ker* 115–117; *Parry* 76–80; *Williams* 157–159; *Theobald(-Marshall)*, Wills (11. Aufl. 1963) No. 481, 483.

[34] *Parry* 81; *Williams* 316, 317; *Hawkins and Ryder*, Construction of Wills (1965) 377.

[35] Vgl. *Gottheiner* 71 Anm. 129.

[36] *Gottheiner* 67–72; *Kegel* 368; *Raape* 452; *Schwenn* 1113; *Firsching*, Erbfälle 136 f.

[37] Es handelt sich hier um einen sog. „discretionary trust", eine in der angloamerikanischen Rechtspraxis sehr gebräuchliche trust-Konstruktion, die eine elastische, den Bedürfnissen der jeweiligen Situation angepaßte Verwaltung des trust-Vermögens erlaubt. Vgl. *Ferid(-Firsching)*, Internationales Erbrecht, Bd. III, USA Grdz. C III S. 40/208; *Williams* 722; *Gottheiner* 62.

Bestimmungen nach englischem Recht nur ein unbestimmtes und auch nicht bestimmbares Anwartschaftsrecht auf einen Vermögenserwerb aus der Erbschaft zu, so wäre ihre Rechtsstellung mit dem deutschen Erbenbegriff in der Tat nicht vereinbar[38].

Nach gefestigter englischer Rechtsprechung ist jedoch eine testamentarische Anordnung der vorliegenden Art als eine durch eine anderweitige Bestimmung des „executor and trustee" auflösend bedingte Zuwendung an die namentlich genannten „beneficiaries" anzusehen. Diesen steht daher keine bloße Anwartschaft, sondern ein – auflösend bedingtes – Vollrecht zu[39].

Für diese Auslegung des vorliegenden Testaments spricht im übrigen auch dessen Wortlaut. Gemäß Nr. 6 (3) wird der Reinnachlaß den „beneficiaries" jeder Rangklasse zu gleichen Teilen zugewendet, es sei denn, die „executors and trustees" treffen im Einzelfall abweichende Bestimmungen.

Die Errichtung eines „discretionary trust" im vorliegenden Fall steht daher einer Gleichstellung der „residuary legatees" mit Erben nach deutschem Recht nicht entgegen, zumal die Erwähnung der Testamentsvollstreckung im Erbschein sicherstellt, daß der in Deutschland belegene Nachlaß nur an die allein verfügungsberechtigten „executors and trustees" ausgekehrt wird[40].

Hinsichtlich der Verteilung des Nachlasses an die einzelnen „residuary legatees" hat der Erblasser folgende Regelung getroffen: Die „beneficiaries of the first class" sollen zu ihren Lebzeiten, längstens jedoch bis zum Eintritt des „Stichtages", die Einkünfte aus dem Reinnachlaß zu gleichen Teilen erhalten. Nach dem Tode von Frau M. M. tritt Dr. L. M. an ihre Stelle, im übrigen wächst der Anteil eines verstorbenen Begünstigten dieser Rangklasse den überlebenden Begünstigten derselben Rangklasse zu gleichen Teilen an. – Mit dem Wegfall des letzten Begünstigten dieser Rangklasse, spätestens jedoch mit dem Eintritt des „Stichtages", sollen die Abkömmlinge von Dr. George M. (beneficiaries of the second class) die Einkünfte aus dem Reinnachlaß – und mit Eintritt des „Stichtages" auch das Nachlaßkapital – nach Stämmen erhalten. – Sind zu dem angegebenen Zeitpunkt keine „beneficiaries of the second class" vorhanden, so fallen die Einkünfte – und mit Eintritt des „Stichtages" auch das Nachlaßkapital – an eine oder mehrere gemeinnützige medizinische Stiftungen (medical charities), deren Auswahl in das Ermessen der „executors and trustees" gestellt ist.

---

[38] *Gottheiner* aaO.

[39] *Lambert* v. *Thwaites* (1866), L. R. 2 Eq. 151, 155; Re Hughes, [1921] 2 Ch. 208, 214; Re Arnold, [1947] Ch. 131, 134, 135; siehe auch *Hawkins and Ryder* 96 Anm. 10; *Jarman*, A Treatise on Wills (8. Aufl. 1951) Bd. II 665.

[40] Vgl. *Gottheiner* 68.

### *III. Inhalt des Erbscheins und des Testamentsvollstreckerzeugnisses*

Da die Bedachten der ersten Rangklasse nur die Einkünfte aus dem Nachlaß, die der zweiten und dritten aber auch das Kapital erhalten sollen, liegt es nahe, im Erbschein die Begünstigten der zweiten und dritten Rangklasse als Erben und die Begünstigten der ersten Rangklasse als bloße Nießbrauchsvermächtnisnehmer zu bezeichnen. Aber dann wäre zu Lebzeiten der „beneficiaries of the first class" niemand Erbe, denn die Zuwendungen an die Begünstigten der zweiten bzw. dritten Rangklasse sollen ja erst mit dem Wegfall des letzten Begünstigten der ersten Rangklasse wirksam werden. Man muß daher die Verfügungen des Erblassers so umschreiben, daß eine mehrstufige Vor- und Nacherbschaft angeordnet ist[41].

Die „beneficiaries of the third class" können jedoch nicht als „Nacherben" bezeichnet werden, da die Auswahl dieser Begünstigten allein dem freien Ermessen der „executors and trustees" überlassen bleibt. Zweckmäßig ist es vielmehr, insoweit die „executors and trustees" als Nacherben zu bezeichnen, aber als beschwert mit der Auflage, Einkünfte bzw. Kapital des Nachlasses den von ihnen zu benennenden gemeinnützigen medizinischen Stiftungen zuzuwenden[42]. Wegen der besonderen Ausgestaltung der Rechtsstellung der „residuary legaties" empfiehlt das Institut, sie im Erbschein als Vor- bzw. Nacherben „nach englischem Recht" zu bezeichnen[43].

Die „executors and trustees" sind primär als Testamentsvollstrecker auszuweisen, wobei darauf hinzuweisen ist, daß die Testamentsvollstreckung den Regeln des englischen Rechts unterliegt. Zweckmäßigerweise ist die englische Amtsbezeichnung „executor and trustee" durch einen Klammerzusatz in Erbschein und Testamentsvollstreckerzeugnis aufzunehmen[44].

Es empfiehlt sich also etwa folgende Fassung des Erbscheins: Für das in Deutschland belegene Vermögen des Erblassers sind Frau Antoinette G., Frau M. E. M. und Frau S. Ma. Vorerbinnen nach englischem Recht zu je einem Drittel. Nacherbe nach englischem Recht für Frau M. ist auf ihren Todesfall Dr. L. M. Nacherben nach englischem Recht für Frau G., Frau Ma. und Dr. L. M. – sofern dieser die Nacherbschaft für Frau M. angetreten hat – sind auf den Todestag der Genannten die überlebenden Vorerbinnen und (anstelle von Frau M.) Dr. L. M. zu gleichen Teilen bzw. der Längstlebende von diesen Vorerben allein.

---

[41] Vgl. *Firsching,* Erbfälle 138 f.; *Henrich,* Anmerkung zu LG Düsseldorf 2. 12. 1960: JZ 1961, 746 f.

[42] Vgl. *Gottheiner* 64; *Ferid(-Firsching)* USA Grdz. C III S. 40/208, 211, 213.

[43] Vgl. *Gottheiner* 67–72; *Kegel* 368; *Firsching,* Erbfälle 121 f., 136; *Raape* 452.

[44] *Gottheiner* 70; *Kegel* 368, 369.

Auf den Todesfall des längstlebenden Vorerben, spätestens auf den Eintritt des „Stichtages", sind die ehelichen Abkömmlinge von Dr. George M. Nacherben englischen Rechts nach Stämmen und innerhalb der Stämme zu gleichen Teilen.

Auf den Todesfall des längstlebenden ehelichen Abkömmlings von Dr. George M. – falls dieser Abkömmling vor dem „Stichtag" stirbt – sind die Testamentsvollstrecker (executors and trustees) Nacherben nach englischem Recht mit der Auflage, die Einkünfte des Nachlasses – und am Stichtag das Kapital – einer oder mehreren von ihnen selbst zu benennenden gemeinnützigen medizinischen Stiftungen zuzuwenden. Leben am „Stichtag" eheliche Abkömmlinge von Dr. George M., so werden sie mit diesem Tag Vollerben nach englischem Recht.

Es besteht bis zum Stichtag Testamentsvollstreckung nach englischem Recht. „Stichtag" ist der 21. Jahrestag des Todes des längstlebenden der am 30. 11. 1962 lebenden Abkömmlinge Königs George V. von England.

## Nr. 68

## Kanada (Ontario)

**1. Form- und Wirkungsstatut gemeinschaftlicher Testamente nach deutschem und kanadischem (Ontario-)Kollisionsrecht.**

**2. Testamentswirkungen und Nachlaßregulierung nach dem Recht von Ontario.**

**Hamburg G 154/67 vom 9. 11. 1967**

Die Herren Notare T. und Dr. R. bitten um Auskunft, ob die gegenseitige Erbeinsetzung eines in Frankfurt a. M. lebenden kinderlosen Ehepaares – der Ehemann ist Deutscher, die Ehefrau Kanadierin aus der Provinz Ontario – formellen oder materiellrechtlichen Bedenken unterliegt, wenn sie zu notariellem Protokoll unter Hinzuziehung von zwei Zeugen erfolgt.

### *I. Formelle Gültigkeit des Testaments*

#### *1. Deutsches IPR*

Das in der Bundesrepublik am 1. 1. 1966 in Kraft getretene Haager Übereinkommen über das auf die Form letztwilliger Verfügungen anzuwendende Recht vom 5. 10. 1961[1] findet nach seinem Art. 8 auf alle Erbfälle Anwendung, in denen der Erblasser nach dem Inkrafttreten gestorben ist,

---

[1] BGBl. 1965 II 1145, 1966 II 11; Abdruck bei *Palandt(-Lauterbach)*, BGB (26. Aufl. 1967), Anh. zu Artt. 24–26 EGBGB.

und zwar nach Art. 6 unabhängig davon, ob die Beteiligten Angehörige eines Vertragsstaates sind oder nicht und ob das Recht eines Vertragsstaates oder eines Nicht-Vertragsstaates anzuwenden ist[2]. Nach Art. 1 I a des Übereinkommens ist ein Testament u. a. dann formwirksam, wenn es den Formvorschriften des Ortsrechts genügt, hier also den Vorschriften des deutschen Rechts.

### 2. *Kanadisches IPR*

Das Kollisionsrecht von Ontario – wie allgemein der Common-Law-Provinzen Kanadas – beurteilt die formelle Gültigkeit eines Testaments, soweit sich dieses auf bewegliches Nachlaßvermögen bezieht, wahlweise nach dem am Errichtungsort geltenden Recht (lex fori actus) oder nach dem Domizilrecht (lex domicilii), d. h. nach dem Recht desjenigen Staates, in dem der Testator von Geburt bzw. im Falle eines später erworbenen Wahldomizils im Zeitpunkt der Testamentserrichtung domiziliert war[3].

Insoweit reicht mithin auch nach kanadischer Auffassung die Beobachtung der deutschen Formvorschriften aus. Sofern sich das Testament dagegen auf unbewegliches Vermögen bezieht, ist für die Frage seiner Formgültigkeit allein die lex rei sitae maßgebend, d. h. das Recht desjenigen Staates, in dem das betreffende Grundstück belegen ist[4]. Soll sich das vorgesehene Testament auch auf Immobilien in Ontario beziehen, so sind insoweit die dortigen Formvorschriften zu beachten.

### 3. *Formgültigkeit nach dem Recht von Ontario*

Die einschlägigen Formvorschriften des Wills Act von Ontario lauten:

*sec. 11 (1):*

„No will is valid unless it is in writing and executed in the manner hereinafter mentioned; that is to say, it shall be signed at the foot or end thereof by the testator, or by some other person in his presence and by his direction, and such signature shall be made or acknowledged by the testator in the presence of two or more witnesses present at the same time, and such witnesses shall attest and shall subscribe the will in the presence of the

Ein Testament ist nur dann gültig, wenn es schriftlich und in folgender Weise errichtet wird: es muß am unteren Rand oder am Schluß vom Testator oder in seiner Gegenwart und auf seine Weisung von einer anderen Person unterzeichnet werden, und diese Unterschrift muß vom Testator in Gegenwart von zwei oder mehr gleichzeitig anwesenden Zeugen vollzogen oder (durch entsprechende Erklärung) anerkannt werden, und diese Zeugen müs-

---

[2] Vgl. *Palandt(-Lauterbach)*, Anh. zu Artt. 24–26 EGBGB, Anm. 2.
[3] Sec. 19 (3) (4) (5) Wills Act, Revised Statutes of Ontario 1960, chap. 433.
[4] Sec. 19 (2) Wills Act.

testator, but no form of attestation is necessary."

sen das Testament in Gegenwart des Testators bestätigen und unterschreiben, jedoch ist für ihre Bestätigung keine besondere Form erforderlich.

*sec. 14:*

„Every will executed in manner hereinbefore required is valid without any other publication thereof."

Ein in der oben vorgeschriebenen Form errichtetes Testament ist gültig, ohne daß es einer anderen Kundgabe bedarf.

Es unterliegt keinen Bedenken, wenn der letzte Wille beider Eheleute in einer einzigen Urkunde niedergelegt wird. Gemeinschaftliche Testamente (joint bzw. mutual wills) sind auch nach kanadischem Erbrecht zulässig und nicht auf die in Gütergemeinschaft lebenden Eheleute beschränkt[5].

## *II. Inhaltliche Gültigkeit und Wirkungen des Testaments*

### *1. Deutsches IPR*

Die inhaltliche Gültigkeit und die Wirkungen eines Testaments werden durch das Erbstatut bestimmt. Dieses entscheidet zunächst über die Frage, ob und unter welchen materiellen Voraussetzungen ein gemeinschaftliches Testament errichtet werden kann. Mit der in der deutschen kollisionsrechtlichen Literatur und Rechtsprechung wohl herrschenden Meinung ist das Institut überdies der Auffassung, daß auch die Frage, inwieweit ein Testator an ein gemeinschaftliches Testament gebunden ist, nach dem zur Zeit des (letzten) *Erbfalles* maßgebenden Erbstatut zu beurteilen ist[6]; diesem obliegt auch die Entscheidung, ob die in dem gemeinschaftlichen Testament enthaltenen Verfügungen überhaupt als wechselseitige, d. h. einander bedingende, getroffen werden konnten. Andere Autoren stellen für die Bindungswirkung auf das Heimatrecht des Erblassers im Zeitpunkt der *Testamentserrichtung*[7] ab oder schlagen die *Kumulation*[8] beider Rechte vor.

---

[5] Re Creelman, McIntyre v. Gushue, [1956] 2 D. L. R. (2 d) 494, 499 per *Doull, J.*: „Mutual wills may be made ... in one document." Näheres zum gemeinschaftlichen Testament unten unter II 3.

[6] *Für Heimatrecht beim Tode:* OLG Frankfurt a. M. 2. 7. 1953, NJW 1954, 111 = IPRspr. 1952–53 Nr. 238; OLG Neustadt/Weinstr. 29. 2. 1952, IPRspr. 1952–53 Nr. 234; *Palandt(-Lauterbach)*, Art. 24 EGBGB, Anm. 3; *Neuhaus-Gündisch*, Gemeinschaftliche Testamente amerikanischer Erblasser: RabelsZ 21 (1956) 550 ff., 556 f.; *Frankenstein*, IPR, Bd. III (1934) 522 ff. (anders noch I [1926] 136); *Zitelmann*, IPR, Bd. II (1912) 184.

[7] *Für Heimatrecht bei Errichtung: Ferid-Firsching*, Internationales Erbrecht, Bd. I, sub Deutschland, Grundzüge, Anm. 29 f.; *Erman(-Marquordt)*, Handkommentar zum BGB, Bd. II (3. Aufl. 1962) Artt. 24, 25 EGBGB, Anm. 4 e; *Soergel-Siebert (-Kegel)*, BGB, Bd. V (9. Aufl. 1961), vor Art. 24 EGBGB, Anm. 41 ff.; *Raape* IPR

Das Erbstatut bestimmt sich nach Artt. 24, 25 EGBGB. Danach wird ein Ausländer – auch wenn er im Zeitpunkt seines Todes seinen Wohnsitz nicht im Inland hatte – grundsätzlich nach den Gesetzen desjenigen Staates beerbt, dem er im Zeitpunkt seines Todes angehört hat[9]. Sofern die Ehefrau im Zeitpunkt ihres Todes die kanadische Staatsangehörigkeit besitzt, so genügt dies zur Bestimmung ihres Heimatrechts noch nicht. Denn Kanada stellt kein einheitliches Rechtsgebiet dar, vielmehr besteht es aus mehreren Teilrechtsgebieten. Es gibt auch kein einheitliches kanadisches interlokales Recht, aufgrund dessen die maßgebende Teilrechtsordnung bestimmt werden könnte[10].

Desgleichen besteht innerhalb Kanadas keine politische Gebietszugehörigkeit. Daher muß die nähere Bestimmung des maßgebenden Rechts selbständig vom Standpunkt des deutschen IPR im Wege einer Analogie zum Inter*lokalen* Privatrecht erfolgen[11]. Neben die Staatsangehörigkeit tritt auf diese Weise ergänzend der letzte Wohnsitz (i. S. des deutschen Rechts) oder der letzte gewöhnliche Aufenthalt im Heimatstaat[12]. Mithin verweist hier das deutsche IPR zunächst auf das in Ontario geltende Recht. Eine Rück- oder Weiterverweisung durch das dortige Kollisionsrecht ist jedoch ggf. zu beachten (Art. 27 EGBGB)[13].

## *2. Kanadisches IPR*

Das Kollisionsrecht von Ontario unterscheidet auch hinsichtlich der Erbfolge zwischen unbeweglichem und beweglichem Vermögen und erklärt für das erstere das Recht des Lageortes (lex rei sitae), für das letztere dagegen das Recht desjenigen Staates für maßgebend, in dem der Erblasser im Zeitpunkt seines Todes domiziliert war (lex domicilii)[14].

---

(5. Aufl. 1961) 433 f.; *Staudinger(-Raape)*, Kommentar zum BGB, Bd. VI/2 (9. Aufl. 1931), Art. 24 EGBGB, Anm. F III, S. 690, und Art. 25 EGBGB, Anm. B IV 2e, S. 702 ff.

[8] *Für die Kumulation beider Rechte: Lewald,* Das deutsche IPR (1931) 320 f.

[9] BGH 21. 12. 1955, BGHZ 19, 315 = IPRspr. 1954–55 Nr. 136; *Soergel-Siebert (-Kegel),* vor Art. 24 EGBGB, Anm. 3 und 4.

[10] Vgl. zur entsprechenden Situation im Vereinigten Königreich von Großbritannien und Nordirland *Falconbridge,* Essays on the Conflict of Laws (2. Aufl. 1954) 202 ff., insbes. 205 f. und (hinsichtlich der Unzulässigkeit des unmittelbaren Rückgriffs auf das englische Kollisionsrecht) 206, 209, 215 f.

[11] Vgl. *Kegel,* IPR (2. Aufl. 1964) 138 f.; *Neuhaus,* Die Grundbegriffe des IPR (1962) 209 ff.; *Raape* 149.

[12] Vgl. *Soergel-Siebert(-Kegel),* vor Art. 7 EGBGB, Anm. 109 ff., 536; *Börner,* Personalstatut und Ehefähigkeit von Angehörigen der USA: StAZ 1956, 43 ff., 44 f.; *Staudinger(-Raape),* Einl. H III 2, S. 35 ff.

[13] Vgl. für alle *Soergel-Siebert(-Kegel),* vor Art. 24 EGBGB, Anm. 74.

[14] So für die inhaltliche Gültigkeit (intrinsic validity) eines Testaments ausdrücklich sec. 19 (2) (3) Wills Act; vgl. im übrigen aus der kanadischen Literatur *Johnson,* Conflict of Laws (2. Aufl. 1962) 422 ff., 485 ff.; Castel, Private International Law (1960) 175; *Falconbridge* 529 ff.

Domizil im Sinne des anglo-amerikanischen Rechts bedeutet die Zugehörigkeit zu einem Rechtsgebiet. Jede Person hat ein derartiges Domizil, kann aber zur gleichen Zeit auch nur ein Domizil haben. Wie bereits angedeutet, wird unterschieden zwischen dem durch Geburt erworbenen *domicile of origin* (Domizil des ehelichen Vaters bzw. der unehelichen Mutter im Zeitpunkt der Geburt) und dem *domicile of choice*. Letzteres kann eine volljährige Person dadurch erwerben, daß sie sich in einem anderen Land mit der Absicht niederläßt, dort für immer oder jedenfalls auf unbestimmte Zeit zu verbleiben und nicht mehr in das Land ihres bisherigen Domizils zurückzukehren. Eine Ehefrau besitzt kein eigenes Domizil, sie teilt vielmehr während des Bestehens der Ehe das jeweilige Domizil ihres Mannes; dieses wirkt ggf. auch nach dem Tode des Ehemannes fort, es sei denn, daß die Ehefrau in der Folgezeit auf eigenen Entschluß ein neues Domizil erwirbt[15].

Sollte die Ehefrau also im Falle des Vorversterbens des Mannes nach Ontario zurückkehren, um dort ihren Lebensabend zu verbringen, und auf diese Weise ein dortiges Domizil im Sinne des anglo-kanadischen Rechts erwerben, so würden sich die inhaltliche Gültigkeit und die Wirkungen des gemeinschaftlichen Testaments, soweit sich dieses auf bewegliches Vermögen des überlebenden Ehegatten bezieht, nach dem Erbrecht von Ontario beurteilen; das gleiche gilt, sofern das vorgesehene Testament in Ontario belegene Immobilien befaßt.

### 3. *Zulässigkeit und Wirkungen eines gemeinschaftlichen Testaments nach dem Recht von Ontario*

Das Erbrecht von Ontario läßt, wie gesagt, gemeinschaftliche Testamente zu. Im einzelnen wird unterschieden zwischen letztwilligen Verfügungen, die in einer gemeinsamen Urkunde niedergelegt, rechtlich aber selbständig, d. h. voneinander unabhängig sind (sog. *joint wills*),

*Doull, J., aaO:*

„The so-called joint will is the individual will of each of the parties who makes it",

und solchen, die wechselbezüglich, d. h. gegenseitig voneinander abhängig sind (sog. *mutual wills*).

*Doull aaO:*

„The characteristic of mutual wills is that they confer mutual benefits upon two or more testators."

---

[15] Zum Domizilbegriff vgl. *Johnson* 59 ff.; *Castel* 52 ff.; *Lafleur*, Conflict of Laws (1898) 49 ff.; vgl. auch *Henrich*, Der Domizilbegriff im englischen IPR: RabelsZ 25 (1960) 456 ff.

Ob gemeinschaftlich niedergelegte letztwillige Verfügungen wechselbezüglichen Charakter tragen, hängt grundsätzlich von den Umständen des Einzelfalls ab und unterliegt der freien Beweiswürdigung des Gerichts, wird aber in der Praxis mangels entgegenstehender Anhaltspunkte schon bei gegenseitiger Erbeinsetzung bejaht[16].

Die Qualifikation als wechselbezüglich besagt allerdings nicht, daß das Testament als solches unwiderruflich ist. Vielmehr schlägt auch hier der Grundsatz des anglo-kanadischen Erbrechts durch, daß eine „letztwillige" Verfügung begrifflich keinen Ausschluß der Widerrufsmöglichkeit verträgt. Faktisch wird jedoch ein ähnliches Ergebnis wie nach deutschem Recht erzielt, indem die Praxis in der Errichtung eines wechselbezüglichen Testaments grundsätzlich einen *vertraglichen* Verzicht auf das Widerrufsrecht sieht, so daß die spätere Errichtung einer anderweitigen letztwilligen Verfügung im Erbfalle zu Schadenersatzansprüchen gegen den Nachlaß in Höhe der durch den Widerruf entgangenen Zuwendung führen kann.

*Doull aaO:*

„No will under English law is actually irrevocable for it is of the nature of a will that it may be revoked, but if by contract for good consideration a will is declared to be irrevocable, a person who benefits by the revocation may be held to receive the benefit as trustee for the person who had the benefit under the contract."

Allerdings ist die vertragliche Bindungswirkung auf die Zeit nach dem Tode des Erstversterbenden beschränkt; *vor* dem ersten Todesfall ist ein wechselbezügliches Testament für beide Teile frei widerruflich, ohne daß es hierzu einer dahingehenden Einigung zwischen den Beteiligten bedarf[17].

### *III. Zur Nachlaßregulierung*

Ergänzend sei darauf hingewiesen, daß in Ontario – wie allgemein in den Ländern des anglo-amerikanischen Rechtskreises – die Abwicklung des Nachlasses und damit auch die Erbfolge wesentlich anders als in Deutschland erfolgt. Der Nachlaß fällt nämlich nicht – wie nach deutschem Recht – unmittelbar an die Erben, sondern zunächst im Wege der Gesamtrechtsnachfolge an einen sog. ‚personal representative' des Erblassers, d. h. an einen testamentarisch ernannten ‚executor', hilfsweise an einen vom Nachlaßgericht (Surrogate Court) berufenen ‚administrator'. Dessen Aufgabe besteht in erster Linie darin, den Nachlaß – einem Testamentsvollstrecker vergleichbar – treuhänderisch zugunsten der Nachlaßbeteilig-

---

[16] Vgl. *Widdifield,* Surrogate Court Practice and Procedure (2. Aufl. Toronto 1930) 81 ff.

[17] Vgl. *Widdifield* aaO; *Sheard,* Canadian Forms of Wills (2. Aufl. 1960) 164 f.

ten zu verwalten, die Nachlaßforderungen einzutreiben, den Nachlaß in Geld umzusetzen, sowie die Nachlaßverbindlichkeiten zu begleichen; alsdann hat er den verbleibenden Restnachlaß nach Maßgabe der testamentarischen Anordnungen des Erblassers bzw. der gesetzlichen Regelung an die Erben bzw. Vermächtnisnehmer zu verteilen. Für die Dauer der Erbschaftsverwaltung steht ihm die alleinige Verfügungsbefugnis über die Nachlaßgegenstände zu; der Erbe ist dagegen – genauso wie ein etwaiger Vermächtnisnehmer – auf die obligatorischen Schutzrechte eines Treugebers beschränkt[18].

Angesichts dieser Regelung empfiehlt es sich, soweit die Erbfolge nach den dargelegten Grundsätzen dem Erbrecht von Ontario unterliegt, den überlebenden Ehegatten zusätzlich zum ‚executor' oder gar zum ‚executor and trustee' (Erbschaftsverwalter und Treuhänder) einzusetzen, was nach anglo-kanadischer Auffassung möglich und in der Praxis auch üblich ist. In diesem Fall, aber auch nur unter dieser Voraussetzung, kommt die Stellung des überlebenden Ehegatten der eines durch Testamentsvollstreckung nicht beschränkten Alleinerben gleich.

Die Bedenken des Reichsgerichts[19] gegen eine Einsetzung des Alleinerben zum Testamentsvollstrecker nach deutschem Recht greifen in diesem Fall nicht durch, da eine derartige Regelung im Bereich des anglo-kanadischen Erbrechts sinnvoll und mit der Rechtsstellung des Alleinerben durchaus zu vereinbaren ist.

## Nr. 69

## Libanon / Syrien

**1. Entwicklung der Staatsangehörigkeit in der früheren türkischen Provinz Syrien.**

**2. Erbstatut nach syrischem und libanesischem Kollisionsrecht.**

**3. Materielle Gültigkeit von Testamenten und gesetzliche Erbfolge nach Scheriatrecht.**

**Kiel**

Das Institut für Internationales Recht an der Universität Kiel ist vom Amtsgericht B. um ein Gutachten zur Frage der Erbfolge in den deutschen Nachlaß eines libanesischen oder syrischen Erblassers aufgrund eines von diesem in Frankreich errichteten Testaments gebeten worden. Nach den beigefügten Akten liegt folgender Sachverhalt vor:

---

[18] Ausführlich hierzu Canadian Encyclopedic Digest – Ontario, Bd. V (2. Aufl. 1952) sub Devolution of Estates, 591 ff.

[19] RGZ 77, 177; 163, 57.

Erblasser ist der in Hama/Syrien geborene am 29. 3. 1947 verstorbene Michael D. Über die Erbfolge in seinen Nachlaß ist am 15. 7. 1952 vom Scheriatgericht in Hama ein Erbschein ausgestellt worden. Danach ist der Erblasser von den Söhnen seines 1948 verstorbenen Bruders Moussa, nämlich von Ibrahim, Georges, Philippe und Bachir zu je $^{8}/_{132}$, von den Töchtern des Moussa, nämlich Huda, Venice und Nur zu je $^{4}/_{132}$, von der Ehefrau Wadia seines 1951 verstorbenen Bruders Ragheb zu $^{11}/_{132}$, von deren Söhnen Louis und Fouad zu je $^{22}/_{132}$ und von deren Töchtern Rose, Lorris und Leila zu je $^{11}/_{132}$ beerbt worden. Die Nachkommen und die Ehefrau des Ragheb haben jetzt die Erteilung eines gegenständlich beschränkten Erbscheins entsprechend dieser Erbfolge beantragt und hierbei vorgetragen, daß der Erblasser syrischer Staatsangehörigkeit gewesen sei. Daraufhin hat der Neffe des Erblassers, der oben genannte libanesische Staatsangehörige Bachir D., ein am 2. 11. 1932 in Paris unter Hinzuziehung von vier Zeugen handschriftlich errichtetes Testament des Erblassers vorgelegt, durch das der Testator ihn als Alleinerben eingesetzt hat. Er beantragt daher, ihm einen auf den deutschen Nachlaß beschränkten Erbschein als Alleinerben zu erteilen und trägt hierzu vor, der Erblasser sei libanesischer Staatsangehöriger gewesen und habe nicht dem Islam, sondern der römisch-orthodoxen Glaubensrichtung angehört.

Aufgrund dieses Sachverhaltes möchte das Amtsgericht B. folgende Fragen beantwortet wissen:

a) Ist das Testament nach dem anzuwendenden Recht formgültig?
b) Ist es seinem ganzen Inhalt nach wirksam oder würde es durch das Noterbrecht anderer Verwandten eingeschränkt? Wenn ja, durch das Recht Verwandter welchen Grades und in welchem Umfange?
c) Wie wäre die Erbfolge, wenn keine wirksame Verfügung von Todes wegen vorhanden wäre und der Erblasser nur Geschwister und Abkömmlinge von Geschwistern hinterlassen hätte?"
– und zwar unter der Alternative, daß der Erblasser Syrer oder daß er Libanese war.

### *I. Formgültigkeit des Testaments*

Gemäß Art. 11 Abs. 1 Satz 2 EGBGB genügt hinsichtlich der Formgültigkeit eines Rechtsgeschäfts die Beobachtung der Gesetze des Ortes, an dem das Rechtsgeschäft vorgenommen wird. Ist die Form des Ortsrechts gewahrt, so ist das Rechtsgeschäft sogar dann formgültig, wenn das IPR des Ortsrechts für die Form durch Weiter- oder Rückverweisung eine andere Rechtsordnung beruft; denn die genannte Vorschrift des EGBGB soll grundsätzlich „den Parteien zur Verkehrserleichterung die Ortsform offen halten" [1].

---

[1] So *Kegel*, Das Internationale Privatrecht im Einführungsgesetz zum BGB,

Die Ausnahmeregelung des Art. 11 Abs. 2 EGBGB greift im vorliegenden Falle nicht ein[2], folglich ist das am 2. 11. 1932 in Paris errichtete Testament des Erblassers formgültig, wenn es den derzeit geltenden französischen Vorschriften über die Form letztwilliger Verfügungen entsprach.

Die ordentlichen Testamentsformen bestimmt der Code Civil im V. Kapitel: „Des dispositions testamentaires", 1. Abschnitt: „Des règles générales sur la forme des testaments" unter

*Art. 969:*

„Un testament pourra être olographe, ou fait par acte public ou dans la forme mystique."

Ein Testament kann eigenhändig sein oder in einer öffentlichen Urkunde oder in verschlossener Form errichtet werden[3].

Die vorgelegte letztwillige Verfügung stellt sich als ein *eigenhändiges Testament* im Sinne dieser Vorschrift dar. Bezüglich seiner Form besagt in negativer Hinsicht

*Art. 970:*

„Le testament olographe ne sera point valable, s'il n'est écrit en entier, daté et signé de la main du testateur: il n'est assujetti à aucune autre form."

Ein eigenhändiges Testament ist ungültig, wenn es nicht von der Hand des Testators ganz geschrieben, datiert und unterzeichnet ist; es ist keiner anderen Form unterworfen[4].

Wie der Umkehrbeschluß ergibt, verlangt das französische Recht also außer völliger Eigenschriftlichkeit nur die Datierung und Unterschrift durch den Erblasser[5]. Diese gesetzlichen Erfordernisse weist das vorgelegte Testament auf.

---

Stuttgart 1961, Art. 11 Bem. 5 mit weiteren Nachweisen. Im übrigen läßt das IPR des Ortsrechts, das französische IPR, bei in Frankreich errichteten Ausländertestamenten ohnehin wahlweise die durch das Heimatrecht vorgeschriebene Form oder die französische Form zu, vgl. *Ferid-Firsching,* Internationales Erbrecht (Loseblattsammlung Bd. 2) Frankreich Grundzüge C 1, Anm. 12. – Das am 1. 1. 1966 für die Bundesrepublik in Kraft getretene Übereinkommen über das auf die Form letztwilliger Verfügungen anzuwendende Recht vom 5. 10. 1961, BGBl. 65 II 1145, das im übrigen auch das Ortsrecht für anwendbar erklärt, greift im vorliegenden Fall nicht ein, da Artikel 8 voraussetzt, daß der Erblasser nach dem Inkrafttreten des Übereinkommens verstorben ist.

[2] So h. M. vgl. *Kegel,* aaO, Art. 11 Bem. 13 mit weiteren Nachweisen, *Ferid-Firsching,* aaO, Bd. 1, Deutschland Grundzüge C III Anm. 27 sowie die dort unter Fußn. 4 zit. Rspr. des RG. A. M. allein *Raape,* Internationales Privatrecht (5. Aufl. Berlin 1961) 229–232, der Art. 11 Abs. 2 EGBGB analog auf Geschäfte des Erbrechts, insbesondere letztwillige Verfügungen, anwenden will. Dagegen zu Recht *Kegel,* ebd., und das dort unter Anm. 14 zit. Schrifttum.

[3] Zur Übersetzung vgl. *Ferid-Firsching,* aaO, Frankreich, Texte B, S. 64.

[4] Zur Übersetzung vgl. *Ferid-Firsching,* ebd.

[5] Vgl. *Ferid-Firsching,* aaO, Frankreich, Grundzüge F 1 B II, Anm. 104.

Die zusätzliche unterschriftliche Bestätigung des Testaments hinsichtlich Errichtung und Inhalt durch vier Zeugen ist gesetzlich nicht erforderlich, wie Art. 970 CC letzter Halbsatz („es ist keiner anderen Form unterworfen") erweist. Eine Beteiligung von vier Zeugen bei der Errichtung eines ordentlichen Testaments verlangte lediglich Art. 971 CC in seiner bis zum 8. 12. 1950 geltenden Fassung, nach welcher ein *öffentliches* Testament „par un notaire, en présence de quatre témoins" – „von einem Notar in Gegenwart von vier Zeugen" – aufgenommen werden konnte[6]. Die somit überflüssige Bestätigung des vorliegenden Testaments durch Zeugen berührt jedoch nicht seine Formgültigkeit, welche ausschließlich bei Mängeln hinsichtlich der Eigenschriftlichkeit, der eigenhändigen Datierung oder Unterschrift entfällt[7].

Mithin ist das vorgelegte Testament nach dem gemäß Art. 11 Abs. 1 Satz 2 EGBGB hier anzuwendenden französischen Recht formgültig.

### *II. Wirksamkeit der testamentarisch verfügten Erbfolge*

#### *1. Erbstatut*

Nach dem in Art. 24 Abs. 1 und Art. 25 EGBGB enthaltenen Rechtsgrundsatz: „Erbfolge nach Heimatrecht" wird der Erblasser nach dem Recht des Staates beerbt, dem er zur Zeit seines Todes angehört hat. Folglich richtet sich die materielle Gültigkeit und die Auslegung der letztwilligen Verfügung nach der Rechtsordnung, die aufgrund der Staatsangehörigkeit des Erblassers für die Erbfolge maßgeblich ist[8].

---

[6] Vgl. hierzu *Ferid-Firsching,* aaO, Frankreich Texte B, S. 64, Anm. 1.

[7] Vgl. *Colin-Capitant,* Cours élémentaire de Droit Civil Français, Bd. 3 (10. Aufl. Paris 1950) Nr. 1781 ff.

[8] So eindeutig h. M.: Vgl. für viele *Kegel,* aaO, vor Art. 24 Bem. 3 und die dort unter Anm. 2 zit. umfangreiche Rspr. sowie Bem. 27; *Raape* aaO 412. Neuestens wird zwar von *Dölle,* Die Rechtswahl im internationalen Erbrecht, RabelsZ 1966, 205 ff., die Auffassung vertreten, die Wahl des die Erbfolge regelnden Rechts unterliege der Dispositionsbefugnis des Testators, was hier insofern von Bedeutung ist, als aus dem Begleitschreiben des Erblassers zu seiner letztwilligen Verfügung eine Wahl des französischen Erbrechts geschlossen werden könnte. Jedoch vertritt *Dölle* eine Außenseitermeinung, die bislang weder im internationalen Schrifttum noch in der deutschen Rspr. zum IPR Anerkennung gefunden hat, wie der Autor selbst einräumen muß, vgl. aaO 214, 216, insbes. dort Anm. 39. Mithin ist der gerade bei Testamenten häufige Fall des „Handelns unter falschem Recht" (d. h. Maßgeblichkeit eines anderen Rechts nach IPR als dem Erblasser bei Vornahme der letztwilligen Verfügung vor Augen gestanden hat, vgl. hierzu *Kegel,* aaO, vor Art. 24 Bem. 47) grundsätzlich nach dem gemäß IPR-Grundsätzen anzuwendenden Recht zu lösen, so *Kegel,* aaO, vor Art. 7 Bem. 83 mit weiteren Nachweisen. Treten nach dem anzuwendenden nicht die gleichen Rechtsfolgen wie nach dem vom Erblasser gewählten Recht ein, so ist sein Wille gegebenenfalls

a) Die Entwicklung der Staatsangehörigkeit in der früheren türkischen Provinz Syrien

Bevor das Erbstatut alternativ nach libanesischer und syrischer Staatsangehörigkeit des Erblassers bestimmt wird, ist auf die Änderungen hinzuweisen, denen gerade die Staatsangehörigkeit der Einwohner der früheren türkischen Provinz Syrien, welche die heutigen Republiken Syrien und Libanon umfaßte, unterworfen waren. Dies macht nämlich das unterschiedliche Vorbringen des Bachir D. und der Nachkommen des Ragheb D. zur Frage der Staatsangehörigkeit des Erblassers verständlich.

Bis 1924 besaßen die Einwohner der jetzigen Staaten Syrien und Libanon die ottomanische Staatsangehörigkeit nach Maßgabe des Gesetzes über die *ottomanische* Staatsangehörigkeit vom 19. 1. 1869, nach welchem der Grundsatz des jus sanguinis galt[9]. Eine getrennte libanesische und syrische Staatsangehörigkeit ist für die Einwohner der früheren ottomanischen Provinz Syrien erst unter der französischen Mandatsverwaltung eingeführt worden. Nachdem die von Frankreich bereits 1919 vorgenommene Umwandlung des Sandschaq Libanon in einen unabhängigen Staat durch die Mandatsbestimmungen des Völkerbundes und durch den zwischen der Türkei und den Alliierten geschlossenen Vertrag von Lausanne (in Kraft getreten am 6. 8. 1924) anerkannt worden war, erklärte die französische Mandatsmacht die ottomanische Staatsangehörigkeit der Einwohner des Libanon (damals „Groß-Libanon") durch die Verordnung Nr. 2825 vom 30. 8. 1924 für erloschen und durch die libanesische Staatsangehörigkeit ersetzt[10].

Eine parallele Regelung wurde für die Einwohner Syriens durch die Verordnung Nr. 2825$^{bis}$ vom 30. 8. 1924 getroffen[11]. Einzelregelungen der libanesischen bzw. syrischen Staatsangehörigkeit erfolgten für den Libanon durch die Verordnung Nr. 15/S vom 19. 1. 1925 über die libanesische Staatsangehörigkeit[12], und für Syrien durch die Verordnung Nr. 16/S vom 19. 1. 1925 über die syrische Staatsangehörigkeit[13].

Beide Verordnungen vereinigten das jus sanguinis mit dem jus soli. Ihr jeweiliger *Artikel 1* besagte[14]:

---

durch Auslegung oder Konversion zu berücksichtigen, vgl. *Kegel* ebd. – Mit Rücksicht auf den Verwendungszweck des Gutachtens im Erscheinsverfahren wird der weitaus herrschenden Meinung gefolgt, welche dem Testator keine Wahl des Erbrechts einräumt, sondern das Heimatrecht für maßgeblich erklärt.

[9] Vgl. zum deutschen Text dieses Gesetzes *Kruse*, Das Staatsangehörigkeitsrecht der Arabischen Staaten, Bd. 15 der Sammlung geltender Staatsangehörigkeitsgesetze, S. 17 f., hrsg. v. d. Forschungsstelle f. Völkerrecht u. ausl. öffentl. Recht der Universität Hamburg (Berlin–Frankfurt a. M. 1955).

[10] Dt. Text der Verordnung s. *Kruse* aaO 39 f.

[11] Dt. Text b. *Kruse* aaO 46 f.

[12] Dt. Text b. *Kruse* aaO 60 ff.

[13] Dt. Text b. *Kruse* aaO 47 ff.

[14] (Anm. d. Verf.): Es ist der übereinstimmende Text zitiert und lediglich die unterschiedliche Staatsangehörigkeit bzw. Gebietsbezeichnung eingefügt worden.

„Libanesen/Syrer sind:

1. Personen, die einen libanesischen/syrischen Vater haben;
2. Personen, die im Gebiete des Groß-Libanon / des Staates Syrien ... geboren sind und nicht nachweisen können, daß sie mit ihrer Geburt durch Abstammung eine fremde Staatsangehörigkeit erworben haben;
3. Personen, die im Gebiete des Groß-Libanon / des Staates Syrien ... geboren sind und deren Eltern unbekannt oder von unbekannter Staatsangehörigkeit sind."

Ergänzend bestimmte die Übergangsvorschrift des jeweiligen Artikels 10 der beiden Verordnungen:

„Vorbehaltlich der im Friedensvertrag von Lausanne vom 24. 7. 1923 vorgesehenen Optionsrechte sind Libanesen / Syrer alle Personen, die im Gebiete des Groß-Libanon / des Staates Syrien ... geboren sind und deren Väter ebenfalls dort geboren sind und am 1. 11. 1914 die ottomanische Staatsangehörigkeit besaßen."

Selbst für den Fall, daß der Erblasser durch Geburt Syrer gewesen sein sollte, sind die in Art. 10 der Verordnung Nr. 16/S genannten Optionsrechte zu berücksichtigen, welche den Einwohnern Syriens gemäß dem Vertrag von Lausanne durch die Verordnung Nr. 2825$^{bis}$ gewährt worden sind.

So konnten nach Art. 3 dieser Verordnung Personen von mehr als 18 Jahren binnen zwei Jahren vom 30. 8. 1924 ab für die Staatsangehörigkeit eines der anderen von der Türkei durch den Vertrag von Lausanne abgetrennten Staaten optieren, wenn in diesem Staat die Mehrheit der Bevölkerung von der gleichen Rasse wie die optierende Person war.

Weiterhin sind die Einbürgerungsvorschriften der Republik Libanon zu beachten: Nach Art. 3 der Verordnung Nr. 15/S vom 19. 1. 1925 über die libanesische Staatsangehörigkeit, der bis 1939 galt, konnte nach fünfjährigem ununterbrochenem Wohnsitz im Libanon um Einbürgerung nachgesucht werden. Das Gesetz betreffend den Erwerb der libanesischen Staatsangehörigkeit durch Ausländer vom 27. 5. 1939[15] verlängerte die erforderliche Aufenthaltsfrist auf zehn Jahre. Dieses Gesetz wurde jedoch durch das Gesetzesdekret Nr. 48 vom 31. 5. 1940 wieder aufgehoben. Schließlich bestimmt Art. 2 des Gesetzes vom 31. 1. 1946 über den Verlust der libanesischen Staatsangehörigkeit[16]:

„Jede Person libanesischer Abstammung, die im Ausland wohnt und nicht für die libanesische Staatsangehörigkeit optiert hat, kann, wenn sie endgültig nach dem Libanon zurückkehrt, diese Staatsangehörigkeit in Anspruch nehmen." Diese Vorschrift sollte den Personen, die wegen ihres ständigen Aufenthaltes im Ausland die aufgrund des Lausanner Ver-

[15] Dt. Text b. *Oppermann-Yousry*, Ergänzungsband zu *Kruse* aaO (1964) 68.
[16] Dt. Text b. *Kruse* aaO 62.

trages durch die oben genannten Verordnungen Nr. 2825 und Nr. 2825$^{bis}$ festgelegten Optionsfristen versäumt hatten, die Möglichkeit gewähren, bei Rückkehr in den Libanon nachträglich die libanesische Staatsangehörigkeit zu erwerben[17].

Angesichts der dargelegten Rechtsvorschriften ergibt sich aus dem Inhalt der Akten folgendes: Da der Erblasser unstreitig in Hama/Syrien geboren ist, war er gemäß Art. 10 der Verordnung Nr. 16/S jedenfalls zunächst syrischer Staatsangehöriger, es sei denn, sein Vater

a) sei nicht im Gebiet des Staates Syrien geboren und
b) habe nicht zum Stichtag die ottomanische Staatsangehörigkeit besessen.

Falls er hiernach zunächst Syrer war, konnte er die libanesische Staatsangehörigkeit, die er laut vorliegendem Schreiben des libanesischen Außenministeriums im Todeszeitpunkt innehatte, nur erworben haben durch

1. Option bis zum 30. 8. 1926 nach den Maßgaben des Art. 3 der Verordnung Nr. 2825$^{bis}$,
2. Einbürgerung aufgrund fünfjährigen (ab 27. 5. 1939 bis 31. 5. 1940 zehnjährigen) Wohnsitzes im syrischen Staatsgebiet,
3. Inanspruchnahme der libanesischen Staatsangehörigkeit aufgrund libanesischer Abstammung nach Maßgabe von Art. 2 des Gesetzes vom 31. 1. 1946.

b) Maßgeblichkeit des Heimatrechts zur Todeszeit des Erblassers

Für die Bestimmung des Erbstatuts gewinnt der Zeitpunkt eines eventuellen Wechsels der Staatsangehörigkeit nach einer verbreiteten Lehrmeinung dann Bedeutung, wenn dieser Wechsel zwischen der Errichtung des Testaments und dem Tod des Erblassers erfolgt ist. In diesem Fall soll nämlich nach der genannten Meinung in entsprechender Anwendung des Art. 24 Abs. 3 EGBGB das Heimatrecht des Erblassers zur Zeit der *Errichtung* des Testaments eingreifen[18]. Dagegen lehnt die überwiegende Meinung eine derartige analoge Anwendung des Art. 24 Abs. 3 EGBGB ab und erklärt für letztwillige Verfügungen grundsätzlich das Heimatrecht des Erblassers beim *Tode* für maßgeblich[19].

Eine Stellungnahme zu diesem umstrittenen Problem erübrigt sich jedoch im vorliegenden Fall aus folgenden Gründen: Wird von der Hypothese ausgegangen, daß der Erblasser bei Errichtung des Testamentes noch Syrer, im Todeszeitpunkt hingegen Libanese war, so wäre nach der erstgenannten Auffassung syrisches Recht anzuwenden. Da jedoch auch diese Lehrmeinung anerkennt, daß genau so zu entscheiden ist, wie der Richter

---

[17] Vgl. *Kruse* aaO 59.

[18] Vgl. hierzu *Kegel*, aaO, vor Art. 24 Bem. 29, 41 und die dort zit. Nachweise.

[19] Vgl. für viele *Ferid-Firsching* aaO Deutschland Grundzüge C VIII Randz. 48.

des berufenen Rechts zu entscheiden hätte[20], müßte das syrische Kollisionsrecht ebenfalls auf das Heimatrecht des Erblassers zur Zeit der Testamentserrichtung abstellen. Art. 18 Abs. 1 des syrischen Zivilgesetzbuches (Code Civil) vom 16. 5. 1949 (Journal Officiel vom 31. 5. 1949) aber bestimmt[21]:

| | |
|---|---|
| „Les successions, testaments et autres dispositions à cause de mort seront régis par la loi nationale du de cujus, du testateur ou du disposant au moment du décès." | Die Erbfolge, die Testamente und andere Verfügungen von Todes wegen sind dem Heimatrecht des Erblassers, des Testierenden oder des Verfügenden im Zeitpunkt des Todes unterworfen. |

Zwar ist der syrische Code Civil erst zwei Jahre nach dem Ableben des Erblassers in Kraft getreten, jedoch stellen die Kollisionsnormen der Artt. 11–30 lediglich eine Kodifizierung bereits vordem geltender ungeschriebener Kollisionsregeln dar[22]. Damit liegt eine Weiterverweisung auf das Heimatrecht des Erblassers im Todeszeitpunkt und folglich das gleiche Ergebnis vor, das die im deutschen IPR überwiegende Meinung bereits durch grundsätzliche Verweisung auf das Heimatrecht des Erblassers bei seinem Tode erlangt.

Mithin ist für die Bestimmung des Erbstatuts im vorliegenden Fall allein die Feststellung entscheidend, welche Staatsangehörigkeit der Erblasser zur Zeit seines Todes innehatte.

aa) Libanesische Staatsangehörigkeit des Erblassers

War der Erblasser Libanese, so verweist das deutsche Kollisionsrecht gemäß dem in Artt. 24 Abs. 1, 25 EGBGB enthaltenen Grundsatz hinsichtlich der Erbfolge auf libanesisches Recht. Das libanesische Kollisionsrecht enthält keine Rück- oder Weiterverweisung für diesen Fall. Hinsichtlich der Erbfolge nach einem Ausländer bestimmten Art. 231 Abs. 2 des Arrêté No. 3339 vom 12. 11. 1930 für den unbeweglichen Nachlaß und Art. 9 des Arrêté No. 141 vom 3. 10. 1933 für den beweglichen Nachlaß, daß sich die gesetzliche oder testamentarische Erbfolge nach dem Heimatrecht des Erblassers zur Todeszeit bestimmt[23].

Aufgrund dieser Regelungen ist im libanesischen Recht der Grundsatz anerkannt, daß sich sowohl die gesetzliche wie auch die testamentarische Erbfolge nach dem Heimatrecht im Todeszeitpunkt des Erblassers rich-

---

[20] So *Kegel*, aaO, vor Art. 24 Bem. 29.

[21] Vgl. zur Übersetzung *Makarov*, Quellen des Internationalen Privatrechts, Bd. I, Gesetzestexte (2. Aufl. Berlin–Tübingen 1953) Syrien, 4.

[22] So *Tyan-Baz*, Le Droit Moderne au Liban et Syrie, in Orientalisches Recht, Handbuch der Orientalistik, Ergänzungsband III (Köln 1964) 358.

[23] Vgl. *Tyan-Baz* aaO 354; *Catala-Gervais* u. a., Le Droit Libanais, 2. Bd. (Paris 1963) 140 Nr. 8.

ten[24]. Deutschem und libanesischem Kollisionsrecht zufolge wird der Erblasser mithin nach dem zur Zeit seines Todes geltenden libanesischen Erbrecht beerbt. Ebenso richtet sich die materielle Gültigkeit seiner letztwilligen Verfügung nach diesem Recht.

bb) Syrische Staatsangehörigkeit des Erblassers

War der Erblasser Syrer, so verweist das deutsche Kollisionsrecht hinsichtlich der Erbfolge auf syrisches Recht. Das syrische Kollisionsrecht enthält ebenfalls keine Rückverweisung, sondern ist, wie oben (S. 734) dargelegt, auch von dem Grundsatz beherrscht, daß das zur Todeszeit des Erblassers geltende Heimatrecht anzuwenden ist. Deutschem und syrischem Kollisionsrecht zufolge wird der Erblasser daher nach dem im Zeitpunkt seines Todes geltenden syrischen Erbrecht beerbt. Auch die materielle Gültigkeit seiner letztwilligen Verfügung richtet sich nach diesem Recht.

*2. Erbfolge nach dem Recht des Personalstatuts*

Die gesetzliche wie die testamentarische Erbfolge richten sich im Libanon und in Syrien grundsätzlich nach dem Recht des Personalstatuts, d. h. nach dem Recht der Religionsgemeinschaft, welcher der Erblasser im Zeitpunkt seines Todes angehört hat. Das Personalstatut, das hier nicht als Begriff des IPR, sondern im Sinne der französischen „loi personnelle" zu verstehen ist[25], umfaßt im islamischen Rechtskreis den gesamten Bereich des Familien- und Erbrechts[26].

a) Materielle Gültigkeit des Testaments unter der Voraussetzung, daß der Erblasser Libanese war und nicht dem Islam angehörte

Für den Fall, daß der Erblasser, wie der Antragsteller Bachir D. vorbringt, zur Zeit seines Todes libanesischer Staatsangehöriger war und nicht dem Islam angehörte, gilt folgendes: Im Todeszeitpunkt des Erblassers richtete sich die materielle Gültigkeit seines Testaments nach dem libanesischen Gesetz „In Re The Wills of Non-Moslems" („Betreffend letztwillige Verfügungen von Nicht-Moslems") vom 7. 3. 1929. Art. 1 dieses Gesetzes bestimmt:

---

[24] So *Catala-Gervais* aaO 141.

[25] Vgl. hierzu *Neuhaus*, Die Grundbegriffe des Internationalen Privatrechts (Berlin–Tübingen 1962) 133.

[26] Vgl. im einzelnen *Schlegelberger* (Hrsg.), Rechtsvergleichendes Handwörterbuch für das Zivil- und Handelsrecht des In- und Auslandes, 1. Bd. (Berlin 1929) 482 f.; *Tyan-Baz* aaO 349, 356 f.; *Khairallah*, The Law of Inheritance in the Republics of Syria and Lebanon (Beirut 1941) Einl. IX f.; *Muhammad Abu Zhara*, Family Law, in Khadduri-Liebesny (Hrsg.), Law in the Middle East, Bd. 1, Origin and Development of Islamic Law (Washington D. C., 1955) 132.

„Every Lebanese subject of age may bequeath and devise all his possessions, movable and immovable (personal and real) to whomsoever he pleases, be the legatee an heir or not, unless such testator shall leave him surviving or father, or mother, or husband, or wife, or children, male or female. These and each of them have a right to inherit, of which the testator cannot deprive them if they survive his demise." [27]

Jeder volljährige libanesische Staatsangehörige kann seine gesamte bewegliche und unbewegliche (persönliche und dingliche) Habe jedem beliebigen vermachen und hinterlassen, sei der Bedachte ein Erbe oder nicht, es sei denn, der Testator hinterließe Vater, Mutter, Ehegatten, männliche oder weibliche Kinder. Diese, und jeder von ihnen, haben ein Erbrecht, dessen der Testator sie nicht berauben kann, soweit sie seinen Tod überleben [28].

Diese Regelung ist ihrem Inhalt nach auch durch das Erbgesetz für Nicht-Moslems vom 23. 6. 1959 nicht geändert worden.

Zum Verständnis des Satzes „sei der Bedachte ein Erbe oder nicht" sei vermerkt, daß der Gesetzgeber hiermit für die Nicht-Moslems eine Ausnahmeregelung von dem im islamischen Erbrecht geltenden Prinzip treffen wollte, nach welchem eine letztwillige Verfügung zugunsten eines gesetzlichen Erben grundsätzlich unwirksam ist und nur durch Zustimmung der übrigen gesetzlichen Erben Gültigkeit erlangen kann [29].

Art. 2 zählt sodann unter der einleitenden Formel: „There shall be set apart from the state before the enforcement of the will:" („Von dem Nachlaß sollen von dem Vollzug der letztwilligen Verfügung abgesondert werden:" – Übers. d. Verf.) die prozentualen Quoten auf, welche den im Artikel 1 aufgezählten Erben zufallen.

Art. 7 bestimmt schließlich:

„This law is not applicable to Lebanese subjects who belong to any of the Moslem communities. The wills of these remain subject to the provisions of the Moslem Shari law, or to the traditions established by immemorial usage, of each of these Moslem communities."

„Dieses Gesetz ist nicht anwendbar auf libanesische Staatsangehörige, welche irgendeiner der islamischen Gemeinschaften angehören. Ihre letztwilligen Verfügungen bleiben den Bestimmungen des islamischen Scheriatrechtes oder den durch Brauch seit unvordenklichen Zeiten begründeten Überlieferungen unterworfen." [30]

Auf den Erblasser, der nach dem Vorbringen des Antragstellers Bachir D. bei seinem Tode kein Moslem war, finden die Vorschriften des Gesetzes vom 7. 3. 1929 Anwendung. Da er unstreitig keine der in Art. 1 dieses Gesetzes aufgezählten Erben hinterlassen hat, konnte er nach der zitierten Vorschrift rechtsgültig über seinen gesamten Nachlaß testamentarisch

---

[27] Zum Text vgl. *Khairallah* aaO 279.

[28] Übers. d. Verf.

[29] Vgl. hierzu *Khairallah* aaO 235 f.; *Catala/Gervais* aaO 176 f., Nr. 277.

[30] Übers. d. Verf.

verfügen, wie es durch das Testament vom 2. 11. 1932 zugunsten des Antragstellers Bachir D. geschehen ist. Mithin ist das Testament – libanesische Staatsangehörigkeit und nicht-islamische Konfession des Erblassers vorausgesetzt – seinem ganzen Inhalt nach wirksam und wird nicht durch ein vorgehendes Erbrecht irgendwelcher Verwandter eingeschränkt.

b) Materielle Gültigkeit des Testaments unter der Voraussetzung, daß der Erblasser Syrer war

Falls der Erblasser zur Zeit seines Todes syrischer Staatsangehöriger war, richtet sich das anzuwendende Erbrecht ebenfalls grundsätzlich nach seinem Personalstatut, also nach dem Recht der Religionsgemeinschaft, welcher er angehörte[31]. Die Antragsteller Fouad D. u. a. haben zwar vorgetragen, der Erblasser sei Syrer, sie haben hingegen bislang keine Angaben zur Konfession des Erblassers gemacht. Die von ihnen eingereichten Unterlagen lassen jedoch folgende Feststellungen zu:

1. der eingereichte Erbschein vom 15. 7. 1952 ist von einem sogenannten Scheriatgericht ausgestellt worden, d. h. von einem islamischen Gericht, das für Angelegenheiten des Personalstatuts zuständig ist.
2. Auf die in der besagten Urkunde niedergelegte Erbfolge ist, was im weiteren nachgewiesen wird, materiell das islamische Recht des Personalstatuts, das sogenannte Scheriatsrecht, angewendet worden. Das zeigen einwandfrei die Aufteilung des Nachlasses und die Höhe der einzelnen Quoten.

Dies läßt jedoch nicht darauf schließen, daß das Scheriatgericht Hama bei der Ausstellung des Erbscheins seinerzeit davon ausgegangen ist, daß der Erblasser Moslem sei, und daß der Erbschein, unterstellt man das Vorbringen des Antragstellers Bachir D., der Erblasser sei kein Moslem gewesen, demzufolge falsch ist. Denn während im Libanon durch die oben zitierten Gesetze vom 7. 3. 1929 und 23. 6. 1959 eine klare Regelung des Erbrechts für Moslems und für Nicht-Moslems gegeben ist, fehlt in Syrien eine vergleichbare Kodifikation. Soweit in neuzeitlichen Gesetzen wie im syrischen Zivilgesetzbuch vom 16. 5. 1949 auf Erbrecht Bezug genommen wird, stellen sich die betreffenden Vorschriften durchweg als Verweisungen auf das materielle Recht der Religionsgemeinschaft dar, wie z. B. die in den Akten zit. §§ 836, 876 des syrischen Zivilgesetzbuches zeigen. So gilt für die Erbfolge der islamischen Syrer zwar ausschließlich das islamische Scheriatrecht, für die in zahlreiche Sekten zersplitterten nichtislamischen Einwohner Syriens dagegen das Recht ihrer Religionsgemeinschaft (für orthodoxe Christen die Canones der Kirchenväter und Konzilien) mit verschiedenen Einschränkungen zugunsten des Scheriatrechts. Dieser komplizierte Rechtszustand beruht auf folgenden Ursachen:

---

[31] Vgl. *Tyan-Baz* aaO 356 f.

Das Scheriatrecht ist religiöses, zugleich aber auch staatliches Recht. Dieser Doppelcharakter geht auf die klassische Idee des islamischen Staates als der politisch organisierten Gemeinschaft aller Moslem, die Idee von der „Umma", zurück. Hiernach war die islamische Religion das staatsbildende Prinzip: Der Staat war Träger einer religiösen Idee und damit selbst eine religiöse Institution. Das Recht war folglich religiöse Satzung („Scharia" – daher Scheriatrecht, Scheriatgericht)[32].

Diese Eigentümlichkeit des Scheriatrechts wirkte sich auf das Recht der nicht-islamischen Religionsgemeinschaften fördernd und beschränkend zugleich aus: Fördernd insofern, als sein religiöser Charakter einer Anwendung auf Nicht-Moslems entgegenstand, beschränkend insofern, als seine Eigenart als staatliches Recht gerade die Anwendung auf *alle* Staatsangehörigen verlangte. Diese gegenläufigen Tendenzen beherrschten die Entwicklung des Erbrechts während der letzten Jahrzehnte Syriens als Provinz des ottomanischen Reiches und führten bis zum Ende des 1. Weltkrieges schließlich zu folgendem Rechtszustand:

Bei Streitigkeiten über die gesetzliche Erbfolge war für Nicht-Moslems die Gerichtsbarkeit und das Recht ihrer jeweiligen Religionsgemeinschaft nicht obligatorisch, sondern fakultativ. Die Befassung eines nicht-islamischen geistlichen Gerichts mit einer Erbstreitigkeit hing davon ab, ob sich die volljährigen Erben ausnahmslos seiner Gerichtsbarkeit und dem nicht-islamischen Erbrecht ausdrücklich unterworfen hatten[33]. Befanden sich unter den Erben jedoch Minderjährige oder war einer oder mehrere der Erben nicht auffindbar, so war die Scheriatgerichtsbarkeit obligatorisch[34].

Eine ähnliche Situation bestand hinsichtlich der letztwilligen Verfügungen der Nicht-Moslems. – „Die entschiedenen Bestrebungen der ottomanischen Regierung, ihre nicht-islamischen Bürger den Moslems durch eine gemeinsame Unterwerfung unter das Scheriatrecht und die Gerichtsbarkeit der Scheriatgerichte anzugleichen, trafen auf die entschiedene Opposition der geistlichen Oberhäupter der verschiedenen Religionsgemeinschaften."[35] Zwar stand den Nicht-Moslems das Recht zu, über ihren Nachlaß durch ein Testament zu verfügen, dessen Übereinstimmung mit dem anzuwendenden Recht ihrer Religionsgemeinschaft durch einen geistlichen Würdenträger zu beglaubigen war[36].

---

[32] Vgl. hierzu *Spies-Pritsch,* Klassisches islamisches Recht, in Orientalisches Recht, S. 220 ff.; *Khairallah,* aaO, Einl. S. VIII f.; *Vesey-Fitzgerald,* Nature and Sources of the Scharia, in Khadduri-Liebesny, aaO, 85 ff.; *Schlegelberger* aaO 480.

[33] Vgl. *Khairallah* aaO 180.

[34] *Khairallah* ebd.; diese Regelungen gehen auf verschiedene Verordnungen des ottomanischen Großwesirs zurück, vgl. hierzu im einzelnen *Khairallah* 160–180.

[35] So *Khairallah* aaO 274 (Übers. d. Verf.).

[36] Vgl. *Khairallah* aaO 274. Diese Regelung geht zurück auf einen ottomanischen Runderlaß („Haute Circulaire en date du 23 Gamad-el-Akher 1308 et 22 Kanoun Tani 1306 – 3 février 1891"), welcher besagte: „Tout testament qui sera

Gleichwohl waren Streitigkeiten über die Wirksamkeit des Testaments dann vom Scheriatgericht nach Scheriatrecht zu entscheiden, wenn der Erbe oder einer der Erben

1. einer anderen Religionsgemeinschaft als der Erblasser angehörte,
2. oder Ausländer war[37].

Diese Regelung geht ebenfalls auf die oben genannte Haute Circulaire zurück[38]:

„Les contestations seront du ressort des tribunaux de la Sublime Porte au cas où partie des héritiers appartiendrait à une autre communauté, ou appartiendrait à une autre nationalité...".

„Die Streitigkeiten fallen in die Zuständigkeit der Gerichte der Hohen Pforte, falls ein Teil der Erben einer anderen Religionsgemeinschaft angehört oder eine andere Staatsangehörigkeit besitzt...".

Die dargelegten Rechtssätze haben wie das Scheriatgericht selbst unbeschadet den Zeitraum von 1920 bis 1944 überdauert, in welchem die frühere ottomanische Provinz Syrien unter französischem Mandat stand. Anfängliche Versuche der Mandatsverwaltung, die Scheriatgerichtsbarkeit und das Scheriatrecht auf dem Verordnungswege zu beschneiden[39], blieben gegenüber dem starken Widerspruch der islamischen Autoritäten ohne Erfolg, da diese sich auf Art. 6 Abs. 2 des Mandatsstatus berufen konnten, wonach die Achtung des Personalstatuts uneingeschränkt garantiert wurde. So konnte gegen Ende der Mandatszeit zutreffend festgestellt werden: „Das Recht, das letztwillige Verfügungen regelt, ist nicht ergänzt oder geändert worden. Die gleichen Regeln, die unter der türkischen Herrschaft in Kraft waren, gelten auch heute noch." [40]

Aus den vorstehenden Ausführungen ergibt sich im Zusammenhang mit dem Inhalt der Akten folgendes:

1. War der Erblasser Syrer und Moslem, so beurteilt sich die materielle Gültigkeit seiner letztwilligen Verfügung vom 2. 11. 1932 wie auch die

---

trouvé dans la succession de toute personne qui laissera des héritiers mineurs our majeurs chrétiens, ce testament une fois *approuvé* par le patriarcat, le métropolite ou l'évêque, sera tenu pour valable...". – „Jedes Testament, das sich im Nachlaß einer Person findet, die minderjährige oder volljährige christliche Erben hinterläßt, ist, einmal *genehmigt* vom Patriarchen, Metropoliten oder Bischof, für gültig zu halten..." (Übers. u. Unterstreichung d. Verf.). Text b. *Khairallah*, aaO, Anhang 301.

[37] Vgl. *Khairallah* aaO 276.

[38] Zum Text vgl. *Khairallah*, aaO, Anhang 301 f. (Übers. d. Verf.) „Tribunaux de la Sublime Porte" sind die Scheriatgerichte, vgl. *Khairallah*, aaO, 276 Anm. 140.

[39] Vgl. hierzu den b. *Khairallah* aaO 184 f. zit. Arrêté vom 28. 4. 1926, Artt. 1, 2 und 4 (sog. De Jouvenel-Arrêté, der jedoch nicht durchgeführt worden ist).

[40] So *Khairallah* aaO 278 (Übers. d. Verf.); ähnlich *Schacht*, The Schools of Law and later Developments of Jurisprudence, in Khadduri/Liebesny, aaO, 68.

gegebenenfalls an deren Stelle tretende gesetzliche Erbfolge nach Scheriatrecht (vgl. oben S. 737, 739).

2. War der Erblasser Syrer und Nicht-Moslem, so beurteilt sich
   a) die materielle Gültigkeit des Testaments ebenfalls nach Scheriatrecht, da der als „Alleinerbe" eingesetzte Antragsteller Bachir D. Libanese ist und somit eine andere Staatsangehörigkeit als der Erblasser besitzt (vgl. oben S. 738 f.),
   b) auch eine eventuell anstatt des Testaments oder neben dem Testament eingreifende gesetzliche Erbfolge nach Scheriatrecht, da zumindest die Antragsteller Fouad D. u. a. den Nachlaß nicht nach dem fakultativen Recht der Religionsgemeinschaft des Erblassers, sondern, wie der Erbschein des Scheriatgerichts Hama erweist, nach Scheriatrecht haben aufschlüsseln lassen (vgl. oben S. 738 f.).

Mithin gilt, falls der Erblasser bei seinem Tode die syrische Staatsangehörigkeit besaß, in jedem Falle Scheriatrecht. Dieses Recht findet seinen Ursprung im Koran (Sure 4, Vers 12–16, 176), in der Sunna und in der Ijma (d. h. in der Rechtsschöpfung durch allgemeinen Consensus der Rechtsgelehrten) [41].

Aus diesen drei Rechtsquellen haben sich vier Schulen oder Richtungen – die Hanafitische, die Malikitische, die Schafitische und die Hanbalitische Schule – entwickelt. Das von diesen Schulen entwickelte Recht ist in den Rechtsbüchern einzelner Rechtslehrer und in kurzen Kompendien für die Praxis enthalten [42].

In Syrien wird das Scheriatrecht nach den Lehren der Hanafitischen Rechtsschule angewendet [43], daher ist das vorgelegte Testament dann rechtsgültig, wenn es den materiellen Erfordernissen des Scheriatrechts in der von der Hanafitischen Rechtsschule vertretenen Richtung entspricht.

aa) Unwirksamkeit einer testamentarischen Erbeinsetzung nach Scheriatrecht

Das Testament nach Scheriatrecht („Wasiyat") verleiht dem Bedachten („Musa-lahu") nicht wie eine rechtswirksame testamentarische Erbeinsetzung nach deutschem Recht die Eigenschaft eines Erben. Eine *Erbfolge* kraft Testaments ist dem Scheriatrecht fremd. Erben sind vielmehr nur die vom Scheriatrecht selbst bestimmten Personen. Der Erblasser hingegen kann keinen Erben einsetzen. Durch Testament kann er ausschließlich ein oder mehrere Vermächtnisse aussetzen. Ein solches Vermächtnis stellt

---

[41] Vgl. *Spies-Pritsch* aaO 221; *Vesey-Fitzgerald* aaO 87; *Khairallah* aaO 1.

[42] Vgl. *Spies-Pritsch* aaO 222; *Schacht* aaO 68 f.

[43] So *Khairallah*, aaO, Einl. VIII. – Die hanafitische Schule war im alten ottomanischen Reich herrschend, weshalb sie auch heute noch in der ehemaligen türkischen Provinz offiziellen Status genießt, vgl. hierzu *Schacht* aaO 68 f.

sich als eine Art Vindikationslegat dar (Anfall des Legats des Bedachten), wie es dem deutschen Recht unbekannt ist[44].

Anders als im deutschen Recht schafft ein derartiges Legat kein Forderungsrecht des Bedachten gegenüber dem Erben. Das folgt aus dem Umstand, daß dem Scheriatrecht eine Gesamtnachfolge, wie sie das deutsche Erbrecht kennt, fremd ist. Der den Erben zufallende Nachlaß umfaßt ausschließlich die Aktiva, d. h. das Vermögen des Erblassers, welches verbleibt, nachdem die Bestattungskosten, die vom Erblasser herrührenden Schulden *und die von ihm ausgesetzten Legate* in dieser Reihenfolge beglichen worden sind[45]. Das bedeutet, daß der Nachlaß mit dem Tode des Erblassers nicht in seiner Gesamtheit ipso iure auf die Erben übergeht. Er bleibt vielmehr als ein *Sondervermögen* insoweit bestehen, als aus seinen Mitteln Verpflichtungen der oben genannten drei Gruppen zu erfüllen sind. Bestehen derartige Verpflichtungen, so spaltet sich der Nachlaß nach dem Scheriatrecht der Hanafitischen Richtung in das besagte Sondervermögen zur Befriedigung der Gläubiger des Erblassers, seiner Legatare etc. und in den überschießenden Rest auf, der unbelastet in das Eigentum der Erben entsprechend ihren Anteilen fällt. Demgemäß kennt das Scheriatrecht auch keine Annahme bzw. Ausschlagung der Erbschaft; denn „Erbschaft ist ein Gewinn, der mit keinem Verlust zusammenhängt“[46].

Folglich bewirkt das vorgelegte Testament nach Scheriatrecht in keinem Fall eine Einsetzung des Bedachten als *Erben.*

bb) Wirksamkeit des Testaments als Aussetzung eines Legats?

Deutet man die letztwillige Verfügung vom 29. 3. 1932 konform dem Scheriatrecht als Aussetzung eines Legats, was angesichts der geringen Anforderungen, die das Scheriatrecht an Testamente stellt, als möglich erscheint[47], so ergibt sich aus den Akten gleichwohl nicht zweifelsfrei die materielle Gültigkeit des Legats.

Zunächst muß der Testator dem Bedachten ein Angebot („Ijab“) hinsichtlich des Legats in einer Weise gemacht haben, die hinreichend deut-

---

[44] Vgl. *Spies-Pritsch* aaO 230; *Schacht,* G. Bergsträssers Grundzüge des islamischen Rechts (Berlin–Leipzig 1935) 90; ähnlich *Khairallah* aaO 227: „A testament is a transfer of property by way of gift, which becomes operative after death“ (zit. nach den Rechtsbüchern Radd-al-Muhtar, V, 428; Fatawa Hindia, VI, 93: Majma al-Anhor, II, 691). – „Ein Testament ist eine Übertragung von Eigentum durch Schenkung, die nach dem Tode wirksam wird“, d. h. durch Annahme seitens des Bedachten (Übers. d. Verf.).

[45] Vgl. *Spies-Pritsch* aaO 230 f.; *Schacht* aaO 90; *Khairallah* aaO 1 f.; *Fyzee,* Outlines of Muhammadan Law (Oxford 1949) 322 f.; *Muhammad Abu Zhara* aaO 161.

[46] *Muhammad Abu Zhara* aaO 161 (Übers. d. Verf.); vgl. auch ebd. S. 164.

[47] Vgl. *Khairallah* aaO 228.

lich seinen Willen erkennen läßt, dem Bedachten etwas von Todes wegen zuzuwenden[48]. Diesem Erfordernis genügt das vorgelegte Testament.

Der Bedachte seinerseits muß jenes Angebot – ausdrücklich oder stillschweigend – angenommen haben, und zwar *nach* dem Tod des Testators[49]. Eine zu Lebzeiten des Testators erklärte Annahme zeitigt keinerlei Rechtswirkung, da der Bedachte zu dieser Zeit lediglich die Aussicht auf einen Rechtserwerb, hingegen noch kein Recht hat; denn der Erblasser kann bis zu seinem Tode das Legat jederzeit frei widerrufen. Dieser Widerruf bedarf keiner Form. Er kann ausdrücklich oder durch schlüssiges Verhalten erfolgen[50].

Erfolgt die Annahme („Kaulb") stillschweigend, so muß sie zumindest in einem Verhalten des Bedachten zum Ausdruck gelangen, das seinen Annahmewillen klar erkennen läßt. Als ein solches schlüssiges Verhalten bezeichnen die Rechtsbücher Fatawa Hindia (VI, 93) und Sharh al-Ahkam al Schariat (II, 288 f.) etwa die Inbesitznahme oder den Verkauf des vermachten Gegenstandes[51]. Allein der Umstand, daß der Bedachte das Legat nicht zurückweist oder nicht zurückgewiesen hat, genügt im allgemeinen nicht dem Erfordernis eines erkennbaren Annahmewillens. Die bloße Nichtzurückweisung kann nur im Wege einer Billigkeitsentscheidung („Istihsan") als Annahme gewertet werden[52].

Die Annahme muß, soweit ein Nachlaßverwalter eingesetzt worden ist, diesem gegenüber erklärt werden. Dieser hat sodann die vermachten Sachwerte aus dem seiner Obhut anvertrauten „Sondervermögen" (s. oben S. 741) auszusondern und dem Bedachten zu übergeben. Der Bedachte wird jedoch bereits Eigentümer mit der Erklärung der Annahme[53]. Ist kein Nachlaßverwalter eingesetzt worden – dessen Einsetzung im übrigen derjenige, der Ansprüche gegen den Nachlaß (z. B. aufgrund eines Legats) hat, erzwingen kann –, so wird jenes zur Tilgung der Erblasserschulden, Erfüllung der Legate usw. dienende Sondervermögen von den Erben selbst verwaltet, denen gegenüber sodann die Annahme mit den gleichen Folgen wie oben dargelegt zu erklären ist[54].

---

48 *Khairallah,* ebd., sowie die dort unter Anm. 7 zit. Beispiele.

49 So die Rechtsbücher Majma al-Anhor, II, 695; Radd al-Muhtar, V, 435, zit. nach *Khairallah* aaO 231, Anm. 10; vgl. auch ebd. 229 f.

50 *Khairallah* aaO 232, 255 f.

51 Zit. nach *Khairallah* aaO 231, Anm. 8.

52 Grundsätzlich zu diesen Billigkeitsentscheidungen, die dazu dienten, die Strenge des Scheriatrechts als ius strictum zugunsten gerechter Fallentscheidungen zu mildern, *Spies-Pritsch* aaO 221. Das Rechtsbuch Majma-al-Anhor wertet in Anwendung des „Istihsan" eine Nichtzurückweisung dann als Annahme, wenn der Bedachte nach dem Erblasser, aber vor Erklärung der Annahme stirbt. Hier gilt die Annahme als erfolgt; das Legat fällt den Erben des Bedachten zu.

53 Vgl. *Muhammad* Abu Zahra aaO 164 f.; *Khairallah* aaO 232.

54 *Muhammad Abu Zahra* aaO 165.

Ob die Annahme durch den Bedachten rechtswirksam erfolgt ist, läßt sich nach den Akten nicht feststellen. Insoweit bedürfte es einer weiteren Sachaufklärung entsprechend den dargelegten rechtlichen Erfordernissen.

Ungeachtet dessen ergeben sich jedoch bereits nach dem vorliegenden Sachverhalt Bedenken, ob das Testament insoweit wirksam ist, als es den Bedachten als „Alleinerben" bezeichnet.

Aus der Eigenart des Scheriatrechts als eines strengen Intestaterbrechts, das seine Grundlagen unmittelbar im Koran (Sure 4, Vers 12–16, 176) findet, folgt, daß das Erbrecht der freien Verfügung des Erblassers über seinen Nachlaß vorgeht. Die Schmälerung der somit vom religiösen Recht festgelegten Erbteile durch letztwillige Verfügung ist daher nur bis zur Höhe *eines Drittels* des Nachlasses gestattet – eine Regelung, welche das Billigkeitsrecht („Istihsan") unter Berufung auf einen in der Hadith überlieferten Ausspruch des Propheten entwickelt hat und welche Gemeingut aller vier Rechtsschulen geworden ist[55]. Mithin ist das vorgelegte Testament grundsätzlich nur bis zur Höhe eines Drittels des Nachlasses rechtswirksam, es sei denn, die Erben des Testators hätten der Aussetzung eines den gesamten Nachlaß umfassenden Legats für den Bedachten nach dem Tode des Erblassers zugestimmt[56].

Die Erben, deren Zustimmung gemäß Scheriatrecht nach dem Tod des Testators erforderlich war, sind laut Erbschein des Scheriatgerichts Hama vom 15. 7. 1952 die Brüder des Erblassers, Moussa, Ibrahim und Ragheb D. Diese waren Erben der zweiten Ordnung des insgesamt zehn Ordnungen umfassenden Scheriatrechts Hanafitischer Richtung. Da sogenannte Quotenerben („Ashab-al-faraid" – 1. Ordnung) nicht vorhanden waren[57], erbten allein die nächsten männlichen Verwandten („Ashab binafsihi"), und zwar innerhalb der vier Klassen dieser Ordnung die Brüder des Erblassers (3. Klasse), da beim Tode des Erblassers weder Deszendenten (1. Klasse) noch Aszendenten (2. Klasse) vorhanden waren[58].

---

[55] Vgl. *Khairallah* aaO 2, 236, 242 ff.; *Anderson,* Islamic Law in the Modern World (London 1959) 72; *Spies-Pritsch* aaO 230; *Muhammad Abu Zahra* aaO 160, 175; *Fyzee,* Outlines of Muhammadan Law (Oxford 1949) 306 ff.; *Juynboll,* Handbuch des Islamischen Rechts (Leipzig 1910) 255 f.; das syrische Zivilgesetzbuch v. 16. 5. 1949 hat diese Regelung in § 238 aufgenommen.

[56] Vgl. das Rechtsbuch Fatawa Hindia, VI, 94 „It (d. h. das Testament, d. Verf.) is not permissible for the excess of the one-third unless consented to by the heirs after his (der Erb., d. Verf.) death and they be of age. Consent by them during his (des Erb.) lifetime has no effect".

„Das Testament ist unzulässig hinsichtlich des ein Drittel übersteigenden Teils, soweit die Erben nicht nach dem Tode des Erblassers und im Besitz der Volljährigkeit zustimmen. Eine Zustimmung zu Lebzeiten ist unwirksam." – Zit. nach *Khairallah* aaO 237, Anm. 27 (Übers. d. Verf.). Ebenso die dort zit. Rechtsbücher Majma al-Anhor, II, 692; Sharh al-Ahkam al-Schariat, II, 276 f.

[57] Vgl. zu diesen Erben *Spies-Pritsch* aaO 231; *Khairallah* aaO 4, 6 ff.

[58] Vgl. *Khairallah* aaO 14 und die dort zit. Quellen.

Die Brüder des Erblassers, seine einzigen gesetzlichen Erben, sind laut Erbschein vom 15. 7. 1952 in den Jahren 1948 bis 1951 verstorben. Alle drei hätten dem Legat des 1947 verstorbenen Testators, soweit es $1/3$ des Nachlasses überstieg, nach dem Tode des Erblassers zustimmen müssen. Daß dies geschehen ist, hat der Bedachte, wie aus den Akten ersichtlich, bislang nicht nachgewiesen. Sofern er jedoch die Zustimmung der verstorbenen Brüder des Erblassers nicht nachweist, ist das Legat, seine Annahme vorausgesetzt (s. oben S. 743), nur in Höhe eines Drittels des Nachlasses wirksam.

Zur Gutachtenfrage b) sei abschließend noch bemerkt, daß das Scheriatrecht ein Noterbrecht nicht kennt, wie aufgrund der sehr begrenzten Möglichkeit, testamentarisch über den Nachlaß zu verfügen, verständlich ist.

cc) Gesetzliche Erbfolge nach Scheriatrecht

Die Erbfolge nach Michael D. ist in dem Erbschein des Scheriatgerichts Hama vom 15. 7. 1952 nach dem Scheriatrecht der Hanafitischen Richtung, sofern dieses Recht nach der Staatsangehörigkeit des Erblassers Anwendung finden würde, einwandfrei dargestellt worden.

Michael D. wurde von seinen drei Brüdern Moussa, Ibrahim und Ragheb als Erben der 2. Ordnung („Asib binafsihi"), 3. Klasse, zu gleichen Teilen, also zu je $1/3$, beerbt[59].

1. Moussa D. starb 1948 als erster der Brüder. Das ihm angefallene $1/3$ des Nachlasses Michael D. fiel zu
   a) $1/8$ auf seine Ehefrau Gamila, die als bevorrechtigte Quotenerbin („Ashab-al-faraid") in dieser Höhe Erbin der 1. Ordnung war[60],
   b) und zu $7/8$ auf die vier Söhne (einschließlich Bachir D., den Antragsteller in dieser Nachlaßsache) und die drei Töchter des Moussa D. Von diesen $7/8$ erhält
      – jede Tochter als bevorrechtigte Quotenerbin (1. Ordnung, s. o.) die *Hälfte* des auf einen Sohn entfallenden Erbteils[61],
      – jeder Sohn als Erbe 2. Ordnung, 1. Klasse, einen gleichen Erbteil[62].
2. Gamila D., die 1951 starb, wurde von ihren Kindern hinsichtlich des ihr zugefallenen $1/8$ nach den gleichen Regeln beerbt wie unter 1 b) dargestellt.
3. Ibrahim D. starb 1949 und wurde hinsichtlich des ihm zugefallenen Drittels des Nachlasses Michael D. von seinem einzigen überlebenden Bruder Ragheb als Erben 2. Ordnung („Ashib binafsihi"), 3. Klasse beerbt (s. oben S. 743). In seiner Hand vereinigten sich nun $2/3$ des Nachlasses Michael D.

---

[59] Vgl. hierzu *Khairallah* aaO 14 und die dort zit. Quellen.

[60] Vgl. *Khairallah* aaO 9 sowie die Tabelle nach 12.

[61] Vgl. *Khairallah* 7 f. und die dort zit. Quellen sowie die Tabelle nach 12.

[62] Vgl. *Khairallah* aaO 14.

4. Ragheb D. starb 1951. Die ihm angefallenen $^2/_3$ des Nachlasses fielen zu
   a) $^1/_8$ an seine Ehefrau Wadiah nach der oben unter 1 a) aufgeführten Regel,
   b) $^7/_8$ auf seine beiden Söhne und drei Töchter nach den oben unter 1 b) aufgeführten Regeln.

Aufgrund dieser Erbfolge ergeben sich die in dem Erbschein des Scheriatgerichts Hama aufgeführten Quoten. Unerheblich ist für die damit feststehende Erbfolge, ob und in welchem Umfang sich das dem Antragsteller ausgesetzte Legat nach entsprechender Sachaufklärung als wirksam erweist, da – wie oben S. 741 dargelegt – die Erbfolge den Nachlaß ausschließlich insoweit erfaßt, als Erblasserschulden, Legate etc. vorab erfüllt worden sind. Der unter die Erben aufzuteilende Nachlaß bleibt mithin unabhängig von seinem Umfang stets der gleichen Quotisierung unterworfen.

## ZUSAMMENFASSUNG

I. Das in Paris errichtete eigenhändige Testament des Michael D. vom 29. 3. 1932 ist nach dem gemäß Art. 11 Abs. 1 Satz 2 EGBGB anzuwendenden französischen Recht – Art. 970 Code Civil – formgültig.

II. Die materielle Gültigkeit des Testaments richtet sich gemäß dem in Artt. 24 Abs. 1, 25 EGBGB enthaltenen Rechtsgrundsatz nach dem Heimatrecht des Erblassers im Zeitpunkt seines Todes.

1. War der Erblasser zur Zeit seines Todes libanesischer Staatsangehöriger und gehörte er nicht dem Islam an, so ist das Testament gemäß Art.1 des libanesischen Gesetzes betreffend letztwillige Verfügungen von Nicht-Moslems vom 7. 3. 1929 seinem ganzen Inhalt nach wirksam und wird nicht durch irgendwelche vorgehenden Erbrechte eingeschränkt.
2. War der Erblasser zur Zeit seines Todes syrischer Staatangehöriger und Moslem, so bestimmt sich die Wirksamkeit seiner letztwilligen Verfügung nach dem aufgrund seines Personalstatuts eingreifenden Scheriatrecht der Hanafitischen Richtung. Dieses Recht kennt ausschließlich die gesetzliche, hingegen keine testamentarische Erbfolge. Durch Testament können nur Vermächtnisse ausgesetzt werden, die sich als dem deutschen Recht fremde Vindikationslegate darstellen und die hinsichtlich ihrer Höhe ein Drittel des Nachlasses nicht überschreiten dürfen, es sei denn, die Erben gestatten dies. Ob das vorgelegte Testament wenigstens ein wirksames Legat jener Art enthält, richtet sich danach, ob der Bedachte nachweisen kann,
   a) daß er das Legat gegenüber den drei Brüdern des Testators als dessen einzige Erben oder gegenüber einem evtl. eingesetzten Nachlaßverwalter angenommen hat,

b) daß die drei Erben des Michael D. der Überschreitung der Höchstgrenze des Vermächtnisses von einem Drittel zugestimmt haben.

3. War der Erblasser zur Zeit seines Todes syrischer Staatsangehöriger und gehörte er nicht dem Islam an, so richtet sich die Wirksamkeit seines Testaments gleichwohl nach dem Scheriatrecht, das hier aufgrund seiner Eigenart als nicht nur religiöses, sondern auch staatliches Recht ausnahmsweise eingreift, weil der Bedachte Ausländer ist.
4. Die in den Fällen 2. und 3. neben dem Testament oder anstatt des Testamentes eingreifende gesetzliche Erbfolge richtet sich im Falle 2. grundsätzlich nach Scheriatrecht und im Fall 3. deshalb nach Scheriatrecht, weil zumindest die Erben Fouad D. u. a. sich nicht dem fakultativ gegebenen Recht der Religionsgemeinschaft des Erblassers unterworfen, sondern, wie der Erbschein vom 15. 7. 1952 erweist, ein Scheriatgericht angerufen haben, welches den Erbschein nach Scheriatrecht ausgestellt hat.
5. Treffen die Fälle 2. oder 3. zu, so ist die Erbfolge nach dem Erblasser in dem Erbschein des Scheriatgerichts Hama in Anwendung des Scheriatrechts der Hanafitischen Richtung in jedem Falle einwandfrei dargestellt worden. Die Quotisierung bleibt von der Wirksamkeit, teilweisen Wirksamkeit oder Unwirksamkeit des Legats unberührt, da das Legat nach Scheriatrecht keine Forderung gegen die Erben entstehen läßt, sondern sein Haftungssubstrat der Nachlaß als Sondervermögen *vor* Eingreifen der Erbfolge ist.

## Nr. 70

## Schweiz

**1. Kollisionsrechtliche Behandlung in Deutschland errichteter gemeinschaftlicher Testamente von Schweizern.**

**2. Ehegüterstand von Schweizern in Deutschland.**

**München G 1801 – 8. 3. vom 17. 4. 1968**

Das Amtsgericht Weiler-Lindenberg hat mir folgenden

SACHVERHALT

vorgelegt:

Am 8. 12. 1967 verstarb mit letztem Wohnsitz in Deutschland eine schweizerische Staatsangehörige, die offenbar durch Eheschließung am 9. 4. 1918 die schweizerische Staatsangehörigkeit erworben hat. Der für die Ehefrau ebenfalls maßgebende Heimatkanton des Ehemannes ist offenbar Bern, wie sich aus der Angabe im Ehe- und Erbvertrag ergibt.

Diesen Ehe- und Erbvertrag, einschließlich Erbverzichts hatte die Erblasserin mit ihrem Ehemann am 2. 3.1918, mithin vor Eingehung ihrer Ehe, geschlossen. In diesem Vertrag war die allgemeine Gütergemeinschaft des BGB nach den §§ 1437 ff. der alten Fassung vereinbart worden; erbvertragsmäßig wurde vereinbart, daß bei Ableben eines Eheteils und Vorhandensein von Abkömmlingen der überlebende Eheteil zu einem Drittel, die Abkömmlinge zusammen zu zwei Drittel Erben sein sollen. Im gleichen Vertrag hat seinerzeit der Vater der damaligen Braut und jetzigen Erblasserin auf sein Erb- und Pflichtteilsrecht verzichtet.

Die beiden Eheleute haben am 1. 11. 1960 in einem gemeinschaftlichen Testament sich gegenseitig zu Alleinerben eingesetzt.

Die Erblasserin ist von ihrem Ehemann und von vier ehelichen Kindern überlebt worden. Die Staatsangehörigkeit der Kinder ergibt sich nicht ausdrücklich aus den Akten. Es besteht aber die Möglichkeit, daß die Tochter Rosa mit einem deutschen Staatsangehörigen verheiratet ist und, je nachdem ob sie vor oder nach dem 31. 3. 1953 die Ehe geschlossen hat, unmittelbar durch Eheschließung oder aber durch Einbürgerung die deutsche Staatsangehörigkeit erworben hat. Der in Deutschland lebende Sohn Fritz müßte, um die deutsche Staatsangehörigkeit erworben zu haben, eingebürgert worden sein. Die Tochter Eleonore und der Sohn Alfons, die beide in der Schweiz wohnen (die Tochter Eleonore ist möglicherweise mit einem Schweizer Staatsangehörigen verheiratet), scheinen auf alle Fälle Schweizer Staatsangehörige zu sein. Die Kinder Leonore und Alfons haben durch jeweils amtlich beglaubigte Erklärungen vor Schweizer Gemeindebehörden auf ihr Pflichtteilsrecht und die Erhebung der Herabsetzungsklage verzichtet. Die inhaltlich gleiche Erklärung hat die Tochter Rosa zu deutscher gerichtlicher Niederschrift abgegeben.

Der Sohn Fritz hat dagegen erklärt, er müsse sich noch überlegen, ob er den Pflichtteil verlangen und die Herabsetzungsklage erheben will.

Das Nachlaßgericht wünscht eine gutachtliche Äußerung zur Erbfolge, insbesondere darüber, wie sich der Güterstand der allgemeinen Gütergemeinschaft auf Erbfolge und Erbmasse auswirkt.

## A. DIE GÜTERRECHTLICHEN FRAGEN

### *I. Das anzuwendende Recht*

#### *1. Der kollisionsrechtliche Grundsatz*

Für die Frage, nach welchem Recht sich die güterrechtlichen Verhältnisse in der Ehe der Erblasserin bestimmten, ist entscheidend, welche Staatsangehörigkeit der Ehemann zur Zeit der Eheschließung hatte (Art. 15 EGBGB).

*2. Die Frage der Rückverweisung*

Vor Anwendung des schweizerischen Ehegüterrechtes ist jedoch mit Rücksicht auf den Wohnsitz der Eheleute in Deutschland die Frage der Rückverweisung zu prüfen. Zu einer Rückverweisung (Art. 27 EGBGB) kommt es im vorliegenden Falle, wenn das schweizerische internationale Privatrecht auf dem Gebiete des Ehegüterrechts nicht, wie das deutsche Kollisionsrecht, das Heimatrecht, sondern das Wohnsitzrecht für maßgeblich erklärt.

Da die Eheleute auch Grundbesitz in Deutschland haben, so kommt eine Rückverweisung auch aus dem Gesichtspunkt in Betracht, daß das schweizerische internationale Ehegüterrecht für Grundstücke die lex rei sitae für maßgeblich erklärt.

Eine Prüfung des schweizerischen internationalen Ehegüterrechts ergibt jedoch: Auch nach Schweizer internationalem Privatrecht gilt für das Güterrecht der Ehegatten das Heimatrecht (vgl. dazu Rabels Zeitschrift 1935, 706), es sei denn, daß das ausländische Recht (hier: das deutsche) etwas anderes bestimmt (vgl. Rabels Zeitschrift 1928, 1076). Dies ergibt sich aus Art. 28 des schweizerischen Bundesgesetzes betr. die zivilrechtlichen Verhältnisse der Niedergelassenen und Aufenthalter vom 25. 6. 1891 („NAG"). Diese Bestimmung hat folgenden Wortlaut:

*Art. 28:*

„Soweit nicht Staatsverträge besondere Bestimmungen enthalten, gelten für die personen-, familien- und erbrechtlichen Verhältnisse der Schweizer, welche im Ausland ihren Wohnsitz haben, folgende Regeln:

1. Sind diese Schweizer nach Maßgabe der ausländischen Gesetzgebung dem ausländischen Recht unterworfen, so erstreckt sich die Anwendung des ausländischen Rechtes nicht auf ihre in der Schweiz gelegenen Liegenschaften; es gilt vielmehr in bezug auf solche Liegenschaften das Recht und der Gerichtsstand des Heimatkantons.
2. Sind diese Schweizer nach Maßgabe der ausländischen Gesetzgebung dem ausländischen Recht nicht unterworfen, so unterstehen sie dem Recht und dem Gerichtsstand des Heimatkantons."

Nach dem deutschen Recht sind die Eheleute im vorliegenden Falle gerade „ausländischem" Recht, vom Standpunkt des Schweizer Rechtes aus allgemein an sich nicht unterworfen, weil das deutsche Recht ja weder für inländische Grundstücke noch bei inländischem Aufenthalt ausländischer Eheleute sich selbst für maßgeblich erklärt.

Nun hatten die Eheleute zur Zeit des Abschlusses des Ehevertrages ihren Wohnsitz im Inland. Damit ist im vorliegenden Falle das Eingreifen von Art. 15 Abs. 2, 2. Halbsatz zu prüfen. Nach dieser Bestimmung können ausländische Ehegatten, die ihren Wohnsitz im Inland haben, einen Ehevertrag schließen, auch wenn er nach dem einschlägigen Heimatrecht unzulässig sein würde. Diese Ausnahme von der Grundregel des Art. 15 EGBGB hat ihren Grund darin, ausländischen Ehegatten die Möglichkeit einer Anpassung an das Recht ihrer Umgebung zu verschaffen.

Darüber hinaus kann nicht davon die Rede sein, daß das deutsche internationale Privatrecht schweizerische Ehegatten in Deutschland dem deutschen Güterrecht „unterwirft" im Sinne von Art. 28 EGBGB. Dies hat zur Folge, daß auch vom Standpunkt des schweizerischen Rechts aus im vorliegenden Fall schweizerisches Recht maßgebend bleibt und es zu keiner Rückverweisung durch das schweizerische internationale Ehegüterrecht auf das deutsche Ehegüterrecht kommt. Es hat vielmehr bei der sich aus Art. 15 EGBGB auf das Schweizer Recht ergebenden Verweisung sein Bewenden.

### *II. Die Wirksamkeit des Ehevertrages vom 2. 3. 1918 im Lichte des deutschen internationalen Privatrechts*

1. Hier wird wiederum die bereits erwähnte Vorschrift des Art. 15 Abs. 2, 2. Halbsatz EGBGB bedeutungsvoll. Durch diese Bestimmung wird das ausländische Recht insoweit ausgeschaltet, als es den konkreten Ehevertrag nicht zuläßt. Dabei spielt es keine Rolle, ob der Ehevertrag etwa überhaupt nach dem maßgeblichen Recht nicht zulässig ist.

Damit war der Abschluß des Ehevertrages als solcher vom Standpunkt des deutschen internationalen Privatrechts möglich, ohne Rücksicht auf die Stellungnahme des schweizerischen Rechtes.

2. Die ausländischen Eheleute können aufgrund Art. 15 Abs. 2, 2. Halbsatz EGBGB einen Güterstand deutschen Rechtes vereinbaren, selbst wenn dies nach ihrem Heimatrecht nicht zulässig wäre[1]. Damit konnten die Eheleute, vom Standpunkt des deutschen Rechtes aus, auch den Güterstand der seinerzeitigen allgemeinen Gütergemeinschaft deutschen Rechtes wirksam vereinbaren.

### *III. Die Güterrechtsverhältnisse der Eheleute*

Damit stand die Ehe der Erblasserin unter dem Güterstand der deutschen allgemeinen Gütergemeinschaft, wie sie bis zum Inkrafttreten des Gleichberechtigungsgesetzes galt.

Mit dem Gleichberechtigungsgesetz vom 18. 6. 1957 (BGBl. 1957, I 609) Art. 8 Ziff. I, 6 ist der Güterstand der vertraglichen Gütergemeinschaft in die Gütergemeinschaft der neuen Fassung des BGB umgewandelt worden. Jedoch ist – im Gegensatz zu § 1483 BGB n. F. – davon auszugehen, daß bei

[1] Vgl. dazu vor allem – und auch heute noch am anschaulichsten – *Staudinger-Raape*, Bem. C VI 2 d zu Art. 15 EGBGB.

Nichtausschluß der Fortsetzung der Gütergemeinschaft diese als vereinbart gilt (so § 1483 BGB a. F., wonach in Verbindung mit § 1508 Abs. 1 BGB a. F. die Gütergemeinschaft fortgesetzt wurde, wenn sie nicht ehevertraglich ausgeschlossen war). Die Verwaltung der Gütergemeinschaft stand dem Ehemann zu (vgl. Art. 8 Ziff. I 6 Abs. 2 Gleichberechtigungsgesetz).

Welche Bedeutung diese Güterrechtslage, insbesondere aber die Fortsetzung der Gütergemeinschaft auf den Erbfall hat, ist erst zu untersuchen, wenn die Erbrechtsverhältnisse erörtert sind.

## B. DIE ERBRECHTLICHEN FRAGEN

### *I. Das anzuwendende Recht*

#### *1. Die kollisionsrechtliche Grundregel*

Im vorliegenden Falle führt Art. 25 EGBGB unmittelbar zur Anwendbarkeit schweizerischen Rechtes.

#### *2. Die Frage der Rückverweisung*

Eine Rückverweisung durch das schweizerische Recht auf das deutsche, etwa aus dem Gesichtspunkt des Wohnsitzes in Deutschland oder der Belegenheit von Grundstücken ist mit Rücksicht auf den oben mitgeteilten Art. 28 des schweizerischen NAG abzulehnen.

#### *3. Keine Parteidisposition*

Die Erblasserin hatte im übrigen auch nicht die Möglichkeit, ihre Beerbung durch letztwillige Verfügung dem deutschen Recht zu unterstellen.

Die singuläre und daher einer ausdehnenden Auslegung nicht fähige Vorschrift des Art. 22/II des NAG ermöglicht der Erblasserin – im interkantonalen Verhältnis – zwar, anstelle des Wohnsitzkantons das Recht des Heimatkantons für maßgebend zu erklären. Diese Bestimmung trifft jedoch auf den vorliegenden Fall nicht zu, da es sich hier um die Beerbung von außerhalb der Schweiz versterbenden Schweizern handelt.

Es läßt sich also nicht etwa die Auffassung vertreten, daß die Erblasserin durch Errichtung eines Ehe- und Erbvertrages vor einem deutschen Notar sich dem deutschen Erbrecht wirksam unterstellt hätte.

#### *4. Frage des sog. „Privilegium Germanicum" Art. 25 Satz 2 EGBGB*

Zu beachten ist im vorliegenden Fall, ob die Erbprätendenten oder ein Teil von ihnen deutsche Staatsangehörige sind. Dies kann auf dem Wege über Art. 25 Satz 2 EGBGB insoweit zur Anwendung deutschen Rechtes führen, als es sich um deren Erbrecht handelt. Die Voraussetzungen von

Art. 25 Satz 2 EGBGB sind an sich gegeben, da Deutsche mit letztem Wohnsitz in der Schweiz nach Schweizer Recht (vgl. Artt. 22, 32 NAG)[2] nicht ausschließlich nach deutschem Recht, sondern dem Grundsatz nach nach Schweizer Recht beerbt werden. Eine praktische Bedeutung kommt der Anwendung des Art. 25 S. 2 aber nur insoweit zu, wenn die etwaigen deutschen Erbprätendenten bei Anwendung deutschen Rechtes sich günstiger stellen würden als dies bei Maßgeblichkeit des fremden, hier des Schweizer Rechtes, der Fall wäre.

Die einzige Erbprätendentin, bei welcher eine deutsche Staatsangehörigkeit nach dem bisherigen Akteninhalt in Betracht kommt, ist die Tochter, bei der die Möglichkeit besteht, daß sie die deutsche Staatsangehörigkeit im Zusammenhang mit ihrer Eheschließung erworben hat. Bei ihr liegt aber eine Anerkennung des Alleinerbrechts des Vaters und ein Verzicht auf die Herabsetzungsklage vor.

Unter Umständen kann auch der Sohn Fritz die deutsche Staatsangehörigkeit besitzen. Ist dies der Fall, so ist abzuwägen, ob er sich nach deutschem oder nach schweizerischem Recht günstiger stellt. Auf diese Frage wird aber hier aus Kostenersparnisgründen einstweilen nicht eingegangen. Sollte sich herausstellen, daß der Sohn Fritz deutscher Staatsangehöriger kraft Einbürgerung ist, so könnte dies immer noch nachträglich im Wege der Ergänzung dieses Gutachtens erörtert werden.

### 5. *Besonderheiten hinsichtlich des für die Frage der Verfügung von Todes wegen maßgebenden Rechtes*

Da der Erbfall nach dem 1. 1. 1966 eingetreten ist, beurteilt sich das für die Formgültigkeit der Verfügungen maßgebende Recht nicht mehr schlechthin nach Art. 11 EGBGB, sondern nach der am 1. 1. 1966 für die Bundesrepublik in Kraft getretenen Haager Übereinkunft über das auf die Form letztwilliger Verfügungen anzuwendende Recht vom 5. 10. 1961 (BGBl. 1965 II, 1145). Nach diesem Übereinkommen[3] ist allerdings eine Verfügung dann gültig, wenn sie den Formvorschriften am Errichtungsort entspricht (Art. 1 Abs. 1 a des Abkommens).

## *II. Inhalt der maßgebenden schweizerischen Erbrechtsnormen*

### *1. Der Erbvertrag*

a) Die Form des Erbvertrages wird in Art. 512 ZGB geregelt. Dort heißt es:

„Der Erbvertrag bedarf zu seiner Gültigkeit der Form der öffentlichen letztwilligen Verfügung.

---

[2] Dazu *Schnitzer*, Handbuch des IPR (4. Aufl. Basel 1958) Bd. II, 505.

[3] Abgedr. bei *Palandt* (neueste Aufl.) nach Artt. 24–26 EGBGB.

Die Vertragschließenden haben gleichzeitig dem Beamten ihren Willen zu erklären und die Urkunde vor ihm und den zwei Zeugen zu unterschreiben."

Es genügt die Wahrung der Formvorschriften deutschen Rechtes, so daß eine Zuziehung von Zeugen nicht erforderlich ist.

b) Die Zulässigkeit des Erbvertrages

Art. 494 des schweizerischen ZGB läßt den Erb- und den Vermächtnisvertrag zu. Maßgeblich ist folgende Bestimmung:

*Art. 494:*

„Der Erblasser kann sich durch Erbvertrag einem anderen gegenüber verpflichten, ihm oder einem Dritten seine Erbschaft oder ein Vermächtnis zu hinterlassen.

Er kann über sein Vermögen frei verfügen.

Verfügungen von Todes wegen oder Schenkungen, die mit seinen Verpflichtungen aus dem Erbvertrag nicht vereinbar sind, unterliegen jedoch der Anfechtung."

c) Die materielle Gültigkeit des Erbvertrages ist nach schweizerischem Recht dann gegeben, wenn die Pflichtteilsrechte der Beteiligten gewahrt sind. Auf diese Frage ist allerdings erst einzugehen, wenn sich ergibt, daß der Erbvertrag noch bedeutsam ist.

*2. Das gemeinsame Testament*

a) Ob ein gemeinschaftliches Testament von einer Rechtsordnung zugelassen ist, ist keine formelle Frage, sondern eine Frage des materiellen Rechts, denn hier ist nicht die Form einer Verfügung von Todes wegen geregelt, sondern ihre *materiell-rechtliche* Zulässigkeit.

Das nach obigen Darlegungen zu I als Erbstatut für die Frage auch der materiellen Wirksamkeit eines Testaments maßgebende Schweizer Recht kennt das gemeinschaftliche Testament nicht[4]. Ein gemeinschaftliches Testament, gleich ob korrespektiv oder nicht, ist nach schweizerischem Recht nicht formell ungültig, sondern materiell nichtig[5].

b) Möglich ist allerdings eine Konversion, die hier zu prüfen sein wird: Hierzu hat die schweizerische Rechtslehre und Rechtsprechung folgende Regeln entwickelt:

„Eine von der grundsätzlichen Frage verschiedene ist die, ob nicht ein an sich ungültiges gemeinsames Testament zweier Personen als unabhängige Anordnung der einen unter ihnen aufrecht erhalten werden könne (Konversion).

---

[4] Vgl. *Ferid-Firsching*, Internat. Erbrecht (München 1955) Abschnitt Schweiz, Grundzüge Randz. 76.

[5] Vgl. dazu *Egger-Escher*, Kommentar zum ZGB Band III 1 Einleitung Ziff. 9 vor Art. 467 S. 86 ff.

Die Frage wird bejaht werden müssen, wenn das eine Testament den an ein nicht gemeinsames zu stellenden Anforderungen vollständig entspricht. Das wäre natürlich dann nicht zutreffend, wenn eine innere Abhängigkeit des in Fragestehenden von dem hinfälligen bestände, so daß anzunehmen wäre, das aufrechtzuerhaltende Testament wäre vom Testator allein, ohne die Mitwirkung der anderen Person, nicht abgefaßt worden. Ob letzteres zutrifft, ist quaestio facti und nicht immer leicht zu entscheiden. Auf gegenseitige Abhängigkeit, auf gemeinsames Testieren deutet z. B. der Umstand, daß die Testatoren ihre Vermögen nicht getrennt behandelten, vielmehr einfach über „unser Vermögen", „unseren Nachlaß" verfügen, BGE 47, S. 52. Nicht ausschlaggebend für die Annahme eines gemeinsamen Testamentes scheint dagegen, im Gegensatz zum eben angeführten Entscheid, ein gemeinsames Motiv, das der Abfassung zugrunde lag (im genannten Fall Selbstmord von Mutter und Tochter), da es nicht ausgeschlossen ist, daß zwei Personen aus dem gleichen Grunde (z. B. weil beide schwer krank sind), zwei durchaus unabhängige Testamente errichten. Der Richter wird überhaupt gut tun, das als gemeinsames nicht haltbare Testament möglichst als Einzeltestament aufrechtzuerhalten, dafür spricht schon die ungeschriebene Regel, wonach der letzte Wille des Erblassers nach Möglichkeit Anerkennung finden soll (favor testamenti). In diesem Sinne ist auch, mit der nötigen Vorsicht, dem von *Tuor* S. 273 angeführten Beispiel zuzustimmen: Es schreibt die Frau unter das Testament ihres Mannes, dieses solle auch für sie gelten."

c) Die Anwendung dieser Grundsätze auf den vorliegenden Fall muß an sich dem Gericht überlassen bleiben. Es ergibt sich aber wohl zweifelsfrei aus dem Wortlaut des Testamentes jene innere Abhängigkeit der beiden letztwilligen Verfügungen, welche eben das Schweizer Recht mißbilligt.

Wie in der oben zitierten Entscheidung des schweizerischen Bundesgerichtshofes Bd. 47 S. 52 hervorgehoben, deutet eine Verfügung über den gemeinschaftlichen Nachlaß auf Korrespektivität[6].

d) Damit kann zunächst von der materiellen Wirksamkeit des Testamentes nicht ausgegangen werden. Nun ergibt sich noch folgende Besonderheit:

Nach in der Schweiz verbreiteter Auffassung[7] tritt aber die Nichtigkeit des gemeinschaftlichen Testamentes nicht kraft Gesetzes ein, sondern ist durch eine Gestaltungsklage nach Art. 519 ff. des Schweizer ZGB zu erwirken. Es erscheint zweckmäßig, zum Verständnis dieser Rechtslage die einschlägige Bestimmung des Art. 519, soweit sie hier von Bedeutung ist, wiederzugeben; sie lautet:

*Art. 519 ZGB:*

„Eine Verfügung von Todes wegen wird auf erhobene Klage für ungültig erklärt:

---

[6] Vgl. zu der Frage auch die Notiz von *Merz*, NJW 1956, 1505.

[7] Vgl. *Tuor* im Berner Kommentar, Anm. III, 2 der Vorbem. zum Erbvertrag.

1. Wenn sie vom Erblasser zu einer Zeit errichtet worden ist, da er nicht verfügungsfähig war,
2. wenn sie aus mangelhaftem Willen hervorgegangen ist,
3. wenn ihr Inhalt oder eine ihr angefügte Bedingung unsittlich oder rechtswidrig ist.

Die Ungültigkeitsklage kann von jedermann erhoben werden, der als Erbe oder Bedachter ein Interesse daran hat, daß die Verfügung für ungültig erklärt werde."

Die Ungültigkeitsklage verjährt mit Ablauf eines Jahres von dem Zeitpunkt an gerechnet, da der Kläger von der Verfügung und dem Ungültigkeitsgrund Kenntnis erhalten hat, auf jeden Fall mit dem Ablaufe von 10 Jahren seit Eröffnung der Verfügung (Art. 521 ZGB). Entscheidend ist also, ob der Inhalt des Testamentes als rechtswidrig anzusehen ist. Dies ist nach der obigen Auffassung, die in der Schweiz hinsichtlich des gemeinschaftlichen Testamentes herrscht und die sich der Gesetzgeber dadurch zu eigen gemacht hat, daß er diese Verfügungsart nicht zugelassen hat, zu bejahen.

e) Es ergibt sich nun eine weitere Frage: Welche Bedeutung hat der Schweizer Rechtszustand für die Rechtsanwendung in Deutschland?[8] Es läge nahe, sich auf den Standpunkt zu stellen, die Vorschriften des Art. 519 ff. hätten nur Bedeutung für innerschweizerische Verhältnisse und wirkten nur territorial. Diese Auffassung hält aber einer Prüfung nicht stand, weil sie in das ZGB eine ihm fremde Unterscheidung hineintragen würde. Es muß vielmehr davon ausgegangen werden, daß die Rechtslage hier die gleiche ist, wie bei pflichtteilsbeeinträchtigenden Verfügungen: Solange nicht die Ungültigkeitsklage durchgeführt ist, muß von der Gültigkeit der Verfügung ausgegangen werden. Dies ergibt sich schon aus der gesetzgeberisch gleichen Technik, die in beiden Fällen festzustellen ist. Auch die Herabsetzungsklage ist eine Gestaltungsklage, ebenso wie die Ungültigkeitsklage.

Für den vorliegenden Fall ergibt dies: Wenn die Kinder mit der Alleineinsetzung des Vaters nicht einverstanden sind (hier kommt als nichteinverstanden nur offenbar der Sohn Fritz in Betracht), so muß es ihnen überlassen bleiben, innerhalb der Jahresfrist des Art. 521 ZGB die Ungültigkeitsklage durchzuführen. Ob für eine solche Ungültigkeitsklage deutsche Gerichte zuständig sind, muß als äußerst fraglich bezeichnet werden.

Es scheint nicht abwegig, die Erklärungen der anderen drei Kinder nicht nur als ein Verzicht auf die Herabsetzungsklage, sondern auch als einen solchen gegen die Ungültigkeitsklage zu werten. Zweifelt man daran, so müßten die drei Kinder erneute Erklärungen abgeben. Allerdings haben

---

[8] Vgl. *Kropholler*, „Gemeinschaftliche Testamente von Schweizern in Deutschland", DNotZ 1967, 734 ff., der einen anderen Lösungsweg einschlägt.

sie nicht nur auf die Herabsetzungsklage verzichtet, sondern auch das Alleinerbrecht des Vaters anerkannt, so daß solche neuerliche Stellungnahme wohl als überflüssig anzusehen sein dürfte.

### 3. *Einwirkung des gemeinschaftlichen Testamentes auf den Erbvertrag*

Nach Art. 513 des ZGB kann der Erbvertrag „jederzeit durch schriftliche Übereinkunft aufgehoben werden". Auch wenn das gemeinschaftliche Testament als solches unwirksam ist, hätte es doch die Wirkung gehabt, daß der Erbvertrag aufgehoben wird. Zu solcher Aufhebung genügt nach dem mitgeteilten Wortlaut einfache Schriftform. Auch wenn dem Sohn Fritz also die Durchführung der Herabsetzungsklage gelingt und das gemeinschaftliche Testament auf dem Wege über Art. 519 ZGB für ungültig erklärt wird, würde also nicht der Erbvertrag eingreifen, sondern die gesetzliche Erbfolge nach schweizerischem Recht. Dies wäre allerdings natürlich im verstärkten Maße im Sinne des Sohnes Fritz gelegen. Dadurch übrigens, daß die anderen Geschwister sich mit der Alleinerbeneigenschaft des Vaters einverstanden erklärt haben, würde der Sohn Fritz nicht die Klagebefugnis verlieren.

## C. ZUSAMMENWIRKEN VON SCHWEIZER ERBRECHT UND DEUTSCHEM GÜTERRECHT IM VORLIEGENDEN FALLE

Wie oben dargetan, beurteilen sich die erbrechtlichen Fragen nach schweizerischem, die güterrechtlichen insofern nach deutschem Recht, als Gütergemeinschaft gilt. Im seinerzeitigen Ehe- und Erbvertrag ist die Fortsetzung der Gütergemeinschaft nicht ausgeschlossen. Damit gilt, wie oben ebenfalls bereits hervorgehoben, fortgesetzte Gütergemeinschaft als vereinbart. Für die fortgesetzte Gütergemeinschaft sind aber nicht die alten Bestimmungen, sondern die §§ 1483 ff. BGB *neuer Fassung* maßgebend.

## Nr. 71

**USA (Illinois)**

**1. Form und Gültigkeit von gemeinschaftlichen Testamenten nach Kollisionsrecht und materiellem Erbrecht von Illinois.**

**2. Widerruf eines gemeinschaftlichen Testaments nach dem Rechte von Illinois.**

**3. Forced share des Ehegatten und seine Bedeutung im deutschen Nachlaßverfahren.**

**Bonn vom 3. 7. 1967**

## A. SACHVERHALT

Die Eheleute Forrest W. B. und Marianne B. geb. W., beide amerikanische Staatsangehörige, errichteten 1958 in Illinois folgendes gemeinschaftliches Testament:

### LAST WILL AND TESTAMENT

We the undersigned, being man and wife and residing at H., Illinois, do hereby make this common joint will and testament. We, FORREST W. and MARIANNE B., do hereby declare that in case of the death of either one of us, the other surviving member shall inherit all property, personal and real, belonging to the other at time of death. In case of the death of both, all property, personal and real, is bequeathed to the parents of MARIANNE B.; BERNHART W. AND ANNI W., residing at L., Bavaria, U. S. Zone, Germany.

Signed and Witnessed this .............................. day of November 1958

F. W. B. Marianne B.

STATE OF ILLINOIS
COOK COUNTY

I, *R. L. L.*, a Notary Public, in and for, and residing in said County, in the State aforesaid, do hereby certify that *FORREST W. B. and MARIANNE B.* personally known to me to be the same persons whose names subscribed to the foregoing instrument, appeared before me this day in person and acknowledge that *they* signed, sealed and delivered the said instrument as *their* free and voluntary act for the uses and purposes therein set forth.

Given under my hand and Notarial Seal, this .............................. day of November A. D. 1958
My Commission expires:
May 29, 1960

R. L. L.
Notary Public

Etwa 1961 kamen die Eheleute B. aus bisher nicht einwandfrei geklärten Gründen nach Deutschland und nahmen ihren Wohnsitz schließlich in Adenau/Eifel. Frau B. starb kinderlos am 8. 2. 1966 in Bad Windsheim. Sie hat ein Grundstück in Illinois und Bankguthaben sowie Wertpapiere in Deutschland hinterlassen.

Nach Aussage des Wirtschaftsprüfers R. soll sie 1961 ein eigenhändiges Testament errichtet haben, das bisher allerdings noch nicht aufgefunden worden ist. In diesem Testament soll sie ihre beiden Geschwister zu Erben und ihre Eltern zu Ersatzerben eingesetzt haben.

Ihr Ehemann hat beim Nachlaßgericht Adenau den Antrag gestellt, ihm aufgrund des erwähnten gemeinschaftlichen Testaments einen Erbschein als Alleinerbe zu erteilen.

Das Nachlaßgericht hat mich um Prüfung gebeten, ob für die Erbfolge des in der Bundesrepublik belegenen Nachlasses das Recht der Bundesrepublik oder das Recht des Staates Illinois anzuwenden und wie nach dem Sprachgebrauch in Illinois das Testament auszulegen sei.

## B. DIE ERBFOLGE AUFGRUND DES GEMEINSCHAFTLICHEN TESTAMENTS

### *I. Die Bestimmung des anzuwendenden Rechts*

1. Nach Art. 25 EGBGB richtet sich die Erbfolge nach dem Heimatrecht der Erblasserin. Das ist das Recht des U. S.-Bundesstaates, dem die Erblasserin zur Zeit ihres Todes angehört hat. Nach amerikanischem Staatsangehörigkeitsrecht ist hierfür ihr letztes Domizil in den USA, also H. im Staate Illinois, maßgebend[1].

2. Nach den erbrechtlichen Kollisionsnormen dieses Staates unterstehen die „immovables" (unbewegliches Vermögen) der lex rei sitae, also dem Recht des Ortes der belegenen Sache. Demgegenüber richtet sich die Erbfolge bei „movables" (bewegliches Vermögen) nach dem *Recht des Domizils* des Erblassers beim Tode. Das ergibt sich aus § 11 des Probate-Act des Staates Illinois vom 24. 7. 1939[2]. Damit folgt auch Illinois dem in den USA allgemein geltenden Grundsatz der „Nachlaßspaltung"[3].

Die Erbfolge in den Grundbesitz der Erblasserin in Illinois richtet sich jedenfalls nach dem Recht dieses Staates. Dagegen erscheint es möglich, daß die Erbfolge in das gesamte bewegliche Vermögen kraft Rückverweisung (Art. 27 EGBGB) nach deutschem Erbrecht zu beurteilen ist, wenn nämlich die Erblasserin ihr Domizil zur Todeszeit in Deutschland hatte. Die Frage, ob als Sterbe-Domizil der Erblasserin Adenau anzusehen ist, beantwortet sich insoweit nach dem Rechte des Staates Illinois[4].

Das amerikanische Recht, und damit auch das Recht des Staates Illinois, unterscheidet zwischen:
- domicil of origine (Domizil der Eltern);
- domicil of choice (Wahl-Domizil);
- domicil by operation of law (Domizil kraft Gesetzes).

---

[1] Vgl. *Ferid-Firsching*, Internationales Erbrecht, III, Grundzüge, Randz. 37 a.

[2] Abgedruckt in der Originalfassung bei *Ferid-Firsching*, aaO, Texte Nr. 11 „Illinois".

[3] Vgl. *Kegel* in *Soergel-Siebert*, BGB (9. Aufl.) Vorb. 2 zu Art. 24 EGBGB.

[4] Vgl. *Ferid-Firsching*, aaO, Randz. 60 c.

Die Ehefrau teilt grundsätzlich das Domizil ihres Mannes[5]. Dieser Grundsatz gilt nur dann nicht, wenn die Ehefrau – gleichgültig aus welchen Gründen – getrennt von ihrem Manne lebt[6]. Diese Ausnahme ist im vorliegenden Fall ersichtlich nicht gegeben.

Demgemäß kommt es auf das Domizil des Antragstellers im Zeitpunkt des Todes der Erblasserin an. Dabei dürfte – soweit ersichtlich – für ein Domizil in Deutschland nur ein Wahl-Domizil in Erwägung zu ziehen sein.

Nach der amerikanischen Rechtsprechung hängt ein Wahl-Domizil von einer objektiven und einer subjektiven Voraussetzung ab[7], nämlich von:

– einem tatsächlichen Aufenthalt an einem bestimmten Ort und
– der Absicht, dort zu bleiben.

Die amerikanischen Gerichte definieren in der Regel diese Absicht negativ. So sieht der US-Supreme Court den entscheidenden Gesichtspunkt „in dem Fehlen irgendeiner gegenwärtig bestehenden Absicht, nicht auf Dauer oder auf eine unbestimmte Zeit an dem neuen Ort zu bleiben"[8]. Diese Absicht muß sich aus dem äußeren Verhalten ergeben. Dabei kann z. B. die Einrichtung einer Wohnung von Bedeutung sein[9].

Deshalb kommt es im vorliegenden Fall entscheidend darauf an, ob der Antragsteller beabsichtigt hat, in Adenau ständig oder zumindest auf eine unbestimmte Zeit zu bleiben. Die Frage läßt sich aufgrund der hier vorliegenden Akten nicht eindeutig beantworten. Für eine solche Absicht spricht unter Umständen die Tatsache, daß der Antragsteller ersichtlich auch jetzt noch, 1½ Jahre nach dem Tode der Erblasserin, in Adenau wohnt. Gegen eine solche Absicht spricht die Bemerkung des Wirtschaftsprüfers R., daß die Erblasserin nach Deutschland gekommen sei, um deutsche Ärzte aufzusuchen. Für eine abschließende Beurteilung der Frage, ob der Antragsteller in Deutschland ein Domizil begründet hat, erscheint es deshalb ratsam, die bisherigen Ermittlungen insoweit zu ergänzen. Die Feststellung des Domizils und damit maßgeblichen Erbrechts ist auch deshalb erforderlich, weil bei Anwendung amerikanischen Rechts ein Erbschein gem. § 2369 BGB zu erteilen ist, der sich nur auf das im Inland belegene Vermögen bezieht, während bei Anwendung deutschen Rechts der Erbschein gemäß § 2353 BGB für das gesamte bewegliche Vermögen gilt.

Im gegenwärtigen Zeitpunkt läßt sich daher das für die Erbfolge in das bewegliche Vermögen maßgebende Recht nicht eindeutig bestimmen. Es erscheint daher notwendig, den vorliegenden Fall nach deutschem Erbrecht (II) und nach dem Recht des Staates Illinois (III) zu prüfen.

---

[5] Vgl. *Beale,* A treatise on the conflict of laws, Bd. I (1935) 197 ff.
[6] Vgl. *Goodrich-Scoles,* Handbook of the conflict of laws (4. Aufl.) 51 ff.
[7] Vgl. *Texas* v. *Florida,* 306 U. S. 398 (1938).
[8] *Williamson* v. *Osenton,* 232 U. S. 619 (1913).
[9] Vgl. *Texas* v. *Florida* aaO.

## *II. Die Erbfolge nach deutschem Recht in bewegliches Vermögen (bei deutschem „domicil" des Antragstellers)*

1. Es stellt sich zunächst die Frage, ob die letztwillige Verfügung aus dem Jahre 1958, aus der der Antragsteller sein Erbrecht herleitet, formgültig errichtet worden ist.

Nach Art. 11 Abs. 1 EGBGB entscheidet über die Formgültigkeit einer letztwilligen Verfügung alternativ das Wirkungsrecht, also das Heimatrecht des Erblassers beim Tode, und das Recht des Errichtungsortes. Es war allerdings umstritten, ob bei einem Statutenwechsel nach der Errichtung der letztwilligen Verfügung das Heimatrecht beim *Tode* des Erblassers oder das Heimatrecht bei der *Errichtung* für die Gültigkeitsvoraussetzungen, wozu auch die Formerfordernisse gehören, maßgebend ist.

Die moderne Lehre neigt zu der Ansicht, daß in einem solchen Fall das Recht zur Zeit der *Testamentserrichtung* heranzuziehen sei und begründet dies mit dem Grundsatz des Vertrauensschutzes, der auch in Art. 24 Abs. 3 EGBGB zum Ausdruck kommt, welcher dann analog anzuwenden ist[10]. Die moderne Rechtsprechung hat sich – soweit ersichtlich – noch nicht mit dieser Frage befaßt. Das OLG Dresden hat in einer älteren Entscheidung in Übereinstimmung mit der damaligen Doktrin die Gültigkeitsvoraussetzungen nach dem Heimatrecht zur Todeszeit beurteilt[11].

Diese Streitfrage ist aber inzwischen insoweit gegenstandslos geworden, als sie die *Form* der letztwilligen Verfügung betrifft. Denn das Haager Übereinkommen über das auf die Form letztwilliger Verfügungen anzuwendende Recht vom 5. 10. 1961 hat den Kreis der Anknüpfungspunkte für das Formstatut erheblich erweitert. Diesem Abkommen ist die Bundesrepublik durch Gesetz vom 27. 8. 1965, das am 1. 1. 1966 in Kraft getreten ist, beigetreten (BGBl. II S. 1144). Es gilt nicht nur im Verhältnis zu Angehörigen von Vertragsstaaten, sondern auch von Nichtvertragsstaaten, weil es keine Gegenseitigkeit voraussetzt. Es umfaßt alle Fälle, in denen der Erblasser nach dem Inkrafttreten gestorben ist[12]. Da die Erblasserin am 8. 2. 1966 gestorben ist, fällt das gemeinschaftliche Testament unter das Abkommen. Demgemäß ist nach Art. 1 die Formgültigkeit dieses Testaments dann anzunehmen, wenn es entweder den Erfordernissen des deutschen Rechts oder denen des Rechts von Illinois entspricht.

---

[10] Gültigkeit nach Errichtungsrecht bei späterem Erwerb der deutschen Staatsangehörigkeit; vgl. hierzu bes. *Kegel*, aaO, Vorb. 35 zu Art. 24 EGBGB; *Beitzke* in *Achilles-Greiff*, BGB (21. Aufl.) Anm. 10 zu Art. 24 EGBGB; für Erbverträge und gem. Testamente auch *Staudinger-Raape*, BGB (9. Aufl.) 680 ff., 724 ff.

[11] IPRspr. 1931, Nr. 95.

[12] Vgl. *Ferid*, RabelsZ 1962, S. 417 ff.

a) Die Formgültigkeit nach deutschem Recht

aa) Die Mitwirkung eines „Notary-Public" bei der Errichtung dieser letztwilligen Verfügung legt die Prüfung nahe, ob ein öffentliches Testament im Sinne der §§ 2232 ff. BGB vorliegt. Es erscheint aber sehr zweifelhaft, ob ein amerikanischer Notar überhaupt die Beurkundung eines öffentlichen Testamentes nach deutschem Recht vornehmen kann. Zwar hat das RG die Beurkundung der Übertragung von Anteilen an einer deutschen G. m. b. H. durch einen Schweizer Notar für zulässig erachtet[13]. Die Beurkundung durch einen amerikanischen Notary-Public dürfte jedoch den Anforderungen des deutschen Rechts nicht genügen, weil der Notary-Public weder über eine juristische Vorbildung verfügen muß noch ein öffentliches Amt im Sinne des deutschen Rechts ausübt[14].

Im übrigen genügt das Testament auch nicht den Erfordernissen des § 2238 BGB. Der Notar hat ersichtlich nur die Unterschriften der Ehegatten beglaubigt, nicht aber ihren letzten Willen beurkundet.

bb) Das Testament genügt auch nicht den förmlichen Voraussetzungen des § 2247 BGB (eigenhändiges Testament) und der §§ 2249 ff. BGB (Nottestament).

Demgemäß läßt sich feststellen, daß das Testament den Formerfordernissen des *deutschen* Erbrechts *nicht* genügt.

b) Die Formgültigkeit nach amerikanischem Recht

Der Probate-Act of Illinois kennt entsprechend der anglo-amerikanischen Rechtstradition kein holographisches und auch kein öffentliches Testament. Als ordentliche Testamentsform ist nur das schriftliche Zweizeugentestament zugelassen. § 43 des Probate-Act stellt hierzu folgende Voraussetzungen auf:

aa) *Schriftlichkeit:* Nach amerikanischer Auffassung ist das Hilfsmittel, mit dem geschrieben wird, gleichgültig; daher genügt auch ein gedruckter oder mit der Schreibmaschine geschriebener Text. Letzteres ist in den USA wohl der Regelfall[15].

bb) *Unterschrift des Erblassers:* Auch diese Voraussetzung ist erfüllt, weil die Erblasserin und der Antragsteller eigenhändig mit ihrem Vor- und Zunamen die letztwillige Verfügung unterschrieben haben.

cc) *Zuziehung von zwei Zeugen:* Nach § 43 Probate-Act müssen zwei Zeugen die Unterschrift des Erblassers bezeugen (to attest). Bei der Errichtung der letztwilligen Verfügung haben ersichtlich nur der Notary-Public und die beiden Ehegatten mitgewirkt. Deshalb kann das erwähnte Formerfordernis nur dann erfüllt sein, wenn die Unterschrift des Notary-

---

[13] RGZ 160, 231.

[14] Vgl. *Mann*, NJW 1955 S. 1177; *Keidel*, FGG (9. Aufl.) Vorb. 54 vor § 167.

[15] Vgl. *Ferid-Firsching*, aaO, Randz. 148.

Public und die Unterschriften eines jeden Ehegatten in bezug auf den anderen *auch* als wirksame Zeugenunterschriften anzusehen sind.

*α*) Hierfür ist zunächst Voraussetzung, daß der Notary-Public und die beiden Ehegatten „competent", also geeignet waren, über den Errichtungsvorgang Zeugnis abzulegen[16]. Die Kompetenz von Zeugen bei der Errichtung von Testamenten ist nach den §§ 42 ff. Probate-Act zu beurteilen. Nach § 42 Probate-Act besitzt grundsätzlich jede zurechnungsfähige Person über 18 Jahren die „competency". Von diesem Grundsatz macht allerdings § 44 Probate-Act eine wichtige Ausnahme, indem er bestimmt, daß die in dem Testament bedachten Personen zeugnisunfähig sind. Diese Ausnahme wird aber zugunsten der gesetzlichen Erben wieder eingeschränkt. Diese können bei der Testamentserrichtung insoweit als Zeugen mitwirken, als die Zuwendung nicht ihren gesetzlichen Erbteil übersteigt. Bei der Prüfung, ob dies der Fall ist, kommt es nach der durchaus herrschenden Meinung auf den Zeitpunkt der Testamentserrichtung an. Deshalb ist die Möglichkeit, daß durch spätere Ereignisse, wie zum Beispiel die Geburt eines Kindes, der gesetzliche Erbteil verringert wird und damit die Zeugnisfähigkeit aus einer rückschauenden Betrachtung entfällt, nicht zu berücksichtigen[17].

Aus dieser Regelung ergibt sich für den vorliegenden Fall folgendes:

Da der Notary-Public in dem Testament keine Zuwendung erhalten hat, ist seine Zeugnisfähigkeit zu bejahen. Dem steht nicht die Tatsache entgegen, daß er nach dem Inhalt der Urkunde formal die Unterschriften der Ehegatten beglaubigt hat[18]. Für die Zeugnisfähigkeit der Ehegatten kommt es darauf an, daß die wechselseitigen Zuwendungen im Zeitpunkt der Testamentserrichtung nicht den jeweiligen gesetzlichen Erbteil überschritten haben. Diese Frage ist nicht nach dem Erbstatut, also dem deutschen Recht, zu beurteilen. Vielmehr ist das Recht des Errichtungsortes, also das Recht des Staates Illinois maßgebend, denn der Umfang des gesetzlichen Erbteils beider Ehegatten ist in diesem Falle nur von Bedeutung für ihre Zeugnisfähigkeit und damit für die *Formgültigkeit* ihrer letztwilligen Verfügung. Nach § 11 Probate-Act erhält der Ehegatte bei gesetzlicher Erbfolge den gesamten Nachlaß, wenn – wie hier – keine Abkömmlinge vorhanden sind. Die testamentarischen Zuwendungen beider Ehegatten entsprechen somit in ihrer Höhe dem jeweiligen gesetzlichen Erbteil. Aus diesem Grund ist ihre Zeugnisfähigkeit im Sinne des § 44 Probate-Act zu bejahen.

*β*) Für die Formgültigkeit des Testamentes kommt es nach § 42 Probate-Act weiterhin auf den Willen an, das Testament als *Zeuge* zu unterzeich-

---

[16] Vgl. *Atkinson* on Wills (2. Aufl.) 308 ff.

[17] Vgl. z. B. In re Delavergne's Will, 102 N. E. 1081 (1913).

[18] Vgl. Gump v. Gowans, 80 N. E. 1086 (1907).

nen[19]. Der Begriff „to attest" verlangt nicht die Einfügung einer eigenen Attestationsklausel in das Testament[20]. Es genügt, wenn sich aus der Urkunde in irgendeiner Weise dieser Attestationswille ergibt[21]. Infolgedessen ist es möglich, daß *eine* Unterschrift eine doppelte Erklärung, und zwar auch die als Zeuge, beinhalten kann. In diesem Sinne hat die Rechtsprechung zum Beispiel anerkannt, daß eine einzige Unterschrift zugleich die Zustimmung zur Benennung als Testamentsvollstrecker und die Bezeugung, daß der Erblasser das Testament unterzeichnet habe, enthalten kann[22].

Hieraus ergibt sich für den vorliegenden Fall, daß der Notary-Public durch seine Unterschriftsbeglaubigung zugleich auch seinen Attestationswillen zum Ausdruck gebracht hat[23]. Auch bei den testierenden Eheleuten ist dieser Wille ersichtlich vorhanden gewesen. Das ergibt sich aus der Urkunde selbst, wo es heißt, daß sie das Testament unterschrieben und *bezeugt* haben (Signed and *witnessed*).

2. Zur Ermittlung des Inhalts der letztwilligen Verfügung bedarf es ihrer *Auslegung.* Diese Auslegung richtet sich, weil sie sich auf die Wirkungen des gemeinschaftlichen Testaments bezieht, nach dem Erbstatut, also nach deutschem Recht[24]. Allerdings läßt sich der Wille der Ehegatten nur unter Berücksichtigung des am Errichtungsort, also in Illinois, geltenden Rechts feststellen. Denn die Ehegatten haben ersichtlich ihre letztwillige Verfügung der amerikanischen Rechtsordnung angepaßt. Aus diesem Grunde erscheint zunächst eine gedrängte Darstellung der Grundzüge des amerikanischen Rechts bei aufeinanderfolgenden Nachlaßberechtigungen notwendig. Danach soll der tatsächliche Wille der Ehegatten auf der Grundlage dieser Darstellung ermittelt werden. Anschließend wird zu prüfen sein, in welcher Weise diesem Willen im Rahmen des deutschen Erbrechts Geltung verschafft werden kann.

a) Die testamentarischen Zuwendungen lassen sich im amerikanischen Recht aufgliedern in zeitlich unbeschränkte und zeitlich beschränkte Verfügungen.

Eine zeitlich unbeschränkte Verfügung gewährt ein unbeschränktes frei vererbliches Eigentum[25]. Die Anordnung einer Ersatzerbschaft ist zulässig[26].

Bei einer zeitlich beschränkten Verfügung erhält der Erstberechtigte einen sogenannten *life estate,* also eine Berechtigung für die Dauer seines

---

19 To attest; vgl. dazu *Atkinson* aaO 330.
20 *Ferid-Firsching,* aaO, Randz. 152.
21 Vgl. *Page* on Wills, Bd. II (1960) 246 ff.
22 *Griffiths* v. *Griffiths,* LR 2 P u. D 300; zitiert nach *Page* aaO 248.
23 Vgl. hierzu auch *Atkinson* aaO 331.
24 Vgl. *Kegel,* aaO, Vorb. 47 zu Art. 24 EGBGB.
25 Vgl. *Mueller,* RabelsZ 1933, S. 808 ff.; *Ferid-Firsching,* aaO, Randz. 62 d.
26 Vgl. *Ferid-Firsching* aaO Randz. 184.

Lebens. Er kann diesen life estate nicht frei vererben. Der Nachberechtigte erlangt mit dem Tode des Testators bereits eine frei vererbliche Anwartschaft. Die volle Nachlaßberechtigung fällt ihm mit dem Tode des Erstberechtigten zu. Er leitet seine Rechtsnachfolge nicht von diesem, sondern von dem Erblasser ab[27].

In der amerikanischen Praxis kommt der life estate praktisch nur als *equitable life estate* vor, der als besonders zweckmäßige Form angesehen wird[28]. Der Testator hinterläßt in diesem Falle das Vermögen einem Treuhänder, der es für den Erstberechtigten auf dessen Lebenszeit zu verwalten hat. Dem Treuhänder kann auch die Befugnis eingeräumt werden, über einzelne Nachlaßgegenstände zu verfügen. Mit dem Tode des Erstberechtigten hat der Treuhänder den verbleibenden Nachlaß an den Nacherben auszuhändigen[29].

Bei der Prüfung, ob bei einem gemeinschaftlichen Testament in der vorliegenden Art der überlebende Ehegatte eine unbeschränkte oder eine zeitlich beschränkte Zuwendung erhalten soll, ist noch folgendes zu berücksichtigen: Im Gegensatz zu den §§ 2269 ff. BGB läßt das amerikanische Recht, wie noch im einzelnen auszuführen sein wird, den jederzeitigen Widerruf eines gemeinschaftlichen Testamentes auch nach dem Tode des erstversterbenden Ehegatten zu. Die Zuwendung an den Nachberechtigten hindert also, jedenfalls für sich allein betrachtet, eine dem gemeinschaftlichen Testament widersprechende letztwillige Verfügung des überlebenden Ehegatten nicht. Eine solche Testierbefugnis besitzt der überlebende Ehegatte allerdings nur bei einer unbeschränkten Zuwendung in dem oben beschriebenen Sinne.

b) Bei der Auslegung des gemeinschaftlichen Testaments wird man unter Berücksichtigung der geschilderten Grundzüge folgendes in Erwägung ziehen müssen:

Nach der klaren Formulierung des mit den Worten „We, Forrest W. B. ..." beginnenden Satzes soll der überlebende Ehegatte das gesamte bewegliche und unbewegliche Vermögen des anderen mit dessen Tode erben („inherit"). Dieser Satz enthält demnach – jedenfalls für sich allein betrachtet – eine unbeschränkte Erbeinsetzung des überlebenden Ehegatten.

Demgegenüber erscheint die Formulierung des darauf folgenden Satzes nicht so klar. Sie läßt nämlich nicht deutlich die den Eltern der Erblasserin zugedachte Rechtsstellung erkennen. Die Worte „In case of the death of both" legen zwar auf den ersten Blick die Auslegung nahe, daß die Eltern den gesamten Nachlaß beider Ehegatten für den Fall erhalten sollen („is bequeathed to"), daß beide Ehegatten, etwa infolge eines Unglücksfalles, zugleich versterben. Es würde sich dann also um eine Ersatzerbschaft

---

[27] Vgl. *Atkinson* aaO 103; *Mueller* ebenda; *Ferid-Firsching* ebenda.
[28] Vgl. *Atkinson* aaO 823; *Ferid-Firsching* aaO Randz. 62 e.
[29] Vgl. *Ferid-Firsching* ebenda.

handeln. Gegen diese Auslegung spricht jedoch, daß die Eltern der Erblasserin den Ehegatten nach der Aussage des Wirtschaftsprüfers R. in erheblichem Maße finanziell unterstützt haben. Deshalb läßt sich annehmen, daß ihnen zum Ausgleich dieser Unterstützung auf jeden Fall der Nachlaß beider Ehegatten zufallen soll. Diesem Ziele wird eine Ersatzerbschaft, die nur beim gleichzeitigen Tode beider Ehegatten eintritt, nicht gerecht.

Es stellt sich daher die Frage, ob der überlebende Ehegatte lediglich einen equitable life estate, also eine zeitlich beschränkte Zuwendung, erhalten soll. Dafür läßt sich der schon erwähnte Gesichtspunkt heranziehen, daß die Ehegatten Anlaß hatten, ihren gesamten Nachlaß den Eltern der Ehefrau zuzuwenden. Dagegen spricht aber, daß die Verwaltungs- und Verfügungsbefugnis für den Nachlaß des erstversterbenden Ehegatten nicht, wie es zweckmäßig und üblich gewesen wäre, einem Treuhänder übertragen worden ist. Deshalb läßt sich nicht annehmen, daß der überlebende Ehegatte lediglich auf einen equitable life estate beschränkt sein soll. Der Supreme Court of Illinois hat bei einem ähnlich formulierten gemeinschaftlichen Testament zweier Ehegatten, die ihre Kinder als Schlußerben eingesetzt hatten, angenommen, daß der überlebende Ehegatte als Vollerbe anzusehen sei, der seinerseits von seinen Kindern beerbt werde[30].

Demnach läßt sich als Ergebnis feststellen, daß der Nachlaß der Erblasserin ohne Einschränkung an den Antragsteller gefallen ist.

c) Daraus ergibt sich für die Rechtsstellung des Antragstellers nach deutschem Recht:

Der Antragsteller ist aufgrund des gemeinschaftlichen Testaments alleiniger Erbe seiner verstorbenen Ehefrau geworden. Demgemäß ist ihm gem. § 2353 BGB ein Erbschein zu erteilen, der den Zusatz tragen müßte: *„Dieser Erbschein gilt nur für das bewegliche Vermögen der Erblasserin."*

### *III. Die Erbfolge nach amerikanischem Recht*

Die vorstehenden Ausführungen beruhen auf der Annahme, daß als Sterbe-Domizil der Erblasserin Adenau anzusehen ist. Es besteht allerdings – wie erwähnt – auch die Möglichkeit, daß man H. im Staate Illinois als Sterbe-Domizil zu betrachten hat, falls sich nämlich der Ehemann der Erblasserin nicht für dauernd in Deutschland niederlassen wollte. In diesem Falle wäre nach den Ausführungen unter B I für die Erbfolge in das bewegliche Vermögen, auch soweit es sich in Deutschland befindet (sowie für das Grundvermögen in Illinois), das Recht des Staates Illinois maßgebend.

---

[30] *Curry* v. *Cotton*, 191 N., E. 307 (1934).

1. Im Gegensatz zu den §§ 2265 ff. BGB erwähnt der Probate-Act of Illinois das gemeinschaftliche Testament nicht ausdrücklich. Die amerikanische Rechtsprechung erkennt aber die Zulässigkeit eines solchen Testamentes (joint and reciprocal will) an.

2. Die Formgültigkeit der letztwilligen Verfügung der Ehegatten nach dem Recht von Illinois ist bereits unter B II, 1 erörtert und bejaht worden.

3. Die bereits unter B II, 2 vorgenommene Auslegung des gemeinschaftlichen Testaments hat zu dem Ergebnis geführt, daß der überlebende Ehegatte eine unbeschränkte Zuwendung erhalten soll. Er ist daher als „beneficiary" anzusehen und im Sinne des deutschen Rechts *Vollerbe*[31].

4. Ergänzend sei noch auf folgendes hingewiesen: Nach § 95 Probate-Act hat das Nachlaßgericht grundsätzlich einen administrator (Nachlaßverwalter) zu ernennen, wenn – wie hier – der Erblasser keinen executor (Testamentsvollstrecker) eingesetzt hat. Der administrator hat die Aufgabe, unter der Aufsicht des Nachlaßgerichtes die Gläubiger zu befriedigen, und zwar in erster Linie aus dem beweglichen Vermögen des Erblassers. Die Ernennung eines administrator ist jedoch nach § 324 Probate-Act dann nicht erforderlich, wenn das bewegliche Vermögen den Betrag von 5 000 Dollar (ca. 20 000 DM) nicht übersteigt. Diese Voraussetzung trifft wohl im vorliegenden Fall zu. Aus diesem Grunde bedarf es der Ernennung eines administrator für den Nachlaß der Erblasserin nicht.

Es kann deshalb dahingestellt bleiben, ob ein deutsches Nachlaßgericht überhaupt berechtigt ist, einen administrator zu ernennen[32].

5. Daher kann dem Antragsteller ein Erbschein, aber mit der Beschränkung nach § 2369 BGB, erteilt werden.

## C. DER WIDERRUF DES GEMEINSCHAFTLICHEN TESTAMENTS

Nach der Bekundung des Wirtschaftsprüfers R. hat die Erblasserin 1961 in Deutschland ein eigenhändiges Testament errichtet, in dem sie ihre Geschwister zu Alleinerben eingesetzt hat. Für den Fall, daß das Nachlaßgericht die Errichtung dieses Testaments als erwiesen ansehen sollte, sei vorsorglich geprüft, ob dieses Testament einen formell und materiell wirksamen Widerruf des gemeinschaftlichen Testaments aus dem Jahre 1958 enthält.

### *I. Die Bestimmung des anzuwendenden Rechts*

Bei der Prüfung, nach welchem Recht sich die formelle und materielle Wirksamkeit des Widerrufs beurteilt, sind drei Fälle zu unterscheiden:

1. Der Ehemann der Erblasserin hat bereits vor der Errichtung des eigenhändigen Testaments seiner Ehefrau im Jahre 1961 ein Domizil im Sinne

[31] *Raape*, IPR (4. Aufl.) 419; *Ferid-Firsching* aaO Randz. 60 d.

[32] Bejahend: *Kegel*, IPR (2. Aufl.) 367; verneinend *Firsching* aaO 118.

des amerikanischen Rechts in Deutschland begründet und bis zu ihrem Tode beibehalten. In diesem Falle bedarf es keiner Entscheidung der Frage, ob das Heimatrecht der Erblasserin *zur Zeit der Vornahme des Widerrufs* oder *zur Zeit des Todes* maßgebend ist. Nach den Ausführungen unter B I gilt für die Erbfolge in das bewegliche Vermögen, über die allein zu entscheiden ist, kraft Rückverweisung in beiden Fällen deutsches Recht.

2. Wenn dagegen der Ehemann der Erblasserin erst nach der Errichtung des eigenhändigen Testaments seiner Ehefrau das Domizil nach Deutschland verlegt hat, wäre zwar nach Art. 25 EGBGB das Erbstatut *zur Todeszeit*, also über die Rückverweisung des amerikanischen Rechts, deutsches Recht anzuwenden; doch erscheint die Anwendung deutschen Erbrechts nicht bedenkenfrei.

Betrachtet man mit der überwiegenden, auch von mir vertretenen Lehre in analoger Anwendung des Art. 24 Abs. 3 EGBGB das Erbstatut *zur Zeit der Errichtung des Widerrufstestaments* als maßgeblich, wird amerikanisches Recht zur Anwendung gelangen müssen[33]. Da die amerikanische Rechtsprechung überwiegend auf dem Standpunkt steht, daß der Widerruf sich nach dem Erbstatut zur Zeit des Widerrufs richtet, wenn sich das Domizilrecht nach dem Widerruf ändert[34], kommt auch eine Rückverweisung auf das letzte Domizilrecht, also das deutsche Recht, in diesem Falle nicht in Betracht.

Wenn man dagegen der von mir nicht gebilligten Meinung folgt, daß das Heimatrecht beim Tode auch dann maßgebend sei, wenn die letztwillige Verfügung unter einem anderen Erbstatut errichtet worden ist, wäre deutsches Recht anzuwenden[35].

3. Amerikanisches Recht ist unzweifelhaft anzuwenden, wenn als letztes Domizil des Antragstellers und damit auch der Erblasserin H. in Illinois anzusehen ist (Art. 25 EGBGB).

### *II. Anwendung des deutschen Rechts (Fall C I 1 und evtl. C I 2, wenn man Art. 24 Abs. 3 EGBGB nicht analog anwendet)*

Bei der Prüfung der formellen Voraussetzungen für einen Widerruf des gemeinschaftlichen Testaments nach deutschem Recht kommt es entscheidend darauf an, ob dieses Testament wechselbezügliche Verfügungen im Sinne des § 2270 BGB enthält.

Da die Ehegatten sich in diesem Testament gegenseitig als Alleinerben eingesetzt haben, liegt eine Wechselbezüglichkeit im Sinne der genannten

---

[33] Vgl. *Beitzke*, aaO, Anm. 10 zu Art. 24 EGBGB; *Kegel*, aaO, Vorb. 51 zu Art. 24 EGBGB; *Staudinger-Raape* aaO 680 ff.

[34] Vgl. *Rabel*, The Conflict of Laws, Bd. IV, 348.

[35] Vgl. dazu *M. Wolff* aaO 228.

Bestimmung vor. Diesen Standpunkt vertreten übrigens auch die amerikanischen Gerichte[36].

Die formellen Voraussetzungen eines Widerrufs ergeben sich daher aus §§ 2271, 2296 BGB. Da die Erblasserin die dort vorgeschriebene Form (gerichtliche oder notarielle Widerrufserklärung gegenüber dem anderen Teil) nicht beachtet hat, liegt ein wirksamer Widerruf nach deutschem Recht nicht vor.

### *III. Anwendung des amerikanischen Rechts (Fälle C I 2 und C I 3)*

#### *1. Die formellen Voraussetzungen des Widerrufs*

a) Das amerikanische Recht läßt grundsätzlich den jederzeitigen Widerruf eines gemeinschaftlichen wechselbezüglichen Testaments zu. Die Widerruflichkeit bildet nach amerikanischer Auffassung gerade das Wesen einer letztwilligen Verfügung[37].

b) Nach § 46 Probate Act kann dieser Widerruf u. a. auch durch ein Testament erfolgen, das mit dem früheren inhaltlich unvereinbar ist.

aa) Die Erblasserin hat das Widerrufs-Testament in einer nur dem deutschen Recht (§ 2247 BGB), nicht aber in einer dem amerikanischen Recht (§ 43 Probate Act) geläufigen Form errichtet.

bb) Ausländische Testamente werden zwar gem. § 85 Probate Act in Illinois jedenfalls in bezug auf den beweglichen Nachlaß anerkannt, wenn sie nach dem Recht des Errichtungsorts formgültig sind[38]. Es stellt sich aber im Hinblick auf § 2271 BGB, der den Widerruf eines gemeinschaftlichen wechselbezüglichen Testaments durch ein neues Testament mit widersprechendem Inhalt nicht zuläßt, die Frage, ob das Testament der Erblasserin im Sinne des § 85 Probate Act als formgültig anzusehen ist.

Bei der Beantwortung dieser Frage ist eine Unterscheidung zwischen den sachlichen Voraussetzungen des Widerrufs und seiner Form notwendig[39]. Die sachlichen Voraussetzungen des Widerrufs richten sich nach dem Erbstatut, also nach amerikanischem Recht. Nur für die *Form* läßt § 85 Probate Act – wie erwähnt – das Ortsrecht, also das deutsche Recht, genügen. Da die Erblasserin, wie erwähnt, die Form des § 2247 BGB beachtet hat, liegen insoweit die formellen Voraussetzungen eines Widerrufs vor.

---

[36] Vgl. *Frazier* v. *Patterson*, 90 N. E. 216 (1909); *Curry* v. *Cotton*, 191 N. E. 307 (1934).

[37] Vgl. *Curry* v. *Cotton* aaO; *Atkinson* aaO 224; *Page* aaO I, 567 ff.; *Ferid-Firsching* aaO Randz. 235.

[38] Vgl. *Barnett* v. *Barnett*, 120 N. E. 532 (1918); *Ferid-Firsching*, aaO, Texte Nr. 11 „Illinois", Bem. zu § 85.

[39] Vgl. dazu auch *Kegel*, aaO, Anm. 20 zu Art. 11 EGBGB.

*2. Die materiellen Voraussetzungen des Widerrufs*

Da das Testament der Erblasserin aus dem Jahre 1961 mit dem gemeinschaftlichen Testament der Ehegatten inhaltlich unvereinbar ist, weil es die Geschwister der Erblasserin zu Alleinerben einsetzt, liegen auch die materiellen Voraussetzungen eines Widerrufs nach § 46 Probate Act vor, zumal das amerikanische Recht keinen Zugang der Widerrufserklärung verlangt.

3. Allerdings stellt sich die Frage, ob der Widerruf im vorliegenden Falle nicht aus einem besonderen Grunde ausgeschlossen ist. Das amerikanische Recht läßt zwar – wie erwähnt – grundsätzlich den jederzeitigen Widerruf eines gemeinschaftlichen wechselbezüglichen Testaments zu. Der Widerruf kann aber durch einen vom Testament zu unterscheidenden *Vertrag ausgeschlossen* werden. Im vorliegenden Falle haben die Ehegatten allerdings einen solchen Vertrag nicht ausdrücklich abgeschlossen. Es erschiene indessen denkbar, daß sie durch die Errichtung des gemeinschaftlichen Testamentes zugleich stillschweigend seine Nichtwiderruflichkeit vereinbart haben.

Die amerikanische Rechtsprechung hat sich wiederholt mit den Anforderungen, die an eine solche stillschweigende Vereinbarung zu stellen sind, befaßt. Sie ist bisher nicht zu einer einheitlichen Auffassung gelangt. Die Mehrzahl der Entscheidungen lehnt einen stillschweigenden Vertrag ab, wenn besondere Anhaltspunkte hierfür fehlen[40]. Insbesondere hat der Supreme Court of Illinois in der bereits zitierten Entscheidung Curry v. Cotton den vertraglichen Ausschluß der Widerruflichkeit nicht in der Errichtung des gemeinschaftlichen Testaments als solcher erblickt, sondern in dem mehrfachen Gebrauch des Begriffs „covenant" (Vertrag) in der Urkunde. Interessanterweise hielt Justice de Young in seiner dissenting opinion selbst diesen Hinweis noch für zu schwach, um den Ausschluß der Widerruflichkeit anzunehmen. Aus diesem Grunde läßt sich für den vorliegenden Fall nicht annehmen, daß die Ehegatten die freie Widerruflichkeit des Testaments vertraglich ausgeschlossen haben.

Selbst wenn man mit einigen Entscheidungen[41] annimmt, daß schon in der Errichtung eines gemeinschaftlichen Testamentes der Ausschluß der Widerruflichkeit zu erblicken ist, kann es zweifelhaft sein, ob die Erblasserin durch das eigenhändige Testament das gemeinschaftliche Testament wirksam widerrufen hat. Denn in der amerikanischen Rechtsprechung sind auch die Ansichten über die Bedeutung eines solchen vertraglichen Ausschlusses geteilt.

---

[40] Vgl. *Atkinson* aaO 226; *Ferid-Firsching* aaO Randz. 235.

[41] Z. B. *Frazier* v. *Patterson*, 90 N. E. 216 (Ill. 1909).

Die Mehrzahl der Gerichte vertritt die Meinung, daß der Ausschluß nicht die Wirksamkeit des Widerrufs beeinträchtigt, so daß das Nachlaßgericht den Widerruf zu beachten hat. Die Unzulässigkeit des Widerrufs könnte nur im Wege einer Schadenersatzklage vor den ordentlichen Gerichten gegen die Erben geltend gemacht werden[42]. Dieser Auffassung hat sich auch die Literatur angeschlossen[43].

Demgegenüber wollen einige Gerichte[44] die Unzulässigkeit des Widerrufs schon im Probate-Verfahren (Nachlaßverfahren) berücksichtigen. Diese Meinung wird aber dem obligatorischen Charakter des Widerrufsausschlusses nicht gerecht. Sie wird deshalb von der überwiegenden Meinung zu Recht abgelehnt.

Nach der herrschenden Meinung hätte deshalb die Erblasserin durch ihr eigenhändiges Testament das gemeinschaftliche Testament auch dann wirksam widerrufen, wenn es einen vertraglichen Ausschluß der Widerruflichkeit enthalten sollte. Es kann daher für das Erbscheinverfahren letztlich dahinstehen, ob ein solcher Ausschluß vorliegt oder nicht. Demgemäß hat, falls sich das Nachlaßgericht von der wirksamen Errichtung des eigenhändigen Testamentes überzeugt, der Antragsteller die Erblasserin nicht aufgrund des gemeinschaftlichen Testaments allein beerbt. Der beantragte Erbschein könnte in diesem Falle also nicht erteilt werden.

## D. DIE ERBFOLGE AUFGRUND DES EIGENHÄNDIGEN TESTAMENTS

Sollte das Nachlaßgericht die Erbfolge in das bewegliche Vermögen nach dem Recht von Illinois beurteilen und einen wirksamen Widerruf des gemeinschaftlichen Testaments, soweit es das bewegliche Vermögen betrifft, annehmen, so würde sich die Erbfolge in das gesamte bewegliche Vermögen nach dem eigenhändigen Testament der Erblasserin aus dem Jahre 1961 richten.

Dieses Testament ist nach § 2247 BGB formgültig errichtet, weil es der Ortsform genügt (vgl. auch Art. 11 Abs. I Satz 2 EGBGB).

Die Erblasserin hat in diesem Testament ihre beiden Geschwister je zur Hälfte als Erben eingesetzt, ihren Ehemann also nicht bedacht.

Aus diesem Grunde steht dem übergangenen Ehemann nach § 16 Probate Act ein sog. *forced share* zu. Er umfaßt, weil die Erblasserin kinderlos gestorben ist, die Hälfte des beweglichen Vermögens nach Erfüllung aller Nachlaßverbindlichkeiten. Formelle Voraussetzung für die-

[42] Vgl. z. B. *Fuller* v. *Nelle*, 55 P. 2 d 1248 (1936); zitiert nach *Ferid-Firsching* aaO Randz. 236.

[43] *Atkinson* aaO 224; *Page* aaO I, 569.

[44] Z. B. *Warwick* v. *Zimmermann*, 270 P. 612 (1928); zitiert nach *Ferid-Firsching* aaO Randz. 236.

sen forced share ist nach § 16 Probate Act der „Verzicht" auf das Testament der Erblasserin. Diese Verzichtserklärung muß gem. § 17 Probate Act innerhalb von 10 Monaten nach der Zulassung zum probate (der gerichtlichen Feststellung, daß die behauptete letztwillige Verfügung ein Testament ist) gegenüber dem Nachlaßgericht abgegeben werden.

Bei der Prüfung, ob es sich bei dem forced share um einen Pflichtteilsanspruch oder um ein materielles Noterbrecht handelt, wird man folgendes berücksichtigen müssen:

Die Beschränkung des forced share auf den von Schulden bereinigten Nachlaß legt zwar die Annahme nahe, daß dem Berechtigten nur ein Pflichtteilsanspruch im Sinne des deutschen Rechts zusteht. Eine solche Annahme würde aber der besonderen Ausgestaltung des Erbrechts von Illinois (und anderen US-Staaten) nicht gerecht. Denn in Illinois geht der bewegliche Nachlaß zunächst auf den sog. personal representative (executor oder administrator) über, der insbesondere die Nachlaßschulden zu begleichen hat. Die Begünstigten haben lediglich einen obligatorischen Anspruch auf Ausfolgerung des Reinnachlasses. Gleichwohl werden sie als Erben im Sinne des deutschen Rechts betrachtet[45]. Für den Ehegatten, der einen forced share erhält, kann nichts anderes gelten. Er besitzt ein materielles Noterbrecht und ist deshalb im Sinne des deutschen Rechts als Erbe anzusehen.

Aus diesem Grunde wird man zu dem Ergebnis kommen müssen, daß bei Wirksamkeit des nur mündlich bezeugten Testaments der Erblasserin die Geschwister zu je $1/4$ und der Ehemann der Erblasserin zu $1/2$ Erben in bezug auf den beweglichen Nachlaß geworden sind.

Bei der Erbfolge aufgrund des eigenhändigen Testaments müßte in den Erbschein der Vermerk aufgenommen werden, daß er nur für das im Inland belegene Vermögen der Erblasserin gilt.

---

[45] *Ferid-Firsching* aaO Randz. 62 d.

## 3. NACHLASSVERWALTUNG UND TESTAMENTSVOLLSTRECKUNG

### Nr. 72

**England**

**1. Qualifikation einer deutschen Hypothek nach deutschem und englischem IPR als bewegliches oder unbewegliches Vermögen.**

**2. Bestellung eines executors bei Wegfall des ursprünglich benannten?**

**Heidelberg 27/67 vom 8. 11. 1967**

Das Justizministerium Baden-Württemberg bittet in der Nachlaßsache S. des Nachlaßgerichts Stuttgart das Institut für ausländisches und internationales Privat- und Wirtschaftsrecht der Universität Heidelberg um Auskunft über internationales und englisches Erbrecht. Der Auskunft liegt folgender Sachverhalt zugrunde:

Der Erblasser Julius S., britischer Staatsangehöriger und in London domiziliert, verstarb am 11. 9. 1960 in London. Er hinterließ eine letztwillige Verfügung vom 8. 5. 1951, in der er seinen Sohn Frank C. (früher Andreas S.) und Herrn Adolf N. zu „executors" und „trustees" seines Nachlasses ernannte. Zum Nachlaß des Verstorbenen gehört eine im Grundbuch von Stuttgart eingetragene Hypothek für eine Kaufpreisforderung. Am 9. 8. 1961 erteilte der High Court of Justice Herrn Frank C., vorbehaltlich der Vollmacht des anderen Vollstreckers, das „Probate".

Herr Adolf N. nahm das Amt aus Krankheitsgründen nicht an und starb am 18. 1. 1962.

Frank C. beantragt beim Nachlaßgericht Stuttgart, ihm ein gegenständlich auf das in Deutschland belegene Vermögen beschränktes Testamentsvollstreckerzeugnis zu erteilen.

Das Nachlaßgericht bittet um Beantwortung folgender Fragen:

1. Kann nach englischem Recht beim Wegfall eines von mehreren vom Erblasser ernannten „executors" von der Nachlaßbehörde ein Ersatzmann bestellt werden?
2. Bedarf es dazu eines besonderen Ersuchens des Erblassers?
3. Wäre gegebenenfalls im vorliegenden Fall das Testament des Erblassers dahin auszulegen, daß es ein solches Ersuchen enthält?

## A. INTERNATIONALPRIVATRECHTLICHE FRAGE

1. Nach Art. 25 EGBGB wird ein Ausländer mit Wohnsitz im Inland nach seinem Heimatrecht beerbt. Dies muß erst recht gelten für den Ausländer ohne Wohnsitz im Inland. Es läßt sich somit aus Art. 25 EGBGB der Grundsatz ableiten: Erbstatut ist das Recht des Staates, dem der Erblasser zum Zeitpunkt des Todes angehört[1]. Das Erbstatut regelt auch die gesamten Vorschriften über die Rechtsstellung des Testamentsvollstreckers, die Frage der Zulässigkeit seiner Ernennung usw.[2].

Da der Erblasser die englische Staatsangehörigkeit besessen hatte, verweist das deutsche IPR für die Frage der Erteilung eines Testamentsvollstreckerzeugnisses somit auf das englische Recht.

2. Nach Art. 27 EGBGB, der den Art. 25 ausdrücklich nennt, ist eine Rückverweisung des englischen Rechts beachtlich.

a) Das englische Recht unterscheidet bei der rechtlichen Behandlung des Nachlasses zwischen beweglichem und unbeweglichem Vermögen. Bezüglich des *unbeweglichen Vermögens* verweist es auf die *lex rei sitae*[3]. Im vorliegenden Fall handelt es sich um eine Hypothek. Da somit ein Recht an einem Grundstück vorliegt, können Zweifel entstehen, ob die Hypothek dem beweglichen oder dem unbeweglichen Vermögen zuzurechnen ist, was wiederum von der Entscheidung der Frage abhängen könnte, welches Recht über die Zuordnung des Vermögens zum einen oder anderen entscheidet.

Grundsätzlich ist davon auszugehen, daß das Recht der *Verweisungsnorm* – und das ist hier der Satz des englischen Rechts, der für unbewegliches Vermögen das Recht der lex rei sitae für anwendbar erklärt – die in ihm enthaltenen Rechtsbegriffe *qualifiziert*[4]. Jedoch besteht die Möglichkeit, daß das ausländische IPR die Frage der Qualifikation des Vermögens als beweglich oder unbeweglich dem Rechte des Belegenheitsortes zuweist. Dies ist für das deutsche IPR beachtlich[5].

So ist es im Falle des englischen Rechtes: Was bewegliches oder unbewegliches Vermögen ist, bestimmt das Recht des Belegenheitsortes[6].

---

[1] Vgl. *Erman-Marquordt*, Handkommentar zum Bürgerlichen Gesetzbuch (4. Aufl. 1967) Artt. 24, 25 EGBGB, Anm. 1.

[2] *Soergel-Siebert(-Kegel)*, Bürgerliches Gesetzbuch (9. Aufl. 1961) Bd. V, Randz. 23 vor Art. 24 EGBGB; *Erman-Marquordt* aaO Anm. 4 f.

[3] *Dicey-Morris*, Conflict of Laws (8. Aufl. 1967) 519; *Cheshire*, Private International Law (7. Aufl. 1965) 514; *Soergel-Siebert(-Kegel)*, aaO, Randz. 2 vor Art. 24 EGBGB.

[4] BGHZ 24 S. 352 ff. (355); *Raape*, IPR (5. Aufl. 1961) 415; *Soergel-Siebert(-Kegel)*, aaO, Randz. 75 vor Art. 24 EGBGB.

[5] Vgl. *Soergel-Siebert(-Kegel)* aaO; BGH aaO; OLG Frankfurt/M., NJW 1954, 111 f. (112) = RabelsZ 19 (1954) 554 ff.

[6] Vgl. *Cheshire* aaO 399 f.; *Dicey/Morris* aaO 501; siehe auch *Neuhaus*, An-

b) Daher ist anhand des *deutschen* Rechtes zu entscheiden, ob eine Hypothek zum beweglichen oder zum unbeweglichen Vermögen gehört (Qualifikation)[7]. Nun kennt aber das geltende deutsche Recht den Unterschied zwischen beweglichem und unbeweglichem Vermögen nicht, vielmehr nur den zwischen beweglichen und unbeweglichen Sachen. Eine Hypothek ist indessen keine Sache.

Da jedoch das ausländische Recht eine Antwort auf die Frage erheischt, ob die Hypothek bewegliches oder unbewegliches Vermögen ist, nach allgemeinen Rechtsregeln aber ein Richter die Rechtsfindung nicht unter dem Vorwande des Schweigens oder der Dunkelheit des Gesetzes ablehnen darf[8], muß im Wege der *„Anpassung"* eine Antwort darauf gefunden werden. Dabei soll das anzupassende, d. h. hier das deutsche Recht, tunlichst geschont werden *(„minimum d'atteinte à la loi")*[9].

Im übrigen sind die Regeln über die ergänzende Rechtsfindung anzuwenden, d. h. es ist bewährter Lehre zu folgen[10]. Dabei kann eine – jetzt nur noch für den altrechtlichen Güterstand der Fahrnisgemeinschaft des BGB gültige – Vorschrift in Betracht gezogen werden, die zum Zwecke der Abgrenzung zwischen dem der Gemeinschaft unterfallenden beweglichen Vermögen und dem freibleibenden unbeweglichen Vermögen ausdrücklich die Hypothek als zum beweglichen Vermögen gehörend qualifiziert hat (§ 1551 Abs. 2 BGB alter Fassung)[11].

*§ 1551 Abs. 2 BGB* hat gelautet:

„Zum unbeweglichen Vermögen im Sinne dieser Vorschrift gehören Grundstücke und eingetragene Schiffe und Schiffsbauwerke nebst Zubehör, Rechte an Grundstücken und eingetragenen Schiffen und Schiffsbauwerken mit Ausnahme der Hypotheken, Grundschulden, Rentenschulden und Schiffshypotheken sowie

---

merkung zu dem Beschluß des OLG Frankfurt/M. vom 2. 7. 1953, RabelsZ 19 (1954) 556 ff.

[7] Vgl. bis hierher den ähnlich liegenden Fall BGHZ 24 S. 352 ff., wo es in bezug auf eine kalifornische Rückverweisungsregel um die Frage geht, ob ein GmbH-Anteil bewegliches oder unbewegliches Vermögen ist.

[8] So Code civil Art. 4, der aber nur eine allgemeine Regel ausspricht; vgl. *Enneccerus-Nipperdey*, Allgemeiner Teil des Bürgerlichen Rechts (15. Aufl. 1959) 1. Halbband, § 58 I, S. 336, mit Nachweisen.

[9] Vgl. *Soergel-Siebert(-Kegel)*, aaO, Randz. 71 ff. vor Art. 7 EGBGB; *Raape* aaO 104 ff.; *Jahr*, Internationalprivatrechtliche Beiträge zur allgemeinen Zivilrechtswissenschaft, in Rechtsvergleichung und Rechtsvereinheitlichung, Festschrift zum 50jährigen Bestehen des Instituts für ausländisches und internationales Privat- und Wirtschaftsrecht der Universität Heidelberg (1967) 179 ff. (180 f.).

[10] Vgl. *Enneccerus-Nipperdey*, aaO, § 58 III, S. 342, mit Hinweis auf Art. 1 Schweizer ZGB; *Neuhaus*, aaO, RabelsZ 19 (1954) 561.

[11] Vgl. bezüglich der Aufhebung dieser Vorschrift: Art. 1 Nr. 15 des Gleichberechtigungsgesetzes vom 18. 6. 1957 (BGBl. I S. 609); bezüglich der Weitergeltung für alte Ehen mit Fahrnisgemeinschaft: Art. 8 Nr. 7 des Gleichberechtigungsgesetzes.

Forderungen, die auf die Übertragung des Eigentums an Grundstücken, eingetragenen Schiffen und Schiffsbauwerken oder auf die Begründung oder Übertragung eines der bezeichneten Rechte oder auf die Befreiung eines Grundstücks oder eines eingetragenen Schiffs oder Schiffsbauwerks von einem solchen Recht gerichtet sind."

Der Grund für die Aufhebung der Vorschrift liegt nicht in einer Änderung der Aufteilung zwischen beweglichem und unbeweglichem Vermögen, sondern in der Abschaffung des Güterstandes der Fahrnisgemeinschaft. Daher kann der Grundsatz des § 1551 Abs. 2 wohl weiterhin verwandt werden.

Anderer Ansicht ist zum Teil *Neuhaus*[12], der hervorhebt, daß die Abgrenzung auf speziell güterrechtlichen Vorschriften beruhe, insbesondere auf der Übertragbarkeit bestimmter Rechte; für die Hypotheken beruft er sich indessen auch auf diese Vorschrift[12a]. Ferner ist anderer Ansicht der BGH, der es ablehnt, dem § 1551 Abs. 2 eine über die Fahrnisgemeinschaft hinausreichende Bedeutung zu geben[13].

Dafür, daß die Hypothek nach deutschem Rechte zum *beweglichen* Vermögen gehört, haben sich *Enneccerus-Nipperdey, Firsching, Raape, Neuhaus* und *Martin Wolff*[14] ausgesprochen. Begründet wird dies damit, daß ein Auseinanderfallen von Hypothek und Forderung verhindert werden soll[15].

Dafür scheint insbesondere zu sprechen, daß die Hypothek das akzessorische Recht ist, die Forderung hingegen das gesicherte Recht, das die Hypothek sozusagen führt.

*Gegen* diese Argumentation hat sich aber, mit Recht, bei der Bestimmung des auf Forderung und Hypothek anzuwendenden Rechtes der BGH gewandt, da wirtschaftlich gesehen die Hypothek die Forderung überwiege[16].

Zwar kann nicht bestritten werden, daß die gesetzliche Regelung der Hypothek sich bemüht, Forderung und Hypothek beieinanderzuhalten. Jedoch kann diese Begründung allein nicht ausreichen, da diese nicht für die überall gleich behandelte Grundschuld zutrifft. Allerdings ist hier auf die Ausführungen des BGH in BGHZ 17 S. 89 ff., 94 f. hinzuweisen: danach sei bei einem echten Realkredit zur Erforschung des hypothetischen Parteiwillens auf die Lage des Grundstückes abzustellen. D. h. soviel, daß hier der rechtliche Gleichlauf zwischen Forderung und Hypothek durch Anknüpfung der Forderung an die Hypothek erreicht wird, während die

---

[12] AaO, RabelsZ 19 (1954) 556 ff.

[12a] AaO, S. 564 f.

[13] Vgl. BGHZ 24 S. 357.

[14] *Enneccerus-Nipperdey*, aaO, § 122 I, S. 772 f. für die Auslegung von Rechtsgeschäften; *Firsching*, Deutsch-amerikanische Erbfälle (1965) 90; *Raape* aaO 417; *Neuhaus*, aaO; *Martin Wolff*, Private International Law (2. Aufl. Oxford 1950) 503.

[15] Vgl. *Raape* aaO.

[16] Vgl. BGH NJW 1952, 420.

sonstige deutsche gesetzliche Regelung im allgemeinen die Hypothek an die Forderung knüpft. Ähnliche Zwecke verfolgt aber auch § 1154 BGB: hier wird die Abtretung der (persönlichen) Forderung bei Buchhypotheken völlig an das Grundstücksrecht geknüpft, während bei Briefhypotheken allerdings eine Annäherung an das Recht der beweglichen Sachen (§ 1154 Abs. 1 i. V. m. § 1117 und den Vorschriften über den gutgläubigen Erwerb beweglicher Sachen) vorgezogen wurde. Eine andere Annäherung der (persönlichen) Forderung an das dingliche Recht besteht in der prozessualen Vorschrift des § 25 ZPO: hier kann die persönliche Schuldklage am Gerichtsstande der dinglichen Klage (der nach § 24 ZPO ausschließlich ist) erhoben werden.

Trotz dieser besonderen Anlehnungen des Forderungsrechtes an das Grundstück wird man sagen müssen, daß allgemein die Unterstellung der Hypothek unter das *bewegliche Vermögen sachgerechter* ist als die unter das unbewegliche.

Hinzuweisen ist neben dem schon erwähnten § 1551 Abs. 2 alter Fassung BGB auf § 1821 Abs. 2 BGB, wo die Hypothek als nicht zu den Rechten an einem Grundstück im Sinne des § 1821 Abs. 1 Nr. 1 BGB gehörig erklärt worden ist. Ferner sind die wenigen genannten Annäherungen der der Hypothek zugrunde liegenden Forderung an das Immobiliarrecht nicht geeignet, die Forderung zu einem unbeweglichen Vermögensteil zu machen. Eine Anpassung in diesem Sinne würde dem Grundsatz des *„minimum d'atteinte"* widersprechen. Die Hypothek ist hingegen ihrem Wesen nach einer Kapitalschuld angeglichen, was schon aus § 1113 BGB („eine bestimmte Geldsumme ... aus dem Grundstücke zu zahlen") folgt, im Gegensatz zu den anderen dinglichen Belastungen, wie z. B. Dienstbarkeiten, Nießbrauch, Vorkauf, wo das Grundstück nicht nur als Hilfsmittel für eine Kapitalschuld fungiert, sondern genutzt bzw. erworben werden kann. Demgegenüber ist die Forderung, wie erwähnt, nur bezüglich ihrer Übertragbarkeit und fakultativ beim Gerichtsstand dem dinglichen Recht angenähert und bei der Übertragung überdies gerade in der Masse der Fälle, den Briefhypotheken, dem Recht der beweglichen Sachen. Diese wirtschaftlichen Gegebenheiten sind auch für die rechtliche Beurteilung bedeutsam[17].

Dabei darf allerdings nicht einseitig auf das Vorhandensein der Forderung abgestellt werden, da eine internationalprivatrechtliche Unterscheidung zwischen Hypothek auf der einen und Grundschuld auf der anderen Seite zu keinen vernünftigen Ergebnissen führen würde. Indessen bestehen die Besonderheiten, die die Qualifizierung der Hypothek unter dem Begriff des beweglichen Vermögens tragen, auch für die *Grundschuld*: §§ 1551 Abs. 2 a. F. und 1821 Abs. 2 BGB nennen (ganz selbstverständlich) auch die Grundschuld; die Veräußerung einer Briefgrundschuld folgt wie

[17] Vgl. BGHZ 17 S. 89 (94) mit Nachweisen.

die der Briefhypothek überwiegend dem Mobiliarsachenrecht; §§ 1080 und 1291 BGB gleichen die Grundschuld der Forderung an. Überdies darf nicht übersehen werden, daß die Masse der Grundschulden nur von der Rechtstechnik her gesehen, nicht aber nach wirtschaftlicher Betrachtungsweise, forderungsunabhängig sind. Auch daher ist es geraten, die Qualifizierung bei beiden tunlichst gleich zu gestalten.

Anderer Ansicht für das deutsche Recht ist *Rabel*[18]. Hiergegen wendet sich mit Recht *Firsching*[19], der bemerkt, daß *Rabels* Ausführungen zu sehr unter dem Einfluß anglo-amerikanischen Rechtsdenkens stehen.

Daher ist davon auszugehen, daß *nach deutschem Recht* die *Hypotheken* dem *beweglichen Vermögen* zuzuordnen sind. Diese deutsche Qualifikation ist für das englische Recht maßgebend; daher liegt keine Rückverweisung vor; auf die Frage der Testamentsvollstreckung ist somit auch bezüglich der Hypothek englisches Recht anzuwenden.

## B. MATERIELLRECHTLICHE FRAGE

Es soll untersucht werden, ob für den weggefallenen executor ein Ersatz bestellt werden kann.

1. Nach englischem Recht geht die Erbmasse nicht sofort auf denjenigen, der im Testament begünstigt ist, über. Vielmehr wird immer ein „Zwischenberechtigter" *(personal representative)*[20] eingeschoben. Diesen kann der Erblasser ernennen; dann heißt er *„executor"*; sonst wird er vom Gericht bestellt, dann heißt er *„administrator"*. Die Rechte und die Pflichten beider sind grundsätzlich gleich; die wichtigste Pflicht ist die Bezahlung der Nachlaßschulden[21].

2. Als *Grundsatz* kann im englischen Recht gelten, daß ein *executor ausschließlich aufgrund Benennung im Testament* dieses Amt erhalten kann. Dieser Grundsatz galt vor dem Inkrafttreten des „Supreme Court of Judicature (Consolidation) Act, 1925" vom 31. 7. 1925, in Kraft seit 1. 1. 1926, und des „Administration of Estates Act" vom 9. 4. 1925, in Kraft seit 1. 1. 1926, unbeschränkt[22].

---

[18] Vgl. The Conflict of Laws (1. Aufl. 1958) Bd. IV, S. 22. [19] AaO 90.

[20] Vgl. *Raape* aaO 451; *Curti,* Englands Privat- und Handelsrecht, Bd. 1 (1927) 211.

[21] Vgl. *Curti* aaO 211 f.; vgl. z. B. *Halsbury's Laws of England* Bd. 16 (3. Aufl. London 1956) 296 ff., wo die einzelnen Pflichten meist als dem „personal representative" auferlegt bezeichnet werden. Vgl. zur Rechtsstellung (amerikanischer) executors und administrators, die derjenigen der englischen ähnlich ist, die Ausführungen *Firschings,* Testamentsvollstrecker – executor – trustee, DNotZ 1959, 354 ff.

[22] Vgl. *Williams* on Executors and Administrators, von *Keeton* und *Scamell,* Bd. 1 (14. Aufl. London 1960), Nr. 24, S. 17. Vgl. auch *Halsbury,* aaO, Nr. 178, S. 122 f., und Nr. 181, S. 124.

Die durch diese beiden Gesetze eingeführten *Ausnahmen* haben einmal den Fall zum Gegenstand, daß während der Minderjährigkeit eines testamentarisch Begünstigten nur eine Person executor ist [s. 160 (2) des Supreme Court of Judicature (Consolidation) Act, 1925]. Dann kann das Gericht einen oder mehrere andere executors hinzu ernennen. Die andere Ausnahme (s. 22 des Administration of Estates Act, 1925) besteht darin, daß „settled land", d. i. zu einer Familienstiftung gehörendes Grundvermögen[23], u. U. einen executor bestellt erhält. Beide Fälle sind nicht gegeben.

Ebenso dürfte der Fall ausscheiden, daß ein executor „according to the tenor" ernannt ist. Darunter ist zu verstehen, daß eine Person zwar nicht mit dem Wort „executor" benannt ist, indessen die Auslegung des Testamentes ergibt, daß sie als solcher gemeint ist. Hier liegt keine Benennung irgendeiner anderen Person bezüglich Aufgaben vor, die einem executor zustehen. Daher scheidet dieser Fall aus[24].

3. Solange es einen executor gibt, besteht auch keine Veranlassung, durch das Gericht einen administrator zu bestellen. Dies wäre dann notwendig, wenn entweder überhaupt kein executor ernannt wäre oder aber wenn der executor wegfällt, sei es durch Tod, Ablehnung usw. Hier aber ist immer noch ein executor vorhanden[25]. Daher besteht keine Möglichkeit, eine Ersatzperson gerichtlich zu bestellen.

4. Demnach kann kein Ersatz für den verstorbenen Herrn N. bestellt werden.

5. Es sei allerdings auf eine Schwierigkeit noch hingewiesen: Nach englischem Recht ist die Befugnis des executors bzw. administrators an die *Grenzen des Territoriums* gebunden, von dem er seine Bestallung (probate) erhalten hat. Daher bedarf ein ausländischer (etwa amerikanischer) executor bzw. ein kontinentaleuropäischer Alleinerbe, auf dem ja auch die Pflicht zur Schuldentilgung ruht, für den englischen Raum einer Bestallung als „ancillary administrator"[26]. Daher erhebt sich die Frage, ob der „personal representative" nicht nur eine rein territorial beschränkte Aufgabe hat.

Ob diese Ansicht für einen „administrator" allgemein zutrifft, wie *Raape* aaO wohl zu Recht meint, kann hier offen bleiben: dafür spräche, daß der „administrator" ein vom Staate durch einen Verwaltungsakt eingesetzter Verwalter ist, daher auch grundsätzlich auf das Territorium des Staates beschränkt bleibt.

[23] Vgl. *Curti* aaO (1927) 175 ff., 211 und 182 f.

[24] Vgl. dazu *Halsbury*, aaO, Nr. 180, S. 123; *Williams*, aaO, Nr. 12, S. 10 ff.

[25] Vgl. *Williams*, aaO, Nr. 300, S. 186 (Administration with the will annexed); *Halsbury*, aaO, Nr. 428, S. 232 f., hier wird deutlich, daß es des Wegfalls aller executors bedarf, damit eine Ernennung eines administrators möglich ist. Vgl. auch *Curti* aaO 214 f.

[26] Vgl. *Cheshire* aaO 474 f.

Beim „executor" der hier vorliegenden Art[27] liegt es jedoch wesentlich anders: die Aufgaben, die ihm hier übertragen sind, gehen über die reine Nachlaßabwicklung, die in Deutschland einem Erben obliegt, also insbesondere die Schuldenbegleichung und die dazu notwendigen Tätigkeiten, wie Errichtung eines Inventars oder Einleitung einer Nachlaßverwaltung, weit hinaus: Die Bezahlung der Unterhaltsrente an die Ehefrau und die Versilberung und Verteilung des Restnachlasses erst nach dem Tode oder der Wiederverheiratung der Frau lassen sich nur in der Form der Testamentsvollstreckung abwickeln. Daher ist infolge Auslegung des Testamentes dem ernannten executor ein Amt übertragen, das dem eines deutschen Testamentsvollstreckers entspricht. Daher braucht im vorliegenden Falle nicht geprüft zu werden, ob die bezüglich des administrators erwähnten Bedenken dann auch für den executor gelten, wenn diesem keine besonderen Funktionen durch das Testament aufgetragen sind[28].

### C. ZUSAMMENFASSUNG

1. Eine Ersatzmann für den verstorbenen Adolf N. kann nicht bestellt werden.
2. Es ist Herrn Andreas S. (alias Frank C.) ein Testamentsvollstreckerzeugnis, gegenständlich auf das in Deutschland belegene Vermögen beschränkt, auszustellen.

## Nr. 73

## Kanada (Quebec) / Israel

**1. Kollisionsrechtliche Behandlung von Testamenten nach kanadischem (Quebec) Recht.**

**2. Testamentsrecht von Quebec.**

**3. Testamentsvollstreckung und Trust nach dem Rechte Quebecs und ihre Behandlung im deutschen Nachlaßverfahren.**

**4. Israelisches internationales und israelisch-jüdisches Ehegüterrecht.**

**Köln 40/68 vom 6. 9. 1968**

Das Amtsgericht Koblenz hat in der Nachlaßsache M. um ein Gutachten über internationales und Testamentserbrecht von Quebec/Kanada gebeten.

---

[27] Vgl. das Testament.

[28] Für die Gleichstellung von executor und Testamentsvollstrecker vgl. *Raape* 452 f. und den bei *Firsching*, aaO, DNotZ 1959, 354 f. besprochenen Beschluß des OLG Frankfurt/M.

## SACHLAGE

Am 5. 6. 1965 verstarb der kanadische Staatsangehörige Manoil M. in Montreal in der Provinz Quebec, Kanada, seinem letzten Wohnsitz. Er hinterläßt seine Ehefrau Bela M. geb. F. und die Kinder Michael, geboren 1951 in Tel Aviv und Remée Anne, geboren 1956 in Montreal.

Der Erblasser und seine Ehefrau stammen aus Rumänien und hatten anscheinend ursprünglich rumänische Staatsangehörigkeit. Sie heirateten 1944 in Tel Aviv in Israel, damals Palästina, wo sie mehrere Jahre wohnten und wo 1951 das Kind Michael geboren wurde. 1951/52 wanderten sie nach Kanada aus. Ob die Eheleute in dieser Zeit die Staatsangehörigkeit Palästinas bzw. Israels hatten, geht aus den Akten nicht hervor. Es kann lediglich festgestellt werden, daß die 1954 in Herzliah/Israel verstorbene Mutter des Erblassers Chana M. und seine in Herzliah lebende Schwester Betty F. israelische Staatsangehörige waren.

Am 12. 11. 1964 errichtete der Erblasser das folgende notarielle Testament (die deutsche Übersetzung wird, soweit erforderlich, im Gutachten gegeben):

„BEFORE Mtre GERALD S., the undersigned Notary for the Province of Quebec, residing and practising in the City of Montreal; and in the presence of DANIEL N. M., of Hampstead therein residing at civic number 137 F. Road, Notary.

APPEARED:

MANOIL M., of the City of Montreal, therein residing at civic number 4735 D. Street, Manufacturer.

WHO being in ordinary health of body and of sound and disposing mind, memory, judgment and understanding as appeared unto us, said Notaries, hath made and published his Last Will and Testament, in the following form and words, to wit: –

FIRST:

„I direct that all my just debts and funeral expenses be paid as soon as possible after my death."

SECOND:

„For the purposes of this my Will and Testament, I hereby declare that I have been only once married, namely to Dame BEBA F., with whom I am living under the Legal Regime of the Laws of Israel, wherein we were domiciled in the City of Tel-Aviv at the time of our marriage in the year Nineteen hundred and forty-four, and wherein we continued to be domiciled for some time thereafter."

THIRD:

„As to my Estate and Property, real and personal, moveable and immoveable, rights and actions to me in any wise belonging at the time of my death and including any and all Life Insurance Policies or Benefit-Certificates on my life which I may have the right to appropriate and apportion, I hereby will, devise and bequeath, appropriate and apportion the whole in trust, unto my Executors and Trustees hereinafter named as Trustees in trust to and for the following trusts, uses and purposes, to wit: –

a) To pay all of my just debts and funeral expenses and all expenses incurred in the winding up of my Estate and Succession as well as all succession or legacy duties which may be exigible under the terms of this my Last Will and Testament, inasmuch as it is my will and desire that each of my herein named legatees shall each receive their respective bequests free and clear from any and all succession or legacy duties.

b) To turn over to my said wife all of my personal effects the whole as her most absolute property and should my said wife predecease me then the said bequests shall lapse and the same shall fall into and form part of the rest, residue and remainder of my Estate and Property and be subject to the disposition of the rest, residue and remainder as hereinafter provided for.

c) To invest the remaining assets of my Estate and to pay the annual net revenue and income to my said dear wife, during the natural course of her life, the whole as her most absolute property, and with the right in favour of my Testamentary Executors and Trustees hereinafter named to encroach upon the capital in the case of necessity or emergency with respect to my said wife and/or my children in the first degree born of my said marriage, the whole in the most absolute discretion of my Testamentary Executors and Trustees hereinafter named.

d) On the death of my said wife to turn over the capital forming the said rest, residue and remainder or the remaining portion or portions thereof as the case may be to my children in the first degree in equal shares for them to share and share alike, the whole as their most absolute property, excepting that they shall each receive their respective bequests upon their each reaching the full age of twenty-one (21) years and subject to the following provisions: –

Should any of my said issue in the first degree be under the full age of twenty-one (21) years at the time he, she or they are called upon to receive his, her or their respective bequests, then the share of the one or ones so under the full age of twenty-one (21) years shall be held in trust by my Testamentary Executors and Trustees hereinafter named who shall invest such share or shares for the benefit of such child or children as aforesaid under the full age of twenty-one (21) years and my Testamentary Executors and Trustees hereinafter named shall expend either from the capital and/or the income of such share or shares such sum or sums of money as may be necessary for the maintenance, education and support of such child or children the whole in the most absolute discretion of my Testamentary Executors and Trustees hereinafter named and upon the occasion of such child or children each reaching the full age of twenty-one (21) years my Testamentary Executors and Trustees hereinafter named shall turn over to such child or children the capital or the remaining capital as the case may be of his, her or their share, the whole as his, her or their most absolute property.

Should any of my said issue in the first degree predecease me or die before receiving his, her or their full share of the capital and leave lawful issue in the first degree him, her or them surviving, then such lawful issue shall represent his, her or their deceased parent and receive the share of his, her or their deceased parent in equal shares for them to share and share alike by roots and not by heads the whole as his, her or their most absolute property, excepting that they shall each receive their respective shares in the same manner and under the same conditions as hereinabove provided for the original share of his, her or their deceased parent, *and*

Should any of my said issue in the first degree as aforesaid predecease me or die before receiving his, her or their full share of the capital and leave no lawful issue in the first degree him, her or them surviving, then accretion shall take place in favour of his, her or their surviving brothers and sisters as the case may be for them to share and share alike, the whole as their most absolute property, excepting that they shall each receive the same in the same manner and under the same conditions as hereinabove provided for the original share of the survivors or survivor."

FOURTH:

„To execute the terms of this my Last Will and Testament, I hereby name and appoint as joint Testamentary Executors and Trustees hereunder, my dear wife, Dame BEBA F., my Dear Sister-in-Law, Mrs. SIMA M., wife of John M., presently residing at 11 W. Road, in Toronto, Ontario, and my dear Friend, Mr. ARMIN T., presently residing at 178 N. Crescent, in the Town of Hampstead, for them to act as such beyond the year and day limited by law and until the full and entire execution hereof, I hereby giving them the full seizin of all moveable and immoveable property.

Inasmuch as it is my will and desire that there shall at all times be three (3) Testamentary Executors and Trustees to carry out the terms of this my Last Will and Testament and until the full and entire execution hereof, I hereby direct that should any vacancy or vacancies occur at any time and from time to time no matter the cause or reason, the first replacing Testamentary Executor and Trustee hereunder shall be my dear and trusted friend, MRS. MILA T., presently residing at 178 N. Crescent, in the Town of Hampstead, and the second replacing Testamentary Executor and Trustee, will be Mr. CLARENCE G., of the City of Montreal, Attorney and thereafter should any vacancy or vacancies occur, the remaining ones or one or the survivor or survivors of them shall immediately appoint by notarial act one or more Testamentary Executors and Trustees as may be necessary and such appointee and appointees shall have all the powers as hereinabove and as hereinafter granted unto may presently named Testamentary Executors and Trustees.

Any Testamentary Executor and Trustee hereunder may resign from office at any time and from time to time even after acceptance by a simple notarial act and without an further legal procedure being necessary.

Should any dispute or disagreement arise between my Testamentary Executors and Trustees no matter the cause or reason, I hereby direct that the will of the majority shall at all times govern and be final, nevertheless during such time as my said wife acts as Testamentary Executor and Trustee hereunder, my said wife shall always be on the majority side."

FIFTH:

„Should my Testamentary Executors and Trustees be called upon to make any investments I hereby direct that they shall be permitted to make such investments as they may deem fit and proper, the whole in their most absolute discretion, and notwithstanding the provisions of Article 9810 of the Civil Code of the Province of Quebec and notwithstanding that or any law of any country to the contrary, good faith alone to be the deciding factor."

SIXTH:

„In addition to all powers hereinabove granted unto my said Testamentary Executors and Trustees or conferred upon them by law, my said Testamentary Executors and Trustees without the intervention or consent of any of my Legatees or Beneficiaries herein named shall have the following powers, to wit: –

A. To realize, receive and recover, get in and convert the whole of my Estate and Property, as soon as possible after my death and without obligation on the part of my Testamentary Executors and Trustees to convert or dispose of any part or parts thereof (whether moveable or immoveable property) that they may see fit to keep and maintain in my Estate for investment purposes.

B. To sell, lease, hypothecate, pledge, alienate, exchange and otherwise dispose of all the property of my Estate, both moveable and immoveable, and in such manner or way as they may deem fit and proper and upon such prices terms, and conditions as they may deem advisable the whole in their most absolute discretion.

C. To continue or in their discretion to discontinue and wind-up any business, partnership, contract, or action pending at the time of my death or any obligation in which I may be concerned and to appoint any Attornies or representatives to act for them in connection with such business or undertaking or any other matters in connection with my Estate.

D. To compromise, settle and waive any claim or claims at any time due to or by my Estate for such consideration or without consideration and upon such terms and conditions as they may deem advisable.

E. To release any property affected by hypothec or mortgage, in whole or in part for such consideration or without consideration as they may consider proper.

F. To borrow money for my Estate or advance money to my Estate and to mortgage and hypothecate the whole or any parts of the immoveable property of my Estate for such amounts and upon such terms and conditions as they shall deem proper, they also to make the division of my Estate and apportion the assets and to make the settlement thereof without process of Law even though some of the legatees may be minors or otherwise incapable.

G. To retain out of my Estate all advances made by them and all expenses incurred by them.

H. To determine and decide what sums of money and other property of my Estate are to be treated as capital or revenue and to deal therewith accordingly.

I. To sign all deeds and other instruments in writing that may be necessary or expedient in and about the execution of this my Last Will and Testament and generally to act with the fullest powers in the administration and settlement of my Estate and the execution thereof."

SEVENTH:

„My Executors and Trustees shall not be obliged to give any bond or security for their administration notwithstanding any law of any country to the contrary, nor shall they be obliged to make any formal Inventory of my Estate, as any statement made by them for the purposes and under the provisions of the Quebec or Dominion of Canada Succession Duties Acts or the Succession Duty Laws of any other country in which my Estate shall devolve shall serve and avail instead of a more and formal Inventory."

EIGHTH:

„I direct that in all matters in connection with the execution of this my Will and division and distribution of my Estate whether by way of Inventory, partition or other proceedings whatsoever any Legatees incapacitated by minority or otherwise at the time of such proceedings from acting for themselves and who should be represented therein, shall be sufficiently represented by their tutor, curator or other legal representative, who may act for such Legatees à l'amiable and without any judicial or other authorization being required, and all such proceedings shall be final and binding on my Legatees and all other interested parties for all purposes."

NINTH:

„I hereby declare that all of the bequests hereinabove made by me are intended for the alimentary support of my said legatees and to each of them and consequently such bequests and the revenues thereof shall not be liable to seizure or attachment for any debt or debts present or future they may contract except in the event of voluntary hypothecation of immoveables and in which event such immoveables shall be liable for such hypothecation. I hereby further declare that said bequests and the revenues thereof shall not fall into or form part of any community of property which may be held to exist in consequence of any marriage contracted by my said Legatees nor shall the shares of any female hereunder be under the control of any husband or husbands they may have but shall be held and enjoyed by them as femmes seules. Moreover, the shares of all Legatees, whether in capital or revenue shall not be capable of being anticipated or assigned whilst in the hands of my Testamentary Executors and Trustees."

TENTH:

„I hereby specifically declare that it is not my intention to create any substitution or substitutions under the terms of this my Last Will and Testament, and consequently, it shall not be necessary for my said Executors and Trustees to appoint any Curator, to act for any such purported substitution or substituting and I hereby particularly authorize my said Executors to act for all parties who may benefit under the terms of this my Last Will and Testament, even though some of them may be minors or otherwise incapable."

ELEVENTH:

„I hereby revoke, cancel and annull all other Wills and Testamentary dispositions heretofore made by me and declare this to be my Last True will and Testament."

EXECUTED at the said City of Montreal, at or about the hour of eight o'clock in the evening, on the Twelfth day of November, One thousand nine hundred and sixty-four, under number TWO THOUSAND FIVE HUNDRED AND THIRTY-ONE of the original notarial minutes of the said GERALD S., Notary, and after these presents had been duly read over by him in the presence of the other notary to the Testator, he, said Testator, declard to well and truly understand and comprehend the same and to persist herein as containing his true Will and Intentions and all of the said Testator and said Notaries have hereto signed each in the presence of all the others.

(SGD.) M. M.
(SGD.) DANIEL N., NOTARY
(SGD.) GERALD S., NOTARY

A TRUE COPY of the original hereof remaining of record in my office."

Mit notarieller Urkunde hat die Witwe des Erblassers die Erteilung eines Erbscheins für Ansprüche nach dem Bundesentschädigungsgesetz beantragt.

## ANFRAGE

Das Amtsgericht Koblenz bittet um ein Gutachten darüber, ob dieser Antrag dem anzuwendenden Recht entspricht.

## RECHTSLAGE

### A. DAS ANZUWENDENDE RECHT

#### *I. Deutsches internationales Privatrecht*

Ein Staatsvertrag zwischen Kanada und Deutschland, der sich mit der Frage des anzuwendenden Erbrechts befaßt, besteht nicht. Es gelten daher die allgemeinen deutschen Kollisionsnormen.

Aus den Artt. 24, 25 EGBGB folgt der Grundsatz, daß ein Ausländer nach dem *Recht seines Heimatstaates im Todeszeitpunkt* beerbt wird[1]. Nach diesem Erbstatut beurteilt sich die Rechtsstellung der gesetzlichen oder testamentarischen Erben, der Vermächtnisnehmer und Pflichtteilsberechtigten, der Testamentsvollstrecker und Nachlaßverwalter[2].

Da der Erblasser zur Zeit seines Todes kanadischer Staatsangehöriger war, verweist das deutsche Kollisionsrecht auf das *Recht von Kanada*[3].

---

[1] *Kegel*, IPR (2. Aufl. 1964) 354; *Raape*, IPR (5. Aufl. 1961) 412.

[2] *Kegel* aaO 358.

[3] Sollte er noch eine weitere Staatsangehörigkeit besessen haben, bliebe

Diese Verweisung ist *unvollständig.* In den einzelnen Provinzen Kanadas gilt weder einheitliches internationales noch einheitliches materielles Erbrecht. Auch das interlokale Privatrecht ist unterschiedlich[4]. Man bedarf daher einer *weiteren Anknüpfung,* um festzustellen, welchen Teilgebietes Recht anwendbar ist. Streit besteht über die Art dieser Unteranknüpfung. Teils hält man – wo möglich – die *„Staatsangehörigkeit"* zu einem der Teilgebiete für maßgebend, teils wendet man das Recht des *Wohnsitzes* an, wobei nicht immer eindeutig ist, ob es sich um den deutschen Wohnsitzbegriff oder den des fremden Rechts handelt[5].

Zweckmäßiger ist es, entsprechend den Regeln des deutschen interlokalen Privatrechts den *letzten gewöhnlichen Aufenthalt* des Erblassers in einem der Teilgebiete entscheiden zu lassen[6]. Hier hatte der Erblasser seinen letzten gewöhnlichen Aufenthalt und auch seinen letzten Wohnsitz (sowohl nach deutschem Recht wie nach den in Kanada geltenden Rechten) in Montreal in der Provinz Quebec. Deren Recht ist interlokalprivatrechtlich maßgebend.

Das deutsche Recht beruft die fremden materiellen Normen nicht unmittelbar, sondern zunächst die fremden Kollisionsnormen (IPR-Verweisung). Eine *Rückverweisung* des Rechts von Quebec ist gemäß Art. 27 EGBGB *zu beachten.*

## *II. Internationales Privatrecht von Quebec*

Nach internationalem Privatrecht von Quebec unterliegt der Nachlaß keinem einheitlichen Recht. Vielmehr vererbt sich der *bewegliche Nachlaß* nach dem *Recht des letzten Wohnsitzes* des Erblassers, der *unbewegliche Nachlaß* nach dem *Recht des Lageortes.*

---

internationalprivatrechtlich die kanadische maßgeblich, weil er bei seinem Tod wegen seines gewöhnlichen Aufenthalts in Kanada zu diesem Staat die engere Beziehung hatte; *Kegel* in *Soergel-Siebert,* BGB, Bd. V (9. Aufl. 1961) Art. 29 Randz. 28 (S. 964 f.).

[4] *Castel,* Cases, Notes and Materials on the Conflict of Laws (1960) 3 f.; *Clokie,* Canadian Government and Politics (4. Aufl. 1950) 220–226; *Kegel* aaO 15.

[5] Nachweise *Kegel* in *Soergel-Siebert,* aaO, vor Art. 7 EGBGB, S. 538, Fußn. 69 f.; ferner BayObLGZ 1962, 39 = NJW 1962, 1013.

[6] *Kegel* in *Soergel-Siebert,* aaO. vor Art. 7, Randz. 110 f., Nachweise in Fußn. 73 (S. 538 f.). Da die Anknüpfungen verwandt sind, werden häufig die verschiedenen Meinungen zum selben Ergebnis führen. So werden der gewöhnliche Aufenthalt und der (nicht gesetzliche) Wohnsitz des deutschen Rechts bestimmt durch den „Daseinsmittelpunkt" einer Person [vgl. *Kegel* in *Soergel-Siebert,* aaO, Art. 29, Randz. 11 (S. 958) mit Nachweisen; *Staudinger-Coing,* BGB, Allg. Teil (11. Aufl. 1957) § 7, Anm. 5 (S. 101)], der Wohnsitz etwa des „common law" („domicil") durch das „permanent home" [*Castel* aaO 26]. Beides entspricht sich in der Regel.

Man folgert dies aus *Art. 6 Abs. 1 u. 2 des „Civil Code of Lower Canada [Quebec]"*:

| | |
|---|---|
| „The laws of Lower Canada govern the immoveable property situate within its limits. | Die Gesetze von Quebec beherrschen das innerhalb seiner Grenzen belegene unbewegliche Vermögen. |
| Moveable property is governed by the law of the domicil of its owner. ..." | Bewegliches Vermögen wird vom Wohnsitzrecht seines Eigentümers beherrscht[7]. ... |

Bei *testamentarischer* Erbfolge kann man nach dem Recht Quebecs – anders als nach „common law" – freilich nicht von einer allgemeinen Herrschaft der lex rei sitae über die Vererbung des unbeweglichen Nachlasses sprechen. Vielmehr richtet sich die *„intrinsic validity"* (inhaltliche Wirksamkeit) des Testaments grundsätzlich ebenfalls nach der *lex domicilii* des Erblassers zur Zeit des Erbfalls[8]. Doch gibt es wiederum eine Reihe von Ausnahmen zugunsten der lex rei sitae[9]. Diese Besonderheiten können auf sich beruhen. Wie im folgenden dargelegt, würde auch eine Verweisung auf die lex rei sitae an der Beurteilung dieses Falles nichts ändern.

Falls nämlich das Recht von Quebec für in Deutschland belegenes unbewegliches Vermögen auf deutsches Recht zurückverweist, ist Sinn einer solchen Verweisung: Man selbst wendet aus ursprünglich öffentlichen, heute Verkehrs- und Ordnungsinteressen auf inländische Grundstücke das eigene Recht an. Das gleiche billigt man dem ausländischen Staat zu, aber nur, soweit er denselben Interessen Rechnung trägt und ebenfalls eine solche Unterscheidung vornimmt.

Das ist z. B. daran zu erkennen, daß das Recht von Quebec den Staat über Beweglichkeit und Unbeweglichkeit der Vermögensgegenstände entscheiden läßt, in dessen Gebiet diese belegen sind[10]. Das gilt trotz der nicht ganz eindeutigen Fassung des Art. 6 Abs. 2 Satz 2 C. C., der als einseitige Kollisionsnorm angesehen und entsprechend erweitert wird:

| | |
|---|---|
| „...But the law of Lower Canada is applied whenever the question involved relates to the distinction or nature of the property..." | Aber das Recht von Quebec ist anwendbar, wenn die entsprechende Frage sich auf die Unterscheidung oder Natur des Vermögens bezieht... |

Es handelt sich insofern um eine „bedingte Verweisung".

Bei in Deutschland belegenem Vermögen ist diese Bedingung m. E. nicht erfüllt. Denn hier tritt die Anwendung deutschen Erbrechts auf deutsche

[7] Vgl. *Johnson*, Conflict of Laws (2. Aufl. Montreal 1962) 422–450.

[8] Vgl. *Castel*, Private International Law (1960) 180 f.

[9] Vgl. *Johnson* aaO.

[10] Vgl. *Johnson* aaO 521 f.; *Rivard*, Les Droits sur les successions dans la Province de Quebec (1956) 135 f.

Grundstücke zugunsten der *Nachlaßeinheit* zurück: Erbrechtlich werden unbewegliche Sachen *wie bewegliche* behandelt [11]. Da das IPR von Quebec insofern auf das Wohnsitzrecht verweist und der Erblasser seinen letzten Wohnsitz in Quebec hatte, *entfällt* in jedem Falle eine *Rückverweisung*.

## B. DIE FORMGÜLTIGKEIT DES TESTAMENTS

### *I. Das anwendbare Recht*

#### *1. Staatsvertrag*

In Staatsverträgen enthaltene internationalprivatrechtliche Normen haben Vorrang vor den Bestimmungen des EGBGB [12]. In der Bundesrepublik Deutschland ist am 1. 1. 1966 das Haager „Abkommen über das internationale Privatrecht der Form testamentarischer Verfügungen" vom 5. 10. 1961 in Kraft getreten [13].

Nach *Art. 6 S. 2* ist dieses Abkommen

„... auch dann anzuwenden, wenn die Beteiligten nicht Staatsangehörige eines Vertragsstaates und oder das aufgrund der vorangehenden Artikel anzuwendende Recht nicht das eines Vertragsstaates ist."

Es ist also *„loi uniforme"*.

Nach seinem Art. 8 wird das Abkommen aber nur auf solche Erbfälle angewandt, die *nach seinem Inkrafttreten* am 1. 1. 1966 eingetreten sind. Da hier der Erblasser bereits 1965 verstorben ist, verbleibt es bei den Regeln des EGBGB.

#### *2. Kollisionsnormen des EGBGB*

Nach Art. 11 Abs. 1 S. 1 EGBGB bestimmt sich die Form eines Rechtsgeschäfts nach den Gesetzen, die für seinen *Gegenstand* maßgebend sind. Alternativ läßt es Art. 11 Abs. 1 S. 2 EGBGB genügen, die Form zu wahren, die die Gesetze des Geschäftsorts vorschreiben.

---

[11] Näher *Kegel* aaO 130 f. Diejenigen Autoren, die eine Rückverweisung annehmen und die – dem deutschen Recht in dieser Form unbekannte – Unterscheidung zwischen „beweglichem" und „unbeweglichem" Vermögen durchführen wollen, würden Ansprüche nach dem BEG dem beweglichen Vermögen zurechnen und daher zum selben Ergebnis kommen; vgl. *Neuhaus*, RabelsZ Bd. 19 (1954) 556–568.

[12] RGZ 105, 340 (341); *Kegel* in *Soergel-Siebert*, aaO, vor Art. 7, Randz. 9 (S. 510).

[13] Bekanntmachung vom 29. 12. 1965, BGBl. 1966, II, S. 11. Das Abkommen ist abgedruckt in BGBl. 1965, II, S. 1145–1151; Ratifizierungsgesetz vom 27. 8. 1965, BGBl. II, S. 1144.

Beides führt hier zur Anwendung des Rechts von Quebec, das sowohl Geschäftsrecht wie auch Ortsrecht ist[14].

## *II. Testamentsrecht von Quebec*

Das Recht von Quebec kennt folgende Formen zur Errichtung eines Testamentes:

1. Das notarielle oder authentische Testament.
2. Das eigenhändige Testament.
3. Das Zeugentestament des „common law" (§ 842 C. C.).

Hier handelt es sich um ein notarielles Testament. Über dessen Form bestimmt der Civil Code von Quebec[15]:

*Art. 843:*

„Wills in notarial or authentic form are received before two notaries or before a notary and two witnesses; the testator, in their presence and with them signs the will or declares that he cannot do so, after it has been read to him by one of the notaries in presence of the other, or by the notary in presence of the witnesses. Mention is made in the will of the observance of the formalities."

Testamente in notarieller oder authentischer Form werden vor zwei Notaren oder einem Notar und zwei Zeugen aufgenommen; in ihrer Gegenwart und zusammen mit ihnen unterzeichnet der Testator das Testament oder erklärt, daß er dazu nicht imstande sei, nachdem es ihm von einem der Notare in Gegenwart des anderen oder vom Notar in Gegenwart der Zeugen vorgelesen worden ist. Die Beobachtung der Formalitäten wird im Testament vermerkt.

*Art. 844:*

„Authentic wills must be made as originals remaining with the notary.
The witnesses must be named and described in the will..."

Authentische Testamente müssen als beim Notar verbleibende Originale errichtet werden.
Die Zeugen müssen im Testament benannt und beschrieben werden.

Über die bei der Errichtung beachteten Förmlichkeiten enthält das Testament am Anfang und Schluß folgendes (englischer Text oben S. 779, 784):

---

[14] Eine Rückverweisung braucht hier nicht geprüft zu werden. Denn es genügt, daß das Geschäft (hier: Testament) nach dem am Errichtungsort geltenden materiellen Recht formgültig ist (vgl. *Kegel* in *Soergel-Siebert*, aaO, Art. 11, Randz. 5 [S. 692 f.]). Das aber ist hier der Fall; unten II.

[15] Abgedruckt bei *Johnson*, Civil Code (2. Aufl. 1923). Vgl. auch *Rivard*, Devolution of Estates under the Quebec Civil Code in *McWhinney*, Canadian Jurisprudence (1958), 268–283 (282).

„Vor Gerald S., dem unterzeichneten Notar für die Provinz Quebec, wohnhaft und tätig in Montreal und im Beisein von Notar Daniel N. M. aus Hampstead, wohnhaft F. Road Nr. 137 erschien der Fabrikant Manoil M. aus Montreal, dort wohnhaft D. Street Nr. 4735, der, wie es uns Notaren erschien, bei körperlicher Gesundheit und klarem Verstand und Gedächtnis war, und machte und erklärte seinen letzten Willen in der folgenden Form und folgendem Wortlaut: ...
[es folgen die letztwilligen Verfügungen]

Errichtet in Montreal, etwa um 20.00 Uhr am 12. 11. 1964 unter Nr. 2531 der Urkundenrolle des besagten Notars Gerald S.; und nachdem das Schriftstück von diesem pflichtgemäß und im Beisein des anderen Notars dem Testator vorgelesen worden war, erklärte letzterer, es gut und richtig verstanden und begriffen zu haben und dabei zu verbleiben, daß es seinen wahren Willen und Absichten enthalte, worauf jeder der besagten Testator und Notare jeweils im Beisein aller anderen unterschrieb.

(Drei Unterschriften)

Eine wahre Kopie des bei den Akten meines Büros befindlichen Originals.

(Unterschrift)

Daraus folgt, daß der Erblasser das Testament vor zwei Notaren errichtet hat und daß es alle gemeinsam unterzeichnet haben, nachdem der Notar S. es vorgelesen hatte. Das Original ist beim Notar verblieben.

Das Testament ist somit *formgültig.*

## C. MATERIELLES ERBRECHT VON QUEBEC

### *I. Erben und Vermächtnisnehmer*

#### *1. Grundsatz*

Das Erbrecht im Civil Code von Quebec wurzelt in den Bestimmungen des französischen Code Civil. Es hat diesem gegenüber einige Abänderungen und Vereinfachungen erfahren und ist andererseits – so durch die Aufnahme eines „trust" – dem in den übrigen Provinzen geltenden angelsächsischen „common law" angenähert worden. Systematisch folgt es aber weiterhin dem französischen Recht.

Wie der Code civil unterscheidet das Erbrecht von Quebec drei Arten letztwilliger Zuwendungen:

1. „legs universel" („universal legacy"),
2. „legs à titre universel" („legacy by general title"),
3. „legs à titre particulier" („legacy by particular title").

*Vgl. § 863:*

„Testamentary dispositions of property constitute legacies, either uni-

Testamentarische Vermögenszuwendungen sind Vermächtnisse, entweder versal, or by general title, or by particular title."

universell oder allgemeinen Titels oder besonderen Titels.

(Gleichlautend Art. 1002 Abs. 1 fr. C. c.).

Die Unterscheidung trifft es nach denselben Merkmalen.

*Art. 873:*

„Universal legacies are testamentary dispositions by which the testator gives to one or to several persons the whole of the property he leaves at his death.

Legacies are only by general title when the testator bequeaths an aliquot part of his property, as a half, a third, or a universality, such as the whole of his moveable or immoveable property, or the whole of the private property excluded from the matrimonial community, or an aliquot part of any such whole. All other legacies are by particular title.

The exception of particular things, whatever may be their number or value, does not destroy the character of universal legacies, or of legacies by general title."

Universalvermächtnisse sind letztwillige Verfügungen, durch welche der Testator einer oder mehreren Personen das gesamte Vermögen zuwendet, das er bei seinem Tode hinterläßt.

Vermächtnisse sind nur dann solche allgemeinen Titels, wenn der Testator einen Bruchteil seines Vermögens, wie eine Hälfte, ein Drittel, vermacht, oder eine Gesamtheit, wie das ganze bewegliche oder unbewegliche Vermögen, oder das gesamte Sondervermögen außerhalb des ehelichen Gemeinschaftsgutes, oder einen Bruchteil einer solchen Gesamtheit. Alle anderen Vermächtnisse sind solche besonderen Titels.

Die Herausnahme besonderer Gegenstände, welcher Zahl und welchen Wertes auch immer, beseitigt nicht den Charakter eines Universalvermächtnisses oder eines Vermächtnisses allgemeinen Titels.

Auch das Recht von Quebec kennt den dem französischen Recht eigentümlichen Rechtsbesitz des Erben („saisine", „seizin"), kraft dessen für die Ausübung der Besitzrechte sein Besitz fingiert wird. Anders als jenes hat es aber die absolute Testierfreiheit eingeführt und hat daher keine Noterben zu schützen[16]. Während das französische Recht nur dem Universalvermächtnisnehmer unter besonderen Voraussetzungen die „saisine" gibt, hat sie nach dem C. C. von Quebec *jeder* Vermächtnisnehmer; eine besondere Besitzeinweisung ist in keinem Fall erforderlich:

*Art. 891:*

„Legatees by whatever title, are, by the death of the testator or by the event which gives effect to the legacy, seized of the right to the thing bequeathed, in the condition in which it then is, together with all its necessary

Vermächtnisnehmer, welchen Titels auch immer, haben mit dem Tode des Erblassers oder mit dem Ereignis, das das Vermächtnis wirksam werden läßt, den Rechtsbesitz an dem vermachten Gegenstand in dem Zustand, in dem er

[16] *Baudouin*, Le Droit Civil de la Province de Quebec (1953) 1160; *Rivard* aaO 279.

dependencies, and with the right to obtain payment and to prosecute all claims resulting from the legacy, without being obliged to obtain legal delivery."

dann ist, einschließlich allen notwendigen Zubehörs und des Rechts, Zahlungen entgegenzunehmen und alle Ansprüche aus dem Legat zu verfolgen, und zwar ohne das Erfordernis einer rechtlichen Besitzeinweisung.

Art. 891 beruht auf der Vorstellung, daß das *Eigentum* an den vermachten Gegenständen *mit* dem *Erbfall* oder dem späteren *Wirksamwerden* des Vermächtnisses auf die Bedachten *übergeht*[17]. Letztwillige Zuwendungen bedürfen freilich nach der Annahme durch die Begünstigten; anderenfalls besteht ein Schwebezustand, da immer noch ausgeschlagen werden kann.

*Art. 866:*

„The legatee may laways repudiate the legacy so long as he has not accepted it. The acceptance may be either express or implied. Acceptance may be implied from the same acts as in abintestate succession..."

Der Bedachte kann das Legat ausschlagen, solange er es nicht angenommen hat. Die Annahme kann ausdrücklich oder konkludent erfolgen. Sie kann aus denselben Handlungen gefolgert werden wie bei gesetzlicher Erbfolge...

*Art. 645* [gesetzliche Erbfolge]:

„Acceptence may be either express or tacit; it is express when a person assumes the title or quality of heir in an authentic or private act; it is tacit when the heir performs an act which necessarily implies his intention to accept, and which he would have no right to perform except in his capacity of heir."

Die Annahme kann ausdrücklich oder stillschweigend erfolgen; sie ist ausdrücklich, wenn jemand den Titel oder die Eigenschaft eines Erben in einer notariellen oder privaten Urkunde annimmt; sie ist stillschweigend, wenn der Erbe eine Handlung vornimmt, die zwingend auf seinen Willen anzunehmen schließen läßt und die vorzunehmen er nur in seiner Eigenschaft als Erbe ein Recht hat.

*Art. 664:*

„The effect of acceptance reaches back to the day when the succession devolved."

Die Annahme wirkt auf den Erbfall zurück.

---

[17] Auch Art. 596 f. C. C. fassen die Legate als dingliche Übertragungen von Vermögen oder Vermögensgegenständen auf. Das entspricht der Auffassung des französischen Rechts [vgl. *Ferid-Firsching*, Internationales Erbrecht, Bd. 2, Frankreich, Grdz. F I, Randz. 166, 169 (S. 78 f.)] und übrigens auch der des „common law", soweit dort kein Zwischenerwerb des „personal representative" stattfindet.

Bei den „Vermächtnissen besonderen Titels" könnten sich allerdings insofern Zweifel aus Art. 880 C. C. ergeben, der eher von einem Anspruch zu sprechen scheint. Doch braucht die Frage hier nicht vertieft zu werden.

Daß die *Annahme erfolgt* ist, soll im folgenden *unterstellt* werden. Soweit die Witwe betroffen ist, ergibt sie sich aus dem Antrag auf Erteilung eines Erbscheins.

### 2. *Die Zuwendungen im Testament*

#### a) Wortlaut

Die letztwilligen Verfügungen des Erblassers über sein Vermögen lauten wie folgt (englischer Text oben S. 779–783).

*„Erstens: ...*

*Zweitens: ...*

*Drittens:* Was mein Vermögen anbelangt – unbewegliches, bewegliches sowie Rechte und Ansprüche –, das mir zur Zeit meines Todes in irgendeiner Weise gehört, einschließlich aller Lebensversicherungspolicen oder sonstiger Versicherungsurkunden auf mein Leben, über welche ich Verfügungsrecht habe, so übertrage ich das Ganze „im trust" auf meine Testamentsvollstrecker und nachfolgend als solche benannten „Trustees" für die nachfolgenden „trusts"; sie sollen folgendes befolgen:

a) [betr. Schulden, Begräbniskosten, Steuern]

b) Meiner Frau sind alle meine persönlichen Dinge insgesamt als ihr Eigentum auszuhändigen... [zur Auslegung und Übersetzung vgl. u. S. 793 f.].

c) Die restlichen Aktiva sollen investiert werden und die jährlichen Nettoerträge sollen meiner lieben Frau zeitlebens insgesamt als ihr Eigentum ausbezahlt werden; mit dem Recht meiner Testamentsvollstrecker und nachbenannten „trustees", nach ihrem freien Ermessen im Falle einer Not- oder Zwangslage meiner Frau oder Kinder ersten Grades aus dieser Ehe auch das Kapital anzugreifen.

d) Mit dem Tode meiner Frau ist das Kapital, das den besagten Gesamt(Rest-) Nachlaß bildet oder der verbleibende Teil hiervon, je nachdem, meinen Kindern ersten Grades zu gleichen Teilen insgesamt als ihr Eigentum auszuhändigen, jedoch mit der Maßnahme, daß sie ihren entsprechenden Anteil erst erhalten sollen, wenn sie ihr volles Alter von (21) Jahren erreicht haben und nach den folgenden Bestimmungen:

Sollte einer meiner Nachkommen ersten Grades zu der Zeit, wenn er seine entsprechende Zuwendung bekommen soll, unter 21 Jahren alt sein, dann soll sein Anteil von meinen Testamentsvollstreckern und nachbenannten „Trustees" „in trust" gehalten werden, die den Anteil zugunsten des besagten Kindes investieren sollen, und meine Testamentsvollstrecker und nachbenannten Trustees sollen nach ihrem freien Ermessen entweder vom Kapital oder den Erträgen dieses Anteils solche Geldbeträge abzweigen, die für den Unterhalt und Erziehung des Kindes erforderlich sind. Wenn das Kind 21 Jahre alt wird, sollen sie ihm das Kapital seines Anteils oder, nach Lage des Falles, den Rest davon als sein Eigentum aushändigen.

Sollte einer meiner genannten Nachkommen ersten Grades vor mir sterben oder bevor er seinen vollen Kapitalanteil erhalten hat und eheliche Abkömmlinge ersten Grades hinterlassen, dann treten diese an die Stelle ihres verstorbenen Elternteiles und empfangen dessen Anteil zu gleichen Teilen als Eigentum, und zwar nach Stämmen, nicht nach Köpfen, mit der Maßgabe, daß sie ihre entsprechenden Anteile in derselben Weise und unter denselben Bedingungen erhalten, die oben für den ursprünglichen Anteil des verstorbenen Elternteils vorgesehen sind.

Sollte einer meiner genannten Nachkommen ersten Grades vor mir sterben oder, bevor er seinen vollen Kapitalanteil erhalten hat, und keine Nachkommen ersten Grades hinterlassen, dann soll zugunsten seiner überlebenden Brüder und Schwestern – je nachdem – Anwachsung zu gleichen Teilen und zu Eigentum Platz greifen, mit der Maßgabe, daß jeder den Anteil in derselben Weise und unter denselben Bedingungen erhält, die oben für den ursprünglichen Anteil des oder der Überlebenden vorgesehen sind.

*Viertens:* Zur Ausführung der Bestimmungen dieses meines letzten Willens ernenne ich hiermit als Gesamt-Testamentsvollstrecker und „Trustees" meine liebe Frau *Beba F.*, meine liebe Schwägerin *Sima M.*, Frau von John M., zur Zeit wohnhaft in Toronto/Ontario, W. Road 11, und meinen lieben Freund *Armin T.*, zur Zeit wohnhaft in Hampstead, N. Crescent 178. Sie sollen über die gesetzliche Grenze hinaus amtieren bis zur endgültigen Erledigung, und ich übertrage ihnen den vollen Rechtsbesitz („seizin", vgl. oben S. 790) an all meinem beweglichen und unbeweglichen Vermögen.

*Fünftens – Neuntens: ...*

[es folgen Bestimmungen über Ersatzvollstrecker und weitere Einzelheiten über die Befugnisse der Vollstrecker und ihr Verfahren]

*Zehntens:* Ich erkläre hiermit ausdrücklich, daß es nicht meine Absicht ist, irgendeine „substitution" durch die Bestimmungen meines Testamentes zu schaffen und daher wird es für meine Testamentsvollstrecker und „trustees" nicht erforderlich sein, einen Verwalter zu bestellen, der für eine solche geplante „substitution" zu handeln hat, und ich ermächtige hiermit besonders meine besagten Testamentsvollstrecker für alle Beteiligten zu handeln, die durch die Bestimmungen meines Testaments begünstigt sind, auch wenn diese minderjährig oder sonst nicht geschäftsfähig sind."

## b) Auslegung

### aa) „Persönliche Sachen"

Unter Ziffer 3 b bestimmt der Erblasser, seine Frau solle vorweg von den Testamentsvollstreckern die *„personal effects"* ausgehändigt erhalten. Hiermit kann er die *persönlichen Dinge"* gemeint haben; „personal property" ist aber *auch* das *gesamte bewegliche Vermögen.* Der ganze Inhalt des Testaments und die untergeordnete Stellung der Anordnung im Testament spricht für die *erstere Auslegung.* Sie ist auch die in Kanada gebräuchliche:

„‚All my personal effects' includes only articles of a nature purely personal to

„All my personal effects" umfaßt nur Dinge mit einer für die Erblasserin rein the testatrix, and does not include such essentially household articles as bedroom linens nor would the Court include an automobile in a bequest of ,all my household goods ... and personal effects'." [18]

persönlichen Natur und nicht solche wesentlichen Hausratsgegenstände wie Bettbezüge; das Gericht würde auch nicht ein Auto in ein Vermächtnis des Inhalts „all my household goods ... and personal effects" einbeziehen.

bb) Der Gesamtnachlaß

Mit Ausnahme dieser einzelnen Gegenstände gilt die übrige Regelung daher für den *Gesamtnachlaß.* Danach soll dieser mit dem Erbfall *auf* die *drei Testamentsvollstrecker und „trustees"* übergehen, die ihn nach den näheren Bestimmungen verwalten. Die *Erträge,* evtl. auch Teile der Substanz, erhält zeitlebens die *Witwe. Bei* ihrem Tod wird der Nachlaß zu gleichen Teilen an die Kinder ausgekehrt oder gegebenenfalls bis zu deren 21. Lebensjahr zunächst ebenfalls für sie „in trust" gehalten. Sind Kinder vorverstorben oder vor Eintritt ihres 21. Lebensjahres verstorben, so treten ihre Kinder, ersatzweise ihre Geschwister ein.

## *II. Testamentsvollstreckung und „Trust"*

Das Testament des Erblassers enthält nicht lediglich die oben S. 789 aufgeführten Legate. Der Nachlaß soll vielmehr durch mehrere Personen abgewickelt und verwaltet werden, die als „Testamentsvollstrecker" und „trustees" bezeichnet werden.

### *1. Testamentsvollstreckung*

Das Recht von Quebec kennt nicht die vom „common law" regelmäßig zwingend geforderte Abwicklung des Nachlasses über einen Testamentsvollstrecker oder Nachlaßverwalter. Ein Testamentsvollstrecker kann aber letztwillig eingesetzt werden.

*Art. 905:*

„A testator may name one or more testamentary executors...
Heirs or legatees may lawfully be appointed testamentary executors.
...
Single women or widows may also be charged with the execution of wills.
..."

Ein Testator kann einen oder mehrere Testamentsvollstrecker ernennen...
Erben und Vermächtnisnehmer können zu Testamentsvollstreckern ernannt werden.
...
Alleinstehende Frauen und Witwen können ebenfalls zu Testamentsvollstreckern ernannt werden.
...

[18] *Sheard,* Canadian Forms of Wills (2. Aufl. 1960) 184 (mit Nachweisen).

| | |
|---|---|
| If there be no testamentary executors and none have been appointed in the manner in which they may be, the execution of the will devolves entirely upon the heir or the legatee who receives the succession." | Gibt es keinen Testamentsvollstrecker und ist keiner in der vorgeschriebenen Art ernannt, obliegt die Vollstreckung des letzten Willens allein dem Erben oder Vermächtnisnehmer, der die Erbschaft erhalten hat. |

Die Rechtsposition des Testamentsvollstreckers entspricht etwa der kontinentaleuropäischen Auffassung[19]. Er hat zum Zwecke seines Amts die „seizin" am beweglichen Vermögen, jedoch auf ein Jahr begrenzt (Art. 918 C. C.). Einzelheiten können dahinstehen, denn der Erblasser hat dieselben Personen auch zu „trustees" ernannt; diese weit stärkere Rechtsstellung überlagert die des Testamentsvollstreckers.

Vgl. *Boudouin* aaO 1251:

| | |
|---|---|
| „La fiducie se trouve placée à un échelon infiniment supérieur à celui de l'exécution testamentaire." | Der „trust" steht auf einer weitaus höheren Stufe gegenüber der Testamentsvollstreckung. |

2. *„Trust"*

a) Allgemeines

Wenn auch das Recht von Quebec auf französischem Recht beruht und dessen Systematik hat, so wurde es doch auch vom „common law" beeinflußt. Beispielsweise hat es sich über die Abneigung des französischen Rechts gegenüber Vermögensbindungen hinweggesetzt und in weit größerem Umfang die Nacherbfolge zugelassen[20].

Ein entscheidender Schritt auf das angelsächsische Recht zu war die *Aufnahme des „trust"* in das Gesetzbuch von Quebec (1879; Art. 981 a–981 n C. C.). Der „trust" ist ein dem „common law" eigentümliches Rechtsinstitut, das seine Wurzeln im mittelalterlichen Lehnsrecht hat[21]. Bei seiner Entstehung sind grundsätzlich *drei Personen* beteiligt: der „settlor" – hier der Erblasser – überträgt eine Sache oder ein Recht, die „trust res" durch Rechtsgeschäft[22] auf einen anderen, den *„trustee"* und erklärt dabei, dieser solle das ihm Übertragene zugunsten eines Dritten, des *„beneficiary"* oder *„cestui que trust"*, innehaben[23].

Als „trust" bezeichnet man das *Rechtsverhältnis* zwischen „Treuhänder" („trustee") und Begünstigtem („beneficiary")[24]. Es wird gekennzeichnet durch eine *Aufspaltung des Eigentums* an der „trust res": Der „trustee" (Treuhänder) hat den *„legal title"* an der Sache; der „beneficiary" hat die

---

[19] Vgl. Art. 905–924 C. C. [20] Vgl. u. c), S. 797 f.; *Baudouin* aaO 1230.

[21] Vgl. *Kötz*, Trust und Treuhand (1963) 14 f.

[22] Dazu gehört auch die Verfügung von Todes wegen, *Kötz* aaO 26.

[23] Vgl. *Parker*, Privatrecht der USA (1960) 97.

[24] Vgl. 54 Anm. Jur. (1945/1957), § 4 (21), Trusts.

*„equitable ownership"*. Das heißt: Der „trustee" ist Eigentümer, ihm ist der „title" übertragen worden; aber auch der „beneficiary" hat eine Reihe von Schutzrechten, die an sich dem Eigentümer zustehen und die dinglich wirken. Er ist *nicht*, wie der Treugeber deutschen Rechts, *auf* rein *obligatorische Ansprüche* gegen den Treuhänder *beschränkt*[25].

Diese Aufspaltung des Eigentums rührt historisch daher, daß der englische *„Chancellor"* das Recht hatte, in eigenen Gerichten die starren Regeln des „common law" durch eine Art von Billigkeitsrechtsprechung („equity") zu ergänzen und anpassungsfähiger zu machen. Das führte dazu, daß in den „Courts of Law" der „trustee" als alleiniger Eigentümer angesehen wurde, während in den „Courts of Equity" – bei Anerkennung der Eigentümerstellung des „trustee" – der „cestui que trust" weitgehend mit eigentumsähnlichen Schutzrechten ausgestattet wurde. Die Summe dieser Rechte des „beneficiary" wurde mit der Zeit unter dem Sammelbegriff *„Equitable ownership"* zusammengefaßt[26].

b) Der „Trust" im Recht von Quebec

Durch die Artikel 981 a–n wurde der „Trust" in den Civil Code von Quebec aufgenommen.

*Art. 981 a:*

| | |
|---|---|
| „All persons capable of disposing freely of their property may convey property, moveable or immoveable, to trustees by gift or by will, for the benefit of any persons in whose favor they can validly make gifts or legacies." | Jedermann, der zur freien Verfügung über ein Eigentum imstande ist, kann durch Geschenk oder Testament bewegliches oder unbewegliches Vermögen auf „trustees" übertragen zum Vorteil jeder Person zugunsten derer er wirksam Geschenke oder Vermächtnisse machen kann. |

Die Eingliederung eines solchen Rechtsinstituts in eine der Systematik nach kontinentaleuropäische Rechtsordnung zieht notwendig eine Reihe von Zweifelsfragen nach sich, zumal die gesetzlichen Bestimmungen nicht erschöpfend sind.

Besonders umstritten ist das sachenrechtliche Schicksal des „in trust" gegebenen Vermögens; denn die Aufspaltung des Eigentums ist dem Recht von Quebec unbekannt.

*Baudouin* aaO 1249:

| | |
|---|---|
| „... cette dualité dans la conception du droit de propriété est incompatible | ... ist diese Aufspaltung im Aufbau des Eigentumsrechts unvereinbar mit den |

[25] Eingehend *Goldstein*, Trust of Movables in the Conflict of Laws (Diss. Köln 1966) 82 f.; *Heymann*, Trustee und Trustee-Company im deutschen Rechtsverkehr (Sonderdruck aus Festschrift für Brunner, 1910), 18 f.

[26] Vgl. auch *Kötz* aaO 14–18; *Heymann* aaO 17–19; 54 *Am. Jur.* aaO, § 4 (S. 21 f.).

avec l'armature du droit de propriété québecois qui ne distingue pas comme le droit anglais entre le beneficial et le legal ownership."

Instituten des Eigentumsrechts von Quebec, das nicht wie das englische Recht zwischen „beneficial" [= „equitable"] und „legal" Eigentum unterscheidet.

Demzufolge wird teils der „trustee", teils der „beneficiary" für den Eigentümer gehalten; eine andere Richtung konstruiert den „trust" als juristische Person[27]. Die Frage kann zunächst dahinstehen.

Im allgemeinen wird man, da der „trust" dem „common law" nachgebildet ist, häufig auf dieses zurückgreifen können.

*Castel,* The Civil Law System of the Province of Quebec (1962) 105:

„The law of trusts in the province of Quebec contains most of the common law characteristics of this institution."

Das „trust"-Recht von Quebec enthält die meisten Merkmale dieses Instituts im „common law"[28].

*Bedenken* könnten sich hier aus der Ernennung der *begünstigten Ehefrau* zum *Mit-„trustee"* ergeben. Der C. C. regelt einen solchen Fall nicht. Doch ist nach den heranziehbaren Regeln des „common law" gegen eine Personengleichheit von „trustee" und Begünstigtem jedenfalls dann nichts einzuwenden, wenn es sich nicht um den *einzigen* „trustee" und den *einzigen* Begünstigten handelt[29].

c) „Trust" und „Substitution"

Unter Ziffer 10 seines Testaments erklärt der Erblasser, er wolle keine „substitution" schaffen.

Die „substitution" ist in Artt. 925–967 C. C. geregelt. Sie beinhaltet (in der hier in Frage kommenden Form) die Zuwendung – letztwillig oder unter Lebenden – von Vermögensgegenständen an eine Person, mit der Maßgabe, daß diese zu einem bestimmten Zeitpunkt ipso jure an einen Dritten weiterfallen.

Auch beim „trust" haben die „trustees" nach einer gewissen Zeit das Vermögen weiterzuübertragen.

*Art. 981 1:*

„At the termination of the trust, the trustees must render an account, and deliver over all moneys and securities

Bei Beendigung des „trust" müssen die „trustees" Rechnung legen und alles in ihren Händen befindliche Geld und

[27] Nachweise *Baudouin* aaO 1249–1251, der die letztere Ansicht vertritt.

[28] Fraglich ist, ob auch die „rule against perpetuities", die „trusts" zeitlich beschränkt, entsprechend anwendbar ist. Das mag hier dahinstehen, da ohnehin kein Anwendungsfall für die Regel gegeben ist. Vgl. *Parker* aaO 79.

[29] 54 *Am. Jur.*, Trusts, § 117 (S. 101–103) mit Nachweisen für die USA; *Keeton,* The Law of Trusts (8. Aufl. 1963) 41 für England, der eine solche Bestimmung für nicht immer erwünscht, aber zulässig und häufig hält.

in their hands to the parties entitled thereto under the provisions of the document creating the trust, or entitled thereto by law.
They may also execute all transfers, conveyances or other deeds necessary to vest the property held for the trust in the parties entitled thereto."

Sicherheiten an die nach den Bestimmungen der „trust"-Urkunde oder nach Gesetz Berechtigten aushändigen.
Sie können auch alle Übertragungen vornehmen oder sonstige Urkunden errichten, die erforderlich sind, um das „in trust" gehaltene Eigentum auf die Berechtigten zu übertragen.

Anders als der „trustee" erhält jedoch bei der „substitution" der Ersterwerber („institute", Art. 927) in der Regel das Vermögen zur eigenen Nutzung, weswegen sich auch hinter der Bezeichnung Nießbrauch („usufruct") eine „substitution" verbergen kann (Art. 928). In ihrer letztwilligen Form ist die „substitution" der deutschen Vor- und Nacherbfolge vergleichbar.

Da der uninteressierte Dritte („trustee") fehlt, unterliegt die „substitution" strengeren Bestimmungen. So muß sie registriert werden (Artt. 938–943); ein Pfleger muß bestellt werden, der die Interessen der Nachbegünstigten wahrnimmt (Art. 945).

Hier hat der Erblasser lediglich einen „trust" errichtet, der seinen Sonderbestimmungen (Art. 981 a–n) folgt.

### *III. Die Bezeichnung der Berechtigten im Erbschein*

Der zu erteilende deutsche Erbschein soll die Rechtslage nach dem Recht von Quebec wiedergeben. Andererseits kann er *nur Erben,* nicht Vermächtnisnehmern, Testamentsvollstreckern oder Nachlaßverwaltern *erteilt* werden (§ 2353 BGB), und er bekundet *nur Erbrechte,* nicht Vermächtnisse (§§ 2363–2365 BGB) [30].

Schwierigkeiten ergeben sich daraus, daß diese Begriffe mit denen des fremden Rechts nicht immer übereinstimmen. Daher muß jeweils der *deutsche Rechtsbegriff gewählt* werden, der der Situation im *fremden Recht am nächsten kommt.* Um hierdurch entstehende Ungenauigkeiten auszugleichen, wird dann im Erbschein darauf hingewiesen, *nach welchem Recht* geerbt wird [31].

Von den „Legaten", die das Recht von Quebec vorsieht (oben S. 789), dürfte dasjenige *„besonderen Titels" als Vermächtnis* zu bezeichnen sein. Zwar wirkt es dinglich (Vindikationslegat), doch ändert das an der wirtschaftlichen Stellung des Begünstigten nichts. Vermächtnis in diesem Sinne ist die Zuwendung der persönlichen Dinge, die demnach bei der Erteilung des Erbscheins nicht beachtet zu werden braucht.

---

[30] Vgl. *Schwenn,* NJW 1952, 1113–1116.
[31] *Raape* aaO 452; *Schwenn* aaO 1116; BayObLGZ 1961, 21 (Nr. 2).

Die „Universalvermächtnisse" und die „allgemeinen Titels" entsprechen hingegen der deutschen Erbeinsetzung, und zwar in wirtschaftlicher wie auch weitgehend in rechtlicher Hinsicht.

Vgl. *Baudouin* aaO 1160–1163:

| | |
|---|---|
| „Le légataire québecois, véritable héritier testamentaire." | Der Vermächtnisnehmer in Quebec, ein echter testamentarischer Erbe. |

Fraglich ist aber, wer als Erbe zu bezeichnen ist, wenn ein „trust" angeordnet ist. Nimmt man mit einer in Quebec vertretenen Auffassung[32] an, daß das Eigentum (der „title") wie im „common law" auf den „trustee" übergeht, so spräche dies dafür, diesen „Erben" zu nennen. Doch ist auch in diesem Falle der *„beneficiary"* derjenige, dem der Nutzen der Erbschaft zugute kommen soll; er ist der *eigentlich Begünstigte.* Zwar ist der „trust" – anders als in der Regel die Testamentsvollstreckung – auf Dauer angelegt und nicht lediglich auf Abwicklung des Nachlasses und Verteilung an die Begünstigten ausgerichtet. Aber auch das deutsche Recht kennt die Dauer-Testamentsvollstreckung, bei der der Erbe in seinem Verfügungsrecht über Nachlaßgegenstände beschränkt ist (§ 2209 BGB). Es läßt sich daher rechtfertigen, im Erbschein den *„beneficiary" als Erben* auszuweisen und den „trust" als *„Dauertestamentsvollstreckung"* zu bezeichnen.

Wenn man den „cestui que trust" als Erben bezeichnet, müssen seine Befugnisse und Grenzen im Erbschein umrissen werden[33]. Hier dürften Hinweise auf das maßgebende Recht und auf den „trust" genügen. Zu beachten ist jedoch, daß die Bezeichnung „Erbe" die sachenrechtlichen Verhältnisse bezüglich der Nachlaßgegenstände (Zweiteilung der Berechtigung) nicht richtig wiedergibt. Das ist aber auch beim „executor" des „common law" nicht anders, der ebenfalls als Testamentsvollstrecker zu bezeichnen ist. Auch er ist (mit zeitlicher Beschränkung und mit sachlicher Beschränkung auf bloße Nachlaßabwicklung) ein „trustee".

Allerdings darf die *Witwe* des Erblassers als die aus dem „trust" Begünstigte *nicht* als *Vollerbin* bezeichnet werden, da der Erblasser *festgelegt* hat, *was mit* dem *Nachlaß nach ihrem Tode geschehen* soll.

Wenn die Witwe zeitlebens die Erträge des Nachlasses erhalten und mit ihrem Tode dieser an die Kinder bzw. die Enkel, ausgekehrt werden soll, kann hierin entweder die Begründung eines *Nießbrauchsrechts* oder aber die Einsetzung einer *Vor- und Nacherbschaft* liegen. Entscheidend ist, ob zu Lebzeiten der Witwe das Kapital des „trust" angegriffen werden darf – wie gewöhnlich bei der Vor- und Nacherbfolge deutschen Rechts – oder nicht – wie beim Nießbrauch des deutschen Rechts. Hier hat der Erblasser unter bestimmten Voraussetzungen einen Zugriff auf das Kapital zugelassen (Nr. 3 c des Testaments). Die *Witwe* ist daher als – durch Testamentsvollstreckung beschränkte – Vorerbin anzusehen.

---

[32] Nachweise oben S. 797.

[33] Vgl. *Kegel* aaO 368 f.

Die *Kinder* haben dagegen zu Lebzeiten der Witwe *keine eigenen Ansprüche* gegen das „trust"-Vermögen. Die Erträge und gegebenenfalls Teile des Kapitals gehen vielmehr an die Witwe, die daraus auch den Unterhalt der Kinder zu bestreiten hat (vgl. Nr. 3 c des Testaments). Die *Kinder* sind daher *Nacherben.*

Dem widerspricht nicht, daß der Erblasser ausdrücklich die „substitution" ausgeschlossen hat, die an sich der Vor- und Nacherbschaft mehr entspricht. Hier gilt es nur, ein deutsches Rechtsinstitut zu finden, das die Anordnungen des „trust" am ehesten wiedergibt, vgl. o. S. 797 f.

Da grundsätzlich in den Erbschein auch die Nach- sowie Ersatz-Nacherben aufzunehmen sind[34] und da die Witwe und zwei minderjährige Kinder leben, sind *für den Eintritt der Nacherbfolge* (Tod der Witwe), *folgende Möglichkeiten* in Betracht zu ziehen:

1. Es leben *beide Kinder.* Dann sind diese *Nacherben* je zur Hälfte.
2. Ein *Kind* ist *verstorben,* jedoch *leben dessen Kinder.* Dann sind diese *Ersatznacherben.*
3. Ein Kind ist verstorben *ohne Kinder zu hinterlassen.* Dann ist das *andere Kind* insoweit *Zweit-Ersatznacherbe.*
4. Es leben beide Kinder, jedoch *stirbt* in der Folge eines *vor Erreichung des 21. Lebensjahres* und *hinterläßt Kinder.* Dann ist es Nacherbe geworden, und seine Kinder werden nach ihm *Nach-Nacherben.*
5. Im Fall 4. hinterläßt das verstorbene Kind *keine Kinder.* Dann wird *ersatzweise* das *andere Kind* des Erblassers *Nach-Nacherbe.*

Zu klären bleibt noch der Fall, daß weder Kinder noch Kindeskinder Nacherben werden, weil sie in dem Zeitpunkt, in dem die Nacherbschaft anfallen soll, nicht leben. Die Nacherbschaft könnte dann an die *Erben der* nicht Nacherben gewordenen *vorverstorbenen Kinder* fallen *oder* aber *zurück an* den *Nachlaß* – das heißt die gesetzlichen Erben des Erblassers.

Beides ist im „trust"-Recht möglich. Die Anwartschaft ist ein „future interest" und grundsätzlich schon dann vererblich, wenn sie noch nicht „vested" ist[35]. Hier enthält das Testament darüber nichts.

Wenn der Testator unter 3 d Abs. 3 anordnet, die Kindeskinder sollen „in derselben Art und Weise" erben, so sind damit nur die näheren Ausführungsbestimmungen des Testaments herangezogen. Es ist nicht anzunehmen, daß diese Klausel eine weitere Kette von Ersatzeinsetzungen (Urenkel usw.) enthält.

Es ist daher der in Quebec geltenden *gesetzlichen Regel* zu folgen. Diese lautet:

---

[34] Vgl. § 2363 BGB und *Staudinger-Firsching,* BGB V, Erbrecht (10./11. Aufl. 1960) § 2363, Anm. 9–12 (S. 1928 f.).

[35] Vgl. 23 *Am. Jur. 2 d,* Descent and Distribution, § 30 (S. 775).

*Art. 964:*

„The legatee who is charged as a mere trustee, to administer the property and to employ it or deliver it over in accordance with the will, even though the terms used appear really to give him the quality of a proprietor subject to deliver over, rather than that of a mere executor or administrator, does not retain the property in the event of the lapse of the ulterior disposition, or of the impossibility of applying such property to the purposes intended, unless the testator has manifested his intention to that effect. The property in such cases passes to the heir or the legatee who receives the succession."

Ein Bedachter, dem als einem bloßen „trustee" auferlegt ist, das Vermögen zu verwalten und es nach den Bestimmungen des Testaments zu verwenden oder zu verteilen – selbst wenn die gebrauchten Wendungen ihm wirklich eher die Eigenschaft eines Eigentümers mit Auflage auszuhändigen zu geben scheinen als die eines bloßen Verwalters –, erhält im Falle eines Wegfalls der weiteren Bestimmungen oder der Unmöglichkeit, das Vermögen entsprechend den Absichten des Erblassers zu verwenden, dieses nicht, es sei denn, der Erblasser habe seine dahingehende Absicht ausgedrückt. In einem solchen Fall geht das Vermögen auf den gesetzlichen Erben oder den Bedachten über, der die Erbschaft erhält.

Es sind daher noch folgende Fälle hinzuzufügen:

6. Beim Nacherbfall leben *weder Kinder noch Kindeskinder.* Dann sind *dritt-ersatzweise* die *gesetzlichen Erben* des Erblassers *Nacherben.*
7. Ein Kind wird Nacherbe, *stirbt* aber *vor* Erreichung des *21. Lebensjahres* und wird *weder von* seinen *Kindern noch von* seinen *Geschwistern* überlebt. Dann sind *zweit-ersatzweise* die *gesetzlichen Erben Nach-Nacherben.*

Da der Erbschein die Nacherbfolge nur als Beschränkung der Vorerbschaft erwähnt, aber nicht bezeugt, wer Nacherbe ist[36], sind die Quoten der einzelnen Nacherben nicht aufzunehmen[37].

Jedoch muß erwähnt werden, daß letztersatzweise die gesetzlichen Erben des Erblassers Nacherben sind. Grundsätzlich wären freilich auch diese im Erbschein namentlich zu benennen[38]. Doch werden Ausnahmen zugelassen, wo die Nach- und Ersatznacherben zunächst nicht genau ermittelt werden konnten. Dem kann dieser Fall gleichgestellt werden, wo die Möglichkeit eines Erwerbes der Nacherbschaft durch die gesetzlichen Erben fernliegt, deren Feststellung aber in tatsächlicher und rechtlicher Hinsicht schwierig ist. Man darf daher einen Hinweis auf die (dritt-) ersatzweise Berufung der gesetzlichen Erben unter dieser Sammelbezeichnung genügen lassen.

---

[36] *Staudinger-Firsching,* aaO, Randz. 10 (S. 1928).
[37] *Staudinger-Firsching,* aaO, Randz. 13; KG (1914) OLGE 32, 81.
[38] *Staudinger-Firsching,* aaO, Anm. 10 (S. 1928) mit Nachweisen.

## D. EHEGÜTERRECHT

Rechte am Nachlaß kann auch das Ehegüterrecht gewähren (vgl. § 1371 BGB).

### *I. Das anwendbare Recht*

#### *1. Deutsches internationales Privatrecht*

Nach dem aus Art. 15 EGBGB abzuleitenden Grundsatz bestimmen sich die güterrechtlichen Wirkungen der Ehe nach dem *Heimatrecht des Mannes*[39]. Dieses Güterrechtsstatut ist nach h. M. *unwandelbar*; es gilt das Heimatrecht des Mannes *bei der Heirat*[40]. Mithin kommt es auf die *Staatsangehörigkeit des Erblassers bei der Heirat* an.

Ursprünglich scheint er die *rumänische Staatsangehörigkeit* besessen zu haben. Diese hat er – mangels einer ministeriellen Genehmigung, von der nicht ausgegangen werden kann – *verloren, wenn* er eine *andere Staatsangehörigkeit,* die Palästinas, *erworben* haben sollte[41]. Zur Zeit der Heirat galt die „Palestinian Citizenship Order" vom 24. 7. 1925[42]. Danach konnte der Erblasser die palästinensische Staatsangehörigkeit durch Option (§ 5) oder durch Einbürgerung (§ 7) erwerben. Letztere stand im Belieben des Hohen Kommissars und setzte u. a. zweijährige Ansässigkeit, Sprachenkenntnis und die Absicht, in Palästina zu bleiben, voraus.

Es soll *unterstellt* werden, *daß* der *Erblasser* bei seiner Heirat *Staatsangehöriger des Mandatsgebiets Palästina* war.

Dafür sprechen die israelische Staatsangehörigkeit der Mutter und der Schwester. Freilich können diese auch erst *nach Gründung des Staates Israel* (1948) unter der Herrschaft der „Rückkehrgesetze" erworben worden sein. Insoweit bedarf es noch einer Überprüfung des Sachverhalts in tatsächlicher Hinsicht. Da der Erwerb der palästinensischen Staatsangehörigkeit wahrscheinlich ist, wird im folgenden

---

[39] BayObLG FamRZ 1959, 357 (359); *Kegel* in *Soergel-Siebert,* aaO, Art. 15, Randz. 1 (S. 765).

[40] *Kegel,* aaO, Art. 15, Randz. 4 (S. 766), mit Nachweisen.

[41] Vgl. Art. 2, 35–39 des Rumän. Staatsangehörigkeitsgesetzes v. 1939 (abgedruckt bei *Beitzke,* Das Staatsangehörigkeitsrecht von Albanien, Bulgarien und Rumänien, S. G. S. Bd. 5 (1965) 71, 75–77) und Art. 2, 4, 16, 29 des Dekrets Nr. 125 v. 7. 7. 1948 (aaO 87–91). Selbst wenn der Erblasser aber durch eventuellen Erwerb der palästinensischen Staatsangehörigkeit Doppelstaater geworden wäre, ginge internationalprivatrechtlich diese vor, weil er im maßgeblichen Zeitpunkt wegen seines gewöhnlichen Aufenthalts in Palästina hierzu die engere Beziehung hatte; Nachweise bei *Kegel* in *Soergel-Siebert,* aaO, Art. 29, Randz. 28 (S. 964 f.).

[42] Abgedruckt bei *Pagener,* Das Staatsangehörigkeitsrecht des Staates Israel und des ehemaligen Mandatsgebietes Palästina, S. G. S. Bd. 13 (1954) 11–30.

hiervon ausgegangen werden. Sollte sich herausstellen, daß der Erblasser damals *nur* Rumäne war, so wäre eine Ergänzung des Gutachtens erforderlich.

An die Stelle von Palästina ist der Staat Israel getreten, der im großen und ganzen dasselbe Staatsgebiet umfaßt. So gehört Tel Aviv, wo der Erblasser geheiratet hat und wo sein Wohnsitz und gewöhnlicher Aufenthalt war, heute zu Israel. Anstatt dem – nicht mehr bestehenden – Staat Palästina ist der Erblasser daher dem *Staat Israel zuzuordnen*[43]. Es gilt daher *israelisches Recht.*

Eine *Rückverweisung* ist zu *beachten.*

*2. Internationales Privatrecht von Israel*

Kollisionsnormen enthält die „Palestine Order in Council" von 1922, die das „Personenrecht" regelt und als israelisches Recht in Geltung geblieben ist[44]. Danach ist zunächst zu unterscheiden zwischen *In- und Ausländern.* Die ersteren unterstehen den in Palästina und später in Israel geltenden Rechtsordnungen. Für die letzteren gilt *Art. 64* O. i. C.[45]:

„(1) Vorbehaltlich der Bestimmungen des Art. 54 dieser Order sind Angelegenheiten betreffend den Personenstand von Ausländern mit Ausnahme der Mohammedaner, für welche die mohammedanischen geistlichen Gerichte gemäß Art. 52 dieser Order ausschließlich zuständig sind, von dem Distrikt-Gericht zu entscheiden, welches das persönliche Recht der Parteien anzuwenden hat, in Verbindung mit den vom Hohen Kommissar zeitweilig ergangenen Verfügungen.

...

(2) Das persönliche Recht ist das Heimatrecht des beteiligten Ausländers, soweit dieses nicht auf das Recht des Wohnsitzes verweist; in diesem Fall ist das letztere anzuwenden."

Welche Angelegenheiten den „Personenstand" betreffen, bestimmt *Art. 51*[46].

„(1) ... matters of personal status mean suits regarding marriage or divorce, alimony, maintenance, guardianship, legitimation of minors, inhibition from dealing with property of persons who are legally incompetent, successions,

(1) ... als Angelegenheiten des Personenstandes gelten Klagen, die betreffen: die Ehe oder die Ehescheidung, den Unterhalt, die Legitimation Minderjähriger, die Entmündigung geschäftsunfähiger Personen, Erbschaften,

[43] Vgl. *Kegel* aaO 11; *ders.* in *Soergel-Siebert,* aaO, vor Art. 7 EGBGB, Randz. 108–110 (S. 538). Übrigens wurde die palästinensische Staatsangehörigkeit in die israelische überführt (§ 3 isr. St. A. G. v. 1952) und mit dieser gleichbehandelt (§ 18 1).

[44] *Scheftelowitz,* Interkonfessionelles und internationales Kollisionsrecht in Israel, AcP 152 (1952/53) 516–526 [518].

[45] Deutscher Text der O. i. C. bei *Bergmann,* Internationales Ehe- und Kindschaftsrecht (3. Aufl.) Israel, 9–12.

[46] *Ferid-Firsching,* Internationales Erbrecht, Bd. 4 (1967) Israel, Texte, 116.

wills and legacies, and the administration of the property of absent persons.

(2) ..."

Testamente und Vermächtnisse sowie die Verwaltung des Vermögens abwesender Personen.

(2) ...

Auch das Ehegüterrecht wird mit umfaßt:

*Seeds v. Chief Execution Officer* in Selected Judgments of the Supreme Court of Israel, Bd. 2, 1954–1958, S. 382–398 [382, 387]:

„... the expressions ‚suits regarding marriage' and ‚matters of marriage' ... are not restricted to suits or matters concerning the existence of the marriage tie, but also cover claims for the enforcement of rights, including rights to property, which are derived from the status of marriage..."

... die Begriffe „Klagen in bezug auf die Ehe" und „Angelegenheiten betreffend die Ehe" [Art. 51] beschränken sich nicht auf Fragen, die das Vorhandensein des ehelichen Bandes betreffen, sondern umfassen auch die klageweise Durchsetzung von Rechten, einschließlich Vermögensrechten, die sich aus dem Ehestand ergeben... [47].

Sind der Erblasser – und gegebenenfalls seine Ehefrau – Ausländer im Sinne dieser Bestimmungen?

Beide sind heute *Kanadier*. Es soll *unterstellt werden, daß beide bei der Eheschließung palästinensische Staatsangehörige waren*[48]. Fraglich – und nicht geregelt – ist aber, ob es bei den ehegüterrechtlichen Fragen auf den Zeitpunkt der *Eheschließung* (Inländer) oder der jeweiligen *gerichtlichen Entscheidung* (Ausländer) ankommt. Die Verbindung dieser Frage mit der Zuständigkeit scheint für den letzteren Zeitpunkt zu sprechen. Die Frage kann offen bleiben, wenn im Ergebnis in beiden Fällen israelisches Recht anwendbar ist.

Wenn es auf den Zeitpunkt der gerichtlichen Entscheidung ankommt, verweist Art. 64 auf *kanadisches Recht* als Staatsangehörigkeitsstatut. Über die Unteranknüpfung (oben S. 785) kommt man mithin (auch vom Standpunkt des palästinensisch-israelischen IPR) zum *Recht von Quebec*. Jedenfalls soweit das berufene Recht an das Domizil anknüpft, handelt es sich um eine *IPR-Verweisung* (Art. 64 Abs. 2 O. i. C.).

### *3. Internationales Privatrecht von Quebec*

Das internationale Privatrecht von Quebec knüpft das Ehegüterrecht an den „ehelichen Wohnsitz", das *„matrimonial domicil"* zur Zeit der *Heirat an.*

---

[47] Die Übersetzung bei *Ferid-Firsching*, aaO, gibt insofern den Sinn nicht richtig wieder.

[48] Über die noch ungeklärten Fragen bei verschiedener Staatsangehörigkeit vgl. *Wengler*, Internationales und interreligiöses Privatrecht in Palästina, RabelsZ 12 (1938/39) 772–808 [789 f.]; *Scheftelowitz* aaO 522 f.

Einzelheiten sind sehr streitig, vgl. *Johnson,* Conflict of Laws, 2. Aufl. (1962, Montreal), S. 307–355. Doch scheint diese Auffassung die herrschende zu sein: *Castel,* Private International Law (1960, Toronto), S. 108 f.:

„In Quebec it is well settled that the property rights of spouses, married without a marriage contract, are ungoverned as regards even immoveables in Quebec by the law of their matrimonial domicile and are not affected by a change of domicile."

In Quebec ist es anerkannt, daß die Vermögensrechte von Eheschließenden ohne Ehevertrag, sogar was das unbewegliche Vermögen in Quebec anbelangt, vom Recht ihres ehelichen Wohnsitzes beherrscht werden und durch einen Wohnsitzwechsel nicht berührt werden (mit Nachweisen).

„Matrimonial domicile" ist der Wohnsitz des Ehemannes zur Zeit der Heirat, teils auch der in Aussicht genommene gemeinsame Wohnsitz[49]. Beides ist hier *Palästina bzw. Israel.*

Israel sieht den „ehelichen Wohnsitz" als Wohnsitz im Sinne des Art. 64 O. i. C. an und nimmt die Rückverweisung daher an[50]. Entsprechend dem Wortlaut der Vorschrift wird es sie auch abbrechen.

Auch wenn für den Güterstand nach dem IPR Palästinas und Israels die Staatsangehörigkeit des Ehemannes – und gegebenenfalls der Ehefrau – im Zeitpunkt der gerichtlichen Entscheidung maßgibt (oben S. 802 f.), ist daher infolge der Rückverweisung des IPR von Quebec das materielle Privatrecht Palästinas bzw. Israels anzuwenden.

## *II. Israelisch-jüdisches Recht*

In Palästina galt und in Israel gilt für die Angehörigen der verschiedenen Religionen verschiedenes religiöses Recht. Die Ehen von Juden wurden und werden nach jüdischem Recht beurteilt[51]. Nach talmudischem Ehegüterrecht herrscht Gütertrennung; der Ehemann ist zur Verwaltung und Nutznießung des von der Ehefrau eingebrachten und (mit Ausnahme) später erworbenen Gutes berechtigt[52]. Nach dem Tode des Ehemannes kann die Witwe den Nachlaß entweder auf Unterhalt oder auf Zahlung der „ketubah", eines im Ehevertrag für den Fall der Beendigung der Ehe festgesetzten Betrages, in Anspruch nehmen[53]. Es ist dies der Ersatz für das fehlende gesetzliche Erbrecht.

Stehen diese Rechte nun in den Erbschein aufzunehmenden Erbrechten gleich?

Nach talmudischem Recht hat der Ehemann die Ehefrau bis zur Auszahlung der „Ketubah" zu unterhalten. Die Verpflichtung endet nicht mit

[49] *Castel* aaO 105.
[50] Vgl. *Wengler* aaO 790 f. mit Nachweisen.
[51] *Scheftelowitz* aaO 519, 524.
[52] Vgl. *Horowitz,* The Spirit of Jewish Law (1953) 295–302.
[53] *Horowitz* aaO 295, 389–391; *Ferid-Firsching* aaO Grdz. F., Randz. 94–96.

dem Tod des Ehemannes; die ehelichen Unterhaltsansprüche setzen sich gegen den Nachlaß fort: sie sind daher *nicht erbrechtlicher Art.* Sie haben überdies im vorliegenden Fall keine praktische Bedeutung, weil das Testament des Ehemannes den Unterhalt der Witwe anordnet.

Die „Ketubah"-Summe wird anläßlich der Eheschließung versprochen und kann beim Tode des Ehemannes verlangt werden, aber auch z. B. bei Scheidung[54]. Schon daraus ergibt sich der nichterbrechtliche Charakter: es handelt sich um einen bereits zu Lebzeiten bestehenden Anspruch, der bei bestimmten Ereignissen fällig wird. Darum können die Erben von der Witwe auch die Versicherung verlangen, daß sie die „Ketubah" nicht schon vorher erhalten hat[55]. Auch kann die „Ketubah" durch gewisse erbrechtliche Regelungen ersetzt werden[56]. Im vorliegenden Fall kann die Witwe die „Ketubah" nicht wählen, weil sie die Vorerbschaft und damit den Unterhalt angenommen hat (oben S. 792).

Aus allem folgt, daß das maßgebliche *Ehegüterrecht* das *Erbrecht nicht beeinflußt.*

## E. ERBSCHEIN

### *I. Internationale Zuständigkeit*

Die internationale Zuständigkeit deutscher Gerichte zur Erteilung eines Erbscheins für Ansprüche nach dem Bundesentschädigungsgesetz ergibt sich bei Anwendung eines fremden Rechts nach herrschender Ansicht aus § 2369 BGB[57].

### *II. Inhalt*

Es ist ein gegenständlich beschränkter (Fremdrechts-)Erbschein gemäß § 2369 BGB zu erteilen. In den Erbschein sind aufzunehmen:

Die Witwe Bela M. als Vorerbin.

Die Kinder Michael und Renée Anne M. als Nacherben.

Deren zur Zeit des Nacherbfalls lebende Kinder als Ersatznacherben, bzw. Nach-Nacherben und die gesetzlichen Erben des Erblassers als letztersatzweise Nacherben.

Die Anordnung der Dauertestamentsvollstreckung („trust").

Die Tatsache, daß das Recht von Quebec/Kanada gilt.

Die gegenständliche Beschränkung gem. § 181 BEG.

---

[54] *Scheftelowitz,* The Jewish Law of Family and Inheritance and its Application in Palestine, (o. J.) 97.

[55] *Scheftelowitz* aaO 98. [56] AaO 105.

[57] Vgl. *Kegel* in *Soergel-Siebert,* aaO, vor Art. 24, Randz. 68; Staudinger-*Firsching,* BGB, Erbrecht (10./11. Aufl. 1960) § 2369, Randz. 7, 35 (S. 1958, 1964).

Nach allem könnte der Erbschein etwa lauten:

„Der am 5. 6. 1965 in Montreal, Quebec, Kanada verstorbene Manoil M. ist beerbt worden nach dem Recht von Quebec.

Vorerbin ist seine Witwe Bela M.

Nacherben sind seine beiden Kinder Michael und Renée Anne M.

Die Nacherbfolge tritt ein mit dem Tod der Vorerbin.

Ersatzweise sind Nacherben anstelle eines Kindes, das den Erbfall nicht erlebt, dessen Kinder. Zweit-ersatzweise ist Nacherbe das andere Kind. Dritt-ersatzweise sind Nacherben die gesetzlichen Erben des Erblassers.

Nach-Nacherben eines Kindes, das sein 21. Lebensjahr nicht vollendet, sind dessen Kinder. Die Nach-Nacherbfolge tritt ein mit dem Tod des Kindes. Ersatzweise ist Nach-Nacherbe das andere Kind. Zweit-ersatzweise sind Nach-Erben die gesetzlichen Erben des Erblassers.

Testamentsvollstreckung ist angeordnet.

Dieser Erbschein gilt nur für Ansprüche nach dem Bundesentschädigungsgesetz."

## F. ERGEBNIS

1. Der Erbschein unterliegt bezüglich des beweglichen und nach hier vertretener Ansicht auch bezüglich des in Deutschland belegenen unbeweglichen Vermögens dem Recht von Quebec/Kanada (oben A).
2. Das Testament ist formgültig (oben B).
3. Der Gesamtnachlaß soll von „trustees" verwaltet werden. Die Witwe soll zeitlebens die Erträge erhalten. Bei ihrem Tode erhalten die beiden Kinder, ersatzweise deren Kinder zu gleichen Teilen, zweitersatzweise das andere Kind, drittersatzweise die gesetzlichen Erben den Nachlaß.
4. Es gilt israelisch-jüdisches Ehegüterrecht. Danach werden die Erbteile nicht verändert. Dabei wurde die palästinensische Staatsangehörigkeit bei der Eheschließung unterstellt (oben D).
5. Es ist ein Fremdrechtserbschein auszustellen, in den aufzunehmen ist:
   a) die Witwe als Vorerbin,
   b) die beiden Kinder zu gleichen Teilen als Nacherben,
   c) die Kinder eines Kindes zu gleichen Teilen als Ersatznacherben,
   d) das andere Kind als Zweitersatznacherbe,
   e) die gesetzlichen Erben als Drittersatznacherben,
   f) die Anordnung der testamentarischen Vollstreckung,
   g) die gegenständliche Beschränkung (oben E).

## Nr. 74

**USA (New Jersey)**

**1. Bedingte Rückverweisung bei in Deutschland belegenem Grundstück nach deutschem und New Jersey-Kollisionsrecht.**

**2. Qualifikation und Belegenheit einer deutschen Hypothek.**

**3. Formgültigkeit des in New Jersey errichteten Testaments.**

**4. Befugnisse des personal representative in Deutschland.**

**5. Testamentarische Verfügungen und Trust nach dem Rechte New Jerseys und ihre Behandlung im deutschen Erbschein.**

**6. Personengleichheit zwischen executor, trustee und Zeugen.**

**7. Dower des Ehegatten in New Jersey.**

**Köln 113/67 vom 13. 3. 1968**

Das Amtsgericht Rheydt hat in der Nachlaßsache B. um ein Gutachten über internationales und Testamentserbrecht von New Jersey/USA gebeten.

### SACHLAGE

Am 1. 10. 1965 verstarb in Summit, New Jersey, USA, der amerikanische Staatsangehörige Paul B. Er wohnte zuletzt in Springfield, New Jersey.

Der Erblasser wurde überlebt von seiner Ehefrau Johanna B., Springfield, New Jersey, und seiner Tochter Renate Bü., Short Hills, New Jersey. Zum Nachlaß gehören ein in Deutschland (Rheydt) belegenes Grundstück sowie eine Hypothek an einem deutschen Grundstück. Der Wert des in Deutschland belegenen Nachlasses beträgt etwa 500 000 DM.

Am 12. 12. 1964 hat der Erblasser ein Testament errichtet, das den folgenden Wortlaut hat (die deutsche Übersetzung wird, soweit erforderlich, im Gutachten gegeben):

„IN THE NAME OF GOD, AMEN.

I, PAUL B., residing at 306 S. Avenue, Springfield, in the County of Union and State of New Jersey, being of sound and disposing mind, memory and understanding, do make, publish and declare this to be my Last Will and Testament, hereby revoking any and all Wills by me heretofore made, as follows:

FIRST: I direct that all my just debts and funeral expenses be paid by my executors as soon as may be convenient.

SECOND: In the event my wife, JOHANNA B., survives me, I give, devise and bequeath to SAUL I. S. and LOUIS O., their successors and assigns, in trust for her under the terms herein set forth, a part of my estate containing only assets which qualify for the marital deduction under the Federal Tax Laws and Regulations in amount equal to one-half of my adjusted gross estate, as defined in Section 2056 of the Internal Revenue Code of 1954, less the value of property which has passed or will pass to her outside this Will, which is includable in my gross estate for federal estate tax purposes and is allowable as part of the marital deduction. The cash, securities and other property so distributed shall be selected in such manner as to have an aggregate fair market value fairly representative of the appreciation or depreciation in the value to the date or dates of each distribution of all property then available for distribution.

A. This trust shall be administered as a separate trust and shall be known as the „Johanna Boumans Trust".

B. The trustees shall pay to my wife, JOHANNA B., during her lifetime, all of the income of the Johanna B. Trust, in quarterly or other convenient installments; provided however, that in no event shall such payments be made less frequently than annually.

C. It is my desire that my wife shall have at least One Thousand (1 000 $) Dollars per month during her life and during the time she receives the income from the Residuary Trust hereinafter created. My trustees, in determining the amount to be paid out of the corpus of this trust, shall consider the income my wife receives from her own properties and investments, the income from the Johanna B. Trust, income paid to her under the Residuary Trust, installment payments from proceeds of insurance policies, pension payments and any other income received by her. They may rely on statements or information received from her.

Should she no longer receive all the income from the Residuary Trust hereinafter created, the figure of One Thousand (1 000 $) Dollars monthly shall no longer apply, and my trustees may pay to her out of the corpus of the Johanna B. Trust sufficient sum or sums as my trustees shall deem proper so as to maintain her in as much comfort as she now enjoys.

I hereby authorize and empower my said trustees to make disbursements out of the principal of the trust to my said wife in such amounts and at such times as they, in their discretion, may deem advisable in the event that the income is not sufficient for her proper maintenance and support.

C. Upon the death of my said wife, the entire remaining corpus of the Johanna B. Trust shall be paid over to such person or persons or to the estate of my said wife, free of any trusts created in this Will, in the manner and proportions as my said wife may designate and appoint in her Last Will and Testament. The power of appointment herein granted to my said wife shall be exercisable by her exclusively and in all events.

E. Upon the death of my wife, JOHANNA B., in the event that she shall default in the exercise of the power of appointment hereinbefore granted to her, the entire remaining corpus of the Johanna B. Trust shall be added to and become a part of the Residuary Trust hereinafter created, and shall be administered pursuant to its terms. Also, in the event that my said wife does not survive me, then this portion of my estate shall be added to my residuary estate.

F. I hereby direct that my trustees shall maintain separate books of deposit, investment and account, for each of the separate trusts herein created, and I further empower the said trustees to hold in the same form in which it is received, or to sell the same or any part thereof, to manage, invest and reinvest, and to collect and receive the income arising therefrom, all property or interests devised and bequeathed to the said trustees in connection with this Trust, and after deducting all necessary expenses properly chargeable thereto, to pay to my wife, JOHANNA B., the said income arising therefrom at the times heretofore stated.

THIRD: A. I give, devise and bequeath all the rest, residue and remainder of my estate, of whatsoever nature and wheresoever situate, of which I may be entitled at the time of my decease, to SAUL I. S. and LOUIS O., their successors and assigns, in trust nevertheless, to hold in the same form in which it is received, or to sell the same or any part thereof, to manage, invest and reinvest and to collect and receive the income arising therefrom, and after deducting all necessary expenses properly chargeable thereto, to pay to my wife, JOHANNA B., the net income arising therefrom in convenient installments so long as she shall live, and upon the decease of my said wife, or in the event that she does not survive me, then the balance of this Trust Fund as it may then exist, or my said residuary estate, as the case may be, shall be paid to my daughter, RENATE BUE. In the event that my daughter, RENATE BUE., may have predeceased my wife, leaving issue surviving, such issue shall receive her share.

B. During the lifetime of my wife, JOHANNA B., I hereby authorize and empower my said trustees to make disbursements out of the principal of this Trust Fund to my said wife, in such amounts and at such times as they in their discretion may deem advisable, in the event that the income is not sufficient for her proper maintenance and support.

C. I hereby authorize my trustees to conduct the „Residuary Trust" as a separate trust fund and my wife shall not be required to account for any of the income paid to her under the terms of this Will.

FOURTH: Subject to the other provisions of this Will, when transfer is made from executors to my trustees, the trustees are authorized to continue to hold and retain any investments or securities which I may own at my death, although they comply with the legal requirements when acquired but fail after their acquisition to meet the requirements for legal investments. When distribution is being made by my trustees, they may transfer all or any part of any investments in the estate and their judgment shall be controlling as to the type of investment or assets to be transferred and the valuation thereof; also, it shall not be necessary for them to make equal or proportionate division of any investment of the estate.

The trustees under the trusts established in this Will are hereby empowered and authorized to invest and reinvest the trusts' assets, collect the rents, issues and profits therefrom, to manage and control the trusts' assets both real and personal, and to sell, exchange, lease for terms which may extend beyond the termination of the trusts, rent, assign, transfer, mortgage, pledge or otherwise encumber or dispose of all or part thereof upon such terms and conditions as they, in their discretion, may deem proper; and they may retain any or part of the investments or assets that I may own at my decease and may increase or diminish the investments or interests of the trusts therein.

FIFTH: I direct that all estate, transfer, succession, inheritance, legacy and similar taxes upon or with respect to any property required to be included in my gross estate under the provisions of any tax law and whether or not passing hereunder, or upon or with respect to any bequest of devise herein made, or upon or with respect to any person with respect to any such property, shall be paid out my residuary estate as an expense in the settlement of my estate and that there shall be no proration of any such taxes, and I hereby waive on behalf of my estate any right to recover from any person, including the trustees and beneficiaries of the trusts herein created, and any beneficiaries of life insurance policies, any taxes so paid.

SIXTH: In the event my death and that of my wife, JOHANNA B., shall occur as the result of a common disaster, and there should not be sufficient evidence that my wife and I died otherwise than simultaneously, it shall be presumed for the purpose of this Will that my said wife survived me.

SEVENTH: I appoint the aforementioned SAUL I. S. and LOUIS O. as Trustees and empower them to administer the trusts hereinabove created, and I further nominate, constitute and appoint SAUL I. S. and LOUIS O. Executors of this, my Last Will and Testament, and direct that they shall not be required to furnish bond for the faithful performance of their duties, and I hereby give to my Executors full power and authority to grant, bargain, sell, lease, rent, manage, mortgage, exchange and in every manner to deal in or dispose of any real estate of which I may die seized, or personalty that I may own, at such times and upon such terms as they, in their discretion, may deem to be for the best interest of my estate.

IN WITNESS WHEREOF, I have hereunto set my hand and seal this 12th day of December, in the year One Thousand Nine Hundred and Sixty-four.

(gez.) PAUL B. L. S."

Es folgt eine von zwei Zeugen unterschriebene Bestätigung:

„SIGNED, SEALED, PUBLISHED and DECLARED by the testator, PAUL B., as and for his Last Will and Testament, in our presence, who in his presence and at his request, and in the presence of each other, have hereunto subscribed our names as witnesses.

(gez.) Louis O. 28 13th Ave. Newark 3 N. J.
(gez.) Walter K. J. 60 Haven Ter. Sarlin, N. J.

Dem Testament wurde im Rahmen des gerichtlichen Bestätigungsverfahrens vom „Union County Surrogate's Court" das „probate" erteilt. Die Urkunde hierüber lautet:

„Union County Surrogate's Court

| | |
|---|---|
| IN THE MATTER OF THE PROBATE OF THE ALLEGED WILL OF PAUL B., Deceased. | JUDGMENT ADMITTING WILL TO PROBATE |

Upon reading and filing the complaint of SAUL S., in the will named SAUL I. S., and LOUIS O., for probate of the last will
of PAUL B., late of Springfield, N. J., deceased, and for letters testamentary thereon; and the Surrogate having inquired into the circumstances and taken proof of of Louis O., one of the subscribing witnesses to said will,
and being satisfied as to the genuineness of the will produced, and the validity of its execution; and it appearing that the decedent died more than ten days ago, and that no caveat was filed against the probate of the will:

It is, on this fifteenth day of October, 1965, adjudged that the instrument offered for probate be and the same hereby is established as the last will of said decedent and that the same be admitted to probate.

It is further adjudged that letters testamentary thereon be issued to SAUL S., in the will named SAUL I. S., and LOUIS O.,
the executors named in the said will upon their qualifying as executors.

[Unterschrift]
Surrogate"

Bei den Akten befinden sich ferner: Antrag auf Erteilung des „probate", Erklärung der unterzeichneten Zeugen, Erklärung der „executors" (Testamentsvollstrecker) und eine Reihe von Beglaubigungen. Auf diese Urkunden wird, soweit erforderlich, im Gutachten Bezug genommen.

Mit notarieller Urkunde vom 7. 7. 1967 wurde beim Amtsgericht Rheydt die Erteilung eines Erbscheins beantragt, der die Witwe des Erblassers als Alleinerbin ausweist.

## ANFRAGE

Das Amtsgericht Rheydt bittet um ein Gutachten darüber, ob nach dem Recht des U.S.-Staates New Jersey Frau Johanna B. aufgrund des Testaments des Erblassers Paul B. vom 12. 12. 1964 als dessen Alleinerbin anzusehen ist und ihr ein entsprechender Erbschein, ggfs. ein gegenständlich beschränkter Erbschein, erteilt werden kann.

## RECHTSLAGE

### A. DAS ANZUWENDENDE RECHT

#### *I. Deutsches internationales Privatrecht*

Ein Staatsvertrag zwischen den USA und Deutschland, der sich mit der Frage des anzuwendenden Erbrechts befaßt, besteht nicht. Es gelten daher die allgemeinen deutschen Kollisionsnormen.

Aus den Artt. 24, 25 EGBGB folgt der Grundsatz, daß ein Ausländer nach dem *Recht seines Heimatstaates* beerbt wird[1]. Nach diesem Erbstatut

[1] *Kegel*, IPR (2. Aufl. 1964) 354; *Raape*, IPR (5. Aufl. 1961) 412.

beurteilt sich die Rechtsstellung der gesetzlichen oder testamentarischen Erben, der Vermächtnisnehmer und Pflichtteilsberechtigten, der Testamentsvollstrecker und Nachlaßverwalter[2].

Da der Erblasser zur Zeit seines Todes die amerikanische Staatsangehörigkeit besaß, verweist das deutsche Kollisionsrecht auf das *Recht der Vereinigten Staaten.*

Diese Verweisung ist *unvollständig*; denn in den Vereinigten Staaten gibt es weder ein einheitliches internationales noch ein einheitliches materielles Erbrecht. Auch das interlokale Kollisionsrecht ist in den Einzelstaaten unterschiedlich[3]. Man bedarf daher einer *weiteren Anknüpfung,* um festzustellen, welchen Einzelstaates Recht anwendbar ist. Streit besteht über die Art dieser Unteranknüpfung. Ein Teil der Lehre hält die *Staatsangehörigkeit zu* einem *Einzelstaat* für maßgebend; die aber ihrerseits mit dem Wohnsitz („domicil") eng verbunden ist[4]. Andere wenden das Recht des Wohnsitzes an, wobei nicht immer eindeutig ist, ob es sich um den deutschen Wohnsitzbegriff oder den des „common law" handelt[5]. Zweckmäßiger ist es, entsprechend den Regeln des deutschen interlokalen Privatrechts den *letzten gewöhnlichen Aufenthaltsort* des Erblassers in einem der Einzelstaaten entscheiden zu lassen[6].

Häufig werden die verschiedenen Meinungen jedoch zum selben Ergebnis führen. Denn der gewöhnliche Aufenthalt und der (nicht gesetzliche) Wohnsitz werden nach deutschem Recht bestimmt durch den „Daseinsmittelpunkt" einer Person[7], nach dem Recht der USA der Wohnsitz („domicil") durch das „permanent home"[8]. Beides entspricht sich in der Mehrzahl der Fälle.

Hier kann davon ausgegangen werden, daß der Erblasser sowohl seinen letzten gewöhnlichen Aufenthalt wie auch seinen Wohnsitz nach deutschem oder amerikanischem Recht im *Staate New Jersey/USA* hatte. Dann ist interlokalprivatrechtlich das Recht *dieses Staates* maßgebend.

Das deutsche Recht beruft die fremden materiellen Normen nicht unmittelbar, sondern zunächst die fremden Kollisionsnormen (IPR-Verweisung). Eine *Rückverweisung* des Rechts von New Jersey ist gemäß Art. 27 EGBGB *zu beachten.*

---

[2] *Kegel* aaO 359.

[3] *Ehrenzweig,* Conflict of Laws (1962) § 10 (S. 33 f.); *Kegel* aaO 138 f.; *Nussbaum,* Grundzüge des internationalen Privatrechts (1952) 56.

[4] Nachweise: *Kegel* in *Soergel-Siebert,* BGB V (9. Aufl. 1961) 539, Fußn. 69.

[5] Nachweise: *Kegel* in *Soergel-Siebert,* ebenda, Fußn. 70; ferner BayObLGZ 1962, 39 = NJW 1962, 1013.

[6] LG Bielefeld, NJW 1957, 1074 (1075); *Kegel* in *Soergel-Siebert,* ebenda, Fußn. 73, mit Nachweisen.

[7] Vgl. *Kegel* in *Soergel-Siebert,* aaO, Art. 29, Anm. 11 (S. 958), mit weiteren Nachweisen; *Staudinger-Coing,* BGB, Allg. Teil (11. Aufl. 1957) § 7, Anm. 5 (S. 101).

[8] 25 *Am. Jur. 2d* (1966), Domicil, § 1 (S. 5); § 24 (S. 18).

## *II. Internationales Privatrecht von New Jersey/USA*

### *1. Grundsatz*

Nach internationalem Privatrecht von New Jersey unterliegt der Nachlaß keinem einheitlichen Recht. Es wird vielmehr nach allgemeiner Regel des „common law" der *bewegliche Nachlaß* nach dem *Wohnsitzrecht* vererbt, der *unbewegliche Nachlaß* nach dem *Recht des Lageortes*[9].

### 2. *Das für die Vererbung des Grundstücks geltende Recht*

a) Bedingte Rückverweisung

Damit scheint das Recht von New Jersey für in Deutschland belegenes unbewegliches Vermögen auf deutsches Recht zurückzuverweisen. Doch ist Sinn dieser Verweisung: Man selbst wendet aus ursprünglich öffentlichen, heute Verkehrs- und Ordnungsinteressen auf inländische Grundstücke das eigene Recht an. Das gleiche billigt man dem ausländischen Staat zu, aber *nur, soweit* er *denselben Interessen Rechnung trägt* und ebenfalls eine solche Unterscheidung vornimmt[10]. Es handelt sich insofern um eine *„bedingte Verweisung"*.

Bei in Deutschland belegenem Vermögen ist diese *Bedingung* m. E. *nicht erfüllt.* Denn hier tritt die Anwendung deutschen Erbrechts auf deutsche Grundstücke zugunsten der *Nachlaßeinheit* zurück: Erbrechtlich werden unbewegliche Sachen *wie bewegliche* behandelt[11].

Da das Erbrecht von New Jersey insofern auf das Wohnsitzrecht verweist, und der Erblasser in New Jersey seinen letzten Wohnsitz hatte, *entfällt* damit eine *Rückverweisung.*

b) Zwischenergebnis

Das Gericht muß sich entscheiden: Folgt es der hier vertretenen Auffassung, dann ist materielles *Erbrecht von New Jersey/USA* anzuwenden,

---

[9] 6 *Bowe-Parker,* Page on Wills (4. Aufl. 1962) 445 (real property) und 458 (personal property); *Goodrich,* Conflict of Laws (4. Aufl. 1964) §§ 164 f. (S. 323 f.); *Restatement* of the Conflict of Laws (2d), Tent. Draft No. 5 (1959) §§ 245, 249, 303, 306; *Redmond* v. *New Jersey Historical Soc.,* 18 A. 2 d 275 (New. J. Ct. of Chancery – 1941); *Rosenbaum* v. *Garrett,* 41 A. 252 (New J. Ct. of Chancery – 1898); *Guarantee Trust* v. *Maxwell* 30 A. 339 (New J. Ct. of Chancery – 1894); *Fidelity-Philadelphia Trust Co.* v. *Harloff,* 30 A. 2 d 57 (New J. Ct. of Chancery – 1943).

[10] Das ist z. B. daran zu erkennen, daß das „common law" den Staat über Beweglichkeit und Unbeweglichkeit einer zum Nachlaß gehörigen Sache entscheiden läßt, in dessen Gebiet diese belegen ist. Vgl. BGHZ 24, 352 (355); *Rabel,* Conflict of Laws, Bd. 4 (1958) 15.

[11] Näher *Kegel* aaO 130 f.

ohne Rücksicht darauf, ob „bewegliches" oder „unbewegliches" Vermögen hinterlassen wurde.

Folgt das Gericht der (herrschenden) Gegenmeinung, so muß es den Miterbenanteil an dem Grundstück als „beweglich" oder „unbeweglich" qualifizieren, obgleich diese generelle Unterscheidung dem deutschen Recht an sich fremd ist[12].

Es wird in diesem Falle das Grundstück als „unbeweglich" qualifizieren und insofern *deutsches Recht* anwenden.

*3. Das für die Vererbung der Hypothek geltende Recht*

a) Vorbemerkung

Folgt man der *hier vertretenen Meinung,* daß eine Rückverweisung für uns in jedem Falle unbeachtlich ist, so kann *offen bleiben,* ob eine solche auch für eine Hypothek an einem deutschen Grundstück in Frage kommt.

Für die *Gegenmeinung* ist allerdings erheblich, ob die Rückverweisung des Rechts von New Jersey für den „unbeweglichen" Nachlaß auch eine Hypothek an einem deutschen Grundstück umfaßt.

b) Das für die Qualifikation maßgebliche Recht

Da wir die ausländischen Kollisionsnormen genau so anzuwenden haben, wie sie im Ausland angewandt werden, müssen wir auch die in diesen Normen enthaltenen Systembegriffe im Sinn des von uns berufenen Rechts verstehen[13].

*Ob* es sich im einzelnen um *„bewegliche"* oder *„unbewegliche"* Vermögensstücke handelt, entscheidet daher grundsätzlich das Recht des Staates, der diese Unterscheidung in seinem internationalen Privatrecht trifft: hier das Recht von *New Jersey*[14].

Dieses folgt jedoch einer allgemeinen Regel des „common law" und gibt die Entscheidung an die *„lex rei sitae"* weiter bzw. zurück. Das Recht des Staates bestimmt also die „Beweglichkeit" oder „Unbeweglichkeit" eines einzelnen Vermögensstückes, in dessen Gebiet die Sache *belegen* ist[15].

*Wo* das Vermögensstück belegen ist, entscheidet das Recht von New Jersey *selbst,* denn die Belegenheit ist das Anknüpfungsmoment zur Bestimmung der „lex rei sitae".

---

[12] Vgl. zu dieser Frage im einzelnen u. 3 b.

[13] *Kegel* aaO 130.

[14] *BGH* 24, 352 (355); *OLG Frankfurt,* RabelsZ 19 (1954) 554 (555); *Kegel* aaO; *Neuhaus,* RabelsZ 19 (1954) 556; *Raape,* Internationales Privatrecht (5. Aufl. 1961), 416.

[15] *Beale,* Conflict of Laws, Bd. 2 (1935), 934; 6 *Bowe-Parker,* Page on Wills, aaO, 466; *Restatement* (2 d), aaO, § 208; *Rabel,* Conflict of Laws, Bd. 4 (1958) 15: „The principle that the lex situs determines whether an interest is movable, still enjoys such world-wide prevalence that documentation is unnecessary."

c) Die Belegenheit der Hypothek

Für die Belegenheit einer Hypothek bestehen *zwei Möglichkeiten*: Entweder sie teilt die *Belegenheit des Grundstücks,* auf dem sie lastet, oder die der gesicherten *Forderung.* Bei der ersten Alternative kann es keinen Zweifel geben: das *Grundstück* liegt *in Deutschland.*

Um die Belegenheit einer *Forderung* zu bestimmen, bedarf es dagegen einer *Fiktion.* Das anglo-amerikanische Recht – und das von New Jersey – hält schuldrechtliche Ansprüche („debts", „choses in action") grundsätzlich für am *Wohnort des Gläubigers* belegen, hier *in New Jersey.*

16 *Am. Jur.* (2 d) (1964), 36 Conflict of Laws, § 35 (S. 50 f.):

„While the idea of locality of things which may be said to be intangible is somewhat confusing, broadly speaking intangible personal property, such as evidences of debt and other choses in action, follows the person, and by fiction of law has its situs at the domicil of the owner. This, while debts, being intangible, have no actual situs, they as a general proposition follow the person of the creditor and not of the debtor, and are given the situs of the creditor's domicil, so that where the debtor and creditor reside in different states, the law of the domicil of the creditor prevails."

Obwohl die Belegenheit von Gegenständen, die als unkörperlich bezeichnet werden können, etwas verwirrend erscheint, folgt im allgemeinen unkörperliches bewegliches Vermögen, wie Urkunden oder Geldforderungen und andere Ansprüche, der Person und ist kraft gesetzlicher Fiktion am Domizil des Eigentümers belegen. Daher folgen Geldforderungen, obwohl sie unkörperlich sind und daher keine wirkliche Lage haben, im allgemeinen der Person des Gläubigers und nicht des Schuldners und sind am Domizil des Gläubigers belegen. Wo daher Gläubiger und Schuldner in verschiedenen Staaten wohnen, geht das Wohnsitzrecht des Gläubigers vor [16].

Von dieser Regel wird nur gelegentlich aus besonderen Gründen abgewichen, so zur Begründung der Zuständigkeit für eine Klage gegen den Schuldner.

Teils nimmt man hierfür eine besondere Belegenheit der Schuld im Gegensatz zu der der Forderung an [17].

Das Rechtsinstitut des amerikanischen Rechts, das der deutschen Hypothek am ähnlichsten sieht, ist das *„mortgage" an Grundstücken*: ein besitzloses Pfandrecht, das durch eine Urkunde („deed") nachgewiesen wird. Wo dieses anzusiedeln ist, wird in den einzelnen US-amerikanischen Staaten unterschiedlich entschieden [18].

Nach der modernen Auffassung, die sich auf „equity law" gründet und der sich bereits die Mehrheit der Staaten angeschlossen hat, gilt die ge-

---

[16] Ebenso: 15 *C. J. S.,* Conflict of Laws, § 18 c (S. 928), jeweils mit weiteren Nachweisen; *Minor,* Conflict of Laws (1901), § 121 (S. 274–277).

[17] Nachweise wie oben; insbesondere *Minor* aaO 276.

[18] 16 *Am. Jur. 2 d* (1964), Conflict of Laws, § 21 (S. 34–36) mit Nachweisen.

sicherte Forderung als das Primäre; das „mortgage" wird als dessen Annex angesehen, als eine bloße Sicherung der Forderung, die in rechtlicher Beziehung völlig abhängig ist. Daher ist das „mortgage" auch *am Ort der Forderung belegen,* also am *Domizil des Gläubigers*[19].

Eine Mindermeinung sieht jedoch noch nach strengem „common law" in dem „mortgage" eine Art *bedingter Übereignung* („conditional conveyance", „qualified estate", „estate upon conditions"). Da nach dieser Auffassung das „mortgage" nicht nur eine Befriedigungsbefugnis am Eigentum ist, sondern das Eigentum selbst, ist es auch da belegen, wo das *Grundstück belegen* ist[20]. *New Jersey* scheint zu den Staaten zu gehören, in denen die erstere Ansicht vorherrscht[21].

Da es sich hier nicht um ein dem „common law" entstammendes „mortgage" handelt, sondern um eine deutsche Hypothek, kann erst recht kein Zweifel sein, daß sie *nicht* in einer bedingten Übereignung des Grundstücks besteht, sondern dem Gläubiger der Forderung lediglich ein Verwertungsrecht gibt. Sie ist daher aus der Sicht des maßgeblichen Rechts von New Jersey in *New Jersey belegen.*

d) Ergebnis

Die Vererbung der Hypothek unterliegt daher *in jedem Falle* dem Recht von New Jersey[22].

#### *4. Sonstiges bewegliches Vermögen*

Sonstiges bewegliches Vermögen – falls solches noch vorhanden ist – vererbt sich nach dem *Recht von New Jersey* als Wohnsitzrecht.

## B. DIE FORMGÜLTIGKEIT DES TESTAMENTS

### *I. Das anwendbare Recht*

#### *1. Staatsvertrag*

In Staatsverträgen enthaltene internationalprivatrechtliche Normen haben Vorrang vor den Bestimmungen des EGBGB[23].

---

[19] Vgl. 16 *Am. Jur. 2 d* (1964), Conflict of Laws, § 21 (S. 34–36); 36 *Am. Jur.* (1941/1955), Mortgages, § 2 (S. 690) u. § 57 (S. 717), jeweils mit weiteren Nachweisen.

[20] Nachweise wie oben.

[21] Vgl. *City of Trenton* v. *Howell,* 27 A. 2d 609 (New Jers. Ct. of Chancery – 1942).

[22] A. A. *Neuhaus* aaO 565 (für England) und wohl auch *Baade,* JIR, Bd. 6 (1956) 291–296.

[23] RGZ 105, 340 (341); *Kegel* in *Soergel-Siebert,* aaO, vor Art. 7, Randz. 9 (S. 510).

In der Bundesrepublik Deutschland ist am 1. 1. 1966 das Haager „Abkommen über das internationale Privatrecht der Form testamentarischer Verfügungen" vom 5. 10. 1961 in Kraft getreten[24].

Nach *Art. 6 S. 2* ist dieses Abkommen

„... auch dann anzuwenden, wenn die Beteiligten nicht Staatsangehörige eines Vertragsstaates sind oder das aufgrund der vorangehenden Artikel anzuwendende Recht nicht das eines Vertragsstaates ist."

Es ist also *„loi uniforme"*.

Nach seinem Art. 8 wird das Abkommen aber nur auf solche Erbfälle angewandt, die *nach seinem Inkrafttreten* am 1. 1. 1966 eingetreten sind. Da hier der Erblasser bereits 1965 verstorben ist, verbleibt es bei den *Regeln des EGBGB.*

### *2. Kollisionsnormen des EGBGB*

Nach Art. 11 Abs. 1 EGBGB bestimmt sich die Form eines Rechtsgeschäfts nach den Gesetzen, die für seinen *Gegenstand* maßgebend sind. Alternativ läßt es Art. 11 Abs. 1 S. 2 EGBGB genügen, die Form zu wahren, die die Gesetze des *Geschäftsortes* vorschreiben.

Beides führt hier zur Anwendung des *Rechtes von New Jersey.* Denn dieses ist sowohl Geschäftsrecht[25] als auch Ortsrecht, da das Testament allem Anschein nach in New Jersey errichtet wurde.

So bezeichnet sich der Erblasser selbst als „residing ... in ... New Jersey" und beide Zeugen stammen aus diesem Staat.

## *II. Testamentsrecht von New Jersey*

Über die Formerfordernisse eines Testaments bestimmen die *New Jersey Revised Statutes.*

*§ 3 A: 3–2 (Revision 1951/1957):*

„Except as provided in section 3 A: 3–5 of this title, a will to be valid shall be in writing and signed by the testator, which signature shall be made by the testator, or the making thereof acknowledged by him, and such writing declared to be his last will, in the presence of 2 witnesses present at the

Mit Ausnahme der Vorschriften des § 3 A: 3–5 dieses Titels [betr. Testamente von Soldaten] muß ein Testament, um gültig zu sein, geschrieben und vom Testator unterzeichnet sein. Diese Unterschrift muß vom Testator geleistet oder als von ihm stammend anerkannt und das Schriftstück als sein

---

[24] Bekanntmachung vom 29. 12. 1965, BGBl. 1966 II, S. 11. Das Abkommen ist abgedruckt in BGBl. 1965 II, S. 1145–1151; Ratifizierungsgesetz vom 27. 8. 1965, BGBl. II, S. 1144.

[25] Vgl. o. A.; nach der Gegenmeinung bezieht sich das nicht auf deutsche Grundstücke.

same time, who shall subscribe their names thereto, as witnesses, in the presence of the testator."

letzter Wille erklärt werden, bei gleichzeitiger Anwesenheit zweier Zeugen, die in dieser Eigenschaft im Beisein des Testators unterschreiben müssen.

Das Testament kann maschinengeschrieben sein und aus mehreren Blättern bestehen, die nicht alle einzeln unterschrieben zu sein brauchen[26].

Das Testament ist vom Erblasser eigenhändig unterschrieben. Sodann erklären zwei Zeugen, daß er es in ihrer Gegenwart unterzeichnet und als seinen letzten Willen anerkannt habe und daß sie in seinem Beisein als Zeugen unterschrieben hätten[27].

Daß einer der Zeugen, Louis O., gleichzeitig im Testament zum „executor" und „trustee" ernannt wurde, beeinträchtigt die Gültigkeit nicht[28]. Das Testament ist somit *formgültig*[29].

## C. MATERIELLES ERBRECHT VON NEW JERSEY

### *I. „Personal Representative"*

#### *1. Grundsatz*

Nach materiellem Erbrecht von New Jersey wird der Nachlaß in aller Regel über einen *„personal representative"* abgewickelt, d. h. bei Intestaterbfolge über einen *„administrator"* (Nachlaßverwalter), bei testamentarischer Erbfolge über einen *„executor"* (Testamentsvollstrecker), sofern ein solcher im Testament eingesetzt wurde und sein Amt ausüben will und kann. Andernfalls muß ein *„administrator with the will annexed"* oder *„-cum testamento annexo (C. T. A.)"* ernannt werden.

Aufgabe des „personal representative" ist es, Aktiva einzuziehen, Schulden abzuwickeln, den Nachlaß zu sichern und zu verteilen[30].

Eine *Nachlaßspaltung* gibt es auch im materiellen Erbrecht: Während *unbewegliches Vermögen unmittelbar* auf die „Erben" oder „Vermächtnisnehmer" übergeht – und zwar so, wie es vom Erblasser bestimmt wurde und *nicht* im Wege der Universalsukzession – und nur der *Heranziehung zur Haftung für Nachlaßschulden* durch den „administrator" unterliegt[31],

---

[26] In re Drake's Will 192 A. 428 (N. J. Orphans' Ct. – 1937); In re Johnson Will, 85 A. 254 (N. J. Ct. of Err. and App. – 1912); 2 *Bowe-Parker*, Page on Wills (4. Aufl. 1960) 71–72, 78.

[27] Text oben S. 811.

[28] Vgl. unten S. 821, 825.

[29] Daß es formgültig ist, könnte übrigens auch schon daraus gefolgert werden, daß ihm in New Jersey das „probate" erteilt, d. h. es gerichtlich bestätigt wurde, vgl. LG München WM 1967, 812 (815).

[30] Vgl. N. J. Rev. Stat. Titel 3 A, Subtitle 3.

[31] 6 *Bowe-Parker* aaO 378 f.; 31 *Am. Jur. 2 d* (1967), Executors and Administrators, § 246 (S. 130); *McTamney* v. *McTamney*, 46 A. 2d 444 (N. J. Ct. of Chancery – 1946); *Craig* v. *Craig* 95 A. 2 d 767 (N. J. Superior Ct. – 1953).

geht das *bewegliche Vermögen*[32] in den meisten US-amerikanischen Staaten, auch in New Jersey, *auf den „personal representative" über*[33]. Dieser ist allein verwaltungs- und verfügungsberechtigt und Inhaber des *„legal title"*. Er hat jedoch den Nachlaßgläubigern und sonst am Nachlaß Berechtigten gegenüber nur die *Stellung eines Treuhänders*. Obgleich nicht Eigentümer im strengen gesetzlichen („legal") Sinne, sind die *„Erben" und „Vermächtnisnehmer"* doch mit ursprünglich dem Eigentümer zustehenden Schutzrechten ausgestattet und Inhaber des *„equitable title"*. Insofern gleicht das Verhältnis zwischen dem „personal representative" und den am Nachlaß Berechtigten einem *„trust"*[34].

Im vorliegenden Fall ist allerdings auch das *unbewegliche* Vermögen den „executors" übertragen, vgl. unten S. 824.

### 2. Befugnisse des „Personal Representative" in Deutschland

Im deutschen Schrifttum findet sich die Meinung, eine solche Erbschaftsverwaltung nach „common law" sei mit dem deutschen Sachstatut nicht in Einklang zu bringen. Anglo-amerikanische Erbfälle seien in Deutschland daher in jedem Fall nach deutschem Recht abzuwickeln[35]. Dem kann jedoch nicht gefolgt werden. *Gottheiner*[36], auf dessen Ausführungen hier verwiesen werden kann, hat die Argumente Wenglers im einzelnen zutreffend widerlegt. Danach erscheint die Erbschaftsverwaltung des „common law" mit dem deutschen Sachstatut vereinbar[37].

Die Ansicht, das Amt des „personal representative" sei notwendig auf das Gebiet desjenigen US-Staates begrenzt, in dem er gerichtlich ernannt sei[38], beruht auf einer Mißdeutung der Tatsache, daß er in den USA oftmals nicht außerhalb dieses Staates tätig werden kann. Das hat dann aber seinen Grund darin, daß die *anderen Staaten* ihn in ihrem Gebiet

---

[32] Dazu gehört nach amerikanischer Auffassung auch die Hypothek als Anhängsel der Forderung, vgl. oben A II 3, S. 816 f.

[33] 6 *Bowe-Parker* aaO 383 f.; 31 *Am. Jur. 2 d*, aaO, § 243 (S. 128); 33 *C. J. S.* (1942 mit 1962 Supplement), Executors and Administrators, § 299 a (S. 1341); *Craig* v. *Craig*, aaO.

[34] 31 *Am. Jur. 2 d*, aaO, § 243 (S. 128); 33 *C. J. S.*, aaO, § 299 b (S. 1342 f.). Vgl. auch zum „trust" im einzelnen unten C II 4, S. 33–35.

[35] *Wengler*, Fragen des deutschen Erbscheinsrechts für Nachlässe, auf die englisches Intestaterbrecht anwendbar ist, JR 1955, 41–43; *Firsching*, Testamentsvollstrecker – executor – trustee, DNotZ 1959, 354–373; *ders.* in *Staudinger*, BGB Erbrecht (10./11. Aufl. 1960) § 2368, Anm. 34 (S. 1952 f.); *ders.* in „Deutsch-Amerikanische Erbfälle" (1965) 135.

[36] Die Anwendung des englischen Erbrechts auf Nachlässe in Deutschland, RabelsZ 21 (1956) 36–72.

[37] Zu der verwandten Frage beim „trust" vgl. u. C II 4 b, S. 827.

[38] *Firsching* aaO.

nicht anerkennen, hauptsächlich, um ihre eigenen Nachlaßgläubiger zu schützen[39].

Das deutsche Recht kennt eine solche grundsätzliche Beschränkung ausländischer Testamentsvollstrecker oder Nachlaßverwalter jedoch nicht[40].

### 3. *Die Bestimmung der „executors" im Testament*

Unter Ziffer 7 seines Testaments hat der Erblasser zwei „(co-)executors" eingesetzt (englischer Text oben S. 811):

„Ich ernenne die obengenannten Saul I. S. und Louis O. zu „trustees" und gebe ihnen das Recht zur Verwaltung der oben geschaffenen „trusts". Weiterhin ernenne ich Saul I. S. und Louis O. zu Testamentsvollstreckern dieses meines letzten Willens. Ich bestimme, daß von ihnen keine Sicherheit für die getreuliche Ausübung ihrer Pflichten verlangt werden darf und gebe meinen Testamentsvollstreckern hiermit die volle Rechtsmacht und Autorität, mein Grund- und bewegliches Vermögen, das ich bei meinem Tode innehabe, zu übertragen, damit zu handeln, es zu verkaufen, zu verpachten, zu vermieten, zu verwalten, mit Pfandrechten zu belasten, zu tauschen oder in jedwelcher Weise damit umzugehen und darüber zu verfügen, wenn und zu welchen Bedingungen sie dieses auch immer im Interesse meines Nachlasses für erforderlich halten."

Unmittelbar aus dem Testament können die „executors" ihre Befugnisse im allgemeinen freilich nicht herleiten. Im Rahmen des „probate"-Verfahrens (der gerichtlichen Bestätigung des Testaments) ist ihnen vielmehr auf Antrag eine Ernennungsurkunde („letters testamentary") zu erteilen. Das ist geschehen, wie die bei den Akten befindliche Bescheinigung des „Union County Surrogate's Court" ausweist (oben S. 881 f.).

Zwar hat einer der ernannten „executors", Louis O., das Testament auch als Zeuge unterschrieben. Beide Funktionen lassen sich nach dem Recht von New Jersey jedoch miteinander vereinbaren[41].

## *II. Die Rechtsstellung der im Testament Bedachten*

### 1. *Grundsatz*

Während, wie ausgeführt, unbewegliches Vermögen so wie es „vermacht" ist, mit dem Erbfall auf die Bedachten übergeht, unterscheidet das amerikanische Recht bei beweglichem Vermögen drei Arten von Verfügungen von Todes wegen („legacies"):

---

[39] Vgl. 31 *Am. Jur. 2 d*, aaO, § 684 (S. 284).

[40] Vgl. auch *Schwenn*, NJW 1952, 1113–1116 (1114).

[41] 2 *Bowe-Parker* aaO 192–195; 57 *Am. Jur.* (1948/1956), Wills, § 316 (S. 241 f.); In re Dillon's Estate, 130 A. 245 (Essex County Orph. Ct. of N. J. – 1925).

1. *„specific legacies"*, die einen genau bezeichneten Gegenstand betreffen, der sich vom übrigen Nachlaß trennen läßt; hierzu kann z. B. auch eine in ihrer Herkunft genau bezeichnete Geldsumme gehören;
2. *„general legacies"*; es handelt sich um Zuwendungen, die nicht bestimmte Nachlaßgegenstände betreffen;
3. *„residuary legacies"*; das sind die Zuwendungen des Restnachlasses nach Erfüllung aller Nachlaßverbindlichkeiten, einschließlich aller „specific" und „general legacies"[42].

Soweit die Zuwendungen „specific" oder „general" sind, haben die Begünstigten einen Anspruch gegen den Nachlaß (den „executor") auf Leistung einer bestimmten Sache oder einer bestimmten Geldsumme. Ihre Rechtsstellung entspricht der von Vermächtnisnehmern.

*Auch* der *„residuary legatee"* hat *nur* einen *Anspruch* auf Aushändigung des Restnachlasses. Wegen seiner *wirtschaftlichen Stellung* ist aber er noch am ehesten einem *„Erben" gleichzusetzen*[43].

*2. Die Bestimmungen des Testaments*

Die im Testament getroffenen Bestimmungen passen freilich insofern nicht in dieses Schema, als sie keine unmittelbaren Zuwendungen an die letzten Endes begünstigte Witwe enthalten, sondern das Vermögen – und zwar in zwei Teilen – zwei „trustees" (Treuhändern) zuwenden, die es zugunsten der Witwe verwalten sollen.

In dem Testament ist bestimmt (englischer Text oben S. 808–810):

*Deutsch:*

*„Zweitens:*

Für den Fall, daß meine Frau, Johanna B., mich überlebt, übertrage ich letztwillig auf Saul J. S. und Louis O., bzw. deren Rechtsnachfolger und von ihnen Benannte, „in trust" für sie [die Ehefrau] zu den hier festgesetzten Bedingungen einen Teil meines Vermögens, der lediglich Vermögensgegenstände enthält, die nach den Bundes-Steuergesetzen und -verordnungen zum Freibetrag des Ehegatten gezählt werden können, in Höhe von ½ meines zusammengestellten Gesamtnachlasses, wie genau bezeichnet in § 2056 des Gesetzes über Staatseinkünfte von 1954, abzüglich des Wertes von Vermögensgegenständen, die außerhalb dieses Testaments auf sie übergegangen sind oder noch werden und welche für bundessteuerliche Zwecke in meinen Gesamtnachlaß einzuschließen sind und als Teil des Freibetrages des Ehegatten anerkannt werden können. Das so aufgeteilte Bargeld, Sicherheiten und sonstige Vermögen soll so ausgewählt werden,

---

[42] *Ferid-Firsching*, Internationales Erbrecht (1961), Bd. II, USA, Grdz., Randz. 179, 180, 182.

[43] Vgl. *Gottheiner* aaO 67; *Schwenn* aaO 1113.

daß es einen Gesamtwert hat, der etwa den Zuwachs oder Verlust des Wertes des gesamten für die Aufteilung zur Verfügung stehenden Vermögens zur Zeit einer jeden Verteilung repräsentiert.

A. Dieser „trust" soll als ein besonderer „trust" verwaltet werden und den Namen „Johanna B. Trust" führen.

B. Die „trustees" sollen meiner Frau, Johanna B., während ihres Lebens die gesamten Erträge des „Johanna B. Trust" auszahlen, und zwar in vierteljährlichen oder sonst passenden Raten, vorausgesetzt, daß diese Zahlungen keinesfalls seltener als jährlich erfolgen.

C. Ich wünsche, daß meine Frau zu ihren Lebzeiten und während sie die Erträge des nachfolgend errichteten „Residuary Trust" erhält, monatlich mindestens 1 000 Dollar hat. Wenn meine „trustees" den aus dem Kapital des „trust" zu zahlenden Betrag bestimmen, sollen sie das Einkommen berücksichtigen, das meine Frau aus ihrem eigenen Vermögen und Investierungen, aus dem „Johanna B. Trust" und aus dem „Residuary Trust" erhält, ferner Ratenzahlungen aus Erträgen von Versicherungspolicen, Pensionszahlungen und sonstiges Einkommen. Sie können sich auf die Erklärungen und Angaben meiner Frau verlassen.

Wenn diese nicht mehr alle Einkünfte aus dem nachfolgend errichteten „Residuary Trust" erhält, soll die Zahl von 1 000 Dollar monatlich nicht länger gelten, und meine „trustees" können ihr aus dem Kapital des „Johanna B. Trust" eine oder mehrere angemessene Summen zahlen, die sie für genügend halten, um ihr ihre jetzige Lebensstellung zu erhalten.

Ich ermächtige hiermit meine genannten „trustees", an meine Frau aus dem Stammkapital dieses „trust" Zahlungen dann und in solcher Höhe zu leisten, wie sie nach ihrem Ermessen für richtig halten, wenn die Erträge für ihren angemessenen Lebensunterhalt nicht ausreichen.

D. Nach dem Tode meiner Ehefrau soll das gesamte verbleibende Kapital frei von allen hier errichteten „trusts" entweder in den Nachlaß meiner Frau oder in der Art und zu den Bruchteilen, wie meine Frau in ihrem letzten Willen bestimmen mag, auf eine oder mehrere andere Personen übergehen. Das Bestimmungsrecht, das hiermit meiner Frau gewährt ist, kann in allen Fällen von ihr und nur von ihr ausgeübt werden.

E. Sollte meine Frau die Ausübung der ihr gewährten Einsetzungsbefugnis versäumen, dann soll bei ihrem Tod das gesamte verbleibende Vermögen des „Johanna B. Trust" dem nachfolgend errichteten „Residuary Trust" zugeschlagen als ein Teil desselben und nach dessen Bestimmungen verwaltet werden. Ebenso soll, wenn mich meine Frau nicht überlebt, dieser Teil meines Nachlasses dem „residuary"-Nachlaß zugeschlagen werden.

F. Ich bestimme hiermit, daß meine „trustees" verschiedene Bücher über Einlagen, Investierungen und Rechnungen für jeden der hier errichteten verschiedenen „trusts" führen sollen; weiterhin ermächtige ich die besagten „trustees", alles Vermögen und Rechte, die im Zusammenhang mit diesem „trust" letztwillig auf sie übergegangen sind, in der Form, in der sie es empfangen haben, zu halten, es ganz oder teilweise zu verkaufen, zu verwalten, zu investieren und die Erträge daraus entgegenzunehmen und ferner die besagten Erträge zu den schon festgesetzten Zeitpunkten an meine Frau auszuzahlen, nachdem alle notwendigen und richtigerweise hiervon zu begleichenden Unkosten abgezogen wurden.

*Drittens:*

A. Alles übrige mir zur Zeit meines Todes gehörige Vermögen, welcher Art und wo belegen auch immer, übertrage ich letztwillig auf Saul I. S. und Louis O. bzw. deren Rechtsnachfolgern und von ihnen Benannten, jedoch „in trust", damit sie das Vermögen in der Form, in der sie es empfangen haben, halten, es ganz oder teilweise verkaufen, verwalten, investieren, die Erträge daraus entgegennehmen und, nachdem sie alle notwendigen und richtigerweise hiervon zu begleichenden Unkosten abgezogen haben, die Nettobeträge hieraus in angemessenen Teilbeträgen zeit ihres Lebens an meine Frau zahlen; beim Tode meiner Frau, oder falls sie mich nicht überlebt, soll der Rest dieses „Trust"-Vermögens wie er ist – bzw. mein „residuary"-Nachlaß, je nach Lage des Falles – an meine Tochter Renate Bü. ausgezahlt werden. Falls meine Tochter, Renate Bü., vor meiner Frau stirbt, aber Nachkommen hinterläßt, sollen diese ihren Anteil bekommen.

B. Für die Lebzeit meiner Frau Johanna B. ermächtige ich meine „trustees", aus dem Stammkapital dieses „trust"-Vermögens so oft und so viel an meine Frau zu zahlen, wie sie nach ihrem Ermessen für ratsam halten, im Falle daß die Erträge für ihren standesgemäßen Unterhalt nicht ausreichen.

C. Ich ermächtige hiermit meine „trustees", den „Residuary Trust" als ein besonderes „trust"-Vermögen zu führen, und von meiner Frau soll keine Rechenschaft über irgendwelche Teile der nach diesen testamentarischen Bestimmungen an sie ausgezahlten Erträge verlangt werden.

Hier hat also der Erblasser zunächst über einen fest umrissenen Teil des Nachlasses verfügt. Seine Bestimmung könnte als *„general"* bezeichnet werden. Sodann hat er über den gesamten Rest des Nachlasses verfügt. Diese Bestimmung umfaßt also den *„residuary"*-Teil.

Beide Nachlaßteile sollen jedoch als „trust" auf zwei „trustees" übergehen, die die Vermögensmassen zugunsten der Witwe verwalten sollen. Sie können, soweit sich aus den Bestimmungen des „trust" nichts anderes ergibt, ihre Befugnisse grundsätzlich nur *gemeinschaftlich* wahrnehmen[44].

Über das Vermögen des ersten „trust" („Johanna B. Trust") soll die Witwe jedoch bei ihrem Tode letztwillig verfügen können, bzw. er soll in ihren Nachlaß fallen. Das Vermögen des zweiten „trust" („Residuary Trust") dagegen soll in diesem Fall an die gemeinsame Tochter fallen.

Den *„executors"* ist, wie Nr. 4 Abs. 1 Satz 1 und Nr. 7 des Testaments ergeben, auch aller Grundbesitz des Erblassers übertragen.

Nr. 4 Abs. 1 Satz 1 des Testaments lautet auf deutsch (englischer Text oben S. 810):

„Vorbehaltlich anderer Bestimmungen dieses Testamentes sind die „trustees" berechtigt, sobald die Übertragung von den „executors" auf sie stattgefunden hat, alle Investierungen und Sicherheiten, die mir zur Zeit meines Todes gehören, weiterhin zu besitzen und zu behalten, auch wenn sie zwar bei ihrem Erwerb den

---

[44] 54 *Am. Jur.*, Trusts, § 296 (S. 235).

gesetzlichen Anforderungen entsprechen, nach ihrem Erwerb den Anforderungen für gesetzliche Investierungen jedoch nicht mehr entsprechen..."

Zum Wortlaut der Nr. 7 des Testaments vgl. oben S. 821.

### 3. *Personengleichheit zwischen „trustee", „executor" und Testamentszeugen*

In seinem Testament hat der Erblasser *dieselben* Personen als *„trustee"* eingesetzt, die auch *„executors"* sind: Saul J. S. und Louis O.; der letztere ist überdies *Testamentszeuge.*

Grundsätzlich darf nach „common law" niemand Testamentszeuge und zugleich im Testament Bedachter sein[45].

Da der „trustee" den Nachlaß jedoch nicht zu eigenen Gunsten und im eigenen Interesse erhält[46] und daher die Gefahr von Interessenkollisionen in erheblich geringerem Maße besteht, wird dieser Grundsatz – bis auf wenige Ausnahmen, die hier nicht vorliegen – *nicht angewandt,* wenn ein „trustee" Testamentszeuge ist[47].

Daß die „trustees" auch als „executors" benannt sind, widerspricht ebenfalls nicht den Grundsätzen des „common law". Zwar haben beide die Stellung eines „Treuhänders". Dennoch sind ihre Funktionen verschieden: Während der „executor" den Nachlaß für alle daran Berechtigten innehat, um ihn abzuwickeln und nach dem Willen des Erblassers zu verteilen, hat der „trustee" das „trust"-Vermögen für den vom Erblasser bestimmten Begünstigten auf längere Dauer inne; seine Aufgabe ist nicht auf möglichst baldige Beendigung des Amtes gerichtet.

Es bedarf daher einer Übertragung, auch wenn der „executor" selbst Empfänger (im eigenen Interesse oder als „trustee" für einen anderen) eines Teiles des Nachlasses ist.

Vgl. 6 *Bowe-Parker* aaO 383 f.:

„Even though the executor and legatee are the same person, the executor holds title in his official and not in his personal capacity until requirements of probate proceedings relating to testator's debts have been met."

Selbst wenn „executor" und Bedachter ein und dieselbe Person sind, hat der executor den „Titel" so lange in seiner offiziellen und nicht in seiner persönlichen Eigenschaft inne, bis die Erfordernisse des „probate"-Verfahrens bezüglich der Nachlaßschulden erfüllt sind.

Im vorliegenden Fall ist nicht nur das bewegliche, sondern auch das Grundvermögen des Erblassers zunächst auf die Herren S. und O. als

---

[45] 2 *Bowe-Parker* aaO 187–189; §§ 3 A: 3–6, 3 A: 3–7 N. J. Rev. Stat.

[46] Vgl. u. C II 4, S. 826 f.

[47] 2 *Bowe-Parker* aaO 196 f.; 57 *Am. Jur.*, aaO, § 317 (S. 242); vgl. auch die Entscheidung in N. J. bezüglich des ähnlich gelagerten Falles des „executors", oben S. 821.

„executors" übergegangen (oben S. 824). Sie haben es auf sich selbst als „trustees" zu übertragen.

### *4. Trust*

a) Allgemeines

Nach Abschluß der „administration" soll daher das hinterlassene Vermögen in zwei verschiedenen „trusts" für die Witwe des Erblassers verwaltet werden.

Der „trust" ist ein dem „common law" eigentümliches Rechtsinstitut, das seine Wurzeln im mittelalterlichen Lehnsrecht hat[48]. Hier soll nur der *durch Rechtsgeschäft* errichtete „trust" betrachtet werden; dazu gehört *auch* der durch *Verfügung von Todes wegen* errichtete[49].

Grundsätzlich sind bei der Schöpfung eines „trust" *drei Personen* beteiligt: der *„settlor"* – hier der Erblasser – überträgt eine Sache oder ein Recht, die „trust res", auf einen anderen, den „trustee" und erklärt dabei, dieser solle das ihm Übertragene zugunsten eines Dritten, des *„beneficiary"* oder *„cestui que trust"* innehaben[50].

Als „trust" bezeichnet man dann das *rechtliche Verhältnis* zwischen „Treuhänder" („trustee") und Begünstigtem („beneficiary")[51]. Es wird gekennzeichnet durch eine *Aufspaltung des Eigentums* an der „trust res": Der „trustee" (Treuhänder) hat den *„legal title"* an der Sache; der „beneficiary" hat die *„equitable ownership"*. Das heißt: der „trustee" ist Eigentümer, ihm ist der „title" übertragen worden; aber auch der „beneficiary" hat eine Reihe von Schutzrechten, die an sich dem Eigentümer zustehen und die dinglich wirken. Er ist *nicht*, wie der Treugeber deutschen Rechts, *auf* rein *obligatorische Ansprüche* gegen den Treuhänder *beschränkt*[52].

Diese Aufspaltung des Eigentums rührt historisch daher, daß der englische *„Chancellor"* das Recht hatte, in eigenen Gerichten die starren Regeln des „common law" durch eine Art von Billigkeitsrechtsprechung („equity") zu ergänzen und anpassungsfähiger zu machen. Das führte dazu, daß in den „Courts of Law" der „trustee" als alleiniger Eigentümer angesehen wurde, während in den „Courts of Equity" – bei Anerkennung der Eigentümerstellung des „trustee" – der „cestui que trust" weitgehend mit eigentumsähnlichen Schutzrechten ausgestattet wurde. Die Summe dieser Rechte des „beneficiary" wurden mit der Zeit unter dem Sammelbegriff *„equitable ownership"* zusammengefaßt[53].

---

[48] Vgl. *Kötz*, Trust und Treuhand (1963) 14 f. [49] *Kötz* aaO 26.

[50] Vgl. *Parker*, Privatrecht der USA (1960) 97.

[51] Vgl. 54 *Am. Jur.* (1945 mit 1957 Supplement), Trusts, § 4 (S. 21).

[52] Eingehend *Goldstein*, Trust of Movables in the Conflict of Laws (Diss. Köln 1966), S. 82 f.; *Heymann*, Trustee und Trustee-Company im deutschen Rechtsverkehr (Sonderdruck aus Festschrift für Brunner, 1910) 18 f.

[53] Vgl. auch *Kötz* aaO 14–18; *Heymann* aaO 17–19; 54 *Am. Jur.* aaO, § 4 (S. 21 f.).

b) Vereinbarkeit mit deutschem Sachstatut

Fraglich ist freilich, ob grundsätzlich ein solcher letztwillig errichteter „trust" *in Deutschland* wirksam werden kann oder ob er dem deutschen Sachstatut widerspricht. Denn auch das Erbstatut als Vermögensstatut kann keine Rechte schaffen, die mit dem Einzelstatut nicht zu vereinbaren sind[54].

Gegen die Wirksamkeit eines „trust" in Deutschland können dieselben Bedenken erhoben werden, die zum Teil von deutschen Autoren[55] gegen die Tätigkeit des „personal representative" in Deutschland geltend gemacht werden[56]. Jedoch besteht auch hier kein solcher Unterschied zwischen den deutschen Rechtsinstituten und dem „trust", daß dieser von uns nicht anerkannt werden könnte[57].

c) Beendigung des „Trust"

Nach dem Willen des Erblassers soll das Vermögen des „Johanna B. Trust" mit dem Tode der Witwe frei von treuhänderischer Bindung an von dieser bestimmte Personen oder in ihren Nachlaß fallen. Das Vermögen des „Residuary Trust" soll – ebenfalls frei von treuhänderischer Bindung – an die Tochter Renate Bü. fallen.

Beide Möglichkeiten entsprechen dem „common law". So kann jemand Vermögen für eine bestimmte Zeit oder für Lebenszeit einem anderen zuwenden, mit der Bestimmung, daß es dann einem Dritten zufällt. Dieser hat dann schon vorher ein *„future interest"*[58]. Das ist beim „Residuary Trust" geschehen.

Beim „Johanna B. Trust" hat der Erblasser der Witwe die Bestimmung der Personen überlassen, an die das Vermögen von den „trustees" übergehen soll; er hat ihr eine „power of appointment" eingeräumt[59].

---

[54] Vgl. *Kegel* in *Soergel-Siebert,* aaO, vor Art. 7, Randz. 277 (S. 584).

[55] S. oben Fußn. 35.

[56] *Goldstein* aaO 80, Fußn. 281.

[57] Zunächst können hier die Argumente *Gottheiners,* aaO, entsprechend herangezogen werden. Vgl. ferner *Goldstein* aaO 80–85, wo die Funktionen des „trust" denen entsprechender deutscher Rechtsinstitute im einzelnen gegenübergestellt sind, mit dem Ergebnis, daß ein unüberbrückbarer Widerspruch nicht besteht. Über funktionsverwandte Institute des deutschen Rechts ferner *Kötz* aaO 97–157. Siehe auch *Heymann* aaO 19–27, der eingehend zu der Problematik Stellung nimmt und mit zutreffender Begründung darauf hinweist, daß wir vom Standpunkt des deutschen Rechts aus berechtigt sind, die Duplizität des anglo-amerikanischen Rechts nötigenfalls zu ignorieren und den *„trustee" als Vollberechtigten* anzusehen.

[58] Vgl. eingehend *Schwartz,* Future Interests and Estate Planning (1965) 11–14. Solche „life estates" sind nach moderner Ansicht auch bei beweglichem Vermögen („personal property") möglich; vgl. 28 *Am. Jur. 2 d,* 1966, Estates, § 58 (S. 147 f.): „Under the modern law, the principle is well settled that a life estate and future interests usually by way of remainder, may be created in personal property."

[59] Vgl. *Schwartz* aaO 340–342.

## D. SONSTIGE RECHTE DER WITWE AM NACHLASS

### *I. „Dower"*

Bereits eine sehr alte Regel des „common law"[60] gibt der Ehefrau ein eigenartiges – etwa dem „Nießbrauch" entsprechendes – Recht an einem Teil des unbeweglichen Vermögens ihres Ehemannes, das erst bei dessen Tode voll wirksam wird. Es handelt sich um das *„dower"*, das heute von vielen Staaten abgeschafft, von manchen aber beibehalten oder nur abgeändert wurde[61].

Die *New Jersey Statutes* bestimmen hierzu:

*§ 3 A: 35–1:*

„The widow, whether alien or not, of a person dying intestate or otherwise, shall be endowed, for the term of her natural life, of the full and equal half part of all real estate whereof her husband or another to his use, was seized of an estate of inheritance at any time during coverture, to which she shall not have relinquished or released her right of dower by deed duly executed and acknowledged in the manner provided by law for deeds to be recovered."

Jede Witwe, ob Ausländerin oder nicht, eines Intestat- oder sonstigen Erblassers soll während ihres natürlichen Lebens ein „dower"-Recht an einer vollen und gleichen Hälfte des gesamten unbeweglichen Vermögens haben, welches ihr Ehemann oder jemand für ihn zu irgendeiner Zeit während der Ehe zu vererblichem Eigentum innegehabt hat und in bezug auf welches sie ihr „dower"-Recht nicht durch eine ordnungsgemäß errichtete und anerkannte gesiegelte Urkunde nach den gesetzlichen Vorschriften für gesiegelte Urkunden aufgegeben hat.

Eine Quelle ständiger *Zweifelsfragen* ist das *Verhältnis* dieser „dower"-Rechte *zu* eventuellen *letztwilligen Zuwendungen* des Ehemannes an seine Frau. Grundsätzlich gilt die Auslegungsregel, daß solche Zuwendungen *zusätzlich* zum „dower" zu verstehen sind[62].

Jedoch kann sich aus dem Testament ergeben – entweder wörtlich oder durch „notwendige" Auslegung –, daß neben der letztwilligen Regelung für „dower"-Rechte kein Raum mehr sein soll. Dann steht die Witwe vor der Notwendigkeit, entweder ihre testamentarischen oder gesetzlichen Rechte zu wählen[63]. Ein solcher Fall ist z. B. auch anzunehmen, wenn Bestimmungen *zugunsten* der Witwe sich mit der Ausübung von „dower"-Rechten nicht vereinbaren lassen[64].

---

[60] Vgl. 25 *Am. Jur. (2 d)*, (1966), Dower and Curtesy, § 14 (S. 90).

[61] 25 *Am. Jur. 2 d*, aaO, § 15 (S. 91 f.).

[62] 25 *Am. Jur.* 2 d, aaO, § 155 f. (S. 201 f.); Ausnahmen: § 156.

[63] AaO, § 158 (S. 203 f.), mit Nachweisen.

[64] AaO, § 160 (S. 205 f.).

Wenn hier der Erblasser sein gesamtes Vermögen für seine Witwe „in trust" gegeben hat, so wäre mit diesem seinem Willen sicherlich nicht zu vereinbaren, wenn die Witwe ein unmittelbares Nießbrauchs-(„dower"-) Recht an der Hälfte des hinterlassenen Grundvermögens selbst ausübte. Die Rechte aus der letztwilligen Verfügung und „dower"-Rechte *schließen* hier also *einander aus.*

Aufgrund des Erbscheinsantrags kann jedoch davon ausgegangen werden, daß es bei der *testamentarischen Regelung verbleiben* soll.

Anderenfalls wären die Einzelfragen in einem gesonderten Gutachten zu prüfen.

### *II. Ehegüterrecht*

Es soll unterstellt werden, daß der Erblasser zur Zeit der Heirat amerikanischer Staatsbürger war und auch seinen Wohnsitz seit dieser Zeit in New Jersey hatte. Da das deutsche Recht das Ehegüterrechtsstatut nach Art. 15 EGBGB an die Staatsangehörigkeit des Mannes zur Zeit der Heirat anknüpft[65], das von New Jersey an den „ehelichen Wohnsitz" zur Zeit der Heirat oder des späteren Erwerbs des betreffenden Vermögens[66], kommt lediglich das *Ehegüterrecht* von *New Jersey* in Betracht.

Für weitere ehegüterrechtliche Ansprüche, die geeignet sein könnten, Erbrechte zu beeinflussen (wie z. B. § 1371 BGB), bietet das Recht von New Jersey *keinen Anhalt.*

Die Frage, ob das „dower" erb- oder güterrechtlich zu qualifizieren ist, kann hier offen bleiben.

## E. ERBSCHEIN

### *I. Internationale Zuständigkeit*

Die internationale Zuständigkeit deutscher Gerichte zur Erteilung eines Erbscheins, beschränkt auf die *in Deutschland belegenen Nachlaßgegenstände,* ergibt sich bei Anwendung eines fremden Rechts nach herrschender Ansicht aus § 2369 BGB[67]. Die *Vorfrage* hierfür, welche Gegenstände in Deutschland belegen sind, entscheidet das *deutsche Recht* selbst. So liegen *Hypotheken* für uns am *Lageort des Grundstücks*[68].

---

[65] BayObLG FamRZ 1959, 357 (359).

[66] Vgl. 25 *Am. Jur. 2 d,* aaO, § 17 (S. 93) mit Nachweisen. „Ehelicher Wohnsitz" ist der Wohnsitz des Ehemannes: 25 *Am. Jur. 2 d* (1966), Domicil, § 48 (S. 37) mit Nachweisen.

[67] Vgl. *Kegel* in *Soergel-Siebert,* aaO, vor Art. 24 EGBGB, Anm. 68, 72 (S. 925 f.); *Staudinger-Firsching,* BGB, Erbrecht (10./11. Aufl. 1960) § 2369, Anm. 7 (S. 1958 f.).

[68] *Kegel* in *Soergel-Siebert,* aaO, vor Art. 7 EGBGB, Randz. 433 (S. 623); *Raape* aaO 682.

## *II. Inhalt*

### *1. Allgemeines*

Es ist ein gegenständlich beschränkter (Fremdrechts-)Erbschein gemäß § 2369 BGB zu erteilen. Schwierigkeiten ergeben sich freilich daraus, daß dieser deutsche Erbschein die Rechtslage nach dem Recht von New Jersey wiedergeben soll. Denn er kann nur „Erben", nicht „Vermächtnisnehmern" erteilt werden (§ 2353 BGB), und er bekundet nur Erbrechte, nicht Vermächtnisse (§§ 2363–2365 BGB)[69].

Andererseits sind diese *Begriffe* dem *amerikanischen Recht fremd.* Dort geht der gesamte bewegliche Nachlaß zunächst treuhänderisch auf den „personal representative" über. Die Nachlaßberechtigten haben lediglich „Ansprüche" gegen ihn. Soweit die Zuwendungen *„specific"* oder *„general"* sind, sind die Begünstigten daher lediglich *Vermächtnisnehmern* gleichzustellen[70].

Den *„residuary legatee"*, der den Restnachlaß erhalten soll, pflegen wir dagegen *als Erben* zu bezeichnen. Zwar wird auch er nicht mit dem Erbfall Inhaber des Titels; doch steht er *wirtschaftlich* dem Erben am nächsten[71]. Um eine hierdurch entstehende Ungenauigkeit auszugleichen, muß im Erbschein jedoch darauf hingewiesen werden, *nach welchem Recht* geerbt wird[72]. Ferner muß wegen der Vermutung der Richtigkeit und Vollständigkeit des Erbscheins zum Zwecke der Verkehrserleichterung nach § 2365 BGB und wegen des Gutglaubensschutzes nach §§ 2366, 2367 BGB auch die *„administration" in ihm zum Ausdruck kommen,* die ja die Verfügungsmacht des „Erben" aufs stärkste beeinträchtigt[73].

### 2. *„Trust"*

Auch bei Anwendung dieser Regeln erhebt sich die Frage, wer als „Erbe" zu bezeichnen ist, wenn letztwillig ein „trust" errichtet wurde: der „trustee", der treuhänderisch den Titel innehat, oder der „cestui que trust", der den Nutzen haben soll[74]. Dafür, den „trustee" „Erben" zu nen-

[69] Vgl. *Schwenn,* NJW 1952, 1113–1116.
[70] Vgl. oben S. 822.
[71] Vgl. *Gottheiner* aaO 67; *Schwenn* aaO 1113.
[72] *Raape* aaO 452; *Schwenn* aaO 1116; BayObLGZ 1961, S. 21 (Nr. 2).
[73] *Kegel* aaO 368; *Raape* aaO 452; *Gottheiner* aaO 67–70. *A. M. Firsching,* DNotZ 1959, 354; *ders.,* Deutsch-amerikanische Erbfälle (1964) 114–117, 119, 121; vgl. hierüber aber unten.
[74] Außer Betracht bleiben müssen hier die Ausführungen von *Firsching,* Deutsch-amerikanische Erbfälle, S. 142 f. Dieser will zwar den Begünstigten als „Erben" bezeichnen und den „trustee" als „Testamentsvollstrecker". Dies jedoch nur darum, weil er das amerikanische Testament insoweit immer nach deutschem Recht auslegt und dabei versucht, den Willen des Testators annähernd zu treffen. Bei ihm ist der „cestui que trust" *wirklich* Erbe im Sinne des deutschen Rechts und der „trustee" *wirklich* Testamentsvollstrecker. Dagegen ist er der Meinung, falls

nen, spricht, daß er materiell Inhaber des „title" wird. Er ist „Eigentümer"; die „equitable ownership" des „beneficiary" ist nicht stark genug, diese Eigentümerstellung zu beseitigen[75].

Andererseits ist der *„beneficiary"* derjenige, dem der Nutzen der Erbschaft zugute kommen soll; er ist der *eigentlich Begünstigte.*

Die Stellung des „trustee" ähnelt der des „executor", den man auch nicht als „Erben" bezeichnet. Nur ist diese lediglich auf Abwicklung des Nachlasses und Aushändigung an die „Erben" ausgerichtet, während jene auf Dauer angelegt ist. Doch auch das deutsche Recht kennt eine Dauer-Testamentsvollstreckung, bei der der Erbe in seinem Verfügungsrecht über Nachlaßgegenstände beschränkt ist[76].

Nach alledem läßt es sich rechtfertigen, im Erbschein den *„beneficiary" als „Erben"* auszuweisen und den *„trust" als „Dauertestamentsvollstrekkung"* zu bezeichnen. Wenn man den „cestui que trust" als Erben bezeichnet, so müssen seine Befugnisse und Grenzen im Erbschein umrissen werden[77].

Hier dürfte der Hinweis auf das geltende Recht und auf den „trust" genügen. Zu beachten ist dann jedoch, daß die Bezeichnung „Erbe" noch nichts über die sachenrechtlichen Verhältnisse bezüglich der Nachlaßgegenstände aussagt. Eigentümer bleibt nach wie vor der „trustee"[78].

Jedoch kann die Witwe des Erblassers nicht uneingeschränkt als Vollerbin bezeichnet werden, da der Erblasser – wenigstens teilweise – *festgelegt hat, was mit* den beiden *Vermögensmassen nach dem Tode der Witwe geschehen soll.*

Wenn das – etwa eine Hälfte des Nachlasses ausmachende – Vermögen des *„residuary trust"* nach dem Tode der Witwe an die Tochter Renate Bü. und ersatzweise an deren Abkömmlinge fallen soll, so entspricht das einer *Vor-* und *Nach-* bzw. *Ersatznacherbfolge.*

Bezüglich des – etwa die andere Hälfte ausmachenden *„Johanna B. Trust"* hat die Witwe eine „power of appointment", d. h. das Recht, den Erben einzusetzen. Insoweit ist sie Vollerbin. *Übt sie* ihre *Einsetzungsbefugnis* jedoch *nicht aus,* soll dieses Vermögen dem des „residuary trust" zugeschlagen werden, d. h. es soll wie dieses *auf die Tochter, ersatzweise* deren *Abkömmlinge,* übergehen.

Unter der *Bedingung,* daß die Witwe ihre *„power of appointment" nicht ausübt,* ist also *ebenfalls Vor-* und *Nach-* bzw. *Ersatznacherbfolge* angeordnet.

---

man diese amerikanisch-rechtlichen Institute in Deutschland anerkenne, dürfte man *überhaupt keinen* Erbschein erteilen (S. 143).

[75] *Heymann* aaO 19–27.

[76] Vgl. § 2209 BGB. Der Beschränkung des § 2210 entspricht dem Sinne nach die im „common law" geltende sog. „rule against perpetuities".

[77] Vgl. *Gottheiner* aaO 71; *Kegel* aaO 368 f. und oben S. 830.

[78] Vgl. *Heymann* aaO.

### *3. Die Fassung des Erbscheins*

Nach den oben aufgestellten Grundsätzen ist also in den Erbschein aufzunehmen:

Die Witwe Johanna B. als *Vorerbin* und gegebenenfalls zum Teil als *Vollerbin.*

Die Tochter Renate Bü. als *Nacherbin bezüglich einer Hälfte* und als *bedingte Nacherbin bezüglich der anderen Hälfte* des Nachlasses und in beiden Fällen ihre Abkömmlinge als *Ersatznacherben.*

Die Anordnung von Testamentsvollstreckungen (Bestimmung von „executors" und „trustees"). Die Trennung ist trotz Personengleichheit von „executors" und „trustees" erforderlich, weil auch das amerikanische Recht beide Funktionen voneinander trennt und aneinander anschließt[79]. Erst nach Beendigung der „administration" und Freigabe des Nachlasses werden die Befugnisse in den Bestimmungen des „trust" wirksam, und erst wenn die „trustees" ihre Aufgaben als „executors" erfüllt haben, werden sie die „letters of trusteeship under a will" (N. J. Stat. § 6 A: 6–16) erhalten können.

Die Tatsache, daß das Recht von *New Jersey* gilt.

Die *gegenständliche Beschränkung* gem. § 2369 BGB.

Nach alledem könnte der *Erbschein* etwa *lauten*:

„Der am 1. 10. 1965 in Summit, New Jersey, USA verstorbene Paul B. ist nach dem Recht von New Jersey von seiner Ehefrau Johanna B., New Jersey, beerbt worden.

Für eine Hälfte des Nachlasses ist Nacherbfolge nach dem Recht von New Jersey angeordnet.

Für die andere Hälfte des Nachlasses ist Nacherbfolge nach dem Recht von New Jersey angeordnet unter der Bedingung, daß die Vorerbin über diese Nachlaßhälfte nicht letztwillig verfügt.

Die Nacherbfolge tritt ein mit dem Tod der Vorerbin. Nacherbin ist die Tochter des Erblassers Renate Bü., New Jersey. Ersatznacherben sind die zur Zeit des Nacherbfalls lebenden Nachkommen der Renate Bü.

Es ist Testamentsvollstreckung nach dem Recht von New Jersey angeordnet durch Bestimmung von „executors" und „trustees".

Dieser Erbschein gilt nur für den in Deutschland belegenen Nachlaß."

## F. ERGEBNIS

1. Der Erbfall unterliegt bezüglich des *beweglichen Vermögens* dem *Recht des Staates New Jersey, USA* (oben A II 1, 4, S. 814, 817).
   Zum beweglichen Vermögen gehört nach insoweit maßgeblichem Recht von New Jersey *auch* eine *Hypothek* am deutschen Grundstück (oben A II, 3, S. 815–817).

[79] Vgl. oben C II 3, S. 825.

Nach hier vertretener Ansicht unterliegt der Erbfall *auch* bezüglich des *in Deutschland belegenen unbeweglichen Vermögens* dem Recht des Staates New Jersey (oben A II, 2, S. 814 f.).

2. Das Testament ist *formgültig* (oben B, S. 817–819).
3. Es ist *Testamentsvollstreckung* angeordnet, die zunächst durch „executors", dann durch „trustees" erfolgen soll (oben C I–II, S. 819–827).
4. Die Witwe hat gesetzliche *„dower"-Rechte,* die hier mit den Bestimmungen des Testaments kollidieren. Es wird davon ausgegangen, daß die testamentarischen Zuwendungen gewählt werden (oben D, S. 828 f.).
5. Die als *„cestui que trust"* begünstigte *Witwe* des Erblassers kann *im Erbschein als Erbin* ausgewiesen werden (oben E II, S. 830 f.).
6. Die *Tochter* des Erblassers kann bezüglich einer Hälfte des Nachlasses *(„Residuary Trust")* als *Nacherbin,* bezüglich der anderen Hälfte *(„Johanna B. Trust")* als *bedingt eingesetzte Nacherbin* bezeichnet werden. Ersatznacherben sind die Nachkommen der Renate Bü. (oben E II, S. 831).
7. Es ist ein Fremdrechtserbschein auszustellen, in dem enthalten ist:
   a) Die Witwe als (Vor-)Erbin.
   b) Die Tochter als Nacherbin zu einer Hälfte und als bedingt eingesetzte Nacherbin zur anderen Hälfte.
   c) Ihre Nachkommen als Ersatznacherben.
   d) Ein Hinweis auf die Anordnung von Testamentsvollstreckung mit Bestimmung von „executors" und „trustees".
   e) Ein Hinweis, daß das Recht von New Jersey gilt.
   f) Die gegenständliche Beschränkung gem. § 2369 BGB. (S. oben E II 3, S. 832 mit einem Vorschlag für die Fassung des Erbscheins).

# 4. NACHERBSCHAFT

## Nr. 75

**Luxemburg**

**1. Form und Gültigkeit von Testamenten nach luxemburgischem internationalem Privatrecht.**

**2. Zur Zulässigkeit von Nacherbeneinsetzung (substitution) und Auflagen nach luxemburgischem Erbrecht.**

**Köln 111/67 vom 13. 12. 1967**

Herr Notar D. aus St. hat mit Schreiben vom 16. 11. 1967 um ein Gutachten über internationales und luxemburgisches Erbrecht gebeten.

### SACHLAGE

Der Notar soll ein Testament einer luxemburgischen Staatsangehörigen beurkunden. Das Testament sieht vor, daß die Erblasserin ihre Schwester zur unbefreiten Vorerbin und einen Neffen und eine Nichte zu Nacherben zu gleichen Teilen einsetzt. Ferner möchte die Erblasserin der Vorerbin und nach deren Tode den Nacherben auferlegen, heilige Messen für die Erblasserin und deren verstorbene Angehörige lesen zu lassen und für die Grabpflege zu sorgen.

### ANFRAGE

Herr Notar D. fragt an, ob mit Rücksicht auf die luxemburgische Staatsangehörigkeit der Erblasserin ein Testament mit dem angegebenen Inhalt nach luxemburgischem Recht zulässig ist.

# RECHTSLAGE

## A. DAS ANZUWENDENDE RECHT

### *I. Deutsches internationales Privatrecht*

*1. Gültigkeit*

Zwischen Deutschland und Luxemburg besteht kein Staatsvertrag, der besondere Regeln für das internationale Erbrecht aufstellt. Daher gelten die allgemeinen Kollisionsnormen.

Nach deutschem internationalem Privatrecht entscheidet in allen erbrechtlichen Fragen gemäß Art. 24 EGBGB grundsätzlich das Personalstatut des Erblassers beim Tode[1]. Für die Gültigkeit einer Verfügung von Todes wegen könnte allerdings gemäß Art. 24 Abs. 3, Satz 1, 1. Halbs. EGBGB ein anderer Zeitpunkt maßgebend sein. Diese Bestimmung sieht vor, daß die Gültigkeit des Testaments eines Ausländers nach dessen Heimatrecht *zum Zeitpunkt der Errichtung* des Testamentes zu beurteilen ist, falls der Ausländer später Deutscher wird. Die Vorschrift ist aber auszudehnen auf alle Verfügungen von Todes wegen, so daß in jedem Fall das Heimatrecht zum Zeitpunkt der Errichtung entscheidet. Dafür sprechen Zweckmäßigkeitserwägungen (untragbare Ergebnisse der Gegenmeinung) sowie ein Argument aus Art. 214 EGBGB[2]. Nach dem Heimatrecht des Testators zum Zeitpunkt der Errichtung der Verfügung ist insbesondere die Zulässigkeit der Einsetzung einer Vor- und Nacherbschaft zu beurteilen[3].

Da die Erblasserin die luxemburgische Staatsangehörigkeit besitzt, verweist daher das deutsche internationale Privatrecht bezüglich der Gültigkeitsvoraussetzungen des Testaments auf das Recht von Luxemburg.

*2. Form*

Über die Form einer letztwilligen Verfügung entscheidet alternativ das Recht des Errichtungsortes, des Staates, dem der Erblasser zur Zeit der Errichtung oder seines Todes angehört, des Wohnsitzes zur Zeit der Errichtung oder des Todes des Erblassers oder das Recht des Aufenthaltsortes zur Zeit der Errichtung oder das Todes des Erblassers, für unbewegliches Nachlaßvermögen auch das Recht des Lageortes.

---

[1] *Kegel* in *Soergel-Siebert,* BGB V (9. Aufl. 1961), Randz. 5 vor Art. 24 EGBGB, S. 910.

[2] *Kegel,* IPR (2. Aufl. 1964) 320 f.

[3] *Kegel* in *Soergel-Siebert,* aaO, Randz. 19 vor Art. 24 EGBGB, S. 913.

*Art. 1* des Haager Übereinkommens über das auf die Form letztwilliger Verfügungen anzuwendende Recht v. 26. 10. 1960 (BGBl. 1965 II 1144); für die Bundesrepublik in Kraft getreten am 1. 1. 1965 (BGBl. 1966 II 11). In Luxemburg ist das Abkommen bisher nicht in Kraft getreten; nach seinem Art. 6 ist es als „loi uniforme" aber auch auf Beteiligte anzuwenden, die nicht Staatsangehörige eines Vertragsstaats sind.

Als Form kann daher auch die deutsche Ortsform gewählt werden.

## *II. Internationales Privatrecht von Luxemburg*

Das deutsche internationale Privatrecht beruft nicht unmittelbar das fremde materielle Recht, sondern zunächst die fremden Kollisionsnormen (IPR Verweisung). Eine Rückverweisung des luxemburgischen internationalen Privatrechts wäre daher zu beachten. Zwar zitiert Art. 27 EGBGB den Art. 24 nicht, man ist sich jedoch darüber einig, daß eine Rückverweisung des fremden Rechts nicht nur in den in Art. 27 EGBGB aufgezählten Fällen, sondern grundsätzlich immer zu beachten ist[4].

Das luxemburgische internationale Privatrecht ist nicht kodifiziert und auch nur sehr unvollständig gesetzlich geregelt. Auch klare Stellungnahmen von Rechtsprechung und Lehre finden sich nur selten[5]. Was das internationale Erbrecht angeht, so kann lediglich festgestellt werden, daß es in seinen Grundentscheidungen mit dem französischen und belgischen Recht übereinstimmt[6]. Wo Lösungen des luxemburgischen internationalen Privatrechts im einzelnen nicht zu erkennen sind, kann daher auf französisches und belgisches internationales Erbrecht zurückgegriffen werden.

### *1. Gültigkeit*

a) Lex rei sitae

Die Fragen des Testamentserbrechts, so auch die der Zulässigkeit eines Testaments, werden in Luxemburg, Belgien und Frankreich im Prinzip nach dem Erbstatut entschieden[7].

Das luxemburgische Erbrecht kennt jedoch wie das französische und belgische kein einheitliches Erbstatut für Mobilien und Immobilien. Vielmehr gilt der Grundsatz der Nachlaßspaltung: Immobilien werden vererbt

[4] *Kegel* in *Soergel-Siebert,* aaO, Randz. 28 zu Art. 27 EGBGB, S. 942.

[5] Vgl. *Huss* in Juris Classeur, Droit Comparé, Luxembourg, 2. Lfg. Nr. 204.

[6] *Bernecker,* Internationales Privat- und Prozeßrecht im Großherzogtum Luxemburg, RabelsZ 27 (1962/63) 297 ff.; *Ferid-Firsching,* Internationales Erbrecht, Bd. I, Lfg. III, Einführung Nr. 39, S. 24 c.

[7] Für Frankreich: *Batiffol,* Droit international privé (4. Aufl. 1967) Nr. 639, S. 711; *Loussouarn* in Juris Classeur, Droit International, „Successions" Nr. 61.

nach der lex rei sitae, Mobilien dagegen nach dem Recht des letzten Wohnsitzes[8]. Dieses Prinzip gründet sich im wesentlichen auf Art. 3 Abs. 2 Code civil (C. c.), der in allen drei Staaten den gleichen Wortlaut hat:

*Art. 3 Abs. 2 C. c. lux. (fr.; b.):*

| | |
|---|---|
| „Les immeubles, même ceux possédés par des étrangers, sont régis par la loi luxembourgeoise (française, belge)." | Unbewegliche Sachen unterliegen auch dann luxemburgischem (französischem, belgischem) Recht, wenn sie Ausländern gehören. |

Die Bestimmung regelt ausdrücklich nur das auf Immobilien anwendbare Recht. Sie ist von der Rechtsprechung jedoch auch auf Mobilien angewandt worden. Dabei wurde der Grundsatz aufgestellt, daß bewegliches Vermögen stets am Wohnsitz des Erblassers belegen ist *(mobilia sequuntur personam)*. Damit ist für die Erbfolge in bewegliches Vermögen die Geltung des Wohnsitzprinzips angeordnet[9]. Fraglich ist, ob für die Anordnung einer Nacherbschaft das Belegenheits- oder das Wohnsitzprinzip gelten soll. Dieses Problem ist, soweit ersichtlich, bisher nur in Frankreich erörtert worden. Da die Nacherbschaft eine gewisse Unveräußerlichkeit statuiert, will man sie wegen dieser weitgehenden Rechtswirkungen an das Realstatut anknüpfen. Auch bewegliches Vermögen wird also wie unbewegliches behandelt. Das bedeutet, daß das Erbstatut nicht wie sonst bei beweglichem Vermögen an den letzten Wohnsitz des Erblassers anknüpft, sondern entscheidend ist, wie bei Immobilien, der Ort der tatsächlichen Belegenheit[10].

Folgt man dieser Ansicht auch für das luxemburgische Recht, so kommt es entscheidend darauf an, wo das Vermögen (bewegliches und unbewegliches) der Erblasserin belegen ist. Befindet es sich in Luxemburg, so ist die Gültigkeit des beabsichtigten Testaments nach luxemburgischem Recht zu beurteilen, befindet es sich in Deutschland, so gilt deutsches Recht. Im letzteren Falle läge eine Rückverweisung des luxemburgischen internationalen Privatrechts vor.

---

[8] Für Luxemburg: *Bernecker* aaO 297; für Frankreich: *Batiffol,* aaO, Nr. 636, S. 706; für Belgien: *Graulich,* Principes de Droit international privé (1961) Nr. 118 S. 83 ff.

[9] Für Luxemburg: Tribunal civil de Luxembourg, 20. 6. 1932, auszugsweise abgedruckt bei *Gillissen,* Code civil et code de procédure civile, en vigueur dans le Grand-Duché de Luxembourg, Anm. f. zu Art. 3 C. c. lux.; für Frankreich: Cour de cassation, 16. 6. 1939, in Nouvelle revue de droit international privé (1940) 209 (grundlegend); für Belgien: *Graulich,* aaO, Nr. 118, 1, S. 83.

[10] *Batiffol,* aaO, Nr. 652, S. 726 f.; *Trasbot und Loussouarn* in Traité pratique de droit civil français *(Planiol-Ripert),* Bd. V, 2. Aufl. (1957) Nr. 801, S. 999; *Lerebours-Pigeonnière,* Droit international privé, 5. Aufl. (1952) Nr. 370 S. 501 (sehr unbestimmt); im sonstigen verfügbaren Schrifttum findet sich zu diesem Thema nichts.

b) Loi d'autonomie

Nach anderer Ansicht ist jedoch die Wirksamkeit einer testamentarischen Verfügung grundsätzlich nach dem Recht zu beurteilen, auf das der Wille des Testators hinweist (loi d'autonomie de volonté)[11].

Der praktische Unterschied zu der zuerst geschilderten Meinung ist jedoch nicht so groß, wie es zunächst den Anschein hat. Die Befürworter der „loi d'autonomie" räumen nämlich ein, daß der Testator sich nur soweit auf ein vom Erbstatut verschiedenes Recht beziehen kann, als das Erbstatut keine zwingenden Vorschriften enthält. Damit soll insbesondere eine Umgehung der Pflichtteilsvorschriften verhindert werden[12]. Auf welches Recht der Wille der Erblasserin im vorliegenden Fall hindeutet, ist sehr zweifelhaft. Da sie anscheinend an einer Gültigkeit des Testaments nach luxemburgischem Recht interessiert ist, könnte das luxemburgische Recht in Frage kommen. Dagegen spricht allerdings, daß das Testament in Deutschland errichtet werden soll. Die Entscheidung dieser Frage kann allerdings dahinstehen. Auch wenn man annimmt, daß der Wille der Erblasserin auf deutsches Recht verweist, so bleibt sie nach der geschilderten Meinung dennoch an die zwingenden Vorschriften des luxemburgischen Rechts gebunden. Sie kann also auf keinen Fall eine Anordnung treffen, die dem Art. 3 Abs. 2 C. c. lux. (s. oben S. 837) zuwiderläuft, da diese Vorschrift Teil des luxemburgischen ordre public ist[13].

Für in Luxemburg belegene Grundstücke kann daher die Anwendung luxemburgischen Rechts nicht kraft Autonomie des Testators ausgeschlossen werden. Folgt man der oben unter a) geschilderten Ansicht, daß durch Nacherbschaft gebundenes Vermögen insgesamt nach Liegenschaftsgrundsätzen zu behandeln ist, so gilt dies auch für in Luxemburg befindliches bewegliches Vermögen.

c) Zwischenergebnis

Die Frage, welches Recht auf ein Testament Anwendung findet, das eine Nacherbschaft anordnet, kann nach luxemburgischem (wie auch nach französischem und belgischem) Recht nicht hinreichend geklärt werden. Im vorliegenden Fall kommt noch hinzu, daß nicht mitgeteilt ist, wo sich das Nachlaßvermögen befindet.

Sicher ist, daß jedenfalls luxemburgisches Recht angewandt wird, wenn sich der *gesamte Nachlaß* in Luxemburg befindet *und* die Erblasserin auch

---

[11] Für Luxemburg: *Bernecker* aaO 298; für Frankreich: *Lerebours-Pigeonnière-Loussouarn,* aaO (8. Aufl. 1962), Nr. 488, 489, S. 620, 621; *Batiffol,* aaO Nr. 654, S. 730 (nur für Einzelfälle); für Belgien: *Graulich,* aaO, Nr. 125, S. 88.

[12] *Batiffol,* aaO, Nr. 639 S. 711; *Lerebours-Pigeonnière-Loussouarn,* aaO, Nr. 488, 489, S. 620 f.; *Graulich,* aaO, Nr. 125, S. 88.

[13] Cour d'appel de Luxembourg, 13. 11. 1931, Leitsatz abgedruckt bei *Gillissen,* aaO, Anm. d zu Art. 3 C. c. lux.; s. auch *Planiol-Ripert,* aaO, Nr. 309, S. 426.

dort *wohnt*. Im umgekehrten Falle (Belegenheit des gesamten Vermögens und Wohnsitz in Deutschland) liegt dagegen sicher eine Rückverweisung auf deutsches Recht vor, die von der deutschen Rechtsprechung angenommen und abgebrochen wird[14].

Auf *Immobilien* findet in jedem Falle das Recht des Belegenheitsstaates Anwendung. Für *Mobilien* ist dagegen unklar, ob sie sich nach dem Recht am *Wohnsitz* des Erblassers richten, oder ob sie wegen der Bindung durch die Nacherbschaft den Immobilien gleichgestellt werden und daher ihre *tatsächliche Belegenheit* den Ausschlag gibt. Eine Rückverweisung liegt vor, wenn die Erblasserin in Deutschland wohnt bzw. die Mobilien sich in Deutschland befinden.

Offenbleiben soll vorerst die Frage, inwieweit die Anwendung der deutschen Bestimmungen über die Vor- und Nacherbschaft gegen den luxemburgischen „ordre public verstoßen würde. Dieses Problem kann erst im Anschluß an die Darstellung des luxemburgischen materiellen Rechts behandelt werden[15].

*2. Form*

Hinsichtlich der Form von letztwilligen Verfügungen luxemburgischer Staatsbürger im Ausland gilt

*Art. 999 C. c. lux.:*

„Un Luxembourgeois qui se trouvera en pays étranger pourra faire ses dispositions testamentaires par acte sous signature privée, ainsi qu'il est prescrit en l'art. 970, ou par acte authentique, avec les formes usitées dans le lieu où cet acte sera passé."

Ein Inländer, der sich im Ausland befindet, kann seine testamentarischen Verfügungen treffen, entweder in einer eigenhändig unterschriebenen privaten Urkunde nach Vorschrift des Art. 970, oder in einer öffentlichen Urkunde in den Formen, welche an dem Orte gebräuchlich sind, wo die Urkunde aufgenommen wird.

Damit ist den Luxemburgern die Wahl zwischen den Formvorschriften ihres Heimatrechts und nach Ortsrecht zulässigen Testierformen gelassen[16].

## B. DAS MATERIELLE ERBRECHT VON LUXEMBURG

Da Luxemburg (wie Belgien) zur Zeit des Erlasses des Code Napoléon unter französischer Herrschaft stand, traten die napoleonischen Gesetze auch in Luxemburg unmittelbar in Kraft. Heute weichen sie allerdings in

---

[14] *Kegel*, IPR aaO, 124.

[15] S. unten S. 845 f.

[16] *Bernecker* aaO 298; gleiche Ansicht für den (gleichlautenden) Art. 999 C. c. in Frankreich und Belgien: *Batiffol*, aaO, Nr. 753, S. 727; *Graulich*, aaO, Nr. 75, S. 54 f.

den drei Staaten erheblich voneinander ab, wobei der C. c. von Luxemburg die ursprüngliche Gestalt des Code Napoléon am stärksten bewahrte[17]. Dennoch rechtfertigt sich auch im Bereich des materiellen Rechts eine Bezugnahme insbesondere auf die französische Lehre und Rechtsprechung, zumal die offizielle Ausgabe des Code civil luxembourgeois[18] mit Erläuterungen aus der französischen Praxis versehen ist und dadurch auf die starke Anlehnung an das französische Recht hinweist.

## *I. Nacherbschaft*

Das luxemburgische Recht bestimmt in

*Art. 896 C. c.:*

| | |
|---|---|
| „Les substitutions sont prohibées. | Substitutionen sind verboten. |
| Toute disposition par laquelle le donataire, l'héritier institué, ou le légataire, sera chargé de conserver et de rendre à un tiers, sera nulle, même à l'égard du donataire, de l'héritier institué, ou du légataire." | Jede Verfügung, durch welche dem Beschenkten, dem eingesetzten Erben oder dem Vermächtnisnehmer auferlegt wird, etwas für einen Dritten zu erhalten und an ihn herauszugeben, ist nichtig, selbst in Ansehung des Beschenkten, des eingesetzten Erben oder des Vermächtnisnehmers. |

Unter „Substitution" ist nach einer Definition der französischen Rechtswissenschaft[19] eine Verfügung (sowohl von Todes wegen als auch unter Lebenden) zu verstehen, durch die ein Dritter eine unentgeltliche Zuwendung *anstelle* einer vorher weggefallenen Person oder *nach ihr* erhält. Von der zweiten Art der Substitution (der „substitution fidéicommissaire") handeln die Artt. 896, 897 des luxemburgischen (und französischen) Code civil. Gemäß Art. 896 C. c. sind solche Substitutionen grundsätzlich verboten. Eine Nacherbeneinsetzung, wie sie das deutsche Recht kennt, ist daher in Luxemburg (und Frankreich) prinzipiell nicht zugelassen. Dieses grundsätzliche Verbot, das ursprünglich politischer Natur war, wird heute vorwiegend mit ökonomischen Argumenten gerechtfertigt. Es gehe nicht an, die betroffenen Güter zeitweise durch Unveräußerlichkeit dem wirtschaftlichen Verkehr zu entziehen[20]. Von diesem grundsätzlichen Verbot macht das Gesetz jedoch in einigen Fällen Ausnahmen. Darauf wird hingewiesen in

---

[17] *Bernecker* aaO 264. [18] s. *Gillissen* aaO.

[19] Vgl. *Vergé-Ségogne* in *Dalloz*, Nouveau Répertoire de Droit, Bd. 4, „Substitution", Nr. 1, S. 581; *Mazeaud-Mazeaud*, Leçons de droit civil, Bd. IV, (1963) Nr. 1430, S. 1108.

[20] *Beudant-Voirin*, Cours de droit civil français, Bd. VII (1934) Nr. 398, S. 175 f.; *Julliot de la Morandière*, Droit Civil, Bd. IV (2. Aufl. 1965) Nr. 1184, S. 614.

*Art. 897 C. c. lux.:*

„Sont exceptées des deux premiers paragraphes de l'article précédent les dispositions permises aux pères et mères et aux frères et soeurs, au chapitre VI du présent titre."

Ausgenommen von dem vorhergehenden Artikel sind die Verfügungen, welche den Eltern und den Geschwistern in Kapitel 6 dieses Titels gestattet werden.

Die in dieser Vorschrift bezogenen Bestimmungen des sechsten Kapitels lauten wie folgt:

*Art. 1048 C. c. lux.:*

„Les biens dont les pères et mères ont la faculté de disposer, pourront être par eux donnés, en tout ou en partie, à un ou plusieurs de leurs enfants, par actes entre vifs ou testamentaires, avec la charge de rendre ces biens aux enfants nés et à naître, au premier degré seulement, desdits donataires."

Eltern können das Vermögen, worüber ihnen die freie Verfügung zusteht, ganz oder zum Teil durch Rechtsgeschäfte unter Lebenden oder durch Testament einem oder mehreren ihrer Kinder unter der Bedingung schenken, daß sie dieses Vermögen an ihre schon geborenen und noch zu erwartenden Kinder, jedoch nur an die des ersten Grades, wieder abgeben sollen.

*Art. 1049 C. c. lux.:*

„Sera valable, en cas de mort sans enfants, la disposition que le défunt aura faite par acte entre vifs ou testamentaire, au profit d'un ou de plusierus de ses frères ou soeurs, de tout ou partie des biens qui ne sont point réservés par la loi dans sa succession, avec la charge de rendre ces biens aux enfants nés et à naître, au premier degré seulement, desdits frères ou soeurs donataires."

Gültig ist auch im Falle des kinderlosen Versterbens die Verfügung, die der Verstorbene unter Lebenden oder durch Testament zum Vorteile eines oder mehrerer seiner Geschwister über sein ganzes Vermögen oder über einen Teil desselben, soweit es bei der Erbfolge keinem gesetzlichen Vorbehalte zugunsten eines Pflichtteilsberechtigten unterworfen ist, unter der Auflage gemacht hat, daß sie dieses Vermögen an die schon geborenen und noch zu erwartenden Kinder der erwähnten Geschwister, jedoch nur an die des ersten Grades, wieder abgeben sollen.

Ergänzend zu diesen Vorschriften bestimmt

*Art. 1050 C. c. lux.:*

„Les dispositions permises par les deux articles précédents ne seront valables qu'autant que la charge de restitution sera au profit de tous les enfants nés et à naître du grevé, sans exception ni préférence d'âge ou de sexe."

Die in beiden vorhergehenden Artikeln gestatteten Verfügungen sind nur dann gültig, wenn die Auflage der Wiederabtretung zum Vorteile aller schon geborenen und noch zu erwartenden Kinder des Beschwerten ohne Ausnahme und ohne Vorzug des Alters oder Geschlechts gereicht.

Aus diesen Vorschriften ist zu entnehmen, daß eine Nacherbfolge ausnahmsweise dann möglich ist, wenn der Erblasser entweder seine Kinder als Vorerben und seine Enkel als Nacherben (Art. 1048 C. c. lux.) oder, falls er kinderlos stirbt, seine Geschwister als Vorerben und deren Kinder als Nacherben (Art. 1049 C. c. lux.) einsetzt.

Auch diese erlaubte Substitution ist aber nur dann wirksam, wenn alle Kinder des Vorerben in gleicher Weise zum Zuge kommen (Art. 1050 C. c. lux.). Diese Vorschrift soll das Wiederaufleben von Erstgeburtsrechten und die Bevorzugung männlicher Nachkommenschaft verhindern[21]. Der Erblasser braucht sich allerdings nicht der Ausdrucksweise des Art. 1050 C. c. zu bedienen, es genügt, wenn die Verfügung klar erkennen läßt, daß keines der Kinder des Vorerben ausgeschlossen sein soll[22].

Stirbt ein Kind, ein Bruder oder eine Schwester, die zum Vorerben eingesetzt sind, vor Eintritt des Nacherbfalls, so wird der Betreffende nach den Regeln der Repräsentation (Art. 739 ff. C. c. lux.) von seinen eigenen Kindern vertreten. Dies gilt auch für den Fall, daß einer der eingesetzten Nacherben vorzeitig verstirbt[23].

Die genannten Vorschriften stellen Ausnahmen von dem generellen Verbot der Substitution dar. Sie sind deshalb einschränkend auszulegen und nicht erweiterungsfähig[24].

Alle anderen Fälle, in denen dem eingesetzten Erben die Erhaltung des Nachlasses zugunsten eines Nacherben aufgegeben wird, sind daher gemäß Art. 896 C. c. lux. verboten. Rechtsfolge des Verstoßes ist nach dem klaren Wortlaut der Vorschrift Gesamtnichtigkeit der Verfügung (im Gegensatz zu Art. 900 C. c. lux., der nur die gesetzeswidrigen Teile der Verfügung als „nicht geschrieben" ansieht).

Die Erblasserin will ihre Schwester zur unbefreiten Vorerbin und einen Neffen und eine Nichte zu Nacherben zu gleichen Teilen einsetzen. Ein solches Testament ist nach den Artt. 1049, 1050 C. c. lux. ausnahmsweise gültig unter folgenden Bedingungen: die Erblasserin muß *kinderlos* sein; es muß sich bei den einzusetzenden Nacherben um *alle* Kinder der *Vorerbin* handeln; es muß zu erkennen sein, daß *spätere* Nachkommenschaft der Vorerbin nicht von der Erbfolge ausgeschlossen ist; alle Kinder der Vorerbin müssen zu *gleichen Teilen* berücksichtigt werden; schließlich darf nicht gegen die Pflichtteilsvorschriften verstoßen werden.

Die Pflichtteilsvorschriften bestimmen, über welchen Teil des Vermögens unentgeltlich unter Lebenden oder von Todes wegen verfügt werden kann. Über etwaige Pflichtteilsberechtigte ist nichts mitgeteilt. Da aber ihr Vorhandensein nicht ausgeschlossen werden kann, seien die in Frage kommenden Vorschriften hier angeführt:

---

21 *Mazeaud-Mazeaud,* aaO, Nr. 1442, S. 1115.

22 *Aubry-Rau,* Droit civil français, Bd. XI (6. Aufl. 1956) § 696, S. 197.

23 *Beudant-Voirin,* aaO, Nr. 415, S. 202.

24 *Aubry-Rau,* aaO, § 696 S. 195.

*Art. 913 C. c. lux.:*

„Les libéralités, soit par actes entre vifs, soit par testament, ne pourront excéder la moitié des biens du disposant, s'il ne laisse à son décès qu'un enfant légitime; le tiers, s'il laisse deux enfants; le quart, s'il en laisse trois ou un plus grand nombre."

Freigebigkeiten durch Rechtsgeschäft unter Lebenden oder durch Testament dürfen nicht die Hälfte des Vermögens des Verfügenden übersteigen, wenn derselbe bei seinem Tode nur ein eheliches Kind zurückläßt, nicht den dritten Teil, wenn er zwei Kinder zurückläßt, nicht den vierten Teil, wenn er deren drei oder mehr zurückläßt.

*Art. 914 C. c. lux.:*

„Sont compris dans l'article précédent, sous le nom d'enfants, les descendants en quelque degré que ce soit; néanmoins ils ne sont comptés que pour l'enfant qu'ils représentent dans la succession du disposant."

Als „Kinder" sind in dem vorhergehenden Artikel die Abkömmlinge zu verstehen, welchen Grades sie auch sein mögen, sie werden jedoch nur für das Kind gerechnet, das sie bei der Erbfolge in den Nachlaß des Verfügenden repräsentieren.

(Hat die Erblasserin Kinder, so ist die Anordnung der Nacherbschaft gemäß Art. 1049 C. c. [s. oben S. 841] ohnehin nicht möglich.)

*Art. 915 C. c. lux.:*

„Les libéralités, par actes entre vifs ou par testament, ne pourront, excéder la moité des biens, si, à défaut d'enfant, le défunt laisse un ou plusieurs ascendants dans chacune des lignes paternelle et maternelle; et les trois quarts, s'il ne laisse d'ascendants que dans une ligne.

Les biens ainsi réservés au profit des ascendants seront par eux recueillis dans l'ordre où la loi les appelle à succéder; ils auront seuls droit à cette réserve, dans tous les cas où un partage en concurrence avec des collatéraux ne leur donnerait pas la quotité de biens à laquelle elle est fixée."

Freigebigkeiten durch Rechtsgeschäft unter Lebenden oder durch Testament dürfen die Hälfte des Vermögens nicht übersteigen, wenn bei Nichtvorhandensein eines Kindes der Erblasser einen oder mehrere Aszendenten in jeder der beiden Linien (väterlicher- oder mütterlicherseits) hinterläßt; hinterläßt er Aszendenten nur in einer Linie, so kann er über drei Viertel verfügen.

Dio so den Aszendenten vorbehaltenen Nachlaßwerte fallen ihnen in der Ordnung zu, in welcher das Gesetz sie zu Erben beruft. Sie haben allein das Recht auf dieses ihnen vorbehaltene Pflichtteilserbrecht immer dann, wenn eine Teilung mit Seitenverwandten ihnen nicht den Nachlaßbruchteil verschaffen würde, welcher ihnen als Pflichtteilsrecht vorbehalten ist.

*Art. 916 C. c. lux.:*

„A défaut d'ascendants et de descendants, les libéralités par actes entre

In Ermangelung von Aszendenten und Abkömmlingen können die Freigebigvifs ou testamentaires pourront épuiser la totalité des biens."

keiten durch Handlungen unter Lebenden oder durch Testament das ganze Vermögen erschöpfen.

(Art. 917–919 C. c. betreffen Nießbrauch, Leibrente, Verrechnung derselben auf den verfügbaren Teil des Vermögens und Ausnahmebestimmungen zugunsten von Kindern des Testators bzw. Schenkers.)

Hervorzuheben ist hier noch, daß eine Überschreitung der Grenzen des verfügbaren Vermögens die Verfügung nicht insgesamt nichtig macht; der Pflichtteilsberechtigte kann aber Aufteilung und die Befreiung seines Anteils von der Nacherbschaftsbelastung verlangen[25]. Eine nach allen geschilderten Voraussetzungen zulässige Substitution muß außerdem, soweit sie Grundstücke und durch Grundstücksrechte gesicherte Forderungen betrifft, ins Register eingetragen werden, um die eingetretene Unveräußerlichkeit publik zu machen[26]. Die maßgebende Bestimmung ist

*Art. 1069 C. c. lux.:*

„Les dispositions par actes entre vifs ou testamentaires, à charge de restitution, seront à la diligence, soit du grevé, soit du tuteur nommé pour l'exécution, rendues publiques; savoir, quant aux immeubles, par la transcription des actes sur les registres du bureau des hypothèques du lieu de la situation; et quant aux sommes colloquées avec privilège sur des immeubles, par l'inscription sur les biens affectés au privilège."

Verfügungen durch Handlungen unter Lebenden oder durch Testament, durch welche die Wiederabtretung auferlegt ist, müssen auf Betreiben des Beschwerten oder des zur Durchführung ernannten Vollstreckers öffentlich bekanntgemacht werden, und zwar in Ansehung der Immobilien durch die Eintragung der Urkunden in das Register des Hypothekenamtes des Ortes, wo die Immobilien belegen sind, und in Ansehung der Summen, die mit Vorrechten auf Immobilien angelegt sind, durch Eintragung auf die mit dem Vorrecht beschwerten Güter.

Die Einhaltung der Vorschrift ist aber für die Wirksamkeit der Nacherbeneinsetzung nicht konstitutiv. Die Folgen der Nichtbeachtung regelt

*Art. 1070 C. c. lux.:*

„Le défaut de transcription de l'acte contenant la disposition pourra être opposé par les créanciers et tiers acquéreurs, même aux mineurs ou interdits, sauf le recours contre le grevé et contre le tuteur à l'exécution, et sans que les mineurs ou interdits puissent être restitués contre ce défaut

Der Mangel der Eintragung der die Verfügung enthaltenden Urkunde kann von den Gläubigern und den Dritterwerbern sogar den Minderjährigen oder Entmündigten entgegengesetzt werden; vorbehaltlich des Rückgriffs gegen den Beschwerten und den zur Durchführung ernannten Vollstrecker,

---

[25] *Aubry-Rau*, aaO, § 696, S. 199.

[26] Vgl. *Julliot de la Morandière*, aaO, Nr. 1204, S. 624 f.

de transcription, quand même le grevé et le tuteur se trouveraient insolvables."

und ohne daß die Minderjährigen oder Entmündigten gegen diese Unterlassung der Eintragung in den vorigen Stand selbst dann wieder eingesetzt werden könnten, wenn der Beschwerte oder der Vollstrecker zahlungsfähig sein sollten.

(Der in den beiden Vorschriften erwähnte „Vollstrecker" oder Pfleger hat die ordnungsgemäße Durchführung der Anordnungen des Erblassers zu sichern. Er kann gemäß Art. 1055 C. c. lux. vom Testator bestimmt werden. In Ermangelung einer solchen Bestimmung muß er auf Betreiben des Beschwerten binnen Monatsfrist von Amts wegen ernannt werden, Art. 1056 C. c. lux.)

### *II. Auflage*

Die geplante Auflage, nach dem Tode der Erblasserin Messen für diese und deren verstorbene Angehörige lesen zu lassen und für die Grabpflege zu sorgen, begegnet keinen Bedenken. Über die testamentarischen Auflagen enthält der Code civil nur wenige Bestimmungen. Die wichtigste ist

*Art. 900 C. c. lux.:*

„Dans toute disposition entre vifs ou testamentaire, les conditions impossibles, celles qui seront contraires aux lois ou aux moeurs, seront réputées non écrites."

Bei jeder Verfügung unter Lebenden oder durch Testament werden die unmöglichen Bedingungen und diejenigen, welche den Gesetzen oder den Sitten zuwider sind, als nicht geschrieben angesehen.

Unter Bedingungen im Sinne dieser Vorschrift sind nicht nur die echten Bedingungen (conditions) zu verstehen, sondern auch die Auflagen (charges)[27]. Es ist nicht anzunehmen, daß die geplante Auflage von dieser Bestimmung erfaßt wird.

Die Auflage ist ferner geregelt durch Art. 1046 C. c. lux., der den Widerruf der testamentarischen Verfügung unter den gleichen Voraussetzungen gestattet, die den Widerruf einer Schenkung unter Lebenden rechtfertigen.

## C. ORDRE PUBLIC

Grundsätzlich ist die Nacherbeneinsetzung im luxemburgischen Recht verboten. Art. 896 C. c. (s. oben S. 840) ordnet im Gegensatz zu Art. 900 C. c. (s. oben S. 845) die Gesamtnichtigkeit einer solchen Verfügung an. Für das französische Recht ist klargestellt, daß die Nichtigkeit von Substitu-

[27] Für Frankreich: *Fuzier-Herman*, Code civil annoté (1936), Anm. 1 zum (gleichlautenden) Art. 900 frz. C. c.

tionen zum ordre public gehört[28]. Daher dürfte auch in Luxemburg jede Substitution, die nach materiellem Recht nicht ausnahmsweise zugelassen ist, gegen den ordre public verstoßen. Die deutschen Vorschriften über die Nacherbschaft sind daher in Luxemburg grundsätzlich nicht anwendbar. Soweit sich jedoch im vorliegenden Fall das Testament im Rahmen der Ausnahmevorschriften der Artt. 1049, 1050 C. c. lux. (s. oben S. 841) hält, ist es auch in Luxemburg gültig.

## ERGEBNIS

1. Das deutsche internationale Privatrecht verweist bezüglich der Zulässigkeit des Testaments auf luxemburgisches Recht. Als Form kommt gemäß Art. 1 des Haager Abkommens v. 26. 10. 1960 (auch) die deutsche Ortsform in Betracht (s. oben I 2).
2. Nach luxemburgischem internationalem Privatrecht beurteilt sich die Zulässigkeit der Einsetzung von Nacherbschaften und von Auflagen grundsätzlich nach dem Erbstatut. Für Immobilien gilt jedenfalls die lex rei sitae. Für Mobilien läßt sich nicht mit Sicherheit feststellen, ob das Recht am letzten Wohnsitz der Erblasserin oder das Recht am Ort der tatsächlichen Belegenheit berufen ist. Hinsichtlich der Form verweisen die luxemburgischen Kollisionsnormen (auch) auf deutsches Recht (s. oben S. 836–839).
3. Nacherbschaften sind nach luxemburgischem Recht im Prinzip verboten. Innerhalb bestimmter Grenzen kann das geplante Testament jedoch ausnahmsweise zulässig sein. Soweit diese Zulässigkeit reicht, ist eine Anwendung der deutschen Vorschriften über die Nacherbschaft nicht durch den luxemburgischen ordre public ausgeschlossen (s. oben S. 839 bis 846).

[28] *Vergé-Ségogne*, aaO, „Substitution" Nr. 33, S. 583; *Mazeaud-Mazeaud*, aaO, Nr. 1432, S. 1110; *Beudant-Voirin*, aaO, Nr. 401, S. 178; *Aubry-Rau*, aaO, § 694, S. 190; *Planiol-Ripert*, aaO, Nr. 306, S. 421; vgl. auch *Batiffol*, aaO, Nr. 646, Fußn. 20 bis, S. 720.

## 5. AUSSCHLAGUNG

### Nr. 76

**Niederlande**

1. **Kollisionsrechtliche Behandlung von Testamenten niederländischer Staatsangehöriger.**
2. **Abwicklung des Nachlasses niederländischer Staatsangehöriger, die mit letztem Wohnsitz in Deutschland verstorben sind.**
3. **Zur internationalen Zuständigkeit deutscher Nachlaßgerichte.**
4. **Ausschlagung und Anfechtung der Ausschlagung nach niederländischem Recht in Deutschland.**
5. **Beschränkung der Erbenhaftung nach niederländischem Recht.**

**Hamburg G 191/66 vom 16. 12. 1966**

Das Amtsgericht H. bittet in der Nachlaßsache I. S. E. V. um Auskunft über internationales und niederländisches Erbrecht.

Aus den übersandten Akten ergibt sich: Am 3. 9. 1966 verstarb in S./BRD Frau I. V. Die in Deutschland geborene Erblasserin hatte ihren letzten Wohnsitz in H./BRD, wo sie ein Ladengeschäft betrieb. Sie hatte (offenbar durch Eheschließung) die niederländische Staatsangehörigkeit erworben. Die Ehe ist geschieden. Die Erblasserin wird offenbar von zwei Schwestern überlebt.

Die Erblasserin hat zwei handschriftliche Testamente hinterlassen, beide datiert „H./BRD, den 10. November 1962". Mit beiden Verfügungen setzte die Erblasserin ihre Freundin K. S. zur Alleinerbin ein und vermachte E. T. bestimmte Möbelstücke. Das Gericht hat beide Testamente eröffnet.

Die als Alleinerbin eingesetzte Frau S. hat gegenüber dem Gericht durch Erklärung vom 23. 9. 1966 die Erbschaft ausgeschlagen, durch eine vor dem Rechtspfleger des Amtsgerichts abgegebene Erklärung vom 14. 10. 1966 diese Ausschlagungserklärung jedoch wegen Irrtums angefochten und die Erbschaft angenommen. Die Anfechtung wegen Irrtums ist damit begründet, daß nach den Berichten der Nachlaßpflegerin Anlaß zu der Annahme bestanden habe, daß der Nachlaß überschuldet sei; diese Annahme habe sich inzwischen als unrichtig erwiesen. Frau S. beantragte gleichzeitig, die bestehende Nachlaßpflegschaft aufzuheben und Nachlaßverwaltung einzurichten.

Das Gericht bittet um Auskunft über folgende Fragen:

1. Ist das handschriftliche Testament der Erblasserin nach niederländischem Recht, das Anwendung finden dürfte, rechtswirksam?
2. Bejahendenfalls, hat die Testamentserbin rechtswirksam ausgeschlagen?
3. Bejahendenfalls, hat die Testamentserbin wegen Irrtums über die Überschuldung rechtswirksam die Ausschlagung angefochten?
4. Was hat mit dem Testament zu geschehen? Mußte es eröffnet werden?
5. Kann nach niederländischem Recht die von der Testamentserbin beantragte Nachlaßverwaltung angeordnet werden und führt sie – wie im deutschen Recht – die Beschränkung der Haftung der Erbin auf den Nachlaß herbei?

## *I. Wirksamkeit der Testamente*

Die inhaltliche Wirksamkeit der Testamente ist nach der für die Erbfolge selbst maßgebenden Rechtsordnung, ihre formelle Gültigkeit dagegen nach dem besonderen Formstatut zu beurteilen.

### *1. Inhaltliche Gültigkeit*

a) Für die Erbfolge maßgebende Rechtsordnung

Gemäß Art. 25 Satz 1 EGBGB richtet sich die Erbfolge nach einem Ausländer, der zur Zeit seines Todes seinen letzten Wohnsitz im Inland hatte, nach den Gesetzen des Staates, dem er zur Zeit seines Todes angehörte. Damit wird im vorliegenden Fall auf das niederländische Recht verwiesen. Diese Verweisung gilt jedoch gemäß Art. 27 EGBGB nur vorbehaltlich einer Rückverweisung auf das deutsche Recht.

Auch nach dem niederländischen internationalen Privatrecht ist Erbstatut das letzte Heimatrecht des Erblassers, und zwar ohne Rücksicht auf den Wohnsitz des Erblassers oder das Vorhandensein ausländischer Grundstücke im Nachlaß [1]. Die von einigen niederländischen Autoren ver-

---

[1] *Sauveplanne*, Elementair Internationaal Privaatrecht (1965) 35; *Kollewijn*, American-Dutch Private International Law (2. Aufl. 1961) 60; *Kosters-Dubbink*, Algemeen Deel van het Nederlandse Internationaal Privaatrecht (1962) 637 mit Nachweisen der Rechtsprechung in N. 276; *van der Ploeg*, Enkele erfrechtelijke hoofsdstukken van Internationaal Privaatrecht (1961) 13 ff.; *van Brakel*, Grondslagen en Beginselen van Nederlands Internationaal Privaatrecht (3. Aufl. 1953) 214.

tretene Auffassung, die Abwicklung des Nachlasses richte sich nach dem Recht am letzten Wohnsitz des Erblassers[2], hat sich nicht durchgesetzt.

Eine Rückverweisung auf das deutsche Recht findet also auch nicht teilweise statt. Das niederländische Recht bleibt daher für die Vererbung des Nachlasses maßgebend.

b) Niederländisches Erbrecht

Gegen die inhaltliche Gültigkeit der Erbeinsetzung und des Vermächtnisses bestehen vom Standpunkt des niederländischen Rechts keine Bedenken. Die Geschwister der Erblasserin haben kein Noterbrecht[3], so daß die Erblasserin unbeschränkt zugunsten von Nichtverwandten verfügen konnte (vgl. Art. 966 Burgerlijk Wetboek, B. W.).

*2. Formelle Gültigkeit*

Die für die Formgültigkeit von Testamenten maßgebende Rechtsordnung wird durch das Haager Übereinkommen über das auf die Form letztwilliger Verfügungen anzuwendende Recht vom 5. 10. 1961 bestimmt. Das Übereinkommen ist für die Bundesrepublik Deutschland am 1. 1. 1966 in Kraft getreten[4].

Zeitlich gilt das Übereinkommen nach seinem Art. 8 für alle Erbfälle, die nach Inkrafttreten des Abkommens eingetreten sind. Räumlich hängt die Anwendung des Übereinkommens nicht davon ab, daß der Staat, dem der Erblasser angehört, Vertragsstaat ist; unerheblich ist auch, ob das nach den Regeln des Übereinkommens maßgebende Recht dasjenige eines Vertragsstaates ist, Art. 6. Für das deutsche Recht verdrängt das Übereinkommen also die allgemeinen Regeln über das Formstatut von Rechtsgeschäften in Art. 11 I EGBGB.

Art. 1 I des Übereinkommens lautet in der amtlichen deutschen Übersetzung:

„Eine letztwillige Verfügung ist hinsichtlich ihrer Form gültig, wenn diese dem innerstaatlichen Recht entspricht:

a) des Ortes, an dem der Erblasser letztwillig verfügt hat, oder
b) eines Staates, dessen Staatsangehörigkeit der Erblasser im Zeitpunkt, in dem er letztwillig verfügt hat, oder im Zeitpunkt seines Todes besessen hat, oder
c) eines Ortes, an dem der Erblasser im Zeitpunkt, in dem er letztwillig verfügt hat, oder im Zeitpunkt seines Todes seinen Wohnsitz gehabt hat, oder

[2] *Kollewijn* 60; *Meijers*, Erfrechtelijke Moeilijkheden op het gebied van het Internationaal Privaatrecht: Verzamelde Privaatrechtlijke Opstellen II (1955) 333 ff., 354 ff.

[3] *Pitlo*, Het Erfrecht naar het Nederlands Burgerlijk Wetboek (3. Aufl. 1957) 93; *Asser/Meijers/van der Ploeg*, Handleiding tot de beoefening van het Nederlands Burgerlijk Recht IV (5. Aufl. 1956) 171.

[4] BGBl. 1965 II 1145, 1966 II 11.

d) des Ortes, an dem der Erblasser im Zeitpunkt, in dem er letztwillig verfügt hat, oder im Zeitpunkt seines Todes seinen gewöhnlichen Aufenthalt gehabt hat, oder
e) soweit es sich um unbewegliches Vermögen handelt, des Ortes, an dem sich dieses befindet."

Die Formgültigkeit der letztwilligen Verfügungen der Erblasserin ist gemäß Art. 1 I Buchst. a, c und d nach deutschem Recht zu beurteilen. Gemäß § 2247 BGB bestehen gegen die Formgültigkeit der Testamente (anders als nach niederländischem Recht) keine Bedenken.

## *II. Abwicklung des Nachlasses*

### *1. Verbindung von niederländischem Erbstatut und deutschem internationalem Nachlaßverfahrensrecht*

Die Frage nach der Eröffnung der Testamente, nach der Wirksamkeit der Ausschlagung und ihrer Anfechtung sowie nach der Anordnung der Nachlaßverwaltung oder nach anderen Mitteln zur Beschränkung der Erbenhaftung sind grundsätzlich nach der für die Erbfolge maßgebenden Rechtsordnung zu beurteilen[5], hier also nach niederländischem Recht (oben I 1 a).

Dabei sind jedoch, da sowohl nach deutschem wie nach niederländischem materiellem Erbrecht die Abwicklung des Nachlasses in gewissem Maße die Mitwirkung von Gerichten verlangt, zugleich auch die Grundsätze des deutschen Internationalen Verfahrensrechts im Auge zu behalten. Die besonders enge Verquickung von materiellem und Verfahrensrecht ist bei Behandlung jeder Einzelfrage zu berücksichtigen. Zum Verständnis der Details ist es jedoch nötig, zuvor die allgemeinen Grundsätze des deutschen Nachlaßverfahrensrechts und insbesondere der deutschen internationalen Zuständigkeit in Nachlaßsachen kurz zu skizzieren.

### *2. Zuständigkeit und Verfahren in internationalen Nachlaßsachen*

Die Grundsätze, die für das Internationale Verfahrensrecht und insbesondere die internationale Zuständigkeit in Nachlaßsachen gelten sollen, waren bis vor kurzem in der deutschen Rechtsprechung und Rechtslehre stark umstritten.

a) *Für* eine sehr enge *Begrenzung der deutschen internationalen Zuständigkeit* in Nachlaßsachen hat sich bis vor kurzem die Rechtsprechung der deutschen Obergerichte ausgesprochen. Die Gerichte nahmen eine internationale Zuständigkeit in Nachlaßsachen nur unter der Voraus-

---

[5] *Kegel* in *Soergel-Siebert,* BGB (9. Aufl. 1961) Vorbem. 16, 55 vor Art. 24 EGBGB.

setzung an, daß für die Erbfolge deutsches Recht maßgebend sei. Lediglich Sicherungsmaßregeln für Nachlässe (nach den §§ 1960 f. BGB) sollten ohne Rücksicht auf das Erbstatut zulässig sein[6]. Ein Teil des Schrifttums billigt diesen Grundsatz[7].

b) *Gegen diese Beschränkung der internationalen Zuständigkeit* deutscher Nachlaßgerichte wendet sich seit geraumer Zeit ein wachsender Teil der Rechtslehre. Das Schrifttum weist vor allem darauf hin, daß die starre Durchführung des Gleichlaufes von internationaler Zuständigkeit und anwendbarem Recht in vielen Fällen zu einer Rechtsverweigerung führe, insbesondere wenn der Erblasser seinen letzten Wohnsitz in Deutschland hatte und der Heimatstaat seinerseits unter diesen Umständen sich für die Abwicklung des Nachlasses nicht für zuständig hält. Kegel befürwortet grundsätzlich die deutsche internationale Zuständigkeit, wenn der Erblasser sich zur Zeit seines Todes in Deutschland aufhielt oder Nachlaßgegenstände sich in Deutschland befinden[8].

Einige machen die deutsche Zuständigkeit im Prinzip von dem Einverständnis des Staates abhängig, dessen Rechtsordnung für die Erbfolge maßgebend ist[9]. Andere wiederum verzichten auf derartige Voraussetzungen völlig, halten also offenbar deutsche Nachlaßgerichte bei ausländischem Erbstatut immer für zuständig[10].

Einigkeit besteht jedoch in der Beschränkung auf „wesenseigene" Tätigkeiten als äußerste Grenze der deutschen Zuständigkeit: Die Nachlaßgerichte dürfen die Anwendung des maßgebenden Erbrechtes verweigern, soweit dieses Maßregeln vorsieht, welche den im deutschen Rechte vorgesehenen nicht ähnlich, gleichwertig oder mit ihnen verträglich sind.

---

[6] BayObLG 7. 2. 1958, Bay ObLGZ 1958, 34 = IPRspr. 1958/59 Nr. 143; OLG Frankfurt/M. 25. 9. 1958, IPRspr. 1958/59 Nr. 145; OLG Neustadt 25. 5. 1951, IPRspr. 1950/51 Nr. 112 = JZ 1951, 644; KG 4. 2. 1937, DJ 1937, 554.

[7] *Raape*, IPR (5. Aufl. 1961) 445 ff.; *Ferid-Firsching*, Internationales Erbrecht (1955 ff.) s. v. Deutschland, Grundzüge C III 3, Randz. 61; *Palandt(-Lauterbach)*, BGB (25. Aufl. 1966), Anm. 3 zu Art. 25 EGBGB; *Erman(-Marquordt)*, Handkommentar zum BGB (3. Aufl. 1962), Anm. 13 b zu Artt. 24, 25 EGBGB; *Nussbaum*, Deutsches IPR (1932) 366 f.; *Schlegelberger*, Gesetz über die Angelegenheiten der Freiwilligen Gerichtsbarkeit (7. Aufl. 1956), Anm. 2 zu § 73 FGG; *Brand-Kleeff*, Die Nachlaßsachen in der gerichtlichen Praxis (2. Aufl. 1961) 569 f.

[8] *Kegel* in *Soergel-Siebert* Vorbem. 55 vor Art. 24 EGBGB.

[9] *Dölle*, Über einige Kernprobleme des internationalen Rechts der Freiwilligen Gerichtsbarkeit: RabelsZ 27 (1962) 201 ff. (214, 234); *Neuhaus*, Die Grundbegriffe des IPR (1962) 244 f.; *Drobnig*, Anm. zu LG Koblenz 17. 7. 1958, JZ 1959, 318.

[10] *M. Wolff*, Das Internationale Privatrecht Deutschlands (3. Aufl. 1954) 235; *Frankenstein*, IPR IV (1935) 627; *H. Lewald*, Das deutsche IPR (1931) 329; *Niemeyer*, Sind deutsche Nachlaßgerichte unzuständig, wenn materiell für den Erbfall ausländisches Recht maßgebend ist?: Zeitschrift für internationales Recht 13 (1903) 21 ff., und zwar ausdrücklich ohne Rücksicht auf die Anerkennung der deutschen Zuständigkeit durch den Heimatstaat des Erblassers, 28.

c) Eine *vermittelnde Stellung* hat vor kurzem das Bayerische Oberste Landesgericht bezogen (unter Aufgabe seiner früher vertretenen engen Ansicht)[11]. Das Gericht erweitert zunächst die durch § 2369 BGB für das Erbscheinsverfahren bei ausländischem Erbstatut gesetzlich eingeräumte internationale Zuständigkeit auf solche gerichtlichen Aufgaben, die mit der Erbscheinserteilung eng zusammenhängen. Dazu zählt es in dem entschiedenen Fall (in dem tatsächlich ein Erbschein ausgestellt worden war) die Erklärung der Annahme (und der Ausschlagung) der Erbschaft gegenüber einem deutschen Gericht (S. 429). Das Gericht bejaht eine deutsche internationale Zuständigkeit ferner dann, wenn andernfalls die Beteiligten wegen Unzuständigkeit der Behörden im Lande des Erbstatuts einer Rechtsverweigerung ausgesetzt wären, also das Bedürfnis einer Fürsorge besteht (S. 430 f.). Vorausgesetzt ist in jedem Fall, daß dem deutschen Nachlaßgericht keine wesensfremde Tätigkeit zugemutet wird (S. 431, 437).

d) Das *Institut* folgt in ständiger Gutachtenpraxis dem von Dölle, Drobnig und Neuhaus und neuerdings auch vom Bayerischen Obersten Landesgericht vertretenen Standpunkt, nach dem bei ausländischem Erbstatut eine deutsche internationale Zuständigkeit in Nachlaßsachen grundsätzlich von dem Einverständnis des Staates abhängt, dessen Rechtsordnung für die Erbfolge maßgebend ist. Der Staat des Erbstatuts ist nach dem Sinn der deutschen Kollisionsnormen in erster Linie berufen, die bei der Nachlaßabwicklung erforderlichen überwachenden und gestaltenden Funktionen wahrzunehmen. Nur wenn er darauf verzichtet, namentlich zugunsten der Behörden am letzten Wohnsitz des Erblassers in Deutschland, besteht ein Interesse und – zur Vermeidung einer Rechtsverweigerung – sogar ein Bedürfnis für die Annahme einer deutschen Zuständigkeit. Dieser Grundsatz vermeidet vor allem die Gefahr, daß in Deutschland ergehende Entscheidungen mit Entscheidungen der Behörden im Lande des Erbstatuts in Konflikt geraten.

Die Zustimmung des Staates des Erbstatuts ist wohl dann entbehrlich, wenn unter den Voraussetzungen des § 2369 BGB in Deutschland ein gegenständlich beschränkter Erbschein beantragt worden ist und die dafür erforderlichen Handlungen (Eröffnung des Testaments, Erklärung über die Annahme oder Ausschlagung der Erbschaft) im Lande des Erbstatuts noch nicht vorgenommen worden sind.

Im vorliegenden Fall ist jedoch kein Erbschein beantragt, so daß Richtschnur der oben entwickelte Grundsatz bleibt.

### 3. Eröffnung der Testamente

Die vom Gericht gestellte Frage, ob die Testamente eröffnet werden *mußten*, zielt offenbar sowohl auf das niederländische Recht als Erbstatut als auch auf das deutsche Recht als das Verfahren bestimmende lex fori.

---

[11] Bay ObLG 2. 12. 1965, BayObLGZ 1965, 423.

a) Das *niederländische Recht* kennt ebenfalls die gerichtliche Eröffnung von Testamenten. Nach Art. 989 B. W., auf den auch Art. 984 B. W. für das in Verwahrung gegebene eigenhändige Testament verweist, muß eine verschlossene letztwillige Verfügung dem Kantonsrichter am letzten Wohnsitz (siehe Art. 80 B. W.) des Erblassers abgeliefert werden. Das Gericht hat die Verfügung zu öffnen und ein Protokoll zu errichten über die Ablieferung und Eröffnung sowie über den Zustand der Urkunde. Diese ist anschließend dem abliefernden Notar zurückzugeben (in den Niederlanden wird die notarielle Verwahrung aller Testamente verlangt). Die gerichtliche Eröffnung soll gegen eine Verheimlichung der Testamente schützen[12].

Stirbt ein Erblasser an seinem letzten Wohnsitz im Ausland und befindet sich ein Testament in Verwahrung eines niederländischen Notars, so soll der Kantonsrichter am Amtssitz des Notars zur Testamentseröffnung zuständig sein[13].

Ob ein und welches niederländische Gericht zuständig ist, wenn sowohl der letzte Wohnsitz des Erblassers als auch der Verwahrungsort der letztwilligen Verfügung im Ausland liegen, sagen weder Gesetz, Rechtsprechung noch Rechtslehre. Man wird dieses Schweigen als einen Hinweis auf die durch Art. 989 B. W. festgelegte Zuständigkeit des Richters am letzten Wohnsitz des Erblassers deuten müssen. Dafür spricht, daß allein die Gerichte am Verwahrungsort der Urkunde deren Ablieferung durchsetzen können und daher kraft Sachzusammenhang zu ihrer weiteren Behandlung befugt erscheinen, wenn nicht staatsvertragliche Regeln etwa anderes bestimmen. Jedenfalls berührt die Eröffnung durch einen *un*zuständigen Richter nach niederländischer Auffassung nicht die Gültigkeit der Verfügung[14].

Das niederländische Recht überläßt also die Zuständigkeit für Ablieferung und Eröffnung einer am ausländischen letzten Wohnsitz des Erblassers befindlichen letztwilligen Verfügung dem Gericht dieses Ortes.

b) Vom *deutschen Standpunkt* bestehen – nach dem unter 2 d dargelegten Grundsatz und angesichts der Zustimmung durch den Heimatstaat der Erblasserin – keine Bedenken dagegen, daß das Nachlaßgericht seine internationale Zuständigkeit für die Eröffnung der im Inland befindlichen Testamente der Erblasserin angenommen hat.

Das Institut neigt sogar zu der Ansicht, daß es in dieser besonderen Frage – wie allgemein für Sicherungsmaßnahmen – überhaupt nicht auf

---

[12] *Klaassen-Eggens*, Huwelijksgoederen- en Erfrecht (8. Aufl. 1956) 342 f.

[13] *Klaassen-Eggens* 324; *Pitlo*, Het Erfrecht naar het Nederlands Burgerlijk Wetboek (3. Aufl. 1957) 131; *Suijling*, Inleiding tot het Burgerlijk Recht VI (1931) 144 N. 3.

[14] *Klaassen-Eggens* 324; *Pitlo* 132; *Suijling* 144 f.; vgl. auch Hooger Rad 18. 4. 1889, Weekblad van het Recht no. 5708 S. 1.

die Zustimmung des Heimatstaates ankommt. Wegen des engen Sachzusammenhanges zwischen Ablieferung und Eröffnung letztwilliger Verfügungen sowie wegen der rechtlichen und faktischen Ohnmacht ausländischer Behörden, die Ablieferung in Deutschland befindlicher Urkunden durchzusetzen, spricht vieles für die von Niemeyer verfochtene Auffassung, die Bestimmungen der §§ 2259 ff. BGB, 83 FGG ohne Rücksicht auf das Erbstatut auf alle in Deutschland liegenden Testamente anzuwenden [15].

Im übrigen neigen selbst die Rechtsprechung und die Rechtslehre, soweit sie bisher die deutsche internationale Zuständigkeit in Nachlaßsachen eng auffaßten, gerade bei der Eröffnung von Ausländertestamenten – auch außerhalb eines Erbscheinsverfahrens – bereits jetzt zu einer liberaleren Haltung [16].

c) *Zusammenfassend* ist zu diesem Punkt zu sagen: Das Nachlaßgericht durfte und mußte die Testamente der Erblasserin nach den deutschen Verfahrensregeln eröffnen. Eine materielle Wirkung hat die Eröffnung nach dem in der Sache maßgebenden niederländischen Erbrecht nicht. Staatsvertragliche Regeln über die Behandlung von Testamenten niederländischer Erblasser bestehen nicht, so daß insoweit die deutschen Verfahrensregeln gelten.

### *4. Ausschlagung der Erbschaft*

a) Das *niederländische Recht* bestimmt über die Ausschlagung einer Erbschaft:

*Art. 1103 B. W.:*

„Het verwerpen eener erfenis moet uitdrukkelijk geschieden, en moet plaats hebben door middel eener verklaring afgelegd ter griffie van de arrondissements-regtbank, onder welks ressort de erfenis opengevallen is."

Die Ausschlagung einer Erbschaft muß ausdrücklich erfolgen, und zwar durch eine Erklärung gegenüber der Geschäftsstelle der Arrondissements-Rechtsbank, in deren Bezirk die Erbschaft angefallen ist.

Die Befugnis zur Ausschlagung verliert ein Erbe nur dann, wenn er Werte des Nachlasses verborgen hat (Art. 1110 B. W.). Die Ausschlagung bewirkt wie nach deutschem Recht auf den Anfall der Erbschaft zurück, so daß es so angesehen wird, als sei der Ausschlagende niemals Erbe geworden (Art. 1104 B. W.).

Die Erklärung der testamentarisch berufenen Alleinerbin entspricht inhaltlich Art. 1103 B. W. Es kann sich daher nur fragen, ob sie der zu-

---

[15] *Niemeyer* 29 f.; *Frankenstein* IV 612; *Wolff* 235; *Kegel* in *Soergel-Siebert*, Vorb. 61 N. 13 vor Art. 24 EGBGB mit weiteren Nachweisen.

[16] BayObLG 19. 12. 1919, OLGE 40, 160; LG Bonn 22. 7. 1954, IPRspr. 1954–55 Nr. 209; offengelassen in BayObLG 7. 2. 1958, BayObLGZ 1958, 34 (41) = IPRspr. 1958–59 Nr. 143; *Ferid-Firsching*, Deutschland, Grdz. C III 3, Randz. 66.

ständigen Stelle gegenüber abgegeben worden ist. Zuständig ist nach Art. 1103 B. W. das Gericht am letzten Wohnsitz des Erblassers, Art. 80 B. W. Zu der Frage, ob diese Regel auch bei letztem Wohnsitz des Erblassers im Ausland gilt, gibt es offenbar als einzige niederländische Entscheidung nur diejenige einer Steuerbehörde. Diese erkannte die Ausschlagung der Erbschaft nach einem Niederländer, die gegenüber einem deutschen Nachlaßgericht erklärt worden war, als wirksam an[17].

Die Rechtslehre ist einhellig der Ansicht, daß in diesem Fall die Erklärung gegenüber dem ausländischen Gericht am letzten Wohnsitz des Erblassers abzugeben ist, wenn die betreffende ausländische Rechtsordnung (wie die deutsche) die Entgegennahme der Ausschlagungserklärung durch ein Gericht kennt[18]. Das entspricht auch der Auffassung der niederländischen Konsularbehörden in Deutschland[19].

b) Für das *deutsche Internationale Nachlaßrecht* hatte bisher die einschränkende Auffassung der Rechtsprechung und des konservativen Teils des Schrifttums dazu geführt, die Entgegennahme einer Ausschlagungserklärung bei ausländischem Erbstatut abzulehnen[20].

Dagegen war der weniger strenge Teil der Rechtslehre ohne weiteres bereit, die internationale Zuständigkeit deutscher Gerichte anzuerkennen, wenn hierbei dem Gericht keine wesentlich andere Tätigkeit zugemutet wird als nach deutschem Recht[21] und wenn ferner der Staat des Erbstatuts mit dieser deutschen Zuständigkeit einverstanden ist[22].

Das Bayerische Oberste Landesgericht bejaht nunmehr in seiner neuesten Entscheidung die internationale Zuständigkeit deutscher Gerichte für die Entgegennahme von Annahme- und Ausschlagungserklärungen, freilich wohl nur im Rahmen eines Erbscheinsverfahrens nach § 2369 BGB[23].

Jedoch würde das Gericht offenbar auch außerhalb eines Erbscheinsverfahrens eine deutsche Zuständigkeit annehmen. Dafür spricht seine Berufung auf Kegel und Niemeyer, welche diese Zuständigkeit uneingeschränkt bejahen, sowie die Bejahung der Zuständigkeit für Verrichtungen, die unzweifelhaft außerhalb des Erbscheinsverfahrens liegen (S. 430 ff.).

---

[17] Mitteilung in Weekblad voor Privaatrecht, Notarisambt en Registratie (WPNR) no. 3708 (1941, 24).

[18] *Mulder*, Inleiding tot het Nederlandsch Internationaal Privaatrecht (2. Aufl. 1947) 212; *van Hasselt*, Droit international privé des Pays-Bas: Répertoire de droit international VI (1930) no. 221; *Jitta*, Internationaal Privaatrecht (1916) 567; *Meijers* 356 und Rechtsvraag III: WPNR no. 3679 (1940, 293); wohl auch *Kosters*, Het Internationaal Burgerlijk Recht in Nederland (1917) 647.

[19] Telefonische Auskunft des Niederländischen Generalkonsulats in Hamburg.

[20] Ausdrücklich u. a. *Ferid-Firsching*, Randz. 61, 65; *Brand-Kleef* 570 f.

[21] So ausdrücklich *Kegel* in *Soergel-Siebert*, Vorbem. 55 vor Art. 24 EGBGB; *Frankenstein* IV 542 f.; *Niemeyer* 46 ff.

[22] Ausdrücklich *Dölle* 233.

[23] BayObLGZ 1965, 423, 429.

Da das niederländische Recht die deutschen Gerichte für zuständig hält und die Entgegennahme der Ausschlagungserklärung nach niederländischem Recht nicht *mehr* von einem Gericht verlangt, als ihm nach deutschem Recht obliegt, hat das Institut keine Bedenken gegen die internationale Zuständigkeit des Nachlaßgerichtes.

Die Ausschlagungserklärung der testamentarischen Alleinerbin ist also rechtswirksam.

*5. Anfechtung der Ausschlagung und Annahme der Erbschaft*

a) Das *niederländische Recht* bestimmt über die Anfechtung der Ausschlagung einer Erbschaft:

*Art. 1111 B. W.:*

„Niemand kan tegen de verwerping eener nalatenschap in zijn geheel hersteld, dan in geval die verwerping heeft plaats gehad ten gevolge van bedrog of dwang."

Nach Ausschlagung einer Erbschaft kann der Ausschlagende in den vorherigen Zustand nur zurückversetzt werden, wenn die Ausschlagung auf Betrug oder Zwang beruht.

*Art. 1102 B. W.:*

„De erfgenaam die de erfenis verworpen heeft, kan dezelve nog aanvaarden, zoo lang zij nog nient door degenen welke door de wet of door eenen uitersten wil geroepen worden, aanvaard is, behoudens de regten van derden, zoo als bij het voorgaande artikel gezegd is."

Der Erbe, der die Erbschaft ausgeschlagen hat, kann dieselbe noch annehmen, solange sie noch nicht durch denjenigen, der kraft Gesetzes oder letztwilliger Verfügung berufen ist, angenommen worden ist, vorbehaltlich der Rechte Dritter nach Maßgabe des vorangehenden Artikels.

Eine Anfechtung wegen Irrtums über den Zustand des Nachlasses gestattet also das niederländische Recht nicht[24]. Dafür ermöglicht es den schlichten Widerruf der Ausschlagung durch eine Annahmeerklärung, soweit noch kein anderer Berufener angenommen hat. Diese Annahme wie die gewöhnliche Annahme bedarf keiner Form und kann auch stillschweigend erfolgen (Art. 1094 B. W.). Hier ist die Anfechtungserklärung ausdrücklich mit der Erklärung der Annahme verbunden, so daß kein Zweifel bestehen kann.

Da die Erbschaft durch die in Berlin lebenden Schwestern der Erblasserin, die als gesetzliche Erbinnen in Betracht kämen, offenbar nicht angenommen worden ist, hat die Testamentserbin ihre Ausschlagung wirksam widerrufen und die Erbschaft angenommen. Zur Auslegung dieser Annahmeerklärung siehe unten 7.

---

[24] *Pitlo* 252; *Klaassen-Eggens* 509.

### 6. *Nachlaßverwaltung*

a) Das *niederländische Recht* kennt keine Nachlaßverwaltung im Sinne des deutschen Rechtes. Testamentsvollstreckung und „bewind" (Verwaltung) des Nachlasses beruhen auf letztwilliger Verfügung des Erblassers. Eine Nachlaßpflegschaft wird nur bestellt, wenn keiner den Nachlaß beansprucht oder wenn die Erben ausgeschlagen haben, Art. 1172 B. W.

Nach niederländischer Auffassung kann daher eine in Deutschland eingerichtete Nachlaßverwaltung nicht zur Beschränkung der Erbenhaftung führen.

b) In *Deutschland* vertreten allerdings einige Autoren die Ansicht, eine Nachlaßverwaltung könnte ohne Rücksicht auf das ausländische Erbstatut am letzten deutschen Wohnsitz des Erblassers stets angeordnet werden[25]. Dagegen haben das OLG Rostock in einer älteren Entscheidung sowie *Frankenstein* die Nachlaßverwaltung zum Erbstatut gezählt und, da sie in den Niederlanden nicht bekannt sei, ihre Anordnung durch ein deutsches Gericht abgelehnt[26].

Das Institut hält diese letztere Ansicht für richtig. Denn die Ausgestaltung der Nachlaßverwaltung im deutschen Recht ist auf ihren Zweck, die Haftung des Erben zu beschränken (§ 1975 BGB), so stark zugeschnitten, daß sie sich in den Rahmen einer anderen Rechtsordnung, die diese zentrale Rechtsfolge nicht mit ihr verbindet, auch nicht einpassen läßt. Ferner ist – angesichts der notorischen zivilrechtlichen Folgen der Nachlaßverwaltung – eine Verwirrung des deutschen Rechtsverkehrs zu befürchten, wenn eine Nachlaßverwaltung zugelassen würde, welche die nach deutschem Recht mit ihr verbundenen essentiellen Rechtsfolgen nicht hat. Schließlich dürfte eine auf Antrag der Erben angeordnete Nachlaßverwaltung, die nicht zur Haftungsbeschränkung der Erben führt, dem Willen der Erben gar nicht entsprechen.

### 7. *Andere Wege zur Beschränkung der Erbenhaftung*

a) Das *niederländische Recht* stellt für die Beschränkung der Erbenhaftung nur einen einzigen Weg zur Verfügung, nämlich die Annahme der Erbschaft unter Vorbehalt des Inventars.

aa) Die einschlägigen *Bestimmungen* der Artt. 1070–1088 B. W. lauten in deutscher Übersetzung:

---

[25] *Kegel* in *Soergel-Siebert*, Vorbem. 55 vor Art. 24 EGBGB, und *Niemeyer* 56 f., beide mit der Begründung, daß die Nachlaßverwaltung mit dem ausländischen Erbstatut regelmäßig „verträglich" sein werde. *Niemeyer* will freilich die materielle Wirkung der Nachlaßverwaltung nach dem Erbstatut beurteilen.

[26] LG Schwerin 6. 5. 1902 und OLG Rostock 16. 12. 1902, Zeitschrift für internationales Recht 13 (1903) 174 ff.; *Frankenstein* IV 595.

*Art. 1088 B. W.:*

Die Vorschriften der Artt. 1071 und 1077 ff. sind ebenfalls anzuwenden auf die Erben, die, ohne von dem Recht der Überlegung Gebrauch gemacht zu haben, eine Erbschaft unter Vorbehalt des Inventars angenommen haben, indem sie die am Ende des Art. 1075 erwähnte Erklärung abgegeben haben.

*Art. 1070 B. W.:*

Alle Personen, die als Erben berufen sind und sich offenhalten möchten, um den Zustand des Nachlasses zu untersuchen..., sollen das Recht auf Überlegung haben; sie müssen darüber eine Erklärung abgeben vor der Geschäftsstelle der Rechtsbank in dem Arrondissement, in dem die Erbschaft angefallen ist; die Erklärung soll in das dazu bestimmte Register eingetragen werden.

*Art. 1071 B. W.:*

1. Dem Erben wird vom Tage der Erklärung an eine Frist von vier Monaten gewährt, um den Nachlaß zu inventarisieren und sich die Sache zu überlegen.
2. Jedoch kann die Arrondissements-Rechtbank, wenn der Erbe gerichtlich verfolgt wird, aus dringenden Gründen die oben festgelegte Frist verlängern.

*Art. 1075 B. W.:*

Nach Ablauf der in Art. 1071 festgelegten Frist kann der Erbe gezwungen werden, die Erbschaft auszuschlagen oder sie entweder schlicht oder unter Vorbehalt des Inventars anzunehmen. In diesem letzten Fall muß darüber eine Erklärung in derselben Weise abgegeben werden, wie in Art. 1070 bestimmt ist.

*Art. 1077 B. W.:*

Der Erbe verliert den Vorbehalt des Inventars und wird als schlichter (unbeschränkt haftender) Erbe angesehen:

1. wenn er absichtlich und bösen Glaubens Gegenstände, die zum Nachlaß gehören, nicht in dem Inventar aufführt;
2. wenn er sich der Verheimlichung von Sachen, die zum Nachlaß gehören, schuldig macht.

*Art. 1078 B. W.:*

Der Vorbehalt des Inventars hat zur Folge:

1. daß der Erbe die Schulden und die Lasten des Nachlasses nicht über den Wert der Gegenstände hinaus bezahlen muß, die den Nachlaß bilden; er kann sich der Zahlung sogar ganz entledigen, indem er alle Nachlaßgegenstände der Verfügung der Gläubiger und Vermächtnisnehmer überläßt;
2. daß das eigene Vermögen des Erben nicht mit dem Nachlaß vermischt wird und daß er das Recht behält, seine eigenen Forderungen gegen den Nachlaß geltend zu machen.

*Art. 1079 B. W.:*

Der Erbe, der die Erbschaft unter dem Vorbehalt des Inventars angenommen hat, ist verpflichtet, sie wie ein guter Hausvater zu verwalten und, soweit möglich, zur Abwicklung zu bringen; er ist den Gläubigern und Vermächtnisnehmern verantwortlich.

*Art. 1080 B. W.:*

1. Er kann die beweglichen und unbeweglichen Gegenstände des Nachlasses nur durch Versteigerung und nach den Gebräuchen des Ortes verwerten oder durch einen Makler, wenn in dem Nachlaß Waren vorhanden sind.
2. …

*Art. 1081 B. W.:*

1. Er hat, wenn die Gläubiger oder andere Interessierte das verlangen, ausreichende Sicherheit zu leisten für den Wert der im Inventar bezeichneten beweglichen Gegenstände und für denjenigen Teil des Wertes der unbeweglichen Gegenstände, welcher nicht den Hypothekengläubigern überwiesen ist.
2. Bleibt er mit der Leistung der Sicherheit in Verzug, so sollen die beweglichen Gegenstände zu Geld gemacht werden und sowohl der Erlös daraus als auch der nicht überwiesene Teil der unbeweglichen Gegenstände einer dazu vom Gericht bestellten Person anvertraut werden, damit daraus die Schulden und Lasten des Nachlasses erfüllt werden, soweit der Wert des Nachlasses dazu ausreicht.

*Art. 1082 B. W.:*

Binnen drei Monaten nach Ablauf der in Art. 1071 festgelegten Frist hat der Erbe mittels Anzeige in einem der amtlichen Anzeiger sowie in einer Zeitung der Provinz, wenn eine solche besteht, die unbekannten Gläubiger aufzurufen, um sowohl diesen als auch den bekannten Gläubigern und den Vermächtnisnehmern sogleich Rechnung zu legen über die Verwaltung und ihre Ansprüche und Vermächtnisse zu erfüllen, soweit der Wert des Nachlasses dazu ausreicht.

*Art. 1083 B. W.:*

1. Nach Billigung der Abrechnung hat der Erbe den Gläubigern, die zu diesem Zeitpunkt bekannt sind, entweder ihre Forderung ganz oder im Verhältnis zum Werte des Nachlasses zu erfüllen.
2. Die Gläubiger, die sich nach der Verteilung melden, sollen nach dem Maße ihrer Anmeldung nur noch aus den nicht verwerteten Gegenständen und dem Überschuß befriedigt werden.

*Art. 1084 B. W.:*

Wenn auch nur ein einziger Einspruch erfolgt, können die Gläubiger nur aufgrund einer gerichtlichen Rangregelung befriedigt werden.

*Art. 1085 B. W.:*

1. Die Vermächtnisnehmer können die Erfüllung ihrer Vermächtnisse erst nach Ablauf der in Art. 1082 festgelegten Frist und nach der in Art. 1083 erwähnten Auszahlung verlangen.
2. Die Gläubiger, die sich nach Erfüllung der Vermächtnisse melden, können nur die Vermächtnisnehmer in Anspruch nehmen.
3. Dieser Anspruch verjährt binnen drei Jahren, gerechnet vom Tage der Auszahlung an die Vermächtnisnehmer.

*Art. 1086 B. W.:*

1. Der Erbe, der die Erbschaft unter Vorbehalt des Inventars angenommen hat, haftet mit seinem eigenen Vermögen erst dann, wenn er nach Aufforderung zur Abrechnung diese Verpflichtung nicht erfüllt.
2. Nach Billigung der Abrechnung haftet sein eigenes Vermögen nur für die Zahlung von Geldbeträgen, die aus dem Nachlaß in seine Hand gelangt sind.

*Art. 1087 B. W.:*

Die Kosten einer Versiegelung, des Inventars, der Abrechnung sowie alle anderen auf gesetzmäßige Weise angefallenen Kosten fallen dem Nachlaß zur Last.

bb) Die *Anwendung* dieser Regeln auf den vorliegenden Fall ergibt: Das Recht auf Überlegung, von dem in Artt. 1070 ff. B. W. die Rede ist, kann die Erbin nicht in Anspruch nehmen, da sie die Erbschaft bereits angenommen hat.

Die Anwendung der Regeln über die Annahme unter Vorbehalt des Inventars hängt zunächst davon ab, ob die Erklärung der testamentarischen Alleinerbin vom 14. 10. 1966 als Annahme unter Vorbehalt angesehen werden kann. Dafür sprechen nach Ansicht des Instituts folgende Umstände: Sowohl die Erbin als auch der beurkundende Rechtspfleger haben die Erklärung offensichtlich nur im Hinblick auf die Regeln des deutschen Rechtes abgefaßt. Infolge des mit der Annahme verbundenen Antrages auf Nachlaßverwaltung hat die Erbin jedoch deutlich ihren Willen ausgedrückt, den Nachlaß vom Eigenvermögen getrennt zu halten und getrennt abzuwickeln. Die einzige Form, in der diesem deutlich erklärten Willen der Erbin nach der maßgebenden Rechtsordnung Rechnung getragen werden kann, ist die Annahme unter Vorbehalt des Inventars. Das Institut erblickt deshalb in der Erklärung vom 14. 10. 1966 eine Annahme der Erbschaft unter Vorbehalt des Inventars im Sinne des niederländischen Rechtes. Um Zweifel auszuschließen, empfiehlt sich wohl eine Wiederholung der Erklärung in der zutreffenden Fassung.

Der Wirksamkeit dieser Erklärung kann freilich entgegenstehen, daß sie nicht gegenüber dem nach den Artt. 1088, 1075, 1070 B. W. zuständigen niederländischen Gericht abgegeben und auch nicht in das vorgesehene Register eingetragen worden ist. Ob nach niederländischer Auffassung auch ein ausländisches Gericht am letzten Wohnsitz des Erblassers im Ausland zuständig sein kann, ist für Art. 1070 B. W. lediglich im Schrifttum erörtert, hier jedoch durchweg bejaht worden[27]. Diese Stellungnahme der Rechtslehre deckt sich mit der Behandlung der gleichen Frage bei der Ausschlagung (oben 4 a).

Ob die Erklärung auch ohne Eintragung in das vorgesehene Register wirksam ist, wird nirgends ausdrücklich gesagt. Für eine Bejahung dieser

---

[27] *Jitta* 569; *Mulders* 212; wohl auch *Kosters* 647 und *van Hasselt* no. 221.

Frage spricht einmal die Fassung des Gesetzes: Die Erklärung „soll" in das dazu bestimmte Register eingetragen werden. Noch deutlicher bringt Art. 4.5.2.5 Abs. 1 des Entwurfes Meijers für ein neues Bürgerliches Gesetzbuch das zum Ausdruck: Er verselbständigt die Abgabe der Erklärung und behandelt die Eintragung erst in einem zweiten Satz. Daraus wird deutlich, daß es sich hierbei um eine interne Tätigkeit des entgegennehmenden Gerichtes handelt, die keinen Einfluß auf die Wirksamkeit der Erklärung haben soll. Auch in Rechtsprechung und Schrifttum findet sich kein Hinweis darauf, daß die Wirksamkeit der formnichtig abgegebenen Erklärung von ihrer Eintragung abhängen soll[28].

Die Anwendung der unmittelbar die Inventarerrichtung und die Abwicklung des Nachlasses betreffenden Vorschriften bedarf angesichts der Ausführlichkeit der gesetzlichen Regeln im Augenblick keiner weiteren Erläuterung. Es ist nicht erkennbar, daß die Befolgung dieser Vorschriften besondere Schwierigkeiten verursachen wird.

b) Vom Standpunkt des *deutschen Rechts* bestehen keine Bedenken, daß das Nachlaßgericht die Erklärung über die Annahme der Erbschaft unter Vorbehalt des Inventars entgegennimmt (dazu oben 4 b)[29], da das niederländische Recht der Entgegennahme durch das deutsche Gericht am letzten Wohnsitz des Erblassers zustimmt (oben a) bb)). Da der Nachlaß im übrigen ohne gerichtliche Beteiligung abgewickelt wird, entstehen keine weiteren Fragen des deutschen Verfahrensrechtes.

## *IV. Ergebnis*

1. Die Erbfolge und damit auch die inhaltliche Gültigkeit der Testamente richtet sich nach niederländischem Recht, ihre formelle Gültigkeit hingegen nach deutschem Recht.
2. Nach niederländischem Recht sind die Testamente der Erblasserin inhaltlich gültig.
3. Das Nachlaßgericht hatte die Testamente nach deutschen Verfahrensregeln zu eröffnen und hat sie auch weiterhin nach deutschem Verfahrensrecht zu behandeln.
4. Die Testamentserbin hat die Erbschaft zunächst wirksam ausgeschlagen, später die Ausschlagung wirksam widerrufen und die Erbschaft angenommen.

---

[28] Dieses Ergebnis wird übrigens bestätigt durch die Auslegung der entsprechenden Bestimmungen des italienischen Rechts, siehe BayObLG 5. 12. 1965, BayObLGZ 1965, 423 ff., 432 ff.

[29] So auch ausdrücklich *Frankenstein* IV 596 N. 180.

5. Die Anordnung einer Nachlaßverwaltung führt im niederländischen Recht nicht die beschränkte Erbenhaftung herbei und ist deshalb unzulässig.
6. Die Erbenhaftung kann beschränkt werden durch Annahme der Erbschaft unter Vorbehalt des Inventars und durch Beobachtung der damit verbundenen Regeln.

## 6. HEIMFALLRECHT DES STAATES

### Nr. 77

**Tschechoslowakei**

**Zum Verstoß des tschechoslowakischen Staatserbrechts gegen den deutschen ordre public.**

**Hamburg G 162/68 vom 18. 11. 1968**

Herr Rechtsanwalt und Notar Dr. F. in H. bittet um Auskunft über tschechoslowakisches Erbrecht, dessen Anwendung möglicherweise gegen den deutschen ordre public verstößt, in folgender Angelegenheit:

Die eingetragene Eigentümerin von zwei in Hamburg belegenen Grundstücken, Frau A., ist am 4. 9. 1967 an ihrem letzten Wohnsitz in Preßburg (Bratislava) gestorben, ohne eine letztwillige Verfügung zu hinterlassen. Ihr Ehemann ist vorverstorben. Sie wurde überlebt von ihrem Sohn Herbert A., der inzwischen am 21. 3. 1968 ebenfalls ohne letztwillige Verfügung in Preßburg verstorben ist. Einziger noch lebender Verwandter ist der Vetter des Herrn Herbert A., Tibor L., der vor kurzem aus Preßburg nach Österreich geflohen ist und voraussichtlich demnächst nach Hamburg übersiedeln wird. Beide Erblasser haben zur Zeit ihres Todes die tschechoslowakische Staatsangehörigkeit besessen.

Es wird um die Beantwortung folgender Fragen gebeten:

1. Wer ist gesetzlicher Erbe nach Frau A. geworden?
2. Wer ist gesetzlicher Erbe nach Herrn Herbert A. geworden?
3. Ist Herr Tibor L. Erbe bzw. Miterbe geworden?
4. Wo muß ggf. die Erblegitimation beantragt werden?

#### *I. Anzuwendendes Recht*

Nach den aus Artt. 24 und 25 EGBGB abgeleiteten Grundsätzen des deutschen Internationalen Erbrechts ist Erbstatut das Recht des Staates, dem der Erblasser zur Zeit seines Todes angehört hat, vorausgesetzt, daß keine nach Art. 27 EGBGB zu beachtende Rück- oder Weiterverweisung vorliegt[1].

---

[1] BGH 2. 5. 1966, BGHZ 45, 351.

Nach § 17 des tschechoslowakischen Gesetzes vom 4. 12. 1963, Sb. Nr. 97, über das internationale Privat- und Prozeßrecht sind die erbrechtlichen Verhältnisse ebenfalls nach der Rechtsordnung des Staates zu beurteilen, dem der Erblasser zur Zeit seines Todes angehört hat.

Eine Rück- oder Weiterverweisung liegt also nicht vor. Erbstatut ist das tschechoslowakische Recht.

### *II. Tschechoslowakisches Erbrecht*

Die gesetzliche Erbfolge ist in der Tschechoslowakei in den §§ 473–475 des Bürgerlichen Gesetzbuches vom 26. 2. 1964, Sb. Nr. 40, folgendermaßen geregelt:

*§ 473:*

(1) In der ersten Gruppe erben die Kinder und der Ehegatte des Erblassers, jeder von ihnen mit einem gleichen Teil.
(2) Erbt eines der Kinder nicht, so erwerben einen Erbteil zu gleichen Teilen seine Kinder. Erben auch diese Kinder oder eines von ihnen nicht, so erben ihre bzw. seine Nachkommen zu gleichen Teilen.

*§ 474:*

(1) Erben die Nachkommen des Erblassers nicht, so erben in der zweiten Gruppe der Ehegatte, die Eltern des Erblassers und weiterhin diejenigen, die mit dem Erblasser mindestens während des Zeitraums eines Jahres vor seinem Tode in gemeinsamem Haushalt gelebt und aus diesem Grunde für den gemeinsamen Haushalt gesorgt haben oder mit dem Unterhalt auf den Erblasser angewiesen waren.
(2) Die Erben der zweiten Gruppe erben zu gleichen Teilen, der Ehegatte jedoch immer mindestens die Hälfte des Nachlasses.

*§ 475*

Erbt weder der Ehegatte noch ein Elternteil, so erben in der dritten Gruppe zu gleichen Teilen die Geschwister des Erblassers und diejenigen, die mit dem Erblasser mindestens während des Zeitraumes eines Jahres vor seinem Tod in gemeinsamem Haushalt gelebt und aus diesem Grund für den gemeinsamen Haushalt gesorgt haben oder mit dem Unterhalt auf den Erblasser angewiesen waren.

Alleiniger gesetzlicher Erbe nach Frau Frieda A. war also ihr Sohn, Herbert A. Als gesetzlicher Erbe dieses Erblassers kommt Herr L. nur in Frage, wenn er mit dem Erblasser mindestens während eines Zeitraumes von einem Jahr vor dessen Tode in gemeinsamem Haushalt zusammengelebt und zugleich eine der anderen in § 475 BGB aufgestellten Bedingungen erfüllt hat. Trifft dies nicht zu und erfüllen auch andere Personen nicht die in § 475 BGB aufgestellten Bedingungen, so fällt der Nachlaß gemäß

§ 462 BGB an den tschechoslowakischen Staat. Der Staat erwirbt den Nachlaß im Augenblick des Todes eines ohne gesetzliche oder testamentarische Erben verstorbenen Erblassers[2].

### *III. Ordre public?*

Gemäß Art. 30 EGBGB ist die Anwendung eines ausländischen Gesetzes ausgeschlossen, wenn die Anwendung gegen „die guten Sitten oder den Zweck eines deutschen Gesetzes verstoßen würde", d. h. nach der ständigen Rechtsprechung des Reichsgerichts und des Bundesgerichtshofes, wenn der Unterschied zwischen den staatspolitischen oder sozialen Anschauungen, auf welchen dieses [fremde] Recht und auf welchen das konkurrierende deutsche Recht beruht, so erheblich ist, daß die Anwendung des ausländischen Rechts „direkt die Grundlagen des deutschen staatlichen oder wirtschaftlichen Lebens angreifen würde"[3].

Als solche „Grundlagen" kommen für den vorliegenden Fall drei Prinzipien in Betracht:

1. der Grundsatz der Verwandtenerbfolge,
2. der Schutz des nationalen Grund und Bodens vor Überfremdung und
3. der Grundsatz der Gegenseitigkeit.

Leider ist zu allen drei Prinzipien als Teilen des deutschen ordre public wegen der Neuartigkeit der Fragestellung weder Rechtsprechung noch Literatur bekannt.

*Zu 1.* – Die Ausdehnung der Verwandtenerbfolge über den Kreis der nächsten, pflichtteilsberechtigten Angehörigen hinaus, die dem Erblasser notfalls unterhaltspflichtig gewesen wären, bezweckt nach den Materialien zum BGB vor allem die Beschränkung des Staatserbrechtes: Privateigentum soll grundsätzlich Privateigentum bleiben[4]. Ob das BGB diesen Grundsatz übertrieben hat, indem es selbst die entferntesten Verwandten erben läßt, ist umstritten. Schon die dem BGB nächstverwandten Rechtsordnungen Österreichs und der Schweiz beschränken die gesetzliche Erbfolge in der Seitenlinie auf drei Parentelen[5].

Aber bis zur 3. Parentel – zu welcher der Vetter gehört – ist das Verwandtenerbrecht Gemeingut aller nicht sozialistischen Rechtsordnungen.

---

[2] Siehe hierzu „Nové občanské právo" (Das neue bürgerliche Recht; 1965) 621 f. und 629 ff.; Učebnica československého občanského práva (Lehrbuch des tschechoslowakischen bürgerlichen Rechts) II (1965) 542 f., 547 ff. und 572.

[3] RGZ 60, 296 (300); vgl. BGHZ 35, 329 (337).

[4] Vgl. hierzu und zum Folgenden etwa *Kipp-Coing*, Erbrecht, 12. Bearb. (1965) § 4 V, S. 23 f.

[5] Vgl. § 751 öst. ABGB i. d. F. der Teilnovelle von 1914 bzw. Art. 460 I schweiz. ZGB.

Die abweichende Regelung in der Sowjetunion, die das Erbrecht zeitweilig (1918–1922) ganz abgeschafft hatte, und in den anderen kommunistisch regierten Staaten Europas beruht auf der grundsätzlichen Beschränkung des privaten Eigentums zugunsten von kollektivem oder Staatseigentum, die unserer Wirtschafts- und Sozialordnung bewußt entgegengesetzt ist und daher jedenfalls für Vermögen, das sich in Deutschland befindet, von deutschen Gerichten nicht ohne weiteres durchzusetzen ist.

*Zu 2.* – Der Schutz des deutschen Grund und Bodens vor Übergang an fremde Staaten ist in Artt. 86, 88 EGBGB (Erwerb durch Ausländer) der Landesgesetzgebung übertragen worden. Aber das schließt nicht aus, gegen eine neue Form des Grunderwerbs durch fremde Staaten – eben ein ungewohnt weitgehendes ausländisches Staatserbrecht, welches privates Eigentum von Ausländern in ausländisches Staatseigentum zu verwandeln droht – mit Hilfe der Vorbehaltsklausel des Art. 30 EGBGB vorzugehen.

Gegenüber dem Sowjetrecht der 1920er und 30er Jahre ist dieses Problem nicht aktuell geworden, da das sowjetische Staatserbrecht anfangs territorial beschränkt war und später durch das deutsch-sowjetische Nachlaßabkommen vom 12. 10. 1925 (RGBl. 1926 II 72), welches in § 13 II für die Immobiliarerbfolge die lex rei sitae als maßgebend erklärte, vertraglich ausgeschaltet war.

*Zu 3.* – Die Beachtung der Gegenseitigkeit ist für die Anwendung ausländischen Rechts im deutschen IPR auf einen Ausnahmefall beschränkt (Art. 25 Satz 2 EGBGB: Ansprüche deutscher Erben eines mit deutschem Wohnsitz verstorbenen Ausländers) und im übrigen einer besonderen Anordnung der Regierung vorbehalten (Art. 31 EGBGB). Im vorliegenden Falle aber, wo es nicht nur um die Anwendung eines ausländischen Gesetzes, sondern um einen Rechtserwerb des betreffenden Staates selbst geht, kann doch wohl auch *im Rahmen der Vorbehaltsklausel* berücksichtigt werden, daß dieser Staat

a) in erheblich weiterem Umfang gesetzlicher Erbe des in Deutschland befindlichen Vermögens seiner Bürger zu sein beansprucht als Deutschland (nach § 1936 BGB) bezüglich des ausländischen Vermögens seiner Staatsangehörigen;
b) selbst dem bescheideneren deutschen Staatserbrecht durch die Enteignung des auf seinem Gebiet befindlichen Vermögens deutscher Staatsangehöriger im Jahre 1945 faktisch die Grundlage entzogen hat;
c) die Aufnahme diplomatischer und konsularischer Beziehungen zur Bundesrepublik Deutschland und damit die Möglichkeit einer einverständlichen Abwicklung von Nachlässen ablehnt.

Es kann für den vorliegenden Fall dahingestellt bleiben, ob die vorstehend zu 1–3 entwickelten Gedanken jeder für sich die Berufung auf Art. 30 EGBGB – die eine möglichst seltene Ausnahme bleiben sollte – zu rechtfertigen vermögen. Aber angesichts ihres *Zusammentreffens* neigt das Institut dazu, hier die Ausschließung des tschechoslowakischen Staatserbrechts an deutschem Grundbesitz und dementsprechend die Annahme der Beerbung des Sohnes der eingetragenen Grundstückseigentümerin durch seinen Vetter zu befürworten.

### *IV. Erblegitimation*

Gemäß § 2369 BGB kann für inländische Gegenstände eines grundsätzlich nach ausländischem Recht zu beurteilenden Nachlasses ein gegenständlich beschränkter Erbschein beim deutschen Nachlaßgericht beantragt werden. Die örtliche Zuständigkeit bestimmt sich nach § 73 III FGG.

### *V. Ergebnis*

Nach dem an sich anwendbaren tschechoslowakischen Erbrecht ist die eingetragene Grundstückseigentümerin von ihrem Sohne als Alleinerbin beerbt worden, dieser jedoch nicht von seinem Vetter, wenn nicht die Bedingungen des § 475 tsch. BGB erfüllt sind, sondern vom tschechoslowakischen Staat.

Die Anwendung des tschechoslowakischen Staatserbrechts auf den deutschen Grundbesitz dürfte jedoch gemäß Art. 30 EGBGB ausgeschlossen und daher doch der Vetter Erbe geworden sein. Die Erblegitimation ist gemäß § 2369 BGB beim örtlich zuständigen deutschen Nachlaßgericht zu beantragen.

## Nr. 78

## USA (Kalifornien)

**1. Kollisionsrechtliche und materiellrechtliche Behandlung des kalifornischen Staatsanfallsrechts und des deutschen Staatserbrechts.**

**2. Kalifornisches Ehegüter- und Ehegattenerbrecht.**

**Heidelberg 31/67 vom 16. 1. 1968**

Das Notariat I Mannheim als Nachlaßgericht bittet in der Nachlaßsache Bl. das Institut für ausländisches und internationales Privat- und Wirtschaftsrecht der Universität Heidelberg um Auskunft über internationales und kalifornisches Erbrecht. Dem Gutachten liegt folgender Sachverhalt zugrunde:

In Los Angeles im Staate Kalifornien (USA) lebte vor dem Kriege das aus Deutschland stammende Ehepaar Bl. Der Ehemann, geboren 1883, lebte seit 1905, die Ehefrau seit 1908 in den USA. Der Ehemann ist in B./Württ. geboren, die Ehefrau soll „aus der Gegend von Berlin" gestammt haben.

Im Jahre 1932 verfaßten die Eheleute ein gegenseitiges Testament, von dem nur noch eine private Übersetzung ins Deutsche vorliegt. Darin setzten sich die Eheleute zu gegenseitigen Alleinerben ein.

Am 12. 11. 1935 starb der Ehemann, am 28. 6. 1938 die Frau, beide waren kinderlos. Verwandtschaft der Frau ist nicht zu ermitteln; der Mann hinterließ einige entferntere Verwandte in Deutschland. Die Ehegatten waren laut Beweisbeschluß des Nachlaßgerichtes U.S.-Angehörige.

In Deutschland befinden sich folgende Wertgegenstände: a) ein Wertpapierdepot, das schon vor der Eheschließung dem Manne gehört hatte; b) ein Barkonto, das während Bestehens der Ehe vom Manne auf den Namen beider Eheleute errichtet wurde; beide Konten befinden sich bei der Deutschen Bank in Mannheim.

Es wird um Auskunft gebeten, wie sich die Erbfolge nach den Erblassern regelt.

## *I. Internationalprivatrechtliche Frage*

A. Art. 25 EGBGB bestimmt, daß ein Ausländer mit Wohnsitz im Inland nach ausländischem Recht beerbt wird. Dies muß erst recht gelten, wenn der Ausländer im Auslande wohnt[1]. Somit verweist das deutsche internationale Privatrecht auf die Anwendung des U. S.-amerikanischen Rechtes.

Nun ist das Privatrecht in den USA Sache der einzelstaatlichen Gesetzgebung. Es ist daher zuerst zu bestimmen, welchem Einzelstaate der USA die Erblasser angehört haben. Sie waren U.S.-amerikanische Staatsangehörige. In den USA gibt es keine Staatsangehörigkeit im technischen Sinne zu einem Einzelstaat, wie es etwa in Deutschland bis 1934 der Fall war, sondern nur eine mit dem Domizil zusammenfallende „citizenship". Es ist also eine „Unteranknüpfung" zu wählen[2].

In der Literatur wird betont, daß es sich nicht empfehle, auf die vom auswärtigen interlokalen Recht angewandten Regeln einzugehen, man solle vielmehr die Anknüpfung nach deutschem Recht selbständig vornehmen[3].

---

[1] Vgl. *Erman-Marquordt,* Handkommentar zum Bürgerlichen Gesetzbuch, 4. Aufl. 1967, Bd. 2, Artt. 24, 25 EGBGB, Anm. 1; *Soergel-Siebert(-Kegel),* Bürgerliches Gesetzbuch, 9. Aufl. Bd. V 1961, vor Art. 24 EGBGB, Randz. 3.

[2] Vgl. *Soergel-Siebert(-Kegel),* aaO, vor Art. 7 EGBGB, Anm. 111, mit Nachweisen; *Kegel,* Internationales Privatrecht, 2. Aufl. 1964, § 2 V, S. 47 f.; *M. Wolff,* Das internationale Privatrecht Deutschlands (3. Aufl. 1954) § 18 a 1, S. 92.

[3] So insbesondere *Soergel-Siebert(-Kegel)* aaO; anders: *Raape,* IPR (5. Aufl. 1961) 150.

Dabei stellen *Wolff* und *Kegel* auf den gewöhnlichen Aufenthalt ab. Hier ist jedoch der letzte gewöhnliche Aufenthalt in den USA zu nehmen[4].

Dieser letzte gewöhnliche Aufenthalt hat sich in Kalifornien befunden. Dort haben die Eheleute laut Todesurkunde 11 bzw. 15 Jahre gelebt.

Aber auch wenn man die Anknüpfung so wählte, wie sie vom interlokalen Privatrecht des ausländischen Staates gewählt wird, würde man hier auf das Domizil im amerikanischen Sinne kommen, welches sich ebenfalls im Staate Kalifornien befand, so daß wieder das Recht dieses U. S.-Einzelstaates angewandt werden muß[5]. Nachdem die Erblasser teils 11, teils 15 Jahre in Kalifornien gelebt haben, ist an ihrem gewöhnlichen Aufenthalt dort nicht zu zweifeln.

B. Es ist zu prüfen, ob das kalifornische Recht diese Verweisung des deutschen Rechtes annimmt oder ob es bestimmt, daß ein anderes Recht gelten soll. Eine solche Verweisung wäre nach Art. 27 EGBGB zu beachten, liegt hier aber nicht vor.

Nach allgemeinem, in allen amerikanischen Staaten gleichermaßen geltendem Konfliktsrecht wird das bewegliche Vermögen eines Menschen nach dem Recht des Staates vererbt, in dem er sein letztes Domizil gehabt hat[6]. Da beide Erblasser aus Deutschland stammen, also kein domicile of origin in den USA hatten, müssen sie ein domicile of choice erworben haben. Dieses wird an dem Ort erworben, an dem sich der Betreffende mit dem Willen aufhält, dort für unbestimmte Zeit zu leben; Aufenthalt und Wille zum Bleiben müssen zusammentreffen[7]. Ein bestimmter Zeitablauf wird dagegen für den Erwerb eines domicile nicht gefordert[8].

Da die Erblasser in Kalifornien sehr lange gelebt haben und dort gestorben sind, liegen die für das domicile of choice notwendigen Voraussetzungen vor. Demnach kann von einem kalifornischen domicile ausgegangen werden; das kalifornische Recht nimmt also die Verweisung des deutschen Rechtes an. Daß unbewegliches Vermögen außerhalb Kaliforniens im Spiele wäre, ist nicht zu erkennen. Selbst wenn die Erblasser unbewegliches Vermögen (außerhalb Kaliforniens) hinterlassen hätten, wäre dies für die im Gutachten zu beantwortende Frage belanglos.

---

[4] Vgl. *Soergel-Siebert(-Kegel)* aaO.

[5] Vgl. zu dieser Frage auch *Kegel*, Die Anwendung des Rechts ausländischer Staaten mit räumlicher Rechtsspaltung, in: Karl-Arnold-Festschrift (1955) 76.

[6] Vgl. *Goodrich*, Handbook of the Conflict of Laws (St. Paul Minn. 1964) 324, 332; *Stumberg*, Principles of Conflict of Laws (3. Aufl. Brooklyn 1963) 373, 375.

[7] Vgl. *State-Planters Bank & Trust Co. of Richmond* v. *Commonwealth*, 6 S. E. 2 d 629.

[8] Vgl. *Guilfoil* v. *Hayes*, 194 S. E. 804.

## *II. Materiellrechtliche Frage*

Das Vermögen wurde zum Teil vom Ehemann vor der Eheschließung, zum Teil vom Ehemann während der Ehe auf den Namen beider Gatten der Deutschen Bank übergeben. Es ist daher das rechtliche Schicksal der verschiedenen Vermögensstücke in zeitlicher Reihenfolge zu prüfen.

A. Vorfrage: Anwendbares Ehegüterrecht

1. Bei der Frage, welches Ehegüterrecht auf die Beziehungen der Eheleute anzuwenden ist, ist nach deutschem IPR selbständig anzuknüpfen, d. h. es ist nach deutschen Regeln zu entscheiden, welches Güterrecht auf die Ehe anzuwenden ist[9]. Art. 15 EGBGB bestimmt, daß deutsches Recht dann gilt, wenn der Ehemann zum Zeitpunkt der Eheschließung Deutscher war. Diese einseitige Kollisionsnorm ist nach einhelliger Ansicht zu einer allseitigen „auszubauen" [10].

Es wird dabei davon ausgegangen, daß die Ehegatten schon zur Zeit der Eheschließung U. S.-Staatsangehörige waren. Dann ist wieder festzustellen, daß beide dem Staate Kalifornien zugerechnet werden müssen. Fragen der Gleichberechtigung (Art. 3 Abs. 2 GG) tauchen nicht auf, da beide Ehegatten U. S.-Angehörige und Kalifornier waren[11].

2. Es ist auch hier zu prüfen, ob das kalifornische Recht die Verweisung des deutschen Rechtes annimmt (Art. 27 EGBGB).

Das IPR in den amerikanischen Staaten geht von der Anwendbarkeit des Rechtes des Domizils der Eheleute aus[12]. Lediglich für Grundstücke bestehen Ausnahmen. Damit nimmt das kalifornische Recht die Verweisung des deutschen Rechtes an.

3. Sollte das Gericht zur Ansicht kommen, daß die Eheleute noch als Deutsche oder als Staatenlose geheiratet haben, bei welch letzteren das Recht der letzten Staatsangehörigkeit nach Art. 29 EGBGB a. F. anzuwenden wäre, so käme deutsches Ehegüterrecht zum Zuge. Dessen Auswirkung auf das kalifornische Erbrecht wäre in einem gesonderten Gutachten zu untersuchen.

---

[9] Vgl. *Raape* aaO 119; *Erman-Arndt* aaO, vor Art. 7 EGBGB, Anm. 3 (S. 1667).

[10] Vgl. *Erman-Marquordt*, aaO, Art. 15 EGBGB, Anm. 1; *Soergel-Siebert(-Kegel)*, aaO, Art. 15 EGBGB, Randz. 1.

[11] Vgl. zu dieser Frage *Sturm*, Zur Gleichberechtigung im deutschen internationalen Privatrecht, in: Rechtsvergleichung und Rechtsvereinheitlichung, Festschrift zum fünfzigjährigen Bestehen des Instituts für ausländisches und internationales Privat- und Wirtschaftsrecht der Universität Heidelberg, 155 ff., mit umfassenden Nachweisen. Für den Fall, daß Art. 15 EGBGB verfassungswidrig ist, ist nach *Sturm* an die gemeinsame Staatsangehörigkeit anzuknüpfen, S. 162 f.

[12] Vgl. *Ehrenzweig*, A Treatise on the Conflict of Laws (St. Paul Minn. 1962) 648; *Goodrich* aaO 248, 249; *Stumberg* aaO 312.

B. Das kalifornische Eherecht kennt als gesetzlichen Güterstand eine der Errungenschaftsgemeinschaft ähnliche Gütergemeinschaft[13]. Hierzu bestimmt § 163:

„Separate property of the husband. All property owned by the husband before marriage, and that acquired afterwards by gift, bequest, devise, or descent, with the rents, issues, and profits thereof, is his separate property."

Demnach ist dieses voreheliche Vermögen, d. h. das Wertpapierdepot, nicht in das eheliche Gemeinschaftsgut eingegangen.

C. Hingegen ist das Bankkonto während der Ehe auf beider Eheleute Namen eröffnet worden. Woher das Geld tatsächlich stammt, wird sich wohl nicht mehr feststellen lassen, jedoch stellt das Eröffnen eines Kontos auf den Namen beider ein starkes Indiz dar für die Tatsache, daß es sich wirklich um Gemeinschaftsvermögen gehandelt hat. § 164 Civil Code bestimmt (in der Fassung vor 1961):

„All other property acquired after marriage by either husband or wife, or both, including real property situated in this state and personal property wherever situated, heretofore or hereafter acquired while domiciled elsewhere, which would not have been the separate property of either if acquired while domiciled in this state, is community property; ..."

Das heißt, daß alles bewegliche Vermögen, wo auch immer belegen, das nicht unter das getrennte Vermögen fällt und das nach Eheschließung erworben wurde, Gemeinschaftsvermögen ist. (Der Rest der Vorschrift ist nicht einschlägig.)

Es muß demnach davon ausgegangen werden, daß das Bankkonto Gemeinschaftsvermögen war.

D. Durch das Testament ist die Frau Alleininhaberin des gesamten Vermögens geworden.

Nach allgemeinem amerikanischem Erbrecht geht das Erbe, zumindest das bewegliche Vermögen, mit dem Tode des Erblassers auf einen gerichtlich bestellten administrator über, sofern kein executor im Testament ernannt ist. Jedoch macht Kalifornien auch hier eine Ausnahme und bestimmt in § 300 Probate Code (in Kraft seit 1931), daß der Nachlaß auf den eingesetzten bzw. gesetzlichen Erben übergeht; der administrator bzw. executor hat allerdings ein Recht, den Nachlaß in Besitz zu nehmen.

*§ 300 Probate Code* lautet:

„When a person dies, the title to his property, real and personal, passes to the person to whom it is devised or bequeathed by his last will, or, in the absence of such disposition, to the persons who succeed to his estate as provided in

[13] Vgl. dazu §§ 157 ff. des kalifornischen Civil Code; insoweit weicht das kalifornische Recht stark vom sonstigen anglo-amerikanischen Recht ab, was wohl auf ein Nachwirken der spanischen Rechtstradition zurückzuführen ist.

Division 2 of this code; but all of his property shall be subject to the possession of the executor or administrator and to the control of the superior court for the purposes of administration, sale or other disposition under the provisions of Division 3 of this code, and shall be chargeable with the expenses of administering his estate, and the payment of his debts and the allowance to the family, except as otherwise provided in this code."

Die Aufgabe des administrators bzw. executors ist, den Nachlaß abzuwickeln, insbesondere Schulden und Erbschaftssteuern zu bezahlen. Sein Amt ist nach amerikanischer Ansicht auf den Gerichtsstaat, der ihn bestellt hat, beschränkt. Doch ist er weniger ein Testamentsvollstrecker als ein Nachlaßpfleger. Da ein Pfleger auch nach deutschem IPR grundsätzlich dem Recht des die Pflege anordnenden Staates untersteht, die Pflegschaft aber nur im Gerichtsstaate bestehen soll, ist ein Herüberwirken der administration in den deutschen Rechtskreis abzulehnen[14].

Im vorliegenden Fall ist zudem die Tätigkeit des administrators, d. h. der Frau, erledigt; sie lebt nicht mehr; daher entfällt nach kalifornischem Recht auch die Möglichkeit einer erneuten Pflegerbestellung.

Vgl. *§ 1067 Probate Code*:

„The final settlement of an estate, as in this chapter provided, shall not prevent a subsequent issue of letters testamentary or of administration, or of administration with the will annexed, if other property of the estate is discovered, or if it becomes necessary or proper for any cause that letters should be again issued."

Demnach kann eine neue administration nur in Betracht kommen, wenn weiteres Vermögen entdeckt wird, wobei die administration wiederum auf den Staat beschränkt ist.

Die Frage der ausländischen administration kann somit unberücksichtigt bleiben.

Bezüglich des in Deutschland belegenen Vermögens ist die Ehefrau daher unbeschränkte Alleinerbin geworden.

E. Die Ehefrau starb ihrerseits ohne Testament; dies deshalb, weil ihre Bestimmungen in dem gegenseitigen Testament seit dem Tode des Ehemannes gegenstandslos waren. Auch für diesen Fall gilt § 300 Probate Code, das heißt, die Erbschaft geht unmittelbar auf die Erben über. Die amerikanische administration ist erledigt und kann nach § 1067 Probate Code auch nicht wieder aufgenommen werden, weil in Kalifornien keine Vermögensstücke mehr vorhanden sind, insbesondere weil der administrator den Nachlaß unterschlagen und verbraucht hat, und die administration auf das Staatsgebiet beschränkt ist.

1. Wie ein untestierter Nachlaß vererbt wird, ist in den §§ 200 ff. Probate Code bestimmt. Da nach dem Tode des Mannes eine Community nicht

---

[14] Vgl. dazu auch *Ferid-Firsching*, Internationales Erbrecht, Bd. III, Stand 1967, US Grdz. C III, Randz. 60 d, insbesondere 40/169–40/177; *Raape* aaO 453.

mehr bestehen kann, sind die das „separate property" betreffenden Vorschriften anzuwenden (§§ 220 ff.).

2. Danach ist das Erbsystem wie folgt: Unterschieden werden 1. die Ehefrau, 2. die Abkömmlinge, 3. die nähere Familie, 4. der „next of kin". Ferner wird in bestimmten Fällen unterschieden dasjenige Vermögen, das der Erblasser von seinem Ehegatten geerbt oder geschenkt bekommen hat, und dasjenige, das von ihm selbst stammt.

Die „nähere Familie" wird im Gesetz nicht als solche bezeichnet, sondern jeweils als „parents, or if either is dead [to] the survivor, or if both are dead [to] their issue and the issue of either of them, by right of representation" (so § 223) oder „parents ..., or if either is dead [to] the survivor, or if both are dead ... [to] the brothers and sisters of the decedent (bzw. of the said deceased spouse) and [to] their descendants by right of representation" (so zweimal in § 228 und einmal in § 229), was den Gesetzestext stark belastet. Der Ausdruck „nähere Familie" (immediate family) ist dem Kommentar West's Annotated California Codes, Probate Code, (Bd. 52) 1956, mit Nachträgen für 1966, §§ 223, 224, jeweils Überschrift, entnommen.

(Die Vorschrift des § 227 gibt eine Sonderbestimmung für einen unverheirateten minderjährigen Erblasser, sie kann hier außer Betracht bleiben.)

Im folgenden wird das z. Z. geltende Recht referiert; die 1938 geltenden Unterschiede dazu werden nach der Abschrift der Texte behandelt.

a) Wenn der Gatte überlebt, werden folgende Fälle unterschieden:

aa) Der Erblasser hinterläßt den Gatten und Abkömmlinge (§ 221). Diese erhalten zusammen den ganzen Nachlaß, wobei sich der Erbteil des Gatten danach richtet, wieviel Kinder (bzw. Stämme von Kindern) überleben.

bb) Der Erblasser hinterläßt den Gatten und „nähere Familie" (§ 223). Der Gatte und die „nähere Familie" erhalten jeweils die Hälfte.

cc) Der Erblasser hinterläßt den Gatten und keine „nähere Familie" (d. h. entweder den „next of kin" oder niemanden) (§ 224). Der überlebende Gatte erhält alles.

b) Wenn kein Gatte überlebt, so geht die gesetzliche Erbfolge wie folgt:

aa) Der Erblasser hinterläßt Abkömmlinge (§ 222). Diese erben alles, gleichgültig, von wem das Gut kommt.

bb) Der Erblasser hinterläßt keine Abkömmlinge. Dann wird das Vermögen in drei Teile gespalten: 1. dasjenige Vermögen, das zu Lebzeiten des vorverstorbenen Ehegatten „community property" war; 2. dasjenige, das zu Lebzeiten des vorverstorbenen Ehegatten dessen „separate property" war; 3. das restliche Vermögen.

Daß insoweit die §§ 228, 229 den §§ 225 und 226 vorgehen, ist in der Entscheidung In re Abdale's Estate, 170 P. 2d 918 (1946) ausgeführt. Daß sie nur den

§§ 225, 226, nicht auch dem § 222 vorgehen, geht aus deren Text hervor („If the decedent leaves neither spouse nor issue").

I. Das frühere „community-property"-Vermögen wird nach § 228 vererbt.

§ 228 wird am Ende dieses Abschnittes (vor Nr. 3) mitgeteilt.

Der Sinn dieser Vorschrift ist folgender: Erfaßt wird das Community-Property-Vermögen, das unentgeltlich an den überlebenden Gatten gekommen ist, d. h. durch die Auflösung der Gemeinschaft beim Tode, durch Schenkung, Erbschaft, Vermächtnis usw. Dieses Vermögen geht, wenn vorhanden, an die Kinder bzw. Abkömmlinge des vorverstorbenen Gatten. Hinterläßt der vorverstorbene Gatte keine Abkömmlinge, dann geht die eine Hälfte dieses Vermögens an die „näheren Verwandten" des nachverstorbenen Gatten und die andere Hälfte an die „näheren Verwandten" des vorverstorbenen Gatten. D. h., da es Gemeinschaftsvermögen der beiden Gatten war, sollen beider Familien an ihm beteiligt sein; die Kinder des Vorverstorbenen gehen jedoch vor.

II. Das frühere „separate-property"-Vermögen des vorverstorbenen Ehegatten wird nach § 229 vererbt.

§ 229 wird am Ende dieses Abschnittes (vor Nr. 3) mitgeteilt.

Auch hier wird das Vermögen des früheren Gatten erfaßt, das an den überlebenden unentgeltlich gekommen ist; dabei kommt die Auflösung der Gemeinschaft als Erwerbsgrund naturgemäß nicht in Betracht, während die anderen Erwerbsgründe (Schenkung, Erbschaft, Vermächtnis usw.) aufgezählt werden. Dieses Vermögen geht, wenn vorhanden, an die Kinder bzw. die Abkömmlinge des vorverstorbenen Gatten. Hinterläßt er indessen keine Abkömmlinge, dann geht das Vermögen an die „näheren Verwandten" des vorverstorbenen Gatten.

Daß §§ 228, 229 den §§ 225, 226 vorgehen, ist in dem Fall In re Abdale's Estate, 170 P. 2 d 918 (1946) klargelegt.

III. Das frühere „separate-property"-Vermögen des nachverstorbenen Ehegatten wird zunächst nach § 225 vererbt. Danach fällt es an die „nähere Familie". Fehlt es an einer „näheren Familie", so geht das Vermögen an den „next of kin" (§ 226), d. h. an den nächsten Blutsverwandten des Erblassers.

IV. Fehlt es in den Fällen der §§ 228, 229 an Erben, so fällt das Vermögen an den „next of kin" des Letztverstorbenen (§ 230).

V. Fehlt es überhaupt an Erben, so fällt die Erbschaft an den Staat (§ 231: „... escheats to the State").

c) Die Gesetzestexte lauten (angegeben ist der Text von 1931, ohne die Änderungen von 1939, da die beiden Erblasser 1935 bzw. 1938 gestorben sind):

*§ 221:*

„If the decedent leaves a surviving spouse, and only one child or the lawful issue of a deceased child, the estate goes one-half to the surviving spouse and one-half to the child or issue. If the decedent leaves a surviving spouse, and more than one child living or one child living and the lawful issue of one or more deceased children, the estate goes one-third to the surviving spouse and the remainder in equal shares to his children and to the lawful issue of any deceased child, by right of representation; but if there is no child of decedent living at his death, the remainder goes to all of his lineal descendants; and if all of the descendants are in the same degree of kindred to the decedent they share equally, otherwise they take by right of representation."

*§ 222:*

„If the decedent leaves no surviving spouse, but leaves issue, the whole estate goes to such issue; and if all of the descendants are in the same degree of kindred to the decedent they share equally, otherwise they take by right of representation."

*§ 223:*

„If the decedent leaves a surviving spouse and no issue, the estate goes one-half to the surviving spouse and one-half to the decedent's parents in equal shares, or if either is dead to the survivor, or if both are dead to their issue and the issue of either of them, by right of representation."

*§ 224:*

„If the decedent leaves a surviving spouse and neither issue, parent, brother, sister, nor descendant of a deceased brother or sister, the whole estate goes to the surviving spouse."

*§ 225:*

„If the decedent leaves neither issue nor spouse, the estate goes to his parents in equal shares, or if either is dead to the survivor, or if both are dead in equal shares to his brothers and sisters and to the descendants of deceased brothers and sisters by right of representation."

*§ 226:*

„If the decedent leaves neither issue, spouse, parent, brother, sister, nor descendant of a deceased brother or sister, the estate goes to the next of kin in equal degree, excepting that, when there are two or more collateral kindred in equal degree, but claiming through different ancestors, those who claim through the nearest ancestor must be preferred to those claiming through an ancestor more remote."

*§ 227:*

„..." (betrifft unverheiratete Minderjährige)

*§ 228:*

„If the decedent leaves no issue, and the estate, or any portion thereof was community property of the decedent and a previously deceased spouse, and belonged or went to the decedent by virtue of its community character on the death of such spouse, or came to the decedent from said spouse by gift, descent, devise or bequest, or became vested in the decedent on the death of such spouse by right of survivorship in a homestead, or in a joint tenancy between such spouse and the decedent or was set aside as a probate homestead, such property goes in equal shares to the children of the deceased spouse and their descendants by right of representation, and if none, then one-half of such community property goes to the parents of the decedent in equal shares, or if either is dead to the survivor, or if both are dead in equal shares to the brothers and sisters of the decedent and their descendants by right of representation, and the other half goes to the parents of the deceased spouse in equal shares, or if either is dead to the survivor, or if both are dead, in equal shares to the brothers and sisters of said deceased spouse and to their descendants by right of representation."

*§ 229:*

„If the decedent leaves no issue, and the estate or any, portion thereof was separate property of a previously deceased spouse, and came to the decedent from such spouse by gift, descent, devise or bequest, or became vested in the decedent on the death of such spouse by the right of survivorship in a homestead or in a joint tenancy between such spouse and the decedent, such property goes in equal shares to the children of the deceased spouse and to their descendants by right of representation, and if none, then to the parents of the deceased spouse in equal shares, or if either is dead to the survivor, or if both are dead, in equal shares to the brothers and sisters of the deceased spouse and to their descendants by right of representation."

*§ 230:*

„If there is no one to succeed to any portion of the property in any of the contingencies provided for in the last two sections, according to the provisions of those sections, such portion goes to the next of kin of the decedent in the manner hereinabove provided for succession by next of kin."

*§ 231:*

„If the decedent leaves no one to take his estate or any portion thereof under the laws of this State, the same escheats to the State as of the date of the death of the decedent. ..." (Die weiteren Sätze, die des öfteren geändert wurden, betreffen die Verwaltung und die Verwendung des angefallenen Vermögens.)

Im Jahre 1939 wurden die §§ 228 und 229 dahin geändert, daß der Eingang jeweils lautet: „If the decedent leaves neither spouse nor issue", ferner wurde eine kleinere weitere, hier nicht in Betracht kommende Änderung durchgeführt. Demnach gingen damals die „näheren Verwandten" des vorverstorbenen Gatten sogar dem überlebenden Ehegatten vor, während jetzt der überlebende Gatte die „näheren Verwandten" des Vorverstorbenen immer ausschließt. Dies hat auf die Konstellation unseres Falles allerdings keinen Einfluß[15].

---

[15] Vgl. dazu den Aufsatz in Bd. 27 der California Law Review, 748 (1939), in

3. Auf vorliegenden Fall angewandt, bedeutet das folgendes:

Die Erblasserin hinterläßt weder Ehegatten noch irgendeinen Verwandten. Daher kommen die Fälle, die unter 2 a) und 2 b) aa) abgehandelt sind, nicht in Betracht.

a) Hingegen greift § 228 ein. Unter ihn fällt das Barkonto, da dieses, wie ausgeführt, als Community-Vermögen anzusehen war. Da die Frau keine „näheren Verwandten" hinterläßt, kann nach § 228 die Hälfte des Kontos nicht an diese fallen.

Hingegen sind Verwandte des vorverstorbenen Mannes ermittelt. Dessen Eltern leben zwar nicht mehr, indes sind Geschwister (bzw. Halbgeschwister) und deren Abkömmlinge vorhanden. Diese sind nach § 228 erbberechtigt.

Bezüglich Halbgeschwister bestimmt § 254 Probate Code:

„Kindred of the half blood inherit equally with those of the whole blood in the same degree, unless the inheritance came to the intestate by descent, devise, or gift of some one of his ancestors, in which case all those who are not of the blood of such ancestor must be excluded from such inheritance in favor of those who are."

Die Ausnahme in § 254, auch nach dem Grundsatz: „Das Gut fließt wie das Blut", tritt nicht ein. Da noch drei Stämme von Geschwistern leben, nämlich die von Luise L., Carl Eugen Bl. und Albert Hermann Bl., kommen diese (bzw. deren Abkömmlinge) als Erben zu je $^1/_6$ des Kontos in Betracht.

b) Auch § 229 greift ein, da das Wertpapierdepot aus dem vorehelichen Gute des Mannes stammt, also nicht Gemeinschaftsvermögen geworden ist. Danach erhalten die drei Stämme der Geschwister jeweils $^1/_3$ des Wertpapierdepots.

c) § 230 kann mangels „next of kin" der Frau nicht eingreifen; daß „next of kin" nur Blutsverwandte sein können, ist in dem unten zu behandelnden Falle In re Roberts' Estate, 194 P. 2 d 28, ausgeführt.

d) Somit kommen nur für einen Teil der Erbschaft natürliche Personen als Erben in Betracht, und zwar sind dies hier nicht etwa die Verwandten der Erblasserin, sondern diejenigen des vorverstorbenen Mannes.

Es wäre nun denkbar, daß man die Berechtigung des nachverstorbenen Gatten (hier der Frau) mit einer deutschen Vorerbschaft, eventuell einer völlig befreiten, vergleicht. Dies scheint jedoch u. E. nicht angängig zu sein.

---

dem ausgeführt wird: „Both before and after the recent amendment, where decedent leaves neither spouse nor issue, one-half of all the community property of the decedent and the predeceased spouse goes to the family of the predeceased spouse and the other half to the family of the decedent, while all the separate property of the predeceased spouse goes to his family." (Abgedruckt auch in West's Probate Code, aaO, § 228, S. 474.)

aa) Die Frau hätte jederzeit über den gesamten Nachlaß, also einschließlich des vom Manne stammenden Vermögens, testieren können.

bb) Kinder der Frau schließen auf jeden Fall die Verwandten des Mannes aus (§ 222).

cc) Ferner spricht die Rechtsentwicklung in Kalifornien gegen eine solche Annahme. Der Descents and Distributions Act, 1850, sah in § 1 bei der Regelung der gesetzlichen Erbfolge ein Erbrecht von Verwandten des vorverstorbenen Gatten, wie es die §§ 228, 229 Probate Code enthalten, überhaupt noch nicht vor; erbberechtigt waren nur, wie im deutschen Recht, der Ehegatte und Blutsverwandte.

Auch der Civil Code von 1872 änderte daran noch nichts. Dessen Regelung der Intestaterbfolge war in § 1386 enthalten (mit 9 Absätzen). Die Änderung dieses Paragraphen von 1873/74 brachte ebenfalls keine diesbezügliche Vorschrift.

Erst die Änderung des § 1386 von 1880 fügte als Absatz 9 eine Vorgängervorschrift zum jetzigen § 228 ein.

Dieser Absatz lautete:

„If the decedent be a widow or widower, and leave no kindred, and the estate, or any portion thereof, was common property of such decedent, and his or her deceased spouse, while such spouse was living, such common property shall go to the father of such deceased spouse, or if he be dead, to the mother. If there be no father nor mother, then such property shall go to the brothers and sisters of such deceased spouse, in equal shares, and to the lawful issue of any deceased brother or sister of such deceased spouse, by right of representation."

Dieser wurde dann 1905 geringfügig geändert und in Absatz 8 umbeziffert.

1907 wurde dann Absatz 8 wiederum geändert, wobei auch eine dem jetzigen § 229 entsprechende Bestimmung zugefügt wurde.

Dieser Absatz lautete:

„If the deceased is a widow, or widower, and leaves no issue, and the estate, or any portion thereof, was common property of such decedent and his or her deceased spouse, while such spouse was living, such property goes in equal shares to the children of such deceased spouse and to the descendants of such children by right of representation, and if none, then one-half of such common property goes to the father and mother of such decedent in equal shares, or to the survivor of them if either be dead, or if both be dead, then in equal shares to the brothers and sisters of such decedent and to the descendants of any deceased brother or sister by right of representation, and the other half goes to the father and mother of such deceased spouse in equal shares, or to the survivor of them if either be dead, or if both be dead, then in equal shares to the brothers and sisters of such deceased spouse and to the descendants of any deceased brother or sister by right of representation.

If the estate, or any portion thereof, was separate property of such deceased spouse, while living, and came to such decedent from such spouse by descent, devise, or bequest, such property goes in equal shares to the children of such spouse and to the descendants of any deceased child by right of representation, and if none, then to the father and mother of such spouse, in equal shares, or to the survivor of them if either be dead, or if both be dead, then in equal shares to the brothers and sisters of such spouse and to the descendants of any deceased brother or sister by right of representation."

Die genannten Vorschriften sind abgedruckt in West's Annotated California Codes, Probate Code, aaO, § 220 Historical Note, S. 437 ff.

Mit dem neuen Probate Code von 1931 wurde dieses Erbrecht der Verwandten des vorverstorbenen Ehegatten nochmals dadurch ausgedehnt, daß von der Eigenschaft des Erblassers als Witwer abgesehen wurde; d. h. auch gegenüber dem überlebenden Gatten erhielten die „näheren Verwandten" eines vorverstorbenen Ehegatten ein Erbrecht.

Dies wurde dann durch die Änderung von 1939 auf den heutigen Rechtszustand reduziert: d. h. daß ein späterer Ehegatte die Verwandten des früheren ausschließt[16]. Hieraus läßt sich schließen, daß der überlebende Gatte durchaus nicht nur ein zeitlich beschränktes Recht an dem Nachlaß haben soll: Vielmehr soll nur beim Fehlen bestimmter näherer Verwandter bzw. eines Ehegatten das Vermögen in die Familien zurückfallen, aus denen es stammt.

4. Derjenige Anteil des früheren Community-Vermögens, der nicht den Verwandten des Mannes anfällt, fällt an den Staat (§ 231).

Dabei ist diese Vorschrift nicht etwa so auszulegen, daß die Verwandten des anderen Ehegatten alles erhalten sollen, also den Staat ausschließen, vielmehr ist es gesicherte Rechtsprechung der kalifornischen Gerichte, daß diese Verwandten lediglich die Hälfte des früheren Community-Property-Vermögens und das von dem anderen Ehegatten stammende Separatvermögen erhalten.

Ausführlich begründet wurde diese Ansicht in dem Fall In re Roberts' Estate, 194 P. 2 d 28.

Die Verwandten des vorverstorbenen Mannes hatten einerseits geltend gemacht, sie seien als „next of kin" der erblos verstorbenen Frau anzusehen, andererseits seien sie zu einer „portion" im Sinne des § 231 Probate Code berechtigt, was das Recht auf escheat nach dieser Vorschrift ausschließe.

Der District Court of Appeal (3. District) führte durch Richter Adams aus,

a) die Verwandten des anderen Ehegatten seien nicht „next of kin" im Sinne des § 230 Probate Code.

---

[16] Ebenso, wenn auch bedauernd, der zitierte Aufsatz in 27 C. L. R. 748.

*§ 230* bestimmt:

„If there is no one to succeed to any portion of the property in any of the contingencies provided for in the last two sections, according to the provisions of those sections, such portion goes ot the next of kin of the decedent in the manner hereinabove provided for succession by next of kin."

§ 230 habe zum Inhalt, daß das nicht nach §§ 228, 229 an die Verwandten des anderen Gatten fallende Vermögen an die Verwandtschaft des Verstorbenen falle, da „next of kin" ausschließlich Blutsverwandte meine, weshalb § 230 auf den Fall nicht zutreffe;

b) sie seien auch nicht deshalb „next of kin", weil sie zu einer „portion" berufen seien. Daher falle dieser Teil, da er erblos ist, an den Staat.

In diesem Sinne wurden schon vorher die Fälle Estate of Brady, (1915) 151 P. 275, und Estate of Piper, (1905) 82 P. 246, entschieden, allerdings ohne daß das Problem besonders aufgeworfen wurde; außerdem sind diese Entscheidungen vor Inkrafttreten des neuen Probate Code gefällt worden.

Der Ansicht des Roberts-Falles hat sich angeschlossen der District Court of Appeal (1. District) In re Estate of Blume (1966), 50 Cal. Rptr. 622. Weitere Fälle zu diesem Problem scheinen nicht veröffentlicht worden zu sein. Hieraus folgt, daß nach kalifornischem Recht der Rest des Bankguthabens an „den Staat" fällt.

5. Hier ist zu prüfen, was diese Regel in internationalprivatrechtlicher Sicht bedeutet.

a) Zunächst ist zu prüfen, ob das Staatserbrecht nach deutschem internationalem Privatrecht unter das Erbstatut der Artt. 24, 25 EGBGB fällt. Dies ist der Fall; davon geht zum Beispiel *Raape* ohne weiteres aus[17].

Damit verweist das deutsche IPR auch hinsichtlich des Staatserbrechtes auf das Recht von Kalifornien. Es ist aber auch hier zu prüfen, ob das Recht von Kalifornien diese Verweisung annimmt.

Bezüglich des Staatsanfallsrechts im amerikanischen internationalen Privatrecht enthält das Restatement of the Law of Conflict of Laws, 1934, in § 309 folgende Regel:

„In the absence of any person who, according to the law of the state determining the distribution of movables, is entitled to succeed thereto, the chattels of an intestate and the proceeds of claims owned by him pass to the state in which they are administered."

(Da das Restatement eine Privatarbeit des amerikanischen Law Institute ist, muß jedoch untersucht werden, ob die von ihm gegebenen Regeln im jeweiligen Einzelstaate angewandt werden.)

---

[17] Vgl. *Raape*, Lehrbuch aaO 440; ferner *v. Staudinger-Raape*, Kommentar zum Bürgerlichen Gesetzbuch und dem Einführungsgesetz (9. Aufl. 1931), Bd. VI 2, Art. 24 EGBGB Anm. B IX; in Art. 25 Anm. B II 1 allerdings scheint er darauf abzustellen, wie das ausländische Recht vom deutschen Recht her zu qualifizieren ist. Für Qualifikation als Erbrecht eindeutig z. B. *Kegel* aaO 103; ferner *Soergel-Siebert(-Kegel)*, aaO, vor Art. 24 EGBGB, Randz. 12.

Diese Regel ist wie folgt zu verstehen: Nach amerikanischem Recht ist in jedem Staate, in dem sich Nachlaßwerte einer Person befinden, eine eigene Nachlaßverwaltung (administration) notwendig. Daher heißt die angegebene Regel, daß jeder Staat die Nachlaßteile an sich ziehen kann, die er innerhalb seiner Grenzen findet; da es sich hier jedoch um eine Kollisionsregel handelt, würde es heißen, daß jeder Staat über den in seinem Bereiche liegenden erblosen Nachlaß nach eigenem Recht befinden kann. Es läge insoweit also eine Rückverweisung auf deutsches Recht vor, insoweit als der Nachlaß in Deutschland liegt.

Die Frage des Kollisionsrechtes der Regeln über „escheat" ist in den amerikanischen Lehrbüchern über Kollisionsrecht meist recht spärlich behandelt.

So bringt *Ehrenzweig* diese Frage hauptsächlich bei der Qualifikation ausländischer Rechtsformen[18], wobei er sich gegen eine Entscheidung eines New Yorker Gerichtes wendet, das ein Schweizer Staatserbrecht als echtes Erbrecht angesehen und deshalb einen „escheat" an den New Yorker Staat abgelehnt hat[19]. Ferner behandelt *Ehrenzweig* den „escheat" noch unter Jurisdiktionsgesichtspunkten[20].

Goodrich[21] behandelt „escheat" nur unter dem Blickpunkt der Jurisdiktion (d. h. etwa der internationalen Zuständigkeit), während *Stumberg* (aaO) das Problem nicht einmal erwähnt. Ebensowenig erwähnt der Artikel „Conflict of Laws" von American Jurisprudence diese Frage[22]. Dasselbe gilt für den entsprechenden Artikel im Corpus Juris Secundum[23].

Selbst das klassische Werk von *Story*, Commentaries on the Conflict of Laws, usw., 5. Aufl. Boston 1857, behandelt den Escheat nicht. Dies ist um so verwunderlicher, als der Fall Harvey v. Richards[24] sechsmal zitiert wird und dieser Fall nach Ausweis der Anmerkung in 50 A. L. R. 2 d 1375, 1377 gerade einen Fall von Escheat behandelt und zudem von *Story* als Richter selbst begründet wurde.

Die amerikanische konfliktsrechtliche Literatur ist also ziemlich unergiebig.

Eine solche Rückverweisung ist für Kalifornien indessen nicht anzunehmen. In Kalifornien ist anscheinend zuletzt im Jahre 1955 ein Fall eines zwischenstaatlichen erblosen Nachlasses entschieden worden[25]. Dort weist Richter *Bray* darauf hin, daß im Erbrecht das Recht des letzten Domizils des Erblassers gelte. § 231 des Probate Code enthalte kein davon

---

[18] Vgl. *Ehrenzweig* aaO 329 f.

[19] Vgl. In re Utassi's Estate (1961), 217 N. Y. S. 2 d 389.

[20] Vgl. aaO 175. [21] AaO 105 f.

[22] Vgl. 16 AmJur 2 d (1964), Conflict of Laws mit Nachtrag für 1967.

[23] Vgl. 15 C. J. S. (1939), Conflict of Laws. § 18 e, S. 935, mit Nachtrag für 1966.

[24] Vgl. dazu auch weiter unten; 1 Mason 381 (1818), im Institut nicht vorhanden.

[25] Vgl. In re Nolan's Estate, California District Court of Appeal (1. District), 286 P. 2 d 899, 50 ALR 2 d 1369.

abweichendes Recht, eine Abweichung müßte aber im Gesetz einen Ausdruck finden.

Demnach besteht jedenfalls in Kalifornien keine Konfliktsrechtsregel, die für das Staatserbrecht vom allgemeinen Recht abwiche.

b) Nun bestimmt § 231, daß der Anfall an „den Staat" erfolge. Indessen dürfen hier nicht die Beschränkungen übersehen werden, die das kalifornische Recht, wie das der übrigen Staaten der USA, sich auferlegt, indem es nur die im Staate selbst belegenen Vermögensstücke für den Staat in Anspruch nimmt[26]. Wo bewegliches Vermögen belegen ist, bestimmt § 946 Civil Code. Dieser lautet:

„If there is no law to the contrary, in the place, where personal property is situated, it is deemed to follow the person of its owner, and is governed by the law of his domicile."

Dies bedeutet soviel, daß das kalifornische Recht die Beantwortung der Frage, wo eine Sache oder ein Gegenstand belegen ist, zunächst dem Rechte des Staates überläßt, wo die Sache sich befindet.

Da hier das ausländische Recht ausdrücklich abweichende Vorschriften des einheimischen Rechtes anerkennt, braucht die Frage nicht beantwortet zu werden, ob nicht ohnehin die Belegenheit, als Frage des IPR, wie letzteres immer nach der lex fori zu behandeln ist.

Nach deutschem IPR ist ein Bankguthaben im Zweifel am Orte der Niederlassung der Bank belegen.

Dies folgt daraus, daß ein Geldguthaben eine Forderung gegen die Bank darstellt. Forderungen werden aber primär als am Sitz des Schuldners, d. i. der Bank, belegen angesehen[27].

Daher ist das Bankkonto nach dem Rechte des Lageortes eindeutig in Deutschland belegen; das kalifornische Erbrecht nimmt daher dieses Bankkonto nicht für den Staat Kalifornien in Anspruch.

---

[26] Vgl. dazu Corpus Juris Secundum, Bd. 30 A, 1965, Escheat § 3, S. 921. Davon daß nur in Kalifornien belegenes Vermögen an den Staat Kalifornien fällt, geht auch der zitierte Fall In re Nolan's Estate, aaO, aus: Hier wird untersucht, ob in Kalifornien befindliches Vermögen auch dort „belegen" ist. Vgl. zu dieser Frage auch den Fall In re Estate of Barton, 238 P. 681, wo in Rhode Island befindliches Vermögen als in Kalifornien belegen angesehen wurde, da eine abweichende Regel für Rhode Island nicht bewiesen wurde.

[27] Vgl. *Neuhaus*, Grundbegriffe des IPR (1962) 168; ferner *Wengler*, Die Belegenheit von Rechten, in Festschrift der Juristischen Fakultät der Freien Universität Berlin (1955) 317; alle dort genannten verschiedenen Belegenheitsdefinitionen weisen auf Deutschland. Daß eine Forderung – für die Zwecke der Enteignung – am Schuldnersitz belegen ist, nimmt auch *Raape*, Lehrbuch, aaO, 675 f., an. Hinzuweisen ist auch auf die gesetzlichen Vorschriften der §§ 23 ZPO, 2369 BGB und 12 VerschG, die allerdings nur auf die jeweils geregelten Fälle unmittelbar anzuwenden sind. Vgl. für Konkursfälle BGH MDR 1960, 578.

Auf § 946 Civil Code nimmt auch der schon des öfteren zitierte Fall in re Nolan's Estate Bezug. Da dort das Vermögen sich in Kalifornien selbst befand, konnte natürlich kein am Lageort abweichendes Recht bestehen.

Dieser Grundsatz des § 946 Civil Code ist hingegen nur in einem Teil der anderen amerikanischen Staaten gültig. Insbesondere haben Gerichte in Michigan und New York entschieden, daß in ihrem Staate vorgefundenes Vermögen mangels Erben an den Staat falle, in dem es gefunden wird[28].

Die Ansicht Kaliforniens scheint die ältere zu sein. Sie geht letztlich auf eine Entscheidung aus Massachusetts zurück[29]; an neueren Fällen aus anderen Staaten sind nur je einer aus Washington[30] und Arizona[31] bekannt. Die ganze Materie ist zwischenstaatlich so selten behandelt, daß von einer dauernden Rechtsprechung in einem oder anderem Sinne wohl kaum die Rede sein kann.

Die Ansicht, daß Mobilien am Domizil des Rechtsträgers belegen sind, wird von *Story* unter Berufung auf die ganze ältere Literatur der europäischen Juristen vertreten[32]. Es sei darauf hingewiesen, daß New York seinerseits, das sich ja vom kalifornischen Recht abhebt, scharf darauf hinweist, daß es sich bei der Frage des Escheats um kein Erbrecht, sondern ein staatliches Zugriffsrecht auf bona vacantia handle. Dies wird im Falle In re Turton's Estate[33] wiederholt und eine ausländische Vorschrift sogar daraufhin untersucht, ob diese dem Staate ein Erbrecht oder ein analoges Anfallsrecht gewähre[34].

Daher dürfte der Standpunkt Kaliforniens hinsichtlich des „right to escheat" unserem Rechtszustand erheblich näher stehen, indem dieses konfliktsrechtlich als Erbrecht behandelt wird und prinzipiell das ganze bewegliche Vermögen und die einheimischen Grundstücke, also das ganze nach kalifornischem Recht nach dem Statut des Domizils des Erblassers zu behandelnde Vermögen umfaßt.

c) Das Ergebnis ist also folgendes: An sich würde der Staat Kalifornien das Mannheimer Bankguthaben als „escheated" fordern, wenn nicht das deutsche Recht als Recht der Belegenheit bestimmte, daß das Konto hier belegen ist. Daher fordert der Staat Kalifornien das Konto nicht.

---

[28] Vgl. für Michigan In re Rapoport's Estate (1947), 26 NW 2 d 777; für New York In re Menschefrend's Estate (1954) 128 N. Y. S. 2 d 738. In beiden Fällen handelt es sich um kalifornische Erblasser, d. h. der kalifornische Staat hätte nach obigen Grundsätzen auch einen Anspruch auf die Werte gehabt.

[29] *Harvey* v. *Richards*, 1 Mason 381 (1818), im Institut nicht vorhanden.

[30] In re Lyon's Estate, (1933) 26 P. 2 d 615.

[31] In re Hull Copper Co. (1935) 50 P. 2 d 560, 101 ALR 664.

[32] Vgl. *Story* aaO § 374 ff.

[33] (1959) 192 N. Y. S. 2 d 254.

[34] Vgl. auch den erwähnten Fall In re Utassi's Estate (1961), 217 N. Y. S. 2 d 389.

6. Hier erhebt sich die Frage, was mit dem Konto geschieht.

a) Nach dem reinen Gesetzeswortlaut des § 1936 BGB kann dieser nicht eingreifen. Denn Voraussetzung seines Eingreifens ist die deutsche Staatsangehörigkeit des Erblassers[35].

b) *Raape* ist der Ansicht, die Frage, wer in solchem Falle erbe, sei eine innerstaatliche Frage[36]. Dieser Ansicht wird man sich anschließen müssen, da das kalifornische Recht sein Desinteresse an den hier belegenen Vermögensstücken ausgedrückt hat. An sich ist die Lösung innerstaatlicher Fragen nicht Aufgabe des Instituts; da es sich hier jedoch um einen Fall mit starker Auslandsberührung handelt, wird auch zu diesem Teil des Falles Stellung genommen.

aa) Eine Lösungsmöglichkeit wäre, den Nachlaß für herrenlos zu erklären. Dies müßte für eine Forderung wohl einen Erlöschensgrund darstellen. Da jedoch auf alle Fälle für eine eventuelle Haftung für Schulden der Erblasserin ein geeigneter Anspruchsgegner erhalten werden muß, dürfte diese Lösungsmöglichkeit von vornherein ausscheiden.

bb) Sollte sich für das deutsche Recht der Nachweis führen lassen, daß neben einem vorhandenen Erben der Staat unter keinen Umständen erben kann, so müßte auch der Rechtsnachlaß an die aufgespürten Erben fallen.

I. Dieser Satz gilt, wie ausgeführt, für Kalifornien nicht.

II. Einem Erben eine Berechtigung zu übertragen, die ihm weder nach dem Rechte des Erbstatuts noch nach eigenem Rechte zukommen kann (nach deutschem Recht bekämen die ausfindig gemachten Verwandten des Mannes gar nichts), kann wohl kaum im Sinne des internationalen Privatrechtes liegen, dessen eines Ziel in einer Harmonisierung der Entscheidungen liegt.

III. Überdies gilt auch nach einer Entscheidung des Kammergerichtes[37] in Deutschland der Grundsatz nicht, daß der Fiskus nur Alleinerbe (bzw. nur mit dem Fiskus eines anderen Landes gemäß § 1936 Abs. 1 S. 2 Miterbe) sein könne.

Der Fall lag wie folgt: Im Jahre 1913 verstarb eine Frau, die mit ihrem Mann im gesetzlichen Güterstande nach märkischem Provinzialrechte gelebt hatte. Der Witwer wählte „unter Einwerfung des eigenen Vermögens die statutarische Portion" und beantragte einen Erbschein, daß seine Frau zur einen Hälfte des Vermögens von ihm, zur andern nach § 1936 vom preußischen Fiskus beerbt sei. Der Fiskus machte u. a. auch geltend, die Annahme eines Erbrechtes des Fiskus unterliege Bedenken, da nach § 1936 der Ehegatte nicht neben dem Fiskus Erbe sein

---

35 Vgl. *Erman-Bartholomeyczik* aaO § 1936 Anm. 5; *Soergel-Siebert(-Ehard-Eder)*, aaO, § 1936, Randz. 4. Dies übersieht *Soergel-Siebert(-Kegel)*, aaO, vor Art. 24 EGBGB, Randz. 14, wo ausgeführt wird, kraft Rückverweisung besitze der Belegenheitsstaat gesetzliches Erbrecht.

36 Vgl. v. *Staudinger-Raape*, aaO, Art. 25 EGBGB, Anm. B II 1 am Ende.

37 Vgl. KG, Beschluß vom 23. 12. 1915, KGJ 48 Nr. 16, S. 71.

könne, sondern den Fiskus ausschließe. Das KG führt indes aus, 1) der Witwer werde für seine Hälfte Erbe (unter Hinweis auf die früheren Provinzialrechte und die Rechtsprechung des RG); 2) ferner gehe die Annahme fehl, daß der Fiskus als Erbe nur Alleinerbe sein könne. Der Fiskus könne ja auch z. B. neben einem nur auf einen Bruchteil eingesetzten Testamentserben oder bei Ausschluß der Anwachsung neben einem sonstigen Erben Miterbe sein[37].

Daher verbietet sich eine Lösung in dem Sinne, den ausfindig gemachten Erben den ganzen Nachlaß zuzusprechen.

cc) Es ist daher wohl doch davon auszugehen, daß ein Erbrecht des Staates anzuerkennen ist. Eine solche erweiternde Auslegung zielt im Ergebnis auch *Soergel-Siebert(-Kegel)* an[38]. *Raape*[39] vertritt in Rückverweisungsfällen die Ansicht, § 1936 sei ausdehnend auszulegen, indem das deutsche Land erbe, dem der Erblasser durch den Wohnsitz verbunden war.

Dieser Ansicht dürfte indessen nicht unbeeinflußt von der Tatsache sein, daß nach Art. 29 EGBGB alter Fassung, die damals noch gültig war, die „Ersatzanknüpfung" für die versagende Staatsangehörigkeit der Wohnsitz war[40]. Art. 29 EGBGB wurde jedoch durch das Familienrechtsänderungsgesetz vom 12. 4. 1938 in seine heutige Form gebracht[41]. Seitdem ist Ersatzanknüpfung primär nicht mehr die frühere Staatsangehörigkeit, aber auch nicht mehr der Wohnsitz. Vielmehr kommt es auf den gewöhnlichen bzw. schlichten Aufenthalt zur maßgeblichen Zeit, d. h. zur Zeit des Todes, an. Aber auch diese Ersatzanknüpfung versagt. Es ließe sich an den letzten gewöhnlichen Aufenthalt in Deutschland denken. Da allerdings die Frau schon 30 Jahre in den USA gelebt hat, wäre diese Ersatzanknüpfung reichlich irreal.

dd) U. E. kommen zweierlei Lösungsmöglichkeiten in Betracht:

I. analoge Anwendung von § 1936 Absatz 2 BGB, was bedeuten würde, daß die Hälfte des Kontos 1938 auf das Reich, in der Folgezeit wegen Belegenheit im Süden Deutschlands auf den Bund übergegangen ist;

II. oder reine lokale Anknüpfung wegen Versagens der primär anzuwendenden personalen Anknüpfungen, d. h. Übergang auf das Land Baden (das 1938 ja trotz Auflösung der Länder noch nach § 1936 BGB erbberechtigt war). Dann wäre das Konto mit Bildung des Landes Baden-Württemberg auf dieses übergegangen.

U. E. dürfte letztere Meinung den Vorzug verdienen, indessen ist dies zu entscheiden Aufgabe des Gerichtes.

[38] AaO, vor Art. 24 EGBGB, Randz. 14.

[39] Vgl. *Raape*, Kommentar, aaO, Art. 25 EGBGB, Anm. C II am Ende.

[40] Vgl. zur Problemstellung *Neuhaus*, Grundbegriffe, aaO, 269 ff., 272.

[41] Vgl. RGBl. 1938 I S. 380, ausgegeben am 13. 4. 1938. Da das Gesetz keine Vorschrift über sein Inkrafttreten enthält, dürfte es nach Art. 3 des Gesetzes vom 24. 3. 1933 (RGBl. I S. 141) am Tage nach der Ausgabe des Reichsgesetzblattes, also vor dem Erbfalle (28. 6. 1938), in Kraft getreten sein.

## ZUSAMMENFASSUNG

1. Das Wertpapierdepot und die Hälfte des Bankkontos fällt nach Stämmen an die Geschwister des Ehemannes, ohne Rücksicht, ob diese halbbürtig sind oder volle Geschwister.
2. Die andere Hälfte des Bankkontos fällt an den Staat, und zwar nach Ansicht des Instituts an das Land Baden-Württemberg, u. U. aber an die Bundesrepublik Deutschland.
3. Sollte das Gericht zur Ansicht kommen, daß auf das eheliche Güterrecht die deutschen Gesetze anzuwenden waren, so wäre eine Ergänzung des Gutachtens notwendig.

# V. Anerkennung ausländischer Entscheidungen

## 1. ENTSCHEIDUNGEN IN VERMÖGENSRECHTLICHEN ANGELEGENHEITEN

### Nr. 79

**USA (Illinois)**

**1. Rechtskraft von Versäumnisurteilen.**

**2. Verbürgung der Gegenseitigkeit zwischen der Bundesrepublik und Illinois bei Versäumnisurteilen auf Zahlung.**

**3. Anerkennungsvoraussetzungen nach dem Uniform Foreign Money-Judgments Recognition Act.**

**Hamburg G 135/68 vom 8. 10. 1968**

Das LG Ellwangen bittet in der Zwangsvollstreckungssache Fa. Advance S. Co. ./. Fa. I.-Siebdruck-Maschinenfabrik um Auskunft über internationales Zivilprozeßrecht und materielles Zivilprozeßrecht des Staates Illinois (USA). Der Anfrage liegt folgender Sachverhalt zugrunde:

Die Bekl. stellt sogenannte I.-Siebdruckmaschinen her. Im Jahre 1959 vereinbarte sie mit der Kl., daß diese den Vertrieb der Maschinen in den Vereinigten Staaten übernehmen solle. Im Jahre 1964 erhob die Kl. Klage vor dem Circuit Court of Cook County (Illinois/USA) und verlangte Ersatz für den durch Lieferung mangelhafter Maschinen entstandenen Schaden. Die Bekl. wurde anfänglich durch einen amerikanischen Anwalt vertreten. Dieser hat eine schriftliche Klageerwiderung eingereicht, später jedoch bei dem Prozeßgericht beantragt, das Mandat niederlegen zu dürfen. Durch Versäumnisurteil vom 9. 5. 1966 wurde die Bekl. verpflichtet, an die Kl. 47 041,21 Dollar zu zahlen. Das Urteil ist der Bekl. nicht zugestellt worden. Die Kl. begehrt nunmehr die Anerkennung und Vollstreckung dieses Urteils in Deutschland. Die Bekl. behauptet u. a., ihr Prozeßvertreter habe vor dem amerikanischen Gericht lediglich die Unzuständigkeit des Gerichts gerügt, sich im übrigen aber auf den Prozeß nicht eingelassen. Sie hat ferner den vom 13. 5. 1963 datierten Entwurf eines Schriftsatzes ihres jetzigen Prozeßbevollmächtigten an das amerikanische Gericht vorgelegt, in dem die Unzuständigkeit des Gerichts gerügt wurde.

Das LG bittet um die Beantwortung folgender Fragen:

1. Ist das Versäumnisurteil durch Fristablauf endgültig rechtskräftig geworden?

2. Ist hinsichtlich der Anerkennung des Versäumnisurteils zwischen dem Staat Illinois und der Bundesrepublik Deutschland die Gegenseitigkeit im Sinne von § 328 I Nr. 5 verbürgt? Ändert sich insoweit die Rechtslage, wenn man unterstellt, daß der Schriftsatz des jetzigen Prozeßbevollmächtigten der Bekl. vom 13. 5. 1963 seinerzeit bei dem amerikanischen Gericht eingegangen ist?

3. Würden einem in Deutschland verurteilten Staatsbürger der Vereinigten Staaten im Verfahren auf Vollstreckbarkeitserklärung vor dem amerikanischen Gericht alle diejenigen Einwendungen offenstehen, die im ausländischen Erkenntnisverfahren nicht eingewendet werden konnten oder ohne Erfolg eingewendet worden sind (z. B. die Einrede der Verjährung und der Einwand, daß Gewährleistungsansprüche nicht gegeben seien)?

## A. RECHTSKRAFT DES VERSÄUMNISURTEILS?

1. Einwände gegen das Versäumnisurteil können von dem säumigen Beklagten *bei dem Prozeßgericht* erhoben werden, sofern ihm die Klage nicht förmlich, sondern durch die Post oder durch Veröffentlichung zugestellt wurde. Auch die förmliche Zustellung außerhalb des Staates Illinois wirkt nur wie eine Zustellung durch Veröffentlichung, wenn der Beklagte keinen Wohnsitz in Illinois hat[1].

Die Frist für die Erhebung von Einwendungen beträgt 90 Tage und beginnt mit dem Tage, an dem das Urteil dem Beklagten schriftlich mitgeteilt wurde. Hat der Beklagte eine schriftliche Ausfertigung des Urteils nicht erhalten, so kann er die Einwände innerhalb einer Frist von 1 Jahr seit Erlaß des Urteils geltend machen[2]. Da im vorliegenden Fall das Versäumnisurteil der Bekl. nicht übermittelt wurde, lief die Frist für die Erhebung von Einwänden am 9. 5. 1967 ab.

2. Versäumnisurteile können aber auch *mit der Berufung* angegriffen werden[3]. Die Berufungsfrist beträgt 60 Tage. Sie beginnt mit dem Tage, an dem das Urteil erlassen wurde, und kann auf besonderen Antrag bis

---

[1] Vgl. Chapter 116 § 16 Illinois Revised Statutes.

[2] Vgl. Chapter 110 § 50 (8) Illinois Revised Statutes.

[3] Überprüft werden dann allerdings nur Rechtsfragen, vgl. *Dillman* v. *Dillman*, 100 N. E. 2 d 567 (1951).

auf 14 Monate verlängert werden. Der Antrag muß aber innerhalb von 1 Jahr seit Erlaß des Urteils gestellt werden[4].

Das vorliegende Urteil ist somit am 9. 5. 1967 durch Fristablauf endgültig rechtskräftig geworden.

## B. VERBÜRGUNG DER GEGENSEITIGKEIT

### *I. Staatsvertrag*

Eine staatsvertragliche Regelung der Anerkennung und Vollstreckung von Gerichtsentscheidungen besteht zwischen den Vereinigten Staaten und der Bundesrepublik Deutschland nicht. Der Freundschafts-, Handels- und Schiffahrtsvertrag vom 29. 10. 1954, der am 14. 7. 1956 in Kraft getreten ist (BGBl. 1956 II 448, 763) sowie das Protokoll dazu (BGBl. 1956 II 502) enthalten in Art. VI bzw. Nrn. 6 und 7 nur Vorschriften über die Anerkennung und Vollstreckung von Schiedssprüchen.

### *II. § 328 ZPO*

Die Anerkennung eines amerikanischen Urteils beurteilt sich deshalb nach der allgemeinen Vorschrift des § 328 ZPO. Nach § 328 I Nr. 5 setzt die Anerkennung voraus, daß die Gegenseitigkeit verbürgt ist. Dies ist dann der Fall, wenn die Anerkennung eines deutschen Urteils in dem Staat, dessen Urteil in Deutschland vollstreckt werden soll, auf keine wesentlich größeren Schwierigkeiten stößt als die Anerkennung eines ausländischen Urteils in Deutschland. Dabei genügt es, daß die Gegenseitigkeit für ein Urteil der im konkreten Falle fraglichen Art begründet ist (partielle Gegenseitigkeit)[5].

Im folgenden ist daher zu prüfen, ob das Versäumnisurteil eines deutschen Gerichts, das den Beklagten zur Zahlung eines bestimmten Geldbetrages verurteilt, im Staate Illinois (erheblich) schwieriger zu vollstrecken ist als das vorliegende Versäumnisurteil in Deutschland.

### *III. Amerikanisches Recht*

#### *1. Bundesrecht und „Uniform Law"*

Die Vereinigten Staaten sind kein einheitliches Rechtsgebiet (abgesehen von wenigen Rechtsmaterien, die bundesrechtlich und damit einheitlich geregelt sind); vielmehr hat jeder Einzelstaat sein eigenes internationales

[4] Vgl. Chapter 110 § 76 (1) Illinois Revised Statutes.

[5] Vgl. BGH 30. 9. 1964, BGHZ 42, 194 (196). (Die ältere Rechtsprechung kann nach dieser Grundsatzentscheidung als überholt angesehen werden.)

und materielles Privat- und Prozeßrecht[6]. Das gilt auch hinsichtlich der Rechtsnormen, welche die Anerkennung ausländischer Entscheidungen regeln[7].

Illinois gehört zu den wenigen Staaten, die ein von der National Conference of Commissioners on Uniform State Laws im Jahre 1962 entworfenes Modellgesetz angenommen haben, das die Anerkennung und Vollstreckung ausländischer Urteile betrifft, soweit diese auf eine Geldsumme lauten[8].

*2. Die Anerkennungsvoraussetzungen nach dem Modellgesetz*

Aus den §§ 2 und 3 des Modellgesetzes ergibt sich, daß grundsätzlich alle endgültigen Zahlungsurteile eines ausländischen Gerichts anzuerkennen sind, sofern nicht besondere Anerkennungshindernisse vorliegen. Hinsichtlich dieser Anerkennungshindernisse unterscheidet das Gesetz zwischen Umständen, die von dem Anerkennungsgericht beachtet werden *müssen,* und solchen, die beachtet werden *können.*

Nach §§ 3, 4 (a) des Modellgesetzes *muß* einem ausländischen Urteil die Anerkennung versagt werden, wenn

(1) das ausländische Urteil nicht endgültig (final) ist,
(2) die Rechtsstaatlichkeit des Verfahrens in dem Gerichtsstaat nicht gewährleistet war,
(3) dem ausländischen Gericht die internationale Zuständigkeit (personal jurisdiction) oder
(4) die innerstaatliche sachliche Zuständigkeit (jurisdiction over the subject matter) fehlte.

Darüber hinaus *kann* nach § 4 (b) die Anerkennung versagt werden, wenn

(5) der Beklagte keine Mitteilung von dem gegen ihn schwebenden Verfahren erhalten hat,

---

[6] *Parker,* Das Privatrecht der Vereinigten Staaten von Amerika (1960) 1 f.; *Ferid-Firsching,* Internationales Erbrecht III (1967) USA Grundzüge C I Randz. 35 c.

[7] *Peterson,* Die Anerkennung ausländischer Urteile im amerikanischen Recht (1964) 19, 21 ff.; *Krohn,* Anerkennung und Durchsetzung deutscher Urteile sowie von Schiedsvereinbarungen und Schiedssprüchen in den USA: Monatsschrift der Vereinigung deutscher Auslandsbeamten 26 (1963) 101 ff.; *Bülow-Arnold,* Internationaler Rechtsverkehr in Zivil- und Handelssachen (Stand 1960) Vereinigte Staaten von Amerika E 991. 92; *Deutsch,* Die Anerkennung ausländischer Urteile in den Staaten der USA: ZZP 71 (1958) 321 ff.; *Heidenberger,* Vollstreckung deutscher Urteile in den Vereinigten Staaten: NJW 1958, 1117 ff.

[8] Uniform Foreign Money-Judgments Recognition Act (im folgenden Modellgesetz genannt). Das in Illinois am 15. 7. 1963 in Kraft getretene Gesetz ist abgedruckt in Uniform Laws Annotated Bd. 9 B (1966 mit Nachtrag 1967) 66 ff. und in Illinois Revised Statutes (1965) Chapter 77 §§ 121–129 (mit unwesentlichen Änderungen gegenüber der Urfassung). Es gilt außer in Illinois in Kalifornien, Oklahoma und Maryland.

(6) das Verfahren durch Arglist erschlichen wurde,
(7) die Anspruchsgrundlage, auf der das Urteil beruht, gegen die public policy des Anerkennungsstaates verstößt,
(8) das Urteil mit einem anderen endgültigen Urteil im Widerspruch steht,
(9) das Verfahren in dem ausländischen Staat trotz einer entgegenstehenden Gerichtsstandsvereinbarung durchgeführt wurde,
(10) das Urteil in einem „forum non conveniens" erlassen wurde.

Ziel der Verfasser des Modellgesetzes war u. a., klarzustellen, daß die Verbürgung der Gegenseitigkeit *keine* Voraussetzung für die Anerkennung des ausländischen Urteils ist[9]. Ferner ergibt sich eindeutig aus der Fassung des Gesetzes, daß materielle Einwendungen gegen das Urteil nicht erhoben werden können. Es ist nicht ersichtlich, daß insoweit für Versäumnisurteile eine Ausnahme gemacht wird.

Obwohl das Gesetz in manchen Punkten klare Verhältnisse schafft, ergeben sich in anderen Punkten neue Unklarheiten. Denn es läßt sich einstweilen noch nicht absehen, in welchem Umfange die Gerichte die nicht zwingenden Anerkennungshindernisse beachten werden.

Zu den einzelnen Erfordernissen ist im übrigen folgendes zu bemerken:

(1) Ein Urteil ist *endgültig,* wenn es in derselben Instanz nicht mehr abgeändert werden kann[10]. Die Rechtskraft ist nicht erforderlich. Jedoch kann das Anerkennungsverfahren ausgesetzt werden, wenn nachgewiesen wird, daß im Gerichtsstaat ein Berufungsverfahren schwebt[11].

(2) Die *Rechtsstaatlichkeit des Verfahrens* (due process of the law) ist nur dann nicht gewährleistet, wenn die Verfahrensgesetze willkürliche Urteile ermöglichen. Dies ist insbesondere dann der Fall, wenn keine unparteiischen Gerichte bestehen und für den Beklagten kein rechtliches Gehör vorgesehen ist. Nicht erforderlich ist, daß die Rechte des Beklagten im einzelnen in gleicher Weise ausgestaltet sind wie in den Vereinigten Staaten bzw. im Staate Illinois[12].

(3) Die *internationale Zuständigkeit* steht einem ausländischen Gericht nach amerikanischer Auffassung bei einer auf Geldzahlung gerichteten Klage jedenfalls dann zu, wenn der Beklagte seinen Wohnsitz im Urteilsstaat hat, wenn ihm die Klage im Urteilsstaat persönlich zugestellt wurde

[9] Vgl. Note, Michigan Law Review 64 (1965/66) 308 ff. (308). Durch die Entscheidung des Supreme Court der Vereinigten Staaten in der Sache *Hilton* v. *Guyot* – 159 US 113 (1895) – war wenigstens bei ausländischen Beobachtern der Eindruck erweckt worden, die Verbürgung der Gegenseitigkeit sei eine Voraussetzung für die Anerkennung.

[10] Vgl. Restatement Second, Conflict of Laws (Proposed Official Draft 1967) § 107, comment a.

[11] Vgl. § 6 des Modellgesetzes.

[12] Vgl. Commissioners Note zu § 4 des Modellgesetzes, abgedruckt in Uniform Laws Annotated, Bd. 9 B S. 67; Note, Mich. L. Rev. (oben N. 9) 310 (N. 15).

oder wenn er sich auf den Rechtsstreit eingelassen hat[13]. Dieser Auffassung folgt auch das Modellgesetz (§ 5 (a) Nrn. 1, 2 und 4).

Darüber hinaus wird die internationale Zuständigkeit des ausländischen Gerichts aber auch dann anerkannt, wenn der Beklagte eine (Zweig-) Niederlassung in dem Gerichtsstaat unterhielt und die Klage mit Geschäften in dem Gerichtsstaat im Zusammenhang stand (Nr. 5), wenn die Klage durch einen Auto- oder Flugzeugunfall veranlaßt wurde, der sich in dem Gerichtsstaat ereignete (Nr. 6), und wenn die Zuständigkeit des ausländischen Gerichts vereinbart war (Nr. 3).

Sofern dem ausländischen Gericht nach amerikanischer Auffassung „jurisdiction" über den Beklagten zusteht, wird auch ein Versäumnisurteil anerkannt[14].

(4) Die *sachliche Zuständigkeit* des Gerichts, welches das anzuerkennende Urteil erlassen hat, bestimmt sich nach den Gesetzen des Gerichtsstaates. Nach diesen Gesetzen ist auch zu beurteilen, ob ein Verstoß gegen die Zuständigkeitsvorschriften das Urteil nichtig oder lediglich anfechtbar macht. Nur wenn Nichtigkeit vorliegt, kann einem Urteil die Anerkennung versagt werden[15].

(5) Ist der Beklagte überhaupt *nicht* oder nicht ordnungsgemäß von dem gegen ihn schwebenden Verfahren *benachrichtigt* worden, so kann in allen Teilstaaten der amerikanischen Union mit der Nichtanerkennung des Urteils gerechnet werden, wenn sich der Beklagte auch nicht auf den Prozeß eingelassen hat[16]. Darüber hinaus scheint das Modellgesetz den Gerichten die Befugnis zu geben, einem ausländischen Urteil auch dann die Anerkennung zu versagen, wenn der Beklagte zwar ordnungsgemäß geladen wurde, aber die Ladung nicht erhalten hat[17].

(6) Eine *arglistige Urteilserschleichung* liegt nach amerikanischer Auffassung nur dann vor, wenn der Beklagte durch den Kläger daran gehindert wurde, sich angemessen zu verteidigen[18]. Es ist anzunehmen, daß

---

[13] Vgl. *Goodrich-Scoles,* Handbook of the Conflict of Laws (4. Aufl. 1964) 112 ff.; *Stumberg,* Principles of Conflict of Laws (3. Aufl. 1963) 66, 69 ff.; *Ehrenzweig,* A Treatise on the Conflict of Laws (1962) 88 ff. Man spricht hier von „jurisdiction in personam" im Gegensatz zu Fällen einer dinglichen oder quasi-dinglichen Klage, in denen die Belegenheit der Sache im Gerichtsstaat eine „jurisdiction in rem" begründet (vgl. dazu *Goodrich-Scoles* 102 ff.; *Ehrenzweig* 79 ff.).

[14] Vgl. *Peterson* 91 (mit Nachweisen in N. 340); American Jurisprudence Bd. 30 A (1958 mit Nachtrag 1965) „Judgments" § 277.

[15] Vgl. Restatement Second, Conflict of Laws § 105, comment b.

[16] Vgl. *Peterson* 92; Restatement Second, Conflict of Laws § 104 i. V. m. § 25.

[17] Vgl. Note, Mich. L. Rev. aaO 311.

[18] Man spricht hier von „extrinsic fraud" – im Gegensatz zu den Fällen, in denen der Kläger einen Zeugen zu falscher Aussage verleitet oder selbst eine falsche Aussage gemacht hat (intrinsic fraud). Vgl. *Reese,* The Status in this Country of Judgments Rendered Abroad: Col. L. Rev. 50 (1950) 783 ff. (784); *Goodrich-Scoles* 397.

in solchen Fällen auch nach dem Modellgesetz die Anerkennung des Urteils versagt wird[19].

(7) Die *„public policy"* wird in amerikanischen Entscheidungen nicht selten als Grund für die Nichtanerkennung ausländischer Urteile genannt[20]. Jedoch ergibt eine Analyse der einschlägigen Urteile, daß der „public policy" kaum jemals ausschlaggebende Bedeutung zukommt. Im ganzen zeigt die amerikanische Rechtsprechung gegenüber fremden Auffassungen eine weitgehende Toleranz[21].

(8) Liegen *zwei sich widersprechende Urteile* vor, so neigen die amerikanischen Gerichte dazu, das zeitlich spätere für wirksam und vollstreckbar zu halten[22], und zwar selbst dann, wenn das spätere Urteil im Ausland, das frühere Urteil aber im Inland erlassen wurde[23]. Obwohl die weite Fassung von § 4 (b) Nr. 4 des Modellgesetzes für andere Lösungen Raum bietet, ist zu vermuten, daß die Gerichte in Illinois sich an diese Grundsätze halten werden.

(9) Für Nichtanerkennung eines ausländischen Urteils wegen *Widerspruchs zu einer Gerichtsstandsvereinbarung* konnten bisher keine Entscheidungen aus dem Staate Illinois oder aus anderen Teilstaaten ermittelt werden. Früher wurden Gerichtsstandsvereinbarungen überhaupt als unwirksam angesehen[24]. Auch heute wird noch weithin angenommen, daß eine Gerichtsstandsvereinbarung einem Gericht nicht die Zuständigkeit entzieht, die es aufgrund der allgemeinen Vorschriften hat[25]. Es ist daher unwahrscheinlich, daß die Gerichte in Illinois einem Urteil deshalb die Anerkennung verweigern werden, weil das ausländische Gericht eine Gerichtsstandsvereinbarung der Parteien nicht berücksichtigt hat.

(10) In einem *forum non conveniens* ist ein Urteil dann erlassen, wenn die internationale Zuständigkeit des Gerichts sich ausschließlich auf den (zufälligen) Umstand gründet, daß der Beklagte im Gerichtsstaat persönlich geladen werden konnte, während sonst keine Beziehungen zwischen der Streitsache und dem Gerichtsstaat bestanden. Soweit (nach der dem Institut zugänglichen Rechtsprechung) ersichtlich, haben die Gerichte von Illinois zu dem Einwand des forum non conveniens unter dem neuen Gesetz noch nicht Stellung genommen. Da der Einwand in der überkom-

---

[19] In der im Staate Maryland geltenden Fassung des Modellgesetzes ist die arglistige Urteilserschleichung ein *zwingendes* Anerkennungshindernis. Vgl. Uniform Laws Annotated Bd. 9 B, 68.

[20] Vgl. die Nachweise bei *Peterson* 141 f.

[21] Vgl. *Peterson* 97 (mit N. 370), 98, 104; *Goodrich-Scoles* § 211, S. 398 ff.; *Ehrenzweig* 202 f.

[22] Vgl. Restatement Second, Conflict of Laws § 114.

[23] Vgl. *Perkins* v. *DeWitt*, 111 N. Y. S. 2 d 752 (New York 1952).

[24] Vgl. Note, Mich. L. Rev. aaO 312 (mit Nachweisen).

[25] Vgl. Wm. H. Muller & Co. v. Swedish American Line Ltd., 224 F 2 d 806 (2 d Cir. 1955).

menen amerikanischen Praxis aber keine Berücksichtigung gefunden hat[26], ist anzunehmen, daß die Gerichte in Illinois ihn nur ausnahmsweise berücksichtigen werden.

## *IV. Würdigung*

Vergleicht man die Bedingungen, von denen das Recht des Staates Illinois die Anerkennung ausländischer (deutscher) Urteile abhängig macht, mit den in § 328 ZPO genannten Bedingungen, so ergibt sich folgendes:

(1) Die Voraussetzung, daß das anzuerkennende Urteil *endgültig* sein muß, ist grundsätzlich nicht strenger als die deutsche Voraussetzung der Rechtskraft[27].

(2) Der Einwand, daß in dem Gerichtsstaat die Mindestanforderungen an die *Rechtsstaatlichkeit* des Verfahrens nicht erfüllt sind, ist auch nach deutschem Recht zu beachten[28].

(3) Die von dem Modellgesetz geforderte *personal jurisdiction* entspricht im wesentlichen der durch § 328 I Nr. 1 postulierten Zuständigkeit. Es werden nämlich jedenfalls der Gerichtsstand des Wohnsitzes (vgl. § 13 ZP), der vereinbarte Gerichtsstand (§§ 38, 39 ZPO) und der Gerichtsstand der Niederlassung (§ 21 ZPO) anerkannt.

Das Fehlen weiterer in Deutschland anerkannter Gerichtsstände, z. B. des Erfüllungsortes (§ 29 ZPO), des Vermögens (§ 23 ZPO) und der unerlaubten Handlung (§ 32) – letzterer gilt in Illinois nur mit der Beschränkung auf Auto- und Flugzeugunfälle –, hat der Bundesgerichtshof in einer die Südafrikanische Union betreffenden Entscheidung für unerheblich erklärt[29].

(4) Die *sachliche Zuständigkeit* des ausländischen Gerichts wird nach deutschem Recht nicht nachgeprüft[30]. Jedoch ist – wie dargelegt wurde – ein entsprechender Einwand nach dem Recht des Staates Illinois nur dann beachtlich, wenn ein Verstoß gegen die Zuständigkeitsvorschriften nach dem Recht des Gerichtsstaates zur Nichtigkeit des Urteils führt. Gegenüber deutschen Urteilen ist dieser Einwand daher ohne praktische Bedeutung.

(5) Die Vorschrift, daß der Beklagte eine *Benachrichtigung* von dem gegen ihn schwebenden Verfahren erhalten haben muß, ist nicht wesentlich strenger als die Vorschrift des § 328 I Nr. 2 ZPO. Auch diese Vor-

---

[26] Vgl. Mich. L. Rev. aaO 313.

[27] Vgl. BGHZ 42, 200; *Peterson* 62 f.

[28] BGH aaO 202.

[29] BGH aaO 199 ff. – *Anm. der. Red.:* Vgl. dazu jetzt aber auch BGH 9. 7. 1969 (VIII ZR 185/67). WM 1969 1090.

[30] Vgl. *Wieczorek*, ZPO (2. Aufl. 1966) § 328 Anm. E I.

schrift soll verhindern, daß ein ohne Kenntnis des Beklagten angestrengtes Verfahren zu einem vollstreckbaren Urteil führt.

(6) Eine *arglistige Urteilserschleichung* führt auch nach deutschem Recht zur Nichtanerkennung des Urteils[31].

(7) Ebenso kennt auch das deutsche Recht den Vorbehalt des *ordre public* (§ 328 I Nr. 4 ZPO). In der Praxis der Gerichte des Staates Illinois dürfte dieser Vorbehalt keine größere Rolle spielen als bei uns. Dies nicht zuletzt deswegen, weil der Verstoß gegen die public policy nach dem Modellgesetz nicht zu den zwingenden Anerkennungshindernissen gehört. Selbst wenn die Rechtsprechung in Illinois jedoch gelegentlich einem deutschen Urteil, das sich nach deutscher Auffassung mit dem deutschen ordre public verträgt, wegen Verstoßes gegen die public policy des Staates Illinois die Anerkennung versagen sollte, wäre nicht schon deshalb die Gegenseitigkeit zu verneinen[32].

(8) Dasselbe gilt für den Fall, daß einem deutschen Urteil die Anerkennung wegen *Widerspruchs zu einem* in derselben Sache ergangenen *anderen Urteil* versagt wird. Denn hierbei dürfte es sich um einen selten vorkommenden Ausnahmefall handeln.

(9) Ist ein ausländisches Urteil erlassen worden, obwohl die *Zuständigkeit der deutschen Gerichte vereinbart war,* so ist nach der deutschen Rechtsprechung einem solchen Urteil die Anerkennung zu versagen[33]. Selbst wenn die Gerichte in Illinois einen entsprechenden Einwand gegenüber deutschen Urteilen beachten sollten – was nicht sehr wahrscheinlich ist, wie oben dargelegt wurde –, muß die Gegenseitigkeit also auch insoweit als verbürgt angesehen werden.

(10) Der Einwand, das ausländische Urteil sei in einem *forum non conveniens* erlassen worden, bedeutet nur eine Einschränkung der in Deutschland ohnehin unbekannten internationalen Zuständigkeit kraft Klagezustellung im Inland. Daher besteht auch insoweit kein Grund, die Gegenseitigkeit zu verneinen.

Zusammenfassend ist festzustellen, daß die Bedingungen, unter denen die Gerichte in Illinois deutsche Zahlungsurteile – einschließlich Versäumnisurteile – anerkennen, im Vergleich zu den deutschen Anerkennungsvoraussetzungen grundsätzlich keine oder doch jedenfalls keine wesentliche Erschwerung bedeuten. Deshalb ist die Gegenseitigkeit im Verhältnis zwischen der Bundesrepublik Deutschland und dem Staat Illinois insoweit als verbürgt anzusehen. Unerheblich ist in diesem Zusammenhang, ob sich der amerikanische Prozeßvertreter auf das Verfahren vor dem amerikanischen Gericht eingelassen hat und ob der Schriftsatz des jetzigen Prozeßbevollmächtigten der Bekl. vom 13. 5. 1963 bei dem Gericht eingegangen ist.

---

[31] BGH aaO 204. [32] BGH aaO 203 f.

[33] Vgl. RG 7. 1. 1914, LZ 1914, 774/775. Kritisch hierzu *Wieczorek,* § 328 Anm. E I.

### C. ERGEBNIS

1. Das Versäumnisurteil ist durch Fristablauf rechtskräftig geworden.
2. Die Gegenseitigkeit zwischen der Bundesrepublik Deutschland und dem Staate Illinois ist verbürgt.
3. Gegenüber einem in Deutschland erlassenen Versäumnisurteil, dessen Anerkennung im Staate Illinois begehrt wird, können materielle Einwendungen nicht geltend gemacht werden.

## Nr. 80

**USA (New York)**

**Verbürgung der Gegenseitigkeit bei Unterhaltsurteilen im Verhältnis zwischen der Bundesrepublik und New York.**

**Hamburg G 12/67 vom 27. 2. 1967**

Das LG Hamburg bittet in der Unterhalts-Vollstreckungssache H. ./. H. um Auskunft über Internationales Zivilprozeßrecht und über Unterhaltsrecht des Staates New York. Der Anfrage liegt folgender Sachverhalt zugrunde:

Die Parteien, amerikanische Staatsangehörige, sind Eheleute. Durch Urteil des New York Supreme Court vom 28. 1. 1960 ist ihre dauernde Trennung von Tisch und Bett ausgesprochen worden. Außerdem hat der Bekl. nach dem Urteil für die Kl. und ihre Tochter wöchentlich 25 $ Unterhalt zu zahlen. Die Kl., die jetzt mit ihrer Tochter in Mailand lebt, begehrt die Vollstreckbarerklärung des New Yorker Urteils.

Das LG bittet um Auskunft über folgende Frage:

Ist hinsichtlich der Anerkennung von Unterhaltsurteilen zwischen dem Staat New York und der Bundesrepublik Deutschland die Gegenseitigkeit im Sinn von § 328 I Nr. 5 ZPO verbürgt?

### *I. Staatsvertrag*

Eine staatsvertragliche Regelung der Anerkennung und Vollstreckung von Gerichtsentscheidungen besteht zwischen den Vereinigten Staaten und der Bundesrepublik Deutschland nicht. Der Freundschafts-, Handels- und Schiffahrtsvertrag vom 29. 10. 1954, der am 14. 7. 1956 in Kraft getreten ist (BGBl. 1956 II 448, 763) sowie das Protokoll dazu (BGBl. 1956 II 502) enthalten in Art. VI bzw. Nrn. 6 und 7 nur Vorschriften über die Anerkennung und Vollstreckung von Schiedssprüchen.

### II. § 328 ZPO

Die Anerkennung eines amerikanischen Urteils beurteilt sich deshalb nach der allgemeinen Vorschrift des § 328 ZPO. Nach § 328 I Nr. 5 setzt die Anerkennung voraus, daß die Gegenseitigkeit verbürgt ist. Dies ist dann der Fall, wenn die Anerkennung eines deutschen Urteils in dem Staat, dessen Urteil in Deutschland vollstreckt werden soll, auf keine wesentlich größeren Schwierigkeiten stößt als die Anerkennung eines ausländischen Urteils in Deutschland. Dabei genügt es, daß die Gegenseitigkeit für ein Urteil der im konkreten Falle fraglichen Art begründet ist (partielle Gegenseitigkeit)[1].

Im folgenden ist daher zu prüfen, ob das Urteil eines deutschen Gerichts, das den Beklagten zu einer fortlaufenden Unterhaltszahlung verurteilt, im Staat New York (erheblich) schwieriger zu vollstrecken ist als das vorliegende New Yorker Urteil in Deutschland[2].

### III. Amerikanisches Recht

#### 1. Bundesrecht und „Uniform Law"

Die Vereinigten Staaten sind kein einheitliches Rechtsgebiet (abgesehen von wenigen Rechtsmaterien, die bundesrechtlich und damit einheitlich geregelt sind); vielmehr hat jeder Einzelstaat sein eigenes internationales und materielles Privat- und Prozeßrecht[3].

Das gilt auch hinsichtlich der Rechtsnormen, welche die Anerkennung ausländischer Entscheidungen regeln[4]. Die National Conference of Commissioners on Uniform State Laws hat zwar ein Modellgesetz ausgearbeitet, das die Anerkennung und Vollstreckung ausländischer Urteile be-

---

[1] Vgl. BGH 30. 9. 1964, BGHZ 42, 194 (196). (Die ältere Rechtsprechung kann nach dieser Grundsatzentscheidung als überholt angesehen werden.)

[2] Soweit das New Yorker Urteil die Trennung der Eheleute von Tisch und Bett ausspricht, ist die Verbürgung der Gegenseitigkeit nicht Voraussetzung für die Anerkennung (vgl. Art. 7 § 1 I FamRÄndG).

[3] *Parker*, Das Privatrecht der Vereinigten Staaten von Amerika (1960) 1 f.; *Ferid-Firsching*, Internationales Erbrecht III (1967) USA Grundzüge C I Randz. 35 c.

[4] *Peterson*, Die Anerkennung ausländischer Urteile im amerikanischen Recht (1964) 19, 21 ff.; *Krohn*, Anerkennung und Durchsetzung deutscher Urteile sowie von Schiedsvereinbarungen und Schiedssprüchen in den USA: Monatsschrift der Vereinigung deutscher Auslandsbeamten 26 (1963) 101 ff.; *Bülow-Arnold*, Internationaler Rechtsverkehr in Zivil- und Handelssachen (Stand 1960) Vereinigte Staaten von Amerika E 991. 92; *Deutsch*, Die Anerkennung ausländischer Urteile in den Staaten der USA: ZZP 71 (1958) 321 ff.; *Heidenberger*, Vollstreckung deutscher Urteile in den Vereinigten Staaten: NJW 1958, 1117 ff.

trifft, soweit diese auf eine Geldsumme lauten. Aber dieser „Uniform Foreign Money-Judgments Recognition Act" ist einstweilen nur von Illinois, Maryland und Oklahoma angenommen worden[5]; die Vereinigten Staaten sind daher von einer Rechtseinheit auf diesem Gebiet noch weit entfernt[6].

Ob die Gegenseitigkeit verbürgt ist, muß also für jeden amerikanischen Einzelstaat gesondert geprüft werden[7].

*2. Recht des Staates New York*

Wie in den meisten amerikanischen Einzelstaaten ist auch in New York die Anerkennung ausländischer Gerichtsentscheidungen nicht gesetzlich geregelt. Vielmehr ist nur festgelegt, daß ordnungsgemäß ausgefertigte und beglaubigte Entscheidungen ausländischer Gerichte in einem New Yorker Verfahren als Beweismittel zulässig sind[8]. Folglich kann die Frage, ob im vorliegenden Fall die Gegenseitigkeit verbürgt ist, nur mit Hilfe der New Yorker Rechtsprechung beantwortet werden.

New York gehört zu den Staaten, deren Gerichte gegenüber ausländischen Urteilen eine liberale Haltung einnehmen: Ausländische Urteile werden in sachlicher Hinsicht nicht nachgeprüft. Geprüft werden nur

a) die Endgültigkeit („finality") des Urteils;
b) die internationale Zuständigkeit („jurisdiction") des ausländischen Gerichts;
c) die Ordnungsmäßigkeit des ausländischen Verfahrens;
d) die Vereinbarkeit des Urteils mit dem ordre public (der „public policy") des Staates New York[9].

---

[5] Vgl. Uniform Laws Annotated Bd. 9 B (1966) 64. *Anm. der Red.:* Jetzt auch von Kalifornien (vgl. RabelsZ 32 [1968] 149).

[6] Zu den Bemühungen um eine einheitliche Regelung vgl. *Schaaf,* The Recognition of Judgments from Foreign Countries – A Federal-State Clause for an International Convention: Harvard Journal on Legislation 3 (1965) 379 ff.

[7] Vgl. *Peterson* 103.

[8] New York Civil Practice Law and Rules § 4542 (in Kraft getreten am 1. 9. 1963), abgedruckt bei *Peterson* 134 ff. sowie in *McKinney's* Consolidated Laws of New York Annotated Bd. 7 B (1963 mit Nachtrag 1966).

[9] Vgl. Cowans v. Ticonderoga Pulp & Paper Co., 219 N. Y. Supp. 284, 286 (App. Div. 1927): „The general rule in this state is settled as follows: A judgment recovered in a foreign country, when sued upon in the courts of this state, is conclusive, so far as to preclude a retrial of the merits of the case, subject, however, to certain well-recognized exceptions, namely, where the judgment is tainted with fraud, or with on offense against the public policy of the state, or the foreign court had not jurisdiction. Affirmed on opinion below 159 N. E. 669 (N. Y. Ct. App. 1927). Ferner Regierungspräsident Land Nordrhein Westfalen v. Rosenthal, 219 N. Y. S. 2 d 431 (Sup. Ct. 1961), affirmed 232 N. Y. S. 2 d 963 (App. Div. 1962), motion for leave to appeal denied 12 N. Y. 2 d 648, 190 N. E. 2 d 27

Nicht erforderlich ist hingegen nach der New Yorker Praxis die Verbürgung der Gegenseitigkeit („reciprocity")[10].

Zu den einzelnen Erfordernissen ist zu bemerken:

a) Die *„finality"* eines Urteils bedeutet die Unabänderlichkeit in derselben Instanz[11].

Ausländische Unterhaltsurteile werden in New York also jedenfalls insoweit anerkannt, als die periodisch zu leistenden Beträge bereits fällig geworden sind und keiner richterlichen Abänderung mehr unterliegen[12]. Hingegen kann nicht mit einer Anerkennung ausländischer Unterhaltsurteile durch die New Yorker Gerichte gerechnet werden, soweit die Zahlung noch nicht fälliger Beträge in Frage steht, die nach dem Recht des fremden Urteilsstaates abgeändert werden können. Zwar sind die New Yorker Gerichte in einer Entscheidung aus dem Jahre 1932 offenbar von einer Anerkennung auch in einem solchen Falle ausgegangen[13]. Aber wenige Jahre später hat der Supreme Court des Staates New York ausdrücklich entschieden, ein Unterhaltsurteil könne bezüglich künftiger Unterhaltsleistungen nicht anerkannt werden, sofern es bezüglich dieser Leistungen nach dem Recht des fremden Urteilsstaates abänderbar sei[14].

Obwohl die moderne Tendenz in den USA dahin geht, Unterhaltsurteile – jedenfalls im Verhältnis der amerikanischen Gliedstaaten zueinander – auch bezüglich noch nicht fälliger Zahlungen anzuerkennen[15], hat die New Yorker Rechtsprechung, soweit ersichtlich, bis heute an dieser Ansicht festgehalten[16].

b) Die *„jurisdiction"* steht einem ausländischen Gericht nach amerikanischer (New Yorker) Auffassung bei einer auf Geldzahlung gerichteten Klage gegen eine natürliche Person grundsätzlich nur dann zu, wenn der

---

(1963), und hierzu *Harder*, Vollstreckung deutscher Urteile in USA, insbesondere New York: AWD 1963, 36–39. Weitere Nachweise bei *Peterson* 116 ff.

[10] Vgl. *Johnston* v. *Companie Générale Transatlantique*, 152 N. E. 121 (1926); Cowans v. Ticonderoga Pulp & Paper Co. aaO; Ouvre v. Ouvre, 73 N. Y. S. 2d 892 (1947); *Harder* 38.

[11] Vgl. *Waterman Co.* v. *Modern Pen Co.*, 193 Fed. 242 (S. D. N. Y. 1912); *Gunthardt* v. *Gunthardt*, 223 N. Y. S. 2 d 420, 423 (Supp. Ct. 1961); *Peterson* 62; Restatement, Conflict of Laws (1934 mit 1948 Supplement) § 435 und New York Annotations (1935) § 435.

[12] Vgl. *Gunthardt* v. *Gunthardt* aaO (betr. die Anerkennung eines schweizerischen Unterhaltsurteils); Taubenfeld v. Taubenfeld, 97 N. Y. S. 2 d 158 (1950); Restatement, Conflict of Laws und New York Annotations § 464 (mit weiteren Nachweisen).

[13] Vgl. *Little* v. *Little*, 262 N. Y. S. 654 (Sup. Ct. 1932), affirmed without opinion 259 N. Y. S. 973 (App. Div. 1932), reargument denied, 260 N. Y. S. 981 (1932).

[14] Vgl. *Bentley* v. *Calabrese*, 280 N. Y. S. 454 (1935).

[15] Vgl. *Goodrich-Scoles*, Handbook of the Conflict of Laws (4. Aufl. 1964) 277 f. (mit Nachweisen in N. 152, 153); American Jurisprudence 2 d Bd. 24 (1966) „Divorce and Separation" § 984.

[16] Vgl. Gunthardt v. Gunthardt (oben N. 11).

Beklagte seinen Wohnsitz im Urteilsstaat hat oder wenn ihm die Klage in diesem Staat persönlich zugestellt worden ist oder wenn er sich auf den Prozeß eingelassen hat[17].

Jedoch ist die moderne Tendenz in den amerikanischen Einzelstaaten auf eine Ausweitung der eigenen jurisdiction gerichtet. Viele Staaten lassen heute in bestimmten Fällen aufgrund sog. long-arm-statutes für die Begründung ihrer jurisdiction die Zustellung der Klage an einen nonresident im Ausland genügen, z. B. dann, wenn der Beklagte im Gerichtsstaat einen Vertrag abgeschlossen oder eine unerlaubte Handlung begangen hat, wenn er sich im Gerichtsstaat geschäftlich betätigt oder dort unbewegliches Vermögen besitzt. Allerdings beschränkt sich die jurisdiction in diesen Fällen regelmäßig auf Klagen, die mit einem der genannten Anknüpfungspunkte in Zusammenhang stehen[18].

Auch New York hat seine jurisdiction in dieser Weise erweitert. So bestimmt § 302 der Civil Practice Law and Rules (in Kraft getreten am 1. 9. 1963):

„Personal jurisdiction by acts of non-domiciliaries.

(a) *Acts which are the basis of jurisdiction.* A court may exercise personal jurisdiction over any non-domiciliary, or his executor or administrator, as to a cause of action arising from any of the acts enumerated in this section, in the same manner as if he were a domiciliary of the state, if, in person or through an agent, he:

1. transacts any business within the state; or
2. commits a tortious act within the state, except as to a cause of action for defamation of character arising from the act; or
3. owns, uses or possesses any real property situated within the state.

(b) *Effect of appearance.* Where personal jurisdiction is based solely upon this section, an appearance does not confer such jurisdiction with respect to causes of action not arising from an act enumerated in this action."

Die Folgen dieser Entwicklung für die Anerkennung ausländischer Urteile lassen sich noch nicht absehen. Doch besteht Grund zu der Annahme, daß die amerikanischen (New Yorker) Gerichte dazu neigen werden, ausländischen Gerichten eine entsprechend erweiterte „jurisdiction"

---

[17] Vgl. Regierungspräsident Land Nordrhein Westfalen v. Rosenthal (oben N. 9) und hierzu *Harder* 37; *Goodrich-Scoles* 114 ff.; *Stumberg,* Principles of Conflict of Laws (3. Aufl. 1963) 69 ff.; *Ehrenzweig,* A Treatise on the Conflict of Laws (1962) 88 ff. Man spricht hier im Gegensatz zu Fällen einer dinglichen oder quasi-dinglichen Klage, in denen die Belegenheit der Sache im Gerichtsstaat eine „jurisdiction in rem" begründet, von „jurisdiction in personam" (vgl. *Peterson* 40 ff., 93; *Goodrich-Scoles* 102 ff.). Während manche Statussachen (z. B. Ehesachen) der „jurisdiction in rem" unterstellt werden, unterstehen Unterhaltsansprüche stets der „jurisdiction in personam" (vgl. *Peterson* 44, 46; *Stumberg* 326).

[18] Vgl. *Peterson* 94 ff. (mit Nachweisen); *Goodrich-Scoles* 124 ff.

zuzugestehen. Von hier aus ist die Geltung mancher Präjudizien fragwürdig geworden[19].

Sofern einem ausländischen Gericht nach amerikanischer Auffassung über den Beklagten „jurisdiction" zustand, hat die New Yorker Rechtsprechung im Einklang mit der Praxis in den anderen Staaten auch Versäumnisurteile anerkannt[20].

c) Die *Ordnungsmäßigkeit* des ausländischen Verfahrens bedeutet, daß eine angemessene Bekanntgabe der Klage („proper notice") erfolgt sein muß, daß dem Unterlegenen rechtliches Gehör gewährt worden sein muß und daß das Urteil nicht durch Arglist („fraud") erschlichen sein darf[21].

d) Die *„public policy"* wird in amerikanischen Entscheidungen nicht selten als Grund für die Nichtanerkennung ausländischer Urteile genannt[22]. Jedoch ergibt eine Analyse der einschlägigen Urteile, daß der „public policy" kaum jemals ausschlaggebende Bedeutung zukommt. Im ganzen zeigt die amerikanische Rechtsprechung gegenüber fremden Auffassungen eine weitgehende Toleranz[23].

### *IV. Verbürgung der Gegenseitigkeit?*

Vergleicht man die Bedingungen, von denen die New Yorker Gerichte die Anerkennung ausländischer (deutscher) Urteile abhängig machen, mit den in § 328 ZPO genannten Bedingungen, so ergibt sich folgendes:

a) Die Voraussetzung, daß das anzuerkennende Urteil *endgültig* („final") sein muß, ist grundsätzlich nicht strenger als die deutsche Voraussetzung der Rechtskraft[24]. Da die New Yorker Gerichte deutsche Unterhaltsurteile aber nur bezüglich bereits fällig gewordener, nicht mehr nach § 323 ZPO abänderbarer Unterhaltsleistungen anerkennen, ist die Gegenseitigkeit auch nur insoweit als verbürgt anzusehen.

b) Die vom New Yorker Recht geforderte *„jurisdiction"* entspricht im wesentlichen der durch § 328 I Nr. 1 postulierten Zuständigkeit. Es werden von den New Yorker Gerichten nämlich jedenfalls der Gerichtsstand des Wohnsitzes (vgl. § 13 ZPO) und der vereinbarte Gerichtsstand (vgl. §§ 38,

---

19 Vgl. *Peterson* 96 f.

20 Vgl. Regierungspräsident Land Nordrhein Westfalen v. Rosenthal (oben N. 9) und hierzu *Harder* 37; *Peterson* 91 (mit weiteren Nachweisen in N. 340); American Jurisprudence Bd. 30 A (1958 mit Nachtrag 1965) „Judgments" § 277. – Die Zweifel von *Bülow-Arnold* E 991. 97, ob in New York auch deutsche Versäumnisurteile anerkannt werden, sind also unbegründet.

21 Vgl. *Peterson* 89, 92 f.; *Harder* 38; *Goodrich-Scoles* 397 f.; Nachweise der New Yorker Rechtsprechung bei *Peterson* 143, 145.

22 Vgl. die Nachweise bei *Peterson* 141 f.

23 Vgl. *Peterson* 97 (mit N. 370), 98, 104; *Goodrich-Scoles* § 211, S. 398 ff.; *Ehrenzweig* 202 f.

24 Vgl. BGHZ 42, 200; *Peterson* 62 f.

39 ZPO) anerkannt. Ob die New Yorker Gerichte eine jurisdiction deutscher Gerichte darüber hinaus auch in den Fällen bejahen werden, in denen ihre eigene jurisdiction durch die zitierte New Yorker Gesetzesvorschrift erweitert worden ist – es würde dies auf die Anerkennung weiterer nach dem deutschen Recht gegebener Gerichtsstände hinauslaufen –, spielt demgegenüber keine entscheidende Rolle[25].

c) Die mangelnde *„Ordnungsmäßigkeit"* des Verfahrens – also das Versäumnis einer angemessenen Bekanntgabe der Klage, die Verweigerung des rechtlichen Gehörs und die Einwendung, das Urteil sei durch „fraud" erlangt – ist auch nach deutschem Recht zu beachten[26]. Es besteht deshalb auch insoweit kein Grund, die Gegenseitigkeit zu verneinen[27].

d) Der Vorbehalt des *ordre public* findet sich auch im deutschen Recht (§ 328 I Nr. 4 ZPO). In der amerikanischen (New Yorker) Praxis spielt dieser Vorbehalt keine größere Rolle als bei uns. Selbst wenn die New Yorker Rechtsprechung jedoch gelegentlich einem deutschen Urteil, das sich nach deutscher Auffassung mit dem deutschen ordre public verträgt, wegen Verstoßes gegen die New Yorker public policy die Anerkennung versagen sollte, wäre nicht schon deshalb die Gegenseitigkeit zu verneinen[28].

e) Schließlich wird die Gegenseitigkeit auch nicht dadurch ausgeschlossen, daß – anders als nach § 722 ZPO – nach dem Common Law ein ausländisches Urteil nicht als solches für vollstreckbar erklärt wird, sondern die Vollstreckbarkeit nur durch eine *neue Klage* („action upon the judgment") erreicht werden kann[29]. Denn es handelt sich insoweit um einen bloß formalen Unterschied[30].

---

[25] Vgl. BGHZ 42, 199 f.: Der BGH hat in dieser Entscheidung die Gegenseitigkeit im Verhältnis zur Südafrikanischen Union als verbürgt angesehen, die wie New York zum Rechtskreis des Common Law gehört und die Anerkennung ausländischer Entscheidungen von ähnlichen Bedingungen abhängig macht wie New York. Der BGH hat es dort ausdrücklich für unerheblich erklärt, daß der deutsche Katalog internationaler Gerichtsstände umfangreicher ist als derjenige der Republik Südafrika und daß folglich manche deutschen Urteile in Südafrika nicht anerkannt werden.

*Anm. der Red.:* Vgl. dazu jetzt aber auch BGH 9. 7. 1969 (VIII ZR 185/67), WM 1969, 1090.

[26] Vgl. BGHZ 42, 202 f., 204 f.

[27] Vgl. BGH aaO; *Peterson* 104.

[28] Vgl. BGHZ 42, 203 f.

[29] Zu dieser Methode der Durchsetzung fremder Urteile vgl. *Goodrich-Scoles* Chapter 15 Nr. 204 (mit kritischer Stellungnahme und Hinweis auf Reformbestrebungen).

[30] Vgl. BGHZ 42, 205.

### *V. Ergebnis*

Die Bedingungen, unter denen die New Yorker Gerichte deutsche Unterhaltsurteile anerkennen, bedeuten im Vergleich zu den deutschen Anerkennungsvoraussetzungen grundsätzlich keine oder doch jedenfalls keine wesentliche Erschwerung. Eine Ausnahme gilt nur insoweit, als die New Yorker Gerichte ausländischen Unterhaltsurteilen bezüglich noch nicht fälliger und nach dem Recht des fremden Urteilsstaates abänderbarer Unterhaltsleistungen die Anerkennung verweigern. Die Gegenseitigkeit im Verhältnis zwischen der Bundesrepublik Deutschland und dem Staat New York ist deshalb für die Anerkennung von Unterhaltsurteilen nur bezüglich bereits fälliger Unterhaltsleistungen als verbürgt anzusehen.

## 2. ENTSCHEIDUNGEN IN EHESACHEN

Siehe auch Nr. 40

### Nr. 81

**Indien**

**Die Scheidung indischer Eheleute durch deutsche Gerichte wird in Indien anerkannt, wenn das Urteil aus indischer Sicht**

**a) von einem international zuständigen Gericht gefällt wird,**

**b) aufgrund einer Verhandlung zur Sache und**

**c) ohne Verletzung des internationalen Rechts oder Nichtbeachtung des anwendbaren indischen Rechts ergeht,**

**d) nicht in einem Verfahren zustande kommt, das gegen allgemein anerkannte Verfahrensgrundsätze verstößt,**

**e) nicht durch Prozeßbetrug erlangt wird,**

**f) nicht wegen der Verletzung indischen Rechts angegriffen werden kann und**

**g) nicht gegen den indischen ordre public verstößt.**

**Hamburg 138/67 vom 31. 10. 1967**

Das Landgericht Stuttgart bittet in der Scheidungssache V. ./. V. um Auskunft über deutsches und indisches Internationales Privatrecht sowie indisches Ehescheidungsrecht. Aus der übersandten Gerichtsakte ergibt sich folgender Sachverhalt:

Die Parteien haben im Jahre 1954 in Indien miteinander die Ehe geschlossen. Sie sind indische Staatsangehörige und gehören der Religionsgemeinschaft der Hindus an. Im Dezember 1957 begab sich der Kläger aufgrund eines Stipendiums seiner Regierung zum Studium nach Dresden, wo er im Jahre 1961 zum Dr.-Ing. promovierte. Seit 1962 wohnt der Kläger ständig in der Bundesrepublik: zunächst in Frankfurt und seit dem 1. 4. 1963 in Stuttgart, wo er eine feste Anstellung als Ingenieur gefunden hat. Die Beklagte und die aus der Ehe hervorgegangenen drei Kinder sind in Indien geblieben. Der Kläger hat seine Familie dort im Jahre 1959 während eines vierwöchigen Heimaturlaubs besucht, im Jahre 1962 hat er sich noch einmal mehrere Monate in Indien aufgehalten. Der Kläger behauptet, er wolle in Deutschland bleiben und nicht mehr in sein Heimatland zurückkehren.

Zur Begründung der Klage auf Ehescheidung wegen Aufhebung der häuslichen Gemeinschaft (§ 48 EheG) trägt der Kläger u. a. vor, sein langjähriger Aufenthalt in Deutschland habe ihn der indischen Lebensweise und Kultur entfremdet und die familiären Beziehungen so gelockert, daß eine Wiederherstellung der ehelichen Lebensgemeinschaft nicht mehr zu erwarten sei. Die Beklagte widerspricht dem Scheidungsbegehren.

Das Gericht hat ein Gutachten über die Rechtslage von Herrn Dr. Günther Sontheimer vom Südasien-Institut der Universität Heidelberg eingeholt und bittet um Erstattung eines Obergutachtens, das zu den Fragen der Anerkennung eines deutschen Scheidungsurteils in Indien, des anwendbaren materiellen Rechts sowie eines etwaigen Verstoßes einer in Deutschland aufgrund des § 48 EheG ausgesprochenen Scheidung gegen den indischen ordre public Stellung nehmen soll.

### *I. Deutsches Internationales Verfahrensrecht*

Besitzt keine der Parteien die deutsche Staatsangehörigkeit, so ist gemäß § 606 b Nr. 1 ZPO ein deutsches Gericht für die Scheidung nur dann zuständig, wenn wenigstens einer der Ehegatten seinen gewöhnlichen Aufenthalt in Deutschland hat und nach dem Heimatrecht des Mannes die von dem deutschen Gericht zu fällende Entscheidung anerkannt wird. Es kommt im vorliegenden Fall also darauf an, ob das in der Indischen Union geltende Recht das deutsche Urteil anerkennen würde.

### *II. Indisches Internationales Verfahrensrecht*

Gemäß sect. 21 des Hindu Marriage Act von 1955 (N° 25) werden ausländische Ehescheidungsurteile in Indien anerkannt, sofern die Voraussetzungen der sect. 13 des Civil Procedure Code von 1908 (Act V) gegeben sind[1].

*Sect. 13* lautet:

„A foreign judgment shall be conclusive ... except

(a) where it has not been pronounced by a Court of competent jurisdiction;

(b) where it has not been given on the merits of the case;

---

[1] Vgl. statt aller *Rama Rao,* Private International Law in India: Indian Yearbook of International Affairs (I. Y. I. A.) 4 (1955) 219, 251.

(c) where it appears on the face of the proceedings to be found on an incorrect view of international law or a refusal to recognize the law of India in cases in which such law is applicable;
(d) where the proceedings in which the judgment was obtained are opposed to natural justice;
(e) where it has been obtained by fraud;
(f) where it sustains a claim founded on a breach of any law in force in India.

*1. Zu lit. (a)*

a) Wichtigste Voraussetzung der Anerkennung ist, daß das ausländische Scheidungsgericht nach den Regeln des Internationalen Privatrechts *zuständig* gewesen ist, d. h. „jurisdiction" im Sinne des anglo-indischen Rechts gehabt hat (dieser Begriff umfaßt sowohl Gerichtsbarkeit als auch internationale Zuständigkeit im Sinne des deutschen Rechts).

Die jurisdiction eines Gerichts zur Scheidung einer Ehe beruht nach indischem Kollisionsrecht ausschließlich auf dem Domizil der Parteien im Gerichtsstaat[2]. Die indischen Gerichte legen den Domizilbegriff anhand der einschlägigen englischen Rechtsprechung aus[3].

b) Das *Domizil* im Sinne des englischen Rechts ist für Eheleute stets einheitlich nach dem Domizil des Mannes zu bestimmen, auch wenn die Eheleute getrennt leben[4].

Es bedeutet die Zugehörigkeit zu einem Rechtsgebiet. Jede Person hat ein derartiges Domizil, kann aber auch nur ein Domizil haben. Es wird unterschieden zwischen dem durch Geburt erworbenen domicile of origin (Domizil des ehelichen Vaters bzw. der unehelichen Mutter im Zeitpunkt

---

[2] *C. A. Neelakantan* v. *A. Neelakantan,* A. I. R. 1959 Rayasthan 133, 134; *Mulla-Desai,* Hindu Law (13. Aufl. 1966) 616; *Desai,* Indian Law of Marriage and Divorce (1964) 272; *Saksena,* The Hindu Marriage Act 1955 (3. Aufl. 1964) 77; *Rama Rao* 251: „Hence a decree of the Court of domicile only would be recognized"; *Derrett,* Introduction to Modern Hindu Law (1963) 176, 241: „... (it) must be a decree of a competent court of the domicile of the spouses acting within its jurisdiction." Die in den Schriftsätzen in diesem Zusammenhang mehrfach zitierte sect. 19 des Hindu Marriage Act betrifft lediglich die *örtliche* Zuständigkeit (venue) der indischen Gerichte (*Mulla-Desai* aaO 703).

[3] *Central Bank of India Ltd.* v. *Ram Narian,* A. I. R. 1955 Supreme Court 36, 39; *Golam Khan* v. *State of West Bengal,* A. I. R. 1961 Calcutta 408 = 12 (1963) I. Y. I. A. 360, 362; *C. A. Neelakantan* v. *A. Neelakantan* aaO; *Saksena* 77, 78; *Derrett* 241, 242: „... The question where a person is domiciled is always to be determined according to Indian Law, which does not differ from English law..."

[4] *Att.-Gen.* v. *Cook,* [1926] A. C. 444 (P. C.); *H.* v. *H.,* [1928] P. 206; *Dicey (-Treitel),* Conflict of Laws (7. Aufl. 1958) 119 f.; *Cheshire,* Private International Law (7. Aufl. 1965) 167; *Dopffel,* Anm. zu Robinson-Scott v. Robinson-Scott: RabelsZ 23 (1958) 298 ff., 302 f.; *Henrich,* Der Domizilbegriff im englischen IPR: RabelsZ 25 (1960) 456 ff., 486 f.; kritisch, aber im Ergebnis konform *Lord Denning,* M. R., in Gray (orse. Formosa) v. Formosa, [1963] P. 259, 267: „... the last barbarous relic of a wife's servitude. Yet sitting in this court we must still observe it."

der Geburt) und dem domicile of choice. Letzteres kann eine volljährige Person dadurch erwerben, daß sie sich in einem anderen Land mit der Absicht niederläßt, dort für immer oder jedenfalls doch auf unbestimmte Zeit zu verbleiben (sog. animus manendi) und nicht mehr in das Land des bisherigen Domizils für dauernd zurückzukehren (sog. animus revertendi). Ob eine Person in einem anderen Land ein domicile of choice erworben hat, ist Tatfrage, bei deren Entscheidung nach der Praxis der englischen Gerichte der Dauer des Aufenthalts in dem betreffenden Lande und den eigenen Äußerungen des Betreffenden besondere Bedeutung zukommt, darüber hinaus aber alle Umstände zu berücksichtigen sind, die für oder gegen die Absicht sprechen, dauernd in diesem Lande zu verbleiben und nicht mehr in das Land des bisherigen Domizils zurückzukehren. Für den Fortbestand eines Domizils, insbesondere des Ursprungsdomizils, besteht eine Vermutung[5].

Als Indizien für den erforderlichen „animus manendi vel non revertendi" wurden in der englischen Rechtsprechung u. a. folgende Umstände gewertet: Aufgabe der Wohnung am Ort des bisherigen Domizils und Verkauf der Möbel[6]; eigene Erklärung des Betreffenden, er wolle am neuen Aufenthaltsort für unbestimmte Zeit bleiben[7]; bei Niederlassung im Ausland: die Eheschließung mit einer Staatsangehörigen dieses Landes und Begründung einer ehelichen Wohnung dort[8]; Erwerb der Staatsangehörigkeit dieses Landes sowie ein Wechsel des Glaubensbekenntnisses oder des Namens, um diese der neuen Umgebung anzupassen[9]; geschäftliche Interessen am neuen Aufenthaltsort[10]. Dagegen kann das Fehlen der letztgenannten Anhaltspunkte auf einen „animus revertendi" und damit auf die Beibehaltung des bisherigen Domizils schließen lassen[11].

Ferner ist das Fehlen eines „animus manendi" hergeleitet worden: aus der Tatsache, daß der Betreffende ausschließlich oder vornehmlich zu Personen am Ort des bisherigen Domizils verwandtschaftliche oder freundschaftliche Beziehungen unterhielt[12]; aus dem Fehlen eines Freundes- und

[5] Ausführlich hierzu *Henrich* aaO; vgl. auch *Cheshire*, 143 f.; *Graveson*, Conflict of Laws (5. Aufl. 1965), 145 ff.; *Dicey(-Treitel)* 85 ff.; *Schmitthoff*, The English Conflict of Laws (3. Aufl. 1954) 79 f. Vgl. aus der neueren englischen Rechtsprechung Re Fuld, [1965] 2 W. L. R. 717.

[6] *Hopkins* v. *Hopkins*, [1951] P. 116.

[7] *D'Etschegoyen* v. *D'Etschegoyen* (1888), 13 P. D. 132; *Wilson* v. *Wilson* (1872), L. R. 17 Eq. 73; ebenso die kanadische Entscheidung *White* v. *White*, [1952] 1 D. L. R. 133.

[8] *Abraham* v. *Att.-Gen.*, [1934] P. 17; *Att.-Gen.* v. *Yule* (1931), 145 L. T. 9 (C. A.).

[9] *Stanley* v. *Bernes* (1830), 3 Hagg. Ecc. 373, 162 Eng. Rep. 564, 1190.

[10] *Cockrell* v. *Cockrell* (1856), 25 L. J. Ch. 730; Re Eschman (1893), 9 T. L. R. 426.

[11] Vgl. *Rayden*, Practice and Law of Divorce (9. Aufl. 1964) 39 f.; *Dicey(-Treitel)* 97 f. und dortige Nachweise.

[12] *Att.-Gen.* v. *Yule* aaO; *Ramsay* v. *Liverpool Royal Infirmary*, [1930] A. C. 588 (Verneinung eines Domizilwechsels trotz 36jährigen Aufenthalts an dem betreffenden Ort); *Forbes* v. *Forbes* (1854), Kay 341, 69 Eng. Rep. 145.

Bekanntenkreises am neuen Aufenthaltsort[13]; aus einer nicht auf dauernden Verbleib hindeutenden Unterkunft, wie z. B. dem Wohnen im möblierten Zimmer, in Pensionen oder Hotels statt Begründung eines eigenen Hausstandes und einer eigenen Wohnung[14].

Auch ein Arbeitsverhältnis am neuen Aufenthaltsort kann unter bestimmten Voraussetzungen gegen die Begründung eines Wahldomizils sprechen. Ist nämlich der Aufenthalt dort nur berufsbedingt, wie z. B. bei Soldaten, öffentlichen Bediensteten, aber häufig auch in Fällen privater Arbeitsverhältnisse, so ist zu vermuten, daß der Betreffende nach Fortfall dieser berufsbedingten Gründe an den Ort seines bisherigen Domizils zurückkehren wird[15]. Bei Flüchtlingen spricht prima facie keine Vermutung dafür, daß sie im Asylland ein Wahldomizil begründen wollen[16].

Ein „animus manendi" ist schließlich in Fällen verneint worden, in denen die Ehefrau und die Kinder des Betreffenden im Staat des Ursprungsdomizils geblieben waren[17] oder der neue Aufenthaltsort zu einem anderen Kulturbereich mit fremden Lebenssitten und Gebräuchen gehört[18].

Für fast alle die genannten Umstände gibt es aber auch Entscheidungen, in denen sie als nicht maßgeblich erklärt worden sind[19]. Insbesondere die beiden zuletzt genannten Umstände brauchen nicht zwingend gegen die Begründung eines Wahldomizils zu sprechen[20].

In schwierigen Zweifelsfällen muß der wahre Wille des Betreffenden unter Umständen anhand zahlreicher Indizien ermittelt werden; zu berücksichtigen sind dabei seine Familienverhältnisse, Gewohnheiten, Handlungen und Zukunftspläne[21]. Zu bedenken bleibt jedoch bei alledem, daß

---

[13] *Winans* v. *Att.-Gen.,* [1904] A. C. 287 (Verneinung eines Domizilwechsels trotz 47jährigen Aufenthalts).

[14] *Winans* v. *Att.-Gen.* aaO; *Douglas* v. *Douglas* (1871), L. R. 12 Eq. 617; *Cochrane* v. *Cochrane* (1847), 9 L. T. 167.

[15] *Cruickshanks* v. *Cruickshanks,* [1937] 1 W. L. R. 364; Re Macreight (1885), 30 Ch. D. 165; Rayden 39 f.; *Dicey(-Treitel)* 100 f., 108 ff.

[16] *Cheshire* 158.

[17] *Forbes* v. *Forbes* aaO; *Platt* v. *Att.-Gen. for New South Wales* (1878), 3 App. Cas. 336 (P. C.).

[18] *Maltass* v. *Maltass* (1844), 1 Rob. Ecc. 67, 163 Eng. Rep. 967; *Steel* v. *Steel* (1888), 15 S.C. 896 (Court of Sessions): „... nobody in his senses ever goes to Burmah sine animo revertendi" (909 per the *Lord President*); weitere Entscheidungen zitiert in Casdagli v. Casdagli, [1919] A. C. 145. Sämtliche Fälle betreffen allerdings Briten, die sich in asiatischen Ländern niedergelassen hatten. Entscheidungen, die den „animus manendi" eines in Europa wohnhaften Asiaten verneinen, sind dem Institut nicht bekannt.

[19] Vgl. *Dicey(-Treitel)* 99 ff. mit zahlreichen Hinweisen; *Henrich* 466.

[20] *Abraham* v. *Att.-Gen.* aaO sowie *Wahl* v. *Att.-Gen.* (1932), 147 L. T. 382 (H. L.) (= Familie zurückgelassen); *Casdagli* v. *Casdagli* aaO (= fremder Kulturkreis).

[21] Vgl. *Dicey(-Treitel)* 101 mit Nachweisen.

für den Fortbestand des Ursprungsdomizils eine sehr starke, nur schwer widerlegbare Vermutung besteht[22].

Insbesondere bleibt das Ursprungsdomizil auch dann maßgebliche Anknüpfung für die Bestimmung des Personalstatuts des Betreffenden, wenn dieser zwar den festen Willen hat, nicht in das Land seines Ursprungsdomizils zurückzukehren, sich jedoch noch nicht schlüssig geworden ist, wo er sein Wahldomizil begründen will[23]. Im vorliegenden Fall ist davon auszugehen, daß der Kläger ein indisches Ursprungsdomizil besitzt. Dieses Domizil wird er auch während seiner Studienzeit in Dresden beibehalten haben.

Ob er später sein indisches Ursprungsdomizil aufgegeben hat, ist eine Beweisfrage, die das Landgericht anhand der oben mitgeteilten Indizien entscheiden muß. Dabei ist einerseits zu bedenken, daß nach anglo-indischem Recht eine starke Vermutung gegen eine Aufgabe des Ursprungsdomizils besteht. Gegen einen Domizilwechsel kann vor allem sprechen, daß der Kläger in einem Lande des asiatischen Kulturkreises aufgewachsen und von den dort herrschenden Anschauungen möglicherweise so stark geprägt worden ist, daß mit einer vollständigen Assimilation in Deutschland kaum zu rechnen ist. Zu bedenken ist in diesem Zusammenhang außerdem, daß der Kläger seine gesamte Familie in Indien zurückgelassen hat, familiäre Bindungen in Deutschland daher nicht bestehen. Für die Begründung eines deutschen Wahldomizils kann andererseits die Erwägung ins Feld geführt werden, daß der Kläger seit Beendigung seines Studiums vor fünf Jahren nur in Deutschland gearbeitet hat, hier eine feste, ausreichend bezahlte Stellung hat, zuletzt im Jahre 1962 in Indien gewesen ist, ausdrücklich erklärt, in Deutschland bleiben zu wollen, und anscheinend bereits (erfolglos) einen Einbürgerungsantrag gestellt hat. Nicht zuletzt kann nach Ansicht des Instituts für einen Domizilwechsel auch der etwaige Wunsch des Klägers sprechen, wegen enger persönlicher Beziehungen zu einer hier lebenden Frau in Deutschland zu bleiben.

Für den Fall, daß das Landgericht nach sorgfältiger Abwägung aller Umstände einen Domizilwechsel des Klägers bejahen will, sei im folgenden untersucht, ob auch die übrigen Anerkennungsvoraussetzungen der sect. 13 des Civil Procedure Code hier gegeben sind.

---

[22] Siehe die führenden Entscheidungen Re Fuld aaO, *Ramsay* v. *Liverpool Royal Infirmary* aaO; *Winans* v. *Att.-Gen.* aaO.

[23] Vgl. die oben zitierten Entscheidungen sowie *Bell* v. *Kennedy* (1868), L. R. 1 Sc. & Div. App. 307 (H. L.): der Betreffende hatte sein jamaikanisches Ursprungsdomizil mit animus non revertendi verlassen, wußte jedoch noch nicht, ob er sich dauernd in England oder in Schottland niederlassen würde. Das (englische) Gericht wandte jamaikanisches Recht an, obwohl der Betreffende im Zeitpunkt seines Todes bereits Grundbesitz in Schottland gekauft hatte; vgl. auch die kanadische Entscheidung Trottier v. Rajotte, [1940] 1 D. L. R. 433, 439, 440.

*2. Zu lit. (b)*

Das ausländische Urteil beruht nur dann nicht „on the merits of the case", wenn das Gericht nicht zur Sache verhandelt hat. Aufgrund dieser Vorschrift werden z. B. – als praktisch wichtigster Anwendungsfall – ausländische Versäumnisurteile in Indien nicht anerkannt. Hingegen ist es unschädlich, wenn eine Partei nicht im Prozeß vertreten gewesen ist, sofern nur das Gericht sich inhaltlich mit dem Streitstoff befaßt hat[24].

*3. Zu lit. (c)*

Das ausländische Urteil darf nicht auf einem groben Verstoß gegen die Regeln des Internationalen Privatrechts beruhen – insbesondere in Fällen, in denen indisches materielles Recht berufen ist[25]. Insoweit wird auf die Ausführungen unten in Abschnitt III verwiesen.

*4. Zu lit. (d)*

Ein Verstoß gegen „natural justice" liegt nur dann vor, wenn das ausländische Gericht grundlegende Verfahrensprinzipien nicht beachtet hat, wenn z. B. Klage oder Terminladung nicht zugestellt worden sind, dem Beklagten kein rechtliches Gehör gewährt worden ist, ein Urteil gegen einen nicht vertretenen Minderjährigen ergangen ist oder das Gericht trotz Befangenheit ein Urteil erlassen hat. Sachrechtliche Verstöße – z. B. gegen den ordre public – fallen nicht unter diese Vorschrift[26].

*5. Zu litt. (e) und (f)*

Diese Versagungsgründe greifen im vorliegenden Fall nicht durch.

*6. Ordre public*

Über die Ausnahmen von sect. 13 hinaus kann dem Scheidungsurteil eines ausländischen Gerichts die Anerkennung versagt werden, wenn diese wegen „duress" oder aus einem anderen schwerwiegenden Grunde gegen den ordre public des Anerkennungslandes verstoßen würde[27].

---

[24] *M. K. Sivagaminatha Pillai* v. *K. Nataraja Pillai,* A. I. R. 1961 Madras 385; *Firm Tirayati Rajan Singh* v. *Parma Nand,* A. I. R. 1959 Punjab 306; *Govindan* v. *Sankaran,* A. I. R. 1958 Kerala 203 = I. Y. I. A. 7 (1958) 265: „the Court must have applied its mind to the matter and must have considered the evidence made available to it ... instead of giving a decree merely on account of the default of appearance of the defendant."

[25] Vgl. *Mulla,* Code of Civil Procedure, Bd. I (13. Aufl. 1965) sect. 13 Anm. 14 mit Rechtsprechungsnachweisen; *Diit-Ranganath,* Private International Law (1960) 233.

[26] Vgl. *Mulla* sect. 13 Anm. 15 mit Rechtsprechungsnachweisen.

[27] So z. B. die englische Entscheidung *Burke* v. *Burke,* The Times, 17. 3. 1955

Die Tatsache, daß der Hindu Marriage Act von 1955 einen dem § 48 EheG vergleichbaren Scheidungsgrund nicht kennt, steht nach Ansicht des Instituts im vorliegenden Falle einer Urteilsanerkennung in Indien nicht entgegen. Denn das Verschuldensprinzip ist auch in sect. 13 in weitem Umfang durchbrochen: so kann eine Scheidung ausgesprochen werden, wenn ein Ehegatte konvertiert, in ein Kloster eintritt, geistes- oder geschlechtskrank oder seit sieben Jahren verschollen ist[28].

Im übrigen sind die Bestimmungen des Gesetzes auf außerhalb Indiens wohnhafte Hindus nur dann anwendbar, wenn diese noch ein indisches Domizil besitzen[29]. Der Umkehrschluß liegt daher nahe, daß die indische Rechtsprechung die Scheidung der Ehe eines außerhalb Indiens wohnhaften und domizilierten Hindu auch dann anerkennt, wenn sie auf Gründen basiert, die dem Hindu Marriage Act fremd sind, sofern nur das ausländische Gericht nach indischer Auffassung zuständig war[30]. Entgegenstehende indische Entscheidungen sind dem Institut nicht bekannt.

## *III. Maßgebliches Scheidungsrecht*

Für den Fall, daß das Landgericht ein deutsches Wahldomizil des Klägers bejaht, sei auf die Frage, nach welchem Recht die Klage zu beurteilen ist, folgendes gesagt:

### *1. Deutsches Internationales Privatrecht*

Nach Art. 17 EGBGB bestimmt sich die Scheidung einer Ehe grundsätzlich nach den Gesetzen des Staates, dem der Ehemann z. Z. der Klageerhebung angehört[31]. Demnach ist im vorliegenden Fall das in der Indischen Union geltende Recht berufen. Eine Rückverweisung durch das indische Kollisionsrecht auf das deutsche Recht ist aber gegebenenfalls zu beachten (Art. 27 EGBGB)[32]. Dabei genügt u. U. eine versteckte Rück-

= [1955] Current Law Year Book Nr. 863. Nach *Dorrott* (aaO 241) ist ein ausländisches Urteil in Indien nicht anzuerkennen, wenn dies zu einem „offensichtlich unbilligen Ergebnis" führt (manifestly unjust result). Die in diesem Zusammenhang zitierte indische Rechtsprechung (aaO 241 Anm. 1) betrifft aber nur Fälle schwerwiegender Verfahrensverstöße.

[28] Sect. 13 (ii–vii) Hindu Marriage Act.

[29] Sect. 1 (2) des Gesetzes.

[30] So die englische Rechtsprechung: neuestens Indyka v. Indyka, [1966] 30 W. L. R. 603, 609 per *Lord Denning, M. R.*: „... once we recognise a foreign court as having jurisdiction to grant a divorce we recognise the divorce as valid, without inquiring into the grounds on which it was granted."

[31] Vgl. *Soergel-Siebert(-Kegel)*, BGB, Bd. V (9. Aufl. 1961) Art. 17 EGBGB Anm. 12; *Palandt(-Lauterbach)* BGB (26. Aufl. 1967) Art. 17 EGBGB Anm. 2.

[32] Vgl. *Soergel-Siebert(-Kegel)*, Art. 17 EGBGB Anm. 104; *Palandt(-Lauterbach)*, Art. 17 EGBGB Anm. 1.

verweisung, wenn nämlich in dem fremden Recht zwar eine ausdrückliche Kollisionsnorm fehlt, aber anzunehmen ist, daß die Anwendung deutschen Rechts dem Sinne des fremden Kollisionsrechts entspricht.[33].

Speziell in Ehescheidungssachen hat die deutsche Rechtsprechung seit langem eine Rückverweisung unter diesen Umständen bejaht[34].

*2. Indisches Kollisionsrecht*

Gemäß der schon erwähnten sect. 1 (2) des Hindu Marriage Act von 1955 ist das in diesem Gesetz enthaltene materielle Scheidungsrecht auf alle im Ausland wohnenden Angehörigen der Hindureligion nur anzuwenden, wenn sie in Indien domiziliert sind[35].

(Da der Kläger einen deutschen Wohnsitz hat, unterliegt er dem Hindu Marriage Act *nicht*, wenn er in Deutschland domiziliert ist.) Dieser einseitigen Kollisionsnorm ist der allgemeine Grundsatz zu entnehmen, daß die allein zuständigen Scheidungsgerichte des Domizilstaates in bezug auf nicht in Indien wohnhafte Hindus stets ihr eigenes materielles Recht anzuwenden haben. Denn für den indischen wie für den englischen Richter steht nicht die Ermittlung des maßgebenden Rechts (choice of law), sondern die Frage der Gerichtszuständigkeit (jurisdiction) im Vordergrund: Einerseits wendet ein englisches Gericht, wenn es seine jurisdiction in einem Ehescheidungsverfahren für gegeben hält, stets auch sein eigenes (englisches) Recht an[36]. Hat andererseits ein ausländisches Gericht nach englischer Auffassung jurisdiction, so ist es gleichgültig, welches Recht der Scheidung zugrunde gelegt worden ist[37]. Eine solche Verknüpfung der Rechtsanwendungs- mit der Zuständigkeitsfrage ist aber der typische Fall einer versteckten Rückverweisung auf das deutsche Recht.

---

[33] Vgl. *Hanisch*, Die „versteckte" Rückverweisung im internationalen Familienrecht: NJW 1966, 2085 ff.; ferner *Neuhaus*, Die Grundbegriffe des IPR (1962) 190 ff.; *ders.*, Anm. zu OLG Celle 14. 4. 1954: JZ 1954, 703 f.; *Kegel*, Die Grenze von Qualifikation und Renvoi im internationalen Verjährungsrecht (1962) 38 ff.; *Dopffel* aaO 318 mit weiteren Nachweisen; *Gündisch*, Anm. zu AG Heidenheim/Brenz 17. 11. 1953: StAZ 1955, 114 ff.; *Käser*, Anm. zu LG Stuttgart 12. 11. 1953: RabelsZ 19 (1954) 153 ff., 158; *Raape*, Adoption eines deutschen Kindes durch einen Engländer: MDR 1948, 382 ff., 383; *Melchior*, Die Grundlagen des deutschen IPR (1932) 228. – A. A. *Wengler*, Adoption deutscher Kinder durch amerikanische Staatsangehörige: NJW 1959, 127 ff.; vgl. auch *Reithmann*, Adoption durch Engländer und Amerikaner in Deutschland: DNotZ 1955, 133 ff., 134 ff.

[34] Nachweise bei *Hanisch* 2086 N. 25; *Dopffel* 319 N. 141.

[35] Vgl. *Saksena*, The Hindu Marriage Act 1955 (3. Aufl. 1964) 56.

[36] *Dicey(-Morris)* 302. Für Indien vgl. *Rama Rao* 240 ff.

[37] *Rayden* 861 ff., 891; *Dicey(-Morris)* 304 ff., 322; vgl. auch das oben zitierte dictum von *Lord Denning* in Indyka v. Indyka.

*IV. Ergebnis*

1. Ein vom Landgericht erlassenes Scheidungsurteil wird in Indien anerkannt, wenn der Kläger ein deutsches Wahldomizil erworben hat.
2. Die Klage ist in diesem Fall nach deutschem Scheidungsrecht zu beurteilen.

## Nr. 82

## Jugoslawien

**1. Anerkennung ausländischer Entscheidungen in Ehesachen.**

**2. Maßgebendes Recht für die Scheidung eines jugoslawischen Staatsangehörigen.**

**Hamburg G 140/68 vom 4. 11. 1968**

Das LG Ulm bittet in der Ehescheidungssache M. um Auskunft über Internationales Prozeßrecht, Internationales Privatrecht und jugoslawisches Eherecht. Der Anfrage liegt folgender Sachverhalt zugrunde:

Der jugoslawische Staatsangehörige Stanko M. hat am 1. 8. 1965 in Ferrara/Italien mit einer italienischen Staatsangehörigen die Ehe geschlossen. Die Ehefrau begehrt im vorliegenden Rechtsstreit die Scheidung der Ehe. Der Ehemann hat Widerklage erhoben. Die Eheleute sind in der Bundesrepublik wohnhaft und streiten vor dem für ihren Wohnsitz örtlich zuständigen LG Ulm. Der Bekl. (Widerkl.) ist kein Flüchtling im Sinne der Genfer Konvention; er lebt seit dem 24. 9. 1962 ständig in der Bundesrepublik und besuchte Jugoslawien seither nur auf Urlaubsreisen.

Das Gericht fragt, ob im vorliegenden Falle

1. die Zuständigkeit der deutschen Gerichte gegeben ist, insbesondere die zu fällende Entscheidung nach dem Heimatrecht des Mannes anerkannt wird (§ 606 b ZPO);
2. es bei der Verweisung auf das Heimatrecht des Mannes gemäß Art. 17 EGBGB bleibt und somit jugoslawisches materielles Eherecht anzuwenden ist.

### *I. Die Anerkennung der deutschen Entscheidung nach jugoslawischem Recht*

#### *1. Staatsverträge*

Zwischen der Bundesrepublik Deutschland und der FVR Jugoslawien besteht kein bilaterales Zivilprozeßabkommen. Von multilateralen Abkommen ist zwischen beiden Staaten das Haager Übereinkommen über den Zivilprozeß vom 1. 3. 1954 seit dem 11. 12. 1962 in Kraft (BGBl. 1963 II 1328). Dieses Abkommen enthält jedoch keine Bestimmungen über die gegenseitige Anerkennung von Entscheidungen außer in Kostensachen (Artt. 18, 19) und kann deswegen hier außer Betracht gelassen werden.

*2. Jugoslawisches Recht*

Das autonome jugoslawische Recht regelt die Voraussetzungen für die Anerkennung ausländischer Entscheidungen in den Artt. 17 und 18 des Einführungsgesetzes zur ZPO vom 8. 12. 1956 (Službeni list Nr. 4/1957).

Diese Bestimmungen haben folgenden Wortlaut:

*Art. 17:*

„Entscheidungen ausländischer Gerichte in Ehesachen, in Sachen, welche die Rechtsbeziehungen zwischen Eltern und Kindern oder die Adoption betreffen, sowie andere Entscheidungen dieser Gerichte, welche den Personenstand berühren (Status-Sachen), werden anerkannt, wenn die folgenden Bedingungen erfüllt sind:

1. wenn nach den Vorschriften über die Zuständigkeit, die in unserem Staate gelten, das ausländische Gericht in der betreffenden Sache tätig werden konnte;
2. wenn der Person, gegen welche die Entscheidung ergangen ist, die Ladung oder die Anordnung, aufgrund deren das Verfahren in Gang gesetzt worden ist, persönlich zugestellt worden ist oder wenn sich die betreffende Person in irgendeiner Weise auf das Verfahren eingelassen hat;
3. wenn eine Bestätigung des zuständigen ausländischen Gerichts oder eines anderen zuständigen Organes über die Rechtskraft und Vollstreckbarkeit der Entscheidung gemäß dem Rechte des Staates, in welchem sie ergangen ist, vorliegt;
4. wenn die Gegenseitigkeit gegeben ist."

*Art. 18:*

„Auch wenn die Bedingungen des vorstehenden Artikels vorliegen, wird die ausländische Entscheidung nicht anerkannt:

1. wenn die Person, gegen welche die Entscheidung ergangen ist, infolge eines fehlerhaften Verfahrens nicht am Verfahren teilnehmen konnte;
2. wenn die Anerkennung der Entscheidung der öffentlichen Ordnung Jugoslawiens widersprechen würde.

Wenn sich die Entscheidung des ausländischen Gerichts auf den Personenstand (Status) eines jugoslawischen Staatsbürgers bezieht, wird sie unter der Bedingung anerkannt, daß sie nicht mit einem jugoslawischen Gesetz in Widerspruch steht, welches zur Entscheidung über Rechtsbeziehungen der betreffenden Art Anwendung findet. Wenn die Entscheidung des ausländischen Gerichts sich auf den Status eines ausländischen Staatsbürgers bezieht, ist erforderlich, daß sie in dem Staate Anerkennung findet, dessen Staatsbürger die betreffende Person ist."

Die in den zitierten Bestimmungen enthaltenen Voraussetzungen für die Anerkennung ausländischer Entscheidungen lassen sich folgendermaßen zusammenfassen:

1. Internationale Zuständigkeit nach jugoslawischem Recht (Art. 17 Nr. 1);
2. Wahrung der Rechte des unterlegenen Teils im Verfahren vor dem ausländischen Gericht (Artt. 17 Nr. 2 und 18 I Nr. 1);
3. Rechtskraft und Vollstreckbarkeit der Entscheidung nach den ausländischen Vorschriften (Art. 17 Nr. 3);
4. Gegenseitigkeit (Art. 17 Nr. 4);
5. Vereinbarkeit mit dem jugoslawischen ordre public (Art. 18 I Nr. 2);
6. in Personenstandssachen außerdem Übereinstimmung mit dem jugoslawischen Heimatrecht bzw. Anerkennung im ausländischen Heimatstaat (Art. 18 II).

a) Internationale Zuständigkeit

Die für den vorliegenden Fall maßgebliche Zuständigkeitsbestimmung des jugoslawischen Rechts enthält der Art. 48 I der jugoslawischen ZPO vom 8. 12. 1956[1]:

„Für die Ehestreitigkeiten ist, wenn der Beklagte jugoslawischer Staatsbürger ist und einen Wohnsitz bzw. Aufenthaltsort in Jugoslawien besitzt, das jugoslawische Gericht ausschließlich zuständig."

Dagegen ist Art. 72 des Grundgesetzes über die Ehe vom 3. 4. 1946, in welchem der Gerichtsstand der Widerklage geregelt wurde[2], nicht mehr in Geltung. Denn durch Art. 2 des Einführungsgesetzes zur jugoslawischen ZPO sind alle prozessualen Bestimmungen, „die durch das Gesetz über das Prozeßverfahren erfaßt werden oder die mit jenem Gesetz in Widerspruch stehen", außer Kraft gesetzt, und zu diesen Bestimmungen gehört auch Art. 72 des Ehegrundgesetzes[3].

Die Bestimmung des Art. 48 I ZPO ist so zu verstehen, daß ausländische Gerichte in allen Fällen zuständig sein können, in denen der jugoslawische Gesetzgeber nicht die ausschließliche Zuständigkeit den inländischen Gerichten vorbehalten hat[4]. Die Staatsangehörigkeit des Klägers ist für die

[1] Text: Službeni list 1957 Nr. 4; deutsche Übersetzung: *Poll*, Zivilprozeßordnung der Föderativen Volksrepublik Jugoslawien (1957) 13.

[2] Deutsche Übersetzung bei *Bergmann*, Internationales Ehe- und Kindschaftsrecht (3. Aufl. 1957 ff., Stand: 1. 3. 1966) Bd. IV, s. v. Jugoslawien, 29.

[3] So ausdrücklich *Juhart*, Zakon o pravdnem postopku s pojasnili (Gesetz über das Zivilverfahren mit Erläuterungen; Ljubljana 1963) 521; *Prokop*, Komentar osnovnom zakonu o braku (Kommentar zum Grundgesetz über die Ehe), Bd. II (Zagreb 1960) 384.

[4] *Cigoj*, Priznanje in izvršitev tujih odločb (Anerkennung und Vollstreckung ausländischer gerichtlicher Entscheidungen): Pravnik 1957, 272 ff. (275 ff.). Eine überarbeitete deutsche Fassung des Aufsatzes erschien in Osteuropa-Recht 4 (1958) 315–325. Die folgenden Zitate beziehen sich auf die Urfassung in „Pravnik".

Anwendung des zitierten Art. 48 I ohne Bedeutung. Auch wenn beide Parteien die jugoslawische Staatsangehörigkeit besitzen, ist die Zuständigkeit eines ausländischen Gerichts nicht ausgeschlossen, falls der Beklagte keinen Wohnsitz oder Aufenthaltsort in Jugoslawien hat[5].

Eine Definition des Wohnsitzes und des Aufenthaltsortes enthält Art. 3 des Reglements über die Anmeldung des Wohnsitzes und des Aufenthaltsortes (Pravilnik o prijavljivanju prebivališta i boravišta, Sl. l. Nr. 9/1959, S. 221). Danach ist Wohnsitz (serbo-kroatisch „prebivalište") der Ort, an dem sich eine Person mit der Absicht niederläßt, dort ständig zu wohnen. Als Aufenthaltsort (serbo-kroatisch „boravište") gilt der Ort, in dem eine Person außerhalb ihres Wohnsitzes zeitweilig wohnt. Im Schrifttum wird darauf hingewiesen, daß bei dem Wohnsitz das tatsächliche Element (tatsächliches Wohnen, corpus manendi) und das Willenselement (Absicht des Bleibens, animus manendi) erforderlich sind, bei dem Aufenthaltsort hingegen nur corpus (ohne die Absicht zu bleiben)[6].

Im vorliegenden Fall lebt der Bekl. seit 1962 ständig in der Bundesrepublik. Der Bekl. hat daher nach jugoslawischem Recht seinen Wohnsitz in der Bundesrepublik. Entsprechendes gilt auch für seinen Aufenthaltsort. Sollte der Bekl. bei jugoslawischen Behörden mit einem jugoslawischen Wohnsitz geführt werden (insbesondere im Reisepaß ein in Jugoslawien belegener Wohnsitz angeführt sein), so kommt diesem Umstand keine entscheidende Bedeutung zu. Der Wohnsitz bzw. Aufenthaltsort ist nach jugoslawischem Recht nach *tatsächlichen* Merkmalen festzustellen. So hat die Rechtsprechung in einem Erbfall entschieden, daß für die Feststellung des letzten Wohnsitzes des Erblassers die Angabe über den letzten Wohnort im Matrikelbuch der Verstorbenen nicht genügt[7].

Auch die Widerbekl. hat anscheinend seit der Heirat (1965) ihren Wohnsitz in Deutschland. Die Bedingung des Art. 17 Nr. 1 EGZPO ist somit für Klage und Widerklage erfüllt. An diesem Ergebnis kann auch Art. 43 jug. ZPO nichts ändern, der folgenden Wortlaut hat:

„Für die Rechtsprechung in Streitigkeiten gegen einen jugoslawischen Staatsbürger, der ständig im Auslande lebt, wohin er von seiten eines staatlichen

---

[5] *Poznić*, Međunarodna nadležnost jugoslovenskog pravosuđa po zakonu o parničnom postupku (Internationale Zuständigkeit jugoslawischer Gerichte nach dem Gesetz über das Zivilprozeßverfahren): Jugoslovenska revija za međunarodno pravo 6 (1959) 400 ff. (404). Unzutreffend: *Palandt*, BGB (27. Aufl.), EGBGB Art. 17, Anm. 6 a.

[6] *Juhart*, Zakon... 66; *ders.*, Civilno procesno pravo FNR Jugoslavije (Zivilprozeßrecht der FVR Jugoslawien; Ljubljana 1961) 148 ff.; *Zuglia*, Gradjansko procesno pravo FNR Jugoslavije (Zivilprozeßrecht der FVR Jugoslawien; Zagreb 1957) 165.

[7] Entscheidung des Obersten Bundesgerichts aus dem Jahre 1956, Zbirka sudskih odluka (Sammlung der gerichtlichen Entscheidungen) Bd. 1 (1956), S. 182, Nr. 725.

Organs, einer Institution oder wirtschaftlichen Organisation zum Dienst oder zur Arbeit entsandt worden ist, ist örtlich zuständig das Gericht seines letzten Wohnsitzes in Jugoslawien. Wenn eine solche Person keinen Wohnsitz in Jugoslawien gehabt hat oder wenn sich dieser nicht feststellen läßt, bestimmt das Oberste Bundesgericht, welches sachlich zuständige Gericht allgemein örtlich zuständig sein soll."

Selbst wenn die tatsächlichen Voraussetzungen dieser Bestimmung erfüllt sein sollten, setzt ihre Anwendung voraus, daß die internationale Zuständigkeit jugoslawischer Gerichte schon gegeben ist. Die Bestimmung hat also nur einen subsidiären Charakter[8].

b) Wahrung der Rechte des unterlegenen Teils

Die Voraussetzungen der Artt. 17 Nr. 2 und 18 I Nr. 1 EGZPO sind bzw. werden vermutlich erfüllt. Das Recht, am Verfahren teilzunehmen, wäre trotz Ladung und Einlassung als verletzt anzusehen, wenn die unterliegende Partei verfahrenswidrig von der Verhandlung entfernt oder wenn ihr das Wort entzogen würde[9]. Eine Unregelmäßigkeit im Verfahren vor dem ausländischen Gericht wird jedoch bei der Anerkennung dann nicht berücksichtigt, wenn die betroffene Partei die Möglichkeit hatte, dagegen Beschwerde einzulegen, und wenn sie dies nicht getan hat oder ihre Beschwerde durch eine Entscheidung höherer Instanz abgewiesen worden ist[10].

c) Rechtskraft und Vollstreckbarkeit

Wird die Anerkennung oder Vollstreckung der ausländischen Entscheidung in Jugoslawien begehrt, so muß der Antragsteller eine Bestätigung des ausländischen Gerichts vorlegen, daß die Entscheidung nach den Vorschriften des ausländischen Staates Rechtskraft und Vollstreckbarkeit besitzt. Diese Bestätigung, die auf der Entscheidung selbst oder in einer besonderen Urkunde vermerkt sein kann, muß legalisiert sein, d. h. sie muß vom Staatssekretariat für auswärtige Angelegenheiten oder von einem diplomatischen oder konsularischen Vertreter Jugoslawiens beglaubigt sein[11].

Wird ein außerordentliches Rechtsmittel gegen eine rechtskräftige und vollstreckbare Entscheidung eingelegt, so kann dies ihre Anerkennung nicht hindern[12].

---

8 Vgl. *Poznić* 406.

9 *Juhart*, Civilno ... 604; vgl. *auch Kalodjera*, Anerkennung und Vollstreckung ausländischer Gerichtsentscheidungen in Jugoslawien: RabelsZ 30 (1966) 668 ff. (675 f.).

10 *Juhart*, Civilno ... 604; *Cigoj* 279; *Kalodjera*, RabelsZ 30 (1966) 676.

11 Vgl. Gesetz über die Beglaubigung (Sl. l. Nr. 44/1946). Dazu *Kalodjera*, La reconnaissance et l'exécution des décisions judiciaires étrangères: Jugoslovenska revija za međunarodno pravo 5 (1958) 124 ff. (127).

12 *Kalodjera* 127; *ders.*, RabelsZ 30 (1966) 674; vgl. *Cigoj* 278.

d) Gegenseitigkeit

In Art. 17 ZPO ist die sog. materielle Gegenseitigkeit gemeint: verlangt wird, daß der fremde Staat jugoslawische Entscheidungen ebenso behandelt, wie der jugoslawische Staat dessen Urteile. Das bedeutet, daß die Anerkennungsvoraussetzungen in beiden Staaten im wesentlichen einander entsprechen müssen. Die Gegenseitigkeit wäre insbesondere dann nicht verbürgt, wenn der fremde Staat die sog. révision au fond jugoslawischer Entscheidungen zuließe; denn das jugoslawische EGZPO begnügt sich mit der Prüfung elementarer Grundsätze des Verfahrens und mit der Vorbehaltsklausel des ordre public.

Tatsächliche Gegenseitigkeit ist ausreichend; eine sog. diplomatische (durch internationale Abkommen vereinbarte) Gegenseitigkeit ist nicht erforderlich[13].

Zur Klärung, ob die Anerkennungsvoraussetzungen im wesentlichen übereinstimmen, müssen die deutschen und jugoslawischen Vorschriften miteinander verglichen werden.

Die Nrn. 1, 2 und 4 des Art. 328 I der deutschen ZPO entsprechen den Nrn. 1 und 2 des Art. 17 und Nrn. 1 und 2 des Art. 18 I des jugoslawischen EGZPO. Das deutsche Recht begnügt sich sogar mit der Prüfung des Beginns des Verfahrens (§ 328 I Nr. 2 ZPO), während nach jugoslawischem Recht zusätzlich noch der Verlauf des Verfahrens nachzuprüfen ist, allerdings nur hinsichtlich der Frage, ob der Beklagte am Verfahren teilnehmen konnte (Art. 18 I Nr. 2 EGZPO).

Die Nr. 3 des Art. 328 I der deutschen ZPO ist mit Art. 18 II des jugoslawischen EGZPO vergleichbar, da die deutsche Vorschrift nicht eine sachliche Nachprüfung (révision au fond) vorschreibt, sondern das Ergebnis der ausländischen Entscheidung lediglich am Ergebnis eines analogen deutschen Rechtsstreites messen will[14]. Die deutsche Bestimmung ist sogar anerkennungsgeneigter, da sie nur auf konkrete kollisionsrechtliche Bestimmungen im EGBGB verweist, während die jugoslawische Bestimmung die Anerkennung allgemein ablehnt, wenn die ausländische Entscheidung „mit einem jugoslawischen Gesetz in Widerspruch steht, welches zur Entscheidung über Rechtsbeziehungen der betreffenden Art Anwendung findet" (vgl. unten lit. f.).

Eine Bestätigung über die Rechtskraft und Vollstreckbarkeit der ausländischen Entscheidung, wie sie Nr. 3 des Art. 17 EGZPO fordert, erwähnt das deutsche Gesetz nicht besonders. Jedoch wird unter „Urteil" im Sinne von § 328 der deutschen ZPO nur eine solche gerichtliche Entscheidung verstanden, die den Prozeß der Parteien auf ein beiden Parteien

---

[13] *Juhart*, Civilno ... 604; *ders.*, Zakon ... 534; *Cigoj* 278; *Kalodjera* 127; *ders.*, RabelsZ 30 (1966) 675.

[14] *Baumbach(-Lauterbach)*, ZPO (29. Aufl. 1966) Anm. 4 zu § 328; *Stein-Jonas (-Pohle)*, Kommentar zur ZPO (18. Aufl. 1953 ff.), Anm. VI 3 zu § 328.

gehörgebendes Verfahren hin *rechtskräftig* entscheidet[15]. Dagegen verlangt das deutsche Recht für die Anerkennung nicht die Vollstreckbarkeit der Entscheidung.

Die Tatsache, daß nach deutschem Recht die Anerkennung ausländischer Urteile in Ehesachen nicht die Gegenseitigkeit voraussetzt[16], bedeutet eine weitere Erleichterung des deutschen Rechts im Vergleich zum jugoslawischen.

Insgesamt stimmen die Voraussetzungen für die Anerkennung in beiden Staaten im wesentlichen überein; das deutsche Recht ist eher milder als das jugoslawische. Das Erfordernis der Gegenseitigkeit gemäß Art. 17 Nr. 4 des jugoslawischen EGZPO ist somit erfüllt. Die Gegenseitigkeit im Verhältnis zur Bundesrepublik Deutschland wird auch im jugoslawischen Schrifttum bejaht[17].

e) Vereinbarkeit mit dem jugoslawischen ordre public

Der ordre public ist im jugoslawischen Recht nicht definiert. Nach der Lehre gehören zur öffentlichen Ordnung in Jugoslawien die verfassungsrechtlichen Grundsätze und die Grundsätze von Treu und Glauben. Zum ordre public zählt auch der überwiegende Teil der zwingenden Rechtsnormen, selbst wenn sie nicht in die Verfassung aufgenommen sind[18]. Im vorliegenden Fall kommt der Grundsatz der Gleichberechtigung von Mann und Frau in Betracht (Art. 33 der Verfassung der FVR Jugoslawien von 1963; Art. 4 des Grundgesetzes über die Ehe vom 3. 4. 1946).

Da das deutsche Recht (Art. 17 I EGBGB) im vorliegenden Fall auf jugoslawisches Recht verweist, ist kein Raum für die Annahme, daß die Entscheidung gegen den jugoslawischen ordre public verstoßen könnte.

f) In Personenstandssachen: Übereinstimmung mit dem Heimatrecht

Zu den Entscheidungen, die den Personenstand berühren, zählen auch Entscheidungen in Ehesachen, d. h. über Feststellung des Bestehens oder Nichtbestehens einer Ehe, Nichtigerklärung oder Scheidung einer Ehe (Art. 47 I ZPO, vgl. Art. 17 I EGZPO).

(1) Nach *Art. 18 II Satz 1* EGZPO können ausländische Entscheidungen dieser Art nur dann anerkannt werden, wenn „sie nicht mit einem jugoslawischen Gesetz in Widerspruch stehen, welches zur Entscheidung über Rechtsbeziehungen der betreffenden Art Anwendung findet". Mit dem

---

[15] *Baumbach(-Lauterbach)* Anm. 1 B zu § 328.

[16] Art. 7 § 1 des Familienrechtsänderungsgesetzes vom 11. 8. 1961 (BGBl. 1961 I 1221).

[17] *Blagojević*, Das Eherecht der Föderativen Volksrepublik Jugoslawien, in: *Leske-Loewenfeld*, Die Rechtsverfolgung im internationalen Verkehr, 3. Aufl. Bd. I, Das Eherecht der europäischen und der außereuropäischen Staaten, I. Teil, 1. Lieferung (1963) 56–120 (119 Anm. 3).

[18] *Cigoj* 280; *Juhart*, Civilno ... 604; *ders.*, Zakon ... 534.

Ausdruck „jugoslawisches Gesetz" sind hier *alle* jugoslawischen gesetzlichen Vorschriften gemeint, auch die prozessualen. Das Verfahren in Ehesachen ist im 26. Abschnitt der ZPO (Artt. 398–412) geregelt. Es kennt keinen Vergleich und kein Versäumnis- oder Anerkenntnisurteil in Ehestreitigkeiten (Artt. 406 II und 310 IV ZPO). Eine Anerkennung derartiger Entscheidungen ist daher ausgeschlossen[19].

Die materiellen Voraussetzungen für die Ehescheidung sind in Artt. 56–71 des Grundgesetzes über die Ehe vom 3. 4. 1946 (Sl. l. Nr. 29/1946) geregelt. Da im vorliegenden Fall nach deutschem IPR auf die Ehescheidung jugoslawisches Recht anzuwenden ist (siehe unten II), wird das Gericht ohnehin nach den Bestimmungen dieses Gesetzes von 1946 zu entscheiden haben. Ein Verstoß des deutschen Urteils gegen jugoslawisches materielles Ehescheidungsrecht käme daher nur bei einer Fehlinterpretation dieser Vorschriften in Betracht.

(2) Weiterhin wird in *Art. 18 II Satz 2 EGZPO* gefordert, daß eine Entscheidung, die sich auf den Status eines Ausländers bezieht, „... in dem Staate Anerkennung findet, dessen Staatsbürger die betreffende Person ist".

Da die Kl. möglicherweise nicht die jugoslawische Staatsangehörigkeit nach der Eheschließung beantragt und erlangt hat – ein automatischer Erwerb der jugoslawischen und Verlust der italienischen Staatsangehörigkeit trat durch die Eheschließung nicht ein[20] –, so ist die Kl. u. U. italienische Staatsangehörige geblieben. In diesem Falle wäre sie ohne Scheidungsmöglichkeit an die Ehe gebunden, denn das italienische Recht kennt keine Ehescheidung und die Scheidung eines italienischen Staatsangehörigen durch ein ausländisches Gericht wird in Italien nicht anerkannt.

Es stellt sich die Frage, ob in diesem Falle die Regelung des Art. 18 II S. 2 EGZPO wirklich eingreift und ob sie etwa zur Nichtanerkennung eines deutschen Scheidungsurteils in Jugoslawien führt.

Der Wortlaut des Art. 18 II EGZPO ist insofern nicht eindeutig. Jedoch läßt die im ersten Satz des Art. 18 II getroffene Regelung vermuten, daß die Regelung des zweiten Satzes sich nur auf Rechtsverhältnisse von Ausländern *ohne* Beteiligung eines jugoslawischen Staatsbürgers bezieht. Für diese Auslegung spricht auch die einzige hier bekannte Erläuterung im jugoslawischen Schrifttum[21]. Dort heißt es nur, Art. 18 II S. 2 EGZPO gelte für den Fall, daß Ausländer in Jugoslawien leben und daß für ein Statusurteil, das sie betrifft, um Anerkennung durch jugoslawische Gerichte

---

[19] *Juhart*, Zakon ... 535; *ders.*, Civilno ... 604.

[20] Vgl. Art. 8 II des jug. Staatsangehörigkeitsgesetzes vom 15. 9. 1964, Službeni list vom 23. 9. 1964, Nr. 38, S. 733, deutsche Übersetzung: *Bergmann*, Jugoslawien, 8 f.; Art. 10 III 1 des italienischen Staatsangehörigkeitsgesetzes vom 13. 6. 1912, G. U. vom 30. 6. 1912, Nr. 155, deutsche Übersetzung: *Bergmann*, Bd. III, Italien, 4.

[21] *Juhart*, Civilno ... 604, N. 7 und 8.

nachgesucht werde; nur insoweit werde auf das ausländische Recht verwiesen. Es ist also allein von rein ausländischen Rechtsverhältnissen die Rede und nicht von einem national gemischten Rechtsverhältnis. Im vorliegenden Falle ist demnach nur Art. 18 II S. 1 EGZPO von Bedeutung, so daß die Frage nach der Staatsangehörigkeit der Kl. entfällt.

### *II. Das anzuwendende Recht*

*1. Deutsches Internationales Privatrecht*

Das Gericht geht mit Recht davon aus, daß hier Art. 17 I EGBGB auf das jugoslawische Recht verweist, aber eine etwaige Rückverweisung zu beachten ist (Art. 27 EGBGB).

*2. Jugoslawisches Internationales Privatrecht*

In Jugoslawien ist das IPR bisher nicht kodifiziert. Die jugoslawische Rechtsprechung und Lehre gehen jedoch einhellig von dem Grundsatz aus, daß die Ehe eines jugoslawischen Staatsangehörigen nur aus den Gründen des jugoslawischen Rechts geschieden werden kann[22]. Das entspricht auch dem oben angeführten Art. 18 II 1 EGZPO. Eine Rück- oder Weiterverweisung des jugoslawischen IPR liegt also nicht vor.

### *III. Ergebnis*

1. Das LG Ulm ist für die Klage und Widerklage zuständig.
2. Bei Beachtung der beschriebenen Grundsätze wird das Urteil in Jugoslawien anerkannt.
3. Es ist jugoslawisches Eherecht anzuwenden.

## Nr. 83

## Schweiz

**1. Die Scheidung von Schweizern durch deutsche Gerichte wird in der Schweiz nicht anerkannt, wenn nur der Kläger seinen Wohnsitz in Deutschland hat, während die getrennt lebende beklagte Ehefrau ihren Wohnsitz in der Schweiz hat.**

**2. Nach schweizerischem Recht teilt die Ehefrau grundsätzlich den Wohnsitz des Ehemannes. Verläßt dieser die eheliche Wohnung und hebt die eheliche Gemeinschaft auf, so hat die Ehefrau das Recht, einen eigenen Wohnsitz zu begründen.**

**Köln 54/67 vom 3. 7. 1967**

[22] Vgl. *Prokop* 422.

Das Landgericht Düsseldorf hat in dem Rechtsstreit R. ./. R. um ein Gutachten über schweizerisches Zivilprozeßrecht gebeten.

## SACHLAGE

Die Parteien sind Schweizer. Sie haben am 24. 5. 1951 vor dem Standesbeamten in Prilly, Kanton Vaud, Schweiz, die Ehe geschlossen. Aus der Ehe ist der am 4. 10. 1951 geborene Sohn Jean Pierre R. hervorgegangen, der bei der Mutter in der Schweiz lebt. Der Kläger ist 41 Jahre, die Beklagte ist 38 Jahre alt. Der letzte eheliche Verkehr hat nach Angaben des Klägers, die die Beklagte nicht bestreitet, im August 1963 stattgefunden.

Der *Kläger* behauptet:

Er sei als Monteur häufig außerhalb der Schweiz tätig gewesen; jedoch bis 1960 habe er durchschnittlich im Jahr zwei Monate in der Schweiz entweder in Renens, dem Ort des ehelichen Wohnsitzes, oder an anderen Orten mit der Beklagten und dem Kind verbracht. Bis dahin habe noch eine häusliche Gemeinschaft mit der Beklagten bestanden. Ende 1960 sei er nach Deutschland verzogen. Von da ab habe er seine Besuche bei der Beklagten eingeschränkt, sie, die Beklagte, von Deutschland aus nur noch gelegentlich besucht. 1962 habe er in den Schweizer Bergen ein Chalet gemietet, um dort seinen Urlaub mit seiner Frau und seinem Sohn zu verbringen. Im August 1963 habe er der Beklagten erklärt, daß er die Gemeinschaft mit ihr nicht mehr fortsetzen könne und nicht mehr bereit sei, sie fortzusetzen. Seit diesem Zeitpunkt habe er die Beklagte nur noch gelegentlich und in Ausnahmefällen gesehen, z. B. wenn sein Sohn krank gewesen sei und er notgedrungen die eheliche Wohnung in Renens habe aufsuchen müssen. Seit 1964 sei er nicht mehr in der ehelichen Wohnung gewesen.

Seine Ehe mit der Beklagten sei unheilbar zerrüttet. Grund dafür sei, daß es zwischen ihnen auf geschlechtlichem Gebiet nie zu einer Harmonie gekommen sei. Nach der Geburt des Sohnes habe die Beklagte sich ihm gegenüber zunehmend lieblos verhalten. Zärtlichkeiten habe sie zurückgewiesen und ihm erklärt, er möge sich mit anderen Frauen amüsieren.

Wenn er, der als Monteur häufig auswärts tätig gewesen sei, nach Hause gekommen sei, habe sich die Beklagte nicht um ihn gekümmert. So habe sie beispielsweise Ostern 1952, als er morgens um 6.30 Uhr von Deutschland kommend in der ehelichen Wohnung eingetroffen sei, ihm erst nach langem Klingeln mit der Bemerkung geöffnet: „Ach, ist ja nur der da". Sie sei dann wieder im Schlafzimmer verschwunden, um weiterzuschlafen.

Er habe 1952 ein Angebot bekommen, als Betriebsleiter bei einer Privatbahn in Appenzell zu arbeiten. Die Beklagte habe ihm gesagt, er soll ruhig Monteur und auswärts tätig bleiben, sie wolle nicht nach Appenzell.

Seiner Familie gegenüber habe sie sich stets ablehnend verhalten. Sie habe sich geweigert, Besuche bei den Eltern des Klägers zu machen, und während der Besuche seiner Brüder bei ihm mit den Schwägerinnen offenen Streit vom Zaune gebrochen.

Seinen Versuch, die zerrüttete Ehe zu kitten, habe die Beklagte dadurch vereitelt, daß sie in das von ihm für den Urlaub 1962 in den Schweizer Bergen gemietete Chalet ihre Mutter und deren Freund mitgebracht habe, was jegliches Eheleben unmöglich gemacht habe. Erst nach der Abreise des Klägers wieder nach Deutschland sei dann die Beklagte allein in dem Chalet geblieben.

Die Beklagte habe ihm bei der Heirat verschwiegen, daß sie erhebliche Schulden gehabt habe, die er bezahlt habe. So hätten unbezahlte Steuerschulden bestanden. Die Beklagte habe Ratenzahlungsverträge abgeschlossen und die Raten nicht eingehalten, so z. B. hinsichtlich einer Uhr, die sie ihm geschenkt habe, Möbel und eines Pelzmantels. Obwohl er ihr reichlich Geld überwiesen habe – z. Z. überweise er ihr 970 sfr. –, seien Rechnungen unbezahlt geblieben und habe die Beklagte weiter Schulden gemacht. Sie habe sogar für ein Darlehn von 500 sfr. die Lebensversicherung unberechtigterweise verpfändet.

Der Kläger ist der Ansicht, auf die Scheidung der heillos zerrütteten Ehe finde schweizerisches Recht Anwendung. Das Landgericht in Düsseldorf sei international zuständig, weil eine von ihm zu fällende Entscheidung in der Schweiz anerkannt werde. Die Anerkennung des Urteils des LG Düsseldorf in der Schweiz hänge von seiner nach schweizerischem Recht zu beurteilenden internationalen Zuständigkeit ab. Diese sei nach Art. 7 g Abs. 1 Bundesgesetz betreffend die zivilrechtlichen Verhältnisse der Niedergelassenen und Aufenthalter vom 25. 6. 1891/10. 12. 1907 (= NAG) in Verbindung mit Art. 144 Schweizerisches Zivilgesetzbuch vom 10. 12. 1907 (= ZGB) und wegen deutschen Wohnsitzes auch der Beklagten, da nach schweizerischem Recht die Ehefrau den Wohnsitz des Ehemannes teile, gegeben.

Der Kläger beantragt, die am 24. 5. 1951 vor dem Standesbeamten in Romanel à Prilly geschlossene Ehe der Parteien zu scheiden.

Die *Beklagte* hat sich vor Gericht nicht durch einen Rechtsanwalt vertreten lassen. Sie wurde als Partei vernommen und hat erklärt:

Sie wolle sich einer Scheidung nicht widersetzen. Vorwürfe gegen ihren Ehemann werde sie nicht erheben.

Bis vor etwa vier bis fünf Jahren sei der Kläger, der seit rund neun Jahren in Deutschland arbeite, regelmäßig in die Schweiz gekommen, um sie, die Beklagte, und den Sohn in Renens zu besuchen. Seinen jeweiligen Urlaub habe er auch mit ihr und dem Sohn zusammen in der Schweiz verbracht. Seit vier bis fünf Jahren habe er sein Verhalten geändert und sei nur noch selten gekommen. Seit dieser Zeit sei ihrer Ansicht nach die häusliche Gemeinschaft mit dem Kläger aufgehoben.

In den letzten Jahren habe sie dem Kläger wiederholt geschrieben, eine Antwort jedoch von ihm nicht erhalten. Briefe habe der Kläger lediglich an den Sohn gerichtet und sie glatt übergangen.

Das *Gericht* hält sich laut Beschluß vom 21. 4. 1967 für unzuständig. Die Kammer ist der Ansicht, daß das Erfordernis deutscher internationaler Zuständigkeit, nämlich die Anerkennung der deutschen Entscheidung in der Schweiz, nicht gegeben sei, weil nach schweizerischem Recht im vorliegenden Fall der Scheidung zweier Schweizer, von denen einer in der Schweiz wohne, nur die schweizerischen Gerichte international zuständig seien, und deswegen ein deutsches Urteil nicht anerkennen würden.

## ANFRAGE

Das Gericht fragt an, ob es zur Entscheidung dieser Klage international zuständig ist.

## RECHTSLAGE

### A. DEUTSCHE INTERNATIONALE ZUSTÄNDIGKEIT

#### *I. Staatsverträge*

*1. Haager Übereinkommen vom 1. 3. 1954 über den Zivilprozeß*

Die Bundesrepublik Deutschland und die Schweiz sind Vertragsstaaten des Übereinkommens; es ist für die Bundesrepublik am 1. 1. 1960 und für die Schweiz am 5. 7. 1957 in Kraft getreten[1].

Das Abkommen regelt Zustellung, Rechtshilfe, Sicherheitsleistung für Prozeßkosten, Armenrecht und Personalhaft, nicht die Zuständigkeit. Es findet also hier keine Anwendung.

2. *Abkommen zwischen dem Deutschen Reich und der Schweizerischen Eidgenossenschaft über die gegenseitige Anerkennung und Vollstrekkung von gerichtlichen Entscheidungen und Schiedssprüchen vom 2.11. 1929:*

a) Gültigkeit

Das Abkommen ist für das Deutsche Reich und die Schweiz am 1. 12. 1930 in Kraft getreten[2]. Die politischen Ereignisse der Vergangenheit haben den Bestand des Abkommens nicht berührt[3].

---

[1] *BGBl.* 1958 II 576, 577–585; *BGBl.* 1959 II 1388.

[2] *RGBl.* 1930 II 1065, 1066–1067, 1209–1210, 1270.

[3] *Schweizerisches Bundesgericht (= BG) v. 4. 6. 1952,* BGE 78 I 124 [130–133]: Die

b) Inhalt

Das Abkommen enthält eine Zuständigkeitsvorschrift in Art. 2 für Prozeßverfahren über vermögensrechtliche Ansprüche nach Art. 1.

Für nicht vermögensrechtliche Streitigkeiten gilt Art. 3, der lautet:

„Die in nicht vermögensrechtlichen Streitigkeiten zwischen Angehörigen eines der beiden Staaten oder beider Staaten ergangenen rechtskräftigen Entscheidungen der bürgerlichen Gerichte des einen Staates werden im Gebiete des anderen Staates anerkannt, es sei denn, daß an dem Rechtsstreit ein Angehöriger des Staates, in dem die Entscheidung geltend gemacht wird, beteiligt war und nach dem Recht dieses Staates die Zuständigkeit eines Gerichts des anderen Staates nicht begründet war. Dies gilt auch insoweit, als die in einer nicht vermögensrechtlichen Streitigkeit ergangene Entscheidung sich auf einen vermögensrechtlichen Anspruch mit erstreckt, der von dem in ihr festgestellten Rechtsverhältnis abhängt."

Eine Vorschrift über die internationale Zuständigkeit deutscher (bzw. schweizerischer) Gerichte ist darin nur für den Fall enthalten, daß beide Parteien dem Staat angehören, in dem entschieden worden ist. Im übrigen verweist der Artikel für die Voraussetzung der eventuellen Anerkennung der ausländischen Entscheidung ausdrücklich auf die allgemeinen Zuständigkeitsvorschriften des betroffenen Staates.

### *II. § 606 b ZPO*

Die deutschen Gerichte sind für die Entscheidung über eine Ehescheidungsklage eines Ausländers gegen seinen ausländischen Ehegatten international zuständig, wenn der gewöhnliche Aufenthaltsort des Mannes oder der Frau im Inland gelegen ist und nach dem Heimatrecht des Mannes die von dem deutschen Gericht zu fällende Entscheidung anerkannt werden wird.

Die Anerkennung der deutschen Entscheidung in der Schweiz und, durch sie bedingt, die internationale Zuständigkeit nach Art. 3 des deutsch-schweizerischen Abkommens, hängen davon ab, daß die deutschen Gerichte nach den schweizerischen Gesetzen für die Entscheidung zuständig waren[4].

---

von Deutschland abgeschlossenen Staatsverträge sind [weil Deutschland nach der Kriegsniederlage als Staat nicht untergegangen ist] mit der Kriegsniederlage nicht erloschen. *BG* v. 29. 1. 1958, BGE 84 I 30 [35]: Anwendung des Abkommens.

[4] Für diesen Grundsatz als Voraussetzung der internationalen Zuständigkeit deutscher Gerichte: *BGHZ* 3, 342 [343]; *KG* JW 1936, 3577–3578 mit Anm. von *Jonas,* JW 1936, 3578–3579; *LG Ravensburg* IPRspr. 1950–1951 Nr. 84; *LG Waldshut,* Schw. JZ 1965, 113. Zur Kritik der Entscheidungen des *BGH,* des *KG* und *LG Ravensburg* in der Anwendung schweizerischen Rechts vgl. *unten* unter B.

## B. SCHWEIZERISCHE INTERNATIONALE ZUSTÄNDIGKEIT

### *I. Ausgangspunkt (Abkommen)*

Auch die schweizerische Rechtsprechung steht auf dem Standpunkt, daß Art. 3 des deutsch-schweizerischen Abkommens maßgibt und für die Anerkennung die Erfüllung der Zuständigkeitsnormen des intern-schweizerischen Rechts Voraussetzung ist.

*BG* v. 13. 9. 1960, BGE 86 II 303 [308]:

„Nach Art. 3 des schweizerisch / deutschen Urteilsvollstreckungsabkommens vom 2. 11. 1929 sind die in nicht vermögensrechtlichen Streitigkeiten zwischen Angehörigen eines der beiden Staaten oder beider Staaten ergangenen rechtskräftigen Entscheidungen der bürgerlichen Gerichte des einen Staates im Gebiete des anderen Staates anzuerkennen, ‚es sei denn, daß an dem Rechtsstreit ein Angehöriger des Staates, in dem die Entscheidung geltend gemacht wird, beteiligt war und nach dem Rechte dieses Staates die Zuständigkeit eines Gerichts des andern Staates nicht begründet war'. Zur Erläuterung wurde von den beiden Delegationen im Sitzungsprotokoll vermerkt: ‚Die im Art. 3 enthaltene Zuständigkeitsbestimmung bedeutet, daß der Richter des Staates, in dem das Urteil geltend gemacht wird, nachzuprüfen hat, ob eine der in seinem Rechte für den in Frage kommenden Rechtsstreit aufgestellten Zuständigkeitsvoraussetzungen im Gebiete des andern Staates erfüllt war.' (Botschaft des Bundesrates, BBl. 1929 III 536 oben.) Für schweizerische Ehegatten hängt somit die Anerkennung eines deutschen Scheidungs- oder Trennungsurteils im Gebiete der Schweiz gänzlich von den Zuständigkeitsnormen des intern-schweizerischen Rechtes ab."

### *II. Zuständigkeitsnormen des intern-schweizerischen Rechts*

#### *1. Verwickelte Rechtslage*

Die internationale Zuständigkeit in Ehesachen ist in der Schweiz gesetzlich nicht vollständig geregelt und teilweise dunkel und ungenau geblieben, so daß oft unterschiedliche Meinungen zu denselben Fragen vertreten werden[5].

---

[5] *Stauffer*, Referent: Internationales Privatrecht, ZBJV 62 (1926), 33–48 [45–47]; *Guldener*, Das internationale und interkantonale Zivilprozeßrecht der Schweiz, 1951, Suppl. 1959, S. 65–67; *Lalive*, Les Effets des Divorces étrangers en Suisse, in Schweizerische Beiträge zum fünften internationalen Kongreß für Rechtsvergleichung Brüssel 1958, S. 81–93 [82, 86–89]; *Aubert*, Anm. zum Urteil des *BG* v. 22. 7. 1958, Rev. crit. D. int. pr. 1959, 353–364 [354–356]. Vgl. insbesondere *Schröder*, Internationale Zuständigkeit (noch nicht gedruckte Habilitationsschrift Köln 1966/67), 4. Teil, § 10 A II 1 a aa und bb (Maschinendruck S. 1074–1083).

Um zu einer Entscheidung in der Frage der internationalen Zuständigkeit der Schweiz in Ehesachen zu kommen, sind zu unterscheiden [eigene] *Entscheidungszuständigkeit* (= internationale Zuständigkeit schweizerischer Gerichte zur Entscheidung) und [fremde] *Anerkennungszuständigkeit* (= internationale Zuständigkeit ausländischer Gerichte, deren Entscheidung in der Schweiz anerkannt wird). Für den vorliegenden Fall einer Inländerehe (Schweizer Ehegatten) kommen die schweizerische *Staatsangehörigkeit* der Parteien und ihr *Wohnsitz* als Anknüpfungsmomente der internationalen Zuständigkeit in Betracht.

## 2. *Rechtsnormen*

Das schweizerische Recht enthält Vorschriften über die Zuständigkeit schweizerischer Gerichte in folgenden Bestimmungen:

a) in dem gemäß Art. 59 Schlußtitel des Schweizerischen Zivilgesetzbuches vom 10. 12. 1907 (= SchlT.) in das Bundesgesetz betreffend die zivilrechtlichen Verhältnisse der Niedergelassenen und Aufenthalter vom 25. 6. 1891 (= NAG) eingefügten Art. 7 g:

*Art. 59 SchlT.:*

„Das Bundesgesetz betreffend die zivilrechtlichen Verhältnisse der Niedergelassenen und Aufenthalter vom 26. 6. 1891 bleibt für die Rechtsverhältnisse der Schweizer im Auslande und der Ausländer in der Schweiz, und soweit kantonal verschiedenes Recht zur Anwendung kommt, in Kraft.

Insbesondere wird das kantonale Pflichtteilsrecht betreffend die Geschwister und ihre Nachkommen als heimatliches Recht der Kantonsangehörigen anerkannt [Art. 22 des genannten Gesetzes].

Das Bundesgesetz vom 25. 6. 1891 erhält folgende Einfügung":

*Art. 7 g NAG:*

„Ein im Ausland wohnender schweizerischer Ehegatte kann eine Scheidungsklage beim Richter seines Heimatortes anbringen.

Die Scheidung erfolgt in diesem Falle ausschließlich nach schweizerischem Recht.

Ist die Scheidung schweizerischer, im Auslande wohnender Ehegatten durch ein nach dortigem Recht zuständiges Gericht ausgesprochen, so wird sie in der Schweiz auch dann anerkannt, wenn die Scheidung nach schweizerischem Recht nicht begründet gewesen wäre."

b) im Vierten Titel des ZGB „Die Ehescheidung" in

*Art. 144 ZGB:*

„Für die Klage ist der Richter am Wohnsitze des klagenden Ehegatten zuständig."

### 3. *Rechtsprechung*

Aus diesen Vorschriften hat die Rechtsprechung der schweizerischen Gerichte folgendes System der internationalen Zuständigkeit entwickelt:

a) [Fremde] Anerkennungszuständigkeit

Wenn *beide* Ehegatten, die *Schweizer* sind, im Ausland wohnen, d. h. *im selben ausländischen Staat ihren Wohnsitz* haben, besitzt dieser Anerkennungszuständigkeit (Art. 7 g Abs. 3 NAG)[6].

Daß *beide* Ehegatten im Ausland wohnen müssen, damit fremde Anerkennungszuständigkeit gegeben ist, ist herrschende Rechtsprechung.

*BG* v. 10. 10. 1930, BGE 56 II 335 [339–340]:

„Wohnte aber nur noch der Beschwerdeführer, nicht mehr auch die Beschwerdegegnerin in Paris, als jener dort Ehescheidungsklage anhob, so liegt die von Art. 7 g Abs. 3 ZivrVerhG (Art. 59 des Schlußtitels des ZGB) für die Anerkennung der vom Pariser Gericht allfällig auszusprechenden Scheidung durch die Schweiz aufgestellte Voraussetzung, daß die Ehegatten in Paris wohnen oder doch mindestens bei Klageanhebung dort gewohnt haben, nicht vor. Wenn nur der als Kläger auftretende Ehegatte im Auslande, der andere Ehegatte dagegen in der Schweiz wohnt, so kann dies zur Begründung eines ausländischen Gerichtsstandes nicht genügen."

*BG* v. 13. 5. 1938, BGE 64 II 74 [78]:

„Il riconoscimento della sentenza in parola è subordinato all'art. 7 g cp. 3 della legge federale sui rapporti di diritto civile dei domiciliati e dei dimoranti.

Ora, secondo quanto il Tribunale federale ha deciso nella causa Zeller contro Zeller (RO 56 II p. 335 e seg.), il coniuge domiciliato all'estero non può promuovere davanti al giudice del suo domicilio l'azione di divorzio contro l'altro coniuge, se quest'ultimo ha domicilio separato in Isvizzera. In aitri termini: l'art. 7 g cp. 3 presuppone che ambedue i coniugi, al momento in cui fu promossa l'azione di divorzio, siano domiciliati all'estero."

*BG* v. 11. 3. 1948, BGE 74 II 54 [56]:

„L'art. 7 lettre g al. 3 de la loi de 1891 sur les rapports de droit civil des citoyens établis et en séjour prévoit bien, il est vrai, que lorsque les époux sont domiciliés l'un et l'autre à l'étranger, il leur est loisible d'ouvrir action en divorce devant le juge compétent d'après la loi de leur domicile, et qu'en pareil cas le divorce sera reconnu en Suisse même s'il ne répond pas aux exigences de la loi fédérale (cf. RO 56 II 335 et suiv. 64 II 74)."

*BG* vom 8. 4. 1954, BGE 80 II 97 [101]:

„Nach Art. 7 g Abs. 3 NAG kann das Urteil eines ausländischen Gerichts, das die Scheidung (oder Trennung) schweizerischer Ehegatten ausspricht, in der

[6] *BG* v. 28. 9. 1961 BGE 87 I 464 [470–472]: Anerkennung eines venezolanischen Ehescheidungsurteils betr. einen schweizerisch-venezolanischen Doppelbürger mit Wohnsitz in Caracas. Der Wohnsitz der Ehefrau war dem Gericht unbekannt.

Schweiz nur anerkannt werden, wenn beide Gatten im Ausland wohnen (vgl. BGE 56 II 335 ff., 64 II 78)."

*BG* vom 13. 9. 1960, BGE 86 II 303 [309–310]:

„Diese letztere Vorschrift [Art. 7 g Abs. 3 NAG] hat indessen nach ihrem Wortlaut den Fall im Auge, daß beide Ehegatten im Ausland wohnen. Hat dagegen der eine Ehegatte Wohnsitz in der Schweiz, so kann in der Tat nicht von der Scheidung „im Auslande wohnender Ehegatten" gesprochen werden (vgl. auch den französischen und den italienischen Text: „le divorce d'époux suisses habitant l'étranger"; „il divorzio di coniugi svizzeri domiciliati all'estero"). Nach ständiger Rechtsprechung wird daher ein ausländisches Gericht nur dann als zur Scheidung schweizerischer Ehegatten zuständig erachtet, wenn beide ihren Wohnsitz im Ausland haben (BGE 56 II 338, 64 II 78, 80 II 101 unten/102). An dieser Auslegung ist festzuhalten, entgegen einer Lehrmeinung, wonach Art. 7 g Abs. 3 NAG anwendbar sein soll, wenn auch nur der Kläger im Ausland wohnt (so Stauffer, N. 3 zu Art. 7 g NAG; derselbe, Die neuen Verträge der Schweiz über die Vollstreckung von Zivilurteilen, Druckschrift Nr. 31 der Schweizerischen Vereinigung für internationales Recht, S. 12 ff.). Es mag dahingestellt bleiben, ob die Ausführungen der bundesrätlichen Botschaft zum schweizerisch/deutschen Vollstreckungsabkommen (BBl. aaO Mitte) die letztere Ansicht zum Ausdruck bringen (so Stauffer, in der erwähnten Druckschrift S. 13, während Beck, N. 105 zu Art. 7 g NAG, jene Ausführungen für die gegenteilige Ansicht in Anspruch nimmt). Jedenfalls hat die Rechtsprechung, wie dargetan, seit dem Erscheinen jener Botschaft die streitige Frage eindeutig im Sinne der engern Auslegung des Art. 7 g Abs. 3 NAG beantwortet (vgl. im gleichen Sinne, außer Beck aaO: Piller, La condition juridique des Suisses à l'étranger, 101/2; Guldener, Das internationale und interkantonale Zivilprozeßrecht der Schweiz, 66 oben, mit Fußn. 175 b). Der Wortlaut des Gesetzes läßt eine andere Auslegung schwerlich zu. In sachlicher Beziehung ist nicht so sehr das (von Stauffer in der erwähnten Druckschrift S. 13/14 kritisierte) Argument entscheidend, das Gesetz wolle konkurrierende Scheidungsgerichtsstände nach Möglichkeit vermeiden, als vielmehr die Rücksichtnahme auf den in der Schweiz wohnhaften Ehegatten schweizerischer Nationalität, dem nicht über den Wortlaut des Gesetzes hinaus zugemutet werden darf, einer Klage auf Scheidung oder Trennung der Ehe im Ausland ausgesetzt zu werden."

### b) Konkurrierende [eigene] Entscheidungszuständigkeit

Der Schweizer, der im Ausland seinen Wohnsitz hat, kann als Kläger (und nur als Kläger) einen Ehescheidungsrechtsstreit stets bei dem Gericht seines Heimatortes, also in seinem Heimatstaat, anhängig machen (Art. 7 g Abs. 1 NAG).

*BG* v. 10. 10. 1930, BGE 56 II 335 [340]:

„Jeder solche (ausländische nach Art. 7 g Abs. 3 NAG bei Wohnsitz *beider* Ehegatten im Ausland) Gerichtsstand tritt ja in Konkurrenz zu dem in Art. 7 g Abs. 1 vorgesehenen heimatlichen Gerichtsstand, weshalb es möglich ist, daß von den gleichen Ehegatten an zwei verschiedenen Orten gleichzeitig Scheidungsprozesse gegeneinander geführt werden, die mit widersprechenden Urteilen enden können."

*BG* v. 22. 7. 1958, BGE 84 II 469 [473]:

„Sodann steht das schweizerische Bürgerrecht der klagenden Ehefrau fest, und die ihr daneben zustehende ausländische Staatsangehörigkeit hindert nicht die Klage am schweizerischen Heimatort. Art. 7 g Abs. 1 NAG macht diesen Gerichtsstand weder davon abhängig, daß der klagende Ehegatte ausschließlich Schweizerbürger sei, noch davon, daß das in der Schweiz ergehende Urteil Aussicht auf Anerkennung im Ausland habe. Der schweizerische Heimatgerichtsstand wurde denn auch von jeher auch Doppelbürgern zuerkannt (so bereits BGE 8 S. 824 betreffend die damals geltende Gerichtsstandsnorm von Art. 43 Abs. 2 des Bundesgesetzes über Zivilstand und Ehe vom 24. 12. 1874)."

c) Ausschließliche [eigene] Entscheidungszuständigkeit

aa) Schweizerischer Kläger mit Wohnsitz im Inland

Die Schweiz beansprucht ausschließlich eigene Entscheidungszuständigkeit und gewährt keine fremde Anerkennungszuständigkeit, wenn der schweizerische Kläger im Inland wohnt – hier greift Art. 144 ZGB ein –, wobei es dann gleichgültig ist, ob der beklagte Ehegatte ebenfalls Schweizer ist oder nicht, im Inland oder im Ausland wohnt [7].

bb) Schweizerischer Beklagter mit Wohnsitz im Inland

Aus dem Wortlaut des Art. 7 g Abs. 3 NAG, der auf schweizerische, im Ausland wohnende Ehegatten abstellt, folgert die Rechtsprechung, daß schweizerische Gerichte auch in dem Fall ausschließlich international zuständig sind und eine fremde Anerkennungszuständigkeit nicht besteht, wenn im Falle der Scheidung einer Inländerehe, also der Scheidung zweier schweizerischer Ehegatten, der Beklagte in der Schweiz wohnt.

*BG* v. 10. 10. 1963, BGE 56 II 335 [340–341]:

„Somit ist die Anerkennung der von einem ausländischen Gericht ausgesprochenen Scheidung schweizerischer Ehegatten zu versagen, sobald die in Art. 7 g Abs. 3 ZivrVerhG hierfür aufgestellten Voraussetzungen nicht streng erfüllt sind, namentlich also auch im Falle, daß nur der klagende Ehegatte im Auslande wohnt bzw. im maßgebenden Zeitpunkt gewohnt hat, der beklagte Ehegatte dagegen in der Schweiz. Wird sich doch kaum ein ausländisches Gericht mit dem Scheidungsprozeß unter Schweizern (vom Standpunkt des Auslandes aus betrachtet: unter Ausländern) abgeben wollen, wenn von vornherein feststeht, daß sein Scheidungsurteil in der schweizerischen Heimat doch nicht anerkannt werden wird, und anderseits der heimatliche Gerichtsstand zur Verfügung steht. Vom schweizerischen Standpunkt aus aber besteht gar kein zureichender Grund,

[7] *BG* v. 22. 7. 1958, BGE 84 II 469 [473–474]; *BG* v. 2. 10. 1959, BGE 85 II 297 [299–300]; *BG* v. 13. 9. 1960, BGE 86 II 303 [308–309]; *BG* v. 6. 6. 1963, BGE 89 I 303 [310–314]; *BG* v. 18. 11. 1965, BGE 91 II 321 [322]; *BG* v. 29. 9. 1966, BGE 92 II 217 [221–222].

um den ausländischen Gerichtsstand in einem Falle wie dem vorliegenden anzuerkennen. Gewiß soll nicht verlangt werden, daß Schweizer im Auslande besonders in die Schweiz kommen müssen, um die Scheidung zu erlangen. Wohnt aber einer der Ehegatten in der Schweiz, so darf ihm nicht wohl zugemutet werden, die Verteidigung gegen die vom andern Ehegatten im Ausland angehobene Scheidungsklage im Ausland zu führen. Für das Gegenteil kann nicht auf Art. 144 ZGB hingewiesen werden, der freilich den scheidungsbeklagten Ehegatten zur Verteidigung am Wohnorte des Klägers zwingt, aber eben nur im Gebiete der Schweiz selbst, wo sich diese Regelung viel eher rechtfertigen läßt." [8]

*BG* v. 6. 6. 1963, BGE 89 I 303 [310]:

„Wenn Art. 7 g Abs. 3 NAG nach der erwähnten Rechtsprechung die Anerkennung eines ausländischen Scheidungsurteils betreffend „schweizerische, im Auslande wohnende Ehegatten" nur zuläßt, falls beide Ehegatten im Auslande wohnen, so ist damit gesagt, bei schweizerischem Wohnsitz des beklagten Ehegatten sei es dem allein im Auslande wohnenden Kläger füglich zuzumuten, den ihm ja nach Abs. 1 daselbst zur Verfügung stehenden Gerichtsstand des (schweizerischen) Heimatortes in Anspruch zu nehmen (vgl. die Begründung hierfür in BGE 56 II 341 unten). Dazu tritt die Erwägung, diese Einschränkung des Anwendungsgebietes von Art. 7 g Abs. 3 NAG werde keine internationalen Zuständigkeitskonflikte mit sich bringen: „... Wird sich doch kaum ein ausländisches Gericht mit dem Scheidungsprozeß unter Schweizern (vom Standpunkt des Auslandes aus betrachtet: unter Ausländern) abgeben wollen, wenn von vornherein feststeht, daß sein Scheidungsurteil in der schweizerischen Heimat doch nicht anerkannt werden wird, und anderseits der heimatliche Gerichtsstand zur Verfügung steht" (ebenda S. 341 oben).

*4. Zwischenergebnis*

Danach ergibt sich, daß die schweizerischen Gerichte [eigene] Entscheidungszuständigkeit in Anspruch nehmen und eine [deutsche] Anerkennungszuständigkeit versagen, wenn

a) der Kläger in der Schweiz seinen Wohnsitz hat, oder

b) wenn der Kläger in Deutschland Wohnsitz haben sollte, die Beklagte aber eigenen Wohnsitz in der Schweiz hat.

Nur wenn beide schweizerischen Ehegatten im Ausland [Deutschland] ihren Wohnsitz haben, besteht [deutsche] Anerkennungszuständigkeit. Deswegen hängt die Entscheidung über die internationale Zuständigkeit nach schweizerischem Recht nunmehr davon ab, wo der Kläger seinen Wohnsitz hat und, sollte sich ergeben, daß er ihn in Deutschland habe, wo die Beklagte ihren Wohnsitz hat.

---

[8] Vgl. auch *BG* v. 8. 4. 1954, BGE 80 II 97 [101: vgl. oben a)]; *BG* v. 13. 9. 1960, BGE 86 II 303 [309–310: vgl. oben a)].

### *5. Kritik der deutschen Entscheidungen*

Mit diesem Ergebnis stimmen die oben S. 925 zitierten Entscheidungen des *BGH, KG* und *LG Ravensburg* nicht überein, wohl aber die des *LG Waldshut.*

Die Entscheidungen des *BGH, KG* und *LG Ravensburg* beruhen auf einer falschen Anwendung des schweizerischen Rechts, indem sie nämlich Art. 144 ZGB als internationale Zuständigkeitsregel bewerten, während er nach schweizerischer Rechtsprechung *nur für Schweizer und Ausländer mit Wohnsitz in der Schweiz, nicht aber für Auslandsschweizer* gilt.

*BG* v. 13. 9. 1960, BGE 86 II 303 [308–309]:

„Wird davon ausgegangen, der Ehemann habe im vorliegenden Fall bei Anhebung des Scheidungsprozesses in H. nicht nur polizeilichen, sondern auch zivilrechtlichen Wohnsitz in Deutschland gehabt, so kommen die von Art. 144 ZGB abweichenden Normen in Betracht, wie sie sich aus Art. 7 g NAG für Auslandschweizer ergeben. Danach steht einem im Ausland wohnenden Schweizerbürger allgemein der Gerichtsstand seines Heimatortes zur Verfügung. Außerdem wird in der Schweiz ‚die Scheidung schweizerischer, im Auslande wohnender Ehegatten durch ein nach dortigem Rechte zuständiges Gericht' anerkannt (Abs. 1 und 3 daselbst)."

*BG* v. 6. 6. 1963, BGE 89 I 303 [312]:

„Art. 144 ZGB ist jedoch eine Zuständigkeitsnorm des internen schweizerischen Rechtes. Diese Vorschrift befaßt sich nicht mit der Frage, ob und wieweit eine zugleich im Ausland nach der dortigen Rechtsordnung bestehende Ehescheidungsgerichtsbarkeit anzuerkennen sei."
und [313]:
„Ist der klagende Ehegatte ausschließlich Schweizerbürger, so liegt es allerdings nahe, ihn bei schweizerischem Wohnsitz (sei dies ein selbständiger oder unselbständiger) durch Gegenschluß aus Art. 7 g Abs. 3 NAG und mit Hinweis auf die für rein ausländische Ehegatten getroffene Regelung des Art. 7 h NAG an den Wohnsitzgerichtsstand des Art. 144 ZGB als einzig zulässigen zu weisen." [9]

## *III. Schweizerisches Wohnsitzrecht*

### *1. Maßgebendes Recht*

Kommt es für die Entscheidung internationaler Zuständigkeit nach schweizerischem Recht darauf an, wo der Kläger und/oder die Beklagte Wohnsitz haben, so ist *schweizerisches Recht* für die Wohnsitzbestimmung maßgebend.

---

[9] Vgl. auch *Stauffer*, Das internationale Privatrecht der Schweiz aufgrund des BG betr. die zivilrechtlichen Verhältnisse der Niedergelassenen und Aufenthalter vom 25. Juni 1891/10. Dezember 1907, 1925, Art. 7 g Randz. 1–3 S. 44–45. Vgl. richtig *LG Waldshut*, Schw. JZ 1965, 113.

*BG* v. 12. 12. 1957, BGE 83 II 491 [496]:

„Ob die Ehefrau bei Anhebung ihrer Ehetrennungsklage am 27. 7. 1957 in Solothurn ihren Wohnsitz und Gerichtsstand nach Art. 144 ZGB an diesem Ort gehabt habe, ist nach schweizerischem Recht zu entscheiden. Denn Art. 144 ZGB wie übrigens auch der für einen ausländischen Ehegatten geltende Art. 7 h NAG hat den Wohnsitz nach schweizerischem Recht im Auge."

*BG* v. 8. 10. 1960, BGE 86 II 301 [307]:

„Für die Frage, ob die Ehefrau in der Schweiz einen selbständigen Wohnsitz habe und somit an diesem Orte den richterlichen Schutz nach Art. 169 ff. ZGB in Anspruch nehmen könne, ist das schweizerische Recht maßgebend, gleichgültig, wo sich der Wohnsitz des Ehemannes befindet (vgl. BGE 83 II 496/97)." [10]

## 2. *Intertemporale Vorschriften*

Die Vorschriften der Artt. 3 und 4 NAG betreffend den Wohnsitz (Begriffsbestimmung, Wohnsitz der Ehefrau und Kinder) sind mit Erlaß des ZGB, wenn auch nicht formell aufgehoben, so doch durch Artt. 23 ff. ZGB ersetzt.

*BG* v. 10. 10. 1930, BGE 56 II 335 [338]:

„Indessen müssen die Wohnsitzbestimmungen des ZivrVerhG als durch diejenigen des ZGB verdrängt angesehen werden. Erstere Bestimmungen mußten seinerzeit aufgestellt werden, als den Kantonen die Abgrenzung des örtlichen Geltungsbereichs ihres Privatrechtes gegenüber anderem kantonalem oder ausländischem Privatrecht entzogen und hierfür eine einheitliche bundesgesetzliche Ordnung aufgedrängt wurde, da letztere nur unter Anknüpfung an einen einheitlichen Wohnsitzbegriff erzielt werden konnte. Wieso nun aber heute nach Vereinheitlichung des Privatrechtes für die Abgrenzung des örtlichen Geltungsbereiches des Bundesprivatrechtes nicht einfach an den für das Bundesprivatrecht allgemein maßgebenden Wohnsitzbegriff angeknüpft werden sollte, sondern an einen hierfür besonders aufgestellten Wohnsitzbegriff, wäre kaum einzusehen. Dem steht nicht etwa Art. 59 des Schlußtitels des ZGB entgegen, wonach das ZivrVerhG für die Rechtsverhältnisse der Schweizer im Ausland usw. in Kraft bleibt; denn damit können sinngemäß nur die eigentlichen Kollisionsnormen gemeint sein."

*BG* v. 7. 2. 1935, BGE 61 II 12 [16]:

„Die wörtliche Auslegung von Art. 59 Abs. 1 des Schlußtitels des ZGB, der für die Rechtsverhältnisse der Ausländer in der Schweiz das NAG auch fernerhin für anwendbar erklärt, könnte allerdings zum Ergebnis führen, es habe auch Art. 3 NAG beibehalten werden wollen. Nun kann es aber nicht dem Gesetzeswillen entsprechen, daß für internationale Kollisionsnormen ein Wohnsitzbegriff weiter verwendet werde, der vom Wohnsitzbegriff des Bundeszivilrechtes abweicht. So hat denn das Bundesgericht bereits mit Bezug auf den Wohnsitz der Ehefrau entschieden, daß die Bestimmungen des NAG durch die

---

[10] Vgl. für das deutsche Recht *KG* DR 1939, 267 [268].

Artt. 23 ff. ZGB ersetzt worden sind, und daß Art. 59 des Schlußtitels zum ZGB nur die eigentlichen Kollisionsnormen des NAG weiterhin in Kraft erklären wolle (BGE 56 II 337)." [11]

### 3. *Wohnsitzvorschriften des ZGB*

*Art. 23 ZGB:*

„Der Wohnsitz einer Person befindet sich an dem Orte, wo sie sich mit der Absicht dauernden Verbleibens aufhält.

Niemand kann an mehreren Orten zugleich seinen Wohnsitz haben.

Die geschäftliche Niederlassung wird von dieser Bestimmung nicht betroffen."

*Art. 24 ZGB:*

„Der einmal begründete Wohnsitz einer Person bleibt bestehen bis zum Erwerbe eines neuen Wohnsitzes.

Ist ein früher begründeter Wohnsitz nicht nachweisbar oder ist ein im Ausland begründeter Wohnsitz aufgegeben und in der Schweiz kein neuer begründet worden, so gilt der Aufenthaltsort als Wohnsitz."

*Art. 25 ZGB:*

„Der Wohnsitz des Ehemannes gilt als Wohnsitz der Ehefrau, der Wohnsitz von Vater und Mutter als Wohnsitz der unter ihrer Gewalt stehenden Kinder [273], der Sitz der Vormundschaftsbehörde [361] als Wohnsitz der bevormundeten Person.

Ist der Wohnsitz des Ehemannes nicht bekannt, oder ist die Ehefrau berechtigt, getrennt zu leben [170], so kann sie einen selbständigen Wohnsitz haben."

*Art. 170 ZGB:*

„Wird die Gesundheit, der gute Ruf oder das wirtschaftliche Auskommen eines Ehegatten durch das Zusammenleben ernstlich gefährdet, so ist er für so lange, als diese Gefährdung dauert, berechtigt, den gemeinsamen Haushalt aufzuheben.

Nach Einreichung einer Klage auf Scheidung oder Trennung ist jeder Ehegatte für die Dauer des Rechtsstreites zur Aufhebung des gemeinsamen Haushaltes berechtigt [145].

Der Richter hat auf das Begehren eines Ehegatten, wenn die Voraussetzungen zur Aufhebung des gemeinsamen Haushaltes gegeben sind, die Beiträge des einen Ehegatten an den Unterhalt des andern festzusetzen."

#### a) Wohnsitz des Klägers

Für den hier zu entscheidenden Fall kommt es darauf an, ob und gegebenenfalls wann der Kläger seinen Wohnsitz nach Deutschland verlegt hat (Art. 23 Abs. 1 und 2, Art. 24 Abs. 1 ZGB).

Dafür, daß er mit Übernahme einer Montagetätigkeit in Deutschland sich hier mit der Absicht dauernden Verbleibens aufgehalten habe, hat der

---

[11] *Schnitzer*, Handbuch des Internationalen Privatrechts, Bd. I und II (4. Aufl. 1957–1958) 123; *Stauffer*, aaO, Anm. zu Art. 3 und 4, S. 10.

Kläger nichts vorgetragen. Im Gegenteil, er ist der Ansicht, daß bis 1960 eine häusliche Gemeinschaft mit der Beklagten bestanden habe. Das begründet, daß der Kläger bis dahin sicherlich noch seinen bürgerlichen Wohnsitz am ehelichen Wohnsitz in Renens hatte.

Vgl. *BG* v. 14. 7. 1955, BGE 81 II 319 [326–327]:

„Der Wohnsitz einer Person befindet sich gemäß Art. 23 Abs. 1 ZGB am Orte, wo sie sich mit der Absicht dauernden Verbleibens aufhält. Hält sich eine Person abwechslungsweise und nicht bloß vorübergehend an zwei verschiedenen Orten auf, so gilt als Wohnsitz derjenige der beiden Orte, zu dem sie die stärkeren Beziehungen hat (vgl. z. B. BGE 68 I 139, 77 I 119, 78 I 315/16). Bei unselbständig erwerbenden Personen, die am einen Orte arbeiten, am andern ihre Familie haben, ist dies in der Regel der Familienort, sofern sie ihre arbeitsfreie Zeit regelmäßig hier verbringen (BGE 68 I 139)."

Daran hat sich in der Folgezeit nichts geändert. Mag er auch seine Besuche in seiner Heimat eingeschränkt haben, so zeigen seine Versuche, die Ehe während eines gemeinsamen Urlaubs mit seiner Ehefrau 1962 und durch Besuch in der Schweiz im August 1963 zu heilen, keine Wohnsitzverlegung nach Deutschland mit der Absicht dauernden hiesigen Aufenthalts an.

*BG* v. 1. 12. 1938, BGE 64 II 402 [403–404]:

„Die örtliche Zuständigkeit des Gerichtes von Wangen für die vorliegende Scheidungsklage hängt nach Art. 144 ZGB davon ab, ob der Kläger mit der Übersiedlung nach Herzogenbuchsee seinen frühern Wohnsitz Olten aufgegeben und am neuen Wohnort einen Wohnsitz im Sinne des Art. 23 ZGB begründet hat. Hierzu genügte weder der Wohnungswechsel an sich noch die polizeiliche Niederlassungsbewilligung. Zum Erwerb eines (neuen) Wohnsitzes ist nach der erwähnten Bestimmung die Absicht erforderlich, am betreffenden Orte dauernd zu verbleiben. Kann ein Wohnsitz auch auf verhältnismäßig kurze Dauer begründet werden (BGE 41 III 54, 49 I 193), so ist dem Begriffe des Wohnsitzes doch nur Genüge getan mit einer festen, die wichtigsten Lebensbeziehungen erfassenden Niederlassung, nicht auch mit einer Wohnungsnahme nur zu bestimmtem Einzelzweck. Der Unterschied zwischen einem Wohnsitz und einem bloßen Aufenthalt liegt nicht so sehr in der verschiedenen zeitlichen Länge – etwa so, daß ein Aufenthalt nach bestimmter Dauer ohne weiteres in einen Wohnsitz überginge, als vielmehr darin, daß die Wohnsitzbegründung die Schaffung eines (neuen) örtlichen Mittelpunktes der Lebensbetätigung überhaupt voraussetzt, während jede bloß lose Verbindung mit einem Ort Aufenthalt bleibt, mag sie auch längere Zeit andauern. Ein Ausfluß dieses Grundsatzes ist die Bestimmung von Art. 26 ZGB, wonach der Aufenthalt oder die Unterbringung einer Person an einem bestimmten Orte zu den vom Gesetz genannten Zwecken, gleichgültig auf wielange, keinen Wohnsitz zu begründen vermag. Art. 23 spricht denn auch nicht von einer Mindestdauer, sondern einfach von einer auf „dauerndes Verbleiben" gerichteten Absicht, worunter entsprechend dem französischen Texte zu verstehen ist „l'intention de s'y établir". Dazu gehört der Natur der Sache nach eine gewisse nicht nur ganz kurze Dauer des Verweilens, wie der deutsche und der im übrigen mit dem französischen übereinstimmende italienische Text hervorheben; aber die Dauer von Monaten, sogar Jahren, erfüllt nach dem Gesagten den Begriff des Wohnsitzes nicht, sofern nicht die feste Niederlassung im umschriebenen Sinne dazutritt. Damit hängt zusammen, daß eine Person in einem und demselben Zeitraum (abgesehen von bloß geschäftlichen Niederlassungen) nur einen einzigen Wohnsitz als den Mittelpunkt ihres Lebens haben kann, wogegen nichts hindert, losere Verbindungen zugleich mit mehreren Orten zu unterhalten. Es verschlägt nichts, daß allenfalls einer dieser Orte eine gewisse größere Stetigkeit des Aufenthaltes aufweist. Als Wohnsitz ist er nur anzusprechen, wenn die gesetzlichen Voraussetzungen voll und ganz erfüllt sind. Eine Ausnahme greift nur Platz, wenn die betreffende Person auch früher in der Schweiz gar keinen festen Wohnsitz begründet hatte. In diesem Falle tritt ein bloßer Aufenthalt an die Stelle des Wohnsitzes (Art. 24 Abs. 2 ZGB). Das kommt aber hier nicht in Frage. Sollte der Kläger in Herzogenbuchsee keinen eigentlichen Wohnsitz begründet haben, so muß nach Abs. 1 daselbst der früher zweifellos in Olten innegehabte Wohnsitz weitergelten."

Etwas anderes könnte sich nur für die Zeit nach August 1963 ergeben, nachdem der Kläger der Beklagten gesagt hatte, daß er die Gemeinschaft mit ihr nicht fortsetzen könne und fortan nicht bereit sei, sie fortzusetzen. Für „die Schaffung eines (neuen) örtlichen Mittelpunktes der Lebensbetätigung überhaupt" nach August 1963 in Deutschland hat er mit Ausnahme der Aufhebung der häuslichen Gemeinschaft und Einstellung seiner Besuche (bis auf Krankenbesuche bei seinem Sohn) nichts vorgebracht. Für die Absicht aber, den neuen Ort zu seinem Lebenszentrum zu machen, ist er, der Kläger, beweispflichtig.

*BG* v. 1. 12. 1938, BGE 64 II 402:

„Der klagende Ehegatte, also ein Ehemann gleich wie allenfalls eine zum Getrenntleben berechtigte Ehefrau, ist für das Vorliegen einer Absicht, den betreffenden Ort unabhängig vom Scheidungsprozesse und dessen Dauer zum wahren Mittelpunkt der Lebensbeziehungen zu machen, beweispflichtig."

Die Frage des Wohnsitzes des Klägers braucht jedoch dann nicht entschieden zu werden, wenn die Beklagte einen selbständigen Wohnsitz hat. Denn auch in diesem Fall ist nach schweizerischem Recht [fremde] Anerkennungszuständigkeit nicht gegeben.

b) Wohnsitz der Beklagten

aa) Maßgebendes Recht

Auch dann, wenn der Ehemann ausländischen Wohnsitz haben sollte, ist bei schweizerischen Ehegatten nach schweizerischem Recht zu prüfen, ob die Ehefrau einen eigenen Wohnsitz hat[12].

---

[12] *BG* v. 12. 12. 1957, BGE 83 II 491 [496]; *BG* v. 13. 9. 1960, BGE 86 II 303 [307].

bb) Grundsatz

Der Wohnsitz des Mannes ist grundsätzlich auch der Wohnsitz der Frau, sofern diese nicht berechtigt ist, getrennt zu leben, und einen eigenen Wohnsitz begründet hat (Art. 25, Art. 170 ZGB).

cc) Eigener Wohnsitz der Ehefrau

Für die Wohnsitzbegründung der Ehefrau gelten gleichermaßen wie für den Ehemann die Voraussetzungen des Art. 23 ZGB. Hinzukommen muß jedoch noch, daß der Wohnsitz des Ehemannes nicht bekannt ist oder, was hier erheblich sein kann, die Ehefrau berechtigt ist, getrennt zu leben.

Das Recht zum Getrenntleben setzt keine richterliche Bewilligung voraus; bei Vorliegen eines hinreichenden Grundes kann der Ehegatte von sich aus vorgehen.

*BG* v. 2. 10. 1959, BGE 85 II 297 [300]:

„Dem steht nicht entgegen, daß die zum Getrenntleben berechtigte Ehefrau nach Art. 25 Abs. 2 ZGB einen selbständigen Wohnsitz haben „kann", also nicht muß. Damit ist nur gesagt, es stehe der Ehefrau, auch wenn ein Grund zum Getrenntleben im Sinne von Art. 170 Abs. 1 ZGB besteht, frei, von ihrem Rechte Gebrauch zu machen, d. h. einen selbständigen Wohnsitz zu nehmen, oder nicht. Trennt sie sich aber infolge einer solchen Berechtigung vom Manne und läßt sie sich im Sinne von Art. 23 Abs. 1 ZGB an einem andern Orte dauernd nieder, so begründet sie damit einen selbständigen Wohnsitz. Dessen rechtlicher Bestand ergibt sich dann als Folge der tatsächlichen Gestaltung der Verhältnisse der Ehefrau aufgrund einer gesetzlichen Berechtigung (wofür es nach ständiger Rechtsprechung keiner gerichtlichen Bewilligung bedarf; vgl. statt vieler BGE 41 I 109, 42 I 95 und 145, 54 I 115, 64 II 397; daran wurde trotz einzelner abweichender Lehrmeinungen, worauf BGE 79 II 126 hinweist, festgehalten: BGE 83 II 496 ff.). ‚Kann' sie beim Vorliegen eines Grundes zum Getrenntleben beim Ehemann bleiben oder aber einen selbständigen Wohnsitz nehmen, so ist, wenn sie im zweiten Sinne handelt, der selbständige Wohnsitz als einziger gegeben (Art. 23 Abs. 2 ZGB) und wie für Dritte so auch für die Ehefrau selbst maßgebend (vgl. Gmür, N. 5 zu Art. 144 ZGB; Zeitschrift des bernischen Juristenvereins 82 S. 434; Th. Holenstein, Der privatrechtliche Wohnsitz..., S. 93 ff.)."

*BG* v. 13. 9.1960, BGE 86 II 303 [306–307]:

„Im übrigen hat der Ehemann durch die Verweigerung des Zusammenlebens und durch das Verbot des Betretens der ‚Fabrikwohnung' in G... heim die Ehefrau geradezu zum Getrenntleben gezwungen, so daß sich ihre Berechtigung dazu auch aus dem Grundgedanken des Art. 170 Abs. 1 ZGB herleiten läßt (vgl. BGE 83 II 498). Da sie nach dem Wegzug des Ehemannes in der ehelichen Wohnung an der B... straße in Zürich blieb, hat sie diese Berechtigung zweifellos ausgeübt und sich damit einen selbständigen Wohnsitz geschaffen. Sie bedurfte dafür nach ständiger Rechtsprechung keiner richterlichen Bewilligung (neuestens BGE 85 II 297; dazu Piotet im JdT 1960 I 98 ff.)."

Die Gründe, die zum Getrenntleben berechtigen, sind in Art. 170 ZGB nicht erschöpfend aufgezählt.

*BG* v. 12. 12. 1957, BGE 83 II 491 [498]:

„Auch in diesem Falle trifft der gesetzgeberische Grund von Art. 170 Abs. 1 ZGB zu; die Ehefrau muß nun im eigentlichen, gesetzlichen Sinne zum Getrenntleben berechtigt und freizügig sein, d. h. einen selbständigen Wohnsitz nehmen können. Mit Recht erklärt daher die Vorinstanz, die Aufzählung der Auflösungsgründe in Art. 170 Abs. 1 ZGB sei nicht abschließend, diese Vorschrift sei analoger Anwendung zugänglich (vgl. auch Lemp, N. 1 zu Art. 170). In diesem Sinne hat das Bundesgericht denn auch Art. 170 Abs. 1 ZGB einem Ehemann gegenüber angewendet, der die Wiederaufnahme der ehelichen Gemeinschaft an Bedingungen knüpfte, die zu erfüllen der Ehefrau nicht zugemutet werden konnte (BGE 56 II 338, vgl. auch 54 I 117)."

Die Rechtsprechung hat ein Recht zum Getrenntleben außer in den in Art. 170 ZGB aufgezählten Fällen auch dann bejaht, wenn der eine Ehegatte den anderen verläßt und verstößt und das Zusammenleben mit ihm verweigert[13].

Wie der Kläger selbst vorträgt, hat er die eheliche Wohnung verlassen, die eheliche Gemeinschaft aufgehoben und der Beklagten erklärt, er könne und wolle die Gemeinschaft mit ihr nicht mehr fortsetzen. Damit hat er der Beklagten das Recht zum Getrenntleben geschaffen.

Die Beklagte ist mit dem Sohn der Parteien in der ehemals ehelichen Wohnung geblieben. Dadurch hat sie die Berechtigung zum Getrenntleben ausgeübt und sich einen selbständigen Wohnsitz geschaffen[14].

## *IV. Zwischenergebnis*

Da die Beklagte einen eigenen Wohnsitz in der Schweiz hat, ist nach schweizerischem Recht nur ein schweizerisches Gericht zuständig, entweder das Gericht des Heimatortes (Art. 7 g Abs. 1 NAG) oder, wenn der Kläger selbst noch seinen bürgerlichen Wohnsitz in der Schweiz hat, das

---

[13] *BG* v. 12. 12. 1957, BGE 83 II 491 [498]: „Gleiches gilt, wenn der Ehemann die Ehefrau verläßt oder verstößt (Egger, Nr. 3 und Lemp, N. 2 zu Art. 170), wie es der Beschwerdeführer mit den durch seinen Anwalt abgegebenen Erklärungen vom 18. 7. 1957 getan hat." *BG* 13. 9. 1960, BGE 86 II 303 [306–307; vgl. oben S. 937 f.]. *Lemp* in Berner Kommentar zum Schweizerischen Zivilrecht, Familienrecht, 1. Abt. 2. HB. (3. Aufl. 1963) Art. 170 Randz. 2, S. 115–116; *Tuor-Schnyder-Jäggi*, Das schweizerische Zivilgesetzbuch, 7. Aufl. 1965, S. 162.

[14] Vgl. *BG* v. 13. 9. 1960, BGE 86 II 303 [307].

Gericht seines Wohnsitzes (Art. 144 ZGB). Ein deutsches Urteil wird wegen schweizerischen Wohnsitzes der schweizerischen Beklagten in der Schweiz nicht anerkannt werden (Art. 7 g Abs. 3 NAG).

## GESAMTERGEBNIS

Für die Klage des schweizerischen Klägers auf Scheidung seiner Ehe gegen seine in der Schweiz wohnhafte Ehefrau ist mangels Anerkennung des deutschen Urteils in der Schweiz ein deutsches Gericht nicht zuständig.

## 3. ENTSCHEIDUNGEN DER FREIWILLIGEN GERICHTSBARKEIT

### Nr. 84

**Deutschland / Vereinigte Arabische Republik**

1. **Anerkennung einer in einem Schweizer Scheidungsurteil enthaltenen Regelung der elterlichen Gewalt.**

2. **Maßgebendes Recht für die elterliche Gewalt über Kinder aus geschiedenen Ehen.**

3. **Internationale Zuständigkeit zur Regelung der elterlichen Gewalt.**

**Hamburg G 79/68 vom 10. 10. 1968**

Herr Rechtsanwalt Dr. B. in Bremen bittet in einer Ehesache D. um Auskunft über Internationales Privat- und Verfahrensrecht der Personensorge über die Kinder eines in der Schweiz geschiedenen Ägypters. Folgender Sachverhalt wird mitgeteilt:

Am 2. 3. 1965 erhob eine katholische Schweizerin vor dem schweizerischen Bezirksgericht in Uster, dem letzten gemeinsamen Wohnsitz der Parteien, Scheidungsklage gegen ihren Ehemann, der die ägyptische Staatsangehörigkeit besitzt und offenbar dem Islam angehört. Aus der Ehe sind drei Kinder hervorgegangen, und zwar zwei Knaben, geboren 1956 und 1957, und ein Mädchen, geboren 1959. Die Kinder sind ebenfalls ägyptische Staatsangehörige. Der Beklagte ließ sich auf die Klage ein und beantragte deren Abweisung. Auf Weisung des Eheschutzrichters lebten die Kinder bei der Mutter, bis der Vater im August 1967 in Ausübung eines Ferienbesuchsrechtes die Kinder zu sich nahm und danach – gegen den Willen der Mutter – mit ihnen nach Ägypten ausreiste. In Abwesenheit des Ehemannes verkündete am 7. 11. 1967 das Schweizer Gericht ein Scheidungsurteil, durch das die Ehe aus seinem Verschulden geschieden wurde. Die Kinder wurden durch dasselbe Urteil unter die elterliche Gewalt der Mutter gestellt. Das Urteil ist rechtskräftig.

Etwa zwei bis drei Wochen vor Erlaß des Schweizer Urteils erwirkte der Ehemann in Ägypten ein Scheidungsurteil, indem er seine Frau nach mohammedanischem Ritus verstieß. Ob das ägyptische Urteil eine Sorgerechtsentscheidung enthält oder ob in Ägypten ein selbständiger Beschluß über das Sorgerecht ergangen ist, ist unbekannt.

Seit Anfang Januar 1968 lebt der Vater mit den drei Kindern in Bremen. Gefragt wird, ob

I. ein deutsches Gericht die Sorgerechtsregelung des schweizerischen Urteils anerkennen muß und es dafür eine Rolle spielt, ob ein ägyptischer Sorgerechtsbeschluß vorliegt oder nicht;

II. das Bremer Vormundschaftsgericht für einen Sorgerechtsstreit zwischen den Eltern zuständig ist.

### *Zu I: Anerkennung und Durchsetzung der schweizerischen Regelung*

#### *1. Deutsch-schweizerisches Abkommen*

Für die Anerkennung der in dem Urteil des Bezirksgerichts Uster vom 7. 12. 1967 enthaltenen Entscheidung über die elterliche Gewalt gilt das deutsch-schweizerische Abkommen über die gegenseitige Anerkennung und Vollstreckung von gerichtlichen Entscheidungen vom 2. 11. 1929 (RGBl. 1930 II 1065) nicht. Zwar erstreckt sich dieses Abkommen auch auf Entscheidungen der freiwilligen Gerichtsbarkeit, wenn sie – wie hier – in einem Prozeßverfahren im Sinne des Art. 1 des Abkommens ergangen sind[1]. Der Art. 3 des Abkommens bestimmt jedoch, daß in nicht vermögensrechtlichen Streitigkeiten nur solche Entscheidungen anerkannt werden müssen, die zwischen Angehörigen eines der beiden Staaten oder beider Staaten ergangen sind. Da im vorliegenden Falle nur die Ehefrau Angehörige eines Vertragsstaates ist, liegen die Voraussetzungen des Art. 3 nicht vor[2]. Die Anerkennung der Entscheidung richtet sich also nach den allgemeinen deutschen Vorschriften.

#### *2. Vollstreckungsurteil?*

Die Vollstreckbarerklärung ausländischer Urteile ist in §§ 722 f. ZPO geregelt. Sie erfolgt durch Vollstreckungsurteil des zuständigen deutschen Gerichts der streitigen Gerichtsbarkeit gemäß § 722 ZPO. Ein Vollstreckungsurteil setzt jedoch eine ausländische Entscheidung mit vollstreckbarem Inhalt voraus, d. h. in der Regel ein Leistungsurteil[3]. Ausnahms-

---

[1] Vgl. *Wieczorek,* ZPO V (1957) Deutsch-schweizerisches Vollstreckungsabkommen Art. 1 Anm. A II, S. 695.

[2] Vgl. dazu *Wieczorek,* aaO, Art. 3 Anm. A II, S. 699, und *Stein-Jonas-Schönke-Pohle,* Kommentar zur ZPO II (18. Aufl. 1956) § 723 Anh. II Anm. IV A 1 b.

[3] LG Hamburg 28. 6. 1962, IPRspr. 1962–1963 Nr. 214; *Rosenberg,* Lehrbuch des deutschen Zivilprozeßrechts (9. Aufl. 1961) § 173 I 2, S. 894; *Geimer,* NJW 1965, 1413 ff. (1414 zu Nr. 3).

weise können zwar auch ausländische Entscheidungen im Bereich der freiwilligen Gerichtsbarkeit nach § 722 ZPO für vollstreckbar erklärt werden, aber nur unter der Voraussetzung, daß sie einem Beteiligten – wie ein Leistungsurteil der streitigen Gerichtsbarkeit – einen vollstreckbaren Anspruch geben[4].

Der Tenor der schweizerischen Entscheidung lautet: „... 2. Die aus der Ehe hervorgegangenen Kinder ... werden unter die elterliche Gewalt der Klägerin gestellt." Diese Entscheidungsformel enthält keinen Leistungsbefehl zugunsten der Mutter, etwa daß der Vater die Kinder an diese herauszugeben habe. Es kommt also kein Vollstreckungsurteil in Betracht, sondern nur die einfache Anerkennung. Die Mutter kann beim Vormundschaftsgericht die Anerkennung der Schweizer Entscheidung beantragen und gleichzeitig für den Fall der Anerkennung den Erlaß einer Herausgabeanordnung erbitten.

### 3. *Allgemeines zur Anerkennung von Sorgerechtsregelungen in Scheidungsurteilen*

a) Einheitliche oder getrennte Anerkennung?

Das OLG Breslau und auch das Kammergericht gingen in älteren Entscheidungen davon aus, daß die Anerkennung einer ausländischen Sorgerechtsregelung – dasselbe müßte für die Regelung und Übertragung der elterlichen Gewalt insgesamt gelten – nach § 328 ZPO über die Anerkennung ausländischer Urteile zu beurteilen ist, wenn sie zugleich mit und in einem anzuerkennenden ausländischen Scheidungsurteil getroffen ist[5].

Diese Auffassung ist jedoch zu weitgehend. Man muß die in einer Urkunde niedergelegte ausländische Entscheidung ihrem Inhalt nach aufspalten. Die Anerkennung des Scheidungsausspruches richtet sich nach den für ausländische Scheidungsurteile geltenden Vorschriften, d. h. nach § 328 ZPO in Verbindung mit Art. 7 § 1 FamRÄndG 1961. Die in demselben Urteil enthaltene Regelung der elterlichen Gewalt – oder auch nur des Sorgerechts – ist ihrem Wesen nach eine ausländische Entscheidung im Bereich der freiwilligen Gerichtsbarkeit, deren Anerkennung nach den für diese geltenden Regeln zu beurteilen ist. Der Entscheidung des OLG Breslau, das die ausländische Sorgerechtsregelung schon dann als verbindlich ansah, wenn feststeht, daß das Scheidungsurteil anerkennungsfähig ist, kann also nicht gefolgt werden. Richtig ist sie nur insoweit, als sie feststellt, es widerspreche nicht dem deutschen ordre public, wenn die

---

[4] BGH 11. 5. 1953, IPRspr. 1952–53 Nr. 305 = LM § 722 ZPO Nr. 1 = JZ 1954, 244 f. mit zustimmender Anm. *Makarov*; *Stein-Jonas-Schönke-Pohle* § 722 Anm. II bei N. 13 a.

[5] OLG Breslau 9. 5. 1938, DR 1939, 869 mit Anm. *Lauterbach*; KG 3. 5. 1935, JW 1935, 2750; zustimmend zu beiden Entscheidungen *Soergel-Siebert(-Kegel)*, BGB V (9. Aufl. 1961) Art. 19 EGBGB Anm. 47.

Regelung der elterlichen Gewalt von dem Gericht des Scheidungsprozesses und nicht von einem besonderen Vormundschaftsgericht oder einer Vormundschaftsbehörde vorgenommen werde [6].

Auch der BGH hat in der soeben zitierten (interzonalen) Entscheidung die Anerkennung des Scheidungsurteils und der Sorgerechtsregelung, die von demselben Gericht stammten, getrennt geprüft. Allerdings war die Sorgerechtsregelung – obwohl aufgrund desselben Verfahrens – in einem besonderen Beschluß erfolgt. Diesem Verhalten des BGH läßt sich jedoch entnehmen, daß auch dann die Anerkennung der Sorgerechtsregelung selbständig geprüft werden muß, wenn sie in demselben Urteil niedergelegt wird.

Hier jedenfalls ist sie ein selbständiger und leicht abzusondernder Bestandteil des Urteilstenors und der Urteilsgründe. Über ihre Anerkennung ist daher unabhängig von der des Scheidungsurteils zu entscheiden.

b) Voraussetzungen

Die Anerkennung ausländischer Entscheidungen im Bereich der freiwilligen Gerichtsbarkeit ist gesetzlich nicht geregelt. § 328 ZPO betrifft nur Urteile in Sachen der streitigen Gerichtsbarkeit. Immerhin haben die dem § 328 ZPO zugrunde liegenden Prinzipien zum Teil allgemeine Bedeutung und gelten daher auch im Bereich der freiwilligen Gerichtsbarkeit [7]. Grundsätzlich sind also rechtsgestaltende ausländische Entscheidungen der freiwilligen Gerichtsbarkeit anerkennungsfähig [8].

Soweit die Entscheidung von einem Gericht des Staates der lex causae – d. h. der in der Sache maßgebenden Rechtsordnung – herrührt, ist sie für uns regelmäßig verbindlich; denn es ist davon auszugehen, daß die Gerichte dieses Staates in erster Linie berufen sind, die von ihrem Recht vorgesehenen rechtsgestaltenden Eingriffe vorzunehmen. Insoweit bleibt nur zu fragen, ob die Anerkennung der Entscheidung gegen den deutschen ordre public verstoßen würde (vgl. § 328 I Nr. 4 ZPO). Handelt es sich hingegen um die Entscheidung eines anderen Staates, so sind auch die übrigen Anerkennungsvoraussetzungen des § 328 I ZPO in entsprechender Anwendung zu prüfen. Die Verbürgung der Gegenseitigkeit ist allerdings auf dem Gebiet der freiwilligen Gerichtsbarkeit entbehrlich [9].

---

[6] So auch BGH 14. 7. 1956, BGHZ 21, 306, 314 = IZRspr. 1954–1957 Nr. 368 b, S. 600.

[7] BayObLG 16. 1. 1959, BayObLGZ 1959, 8 = FamRZ 1959, 364 mit Anm. *Schwimann* und *Neuhaus* (482) = IPRspr. 1958–1959 Nr. 208, S. 679 f.; *Dölle*, Über einige Kernprobleme des internationalen Rechts der Freiwilligen Gerichtsbarkeit: RabelsZ 27 (1962/63) 201 ff., 235 mit weiteren Nachweisen in N. 102; *Keidel*, FGG (9. Aufl. 1967) § 33 Randz. 55.

[8] Vgl. außer den soeben Genannten auch BayObLG 19. 11. 1964, BayObLGZ 1964, 385, 389 mit weiteren Nachweisen.

[9] Vgl. *Dölle* 236 f.; *Keidel* aaO.

Zunächst ist also zu untersuchen, ob das schweizerische Gericht als Gericht der lex causae im Sinne des deutschen IPR entschieden hat.

*4. Lex causae*

a) Staatsverträge?

Das allein hier in Betracht kommende Haager Vormundschaftsabkommen ist nur auf Vormundschaftssachen im engeren Sinne anzuwenden. Insbesondere geht die Rechtsprechung davon aus, daß die Regelung des Sorgerechts für Kinder aus geschiedenen Ehen nicht unter das Vormundschaftsabkommen fällt[10].

b) Autonomes deutsches IPR

Nach dem außervertraglichen deutschen IPR gehört die Regelung des Sorgerechts für die Kinder aus einer geschiedenen Ehe zum Rechtsverhältnis zwischen den Eltern und ihren Kindern. Dieses Rechtsverhältnis richtet sich gemäß Art. 19 EGBGB, der heute von Rechtslehre und Rechtspraxis als allseitige Kollisionsnorm verstanden wird, nach dem Recht des Staates, dem der Vater angehört[11]. Die damit für den vorliegenden Fall ausgesprochene Verweisung auf das ägyptische Recht gilt jedoch nur vorbehaltlich einer eventuellen Rückverweisung durch das ägyptische Kollisionsrecht, die gemäß dem in Art. 27 EGBGB zum Ausdruck gekommenen Grundsatz gegebenenfalls zu beachten ist[12].

c) Ägyptisches IPR

Das ägyptische IPR ist in Artt. 10–28 des ägyptischen Zivilgesetzbuches (ZGB) vom 16. 7. 1948 geregelt. Mit einem Ausschnitt aus der elterlichen Gewalt befaßt sich Art. 16 ZGB, der in der offiziösen französischen Übersetzung des Justizministeriums lautet:

„Les règles de fond en matière d'administration légale, de tutelle, de curatelle et autres institutions de protection des incapables et des absents

Die materiellrechtlichen Regeln auf den Gebieten der gesetzlichen Vermögensverwaltung, der Vormundschaft, der Pflegschaft und andere Einrichtungen

[10] KG 27. 6. 1963, FamRZ 1963, 576; BayObLG 16. 1. 1959, BayObLGZ 1959, 8 (11); OLG München 29. 8. 1938, JFG 18, 155 = HRR 1938 Nr. 1463; KG 10. 2. 1933, IPRspr. 1933 Nr. 47 = JW 1933, 2065; BayObLG 8. 10. 1930, BayObLGZ 30 (1931) 338 = IPRspr. 1931, Nr. 84. Ebenso die Rechtslehre: *Kegel*, IPR (2. Aufl. 1964) 315, 317; *Soergel-Siebert(-Kegel)* Anm. 38 zu Art. 23 EGBGB; *Raape*, IPR (5. Aufl. 1961) 410; *Palandt(-Lauterbach)*, BGB (27. Aufl. 1968) Anm. 3b zu Anhang zu Art. 23 EGBGB; *Brand-Hensel*, Die Vormundschafts-, Familienrechts- und Fürsorgesachen in der gerichtlichen Praxis (2. Aufl. 1963) 370.

[11] RG 25. 1. 1940, RGZ 162, 329 (332); *Soergel-Siebert(-Kegel)*, Anm. 10 zu Art. 19 EGBGB mit weiteren Nachweisen.

[12] *Soergel-Siebert(-Kegel)*, Art. 27 EGBGB Anm. 28.

seront déterminées par la loi nationale de la personne à protéger."

zum Schutze Geschäftsunfähiger und Abwesender bestimmen sich nach dem Heimatrecht der zu schützenden Person.

Der arabische Text der Vorschrift verwendet den allgemeinen Begriff „al-wilayah", der die Gesamtheit der Rechte und Pflichten der Eltern gegenüber ihren Kindern bezeichnet, also die elterliche Gewalt schlechthin. „Al-wilayah" zerfällt in „wilayah'al-tarbiyah" oder „hadanah", die Pflege und Erziehung des Kindes in den ersten Lebensjahren, „wilayah'ala al-nafs", die Erziehung des Kindes im übrigen und seine Vertretung in persönlichen Angelegenheiten, und „wilayah'ala al-maal", die Vermögenssorge. Die Vorschrift des Art. 16 ZGB betrifft, obwohl sie den allgemeinen Begriff „al-wilayah" gebraucht, nur dieses letzte Attribut der elterlichen Gewalt. Das folgt daraus, daß die französische Übersetzung anstelle der „wilayah" die „administration légale" nennt – einen nur auf vermögensrechtliche Angelegenheiten bezogenen Begriff – und nicht etwa die allgemeine „puissance paternelle". Auch sind die übrigen in Art. 16 ZGB genannten Rechtsinstitute im wesentlichen auf das Vermögen bezogen[13].

Die auf die Person des Kindes bezogenen Attribute der elterlichen Gewalt unterliegen dem Heimatrecht des Vaters[14]. Maßgebend ist also nach ägyptischem IPR hinsichtlich der elterlichen Gewalt über das Vermögen des Kindes: das Heimatrecht des Kindes – und über seine Person: das Heimatrecht des Vaters.

Im vorliegenden Fall besitzen nicht nur der Vater, sondern auch die Kinder die ägyptische Staatsangehörigkeit. Das ägyptische IPR ergibt daher keine Rückverweisung. Somit ist lex causae das ägyptische Recht.

### 5. *Entscheidungen eines Drittstaates*

Auf die hier vorliegende Schweizer Regelung der elterlichen Gewalt kommen also die Grundsätze über die Anerkennung solcher ausländischer Entscheidungen auf dem Gebiet der Freiwilligen Gerichtsbarkeit zur Anwendung, die nicht von einem Gericht oder einer Behörde der lex causae erlassen wurden (Entscheidungen eines Drittstaates). Für derartige Entscheidungen hat die Lehre Bedingungen der Anerkennung herausgearbeitet, deren Beachtung auf eine analoge Anwendung der meisten Erfordernisse des § 328 ZPO herausläuft[15].

---

[13] *Izzul-Din 'Abd-Allah,* Al-Qanun al-dawlial-chaass, Bd. II (4. Aufl. Kairo 1962) 221, 289 Anm. 3, 302; ferner Berufungsgericht Kairo 16. 5. 1956, Nr. 675, zitiert bei *Izzul-Din 'Abd-Allah* 302 Anm. 2.

[14] *Izzul-Din'Abd-Allah* 302; Berufungsgericht Kairo 16. 5. 1956, Nr. 675.

[15] Vgl. *Dölle* 237 f. und *Keidel* (oben N. 7).

a) Internationale Zuständigkeit

Zunächst wird gefordert (entsprechend dem § 328 I Nr. 1 ZPO), daß die Gerichte des Entscheidungsstaates nach deutschem Recht international zuständig waren. Dabei sind sowohl die sachlichen Voraussetzungen wie der maßgebende Zeitpunkt umstritten.

(1) Zu den *sachlichen Voraussetzungen* ist folgendes zu sagen.

(a) Nach der auch vom Institut vertretenen Meinung ist von dem Grundsatz auszugehen, daß international nur die Gerichte der lex causae, d. h. die Gerichte desjenigen Staates zuständig sind, dessen Rechtsordnung sachlich maßgebend ist *(Prinzip des Gleichlaufs)*. Gerichte eines anderen Staates dürfen in der Regel nur unter zwei Bedingungen tätig werden, nämlich wenn der Fall eine gewisse Beziehung zu dem anderen Staat aufweist – d. h. wenigstens ein Beteiligter sich dort aufhält – *und* die lex causae dem Tätigwerden der Gerichte des Entscheidungsstaates zustimmt[16].

Zur Begründung dieser Auffassung wird geltend gemacht, der Richter leite, wenn er rechtsgestaltend und nicht nur streitentscheidend tätig werde, seinen Entscheidungsauftrag nicht aus verfassungs- und verfahrensrechtlichen Normen des eigenen Staates ab, sondern aus dem anwendbaren materiellen Recht. Er habe daher, wenn das eigene Kollisionsrecht ein fremdes Sachrecht berufe, auch dessen Regelung der internationalen Zuständigkeit zu beachten. Sieht der ausländische Staat eine ausschließliche Zuständigkeit seiner eigenen Gerichte vor, so seien die inländischen Gerichte und ebenso die eines dritten Staates grundsätzlich international unzuständig, es sei denn, ein unabweisliches Fürsorgebedürfnis, das nur im Inland oder in einem anderen Staat befriedigt werden kann, ist gegeben[17].

Schließt man sich im Interesse der Wahrung des internationalen Entscheidungseinklangs dieser Auffassung an[18], so ist im vorliegenden Fall die internationale Zuständigkeit der Schweizer Gerichte zur Regelung der elterlichen Gewalt nur unter dem Gesichtspunkt des dringenden Fürsorgebedürfnisses begründet. Denn die lex causae, das ägyptische Recht, stimmt nach Kenntnis des Instituts dem Tätigwerden ausländischer Ge-

---

[16] Vgl. *Dölle* 234; BayObLG 21. 3. 1952, JZ 1952, 723, 724 mit zustimmender Anmerkung *Makarov* = IPRspr. 1952–53 Nr. 317 (jedoch überholt durch BayObLG, 16. 1. 1959, FamRZ 1959, 364 = IPRspr. 1958–1959 Nr. 208); OLG München 18. 5. 1938, JFG 18, 15, 17; KG 7. 2. 1913, OLGE 26, 255, 256; AG Singen 9. 4. 1958, FamRZ 1959, 363; *Neuhaus*, FamRZ 1959, 482; *ders.*, Die Grundbegriffe des IPR (1962) 242 ff.; *ders.*, Zur Internationalen Zuständigkeit in der Freiwilligen Gerichtsbarkeit: NJW 1967, 1167, 1168. Vgl. auch *Beitzke*, Die deutsche internationale Zuständigkeit in Familienrechtssachen: FamRZ 1967, 592 ff., 594, der jedoch von einem strengen Gleichlauf abrücken will.

[17] Vgl. *Dölle* aaO; *Neuhaus* aaO.

[18] Vgl. *Neuhaus*, NJW 1967, 1167 f.

richte in Personalstatuts-Angelegenheiten seiner Bürger nicht zu und erkennt sie nicht an. Es liegt also keine sogen. Zuständigkeitsverweisung vor. Hingegen war während des Scheidungsprozesses ein unabweisbares Fürsorgebedürfnis in der Schweiz aufgetreten, da sich damals alle Beteiligten dort aufhielten und der Mutter die Anrufung eines ägyptischen Gerichts nicht zuzumuten war.

(b) Von manchen wird die Meinung vertreten, für die Regelung der elterlichen Gewalt nach Scheidung seien auch die *Gerichte des Scheidungslandes* für zuständig zu erachten[19]. Vorausgesetzt wird dabei aber, daß die Scheidung in einem dafür international zuständigen Lande erfolgt ist. Ob diese Voraussetzung im vorliegenden Falle gegeben ist, bedürfte einer besonderen, in ungeklärte Streitfragen führenden Untersuchung.

(c) Eine dem Gleichlaufgrundsatz strikt entgegengesetzte, insbesondere in der Rechtsprechung vertretene Meinung trennt die Zuständigkeitsfrage generell von der Frage des anwendbaren materiellen Rechts. Die internationale Zuständigkeit zur Regelung der elterlichen Gewalt nach der Ehescheidung richtet sich nach dieser Auffassung grundsätzlich nach den Vorschriften über die *örtliche Zuständigkeit* (§§ 43 I, 36 FGG); d. h. überall dort, wo nach den Grundsätzen der §§ 43, 36 I S. 1 FGG eine örtliche Zuständigkeit im Inland besteht bzw. im Ausland bestehen würde, soll auch die internationale Zuständigkeit dieser Gerichte gegeben sein, z. B. der Gerichte am Aufenthaltsort des Kindes[20].

Nach dieser Ansicht sind im vorliegenden Fall die Schweizer Gerichte wenigstens zunächst international zuständig gewesen, weil alle Beteiligten ihren Wohnsitz und Aufenthalt in der Schweiz hatten.

(d) *Zwischenergebnis.* Nach der strengeren Auffassung (Gleichlaufgrundsatz) bestand eine internationale Zuständigkeit der Schweizer Gerichte zur Regelung nur wegen des nachweisbaren Fürsorgebedürfnisses. Nach der Gegenmeinung war sie gegeben, weil die Schweizer Gerichte gemäß den in den §§ 43 I, 36 FGG zum Ausdruck gekommenen Grundsätzen als örtlich und damit international zuständig anzusehen waren. Da nach beiden Ansichten internationale Zuständigkeit bestand, kann offenbleiben, welcher grundsätzlich der Vorzug gebührt.

---

[19] *Beitzke*, Sorgerechtsregelung bei Ausländerkindern: Festschrift Lehmann (1956) II 493 ff., 501, und FamRZ 1967, 603. Siehe auch *Kegel*, Zur Reform des deutschen Internationalen Vormundschafts- und Pflegschaftsrechts: Festschrift Dölle II (1963) 219 f.

[20] BayObLG 16. 1. 1959, BayObLGZ 1959, 8, 9 = FamRZ 1959, 364 = IPRspr. 1958–1959 Nr. 208, ständige Rechtsprechung, vgl. zuletzt 3. 11. 1967, FamRZ 1968, 269; KG 27. 6. 1963, FamRZ 1963, 576, 577 mit weiteren Nachweisen; Keidel, FGG § 35 Anm. 13; vgl. auch *Heldrich*, Fragen der internationalen Zuständigkeit der deutschen Nachlaßgerichte: NJW 1967, 417, 419 mit Rechtsprechungsnachweisen hinsichtlich der vormundschaftsgerichtlichen Praxis in N. 16, 17. Nach *Beitzke*, FamRZ 1967, 592 ist die örtliche Zuständigkeit ein Indiz der internationalen.

(2) Was den *Zeitpunkt* betrifft, zu dem die internationale Zuständigkeit bestanden haben muß, so ist dieser schon für die unmittelbare Anwendung von § 328 ZPO umstritten.

Nach der ersten Ansicht ist der Zeitpunkt maßgebend, in dem die Anerkennung der ausländischen Entscheidung im Inland begehrt wird[21]. Die zweite Meinung stellt auf den Zeitpunkt ab, in dem die ausländische Entscheidung ergangen ist[22]. Nach der dritten Auffassung reicht es im Hinblick auf § 263 II Nr. 2 ZPO (perpetuatio fori) schon aus, daß die internationale Zuständigkeit zur Zeit der Klageerhebung im Ausland bestanden hat[23].

Im Verfahren der freiwilligen Gerichtsbarkeit tritt an die Stelle der Klageerhebung die Antragstellung. Allerdings gilt der Grundsatz der Zuständigkeitsfortdauer (perpetuatio fori) nicht schlechthin auch für die deutsche internationale Zuständigkeit, insbesondere, wenn es sich um eine Angelegenheit handelt, durch welche der Personenstand der Beteiligten oder ihre persönlichen Rechtsbeziehungen zueinander berührt werden und wenn eine konkurrierende Zuständigkeit eines anderen Staates besteht, insbesondere die des Heimatstaates[24].

Eine Veränderung der die internationale Zuständigkeit der Schweiz begründenden Tatsachen könnte daher eine zunächst vorhanden gewesene internationale Zuständigkeit der Schweizer Gerichte ausschalten[25].

Nach Ansicht des BayObLG ergibt jedoch eine Übertragung der Rechtsgedanken des § 4 FGG auf die internationale Zuständigkeit, daß die Zuständigkeit des Gerichts, das zuerst tätig geworden ist, aufrechterhalten wird. In § 4 FGG hat der allgemeinere Rechtsgedanke Ausdruck gefunden, daß derjenige, der zuerst tätig wird, nicht zurückzutreten braucht gegenüber dem, der erst später tätig wird[26].

Selbst wenn man dieser Ansicht des BayObLG nicht generell folgen will, weil bei einer so weitgehenden perpetuatio fori der Grundsatz des Gleichlaufes auch dort aufgegeben würde, wo ein Fürsorgebedürfnis im Entscheidungsstaat nicht mehr besteht, so wird man hier doch von einer Zuständigkeitsfortdauer ausgehen müssen. Sie tritt nämlich wenigstens in den Fällen ein, in denen – wie hier – die ursprünglich vorhandene internationale Zuständigkeit fraudulös beseitigt werden sollte.

---

[21] RG 21. 3. 1902, RGZ 51, 135, 138; *Baumbach-Lauterbach*, ZPO (28. Aufl. 1965) § 328 Anm. 2 A.

[22] *Rosenberg* § 149 II 1 b a. E., S. 746.

[23] *Stein-Jonas-Schönke-Pohle* § 328 Anm. IV 2 a. E. mit weiteren Nachweisen in N. 35.

[24] KG 4. 6. 1959, IPRspr. 1958–1959 Nr. 209 S. 684 f. mit weiteren Nachweisen. Vgl. auch BayObLG 16. 9. 1959 aaO, insbesondere in IPRspr. 1958–1959 Nr. 208 S. 677 f.

[25] Vgl. BayObLG aaO 678.

[26] BayObLG aaO.

Allerdings bestehen selbst dann, wenn man der dritten Ansicht folgt und die internationale Zuständigkeit zur Zeit der Antragstellung genügen läßt, Zweifel daran, ob zu dieser Zeit eine internationale Zuständigkeit der Schweiz bestand. Wenn man nämlich davon ausgeht, daß das Verfahren zur Regelung der elterlichen Gewalt erst nach Abschluß des Scheidungsprozesses anhängig werden konnte, dann bestand im maßgebenden Zeitpunkt keine internationale Zuständigkeit der Schweiz mehr. Die genannte Voraussetzung ist jedoch im vorliegenden Fall nicht annehmbar. Ein vorläufiges Sorgerechtsverfahren hatte bereits stattgefunden, und beiden Parteien war bekannt, daß eine endgültige Regelung zusammen mit dem Scheidungsurteil ergehen würde. Sie haben sich ersichtlich in dem Scheidungsverfahren auch zur Frage der Übertragung der elterlichen Gewalt eingelassen und entsprechende Anträge gestellt. Daher ist hier die Anhängigkeit des Sorgerechtsverfahrens zugleich mit der Rechtshängigkeit des Scheidungsverfahrens eingetreten.

Als *Zwischenergebnis* kann also festgehalten werden: Nur nach der dritten Meinung über den maßgebenden Zeitpunkt lag eine internationale Zuständigkeit der Schweiz vor. Nach der vom Reichsgericht vertretenen Ansicht (Zeitpunkt der Anerkennung) und der Meinung Rosenbergs (Zeitpunkt der Entscheidung) müßte die Anerkennung am Mangel der internationalen Zuständigkeit scheitern, weil in den betreffenden Zeitpunkten nur die Mutter noch Wohnsitz und gewöhnlichen Aufenthalt in der Schweiz hatte. Eine Stellungnahme zu diesem Meinungsstreit ist jedoch entbehrlich, wenn sich im folgenden herausstellen sollte, daß es im Ergebnis darauf nicht ankommt. Zunächst sollen daher die weiteren Vollstreckungsvoraussetzungen in entsprechender Anwendung des § 328 I ZPO geprüft werden.

b) Rechtliches Gehör für Deutsche

Der § 328 I Nr. 2 ZPO ist nur dann anzuwenden, wenn einer unterlegenen *deutschen* Partei das rechtliche Gehör nicht gewährt wurde.

c) Abweichung vom deutschen IPR

Auch § 328 I Nr. 3 ZPO kommt hier nicht zum Zuge, weil diese Vorschrift ebenfalls nur bei Abweichungen zuungunsten *deutscher* Parteien von bestimmten Grundsätzen des deutschen IPR eingreift. Überdies wird Art. 19 EGBGB nicht erfaßt, weil die Nr. 3 nur Statusfragen betrifft.

d) Ordre public

Es ist auch kein Grund ersichtlich, warum die Schweizer Entscheidung gegen den deutschen ordre public im Sinne des § 328 I Nr. 4 ZPO verstoßen sollte. Insbesondere ist dem Vater in dem Verfahren, auf das er sich eingelassen hatte, hinreichend rechtliches Gehör gewährt worden.

Auch widerspricht es nicht dem deutschen ordre public, daß die Regelung der elterlichen Gewalt von dem Prozeßgericht und nicht durch ein besonderes Vormundschaftsgericht oder eine Vormundschaftsbehörde getroffen wurde.

Mit dem schwierigen Problem der Anerkennung widerstreitender ausländischer Entscheidungen über denselben Streitgegenstand[27] braucht sich das Gutachten nicht zu befassen, da eine möglicherweise ergangene ägyptische Sorgerechtsregelung ihrerseits nicht anerkennungsfähig wäre; denn gegebenenfalls ist der Mutter kein rechtliches Gehör gewährt worden und die Verletzung einer derart grundlegenden Verfahrensvorschrift verstieße gegen den deutschen ordre public, gleichgültig ob eine deutsche oder eine ausländische Partei dadurch benachteiligt wird.

e) Gegenseitigkeit

Auf die Verbürgung der Gegenseitigkeit, § 328 I Nr. 5 ZPO, kommt es, wie schon bemerkt, nicht an.

### *6. Wirkung der Anerkennung*

Nur wenn die Anerkennung die Wirkung hat, daß das deutsche Vormundschaftsgericht an die schweizerische Regelung der elterlichen Gewalt gebunden ist und deshalb die Herausgabe der Kinder anordnen muß, wird es notwendig, die oben offengelassene Frage nach dem Zeitpunkt zu beantworten, in dem die internationale Zuständigkeit der schweizerischen Gerichte gegeben sein muß. Über die Auswirkung der Anerkennung einer ausländischen Regelung der elterlichen Gewalt nach Scheidung bestehen bisher jedoch keine einheitlichen Auffassungen.

a) Das BayObLG geht davon aus, daß ein Rechtsschutzinteresse für eine erneute deutsche Sorgerechtsregelung, die aufgrund des alten Sachverhalts ergehen würde, regelmäßig fehlt und daß daher in einem Fall wie dem vorliegenden das Vormundschaftsgericht die Herausgabe der Kinder aufgrund der Schweizer Regelung anordnen muß[28].

b) Der Bundesgerichtshof nimmt einen ähnlichen Standpunkt ein. Er äußert sich zwar nicht dazu, ob die Herausgabe angeordnet werden muß. Er läßt aber einen Antrag auf Änderung der Sorgerechtsregelung nur dann zu, wenn neue Tatsachen vorliegen[29].

---

[27] Vgl. dazu *Roth*, Der Vorbehalt des ordre public gegenüber fremden gerichtlichen Entscheidungen (1967) 109, sowie BGH 8. 1. 1965, BGHZ 43, 80 = NJW 1965, 912 (Todeserklärung).

[28] BayObLG 16. 1. 1959, FamRZ 1959, 364 mit Anm. *Schwimann* und *Neuhaus* (482) = IPRspr. 1958–1959 Nr. 208. Vgl. auch OLG Breslau 9. 5. 1938, DR 1939, 869.

[29] BGH 14. 7. 1956, BGHZ 21, 306, 314. So auch schon KG 3. 5. 1935, JW 1935, 2750.

c) Nach einer dritten Ansicht können – auch ohne daß neue Tatsachen vorliegen – anzuerkennende ausländische Sorgerechtsregelungen vom deutschen Vormundschaftsgericht geändert werden, soweit das anwendbare materielle Recht das zuläßt und das deutsche Vormundschaftsgericht international zuständig ist[30].

Da hier durch die Übersiedlung des Vaters nach Bremen, wo die Kinder bei ihm in offensichtlich geordneten Verhältnissen leben, neue Tatsachen aufgetreten sind, äußert die Anerkennung der Schweizer Entscheidung praktisch nach allen Ansichten keine Wirkung. Es kann daher offenbleiben, in welchem Zeitpunkt die internationale Zuständigkeit der schweizerischen Gerichte bestanden haben muß, um die Anerkennung zu rechtfertigen.

### *Zu II. Neue Sorgerechtsregelung durch das Vormundschaftsgericht in Bremen*

#### *1. Internationale Zuständigkeit*

Das Vormundschaftsgericht in Bremen darf nur tätig werden, wenn es seinerseits *internationale Zuständigkeit* besitzt. Diese ist nach den oben zu I 5 a dargelegten Grundsätzen hier gegeben. Auch die Vertreter des „Gleichlaufs" erkennen in einem Fall wie dem vorliegenden eine *Fürsorgezuständigkeit* an, da Vater und Kinder sich in Deutschland aufhalten und da der Mutter eine Anrufung der ägyptischen Gerichte der lex causae nicht zugemutet werden kann. Weitere Voraussetzung ist allerdings, daß nach dem sachlich maßgebenden Recht die von der Mutter angestrebte Sorgerechtsregelung überhaupt möglich ist. Sollte das nicht der Fall sein, das Wohl der Kinder sie aber erforderlich machen, so käme eine Sorgerechtsregelung unter Anwendung des Art. 30 EGBGB in Frage, für die jedenfalls eine deutsche internationale Zuständigkeit bestehen würde.

#### *2. Lex causae*

In der Sache maßgebende lex causae ist das ägyptische Recht, vgl. oben bei I 4.

Nach *ägyptischem interpersonalem* Recht entscheidet in personenrechtlichen Angelegenheiten die Religion und Konfession der Beteiligten in einem gewissen Rahmen über das anzuwendende Recht. Bis zur Abschaffung der religiösen Gerichte im Jahre 1955 ergab sich das anzuwendende Recht mittelbar aus den Regeln über deren Zuständigkeit, denn jedes Gericht wandte nur sein eigenes Recht an. Unterstanden die mehreren an

---

[30] OLG Köln 3. 7. 1959, ZZP 73 (1960) 301 = IPRspr. 1958–1959 Nr. 210 (zu einem Verfahren gemäß § 627 ZPO); *Soergel-Siebert(-Kegel)* Art. 19 EGBGB Anm. 47 f.

einer Angelegenheit beteiligten Personen nicht einer einheitlichen Gerichtsbarkeit, so entschied das Scheriatsgericht unter Anwendung islamischen Rechts.

Auch nach der Abschaffung der religiösen Gerichtsbarkeit in Ägypten greift die ägyptische Rechtsprechung und Rechtslehre, wenn die Parteien verschiedenen Religionen, Konfessionen oder Riten angehören, auf das *islamische Recht* als allgemeines Grundgesetz des staatlichen und sozialen Lebens in der VAR zurück [31].

Auf die sich ergebenden sachlich-rechtlichen Fragen des ägyptischen Rechts und dessen Vereinbarkeit mit dem deutschen ordre public soll sich die vorliegende Rechtsauskunft laut Vereinbarung nicht erstrecken [32]. Die Vereinbarkeit der maßgeblichen Vorschriften des islamischen Rechts der hanefitischen Schule mit dem deutschen ordre public behandelt die Rechtsauskunft des Instituts G 188/66 vom 8. 12. 1967 [33]. Danach kann das Vormundschaftsgericht im Ergebnis dem Vater die elterliche Gewalt entziehen und sie der Mutter zusprechen, wenn das zum Wohl der Kinder jetzt unbedingt erforderlich ist.

### *III. Ergebnis*

Die bei der Frage der Anerkennung ausländischer Sorgerechtsregelungen auftretenden Streitfragen können hier offenbleiben, da aufgrund der neu eingetretenen Tatsache jedenfalls eine neue Sorgerechtsregelung getroffen werden müßte. Das Vormundschaftsgericht Bremen ist dafür zuständig. In der Sache ist ägyptisches Recht anzuwenden, eventuell in einer gemäß Art. 30 EGBGB modifizierten Form.

---

[31] *Salamah,* Al-Ahwal Al-Schachsiyyah li-Al-Misriyyin ghair Al-Muslimin wa Al-Aganib, Bd. I (Kairo 1958) 163 f. mit Nachweisen.

[32] Vgl. insoweit OLG Düsseldorf 14. 11. 1961, IPRspr. 1960–1961 Nr. 113.

[33] Oben Nr. 31.

SACHREGISTER

(Seitenzahlen ohne vorgängige Landesbezeichnung beziehen sich auf Deutsches Internationales Privatrecht oder eine andere aus dem jeweiligen Zusammenhang ersichtliche Materie des deutschen Rechts)


Abänderungsklage
(USA – New Jersey) 461 f.
– bei ausländischem Urteil 460–462
Abnahmepflicht beim Kauf
(Frankreich) 31–33
Abschlußort des Vertrages
(England) 7; (Zypern) 7
abstrakte Verpflichtung
(Spanien) 101
Abtretung einer Forderung (siehe Zession)
Abzahlungsgeschäft
(Niederlande) 153 f.
administrator
(England) 776–778; (Kanada – Ontario) 726 f.; (USA) 871 f.; (USA – Illinois) 765, 770; (USA – Kalifornien) 694–696, 871 f.; (USA – New Jersey) 819 f.
– Befugnisse in Deutschland 820 f., 872
Adoption
(islamischer Rechtskreis) 544; (Pakistan) 544; (Südpolen) 570 f.; (USA – Kalifornien) 690 f.
– Anerkennung ausländischer Adoptionen (USA) 586–588
– eines deutschen Kindes durch Ausländer 577 f.
– Mitwirkung der Jugendämter bei Adoptionen mit Auslandsberührung 579 f.
– Qualifikation einer nach dem Recht von USA – Kalifornien vorgenommenen Adoption 691
– Unmöglichkeit der Formwahrung (Polen) 571 f.
Adoptionsstatut 574, 583
(Polen) 568; (USA) 574; (USA – Tennessee) 584
intertemporales – (Polen) 569
interterritoriales – (Polen) 569
– und nach dem Heimatrecht des Kindes vorgeschriebene Einwilligung eines Dritten 620–622

Ägypten (VAR)
Anerkennung der Ehelichkeit eines Kindes 339–344 – und Qualifikation nach deutschem IPR 339 f.; eheliche Abstammung 336 f.; elterliche Gewalt, Statut 944 f.; Familienrecht 336; Formstatut 338; – der Eheschließung 338; hadâna 345; interpersonales Kollisionsrecht 335, 951 f.; Personalstatut 185; religiöses – 185, 335; Personensorgerecht der Mutter 345; Sorgerecht über Kinder aus geschiedenen Ehen, Statut 944 f.; Wahrnehmung deutscher Interessen durch Schweden als Schutzmacht 189–191

Afghanistan
eheliche Abstammung 370; elterliche Gewalt 371–373, – und deutscher ordre public 373 f.; Familienrecht 370; IPR 370; religiöses Recht 370

Algerien
Anerkennung einer ausländischen Ehescheidung 379; Ehe 202; Ehenichtigkeitsgrund des bestehenden Ehebandes der Frau nach malekitischem Ritus 199–208 – und Nichtigkeitsfeststellung 206–208; Eheschei-

dungsstatut 379, 381; elterliche Gewalt 377 f. – Statut 378 f.; IPR 376; Nutznießung am Kindesvermögen 377 f.; ordre public 376; Personalstatut 197; französisches und lokales – 197–199, 201–203; Option für französisches – durch standesamtliche Eheschließung 198 f.; Staatsangehörigkeit 380; Wohnsitz des Ehegatten 380 f.
Amtsvormundschaft 352
Anerkennung (siehe auch Verbürgerung der Gegenseitigkeit)
– ausländischer Zivilurteile 452–460; (USA) 457 f., 889 f.; 897 f.; (USA – New York) 898–901
– ausländischer Entscheidungen in Ehesachen: (Jugoslawien) 914–921; (USA) 454 f., 458 f.; (USA – New Jersey) 454 f.
– ausländischer Ehescheidungen 299 (Algerien) 379; (Frankreich) 379; (Indien) 905–911
– ausländischer Unterhaltsurteile (USA – New York) 899
– ausländischer Entscheidungen über custody (USA – Illinois) 365 f.
– ausländischer Entscheidungen im Bereich der freiwilligen Gerichtsbarkeit 942 f., 945–951, – und erneute deutsche Regelung 950 f.
– von Sorgerechtsregelungen in ausländischen Scheidungsurteilen 942 f.
Anerkennnung und Vollstreckung gerichtlicher Entscheidungen (Deutschland – Schweiz) 924 f. (Deutschland – USA) 889, 896
Anspruchskonkurrenz
– von vertraglichen und deliktischen Ansprüchen (Spanien) 108
Anwaltskosten
(Frankreich) 50 f.
– Tragung durch Beklagten (Frankreich) 51
Anzahlung
– beim Kaufvertrag (Spanien) 84 f.
Aufenthaltsort
(Jugoslawien) 916
Aufgebot 227 (Italien) 226; (Tschechoslowakei) 240 f.
Auflage
testamentarische – (Frankreich) 845; (Luxemburg) 845
Auftrag
(Spanien) 105–108, 173–175
Außervertragliche Schuldverhältnisse
– Statut (Italien) 115

Beamtenrecht
– gesetzlicher Forderungsübergang bei Schädigung eines Beamten: (Niederlande) 141
Belegenheit
(USA) 685; (USA – Kalifornien) 685
– dinglicher Rechte 166
– eines Bankguthabens 882
– einer Hypothek 816
– von beweglichem Vermögen im Erbrecht (Belgien) 837; (Frankreich) 837; (Luxemburg) 837; (USA – Kalifornien) 882 f.
– von Forderungen 882 (USA – New Jersey) 816
– und Qualifikation als bewegliches – unbewegliches Vermögen 815; (England) 772; (Common Law) 814; (Kanada – Quebec) 786
Belgien
Belegenheit von beweglichem Vermögen im Erbrecht 837; elterliche Gewalt nach Ehescheidung 388–390; Erbstatut 836 f.; internationale Zuständigkeit im Verhältnis zu Deutschland 383 f.; Nachlaßspaltung 836 f.; Nutznießung am Kindesvermögen 389; Personensorgestatut 386; Rechtswahl im internationalen Erbrecht 838; Testament, Gültigkeitsstatut 838; Vermögenssorge, Statut 386
Besitz
– des Erben
(Frankreich) 790; (Kanada – Quebec) 790 f.
Beweis
– Vermutungsbeweis
(Niederlande) 148

Beweislast
(Niederlande) 112 f.; – Änderung
(Niederlande) 112 f.
– Statut 109 f.; – Qualifikation 110
– Umkehrung
(Italien) 117
Bürgerrechtsehe 231
(Schweiz) 231 f.

Cif-Klausel
(England) 8
Common Law
– erie-doctrine
(USA) 17
Widerspruch zwischen englischem
und amerikanischem – (Liberia) 17 f.
Condition
(England) 8–11; (Zypern) 8–11
Consideration
(Liberia) 20–24; (USA) 20–24
– past consideration
(Liberia) 21–24; (USA) 21–24
– Qualifikation 24 f.
Custody
(USA – Illinois) 363

Delikt
(Italien) 116–118; (Spanien) 123 f., 178
– Schadensberechnung
(Niederlande) 147
– und Strafrecht
(Spanien) 123
– Verjährung
(Niederlande) 148 f.; (Spanien) 129
Deliktsstatut 104 f., 157 f.
(Italien) 115; (Niederlande) 140 f.;
(Spanien) 158 f.; (spanisches interregionales Privatrecht) 161
– und Vertragsstatut 104 f.
description
(England) 9
Direktanspruch gegen den Haftpflichtversicherer
(Spanien) 125, 128
– Statut (Schweiz) 121
Domizil
(England) 348 f., 498–500, 906–909;
(Frankreich) 700–706; (Indien)
906–909; (Kanada) 409, 658, 725;
(Schottland) 348 f.; (USA) 464 f., 575 f.,
587; (USA – Illinois) 359, 757 f.;
(USA – Kalifornien) 683, 869
abgeleitetes – des Kindes
(USA) 358 f., 464 f.
– des Erblassers
(Frankreich) 700–706
– einer Gesellschaft
(Spanien) 162
– Anwendung des englischen Domizilprinzips durch israelische staatliche und religiöse Gerichte 214–217
Domizilstatut 356
England 357; (USA) 356–358
– bei abgeleitetem Domizil 358
Doppelstaater und Mehrstaater
– kollisionsrechtliche Behandlung 224,
277, 413 f., 535, 690, 712–715, 802
(Türkei) 445
– Erbstatut 698, 712–714
dower
(Common Law) 828; (USA – New
Jersey) 828 f.
droit de garde
(Algerien) 377 f.; (Belgien) 387;
(Frankreich) 387
– Statut 378 f.

Eheaufhebung
(Schweiz) 328–330
Eheauflösungsgründe
– Systematik
(Schweiz) 233
Ehefähigkeitszeugnis
(Italien) 225
Ehegüterrecht
(Iran) 638; (Israel – talmudisches
Recht) 805 f.; (Jugoslawien) 656;
(Niederlande) 261–264; (USA –
Kalifornien) 871
Ehegüterrechtsstatut 256 f., 654, 747,
749, 829, 870
(Israel) 804; (Jugoslawien) 655;
(Kanada – Quebec) 804 f.; (Schweiz)
748; (USA) 870; (USA – New Jersey)
829; (USA – New York) 270
– Geltungsbereich 263 f.
– nach dem deutsch-iranischen Niederlassungsabkommen 637
– selbständige Anknüpfung 870
Eheliche Abstammung
(Ägypten) 336 f.; (Afghanistan) 370;
(England) 350; (Irak) 508 f.; (Jordanien) 394, 515 f.; (Schottland) 351;
(Türkei) 442
– als Vorfrage 393

– bei rechtlich fehlerhafter Ehe (Jordanien) 524
– und Vorfrage der gültigen Ehe 493–498
– Statut 347, 354, 423, 493–495, 543, 672 (Ägypten) 334 f.; (Frankreich) 423 f.; (Polen) 347; (Senegal) 423 f.; (USA) 355 f.; (USA – Illinois) 355 f.; (USA – New York) 355 f.
– Statut bei Aufhebung der Ehe 369 f.
– Anerkennung der Ehelichkeit (Ägypten) 339–344; Qualifikation 339 f.
– Anfechtung der Ehelichkeit, Statut 362
eheliche Kindschaft
– Statut 385, 392, 407, 430, 440 f., 462 (Belgien) 385 f.; (Italien) 593 f.; (Sowjetunion) 431–433
Ehenichtigkeitsgrund
(Italien) 225
– des bestehenden Ehebandes der Frau (Algerien – malekitischer Ritus) 199–208
– des bestehenden Ehebandes (Spanien) trotz rechtskräftigen deutschen Scheidungsurteils 553–556
– der Religionsverschiedenheit (Israel) 217 f., – und Vereinbarkeit mit dem deutschen ordre public 218–222
Ehenichtigkeitsurteil
(Tschechoslowakei) 245 f.; (Schweiz) 233
– und schweizerisches Scheidungsurteil 233
Ehescheidung
(Iran) 280–282, 306 f.; (Niederlande) 319–323
– durch gerichtliches Verfahren (Iran) 279 f.
einverständliche – (Iran) 282
– eines außerhalb Indiens wohnhaften Hindu (Indien) 911
– rechtsgeschäftliche – s. talaq
– talaq – Scheidung (Iran) 278 f., 300–302, 307–314; Qualifikation 301 f.;
– und deutscher ordre public 315 f.
– und Unterhalt der Frau während der Wartefrist 311 f.; Widerruf 312–314
– Verstoßungsrecht des Ehemannes s. talaq
– Vereinbarung über Nebenfolgen (Türkei) 448 f.
Ehescheidungsstatut 304 f., 318 f., 911 (Algerien) 379, 381; (Frankreich) 379, 381; (Indien) 912; (Iran) 305; (Jugoslawien) 921; (Niederlande) 319
– nach dem deutsch-iranischen Niederlassungsabkommen 276–278, 284, 302 f.
Eheschließung (siehe auch: Ehenichtigkeitsgrund)
(islamischer Rechtskreis) 544; (Spanien) 552 f.; (Tschechoslowakei) 240–242
– Form, – zwischen Juden in Polen 671 f.; faktische Unmöglichkeit der Formwahrung aufgrund außergewöhnlicher Umstände 188–191 (Polen) 572
– Formstatut 184, 196, 210, 224 f., 236 f. (Ägypten) 338; (England) 496; (Österreich) 239
– hinkende Ehe 191 f.
– im Ausland
(deutsche Staatsangehörige) 186 f.; (italienische Staatsangehörige) 187, 192
– Konkordatsehe
(Italien) 187, 228; – und Transkription (Italien) 187, 192
– materiellrechtliche Gültigkeit, Statut 210 f., 230, 250
(England) 495 f.; (Spanien) 552; (Tschechoslowakei) 238; – Unwandelbarkeit 248 f.
– Notehe und Transkription nach kirchlichem Eherecht
(Italien) 192 f.
– vor einem Geistlichen
(Italien) 228; (Spanien) 552 f.; (Tschechoslowakei) 241–245; – vor einem britischen Militärgeistlichen in Deutschland 494
– vor einem Konsulat 228 f.
(Iran) 304
– vor einem Standesbeamten
(Italien) 225–227; (Tschechoslowakei) 240–242

– Zivilehe
(Italien) 187, 225–227; (Tschechoslowakei) 241 f.
Ehevertrag 748 f.
– Statut 271 (USA – New York) 271 f., – Fähigkeit zum Abschluß 271; (USA – New York) 272
Ehewirkungen, persönliche
(Niederlande) 260 f.
– Statut 256–258; (Niederlande) 258, Geltungsbereich 263 f.
Eigentumsübertragung
(Spanien) 83; – von Grundstücken (Spanien) 83
Eigentumsvorbehalt
(Niederlande) 153 f.
Anerkennung eines in Deutschland begründeten –
(Niederlande) 154
– Statut 152
– und Abzahlungsgeschäft
(Niederlande) 153 f.
El Salvador
elterliche Gewalt 619; – über uneheliche Kinder 611 f.; IPR 611; Staatsangehörigkeit 609; Vormundschaft 618
elterliche Gewalt (siehe auch: droit de garde, gesetzliche Vertretung, Nutznießung am Kindesvermögen, Personensorge, Vermögenssorge)
– bei bestehender Ehe
(Afghanistan) 371–373; Algerien 377; (El Salvador) 619; (Frankreich) 377; (Iran) 287–289; (Jordanien) 398–404; (Jugoslawien) 471 f.; (Mexiko) 616 f., 619 f.; (Österreich) 418–421; (Sowjetunion) 434
– Statut 376, 416 f. (Algerien) 378 f.; (Österreich) 417 f.; (nach dem deutsch-iranischen Niederlassungsabkommen) 286 f.
– nach Scheidung der Ehe
(Afghanistan) 372; (Algerien) 377 f.; (Belgien) 388–390; (Frankreich) 377 f., 427 f.; (Iran) 289–294; (Jordanien) 401–404; (Kanada) 410 f.; (Österreich) 601 f.; (Senegal) 427 f.; (Türkei) 447–449 – Statut 362 f., 427, 944
(Frankreich) 427; (Jordanien) 394; (Senegal) 427; (Türkei) 444 f.; (nach dem deutsch-iranischen Niederlassungsabkommen) 287
– über uneheliche Kinder
(El Salvador) 611 f.; (Jugoslawien) 471 f.; (Schweden) 484 – Statut 610 f., 612 (Spanien) 613 f.
– custody
(Kanada) 410 f.; (USA – Illinois) 363
Entziehung der –
(Österreich) 602 f.
– und Religionsverschiedenheit von Mutter und Kind
(Jordanien) 401 f.
England
Abschlußort des Vertrages 7; administrator 776–778; cif-Klausel 8; condition 8–11; description 9; Domizil 348 f., 498–500, 906–909; eheliche Abstammung 350; Erbgang 715–718; Erbstatut 715, 772; Erfüllungsort als Anknüpfungsmoment 7; executor 715–718, 776–778; – und Testamentsvollstrecker 716; Gewährleistung 8–13; hypothetischer Parteiwille 6 f.; legacy, general –, specific –, residuary – 718 f.; Legitimation 500 f.; Legitimationsstatut 498; Nachlaßspaltung 715, 772; Nachlaßverwaltung 715–718; probate-Verfahren 711; proper law of the contract 6 f.; Qualifikation als bewegliches – unbewegliches Vermögen 772; Rechtswahl im Vertragsrecht 6; Rücktrittsrecht 10 f.; rule against perpetuities 717; Schadensberechnung 12 f.; Schadensersatz bei Vertragsverletzung 11–14; Staatsangehörigkeit 223 f., 348, 352; Testamentsform 711 f.; trustee 715–718; warranty 8–11
Entschädigungsfonds, nationaler
(Spanien) 125, 128
Erbausschließungsgründe
(Iran) 638–640
Erbenhaftung
– Beschränkung
(Niederlande) 857–861
– Beschränkung durch Erklärung der Annahme unter Vorbehalt des In-

ventars vor ausländischem Gericht (Niederlande) 860
Erbfolge
– gesetzliche
(Iran) 631–635; (Jugoslawien) 653; (Kanada – Ontario) 658 f.; (Liechtenstein) 665 f.; (Österreich) 865; (Polen) 669 f., 673; (Schweiz) 865; (Syrien) 743 f.; (Tschechoslowakei) 864 f.; (USA – Kalifornien) 687 f.; 872–880;
– testamentarische –
(nach syrischem Scheriatrecht) 740 f.
– Umfang
(Iran) 646; (islamisch-schiitisches Recht) 646
Erbgang
(England) 715–718; (Frankreich) 790 f.; (Kanada – Ontario) 726 f.; (Kanada – Quebec) 790 f.; (USA) 871; (USA – Kalifornien) 694, 871
Erbrecht
– des überlebenden Ehegatten (siehe auch: dower) (Iran) 633–636, – und Aufnahme in deutschen Erbschein 636; (Kanada – Ontario) 659, – und Aufnahme in deutschen Erbschein 659–661; (Sowjetunion – Bessarabien) 678; (USA – New Jersey) 699 f., 828 f.
– des unehelichen Kindes (Italien) 645; (Jugoslawien) 653 f.; (Polen) 670; (Spanien) 645; (USA – Kalifornien) 687 f.; – einer römisch-katholischen Iranerin 644 f.
– und Ehegüterrecht (USA – Kalifornien) 873 f.
Erbschaftsannahme
(Kanada – Quebec) 791; (Sowjetunion – Bessarabien) 679
– und Anfechtung einer Ausschlagungserklärung (Niederlande) 856
Erbschaftsausschlagung
(Kanada – Quebec) 791; (Niederlande) 854 f.; (Sowjetunion – Bessarabien) 679
– Anfechtung und Annahmeerklärung (Niederlande) 856
– internationale Zuständigkeit eines deutschen Gerichts zur Entgegennahme einer Ausschlagungserklärung bei ausländischem Erbstatut 855 f.
Erbschein 687 f.
– und ausländisches Erbrecht 798
– und Erbrecht des überlebenden Ehegatten nach anglo-amerikanischem Recht 659–661
– und executor – administrator 695 f., 720
– und trustee 720
– internationale Zuständigkeit deutscher Gerichte 829, – bei Ansprüchen nach dem Bundesentschädigungsgesetz 806
Erbstatut (siehe auch: Nachlaßspaltung) 627, 650, 662, 667, 674–676, 682, 724, 730 f., 757, 772, 784, 812 f., 835, 848, 863, 868
(England) 715, 772; (Frankreich) 700, 836 f.; (Iran) 628 f.; (Jugoslawien) 652; (Kanada – Ontario) 724; (Kanada – Quebec) 785–787; (Libanon) 734 f.; (Liechtenstein) 663 f.; (Luxemburg) 836 f.; (Niederlande) 848 f.; (Polen) 668; (Sowjetunion) 676 f.; (Syrien) 734; (Tschechoslowakei) 864; (USA) 869; (USA – Illinois) 757; (USA – New Jersey) 699, 814
– bei Staatenlosen (Jugoslawien) 652
– Geltungsbereich 684, 812 f., 850
– Rechtswahl 730 f., (Belgien) 838; (Frankreich) 838; (Luxemburg) 838; (Schweiz) 750
– und Änderung des materiellen Rechts 675
– und doppelte Staatsangehörigkeit 698, 712–714
– und Souveränitätswechsel des Heimatstaats im Falle Bessarabien 675 f.
– und Staatserbrecht 880
– und Wechsel der Staatsangehörigkeit 733 f.
Erbvertrag
(Schweiz) 751 f., 755
Erfüllung
– bei cif-Klausel (England) 8
Erfüllungsort
(Italien) 66 f.
– als Anknüpfungsmoment 5 f. (England) 7
Ergänzungspflegschaft
(Italien) 594
– Statut 590 f., (Italien) 591
– Vorfrage der elterlichen Gewalt 592, – der Prozeßunfähigkeit 592

erie-doctrine
(USA) 17
Ersitzung
(Niederlande) 111
escheat (siehe auch Heimfallrecht des Staates)
– Statut (USA) 880–882; (USA – Kalifornien) 880–882
executor (siehe auch Testamentsvollstrecker)
(England) 715–718, 776–778; (Kanada – Ontario) 726 f.; (USA – Illinois) 765–770; (USA – Kalifornien) 695 f., 871 f.; (USA – NewJersey) 819 f.
– Befugnisse in Deutschland 820 f., 872
– und Erbschein 720
– und Rule against perpetuities 717
– und Testamentsvollstrecker 716

Fahrlässigkeit
(Spanien) 106
– Haftungsmilderung (Spanien) 106 f.
Foralrechte
(Spanien) 82, 96, 159, 550
– und gemeines spanisches Zivilrecht 159, 169 f.
forced share
(USA – Illinois) 769 f.
Form des Rechtsgeschäfts
(Italien) 55 f.
– eines Grundstückskaufvertrags (Spanien) 82 f.
– eines Verkaufsversprechens (Italien) 57
– eines Vorvertrages (Italien) 57
– privatschriftliche – beim Kaufvertrag (Italien) 58
Formstatut 163, 166
(Äypten) 338; (Spanien) 163 f., 166; (Tschechoslowakei) 237
– einer Verpfändung 163, (Spanien) 163
forum non conveniens
(USA) 893 f.
Frankreich
Abnahmepflicht des Käufers 31–33; Anerkennung einer ausländischen Ehescheidung 379; Anwaltskosten 50 f.; Auflage, testamentarische 845; Belegenheit von beweglichem Vermögen im Erbrecht 837; Domizil 700–706, – des Erblassers 700–706; droit de garde 337 f., – Statut 378 f.; Ehelichkeitsstatut 423 f.; Ehescheidungsstatut 379, 381; elterliche Gewalt 377 f., 427 f., – Statut 378 f.; Erbgang 790 f.; Erbstatut 700, 836–838; Kolonialrecht 561–563; Legitimationsstatut 560 f.; legs universel, à tître universel, à tître particulier 789–791; letztwillige Zuwendungen 789; Nacherbschaft 840; – Statut 837; Nachlaßspaltung 700, 836 f.; Nutznießung am Kindesvermögen 377 f.; Personalstatut, französisches und lokales algerisches 197–199, 201–203; Pfandrecht 46–49; – Zusammentreffen mit privilège 49; Rechtswahl im internationalen Erbrecht 838; saisine 790; Schadensersatz wegen Nichterfüllung 34–37, 43 f.; Staatsangehörigkeit 697; substitution 797 f., 840, – und deutscher ordre public 845 f.; Testament, – Form 729 f., – Gültigkeitsstatut 838; Verjährung 41 f.; – eines Wechselanspruchs 39 f., 41 f., – Unterbrechung durch Klageerhebung im Ausland 40 f.; Vermächtnis 789 bis 791; Vertragsstrafe 42 f., 45 f.; Verzinsung, – bei Schuldnerverzug 43 f., – des Wechselanspruchs 44 f.; Verzug des Schuldners 44, 52; Wechselbürgschaft 49 f., 52; – Verjährung 50; Wechselprotestkosten 44 f.; Wohnsitz der Ehegatten 380 f.; Zinseszins 46
freiwillige Gerichtsbarkeit (siehe auch Anerkennung von Entscheidungen der f. G.)
– Nichtigkeit von Akten der – bei Verstoß gegen ausländisches Recht 604 f.

Gefährdungshaftung
(Italien) 117 f.; (Jugoslawien – Kroatien – Slawonien) 135–138; (Schweiz) 121
Gefälligkeitsfahrt
(Italien) 116; (Spanien) 127
Gegenseitigkeit
– und Anwendung ausländischen Rechts 866
Gerichtsstand
– des Schuldners (Schweiz) 119 f.
Gerichtsstandsvereinbarung

– als Anknüpfungsmoment 70
Geschäftsfähigkeit
(Italien) 592; (Österreich 418
– Statut (Österreich) 417
gesetzlicher Forderungsübergang
(siehe Legalzession)
gesetzliche Vertretung Minderjähriger
(Italien) 593 f.
Getrenntleben
Recht zum – (Schweiz) 937 f.
Gewährleistung
– beim Kauf (England) 8–13; (Italien) 73–78; (Spanien) 96–102; (Zypern) 8–13
Gleichberechtigung
– und IPR 870
Gütergemeinschaft
– gesetzliche (Niederlande) 261–264
Güterstand
– gesetzlicher (USA – New York) 270 f.
gutgläubiger Erwerb 258 f.
– einer Vormerkung 258 f.
– und Verfügungsbeschränkung eines Ehegatten (Niederlande) 264–266

Haftpflicht
– des Kraftfahrzeugführers, Statut (Schweiz) 120 f.
Haftpflichtversicherung
– Statut 121
Handelsgesellschaft
– Domizil (Spanien) 162
Heimfallrecht des Staates 884–886 (Sowjetunion) 866; (Tschechoslowakei) 864 f., – und deutscher ordre public 865–867; (USA – Kalifornien) 879
– Statut 880, (USA) 880–882
hinkende Ehe (siehe Eheschließung)
Hypothek
– Belegenheit (USA – New Jersey) 816 f.
– Qualifikation als bewegliches – unbewegliches Vermögen 772–776
hypothetischer Parteiwille 3 f., 70, 103 f. (England) 6 f.; (Zypern) 6 f.;
– und Gerichtsstandsvereinbarung 70
– und Sprache des Vertrages (England) 7
– und Rückverweisung des Vertragsstatuts 4 f.; (Italien) 71

Indien
Anerkennung ausländischer Ehescheidungen 905–911; Domizil 906 bis 909; Ehescheidung, eines außerhalb Indiens wohnhaften Hindu 911; Ehescheidungsstatut 912; iurisdiction für Ehescheidung 906

interlokales Privatrecht 250 (österreichisches Partikularrecht) 238 f.; (Spanien) 160 f., 163–168

internationales Zivilprozeßrecht 88 f.

internationale Zuständigkeit (siehe auch iurisdiction)
(Jugoslawien) 915 f.; (Schweiz) 925–932; (USA) 891 f.; (USA – New York) 899–901
– deutscher Gerichte 360; – im Verhältnis Belgien – Deutschland 383 f.; – in Ehe- und Familiensachen 925; – bei Entscheidungen der freiwilligen Gerichtsbarkeit 946–949; – in Kindschaftssachen 491 f.; – in Legitimationssachen 502; – in Nachlaßsachen 625, 850–852; – in Sorgerechtssachen (Kanada) 408 f.; – in Vormundschaftssachen 367, 382–384, 411 f., 438–440, 502 – Adoption durch Ausländer 576 f.; Anordnung einer Pflegschaft 595 f.; Anordnung der Beischreibung einer Legitimation 557; Bestellung eines Vormundes nach dem deutsch-österreichischen Vormundschaftsabkommen 606; Entgegennahme einer Ausschlagungserklärung bei ausländischem Erbstatut 855 f.; Entziehung der elterlichen Gewalt 605 f.; Eröffnung eines Testaments 853 f.; Erteilung eines Erbscheins 806, 829
– als Voraussetzung der Anerkennung von Entscheidungen aus dem Bereich der freiwilligen Gerichtsbarkeit 946–949
– maßgeblicher Zeitpunkt 948 f., – bei Entscheidungen der freiwilligen Gerichtsbarkeit 948 f.
interpersonales Kollisionsrecht (Ägypten) 335, 951 f.; (Irak) 504;

(Iran) 278, 305 f., 629 f.; (Israel) 212–217; (Jordanien) 517; (Pakistan) 543 f.; (Senegal) 425 f.; (Togo) 561–565
– und Rechtswahl (Togo) 563–565
intertemporales Recht
(Sowjetunion – Bessarabien) 680; (Tschechoslowakei) 239 f.
– Ehescheidungsrecht (Iran) 306
– Erbrecht (Jugoslawien) 651
iqrar an-nasab (siehe Vaterschaftsanerkenntnis)
Irak
eheliche Abstammung 508 f.; Ehe- und Kindschaftsrecht 503 f.; IPR 503; interpersonales Kollisionsrecht 504; Legitimation 504–507; Legitimationsstatut 503; religiöses Recht 504; uneheliche Kindschaft 505–507
Iran
Ehegüterrecht 638; Ehescheidung, – durch gerichtliches Verfahren 279 f., – durch Verstoßung (siehe auch talaq) 278 f., – einverständliche 282; Ehescheidungsrecht 278–282, 306 f.; Ehescheidungsstatut 305; Eheschließung vor Konsulat 304; elterliche Gewalt, – bei bestehender Ehe 287–289, – nach Scheidung der Ehe 289–294; Erbausschließungsgründe 638–640; – der Religionsverschiedenheit 639 f., – und deutscher ordre public 641 f.; Erbfolge, – Umfang 646, – gesetzliche – 631–635; Erbrecht 630–635; – der Ehefrau 633–636, – bei Immobilien 635 f.; kanonisches – bei römisch-katholischen Iranern 642–646; Erbstatut 628 f.; interpersonales Recht 278, 305 f., 629 f.; intertemporales Recht 306; Sorgerechtsübertragung 290–293, – und elterliche Gewalt des Vaters 293 f., Staatsangehörigkeit 274 f., 286 f., 300, 637; talaq-Scheidung 278 f., 300–302, 307–314; – und Unterhalt der Ehefrau während der Wartefrist 311 f.; Widerruf 312–314; – Qualifikation nach deutschem IPR 301 f.; – und deutscher ordre public 315 f. Unterhaltsanspruch der Ehefrau, – bei bestehender Ehe 284 f., – nach Scheidung der Ehe 285 f., 290–293
Israel
Ehegüterrecht 805 f.; Ehegüterrechtsstatut 804; Ehehindernis der Religionsverschiedenheit 217 f., – und deutscher ordre public 218–222; IPR 803 f.; interpersonales Recht 212–217; Rechtsquellen 211; religiöse Gerichte 212 f., – und Prorogation der Zuständigkeit 213; religiöses Recht 212–217, 805, – Geltungsbereich 214–217; – und Domizilprinzip 214–217; Staatsangehörigkeit 802 f.
Italien
Aufgebot 226; Beweislastumkehr 117; Delikt 116–118, Deliktsstatut 115; Ehefähigkeitszeugnis 225; Eheliche Kindschaft, Statut 593; Ehenichtigkeitsgrund 225; Eheschließung, vor dem Geistlichen 228, – vor dem Standesbeamten 225–227; – italienischer Staatsangehöriger im Ausland 187, – Transkription 192; Erbrecht des unehelichen Kindes 645; Erfüllungsort 66 f.; Ergänzungspflegschaft 594, – Statut 591; Form, – des Vertrages 55 f., – des Verkaufsversprechens 57 – des Vorvertrages 57, – privatschriftliche – beim Kaufvertrag 58; Geschäftsfähigkeit 592; Gefälligkeitsfahrt 116; Gefährdungshaftung 117 f.; gesetzliche Vertretung Minderjähriger 593 f.; Gewährleistung, beim Kauf 73–78; – beim Werkvertrag 78–80; Kaufvertrag 56 f., 71–73, – Abgrenzung zum Werkvertrag 71–73; Konkordatsehe 187, – Transkription 187, 192; Kraftfahrzeughaftung 115–118; Mahnung 65; Mängelrüge 77 f., – beim Versendungskauf 78, – beim Werkvertrag 80; Notehe 192, – und Transkription nach kirchlichem Eherecht 192 f.; Personenstandsbuch 469, – und Erwähnung des außerehelichen Erzeugers 469; promessa di vendita 56 f.; Registereintragung bei Grundstücksübertragung 58, – und Qualifikation nach deutschem IPR 58; Rückverweisung des Vertragsstatuts 71; Sachmängelhaftung beim Kauf 73–78; Schadensersatz, wegen Nichterfüllung 76 f., – wegen Sachmängeln

75–77; Schuldnerverzug 64–67; Standesregister 227; Vaterschaftsanerkenntnis 468 f.; Verkaufsversprechen 56 f.; Verkaufvorvertrag 56 f.; Verschulden 75 f., 117, – konkurrierendes 118; Vertragsschluß 56; Vertragsstrafe 59–64, 67, – und Häufungsverbot 59 f., – Herabsetzung 67; Wandlung 74; Werkvertrag 71–73; Zivilehe 187, 225–227

iurisdiction
(USA) 363–366, 456; (USA – New York) 899–901; – und Adoption 575, – und Ehescheidung (Indien) 906; – und Personensorge (USA) 363–366; – und versteckte Rückverweisung auf die lex fori (Kanada) 408–410; (USA) 363–366, 463 f., 574 f., 584–587

Jordanien
eheliche Abstammung 394, 515 f.; elterliche Gewalt 398–404, – nach Scheidung der Ehe 401–404, – und Religionsverschiedenheit von Mutter und Kind 401 f.; – Statut 394; Familienrecht 398, 517 f., IPR 394, 396 f., 513 f., 516 f.; interpersonales Kollisionsrecht 517.; Legitimation 518 f.; religiöse Gerichte 395–398; Staatsangehörigkeit 514–516, 535; Vaterschaftsanerkenntnis (iqrâr an-nasab) 519–529, 531–535 – Qualifikation nach deutschem IPR 530

Jugoslawien
Anerkennung ausländischer Entscheidungen in Ehesachen 914–921; Aufenthaltsort 916; Ehegüterrecht 656; Ehegüterrechtsstatut 655; Ehescheidungsstatut 921; elterliche Gewalt 471 f., – über uneheliche Kinder 471 f.; Erbfolge, gesetzliche 653; Erbrecht unehelicher Kinder 653 f.; Erbstatut 652, – bei Staatenlosen 652, IPR 921; internationale Zuständigkeit in Ehesachen 915 f.; intertemporales Erbrecht 651; ordre public 919; Staatsangehörigkeit 470 f., 476 f.; uneheliche Kinder 471 f., – Gleichstellung mit ehelichen Kindern 471 f.; Verbürgung der Gegenseitigkeit 918 f.; Wohnsitz 916; Zivilrecht, Quellen 133 f.

Jugoslawien/Kroatien-Slawonien
Gefährdungshaftung 135–138; Kraftfahrzeughaftpflichtrecht 134–138, – Entlastungsbeweis des Schädigers 134 f.; Mietwagenkosten 138; Mitverschulden 136; Verschuldenshaftung 135–138; Wertminderungsschaden 137 f.

Kanada
Domizil 658, 725; Unteranknüpfung zur Ermittlung der maßgeblichen Teilrechtsordnung im Erbrecht 658

Kanada/Britisch Kolumbien
Custody 410 f.; Domizil 409; elterliche Gewalt 410 f.; internationale Zuständigkeit in Sorgerechtssachen 408 f.; iurisdiction und versteckte Rückverweisung 408–410; Staatsangehörigkeit 412 f.

Kanada/Ontario
administrator 726 f.; Erbfolge, gesetzliche 658 f.; Erbgang 726 f.; Erbrecht des überlebenden Ehegatten 659, – und Berücksichtigung in deutschem Erbschein 659–661; Erbstatut 724; executor 726 f., first charge 659; Testament, gemeinschaftliches 725 f., – Formstatut 722

Kanada/Quebec
Belegenheit von Rechten und Qualifikation als bewegliches – unbewegliches Vermögen 786, Ehegüterrechtsstatut 804 f.; Erbgang 790 f., Erbrecht 789; Erbschaftsannahme 791; Erbschaftsausschlagung 791, Erbstatut 785–787; legacy, universal 789–791, – by general title 789–791, – by particular title 789–791, – und deutscher Erbschein 798 f.; letztwillige Zuwendungen 789–791; personal effects 793 f.; seizin 790 f.; Testamentsform 788 f.; Testamentsvollstreckung 794 f.; trust 795–798, – im Erbrecht 795–798, 801, – und substitution 797 f., – und deutscher Erbschein 799–801; Vermächtnis 789–791

Kaufvertrag
(Italien) 56 f., 71–73; (Spanien) 85–87
– Form (Italien) 57 f.
– internationaler- und lex rei sitae 151 f.

– Abgrenzung vom Werkvertrag (Italien) 71–73
Klagbarkeit eines Anspruchs
– Qualifikation 87
Kollisionsnormverweisung 158
– bei Verweisung auf das Geschäftsstatut 163
– bei Verweisung auf die lex rei sitae 162
Kolonialrecht
(Frankreich) 561–563
Konkordatsehe (siehe Eheschließung)
Konsulargerichtsbarkeit
(Ägypten) 186
Konsulat
– Eheschließung vor – 228 f., (Schweiz) 229 f.
Kraftfahrzeughaftpflichtrecht
(Italien) 115–118; (Jugoslawien/Kroatien-Slawonien) 134–138; (Spanien) 123–129
– Entlastungsbeweis (Jugoslawien/Kroatien-Slawonien) 134 f.
– Umfang der Haftung (Italien) 115–118

Lastenausgleichsansprüche 651 f.
legacy
– general, specific, residuary (England) 718 f. (USA) 821 f.
– universal, by general title, by particular title (Kanada – Quebec) 789–791
– und deutscher Erbschein 798 f.
Legalzession
(Niederlande) 141–143
– bei Schädigung eines Arbeitnehmers (Niederlande) 142
– Statut (Niederlande) 140; (Schweiz) 122
Legitimation
(England) 500 f.; (Frankreich) 565 f.; (Irak) 504–507; (islamischer Rechtskreis) 504–507, 544; (Pakistan) 544; (Polen) 622 f.; (Schweden) 485; (Spanien) 55; (Togo) 565 f.; (USA – Kalifornien) 690–693
Legitimationsstatut 351, 493, 498, 503, 511 f., 542 f. 550, 557, 672
(England) 498; (Frankreich) 560 f.; (Irak) 503; (Marokko) 538 f.; (Pakistan) 543 f.; (Spanien) 550; (Togo) 560 f.; (USA – Kalifornien) 691;
– Vorfrage der wirksamen Eheschließung 512
lex rei sitae 161
– Geltungsbereich 161 f.
– Kollisionsnormverweisung 162
– und ausländisches Ehepersonen- oder Ehegüterrecht 259
– und Eigentumsvorbehalt 152
– und gutgläubiger Erwerb 258 f.
– und Kaufvertrag 151, (Niederlande) 151
– und internationaler Kaufvertrag 151 f.
– und Treuhandabrede 165, (Spanien) 166
– und Übergang dinglicher Rechte 165 f.
– und Vormerkung 258 f.
Libanon
Erbrecht 737–739; Erbstatut 734 f., Personalstatut 735; religiöses Recht 735; Staatsangehörigkeit 731–733; Testament, materielle Gültigkeit bei Nicht-Moslems 735–737;
Liberia
consideration 20–24; past – consideration 21–24; Optionsvertrag 18–20, 25–27; Recht und Rechtsquellen 16–18, 23 f., 28; Rücktrittsrecht 25 f.; Schadensersatz wegen breach of contract 26–28; Widerspruch zwischen englischem und amerikanischem Common Law 17 f.
Liechtenstein
Erbfolge, gesetzliche 665 f.; Erbstatut 662 f.; Nachlaßspaltung 663 f.; Privatrecht 662 f.; Qualifikation als bewegliches – unbewegliches Vermögen 664
life estate
(USA) 762 f.
Lohnfortzahlung
– und Schadensersatz (Spanien) 132
Luxemburg
Auflage, testamentarische 845; Belegenheit von beweglichem Vermögen im Erbrecht 837; Erbrecht 839 f.; Erbstatut 836 f.; IPR 836; Nacherbschaft 840–845; – Statut 837; Pflichtteil 842–845, Rechtswahl im internationalen Erbrecht 838; substi-

tution 840–845, – und ordre public 845 f.; Testament, Formstatut bei luxemburgischen Staatsangehörigen im Ausland 839, – Gültigkeitsstatut 838

Mängelrüge
(Italien) 77 f.
– beim Versendungskauf (Italien) 78
– beim Werkvertrag (Italien) 80
Mahnung
(Italien) 65
Marokko
IPR 538 f.; Legitimationsstatut 538 f.; Staatsangehörigkeit 539 f., 541; Vaterschaftsanerkenntnis 540 f.
Mehrverkehrseinwand
(Österreich) 477 f.
Mexiko
elterliche Gewalt 616 f., 619 f.; IPR 615 f.; Staatsangehörigkeit 612
Mietwagenkosten
(Jugoslawien/Kroatien-Slawonien) 138
Minderung
(Italien) 74
Mitverschulden
(Jugoslawien/Kroatien-Slawonien) 136
mortgage
(USA) 816
– Belegenheit (USA) 816 f.
– und Hypothek 816

Nacherbschaft
– Zulässigkeit (Frankreich) 840; (Luxemburg) 840–845
– Statut (Frankreich) 837; (Luxemburg) 837
Nachlaßpflegschaft
(Niederlande) 857
Nachlaßspaltung
– kollisionsrechtliche – (Belgien) 836 f., (England) 715, 772; (Frankreich) 700, 836 f.; (Kanada – Quebec) 785–787; (Liechtenstein) 663 f.; (Luxemburg) 836 f.; (USA) 869; (USA – Illinois) 757; (USA – Kalifornien) 684; (USA – New Jersey) 699, 814
– materiellrechtliche – (USA – New Jersey) 819 f.
– und Qualifikation als bewegliches – unbewegliches Vermögen 665; (Liechtenstein) 664; (USA – New York) 270
– und Rückverweisung auf deutsches Recht 685 f.
Nachlaßverwaltung (siehe auch administrator)
(England) 715–718, 776–778; (Niederlande) 857; (Syrien) 742; (USA – Kalifornien) 694–696
– Anordnung in Deutschland bei ausländischem Erbstatut 857
Nichterfüllung des Vertrages (siehe auch Schadensersatz)
(Italien) 64–67
Niederlande
Abzahlungsgeschäft 153 f.; Beweislast 112 f. – Änderung der – 112 f.; Delikt, Schadensberechnung 147, Deliktstatut 140 f.; Ehegüterrecht 261–264; Ehescheidung 319–323; Ehescheidungsstatut 319; Ehewirkungen, persönliche 260 f.; Ehewirkungsstatut 258, 263 f.; Eigentumsvorbehalt 153 f.; Anerkennung eines in Deutschland begründeten – 154; Erbenhaftung, Beschränkung 857–861; Erklärung der Annahme der Erbschaft unter Vorbehalt der Inventarerrichtung gegenüber ausländischem Gericht 860; Erbschaftsannahme 856; Erbschaftsausschlagung 854 f., – Anfechtung 856; Erbstatut 848 f.; Ersitzung 111; Gütergemeinschaft, gesetzliche 261–264; gutgläubiger Erwerb und Verfügungsbeschränkung eines Ehegatten 265 f.; Legalzession 141–143
– bei Schädigung eines Beamten 141
– bei Schädigung eines Arbeitnehmers 142, – Statut 140; Nachlaßpflegschaft 857; Nachlaßverwaltung 857; Parteiautonomie im IPR 111; Surrogation, gesetzliche 141 f.; Testamentseröffnung 853; Testamentsvollstreckung 857; Verfügungsbeschränkung eines Ehegatten 260 f., – und gutgläubiger Erwerb 265 f.; Verjährung 111–113, – von Deliktsansprüchen 148 f.; Vermutungsbeweis 148; Zession 143–147
– formelle Voraussetzungen 144 f., 154,
– materielle Voraussetzungen 145–147; – künftiger Forderungen 154 f.; Zessionsstatut 143, 152 f.

Noterbrecht (siehe auch Pflichtteil)
(Syrien) 744; (USA – Illinois) 769 f.;
Nutznießung am Kindervermögen
(Algerien) 377 f.; (Belgien) 389;
(Frankreich) 377 f.

Öffentliche Beurkundung
– eines Grundstückskaufvertrages (Spanien) 83
– und Übergabe des Kaufgegenstandes (Spanien) 83, 97 f.
Öffentliches Recht
– Anwendbarkeit im Ausland 89 f., 330
Österreich
elterliche Gewalt 418–421, – Entziehung 602 f., – nach Scheidung der Ehe 601 f.; – Statut 417 f.; Erbfolge, gesetzliche 865; Geschäftsfähigkeit 418; – Statut 417; interlokales Privatrecht 238 f.; Mehrverkehrseinwand 477 f.; Partikularrecht 238 f.; Staatsangehörigkeit 598–600; uneheliche Kindschaft 478–480; Unterhaltsanspruch des unehelichen Kindes 478–480; Vaterschaftsvermutung 477 f.; Vormundschaft 600; vormundschaftsgerichtliche Genehmigung 419–421; Zahlvaterschaft 480 f., – Feststellungsklage 480 f.
Optionsvertrag
(Liberia) 18–20, 25–27; (USA) 18–20, 25–27
ordre public
(Algerien) 376; (Jugoslawien) 919
– Erfordernis der Inlandsberührung 315 f.
– und Ausschluß der Ehenichtigkeitsklage wegen Formfehlers bei der Eheschließung 249
– und automatischer Übergang des Sorgerechts auf den Vater des Kindes nach iranischem Recht 294
– und Ehehindernis der Religionsverschiedenheit 218–222
– und elterliche Gewalt nach islamischem Recht 294, 373 f., 402, 404 f.
– und Erbausschließungsgrund der Religionsverschiedenheit 641 f.
– und Heimfallrecht des Staates nach tschechoslowakischem Recht 865–867
– und iranische talaq-Scheidung 315 f.
– und religiöse Ehehindernisse 218–222
– und Unterhaltsanspruch der geschiedenen Ehefrau (Iran) 286
Ortsrecht 185
– und religiöses Personalstatut (Ägypten) 185

Pakistan
Adoption 544; Eheschließung 544; IPR 543 f.; interpersonales Kollisionsrecht 543 f.; Legitimation 544; Legitimationsstatut 543 f.; religiöses Recht 543 f.; Vaterschaftsanerkenntnis 544–548 – und Qualifikation nach deutschem IPR 546
– und Feststellungsverfahren nach § 31 PStG 548 f.
Parteiautonomie (siehe Rechtswahl)
Parteiwille (siehe Rechtswahl, hypothetischer Parteiwille)
Partikularrechte (siehe auch interlokales Privatrecht)
(Österreich) 238 f.
personal representative (siehe administrator, executor)
Personalstatut
(Ägypten) 185
– interlokales – 238, 250
– lokales – und französisches – (Algerien) 197–199, 201–203; Option für französisches – durch standesamtliche Eheschließung (Algerien) 198 f.
– religiöses – (Ägypten) 185, 335; Libanon 735; (Syrien) 735, 737
– Anknüpfung an – bei Mobilien (Spanien) 162
– von Handelsgesellschaften (Spanien) 162
Personensorge
– der Mutter (Äypten) 345, – und elterliche Gewalt des Vaters (Iran) 293 f.
– Übertragung auf einen Elternteil nach Scheidung der Ehe (Iran) 290–293
– und iurisdiction für custody (USA) 363
– Statut (Belgien) 386
Personenstandsurkunden
(Italien) 469
– Erwähnung des außerehelichen Erzeugers 467–470, (Italien) 469
– inhaltliche Anpassung an ausländisches materielles Recht 469 f.
Pfandrecht
(Frankreich) 46–49

– Formstatut der Verpfändung (Spanien) 163 f.
– Pfandverwertung (Frankreich) 47–49
– prenda sin desplazamiento (Spanien) 170–173, 175–177
– Zusammentreffen mit privilège (Frankreich) 49
Pflichtteil
(Luxemburg) 842–845
Pflichtversicherung des Kraftfahrzeugeigentümers
(Spanien) 125
Polen
Adoption (Südpolen) 570 f., – Unmöglichkeit der Formwahrung 571 f.; Adoptionsstatut 568, intertemporales – 569, interterritoriales – 569; Eheschließung zwischen Juden 671 f.; Erbfolge, gesetzliche 669 f., 673 Erbrecht unehelicher Kinder 670; Erbstatut 668; Legitimation 672 f.; Staatsangehörigkeit 348, 667; uneheliche Abstammung, Statut 347; Unteranknüpfung zur Ermittlung der maßgeblichen Teilrechtsordnung 348, – bei Erbfällen 667–669
prenda sin desplazamiento
(Spanien) 170–173, 175–177
probate-Verfahren
(England) 711; (USA – New Jersey) 821
promessa di vendita (siehe Verkaufsversprechen)
proper law of the contract
(England) 6 f.
Prozeßrecht
– Unanwendbarkeit ausländischen – im Inland 330

Qualifikation 815
– als bewegliches – unbewegliches Vermögen 665, 685; (Kanada – Quebec) 786; (Liechtenstein) 664; (USA – Kalifornien) 685; (USA – New York) 270
– der consideration 24 f.
– der Registereintragung bei Grundstücksübertragung nach italienischem Recht 58
– der Vaterschaftsanerkenntnisse (igrâr an -nasab) des islamischen Rechts 530, 546
– einer Hypothek 772–776
Quotenerbrecht
(Iran) 632–635, (islamisches Erbrecht) 632–635

Rechtswahl (siehe auch: Vertragsstatut)
– im internationalen Vertragsrecht 2 f., 15 f., 30, 38 f., 55, 69–71, 95 f., 103, 110; (England) 6; (Niederlande) 111; (USA – New York) 272
– im internationalen Erbrecht 730 f.; (Belgien) 838; (Frankreich) 838; (Luxemburg) 838; (Schweiz) 750
– im interpersonalen Kollisionsrecht (Togo) 563–565
– Änderung der – durch die Parteien im Prozeß 30 f.
– stillschweigende – 70, 110
– und Gerichtsstandsvereinbarung 70
– und Rückverweisung des Vertragsstatuts 39, 96
– und Teilfrage 39
Registereintragung
– bei Grundstücksübertragung (Italien) 58, – Qualifikation 58
Religiöse Gerichte
(Israel) 212 f.; (Jordanien) 395–398; (Syrien) 738 f.
– Zuständigkeit (Israel) 213; (Jordanien) 395 f.; (Syrien) 738, – Prorogation der – (Israel) 213; – bei Erbstreitigkeiten (Syrien) 238 f.
– und ordentliche (weltliche) Gerichte (Jordanien) 395
Religiöses Recht
(Ägypten) 185; (Afghanistan) 370; (Irak) 504; (Israel) 212–217, 805; (Jordanien) 398; (Libanon) 735; (Pakistan) 543 f.; (Syrien) 735, 737 f.
Renvoi (siehe Rückverweisung)
Rücktritt vom Vertrag
(England) 10 f.; (Liberia) 25 f.; (USA) 25 f.; (Zypern) 10 f.
Rückverweisung
(Italien) 115
– bedingte – bei lex rei sitae als Erbstatut 814
– des Vertragsstatuts 4 f., 55, 82, 104, 111
– doppelte Rück- oder Weiterverweisung 614 f.
– für die Auslegung eines Anknüpfungsmoments 356

– im Deliktsrecht 105
– versteckte – auf die lex fori bei Verbindung von iurisdiction und anwendbarem Recht 363–366, 408–410, 463 f., 574 f., 584–587, 912
rule against perpetuities
(England) 717
Rumänien
Staatsangehörigkeit 802

Sachmängelhaftung beim Kauf (siehe auch Gewährleistung)
(Italien) 73–78; (Spanien) 96–102
saisine
(Frankreich) 790
Schadensberechnung
(England) 12 f.; (Liberia) 27 f.; (USA) 27 f.; (Zypern) 12 f.
– bei cif-Klausel (England) 12 f.; (Zypern) 12 f.
– bei Delikt (Niederlande) 147
Schadensersatz
– aus Vertrag (England) 11–13; (Zypern) 11–13
– wegen Nichterfüllung (England) 13 f.; (Frankreich) 34–37, 43 f.; (Italien) 76 f.; (Liberia) 26–28; (Spanien) 106 f.; (USA) 26–28
– wegen Sachmängeln beim Kauf (Italien) 75–77
Scheriatrecht
(Syrien) 737–739
Schmerzensgeld
(Spanien) 128
Schottland
Domizil 348 f., eheliche Abstammung 350
Schutzmacht 189–191
– Aufgaben 189 f.
– Dauer der Tätigkeit als – 190
– Wahrnehmung deutscher Interessen in Ägypten durch Schweden nach 1939, 189–191
schwächeres Recht
– Grundsatz des – bei persönlichem Ehewirkungsstatut 258, 261, – bei Unterhaltsanspruch der Ehefrau 283
Schweden
Anerkennung deutscher Unterhaltsurteile 482, außereheliche Vaterschaft 483–485; Legitimation 485; uneheliche Kindschaft 483–485; Unterhaltsanspruch des unehelichen Kindes 485; Vaterschaftsfeststellungsprozeß 486
Schweiz
Bürgerrechtsehe 231 f.; Direktanspruch gegen den Haftpflichtversicherer, Statut 121; Eheaufhebung 328–330, – und Unterhaltsanspruch des schuldlosen Ehegatten 329 f.; Eheauflösungsgründe 233; Ehegüterrechtsstatut 748; Ehenichtigkeitsurteil 233; Eheschließung vor Schweizer Konsulat 229 f., Erbfolge, gesetzliche 865; Erbvertrag 751 f., 755; Gefährdungshaftung 121; gerichtliche Zuständigkeit bei Verkehrsunfällen 120; Gerichtsstand 119 f.; Getrenntleben, Recht zum –, 937 f.; Haftpflichtstatut 120 f., internationale Zuständigkeit 925–932, – in Ehesachen 925–932, – nach dem deutsch- schweizerischen Urteilsvollstreckungsabkommen 925 f.; Legalzession, Statut 122; Rechtswahl im interlokalen Erbrecht 750; Testament, gemeinschaftliches 752–754, – Konversion 752 f., – Ungültigkeitsklage 753–755; Unterhaltsanspruch eines Ehegatten, nach Eheaufhebung 329 f., – Regelung im Aufhebungsurteil 330, – nach Ehescheidung 329 f.; Verjährungsstatut 121; Wohnsitz 934–938, – der Ehefrau 937 f., – Statut bei der Frage der internationalen Zuständigkeit 933 f.; Zession. Statut 122, – Formstatut 122
seizin
(Kanada – Quebec) 790 f.
Senegal
Ehelichkeitsstatut 423 f., elterliche Gewalt, nach Scheidung der Ehe 427 f., – Statut 427; IPR 423; interpersonales Kollisionsrecht 425 f.; Staatsangehörigkeit 424
Sonderanknüpfung
– und Anwendung ausländischen öffentlichen Rechts 90
Sowjetunion
eheliche Kindschaft 431–433; elterliche Gewalt 434; Erbstatut 673 f.; Heimfallrecht des Staates 866; IPR 431–433; intertemporales Recht für Bessarabien 680; Staatsangehörigkeit 433

Sowjetunion – Bessarabien
Erbfolge, gesetzliche 678 f., Erbrecht der Witwe 678; Erbschaftsannahme 679; Erbschaftsausschlagung 679; intertemporales Recht 680; Privatrecht 677 f.
Sozialversicherung
(Spanien) 130 f.
– Übergang eines Anspruchs auf Sozialversicherungsträger (Spanien) 131
Spanien
abstrakte Verpflichtung 101; Anerkennung eines unehelichen Kindes 489–491; Anspruchskonkurrenz Vertrag-Delikt 108; Anzahlung bei Kaufvertrag 84 f.; Auftrag 105–108, 173–175, – und Stellvertretung 174 f.; Delikt 123 f., 178, – und Strafrecht 123; Deliktsstatut 158 f., Direktanspruch gegen den Haftpflichtversicherer 125; Domizil einer Handelsgesellschaft 162; Ehehindernis des bestehenden Ehebandes und rechtskräftiges deutsches Scheidungsurteil 553–556; Eheschließung 552 f., kanonische – 552 f., – Gültigkeitsstatut 552; Eigentumsübertragung 83, – an Grundstücken 83; Entschädigungsfonds, nationaler 125, 128; Erbrecht des unehelichen Kindes 645, Fahrlässigkeit 106; – Haftungsminderung 106 f., Foralrechte 82, 96, 159, 550, – und gemeines spanisches Zivilrecht 159, 169 f.; Formstatut 163 f., 166, – einer Verpfändung 163; Gefälligkeitsfahrt 127; Gewährleistung beim Kauf 96–102; interregionales Privatrecht 160 f., 163–168, – Deliktsstatut 161; Kaufvertrag 85–87, – Gewährleistung 96–102; – über Grundstücke, Form 82 f.; Kraftfahrzeughaftpflichtrecht 123–129; Legitimation 551, Legitimationsstatut 550; Lohnfortzahlung und Schadensersatz 132; öffentliche Beurkundung eines Grundstückskaufvertrages 83, – und Übergabe 83, 97 f.; Personalstatut, einer Handelsgesellschaft 162, – Anknüpfung an – bei Mobilien 162, Pflichtversicherung des Kraftfahrzeugeigentümers 125; prenda sin desplazaemento 170–173, 175–177; Sachmängelhaftung beim Kauf 96–102; Schadensersatz wegen Nichterfüllung 106 f.; Schmerzensgeld 128; Sozialversicherung 130 f., – Forderungsübergang auf den Versicherungsträger 131; Staatsangehörigkeit 608 f., 613; Stellvertretung 174 f., – und Auftrag 174 f.; Steuerrecht 90–94, – und Kaufvertrag 92; testaferro 174 f.; Treuhandabrede, Wirkungsstatut 166; Übergabe des Kaufgegenstandes 97 f.; uneheliche Kindschaft 488–491, – Statut 613 f.; Urkundensteuer 93 f.; Verjährung, des Deliktsanspruchs 129; – des Direktanspruchs gegen den Haftpflichtversicherer 129; – der Gewährleistungsansprüche beim Kauf 97–100; Verschulden 106 f.; Vertragsschluß 84, – unter Abwesenden und Verweisung auf das Ortsrecht 169; Vertragsstrafe 85, 87; Vollmachtsstatut 164; Vorteilsausgleichung 131 f., Vorvertrag 85–87; Zession 177 f.
Staatsangehörigkeit 274 f., 333, 344, 436 f., 535 f., 599
(Ägypten) 333 f.; (Algerien) 380; (El Salvador) 609; (England) 223 f., 348, 352; (Frankreich) 697; (Iran) 274 f., 286 f., 300, 637; (Israel – Palästina) 802 f., (Jordanien) 514–516, 535; (Jugoslawien) 470 f., 476 f.; (Kanada) 412 f.; (Libanon) 731–733; (Marokko) 539 f., 541; (Mexiko) 612; (Österreich) 598–600; (Polen) 348, 667; (Rumänien) 802; (Senegal) 424; (Sowjetunion) 433; (Spanien) 608 f., 613; (Syrien) 731–733; (Togo) 561; (Türkei) 436 f.; (USA) 689 f., 697
– der Sudetendeutschen nach dem Münchener Abkommen von 1938 246 f.
– des ehelichen Kindes (Ägypten) 333 f.
– und unselbständige Anknüpfung der Vorfrage 334
– Gliedstaatsangehörigkeit (USA) 269, 462 f.
Staatsangehörigkeitsehe (siehe Bürgerrechtsehe)
Standesregister
(Italien) 227
Statutenwechsel 536
– und Ehenichtigkeitsklage 247–249

Stellvertretung
(Spanien) 174 f.
– und Auftrag (Spanien) 174 f.
Steuerrecht
(Spanien) 90, – und Kaufvertrag (Spanien) 92
strengeres Recht
– Grundsatz des – 211
– und Ehegültigkeitsstatut 230
substitution
(Frankreich) 797 f., 840; (Kanada – Quebec) 797 f.; (Luxemburg) 840–845
– und ordre public 845 f.
Surrogation, gesetzliche
(Niederlande) 141 f.
Syrien
Erbfolge, gesetzliche 743 f., testamentarische 740 f., – und Intestaterbrecht 743 f.; Erbrecht 737–739; Erbstatut 734; Nachlaßverwaltung 742; Noterbrecht 744; Personalstatut, religiöses 735, 737; religiöses Recht 735–737 f.; Scheriatgerichte 738 f.; Scheriatrecht 737–739; Staatsangehörigkeit 731–733; Vermächtnis 740–742;

talaq-Scheidung (siehe Ehescheidung)
Teilfrage 39
Territorialität
– des öffentlichen Kollisionsrechts 89
testaferro
(Spanien) 174 f.
Testament
– Form (England 711 f., (Frankreich) 729 f., (Kanada – Ontario) 722 f.; (Kanada – Quebec) 788 f.; (USA – Illinois) 760–762, (USA – New Jersey) 818 f.; – Beurkundung durch notary public und deutsches Recht 760
Formstatut 711, 721 f., 728 f., 759, 787, 818, 835 f.; (Kanada – Ontario) 722; (USA – Illinois) 767; – bei luxemburgischen Staatsangehörigen im Ausland 839; – nach dem Haager Übereinkommen vom 5. 10. 1961 849 f.
– materielle Gültigkeit – bei Nicht-Moslems (Libanon) 735–737
– Gültigkeitsstatut 723, (Belgien) 838; (Frankreich) 838; (Luxemburg 838
– Auslegungsstatut 762
Testament, gemeinschaftliches
(Kanada – Ontario) 725 f.; (Schweiz) 752–754; (USA) 765
– Gültigkeitsstatut 723
– Konversion (Schweiz) 752 f.
– Ungültigkeitsklage (Schweiz) 753–755
– Widerruf (USA) 763, 767–769
– Widerrufsstatut 765 f.
Testamentseröffnung
(Niederlande) 853
– internationale Zuständigkeit deutscher Gerichte 853 f.
Testamentsvollstreckung (siehe auch executor)
(Kanada – Quebec) 794 f.; (Niederlande) 857
(USA – New Jersey) 819 f.
Togo
IPR 560; interpersonales Kollisionsrecht 561–565, – und Rechtswahl 563–565; Legitimation 565 f.; Legitimationsstatut 560 f.; Recht und Rechtsquellen 558–560; Staatsangehörigkeit 561
Treuhandabrede
– Wirkungsstatut 165; (Spanien) 166
trust
(Common Law) 795 f., 826 f.
(England) 715–718, (Kanada – Quebec) 795–798
– im Erbrecht (Kanada – Quebec) 795–798, 801; (USA) 824
– und deutscher Erbschein 720, 799–801, 830 f.; – und substitution (Kanada – Quebec) 797 f.
– Wirksamkeit in Deutschland 827
Tschechoslowakei
Aufgebot 240 f.; Ehefähigkeitsstatut 238; Eheschließung 240–242, – kirchliche Trauung 241–245; – Ziviltrauung 241 f.; – Ehenichtigkeitsfeststellung 245 f.; Erbfolge, gesetzliche 864 f.; Erbstatut 864; Formstatut 237; Heimfallrecht des Staates 864 f. – und deutscher ordre public 865–867; IPR 237–239; intertemporales Recht 239 f.
Türkei
Doppelstaater, kollisionsrechtliche Behandlung 445; Ehelichkeit 442, Ehescheidung, Vereinbarung über Nebenfolgen 448 f.; elterliche Gewalt, bei bestehender Ehe 445 f., – nach

Scheidung der Ehe 447–449, – Statut 444 f.; Familienrecht 445; IPR 443–445; Staatsangehörigkeit 436 f.; Vermögenssorge 446

Übergabe
– des Kaufgegenstandes (Spanien) 97 f.
uneheliche Kindschaft
(islamischer Rechtskreis) 505–507; (Irak) 505–507; (Spanien) 488–491
– Statut 347, 431, 488; (Polen) 347; (Spanien) 613 f.
– Rechtsverhältnis zum Vater (Österreich) 478–480; (Schweden) 483–485
– Rechtsverhältnis zur Mutter (Österreich) 478–480
– Statut 431
– Gleichstellung mit ehelichen Kindern (Jugoslawien) 471 f.; (Schweden) 483
unerlaubte Handlungen (siehe Delikt)
ungerechtfertigte Bereicherung
– Statut 260, 266; – und ausländisches Ehepersonen – oder Ehegüterrecht 260, 266 f.
Unteranknüpfung bei Rechtsspaltung zur Ermittlung der maßgeblichen Teilrechtsordnung 160, 211, 238, 269, 349, 355, 407 f., 463, 495, 583, 683, 698 f., 714 f., 724, 785, 813, 868 f. (Polen) 348
– bei Erbfällen (Kanada) 658; (Polen) 669
– bei polnischen Erbfällen 667 f.
Unterhaltsanspruch
– der Ehefrau bei bestehender Ehe (Iran) 284 f. – Statut 283 f.
– des Ehegatten nach Scheidung der Ehe (Iran) 285 f.; (Schweiz) 329 f. – Statut 284
– der Ehegatten nach Eheaufhebung (Schweiz) 329 f. – Statut 324–328
– des ehelichen Kindes gegenüber geschiedenen Eltern (USA – New Jersey) 463 f.
– des unehelichen Kindes (Österreich) 478–480; (Schweden) 485
Urteilserschleichung
– und Anerkennung des Urteils 895; (USA) 892 f.;

USA
administrator 871 f.; Adoptionsstatut 574, – und iurisdiction 575, 586 f.; Anerkennung, ausländischer Adoption 586–588, – ausländischer Zivilurteile 457 f., 889 f., 897 f.; Belegenheit von Rechten 685; breach of contract 26–28, bundeseinheitliches Common Law 17; citizenship 868; consideration 20–24; Domizil 359, 464 f., 575 f., 587 – der Ehefrau 359, 576 – des ehelichen Kindes 358 f., 464 f., 576, 587; Domizilstatut 356–358; Ehegüterrechtsstatut 870; eheliche Abstammung, Statut 353 f.; Erbgang 871; erie-doctrine 17; escheat 880–882; executor 871 f.; forum non conveniens 893 f.; Gliedstaatsangehörigkeit 269, 462 f., 699, 868; Heimfallrecht des Staates 880–882; internationale Zuständigkeit ausländischer Gerichte 891 f.; iurisdiction 363–366, 456, 463 f. – und Adoption 575, 586 f.; legacy, specific, general, residuary 821 f.; life estate 762 f.; mortage 816 – Belegenheit 816 f., – und Hypothek 816 f., Optionsvertrag 18–20; Rücktrittsrecht 25 f.; Schadensersatz wegen breach of contract 26–28; Staatsangehörigkeit 689 f., 697; Testament, gemeinschaftliches 763, 765, – Widerruf 763, 767–769; testamentarische Zuwendungen 762 f.; Urteilserschleichung 892 f.; Verbürgung der Gegenseitigkeit als Voraussetzung für die Anerkennung eines ausländischen Urteils 891

USA – Illinois
administrator 765, 770; custody 363, – Anerkennung ausländischer Entscheidungen über – 365 f.; Domizil 359, 757 f.; eheliche Abstammung, Statut 355 f.; Erbstatut 757; executor 765, 770; forced share 769 f.; iurisdiction 363–366; Nachlaßspaltung 757; Noterbrecht 769 f.; Testament, Form 760–762, – Formstatut 767; Vollstreckung eines deutschen Versäumnisurteils 889–894

USA – Kalifornien
administrator 694–696, 871 f.; – Berücksichtigung im deutschen Erbschein 695 f.; Adoption 690 f., – und Qualifikation nach deutschem IPR 691; Belegenheit von Rechten 685, – von beweglichem Vermögen 882 f.; Domizil 683, 869; Ehegüterrecht 871; Ehelichkeitserklärung eines unehelichen Kindes 692 f.; Erbfolge, gesetzliche 687 f., 872–880; Erbgang 694, 871 f.; Erbrecht, des unehelichen Kindes 687 f.; – und Ehegüterrecht 873 f.; escheat 880–882; executor 695, 871 f.; Heimfallrecht des Staates 879, – Statut 880–882; Legitimation 690–693; Legitimationsstatut 691; Nachlaßspaltung 684, – und Qualifikation als bewegliches – unbewegliches Vermögen 685; Nachlaßverwaltung 694–696

USA – New Jersey
Abänderungsklage 461 f.; administrator 819 f., – Befugnisse in Deutschland 820 f., Anerkennung, ausländischer Entscheidungen in Ehesachen 454 f., 458 f., – ausländischer Zivilurteile 457 f.; Belegenheit, einer Forderung 816, – einer Hypothek 816 f., – einer mortgage 816 f., dower 828 f.; Ehegüterrechtsstatut 829; Erbrecht des überlebenden Ehegatten 699 f.; Erbstatut 699, 814; executor 819 f.; – Befugnisse in Deutschland 820 f., – Personengleichheit mit trustee und Testamentszeugen 825 f.; Nachlaßspaltung, kollisionsrechtliche 699, 814, – materiellrechtliche 819 f.; personal representative 819 f., – Befugnisse in Deutschland 820 f.; probate-Verfahren 821; Testamentsform 818 f.; Testamentsvollstreckung 819 f.; trust 826 f., – im Erbrecht 824, – Berücksichtigung in deutschem Erbschein 830 f., – Wirksamkeit in Deutschland 827, – Personengleichheit von trustee, executor und Testamentszeugen 825 f.;

USA – New York
Anerkennung, ausländischer Zivilurteile 898–901, – ausländischer Unterhaltsurteile 899; Ehegüterrecht 270 f.; eheliche Abstammung, Statut 355 f.; Ehevertrag 272, – Statut 271 f.; Güterstand, gesetzlicher 270 f., Gütertrennung 270 f.; iurisdiction 899–901; Qualifikation als bewegliches – unbewegliches Vermögen 270; Vertragsstatut 272

USA – Tennessee
Adoptionsstatut 584, – und iurisdiction 585

Vaterschaftsanerkenntnis
(Italien) 468 f.; (Spanien) 489–491; (USA – Kalifornien) 692 f.
– igrâr an -nasab (Jordanien) 519–529, 531–535; (Marokko) 540 f.; – und Feststellungsverfahren nach § 31 PStG 548 f.
– Statut 468

Vaterschaftsvermutung
(Österreich) 477 f.

Verbürgung der Gegenseitigkeit der Anerkennung (Jugoslawien) 918 f.; (USA) 891
– bei Entscheidungen in Ehesachen im Verhältnis zu USA – New Jersey 454 f.
– bei Unterhaltsurteilen, – im Verhältnis zu Schweden 482
– im Verhältnis zu USA – New York 901–903
– bei Versäumnisurteilen im Verhältnis zu USA – Illinois 889–896

Verfügungsbeschränkung des Ehegatten
(Niederlande) 260 f., 263–266
– und gutgläubiger Erwerb (Niederlande) 265 f.

Verjährung
(Frankreich) 41 f.; (Niederlande) 111–113
– von Deliktsansprüchen (Niederlande) 148 f.; (Spanien) 129
– des Direktanspruchs gegen den Haftpflichtversicherer (Spanien) 129
– von Gewährleistungsansprüchen beim Kauf (Spanien) 97–100
– eines Wechselanspruchs (Frankreich) 39–42
– Unterbrechung (Spanien) 129 f. – beim Wechselanspruch (Frankreich) 40 – durch Klageerhebung im Ausland (Frankreich) 40 f.

Verjährungsstatut 109
(Schweiz) 121
Verkaufsversprechen
(Italien) 56 f.
Vermögenssorge
(Belgien) 387; (Türkei) 446
– Statut (Belgien) 386
Verschulden
(Italien) 75 f., 117; (Spanien) 106 f.
– konkurrierendes – (Italien) 118
Verschuldenshaftung
(Italien) 117 f.; (Jugoslawien/Kroatien-Slawonien) 135–138
– und Gefährdungshaftung (Jugoslawien/Kroatien-Slawonien) 136 f.
Versicherungsvertrag
– Statut 121
Verstoßungsrecht des Ehemannes (siehe Ehescheidung, talaq)
Vertragsschluß
(Italien) 56; (Spanien) 84
Vertragsstatut (siehe auch Rechtswahl) (USA – New York) 272
– Geltungsbereich 82, 96
– Anwendung auf deliktische Ansprüche 104 f.
Vertragsstrafe
(Frankreich) 42 f., 45 f., (Italien) 59–64; (Spanien) 85, 87
– und Häufungsverbot (Italien) 59 f.;
– Herabsetzung (Italien) 67
Verwaltungsbefugnis des Ehegatten (Niederlande) 262–264
Verzinsung
(Frankreich) 43–46
– bei Schuldnerverzug (Frankreich) 43 f.
– des Wechselanspruchs (Frankreich) 44 f.
– Zinseszins (Frankreich) 46
Verzug des Schuldners
(Frankreich) 44, 52; (Italien) 64–67
Völkerrechtlicher Vertrag
– Suspendierung durch Krieg und Wiederanwendung 303
– Suspendierung und Wiederanwendung des deutsch-iranischen Niederlassungsabkommens 303
Vollmachtsstatut 164
(Spanien) 164 f.
Vollstreckbarerklärung ausländischer Urteile 941 f.
Vorausabtretung (siehe Zession)
Vorfrage
– Anknüpfung 334, – bei Vorfragen, von denen Erwerb oder Verlust einer Staatsangehörigkeit abhängt 334
– der Ehelichkeit eines Kindes 393, 441, 512, 543
– der elterlichen Gewalt 601, 619
– der gültigen Ehe 184, 304, 393, 442, 512
– der Voll- oder Minderjährigkeit 619
Vormundschaft
(El Salvador) 618; (Österreich) 600
– Statut 619, – nach dem Abkommen zwischen Deutschland und Österreich vom 5. 2. 1927 598
– über Ausländer im Inland 470–472, 618–620
– Vorfrage, der elterlichen Gewalt 601, 619 – der Voll- oder Minderjährige 619
Vormundschaftsgerichtliche Genehmigung
(Österreich) 419–421
Vormundschaftssachen
– nach dem Haager Vormundschaftsabkommen 384 f.
Vorteilsausgleichung
(Spanien) 131 f.
Vorvertrag
– Verkaufs – (Italien) 56 f.; (Spanien) 85–87

Wandlung beim Kauf
(Italien) 74
warranty
(England) 8–11; (Zypern) 8–11
Wechselbürgschaft
(Frankreich) 49 f., 52
– Verjährung (Frankreich) 50
Wechselprotestkosten
(Frankreich) 44 f.
Weiterverweisung
– des Vertragsstatuts 55
Werkvertrag
(Italien) 71–73, 78–80
– Abgrenzung zum Kaufvertrag (Italien) 71–73
– Gewährleistung (Italien) 78–80
Wertminderungsschaden
(Jugoslawien/Kroatien-Slawonien) 137 f.

Wohnsitz
(Jugoslawien) 916; (Schweiz) 934–938
– abgeleiteter – selbständiger 358
– als Anknüpfungsmoment 361
– ehelicher Kinder 361
– der Ehegatten (Algerien) 380 f.; (Frankreich) 380 f.; (Schweiz) 937 f.
– Statut bei der Frage der internationalen Zuständigkeit (Schweiz) 933 f.

Zahlvaterschaft, Klage auf Feststellung der –
(Österreich) 480 f.; (Schweden) 486
– Statut 480
Zession
(Niederlande) 143–147, 154; (Spanien) 177 f.
– Formstatut 152, 168; (Schweiz) 122
– Gültigkeitsstatut 152, 167; (Niederlande) 143, 152 f.; (Schweiz) 122; (Spanien) 167
– künftiger Forderungen (Niederlande) 154 f.
Zuwendungen, letztwillige
– Arten (England) 718 f.; (Frankreich) 789; (Kanada – Quebec) 789–791
Zwangsvollstreckung
– aus einem ausländischen Urteil 451–460
Zypern
Abschlußort des Vertrages 7; condition 8–11; description 9; Gewährleistung beim Kauf 8–13; hypothetischer Parteiwille 6 f.; IPR 6; Recht und Rechtsquellen 6; Rechtswahl 6; Rücktrittsrecht 10 f.; Schadensberechnung 12 f., – bei cif-Klausel 12 f.; Schadensersatz aus Vertrag 11–13
– wegen Nichterfüllung 13 f.; warranty 8–11

# GESETZESREGISTER

## Bundesrepublik Deutschland


Beamtenrechtsrahmengesetz
§ 52: 139
Bundesbeamtengesetz
§ 87 a: 139, 147
Bürgerliches Gesetzbuch
§§ 7–11: 439, 595
§ 11: 595
§ 197: 477
§ 269: 4 f.
§ 270: 5, 8
§ 326: 31
§ 336: 85
§ 340: 60
§ 426: 142
§ 477: 102
§ 816: 260, 266
§ 892: 259, 264–266
§ 1080: 776
§ 1113: 775
§ 1117: 775
§ 1154: 775
§ 1291: 776
§§ 1353–1362: 261
§ 1360: 283
§ 1360a: 283
§ 1371: 638, 802, 829
§ 1483: 749 f.
§ 1551 a. F.: 773–776
§ 1591: 360, 393
§ 1592: 360
§ 1593: 360
§ 1596: 362
§ 1597: 362 f., 367
§§ 1626–1698b: 362, 440
§ 1626: 366, 440
§ 1626: 366, 446
§ 1629: 366
§ 1671: 289, 366 f., 372, 386, 392, 438, 441, 604
§§ 1705–1718: 477
§ 1707: 289, 366
§ 1711: 479
§ 1717: 477
§ 1718: 519
§ 1719: 351, 507, 536
§§ 1723 ff.: 689
§§ 1726–1730: 535 f.
§ 1726: 546, 689, 693
§ 1741: 578, 588, 610, 689
§ 1745: 578
§ 1745a: 578
§ 1747: 579, 588, 689
§ 1748: 588
§ 1750: 588, 610
§ 1751: 578–580, 588, 610, 617
§ 1751a: 617
§ 1770: 578
§ 1770a: 578
§ 1770b: 578
§ 1795: 366
§ 1821: 775
§ 1909: 366, 591, 594
§ 1924: 686, 688
§ 1925: 686
§ 1933: 697
§ 1936: 866, 884 f.
§§ 1960, 1961: 851
§ 1975: 857
§§ 2232 ff.: 760
§ 2238: 760
§ 2247: 767, 769, 850
§§ 2249 ff.: 760
§§ 2259 ff.: 854
§§ 2265 ff.: 765
§§ 2269 ff.: 763
§ 2270: 766 f.
§ 2271: 767
§ 2296: 767
§§ 2353f. : 720 f.

§ 2353: 687, 758, 798, 830
§§ 2363, 2364: 636, 696, 798
§ 2363: 798
§ 2365: 798
§§ 2366, 2367: 830
§ 2369: 660, 758, 806, 829 f., 852, 855, 867

Einführungsgesetz zum Bürgerlichen Gesetzbuch
Art. 7: 271, 416, 617
Art. 11: 16, 58, 82, 152, 163, 166, 168, 184 f., 196, 210, 224 f., 236, 238 f., 304, 393, 442, 512, 556, 711, 728 f., 751, 759, 769, 788, 818
Art. 12: 157 f.
Art. 13: 184 f., 197, 210 f., 224, 230, 236, 248 f., 250, 304, 324, 325–328, 369 f., 371, 393, 442, 493 f., 496 f., 512 f., 521, 525, 530, 552–565, 671
Art. 14: 257, 263 f., 283
Art. 15: 263, 269, 654 f., 747, 748 f., 802, 829, 870
Art. 16: 259
Art. 17: 230, 248 f., 278, 300, 302, 303-305, 318 f., 392, 911
Art. 18: 347, 349, 354 f., 362, 369 f., 371, 393, 423, 431, 441 f., 488, 493 f., 496 f., 512, 543, 546, 670 f.
Art. 19: 287, 352, 358, 361 f., 369, 371, 376, 385, 392–394, 407, 416 f., 427, 430 f., 438, 440 f., 442, 462 f., 488, 592, 601, 944
Art. 20: 431, 471, 488, 610, 612, 615, 619
Art. 21: 324, 476, 488, 610
Art. 22: 351, 431, 493, 502 f., 507, 511 f., 513, 530 f., 535, 538, 542 f., 546, 550, 558, 574, 577 f., 583, 612, 617, 620–622, 672, 689 f.
Art. 23: 470 f., 590 f., 595 f., 606, 618
Art. 24, 25: 627, 650, 662, 667, 674, 682, 686, 697, 712, 723 f., 730, 750, 757, 766, 772, 784, 812 f., 835, 848, 864, 868
Art. 24 Abs. 3: 733 f., 759, 766, 835
Art. 25 S. 1: 750 f.
Art. 27: 4 f., 39, 55, 82, 96, 104 f., 111, 160, 162, 211, 216, 230, 237, 269, 271, 305, 319, 328, 355, 363 f., 394, 408, 417, 431, 462 f., 488, 495, 513, 538, 541, 550, 552, 574, 584, 590, 592, 601, 611, 619, 628, 650, 654 f., 658, 662 f., 677, 684, 690, 699, 712, 724, 748, 757, 772, 785, 813, 836, 848, 864, 869 f., 911, 944
Art. 29: 349, 650, 654 f.
Art. 29 a. F.: 870, 885
Art. 30: 89, 218–222, 249, 294, 315 f., 373 f., 402, 404 f., 641 f., 865–867
Art. 31: 866
Artt. 86, 88: 866
Art. 214: 835

Ehegesetz 1938
§ 21: 248 f.
§ 24: 250 f.

Ehegesetz 1946
§ 11: 304, 338, 494, 512 f., 521, 525, 530
§ 13: 338
§ 15a: 493
§ 16: 251
§ 17: 248 f.
§ 20: 250 f.
§ 23: 233
§ 24: 251
§ 29: 371
§ 30: 369, 371
§ 74: 603 f.

Familienrechtsänderungsgesetz vom 12. 4. 1938
885

Familienrechtsänderungsgesetz 1961
Art. 7, § 1: 299 f., 942

Gerichtsverfassungsgesetz
§ 23: 480
§ 71: 480

Gesetz Nr. 23 der Alliierten Hohen Kommission (AHKG) über die Rechtsverhältnisse verschleppter Personen und Flüchtlinge vom 17. 3. 1950
494

Gesetz über die Anerkennung von Nottrauungen vom 2. 12. 1950
188, 494

Gesetz über die Angelegenheiten der freiwilligen Gerichtsbarkeit
§ 4: 440, 625, 948
§ 12: 579, 596
§ 32: 620
§ 36: 367, 383, 412, 438 f., 595, 617, 620, 947
§ 37: 595
§ 43: 367 383, 412, 438 f., 617, 947
§ 66: 576 f.

§ 73: 625, 867
§ 74: 625
§ 83: 854
Gesetz betreffend die Eheschließung und die Beurkundung des Personenstandes von Reichsangehörigen im Ausland vom 4. 5. 1870 (BGBl. des Norddeutschen Bundes 1870, 599; RGBl. 1896, 614)
187
Gesetz betreffend die Gleichberechtigung der Konfessionen in bürgerlicher und staatsbürgerlicher Beziehung vom 3. 7. 1869
219
Gesetz über die Konsulargerichtsbarkeit vom 7. 4. 1900
§ 36: 186
Gesetz über die Konsulargerichtsbarkeit in Ägypten vom 25. 2. 1938
186
Art. 1: 186
VO über die Konsulargerichtsbarkeit in Ägypten vom 23. 5. 1938
Art. 5: 186
Gesetz zur Regelung von Fragen der Staatsangehörigkeit vom 22. 2. 1955
247
Gesetz zur Regelung von Fragen der Staatsangehörigkeit vom 17. 5. 1956
599
§ 1: 599
§ 3: 599
§ 4: 599
§ 8: 599
Gleichberechtigungsgesetz vom 18. 6. 1957
Art. 1 Nr. 15: 773
Art. 8 I 6: 749 f.
Art. 8 I 7: 773
Grundgesetz
Art. 3 Abs. 2: 276, 294, 304, 405, 437, 511, 515, 543, 870
Art. 3 Abs. 3: 402, 641
Art. 6 Abs. 2: 294, 405
Art. 16: 541
Art. 35: 579
Art. 117: 304, 437, 511, 515, 543
Jugendwohlfahrtsgesetz
§ 1: 580
§ 40: 352, 470, 588
§ 48: 578–580
Lastenausgleichsgesetz
§ 229: 651
§ 232: 651
Personenstandsgesetz
§ 21: 469
§ 29: 467 f.
§ 30: 509, 548
§ 31: 502 f., 509, 548 f.
§ 45: 548
§ 61c: 467 f.
§ 62: 467
Reichs- und Staatsangehörigkeitsgesetz vom 22. 7. 1913
§ 3: 437
§ 4: 344, 412, 437, 470, 515, 535, 690
§ 5: 352
§ 6: 274
§ 17: 541
§ 17 Ziff. 5: 536
§ 17 Ziff. 6: 276, 300, 437, 515
§ 25: 275 f.
§ 27: 412
Reichsversicherungsordnung
§ 1542: 122
Verordnung des Ministerrates für die Reichsverteidigung über die Rechtsanwendung bei Schädigungen deutscher Staatsangehöriger außerhalb des Reichsgebietes vom 7. 12. 1942
157 f.
§ 1: 158
Zivilprozeßordnung
§ 13: 360, 894, 901
§ 16: 360
§ 21: 894
§ 23: 894
§ 24: 775
§ 25: 775
§ 29: 894
§ 32: 894
§§ 38, 39: 894, 901 f.
§ 263: 948
§ 323: 901
§ 328: 299, 451–456, 482, 485 f., 897, 918 f., 942 f., 945
§ 328 Abs. 1 Nr. 1: 894, 901, 918
Abs. 1 Nr. 2: 894 f., 918, 949
Abs. 1 Nr. 3: 918, 949
Abs. 1 Nr. 4: 895, 902, 918, 943, 949 f.
Abs. 1 Nr. 5: 889, 897, 950
§§ 606 ff.: 233

§ 606b: 492, 905, 925
§ 642: 360, 480, 491 f.
§ 722: 451, 902, 941 f.
§ 723: 451

Landesrecht:
Landesbeamtengesetz Schleswig-Holstein
§ 178: 139, 141, 147

## Ägypten

Code du statut personnel et des successions d'après le rite hanafite (CStP)
336
Art. 333 I: 336 f., 339 f.
Art. 333 II: 337
Art. 342: 523
Art. 350 I: 340–344
Art. 391: 345
Gesetz Nr. 25 vom 12. 7. 1920 betreffend Fragen des Unterhalts und des Personalstatuts
336

Gesetz vom 10. 3. 1929, betreffend Fragen des Personenrechts
336
Staatsangehörigkeitsgesetz von 1958
Art. 2 Ziff. 1: 334
Zivilgesetzbuch vom 16. 7. 1948
Artt. 10–28: 334, 396, 944
Art. 12: 185
Art. 13: 334 f.
Art. 14: 335
Art. 16: 944 f.
Art. 20: 338

## Algerien

Dekret vom 17. 9. 1959
Artt. 11–24: 208
Gesetz Nr. 62/157 vom 31. 12. 1962
Art. 1: 197, 201, 376
Art. 2: 376
Gesetz Nr. 63/224 vom 29. 6. 1963
201
Staatsangehörigkeitsgesetz vom 27. 3. 1963
Art. 12: 379 f.

Ordonnance vom 23. 11. 1944 über die musulmanische Gerichtsorganisation in Algerien
Art. 4 Abs. 3: 198 f.
Ordonnance Nr. 59/274 vom 4. 2. 1959
198 f., 201 f., 203
Art. 1: 201
Art. 2: 202
Art. 5: 201
Artt. 6–8: 208

## Belgien

Code civil
Art. 3 II: 837 f.
Art. 3 III: 386
Art. 148: 387
Art. 203: 388
Art. 302: 388
Art. 303: 388 f.
Art. 346: 387
Art. 386: 389
Art. 477: 387
Art. 784: 647
Staatsangehörigkeitsgesetz i. d. F. vom 14. 2. 1932
Art. 1: 386

## El Salvador

Verfassung vom 8. 11. 1950
Art. 11 Ziff. 2: 609
Bürgerliches Gesetzbuch vom 20. 11. 1912
Art. 15: 611, 618
Art. 26: 619
Art. 271: 618 f.
Art. 275: 615
Art. 287: 611, 618 f.
Artt. 288–291: 611 f.
Art. 369: 618
Gesetz über die Adoption vom 3. 11. 1955
Art. 3: 612
Art. 7: 612

## Frankreich

Code civil
Art. 3 II: 837
Art. 3 III: 424, 427, 560
Art. 4: 773
Art. 103: 701–704
Art. 108: 380, 700
Art. 238: 428
Art. 302: 427 f.
Art. 303: 377, 428
Art. 331: 565 f.
Art. 347 a. F.: 378
Art. 386: 377, 428
Art. 386 a. F.: 377
Art. 389 a. F.: 428
Artt. 896, 897: 840
Art. 969: 729
Art. 970: 729 f.
Art. 971 a. F.: 730
Artt. 1134, 1135: 31
Art. 1139: 43 f., 52
Art. 1146: 36, 42 f., 46
Art. 1147: 34 f.
Art. 1148: 34 f., 42 f.
Art. 1149: 34 f.
Art. 1150: 34 f.
Art. 1152: 42, 45
Art. 1153: 42–46, 51 f.
Art. 1154: 46
Art. 1183: 36
Art. 1184: 32, 35 f.
Art. 1226 f.: 42
Art. 1229: 42 f.
Art. 1341: 529
Art. 1603: 31
Art. 1657: 32 f., 35 f.
Art. 1902: 39
Art. 1905 ff.: 39
Art. 2073 ff.: 47
Art. 2074: 47
Art. 2076: 47
Art. 2078: 47 f.
Art. 2102: 49
Art. 2244: 40
Art. 2262 ff.: 41
Art. 2262: 42
Art. 2265 f.: 42
Art. 2271 ff.: 42
Art. 2272: 41 f.
Code de commerce
Art. 93: 47 f.
Art. 128: 39, 44, 46
Art. 130: 49 f.
Art. 152: 44, 46, 50
Art. 179: 39 f., 40, 50
Code de la nationalité française
Art. 17: 697
Code de procédure civile
Art. 69 Nr. 8: 48
Art. 130: 51
Dekret vom 8. 8. 1935
Art. 1: 44
Dekret vom 30. 9. 1953 über den Kreditkauf bei Kraftfahrzeugen
47
Art. 3: 47 f.
Dekret vom 5. 8. 1959
44, 52
Verfassung von 1946
Art. 82: 561
Verfassung von 1958
Art. 75: 203

## Großbritannien

Administration of Estates Act 1925
776
sec. 22: 777
British Nationality Act 1948
sec. 4: 348, 352
sec. 5: 223
sec. 14: 223 f.
Foreign Marriage Act i. d. F. 1947
sec. 22 I: 496
Interpretation Act 1889
sec. 20: 712
Legitimacy Act 1926
500
sec. 1: 500
sec. 8 I: 498
Perpetuities and Accumulations Act 1964
712
sec. 15: 717
Sale of Goods Act 1893
sec. 13: 10
sec. 53: 11
Supreme Court of Judicature (Consolidation) Act 1925
776
sec. 160: 777

Wills Act 1837
sec. 9: 711
Wills Act 1861
sec. 2: 711
Wills Act 1963
sec. 7: 711

**Indien**

Civil Procedure Code 1908
sec. 13: 905–910
Hindu Marriage Act 1955
911
sec. 1: 911 f.
sec. 13: 911
sec. 21: 905
Indian Evidence Act, 1872
529
sec. 17: 529
sec. 112: 529

**Irak**

Bürgerliches Gesetzbuch von 1951
Art. 15: 503
Gesetz über das Personalstatut Nr. 176 vom 9. 12. 1959
503 f.
Art. 51: 508
Art. 52: 508 f.
Art. 53: 508

**Iran**

Code de droit coutumier de la communauté religieuse arméno-grégorienne en Iran, relatif au droit de la famille et des successions, von 1938
642
Art. 63: 644 f.
Ehegesetz von 1931
Art. 9: 284, 311
Gesetz über die Anwendung des Personalstatuts bei nicht-schiitischen Iranern vom 22. 7. 1933
630, 642
Gesetz zum Schutz der Familie vom 15. 6. 1967
279, 284, 289 f., 306
Art. 8: 279 f.
Art. 9: 280, 282, 290, 292, 294
Art. 11: 280–282
Art. 12: 286, 290, 294
Art. 13: 290 f.
Ausführungsverordnung vom 6. 7. 1967
279
Art. 11: 281 f.
Art. 12: 290, 292
Art. 13: 290, 292 f.
Loi sur le mariage et le divorce i. d. F. vom 8. 6. 1937
Art. 1: 301
Staatsangehörigkeitsgesetz vom 7. 8. 1894
Art. 6: 637
Ergänzende Verfassung des Iran vom 8. 10. 1907
Artt. 1, 2: 639 f.
Art. 8: 639 f.
Zivilgesetzbuch von 1911
Art. 3: 307
Zivilgesetzbuch vom 16. 2. 1935
Art. 4: 306, 637
Art. 6: 628 f.
Artt. 825–849: 630
Art. 861: 631
Art. 862: 632
Art. 863: 632
Art. 864: 632
Art. 884: 644
Art. 894: 633
Art. 895: 634
Art. 896: 633
Art. 897: 633
Art. 899: 634
Art. 900: 634
Art. 901: 634
Art. 905: 633
Art. 946: 635 f., 646
Art. 947: 636

Art. 961: 638
Art. 963: 305
Art. 964: 287
Art. 967: 628
Art. 969: 647
Art. 976: 286 f., 300
Art. 986: 300
Art. 987: 274 f.
Art. 1005: 316
Art. 1075: 307
Artt. 1106, 1107: 283–285, 311
Art. 1109: 312
Artt. 1121–1132: 279 f., 308
Art. 1121: 282
Artt. 1122–1124: 282
Artt. 1133–1149: 278 f.
Art. 1133: 301, 307
Art. 1134: 308
Art. 1136: 308 f.
Art. 1143: 307
Art. 1148: 313
Art. 1149: 313
Art. 1150: 285, 313
Art. 1151: 285 f., 313
Art. 1169: 288, 290, 294
Artt. 1180–1182: 288
Art. 1180: 288, 293
Zivilprozeßordnung von 1911
Art. 3: 631

## Israel

Capacity and Guardianship Law 5722 – 1962
215
Palestinian Citizenship Order vom 24. 7. 1925
802
§ 5: 802
§ 7: 802
Palestine Order in Council, 1922
211 f., 803
sec. 46: 214
sec. 47: 212
sec. 50: 213
sec. 51: 212 f., 803 f.
sec. 53: 213, 215
sec. 55: 213
sec. 64: 213 f., 803 f.
sec. 65: 213
Rabbinical Courts Jurisdiction (Marriage and Divorce) Law 5713 – 1953
215
sec. 1: 213
Gesetzentwurf:
Draft Family Code for the State of Israel 1956
215

## Italien

Codice civile
disposizioni preliminari
Art. 17: 592
Art. 20: 592 f.
Art. 21: 591
Art. 25: 71
Art. 25 II: 115
Sachnormen
Art. 2: 592
Art. 93: 226
Art. 94: 226
Art. 107: 227
Art. 116: 225 f.
Artt. 117–129: 225
Art. 138: 225
Artt. 145 I, 147 I: 116
Art. 231: 468
Art. 250: 468
Art. 252: 468
Art. 253: 468
Art. 315: 593
Art. 316: 593
Art. 317: 593
Art. 320: 593 f.
Artt. 573–580: 645
Art. 1182: 66
Art. 1183: 65
Artt. 1218–1229: 64
Art. 1218: 64 f., 75 f., 80
Art. 1219: 65–67
Art. 1223: 76, 80
Art. 1225: 76 f.
Art. 1226: 77
Art. 1227: 77
Art. 1325: 56
Art. 1341: 60–64

Artt. 1350–1352: 55, 57 f.
Art. 1351: 55–58
Artt. 1382–1384: 59
Art. 1382: 59, 63
Art. 1383: 59 f., 63
Art. 1384: 59, 67
Art. 1470: 56, 71
Art. 1490: 73
Art. 1491: 73 f.
Art. 1492: 74, 77
Art. 1493: 74, 77
Art. 1494: 75 f., 77 f.
Art. 1495: 77 f.
Art. 1511: 78
Art. 1655: 71
Art. 1665: 78 f.
Art. 1667: 79 f.
Art. 1668: 79
Art. 2043: 116
Art. 2050: 115
Art. 2054: 115–118
Art. 2445: 117
Artt. 2643–2645: 58
Art. 2697: 116
Art. 2702: 58
Art. 2721: 58
Art. 2722: 58
Codice processuale civile
Art. 250: 65
Gesetz Nr. 847 vom 27. 5. 1929
Art. 5: 228
Personenstandsgesetz vom 9. 7. 1939
Art. 9: 187
Art. 50: 187
Art. 73 II: 469

**Jordanien**

Familienrechtsgesetz Nr. 92 vom 17. 7. 1951
398, 517
Art. 17: 522, 524, 528
Art. 123: 398–400
Art. 124: 518
Art. 129: 398, 517 f.
Art. 134: 524
Art. 135: 524
Gesetz Nr. 2 vom 29. 1. 1938 über die nichtislamischen religiösen Gerichte
517
Art. 7: 395 f.
Gesetz Nr. 6 vom 4. 2. 1954 über die jordanische Staatsangehörigkeit
Art. 8 I: 514
Art. 9: 535
Gesetz Nr. 31 vom 30. 1. 1961 über die Änderung des jordanischen Staatsangehörigkeitsgesetzes
Art. 8 I: 515
Gesetz Nr. 7/1963 über die Änderung des jordanischen Staatsangehörigkeitsgesetzes
515
Gesetz Nr. 41 vom 10. 2. 1951 über die Verfassung der šarî'a Gerichte (i. d. F. vom 2. 5. 1953)
Art. 4: 398
Macelle (Zivilgesetzbuch) von 1870/1877
518
Art. 1688: 528
Personenstandsgesetz Nr. 32 vom 11. 6. 1966
518, 526
Prozeßordnung der šarî'a Gerichte von 1959
Art. 2: 394 f.
Verfassung vom 1. 1. 1952
Art. 102: 395
Art. 103: 396, 513 f.
Art. 105: 395
Art. 106: 397 f.

**Jugoslawien**

(österreichisches) Allgemeines Bürgerliches Gesetzbuch von 1811
134
§ 1294: 135 f.
§ 1295: 136
§ 1296: 136
§ 1297: 136
§ 1304: 136
§ 1323: 135, 137
§ 1324: 135
§ 1325: 135
§ 1326: 135

Bundesverfassung von 1963
Art. 33: 919
Art. 53: 471
Erbgesetz vom 25. 4. 1955
133, 651
Art. 10: 653
Art. 23: 653
Art. 24: 653 f.
Art. 155: 652 f.
Art. 157: 652 f.
Art. 242: 651 f., 653
Gesetz über die Beglaubigung, 1946
917
Gesetz über die Haftung für Schäden aus dem Betrieb von Kraftfahrzeugen vom 9. 8. 1908
§ 1: 134 f.
§ 2: 134 f.
§ 7: 134
Gesetz über die jugoslawische Staatsangehörigkeit vom 15. 9. 1964
Art. 4: 470 f.
Art. 5: 470 f.
Art. 8 II: 920
Gesetz über die Verjährung von Forderungen vom 9. 9. 1953
133
Gesetz vom 23. 10. 1946
Art. 1: 133
Art. 4: 133
Grundgesetz über die Beziehungen zwischen Eltern und Kindern, 1947, i. d. F. des Gesetzes vom 1. 3. 1965
133
Art. 1: 472
Art. 3: 471
Art 14: 472
Grundgesetz über die Ehe vom 3. 4. 1946, i. d. F. des Gesetzes vom 15. 3. 1965; bereinigter Wortlaut vom 28. 4. 1965
133, 655
Art. 4: 919
Art. 7: 656
Art. 8: 656
Artt. 56–71: 920
Art. 72: 915
Grundgesetz über die Sicherheit des Verkehrs auf den öffentlichen Straßen 1965
133
Règlement über die Anmeldung des Wohnsitzes und des Aufenthaltsorts, 1959
Art. 3: 916
Zivilprozeßordnung vom 8. 12. 1956
Art. 43: 916 f.
Art. 47: 919
Art. 48 I: 915 f.
Art. 310: 920
Artt. 398–412: 920
Art. 406: 920
Einführungsgesetz zur Zivilprozeßordnung vom 8. 12. 1956
Art. 2: 915
Art. 17: 914–921
Art. 18: 914–920

**Kanada**

Canadian Citizenship Act 1946
sec. 5: 412

Kanada – Britisch Kolumbien

Equal Guardianship of Infants Act, 1960
sec. 12: 409–411
sec. 13: 409–411

Kanada – Ontario

Devolution of Estate Act
658
Wills Act
sec. 11: 722 f.
sec. 14: 723
sec. 19: 722, 724

Kanada – Quebec

Civil Code of Lower Canada (Quebec)
Art. 6: 786
Art. 596: 791
Art. 645: 791
Art. 664: 791
Art. 843: 788
Art. 844: 788
Art. 863: 789 f.

Art. 866: 791
Art. 873: 790
Art. 880: 791
Art. 891: 790 f.
Art. 905: 794 f.
Art. 918: 795
Artt. 925–967: 797
Art. 927: 798
Art. 928: 798
Artt. 938–943: 798
Art. 945: 798
Art. 964: 801
Artt. 981a–981n: 795 f.
Art. 981a: 796
Art. 981l: 797 f.

**Libanon**

Arrêté Nr. 3339 vom 12. 11. 1930
Art. 231 II: 734
Arrêté Nr. 141 vom 3. 10. 1933
Art. 9: 734
Erbgesetz für Nicht-Moslems vom 23. 6. 1959
736
Gesetz betreffend den Erwerb der libanesischen Staatsangehörigkeit durch Ausländer vom 27. 5. 1939
732
Gesetz betreffend letztwillige Verfügungen von Nicht-Moslems vom 7. 3. 1929
735 f.
Art. 1: 735 f.
Art. 2: 736
Art. 7: 736
Gesetz über den Verlust der libanesischen Staatsangehörigkeit vom 31. 1. 1946
Art. 2: 732 f.
Gesetz über die ottomanische Staatsangehörigkeit vom 18. 1. 1869
731
Gesetzesdekret Nr. 48 vom 31. 5. 1940
732
Verordnung Nr. 2825 der französischen Mandatsmacht vom 30. 8. 1924
731
Verordnung Nr. 15 der französischen Mandatsmacht vom 19. 1. 1925 über die libanesische Staatsangehörigkeit
Art. 1: 731 f.
Art. 3: 732
Art. 10: 732

**Liberia**

Liberian Code of Laws vom 22. 3. 1956
16, 23
Title 7 part 1: 18, 25
§ 1: 20 f.
Title 16 § 40: 16 f.
Verfassung 1820
Art. 6: 17
Verfassung 1825
Art. 6: 17
Verfassung 1839
Art. 17: 17

**Liechtenstein**

(österreichisches) Allgemeines Bürgerliches Gesetzbuch von 1811
662 f.
§ 730: 665
§ 731: 665
§ 757: 666
Fürstliche Verordnung vom 18. 2. 1812
662
Fürstliche Verordnung vom 16. 10. 1819
663
Fürstliche Verordnung vom 6. 4. 1846
662
Gesetz betreffend die Abhandlung der Verlassenschaften von Ausländern vom 4. 2. 1911
663
Art. 1: 663
Art. 2: 664
Personen- und Gesellschaftsrecht vom 20. 1. 1926
663
Einführungsbestimmungen
§ 53: 666
Sachenrecht vom 31. 12. 1922
663
Art. 10: 664

## Luxemburg


Code civil
839 f.
Art. 3 II: 837 f.
Artt. 739 ff.: 842
Art. 896: 840, 842, 845
Art. 897: 840 f.
Art. 900: 842, 845
Art. 913: 843
Art. 914: 843
Art. 915: 843
Art. 916: 843 f.
Artt. 917–919: 844
Art. 1046: 845
Art. 1048: 841 f.
Art. 1049: 841 f., 846
Art. 1050: 841 f., 846
Art. 1055: 845
Art. 1056: 845
Art. 1069: 844
Art. 1070: 844 f.
Gesetzentwurf:
Einheitliches Gesetz über das IPR in den Niederlanden, in Belgien und in Luxemburg, 1951
Art. 18: 140 f.
Art. 21: 140, 152


## Marokko


Gesetz (= Dahir) vom 18. 12. 1957 betreffend die Abstammung und ihre Wirkungen
Art. 92: 540 f.
Gesetz vom 12. 8. 1913 über die zivilrechtlichen Verhältnisse der Franzosen und Ausländer
538
Artt. 3, 5, 8, 9: 539
Gesetz vom 1. 6. 1914 betreffend die Rechtsverhältnisse der Spanier und Ausländer
538
Artt. 2, 10, 14: 539
Gesetz vom 15. 1. 1925 über die zivilrechtliche Stellung der Ausländer in der Zone von Tanger
Art. 2: 538
Art. 3: 538
Art. 8: 538
Art. 9: 538
Gesetz vom 6. 9. 1958 über die Staatsangehörigkeit
Art. 6: 539 f.
Art. 8: 539–541
Art. 10: 541


## Mexiko


Gesetz über Staatsangehörigkeit und Einbürgerung vom 5. 1. 1934
Art. 2: 612
Zivilgesetzbuch für den Bundesdistrikt und die Territorien von Mexiko vom 30. 8. 1928
Art. 12: 616
Art. 380: 616
Artt. 390 ff.: 617
Art. 414: 616
Art. 415: 616
Art. 425: 616
Art. 447 II: 619 f.


## Niederlande


Allgemeine Reichsbeamtenordnung vom 12. 6. 1931
141
Art. 35: 147
Beamtengesetz vom 12. 6. 1931
141
Burgerlijk Wetboek
Art. 80: 853–855
Art. 164a: 260 f., 263–266
Art. 164b: 265–267
Art. 175: 261 f.
Art. 177: 262–264, 266
Artt. 262 ff.: 319
Art. 264: 319
Art. 264 Nr. 2: 319
Art. 264 Nr. 4: 320–323
Art. 266: 319 f.
Art. 639: 144 f.

Art. 668: 144 f., 154
Art. 966: 849
Art. 984: 853
Art. 989: 853
Artt. 1070–1088: 857–861
Art. 1094: 856
Art. 1102: 856
Art. 1103: 854 f.
Art. 1104: 854
Art. 1110: 854
Art. 1111: 856
Art. 1172: 857
Artt. 1349 ff.: 146
Art. 1371: 146 f.
Art. 1373: 146 f.
Artt. 1401 ff.: 141
Art. 1436: 143
Art. 1437: 143 f.
Art. 1438: 141 f.
Artt. 1576 ff.: 153
Art. 1576: 153
Artt. 1576h–1576x: 153
Art. 1576i: 153
Art. 1576j: 153
Art. 1902: 112
Art. 1903: 148
Art. 1932: 148
Art. 1952: 148
Art. 1953: 148
Art. 1959: 148
Artt. 1983 ff.: 109
Art 1983: 111
Artt. 2004 ff.: 111 f.
Art. 2004: 111, 149
Artt. 2005–2008: 112 f.
Art. 2008: 113
Art. 2010: 112 f.
Art. 2012: 111 f.
Gesetz über die allgemeinen Bestimmungen für die Gesetzgebung des Königreiches vom 15. 5. 1829
Art. 6: 319
Wegverkeerswet
Art. 31: 141, 148 f.
Art. 31 Abs. 9: 148 f.
Gesetzentwürfe:
Einheitliches Gesetz über das IPR in den Niederlanden, Belgien und in Luxemburg, 1951
Art. 18: 140 f.
Art. 21: 140, 152
Meijers – Entwurf für ein Bürgerliches Gesetzbuch
Art. 4, 5, 2, 5 Abs. 1: 861

## Österreich

Allgemeines Bürgerliches Gesetzbuch von 1811
§ 4: 417
§ 21: 418
§ 81: 243 f.
§ 82: 243 f.
§§ 123–136: 672
§ 127: 671
§§ 137–186: 672 f.
§§ 139 ff.: 418
§ 142: 419, 602, 604
§§ 147 ff.: 418
§§ 148–154: 600
§§ 151, 152: 418
§ 152: 418: 420
§ 160: 670
§ 161: 673
§ 163: 477, 480
§§ 166–171: 478 f.
§ 176: 602
§ 177: 602–604
§ 178: 603 f.
§§ 179–181: 570 f.
§ 183: 568
§ 187: 600
§ 233: 420 f.
§§ 246–248: 419 f.
§ 246: 418
§ 532: 673
§§ 730–732: 669 f.
§ 730: 665
§ 731: 665
§ 751: 865
§ 752: 670
§ 754: 670
§ 757: 666
§ 865: 418
§ 1042: 480
§§ 1294–1297: 135 f.
§ 1304: 136
§§ 1323–1326: 135
4. Durchführungsverordnung vom 25. 10. 1941 zum Ehegesetz
§ 10: 417 f., 601

Jurisdiktionsnorm vom 1. 8. 1895
§ 111: Abs. 3: 606
§ 113: 570 f.
Kaiserliches Patent vom 9. 8. 1854
§§ 257 ff.: 570
§ 257: 571
Ratengesetz vom 15. 11. 1961
418
Staatsbürgerschaftsgesetz vom 10. 7. 1945
§ 3: 600
Staatsbürgerschafts-Überleitungsgesetz vom 10. 7. 1945
§ 1: 599

**Polen**

(Österreichisches) Allgemeines Bürgerliches Gesetzbuch von 1811
568, 570, 669
§§ 123–136: 672
§ 127: 671
§§ 137–186: 672 f.
§ 160: 670
§ 161: 673
§§ 179–181: 570 f.
§ 532: 673
§§727–761: 669
§§730–732: 669 f.
§ 752: 670
§ 754: 670
Dekret vom 8. 10. 1946
Urt. XVIII: 668
Gesetzbuch über Familie und Vormundschaft vom 25. 2. 1964
569
Art. 114: 572
Einführungsgesetz vom 25. 2. 1964
Art. XII: 569
Gesetz über das für die inländischen Privatrechtsverhältnisse geltende Recht vom 2. 8. 1926
Artt. 1–3: 669
Art. 1: 569
Art. 3: 569, 669
Art. 7: 569
Art. 23: 569
Art. 27: 669
Gesetz über das auf internationale Privatrechtsverhältnisse anwendbare Recht vom 2. 8. 1926
668
Art. 5: 568
Art. 23: 568
Art. 28: 668
Gesetz über das internationale Privatrecht vom 12. 11. 1965
Art. 1: 347
Art. 2: 347
Art. 19: 347
Art. 22: 568
Art. 34: 668
Art. 36: 668
Art. 38: 668
Gesetz über die polnische Staatsangehörigkeit vom 20. 1. 1920, geändert durch Verordnung vom 3. 12. 1932
Art. 2: 667
Art. 11: 667
Gesetz über die polnische Staatsangehörigkeit vom 8. 1. 1951
Art. 2 Nr. 1: 667
Art. 4: 347
Art. 5 I: 348
(österreichische) Jurisdiktionsnorm vom 1. 8. 1895
§ 113: 570 f.
(österreichisches) kaiserliches Patent vom 9. 8. 1854
§§ 257 ff.: 570
§ 257: 571

**Rumänien**

Codul civil
Art. 651: 679
Art. 659: 678
Art. 669: 679
Art. 689: 679
Art. 700: 679
Art. 1890: 679
Dekret Nr. 125 vom 7. 7. 1948
Artt. 2, 4, 16, 29: 802
Gesetz über die Ausdehnung der

Gesetzgebung des Alt-Königreichs auf Bessarabien vom 4. 4. 1928
677
Art. 4: 677
Gesetz über die Gerichtsorganisation i. d. F. der Novelle vom 19. 12. 1925
677
Art. 322 I, III: 677
Staatsangehörigkeitsgesetz von 1939
Artt. 2, 35–39: 802

**Senegal**

Arrêté du Gouverneur en Conseil relatif à l'application du Code civil français à la colonie du Sénégal vom 5. 11. 1830
423
Dekret vom 10. 11. 1903
425
Ordonnance Nr. 60–56 fixant l'organisation judiciaire dans la République du Sénégal ainsi que les principes fondamentaux applicables aux litiges de droit privé vom 14. 11. 1960
425
Artt. 10, 16, 18, 19: 426
Staatsangehörigkeitsgesetz vom 7. 3. 1961
Art. 5 Ziff. 1: 427
Art. 7: 424
Verfassung vom 24. 1. 1958
Art. 48: 423
Verfassung vom 26. 8. 1960
Art. 70: 423
Verfassung vom 7. 3. 1963
Art. 93: 423

**Schweden**

Elterngesetz vom 10. 6. 1949
483
Kap. 1 § 3: 485
Kap. 5 § 2 II: 485
Kap. 6 §§ 2–4, 12: 484
Kap. 6 § 10: 485
Kap. 7 § 1: 485
Kap. 7 § 2 I: 485
Kap. 8 § 6: 484
Kap. 11 § 2: 484
Kap. 13 § 1: 484
Kap. 20 § 4: 484, 486
Einführungsgesetz zum Elterngesetz vom 10. 6. 1949
§ 2: 483
Erbgesetz vom 12. 12. 1958
Kap. 8 § 10: 485
Gesetz über die eheliche Geburt vom 14. 6. 1917
§ 8 I: 485
Gesetz über die ehelichen Kinder vom 11. 6. 1920
§§ 3–5: 484
Gesetz über die unehelichen Kinder vom 14. 6. 1917
482 f.
§ 1 II: 485
§ 2 II: 484
§ 2 III: 484
§ 2 IV: 486
§ 2 V: 485
§ 3 I: 485
§ 4 I: 485
§ 11 I: 485
§ 13: 484
Vormundschaftsgesetz vom 27. 6. 1924
Kap. 2 § 2: 484
Kap. 6 § 1: 484

**Schweiz**

Bundesverfassung vom 29. 5. 1874
Art. 54 III: 326 f.
Art. 59: 119 f., 459 f.
Bundesgesetz betreffend die zivilrechtlichen Verhältnisse der Niedergelassenen und Aufenthalter (NAG) vom 25. 6. 1891
327, 927
Artt. 3, 4: 933
Art. 7 f.: 327 f.

Art. 7g: 927–931
Art. 22: 751
Art. 22 II: 750
Art. 28: 748, 750
Art. 32: 751
Bürgerrechtsgesetz vom 29. 9. 1952
Art. 56: 231
Art. 57 I: 231
Konsularreglement 63, Abs. 2: 229
Straßenverkehrsgesetz vom 19. 12. 1958
Art. 64: 129
Art. 83: 130
Artt. 84, 85: 120
Zivilgesetzbuch
Art. 1: 773
Art. 1 II: 231
Art. 2 II: 231 f.
Art. 4: 330
Art. 23 ff.: 933
Art. 23: 934–937
Art. 24: 934, 936
Art. 25: 934, 937
Art. 26: 935
Art. 41 III: 229
Art. 120 a. F.: 232
Art. 120 Ziff. 3: 233
Art. 120 Ziff. 4: 231
Art. 122: 233
Art. 134: 328
Art. 142: 233
Art. 149 II: 330
Art. 152: 329
Art. 153: 329
Art. 170: 934, 937 f.
Art. 460 I: 865
Art. 494: 752
Art. 512: 751 f.
Art. 513: 755
Artt. 519 ff.: 753 f.
Art. 519: 753 f.
Art. 521: 754
Schlußtitel zum ZGB
Art. 59: 327, 927, 933 f.

## **Sowjetunion** (UdSSR)

Dekret der RSFSR vom 12. 6. 1964
Nr. 16: 680
Dekret der UdSSR über die provisorische Anwendung der Gesetzgebung der RSFSR auf dem Gebiet der lettischen SSR vom 6. 11. 1940
433
Familiengesetzbuch der RSFSR von 1926
Art. 28: 431
Art. 33: 431, 434
Art. 35: 433
Artt. 38–41: 434
Art. 39: 434
Art. 40: 431, 434
Artt. 43–46: 434
Art. 46: 434
Gesetz der UdSSR über die Grundlagen für die Zivilgesetzgebung der UdSSR und der Unionsrepubliken von 1962
Art. 127: 676
Art. 129: 676
Konsularsatzung der UdSSR von 1926
Art. 45: 433
Staatsangehörigkeitsgesetz der UdSSR von 1938
Art. 1 II: 433
Art. 4: 433
Svod zakanov
Einl. Art. 4 I: 677 f.
Einl. Art. 4 II, III: 677
Verordnung des Plenums des Obersten Gerichts der UdSSR vom 16. 9. 1949
Nr. 8: 434
Verordnung des Präsidiums des Obersten Sowjets der UdSSR über die vorläufige Anwendung der Gesetzbücher der Ukrainischen SSR auf dem Gebiet der Moldauischen SSR vom 14. 12. 1940
Nr. 2c: 680
Verordnung des Präsidiums des Obersten Sowjets der UdSSR vom 14. 3. 1945
Nr. 3: 680
Verordnung des Präsidiums des Obersten Sowjets der UdSSR vom 10. 4. 1962
Nr. 17: 680

Moldauische SSR

Zivilgesetzbuch der Moldauischen SSR vom 26. 12. 1964
Art. 601: 676

Bessarabien

(rumänischer) Codul civil
677
Art. 651: 679
Art. 659: 678
Art. 669: 679
Art. 689: 679
Art. 690: 679
Art. 700: 679
Art. 1890: 679
(rumänisches) Gesetz über die Ausdehnung der Gesetzgebung des Altkönigreichs auf Bessarabien vom 4. 4. 1928
677
Art. 4: 677
(rumänisches) Gesetz über die Gerichtsorganisation i. d. F. der Novelle vom 19. 12. 1925
677
Art. 322 I, III: 677
(russischer) Svod zakanov
Einl. Art. 4 I: 677 f.
Einl. Art. 4 II, III: 677

**Spanien**

Codigo civil vom 24. 7. 1889 i. d. F. vom 15. 7. 1954
159, 550
Art. 9: 552, 613
Art. 10 I: 162, 166
Art. 11 I: 82, 163 f., 166, 169
Art. 12: 159, 550
Art. 14: 160 f., 163 f., 168
Art. 17 II: 609
Art. 23: 613
Art. 28 I: 162
Art. 42: 552 f.
Art. 51: 553
Art. 75: 553
Art. 119: 551
Art. 119 II: 489 f.
Artt. 120–122: 551
Art. 129 ff.: 489
Art. 129: 489
Art. 130: 489, 491
Art. 131: 489
Art. 133: 489 f.
Art. 134: 490
Art. 138: 490 f.
Art. 606: 83
Art. 609 II: 83
Art. 807: 645
Artt. 840–847: 645
Art. 1092: 123, 127
Art. 1093: 123
Art. 1101: 106
Art. 1103: 106–108
Art. 1104: 106
Artt. 1152–1155: 87
Art. 1255: 101
Art. 1261: 84
Art. 1274: 84
Art. 1277: 101
Artt. 1278–1280: 82
Art. 1279: 83
Art. 1280: 83, 177 f.
Artt. 1445 ff.: 85
Art. 1445: 85 f.
Art. 1450: 84
Art. 1451: 85 f.
Art. 1454: 84 f.
Art. 1462 I: 97
Art. 1462 II: 83, 98
Artt. 1484 ff.: 96
Art. 1484: 96 f.
Art. 1485: 97
Art. 1486: 97, 101
Art. 1490: 97, 99–101
Art. 1528: 176
Art. 1709: 105
Art. 1711 I: 106
Art. 1717: 173–175
Art. 1719: 107
Art. 1726: 107 f.
Art. 1902: 123 f., 178
Art. 1935 I: 101
Art. 1968 Nr. 2: 129
Art. 1973: 129

Codigo penal (Strafgesetzbuch)
Art. 19: 123 f., 127
Art. 101: 124, 128
Art. 103: 124, 128
Art. 104: 124, 128, 132
Art. 117: 129
Art. 565: 124, 127
Compilación de Derecho Civil Especial de Cataluña
Art. 344 S. 1: 96
Dekret Nr. 2320 des Regierungspräsidialamts vom 24. 12. 1959
161
Dekret vom 27. 7. 1959, betreffend ausländische Beteiligung an spanischen Unternehmen
172
Dekret vom 24. 12. 1959, betreffend ausländische Beteiligung an spanischen Unternehmen
172
Gesetz vom 9. 5. 1950 über Maßnahmen gegen Fahrer und Benutzer von Kraftfahrzeugen
124
Gesetzesdekret des Staatspräsidenten Nr. 16 vom 27. 7. 1957
161
Handelsgesetzbuch
Art. 325: 85
Art. 343: 85
Ley de enjuiciamiento criminal
Art. 111, 114: 130
Ley Hipotecaria vom 8. 2. 1946
Art. 3: 83
Art. 149: 176 f.
Gesetz vom 5. 12. 1941, betreffend das besitzlose Pfandrecht an beweglichen Sachen
170
Ley sobre hipoteca mobiliaria y prende sin desplazamiento de posesión vom 16. 12. 1954 (betreffend besitzloses Pfandrecht an beweglichen Sachen)
170, 172, 176
Art. 3 I: 170 f.
Art. 3 III, IV: 171
Art. 52: 172
Art. 53: 172
Art. 57: 171
Ley Tributaria vom 11. 6. 1964 (Steuergesetz)
Art. 141: 93
Artt. 142, 143: 90 f.
Art. 143: 93
Artt. 144–155: 91
Art. 144: 91
Art. 148: 91
Art. 151: 91
Art. 152 Ziff. 2: 87, 91
Art. 155: 84, 91
Artt. 156–163: 92 f.
Art. 156 Ziff. 1: 92
Art. 160: 92
Art. 162: 92
Artt. 164–172: 93
Artt. 164–172: 93
Art. 164: 93
Art. 176 Ziff. 1: 88–92
Artt. 185–208: 94
Art. 202: 94
Ley de Uso y Circulación de Vehiculos de Motor von 24. 12. 1962 (Kraftfahrzeughaftpflichtgesetz)
124–127
Artt. 2–10: 127
Art. 2: 127
Art. 39: 125, 127 f., 131
Art. 40: 125
Art. 42: 125, 127 f., 129, 131
Einführungs- und Ausführungsbestimmungen zum Kraftfahrzeughaftpflichtgesetz:
Reglamento del seguro obligatorio vom 19. 11. 1964
Art. 23: 125 f., 128 f.
Art. 25: 130 f.
Art. 31: 130
Resolución vom 21. 1. 1966
128
Ley 3/1967 vom 8. 4. 1967
130
Einführungsverordnung vom 22. 3. 1965
126
Einführungsverordnung vom 6. 5. 1965
127
Art. 1: 126 f.
Verordnung 907/1966 vom 21. 4. 1966
131
Art. 97 Nr. 3: 131
Verkehrsgesetz von 1934
124

## Syrien

Arrêté vom 28. 4. 1926
Artt. 1, 2, 4: 739
Gesetz über die ottomanische Staatsangehörigkeit vom 18. 1. 1869
731
Haute circulaire (Runderlaß) vom 3. 2. 1891
738 f.
Mandatsstatus
Art. 6 II: 739
Verordnung der französischen Mandatsmacht Nr. 2825 bis vom 30. 8. 1924
731 f.
Art. 3: 732 f.
Verordnung der französischen Mandatsmacht Nr. 16/S vom 19. 1. 1925 über die syrische Staatsangehörigkeit
Art. 1: 731 f.
Art. 10: 732 f.
Zivilgesetzbuch (Code civil) vom 16. 5. 1949
737
Artt. 11–30: 734
Art. 18 I: 734
Artt. 836, 876: 737

## Togo

Dekret vom 6. 8. 1901
559
Dekret vom 22. 11. 1922 über die Gerichtsverfassung
558
Art. 31: 558
Dekret vom 22. 5. 1924
558 f.
Dekret vom 2. 4. 1933 über die Neuordnung der einheimischen Gerichtsbarkeit
558
Art. 6: 558
Art. 7: 562, 564
Art. 8: 562
Dekret vom 22. 7. 1939 über die französische Gerichtsbarkeit
Art. 14: 562, 564
Gesetz Nr. 62 – 17 über die Gerichtsverfassung vom 12. 6. 1961
Art. 1: 563
Art. 34: 563
Art. 38: 564
Art. 80: 564
Staatsangehörigkeitsgesetz vom 25. 7. 1961
Artt. 8–10: 561
Verfassung vom 14. 4. 1961
Art. 60: 559
Verfassung vom 11. 5. 1963
Art. 88 III: 559

## Tschechoslowakei

(österreichisches) Allgemeines Bürgerliches Gesetzbuch von 1811
243
§ 81: 243 f.
§ 82: 243 f.
Bürgerliches Gesetzbuch vom 26. 2. 1964
§ 462: 864 f.
§ 473: 864
§ 474: 864
§ 475: 864
Ehegesetz vom 22. 5. 1919
240, 242
§ 1: 240
§ 2: 240
§ 3: 240 f.
§ 7: 241
§ 8: 241
§ 10: 241
§ 12: 241–243
§ 25: 243
Gesetz über das Familienrecht vom 7. 12. 1949
239 f.
Einführungsgesetz Nr. 266 vom 7. 12. 1949
245
Art. 46: 245
Gesetz über die Familie vom 4. 12. 1963
239, 246
§§ 11–14: 246

Gesetz über das internationale und interlokale Privatrecht und über die Rechtsstellung der Ausländer auf dem Gebiete des Privatrechts vom 11. 3. 1948
§ 7: 237
§ 8: 237
§ 10: 238
Gesetz über das internationale Privat- und Prozeßrecht vom 16. 12. 1963
Art. 17: 864
Art. 20: 237

**Türkei**

Gesetz über die ottomanische Staatsangehörigkeit vom 18. 1. 1869
731
Staatsangehörigkeitsgesetz Nr. 1312 vom 23. 5. 1928
436
Art. 13 I, 1: 436
Staatsangehörigkeitsgesetz Nr. 403 vom 11. 2. 1964
Art. 1: 437
Artt. 19–26: 437
Vorläufiges Gesetz über die Rechte und Pflichten der sich im Ottomanischen Reich aufhaltenden Ausländer vom 23. 2. 1915
443 f.
Art. 4: 443
Zivilgesetzbuch
445
Art. 148 I: 447, 449
Art. 150 Ziff. 5: 448 f.
Art. 241: 442
Art. 262: 446
Art. 263: 445 f.
Art. 274: 448
Art. 278: 446

**Vereinigte Staaten von Amerika** (USA)

Constitution
Art. 4 sec. 1: 459, 586
14. Amendment § 1, 1: 269, 699
Uniform Commercial Code, 1962
§ 2–708: 27 f.
United States Code
§ 1401 Immigration and Nationality Act: 689 f., 697

Restatements:
Restatement, Conflict of Laws (1934)
§ 9: 684
§ 10: 357
§ 11: 575, 684
§§ 14, 15: 575, 684
§§ 15 ff.: 576
§§ 16–18: 684
§§ 23, 24: 575
§ 29: 359
§ 32: 358
§§ 137, 138: 355 f.
§ 143: 586
§ 208: 270, 685
§§ 237, 238: 270
§ 238: 272
§ 289: 270, 272
§ 290: 270
§ 309: 880 f.
§ 332: 272
§ 435: 899
§ 457: 464
§§ 457a–457c: 456, 464
§ 458: 464
§ 464: 899
Restatement, Conflicts of Laws, Second (1959)
§ 10: 357
§ 25: 892
§ 30: 358, 587
§ 32: 359
§ 34: 359, 587
§ 104: 892
§ 105: 892
§ 107: 891
§ 117: 365
§§ 137, 138: 335 f.
§ 140: 691
§ 142: 574
§ 143: 574 f.
§ 208: 270, 815
§§ 237, 238: 270
§ 238: 272
§ 245: 814
§ 249: 814
§ 289: 270, 272
§ 290: 270
§ 303: 814

§ 306: 814
§ 332: 272
§ 332a: 272
Restatement, Law of Contracts (1932)
§ 32: 19
§ 75: 20
§ 76: 21
§ 397: 25
Restatement, Law of Contracts, Second (1965)
§ 32: 19
§ 75: 20
§ 76 H: 21 f.
§ 89 D: 21 f.

## USA/Illinois

Illinois Revised Statutes
chapter 110 § 50(8): 888
§ 76(1): 889
chapter 116 § 16: 888
Probate Act vom 24. 7. 1939
765
§ 11: 757, 761
§ 16: 769 f.
§ 17: 770
§§ 42 ff.: 761
§ 42: 761 f.
§ 43: 760 f., 767
§ 44: 761
§ 46: 767 f.
§ 85: 767
§ 95: 765
§ 324: 765
Uniform Foreign Money-Judgments Recognition Act, 1963
890 f., 897 f.
§ 2: 890
§ 3: 890
§ 4: 890 f.
§ 5: 891 f.
§ 6: 891

## USA/Kalifornien

Civil Code
§§ 157 f.: 871
§ 163: 871
§ 164: 871
§ 215: 691
§§ 220–229: 691
§ 230: 691–693
§ 946: 882 f.
§ 1386 a. F.: 878 f.
Descents and Distributions Act, 1850
§ 1: 878
Probate Code
§§ 200 ff.: 872 f.
§§ 220 ff.: 873
§ 221: 873, 875
§ 222: 687, 873–875
§ 223: 873, 875
§ 224: 873, 875
§ 225: 687, 873–875
§ 226: 873–875
§ 227: 873–875
§ 228: 873–876, 878
§ 229: 873 f., 876, 878
§ 230: 874, 876 f., 879 f.
§ 231: 874, 876, 879, 881 f.
§ 254: 877
§ 255: 687 f.
§ 300: 694, 871 f.
§§ 630–646: 694
§ 1067: 872 f.
Uniform Foreign Money-Judgments Recognition Act
890 f., 893, 897 f.
§ 2: 890
§ 3: 890
§ 4: 890 f.
§ 5: 891 f.
§ 6: 891

## USA/Maryland

Uniform Foreign Money-Judgments Recognition Act
890 f., 893, 897 f.
§ 2: 890
§ 3: 890
§ 4: 890 f.
§ 5: 891 f.
§ 6: 891

## USA/New Jersey

New Jersey Statutes
2 A § 2 A: 34–22: 454
2 A § 2 A: 34–23: 461
§ 3 A: 3–2: 818 f.
§ 3 A: 4–3: 699 f.
§ 3 A: 35–1: 828
Uniform Reciprocal Enforcement of Support Act
457, 459
§ 2: 457

## USA/New York

Civil Practice Law and Rules, 1963
§ 302: 900
§ 4542: 898
Domestic Relations Law, 1964
§ 50: 270 f.
General Obligations Law, 1964
§ 3–301: 271
§ 5–1105: 23
Personal Property Law, 1941
§ 33 III: 23

## USA/Oklahoma

Uniform Foreign Money-Judgments Recognition Act
890, 897 f.
§ 2: 890
§ 3: 890
§ 4: 890 f.
§ 5: 891 f.
§ 6: 891

## USA/Tennessee

Tennessee Code (1955)
§ 36–101 – § 36–137: 588
§ 36–111: 587

## Zypern

Contract Law 1931
sec. 4: 7
sec. 73: 11–13
Courts of Justice Law 1960
sec. 29: 6, 11
Sale of Goods Law
sec. 3: 7
sec. 12: 8 f., 13 f.
sec. 13: 10 f., 13 f.
sec. 15: 9, 13 f.
sec. 25: 10
sec. 31: 8
sec. 32: 8
sec. 36: 8
sec. 55: 13
sec. 56: 13 f.
sec. 59: 11
sec. 65: 12

## Religiöses Recht

Corpus Iuris Canonici
642
Can. 20: 644 f.
Can. 1016: 643 f.
Can. 1069: 553
Can. 1095: 192 f.
Can. 1096: 192 f.
Can. 1098: 192 f.
Koran
Sure IV, 12–16, 175, 176: 632 f., 740, 743
Sure IV, 140, 54 f.: 370
Sure XXXIII, 4 f.: 519
Sure XXXVIII 4–5, 37–40: 544
Code de droit coutumier de la communauté religieuse arméno-grégorienne en Iran, relatif au droit de la famille et des successions von 1938
642
Art. 63: 644 f.

## Vereinte Nationen (UNO)

Allgemeine Erklärung der Menschenrechte von 1948
Art. 16: 188

## Europarecht

Europäische Menschenrechtskonvention
Art. 12: 188

## Staatsverträge, multilaterale

Haager Ehescheidungsabkommen vom 12. 6. 1902
302, 318
Art. 1: 248
Haager Eheschließungsabkommen vom 12. 6. 1902
224 f., 228, 236, 325
Art. 1: 325–328
Art. 6: 228 f.
Haager Vormundschaftsabkommen vom 12. 6. 1902
384 f., 430, 590 f., 944
Art. 7: 590 f.
Haager Ehewirkungsabkommen vom 17. 7. 1905
256 f., 267
Art. 1: 256
Art. 2: 257, 263
Art. 9: 257
Haager Abkommen über das auf internationale Käufe beweglicher Sachen anwendbare Recht, 1951
4
Art. 3 II: 4
Haager Übereinkommen über den Zivilprozeß vom 1. 3. 1954
914, 924
Artt. 18, 19: 914
Haager Unterhaltsabkommen vom 24. 10. 1956
465, 474
Art. 1: 465, 474 f., 487
Art. 5: 475
Art. 6: 475, 487 f.
Haager Unterhalts-Vollstreckungsabkommen vom 15. 4. 1958
Art. 12: 482
Haager Abkommen über das IPR der Form testamentarischer Verfügungen vom 5. 10. 1961
711, 721 f., 729, 751, 759, 787, 818, 836, 849
Art. 1: 722, 751, 759, 836, 849 f.
Art. 6: 722, 787, 818, 836, 849
Art. 8: 711, 721 f., 729, 787, 818, 849
Friedensvertrag von Lausanne vom 24. 7. 1923
731 f.
Abkommen über ein einheitliches Wechselgesetz vom 7. 6. 1930
Art. 4 Anh. II: 49
Abkommen von Montreux vom 8. 5. 1937
186
Münchener Abkommen vom 29. 9. 1938
237, 246
Deklaration der Alliierten Mächte vom 5. 6. 1945
190
Proklamation Nr. 2 des Alliierten Kontrollrats vom 20. 9. 1945
Abschnitt III, Ziff. 5, 7 a–c: 190 f.
Vertrag zur Regelung der aus Krieg und Besatzung entstandenen Fragen (Überleitungsvertrag) vom 23. 10. 1954
Art. 2: 494

## Staatsverträge, bilaterale

deutsch-sowjetisches Nachlaßabkommen vom 12. 10. 1925
Art. 13 III: 866
deutsch-sowjetischer Konsularvertrag von 1925
430

Art. 21: 430
deutsch-österreichisches Abkommen zur Regelung der Vormundschaft über Minderjährige vom 5. 2. 1927
598
Artt. 1, 2: 598
Art. 1: 606
Art. 4: 598
deutsch-iranisches Niederlassungsabkommen vom 17. 2. 1929
276–278, 284, 286, 302 f., 625 f.
Art. 8 III: 277, 283, 286 f., 302, 626, 637
Protokoll über die Wiederanwendung der deutsch-iranischen Vorkriegsverträge vom 4. 11. 1954
303
Bekanntmachung über die deutsch-iranischen Vorkriegsverträge vom 15. 8. 1955
276, 626 f.
deutsch-türkischer Konsularvertrag vom 28. 5. 1929
440, 444
Artt. 18–20: 440, 444
deutsch-schweizerisches Abkommen über die gegenseitige Anerkennung und Vollstreckung von gerichtlichen Entscheidungen und Schiedssprüchen vom 2. 11. 1929
924, 941
Art. 1: 925, 941
Art. 2: 925
Art. 3: 925 f., 941
deutsch-tschechoslowakischer Vertrag über Staatsangehörigkeits- und Optionsfragen vom 20. 11. 1938
246 f.
§ 1: 246 f., 250
deutsch-amerikanischer Freundschafts-, Handels- und Schiffahrtsvertrag vom 29. 10. 1954
889, 896
deutsch-amerikanischer Freundschafts-, Handels- und Schiffahrtsvertrag vom 7. 5. 1956
451, 453
deutsch-sowjetischer Konsularvertrag von 1958
430
Art. 29: 430
deutsch-belgisches Abkommen über die gegenseitige Anerkennung und Vollstreckung von gerichtlichen Entscheidungen, Schiedssprüchen und öffentlichen Urkunden in Zivil- und Handelssachen vom 30. 6. 1959
383 f.
Art. 4: 383 f.
sowjetisch-nordkoreanischer Rechtshilfevertrag von 1957
Art. 26 II: 432
sowjetisch-polnischer Rechtshilfevertrag von 1957
Art. 31 II: 432
sowjetisch-rumänischer Vertrag über die Gewährung von Rechtshilfe in Zivil-, Familien- und Strafsachen vom 3. 4. 1958
676
Art. 26 II: 432
Art. 37: 676 f.
türkisch-italienisches Konsularabkommen vom 9. 9. 1929
Artt. 20, 21: 444
türkisch-schwedisches Übereinkommen vom 24. 4. 1932
444 f.
türkisch-ägyptisches Niederlassungsabkommen vom 7. 4. 1937
Art. 9: 444 f.
Convention d'établissement zwischen Belgien und dem Kaiserreich Iran vom 9. 5. 1929
627
Vereinbarungen von Evian zwischen Frankreich und Algerien vom 28. 8. 1962
197